AF556476

CTET/TETs

शिक्षक पात्रता परीक्षा

बाल विकास एवं शिक्षण शास्त्र

34 सॉल्व्ड पेपर्स
एवं
40 प्रैक्टिस सेट्स सहित

सुकुमार गुप्ता

प्रभात एग्जाम
www.prabhatexam.com

❖ इस पुस्तक में प्रकाशित सूचनाएँ एवं तथ्य पूरी तरह से सत्यापित किए गए हैं। यदि कोई जानकारी या तथ्य गलत प्रकाशित हो गया हो तो प्रकाशक, संपादक अथवा मुद्रक उस सामग्री से संबंधित किसी व्यक्ति विशेष अथवा संस्था को पहुँची क्षति के लिए जिम्मेदार नहीं होगा।

❖ प्रकाशक की लिखित पूर्वानुमति के बिना इस पुस्तक की विषय-सामग्री को किसी भी रूप में फोटोस्टेट, इलेक्ट्रोस्टेट, टंकण, सुधार प्रक्रिया इत्यादि तरीकों से पुन: प्रयोग कर उसका संग्रहण, प्रसारण एवं वितरण पूर्णत: वर्जित है।

❖ सभी विवादों का निपटारा दिल्ली न्यायिक क्षेत्र में होगा।

प्रकाशक

प्रभात एग्जाम

प्रभात प्रकाशन प्रा. लि. का उपक्रम

4/19 आसफ अली रोड, नई दिल्ली-110002

फोन— 23289555 • 23289666 • 23289777 • हेल्पलाइन/ 7827007777

इ-मेल : prabhatbooks@gmail.com ❖ वेब ठिकाना : www.prabhatexam.com

सर्वाधिकार

सुरक्षित

मूल्य

दो सौ पचहत्तर रुपए

अ.मा.पु.स. 978-93-5488-266-1

मुद्रक

संजय प्रिंटर, साहिबाबाद

———— ★ ————

CTET/TETs SHIKSHAK PATRATA PAREEKSHA
BAL VIKAS EVAM SHIKSHAN SHASTRA
34 SOLVED PAPERS, 40 PRACTICE SETS
by Sukumar Gupta

ISBN 978-93-5488-266-1

₹275.00

विषय-सूची

2021

- केंद्रीय शिक्षक पात्रता परीक्षा कक्षा I-V सॉल्व्ड पेपर, दिसंबर-2021 .... i–iv
- केंद्रीय शिक्षक पात्रता परीक्षा कक्षा VI-VIII सॉल्व्ड पेपर, दिसंबर-2021 .... i–iv

2020

- केंद्रीय शिक्षक पात्रता परीक्षा कक्षा I-V सॉल्व्ड पेपर, दिसंबर-2020 .... i–iv
- केंद्रीय शिक्षक पात्रता परीक्षा कक्षा VI-VIII सॉल्व्ड पेपर, दिसंबर-2020 .... i–iv

2019

- केंद्रीय शिक्षक पात्रता परीक्षा कक्षा I-V सॉल्व्ड पेपर, दिसंबर-2019 .... i–iv
- केंद्रीय शिक्षक पात्रता परीक्षा कक्षा VI-VIII सॉल्व्ड पेपर, दिसंबर-2019 .... i–iv
- उत्तर प्रदेश शिक्षक पात्रता परीक्षा कक्षा I-V सॉल्व्ड पेपर, दिसंबर-2019 .... i–iii
- उत्तर प्रदेश शिक्षक पात्रता परीक्षा कक्षा VI-VIII सॉल्व्ड पेपर, दिसंबर-2019 .... i–iv
- हरियाणा शिक्षक पात्रता परीक्षा कक्षा I-V सॉल्व्ड पेपर-2019 .... i–ii
- हरियाणा शिक्षक पात्रता परीक्षा कक्षा VI-VIII सॉल्व्ड पेपर-2019 .... i–iii
- केंद्रीय शिक्षक पात्रता परीक्षा कक्षा I-V सॉल्व्ड पेपर, जुलाई-2019 .... i–iv
- केंद्रीय शिक्षक पात्रता परीक्षा कक्षा VI-VIII सॉल्व्ड पेपर, जुलाई-2019 .... i–iii

2018

- केंद्रीय शिक्षक पात्रता परीक्षा कक्षा I-V सॉल्व्ड पेपर-2018 .... i–iv
- केंद्रीय शिक्षक पात्रता परीक्षा कक्षा VI-VIII सॉल्व्ड पेपर-2018 .... i–iii
- उत्तर प्रदेश शिक्षक पात्रता परीक्षा कक्षा I-V सॉल्व्ड पेपर-2018 .... i–iii
- उत्तर प्रदेश शिक्षक पात्रता परीक्षा कक्षा VI-VIII सॉल्व्ड पेपर-2018 .... i–ii

सॉल्व्ड पेपर्स 1-54

2017

- उत्तर प्रदेश शिक्षक पात्रता परीक्षा कक्षा I-V सॉल्व्ड पेपर-2017 3–5
- उत्तर प्रदेश शिक्षक पात्रता परीक्षा कक्षा VI-VIII सॉल्व्ड पेपर-2017 6–8

2016

- ❑ राजस्थान अध्यापक पात्रता परीक्षा कक्षा I-V सॉल्व्ड पेपर-2016 9–10
- ❑ उत्तर प्रदेश शिक्षक पात्रता परीक्षा कक्षा I-V सॉल्व्ड पेपर-2016 11–12
- ❑ केंद्रीय शिक्षक पात्रता परीक्षा कक्षा VI-VIII सॉल्व्ड पेपर-2016 13–16

2015

- ❑ उत्तराखण्ड शिक्षक पात्रता परीक्षा कक्षा I-V सॉल्व्ड पेपर-2015 17–19

2014

- ❑ हरियाणा शिक्षक पात्रता परीक्षा कक्षा I-V सॉल्व्ड पेपर-2014 20–22
- ❑ उत्तर प्रदेश शिक्षक पात्रता परीक्षा कक्षा VI-VIII सॉल्व्ड पेपर-2014 23–25
- ❑ केंद्रीय शिक्षक पात्रता परीक्षा कक्षा VI-VIII सॉल्व्ड पेपर-2014 26–28
- ❑ हरियाणा शिक्षक पात्रता परीक्षा कक्षा VI-VIII सॉल्व्ड पेपर-2014 29–31

2013

- ❑ उत्तर प्रदेश शिक्षक पात्रता परीक्षा कक्षा I-V सॉल्व्ड पेपर-2013 32–34
- ❑ केंद्रीय शिक्षक पात्रता परीक्षा कक्षा VI-VIII सॉल्व्ड पेपर-2013 35–38

2012

- ❑ केंद्रीय शिक्षक पात्रता परीक्षा कक्षा I-V सॉल्व्ड पेपर-2012 39–41
- ❑ केंद्रीय शिक्षक पात्रता परीक्षा कक्षा VI-VIII सॉल्व्ड पेपर-2012 42–44

2011

- ❑ छत्तीसगढ़ शिक्षक पात्रता परीक्षा कक्षा I-V सॉल्व्ड पेपर-2011 45–46
- ❑ उत्तराखण्ड शिक्षक पात्रता परीक्षा कक्षा I-V सॉल्व्ड पेपर-2011 47–49
- ❑ बिहार शिक्षक पात्रता परीक्षा कक्षा I-V सॉल्व्ड पेपर-2011 50–51
- ❑ राजस्थान शिक्षक पात्रता परीक्षा कक्षा VI-VIII सॉल्व्ड पेपर-2011 52–54

बाल विकास एवं शिक्षण शास्त्र 1-158

- ❑ वृद्धि एवं विकास 3–20
- ❑ शिक्षण एवं मूल्य 21–52
- ❑ अधिगम 53–74
- ❑ बुद्धि 75–82
- ❑ व्यक्तित्व का विकास - अर्थ, प्रकार (अन्तर्मुखी, बहिर्मुखी, उभयमुखी) 83–85
- ❑ संज्ञानात्मक एवं संवेगात्मक प्रक्रियाएं 86–93

- सृजनात्मकता......94–96
- सामाजिक विकास......97–99
- लैंगिक भेद......100–101
- समावेशी शिक्षा......102–113
- शिक्षण सहायक सामग्री के प्रकार एवं महत्व......114–115
- मापन, मूल्यांकन एवं आकलन......116–143
- उपलब्धि परीक्षण......144–154
- निर्देशन एवं परामर्श......155–158

प्रैक्टिस सेट्स 1-61

- प्रैक्टिस सेट–1......3–4
- प्रैक्टिस सेट–2......4–5
- प्रैक्टिस सेट–3......6–7
- प्रैक्टिस सेट–4......7–8
- प्रैक्टिस सेट–5......9–10
- प्रैक्टिस सेट–6......11–12
- प्रैक्टिस सेट–7......12–14
- प्रैक्टिस सेट–8......14–15
- प्रैक्टिस सेट–9......15–16
- प्रैक्टिस सेट–10......17–18
- प्रैक्टिस सेट–11......18–19
- प्रैक्टिस सेट–12......20–21
- प्रैक्टिस सेट–13......21–22
- प्रैक्टिस सेट–14......23–24
- प्रैक्टिस सेट–15......24–25
- प्रैक्टिस सेट–16......25–26
- प्रैक्टिस सेट–17......27–28
- प्रैक्टिस सेट–18......28–29
- प्रैक्टिस सेट–19......30–31
- प्रैक्टिस सेट–20......31–33
- प्रैक्टिस सेट–21......33–34
- प्रैक्टिस सेट–22......35–36

- प्रैक्टिस सेट-23 36–37
- प्रैक्टिस सेट-24 38–39
- प्रैक्टिस सेट-25 39–40
- प्रैक्टिस सेट-26 41–42
- प्रैक्टिस सेट-27 42–43
- प्रैक्टिस सेट-28 44–45
- प्रैक्टिस सेट-29 45–46
- प्रैक्टिस सेट-30 47–48
- प्रैक्टिस सेट-31 48–49
- प्रैक्टिस सेट-32 50–51
- प्रैक्टिस सेट-33 51–52
- प्रैक्टिस सेट-34 52–53
- प्रैक्टिस सेट-35 54–55
- प्रैक्टिस सेट-36 55–56
- प्रैक्टिस सेट-37 56–57
- प्रैक्टिस सेट-38 58–59
- प्रैक्टिस सेट-39 59–60
- प्रैक्टिस सेट-40 60–61

केंद्रीय शिक्षक पात्रता परीक्षा

कक्षा I-V सॉल्व्ड पेपर, दिसंबर-2021

बाल विकास एवं शिक्षण शास्त्र

1. कथन (A) : एक बच्चे की विकास की प्रगति को उसी उम्र के बच्चों के विकास की दर से तुलना करके सटीकता से मापा जा सकता है।

तर्क (R) : विकास का स्वरूप व गति सभी बच्चों के लिए एक समान होता है तथा सभी सांस्कृतिक परिवेश में समान रहता है।

सही विकल्प चुनें।

(a) (A) और (R) दोनों सही हैं और (R) सही व्याख्या करता है (A) की।

(b) (A) और (R) दोनों सही हैं, लेकिन (R) सही व्याख्या नहीं है (A) की।

(c) (A) सही है, लेकिन (R) गलत है।

(d) (A) और (R) दोनों गलत हैं।

2. एक बच्ची फुटबॉल खेलना सीखने से पहले कूदना व छलांगें मारना सीखती है। यह विकास के किस सिद्धांत को प्रदर्शित करता है?

(a) शिर्षगामी

(b) समीपदूराभिमुखी

(c) परिवर्तनीयता

(d) साम्यधारण

3. निम्नलिखित में से विकास के बारे में कौन सा कथन सही नहीं है?

(a) विकास आनुवंशिकता व पर्यावरण की अंत:क्रिया का उत्पाद है।

(b) विकास का कुछ हद तक पूर्वानुमान लगाया जा सकता है।

(c) विकास की दर एकसमान और सार्वभौमिक है।

(d) विकास सामान्य से विशिष्ट की ओर होता है।

4. कारण (A) : बच्चे अपनी संस्कृति में व्यवहार करने के उपयुक्त तरीके अपने दोस्तों, मीडिया जैसे कई स्रोतों से सीखते हैं।

तर्क (R) : समाजीकरण एक प्रक्रिया है जो बहुत से औपचारिक व अनौपचारिक साधनों के जरिये होती है।

सही विकल्प चुनें।

(a) (A) और (R) दोनों सही हैं और (R) सही व्याख्या करता है (A) की।

(b) (A) और (R) दोनों सही हैं, लेकिन (R) सही व्याख्या नहीं है (A) की।

(c) (A) सही है, लेकिन (R) गलत है।

(d) (A) और (R) दोनों गलत हैं।

5. मूर्त-संक्रियात्मक अवस्था के बच्चों के लिए एक शिक्षिका को-

(a) अमूर्त संरचनाओं से सरोकार करने के लिए खूब अभ्यास करवाना चाहिए।

(b) वस्तुओं और विचारों को जटिल से वर्गीकृत करने के मौके मौहया कराने चाहिए।

(c) ऐसी समस्याएँ देनी चाहिए जो उच्च-स्तरीय मूर्त सोच पर आधारित हों।

(d) ऐसी समस्याएँ देनी चाहिए जो तर्कपूर्ण वैज्ञानिक समझ की आवश्यकता हो।

6. जीन पियाजे के संज्ञानात्मक विकास के किस चरण पर बच्चा समझ बना लेता है कि प्रतीकों का इस्तेमाल वस्तुओं का प्रतिनिधित्व करने के लिए किया जा सकता है। अगर बच्चे के सामने साइकिल नहीं है तब भी साइकिल शब्द सुनकर उसके मस्तिष्क में एक प्रतिबिंब बन जाता है?

(a) पूर्व-परंपरागत अवस्था

(b) पूर्व संक्रियात्मक अवस्था

(c) मूर्त संक्रियात्मक अवस्था

(d) अमूर्त संक्रियात्मक अवस्था

7. आनव तीन अंकों की संख्याओं का जोड़ करने में अकेले संघर्ष करता है किन्तु शिक्षिका की मदद से वह ऐसा करने में सक्षम है। लेव व्यागोत्सकी के सिद्धांत के अनुसार यह क्या दर्शाता है।

(a) समीपस्थ विकास का क्षेत्र

(b) पुनर्बलन

(c) परिपक्वता

(d) प्रतीकवाद

8. लेव वायगोत्सकी के अनुसार अधिगम क्या है?

(a) ज्ञान के निर्माण की सक्रिय प्रक्रिया

(b) ज्ञान प्राप्ति करने की एक निष्क्रीय प्रक्रिया

(c) अभ्यास व दोहराव की प्रक्रिया

(d) उद्दीपन-प्रतिक्रया के संबंधों की प्रक्रिया

9. आशना अच्छा करती है क्योंकि वह दूसरों द्वारा अच्छा देखा जाना चाहती है। वह लौरेन्स कोहलबर्ग के नैतिक विकास के किस चरण में है

(a) पूर्व-पारंपरिक

(b) पारंपरिक

(c) उत्तर-पारंपरिक

(d) अमूर्त-संक्रियात्मक

10. प्रगतिशील शिक्षा में-

(a) सीखने का स्वरूप सामाजिक होता हैं।

(b) पाठ्यपुस्तकें सीखने का एकमात्र स्रोत हैं।

(c) बैठने की व्यवस्था पूरी तरह से तय होती है।

(d) पाठ्यचर्या मानकीकृत होती है।

11. राष्ट्रीय शिक्षा नीति 2020 किस पर बल देती है?

(a) लचीला बहु-स्तरीय गति आधारित अधिगम

(b) बच्चों के केवल संज्ञानात्मक विकास से संबंधित पहलू

(c) राष्ट्रीय पाठ्यचर्या के मानकीकरण पर

(d) बच्चों के स्मरण कौशलों के मापन पर

12. निम्नलिखित में से कौन-सी विशेषता हावर्ड गार्डनर द्वारा प्रतिपादित अंतवैयक्तिक वृद्धि' का आलेख करती है?

(a) मौखिक व लिखित भाषा के प्रति संवेदनशीलता
(b) ध्वनी व ताल के प्रति संवेदनशीलता
(c) दूसरों के विचारों व इच्छाओं को समझने की क्षमता
(d) खुद को समझने की क्षमता

13. वायगोत्सकी के संरचनावाद में किसकी भूमिका अहम है?

(a) भाषा
(b) परिपक्वता
(c) स्कीमा का विकास
(d) इनाम व सजा

14. बच्चों के सीखने का आकलन करने के लिए एक शिक्षिका को किन तरीकों को इस्तेमाल करना चाहिए?

(i) कक्षा में की गई अंत: क्रिया
(ii) परियोजना
(iii) पोर्टफोलियो
(iv) आत्म-आकलन

(a) (ii), (iii)
(b) (ii), (iii), (iv)
(c) (i), (ii), (iii), (iv)
(d) (i), (ii), (iii)

15. राष्ट्रीय शिक्षा नीति 2020 के अनुसार मूल्यांकन का उद्देश्य किसकी जानकारी देता है?

(a) विद्यार्थी को कक्षा में व कक्षा के बाहर कैसे सहायता दी जा सकती है।
(b) विद्यार्थी का उसके सहपाठियों की तुलना में प्रदर्शन।
(c) विद्यार्थी के सीखने में कमियाँ व अभाव ताकि उसकी असफलता की पुष्ठ पहचान की जा सके।
(d) विद्यार्थी की रटने की क्षमता की जानकारी।

16. निम्नलिखित में से कौन-सी प्रथा समावेशन में बाधक है?

(a) कक्षा का अनुशासन एक दूसरे के लिए परस्पर सम्मान पर आधारित है।
(b) सामग्री को केवल कुछ विद्यार्थियों की जरूरतों को पूरा करने के लिए डिजाइन किया गया है।
(c) शिक्षाशास्त्र सभी विद्यार्थियों की भागीदारी को प्रोत्साहित करता है।
(d) विद्यार्थियों को अधिगम के व्यक्तिगत लक्ष्यों को पूरा करने के लिए समर्थन दिया जाता है।

17. निम्नलिखित में से कौन हाशिए के समूहों के विद्यार्थियों को शामिल करने में बाधा उत्पन्न करता है?

(a) शैक्षिक स्थानों तक पहुँच
(b) अधिकारों में समता
(c) भाग लेने का अवसर
(d) सामाजिक वर्तिकाग्र

18. निम्नलिखित में से कौन सी अधिगम अक्षमता सुसंगत रूप से लिखने की क्षमता को सीधे प्रभावित करती है?

(a) डिसकैलकुलिया
(b) डिसग्राफिया
(c) डिस्लेक्सिया
(d) डिस्पैसिया

19. निम्नलिखित में से कौन-सा अभ्यास 'श्रवण विद्यार्थियों' के सफल समावेशन में बाधा उत्पन्न करेगा?

(a) विद्यार्थियों को अपने आप से बात करके सोचने दें।
(b) विद्यार्थियों को मौखिक परीक्षा के बजाय लिखित परीक्षा दें।
(c) बाद में उपयोग करने के लिए टेप पर दत्तकार्यों के निर्देश रखें।
(d) दत्तकार्यों के लिए मौखिक निर्देश दें।

20. निम्नलिखित में से प्रतिभावान विद्यार्थी की विशेषता कौन-सी है?

(a) धीमी समझ
(b) जिज्ञासा की कमी
(c) सोच में सटीकता की आवश्यकता
(d) आसान कार्यों को चुनने की प्रवृत्ति

21. एक शिक्षिका अपने विद्यार्थियों में बोध कौशल को सुसाध्य करना चाहती है। इस उद्देश्य के लिए उसे निम्नलिखित में से किस से बचना चाहिए?

(a) संकल्पना मानचित्रण
(b) संदर्भहीनता
(c) रूपरेखीकरण
(d) सारांशीकरण

22. विद्यार्थियों में एक सम्प्रत्यय के अधिगम को सुसाध्य करने के लिए, एक शिक्षक को निम्न में से क्या करना चाहिए?

(a) नई जानकारी और पिछले ज्ञान के बीच संबंध बनाने से बचें।
(b) नियमों को समझने और अवधारणा की विशेषताओं को परिभाषित करने पर ध्यान दें।
(c) विषयवस्तु से संबंधित आवश्यक और गैर-आवश्यक जानकारियों को मिश्रित कर दें।
(d) सामग्री और जानकारी को अत्यधिक मूर्त और जटिल रूप में प्रस्तुत करें।

23. निम्नलिखित में से कौन-सा कारक अकादमिक प्रदर्शन में विद्यार्थियों की सफलता के लिए जिम्मेदार नहीं है?

(a) बोरियत
(b) तनाव
(c) जिज्ञासा
(d) भय

24. एक सम्प्रत्यय को पढ़ाते समय, एक शिक्षक एक ऐसा उदाहरण दे रहा है जिसमें उस सम्प्रत्यय से जुड़ी श्रेणी की सबसे महत्त्वपूर्ण मूल" विशेषताएं हैं। ऐसे उदहारण को ________ कहा जाता है।

(a) एक भ्रान्ति
(b) एक गैर-उदहारण
(c) एक आद्यरूप
(d) एक अपवाद

25. एक निर्दिष्ट लक्ष्य तक पहुंचने के लिए विद्यार्थियों को उनकी संज्ञानात्मक क्षमताओं पर चिंतन करने के लिए प्रोत्साहित करके, एक शिक्षक निम्नलिखित के किसके विकास को सुगम बना रहा है?

(a) घोषणात्मक ज्ञान
(b) प्रतिक्रियात्मक ज्ञान
(c) अधिससंज्ञा
(d) रट कर याद रखना

26. शिक्षण अधिगम प्रक्रिया की अवधारणा करते समय, राष्ट्रीय पाठ्यचर्या की रूपरेखा (2005) निम्न में से किसके महत्त्व पर बल देती है?

(a) सक्रिय जुड़ाव और बातचीत
(b) वेधन और बार-बार अभ्यास
(c) सामग्री को रटकर याद करना
(d) उत्तेजना प्रतिक्रिया संघ

27. किसी समस्या को हल करने के लिए विद्यार्थियों की मदद करने के लिए, एक शिक्षक को निम्न में से क्या करना चाहिए?

(a) असंगत जानकारी को चिन्हांकित करके विद्यार्थियों को भ्रमित करें।
(b) विद्यार्थियों को सीधे उत्तर बताएं और उन्हें इसे नक़ल करने के लिए कहें।

(c) ऐसे संकेत दें जो प्रासंगिक स्कीमा/ संरचना को सक्रिय करें।

(d) जानकारी को वियोजित खण्डों में विभाजित करें।

28. अभिकथन (A) : शिक्षण अधिगम प्रक्रिया के दौरान, एक शिक्षक को विद्यार्थियों को उनकी भ्रांतियों और वैकल्पिक अवधारणाओं को साझा करने का अवसर देना चाहिए।

तर्क (R) : भ्रांतियां और वैकल्पिक अवधारणाएं हमेशा आधारहीन होती हैं, और सीखने की प्रक्रिया में महत्त्वहीन होती हैं।

सही विकल्प चुनें।

(a) (A) और (R) दोनों सही हैं और (R) सही व्याख्या करता है (A) की।

(b) (A) और (R) दोनों सही हैं, लेकिन (R) सही व्याख्या नहीं है (A) की।

(c) (A) सही है, लेकिन (R) गलत है।

(d) (A) और (R) दोनों गलत हैं।

29. अधिगम असहायता / लाचारी तब महसूस होती है जब एक विद्यार्थी यह मानता है कि-

(a) क्षमता में सुधार हो सकता है और उसका ध्यान महारत के लक्ष्यों पर केंद्रित होता है।

(b) प्रयास क्षमता को प्रभावित करते हैं और उसका ध्यान प्रदर्शन लक्ष्यों पर केंद्रित होता है।

(c) शैक्षणिक गतिविधियों के परिणाम नियंत्रणीय हैं।

(d) शैक्षणिक गतिविधियों के परिणाम अनियंत्रित होते हैं।

30. निम्नलिखित में से कौन-सा आंतरिक प्रेरणा का उदाहरण है ?

(a) माता-पिता द्वारा दंड से बचने के लिए अध्ययन

(b) एक गतिविधि में रुचि के कारण अध्ययन

(c) शिक्षक की प्रशंसा प्राप्त करने के लिए अध्ययन

(d) प्रतियोगिता जीतने के लिए अध्ययन

उत्तर व्याख्या सहित

1. (d) किसी बच्चे के विकास की प्रगति को उसी की उम्र के अन्य बच्चों की विकास दर से तुलना करके सही ढंग से मापा नहीं जा सकता है। सभी संस्कृतियों के बच्चों के लिए सांस्कृतिक परिवेश और बच्चों के विकास की दर एक समान नहीं होती है।

2. (b) समीपदूराभिमुखी प्रवृत्ति हाथ-पैर के कार्यों के विकास को आगे बढ़ाती है और फिर बच्चों में और भी खास या जटिल कौशल का विकास होता है। इस शब्द का इस्तेमाल विशेष रूप से बच्चों के परिपक्व होने के संदर्भ में किया जाता है जब केंद्र से बाहर की ओर के कौशल विकसित होते हैं और वे अपने सिर, धड़, हाथ और पैर को हिलाने के बाद अपने हाथ-पैर का कुशल उपयोग करते हैं।

3. (c) विकास की दर न तो समान होती है ना ही सार्वभौमिक।

4. (a) अपनी संस्कृति के अनुसार बच्चे अपने दोस्तों, मीडिया और विभिन्न स्रोतों के आधार पर व्यवहार के तरीके सीखते हैं क्योंकि समाजीकरण एक जटिल प्रक्रिया है जो अनेक औपचारिक और अनौपचारिक माध्यमों से होती है।

5. (d) काम करने की ठोस अवस्था वाले बच्चों के लिए शिक्षकों को ऐसे सवाल देने चाहिए जिनमें तर्क और वैज्ञानिक सोच की आवश्यकता हो।

6. (b) पूर्व-संक्रियात्मक अवस्था। पियाजे का संज्ञानात्मक विकास का सिद्धांत मानव बुद्धि की प्रकृति और विकास के बारे में एक समग्र सिद्धांत है। पियाजे का मानना था कि किसी भी व्यक्ति का बचपन उसके विकास में अहम और सक्रिय भूमिका निभाता है।

7. (a) निकटवर्ती विकास का क्षेत्र। लेव वायगोत्स्की एक मौलिक रूसी मनोवैज्ञानिक थे जो अपने समाजशास्त्रीय सिद्धांत के लिए सबसे ज्यादा जाने जाते हैं। उनका मानना था कि सामाजिक संपर्क बच्चों के सीखने में महत्वपूर्ण भूमिका निभाता है। अनुकरण, निर्देशित शिक्षा और सहयोगात्मक शिक्षा सभी उनके सिद्धांत में एक महत्वपूर्ण भूमिका निभाते हैं।

8. (a) लेव वायगोत्स्की के अनुसार, सीखना ज्ञान के निर्माण की एक सक्रिय प्रक्रिया है। वायगोत्स्की के समाजशास्त्रीय सिद्धांत का दावा है कि सीखना अनिवार्य रूप से एक ऐसी सामाजिक प्रक्रिया है जिसमें माता-पिता, देखभाल करने वालों, साथियों और व्यापक समाज और संस्कृति का समर्थन उच्च मनोवैज्ञानिक कार्यों के विकास में महत्वपूर्ण भूमिका निभाता है।

9. (b) पारंपरिक स्तर पर, एक बच्चे की नैतिकता की भावना व्यक्तिगत और सामाजिक संबंधों से जुड़ी होती है। बच्चे बड़े लोगों के बनाए नियमों को स्वीकार करना जारी रखते हैं, लेकिन इसके पीछे उनका यह विश्वास होता है कि सकारात्मक संबंध और सामाजिक व्यवस्था के लिए यह आवश्यक है। इन चरणों के दौरान नियमों और परंपराओं का पालन कुछ हद तक कठोर होता है, और किसी नियम की उपयुक्तता या निष्पक्षता पर शायद ही वे कभी सवाल उठाते हैं।

10. (d) प्रगतिशील शिक्षा में पाठ्यक्रम मानक स्वरूप का होता है। प्रगतिशील शिक्षा शिक्षाशास्त्र की एक व्यवस्था होती है।

11. (a) राष्ट्रीय शिक्षा नीति 2020 का जोर लचीली बहु-स्तरीय गतिविधि आधारित शिक्षा पर है। राष्ट्रीय शिक्षा नीति प्रत्येक व्यक्ति की रचनात्मक क्षमता को बढ़ाने पर विशेष जोर देती है। यह इस सिद्धांत पर आधारित है कि शिक्षा को न केवल संज्ञानात्मक क्षमताओं को विकसित करना चाहिए, जिनमें साक्षरता और गणित की जानकारी की 'आधारभूत क्षमता' और 'उच्च-क्रम' संज्ञानात्मक क्षमता जैसे कि गुण-दोष का विचार और समस्या समाधान शामिल हैं, बल्कि सामाजिक, नैतिक और भावनात्मक क्षमता और स्वभाव का विकास भी करना चाहिए।

12. (c) दूसरों के इरादों और उनकी इच्छाओं को समझने की क्षमता हॉवर्ड गार्डनर के 'इंटरपर्सनल इंटेलिजेंस' में फिट बैठती है।

13. (b) वायगोत्सकी के रचनावाद में परिपक्वता एक महत्वपूर्ण भूमिका निभाती है। बच्चों के विकास को लेकर वायगोत्स्की का दृष्टिकोण सामाजिक रचनावाद का एक रूप है, जो इस विचार पर आधारित है कि संज्ञानात्मक कार्य सामाजिक अंत:संबंधों से सामने आते हैं। वायगोत्स्की ने सामाजिक विचार-विमर्श के माध्यम से ज्ञान के निर्माण से सीखने की सहयोगी प्रकृति पर जोर दिया।

14. (c) बच्चों के सीखने का आकलन करने के लिए शिक्षक को कक्षा में बातचीत, प्रोजेक्ट्स, पोर्टफोलियो, आत्म-मूल्यांकन इत्यादि का इस्तेमाल करना चाहिए।

15. (a) राष्ट्रीय शिक्षा नीति 2020 के अनुसार मूल्यांकन का उद्देश्य जानकारी देता है कि छात्रों का सहयोग कक्षा के भीतर और बाहर कैसे किया जाए।

16. (b) ऐसी सामग्री जो मात्र कुछ छात्रों की जरूरतों को पूरा करने के लिए तैयार की जाती है, सभी को साथ लेकर चलने में बाधा बन जाती है।

17. (d) सामाजिक कलंक कमज़ोर तबके के छात्रों के लिए बाधा खड़ी करता है।

18. (b) डिसग्राफिया एक ऐसा शब्द है जो लिखने में परेशानी को बताता है। कई विशेषज्ञ डिसग्राफिया को उन मुश्किलों के रूप में देखते हैं जिनमें कई ज्ञात कौशल होते हैं जिन्हें प्रतिलेखन कहा जाता है।

19. (b) छात्रों की मौखिक के बजाए लिखित परीक्षा लें।

20. (c) सटीक सोच एक प्रतिभाशाली छात्र की विशेषता होती है। प्रतिभाशाली बच्चों की कुछ समान विशेषताएँ हैं:

- अपनी उम्र के साथियों के मुकाबले कई दर्जे ऊँची पठन सामग्री को समझने की क्षमता।
- छोटी-सी उम्र में आश्चर्यजनक भावनात्मक गहराई और संवेदनशीलता।
- जिज्ञासा की प्रबल भावना।
- अद्वितीय रुचियों और विषयों के बारे में उत्साही।
- विचित्र या परिपक्व मज़ाकिया स्वभाव।

21. (b) संदर्भहीनता से।

22. (*)

23. (c) शैक्षणिक प्रदर्शन में छात्रों की विफलता के लिए जिज्ञासा का कारक जिम्मेदार नहीं है।

24. (*)

25. (c) एक निश्चित लक्ष्य तक पहुंचने के लिए छात्रों को उनकी संज्ञानात्मक क्षमताओं पर विचार करने के लिए प्रोत्साहित करके एक शिक्षक मेटा-संज्ञान (अपनी विचार प्रक्रिया को समझने) के विकास का अवसर दे रहा है।

26. (a) पढ़ाने और सीखने की प्रक्रिया की अवधारणा बनाते समय, राष्ट्रीय पाठ्यचर्या की रूपरेखा (2005) ने सक्रिय जुड़ाव और बातचीत के महत्व पर जोर दिया।

27. (c) छात्रों को हल करने के लिए एक प्रश्न देने के बाद शिक्षक को उनकी मदद हेतु ऐसे संकेत देने चाहिए जो प्रश्न के लिए जरूरी योजना को सक्रिय कर दें।

28. (c) शिक्षण-अधिगम प्रक्रिया के दौरान, शिक्षक को छात्रों को ऐसे अवसर देने चाहिए कि वे अपनी गलतफहमियों और वैकल्पिक धारणाओं को साझा कर सकें। गलत धारणाएँ और वैकल्पिक धारणाएँ हमेशा आधारहीन नहीं होती हैं और सीखने की प्रक्रिया में उनका महत्त्व नहीं होता।

29. (d) सीखने में असहाय होने की स्थिति तब पैदा होती है जब कोई छात्र यह मानता है कि पढ़ाई-लिखाई के नतीजे उसके नियंत्रण से बाहर हैं।

30. (b) किसी गतिविधि में रुचि के कारण अध्ययन करना आंतरिक प्रेरणा का एक उदाहरण है। आंतरिक प्रेरणा साफ तौर पर किसी बाहरी लाभ के बिना ही कुछ किया जाने वाला कार्य है।

❑❑❑

केंद्रीय शिक्षक पात्रता परीक्षा

कक्षा VI-VIII सॉल्व्ड पेपर, दिसंबर-2021

बाल विकास एवं शिक्षण शास्त्र

1. निम्नलिखित में से कौन-सा उदाहरण विकास के समीप दूरीभिमुखी/अधोगामी सिद्धांत को दर्शाता है?

(a) चलना सिखने से पहले दृश्य क्षमताओं का विकास होता है।

(b) बाह्यों का प्रभावी उपयोग हाथों का उपयोग करने की क्षमता से पहले होता है।

(c) व्यक्तिगत उंगलियों की गति को एकीकृत करना सीखने से पहले उंगली पकड़ने में महारत हासिल नहीं की जा सकती है।

(d) शरीर के आकार, तंत्रिक तंत्र के विकास की क्रम व गति अलग-अलग होती है।

2. विकासात्मक परिवर्तन-

(a) एक क्रमबद्ध और क्रमिक तरीके से होते हैं।

(b) शैशवावस्था में बहुत तेज गति से होते हैं और फिर किशोरावस्था तक कोई वृद्धि नहीं होती है।

(c) हमेशा रैखिक तरीके से होते हैं, चक्रीय ढंग से नहीं।

(d) किशोरावस्था तक आगे की ओर होते हैं और फिर पीछे की ओर बढ़ते हैं।

3. वातावरण व आनुवंशिक कारकों की परस्पर क्रिया किसके लिए जिम्मेदार है?

(a) केवल शारीरिक विकास

(b) केवल संज्ञानात्मक विकास

(c) शारीरिक व संज्ञानात्मक विकास

(d) शारीरिक, सामाजिक व संज्ञानात्मक विकास

4. बच्चों के सामाजीकरण के संदर्भ में कौन-सा कथन सही है?

(a) मीडिया सामाजीकरण की प्राथमिक संस्था है।

(b) मीडिया सामाजीकरण की द्वितीयक संस्था है।

(c) मीडिया बच्चे के सूक्ष्म तंत्र का अभिन्न हिस्सा है।

(d) मीडिया सामाजीकरण की संस्था नहीं है।

5. पियाजे के सिद्धांत में, एक समय में किसी वस्तु की केवल एक विशेषता पर ध्यान दे पाने की प्रवृत्ति को क्या कहा जाता है?

(a) केन्द्रीयता

(b) प्रतिवर्तिता

(c) आत्म केन्द्रीकरण

(d) जीववाद

6. निम्नलिखित में से कौन-सा मिलान पियाजे के संज्ञानात्मक चरण और उसको परिभाषित करने वाली विशेषता को सही ढंग से दर्शाता है?

(a) पूर्व संक्रियात्मक अवस्था - जीववाद

(b) संवेदी-चालक अवस्था — प्रतीकात्मक सोच

(c) मूर्त संक्रियात्मक अवस्था - अस्थगित अनुकरण

(d) अमूर्त संक्रियात्मक अवस्था - केन्द्रीकरण

7. लेव वायगोत्सकी के अनुसार भौतिक उपकरण जैसे कि_____ और_____ हमारे संज्ञानात्मक विकास में मदद और प्रभावित करते हैं।

(a) स्कीमा: नक्शे

(b) स्कीमा; भाषा

(c) नक्शे; कैल्कुलेटर

(d) स्कीमा; कैल्कुलेटर

8. लेव वायगोत्सकी के विचार में, निजी वाक्-

(a) एक महत्त्वपूर्ण सामाजिक कार्य करता है।

(b) बच्चों के संज्ञानात्मक विकास में बाधा डालता है।

(c) बच्चों की अहंकारी सोच को दर्शाता है।

(d) कोई संज्ञानात्मक कार्य नहीं करता है।

9. निम्नलिखित में से कौन एक प्रगतिशील कक्षा की विशेषता है?

(i) विभिन्न प्रकार की सामग्रियों की उपलब्धता।

(ii) गतिविधियों और कार्यों का प्रावधान

(iii) प्रत्यक्ष निर्देश का पालन

(iv) रटने और प्रत्यास्मरण पर जोर देना

(a) (i) (ii)

(b) (iii) (iv)

(c) (i) (ii) (iii) (iv)

(d) (i) (ii) (iv)

10. निम्नलिखित में से कौन कोहलबर्ग के चरणों का उनके अंतर्निहित सिद्धांतों के साथ सही सुमेलित युग्म है?

(a) सार्वभौमिक नैतिक अभिविन्यास - सजा से बचाव

(b) अच्छा लड़का-अच्छी लड़की अभिविन्यास - आदर्श पारस्परिकता

(c) कानून और व्यवस्था अभिविन्यास - एहसानों का एक-समान आदान-प्रदान

(d) सामाजिक अनुबंध अभिविन्यास - विवेक के स्वयं चुने हुए नैतिक सिद्धांत

11. बुद्धिमत्ता के समकालीन सिद्धांतों के अनुसार, बुद्धि क्या है?

(a) केवल दूसरों की नकल करने की क्षमता

(b) एक विशिष्ट एकाकी क्षमता

(c) क्षमताओं का एक समूह

(d) एक विलक्षण और सामान्य अवधारणा

12. शिक्षकों को महिलाओं और पुरुषों की गैर-परस्परवादी जेंडर भूमिकाओं पर चर्चा करनी चाहिए ताकि-

(a) जेंडर भूमिका में लचीलेपन को चुनौती मिले।

(b) जेंडर रूढ़िबद्धता को चुनौती मिले।

(c) जेंडर पक्षपात को बढ़ावा मिले।

(d) जेंडर भेदभाव को बढ़ावा मिले।

13. अभिकथन (A) : शिक्षिका को बच्चों को व्यक्तिगत रूप से काम करने के लिए प्रोत्साहित करना चाहिए व सहयोग करने से हतोत्साहित करना चाहिए।

कारण (R) : विविध शिक्षार्थियों वाली कक्षा में सहयोग एक अत्यधिक अप्रभावी रणनीति है।

सही विकल्प चुनें।

(a) (A) और (R) दोनों सही हैं और (R) सही व्याख्या करता है (A) की।

(b) (A) और (R) दोनों सही हैं लेकिन (R) सही व्याख्या नहीं है (A) की।

(c) (A) सही है लेकिन (R) गलत है।

(d) (A) और (R) दोनों गलत है।

14. मूल्यांकन के बारे में निम्नलिखित में से कौन-सा कथन सही नहीं है?

(a) सीखने के लिए मूल्यांकन सीखने-सिखाने की प्रक्रिया के पहले, दौरान व बाद में होता है।

(b) सीखने के लिए मूल्यांकन रचनात्मक मूल्यांकन पर केन्द्रित होना चाहिए।

(c) मूल्यांकन की प्रक्रिया गतिक होनी चाहिए।

(d) मूल्यांकन में मानकीकृत उपकरणों के उपयोग पर ध्यान केन्द्रित करना चाहिए।

15. निम्नलिखित में से कौन-सा प्रश्न वैचारिक समझ और आलोचनात्मक सोच को बढ़ावा देने का उदाहरण है?

(a) भारत का सबसे बड़ा राज्य है?

(b) केरल राज्य का कुल क्षेत्रफल कितना है?

(c) समाज को समावेशी बनाने के लिए क्या उपाय किए जाने चाहिए?

(d) प्रकाश संश्लेषण क्या है?

16. समावेशन को बढ़ावा देने के लिए क्या आवश्यक है?

(i) लचीला पाठ्यक्रम

(ii) गम्य इमारतें

(iii) योग्यता के आधार पर विद्यार्थियों का पृथक्करण

(iv) प्रतियोगिता केन्द्रित शिक्षाशास्त्र

(a) (i), (ii)

(b) (i), (iii)

(c) (i), (iv)

(d) (iii), (iv)

17. "दोहराव और बार-बार किए जाने वाला व्यवहार", निम्नलिखित में से किसकी विशेषता है?

(a) स्वलीनता

(b) गुणजवैकल्य

(c) पठनवैकल्य

(d) दृष्टि बाधित

18. निम्नलिखित में से कौन-सा विकल्प उन विद्यार्थियों के समावेशन में मदद करेगा जिन्हें ध्यान न्यूनता अतिक्रियाशीलता विकार है?

(a) कार्यों को छोटे, प्रबंधनीय भागों में तोड़ना।

(b) लंबे और दोहराव वाले दतकार्य देना

(c) कक्षा में विकर्षण बढ़ाना।

(d) कक्षा में संलग्न के विविध तरीकों को प्रतिबंधित करना।

19. उन विद्यार्थियों के सफल समावेशन के लिए जो आर्थिक रूप से कमजोर वर्ग से हैं, एक शिक्षिका को क्या करना चाहिए?

(a) बच्चों की अधिगम क्षमता का उनके सामाजिक वर्ग के साथ सहसंबंध मानना चाहिए।

(b) उन्हें कम उम्मीदों के साथ एक अलग संकाय में दाखिल करना चाहिए।

(c) उनकी सामाजिक-आर्थिक पृष्ठभूमि का सम्मान करके उन्हें स्वीकार करना चाहिए।

(d) प्रभावी संस्कृतियों से सम्बंधित उदाहरणों का ही प्रयोग करना चाहिए।

20. निम्नलिखित में से कौन-सा विकल्प दी गयी विशिष्ट अधिगम वरीयता वाले विद्यार्थियों के समावेशन हेतु यथोचित संयोजन रणनीति का सही युग्म है?

(a) गतिसंवेदी : सामग्री को जोर से पढ़ना।

(b) श्रवण : पुस्तकों/नोट्स से मुख्य अंशों को चिह्नित करना।

(c) स्पर्शनीय : सामग्री के मौखिक सारांश के लिए पूछना।

(d) दृश्य : विषयवस्तु को व्यवस्थित करने के लिए मानचित्र और प्रवाह चार्ट का उपयोग करना।

21. अभिकथन (A) : अधिगम में बच्चों द्वारा देखे और अनुभव किये गए तथ्यों के बीच संबंध स्थापित करने की प्रक्रिया शामिल है।

कारण (R) : बच्चे रेखीय तरीके से सीखते हैं न कि चक्रीय तरीके से।

सही विकल्प चुनें।

(a) (A) और (R) दोनों सही हैं और (R) सही व्याख्या करता है (A) की।

(b) (A) और (R) दोनों सही हैं लेकिन (R) सही व्याख्या नहीं है (A) की।

(c) (A) सही है लेकिन (R) गलत है।

(d) (A) और (R) दोनों गलत है।

22. राष्ट्रीय शिक्षा नीति, 2020 निम्नलिखित में से किसको प्रस्तावित नहीं करती?

i. यह सीखना कि कैसे सीखना है।

ii. विषय-वस्तु में बढ़ोतरी

iii 360-डिग्री समग्र प्रगति रिपोर्ट कार्ड

iv. मानकीकृत पाठ्यचर्या, शिक्षाशास्त्र व मूल्यांकन

(a) (ii) और (iv)

(b) (i) और (iii)

(c) (ii), (iii) और (iv)

(d) (i), (ii) और (iv)

23. निम्नलिखित में से कौन-सा विकल्प विद्यार्थियों के चिंतन को सुसाध्य नहीं करता है?

(a) अधिगम के हस्तांतरण पर आधारित गतिविधियाँ देना।

(b) समझने के बजाय रटने की ओर लक्ष्य करना।

(c) स्व-नियमन और चिंतनशील होने के अवसर देना।

(d) नई जानकारी को पूर्व ज्ञान से जोड़ना।

24. ______और ______वातावरण की स्थापना विद्यालयों में अधिगम का एक अनिवार्य हिस्सा है।

(a) सहयोगात्मक, सहकारात्मक

(b) प्रतिस्पर्धात्मक, उबाऊ

(c) रचनात्मक, यांत्रिक

(d) भयपूर्ण, चुनौतीपूर्ण

25. संप्रत्ययों की प्रस्तुति का क्रम क्या होना चाहिए?

(a) आवेदन-आधारित से समझ-आधारित की ओर

(b) उच्च-क्रम से निम्न-क्रम तक

(c) अमूर्त से मूर्त की ओर

(d) सरल से जटिल की ओर

26. निम्न में से कौन-सा विद्यार्थियों के समस्या समाधान कौशलों को सुसाध्य करता है?

(a) समरूपक चिंतन

(b) प्रकार्यात्मक स्थिरता

(c) अनुक्रिया समुच्चय

(d) उद्दीपन-अनुक्रिया संबंध

27. विद्यार्थियों द्वारा की गई त्रुटियों पर प्रतिक्रिया देने का कौन-सा तरीका संरचनात्मक है?

(a) त्रुटि करने के व्यवहार को मिटाने के लिए दण्ड देना।

(b) संकेत और इशारे देकर विद्यार्थियों को अपनी त्रुटियां खुद खोजने में मदद करना।
(c) बिना कोई प्रतिपुष्टि दिए त्रुटियां करने पर अंक कम कर देना।
(d) विद्यार्थियों की त्रुटियों को पूरी तरह से अनदेखा कर देना।

28. कभी-कभार व्यक्ति का सामाजिक अस्मिता पर आधारित रूढ़िवाद विद्यार्थियों में असमानताओं की मान्यताएं पैदा कर देता है। इस तरह से नकारात्मक रूढ़िवादों का प्रभाव कम करने के लिए शिक्षिका को क्या करना चाहिए?
(a) विद्यार्थी को यह कहना चाहिए कि अधिगम एक अनियंत्रित प्रक्रिया है।
(b) ऐसे उदाहरण देना जो यह दर्शाए कि ये रूढ़िवाद सच है।
(c) इस बात पर बल देना कि अधिगम प्रयास पर प्रभावी रूप से निर्भर है।
(d) विद्यार्थियों को बारम्बार इनाम और सजा देना।

29. एक विद्यार्थी परीक्षा में अंतिम स्थान पर आने से बचने के लिए अध्ययन कर रहा है। यह किस तरह के लक्ष्य का उदाहरण है?
(a) महारत हासिल करने की दिशा में उन्मुख लक्ष्य
(b) परिहार-उन्मुख महारत लक्ष्य
(c) प्रदर्शन की दिशा में उन्मुख लक्ष्य
(d) परिहार-उन्मुख प्रदर्शन लक्ष्य

30. अभिकथन (A) : प्रभावी शिक्षण-अधिगम प्रक्रिया के लिए विद्यालय और सामुदायिक जीवन को किसी भी तरह से नहीं जोड़ा जाना चाहिए।
कारण (R) : विद्यालय और समुदाय को जोड़ने से विद्यार्थियों की सामाजिक भागीदारी के अवसर सीमित हो जाते हैं।
सही विकल्प चुनें।
(a) (A) और (R) दोनों सही हैं और (R) सही व्याख्या करता है (A) की।
(b) (A) और (R) दोनों सही हैं लेकिन (R) सही व्याख्या नहीं है (A) की।
(c) (A) सही है लेकिन (R) गलत है।
(d) (A) और (R) दोनों गलत है।

उत्तर व्याख्या सहित

1. (d) शरीर के आकार, तंत्रिका तंत्र के विकास के पैटर्न अलग-अलग होते हैं। समीपस्थ सिद्धांत कहता है कि विकास शरीर के केंद्र से बाहर की ओर होता है। इस सिद्धांत के अनुसार, शरीर का धड़, हाथ और पैरों से पहले विकसित होता है।

2. (d) किशोरावस्था तक विकासात्मक परिवर्तन आगे की ओर होते हैं और फिर पीछे की ओर बढ़ते हैं।

3. (d) पर्यावरण और वंशानुगत कारकों की परस्पर क्रिया के कारण शारीरिक, सामाजिक और संज्ञानात्मक विकास होता है।

4. (c) मीडिया बच्चे के सूक्ष्म तंत्र का एक महत्त्वपूर्ण हिस्सा है। समाजीकरण वह प्रक्रिया है जिसके द्वारा बच्चों को समाज का सफल सदस्य बनने के लिए तैयार किया जाता है। समाज में अच्छी तरह कामकाज के लिए जरूरी कौशल, व्यवहार पैटर्न, विचारों और मूल्यों को सीखने की आवश्यकता है।

5. (d) पियाजे के सिद्धांत के अनुसार, एक समय में केवल किसी वस्तु की विशेषता पर ध्यान केंद्रित करने की प्रवृत्ति को जीववाद कहा जाता है।

जीन पियाजे का संज्ञानात्मक विकास का सिद्धांत बताता है कि बच्चे मानसिक विकास के चार चरणों से गुजरते हैं। उनका सिद्धांत केवल बुद्धिमानी को समझने पर ही केंद्रित नहीं है। पियाजे के चरण इस प्रकार हैं:

- सेंसोरिमोटर चरण: जन्म से 2 वर्ष तक
- पूर्व-संचालन चरण: 2 से 7 वर्ष की आयु तक
- ठोस परिचालन चरण: 7 से 11 वर्ष की आयु तक
- औपचारिक संचालन चरण: 12 वर्ष और उससे अधिक आयु तक

6. (*)

7. (*)

लेव शेमियोनोविच वायगोत्स्की एक सोवियत मनोवैज्ञानिक थे, जो बच्चों के मनोवैज्ञानिक विकास पर अपने काम के लिए जाने जाते थे। उन्होंने विविध विषयों पर लेख प्रकाशित किए, और कई विचारों के साथ उनका दृष्टिकोण इन वर्षों के दौरान बदलता गया। उनके छात्रों में अलेक्जेंडर लुरिया और खार्कोव स्कूल ऑफ साइकोलॉजी से संबंधित थे।

8. (a) लेव वायगोत्स्की के अनुसार, व्यक्तिगत भाषा एक महत्त्वपूर्ण सामाजिक उद्देश्य को पूरा करती है। निजी भाषण संचार, आत्म-मार्गदर्शन और व्यवहार के स्व-नियमन के लिए स्वयं से बोली जाने वाली बोली है।

9. (c) छात्रों के लिए वास्तविक दुनिया की स्थितियों का अनुभव करने के लिए प्रगतिशील कक्षा सबसे अच्छा तरीका है। इस अवधारणा को प्रायोगिक शिक्षा के रूप में भी जाना जाता है।

प्रगतिशील कक्षा की विशेषताओं में शामिल हैं-

- विभिन्न प्रकार की सामग्रियों की उपलब्धता
- गतिविधियों और कार्यों की सीमा।
- प्रत्यक्ष निर्देश का पालन।
- याद रखने और स्मरण करने पर ध्यान।

10. (b) अच्छा लड़का-अच्छी लड़की अभिविन्यास- आदर्श पारस्परिकता। कोलबर्ग ने नैतिक तर्क के तीन अलग-अलग स्तरों की पहचान की। कोलबर्ग ने सुझाव दिया कि लोग एक निश्चित क्रम में इन चरणों से गुजरते हैं और नैतिक समझ संज्ञानात्मक विकास से जुड़ी होती है।

11. (c) बुद्धिमत्ता के समकालीन सिद्धांतों के अनुसार, बुद्धि क्षमताओं का एक समूह है। इंटेलिजेंस को कई तरह से परिभाषित किया गया है: अमूर्तता की क्षमता, तर्क, आत्म-जागरूकता को समझना, भावनात्मक ज्ञान सीखना, तर्क करना, योजना बनाना, रचनात्मकता, आलोचनात्मक सोच और समस्या-समाधान।

12. (b) शिक्षक को लैंगिक रूढ़िवादिता को चुनौती देने के लिए गैर-परस्परवादी लिंग भूमिकाओं में पुरुषों और महिलाओं के चित्रण पर चर्चा करनी चाहिए।

जेंडर स्टीरियोटाइपिंग किसी महिला या पुरुष की विशिष्ट विशेषताओं, गुणों, या भूमिकाओं को केवल उसके या महिलाओं या पुरुषों के सामाजिक समूह में उसकी सदस्यता के कारण बताने की प्रथा है।

13. (d) दोनों (A) और (R) गलत हैं।

14. (b) सीखने के लिए आकलन रचनात्मक मूल्यांकन पर केंद्रित होना चाहिए।

15. (c) "समाज को समावेशी बनाने के लिए क्या उपाय किए जाने चाहिए" यह वैचारिक समझ और आलोचनात्मक सोच को बढ़ावा देने के लिए एक प्रश्न का एक उदाहरण है।

16. (a) समावेशन को बढ़ावा देने के लिए, लचीला पाठ्यक्रम और गम्य भवन होना महत्त्वपूर्ण है।

17. (a) स्वलीनता "दोहराव और आदतन व्यवहार" की विशेषता है।

18. (a) छोटे, प्रबंधनीय हिस्सों में कार्य को बाँटने से अटेंशन डेफिसिट हाइपरएक्टिविटी डिसऑर्डर वाले छात्रों को शामिल करने में मदद मिलेगी।

19. (c) आर्थिक रूप से कमजोर वर्गों के छात्रों के सफल समावेश के लिए एक शिक्षक को उनकी सामाजिक-आर्थिक पृष्ठभूमि का सम्मान और स्वीकार करना चाहिए।

20. (d) दृश्य: सामग्री को व्यवस्थित करने के लिए मानचित्रों और प्रवाह चार्ट का उपयोग करें।

21. (a) सीखने के कार्य में बच्चों द्वारा देखे और अनुभव किए गए तथ्यों के बीच संबंध स्थापित करने की प्रक्रिया शामिल है। क्योंकि बच्चे रैखिक तरीके से सीखते हैं न कि चक्रीय तरीके से।

22. (c) 360 डिग्री समग्र प्रगति रिपोर्ट कार्ड, मानकीकृत पाठ्यक्रम को पढ़ना सीखना शिक्षाशास्त्र और मूल्यांकन आदि राष्ट्रीय शिक्षा नीति-2020 में प्रस्तावित हैं। शिक्षा मंत्रालय ने 29 जुलाई, 2020 को राष्ट्रीय शिक्षा नीति-2020 की घोषणा की है। राष्ट्रीय शिक्षा नीति की विशिष्ट विशेषताओं में शामिल हैं: सभी स्तरों पर सार्वभौमिक पहुँच सुनिश्चित करना:

(i) प्री-प्राइमरी स्कूल से कक्षा 12 तक स्कूली शिक्षा

(ii) नई पाठ्यचर्या और शैक्षणिक संरचनाएं (5 + 3 + 3 + 4)।

(iii) कला और विज्ञान के बीच, कला की पाठ्येतर गतिविधियों के बीच, व्यावसायिक और शैक्षणिक धाराओं के बीच कोई ठोस अलगाव नहीं।

(iv) मूलभूत साक्षरता और संख्यात्मकता पर राष्ट्रीय मिशन की स्थापना करना।

(v) नए राष्ट्रीय मूल्यांकन केंद्रों की स्थापना।

(vi) समान और समावेशी विकास

(vii) वंचित क्षेत्र और समूहों आदि के लिए एक अलग लिंग समावेशन निधि और विशेष शिक्षा क्षेत्र।

23. (b) समझने के बजाय याद रखने की ओर लक्ष्य करना बच्चों की सोच को सुविधाजनक नहीं बनाता है।

24. (a) सहयोगात्मक और सहकारात्मक वातावरण की स्थापना स्कूल में सीखने का एक अनिवार्य हिस्सा है।

25. (d) संप्रत्ययों की प्रस्तुति का क्रम सरल से जटिल तक होना चाहिए।

26. (a) अनुरूप सोच छात्रों को समस्या सुलझाने के कौशल की सुविधा प्रदान करती है। औपचारिक तर्क के उपयोग के बजाय, परिचित से अपरिचित तक का निष्कर्ष अनुरूप सोच की विशेषता है।

27. (b) छात्रों को अपनी त्रुटि की पहचान करने में मदद करने के लिए संकेत देना छात्रों की त्रुटियों का जवाब देने का एक रचनात्मक तरीका है।

28. (c) शिक्षक इस बात पर जोर देकर नकारात्मक रूढ़िवादिता के प्रभाव को दूर कर सकते हैं कि सीखना महत्त्वपूर्ण रूप से प्रयासों पर निर्भर करता है।

29. (d) यह परिहार उन्मुख प्रदर्शन लक्ष्यों का एक उदाहरण है।

30. (a)

❑❑❑

केंद्रीय शिक्षक पात्रता परीक्षा

कक्षा I-V सॉल्व्ड पेपर, दिसंबर-2020

बाल विकास एवं शिक्षण शास्त्र

1. विविध पृष्ठभूमियों के अधिगमकर्ताओं को संबोधित करने हेतु, एक अध्यापक को-
(a) सभी के लिए मानकीकृत आकलनों का इस्तेमाल करना चाहिए।
(b) ऐसे कथनों का इस्तेमाल करना चाहिए जो नकारात्मक रूढ़िबद्ध धारणाओं को मजबूत करें।
(c) विविधता संबंधी मुद्दों पर बातचीत टालनी चाहिए।
(d) विविध विन्यासों से उदाहरण लेने चाहिए।

2. समस्या-समाधान क्षमताओं को किस प्रकार सुसाध्य किया जा सकता है?
(a) समरूपों के इस्तेमाल को बढ़ावा देकर।
(b) विद्यार्थियों में डर की भावना पैदा कर।
(c) लगातार अभ्यास और कार्यान्वयन पर जोर देकर।
(d) समस्याओं के हल हेतु अटल प्रक्रिया के इस्तेमाल को बढ़ावा देकर।

3. अधिगम कठिनाइयों से जूझते छात्रों की जरूरतों को संबोधित करने के लिए, एक अध्यापक को क्या नहीं करना चाहिए?
(a) व्यक्तिगत शैक्षिक योजना बनाना।
(b) शिक्षाशास्त्र और आकलन की जटिल संरचनाओं का प्रयोग।
(c) दृश्य-श्रव्य सामग्रियों का इस्तेमाल।
(d) संरचनात्मक शिक्षाशास्त्रीय उपागमों का इस्तेमाल।

4. सर्जनात्मकता की पहचान का प्रमुख लक्षण क्या है?
(a) अतिसक्रियता
(b) असतर्कता
(c) कम परिज्ञानता/बोधगम्यता
(d) अपसारी चिंतन

5. निम्न में से अध्यापन-अधिगम का सबसे प्रभावशाली माध्यम कौन-सा है?
(a) बिना विश्लेषण के अवलोकन करना
(b) अनुकरण/नकल और दोहराना
(c) विषय-वस्तु को यंत्रवत याद करना
(d) संकल्पनाओं के बीच संबंध खोजना

6. एक अध्यापिका को, दिए गए किसी कार्यकलाप में छात्रों की विभिन्न त्रुटियों का विश्लेषण करना चाहिए, क्योंकि-
(a) इसके आधार पर वह ज्यादा त्रुटियाँ करने वाले छात्रों को दूसरे छात्रों से अलग कर सकती है।
(b) अधिगम केवल त्रुटियों के शोधन पर निर्भर है।
(c) इसके आधार पर वह दंड की मात्रा निर्धारित कर सकती है।
(d) त्रुटियों की समझ, अध्यापन-अधिगम प्रक्रिया के लिए अर्थपूर्ण है।

7. अधिगम की अभिप्रेरणा को किस प्रकार कायम रखा जा सकता है?
(a) बच्चों को बहुत आसान क्रियाकलाप देकर।
(b) यंत्रवत याद करने पर जोर देकर।
(c) बच्चे को दंड देकर।
(d) प्रवीणता-अभिमुखी लक्ष्यों पर जोर देकर।

8. शर्मिंदगी-
(a) बच्चों को अधिगम हेतु अभिप्रेरित करने के लिए बहुत प्रभावशाली है।
(b) के भाव को अध्यापन-अधिगम प्रक्रिया में बारंबार पैदा करना चाहिए।
(c) का संज्ञान से कोई संबंध नहीं है।
(d) का संज्ञान पर नकारात्मक प्रभाव पड़ सकता है।

9. अधिगम का संरचनात्मक विचार यह सुझाव देता है कि ज्ञान की संरचना में-
(a) बच्चे सक्रिय भूमिका निभाते हैं।
(b) बच्चे पूर्ण रूप से पाठ्य-पुस्तकों पर निर्भर रहते हैं।
(c) बच्चों की कोई भूमिका नहीं होती।
(d) बच्चे पूर्ण रूप से वयस्कों पर निर्भर रहते हैं।

10. अधिगम के लिए निम्न में से कौन-सी धारणा उपयुक्त है?
(a) प्रयासों से कोई फर्क नहीं पड़ता।
(b) असफलता अनियंत्रित है।
(c) योग्यता सुधार्य है।
(d) योग्यता अटल है।

11. निम्न में से कौन-सी परिपाटी, विद्यार्थियों में संकल्पनात्मक समझ में बढ़ोतरी करने में सहायक है?
(a) बारंबार परीक्षाएँ
(b) अन्वेषण और संवाद
(c) प्रतिस्पर्धा आधारित प्रतिस्पर्धाएँ
(d) पाठ्य-पुस्तक-केंद्रित शिक्षाशास्त्र

12. बच्चों को सीखने में कठिनाई होती है, जब-
(a) अधिगम सामाजिक संदर्भ में हो।
(b) विषय-वस्तु को बहुरूपों में प्रस्तुत किया गया हो।
(c) सूचना अलग-अलग टुकड़ों में प्रस्तुत की जाए।
(d) वो आंतरिक रूप से अभिप्रेरित हो।

13. अधिगम की सर्वोत्तम अवस्था कौन-सी है?
(a) संतुलित उत्तेजना, कोई भय नहीं
(b) कोई उत्तेजना नहीं, कोई भय नहीं
(c) उच्च उत्तेजना, उच्च भय
(d) निम्न उत्तेजना, उच्च भय

14. बच्चों के विकास की व्यक्तिगत विभिन्नताओं को किस पर प्रतिरोपित किया जा सकता है?
(a) न आनुवंशिकता पर न पर्यावरण पर
(b) आनुवंशिकता एवम् पर्यावरण की पारस्परिकता पर
(c) केवल आनुवंशिकता पर
(d) केवल पर्यावरण पर

15. एक कार्य के दौरान, सायना स्वयं से बात कर रही है कि वह कार्य पर किस प्रकार प्रगति कर सकती है। लेव वायगोत्स्की के भाषा और चिंतन/सोच के बारे में दिए गए विचारों के अनुसार, इस तरह का 'व्यक्तिगत वाक' क्या दर्शाता है?

(a) आत्म-केन्द्रिता
(b) मनोवैज्ञानिक विकार
(c) संज्ञानात्मक अपरिपक्वता
(d) स्व:नियमन

16. मूल्यांकन पद्धतियों का लक्ष्य होना चाहिए-

(a) विद्यार्थियों की जरूरतों एवम् आवश्यकताओं की पहचान करना।
(b) पुरस्कार-वितरण हेतु उच्च-अंक प्राप्त करने वाले विद्यार्थियों की पहचान करना।
(c) विद्यार्थियों को नामांकित करना।
(d) योग्यता-आधारित समूहों में विद्यार्थियों को विभाजित करना।

17. एक गतिविधि के दौरान, छात्रों को संघर्ष करते देख, एक अध्यापिका बच्चों को संकेत और इशारे जैसे-'क्या, क्यों, कैसे' प्रदान करने का फैसला लेती है। लेव वायगोत्स्की के सिद्धांत के अनुसार, अध्यापिका की यह योजना-

(a) छात्रों में प्रत्याहार/निकास प्रवृत्तियाँ पैदा करेगी।
(b) अधिगम की प्रक्रिया में अर्थहीन होगी।
(c) बच्चों को अधिगम के लिए अनुत्प्रेरित/निष्प्रेरित करेगी।
(d) अधिगम के लिए पाड़/आधारभूत संरचना का काम करेगी।

18. एक खेल क्रिया के दौरान चोट लगने पर रोहन रोने लगा। यह देखकर उसके पिता ने कहा, "लड़कियों की तरह व्यवहार न करो; लड़के रोते नहीं हैं।" पिता का यह कथन-

(a) लैंगिक भेदभाव को कम करता है।
(b) लैंगिक समानता को बढ़ावा देता है।
(c) लैंगिक रूढ़िवादिता को दर्शाता है।
(d) लैंगिक रूढ़िवादिता को चुनौती देता है।

19. एक प्रगतिशील कक्षा में-

(a) ज्ञान की संरचना के लिए प्रचुर मौके प्रदान करने चाहिए।
(b) विद्यार्थियों को उनके अकादमिक अंकों के आधार पर नामांकित करना चाहिए।
(c) अध्यापक को अटल पाठ्यक्रम का पालन करना चाहिए।
(d) विद्यार्थियों में प्रतिस्पर्धा पर बल देना चाहिए।

20. लॉरेंस कोलबर्ग के सिद्धांत के अनुसार, "किसी कार्य को इसीलिए करना, क्योंकि दूसरे इसे स्वीकृति देते हैं", नैतिक विकास के ______ चरण को दर्शाता है।

(a) उत्तर-प्रथागत
(b) अमूर्त संक्रियात्मक
(c) प्रथा-पूर्व
(d) प्रथागत

21. बच्चों के समाजीकरण के संदर्भ में निम्न में से कौन-सा कथन सही है?

(a) समकक्षी समाजीकरण के प्राथमिक कारक हैं और परिवार समाजीकरण का एक द्वितीयक कारक है।
(b) परिवार एवम् जन-संचार दोनों समाजीकरण के द्वितीयक कारक हैं।
(c) विद्यालय समाजीकरण का एक द्वितीयक कारक है और परिवार समाजीकरण का एक प्राथमिक कारक है।
(d) विद्यालय समाजीकरण का एक प्राथमिक कारक है और समकक्षी समाजीकरण के द्वितीयक कारक हैं।

22. बहु-बुद्धि का सिद्धांत जोर देता है कि-

(a) बुद्धिमत्ता की विभिन्न दशाएँ हैं।
(b) बुद्धिमत्ता में कोई व्यक्तिगत विभिन्नताएँ नहीं होती हैं।
(c) बुद्धि-लब्धि केवल वस्तुनिष्ठ परीक्षणों द्वारा ही मापी जा सकती है।
(d) एक आयाम में बुद्धिमत्ता, अन्य सभी आयामों में बुद्धिमत्ता निर्धारित करती है।

23. जीन पियाजे के संज्ञानात्मक विकास के सिद्धांत में, पूर्व-संक्रियात्मक अवस्था में विकास का मुख्य गुण क्या होता है?

(a) परिकल्पित-निगमनात्मक सोच
(b) संरक्षण और पदार्थों को क्रमबद्ध करने की क्षमता
(c) अमूर्त सोच का विकास
(d) विचार/सोच में केंद्रीकरण

24. विकास के संदर्भ में निम्न में से कौन-सा कथन सही है?

(a) विकास केवल बाल्यावस्था के दौरान ही होता है।
(b) विकास बहुआयामी होता है।
(c) विकास की दर, सभी संस्कृतियों में सभी के लिए समान होती है।
(d) विकास केवल विद्यालय में होने वाले अधिगम से ही होता है।

25. लेव वायगोत्स्की का सामाजिक-सांस्कृतिक परिप्रेक्ष्य, अधिगम प्रक्रिया में ______ के महत्व पर जोर देता है।

(a) अभिप्रेरणा
(b) संतुलीकरण
(c) सांस्कृतिक उपकरणों
(d) गुणारोपण

26. जीन पियाजे अपने संज्ञानात्मक विकास के सिद्धांत में, संज्ञानात्मक संरचनाओं को ______ के रूप में वर्णित करते हैं।

(a) विकास का समीपस्थ क्षेत्र
(b) स्कीमा/मनोबंध
(c) मनोवैज्ञानिक उपकरणों
(d) उद्दीपक-अनुक्रिया संबंध

27. एक समावेशी कक्षा में ______ पर जोर होना चाहिए।

(a) सामाजिक पहचान के आधार पर छात्रों के अलगाव
(b) हर बच्चे के सामर्थ्य को अधिकतम करने के लिए अवसर प्रदान करने
(c) प्रदर्शन-अभिमुखी लक्ष्यों
(d) अविभेदी/समरूपी निर्देशों

28. दिव्यांगजन अधिकार अधिनियम (2016) के अनुसार, निम्न में से किस शब्दावली का प्रयोग उपयुक्त है?

(a) छात्र जिसे शारीरिक दिव्यांगता है।
(b) छात्र जिसका अशक्त शरीर है।
(c) मंदित छात्र
(d) विकलांग छात्र

29. जन्म से किशोरावस्था तक बच्चों में विकास किस क्रम में होता है?

(a) मूर्त, अमूर्त, सांवेदिक
(b) अमूर्त, मूर्त, सांवेदिक
(c) सांवेदिक, मूर्त, अमूर्त
(d) अमूर्त, सांवेदिक, मूर्त

30. एक प्रगतिशील कक्षा में व्यक्तिगत विभिन्नताओं को किस प्रकार देखा जाना चाहिए?

(a) योग्यता-आधारित समूह बनाने का मापदंड।
(b) अध्यापन-अधिगम प्रक्रिया की परियोजना के लिए महत्त्वपूर्ण।
(c) अधिगम की प्रक्रिया में बाधा।
(d) अध्यापक के पक्ष पर असफलता।

उत्तर व्याख्या सहित

1. (d) विविध पृष्ठभूमियों के अधिगमकर्ताओं को संबोधित करने हेतु, एक अध्यापक के विविध-विन्यासों से उदाहरण लेने चाहिए। भारत विविधताओं से भरा देश है। विद्यालयों के विविधतापूर्ण कारको जैसे– भाषा, नस्ल, लिंग जाति, वर्ग आय स्तर को ध्यान में रखकर अध्यापक अलग-अलग पृष्ठभूमियों, संस्कृति और अनुभवों को अधिगमकर्ताओं से साझा करे।

2. (a) समस्या-समाधान क्षमताओं को समरूपों के इस्तेमाल को बढ़ावा देकर सुसाध्य किया जा सकता है। समस्या-समाधान विधि विद्यार्थी की मानसिक क्रिया पर आधारित होती है क्योंकि इस विधि में समस्या का चयन करके विद्यार्थी स्वयं के विचारों एवं तर्क शक्ति के आधार पर मानसिक रूप से समस्या का हल ढूँढ कर नवीन ज्ञान प्राप्त करता है। इस विधि में विद्यालय का पाठ्यक्रम इस प्रकार संगठित किया जाता है कि बालकों के सामने एक वास्तविक समस्या उत्पन्न हो सके। इस प्रकार समस्या विधि में मानसिक निष्कर्षों पर अधिक बल दिया जाता है।

3. (b) अधिगम कठिनाइयों से जूझते छात्रों की जरूरतों को संबोधित करने के लिए, एक अध्यापक को शिक्षाशास्त्र और आकलन की जटिल संरचनाओं का प्रयोग नहीं करना चाहिए। शिक्षक अध्यापन कार्य करता है तो वह इस बात का ध्यान रखता है कि अधिगमकर्ता को अधिक-से-अधिक समझ आए अर्थात पाठ्यवस्तु आसान और सरल भाषा में हो। जिससे अधिगमकर्ता उसमें रूचि ले सके।

4. (d) सर्जनात्मकता की पहचान का प्रमुख लक्षण अपसारी चिंतन से है। सर्जनात्मकता से अभिप्राय जीवन के विभिन्न क्षेत्रों में नवीन दृष्टिकोण अपनाना है। इस प्रकार सृजनशील व्यक्ति सदा नए दृष्टिकोण, विचार और व्यवहार अपनाने के लिए सदा तत्पर रहता है जिससे वह समस्या के नवीन समाधान खोजने में सफल रहता है।

5. (d) अध्यापन-अधिगम का सबसे प्रभावशाली माध्यम संकल्पनाओं के बीच संबंध खोजने से है। अधिगम एक व्यापक सतत् एवं जीवन पर्यन्त चलनेवाली महत्वपूर्ण प्रक्रिया है। जब शिक्षक अध्यापन कार्य करता है तो वह इस बात का ध्यान रखता है कि अधिगमकर्ता को अधिक-से-अधिक समझ में आये।

6. (d) एक अध्यापिका को दिए गए किसी कार्यकलाप में छात्रों की विभिन्न त्रुटियों का विश्लेषण करना चाहिए क्योंकि इससे त्रुटियों की समझ, अध्यापन-अधिगम प्रक्रिया के लिए अर्थपूर्ण हो जाता है। इसके आधार पर वह अधिक त्रुटियाँ करने वाले छात्रों को दूसरे छात्रों से अलग कर सकता है और उन पर विशेष ध्यान देकर उनकी सीखने की क्षमता को बढ़ा सकता है।

7. (d) अधिगम की अभप्रेरणा को प्रवीणता-अभिमुखी लक्ष्यों पर जोर देकर कायम रखा जा सकता है। अभिप्रेरणा का अर्थ मोटीवेशन (Motivation) होता है। सीखने या अधिगम के क्षेत्र में अभिप्रेरणा का विशेष महत्व है। इस प्रक्रिया द्वारा व्यक्ति जीवन के सामाजिक, प्राकृतिक एवं व्यक्तिक क्षेत्र में अभिप्रेरणा द्वारा ही सफलता की सीढ़ी तक पहुँच पाता है।

8. (d) शर्मिंदगी का संज्ञान पर नकारात्मक प्रभाव पड़ सकता है। बालक को शिक्षा इस प्रकार मिलनी चाहिए कि वह उसके प्राकृतिक विकास में बाधा न बने बल्कि सहायक हो। शर्मिंदगी से, बालकों पर इसका सबसे ज्यादा नकारात्मक प्रभाव शिक्षा पर पड़ता है। शर्मिंदगी के कारण उनका मानसिक विकास रूक जाता है और उनमें कुंठा घर का जाती है।

9. (a) अधिगम का संरचनात्मक विचार यह सुझाव देता है कि ज्ञान की संरचना में बच्चे सक्रिय भूमिका निभाते हैं, संरचनात्मकता शब्द से अभिप्राय अधिगमकर्ता के द्वारा स्वयं के लिए ज्ञान की संरचना से है। प्रत्येक अधिगमकर्ता अधिगम से वैयक्तिक एवं सामाजिक अर्थ की संरचना करता है। इस प्रकार अधिगम अर्थ संरचित करने की प्रक्रिया है। संरचनाओं के अध्ययन की अचेतन प्रकृति का संभवतया उत्तम उदाहरण मातृभाषा अध्ययन में देखा जा सकता है।

10. (c) अधिगम के लिए योग्यता सुधार्य उपयुक्त धारणा है। अधिगम एक व्यापक सतत् एवं जीवन पर्यन्त चलने वाली प्रक्रिया है। मनुष्य जन्म के उपरांत ही सीखना प्रारंभ कर देता है और जीवन भर कुछ-न-कुछ सीखता रहता है। धीरे-धीरे वह अपने को वातावरण से समायोजित करने का प्रयत्न करता है। इस समायोजन के दौरान वह अपने अनुभवों से अधिक लाभ उठाने का प्रयास करता है। जिससे उसकी योग्यता में निरंतर विकास होता जाता है।

अधिगम के मुख्यत: तीन नियम है।

(i) तत्परता

(ii) अभ्यास का नियम

(iii) प्रभाव का नियम

11. (b) विद्यार्थियों में अन्वेषण और संवाद संकल्पनात्मक समझ में बढ़ोत्तरी करने में सहायक होता है। शिक्षण की गतिविधियाँ उस समय सर्वाधिक प्रेरणादायक होती है, जब वे विद्यार्थियों को या तो समस्या का व्यवहारिक रूप से अन्वेषण करने के लिए जोड़ते हैं या समस्या के समाधान के द्वारा चिंतन के कौशलों को विकसित करने के लिए सक्रिय रूप से जोड़ते हैं।

12. (c) बच्चों को सीखने में कठिनाई उस समय होती है, जब सूचना अलग-अलग टुकड़ों में प्रस्तुत की जाए। सीखना समग्रता में ही संभव है न कि तब जब ज्ञान को छोटे-छोटे टुकड़ों में तोड़ा या विषयों में बाँटा जाए। प्राभमिक स्तर पर बच्चे एक-दूसरे के साथ अंत: क्रिया (खेलते-कूदते, हँसते-गाते) करते हुए बेहतर तरीके से सीख पाते हैं।

13. (a) अधिगम की सर्वोत्तम अवस्था जन्म से 3 वर्ष तक का शैशवावस्था होता है इसमें बच्चों में अनुकरण एवं दोहराने की तीव्र प्रकृति पाई जाती है। इसी काल में बच्चों का समाजीकरण भी प्रारंभ हो जाता है। इस काल में जिज्ञासा की तीव्रता बच्चों में पाई जाती है। इस प्रकार बच्चों में सीखने या अधिगम की सर्वोत्तम अवस्था उनमें संतुलित उत्तेजना और भय की समाप्ति आवश्यक है, अत: बालक सहज क्रियाओं और मूल प्रवृत्तियों के अनुसार सीखते हैं।

14. (b) बच्चों के विकास की व्यक्तिगत विभिन्नताओं को अनुवांशिकता एवम् पर्यावरण की पारस्परिकता पर प्रतिरोपित किया जा सकता है। बालकों के व्यक्तित्व पर भौगोलिक, सामाजिक और सांस्कृतिक वातावरण का महत्वपूर्ण भूमिका होती है। थॉर्नडाइक के अनुसार बालक के जीवन और विकास में बालक की मूल शक्तियों में वंशानुक्रम के प्रभाव को वरीयता दी है। व्यक्ति का कद, वर्ण, स्वास्थ्य, बुद्धि, मानसिक शक्ति आदि उसके वंशानुक्रम पर आधारित होते हैं। इसके साथ ही पर्यावरण का बच्चों के विकास पर भी प्रभाव पड़ता है।

15. (d)

16. (a) मूल्यांकन पद्धतियों का लक्ष्य विद्यार्थियों की जरूरतों एवम् आवश्यकताओं की पहचान करना होना चाहिए मूल्यांकन द्वारा विद्यार्थियों के कमजोर क्षेत्रों की पहचान करके उन्हें आगे बढ़ाने में मदद करता है। मूल्यांकन के प्रमुख उद्देश्यों को निम्नवत् ढंग से सूचीबद्ध किया जा सकता है।

(i) ज्ञान की जाँच एवं विकास की जानकारी
(ii) अधिगम की प्रेरणा
(iii) व्यक्तिगत भिन्नताओं की जानकारी
(iv) निदान
(v) शिक्षण की प्रभावशीलता ज्ञात करना
(vi) पाठ्यक्रम में सुधार
(vii) चयन
(viii) मानकों का निर्धारण

17. (d) एक गतिविधि के दौरान, छात्रों को संघर्ष करते देख, एक अध्यापिका बच्चों को संकेत और इशारे जैसे– 'क्या क्यों', कैसे प्रदान करने का फैसला लेती है। लेव वायगोत्स्की के सिद्धांत के अनुसर, अध्यापिका की यह योजना अधिगम के लिए पाड़/आधारभूत संरचना का काम करेगी।

18. (c)

19. (a) एक प्रगतिशील कक्षा में ज्ञान की संरचना के लिए प्रचुर मौके प्रदान करने चाहिए। प्रगतिशील शिक्षा आधुनिक शिक्षा पद्धति पर आधारित है। जॉन डीवी को प्रगतिशील शिक्षा पद्धति का पिता माना जाता है। इस शिक्षा का उद्देश्य ऐसा वातावरण तैयार करना होना चाहिए, जिसमें प्रत्येक बालक को सामाजिक विकास का पर्याप्त अवसर मिल सके।

20. (d) लॉरेंस कोलबर्ग के सिद्धांत के अनुसार किसी कार्य को इसलिए करना, क्योंकि दूसरे इसे स्वीकृति देते हैं, नैतिक विकास के प्रयागत चरण को दर्शाता है।

21. (c) बच्चों के समाजीकरण के संदर्भ में विद्यालय समाजीकरण का एक प्राथमिक कारक है कथन सही है। समाजीकरण का अर्थ उस प्रक्रिया से है जिसके फलस्वरूप नवजात शिशु आगे चलकर समाज का एक उत्तरदायी सदस्य बनता है।

22. (a) बहु-बुद्धि का सिद्धांत जोर देता है कि बुद्धिमत्ता की विभिन्न दशाएँ हैं, यह सिद्धांत हावर्ड गार्डनर (Howard Gardner) द्वारा प्रस्तुत किया गया। इनके अनुसार बुद्धि एक तत्व नहीं है बल्कि कई भिन्न-भिन्न प्रकार की बुद्धियों का अस्तित्व होता है। प्रत्येक बुद्धि एक दूसरे से स्वतंत्र रहकर कार्य करती है।

23. (d) जीन पियाजे के संज्ञानात्मक विकास के सिद्धांत में, पूर्व-संक्रियात्मक अवस्था में विकास का मुख्य गुण विचार/सोच में केंद्रीकरण होता है।

24. (b) विकास के संदर्भ में विकास बहुआयामी होता है कथन सही है। विकास बहुआयामी होता है का अर्थ है कुछ क्षेत्रों में यह बहुत तेज गति से वृद्धि को दर्शाता है तथा कुछ क्षेत्रों में धीमी गति से वृद्धि को दर्शाता है। विकास का क्रम बहुत लचीला होता है। विकास ऐतिहासिक, परिवेश और सामाजिक, सांस्कृतिक घटकों से प्रभावित होता है।

25. (c)

26. (b) जीन पियाजे अपने संज्ञानात्मक विकास के सिद्धांत में, संज्ञानात्मक संरचनाओं को स्कीमा/मनोबंध के रूप में वर्णित करते हैं। पियाजे ने व्यापक स्तर पर संज्ञानात्मक विकास का अध्ययन किया। उनके अनुसार बालक द्वारा अर्जित ज्ञान के भंडार का स्वरूप विकास की प्रत्येक अवस्था में बदलता है और परिमार्जित होता रहता है पियाजे के संज्ञानात्मक सिद्धांत को विकासात्मक सिद्धांत भी कहा जाता है।

27. (b) एक समावेशी कक्षा में हर बच्चे के सामर्थ्य को अधिकतम करने के लिए अवसर प्रदान करने पर जोर दिया जाना चाहिए। शिक्षा का समावेशीकरण यह बताता है कि विशेष शैक्षणिक आवश्यकताओं की पूर्ति के लिए एक सामान्य छात्र और एक दिव्यांग को समान शिक्षा प्राप्ति के अवसर मिले।

28. (a) दिव्यांगजन अधिकार अधिनियम (2016) के अनुसार, छात्र जिसे शारीरिक दिव्यांगता है शब्दावली का प्रयोग उपयुक्त है।

29. (c) जन्म से किशोरावस्था तक बच्चों में विकास संवेदिक मूर्त एवं अमूर्त क्रम में होता है। जिन पियाजे ने संज्ञानात्मक विकास को चार अवस्थाओं में विभाजित किया है।

(i) संवेदिक पेशीय अवस्था – जन्म से 2 वर्ष
(ii) पूर्व-संक्रियात्मक अवस्था – 2-7 वर्ष
(iii) मूर्त संक्रियात्मक अवस्था – 7 से 12 वर्ष
(iv) अमूर्त संक्रियात्मक अवस्था – 12 से 15 वर्ष

30. (b) एक प्रगतिशील कक्षा में व्यक्तिगत विभिन्नताओं को अध्यापन-अधिगम प्रक्रिया की परियोजना के लिए महत्वपूर्ण रूप में देखा जाना चाहिए। वैयक्तिगत मिश्रता से अभिप्राय है कि प्रत्येक व्यक्ति में जैविक, मानसिक, सांस्कृतिक, संवेगात्मक अंतर पाया जाना। प्रगतिशील शिक्षा में वैयक्तिक विभिन्नता को भी ध्यान में रखा गया है, तांकि विकास के दौर में कोई भी बालक पीछे न रह जाए।

❑❑❑

केंद्रीय शिक्षक पात्रता परीक्षा

कक्षा VI-VIII सॉल्व्ड पेपर, दिसंबर-2020

बाल विकास एवं शिक्षण शास्त्र

1. कक्षा में अर्थपूर्ण अधिगम को प्रोत्साहित करने के लिए अध्यापिका को

(i) विद्यार्थियों की सहायता करनी चाहिए कि वे अपने मनोभावों और अभिप्रेरणों को सुव्यवस्थित कर पायें।

(ii) विद्यार्थियों को उनके प्रदर्शन के आधार पर वर्गीकृत और नामांकित करके उनके योग्यता-आधारित समूह बनाने चाहिए।

(iii) विद्यार्थियों में संवाद और परिचर्चा को प्रोत्साहित करना चाहिए जिससे वे बहुपरिप्रेक्ष्य करने में सशक्त हों।

(iv) कक्षा में विविधता की उपेक्षा करके शिक्षण की मानक विधि को अपनाना चाहिए।

(a) (i), (iii), (iv)
(b) (i), (ii), (iii), (iv)
(c) (i), (iii)
(d) (ii), (iii)

2. प्रतिकूल परिस्थितियों और वंचित पृष्ठभूमि वाले अधिगमकर्ताओं को संबोधित करने के लिए निम्नलिखित में से कौन-सी पद्धति प्रभावशाली नहीं है?

(a) विद्यार्थियों को संतुलित चुनौतीपूर्ण लक्ष्यों के लिए अभिप्रेरित करना और उपयुक्त शिक्षण सहायता उपलब्ध कराना।
(b) कार्यकलापों के लिए सहयोगी समूह बनाना और विद्यार्थियों को एक दूसरे का समर्थन करने के लिए प्रोत्साहित करना।
(c) अधिगमकर्ताओं से बातचीत करके उनकी आवश्यकताओं और उनके सम्मुख आई चुनौतियों को समझना।
(d) अधिगमकर्ताओं को विद्यालय के बाहर ट्यूशन ___ पढ़ने के लिए कहना, जिससे कि अध्यापक को उन पर अधिक ध्यान न देना पड़े।

3. बच्चों के अधिगम में शारीरिक स्वास्थ्य और सांवेगिक अवस्था-

(a) का कोई आपसी संबंध नहीं है।
(b) की भूमिका नगण्य है।
(c) का कोई प्रभाव नहीं होता है।
(d) की एक महत्त्वपूर्ण भूमिका है।

4. कक्षा में प्रभावशाली अधिगम के लिए .... वातावरण की रचना करनी चाहिए बजाय .... वातावरण के।

(a) भयावह; सुसाध्यक
(b) प्रतिस्पर्द्धिक; सुसाध्यक
(c) सहयोगिक; प्रतिस्पर्द्धिक
(d) प्रतिस्पर्द्धिक; सहयोगिक

5. निम्नलिखित में से कौन-सा उदाहरण विद्यार्थियों को अधिगम के लिए अभिप्रेरित करने के लिए प्रभावशाली पद्धति है?

(a) वे कार्य देना जोकि बहुत सरल हों।
(b) प्रतियोगिताओं के लिए बहुत से अवसर उत्पन्न कराना।
(c) पाड़ उपलब्ध कराना विशेषकर जब विद्यार्थी कोई नया कौशल सीख रहे हों।
(d) सीखने से ज्यादा कार्य पूर्ण करने पर बल देना।

6. बच्चों के चिंतन के विषय में निम्नलिखित में से कौन-सा कथन सही नहीं है?

(a) बच्चे अपने आस-पास की विविध घटनाओं के बारे में सक्रियतापूर्वक सोचते हैं और उनमें अन्वेषण (छान-बीन) की लालसा होती है।
(b) बच्चे अपने आसपास की वस्तुओं को जानने के लिए जन्मजात जिज्ञासु होते हैं।
(c) बच्चे अपने आस-पास की विविध घटनाओं के बारे में स्वयं अपने सिद्धांतों की रचना करते हैं।
(d) बच्चे प्रत्ययों को स्वयं नहीं सोच सकते और अध्यापक की मूल भूमिका उन्हें जानकारी उपलब्ध कराना है।

7. अधिगम, एक___और_____प्रक्रिया है।

(a) सरल; व्यक्तिगत (b) जटिल; निष्क्रिय
(c) जटिल; सक्रिय (d) सरल; रैखिक

8. अपनी कक्षा में अर्थपूर्ण अधिगम को सुसाध्य बनाने के लिए अध्यापिका को अपनी कक्षा में सामाजिक, सांस्कृतिक, धार्मिक, भाषीय विविधता को _____ चाहिए।

(a) समझना (b) अनदेखा करना
(c) टालना (d) उपेक्षित करना

9. एक _____ कक्षा में अध्यापिका अपनी शिक्षा शास्त्र व आकलन की विधियों को विद्यार्थियों की व्यक्तिगत जरूरतों के अनुसार परिवर्तित करती है।

(a) पाठ्य-पुस्तक केंद्रित
(b) व्यवहारवादी
(c) अध्यापककेंद्रित
(d) प्रगतिशील

10. बच्चों का विद्यालय में असफल होना-

(a) साबित करता है कि इन बच्चों में आनुवंशिक पैदाइशी कमियाँ हैं और इन्हें विद्यालय से निकाल देना चाहिए।
(b) सूचित करता है कि अभिभावकों में अपने बच्चों के अधिगम में सहायता करने का सामर्थ्य नहीं है।
(c) प्रस्तावित करता है कि वंचित पृष्ठभूमि वाले बच्चों में अधिगम का सामर्थ्य नहीं होता है।
(d) निर्दिष्ट करता है कि विद्यालय इन बच्चों की आवश्यकताओं और रुचियों की पूर्ति करने में समर्थ नहीं है।

11. समूह में एक-दूसरे को पढ़ाने और सहायता करने से-

(a) बच्चों का ध्यान भंग हो सकता है और यह एक प्रभावशाली शैक्षिक पद्धति नहीं है।
(b) बच्चों में प्रतिस्पर्धात्मक प्रवृत्ति उत्पन्न होती है, जो कि अधिगम में विघ्न/रुकावट पैदा करती है।

(c) बच्चे स्वयं की चिंतन प्रक्रिया पर आक्षेप कर सकते हैं और संज्ञानात्मक क्रियाकलाप के उच्च स्तर पर पहुँच सकते
(d) बच्चों में भ्रांति उत्पन्न हो सकती है, जो उनके अधिगम में हस्तक्षेप करती है ।

12. बच्चों के समाजीकरण में विद्यालय_____
(a) प्राथमिक कारक है।
(b) द्वितीयक कारक है।
(c) की कोई भूमिका नहीं है।
(d) की बहुत कम भूमिका है।

13. निम्नलिखित में से किस मनोवैज्ञानिक ने प्रस्तावित किया है कि बच्चों का चिंतन गुणात्मक रूप से वयस्कों की अपेक्षा अलग होता है?
(a) हॉवर्ड गार्डनर (b) लॉरेंस कोलबर्ग
(c) जीन पियाजे (d) लेव वायगोत्स्की

14. विकास के विषय में निम्नलिखित में से कौन-सा कथन सही है?
(a) विकास सुरुचिपूर्ण, सुव्यवस्थित समूह की अवस्थाओं में पूर्वनिश्चित आनुवंशिक घटकों के कारण होता है।
(b) विकास एक सरल और एक-दिशीय प्रक्रिया है।
(c) बच्चों के विकास में बहुत-सी सांस्कृतिक विविधताएँ होती हैं।
(d) संसार में सभी बच्चों का विकास एक ही क्रम में और सुनिश्चित समय से होता है।

15. निम्नलिखित में से मध्य बाल्यावस्था की अवधि का मुख्य प्रमाण चिह्न कौन-सा है?
(a) पेशीय कौशल और समन शारीरिक वृद्धि का तेज़ी से विकास।
(b) वैज्ञानिक तर्क और अमूर्त रूप से सोचने की क्षमता का विकास।
(c) प्रतीकात्मक-खेल का उभरना।
(d) तर्कसंगत विचारों का विकास जो कि प्राकृतिक रूप से मूर्त हैं।

16. जीन पियाजे के अनुसार बच्चे अमूर्त संक्रियात्मक अवस्था में-
(a) संरक्षण, वर्गीकरण व श्रेणीबद्धता करने में सक्षम नहीं हैं।
(b) प्रतीकात्मक और सांकेतिक खेलों में भाग लेना प्रारंभ करते हैं।
(c) परिकल्पित निगमनात्मक तर्क और प्रतिज्ञप्ति चिंतन करने में समर्थ हैं।
(d) केंद्रीकरण और अनुत्क्रमणीय सोच से आबद्ध हैं।

17. लॉरेंस कोलबर्ग के नैतिक विकास के सिद्धांत के अनुसार व्यक्ति किस अवस्था में है जब वह विश्वास करता है कि वर्तमान सामाजिक प्रणाली को सक्रियतापूर्वक बनाए रखने से धनात्मक मानवीय संबंध और सामाजिक वर्ग सुरक्षित रहता है?
(a) यंत्रीय उद्देश्य अभिविन्यास
(b) सार्वभौमिक नैतिक सिद्धांत अभिविन्यास
(c) दंड और आज्ञापालन अभिविन्यास
(d) सामाजिक-क्रम व्यवस्था अभिविन्यास

18. बाल्यावस्था की अवधि में विकास-
(a) में केवल परिमाणात्मक परिवर्तन होते हैं।
(b) अनियमित और असंबद्ध होता है।
(c) धीमी गति से होता है एवं उसे मापा नहीं जा सकता।
(d) बहुस्तरीय और मिश्रित होता है।

19. 'निकटस्थ विकास का क्षेत्र' क्या है?
(a) वह प्रक्रिया जिसमें शुरू में विभिन्न समझ वाले दो व्यक्ति समान समझ पर पहुंचते हैं।
(b) वह प्रक्रिया जिसमें बच्चे, समाज के वयस्क सदस्यों द्वारा निर्धारित विधि से कार्य करते हैं।
(c) बच्चों के वर्तमान स्तर पर स्वतंत्र प्रदर्शन और वयस्क व अधिक कौशल वाले समकक्षियों की सहायता से बच्चे द्वारा उपार्जित किए जाने वाले प्रदर्शन के मध्य का क्षेत्र है।
(d) विभिन्न प्रकार के कार्य जो कि अपनी आयु के अनुसार बच्चे को करने चाहिए परन्तु वह नहीं कर सकता है।

20. एक प्रगतिशील कक्षा में शिक्षण - अधिगम प्रक्रिया के दौरान अधिगमकर्ताओं का मूल्यांकन-
(a) अभिभावकों को प्रतिपुष्टि देने के प्रयोजन से 'बेहद सफल', 'कम सफल' व 'असफल' विद्यार्थियों को पहचानने में सहायक होता है।
(b) बेहद महत्त्वपूर्ण है, क्योंकि यह बच्चों की समझ की जानकारी देता है और अध्यापिका को अपने शिक्षा-शास्त्र पर विचारने में सहायक होता है।
(c) बच्चों के अधिगम में सहायक नहीं है।
(d) बच्चों की अधिगम प्रक्रिया में रुकावट उत्पन्न करता है।

21. हार्वर्ड गार्डनर के बहु-बुद्धि सिद्धांत के अनुसार निम्नलिखित में से कौन-सा जोड़ा बुद्धि के प्रकार और अंत:स्थिति अनुपालन संभावना के अनुसार सही है?

	बुद्धि का प्रकार		अंत:स्थिति अनुपालन संभावना
(a)	भाषिक	-	मूर्तिकार
(b)	शारीरिक गति -संवेदनता	-	खिलाड़ी
(c)	स्थानिक	-	मनोवैज्ञानिक
(d)	अंतरवैयक्तिक	-	विक्रेता

22. लेव वाइगोत्सकी के अनुसार-
(a) बच्चों का संज्ञानात्मक विकास चरणों में होता है।
(b) स्कीमा के परिपक्वन से बच्चों में संज्ञानात्मक विकास अग्रसर होता है।
(c) बच्चों के संज्ञानात्मक विकास में भाषा की एक महत्त्वपूर्ण भूमिका है।
(d) बच्चे 'भाषा अधिग्रहण यंत्र' द्वारा भाषा सीखते हैं।

23. बाल-केंद्रित कक्षा वह है, जिसमें-
(a) बच्चों के व्यवहार को निदेशित करने के लिए अध्यापक पुरस्कार और दंड का प्रयोग करता है।
(b) अध्यापक लचीला है और प्रत्येक बच्चे की व्यक्तिगत आवश्यकताओं को पूरा करता है।
(c) अध्यापक केवल पाठ्यपुस्तक को ज्ञान के स्रोत के लिए उपयोग करता है।
(d) अध्यापक, बच्चों को उनकी क्षमता के आधार पर वर्गीकृत करता है।

24. किस मनोवैज्ञानिक के अनुसार बच्चों के संज्ञानात्मक विकास में सांस्कृतिक उपकरण' एक महत्त्वपूर्ण भूमिका निभाते हैं?
(a) अल्बर्ट बन्डुरा (b) बी.एफ. स्किनर
(c) लेव वाइगोत्सकी (d) जीन पियाजे

25. कक्षा में सभी लिंगों में जेंडर रूढ़िवादिता कम करने और विकास के विस्तार की संभावनाओं को बढ़ाने के लिए प्रभावशाली पद्धति कौन-सी है?
(a) एक ही लिंग के योग्यता समूह बनाना।
(b) क्रियाकलाप के लिए मिश्रित लिंग समूह बनाना और विचार-विमर्श को प्रोत्साहित करना।
(c) 'लिंगों के जैविक अंतरों की उपेक्षा करना और उन्हें अस्वीकार करना।
(d) समाज में चित्रित लिंग भूमिकाओं को प्रबल करना।

26. अध्यापकों को कक्षा में बहुभाषीयता को समझना चाहिए।

(a) एक समस्या
(b) एक व्यवस्थागत मुद्दा
(c) एक गुण और साधन
(d) एक रुकावट

27. प्रतिभाशाली और सृजनात्मक बच्चों की आवश्यकताओं को किस प्रकार संबोधित किया जा सकता है?

(a) प्रश्न हल करने के लिए विशिष्ट निर्देश उपलब्ध कराकर।
(b) रटने पर आधारित परीक्षा देकर।
(c) चुनौतीपूर्ण कार्य और नीरसता दूर करने के लिए क्रियाकलाप देकर।
(d) वे प्रश्न देकर जिनमें अभिमुखी चिंतन की आवश्यकता है।

28. पठनवैफल्य बच्चों की पहचान किस प्रकार की जा सकती है?

(a) उनके पढ़ने और लिखने की कौशलता के विश्लेषण से।
(b) उनकी जटिल व उच्च-स्तरीय समस्याओं को हल करने की क्षमता का आकलन करके।
(c) उनके सामाजिक एवं सांस्कृतिक संदर्भ को जानकर।
(d) पूर्ण शारीरिक स्वास्थ्य परीक्षण द्वारा।

29. आंशिक दृष्टि वाले विद्यार्थियों के लिए निम्नलिखित में से कौन-सी अधिगम सामग्री उपयुक्त नहीं है?

(a) बोलती पुस्तकें, स्पर्शीय सूचना पट
(b) छोटी मुद्रा वाली कार्यशीट
(c) बड़े आकार में मुद्रित पुस्तकें
(d) त्रि-विमीय नक्शे और चार्ट

30. 'समावेशी शिक्षा' के पीछे अंतर्हित विचार है-

(a) अलग-अलग अक्षमताओं वाले बच्चों के लिए विशिष्ट शैक्षिक संस्थानों का प्रावधान करना।
(b) दार्शनिकता कि सभी बच्चों को नियमित विद्यालय में समान शिक्षा पाने का अधिकार है।
(c) बच्चों को उनकी योग्यता के आधार पर पृथक करना और व्यावसायिक प्रशिक्षण का प्रबंध करना।
(d) बच्चों की अक्षमताओं के आधार पर, उनकी सीमाओं की पहचान करने के लिए उन्हें नामांकित करना।

उत्तर व्याख्या सहित

1. (c) कक्षा में अध्यापिका द्वारा अधिगम (सीखने) को प्रोत्साहित करने के निम्नलिखित तरीके हैं:

1. सर्वप्रथम विद्यार्थियों की सहायता करें ताकि वे अपने मनोभाव और अभिप्रेरणा सुव्यवस्थित कर पाएँ।
2. विद्यार्थियों में वाद-प्रतिवाद की प्रक्रिया को प्रोत्साहित करें ताकि उनमें ज्ञान एवं अभिवृत्तियों का विकास हो सके।

2. (d) प्रतिकूल परिस्थितियों और अपवंचित बच्चों की समस्याओं को दूर करने के लिए निम्नलिखित उपाय हैं:

1. पूर्व विद्यालय वातावरण के कारण उत्पन्न अधिगम की कमियों को दूर करने का प्रयास।
2. विशिष्ट विषयों से संबंधित कमियों में न्यूनताओं को दूर करने का प्रयास।
3. वंचित बच्चों की प्राथमिक आवश्यकताओं की पूर्ति का प्रयास।

3. (d) बच्चों में अधिगम क्रिया अनेक कारकों द्वारा प्रभावित होती है:-

1. सीखने की लालसा, 2. शैक्षिक पृष्ठभूमि, 3. शारीरिक तथा मानसिक स्वास्थ्य, 4. अभिप्रेरणा, 5. परिपक्वता, 6. सीखने का समय एवं अवधि, 7. बुद्धि, 8. अधिगम प्रक्रिया, 9. सीखने वाले की अभिवृत्ति।

4. (c) कक्षा में प्रभावशली अधिगम के लिए निम्नलिखित विधियों का प्रयोग किया जाता है:

1. कक्षा का वातावरण, 2. आकांक्षा का स्तर, 3. जरूरतों का ज्ञान, 4. नवीनता/नयापन, 5. पुरस्कार एवं दंड, 6. सफलता एवं असफलता, 7. प्रशंसा एवं निंदा, 8. प्रगति का ज्ञान, 9. रूचि/अभिरूचि, 10. सहयोग तथा प्रतियोगिता।

5. (c) विद्यार्थियों में नया कौशल सीखने की प्रवृत्ति अधिगम का एक प्रभावशाली माध्यम है। इसके जरिए यह देखने को मिलता है कि उसमें सोचने-समझने, जिज्ञासा, किसी कार्य प्रति लालसा, शारीरिक तथा मानसिक स्वास्थ्य, उसके उद्देश्य तथा उसमें उचित एवं अनुचित का कितना ज्ञान है तथा वह किसी समस्या का समाधान कैसे कर सकता है।

6. (d) बच्चों के चिंतन के विषय में निम्नलिखित अवधारणाएँ हैं:

1. आस-पास की विविधघटनाओं के बारे में सक्रियपूर्ण सोच
2. छान-बीन की लालसा
3. आस-पास की वस्तुओं को जानने की जिज्ञासा
4. आस-पास होने वालेघटनाओं पर अपना तर्क देना।
5. घटनाओं का आकलन अपने अनुसार करने की समझ।

7. (c) अधिगम की निम्नलिखित विशेषताएँ हैं:

1. अधिगम व्यवहार में परिवर्तन लाता है।
2. अधिगम सक्रिय होता है।
3. अधिगम व्यक्ति के आचरण को प्रभावित करता है।
4. अधिगम उद्देश्यपरक होता हे।
5. अधिगम वातावरण के साथ समायोजन करता है।
6. अधिगम क्रियाशील होता है।
7. अधिगम अनुभव का संगठन होता है।

8. (a) अध्यापिका में अधिगम से संबंधित निम्नलिखित कारक विद्यमान होने चाहिए:

1. मनोविज्ञान का ज्ञान, 2. स्वयं का व्यक्तित्व, 3. विषय की जानकारी, 4. व्यक्तिगत विभिन्नता का ज्ञान, 5. बालक केन्द्रित शिक्षा का ज्ञान, 6. पाठ्य सहगामी क्रियाओं का ज्ञान, 7. अनुशासन का उचित ज्ञान, 8. समय-सारणी का उचित प्रयोग, 9. उचित शिक्षण विधि का प्रयोग, 10. शिक्षक का स्वभाव एवं व्यवहार

9. (d) एक अध्यापिका अपनी शिक्षण विधि का प्रयोग विद्यार्थियों की व्यक्तिगत जरूरतों के अनुसार परिवर्तित करती है। जैसे किसी विषय का उदाहरण सहित ताकि प्रस्तुतीकरण बच्चों में समझ विकसित हो सके। इसके अलावा विद्यार्थी के अनुसार विषय-वस्तु का ढांचा तैयार करना, विषय-वस्तु को उचित क्रम देना, सरल भाषा का प्रयोग करना आदि।

10. (d) किसी विद्यालय के बच्चे तभी सफल हो सकते हैं जब शिक्षक विषय-वस्तु के आधार के अनुसार शिक्षण कराए, उद्देश्यपूर्ण विषय-वस्तु का प्रयोग करे, उदाहरण सहित प्रस्तुतीकरण, विषय-वस्तु का उचित क्रम निर्धारित करे, अनुशासन का ध्यान

रखा जाए, समय-सारिणी का ध्यान रखा जाए तथा बालक केन्द्रित शिक्षा पर ध्यान केन्द्रित किया जाए।

11. (c) समूह अधिगम में छात्रों को अपने साथियों के साथ-साथ अलग-अलग समूहों में बाँट दिया जाता है तथा विषय-वस्तु से संबंधित बिंदुओं पर आपस में विचारों के आदान-प्रदान का मौका दिया जाता है। इसके माध्यम से तर्कों को आसानी से समझने का मौका, छात्रों में पृष्ठपोषण की प्राप्ति, शिक्षक की अनुपस्थिति में छात्रों को सभी विचारों को स्वीकार करने की स्वतंत्रता, समस्या समाधान के लिए अपने विचारों को पूर्ण रूप से प्रकट करने का मौका छात्रों को दिया जाता है।

12. (b) बच्चों के समाजीकरण में विद्यालय द्वितीयक कारक है। स्कूल में रहते हुए बालक जहाँ एक तरफ विभिन्न विषयों की प्रत्यक्ष शिक्षा द्वारा सामाजिक नियमों, रीति-रिवाजों, परम्पराओं, मान्यताओं, विश्वासों तथा आदर्शों एवं मूल्यों का ज्ञान प्राप्त करता है वहीं दूसरी तरफ उसे स्कूल की विभिन्न सामाजिक योजनाओं में सक्रिय रूप से भाग लेने का मौका मिलता है, जिससे उसमें सामाजिक गुणों का विकास होता है।

13. (c) जीन पियाजे ने यह बताया कि चिंतन गुणात्मक रूप से वयस्कों की अपेक्षा अलग होता है। इनके अनुसार "बालक में बुद्धि का विकास उसके जन्म के साथ जुड़ा है।" इनका कहना है कि जैसे-जैसे बच्चे की आयु बढ़ती है, उसका कार्य-क्षेत्र बढ़ता जाता है। वैसे-वैसे ही उसकी बुद्धि का विकास भी होता जाता है।

14. (c) मनुष्य का विकास जीवन प्रयत्न चलने वाली एक निरंतर प्रक्रिया है। विकास की प्रक्रिया में बालकों का सर्वांगीण विकास होता है। विकास की प्रक्रिया के माध्यम से बालकों का शारीरिक, सामाजिक, संज्ञानात्मक, क्रियात्मक, संवेगात्मक एवं भाषागत विकास होता है।

जबकि स्किनर के अनुसार विकास जीवन और उसके वातावरण की अंत: क्रिया का प्रतिफल है।

15. (d) मध्य बाल्यावस्था की विशेषताएँ:

1. विचार शक्ति का विकास, 2. समूह में खेलना पसंद करते हैं तथा खेल के नियमों का पालन भी, 3. जिम्मेदारी उठाने की तत्परता भी, 4. तर्कसंगत विचारों का विकास, 5. बाहरी दुनिया में रुचि, 6. सामाजिकता का विकास, 7. संचय की प्रवृत्ति, 8. यथार्थ जगत से संबंध, 9. रचनात्मक कार्यों में रुचि

16. (c) जीन पियाजे 7 से 12 वर्ष की अवस्था को संज्ञानात्मक विकास का दूसरा चरण मानते हैं तथा इसे 'मूर्त संक्रियात्मक अवस्था' कहते हैं। इस दौरान बच्चे मूर्तघटनाओं के बारे में तार्किक रूप से सोचने लगते हैं। घटनाओं और वस्तुओं को अलग-अलग रूप में वर्गीकृत करने में सक्षम होते हैं। साथ ही प्रतिवर्ती क्रियाओं को मानसिक रूप से करने में सक्षम हो जाते हैं।

17. (d) लॉरेंस कोलबर्ग ने सामाजिक क्रम व्यवस्था अभिविन्यास के नैतिक विकास सिद्धांत के अनुसार बताया कि जब हम विश्वास करते हैं कि वर्तमान सामाजिक प्रणाली को सक्रियतापूर्वक बनाए रखने से धनात्मक मानवीय संबंध और सामाजिक वर्ग सुरक्षित रहता है।

18. (d) बाल्यावस्था की अवधि में शारीरिक, संवेगात्मक, सामाजिक, नैतिक तथा भाषा संबंधी बहुस्तरीय एवं मिश्रित विकास होता है। इसके अलावा बाल्यावस्था की निम्नलिखित विशेषताएँ हैं:- 1. विकास में स्थिरता, 2. मानसिक योग्यताओं में वृद्धि, 3. जिज्ञासा की प्रबलता, 4. वास्तविक ज्ञान का विकास, 5. रचनात्मक कार्यों में रुचि, 6. सहयोग की भावना, 7. नैतिक गुणों का विकास, 8. बहिर्मुखी व्यक्तित्व, 9. संवेगों पर नियंत्रण, 10. काम प्रवृत्ति, 11. सामूहिक प्रवृत्ति, 12. रुचियों में परिवर्तन

19. (c) समीपस्थ विकास का क्षेत्र की अवधारणा लेव वाइगोत्सकी की है। इनके अनुसार "बच्चों के सीखने का एक समीपस्थ क्षेत्र होता है। जब बच्चों को ऐसा कार्य दिया जाए जो उनके वर्तमान स्तर से थोड़ा मुश्किल हो तो वे बेहतर जुड़ते हैं और सीखते हैं।"

20. (b) अधिगम प्रक्रिया के दौरान अधिगमकर्ताओं का मूल्यांकन जरूरी है, क्योंकि इससे शिक्षक और शिक्षार्थी दोनों के बारे में जानकारी प्राप्त होती है। इसके माध्यम से यह पता चलता है कि शिक्षार्थी किसी विषय-वस्तु को कितना समझ रहा है तथा शिक्षक को विषय की जानकारी, उचित शिक्षण विधि का प्रयोग तथा बालक केन्द्रित शिक्षा का ज्ञान है या नहीं।

21. (b) हार्वर्ड गार्डनर ने आठ प्रकार की बुद्धि बताई है, जो निम्नलिखित है-

1. भाषागत	-	कवि, लेखक
2. देशिक	-	विमान चालक, चित्रकार
3. शारीरिक गति संवेगी	-	डांसर, स्पोर्ट्स पर्सन
4. संगीतात्मक	-	म्यूजिकल कम्पोजर
5. तार्किक-गणितीय	-	वैज्ञानिक
6. अंत:व्यक्ति	-	दार्शनिक, धर्मनेता
7. अंतर वैयक्तिक	-	साइकोलोजिस्ट
8. प्रकृतिवादी	-	शिकारी, किसान, पर्यटक

22. (c) लेव वाइगोत्सकी ने संज्ञानात्मक विकास में विशेष रूप से भाषा और चिंतन पर अधिक जोर दिया। इनके अनुसार संज्ञानात्मक विकास पर सामाजिक कारकों (परिवार, समाज, विद्यालय, मित्रमंडली, परिवेश) व भाषा का प्रभाव पड़ता है। इनका कहना था कि संज्ञानात्मक विकास 'अंतर वैयक्तिक सामाजिक परिस्थिति' (कुशल एवं विद्वान व्यक्तियों के साथ अंत:क्रिया) के माध्यम से होता है।

23. (b) बाल केंद्रित शिक्षा में अधिगम के समय बालक की रुचियों, प्रवृत्तियों तथा क्षमताओं को ध्यान में रखा जाना चाहिए, बालकों की दैनिक समस्याओं को दूर किया जाना चाहिए, उनका आत्मविश्वास विकसित किया जाना चाहिए ताकि वे स्वावलंबी बनें। साथ ही व्यक्तिगत शिक्षण पर बल देना चाहिए।

24. (c) रूसी वैज्ञानिक लेव वाइगोत्सकी ने बालक के संज्ञानात्मक विकास में समाज एवं उसके सांस्कृतिक संबंधों के बीच संवाद पर जोर दिया है। इनके अनुसार संज्ञानात्मक विकास एकांकी नहीं हो सकता, बल्कि भाषा विकास, सामाजिक विकास, यहाँ तक की शारीरिक विकास के साथ-साथ सामाजिक-सांस्कृतिक परिप्रेक्ष्य में होता है।

25. (b) कक्षा को जेंडर मुक्त करने तथा उसका विकास करने की जिम्मेदारी शिक्षक की होती है। शिक्षक का यह कर्तव्य बनता है कि विद्यालयी गतिविधियों में जेंडर भेदभाव की पहचान की जाए फिर कक्षा में और कक्षा बाहर की गतिविधियों की योजना का निर्माण और कार्यान्वयन करना चाहिए।

26. (c) अध्यापकों को कक्षा में बहुभाषीयता को समझना उसके गुण और साधन के रूप में है। जबकि बहुभाषिकता के माध्यम से शिक्षक छात्रों में संज्ञानात्मक विकास, सामाजिक चिन्तन व बौद्धिक क्षमताओं का विकास आसानी से करते हैं तथा साथ में इसका फायदा यह भी है कि विभिन्न भाषाओं के प्रयोग से बच्चों में सांस्कृतिक आदान-प्रदान होता है।

27. (*) प्रतिभाशाली बालकों को उनकी अपनी योग्यताओं या प्रतिभाओं को विकसित करने का पूरा अवसर-प्रदान किया जाना चाहिए, उनके लिए पुस्तकालय में उनकी रुचि के अनुकूल व्यवस्था, बचे हुए समय में उन्हें किसी सृजनात्मक कार्य में व्यस्त किया जाना चाहिए। वहीं सृजनात्मक बालकों को उनकी मौलिकता को विकसित करने का मौका, समस्या के स्तरों को पहचान कर उनकी समस्या हल की जानी चाहिए तथा उनमें स्वयं मूल्यांकन प्रवृत्ति विकसित की जानी चाहिए।

28. (a) **29.** (b)

30. (b) समावेशी शिक्षा एक ऐसी शिक्षा प्रणाली है जिसका उद्देश्य छात्रों की योग्यता, क्षमता, शारीरिक और आर्थिक स्थितियों के अनुरूप शिक्षा प्रदान करना है। इसमें मनोविज्ञान के सिद्धांतों का सम्मिश्रण होता है। अर्थात् इसके अंतर्गत विद्यार्थियों की मानसिक क्षमता को समझकर उसके अनुरूप उनके विकास की योजना का निर्माण किया जाता है।

❑❑❑

केंद्रीय शिक्षक पात्रता परीक्षा

कक्षा I-V सॉल्व्ड पेपर, दिसम्बर-2019

बाल विकास एवं शिक्षण शास्त्र

निर्देश: निम्नलिखित प्रश्नों (प्र. संख्या 1 से 30) के उत्तर देने के लिए सही सबसे उपयुक्त विकल्प चुनिए-

1. भाषा के अर्जन एवं विकास के लिए सर्वाधिक संवेदनशील अवधि कौन-सी है?
(a) जन्म पूर्व अवधि
(b) प्रारंभिक बाल्यावस्था
(c) मध्य बाल्यावस्था
(d) किशोरावस्था

2. निम्नलिखित में से कौन-सी लॉरेंस कोलबर्ग के द्वारा प्रस्तावित नैतिक विकास की एक अवस्था है?
(a) प्रसुप्ति अवस्था
(b) सामाजिक अनुबंध अभिविन्यास
(c) मूर्त संक्रियात्मक अवस्था
(d) उद्योग बनाम अधीनता अवस्था

3. कक्षा में परिचर्चा के दौरान एक शिक्षक प्राय: लड़कियों की तुलना में लड़कों पर अधिक ध्यान देता है। यह किसका उदाहरण है?
(a) जेंडर पक्षपात
(b) जेंडर पहचान
(c) जेंडर संबद्धता
(d) जेंडर समरूपता

4. बच्चों में जेंडर रूढ़िवादिता एवं जेंडर-भूमिका अनुरूपता को कम करने के लिए निम्नलिखित में से कौन-सी पद्धति प्रभावशाली है?
(a) जेंडर-पक्षपात के बारे में परिचर्चा।
(b) जेंडर-विशिष्ट भूमिकाओं को महत्व देना।
(c) जेंडर-पृथक खेल समूह बनाना।
(d) जेंडर-पृथक बैठने की व्यवस्था करना।

5. निम्नलिखित में से किस मनोवैज्ञानिक ने बच्चों को 'ज्ञान के सक्रिय जिज्ञासु' के रूप में देखते हुए उनके चिंतन पर सामाजिक एवं सांस्कृतिक विषय वस्तुओं के प्रभाव को महत्व दिया?
(a) जॉन बी. वाट्सन
(b) लेव वायगोट्स्की
(c) जीन पियाजे
(d) लॉरेंस कोहलबर्ग

6. जिग-सों पहेली को करते समय 5 वर्ष की नज्मा स्वयं से कहती है, "नीला टुकड़ा कहाँ है? नहीं, यह वाला नहीं, गाढ़े रंग वाला, जिससे यह जूता पूरा बन जाएगा।" इस प्रकार की वार्ता को वायगोट्स्की किस तरह संबोधित करते हैं?
(a) व्यक्तिगत वार्ता
(b) जोर से बोलना
(c) पाड़ (ढाँचा)
(d) आत्मकेन्द्रित वार्ता

7. बच्चों को संकेत देना तथा आवश्यकता पड़ने पर सहयोग प्रदान करना, निम्नलिखित में से किसका उदाहरण है?
(a) प्रबलन
(b) अनुबंधन
(c) मॉडलिंग
(d) पाड़ (ढाँचा)

8. निम्नलिखित व्यवहारों में से कौन-सा जीन पियाजे के द्वारा प्रस्तावित 'मूर्त संक्रियात्मक अवस्था' को विशेषित करता है?
(a) परिकल्पित - निगमनात्मक तर्क; साध्यात्मक विचार
(b) संरक्षण; कक्षा समावेशन
(c) आस्थगित अनुकरण; पदार्थ स्थायित्व
(d) प्रतीकात्मक खेल; विचारों की अनुत्क्रमणीयता

9. बच्चों के संज्ञानात्मक विकास के संदर्भ में निम्नलिखित में से कौन-सी पियाजे की संरचना है?
(a) स्कीमा
(b) अवलोकन अधिगम
(c) अनुबंधन
(d) प्रबलन

10. आकलन का प्राथमिक उद्देश्य क्या होना चाहिए?
(a) विद्यार्थियों के लिए श्रेणी निश्चित करना।
(b) संबंधित अवधारणाओं के बारे में बच्चों की स्पष्टता तथा भ्रांतियों को समझना।
(c) विद्यार्थियों के प्राप्तांकों के आधार पर उनको नामांकित करना।
(d) रिपोर्ट कार्ड में उत्तीर्ण या अनुत्तीर्ण अंकित करना।

11. निम्नलिखित कथनों में से कौन-सा बुद्धि के बारे में सही है?
(a) बुद्धि एक निश्चित योग्यता है, जो जन्म के समय ही निर्धारित होती है।
(b) बुद्धि को मानकीकृत परीक्षणों के प्रयोग से सटीक रूप से मापा एवं निर्धारित किया जा सकता है।
(c) बुद्धि एक एकात्मक कारक तथा एक एकाकी विशेषक है।
(d) बुद्धि बहु-आयामी है तथा जटिल योग्यताओं का एक समूह है।

12. रूही हमेशा समस्या के एकाधिक समाधानों के बारे में सोचती है। इनमें से काफी समाधान मौलिक होते हैं। रूही किन गुणों का प्रदर्शन कर रही है?
(a) सृजनात्मक विचारक
(b) अभिसारिक विचारक
(c) अनम्य विचारक
(d) आत्म-केन्द्रित विचारक

13. शिक्षण-अधिगम प्रक्रिया में, वंचित समूह से संबंधित विद्यार्थियों के द्वारा सहभागिता कम होने की स्थिति में एक शिक्षक को क्या करना चाहिए?
(a) बच्चों को विद्यालय छोड़ने के लिए कहना चाहिए।
(b) इस स्थिति को जैसी है, स्वीकार कर लेना चाहिए।
(c) इन विद्यार्थियों से अपनी अपेक्षाओं को कम करना चाहिए।

(d) अपनी शिक्षण पद्धति पर विचार करना चाहिए तथा बच्चों की सहभागिता में सुधार करने के लिए नए तरीके ढूँढ़ने चाहिए।

14. एक समावेशी कक्षा में, एक शिक्षक को विशिष्ट शैक्षिक योजनाओं को–

(a) तैयार नहीं करना चाहिए।
(b) कभी-कभी तैयार करना चाहिए।
(c) सक्रिय रूप से तैयार करना चाहिए।
(d) तैयार करने के लिए हतोत्साहित होना चाहिए।

15. 'पठनवैफल्य' बच्चों के प्राथमिक लक्षण क्या है?

(a) न्यून-अवधान विकार
(b) अपसारी चिंतन; पढ़ने में धाराप्रवाहिता
(c) धाराप्रवाह पढ़ने की अक्षमता
(d) एक ही गतिविषयक कार्य को बार-बार दोहराना

16. शिक्षा का अधिकार अधिनियम, 2009 में उल्लेख की गई 'समावेशी शिक्षा' की अवधारणा निम्नलिखित में किस पर आधारित है?

(a) व्यवहारवादी सिद्धांत
(b) अशक्त बच्चों के प्रति एक सहानुभूतिक अभिवृत्ति
(c) अधिकार-आधारित मानवतावादी परिप्रेक्ष्य
(d) मुख्यतः व्यावसायिक शिक्षा उपलब्ध करा करके अशक्त बच्चों को मुख्यधारा में शामिल करना

17. संरचनावादी ढाँचे में, अधिगम प्राथमिक रूप से

(a) यंत्रवत् याद करने पर आधारित है।
(b) प्रबलन पर केंद्रित है।
(c) अनुबंधन द्वारा अर्जित है।
(d) अवबोधन की प्रक्रिया पर केंद्रित है।

18. अनेक घटनाओं के बारे में बच्चों के द्वारा बनाए गए 'सहजानुभूत सिद्धांतों' के संदर्भ में एक शिक्षिका को क्या करना चाहिए?

(a) बच्चों के इन सिद्धान्तों को अनदेखा करना चाहिए।
(b) बच्चों को दंडित करना चाहिए।
(c) बार-बार याद करने के द्वारा एक सही सिद्धांत से 'बदल' देना चाहिए।
(d) प्रतिकूल प्रमाण एवं उदाहरणों को प्रस्तुत करके बच्चों के इन सिद्धान्तों को चुनौती देनी चाहिए।

19. छात्र केंद्रित शिक्षाशास्त्र की क्या विशेषता है?

(a) केवल पाठ्यपुस्तकों पर निर्भर होना
(b) बच्चों के अनुभवों को प्रमुखता देना
(c) यंत्रवत् याद करना
(d) योग्यता के आधार पर विद्यार्थियों को नामांकित करना तथा वर्गीकरण करना

20. संवेग एवं संज्ञान एक दूसरे से ____ हैं।

(a) पूर्णतया अलग
(b) स्वतंत्र
(c) सन्निहित
(d) संबंधित नहीं

21. संरचनावादी सिद्धान्तों के अनुसार अधिगम के बारे में निम्नलिखित कथनों में से कौन-सा सही है?

(a) अधिगम पुनरुत्पादन एवं स्मरण की प्रक्रिया है।
(b) अधिगम यंत्रवत् याद करने की प्रक्रिया है।
(c) अधिगम आवृत्तीय संबंध के द्वारा व्यवहारों का अनुबंधन है।
(d) अधिगम सक्रिय विनियोजन के द्वारा ज्ञान की संरचना की प्रक्रिया है।

22. विद्यार्थियों को स्पष्ट उदाहरण एवं गैर-उदाहरण देने के क्या परिणाम है?

(a) अवधारणात्मक परिवर्तनों को प्रोत्साहित करने के लिए यह एक प्रभावशाली तरीका है।
(b) यह विद्यार्थियों के दिमाग में भ्रांतियाँ उत्पन्न करता है।
(c) यह अवधारणाओं की समझ में अभाव पैदा करता है।
(d) यह अवधारणात्मक समझ के बजाय कार्यविधिक/प्रक्रियात्मक ज्ञान पर ध्यान केंद्रित करता है।

23. बच्चों को अधिगम गतिविधियों में भागीदारी करने के लिए लगातार पुरस्कार देना व दंड का प्रयोग करने से क्या प्रभाव पड़ता है?

(a) बाहरी अभिप्रेरणा कम होती है।
(b) आंतरिक अभिप्रेरणा बढ़ती है।
(c) यह बच्चों को प्रदर्शन आधारित लक्ष्यों के बजाय निपुणता पर ध्यान देने के लिए प्रोत्साहित करेगा।
(d) अधिगम में बच्चों की स्वाभाविक अभिरुचि तथा जिज्ञासा कम होती है।

24. निम्नलिखित में से कौन-सी प्रथाएं सार्थक अधिगम को बढ़ावा देती हैं?

(i) शारीरिक दंड
(ii) सहयोगात्मक अधिगम पर्यावरण
(iii) सतत् एवं समग्र मूल्यांकन
(iv) निरंतर तुलनात्मक मूल्यांकन

(a) (i), (ii) (b) (ii), (iii)
(c) (i), (ii), (iii) (d) (ii), (iii), (iv)

25. शिक्षक बच्चों की जटिल अवधारणाओं की समझ को किस प्रकार सहज कर सकते हैं?

(a) एक व्याख्यान देकर के।
(b) प्रतियोगितात्मक अवसरों की व्यवस्था करके।
(c) बार-बार यांत्रिक अभ्यास के द्वारा।
(d) अन्वेषण एवं परिचर्चा के लिए अवसर उपलब्ध कराके।

26. एक प्राथमिक विद्यालय की अध्यापिका बच्चों को एक प्रभावशाली समस्या समाधानकर्ता बनने के लिए किस प्रकार से प्रोत्साहित कर सकती है?

(a) प्रत्येक छोटे कार्य के लिए भौतिक पुरस्कार देकर।
(b) केवल प्रक्रियात्मक ज्ञान पर बल/महत्व देकर।
(c) 'गलत उत्तरों' को अस्वीकार करके एवं दंडित करके।
(d) बच्चों को सहजानुभूत अनुमान लगाने के लिए प्रोत्साहित करके तथा उसी पर आधारित विचार मंथन करके।

27. निम्नलिखित अवधि में से किसमें शारीरिक वृद्धि एवं विकास तीव्र गति से घटित होता है?

(a) शैशवावस्था एवं प्रारंभिक बाल्यावस्था
(b) प्रारंभिक बाल्यावस्था एवं मध्य बाल्यावस्था
(c) मध्य बाल्यावस्था एवं किशोरावस्था
(d) किशोरावस्था एवं वयस्कता

28. निम्नलिखित में से कौन-सा विकास का सिद्धांत नहीं है?

(a) विकास जीवनपर्यन्त होता है।
(b) विकास परिवर्त्य होता है।
(c) विकास आनुवंशिकता एवं पर्यावरण दोनों के द्वारा प्रभावित होता है।
(d) विकास सार्वभौमिक है तथा सांस्कृतिक संदर्भ इसे प्रभावित नहीं करते।

29. वैयक्तिक विभिन्नताओं का प्राथमिक कारण क्या है?

(a) लोगों के द्वारा माता-पिता से प्राप्त आनुवंशिक संकेत पद्धति (कोड)
(b) जन्मजात विशेषताएँ
(c) पर्यावरणीय प्रभाव
(d) आनुवंशिकता एवं पर्यावरण के बीच जटिल पारस्परिक क्रिया।

30. निम्नलिखित में से कौन-सा द्वितीयक सामाजीकरण एजेन्सी का उदाहरण है?

(a) परिवार एवं पास-पड़ोस
(b) परिवार एवं मीडिया
(c) विद्यालय एवं मीडिया
(d) मीडिया एवं पास-पड़ोस

उत्तर व्याख्या सहित

1. (b) भाषा के अर्जन एवं विकास के लिए सर्वाधिक संवेदनशील अवधि प्रारंभिक बाल्यावस्था (Early Childhood) में होती है। इस अवस्था में बच्चा 1 दिन में 25–50 शब्द सीख सकता है।

2. (b) लॉरेन्स कोह्लबर्ग ने नैतिक विकास की 6 अवस्थाएँ बताई हैं। प्रत्येक 2-2 अवस्थाओं को एकसाथ रखकर 3 स्तरों में बाँटा गया है–

1. **प्री-कन्वेन्शनल स्तर–**
   - आज्ञा एवं दण्ड की अवस्था
   - अहंकार
2. **कन्वेन्शनल स्तर–**
   - प्रशंसा की अवस्था
   - सामाजिक व्यवस्था के प्रति सम्मान की अवस्था
3. **पोस्ट-कन्वेन्शनल स्तर–**
   - सामाजिक अनुबंध अभिविन्यास
   - विवेक की अवस्था

3. (a) दी गयी परिस्थिति में शिक्षक के द्वारा लैंगिक भेदभाव किया जा रहा है।

4. (a) लैंगिक भेदभाव को दूर करने के लिए कक्षा में इस विषय पर परिचर्चा कराने से बच्चों को समाज में फैली भ्रांतियों को अस्वीकार कर सभी के प्रति समान दृष्टिकोण विकसित करने में आसानी होती है।

5. (b) वायगोट्स्की के सामाजिक विकास के सिद्धान्त के अनुसार किसी भी बच्चे का विकास सामाजिक परिस्थिति में ही संभव है।

6. (a) लेव वायगोट्स्की के अनुसार कोई भी अधिगम 2 स्तरों पर सम्पन्न होता है– पहला, एक-दूसरे के साथ अंत: क्रिया तथा दूसरा, अंत: क्रिया के फलस्वरूप प्राप्त अनुभव को मानसिक संरचना में समाविष्ट करना।

व्यक्तिगत वार्ता के माध्यम से ही एक-दूसरे के साथ अंत: क्रिया कर सकते हैं।

7. (d) लेव वायगोट्स्की के अनुसार, छात्र के संज्ञानात्मक विकास के लिए एक अध्यापक अथवा अनुभवी सहयोगी के सहयोग की आवश्यकता पड़ती है, जिसे "Scaffolding" (पाड़/ढाँचा) कहते हैं।

8. (b) जीन पियाजे के द्वारा वर्णित 'मूर्त संक्रियात्मक अवस्था' (Period of Concrete Operation) 7 वर्ष से 12 वर्ष तक चलती है। इस अवस्था में बालकों द्वारा तीन मानसिक निपुणताएँ हासिल कर ली जाती है–

- विचारों की विलोमता
- संरक्षण
- वर्गीकरण एवं चूर्ण अंश प्रत्ययों का उपयोग

9. (a) जीन पियाजे द्वारा वर्णित संज्ञानात्मक विकास की अवस्थाओं में से प्रथम अवस्था 'संवेदी पेशीय अवस्था' (Sensory Motor stage) है। इसी अवस्था की 6 अवस्थाएँ भी वर्णित की गयी हैं–

(i) प्रतिवर्त क्रिया की अवस्था
(ii) प्रमुख वृत्तीय प्रतिक्रिया की अवस्था
(iii) गौण तृतीय प्रतिक्रिया की अवस्था
(iv) गौण स्कीमटा के समन्वय की अवस्था
(v) तृतीय वृत्तीय प्रतिक्रिया की अवस्था
(vi) मानसिक संयोग द्वारा नए साधनों की खोज अवस्था

10. (b) किसी भी विषय पर बच्चे का आकलन करने से उस विषय से सम्बंधित बच्चे की समझ एवं भ्रांतियों के बारे में पता चलता है।

11. (d) बुद्धि बहु-आयामी प्रकृति की होती है। यह जटिल योग्यताओं का एक समूह है।

12. (a) सृजनात्मक विचारक किसी समस्या का एक से अधिक समाधान के बारे में विचार करते हैं, जो कि उनके मौलिक विचार होते हैं।

13. (d) किसी विषय को पढ़ाते समय जब शिक्षक यह महसूस करे कि विद्यार्थियों के द्वारा सहभागिता और रुचि दोनों में कमी आ रही है, तो उसे चाहिए कि वह अपनी शिक्षण पद्धति में बदलाव लाए।

14. (c) एक समावेशी कक्षा में, शिक्षक को विशिष्ट शैक्षिक योजनाओं को सदैव सक्रिय रूप से तैयार रखना चाहिए। जिससे वह बच्चों को सामाजिक, बौद्धिक, मानसिक, शारीरिक एवं भाषायी आधार पर भेदभावों को समाप्त कर सभी को एकसमान शिक्षा दे सकता है।

15. (c) पठनवैफल्य (Dyslexia) से ग्रसित बच्चों में धाराप्रवाह पाठ पढ़ने की अक्षमता होती है।

16. (d) "शिक्षा का अधिकार अधिनियम, 2009" के अनुसार 6 वर्ष से 14 वर्ष की आयु के बच्चों को कक्षा 1 से 8 तक की नि:शुल्क शिक्षा का अधिकार प्राप्त है। शिक्षा प्राप्त करने से अशक्त बच्चों को मुख्यधारा में शामिल कराया जा सकता है।

17. (d) संरचनावादी अधिगम 'संज्ञानात्मक मनोविज्ञान' पर आधारित है। यह एक ऐसी बौद्धिक प्रक्रिया है, जिसमें विचारों के द्वारा ज्ञान प्राप्त किया जाता है। संज्ञानात्मक विकास में बुद्धि के अतिरिक्त सूचना का प्रत्यक्षीकरण, पहचान और व्याख्या आती है।

18. (d) सहजानुभूत सिद्धान्त के अनुसार, किसी विषय को सोदाहरण पढ़ाने से बच्चे को उस विषय के बारे में आसानी से समझ आ जाता है। इसलिए इसे सहजानुभूत सिद्धान्त भी कहते हैं।

19. (b) छात्र केंद्रित शिक्षाशास्त्र में छात्रों के अनुभवों को प्रमुख दी जाती है। छात्रों की समझ सरलता से विकसित हो पाती है।

20. (c) संवेग एवं संज्ञान एक दूसरे पर अवलम्बित हैं, क्योंकि संवेगों का नियंत्रण संज्ञान से होता है, वहीं संज्ञान बिना संवेगों के असंभव है।

21. (d) संरचनावाद के अनुसार, मनोविज्ञान चेतन अनुभूतियों को अध्ययन का विज्ञान कहा गया है। इसमें व्यक्ति अपनी मनोदशा का स्वयं अध्ययन करता है। इसे विलियम वुण्ट द्वारा प्रतिपादित किया गया। इसके लिए व्यक्ति को सक्रियात्मक आधार पर अधिगम से जुड़ना होता है।

22. (a) शिक्षक के द्वारा उदाहरण सहित विषय की व्याख्या करने से विद्यार्थियों को उस विषय पर सही अवधारणा बनाने का प्रोत्साहन मिलता है।

23. (d) अधिगम गतिविधियों में लगातार पुरस्कार या दंड देने से बच्चों में प्रेरणा शक्ति एवं दण्ड का डर दोनों ही समाप्त होने लगता है। इससे अधिगम में बच्चों की स्वाभाविक रुचि व जिज्ञासा कम होने लगती है।

24. (b) सार्थक अधिगम में छात्रों की सहभागिता सुनिश्चित की जाती है। विषय से सम्बंधित गतिविधियों में भाग लेने के दौरान ही उनका लगातार मूल्यांकन किया जाता रहता है ताकि उनके विचार को सही समय पर ही नियंत्रित किया जा सके।

25. (d) जटिल विषय को आसानी से समझाने के लिए शिक्षक को बच्चों को उस विषय पर अन्वेषण एवं परिचर्चा करने का मौका प्रदान करना चाहिए।

26. (d) बच्चों को किसी समस्या का समाधान करवाने के लिए एक शिक्षक को चाहिए कि वह बच्चों को उस समस्या को अपने अनुभवों के आधार पर समझाने और उन अनुभवों पर आधारित विचार मंथन कर उनके समाधान के लिए प्रेरित करे।

27. (a) शैशवावस्था एवं प्रारंभिक बाल्यावस्था में शारीरिक बुद्धि एवं विकास अत्यधिक तीव्र गति से घटित होता है।

28. (d) 'विकास' एक सतत चलने वाली प्रक्रिया है, जो समय-समय पर परिवर्तित होती रहती है। आनुवंशिकता एवं पर्यावरण दोनों ही विकास की प्रक्रिया को प्रभावित करते रहते हैं। यह एक सार्वभौमिक प्रक्रिया है, जिसे सांस्कृतिक संदर्भ भी प्रभावित करते हैं।

29. (d) वैयक्तिक विभिन्नताओं का कारण आनुवांशिकता एवं पर्यावरण की जटिल पारस्परिक क्रिया है। इसी कारण से प्रत्येक व्यक्ति अलग-अलग दर से विकसित होते हैं। प्रत्येक की रुचि, एटीट्यूड, एप्टीट्यूड इत्यादि में हो सकते हैं। यह विभिन्नता एक अध्यापक के लिए विविध प्रकार के बच्चों को पढ़ाने में एक चुनौती होती है।

30. (c) किसी बालक के लिए परिवार, आस-पड़ोस एवं मीडिया सामाजीकरण की प्राथमिक संस्था होती है। जबकि विद्यालय द्वितीयक संस्था है।

❑❑❑

केंद्रीय शिक्षक पात्रता परीक्षा

कक्षा VI-VIII सॉल्व्ड पेपर, दिसम्बर-2019

बाल विकास एवं शिक्षण शास्त्र

निर्देश: (प्र. संख्या 1 से 30) निम्नलिखित प्रश्नों के उत्तर देने के लिए सही सबसे उपयुक्त विकल्प चुनिए:

1. नूर विद्यालय में अपना लंच बॉक्स लाना भूल गई तथा यह कहते हुए तान्या से उसका लंच साझा करने के लिए कहा, "तुम्हें आज अपना लंच मेरे साथ साझा करना चाहिए क्योंकि कल मैंने तुम्हारे, साथ अपना लंच साझा किया था।"

लॉरेंस कोहलबर्ग के नैतिक विकास के सिद्धांत के अनुसार नूर का कथन _____ अभिविन्यास प्रारूप को ______ अवस्था पर दर्शाता है।

(a) कानून एवं व्यवस्था; पश्च-परम्परागत

(b) आज्ञापालन, पूर्व-परम्परागत

(c) अच्छा होना; परम्परागत

(d) आदान-प्रदान ; परम्परागत

2. समाज में विभिन्न लिंगों के लिए उपयुक्त मानी जाने वाली प्रारूपिक विशेषताओं के बारे में जन सामान्य की अवधारणाओं को क्या कहते हैं?

(a) जेंडर विभेदीकरण

(b) जेंडर भूमिकाएँ

(c) जेंडर पहचान

(d) जेंडर रूढ़िवादिताएँ

3. हाल ही में पाठ्यचर्या में ऐसी कहानियों को शामिल करने के लिए विवेकशील प्रयास किया गया है जिसमें पिता घर के कार्यों में लगा रहता है और माता साहसी गतिविधियों को करती है। यह कदम किसलिए महत्त्वपूर्ण है?

(a) यह जेंडर पक्षपात को सशक्त बनाता है।

(b) यह जेंडर रूढ़िवादिता को समान करता है।

(c) यह जेंडर स्थिति को प्रोत्साहित करता है।

(d) यह जेंडर विभेदीकरण को बढ़ाता है।

4. वाइगोत्स्की के अनुसार, जब एक वयस्क बच्चे के निष्पादन के वर्तमान स्तर को सहयोग द्वारा विस्तारित करता है तो इसे क्या कहते हैं?

(a) खोजपूर्ण अधिगम

(b) समीपस्थ विकास का क्षेत्र

(c) पाड़ (ढाँचा)

(d) अंत: व्यक्तिनिष्ठता

5. जीन पियाजे के संज्ञानात्मक विकास के सिद्धांत अनुसार, परिकल्पित निगमनात्मक तर्क कि अवधि में विकसित होता है?

(a) संवेदी-चालक अवस्था

(b) पूर्व संक्रियात्मक अवस्था

(c) मूर्त संक्रियात्मक अवस्था

(d) अमूर्त संक्रियात्मक अवस्था

6. ______ के अनुसार, बच्चों के चिंतन के बारे में सामाजिक प्रक्रियाओं तथा सांस्कृतिक संदर्भ के प्रभाव को समझना आवश्यक है।

(a) लॉरेंस कोह्लबर्ग

(b) जीन पियाजे

(c) लेव वाइगोत्स्की

(d) अलबर्ट बैन्डुरा

7. पियाजे के संज्ञानात्मक विकास के सिद्धांत से निहितार्थ निकालते हुए एक ग्रेड 6-8 के शिक्षक को अपनी कक्षा में क्या करना चाहिए?

(a) तार्किक बहस के प्रयोग को हतोत्साहित करना चाहिए।

(b) ऐसी समस्याएँ प्रस्तुत करनी चाहिए जिसमें तर्क आधारित समाधान की आवश्यकता होती है।

(c) एक अवधारणा को पढ़ाने के लिए केवल मूर्त सामग्रियों का प्रयोग करना चाहिए।

(d) केवल निर्धारित पाठ्यक्रम पर निर्भर रहना चाहिए।

8. हावर्ड गार्डनर के बहु-बुद्धि सिद्धांत के अनुसार, 'तार्किक-गणितीय' बुद्धि वाले एक व्यक्ति की क्या विशेषताएं हो सकती हैं?

(a) ध्वनि, ताल तथा शब्दों के अर्थ के प्रति संवेदनशीलता।

(b) दृश्य-स्थानिक परिवेश को सटीक रूप से ग्रहण करने की योग्यता।

(c) संगीतमय अभिव्यक्तियों के आवाज के 'स्तर, ताल एवं सौंदर्यपरक गुणों को उत्पन्न करने एवं प्रशंसा करने की योग्यता।

(d) पैटर्न को खोजने की एवं तर्क की लम्बी शृंखला को हल करने की क्षमता और संवेदनशीलता।

9. वह प्रक्रिया जिसके द्वारा बच्चे आदतों, कौशलों, मूल्यों तथा अभिप्रेरणा को विकसित करते हैं और जो उन्हें समाज का जिम्मेदार एवं क्रियाशील सदस्य बनाती है, उसे क्या कहा जाता है?

(a) सामाजीकरण

(b) समावेशन

(c) मुख्यधारा से जुड़ना

(d) विभेदीकरण

10. मानव विकास के संदर्भ में आनुवंशिकता तथा पर्यावरण की भूमिका के बारे में निम्नलिखित कथों में से कौन सा सही है?

(a) वैयक्तिक विभिन्नताओं का एकमात्र कारण आनुवंशिकता है।

(b) परिवेशीय प्रभाव पूर्ण रूप से एक व्यक्ति के विकास को निर्धारित करते हैं।

(c) मानव-विकास को न तो आनुवंशिकता और न ही पर्यावरण प्रभावित करते हैं।

(d) आनुवंशिकता एवं पर्यावरण दोनों एक जटिल पारस्परिक क्रिया के रूप में मानव विकास को प्रभावित करते हैं।

11. एक प्रगतिशील कक्षा में

(a) विद्यार्थी के द्वारा ज्ञान की संरचना की जाती है।

(b) विद्यार्थी के द्वारा निष्क्रिय रूप से ज्ञान प्राप्त किया जाता है।

(c) विद्यार्थी के द्वारा ज्ञान को उसी रूप में दोहराया जाता है।

(d) शिक्षक के निर्देशों के अनुसार विद्यार्थी के द्वारा ज्ञान का अनुस्मरण किया जाता है।

12. सतत् एवं समग्र मूल्यांकन में क्या शामिल है?

(a) केवल संरचनात्मक आकलन
(b) केवल संकलनात्मक आकलन
(c) ना तो संरचनात्मक न ही संकलनात्मक आकलन
(d) विविध प्रकार की रणनीतियों का प्रयोग करते हुए दोनों संरचनात्मक एवं संकलनात्मक आकलन का प्रयोग करना।

13. आपकी कक्षा के एक विद्यार्थी को विभिन्न स्रोतों से बार-बार यह बताया गया है कि उसके सामाजिक वर्ग के लोग शैक्षिक क्षेत्र में निम्न स्तरीय प्रदर्शन करते हैं। इस रूढ़िवादिता एवं परिणामिक रूढ़िवादी आशंका के प्रभाव को कम करने के लिए एक शिक्षक को क्या पहल करना चाहिए?

(a) इस प्रकार के सरोकारों को अनदेखा करना चाहिए।
(b) विभिन्न सामाजिक वर्गों के विद्यार्थियों के बीच प्रतियोगिता आयोजित करनी चाहिए।
(c) विद्यार्थी से पढ़ाई छोड़कर किसी अन्य क्षेत्र में शामिल होने के लिए सलाह देनी चाहिए।
(d) विभिन्न सामाजिक वर्गों के रोल मॉडल से संबंधित कहानियों एवं उदाहरणों को प्रस्तुत करना चाहिए।

14. एक समावेशी कक्षा में शिक्षक को क्या करना चाहिए?

(a) यह विश्वास करना चाहिए कि प्रत्येक बच्चे में अपनी योग्यताओं एवं शक्ति के अनुसार सीखने की क्षमता है।
(b) अशक्त अधिगमकर्ताओं के प्रति दया एवं सहानुभूति का भाव प्रदर्शित करना चाहिए।
(c) बच्चों को 'अपाहिज बच्चा', 'मंद बद्धि बच्चा' आदि के रूप में वर्गीकृत करना चाहिए।
(d) केवल प्रतिभाशाली एवं योग्य बच्चों पर ध्यान देना चाहिए।

15. एक विद्यार्थी कक्षा में निम्नलिखित लक्षण प्रदर्शित करता है:

— पढ़ने के प्रति चिंता
— शब्दों या अक्षरों को पहचानने में कठिनाई
— निम्न स्तरीय शब्दाबली कौशल
— पहले पड़े हुए पाठ को समझने या याद करने में कठिनाई

ये किसके सूचक है?

(a) एक स्वलीन' विधार्थी के
(b) एक सृजनात्मक विद्यार्थी के
(c) अधिगम अशक्तता वाले विद्यार्थी के
(d) 'मानसिक क्षति' पाले विद्यार्थी के

16. एक शिक्षक एक समावेशी कक्षा में विशेष योग्यता वर्ग वाले अधिगमकर्त्ताओं की आवश्यकताओं को किस प्रकार से बता सकता है/संबोधित कर सकता है?

(a) आकलन के लिए पेपर-पेंसिल टेस्ट का प्रयोग करना तथा अभ्यास एवं रटने पर बल देना।
(b) विद्यार्थियों को निर्देश देने के लिए एक रूप तरीकों का प्रयोग करना।
(c) अत्यधिक लिखित गृहकार्य देना तथा उत्तरों को अन्य प्रतिभाशाली विद्यार्थियों से नकल करने पर दवाब डालना।
(d) प्रत्येक विद्यार्थी के अधिगम के सशक्त पक्षों एवं कमजोरियों के विश्लेषण के आधार पर विशिष्ट अधिगम उद्देश्यों को विकसित करना।

17. एक शिक्षिका अपनी कक्षा में सृजनात्मक विद्यार्थियों को किस प्रकार से प्रोत्साहित कर सकती है?

(a) अपसारी चिंतन पर बल देकर
(b) अभिसारी चिंतन को हतोत्साहित करके
(c) अनेक परिप्रेक्ष्यों को प्रोत्साहित करके तथा मूल विचारों को महत्त्व देकर
(d) विद्यार्थियों को जोखिम लेने एवं चुनौतियाँ का सामना करने से हतोत्साहित करके

18. निम्नलिखित में से कौन सा कारक कक्षा में सार्थक अधिगम का पक्ष लेता है?

(a) बच्चों को पढ़ने के लिए अभिप्रेरित करने हेतु परीक्षणों की संख्या को बढ़ाना
(b) बच्चों को पढ़ने के लिए अभिप्रेरित करने हेतु पुरस्कारों को बढ़ावा देना
(c) निर्देश के लिए केवल व्याख्यान विधि को अपनाना
(d) विषयवस्तु तथा बच्चों के संपूर्ण कुशलक्षेम एवं अधिगम के प्रति सबा सरोकार रखना

19. निम्नलिखित में से कौन सा प्रभावशाली समस्या समाधान रणनीति का एक उदाहरण है?

(a) समाधान के मूल्यांकन पर बिलकुल प्यान नहीं देना
(b) क्रियात्मक अनम्यता - एक वस्तु के केवल परंपरागत कार्य पर ध्यान देना
(c) प्रतिक्रिया निर्धारण - समस्या प्रस्तुतिकरण के एक ही आयाम में सीमित रहना
(d) साधन-साध्य विश्लेषण - समस्या को अनेक उपलक्ष्यों में विभाजित करना

20. निम्नलिखित में से कौन सी शिक्षण-अधिगम के लिए एक प्रभावशाली शिक्षण प्रणाली नहीं है?

(a) बच्चों को अंतदृष्टि के द्वारा अनुमान लगाने के लिए प्रोत्साहित करना।
(b) प्रयोग एवं पर्यवेक्षण।
(c) संवाद एवं परिचर्चा।
(d) दिए गए ज्ञान को दोहराने पर ध्यान केंद्रित करना।

21. शिक्षक कक्षा में पढ़ने में ध्यान न देने वाले बच्चों से किस प्रकार का बरताव कर सकते हैं?

(a) बच्चों को कक्षा से बाहर जाने के लिए कहकर।
(b) पूरी कक्षा के सामने उन्हें बार-बार डाँटकर।
(c) उनसे बात करके तथा उनकी अरुचि का कारण जानने की कोशिश करके।
(d) उन्हें गृहकार्य के रूप में अत्यधिक वर्कशीट देकर।

22. संरचनावादी उपागम बताता है कि ज्ञान की संरचना के लिए अत्यन्त आवश्यक है।

(a) विद्यार्थी का पूर्वज्ञान
(b) अनुबंधन
(c) दंड
(d) यंत्रवत् याद करना

23. बच्चे अनेक घटनाओं के बारे में सहजानुभूत सिद्धांत की संरचना करते हैं। इस पृष्ठभूमि में एक शिक्षक को क्या करना चाहिए?

(a) संवाद के द्वारा बच्चों की इन अवधारणाओं को चुनौती देनी चाहिए।
(b) बच्चों के इन विचारों को खारिज करना
(c) बच्चों के विचारों एवं सिद्धांतों को अनदेखा करना चाहिए।
(d) बच्चों को इन विचारों के लिए डाँटना चाहिए क्योंकि ये विचार उनके शिक्षण में हस्तक्षेप करते हैं।

24. संज्ञान एवं संवेग के बीच किस प्रकार संबंध होता है?

(a) एक दूसरे से स्वतंत्र हैं
(b) एक दिशीय - संवेग संज्ञान को प्रभावित करते हैं
(c) एक दिशीय - संज्ञान संवेगों को प्रभावित करता है
(d) द्विदिशीय - दोनों के बीच एक गतिशील पारस्परिक क्रिया होती है

25. निम्नलिखित में से कौन से कारक अधिगम को प्रभावित करते हैं?

(i) विद्यार्थी की अभिरुचि
(ii) विद्यार्थी का सांवेगिक स्वास्थ्य

(iii) शिक्षाशास्त्रीय रणनीतियाँ
(iv) विद्यार्थी का सामाजिक एवं सांस्कृतिक संदर्भ

(a) (i), (ii)
(b) (ii), (iii)
(c) (i), (ii), (iii)
(d) (i), (ii), (iii), (iv)

26. निम्नलिखित में से क्या ज्ञान के सार्थक संरचना की प्रक्रिया का एक महत्त्वपूर्ण पहलू है?

(a) सामाजिक पारस्परिक क्रियाएँ
(b) लगातार अभ्यास तया बार-बार स्मरण करना
(c) पुरस्कार एवं दंड
(d) उद्दीपन-प्रतिक्रिया संबंध

27. जब विद्यार्थी पुरस्कार पाने की इच्छा से बार-बार किसी गतिविधि को करने का निर्णय लेते हैं (जैसा कि एक प्रयोग का नियोजन एवं संचालन करना) जो कि प्रत्यक्ष रूप से उस गतिविधि से संबंधित नहीं है (जैसा कि एक स्टार' या 'बैज प्राप्त करना), ऐसी स्थिति में क्या संभावना उत्पन्न होती है?

(a) अधिगम के प्रति भौतिकवादी अभिवृत्ति का विकास
(b) समझने के लिए अधिगम से आनंद प्राप्त करना
(c) पुरस्कार के बिना भी उस गतिविधि में लगे रहना
(d) अन्य लोगों को खुश करने के लिए कार्य करने के बजाय स्वयं की निपुणता के लिए उद्देश्य निर्धारित करना

28. बाल्यावस्था की अवधारणा से क्या अभिप्राय है?

(a) यह विभिन्न सांस्कृतिक सदी में सार्वभौम रूप से समान है।
(b) समकालीन सामाजिक-संरचनावादी मनोवैज्ञानिकों के अनुसार यह एक सामाजिक संरचना है।
(c) यह है कि बच्चे दुष्ट रूप में पैदा होते हैं और उन्हें सभ्य बनाना होता है।
(d) यह कि बच्चे शून्य से शुरुआत करते हैं और उनके गुण पूरी तरह से परिवेश के द्वारा निर्धारित किए जाते हैं।

29. निम्नलिखित में से कौन-सी 'मध्य बाल्यावस्था' की विशेषता है?

(a) शारीरिक वृद्धि एवं विकास बहुत तेज गति से होता है।
(b) अमूर्त रूप से सोचने तथा वैज्ञानिक तर्क का प्रयोग करने की योग्यता विकसित होती है।
(c) बच्चे तार्किक एवं मूर्त रूप से सोचना प्रारंभ कर देते हैं।
(d) अधिगम मुख्य रूप से संवेदी एवं चालक गतिविधियों द्वारा घटित होता है।

30. परिवार एवं पास-पड़ोस, बच्चों के सामाजीकरण की-

(a) मनोवैज्ञानिक एजेंसियाँ हैं।
(b) प्राथमिक एजेंसियाँ हैं।
(c) मध्य एजेंसियाँ हैं।
(d) द्वितीयक एजेंसियाँ हैं।

उत्तर व्याख्या सहित

1. (d) लॉरेन्स कोहलबर्ग एक अमेरिकी मनोवैज्ञानिक थे। इन्होंने बच्चों के साथ बीस साल तक एक विशेष प्रकार के साक्षात्कार का प्रयोग करने के बाद यह बतलाया कि नैतिक विकास के छह चरण हैं, जिन्हें आसानी से पहचाना जा सकता है। इन छह चरणों में से प्रत्येक चरण नैतिक दुविधाओं को सुलझाने में अपने पूर्व के चरण से अधिक परिपूर्ण है। बालकों में नैतिक विकास के संदर्भ में लॉरेन्स कोहलबर्ग ने अपने शोध द्वारा यह निष्कर्ष निकाला कि "बालकों में नैतिकता या चरित्र के विकास की कुछ निश्चित एवं सार्वभौमिक अवस्थाएँ पाई जाती हैं।"

कोहलबर्ग के नैतिक विकास सिद्धांत की 3 अवस्थाएँ-

(i) पूर्व परम्परागत अवस्था
(Pre- conventional Stage)
- आज्ञा एवं दंड की अवस्था
- आत्म-केंद्रित अवस्था

(ii) परम्परागत अवस्था
(Conventional Stage)
- प्रशंसा की अवस्था
- सामाजिक व्यवस्था के प्रति सम्मान की अवस्था

(iii) उत्तर-परम्परागत अवस्था
(Post-conventional Stage)
- सामाजिक अनुबंध अभिविन्यास
- विवेक की अवस्था

इस प्रश्न में बालिका नूर को जो व्यवहार करना सिखाया जा रहा है, वह परम्परागत अवस्था को दर्शाता है। इसमें समाज के साथ आदान-प्रदान के व्यवहार को सिखलाया जा रहा है।

2. (d) **जेंडर रुढ़िवादिताएँ:-**ये समाज में व्याप्त वे कुरीतियाँ हैं जो पीढ़ी-दर-पीढ़ी स्थानान्तरित होती रहती हैं। इसकी सामाजिक मान्यता न होते हुए भी वर्ग एवं समुदाय इसे मान्यता प्रदान करती है। समाज में लिंग में भेद के आधार पर मनुष्यों के साथ भेदभाव जेंडर रुढ़िवादिता में आती है।

3. (b) जेंडर रुढ़िवादिताओं की असमानता को समाप्त कर समानता लाने के लिए पुरुष एवं स्त्री की भूमिका को आपस में इन्टरचेंज करके दर्शाया गया है।

4. (c) वाइगोत्सकी ने अधिगम के क्षेत्र में समीपस्थ विकास क्षेत्र (Zone of Proximal Development) का सिद्धान्त दिया। यह वह क्षेत्र है जो कि बालक के सीखने से सम्बन्धित है। इसमें बालक किसी कौशलयुक्त व्यक्ति की सहायता से उस कार्य को पूरा कर सकता है, जिसे वह स्वतंत्र रूप से पूर्ण नहीं कर सकता।

बालक के संज्ञानात्मक विकास के लिए कौशलयुक्त व्यक्ति की सहायता को वाइगोत्सकी ने **"Scaffolding" [पाड़ (ढाँचा)]** कहा है।

5. (d) जीन पियाजे ने संज्ञानात्मक विकास की 4 अवस्थाएँ बतलायी हैं-

(i) संवेदी पेशीय अवस्था
(ii) पूर्व-संक्रियात्मक अवस्था
(iii) मूर्त-संक्रियात्मक अवस्था
(iv) औपचारिक/अमूर्त संक्रियात्मक अवस्था

अमूर्त संक्रियात्मक अवस्था संज्ञानात्मक विकास की अंतिम अवस्था होती है, जो 11 वर्ष से 15 वर्ष की आयु तक होती है। इस अवस्था के दौरान बालक परिकल्पनाओं (Hypothesis) के निर्माण के योग्य हो जाता है।

6. (c) वाइगोत्सकी के अनुसार किसी भी बच्चे का विकास सामाजिक परिस्थिति में ही संभव है।

7. (b) जीन पियाजे के संज्ञानात्मक विकास की तीसरी अवस्था मूर्त-संक्रियात्मक अवस्था (Period of Concrete Operation) किसी बालक के 7 वर्ष से 12 वर्ष तक चलती है। इस अवस्था में बालक विचारों की विलोमता, संरक्षण तथा वर्गीकरण व पूर्ण अंश प्रत्ययों का उपयोग करने में सक्षम हो जाता है। इस अवस्था में बालक तार्किक चिन्तन भी कर सकते हैं किन्तु तभी जब उनके सामने वस्तु ठोस रूप से उपस्थित की गयी हो।

8. (d) हावर्ड गार्डनर के बहु-बुद्धि सिद्धांत के अनुसार, तार्किक- गणितीय बुद्धि वाले व्यक्ति में तर्क करने की क्षमता, गणितीय समस्या समाधान क्षमता, अंकों के क्रम में छिपे सम्बन्ध को समझने की शक्ति होती है।

9. (a) वाइगोत्सकी के अनुसार किसी बच्चे के विकास में सामाजिक परिस्थिति, भाषा तथा संस्कृति का अहम योगदान होता है।

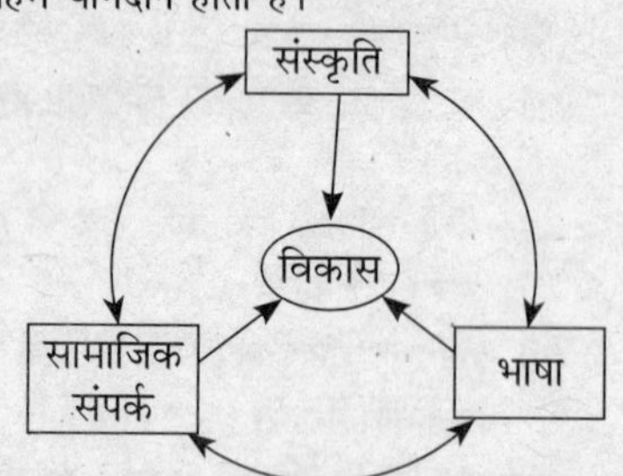

10. (d) मानव विकास के संदर्भ में आनुवंशिकता का प्रभाव-

- शारीरिक लक्षणों पर प्रभाव • बुद्धि पर प्रभाव
- चरित्र पर प्रभाव • मूल-शक्तियों पर प्रभाव
- आनुवांशिक विकार से युक्त बालकों को सहानुभूतिपूर्वक शिक्षा देनी चाहिए।

मानव विकास के संदर्भ में वातावरण का प्रभाव-

- शारीरिक अन्तर का प्रभाव • मानसिक विकास पर प्रभाव • व्यक्तित्व पर प्रभाव • बुद्धि पर प्रभाव • बालक पर बहुमुखी प्रभाव • जुड़वाँ बच्चों पर प्रभाव • अनाथ बच्चों पर प्रभाव

11. (a) 'प्रगतिशील शिक्षा' बाल-केंद्रित शिक्षा का एक सुधरा हुआ रूप है। इसमें केन्द्र बिन्दु बालक होता है। बालक ही ज्ञान का निर्माता होता है।

12. (d) सतत एवं समग्र मूल्यांकन भारत के स्कूलों में मूल्यांकन के लिए लागू की गयी एक नीति है, जिसे 2009 में आरंभ किया गया था। इस योजना में 'सतत' का अर्थ छात्रों की वृद्धि एवं विकास के पक्षों का मूल्यांकन करना है। यह एक सतत प्रक्रिया हे, जो शैक्षिक सत्र के पूरे विस्तार में फैली हुई है। जैसे- यूनिट परीक्षा की आवृत्ति।

दूसरा शब्द 'समग्र' का अर्थ है- इस योजना में छात्रों की वृद्धि एवं विकास के शैक्षिक तथा सह-शैक्षिक दोनों ही पक्षों को शामिल करने का प्रयास किया जाता है।

13. (d) रुढ़िवाद ऐसी विचारधारा है, जो पक्ष की अपेक्षा विरोध अधिक करती है। यह यथास्थिति का समर्थन करता है। यह एक मनोवृत्ति है जो जीवन की ओर एक दृष्टिकोण है। इसे कम करने के लिए शिक्षक को समाज के विभिन्न वर्गों के आदर्शों की कहानियाँ एवं उदाहरण बच्चों के सम्मुख पेश करने चाहिए।

14. (a) एक समावेशी कक्षा में शिक्षक को यह ध्यान रखना चाहिए कि प्रत्येक बच्चे की योग्यता व शक्ति अलग-अलग होती है। इसी कारण से प्रत्येक बच्चे में सीखने को क्षमता भी अलग-अलग होती है।

15. (c) अधिगम अशक्तता वाले विद्यार्थी को किसी पाठ के पाठन के समय शब्द एवं अक्षर को पहचानने में कठिनाई होती है। उसकी शब्दावली कौशल भी निम्न-स्तरीय होता है। इसके साथ-साथ उसे समझने एवं याद करने में भी कठिनाई होती है।

16. (b) चूँकि समावेशी शिक्षा में यह ध्यान रखा जाता है कि प्रत्येक बच्चे की योग्यता व शक्ति अलग-अलग होती है अत: प्रत्येक बच्चे में सीखने की क्षमता भी भिन्न- भिन्न होती हैं। ऐसे में शिक्षक को समावेशी कक्षा में बच्चों को निर्देशित करने के लिए समरूप तरीकों का प्रयोग करना चाहिए।

17. (c) विद्यार्थियों की सृजनात्मकता को बढ़ावा देने के लिए अध्यापक को विविध प्रकार के परिप्रेक्ष्यों को प्रोत्साहित करना चाहिए। साथ ही मौलिक विचारों को बढ़ावा देना चाहिए।

18. (d) डेविड ऊसूबेल के सीखने के सिद्धान्त को **'आधुनिक संज्ञानात्मक सिद्धान्त'** कहा जाता है क्योंकि सीखते समय व्यक्ति में क्या परिवर्तन आते हैं इसका वर्णन किया जाता है। यह सिद्धान्त सार्थक अधिगम का वर्णन करता है। इसमें बच्चे को ज्ञान को आत्मसात कराने हेतु प्रभावी प्रयास किए जाते हैं।

19. (d) समस्या समाधान की सबसे प्रभावशाली एप्रोच है कि उपयुक्त समस्या को छोटे-छोटे भागों में बाँटकर उन्हें हल किया जाए। अगर समस्या के विखण्डित भागों को अनेक लक्ष्य बनाकर हल किया जाए तो जटिल से जटिल समस्या को भी आसानी से सुलझाया जा सकता है।

20. (d) प्रभावी शिक्षण प्रणाली में बच्चों में प्रायोगिक एवं तार्किक आधार पर किसी विषय की समझ विकसित की जाती है। संवाद एवं परिचर्चा से बच्चों की सोचने की क्षमता को बढ़ावा मिलता है।

अत: इसमें दिए गए ज्ञान को दोहराने पर ध्यान केन्द्रित नहीं किया जाता है।

21. (c) कक्षा में जिन बच्चों को पढ़ने में मन लगाने में कठिनाई होती है, शिक्षक को चाहिए कि वह उन बच्चों की अरुचि का कारण जाने, उनसे बात करें तथा पढ़ाने के तरीके में रुचिकर बदलाव लाकर उन बच्चों की समस्या का समाधान करें।

22. (a) संरचनावाद के प्रतिपादक ई.बी. टिनेचर हैं। इसके अनुसार 'मनोविज्ञान' चेतन अनुभूतियों के अध्ययन का विज्ञान है। इसमें मनोविज्ञान के अध्ययन की विधि को 'अंतर्निरीक्षण विधि' कहा जाता है। इसमें व्यक्ति अपने पूर्व से स्थित ज्ञान को स्वयं से परखता है।

23. (a) जब बच्चे अनेक घटनाओं के बारे में अपने मस्तिष्क में एक धारणा बना लेते हैं, तो शिक्षक को चाहिए कि वह बच्चों से बात कर उपयुक्त विषय पर उनके विचार जानें और जहाँ आवश्यक हो वहाँ उनकी बनायी अवधारणाओं को खण्डित कर बालक की धारणा में सुधार लाए।

24. (d) 'संवेग' व्यक्ति की उत्तेजित दशा को प्रदर्शित करते हैं। ये जन्मजात होते हैं।

'संवेग' का अर्थ संवेदना, प्रत्यक्षीकरण, प्रतिमा, धारणा व तर्कणा जैसी मानसिक प्रक्रियाएँ हैं।

संवेगों को नियंत्रित करने में संज्ञान का महत्वपूर्ण योगदान होता है। उसी प्रकार से संवेगों के आधार पर ही व्यक्ति किसी परिस्थिति का संज्ञान लेता है। अत: संज्ञान एवं संवेग में "द्विदिशीय सम्बन्ध" है।

25. (d) अधिगम को प्रभावित करने वाले कारक-

- बालक का शारीरिक व मानसिक स्वास्थ्य • परिपक्वता • सीखने की इच्छा • प्रेरणा • विषय सामग्री का स्वरूप • वातावरण- भौतिक एवं सामाजिक

26. (d) थॉर्नडाइक का उद्दीपन-अनुक्रिया सिद्धांत-

S → Stimulus (उद्दीपक)
R → Response (अनुक्रिया)

- इसे **"S-R-Theory"** या **"प्रयास एवं त्रुटि सिद्धांत"** भी कहते हैं।
- इसके अनुसार उद्दीपक के होने पर ही अनुक्रिया होती है। यह एप्रोच बच्चों को किसी भी विषय को सिखाने में अत्यन्त सहायक सिद्ध होती है।

27. (a) जब शिक्षक बच्चों को किसी गतिविधि में सर्वोत्कृष्ठ प्रदर्शन करने के लिए पुरस्कार जैसे भौतिक साधनों को लक्ष्य बनाता है, तो बच्चे पुरस्कार की चाह में अपनी क्षमताओं का सर्वोत्कृष्ठ प्रदर्शन करता है।

28. (b) **बाल्यावस्था (5/6 वर्ष से 12/13 वर्ष)**

- आरंभिक विद्यालय की आयु • सर्वाधिक गंदी अवस्था/स्फूर्ति की अवस्था /जीवन का अनोखा काल • वैचारिक क्रिया की अवस्था • मूर्त संक्रियात्मक अवस्था • इस अवस्था में सामाजिकता एवं नैतिकता के गुणों में तेजी से वृद्धि होने लगती है। • समकालीन सामाजिक सरंचनावादी मनेवैज्ञानिकों के अनुसार यह अवस्था एक सामाजिक संरचना है।

29. (c) मध्य बाल्यावस्था (9 – 11 वर्ष) में बच्चे तार्किक एवं मूर्त रूप से सोचना आंरभ कर देते हैं।

30. (b) परिवार, आस-पड़ोस बच्चों के लिए प्राथमिक विद्यालय का कार्य करते हैं। वे अपने आस-पड़ोस में घटित होने वाली घटनाओं एवं व्यक्तियों के आचरण को सर्वप्रथम सीखते हैं।

❑❑❑

उत्तर प्रदेश शिक्षक पात्रता परीक्षा

कक्षा I-V सॉल्व्ड पेपर, दिसम्बर-2019

बाल विकास एवं शिक्षण शास्त्र

1. मानव-विकास का प्रारम्भ होता है-

(a) पूर्व-बाल्यावस्था से
(b) उत्तर-बाल्यावस्था से
(c) शैशवावस्था से
(d) गर्भावस्था से

2. 'द कंडीशन्स ऑफ लर्निंग' पुस्तक के लेखक हैं-

(a) बी.एफ. स्किनर
(b) आर.एम. गेने
(c) आई.पी. पावलव
(d) ई.एल. थॉर्नडाइक

3. "किशोरावस्था बड़े संघर्ष, तनाव, हमला व विरोध की अवस्था है।" यह कथन किसका है?

(a) स्टेन्ले हॉल (b) सिम्पसन
(c) क्रो एण्ड क्रो (d) जरशील्ड

4. सूक्ष्म शिक्षण के भारतीय प्रतिमान में कुल कितना समय लगता है?

(a) 40 मिनट (b) 45 मिनट
(c) 30 मिनट (d) 36 मिनट

5. "सीखने का पठार सीखने की प्रक्रिया के मुख्य अभिलक्षण हैं, जो उस स्थिति को प्रकट करते हैं, जिसमें सीखने की प्रक्रिया में कोई उन्नति नहीं होती।" यह कथन किसका है?

(a) हालिंगवर्थ (b) रॉस
(c) स्किनर (d) गेट्स व अन्य

6. यदि शिक्षक कक्षा में एक छात्र को समस्यात्मक बालक के रूप में पाता है, तो उसे-

(a) बच्चे को नजरअन्दाज कर देना चाहिए
(b) बच्चे को परामर्श देना चाहिए
(c) तत्काल घर वापस भेज देना चाहिए
(d) बच्चे को दण्ड देना चाहिए

7. पाठ्य-सहगामी क्रियाएँ मुख्यतः सम्बन्धित हैं-

(a) छात्रों के सर्वांगीण विकास से
(b) छात्रों के वृत्तिक विकास से
(c) छात्रों के मानसिक विकास से
(d) शैक्षिक संस्थानों के विकास से

8. निम्न में से किसने अधिगम सिद्धान्त का प्रतिपादन नहीं किया?

(a) स्किनर
(b) बी.एस. ब्लूम
(c) थॉर्नडाइक
(d) कोहलर

9. शिक्षा में अवरोधन का तात्पर्य है-

(a) बालक का विद्यालय न जाना
(b) बालक द्वारा विद्यालय छोड़ देना
(c) किसी बालक का एक वर्ष से अधिक समय तक एक ही कक्षा में रहना
(d) बालक का विद्यालय में प्रवेश न लेना

10. निम्न में से किस कौशल में पूर्व ज्ञान का परीक्षण आता है?

(a) प्रस्तावना कौशल
(b) समापन कौशल
(c) प्रदर्शन कौशल
(d) उद्दीपन-परिवर्तन कौशल

11. किसने बहुविमात्मक प्रज्ञा का प्रत्यय दिया?

(a) स्पीयरमैन
(b) जॉन मेयर
(c) गार्डनर
(d) गोलमैन

12. डिस्लेक्सिया में यह करने में कठिनाई होती है-

(a) व्यक्त करने में
(b) खड़े होने में
(c) बोलने में
(d) पढ़ने/वर्तनी में

13. निम्न में से क्या समावेशी कक्षा में शिक्षक की भूमिका नहीं है?

(a) शिक्षक को नि:शक्त बच्चों पर ध्यान नहीं देना चाहिए
(b) शिक्षक को बच्चों को प्रोत्साहित करना चाहिए
(c) शिक्षक को सीखने में अक्षम को अतिरिक्त समय देना चाहिए
(d) बच्चे की आवश्यकता के अनुरूप बैठने की पर्याप्त व्यवस्था करनी चाहिए

14. कक्षा में छात्रों को प्रश्न पूछने के लिए-

(a) प्रेरित करना चाहिए
(b) रोक देना चाहिए
(c) अनुमति नहीं देनी चाहिए
(d) हतोत्साहित करना चाहिए

15. बच्चे की वृद्धि मुख्यतः सम्बन्धित है-

(a) सामाजिक विकास से
(b) भावात्मक विकास से
(c) नैतिक विकास से
(d) शारीरिक विकास से

16. 'व्यवहार के कारण व्यवहार में परिवर्तन ही अधिगम है' यह किसने कहा है?

(a) गिलफर्ड (b) स्किनर
(c) क्रो एण्ड क्रो (d) वुडवर्थ

17. सूची-A तथा सूची-B को सुमेलित कीजिए।

सूची-A	सूची-B
A. ब्रूनर	I. बुनियादी शिक्षण प्रतिमान
B. ऑसुबेल	II. सायनेक्टिक्स शिक्षण प्रतिमान
C. ग्लेजर	III. अग्रिम संगठक शिक्षण प्रतिमान

D. गॉर्डन IV. सम्प्रत्यय उपलब्धि शिक्षण प्रतिमान

V. पृच्छा प्रशिक्षण प्रतिमान

	A	B	C	D
(a)	IV	II	II	I
(b)	I	II	III	V
(c)	III	I	II	V
(d)	IV	III	I	II

18. समस्या समाधान का प्रथम चरण है–

(a) समस्या की पहचान

(b) परिकल्पना का परीक्षण

(c) परिकल्पना का निर्माण

(d) आँकड़ा संग्रहण

19. बालकों का अधिगम सर्वाधिक प्रभावशाली होगा जब–

(a) बालकों का संज्ञानात्मक, भावात्मक तथा मनोचालक पक्षों का विकास होगा।

(b) शिक्षण व्यवस्था एकाधिकारवादी होगी।

(c) शिक्षक अधिगम प्रक्रिया में आगे होकर बालकों को निष्क्रिय रखेगा।

(d) पढ़ने-लिखने एवं गणितीय कुशलताओं पर ही बल होगा।

20. स्मृति स्तर एवम् बोध स्तर के शिक्षण प्रतिमान की संरचना में कौन-सा सोपान उभयनिष्ठ है?

(a) अन्वेषण (b) प्रस्तुतीकरण

(c) तैयारी (d) सामान्यीकरण

21. निम्न में किस सिद्धान्त को पुनर्बलन का सिद्धान्त भी कहते हैं?

(a) उद्दीपक अनुक्रिया सिद्धान्त

(b) सूझ का सिद्धान्त

(c) क्रिया प्रसूत अनुबन्धन सिद्धान्त

(d) शास्त्रीय अनुबन्धन सिद्धान्त

22. निम्न में से कौन-सी अवस्था ब्रूनर के संज्ञानात्मक विकास सिद्धान्त का अंग नहीं है?

(a) प्रतिबिम्बात्मक अवस्था

(b) संकेतात्मक अवस्था

(c) क्रियात्मक अवस्था

(d) आन्त प्रज्ञ अवस्था

23. मॉरीशन ने बोध स्तर के शिक्षण प्रतिमान में पांच पदों का वर्णन किया है, वे हैं–

I. प्रस्तुतीकरण

II. खोज

III. संगठन/व्यवस्था

IV. आत्मीकरण

V. वाचन/अभिव्यक्तिकरण

इनका सही क्रम है–

(a) II, I, IV, III, V

(b) II, I, III, IV, V

(c) I, II, III, IV, V

(d) IV, V, III, I, II

24. निम्न में से कौन-सा संज्ञानात्मक क्षेत्र से संबंधित नहीं है?

(a) अनुप्रयोग (b) बोध

(c) ज्ञान (d) अनुमूल्यन

25. निम्न में से कौन-सा अधिगम का वक्र नहीं है?

(a) मिश्रित

(b) लम्बवत्

(c) उन्नतोदर (उत्तल)

(d) नतोदर

26. स्तम्भ–A तथा स्तम्भ–B को सुमेलित कीजिए।

स्तम्भ–A	स्तम्भ–B
A. एनिमल इंटेलिजेन्स	I. गेस्टॉल्ट
B. पुनर्बलन की अनुसूची	II. पियाजे
C. सारगर्भिता का नियम	III. थॉर्नडाइक
D. अनुकूलन	IV. स्किनर

	A	B	C	D
(a)	II	IV	III	I
(b)	II	IV	I	III
(c)	III	IV	I	II
(d)	I	IV	III	II

27. "विकास कभी न समाप्त होने वाली प्रक्रिया है।" यह कथन विकास के किस सिद्धान्त से सम्बन्धित है?

(a) एकीकरण का सिद्धान्त

(b) अन्त: सम्बन्ध का सिद्धान्त

(c) निरन्तरता का सिद्धान्त

(d) अन्त:क्रिया का सिद्धान्त

28. संविधान के किस संशोधन से शिक्षा एक मौलिक अधिकार बन गयी है?

(a) 25वें संशोधन (b) 52वें संशोधन

(c) 22वें संशोधन (d) 86वें संशोधन

29. अभिप्रेरणा के मूल-प्रवृत्ति सिद्धान्त के प्रतिपादक थे–

(a) अब्राहम मैस्लो (b) सिम्पसन

(c) विलियम जेम्स (d) मैक्डूगल

30. विकास की किस अवस्था को कोल तथा ब्रूस ने "संवेगात्मक विकास का अनोखा काल" कहा है?

(a) बाल्यावस्था (b) प्रौढ़ावस्था

(c) किशोरावस्था (d) शैशवावस्था

उत्तर व्याख्या सहित

1. (d) मानव का विकास गर्भावस्था में ही प्रारंभ हो जाता है। जन्म लेने से पूर्व ही गर्भ में शिशु का मानसिक एवं शारीरिक विकास होने लगता है।

2. (b) 'द कंडीशन्स ऑफ लर्निंग' के लेखक रॉबर्ट एम. गेने हैं। यह पुस्तक मूल रूप से 1965 ई में होल्ट, राइनहार्ट और विंस्टन द्वारा प्रकाशित की गई थी। इसमें सीखने के सिद्धांत का उल्लेख करते हुए उसके प्रकार एवं चरणों के विषय में बताया गया है।

3. (a) स्टेन्ले हॉल ने किशोरावस्था को संघर्ष, तनाव, हमले व विरोध की अवस्था कहा है। यह अवस्था 12-19 वर्ष तक होती है। इस अवस्था में बालकों में कई प्रकार के शारीरिक एवं मानसिक परिवर्तन होते हैं जिस कारण उसके स्वभाव में चिड़चिड़ापन एवं विरोध की प्रवृत्तियाँ दिखाई देती हैं।

4. (d) सूक्ष्म शिक्षण के भारतीय प्रतिमान में कुल 36 मिनट का समय लगता है। यह शिक्षक प्रशिक्षण से संबंधित कार्यविधि है। यह 6 चरणों; योजना, पाठन (6 मिनट), प्रतिपुष्टि (6 मिनट), पुनर्योजना (12 मिनट), पुनर्शिक्षण (6 मिनट) और पुन: प्रतिपुष्टि (6 मिनट) में विभाजित होती है।

5. (b)

6. (b) यदि शिक्षक कक्षा में किसी छात्र को समस्यात्मक बालक के रूप में पाता है तो उसे उसकी समस्या का कारण जानने का प्रयास करते हुए उसके निदान हेतु परामर्श देना चाहिए।

7. (a) शिक्षण का मूल उद्देश्य छात्रों का सर्वांगीण अर्थात् शैक्षिक पाठ्यक्रम के अतिरिक्त उनके आंतरिक गुणों का विकास करना होता है। इसमे खेल, शैक्षिक भ्रमण, वाद-विवाद एवं लेखन प्रतियोगिताएँ आदि सहायक होती हैं।

8. (b) **9.** (c) **10.** (a)

11. (c) बहु-विमात्मक प्रज्ञा या बहुबुद्धि का सिद्धांत हार्वर्ड गार्डनर ने प्रतिपादित किया था। इन्होंने बुद्धि को भाषाई, तार्किक, देशिक, संगीतात्मक, शारीरिक गतिसंवेदी, अंतर्वैयक्तिक, अंत: व्यक्तिक तथा प्रकृतिवादी (8 भागों) में विभाजित किया है।

12. (d)

13. (a) समावेशी शिक्षा का अर्थ है शारीरिक, मानसिक व सामाजिक रूप से विशिष्ट बालकों को सामान्य बालकों के साथ पढ़ाना।

14. (a)

15. (d) वृद्धि शब्द परिणात्मक परिवर्तनों के लिए प्रयोग में लाया जाता है; जैसे– बालक के कद में वृद्धि होना, इसके अतिरिक्त विकास शब्द का प्रयोग गुणात्मक परिवर्तनों (कार्य कुशलता, कार्य क्षमता आदि) के लिए प्रयोग किया जाता है।

16. (a) **17.** (a) **18.** (a)

19. (a) बालकों का अधिगम सर्वाधिक प्रभावशाली तब होगा जब बालकों के संज्ञानात्मक, भावात्मक तथा मनोचालक पक्षों का विकास होगा।

20. (b) स्मृति स्तर एवम् बोध स्तर के शिक्षण प्रतिमान की संरचना में प्रस्तुतीकरण सोपान उभयनिष्ठ है। प्रस्तुतीकरण के द्वारा व्यक्ति अपने अमूर्त विचारों को मूर्त रूप प्रदान करता है।

21. (c)

22. (d) आन्त प्रज्ञ अवस्था ब्रूनर के संज्ञानात्मक विकास के सिद्धांत का अंग नहीं है। इनके सिद्धांत के अनुसार इस मॉडल के द्वारा मनुष्य अपने वातावरण से सामंजस्य स्थापित करता है।

23. (c) **24.** (d) **25.** (b) **26.** (c)

27. (c) निरंतरता के सिद्धांत के अनुसार विकास एक न रूकने वाली प्रक्रिया है। यह प्रक्रिया माँ के गर्भ से ही प्रारंभ हो जाती है और मृत्युपर्यंत तक चलती रहती है।

28. (d) संविधान के 86वें संशोधन के द्वारा शिक्षा को एक मौलिक अधिकार बनाया गया। इसके तहत 6-14 वर्ष के बच्चों को मुफ्त और अनिवार्य शिक्षा का अधिकार दिया गया।

29. (d) अभिप्रेरणा के मूल-प्रवृत्ति सिद्धांत के प्रति पादक मैक्डूगल थे। अनके अनुसार संवेग उत्पन्न होने पर जो क्रिया होती है, उसे मूल प्रवृत्ति कहते हैं। इन्होंने 14 प्रकार की मूल प्रवृत्तियों का उल्लेख किया है।

30. (a)

❑❑❑

उत्तर प्रदेश शिक्षक पात्रता परीक्षा

कक्षा VI-VIII सॉल्व्ड पेपर, दिसम्बर-2019

बाल विकास एवं शिक्षण शास्त्र

1. सृजनात्मक समस्या समाधान की वह अवस्था जिसमें व्यक्ति असंगत सूचनाओं पर ध्यान नहीं देता, उसे कहते हैं

(a) उद्भवन (b) आयोजन
(c) अनुवादन (d) प्रबोधन

2. 'बोली जाने वाली भाषा' की सबसे छोटी इकाई है–

(a) वाक्य विन्यास
(b) अर्थ विज्ञान
(c) रूपग्राम
(d) ध्वनिग्राम

3. 'निम्न में से किस प्रश्न' द्वारा सृजनात्मक चिन्तन को सर्वाधिक अच्छे ढंग से अनुमानित किया जा सकता है?

(a) इसे कितने भिन्न तरीकों से हल किया जा सकता है?
(b) इसे कौन बता सकता है?
(c) सही उत्तर बताएँ।
(d) क्या आप इसका उत्तर बता सकते हैं?

4. सूक्ष्म-शिक्षण है–

(a) प्रभावशाली शिक्षण
(b) मूल्यांकन शिक्षण
(c) वास्तविक शिक्षण
(d) अवश्रेणीयन शिक्षण

5. सूची A तथा सूची B को सुमेलित कीजिए।

सूची - A	सूची - B
A. हल	I. आवश्यकता सिद्धान्त
B. मैक्डोगल	II. मूल प्रवृत्ति सिद्धान्त
C. फ्रॉयड	III. मनो-विश्लेषण सिद्धान्त
D. मैस्लो	IV. प्रणोद-अवकलन सिद्धान्त

	A	B	C	D
(a)	IV	I	II	III
(b)	I	II	III	IV
(c)	IV	II	III	I
(d)	IV	II	I	III

6. निम्न में से कौन-सी शिक्षण विधि प्रजातान्त्रिक नहीं है?

(a) सामूहिक परिचर्चा
(b) प्रोजेक्ट विधि
(c) सहभागी विधि
(d) व्याख्यान विधि

7. शैक्षिक उद्देश्यों के ब्लूम के वर्गीकरण के भावात्मक पक्ष से निम्न में से कौन-सा स्तर सम्बन्धित नहीं है?

(a) ज्ञान
(b) व्यवस्थापन
(c) अनुक्रिया
(d) आग्रहण

8. निम्न में से कौन-सा शिक्षण का स्तर नहीं है?

(a) अवबोध स्तर
(b) परावर्ती स्तर
(c) अभिप्रेरणा स्तर
(d) स्मृति स्तर

9. अधिगम प्रक्रिया उद्दीपन _____ के बीच की संगति है।

(a) पशु (b) पूर्व अनुभव
(c) व्यवहार (d) अनुक्रिया

10. निम्न में से कौन-सी शिक्षण विधि प्रगतिवादी सिद्धान्तों पर आधारित है?

(a) निगमन (b) आगमन
(c) समस्या समाधान (d) प्रश्नोत्तर

11. निम्नांकित में से कौन-सा समस्या समाधान में बाधक नहीं है?

(a) नकारात्मक मानसिक वृत्ति
(b) सूझ
(c) भग्नाशा
(d) चिन्ता

12. निम्न में से कौन-सा एक संवेग है?

(a) ध्यान (b) उद्दीपक
(c) स्मृति (d) आमोद

13. 'एफ.आई.ए.सी.एस.' के साथ मूल रूप से कौन सम्बन्धित है?

(a) मॉरिसन (b) हरबर्ट
(c) लिपिट (d) फ्लैण्डर

14. निम्न कथनों में से कौन-सा 'प्रश्न कौशल' के लिए सही नहीं है?

(a) सुनने में संवेदनशीलता विकसित करना
(b) प्रश्न पूछने में उत्साहवर्धक तरीकों का प्रयोग करना
(c) प्रश्नों को प्रोत्साहन देना
(d) हाँ अथवा न उत्तर वाले प्रश्नों की संख्या बढ़ाना

15. निम्न में से कौन-सा व्यक्तित्व मापन की प्रक्षेपी तकनीकी है?

(a) अवलोकन
(b) साक्षात्कार
(c) प्रासंगिक अन्तर्बोध परीक्षण
(d) निर्धारण मापनी

16. निम्नलिखित में से कौन-सा अभिक्रमित अनुदेशन का सिद्धान्त नहीं है?

(a) पुनर्बलन का सिद्धान्त
(b) अभ्यास का सिद्धान्त
(c) छोटे-छोटे पदों का सिद्धान्त
(d) सक्रिय अनुक्रिया का सिद्धान्त

17. थॉर्नडाइक के उद्दीपक-अनुक्रिया सिद्धान्त (एस.-आर. थ्योरी) में सीखने की प्रक्रिया में क्या महत्वपूर्ण नहीं है?

(a) उद्दीपक
(b) क्रिया प्रसूत व्यवहार
(c) अन्तर्नोद
(d) अभिप्रेरक

18. निम्नलिखित में से किस प्रकार के अधिगम को गेने ने अपनी अधिगम सोपानिकी में सर्वाधिक निम्न स्थान पर रखा है?
(a) शृंखला अधिगम
(b) प्रत्यय अधिगम
(c) शाब्दिक अधिगम
(d) संकेत अधिगम

19. शिक्षण के दौरान आवाज में उतार-चढ़ाव उदाहरण है
(a) समापन कौशल
(b) उद्दीपन-परिवर्तन कौशल
(c) प्रस्तावना कौशल
(d) पुनर्बलन कौशल

20. निम्न में से कौन-सा सम्प्रेषण प्रक्रिया का तत्व नहीं है?
(a) पुनर्बलन (b) माध्यम
(c) अन्त:क्रिया (d) प्रतिपुष्टि

21. 'मन्दितमना' बालकों की शिक्षा हेतु कौन-सा उपागम उपयुक्त कहा जा सकता है?
(a) उच्चस्तरीय पाठ्यचर्या
(b) वैयक्तिक अनुदेशन
(c) त्वरण उपागम
(d) संवर्धन उपागम

22. निम्न में से कौन-स कथन सत्य नहीं है?
(a) शिक्षा एक लक्ष्य उन्मुख प्रक्रिया है।
(b) सीखना व्यवहार परिवर्तन की एक प्रक्रिया है।
(c) वृद्धि एक जैविक प्रक्रिया है।
(d) विकास एक मात्रात्मक प्रक्रिया है।

23. क्षेत्र विशेष में बालक की विशिष्ट योग्यता तथा विशिष्ट क्षमता को कहते हैं
(a) रुचि (b) मूल्य
(c) अभिप्रेरणा (d) अभिक्षमता

24. ब्रूनर की प्रतिबिम्बात्मक अवस्था पियाजे के संज्ञानात्मक विकास की किस अवस्था से मिलती जुलती है?
(a) संवेगात्मक गामक अवस्था
(b) औपचारिक संक्रियात्मक अवस्था
(c) पूर्व संक्रियात्मक अवस्था
(d) मूर्त संक्रियात्मक अवस्था

25. कौन व्यक्तित्व के गुण सिद्धांत से संबंधित नहीं है?
(a) आइसेंक (b) फ्रॉयड
(c) आलपोर्ट (d) कैटल

26. निम्नलिखित में से कौन-सा समूह सृजनात्मकता के तत्वों के सम्बन्ध में सही है?
(a) प्रवाह, व्यवहार्यता, मौलिकता, विस्तारण
(b) प्रवाह, विविधता, मोलिकता, सहकार्यता
(c) प्रवाह, विविधता, मौलिकता, विस्तारण
(d) बारम्बारता, विविधता, मौलिकता, विस्तारण

27. एक चार-पाँच वर्ष के बालक में अपने पिता की अपेक्षा माता के प्रति अत्यधिक प्रेम की भावना विकसित हो जाती है। बालक के व्यवहार में होने वाले इस परिवर्तन को फ्रॉयड द्वारा क्या नाम दिया गया?
(a) इलेक्ट्रा कॉम्प्लेक्स
(b) पराहम्
(c) नार्सीसिज़्म
(d) ओडिपस कॉम्प्लेक्स

28. स्कूटर चलाने वाले व्यक्ति द्वारा कार चलाना सीखते समय उसके पूर्व-अनुभवों का सहायक होना, किस प्रकार के अधिगम अन्तरण का उदाहरण है?
(a) क्रिया-प्रतिक्रिया का नियम
(b) सादृश्यता का नियम
(c) बहु-प्रतिक्रिया का नियम
(d) आंशिक क्रिया का नियम

29. स्कूटर चलाने वाले व्यक्ति द्वारा कार चलाना सीखते समय उसके पूर्व-अनुभवों का सहायक होना, किस प्रकार के अधिगम अन्तरण का उदाहरण है?
(a) द्वि-पार्श्विक अन्तरण
(b) क्षैतिज अन्तरण
(c) धनात्मक अन्तरण
(d) ऊर्ध्व अन्तरण

30. सम्प्रेषण सम्बन्धी अक्षमता है
(a) डिस्कैलक्युलिया
(b) डिस्फेसिया
(c) डिस्ग्राफिया
(d) डिस्लेक्सिया

उत्तर व्याख्या सहित

1. (a) सृजनात्मक समस्या समाधान की वह अवस्था जिसमें व्यक्ति असंगत सूचनाओं पर ध्यान नहीं देता, उसे उद्भवन (Incubation) कहते हैं। शिक्षण काल में आने वाली अधिगम कठिनाईयों को समस्या और उस समस्या का हल करने की प्रक्रिया को समाधान कहा जाता है।

2. (d) ध्वनिग्राम (Phoneme) 'बोली जाने वाली भाषा' की सबसे छोटी इकाई है। ध्वनिग्राम को स्वनिम और स्वनग्राम भी कहा जाता है। यह उच्चारित भाषा से संबंन्धित है।

3. (a) सृजनात्मक चिन्तन, चिन्तन का एक प्रमुख प्रकार है। स्किनर के अनुसार, "सृजनात्मक चिन्तन वह है जो नए परीक्षण करता है, नई भविष्यवाणियाँ करता है और नए निष्कर्ष निकालता है।" अत: प्रश्न 'इसे कितने भिन्न तरीकों से हल किया जा सकता है?" द्वारा सृजनात्मक चिन्तन को सर्वाधिक अच्छे ढंग से अनुमानित किया जा सकता है।

4. (d) सूक्ष्म-शिक्षण, शिक्षण-प्रशिक्षण की एक प्रोगशालीय, वैश्लेषिक एवं अवश्रेणीयन विधि है। इसके माध्यम से कम समय में अधिक लाभान्वित किया जता है। यह शिक्षण की ऐसी तकनीक है जो छात्र-अध्यापक से यह अपेक्षा रखती है कि वे किसी तथ्य को छात्रों को कम समय में किसी विशिष्ट शिक्षण कौशल के माध्यम से शिक्षा दें।

5. (c) सही सुमेलन निम्न है–
हल ने प्रणोद अवकलन सिद्धान्त का प्रतिपादन 1943 में किया। मैक्डोगल ने मूल प्रवृति सिद्धान्त दिया जसमें 14 संवेगों को फ्रॉयड ने मनोविश्लेषण सिद्धान्त दिया जिसमें मानसिक बताया गया है। संरचना के तीन मुख्य भाग बताए गए हैं। मैस्लो ने 1943 में आवश्यकता का सिद्धान्त प्रतिपादित किया।

6. (d) व्याख्यान विधि प्रजातान्त्रिक विधि नहीं है क्योंकि यह शिक्षक केन्द्रित शिक्षण विधि हैं इसमें प्रजा अर्थात् छात्रों का योगदान नहीं होता है।

सामूहिक विधि, प्रोजेक्ट विधि और सहभागी विधि शिक्षण की प्रजातान्त्रिक विधि है। ये विधियाँ छात्र-शिक्षक केन्द्रित विधियाँ हैं।

7. (a) ब्लूम की वर्गिकी शिक्षा (Bloom's taxonomy) शिक्षा के अन्तर्गत 'सीखने के उद्देश्यों' के वर्गीकरण से सम्बन्धित है। यह वर्गिकी बेंजामिन एस. ब्लूम तथा उनके सहयोगियों द्वारा 1956 में दी गई थी तथा इसे मानव व्यक्तित्व के तीन पक्षों के आधार पर विभाजित किया गया है– ज्ञानात्मक, भावात्मक एवं मनोक्रियात्मक पक्ष। भावात्मक पक्ष के उद्देश्यों को स्तर के अनुसार, 6 वर्गों में विभाजित किया गया है– अभीग्रहण करना, अनुक्रिया करना, मूल्य आंकना, मूल्यों का संधारण, मूल्य पद्धति का संगठन (व्यवस्थापन) और चरित्रीकरण।

8. (c) शिक्षण के तीन स्तर होते है– स्मृति स्तर, अवबोध स्तर, चिंतन या परावर्ती स्तर।

अत: 'अभिप्रेरणा स्तर' शिक्षण का स्तर नहीं है।

9. (d) अधिगम प्रक्रिया उद्दीपन एवं अनुक्रिया के बीच की संगति है। मॉर्गन और गिलीलैण्ड के अनुसार, "अधिगम या सीखना, अनुभव के परिणामस्वरूप प्राणी के व्यवहार में परिमार्जन है, जो कम से कम कुछ समय के लिए प्राणी द्वारा धारण किया जाता है।"

10. (c) समस्या-समाधान शिक्षण विधि प्रगतिवादी सिद्धान्तों पर आधारित है।

प्रगतिवादी शिक्षा इस मत पर विश्वास करती है कि शिक्षक को अपने उपागम में दृढ़ रहना है और वर्तमान समय में बिना दंड का प्रयोग किए बच्चों को पढाना। यह समस्या समाधान और आलोचनात्मक चिंतन पर अधिक बल देती है।

11. (b) 'सूझ' समस्या-समाधान में बाधक नहीं है जबकि नकारात्मक मानसिक वृत्ति, भग्नाशा और चिन्ता समस्या-समाधान में बाधक है।

समस्या-समाधान का तात्पर्य कठिनाइयों पर विजय प्राप्त करके लक्ष्यों को प्राप्त करना है। समस्या-समाधान अधिगम के अन्तर्गत जीवन में आने वाली नवीन समस्याओं के समाधान के तरीकों को सीखना आता है।

12. (d) 'आमोद' एक संवेग है। बेरान, बर्न तथा कैण्टोविल के अनुसार, "संवेग से तात्पर्य एक ऐसी आत्मनिष्ठ भाव की अवस्था से होता है, जिसमें कुछ शारीरिक उत्तेजना पैदा होती है।" जीवन में संवेगों की महत्वपूर्ण भूमिका होती है तथा व्यक्ति के वैयक्तिक एवं सामाजिक विकास में संवेगों का योगदान होता है।

13. (d) FIACS का विस्तृत रूप है– फ्लैण्डर इन्अरेक्शन एनालिसिस कैटेगिरीज़ सिस्टम। यह मूल रूप से फ्लैण्डर से सम्बन्धित है।

फ्लैण्डर ने यह प्रणाली वार्ता विश्लेषण के लिए विकसित की कि 'जब शिक्षक कक्षा में पढ़ाता हे तो क्या होता है'। इस प्रणाली में मौखिक व्यवहार को 10 श्रेणियों में वगीकृत किया गया है।

14. (d) 'हाँ अथवा न' उत्तर वाले प्रश्नें की संख्या बढ़ाना प्रश्न कौशल के लिए सही नहीं है। प्रश्न पूछने में उत्साहवर्धक तरीको का प्रयोग करना, प्रश्नों को प्रोत्साहन देना और सुनने में संवेदनशीलता विकसित करना आदि प्रश्न कौशल के विकास हेतु सहायक है।

15. (c) प्रासगिक अन्तर्बोध परीक्षण (Thematic Apperception list) व्यक्तित्व मापन की प्रक्षेपी तकनीक है। प्रक्षेपी विधियों द्वारा अचेतन व अवचेतन मन का ज्ञान किया जाता है। इन विधियों द्वारा व्यक्ति की छिपी हुई अचेतमन की इच्छाओं और रूचियो आदि का पता लगाया जाता है।

व्यक्तित्व मापन की प्रमुख प्रक्षेपी विधि है– शब्द साहचर्य परीक्षण, वाक्यपूर्ति परीक्षण, बाल सम्प्रतयय परीक्षण, स्वतन्त्र शब्द साहचर्य परीक्षण, रोर्शाख का स्याही धब्बा परीक्षण आदि।

16. (b) अभिक्रमित अनुदेशन विधि के प्रणेता बी एफ स्किनर ऑर डॉ. प्रेसी हैं। यह विधि ज्ञान की विषयवस्तु को छोटे-छोटे पदों में विभाजित कर क्रमबद्ध रूप से तार्किक ढंग से इस प्रकार नियोजित करती है कि विद्यार्थी रूचिपूर्ण स्वगति से स्वाध्याय में अग्रसर होता जाता है। अभिक्रमित अधिगम के सिद्धान्त निम्न है–

(i) छोटे सोपानों का सिद्धान्त
(ii) सक्रिय सहयोग का सिद्धान्त
(iii) तुरंत आश्वासन का सिद्धान्त
(iv) स्वत: गतिक्रम का सिद्धान्त
(v) व्यवहार- विश्लेषण का सिद्धान्त
(vi) सामग्री की वैधता का सिद्धान्त
(vii) पुनर्बलन का सिद्धान्त
(viii) छात्र-अनुक्रियाओं का सिद्धान्त।

अत: 'अभ्यास का सिद्धान्त' अभिक्रमित अनुदेशन का सिद्धान्त नहीं है।

17. (b) थार्नडाइक ने उद्दीपन- अनुक्रिया का सिद्धान्त 1898 ई. में प्रतिपादित किया था। इसे प्रयास एवं त्रृति का सिद्धान्त, S-R थ्योरी, अधिगम का बन्ध सिद्धान्त और संमोजन वाद का सिद्धान्त के नाम से भी जाना जाता है। थार्नडाइक ने यह सिद्धान्त बिल्ली पर किए गए प्रयोग के आधार पर दिया था।

इस सिद्धान्त में सीखने की प्रक्रिया में क्रिया प्रसूत व्यवहार महत्वपूर्ण नहीं हैं जबकि उद्दीपक, अन्तर्नोद और अभिप्रेरक सीखने की प्रक्रिया में महत्वपूर्ण कारक है।

18. (d) रार्बट गेने द्वारा प्रतिपादित अधिगम सोपानिकी में 8 प्रकार के अधिगमों को पौवलॉव, स्किनर, थार्नडाइक, कोहलर, वर्दीमर व कोफ्का के मूल सिद्धान्तों से लिया गया है। इस अधिगम सोपान में निम्न स्थान 'संकेत अधिगम' को दिया गया है।

गेने के 8 प्रकार के अधिगम निम्न है–

(i) उद्दीपक अनुक्रिया अधिगम
(ii) शृंखला अधिगम
(iii) शाब्दिक साहचर्य अधिगम
(iv) विभेद अधिगम
(v) सम्प्रत्यय अधिगम
(vi) सिद्धान्त अधिगम
(vii) समस्या समाधान अधिगम
(viii) संकेत अधिगम

19. (b) शिक्षण के दौरान आवाज में उतार-चढ़ाव 'उद्दीपक- परिवर्तन कौशल' का उदाहरण है।

उद्दीपक परिवर्तन कौशल का तात्पर्य उस शिक्षण तकनीक अथवा कौशल से है। जिसके द्वारा अध्यापक अपने विद्यार्थियों का ध्यान कक्षा गतिविधियों की ओर आकर्षित एवं केन्द्रित करने हेतु उपयोग में लाए जाने वाले विभिन्न उद्दीपकों के प्रयोग में अपेक्षित परिवर्तन लाने में अधिक से अधिक सफल हो सकता है।

उद्दीपक परिवर्तन कौशल में समावेशित घटक निम्न हैं-

- अध्यापक संचालन
- अध्यापक के हाव-भाव
- स्वर में परिवर्तन
- केन्द्रण
- अंतक्रिया शैली परिवर्तन
- मौन अथवा विराम
- मौखिक दृश्य बदलाव
- विद्यार्थियों का क्रियात्मक सहयोग

20. (a) 'पुनर्बलन' सम्प्रेषण प्रक्रिया का तत्व नहीं है जबकि माध्यम, अन्त:क्रिया और प्रतिपुष्टि सम्प्रेषण प्रक्रिया के प्रमुख तत्व है।

सम्प्रेषण से तात्पर्य है- किसी विचार अथवा संदेश को एक स्थान से दूसरे स्थान पर प्रेषित करने वालों के द्वारा भेजना और प्राप्त करने वाले के द्वारा प्राप्त करना।

21. (b) 'मन्दितमना' या मानसिक मंद बालकों की शिक्षा हेतु वैयक्तिक अनुदेशन उपागम उपयुक्त होगा। अमेरिकन एसोसिएशन ऑन मेण्टल डेफिशिएन्सी (1959) के अनुसार मानसिक मंदता में सामान्य बौद्धिक प्रकार्य सामान्य से कम स्तर के होते है।

मानसिक मंद बालकों की शिक्षा के लिए विशेष व्यवस्था होनी चाहिए उन्हें मूर्त माध्यम (वास्तविक जीवन पर आधारित) से शिक्षा प्रदान करनी चाहिए।

22. (d) विकास एक मात्रात्मक प्रक्रिया नहीं है। यह एक सार्वभौमिक प्रक्रिया है जो जन्म से लेकर मृत्युपर्यन्त चलती रहती है। अत: (d) विकल्प सही है।

23. (d) क्षेत्र विशेष में बालक की विशिष्ट योग्यता तथा विशिष्ट क्षमता को 'अभिक्षमता' कहते हैं। अभिक्षमता द्वारा किसी व्यक्ति के रूचि, योग्यता, रूझान के संबंध में जान सकते हैं। अभिक्षमता किसी मूर्त वस्तु या योग्यता का नाम न होकर एक अमूर्त प्रत्यय है जो व्यक्ति के सम्पूर्ण व्यक्तित्व के एक विशेष गुण को व्यक्त करती है।

24. (c) ब्रूनर की प्रतिबिम्बात्मक अवस्था पियाजे के संज्ञानात्मक विकास की पूर्व-संक्रियात्मक अवस्था से मिलती जुलती है। इस अवस्था में संकेतात्मक कार्यों की उत्पत्ति तथा भाषा का प्रयोग होता है। ब्रूनर ने अपने संज्ञानात्मक सिद्धान्त विकास के सिद्धान्त पर कार्य किया था और इसके बाद उसने स्वतन्त्र रूप से अपने संज्ञानात्मक सिद्धान्त का प्रतिपादन किया।

25. (b) 'फ्रॉयड' गुण सिद्धान्त से संबंधित नहीं है जबकि आइसेंक, आलपोर्ट और कैटल गुण सिद्धान्त से संबंधित है। सिगमंड फ्रॉयड ने व्यक्तित्व के मापन का मनोविश्लेषणात्मक सिद्धान्त प्रस्तु किया और उन्होंने व्यक्तित्व के मुख्यत! दो घटक माने 1. अचेतन 2. इदम्, अहम्, अत्यहम् (पराहम्)।

26. (c) 'प्रवाह, विविधता, मौलिकता, विस्तारण' समूह सृजनात्मकता के तत्वों के सम्बन्ध में सही है। जबकि अन्य विकल्प असंगत है।

27. (d) जब किसी 4-5 वर्ष के बालक में पिता की अपेक्षा माता के प्रति अत्यधिक प्रेम की भावना विकसित हो जाती है तो बालक के व्यवहार में होने वाले इस परिवर्तन को फ्रॉयड ने 'ओडिपस कॉम्प्लेक्स' कहा।

फ्रॉयड के अनुसार लड़कों में ओडिपस ग्रन्थि और लड़कियों में इलेक्ट्रा ग्रन्थि पाई जाती है।

28. (a) 'किया-प्रतिक्रिया का नियम' थॉर्नडाइक के सीखने के गौण नियमों में शामिल नहीं है।

थार्नडाइक के अधिगम के गौण नियम निम्न है।

(i) सादृश्यता का नियम

(ii) बहु-प्रतिक्रिया का नियम

(iii) अंशिक क्रिया का नियम

(iv) अभिवृत्ति या मनोवृत्ति का नियम

(v) आत्मीकरण का नियम

29. (d) स्कूटर चलाने वाले व्यक्ति द्वारा कार चलाना सीखते समय उसके पूर्व-अनुभवों का सहायक होना, ऊर्ध्व अधिगम अन्तरण का प्रकार है। इसे लंबमान अंतरण भी कहा जाता है।

30. (b) सम्प्रेषण सम्बन्धी अक्षमता डिस्फेसिया कहलाती है। इसमें व्यक्ति के बोलने, लिखने तथा बोले एवं लिखे शब्दों को समझाने या प्रकट करने में अनियमितता, अस्पष्टता एवं स्थायी विकार उत्पन्न हो जाता है।

डिस्कैलक्युलिया में बालक गणित को समझने में कठिनाइयों का अनुभव करते है। डिस्ग्राफिया में बालक लिखावट में कठिनाइयों का अनुभव करतें हैं।

डिस्लेक्सिया में बालक को पढ़ने में कठिनाई होती है तथा वह एक जैसी बनावट के अक्षरों शब्दो को नहीं पहचान पाता। जैसे b और d, was और saw आदि।

❑❑❑

हरियाणा शिक्षक पात्रता परीक्षा

कक्षा I-V सॉल्व्ड पेपर-2019

बाल विकास एवं शिक्षण शास्त्र

1. निम्नलिखित में से कौन-सा प्रश्न चिंतन की गहन प्रकार की शैली को प्रोत्साहित करता है?

(a) आधा $\left(\frac{1}{2}\right)$ का प्रतिलोम क्या होता है?

(b) न्यूनतम (छोटी-से-छोटी) अभाज्य संख्या क्या है?

(c) आधी मात्रा में चाय बनाने के लिए कितना दूध प्रयोग करेंगे?

(d) योग (जोड़), व्यवकलन (घटाव) का विलोम होता है, कहने का क्या तात्पर्य है?

2. अधिगम है–

(a) जो कुछ हम जानते हैं, वह सब अधिगम किया हुआ है।

(b) व्यवहार, ज्ञान और कौशल पर तुलनात्मक स्थायी प्रभाव है।

(c) प्रत्यक्ष रूप से अवलोकन और मापन योग्य है।

(d) विशिष्ट आयु स्तर तक सीमित है।

3. कोहलबर्ग के अनुसार, एक बालक के नैतिक विकास के कौन से स्तर में वह नैतिक मूल्यों का आन्तरीकरण (आभ्यंतरीकरण) प्रदर्शित नहीं करता है और बालक के नैतिक तर्क बाह्य पुरस्कार और दंड से नियंत्रित रहते हैं?

(a) पूर्वपरम्परागत

(b) परम्परागत

(c) पश्चपरम्परागत

(d) सार्वभौमिक नैतिक सिद्धांत

4. "बालक की विवेचना (तर्क) तार्किक नहीं है और यह अन्तर्ज्ञान (अन्तर्बोध) पर आधारित है न कि व्यवस्थित तर्क पर।" पियाजे के अनुसार संज्ञानात्मक विकास की यह अवस्था कहलाती है:

(a) संवेदी गामक काल

(b) पूर्व-क्रियात्मक काल

(c) मूर्त क्रियात्मक काल

(d) औपचारिक क्रियात्मक काल

5. अधिगमकर्ताओं की व्यक्तिगत विभिन्नताओं की पूर्ति के लिए निम्नलिखित में से कौन-सा चरण (पद) वाँछनीय नहीं है?

(a) व्यक्तियों की योग्यताओं का सही आकलन करना

(b) व्यक्तिपरक अनुदेशन देना

(c) सामाजिक आर्थिक स्तर की पहचान करना

(d) विशिष्ट प्रतिभाओं की पहचान करना

6. निम्नलिखित में से कौन-सा कथन चिंतन के विषय में गलत है?

(a) चिंतन में प्रतिमाएँ और भाषा प्रयुक्त होती है।

(b) चिंतन एक प्रकार की सूचना प्रकमण (प्रक्रिया) है।

(c) चिंतन संज्ञानात्मक प्रक्रिया का समुच्चय (सेट) है।

(d) चिंतन और भाषा असम्बंधित है।

7. निम्नलिखित में से कौन-सा पूरक अधिगम नियम थॉर्नडाइक द्वारा प्रतिपादित किया गया?

(a) तत्परता का नियम

(b) बहु अनुक्रिया का नियम

(c) अभ्यास का नियम

(d) प्रभाव का नियम

8. निम्नलिखित में से बुद्धि की कौन-सी श्रेणी हॉवर्ड गार्डनर द्वारा उनके बहु-बुद्धि सिद्धांत में नहीं सुझाई गई है?

(a) गणितीय कौशल

(b) संगीत कौशल

(c) अंतर्वैयक्तिक कौशल

(d) व्यावहारिक कौशल

9. निम्नलिखित में से अधिगम की कौन-सी परिस्थिति बाल-केंद्रित शिक्षा पर आधारित नहीं है?

(a) समस्या आधारित

(b) अन्वेषण (खोज)

(c) निर्देशित अन्वेषण (खोज)

(d) प्रदर्शन

10. निम्नलिखित में से कौन-सा आंतरिक अभिप्रेरणा का उदाहरण नहीं है?

(a) दुश्चिन्ता

(b) उपलब्धि की आवश्यकता

(c) आकांक्षा स्तर

(d) प्रशंसा

11. बहु-बुद्धि (मन के फ्रेम (ढाँचे)) सिद्धांत के प्रवर्तक कौन थे?

(a) हॉवर्ड गार्डनर

(b) अल्फ्रेड बिने

(c) ई. एल. थॉर्नडाइक

(d) जे. पी. गिलफोर्ड

12. सतत और व्यापक मूल्यांकन के विषय में निम्नलिखित में से कौन-सा कथन गलत है?

(a) यह विद्यालय आधारित मूल्यांकन है।

(b) इसमें विद्यार्थियों के सभी पक्ष सम्मिलित होते हैं।

(c) इसमें निदानात्मक मूल्यांकन सम्मिलित नहीं है।

(d) इसके लिए औपचारिक और अनौपचारिक दोनों प्रविधियाँ प्रयोग की जाती है।

13. निम्नलिखित में से कौन-सी शिक्षण-अधिगम व्यूहरचना (कौशल) सृजनात्मकता के विकास में बाधा पहुँचाती है?

(a) विद्यार्थियों को लचीले ढंग से चिंतन में सहायता करना।

(b) विद्यार्थियों को जोखिम (खतरा) उठाने के लिए प्रोत्साहित करना।

(c) शिक्षण-अधिगम के दौरान विद्यार्थियों को अतिनियंत्रित करना।

(d) विद्यार्थियों को अध्यवसायी और विलम्ब संतुष्टि हेतु मार्गदर्शन प्रदान करना।

14. एक बालक जिसे मानव सम्पर्क से पृथक बड़ा किया गया है, प्राय: दीर्घकाल तक अत्यधिक भाषा की कमी को दर्शाता है जो बाद के भाषा उद्भाषन अनुभवों द्वारा पूर्ण रूप से बिरले ही पूरी होती है। यह साक्ष्य भाषा विकास के कौन-से पक्ष को बल देता है?

(a) वातावरणीय (b) जैविकीय

(c) अंत: क्रियावादी (d) व्यावहारिक

15. बालकों की सामाजिक दक्षता के विकास के लिए निम्नलिखित में से कौन-सी परवरिश शैली अधिकतम प्रभावी है?

(a) अधिनायकवादी (b) लापरवाह
(c) प्राधिकारिक (d) कृपालु

16. निम्नलिखित में से कौन-सा उपकरण संरचनात्मक (निर्माणात्मक) आकलन के लिए उपयुक्त प्रतीत नहीं होता है?
(a) प्रश्नोत्तरी
(b) मानदण्ड संदर्भित परीक्षण
(c) समूह परिचर्चा
(d) वार्तालाप

17. अधिगमकर्ताओं के सतत और व्यापक मूल्यांकन के विषय में निम्नलिखित में से कौन-सा कथन सही है?
(a) संकलित (योगात्मक) आकलन औपचारिक आकलन कहलाता है।
(b) संकलित आकलन अनौपचारिक आकलन कहलाता है।
(c) संकलित आकलन अनुदेशन प्रक्रिया के दौरान होता है।
(d) संकलित आकलन विद्यार्थियों की कठिनाइयों के निदान पर बल देता है।

18. अधिगम अयोग्यता (निर्योग्यता) उपयुक्त रूप में परिभाषित की जा सकती है:
(a) यह बाह्य है और शैक्षिक और सांस्कृतिक वंचना से होती है।
(b) यह आंतरिक है और केंद्रीय तंत्रिका तंत्र के दुष्क्रिया से होती है।
(c) यह बाह्य है और सांवेगिक विक्षोभ (बाधा) से होती है।
(d) यह आन्तरिक है और मानसिक मंदता से होती है।

19. विकास के सम्बंध में निम्नलिखित में से कौन-सा सार्थक तथ्य है?
(a) यह पूर्वानुमान प्रारूप के अनुसार नहीं होता है।
(b) यह आनुवांशिकी और वातावरण की अंत:क्रिया का परिणाम है।
(c) सभी व्यक्ति समान दर से विकास करते हैं।
(d) विकास विशिष्ट से सामान्य की ओर अग्रसर होता है।

20. अधिगम के सामाजिक निर्मितिवादी (कन्सट्रक्टीविस्ट) उपागम की विशेषता है:
(a) अधिगम के लिए बालक के संज्ञान पर बल देना।
(b) अधिगम के लिए सूचना-प्रक्रम पर बल देना।
(c) अधिगम के लिए दूसरों से सहयोग पर बल देना।
(d) अधिगम के लिए अनुभवों पर बल देना।

21. 'समावेशन' का तात्पर्य है एक विशेष आवश्यकता वाले बालक को नियमित (सामान्य) कक्षा में शिक्षित करना:
(a) कुछ समय के लिए
(b) अधिकांश समय के लिए
(c) पूरे समय के लिए
(d) विद्यालय में सामाजिक गतिविधियों के दौरान

22. चॉमस्की के अनुसार, भाषा अर्जित करने की एक अंतर्जात क्षमता जो मानव को जैविक वंशागति के फलस्वरूप प्राप्त हमारी अद्वितीय क्षमता है, को कहते हैं:
(a) भाषा अनुकूलन श्रेणी
(b) भाषा अर्जन साधन
(c) भाषा स्वीकार्य इच्छा
(d) भाषा अर्जन क्षेत्र (पक्ष)

23. निम्नलिखित में से कौन-सी व्यावहारिक विशेषता (गुण) व्यक्ति के अभिप्रेरित व्यवहार से सम्बंधित नहीं है?
(a) ऊर्जित
(b) निर्दिष्ट (निर्देशित)
(c) पृथक
(d) सतत (लगातार)

24. गैने द्वारा प्रस्तावित अधिगम का पदानुक्रमिक उच्चतम स्तर है:
(a) समस्या समाधान अधिगम
(b) सिद्धांत अधिगम
(c) सम्प्रत्यय अधिगम
(d) कौशल अधिगम

25. निम्नलिखित में से कौन-सी विशेषता वंचित बालक की नहीं है?
(a) जीवन की आधारभूत आवश्यकताओं की अपर्याप्तता को झेलना।
(b) आधारभूत और सार्वभौमिक अधिकार प्रदान करना।
(c) भावी मनो-शैक्षिक समस्याओं का संकट (खतरा)।
(d) उसकी स्वाभाविक दर से विकास के अवसरों से वंचित रखना।

26. एक बालक जो किसी एक विशेषता (लक्षण) (जैसे दुश्चिंता या सामाजिकता) में उच्च और निम्न है, बाद के वर्षों में भी इसी तरह का रहता है। यह कथन निम्न के महत्व को बल देता है:
(a) आनुवांशिकी के
(b) वातावरण के
(c) आनुवांशिकी और वातावरण के
(d) परिपक्वता के

27. विकास के पक्ष (क्षेत्र) जैसे कि शारीरिक, संज्ञानात्मक, सामाजिक और संवेगात्मक निम्नलिखित में से कौन-सी प्रक्रिया से विकसित होते हैं?
(a) पृथकता से
(b) आंशिकता से
(c) यादृच्छिकता से
(d) समग्रता और साकल्यता (सम्पूर्णता) से

28. वाइगोट्स्की के अनुसार, वह कार्य (कृत्य) जो बालक अकेले के लिए अत्यधिक कठिन है, परंतु किसी प्रौढ़ और अधिक कुशल साथी की सहायता से करना संभव हो, कहलाता है:
(a) निर्देशित सहभागिता
(b) स्कैफोल्डिंग (पाड़ या ढाँचा)
(c) आसन्न विकास क्षेत्र
(d) अंत: व्यक्तिनिष्ठता

29. संवेग की प्रकृति निम्नलिखित में से कौन-से कथन से सही रूप में प्रकट होती है?
(a) कुछेक संवेगों का ही व्यवहारात्मक पक्ष होता है।
(b) संवेग जीव की स्थायी अवस्था है।
(c) संवेगात्मक प्रकटीकरण को अधिगम द्वारा परिवर्तित नहीं कर सकते हैं।
(d) प्रत्येक संवेग के साथ एक भावना निहित रहती है।

30. समस्या समाधान में निम्नलिखित में से कौन-सा पद सम्मिलित नहीं है?
(a) आँकड़ों का एकत्रीकरण करना
(b) परिकल्पनाओं का निर्माण करना
(c) सत्यापन और सामान्यीकरण करना
(d) उद्दीपक के प्रति अनुक्रिया करना

उत्तरमाला

1. (d)	**2.** (b)	**3.** (a)	**4.** (b)	**5.** (c)	**6.** (d)	**7.** (b)	**8.** (d)	**9.** (d)	**10.** (d)
11. (a)	**12.** (c)	**13.** (c)	**14.** (a)	**15.** (c)	**16.** (b)	**17.** (a)	**18.** (b)	**19.** (b)	**20.** (c)
21. (c)	**22.** (b)	**23.** (c)	**24.** (a)	**25.** (b)	**26.** (a)	**27.** (d)	**28.** (c)	**29.** (d)	**30.** (d)

❑❑❑

हरियाणा शिक्षक पात्रता परीक्षा

कक्षा VI-VIII सॉल्व्ड पेपर-2019

बाल विकास एवं शिक्षण शास्त्र

निर्देश- निम्नलिखित प्रश्नों के उत्तर देने के लिए सबसे उचित विकल्प चुनिए-

1. 'नाटकीय-खेल' के बारे में निम्नांकित में से कौन-सा कथन सही नहीं है?

(a) यह सक्रिय-खेल का एक प्रकार है।
(b) यह 'स्वाँग रचना खेल' (Make Believe Play) के नाम से भी जाना जाता है।
(c) इसमें प्रत्यक्ष व्यवहार समाहित है।
(d) यह हमेशा पुनर्उत्पादक होता है।

2. 'गणितीय/गणना' संबंधी अक्षमता एक प्रकार है-

(a) गामक अक्षमता का
(b) अधिगम अक्षमता का
(c) बौद्धिक अक्षमता का
(d) दृष्टि बाधिता का

3. निम्नांकित में से कौन-सा कथन मस्तिष्क के ब्रोका क्षेत्र के संदर्भ में सही नहीं हैं?

(a) यह मस्तिष्क के बायें फ्रंटल लोब में स्थित होता है।
(b) यह व्याकरण संबंधी प्रक्रियाओं में सहायता करता है।
(c) यह भाषा उत्पादन का कार्य करता है।
(d) यह शब्दों के अर्थ समझने में मदद करता है।

4. निम्नांकित में से किस दृष्टिकोण की यह मान्यता है कि बाल विकास एक सतत प्रक्रिया नहीं हैं?

(a) पियाजे का संज्ञानात्मक विकास का सिद्धान्त
(b) व्यवहारवाद
(c) सामाजिक अधिगम सिद्धान्त
(d) पारिस्थितिकीय तंत्र सिद्धान्त

5. यह कथन कि 'व्यक्तित्व, सीखी हुई अनुक्रियाओं का एक समुच्चय-मात्र है', व्यक्तित्व के संदर्भ में निम्नांकित में से किस दृष्टिकोण की सर्वोत्तम व्याख्या है?

(a) व्यवहारवादी दृष्टिकोण की
(b) सरंचनावादी दृष्टिकोण की
(c) प्रकार्यवादी दृष्टिकोण की
(d) संज्ञानवादी दृष्टिकोण की

6. निम्नांकित में से कौन-सा नवजात शिशु के 'रिफ्लैक्स' का एक प्रकार नहीं है?

(a) आँख झपकाना
(b) चूसना
(c) तैरना
(d) कार चलाना

7. बच्चों के खेल के संदर्भ में निम्नांकित में से कौन-सा कथन सही नहीं है?

(a) खेल-क्रियाओं की संख्या आयु बढ़ने के साथ कम होती जाती हैं।
(b) आयु बढ़ने के साथ-साथ खेल ज्यादा सामाजिक होता जाता है।
(c) साथ खेलने वाले साथियों की संख्या आयु बढ़ने के साथ बढ़ती जाती है।
(d) आयु बढ़ने के साथ खेल ज्यादा लैंगिक रूप से उपयुक्त हो जाता है।

8. बुद्धि का 'त्रिस्तरीय सिद्धांत' (Three Stratum Theory) दिया गया है?

(a) पियाजे के द्वारा
(b) बिने के द्वारा
(c) कैरोल के द्वारा
(d) कैटल के द्वारा

9. चार वर्ष की बिन्नी ने 'बिस्तर गीला' करना शुरू कर दिया जब उसके माता-पिता एक नये बच्चे को घर लेकर आये। यह निम्नांकित में से किस प्रकार की 'सुरक्षा युक्ति' का उदाहरण है?

(a) पश्चगमन
(b) दमन
(c) तादात्मीकरण
(d) विस्थापन

10. निम्नांकित में से कौन-सा कथन सत्य नहीं है?

(a) शास्त्रीय अनुबंधन ऐच्छिक व्यवहारों से सम्बन्धित है।
(b) क्रिया-प्रसूत अनुबंधन ऐच्छिक व्यवहारों से सम्बन्धित है।
(c) शास्त्रीय अनुबंधन अनैच्छिक व्यवहारों से सम्बन्धित है।
(d) क्रिया-प्रसूत अनुबंधन में 'परिणाम', अनुबंधन का एक महत्त्वपूर्ण कारक है।

11. यह जानना कि 'साइकिल कैसे चलायें' एक उदाहरण है-

(a) प्रक्रियात्मक ज्ञान का
(b) घोषणात्मक ज्ञान का
(c) स्पष्ट ज्ञान का
(d) कोई विकल्प सही नहीं है

12. यदि एक बच्चा आपको यह बता रहा है कि आज सुबह उठने के बाद उसने क्या किया, तब वह प्रयोग कर रहा है-

(a) अर्थगत स्मृति का
(b) संवेदी पंजीयन का
(c) प्रक्रियात्मक स्मृति का
(d) धारावाहिक स्मृति का

13. स्टर्नबर्ग द्वारा दिये गये सफल बुद्धि के त्रिशाखीय (Triarchial) सिद्धान्त के अनुसार निम्नांकित में से कौन-सा बुद्धि का एक प्रकार नहीं है?

(a) विश्लेषणात्मक बुद्धि
(b) सर्जनात्मक बुद्धि
(c) संगीतीय बुद्धि
(d) प्रयोगिक बुद्धि

14. जब चालक कार की सीट-बेल्ट बाँध लेता है, तब कार का सीट बेल्ट बजर बजना बंद हो जाता है। यह उदाहरण है–

(a) सकारात्मक पुनर्बलन का
(b) नकारात्मक पुनर्बलन का
(c) सकारात्मक दंड का
(d) नकारात्मक दंड का

15. यह कथन 'तुम मेरी पीठ खुजाओं, मैं तुम्हारी खुजाऊँगा', निम्नांकित में से किस प्रकार की नैतिकता की ओर इंगित करता है? जैसा कि पियाजे ने बताया–

(a) सहयोग की नैतिकता का आरंभ
(b) पूर्व रूढ़िवादी नैतिकता
(c) वास्तववाद
(d) नैतिकता से कोई संबंध नहीं है

16. मीता ने खिलौना-साँप से लगने वाला भय दूर कर लिया था, परन्तु एक दिन अचानक उसका डर वापस लौट आया जब उसे अपने बिस्तर पर एक खिलौना साँप पड़ा मिला। भय के इस प्रकार वापसी को कहा जा सकता है–

(a) उद्दीपक सामान्यीकरण
(b) उद्दीपक विभेदन
(c) स्वत: पुनर्प्राप्ति
(d) विलोपन

17. निम्नांकित में से कौन-सा कथन 'समीपस्थ विकास का क्षेत्र' के संदर्भ में सही नहीं है?

(a) यह वाइगोत्सकी के सिद्धान्त से जुड़ा है।
(b) यह बच्चे के सीखने की क्षमता की उच्च सीमा निर्धारित करता है।
(c) यह उन कार्यों/क्रियाओं का क्षेत्र है जिन्हें बच्चा बिना दूसरों की सहायता के पूरा नहीं कर सकता और ना ही सवतंत्र रूप से स्वयं कर सकता है।
(d) यह उन कार्यों की उच्च सीमा है जिसे बच्चा सफलातपूर्वक स्वतंत्र रूप से कर सकता है।

18. निम्नलिखित में से कौन-सा विकल्प सामाजीकरण की प्रक्रिया के अन्तर्गत नहीं आता है?

(a) सामाजिक रूप से अनुमोदित व्यवहार को सीखना
(b) सामाजिक रूप से अनुमोदित भूमिका का निर्वाह करना
(c) सामाजिक अभिवृत्ति का विकास
(d) आत्मकेन्द्रित व्यवहार का अनुमोदन

19. किसी अनुक्रिया की आवृत्ति को रोकने के लिए किसी अप्रिय उद्दीपक के प्रयोग को कहते हैं–

(a) सकारात्मक पुनर्बलन
(b) नकारात्मक पुनर्बलन
(c) दंड
(d) प्रेरक

20. कोहलबर्ग के अनुसार, अच्छा बालक/अच्छी बालिका की ओर उन्मुख होना संकेत है–

(a) पूर्व लौकिक नैतिकता का
(b) पश्च लौकिक नैतिकता का
(c) लौकिक नैतिकता का
(d) नैतिकता का सापेक्षिक

21. ब्रॉनफेनब्रेनर के विकास के पारिस्थितिकीय तंत्र सिद्धान्त के अनुसार, 'माता-पिता का कार्यस्थल' निम्नांकित में से किस तंत्र में समाहित है?

(a) सूक्ष्म तंत्र
(b) वृहत् तंत्र
(c) मीजो तंत्र
(d) एक्सो तंत्र

22. निम्नांकित में से कौन-सा कथन सत्य नहीं है?

(a) बौद्धिक अक्षमता एवं अधिगम अक्षमता दोनों समान नहीं हैं।
(b) अधिगम अक्षमता युक्त बालक की IQ निश्चित रूप से 70 से कम होनी चाहिए।
(c) बौद्धिक अक्षमता 18 वर्ष की आयु से पूर्व होती है।
(d) बौद्धिक अक्षमता एवं अधिगम अक्षमता दोनों ही विकासात्मक अक्षमताएँ हैं।

23. वह आकलन जो अनुदेशन के दौरान या अनुदेशन के पूर्व किया जाता है, उसे कहा जाता है–

(a) योगात्मक आकलन
(b) रचनात्मक आकलन
(c) औपचारिक आकलन
(d) निदानात्मक आकलन

24. 'स्वलीनता' की सर्वप्रथम व्याख्या दी है–

(a) सैमुअल किर्क ने
(b) लियो कैनर ने
(c) बी.एफ. स्किनर ने
(d) जे. बी. वाटसन ने

25. विकासकाल के दौरान भ्रूण के सिर का विकास उसके पैरों से पहले होता है यह विकास की कौन-सी प्रवृत्ति की सर्वोत्तम व्याख्या है?

(a) केन्द्र से बाहर की ओर
(b) सिर से पैर की ओर
(c) समरूपता
(d) एकीकरण

26. निम्नांकित में से कौन-सी प्रक्रिया पियाजे के संज्ञानात्मक विकास की एक प्रक्रिया नहीं है?

(a) सम्मिलन
(b) आत्मसातीकरण
(c) अनुकूलन
(d) शेपिंग

27. निम्नांकित में से कौन-सा गार्डनर द्वारा दिये गए बुद्धि का एक प्रकार नहीं है?

(a) संगीतीय बुद्धि
(b) भाषायी बुद्धि
(c) तार्किक एवं गणितीय बुद्धि
(d) सर्जनात्मक बुद्धि

28. निम्नांकित में से कौन-सा शास्त्रीय अनुबंधन से संबंधित नहीं है?

(a) विलोपन
(b) स्वत: पुनर्प्राप्ति
(c) शेपिंग
(d) उद्दीपक विभेदन

29. एक माँ अपने बच्चे को दूध पिलाने से ठीक पहले उसके ललाट पर थपकियाँ देती है। जल्दी वह देखती है कि हर बार जब भी बच्चे के ललाट पर थपकियाँ देती है, वह सक्रिय होकर चूसने संबंधी गतिविधियाँ प्रदर्शित करने लगता है। बच्चे का यह व्यवहार सर्वोत्तम व्याख्या है–

(a) प्रयास एवं त्रुटि द्वारा अधिगम का
(b) शास्त्रीय अनुबंधन का
(c) क्रिया-प्रसूत अनुबंधन का
(d) सामाजिक अधिगम का

30. जीन पियाजे के संज्ञानात्मक विकास के सिद्धान्त के अनुसार एक बालक 'संरक्षण' के सिद्धान्त को समझने में सक्षम हो जाता है–

(a) संवेदी गामक अवस्था में
(b) पूर्व संक्रियात्मक अवस्था में
(c) मूर्त संक्रियात्मक अवस्था में
(d) औपचारिक संक्रियात्मक अवस्था में

उत्तरमाला

1. (d)	**2.** (b)	**3.** (d)	**4.** (a)	**5.** (a)	**6.** (d)	**7.** (c)	**8.** (c)	**9.** (a)	**10.** (a)
11. (a)	**12.** (d)	**13.** (c)	**14.** (b)	**15.** (a)	**16.** (c)	**17.** (d)	**18.** (d)	**19.** (c)	**20.** (c)
21. (d)	**22.** (b)	**23.** (b)	**24.** (b)	**25.** (b)	**26.** (d)	**27.** (d)	**28.** (c)	**29.** (b)	**30.** (c)

❑❑❑

केंद्रीय शिक्षक पात्रता परीक्षा

कक्षा I-V सॉल्व्ड पेपर, जुलाई-2019

बाल विकास एवं शिक्षण शास्त्र

निर्देश– (प्र.स. 1-30) निम्नलिखित प्रश्नों के उत्तर देने के लिए सही सबसे उपयुक्त विकल्प चुनिए।

1. जेण्डर–
(a) एक आर्थिक अवधारणा है
(b) एक जैविक निर्धारक है
(c) एक मनोवैज्ञानिक सत्ता है
(d) एक सामाजिक संरचना है

2. निम्नलिखित में से कौन विकास के व्यापक आयामों की सही पहचान करता है?
(a) सामाजिक, शारीरिक, व्यक्तित्व, स्व
(b) शारीरिक, संज्ञानात्मक, सामाजिक और संवेगात्मक
(c) संवेगात्मक, बौद्धिक, आध्यात्मिक एवं स्व
(d) शारीरिक, व्यक्तित्व, आध्यात्मिक एवं संवेगात्मक

3. बुद्धि के बारे में निम्नलिखित कथनों में से कौन-सा सही है?
(a) बुद्धि बहु-आयामी है, जिसमें बुद्धि परीक्षणों के द्वारा पूर्णरूप से परिमेय न की जाने वाली कई योग्यताएँ शामिल हैं।
(b) बुद्धि अभिसारी रूप से सोचने की योग्यता है।
(c) बुद्धि अनुभव के परिणाम के रूप में व्यवहार में एक अपेक्षाकृत स्थायी परिवर्तन है।
(d) बुद्धि एक आनुवंशिक विशेषक है, जिसमें मानसिक गतिविधियाँ; जैसे-स्मरण एवं तर्क शामिल होते हैं।

4. निम्नलिखित में कौन प्राथमिक सामाजीकरण माध्यम है?
(a) मीडिया (b) परिवार
(c) विद्यालय (d) सरकार

5. जीन पियाजे के सिद्धान्त का प्रमुख प्रस्ताव है कि–
(a) बच्चों की सोच गुणात्मक में वयस्कों से भिन्न होती है
(b) बच्चों की सोच वयस्कों से निम्न होती है
(c) बच्चों की सोच वयस्कों से बेहतर होती है
(d) बच्चों की सोच मात्रात्मक रूप से वयस्कों से भिन्न होती है

6. निम्नलिखित में से कौन-सा पूर्व क्रियात्मक अवस्था काल के बच्चे को विशेषित करता है?
(a) विचारों की अनुत्क्रमणीयता
(b) वर्तुल प्रतिक्रिया
(c) लक्ष्य-निर्देशित व्यवहार
(d) विलम्बित अनुकरण

7. बच्चों और उनके अधिगम के सन्दर्भ में निम्नलिखित कथनों में से कौन-सा सही है?
(a) बच्चों को अधिगम हेतु प्रेरित करने के लिए उन्हें पुरस्कृत एवं दण्डित करना होता है
(b) सभी बच्चे सीखने के लिए स्वाभाविक रूप से प्रेरित होते हैं तथा सीखने में सक्षम हैं।
(c) बच्चों को सीखने के लिए अभिप्रेरणा तथा सीखने के लिए उनकी सक्षमता केवल आनुवंशिकता के द्वारा पूर्व निर्धारित है।
(d) बच्चों की सामाजिक-आर्थिक पृष्ठभूमि उनकी प्रेरणा एवं अधिगम सक्षमता को निर्धारित व सीमित करती है।

8. प्रगतिशील शिक्षा में बच्चों को किस तरह से देखा जाता है?
(a) खाली स्लेटों के रूप में
(b) छोटे वयस्कों के रूप में
(c) निष्क्रिय अनुकारकों के रूप में
(d) सक्रिय अन्वेषकों के रूप में

9. लेव वाइगोत्स्की के अनुसार, अधिगम–
(a) एक अनुबन्धित गतिविधि है
(b) एक सामाजिक गतिविधि है
(c) एक व्यक्तिगत गतिविधि है
(d) एक निष्क्रिय गतिविधि है

10. जीन पियाजे के अनुसार, बच्चे–
(a) को पुरस्कार एवं दण्ड के सिद्धान्तों का प्रयोग करते हुए विशिष्ट तरीके से व्यवहार करना एवं सीखना सिखाया जा सकता है।
(b) ज्ञान को सक्रिय रूप से संरचित करते हैं, जैसे-जैसे वे दुनिया में व्यवहार कौशल का प्रयोग करते हैं तथा अन्वेषण करते हैं।
(c) प्रेक्षणात्मक अधिगम की प्रक्रिया का अनुसरण करते हुए दूसरों का अवलोकन करके सीखते हैं।
(d) को उद्दीपन-अनुक्रिया सम्बन्धों के सावधानीपूर्ण नियन्त्रण के द्वारा एक विशेष तरीके से व्यवहार करने के लिए अनुबन्धित किया जा सकता है।

11. चालक विकास की दर में व्यक्तिगत विविधताएँ होती हैं, फिर भी चालक विकास का क्रम .... से .... तक है।
(a) परिष्कृत (सूक्ष्म) चालक विकास; अपरिष्कृत (स्थूल) चालक विकास
(b) शीर्षगामी, अधोगामी
(c) अधोगामी, शीर्षगामी
(d) अपरिष्कृत (स्थूल) चालक विकास, परिष्कृत (सूक्ष्म) चालक विकास

12. वह अवधि जो वयस्कता के संक्रमण की पहल करती है, उसे क्या कहते हैं?
(a) बाल्यावस्था की समाप्ति
(b) किशोरावस्था
(c) मध्य बाल्यावस्था
(d) पूर्व-क्रियात्मक अवधि

13. एक प्रारम्भिक कक्षा-कक्ष में एक बालक-बालिका अपने साथ जो अनुभव लाते/लाती हैं–
(a) उन्हें शामिल कर उनका संचय करना चाहिए
(b) उन्हें अस्वीकार करना चाहिए
(c) उसकी उपेक्षा करनी चाहिए
(d) उन पर ध्यान नहीं देना चाहिए

14. एक बच्चा तर्क प्रस्तुत करता है कि हिंज को दवाई की चोरी नहीं करनी चाहिए (वह दवाई जो उसकी पत्नी की जान बचाने के लिए जरूरी है), क्योंकि यदि वह ऐसा करता है, तो पकड़ा जाएगा और जेल भेज दिया जाएगा। कोह्लबर्ग के अनुसार, वह बच्चा नैतिक समझ की किस अवस्था के अन्तर्गत आता है?

(a) सार्वभौम नैतिक सिद्धान्त अभिविन्यास
(b) यन्त्रीय उद्देश्य अभिविन्यास
(c) सामाजिक-क्रम नियन्त्रक अभिविन्यास
(d) दण्ड एवं आज्ञापालन अभिविन्यास

15. मौखिक संवाद जो बच्चे अपने आप से करते हैं, उन्हें लेव वाइगोत्स्की क्या कहते हैं?

(a) समस्यात्मक वार्ता
(b) अहंकेन्द्रित वार्ता
(c) व्यक्तिगत वार्ता
(d) भ्रान्त वार्ता

16. खिलौने, पहनावे की वस्तुएँ, घरेलू सामग्रियाँ, व्यवसायों एवं रंगों को विशिष्ट लिंग के साथ सम्बन्धित करना क्या प्रदर्शित करता है?

(a) जेण्डर प्रासंगिकता
(b) विकसित जेण्डर पहचान
(c) जेण्डर रूढ़िवादिता
(d) जेण्डर सिद्धान्त

17. एक शिक्षक को चाहिए कि–

(a) यह सम्प्रेषित करे कि वह कक्षा-कक्ष में सभी संस्कृतियों का सम्मान करती है एवं महत्व देती है
(b) वह विद्यार्थियों के बीच तुलना को अधिकतम करे
(c) वह विशेष संस्कृतियों/समुदाय के बच्चों को बढ़ावा दें
(d) वह विद्यार्थियों के बीच सांस्कृतिक विभिन्नताओं तथा विविधता की अनदेखी करे

18. निम्नलिखित संरचनाओं में से शिक्षा का अधिकार अधिनियम 2009 किसकी वकालत करता है?

(a) मुख्यधारा शिक्षा
(b) एकीकृत शिक्षा
(c) समावेशी शिक्षण
(d) पृथक्करण

19. .... यह विचारधारा है कि सभी बच्चों को एक नियमित विद्यालय व्यवस्था में समान शिक्षा प्राप्त करने का अधिकार हो।

(a) बहुल-सांस्कृतिक शिक्षा
(b) समावेशी शिक्षा
(c) मुख्यधारा शिक्षा
(d) विशेष शिक्षा

20. निम्नलिखित में से कौन-सी एक मुख्य प्रक्रिया नही है, जिसके द्वारा सार्थक अधिगम घटित होती है?

(a) अन्वेषण एवं पारस्परिक क्रिया
(b) कण्ठस्थीकरण एवं स्मरण
(c) पुनरावृत्ति एवं अभ्यास
(d) निर्देश एवं संचालन

21. निम्नलिखित में से कौन-सा स्तंभ 'क' के बच्चों को स्तंभ 'ख' में उनकी प्राथमिक विशेषताओं के सही मिलान को प्रस्तुत करता है।

स्तंभ 'क'	स्तंभ 'ख'
(A) प्रतिभाशाली	**(1) धारा प्रवाह पढ़ने में कमी है।**
(B) अधिगम अशक्तता	**(2) मूल समाधानों के बारे में सोच सकता है।**
(C) सृजनात्मकता	**(3) आसानी से विचलित होने की आदत है।**
(D) अवधान कमी अतिसक्रियता व्यतिक्रम (ADHD)	**(4) शीघ्रता से एवं स्वतन्त्र रूप से सीखने की योग्यता**

कूट–

	A	B	C	D
(a)	1	2	4	3
(b)	4	3	2	1
(c)	4	1	2	3
(d)	4	3	1	2

22. बच्चे प्रभावी रूप से सीखते हैं जब–

(a) वे विभिन्न गतिविधियों एवं कार्यों में सक्रिय रूप से भाग लेते हैं।
(b) शिक्षक कक्षा में होने वाली सभी घटनाओं व बच्चों को पूर्णरूप से नियन्त्रित करता है।
(c) वे पाठ्य पुस्तक में दिए गए तथ्यों को याद करते हैं।
(d) वे श्यामपट्ट पर अध्यापक के द्वारा लिखे गए उत्तरों की नकल करते हैं।

23. बच्चों को कक्षा में प्रश्न–

(a) पूछने से रोकना चाहिए
(b) पूछने के लिए प्रेरित करना चाहिए
(c) पूछने के लिए हतोत्साहित करना चाहिए
(d) पूछने की अनुमति नहीं देनी चाहिए

24. संरचनात्मक दृष्टिकोण के अनुसार, अधिगम .... है।

(a) अनुभव के परिणाम के रूप में व्यवहार में एक परिवर्तन होने की प्रक्रिया
(b) एक सक्रिय एवं सामाजिक प्रक्रिया
(c) एक निष्क्रिय एवं व्यक्तिपरक प्रक्रिया
(d) जानकारी के अर्जन की प्रक्रिया

25. जब शिक्षक को विद्यार्थियों एवं उनकी योग्यताओं के बारे में सकारात्मक विश्वास होता है, तब विद्यार्थी–

(a) किसी भी रूप में प्रभावित नहीं होते हैं।
(b) सीखने के लिए उत्सुक एवं प्रेरित रहते हैं।
(c) निश्चिन्त हो जाते हैं तथा सीखने के लिए किसी भी तरह का प्रयास करना बन्द कर देते हैं।
(d) का उत्साह भंग हो जाता है तथा वे दबाव में आ जाते हैं।

26. बच्चों की गलतियाँ–

(a) शिक्षण-अधिगम प्रक्रिया में महत्वहीन हैं।
(b) प्रदर्शित करती हैं कि बच्चे कितने लापरवाह हैं।
(c) बार-बार अभ्यास करने के लिए कह कर तुरन्त सुधार देनी चाहिए।
(d) अधिगम का एक भाग है तथा उनके विचारों में एक अन्तर्दृष्टि देती हैं।

27. मूल्यांकन को ....।

(a) वस्तुनिष्ठ प्रकार के लिखित कार्यों पर आधारित होना चाहिए।
(b) एक अलग गतिविधि के रूप में लेना चाहिए।
(c) शिक्षण-अधिगम प्रक्रिया का एक भाग होना चाहिए।
(d) केवल नम्बरों के सन्दर्भ में करना चाहिए।

28. नीचे लिखी हुई स्थिति किस सिद्धान्त को दर्शाती है?

''जो विद्यार्थी अच्छा प्रदर्शन नहीं कर पाते हैं, वे महसूस करते हैं कि वे पर्याप्त रूप से अच्छे नहीं हैं और हतोत्साहित महसूस करते हैं तब उनमें बिना प्रयास के कार्य को आसानी से छोड़ देने की सम्भावना होती है।''

(a) आनुवंशिकता एवं पर्यावरण सम्बन्धित नहीं हैं।
(b) संज्ञान एवं संवेग अलग नहीं हैं।
(c) संज्ञान एवं संवेग सम्बन्धित नहीं हैं।
(d) आनुवंशिकता एवं पर्यावरण अलग नहीं हैं।

29. एक शिक्षण बच्चों को प्रभावी रूप से समस्या का समाधान करने में सक्षम बनने के लिए किस तरह से प्रोत्साहित कर सकता है?

(a) बच्चों को समस्या के बारे में सहजानुभूत अनुमान लगाने एवं बहुविकल्पों को देखने के लिए प्रोत्साहित करके

(b) पाठ्य-पुस्तक के सभी प्रश्नों के व्यवस्थित तरीके से समाधान लिखकर

(c) पाठ्य-पुस्तक से एक ही प्रकार के प्रश्नों के उत्तर के अभ्यास के लिए उन्हें पर्याप्त मात्रा में असर प्रदान करके

(d) पाठ्य-पुस्तक में दी गई सूचनाओं के कण्ठस्थीकरण करने पर बल देकर

30. यह विधियाँ, जिनके प्रयोग में विद्यार्थियों की स्व पहल व प्रयास शामिल हैं, निम्न में से किसका उदाहरण हैं?

(a) परम्परागत विधि

(b) अन्तवैयक्तिक विधि

(c) निगमनात्मक विधि

(d) अधिगमकर्ता केन्द्रित विधि

उत्तर व्याख्या सहित

1. (d) लिंग एक सामाजिक संरचना है, जिसमें पुरुष और महिलाएँ शामिल होती हैं। यह न तो पुरुषों एवं महिलाओं का जैविक निर्धारक या विशेषता है और न ही महिलाओं के समान है। लिंग को समाज तथा सार्वजनिक एवं निजी जीवन में महिलाओं और पुरुषों के लिए जिम्मेदार कार्यों तथा भूमिकाओं की अवधारणा से निर्धारित किया जाता है।

2. (a) विकास एक व्यापक अवधारणा है तथा यह निरन्तर चलने वाली प्रक्रिया है। विकास की अवधारणा के अन्तर्गत कई आयाम शामिल होते हैं, जिनमें शारीरिक विकास (विभिन्न अंगों एवं लम्बाई का बढ़ना), संज्ञानात्मक विकास (तर्क बुद्धि सोचने-समझने की क्षमता में वृद्धि) और सामाजिक एवं संवेगात्मक विकास शामिल हैं। सामाजिक विकास के तहत व्यक्ति में सामाजिक, परम्पराओं विकास के तहत व्यक्ति में सामाजिक, परम्पराओं, रीति-रिवाजों एवं विभिन्न व्यक्तियों के साथ किए जाने वाले व्यवहारों का विकास होता है, जबकि संवेगात्मक विकास के अन्तर्गत व्यक्ति में विभिन्न व्यवहारों के प्रतिक्रियास्वरूप उत्तेजित होना, हँसना रोना या क्रोधित होना इत्यादि शामिल होता है।

3. (c) बुद्धि के तात्पर्य संज्ञानात्मक व्यवहारों के सम्पूर्ण वर्ग से होता है, जो व्यक्ति में सूझ-बूझ द्वारा समस्या-समाधान करने की क्षमताएँ, नई परिस्थितियों के साथ समायोजना करने की क्षमताएँ, अमूर्त रूप से सोचने की क्षमता तथा अनुभवों से लाभ उठाने की क्षमता को प्रदर्शित करती है। अत: बुद्धि अनुभव के परिणाम के रूप में व्यवहार में एक अपेक्षाकृत स्थायी परिवर्तन है।

4. (b) सामाजीकरण विकास की वह प्रक्रिया होती है, जिसके द्वारा व्यक्ति में उसके समूह मानकों के अनुसार वास्तविक व्यवहार का विकास होता है जो आजीवन निरन्तर चलती रहती है। व्यक्ति में सामाजीकरण की प्रक्रिया सर्वप्रथम उसके परिवार (माता-पिता) से प्रारम्भ होती है। यद्यपि व्यक्ति के सामाजीकरण में स्थानीय परिवेश, विद्यालय, बाहरी परिवेश, मीडिया इत्यादि का भी महत्वपूर्ण योगदान होता है, जिससे व्यक्ति के व्यवहार, सोचने-समझने की प्रवृत्ति इत्यादि निर्धारित होते हैं।

5. (a) पियाजे का संज्ञानात्मक विकास का सिद्धान्त व्यक्ति की प्रवृत्ति, विकास व विभिन्न अवस्थाओं में ज्ञान के विकास के बारे में विस्तार से वर्णन करता है।

पियाजे ने विकास के अपने संज्ञानात्मक सिद्धान्त में ही यह बताया है कि बच्चों की सोच गुणात्मक रूप में वयस्कों से भिन्न होती है तथा दोनों में सोचने-समझने व व्यवहार करने का स्तर भी अलग- अलग होता है।

6. (d)

7. (b) अधिगम या सीखना-सीखाना एक ऐसी प्रक्रिया है, जिसके द्वारा अनुभूति या अभ्यास के फलस्वरूप व्यवहार में परिवर्तन होता है। बच्चा जन्म लेने के साथ ही सीखना प्रारम्भ कर देता है। सर्वप्रथम वह अपनी माता से दूध पीना सीखता है, तत्पश्चात वह ध्वनि एवं प्रकाश के प्रति प्रतिक्रिया करना सीखता है। इस प्रकार वह आजीवन कुछ-न-कुछ सीखता ही रहता है। अतएव बच्चों और उनके अधिगम के सन्दर्भ में यह कथन सत्य है कि सभी बच्चे सीखने के लिए स्वभावित रूप से प्रेरित होते हैं तथा सीखने में सक्षम हैं।

8. (d) प्रगतिशील शिक्षा में बच्चों को एक सक्रिय अन्वेषकों के रूप में देखा जाता है। प्रगतिशील शिक्षा का उद्देश्य जनतन्त्रीय मूल्यों की स्थापना करना है, जिसमें प्रत्येक मनुष्य को अपनी स्वाभावित प्रवृत्तियों, इच्छाओं और आकांक्षाओं के अनुसार विकसित होने का अवसर प्राप्त होता है।

9. (b) वाइगोत्स्की के अनुसार अधिगम एक सामाजिक गतिविधि है। वाइगोत्स्की के सिद्धान्त के अनुसार बच्चों के संज्ञानात्मक विकास में सामाजिक कारकों एवं भाषा का महत्वपूर्ण स्थान है। इनके द्वारा दिए गए सिद्धान्त को सामाजिक सांस्कृतिक सिद्धान्त भी कहा जाता है। वाइगोत्स्की के अनुसार, वास्तव में संज्ञानात्मक विकास एवं अन्तर्वैयक्तिक सामाजिक परिस्थिति में सम्पन्न होता है।

10. (b) जीन पियाजे के संज्ञानात्मक विकास के सिद्धान्त के अनुसार, बच्चे ज्ञान को सक्रिय रूप से संरचित करते हैं, जैसे-जैसे वे दुनिया में व्यवहार कौशल का प्रयोग तथा अन्वेषण करते हैं पियाजे के निर्माण एवं खोज विचार के अनुसार बच्चे उन व्यवहारों और विचारों की समय-समय पर खोज व निर्माण करते रहते हैं, जिन व्यवहारों और विचारों का उन्होंने कभी प्रत्यक्ष नहीं किया है।

11. (d) चालक विकास की दर में व्यक्तिगत विविधताएँ होती हैं, किन्तु इन विविधताओं के बावजूद भी चालक विकास का क्रम निरन्तर होता रहता है; जैसे-अपरिष्कृत (स्थूल) चालक विकास तत्पश्चात परिष्कृत (सूक्ष्म) चालक विकास। इसी तरह ज्ञात से अज्ञात, मूर्त से अमूर्त तथा सामान्य से विशिष्ट इत्यादि।

12. (b) किशोरावस्था की अवधि वयस्कता के संक्रमण की पहल करती है। किशोरावस्था, बाल्यावस्था व प्रौढ़ावस्था या वयस्कता की अवस्था के बीच (संक्रमण) की अवस्था होती है। यह अवस्था 3 वर्ष से प्रारम्भ होकर 21 वर्ष तक चलती रहती है। इस अवस्था में बालकों में समस्या की अधिकता, कल्पना की अधिकता और सामाजिक अस्थिरता होती है। इसमें शारीरिक और मानसिक परिवर्तन के फलस्वरूप बच्चों में संवेगात्मक, सामाजिक और नैतिक जीवन का स्वरूप परिवर्तित हो जाता है। व्यक्ति इस अवस्था से गुजरते हुए धीरे-धीरे वयस्कावस्था में प्रवेश करता है।

13. (a) उन बच्चों का संज्ञानात्मक विकास विद्यालय में बेहतर होता है, जिनके माता-पिता उनके स्कूली शिक्षा में शामिल होते हैं, क्योंकि प्राथमिक शिक्षा (प्रारम्भिक कक्षा-कक्ष) की अवस्था में बच्चे अपने परिवेश में जो कुछ भी देखते या सुनते हैं, उसके बारे में वह अपने माता-पिता या शिक्षक से पूछते हैं और उसे समझने का प्रयास करते हैं। अतएव एक बालक/बालिका अपने साथ जो भी अनुभव लाते/लाती हैं, उन्हें शामिल कर उनका संचय करना चाहिए।

तत्पश्चात उससे सम्बन्धित अवधारणा के बारे में समझाने का प्रयास किया जाना चाहिए।

14. (d) एक बच्चा तर्क प्रस्तुत करता है कि हिंज को दवाई की चोरी नहीं करनी चाहिए (वह दवाई जो उसकी पत्नी की जान बचाने के लिए जरूरी है), क्योंकि यदि वह ऐसा करता है तो पकड़ जाएगा और जेल भेज दिया जाएगा। कोलबर्ग के अनुसार वह बच्चा भौतिक समझ की 'दण्ड एवं आज्ञापालन अभिविन्यास की अवस्था के अन्तर्गत आता है। इस अवस्था के बच्चों में दण्ड से दूर रहने की अभिप्रेरणा अधिक मजबूत होती हैं इस अवस्था में बच्चे प्रतिष्ठित या शक्तिशाली व्यक्ति प्राय: माता-पिता के प्रति सम्मान प्रकट करते हैं ताकि उसे दण्डित न होना पड़े। इस अवस्था में व्यक्ति किसी भी कार्य या व्यवहार की नैतिकता को उसके भौतिक परिणामों के रूप में परिभाषित करता है।

15. (b) लेव वाइगोत्स्की के अनुसार, जो बच्चे स्वयं से मौखिक संवाद करते हैं, उसे अहंकेन्द्रित वार्ता कहा जाता है। वाइगोत्स्की ने संज्ञानात्मक विकास में बच्चों की भाषा एवं चिन्तन को भी महत्वपूर्ण माना है। इनका कहना है कि छोटे बच्चों द्वारा भाषा का उपयोग केवल सामाजिक संचार के लिए ही नहीं किया जाता, बल्कि उसका उपयोग वे लोग अपने व्यवहार को नियोजित एवं निर्देशित करने के लिए भी करते हैं।

16. (c) हमारा सामाजिक ढाँचा लिंग से निर्मित है, जिसमें पुरुष व महिलाएँ शामिल हैं तथा समाज में पारस्परिक रूप में इन दोनों के कार्य, पहनावा, रंग तथा इनके द्वारा किए जाने वाले कृत्यों में विभाजित किया गया है, जिससे हमारे समाज की लिंग सम्बन्धी रुढ़िवादिता दृष्टिगोचर होती है।

17. (a) शिक्षक की प्रक्रिया में शिक्षक की भूमिका महत्वपूर्ण होती है। एक अच्छे शिक्षक को चाहिए कि वह कक्षा-कक्ष में ऐसे वातावरण का निर्माण करे, जिससे विविध संस्कृतियों के बच्चों को उनकी संस्कृति को प्रभावित किए बिना सभी को सीखने का समान अवसर मिले तथा कक्षा-कक्ष में उसे बच्चों को यह निर्देश देना चाहिए की सभी बच्चे आपस में एक-दूसरे की भावनाओं, भाषा, धर्म इत्यादि का सम्मान करें।

18. (c) शिक्षा का अधिकार अधिनियम 2009 समावेशी शिक्षा पर बल देता है। वर्ष 2009 में बालकों को नि:शुल्क और अनिवार्य शिक्षा का अधिकार अधिनियम 2009 पारित किया गया तथा अप्रैल, 2010 में इसे लागू कर दिया गया। इस अधिनियम के अनुसार 6 वर्ष से 14 वर्ष की आयु के बच्चों को कक्षा 1 से 8 की नि:शुल्क शिक्षा प्राप्त करने का अधिकार है।

19. (b) समावेशी शिक्षा की अवधारणा उस विचारधारा से प्रेरित है, जिसमें यह माना जाता है कि शिक्षा में सभी बच्चों का समावेश (शामिल) हो, अर्थात् इसमें शिक्षा की ऐसी व्यवस्था हो, जहाँ सभी बच्चों को एक नियमित विद्यालय व्यवस्था में समान शिक्षा प्राप्त करने का प्रावधान हो या अधिकार हो।

20. (b) शिक्षण की अधिगम प्रक्रिया में कण्ठ-स्थीकरण एवं स्मरण एक मुख्य प्रक्रिया नहीं है, जिसके द्वारा सार्थ अधिगम घटित होता है, जबकि अन्वेषण एवं पारस्परिक क्रिया, पुनरावृत्ति एवं अभ्यास तथा निर्देश एवं संचालन एक सार्थक अधिगम के लिए मुख्य प्रक्रिया है। अधिगम में कण्ठस्थीकरण एवं स्मरण के द्वारा प्रदान की जाने वाली शिक्षा दीर्घ काल के लिए उपयुक्त नहीं होती है, क्योंकि एक समय के पश्चात ऐसी शिक्षा विस्मृत हो जाती है।

21. (c)

22. (a) जो बच्चे विभिन्न गतिविधियों एवं कार्यों में सक्रिय रूप से हिस्सा लेते हैं, वे किसी भी विषय या तथ्य को प्रभावी रूप से सीखते हैं, जबकि इसके विपरीत ऐसे बच्चे, जो केवल स्कूली शिक्षा पर निर्भर रहते हैं तथा विभिन्न प्रकार की होने वाली गतिविधियों एवं कार्यों में हिस्सा नहीं लेते हैं, वे अपेक्षाकृत प्रभावी तरीके से नहीं सीख पाते हैं। अतएव बच्चों को इन कार्यक्रमों एवं गतिविधियों में हिस्सा लेने के लिए प्रोत्साहित किया जाना चाहिए।

23. (b) बच्चों के सम्पूर्ण विकास एवं रचनात्मक शिक्षा प्रदान करने हेतु कक्षा को भी रचनात्मक होना चाहिए। इसके अन्तर्गत कक्षा का वातावरण ऐसा होना चाहिए, जिसमें बच्चों के सोचने की शक्ति को प्रोत्साहित किया जा सके। ऐसा करने के लिए शिक्षक को चाहिए कि वह छात्रों को किसी विषय पर अपने विचार व्यक्त करने की पूरी छूट दे व अधिक से अधिक प्रश्न पूछने के लिए प्रोत्साहित करे। उसे अपने प्रभाव से उस अभिव्यक्ति को दबाना नहीं चाहिए।

24. (a) संरचनात्मक दृष्टिकोण के अनुसार अधिगम अनुभव के परिणाम के रूप में व्यवहार में एक परिवर्तन होने की प्रक्रिया है। इसके अन्तर्गत व्यक्ति ने पूर्व में जो सीखा होता है, उसके आधार पर वह नई रचना या तथ्यों को जन्म देता है, जोकि अनुभव का ही परिणाम होता है।

25. (b) शिक्षण की अधिगम प्रक्रिया में शिक्षक को चाहिए कि वह विद्यार्थियों को सीखने के लिए प्रोत्साहित करे। शिक्षण विद्यार्थी को कई तरीके से प्रोत्साहित कर सकते हैं जब शिक्षक को विद्यार्थियों एवं उनकी योग्यताओं के बारे में सकारात्मक विश्वास होता है, तब बच्चों में सीखने की इच्छा तीव्र हो जाती है और वे अधिक सीखने के लिए उत्सुक होते हैं।

26. (d) अधिगम की प्रक्रिया में बच्चे विभिन्न प्रकार के प्रयोग करते हैं, जिनमें से कुछ में वह सफल होते हैं तथा कुछ में असफल होते हैं। जिसमें वह असफल होते हैं,उसे वह शिक्षक व अपने माता-पिता से समझने का प्रयास करते हैं एवं उन गलतियों को दोहराने से बचते हैं। इस प्रकार बच्चों की गलतियाँ अधिगम प्रक्रिया का अभिन्न हिस्सा होती हैं तथा उनके विचारों में एक अन्तर्दृष्टि देती हैं।

27. (c) मूल्यांकन शिक्षण-अधिगम प्रक्रिया का एक महत्वपूर्ण भाग है। मूल्यांकन के तहत बच्चों द्वारा पूर्व में सीखे गए विषयों, तथ्यों का परीक्षण किया जाता है तब इसके आधार पर बच्चों की प्रगति एवं कमियों को दूर करने हेतु योजना बनाते हैं व एक प्रभावी शिक्षा उपलब्ध कराने का प्रयास करते हैं।

मूल्यांकन मुख्यत: दो प्रकार के होते हैं– अल्पकालीन या क्रमानुसार मूल्यांकन तथा दीर्घकालीन या योगात्मक मूल्यांकन।

28. (b) ऐसी स्थिति, जिसमें विद्यार्थी अच्छा प्रदर्शन नहीं कर पाते हों, वे अनुभव करते हैं कि वे पर्याप्त रूप से अच्छे नहीं हैं तथा स्वयं को हतोत्साहित महसूस करते हैं और बिना प्रयास के कार्य को सरलता से छोड़ देते हैं, क्योंकि संज्ञान एवं संवेग परस्पर सम्बन्धित होते हैं। इस स्थिति में जब बालक को संज्ञान होता है कि वे पर्याप्त प्रदर्शन नहीं कर पा रहे हैं, तो उनमें कुण्ठा, निराशा एवं द्वेष आदि का भाव उत्पन्न होता है, जो एक कार्य को बिना प्रयास के छोड़ने के रूप में प्रकट होता है।

29. (a) शिक्षा का यह दायित्व होता है, कि वह बालक का उस स्तर तक विकास करने में सहायक हो, जिससे बालक अपने व्यक्तित्व का विकास कर सके तथा सभी प्रकार की परिस्थितियों में अपने आपको ढाल सके। अतएव एक शिक्षक को चाहिए की वह बच्चों को प्रभावी रूप से समस्या का समाधान करने में सक्षम बनाने हेतु बच्चों को समस्या के बारे में सहज रूप से अनुमान लगाने एवं बहुविकल्पों को देखने के लिए प्रोत्साहित करे।

30. (d) वह विधियाँ, जिनके प्रयोग में विद्यार्थियों की स्व पहल व प्रयास शामिल होते हैं, अधिगमकर्ता केन्द्रित विधि के उदाहरण के अन्तर्गत आते हैं। बाल केन्द्रित शिक्षा में सीखने की प्रक्रिया में (केन्द्र में) बालक को रखने पर बल दिया जाता है।

❑❑❑

केंद्रीय शिक्षक पात्रता परीक्षा

कक्षा VI-VIII सॉल्व्ड पेपर, जुलाई-2019

बाल विकास एवं शिक्षण शास्त्र

निर्देश– (प्र.स. 1-30) निम्नलिखित प्रश्नों के उत्तर देने के लिए सही सबसे उपयुक्त विकल्प चुनिए।

1. विकास में वैयक्तिक विभिन्नता को समझने के लिए क्या महत्त्वपूर्ण है?

(a) पर्यावरणीय कारकों पर विचार करना जो लोगों को प्रभावित करते हैं

(b) शरीर एवं दिमाग के परिपक्वन पर विचार करना

(c) वंशागत विशेषताओं के साथ-साथ पर्यावरणीय कारकों एवं उनकी परस्परिक क्रिया पर विचार करना

(d) वंशागत विशेषताओं पर विचार करना जो प्रत्येक व्यक्ति को जीवन में विशेष शुरुआत देती हैं

2. निम्नलिखित में से कौन-सा विकास का सिद्धान्त नहीं है?

(a) विकास तुलनात्मक रूप से क्रमिक होता है

(b) विकास समय के साथ धीरे-धीरे घटित होता है

(c) विकास की सटीक गति एवं प्रकृति जन्म के समय ही निर्धारित हो जाती है

(d) व्यक्ति अलग-अलग गति से विकास करते हैं

3. अनेक शोध अध्ययनों से पता चलता है कि शिक्षक लड़कियों की अपेक्षा लड़कों से अधिक पारस्परिक क्रिया करते हैं। इसका सही विवेचन क्या है?

(a) लड़कियों की तुलना में लड़कों को अधिक अवधान की आवश्यकता होती है

(b) यह शिक्षण में लिंग पक्षपात का एक उदाहरण है

(c) कक्षा में लड़कियों की तुलना में लड़कों को अधिक आसानी से नियन्त्रित किया जा सकता है

(d) लड़कियों की तुलना में लड़कों में शैक्षिक क्षमताएँ काफी अधिक होती हैं

4. निम्नलिखित में से कौन-सा प्रगतिशील शिक्षा की अवधारणा के बारे में प्रमुख है?

(a) प्रत्येक बच्चे की क्षमता एवं सम्भावना में विश्वास करना

(b) मानक निर्देश एवं मूल्यांकन

(c) बाह्य प्रेरणा तथा एकरूप मूल्यांकन मानदंड

(d) पाठ्य-पुस्तक केन्द्रीय अधिगम

5. 'दृश्य रूप से बाधित' विद्यार्थियों के साथ कार्य करते समय एक शिक्षक को किस प्रकार के अनुदेशन अनुकूलन करने चाहिए?

(a) कई प्रकार की दृश्य प्रस्तुतियों का प्रयोग करना

(b) स्वयं अभिविन्यास करना ताकि विद्यार्थी उसे ध्यान से देख सकें

(c) अनेक प्रकार के लिखित कार्यों, विशेष रूप से वर्कशीटों पर ध्यान केन्द्रित करना

(d) स्पष्ट रूप से बोलना तथा छूकर महसूस करने वाली सामग्रियों का अधिक मात्रा में प्रयोग करना

6. सहयोगात्मक अधिगम एवं हम उम्र साथियों के द्वारा शिक्षण का एक समावेशी कक्षा में किस प्रकार से उपयोग करना चाहिए?

(a) सक्रिय रूप से हतोत्साहित करना चाहिए

(b) कभी-कभी प्रयोग करना चाहिए

(c) प्रयोग नहीं करना चाहिए

(d) सक्रिय रूप से आगे बढ़ाना चाहिए

7. निम्नलिखित में से कौन-सा समावेशी कक्षा में सबसे अधिक महत्त्वपूर्ण है?

(a) मानकीकृत परीक्षण

(b) प्रतियोगी अधिगम को बढ़ावा देना

(c) विशिष्ट शिक्षा योजना

(d) एकरूप निर्देश

8. अधिगमकर्त्ताओं एवं उनकी प्राथमिक विशेषताओं के मिलान युग्मों में से निम्नलिखित में से कौन-सा सही है?

(a) 'पठन-अक्षमता' अधिगमकर्त्ता-धाराप्रवाह पढ़ने एवं लिखने में कमी है

(b) सृजनात्मक अधिगमकर्त्ता–अति सक्रिय; कार्य को पूरा करने में धीमे है

(c) अवधानात्मक कमी अधिगमकर्त्ता-उच्च अभिप्रेरणा, लम्बे समय तक अवधान बनाए रख सकते हैं

(d) श्रव्य क्षतिग्रस्त अधिगमकर्त्ता–दृश्य सूचनाओं को समझ नहीं सकते हैं

9. एक समस्या को मूल एवं अपसारी समाधानों के साथ करने की योग्यता निम्नलिखित में से किसी एक की प्राथमिक विशेषता है?

(a) क्षतिग्रस्त बच्चों की

(b) सृजनात्मक बच्चों की

(c) अधिगम अशक्तता वाले बच्चों की

(d) अहंकेन्द्रित बच्चों की

10. निम्नलिखित में से कौन-सा एक संरचनात्मक परिवेश के साथ अनुकूल नहीं हो सकता है?

(a) विद्यार्थी सहयोगात्मक तरीके से कार्य करते हैं तथा आपस में कार्य-केन्द्रित वार्ता में लगे रहने के लिए सहयोग दिया जाता है

(b) शिक्षक प्रमुख प्रकरणों के सम्बन्ध में विद्यार्थियों के विचारों एवं अनुभवों को प्राप्त करते हैं तथा उनके वर्तमान ज्ञान की पुनर्सरचना या विस्तृत करने के लिए शिक्षण-अधिगम की योजना बनाते हैं

(c) अध्यापक विशिष्ट सत्रावसान मूल्यांकन रणनीतियों को लागू करते हैं तथा प्रक्रियाओं के बजाय प्रदर्शन पर फीडबैक देते हैं

(d) विद्यार्थियों को जटिल, सार्थक एवं समस्या-आधारित गतिविधियों में लगे रहने के लिए लगातार अवसर प्रदान किए जाते हैं

11. एक शिक्षक को विद्यार्थियों को _______ निर्धारित करने के लिए प्रोत्साहित करना चाहिए बजाए _______ के।

(a) प्रदर्शन लक्ष्य; अधिगम लक्ष्य
(b) असफलता से बचने के लिए लक्ष्य; अंक लेने के लिए लक्ष्य
(c) अंक लेने के लक्ष्य; असफलता से बचने के लिए लक्ष्य
(d) अधिगम लक्ष्य; प्रदर्शन लक्ष्य

12. निम्नलिखित में से कौन-सा अधिगम के सार्थक सरलीकरण के रूप में परिणीत नहीं होता है?

(a) दोहराने एवं स्मरण करने को बढ़ावा देना
(b) उदाहरणों एवं गैर-उदाहरणों का प्रयोग करना
(c) एक समस्या पर अनेक तरीकों से विचार करने के लिए प्रोत्साहित करना
(d) पहले से विद्यमान ज्ञान से नए ज्ञान को जोड़ना

13. इनमें से कौन-सा बाह्य अभिप्रेरणा का एक उदाहरण है?

(a) ''मैं बहुत अधिक सीखती हूँ जब मैं अपना गृहकार्य करती हूँ''।
(b) ''गृहकार्य करने से मैं अपनी अवधारणाओं को अच्छी तरह से समझ पाती हूँ''।
(c) ''मैं अपना गृहकार्य पूरा करती हूँ, क्योंकि शिक्षक प्रत्येक नियत कार्य के लिए हमें अंक देते हैं''।
(d) ''मैं अपना गृहकार्य करना पंसद करती हूँ, क्योंकि यह बहुत आनन्ददायक है''।

14. एक प्राथमिक कक्षाकक्ष में एक शिक्षक को क्या करना चाहिए?

(a) केवल गैर-उदाहरण देने चाहिए
(b) उदाहरण एवं गैर उदाहरण दोनों देने चाहिए
(c) उदाहरण या गैर-उदाहरण दोनों नहीं देने चाहिए
(d) केवल उदाहरण देने चाहिए

15. निम्नलिखित रणनीतियों में से कौन-सी बच्चों में अर्थ निर्माण को बढ़ावा देगी?

(a) सूचनाओं का संचरण
(b) दंडात्मक साधनों का प्रयोग करना
(c) एकरूप एवं मानकीकृत परीक्षण
(d) अन्वेषण एवं परिचर्चा

16. निम्नलिखित में से कौन प्रभावी अधिगम रणनीतियों के उदाहरण हैं?

(i) लक्ष्य एवं समय-सारिणी निर्धारित करना।
(ii) संगठनात्मक चार्टों एवं अवधारणात्मक नक्शे बनाना।
(iii) उदाहरणों एवं गैर-उदाहरणों के बारे में सोचना।
(iv) हम उम्र साथी को समझाना।
(v) स्वयं से प्रश्न करना।

(a) (i), (iv), (v)
(b) (i), (ii), (iii), (v)
(c) (i), (ii), (iii), (iv), (v)
(d) (i), (ii), (iii)

17. संरचनात्मक ढाँचे में बच्चे को किस रूप में देखा जाता है?

(a) 'कोरी पटिया' या 'खाली स्लेट' जिसके जीवन को अनुभव के द्वारा पूर्ण रूप से आकार दिया जाता है
(b) एक 'निष्क्रिय प्राणी' जिसे अनुबन्धन के द्वारा किसी भी रूप में आकार दिया जा सकता है तथा ढाला जा सकता है
(c) एक 'समस्या – समाधान करने वाला' तथा 'वैज्ञानिक अन्वेषक' के रूप में
(d) 'लघु वयस्क' के रूप में जो सभी पक्षों जैसे आकार, संज्ञान तथा संवेग में वयस्क की तुलना में कम है

18. अपनी कक्षा में सहयोगात्मक अधिगम का प्रयोग करते समय एक शिक्षक की भूमिका किस प्रकार की होती है?

(a) कक्षा को छोड़ देना तथा बच्चों को स्वयं कार्य करने देना
(b) सहयोगात्मक होना तथा प्रत्येक समूह की निगरानी करना
(c) उस समूह का सहयोग करना जिसमें 'होनहार' एवं प्रतिभाशाली बच्चे हैं
(d) एक मूक दर्शक होना तथा बच्चे जो करना चाहते हैं, उन्हें करने देना

19. बच्चों की गलतियाँ एवं भ्रांत-धारणाएँ _______

(a) शिक्षण-अधिगम प्रक्रिया के लिए रुकावट एवं विघ्न हैं
(b) शिक्षण-अधिगम प्रक्रिया में अनदेखी करनी चाहिए
(c) सूचित करती हैं कि बच्चों की क्षमताएँ वयस्कों की तुलना में बहुत निम्न स्तर की हैं
(d) शिक्षण-अधिगम प्रक्रिया में एक महत्वपूर्ण कदम है

20. पियाजे के अनुसार, विशिष्ट मनोवैज्ञानिक संरचनाएँ (अनुभव से सही अर्थ निकालने के व्यवस्थित तरीके) को क्या कहा जाता है?

(a) स्कीमा
(b) प्रतिमान
(c) मानसिक मैप
(d) मानसिक उपकरण

21. ''एक उचित प्रश्न/सुझाव के द्वारा बच्ची की समझ को उस बिन्दु से बहुत आगे ले जाया जा सकता है जिस पर वह अकेले पहुँच सकती है।''
निम्नलिखित में से कौन-सी संरचना उपरोक्त कथन को प्रकाशित करती है?

(a) साम्यधारण
(b) संरक्षण
(c) बुद्धि
(d) समीपस्थ/निकटस्थ विकास का क्षेत्र

22. लेव वायगोतस्की के अनुसार, आधारभूत मानसिक क्षमताओं को मुख्य रूप से किसके द्वारा उच्चतर संज्ञानात्मक प्रक्रियाओं में बदला जाता है?

(a) सामाजिक पारस्परिक क्रिया
(b) उद्दीपन-अनुक्रिया सम्बन्ध
(c) अनुकूलन एवं संघटन
(d) पुरस्कार एवं दण्ड

23. निम्नलिखित कथनों में से कौन-सा विकास एवं अधिगम के बीच सम्बन्ध को सही तरीके से सूचित करता है?

(a) अधिगम विकास का ध्यान किए बिना घटित होता है
(b) अधिगम की दर विकास की दर से काफी अधिक होती है
(c) विकास एवं अधिगम अंत:सम्बन्धित और अन्त:निर्भर होते हैं
(d) विकास एवं अधिगम सम्बन्धित नहीं है

24. निम्नलिखित में से कौन-सा मूर्त क्रियात्मक अवस्था के प्रमुख कौशलों में से एक है?

(a) सुरक्षित रखने की योग्यता
(b) परिकल्पित निगमनात्मक तर्क
(c) द्वितीयक वर्तुल प्रतिक्रियाएँ
(d) सजीवात्मक चिंतन

25. जीन पियाजे एवं लेव वायगोतस्की जैसे संरचनावादी अधिगम को किस रूप में देखते हैं?

(a) प्रतिक्रियाओं का अनुबन्धन
(b) निष्क्रिय आवृत्तीय प्रक्रिया
(c) सक्रिय विनियोजन से अर्थ-निर्माण की प्रक्रिया
(d) कौशलों का अर्जन

26. समाचार-पत्रों से कहानियों एवं कतरनों का चयन करना एवं प्रस्तुत करना जो पुरुष एवं महिलाओं दोनों को गैर-परम्परागत भूमिकाओं में चित्रित करते हैं, निम्नलिखित में से किसके लिए एक प्रभावी रणनीति है?

(a) लैंगिक/जेंडर स्थिरता को बढ़ाने के लिए
(b) रूढ़िवादी लैंगिक/जेंडर भूमिकाओं को प्रोत्साहन देने के लिए
(c) लैंगिक/जेंडर रूढ़ियों का सामना करने के लिए
(d) लैंगिक/जेंडर पक्षपात को बढ़ाने के लिए

27. निम्नलिखित वर्णन को पढ़िए तथा कोहलबर्ग के नैतिक तर्क की अवस्था को पहचानिए।

वर्णन :

अन्त:करण के स्व-चयनित नैतिक सिद्धान्तों के द्वारा सही कार्य परिभाषित किया जाता है जो कानून एवं सामाजिक समझौते पर ध्यान दिए बिना सम्पूर्ण मानवता के लिए वैध होता है।

(a) सामाजिक - अनुबन्धन अभिविन्यास
(b) सामाजिक - क्रम व्यवस्था अभिविन्यास
(c) सार्वभौम नैतिक सिद्धान्त अभिविन्यास
(d) यंत्रीय उद्देश्य अभिविन्यास

28. हावर्ड गार्डनर के बहु-बुद्धि सिद्धान्त के अनुसार, निम्नलिखित विशेषताओं से युक्त एक व्यक्ति की बुद्धि को किस प्रकार से वर्गीकृत किया जा सकता है?

विशेषताएँ :

''दूसरों की मनोदशा, स्वभाव, प्रेरणा तथा अभिप्राय को उचित तरीके से पता लगाने एवं प्रतिक्रिया करने की योग्यता''

(a) अन्तरावैयक्तिक (b) अंतर्वैयक्तिक
(c) नैदानिक (d) प्रकृतिवादी

29. बच्चों के मूल्यांकन के लिए निम्नलिखित में से कौन-से कारण होने चाहिए?

(i) बच्चों को 'गैर-उपलब्धि वाले', 'निम्न उपलब्धि वाले', 'औसत' एवं 'उच्च उपलब्धि वाले' के रूप में अलग करना एवं नाम देना।
(ii) कक्षा में शिक्षण-अधिगम प्रक्रियाओं में सुधार करना।
(iii) समय के साथ बच्चों में होने वाले अधिगम परिवर्तनों एवं प्रगति के बारे में पता लगाना।
(iv) बच्चे की क्षमताओं, सम्भावनाओं, सशक्त पक्षों एवं चुनौतीपूर्ण पक्षों के बारे में माता-पिता के साथ चर्चा करना।

(a) (i), (ii), (iii) (b) (ii), (iii), (iv)
(c) (ii), (iv) (d) (i), (ii), (iii), (iv)

30. निम्नलिखित में से कौन बच्चे के समाजीकरण में एक महत्वपूर्ण भूमिका अदा करते हैं?

(i) मीडिया (ii) विद्यालय
(iii) परिवार (iv) पास-पड़ोस

(a) (ii), (iii)
(b) (i), (iii), (iv)
(c) (i), (ii), (iii), (iv)
(d) (iii), (i)

उत्तर व्याख्या सहित

1. (c) विकास में वैयक्तिक विभिन्नता को समझने के लिए वंशागत तथा पर्यावरणीय दोनों का अध्ययन करना होता है, क्योंकि वंशानुक्रम में माता-पिता एवं अन्य पूर्वजों से प्राप्त होने वाले गुण बच्चों में आते हैं। इस आधार में विभिन्नता दिखाई देती है। पर्यावरण में वातावरण का प्रभाव पड़ता है। जिसमें व्यक्तिगत विभिन्नता विकसित होती है।

2. (c) विकास की गति निरन्तर अविराम गति से चलती है। इसकी कोई सटीक गति नहीं होती है। बालक का विकास कभी मंद तथा कभी तेज गति से होता है तथा जन्म के समय विकास निर्धारित नहीं होता है।

3. (b)

4. (a) प्रगतिशील शिक्षा के अनुसार शिक्षा का सक मात्र उद्देश्य बालक की शक्तियों एवं क्षमताओं का विकास करना है। यह शिक्षा यह बतलाती है कि शिक्षा बालक के लिए हैं, बालक शिक्षा के लिए नहीं है।

5. (d) दृष्टिहीन बालकों के लिए शिक्षकों को छूकर सम्बन्धित सामग्रियों जैसे ब्रेललिपि के द्वारा यह शिक्षण अधिगम कर सकते हैं। ऐसे बालक छूकर पढ़ते हैं।

6. (d) सहयोगात्मक अधिगम के द्वारा बच्चे कक्षा में एक-दूसरे के साथ सक्रिय रूप से कार्य करते हैं तथा शिक्षण अधिगम करते हैं, जैसे प्रोजेक्ट कार्य आदि।

7. (c) **8.** (a)

9. (b) सृजनात्मक बच्चों में समस्या को किस प्रकार हल करना है। इसकी योग्यता होती है। सृजनात्मक बच्चे समस्या का समाधान निकालने में चिन्तन करते हैं और सही और उपयुक्त निर्णय पर पहुँचते हैं।

10. (c)

11. (d) शिक्षक को विद्यार्थियों को अधिगम के लक्ष्यों को निर्धारित करने के लिए प्रेरित करना चाहिए। लक्ष्यों के आधार पर विद्यार्थी शिक्षण अधिगम को पूरा कर सकते हैं।

12. (a)

13. (c) शिक्षक विद्यार्थी को प्रोत्साहित करने के लिए पुरस्कार देते हैं। उदाहरण के लिए जो विद्यार्थी अपने कार्य को सबसे पहले पूरा करेगा उसे अंक प्राप्त होगा।

14. (b)

15. (d) अन्वेषण एवं परिचर्चा रणनीति बच्चों में अर्थ का निर्माण करती है, क्योंकि अन्वेषण रणनीति में विद्यार्थी खोज करता है तथा समस्या तक पहुँचता है तथा परिचर्चा एक ऐसी रणनीति है जिसमें विद्यार्थी किसी विषय पर चर्चा करता है। तर्क-वितर्क होने के पश्चात् निर्माण पर पहुँचता है।

16. (c) बालक अपने ज्ञान और अनुभव के माध्यम से समस्या के प्रत्येक पहलू को जानने लगता है तथा खुद ही समस्या का समाधान खोज लेता है तथा बच्चे में एक वैज्ञानिक अन्वेषक के गुण आने लगते हैं तथा अपनी समस्याओं का खुद समाधान करने लगता है।

17. (c) **18.** (b)

19. (d) शिक्षण अधिगम प्रक्रिया में एक महत्वपूर्ण कदम है बच्चों की गलतियाँ बच्चा गलतियों से ही सीखता है और सही कार्य करता है।

20. (a) **21.** (d) **22.** (a)

23. (c) विकास और अधिगम अंत:सम्बन्धित और अन्त:निर्भर होते हैं। बालक का सीखना, विकास की प्रक्रिया में महत्वपूर्ण स्थान रखता है। बालक का जैसे-जैसे विकास होता है। बालक अपनी योग्यता के अनुसार सीखना प्रारम्भ करता है।

24. (a) **25.** (c) **26.** (c) **27.** (c)

28. (b) **29.** (b) **30.** (c)

❑❑❑

केंद्रीय शिक्षक पात्रता परीक्षा

कक्षा I-V सॉल्व्ड पेपर-2018

बाल विकास एवं शिक्षण शास्त्र

निर्देश : निम्नलिखित प्रश्नों के उत्तर देने के लिए सही/सबसे उपयुक्त विकल्प चुनिए।

1. सामाजिक-आर्थिक रूप से वंचित पृष्ठभूमि से आने वाले बच्चों को कक्षा के माहौल की आवश्यकता होती है, जो-

(a) उनकी भाषा के उपयोग को हतोत्साहित करता है ताकि वे मुख्यधारा की भाषा सीख सकें

(b) बच्चों को उनकी क्षमताओं के आधार पर वर्गीकृत करता है

(c) उन्हें अच्छा व्यवहार सिखाता है

(d) उनके सांस्कृतिक और भाषाई ज्ञान को महत्व देता है तथा उनका उपयोग करता है

2. कक्षा में सृजनात्मक और प्रतिभाशाली बच्चों के लिए आवश्यक हस्तक्षेप निर्भर करता है-

(a) उनके प्रति स्नेही होने के नाते पर

(b) उन्हें अन्य बच्चों को पढ़ाने की ज़िम्मेदारी देने पर

(c) शिक्षक द्वारा अनुकूलित और प्रेरक निर्देश तरीकों के उपयोग पर

(d) उन्हें अतिरिक्त समय दिए जाने पर

3. अतिसंवेदनशील बच्चों को सीखने में मदद करने के लिए निम्नलिखित में से कौन-सा तरीका उपयुक्त तरीका नहीं है?

(a) उनके दैनिक कार्यक्रम में शारीरिक गतिविधि का समावेश

(b) बेचैन होने पर अक्सर उन्हें फटकार लगाना

(c) एक कार्य को छोटे, प्रबंधनीय खंडों में तोड़ना

(d) अधिगम के वैकल्पिक तरीकों की पेशकश

4. अलग-अलग सोच वाले पैटर्न उन बच्चों की पहचान करते हैं, जो-

(a) सृजनात्मक हैं (b) प्रत्यास्थी हैं

(c) विकलांग हैं (d) डिस्लेक्सिक हैं

5. निम्नलिखित में से कौन-सा शिक्षक द्वारा कक्षा में बच्चों के लिए समस्या हल करने के तरीके का वर्णन नहीं कर सकता?

(a) सोच, विचार, परीक्षण और विभिन्न उत्तरों जैसी शब्दावली का प्रयोग करना

(b) अभिसरण उत्तरों वाले प्रश्न पूछना

(c) किसी विशेष समस्या को हल करने के बारे में अपनी विचार-प्रक्रियाओं पर चर्चा करना

(d) कुछ हल करते समय गलतियों को करने के प्रति ईमानदार रहना

6. निम्नलिखित में से कौन-सा एक संवेग है?

(a) ध्यान (b) उत्तेजना

(c) स्मृति (d) डर

7. एक तीन साल का बच्चा बताता है कि दूध बूथ पर एक मशीन द्वारा दूध का उत्पादन होता है।

निम्नलिखित में से कौन-सा बच्चे की समझ का सबसे अच्छा स्पष्टीकरण प्रदान करता है?

(a) बच्चे ने गायों को कभी नही देखा है।

(b) बच्चे का परिवार बच्चे को प्रेरक वातावरण प्रदान नहीं करता।

(c) बच्चे को दुनिया का बहुत सीमित अनावरण/ज्ञान है।

(d) बच्चे का जवाब दूध बूथ से दूध खरीदने के अपने अनुभव पर आधारित है।

8. निम्नलिखित में से कौन-सा शिक्षक की भूमिका का सबसे अच्छा वर्णन करता है?

(a) पाठ्यक्रम को समय पर पूरा करने के साथ-साथ दोहराने के लिए पर्याप्त समय देना महत्वपूर्ण है

(b) आराम के लिए जगह बनाना, जहाँ बच्चे संवाद और पूछताछ के माध्यम से सीखते हैं

(c) कक्षा में शिक्षक की सबसे महत्वपूर्ण भूमिका अनुशासन को बनाए रखना है

(d) एक शिक्षक को निर्धारित पाठ्यपुस्तक का पालन करना चाहिए

9. निम्नलिखित में से कौन-सी कक्षा समृद्ध शिक्षा को प्रोत्साहित करती है?

(a) अलमारी में अच्छी तरह संगठित सामग्री वाली कक्षा, जहाँ सामग्री को सप्ताह में एक बार मुक्त खेल के लिए बाहर लाया जाता हो

(b) पाठ्यपुस्तक सामग्री द्वारा संचालित संरचित और योजनाबद्ध अधिगम वाली कक्षा

(c) वह कक्षा जिसमें प्रदर्शित विभिन्न प्रकार की सामग्री बच्चों की पहुँच से परे हो ताकि सामग्री लंबे समय तक चलती रहे

(d) वह कक्षा जिसमें खुली गतिविधि कोनें हो और विभिन्न प्रकार के बाल साहित्य खुली ताक (शेल्फ) में रखे हों, जिन्हें दिन के किसी भी समय प्राप्त किया जा सके

10. निम्नलिखित में से कौन-सा कक्षा में पाठयपुस्तकों की भूमिका का सबसे अच्छा वर्णन करता है?

(a) वे अध्ययन के पाठयक्रम के बारे में शिक्षकों और माता-पिता को मार्गदर्शन प्रदान करते हैं।

(b) वे संसाधन-रहित संदर्भ में सबसे आवश्यक अधिगम संसाधन बनाते हैं।

(c) वे कक्षा में उपलब्ध संसाधन और संदर्भ सामग्री में से एक हैं।

(d) वे एक राज्य या राष्ट्र में अधिगम में एकरूपता बनाए रखते हैं।

11. राष्ट्रीय पाठयचर्या फ्रेमवर्क-2005 ने अपनी समझ .... से प्राप्त की है।

(a) रचनावाद
(b) संज्ञानात्मक सिद्धांत
(c) मानवतावाद
(d) व्यवहारवाद

12. कक्षा में बच्चों को प्रेरित समझा जा सकता है यदि–

(a) वे सभी उपस्थिति में नियमित हैं
(b) वे शिक्षक से स्पष्टीकरण प्राप्त करने के लिए प्रश्न पूछते हैं
(c) वे अच्छी तरह से वर्दी पहने स्कूल में आते हैं
(d) वे कक्षा में अनुशासन बनाए रखते हैं

13. निम्नलिखित में से कौन-सा बच्चों में अधिगम में सुधार करने के लिए सबसे अधिक उपयुक्त है?

(a) कक्षा में सभी प्रकार की शिक्षण-सामग्री होनी चाहिए।
(b) शिक्षक को वास्तविक जीवन स्थितियों पर बच्चों को एक-दूसरे के साथ बातचीत करने में मदद करनी चाहिए।
(c) नियमित मूल्यांकन परीक्षा आयोजित की जानी चाहिए।
(d) शिक्षक को विभिन्न उदाहरणों और चित्रों का उपयोग करके विषय की व्याख्या करनी चाहिए।

14. अनुशासन, जो अधिगम वातावरण में एक महत्त्वपूर्ण भूमिका निभाता है, किस तरह की मदद करता है?

(a) शिक्षकों को निर्देश देने में
(b) बच्चों को उनके पाठ रटकर याद करने में
(c) बच्चों को अपनी शिक्षा को विनियमित और मॉनीटर करने के लिए
(d) चुप्पी साधे रहने के लिए

15. आनुवंशिकता और पर्यावरण की भूमिका के बारे में निम्नलिखित में से कौन-सा कथन सत्य है?

(a) अच्छी देखभाल और पौष्टिक आहार बच्चे के किसी भी जन्मजात विकार को दूर कर सकता है।
(b) पर्यावरण केवल बच्चे के भाषा विकास में महत्त्वपूर्ण भूमिका निभाता है।
(c) विकास के कुछ पहलू आनुवंशिकता और कुछ अन्य पर्यावरण से अधिक प्रभावित होते हैं।
(d) सीखने और प्रदर्शन करने की एक बच्चे की क्षमता जीनों द्वारा पूरी तरह से निर्धारित की जाती है।

16. निम्नलिखित में से कौन-सा कथन पियाजे के सिद्धांत के अनुसार कहा नहीं जा सकता?

(a) निरंतर अभ्यास से अधिगम होता है।
(b) बच्चे अपने पर्यावरण पर क्रिया करते हैं।
(c) विकास गुणात्मक चरणों में होता है
(d) बच्चे अपनी दुनिया के बारे में ज्ञान का निर्माण और उपयोग करते हैं।

17. निम्नलिखित में से कौन-सी पूर्व-संक्रियात्मक विचार की एक सीमा नहीं है?

(a) अहंमन्यता
(b) अनुत्क्रमणीयता
(c) ध्यान केंद्रित करने की प्रवृत्ति
(d) प्रतीकात्मक विचार का विकास

18. .... के अलावा, निम्नलिखित कारणों से खेल युवा बच्चों के विकास में एक महत्त्वपूर्ण भूमिका निभाता है:

(a) यह समय बिताने का एक सुखद तरीका है।
(b) वे नए कौशल हासिल करते हैं और सीखते हैं कि उन्हें कब उपयोग किया जाए
(c) वे अपने शरीर पर निपुणता प्राप्त करते हैं
(d) यह उनकी इंद्रियों को उत्तेजित करता है

19. निम्नलिखित में से कौन-सा प्रश्न बच्चों को गंभीर रूप से सोचने के लिए आमंत्रित करता है?

(a) क्या आप इसी तरह की स्थिति के बारे में सोच सकते है?
(b) विभिन्न तरीकों से हम इसे कैसे हल कर सकते हैं?
(c) क्या आप इसका उत्तर जानते हैं?
(d) सही जवाब क्या है?

20. निम्नलिखित में से कौन-सा विकल्प प्रगतिशील शिक्षा का सबसे अच्छा वर्णन करता है?

(a) व्यक्तिगत अधिगम, क्षमता समूह बनाना, छात्रों की लेबलिंग
(b) परियोजना विधि, क्षमता समूह बनाना, रैंकिंग
(c) कर से सीखना, परियोजना विधि, सहयोग से सीखना
(d) थिमैटिक इकाइयाँ, नियमित इकाई परीक्षण, रैंकिंग

21. प्रगतिशील शिक्षा के बारे में निम्नलिखित में से कौन-सा कथन बताता है–शिक्षा स्वयं ही जीवन है?

(a) स्कूलों में शिक्षा सामाजिक और प्राकृतिक दुनिया का प्रतिबिंबित करे।
(b) जीवन सच्चा शिक्षक है।
(c) स्कूल शिक्षा को यथासंभव लंबे समय तक जारी रखना चाहिए।
(d) स्कूलों की आवश्यकता नहीं है, बच्चे अपने जीवन के अनुभवों से सीख सकते हैं।

22. कोह्लबर्ग के सिद्धांत के योगदान के रूप में निम्नलिखित में से किसे माना जा सकता है?

(a) यह नैतिक तर्क और कार्रवाई के बीच एक स्पष्ट संबंध स्थापित करता है।
(b) उनका विश्वास है कि बच्चे नैतिक दार्शनिक हैं।
(c) उनके सिद्धांत ने संज्ञानात्मक परिपक्वता और नैतिक परिपक्वता के बीच एक सहयोग का समर्थन किया है।
(d) इस सिद्धांत में विस्तृत परीक्षण प्रक्रियाएँ हैं।

23. निकटवर्ती विकास का क्षेत्र संदर्भित करता है–

(a) एक संदर्भ को, जिसमें बच्चे सहयोग के सही स्तर के साथ कोई कार्य लगभग स्वयं कर सकते हैं
(b) उस सीखने के बिंदु को, जब सहयोग वापस लिया जा सकता है
(c) उस चरण को, जब अधिकतम विकास संभव है
(d) उस विकासात्मक चरण को, जब बच्चा सीखने की पूरी ज़िम्मेदारी लेता है

24. एक उभयलिंगी व्यक्तित्व–

(a) में दृढ़ और अहंकारी होने की आदत है
(b) समाज में प्रचलित रूढ़िवादी लिंग भूमिकाओं का पालन करता है

(c) स्त्री लक्षणों वाले पुरुषों को संदर्भित करता है
(d) में आमतौर पर माने गए मर्दाना और स्त्री गुण का समायोजन होता है

25. बच्चे .... को छोड़कर अन्य सभी के द्वारा लिंग भूमिकाएँ ग्रहण करते हैं।
(a) संस्कृति (b) ट्यूशन
(c) मीडिया (d) समाजीकरण

26. मानकीकृत परीक्षणों की आलोचनाओं में से एक यह है कि–
(a) परीक्षण बड़ी आबादी पर लागू नहीं किए जा सकते हैं
(b) वे बच्चे की क्षमता की स्पष्ट तस्वीर नहीं देते हैं
(c) वे मुख्य रूप से मुख्यधारा की संस्कृति का प्रतिनिधित्व करते हैं और इसलिए पक्षपाती हैं
(d) उनकी भाषा को समझना मुश्किल है

27. एकाधिक बुद्धिमानी का सिद्धांत कहता है कि–
(a) पेपर-पेंसिल परीक्षण सहायक नहीं है
(b) प्रभावी अध्यापन के द्वारा बुद्धि बढ़ाई जा सकती है
(c) बुद्धि तेजी से बढ़ाई जा सकती है
(d) बुद्धि कई प्रकार की हो सकती है

28. शिक्षक सीखने के लिए और सीखने का मूल्यांकन दोनों का उपयोग कर सकते है–
(a) आवधिक अंतरालों पर बच्चे के प्रदर्शन आकलन करने और उसके प्रदर्शन प्रमाणित करने में
(b) बच्चों की प्रगति की निगरानी करने और उनको सीखने के अंतराल को भरने के लिए उचित लक्ष्य निर्धारित करने में
(c) बच्चों की प्रगति और उपलब्धि स्तर पर जानने में
(d) बच्चे की सीखने की जरूरतों को जानने और तदनुसार शिक्षण रणनीति का चयन करने में

29. निम्नलिखित में से कौन-सा सतत और व्यय मूल्यांकन से संबंधित नहीं है?
(a) यह विभिन्न शिक्षा-क्षेत्रों में बच्चे की उपलब्ध पर केंद्रित है।
(b) यह बच्चों को धीमे, खराब या बुद्धिमा के रूप से चिह्नित करने में उपयोगी होता है।
(c) इसे भारत के शिक्षा के अधिकार द्वारा अनिवार्य किया गया है।
(d) यह शिक्षण-अधिगम प्रक्रिया का एक अधिक अंग है।

30. बच्चों में प्रतिभाशालिता .... के कारण हो सकती है।
(a) सफल माता-पिता
(b) एक अनुशासित दिनचर्या
(c) आनुवंशिकता और वातावरण के बीच अंत: क्रिया
(d) एक संसाधन-समृद्ध वातावरण

उत्तर व्याख्या सहित

1. (d) **2.** (c)

3. (b) अति संवेदनशील बच्चों को फटकारने पर वे अपना आत्म-विश्वास खो सकते हैं तथा उनमें शिक्षा के गति अरुचि की प्रवृत्ति बढ़ सकती है।

4. (a) सृजनात्मक बच्चों के अलग-अलग सोच वाले पैटर्न होते हैं। सृजनात्मक बालकों के विचारों में नवीनता, मौलिकता, कल्पनात्मकता व वैविध्यता होती है।

5. (b)

6. (d) ध्यान, उत्तेजना एवं स्मृति प्रक्रियाएँ हैं तथा डर एक संवेग है।

7. (d)

8. (b) मात्र निर्धारित पाठ्यक्रम को समय पर पूरा करना दोहराना, तथा अनुशासन बनाए रखना ही शिक्षक का प्रमुख कार्य नहीं है।

9. (d) बच्चों को उत्तम शिक्षा प्रदान करने हेतु उन्हें विभिन्न प्रकार की पुस्तकें, पत्रिकाएँ आदि हर समय सुलभ होनी चाहिए।

10. (c) पाठ्य पुस्तकें कक्षा में उपलब्ध संदर्भ सामग्री में से एक हैं।

11. (a) राष्ट्रीय पाठ्यचर्या फ्रेमवर्क-2005 मूलत: इस विषय पर केंद्रित है कि बच्चों को क्या व कैसे पढ़ाया जाए तथा कैसे उन्हें चहुंमुखी विकास के अवसर उपलब्ध कराए जाएँ। इसके अतिरिक्त राष्ट्रीय पाठ्यचर्या फ्रेमवर्क बच्चों की शिक्षा व्यवस्था में विकासात्मक मानकों का प्रयोग करने पर बल देता है।

12. (b) जब बच्चे स्पष्टीकरण हेतु अध्यापक से प्रश्न पूछते हैं तो इसका सीधा-सा अर्थ है कि वे विषय में रुचि ले रहे हैं। यदि बच्चे नियमित रूप से उपस्थित रहते हैं, वर्दी पहनकर स्कूल आते हैं तथा अनुशासन बनाए रखते हैं तो इससे यह अनुमान नहीं लगाया जा सकता कि बच्चे प्रेरित हैं।

13. (b) वस्तुत: अधिगम समायोजन की एक प्रक्रिया है। जब शिक्षक वास्तविक जीवन स्थितियों पर बच्चों को परस्पर बातचीत करने हेतु प्रोत्साहित करता है तो इससे जहाँ एक ओर बच्चों के अंतर्संबंध बेहतर होते हैं वहीं उनकी अधिगम प्रक्रिया में भी सुधार होता है।

14. (c) अनुशासन वह विनिमय है जो हमें उचित आचार संहिता के निर्वहन करने को प्रेरित करता है। कभी बच्चें स्वयं अनुशासन का अनुपालन करते हैं तो कभी शिक्षक व अभिभावक उनसे अनुपालन करवाते हैं। यदि बच्चों को बचपन से ही अनुशासित रहने की आदत पड़ जाती है तो वे भविष्य में ऊँचे लक्ष्यों की प्राप्ति आसानी से कर लेते हैं।

15. (c) बच्चों के मानसिक विकास में आनुवांशिकता एवं पर्यावरण दोनों की महत्वपूर्ण भूमिका होती है।

16. (a) **17.** (d)

18. (a) खेलों से बच्चों का शारीरिक व मानसिक विकास होता है इसके अतिरिक्त उनमें अनुशासन, सहनशक्ति व जुझारूपन की प्रवृत्तियाँ भी विकसित होती हैं।

19. (b) जब बच्चों को विभिन्न तरीकों से किसी प्रश्न को हल करने के लिए कहा जाता है, तो इससे उनके ज्ञान का गहन व व्यापक परीक्षण होता है। इसमें बालक एक प्रश्न पर कई दृष्टिकोणों से विचार करता है।

20. (c)

21. (a) प्रगतिशील शिक्षा प्राय: बाल केंद्रित होती है तथा इसमें उसके चहुँमुखी विकास को दृष्टिगत रखा जाता है। प्रगतिशील शिक्षा के सिद्धांतों के अनुरूप ही आजकल शिक्षा को व्यावहारिक बनाने पर जोर दिया जा रहा है।

प्रगतिशील शिक्षा का लक्ष्य व्यक्ति व समाज दोनों का विकास है।

22. (c) लारेंस कोह्लबर्ग सिद्धांत के योगदान के रूप में बच्चे को समझने के लिए वृद्धि के शारीरिक और संज्ञानात्मक आयामों के साथ-साथ उसके विकास के सामाजिक संवेगात्मक और नैतिक पहलुओं को भी समझना आवश्यक है। उनके सिद्धांत ने संज्ञानात्मक परिपक्वता और नैतिक परिपक्वता के बीच एक सहयोग का समर्थन किया है।

23. (a) **24.** (d) **25.** (b)

26. (c) मानकीकृत परीक्षणों में वे मुख्यरूप से मुख्यधारा की संस्कृति का प्रतिनिधित्व करती है। इसीलिए पक्षपाती है। व्यक्ति की योग्यताएँ समय और अनुभव के साथ बढ़ती-घटती रहती हैं। किंतु मानकीकृत परीक्षण उसे एक निश्चित समय पर मापकर स्थायी मूल्यांकन मान लेता है।

27. (d) थर्स्टन के अनुसार बुद्धि की संरचना कुछ मौलिक कारकों के समूह से होती है। दो या दो से अधिक मूल कारकों से मिलकर एक समूह का निर्माण कर लेते हैं। जो व्यक्ति किसी क्षेत्र में उसकी वृद्धि का प्रदर्शन करते है। मौलिक कारकों में आंकिक योग्यता, प्रत्यक्षीकरण की योग्यता, शाब्दिक योग्यता, दैशिक योग्यता, शब्द प्रवाह, तर्कशक्ति और स्मृति शक्ति इनको मुख्य माना गया है।

28. (c) **29.** (b)

30. (c) बच्चों में प्रतिभाशालिता उनके आनुवंशिक रचना एवं वातावरणीय प्रभाव के कारण होती है। जैसे प्रतिभाशाली माता-पिता के बच्चे प्रायः प्रतिभाशाली होते हैं। एवं अच्छे वातावरण में पले-बढ़े बच्चों में भी प्रतिभाशालिता पायी जाती है।

❑❑❑

केंद्रीय शिक्षक पात्रता परीक्षा

कक्षा VI-VIII सॉल्व्ड पेपर–2018

बाल विकास एवं शिक्षण शास्त्र

1. सृजनात्मकता को _____ की अवधारणा से संबंधित माना जाता है।

(a) रवादार बौद्धिकता (b) अभिसृत सोच
(c) विविध सोच (d) द्रव बौद्धिकता

2. किसी भाषा के स्वीकृत ध्वनि संयोजनों को इसके _____ नियमों के अंतर्गत बताया जाता है।

(a) व्याकरणिक (b) वाक्यात्मक
(c) विभक्ति-विषयक (d) ध्वनि-संबंधी

3. जब सोचने की प्रक्रिया किसी भाषा द्वारा प्रभावित होती है, तो ऐसी स्थिति को कहते हैं–

(a) भाषा निर्धारित
(b) संज्ञानात्मक पक्ष
(c) सामाजिक-भाषायी उद्धृत
(d) संस्कृति प्रभावित

4. अपने अनुभवों और लक्षणों के आधार पर उपकरणों में खराबी के कारण की परिकल्पना का परीक्षण कर रवि उपकरणों की मरम्मत करता है। वह उपयोग करता है–

(a) कलन-विधि का
(b) मानसिक दृढ़ता का
(c) अनुमानी विधि का
(d) अंतर्दृष्टि का

5. दिव्या अकसर निर्देशित कार्यों को छोटे-छोटे हिस्सों में विभाजित कर आसान बना लेती है। वह उपयोग करती है।

(a) द्वितीयक विस्तारण विधि का
(b) उपलक्ष्य विश्लेषण विधि का
(c) क्रियात्मक जड़ता नियामक विधि का
(d) कम करने की विधि का

6. "पुरुष और महिला की भूमिकाओं का निर्धारण समाज करता है।" यह कथन बताता है कि–

(a) लैंगिकता एवं आनुवंशिक प्रतिभा है
(b) लैंगिकता एक अंतर्ज्ञानी अवतरण है
(c) लैंगिकता एक सामाजिक अवतरण है
(d) लैंगिकता एक अंतर्निहित अवतरण है

7. ग्रेडिंग, कोडिंग, अंकन और क्रेडिट संचय प्रणालियाँ _____ के कुछ उदाहरण हैं।

(a) कक्षा में बच्चों की स्थिति की निरूपण विधि
(b) आलेख-पत्र (रिपोर्ट कार्ड) में अकादमिक प्रगति को दर्शाने
(c) अधिगमकर्ताओं की उपलब्धि के आकलन की गणना-विधि
(d) परीक्षा के उत्तर-पत्रों के मूल्यांकन की प्रक्रिया

8. अधिगमकर्ताओं की उपलब्धि का आकलन शिक्षकों की सहायता करता है–

(a) शिक्षण-अधिगम विधियों की प्रभावशीलता का मूल्यांकन करने में
(b) कक्षाओं में अधिगमकर्ताओं के क्षमता समूह बनाने में
(c) शिक्षण के लिए गतिविधियों की सूची तैयार करने में
(d) अधिगमकर्ताओं के प्रदर्शन का रिकॉर्ड रखने में

9. समावेशी शिक्षा _____ के सिद्धांत पर आधारित है।

(a) समता एवं समान अवसर
(b) सामाजिक अस्तित्व एवं वैश्वीकरण
(c) विश्व बंधुता
(d) सामाजिक संतुलन

10. दिव्यांगजन अधिकार अधिनियम वर्ष _____ में लागू किया गया है।

(a) 1995 (b) 1999
(c) 2016 (d) 1992

11. व्यक्तिगत विविधताओं वाले बच्चों को पढ़ाने के लिए ऐसे विद्यालय होने चाहिए जहाँ शिक्षक–

(a) विविध अधिगम आवश्यकताओं के अनुसार विभिन्न शिक्षण-अधिगम प्रविधियों का प्रयोग करने में प्रशिक्षित हों
(b) विशिष्ट व्यक्तिगत विविधताओं वाले बच्चों को पढ़ाने के लिए प्रशिक्षित हों
(c) बच्चों को समरूप अधिगमकर्ता बनाने में प्रशिक्षित हों
(d) व्यक्तिगत विविधताओं के आधार पर वर्गीकृत की गई कक्षाओं के विभिन्न वर्गों में पढ़ा सकें

12. नि:शुल्क एवं अनिवार्य बाल शिक्षा अधिकार अधिनियम, 2009 दिव्यांग बच्चों की नि:शुल्क शिक्षा के अधिकारों को सुनिश्चित करता है–

(a) 3 वर्ष से 18 वर्ष तक के लिए
(b) 6 वर्ष से 14 वर्ष तक के लिए
(c) 6 वर्ष से 22 वर्ष तक के लिए
(d) 6 वर्ष से 18 वर्ष तक के लिए

13. विविध अधिगमकर्ताओं के लिए सुगम्य स्वरूपों में शिक्षण-अधिगम सामग्रियाँ प्रदान करने का तात्पर्य ____ से है।

(a) शिक्षण व्यावसायिकता की सार्वभौमिक संहिता
(b) शिक्षण के सार्वभौमिक मानववादी दृष्टिकोण
(c) अधिगम की सार्वभौमिक संरचना
(d) सार्वभौमिक समावेशी शिक्षा के नैतिक विचार

14. स्वजागरूकता एवं संज्ञानात्मक क्षमताओं का नियंत्रण, जैसे–योजना बनाना, समीक्षा करना और संशोधन करना इत्यादि ____ में अंतर्निहित हैं।

(a) संज्ञानबोध
(b) संज्ञान
(c) समायोजन
(d) केंद्रीकरण

15. जब बच्चे प्राप्त की गई सूचनाओं की व्याख्या करने के लिए अपने अनुभवों के आधार पर सोचते हैं, तो उसे _____ कहा जाता है।

(a) सृजनात्मक सोच
(b) अमूर्त सोच
(c) मूर्त सोच
(d) प्रतिक्रियावादी सोच

16. अधिगमकर्ताओं की व्यक्तिगत क्षमता के आधार पर उनकी कठिनाइयों के विभिन्न स्तरों को ध्यान में रखते हुए पढ़ाने की विधि को ____ कहा जाता है।
(a) चयनित अनुदेशन
(b) सटीक शिक्षण
(c) त्रुटिहीन अनुदेशन
(d) विभेदी अनुदेशन

17. प्रतिपालन अधिगम का एक विशिष्ट चरण है, जो अधिगम के ____ चरण का पूर्ववर्ती है।
(a) अभिप्रेरण (b) आत्मनिर्भरता
(c) सामान्यीकरण (d) अधिग्रहण

18. जजोंक का यह मानना है कि संज्ञान और भाव ____ होते हैं।
(a) स्वतंत्र (b) अंतर्सबंधित
(c) एकीकृत (d) अन्योन्याश्रित

19. पहले से सीखे हुए कार्यों में सुधार लाने के लिए शिक्षक बच्चों को प्रदर्शन देकर सीखा रहा है। वह शिक्षण की ____ विधि का प्रयोग कर रहा है।
(a) अवलोकन (b) संशोधन
(c) प्रतिरूपण (d) अनुकरण

20. मैन्न और जैनिस के अनुसार, निर्णय लेने वाले बच्चे समस्या का विश्लेषण करते हैं, विकल्पों की सूची बनाते हैं और इसके फायदे और नुकसान के प्रत्येक पहलू पर विचार करते हैं। उसका व्यवहार प्रस्तुत करता है–
(a) सतर्क (b) निवर्तमान
(c) निरंकुश (d) चौकस

21. एक समस्या सुधारक बच्चा ____ विचार के आधार पर कथनों की सच्चाई या संभावना का मूल्यांकन करता है।
(a) सौंदर्यबोध (b) अमूर्त
(c) तार्किक (d) सृजनात्मक

22. जिस दिए गए कार्य को करते समय बच्चे स्वयं आनंद लेते हुए अनुभव प्राप्त करते हैं, उसे ____ कहा जाता है।
(a) उपभोक्ता प्रकार का कार्य
(b) निर्माणात्मक प्रकार का कार्य
(c) समस्यात्मक प्रकार का कार्य
(d) ड्रिल और अभ्यास कार्य

23. बहु-संवेदी शिक्षण-अधिगम की प्रविधि में अधिगम-संवर्धन हेतु दृश्य, श्रव्य, स्पर्श और ____ संवेदनाओं का एक साथ प्रयोग किया जाता है।
(a) कर्ण-कोटर (b) प्रत्यक्षीकरण
(c) अवलोकन (d) गतिबोधक

24. शरीर के केंद्रीय भाग से परिधियों या अग्रांगों की ओर का विकास दर्शाता है–
(a) विकेंद्रीकृत विकास के सिद्धांतों को
(b) मध्य-बाह्य विकास के सिद्धांतों को
(c) सोपानीय विकास के सिद्धांतों को
(d) विकिरणीय विकास के सिद्धांतों को

25. स्कूल बच्चों के समाजीकरण की एक ऐसी संस्था है जहाँ–
(a) प्रमुख स्थान स्कूल की दिनचर्या का होता है
(b) प्रमुख स्थान स्कूल की गतिविधियों का होता है
(c) प्रमुख स्थान स्कूल के शिक्षकों का होता है
(d) प्रमुख स्थान स्कूली बच्चों का होता है

26. जब आप एक शिक्षक समूह से जुड़ जाते हैं और अपने समूह के अन्य लोगों की ही तरह पोशाक धारण करने लगते हैं, तो आप प्रदर्शन कर रहे होते हैं–
(a) समूह आज्ञाकारिता का
(b) समूह निर्देश-अनुपालन का
(c) समूह की अनुरूपता का
(d) समूह की पहचान का

27. किसी वस्तु के स्थायित्व की अवधारणा पियाजे के विकास के ____ चरण में प्राप्त हो जाती है।
(a) पूर्व-परिचालन
(b) मूर्त परिचालन
(c) औपचारिक परिचालन
(d) संवेदी-गामक

28. व्यक्तिगत शिक्षा कार्यक्रम की योजना ____ के संदर्भ में बनायी जाती है।
(a) बाल-केंद्रित शिक्षा कार्यक्रम
(b) मुक्त विद्यालयी शिक्षा कार्यक्रम
(c) ई-अधिगम शिक्षा कार्यक्रम
(d) विशेष शिक्षा कार्यक्रम

29. ____ महीनों की आयु के बीच अधिकांश बच्चे शब्दों को मिलाकर छोटे-छोटे वाक्यों में बोलना शुरू कर देते हैं।
(a) 18 से 24 (b) 24 से 30
(c) 30 से 36 (d) 12 से 18

30. बुद्धिलब्धि या आइ. क्यू. की अवधारणा दी गई थी–
(a) बिने के द्वारा
(b) स्टर्न के द्वारा
(c) टर्मन के द्वारा
(d) गैलटॉन के द्वारा

उत्तर व्याख्या सहित

1. (c) सृजनात्मकता मुख्य रूप से विविध सोच से सम्बन्धित है। क्योंकि सृजनात्मक बालक नए सम्बन्धों के ज्ञान को इसकी उत्पत्ति में चिंतन के परम्परागत तरीकों से हटकर असाधारण विचार उत्पन्न करने की योग्यता रखते हैं।

2. (d) **3.** (a) **4.** (c)

5. (b) किसी विधान या व्यवस्थाक्रम की सूक्ष्मता से परीक्षण करने की तथा उसके मूल तत्वों को खोजने की क्रिया को विश्लेषण कहा जाता है। दिव्या उपलक्ष्य विश्लेषण विधि का प्रयोग करती है।

6. (c) **7.** (c)

8. (a) अधिगमकर्ताओं की उपलब्धि का आकलन शिक्षकों को शिक्षा-अधिगम विधियों की प्रभावशीलता का मूल्यांकन करने में सहायता करता है।

9. (a) समावेशी शिक्षा समता एवं समान अवसर के सिद्धांत पर आधारित है।

10. (c) **11.** (a) **12.** (d) **13.** (c) **14.** (a)

15. (c) जब बच्चे प्राप्त की गई सूचनाओं की व्याख्या करने के लिए अपने अनुभवों के आधार पर सोचते हैं, तो उसे मूर्त सोच कहते हैं।

16. (d) **17.** (c) **18.** (a) **19.** (c) **20.** (a)

21. (c) तार्किक विचार के आधार पर एक समस्या सुधारक बच्चा कथनों की सच्चाई या संभावना का मूल्यांकन करता है।

22. (a) **23.** (d) **24.** (b)

25. (d) समाजीकरण एक ऐसी प्रक्रिया है जिसके द्वारा बालक अन्य व्यक्तियों से अंतः क्रिया करता है। और सामाजिक आदतों, विश्वास, रीति-रिवाज तथा परंपराओं एवं अभिवृत्तियों को सीखता है। स्कूल में बच्चों के समाजीकरण की ऐसी प्रक्रिया है। जहाँ प्रमुख स्थान स्कूली बच्चों का होता है।

26. (c) **27.** (d)

28. (a) व्यक्तिगत शिक्षा कार्यक्रम योजना में शिक्षा के व्यक्तिगत उद्देश्य को आत्मभिव्यक्ति बालक की शक्तियों का सर्वांगीण विकास तथा प्राकृतिक विकास आदि नामों से जानते हैं। इसके प्रतिपादकों का अटल विश्वास है। समाज की अपेक्षा व्यक्ति बड़ा है। अतः उनकी धारणा है, कि परिवार, समाज, राज्य तथा स्कूलों को बालक की व्यक्तिगत शक्तियों को विकसित करने के लिए ही स्थापित किया गया है। इस दृष्टि से प्रत्येक राज्य सामाजिक संस्था का कर्त्तव्य है, कि वह व्यक्ति के जीवन को अधिक-से-अधिक अच्छा, सम्पन्न तथा सुखी एवं पूर्ण बनायें।

29. (a)

30. (a) बुद्धिलब्धि या आई.क्यू की अवधारणा सही मापन के क्षेत्र में फ्रांस के सुप्रसिद्ध मनोवैज्ञानिक अल्फ्रेड बिने ने दी। टरमन ने बिने साइमन परीक्षण में संशोधन करके इसे स्टैनफोर्ड बिने परीक्षण नाम दिया था।

स्टर्न ने बुद्धिलब्धि का सूत्र 1912 में दिया

$$\text{I.Q.} = \frac{\text{मानसिक बुद्धि}}{\text{वास्तविक बुद्धि}} \times 100$$

❑❑❑

उत्तर प्रदेश शिक्षक पात्रता परीक्षा

कक्षा I-V सॉल्व्ड पेपर-2018

बाल विकास एवं शिक्षण शास्त्र

1. निम्न में से कौन-सी अधिगम की एक विशेषता नहीं है?
(a) अधिगम का अवलोकन-प्रत्यक्ष रूप से किया जा सकता है।
(b) अधिगम व्यवहार में अपेक्षाकृत स्थायी परिवर्तन है।
(c) अधिगम प्राणी की अभिवृद्धि है।
(d) अधिगम एक लक्ष्योन्मुख प्रक्रिया है।

2. क्रिया-प्रसूत अनुबन्धन का दूसरा नाम है–
(a) समीपस्थ अनुबन्धन
(b) नैमित्तिक अनुबन्धन
(c) प्राचीन अनुबन्धन
(d) चिह्न अनुबन्धन

3. अनुकूलित अनुक्रिया सिद्धान्त किसके अनुकूलन पर बल देता है?
(a) तर्क (b) व्यवहार
(c) चिन्तन (d) अभिप्रेरणा

4. निम्न में से कौन-सा थॉर्नडाइक के अधिगम के प्राथमिक नियमों में शामिल नहीं है?
(a) साहचर्यात्मक स्थानान्तरण का नियम
(b) अभ्यास का नियम
(c) प्रभाव का नियम
(d) तत्परता का नियम

5. सीखने के वक्र अभ्यास द्वारा सीखने की मात्रा, गति और प्रगति की सीमा को ग्राफ पर प्रदर्शित करते हैं। यह किसने कहा है?
(a) स्किनर (b) रॉस
(c) एबिंगहास (d) एमएल बिग्गी

6. पश्च अन्वेषण तथा साधन-साक्ष्य विश्लेषण निम्न में से किसके उदाहरण हैं?
(a) स्वत:शोध
(b) एल्गोरिदम
(c) मानसिक वृत्ति
(d) प्रकार्यात्मक स्थिरता

7. निम्न में से सामाजिक मूल्य कौन-सा है?
(a) सहायतापरक व्यवहार
(b) प्राथमिक लक्ष्य
(c) मूल प्रवृत्ति
(d) आक्रामकता की आवश्यकता

8. निम्न में से अधिगम में योगदान देने वाले मनोवैज्ञानिक कारकों में कौन-सा शामिल नहीं है?
(a) अधिगम की इच्छा
(b) प्रेरणा
(c) रुचि
(d) विषयवस्तु का स्वरूप

9. पियाजे के अनुसार संज्ञानात्मक विकास की तृतीय अवस्था निम्न में से कौन-सी है?
(a) औपचारिक संक्रिया अवस्था
(b) पूर्व-संक्रिया अवस्था
(c) मूर्त संक्रिया अवस्था
(d) संवेदनात्मक गामक अवस्था

10. गिरोह अवस्था किस आयु-वर्ग एवं विलम्ब-विकास से संबंधित है?
(a) 16-19 वर्ष एवं नैतिकता
(b) 3-6 वर्ष एवं भाषा
(c) 8-10 वर्ष एवं समाजीकरण
(d) 16-19 वर्ष एवं संज्ञानात्मक

11. थॉर्नडाइक ने अपने सिद्धांत को किस शीर्षक से सिद्ध किया?
(a) संज्ञानात्मक अधिगम
(b) अधिगम के प्रयोग एवं भूल
(c) संकेत अधिगम
(d) स्थान अधिगम

12. इनमें से कौन मनोवैज्ञानिक 'भाषा विकास' से सम्बद्ध है?
(a) पावलोव (b) बिने
(c) चोमस्क (d) मास्लो

13. निम्न में से कौन-सी बाद की बाल्यावस्था के बौद्धिक विकास की विशेषता नहीं है?
(a) भविष्य की योजना की सूझ-बूझ
(b) विज्ञान की काल्पनिक कथाओं में अधिक रुचि
(c) बढ़ती हुई तार्किक शक्ति
(d) काल्पनिक भयों का अन्त

14. पियाजे के सिद्धान्त के अनुसार प्राक्संक्रियात्मक अवस्था की अवधि क्या है?
(a) चार से आठ वर्ष
(b) जन्म से दो वर्ष
(c) दो से सात वर्ष
(d) पाँच से आठ वर्ष

15. एक छात्र पढ़ रहा है, उसका नाम लेकर किसी ने बुलाया। निम्न में से किस संवेदना द्वारा वह (छात्र) अपनी अनुक्रिया प्रकट करेगा?
(a) दृष्टि संवेदना (b) स्पर्श संवेदना
(c) ध्वनि संवेदना (d) प्रत्यक्षण संवेदना

16. शैक्षिक सुधारों में प्रभावी विकेन्द्रीकरण तभी सम्भव होगा?
1. जब खण्ड व संकुल सन्दर्भ केन्द्रों की भागीदारी बढ़े।
2. स्थानीय सन्दर्भ व्यक्ति उपलब्ध हो।
3. अध्यापकों के पास संसाधन और प्रासंगिक सामग्री भी मौजूद हो।
सही उत्तर चुनें
(a) 1 और 3 (b) 1 और 2
(c) 2 और 3 (d) 1, 2 और 3

17. निम्न में से कौन-सा अवबोध स्तर के शिक्षण में शामिल है?
(a) पृथक्करण
(b) अनुप्रयोग
(c) तुलना
(d) अन्वेषण

18. सूक्ष्म-शिक्षण चक्र का प्रथम पद होता है?
(a) प्रतिपुष्टि (b) शिक्षण
(c) योजना बनाना (d) प्रस्तावना

19. निम्न में से कौन-सा शिक्षण का सूत्र नहीं है?
(a) सरल से कठिन की ओर
(b) अनिश्चित से निश्चित की ओर
(c) दृश्य से अदृश्य की ओर
(d) निगमन से आगमन की ओर

20. कौशलों के स्थानान्तरण के लिए कौन-सा उपयोगी है?
(a) कौशल अन्तरण एक गति है न कि उद्देश्य
(b) रेखीय अभिक्रम
(c) शाखीय अभिक्रम
(d) तैयारी और अर्जन

21. अग्रिम व्यवस्थापक प्रतिमान किस परिवार से सम्बन्धित है?
(a) वैयक्तिक
(b) सामाजिक अन्त:क्रिया
(c) सूचना प्रक्रियाकरण
(d) व्यवहार परिमार्जन

22. अभिप्रेरणा का प्रत्याशा सिद्धान्त किसके द्वारा दिया गया है?
(a) विक्टर ब्रूम (b) मास्लो
(c) हर्जबर्ग (d) स्किनर

23. निम्न में से कौन-सा अच्छे शिक्षण की विशेषता नहीं है?
(a) स्वेच्छाचारी (b) जनतान्त्रिक
(c) सहानुभूतिपूर्ण (d) वांछनीय सूचनाएँ देने वाला

24. संज्ञानात्मक क्षेत्र का सही क्रम है?
(a) ज्ञान- अनुप्रयोग - अवबोध -विश्लेषण - संश्लेषण - मूल्यांकन
(b) मूल्यांकन - अनुप्रयोग - विश्लेषण - संश्लेषण -अवबोध - ज्ञान
(c) मूल्यांकन - संश्लेषण -विश्लेषण - अनुप्रयोग - अवबोध - ज्ञान
(d) ज्ञान - अवबोध - अनुप्रयोग - विश्लेषण - संश्लेषण - मूल्यांकन

25. निम्न में से कौन-सा संवेग का तत्व नहीं है?
(a) व्यवहारात्मक (b) दैहिक
(c) संज्ञानात्मक (d) संवेदी

26. समावेशीकरण की सफलता के लिए आवश्यक है?
(a) क्षमता निर्माण का अभाव
(b) अभिभावकों की भागीदारी का न होना
(c) अलगाव
(d) संवेदनशीलता

27. अधोलिखित में गणित-सम्बन्धी अधिगम अक्षमता को कौन-सा पद परिभाषित करता है?
(a) नीरसता सम्बन्धी दोष
(b) पठन दोष
(c) गणना दोष
(d) इनमें से कोई नहीं

28. समावेशी कक्षा में किस प्रकार का/के छात्र शामिल होता/होते है/हैं?
(a) केवल विशिष्ट छात्र
(b) सामान्य और विशिष्ट छात्र
(c) केवल सामान्य छात्र
(d) बहुभाषी और प्रतिभाशाली छात्र

29. किसी भी नई भाषा को सीखने के लिए कहाँ से प्रारम्भ किया जाना चाहिए?
(a) अक्षरों व शब्दों के मध्य साहचर्य
(b) वाक्यों के निर्माण
(c) शब्दों के निर्माण
(d) उपरोक्त में से कोई नहीं

30. कोह्लर यह सिद्ध करना चाहता था कि सीखना–
(a) एक ऐसी स्थिति है जिसमें, व्यक्ति पशु से श्रेष्ठ है।
(b) स्वायत यादृच्छिक क्रिया है।
(c) संज्ञानात्मक संकार्य है।
(d) परिस्थिति के विभिन्न अंगों का प्रत्यक्षीकरण है।

उत्तर व्याख्या सहित

1. (a) प्रश्न में दिया गया विकल्प (a) अधिगम की विशेषता नहीं है। अधिगम की विशेषताओं को हम निम्न रूप में देख सकते हैं–

1. अधिगम लगातार चलने वाली एक प्रक्रिया है।
2. अधिगम व्यवहार में अपेक्षाकृत स्थायी परिवर्तन है।
3. अधिगम प्राणी की अभिवृद्धि है।
4. अधिगम एक लक्ष्योन्मुख प्रक्रिया है।
5. अधिगम एक सार्वभौमिक प्रक्रिया है।
6. अधिगम व्यवहार में परिवर्तन है।

2. (b)

3. (b) अनुकुलित अनुक्रिया सिद्धान्त व्यवहार के अनुकूलन पर बल देता है। इस सिद्धान्त का प्रतिपादन रूस के मनोवैज्ञानिक इवान पत्रोविच पावलोव द्वारा वर्ष 1904 में किया गया। इनके अनुसार सीखना एक अनुकूलित अनुक्रिया है। पावलोव ने प्रयोग द्वारा यह बताया है कि सम्बद्ध सहज क्रिया के सिद्धान्त का सम्बन्ध शरीर विज्ञान से है। इसके मानने वाले विशेष रूप से व्यवहारवादी है। उनका कहना है कि सीखना एक प्रकार से उद्दीपक प्रतिक्रिया है।

4. (a)

5. (c) एबिंगहास ने सीखने के लिए सक्रिय विधि को अधिक उपयोगी बताया। इसके लिए यह सीखने के वक्र अभ्यास द्वारा सीखने की मात्रा, गति और प्रगति की सीमा को ग्राफ पर प्रदर्शित करने को अधिक प्रभावी मानते हैं। एबिंगहास तथा उनके साथियों ने मिलकर इस विधि के सम्बन्ध में प्रयोगों द्वारा यह निष्कर्ष निकाला कि निष्क्रिय विधि की अपेक्षा सक्रिय विधि अधिक लाभदायक है। सक्रिय विधि द्वारा प्रयोज्य यह ज्ञात कर सकता है कि उसे कितना याद हुआ, जिसके कारण प्रयोज्य की इच्छा निरन्तर बनी रहती है।

6. (a)

7. (a) व्यक्ति जब दूसरे व्यक्ति को संकट की परिस्थिति में उलझा हुआ देखता है, तो उसमें सहायतापरक व्यवहार करने की आवश्यकता उत्पन्न होती है। एक विचारधारा के मनोवैज्ञानिक समाज जीवन विज्ञान के प्रभाव में सहायतापरक व्यवहार को जैविक संरचना का परिणाम मानते हैं। सहायतापरक व्यवहार सामाजिक मूल्य का प्रतिनिधित्व करता है।

8. (d) अधिगम का तात्पर्य होता है सीखना। अधिगम की प्रक्रिया जीवनभर चलती रहती है। अधिगम व्यक्तित्व के सर्वांगीण विकास में सहायक होता है। इसके द्वारा जीवन के लक्ष्यों को प्राप्त करने में सहायता मिलती है। अधिगम की इच्छा, प्रेरणा तथा रुचि अधिगम में योगदान देने वाले मनोवैज्ञानिक कारकों में शामिल होता हैं।

9. (c)

10. (c) गिरोह आयु, सामान्यत: 8–10 वर्ष की आयु वर्ग को कहा जाता है, जो बचपन से अधिक तथा किशोरावस्था से पूर्व की आयु होती है। यह बच्चों की प्राथमिक शिक्षा का दौर होता है। यह आयु बच्चों में परिवर्तन तथा रुचियों के विकास की होती है।

फ्रायड ने बच्चों की इस आयु को 'Latency period' कहा है। इस गिरोह आयु के दरम्यान बच्चों की रुचि परिवार, माता-पिता से बाहर अपने दोस्तों तथा साथियों की ओर होने लगती है तथा एक समान रुचि के बच्चों का समूह एक साथ रहना पसन्द करने लगता है।

11. (b) ई.एल. थार्नडाइक द्वारा प्रतिपादित सीखने के सिद्धान्त को एक अति महत्वपूर्ण सिद्धान्त माना गया है, जिसमें हमें साहचर्यवाद तथा विज्ञान की विधियों का अनोखा संगम दिखाई देता है। थार्नडाइक ने वर्ष 1898 में प्रतिपादित अपने सिद्धान्त को 'शीर्षक अधिगम के प्रयास एवं भूल' से सिद्ध किया था।

12. (c)

13. (a) बाल्यावस्था में बच्चों के बौद्धिक विकास की निम्नलिखित विशेषताएँ होती हैं–

- सहज प्रवृत्तियों तथा मूल प्रवृत्तियों का विकास होता है।
- रुचियों में विस्तार होता है।
- बालकों के चिन्तन का विकास होता है।
- समस्या समाधान की प्रवृत्ति में वृद्धि एवं विकास देखने को मिलता है।
- सृजनात्मकता का विकास होता है।
- संवेगात्मक विकास के अन्तर्गत काल्पनिक भयों का अन्त होता है।

उपरोक्त विशेषताओं के आधार पर यह निष्कर्ष निकाला जा सकता है कि विकल्प (a) भविष्य की योजना की सूझ-बूझ बाल्यावस्था के बौद्धिक विकास का भाग नहीं है।

14. (c) प्राक्संक्रियात्मक अवस्था पियाजे द्वारा स्थापित संज्ञानात्मक विकास की दूसरी अवस्था है। पियाजे के अनुसार दूसरी अवस्था लगभग 2 से 7 वर्ष तक होती है। इस अवस्था को पुनः दो भागों में बाँटा जाता है।

(1) प्राक्संप्रत्यात्मक अवधि (यह 2 से 4 वर्ष) तक होती है।

(2) अन्तर्दर्शी अवधि (यह 4 से 7 वर्ष तक होती है)

पियाजे के संज्ञानात्मक विकास के अन्य तीन चरण हैं–

संवेदी-गतिक अवस्था (जन्म से 2 वर्ष, प्रत्यक्ष संक्रियात्मक अवस्था (7 से 11 वर्ष) तथा औपचारिक संक्रियात्मक अवस्था (11 वर्ष से अधिक)।

15. (c)

16. (d) शिक्षा का विकेन्द्रीकरण शैक्षिक सुधारों का प्रभावी माध्यम है, लेकिन शैक्षिक सुधारों में प्रभावी विकेन्द्रीकरण तभी सम्भव है, जब खण्ड व संकुल सन्दर्भ केन्द्रों की भागीदारी बढ़ाई जाए। इस प्रक्रिया में स्थानीय सन्दर्भ व्यक्ति उपलब्ध हो साथ ही अध्यापकों के पास संसाधन और प्रासंगिक सामग्री उपलब्ध हो।

17. (d) अवबोध स्तर के शिक्षण में शिक्षक छात्रों के समक्ष पाठ्यवस्तु को इस प्रकार प्रस्तुत करता है कि छात्रों को अवबोध के लिए अधिक-से-अधिक अवसर मिले और छात्रों में आवश्यक सुझबूझ उत्पन्न हो। इस प्रकार के शिक्षण में छात्रों को सहभागिता बनी रहती है। यह शिक्षण उद्देश्य केन्द्रीय तथा सूझबूझ से युक्त होता है। साथ ही अन्वेषण अवबोध स्तर के शिक्षण में शामिल होता है।

18. (c)

19. (d) निगमन से आगमन की ओर शिक्षण का सूत्र नहीं है। शिक्षण के कुछ सामान्य सूत्र हैं, जिनके अनुसार शिक्षण कार्य करने से बच्चों को सीखने में सरलता, सुगमता और स्थायित्व प्राप्त होता है; जैसे–'सरल से कठिन की ओर', 'ज्ञात से अज्ञात की ओर', 'मूर्त्त से अमूर्त्त की ओर', 'विशिष्ट से सामान्य की ओर', 'आगमन से निगमन की ओर' तथा 'विशलेषण से संश्लेषण की ओर'। शिक्षण के इन सूत्रों का आधार और पालन करने से शिक्षण अधिक प्रभावकारी होता है।

20. (a) कौशलों के स्थानान्तरण से तात्पर्य कौशल के विकास से है अर्थात् कौशल अन्तरण एक गति है न कि उद्देश्य। किसी भी व्यक्ति में कौशल को अधिगम से देखा जाता है। किसी भी बच्चे के अन्दर कौशल का विकास करना उसकी क्षमता में परिवर्तन लाने से है और यह एक प्रक्रिया (गति) है, जो निरन्तर गतिमान होती है। कौशल स्थानान्तरण को कुछ चरणों के माध्यम से समझा जाता है, जो व्यक्ति में मूलभूत स्वरूप में परिवर्तन लाती है।

21. (c) अग्रिम व्यवस्थापक प्रतिमान सूचना प्रक्रियाकरण परिवार से सम्बन्धित है। वर्तमान समय में शिक्षा का प्रमुख उद्देश्य वैश्वीकरण की प्रक्रिया से उभरती हुई चुनौतियों का सामना करने में मदद करना है। इसमें मुख्य रूप से सूचना तकनीकी विकास सबसे अहम है। इसके माध्यम से शिक्षण कौशल तथा अग्रिम रणनीतियों पर निर्णय लेने में आसानी होती है।

22. (a) अभिप्रेरणा का प्रत्याशा सिद्धान्त विक्टर ब्रूम के द्वारा दिया गया है। इस सिद्धान्त के द्वारा व्यक्ति ही तय करेगा कि एक विशेष लक्ष्य को प्राप्त करने के लिए वह अपने आत्मसंयम को कब लागू करे। जबकि अभिप्रेरणा का प्रयोजन सिद्धान्त अब्राहम मोस्लो, दोहरा कारक सिद्धान्त फ्रेडरिक हर्जबर्ग तथा क्रिया प्रसूत अनुबन्धन का सिद्धान्त स्किनर के द्वारा दिया गया है।

23. (a)

24. (d) संज्ञान का अर्थ समझ या ज्ञान होता है। शैक्षणिक प्रक्रियाओं में अधिगम का मुख्य केन्द्र संज्ञानात्मक क्षेत्र होता है। इस क्षेत्र में अधिगम उन मानसिक क्रियाओं से जुड़ी होती है, जिनमें पर्यावरण से सूचना प्राप्त की जाती हैं। इस प्रकार इस क्षेत्र में अनेक क्रियाएँ होती हैं, जो सूचना प्राप्ति से प्रारम्भ होकर शिक्षार्थी के मस्तिष्क तक चलती हैं। ये सूचनाएँ दृश्य रूप में होती हैं या सुनने या देखने के रूप में होती हैं। संज्ञान में मुख्यतः ज्ञान, अवबोध (समग्रता), अनुप्रयोग, विश्लेषण, संश्लेषण तथा मूल्यांकन पक्ष सम्मिलित होते हैं।

25. (d)

26. (d) समावेशीकरण की सफलता के लिए संवेदनशीलता एक आवश्यक तत्व है। समावेशीकरण एक सामान्य और विशिष्ट के बीच के अलगाव को कम कर समग्र रूप से आगे बढ़ने की दिशा में महत्वपूर्ण भूमिका निभाता है। क्षमता निर्माण का अभाव, अभिभावकों की भागीदारी का न होना तथा अलगाव समावेशीकरण की सफलता में बाधक है।

27. (c)

28. (b) समावेशी शिक्षा में सामान्य और विशिष्ट दोनों प्रकार के छात्र सम्मिलित होते हैं। शिक्षा का समावेशीकरण यह बताता है कि विशेष शैक्षणिक आवश्यकताओं की पूर्ति के लिए एक सामान्य छात्र और एक दिव्यांग को समान शिक्षा प्राप्ति के अवसर मिलने चाहिए। इस प्रकार की शिक्षा में एक सामान्य छात्र और एक दिव्यांग छात्र के साथ विद्यालय में अधिक समय बिताता है। समावेशी शिक्षा विशेष विद्यालय या कक्षा को स्वीकार नहीं करती। दिव्यांग बच्चों को भी सामान्य बच्चों की तरह ही शैक्षिक गतिविधियों में भाग लेने का अधिकार है।

29. (a)

30. (c) कोह्लर यह सिद्ध करना चाहता था कि सीखना एक संज्ञानात्मक संकार्य है। इसके लिए कोह्लर ने अधिगम के क्षेत्र के अन्तर्गत सूक्ष्म या अन्तर्दृष्टि का सिद्धान्त दिया। इसे संज्ञानात्मक क्षेत्र सिद्धान्त (cognitive field theory) भी कहा जाता है, क्योंकि इस सिद्धान्त में संज्ञान अथवा प्रत्यक्षीकरण को विशिष्ट महत्व प्रदान किया जाता है। इस सिद्धान्त के अनुसार कोह्लर ने यह तर्क दिया है कि किसी समस्या के उपस्थित होने पर व्यक्ति उसका निरीक्षण करता है, अपना ध्यान केन्द्रित करता है और समस्या के सभी उपायों को समझता है व उनका हल निकालता है।

❑❑❑

उत्तर प्रदेश शिक्षक पात्रता परीक्षा

कक्षा VI-VIII सॉल्व्ड पेपर–2018

बाल विकास एवं शिक्षण शास्त्र

1. मनोविज्ञानशाला, उत्तर प्रदेश में कहाँ स्थित हैं?

(a) लखनऊ (b) इलाहाबाद

(c) आगरा (d) वाराणसी

2. जो सम्बन्ध स्किनर का चूहों से एवं थॉर्नडाइक का बिल्लियों से था, वहीं सम्बन्ध कोह्लर का था–

(a) कुत्तों से (b) मुर्गियों से

(c) बंदरों से (d) वनमानुषों से

3. अधिगम का पठार है–

(a) अधिगम में अवरुद्ध वर्द्धन

(b) अधिगम में दोष

(c) अधिगम की समाप्ति

(d) अधिगम में अवरोध

4. 'द बिहेवियर ऑफ ऑर्गेनिज्म्स' नामक पुस्तक के लेखक हैं–

(a) स्किनर (b) हल

(c) पॉवलाव (d) थॉर्नडाइक

5. छात्रों में सही व्यवहार के प्रशिक्षण हेतु सर्वाधिक महत्त्वपूर्ण क्या है?

(a) प्रशंसा

(b) दण्ड

(c) पुरस्कार

(d) सही व्यवहार का प्रस्तुतीकरण

6. समस्या समाधान में 'लक्ष्य प्रवणता' के सम्प्रत्यय को किसने प्रस्तावित किया था?

(a) हल (b) केन्डलर

(c) कोह्लर (d) ब्रिक

7. इनमें से कौन सूक्ष्म-शिक्षण की विचारधारा से संबंधित नहीं हैं?

(a) बुश

(b) डेविड ह्यूम

(c) डी. डब्ल्यू. एलेन

(d) एचीसन

8. निम्न में से कौन-सा शिक्षण-अधिगम का स्तर नहीं हैं?

(a) अवबोध स्तर (b) परावर्ती स्तर

(c) स्मृति स्तर (d) दूरवर्ती स्तर

9. निम्न में से कौन-सी कक्षा शिक्षण में जनतांत्रिक शिक्षण-नीति नहीं है?

(a) व्याख्यान (b) योजना

(c) अन्वेषण (d) मस्तिष्क उद्वेलन

10. निम्न में से कौन-सी समावेशी शिक्षा की एक विशेषता नहीं है?

(a) यह केवल विशेष आवश्यकता वाले छात्रों के सीखने में अभिवृद्धि करती है

(b) यह दिव्यांग बालकों की देखभाल से उनकी शिक्षा और व्यक्तिगत विकास की ओर सेवा में बदलाव है

(c) समावेशी शिक्षा एक सतत प्रक्रिया है, यह कोई उपार्जित अवस्था या उत्पाद नहीं है

(d) यह सभी विद्यार्थियों की क्षमताओं को अधिकतम स्तर तक बढ़ाना चाहती है

11. निम्न में से कौन-सा फ्लैण्डर की अन्तः क्रिया विश्लेषण प्रणाली से सम्बन्धित नहीं है?

(a) छात्र कथन

(b) अभिभावक कथन

(c) शिक्षक कथन

(d) मौन

12. सम्भाषण में अर्थ की लघुतम इकाई है?

(a) रूपग्राम (b) पद

(c) ध्वनिग्राम (d) शब्द

13. "हम करके सीखते हैं।" किसने कहा था?

(a) योकम (b) सिम्पसन

(c) डॉ. मेस (d) कोलेसनिक

14. निम्न में से कौन-सा शिक्षण का स्तर नहीं हैं?

(a) बोध (b) चिन्तन

(c) स्मृति (d) वर्णन

15. शिक्षण की अन्तःक्रियात्मक अवस्था में मुख्य संक्रिया होती है।

(a) निदान की

(b) प्रत्यक्षीकरण की

(c) क्रिया और प्रतिक्रिया की

(d) उपर्युक्त सभी

16. एक बालक काली गाय, काला कुत्ता तथा काली वस्तुओं को देखकर डरने लगता है। इस प्रकार के अनुबंधन में निहित है–

(a) अनुक्रिया अनुबंधन

(b) उद्दीपक सामान्यीकरण

(c) अनुक्रिया सामान्यीकरण

(d) उपर्युक्त में से कोई नहीं

17. शिक्षण विधि का चयन करते समय निम्न में से किसको ध्यान में रखने की आवश्यकता नहीं है?

(a) व्यक्तिगत भेद

(b) अभिभावक की पृष्ठभूमि

(c) विद्यार्थियों का मानसिक स्तर

(d) विषय की विशिष्ट प्रकृति

18. निम्न में से कौन-सी बाल्यावस्था की एक विशेषता नहीं हैं?

(a) सामूहिकता की प्रबलता

(b) जिज्ञासा की कमी

(c) अभिवृद्धि में स्थिरता

(d) समूह एवं खेलों में सहभागिता

19. निम्न में से कौन-सा सृजनात्मक प्रक्रिया से सम्बन्धित नहीं है?

(a) उद्भवन (b) अभिप्रेरण

(c) आयोजन (d) प्रबोधन

20. निम्न में से कौन-सा वृद्धि और विकास का प्रथम चरण है?

(a) शारीरिक विकास

(b) सामाजिक विकास

(c) नैतिक विकास

(d) मानसिक विकास

21. सीखना एक तरह के व्यवहार का–
(a) बचाव है (b) विस्तार है
(c) संशोधन है (d) प्रसार है

22. स्किनर बॉक्स का प्रयोग किया जाता है?
(a) शाब्दिक अधिगम के लिए
(b) प्रसूत अनुबंधन के लिए
(c) चालक अधिगम के लिए
(d) आकस्मिक अधिगम के लिए

23. बुद्धिमापन की भाटिया बैटरी परीक्षण में है?
(a) 5 उप-परीक्षण (b) 8 उप-परीक्षण
(c) 4 उप-परीक्षण (d) 7 उप-परीक्षण

24. किंडरगार्टन विधि का प्रतिपादन किसने किया?
(a) फ्रोबेल (b) मॉन्टेसरी
(c) कुक (d) डाल्टन

25. संकलनात्मक परामर्श के जन्मदाता है?
(a) थॉर्न (b) रोजर्स
(c) विलियमसन (d) इनमें से कोई नहीं

26. छात्र के अवांछित व्यवहार के संशोधन हेतु सबसे प्रभावी विधि हैं–
(a) छात्र को दण्डित करना
(b) उसे नजरन्दाज करना
(c) उसके माता-पिता को सूचित करना
(d) अवांछित व्यवहार के कारणों का पता लगाना तथा उपचारों का सुझाव देना

27. डिस्लेक्सिया संबंधित है–
(a) पढ़ने संबंधी समस्या से
(b) गणितीय कौशल संबंधी समस्या से
(c) लेखन संबंधी समस्या से
(d) वाक्-क्षमता संबंधी विकार से

28. ब्रेल लिपि एवं टेप-रिकॉर्डिंग किसके लिए शैक्षिक प्रावधान के रूप में प्रयुक्त किए जा सकते हैं?
(a) दृष्टिबाधित विद्यार्थी
(b) अस्थिबाधित विद्यार्थी
(c) श्रवणबाधित विद्यार्थी
(d) शारीरिक रूप से विकलांग विद्यार्थी

29. सी. डब्ल्यू. एस. एन. का अर्थ हैं–
(a) मजबूत आवश्यकता वाले बच्चे
(b) एकांगी आवश्यकता वाले बच्चे
(c) विशिष्ट आवश्यकता वाले बच्चे
(d) मृदु आवश्यकता वाले व्यक्ति

30. निम्न में से कौन-सा परामर्श का एक तत्त्व नही हैं?
(a) साक्षात्कार (b) विश्वास
(c) वृत्तिक वृद्धि (d) सम्प्रेषण

उत्तर व्याख्या सहित

1. (b) मनोविज्ञानशाला, इलाहाबाद उत्तर प्रदेश में स्थित है। इसकी स्थापना 1954 में की गई थी। मनोविज्ञान वह शाखा है व अनुप्रयोगात्मक विधा है जो प्राणी (मनुष्य, पशु) के मानसिक प्रक्रियाओं, अनुभवों व व्यक्त तथा अव्यक्त दोनों तरह के व्यवहारों का एक क्रमबद्ध व वैज्ञानिक अध्ययन करती हैं।

2. (d) दिए गए प्रश्न के अनुसार, कोहलर का संबंध वनमानुषों से था। कोहलर ने वनमानुषों पर प्रयोग किया था। इस प्रयोग को सांज्ञनात्मक क्षेत्र सिद्धांत भी कहा जाता हैं क्योंकि इसमें संज्ञान व प्रत्यक्षीकरण को विशेष महत्व दिया गया है।

3. (a) अधिगम में अवरूद्ध वर्द्धन अधिगम का पठार है। सीखने की गति जब रूक जाती है, जब उसमें ना तो उन्नति होती है और न ही अवनति।

4. (a) बी. एफ. स्किनर (B.F. Skinner) 'द बिहेवियर ऑफ ऑर्गेनिज्म्स' पुस्तक के लेखक है। ये स्किनर की पहली पुस्तक थी जो कि मई 1938 में प्रकाशित हुई थी।

5. (d) छात्रों में सही व्यवहार के प्रशिक्षण हेतु सर्वाधिक महत्वपूर्ण सही व्यवहार का प्रस्तुतीकरण हैं।

6. (a) समस्या समाधान में 'लक्ष्य प्रवणता' के सम्प्रत्यय को हल ने प्रस्तावित किया था।

7. (b) डेविड ह्यूम सूक्ष्म-शिक्षण की विचारधारा से संबंधित नहीं है।

8. (d) दूरवर्ती स्तर शिक्षण-अधिगम का स्तर नहीं है।

9. (a) 'व्याख्यान' कक्षा शिक्षण में जनतांत्रिक शिक्षण-नीति नहीं है।

10. (a) समावेशी शिक्षा की यह विशेषता नहीं हैं कि वह केवल विशेष आवश्यकता वाले छात्रों के सीखने में अभिवृद्धि करती है।

11. (b) 'अभिभावक कथन' फ्लैण्डर की अंत: क्रिया विश्लेषण प्रणाली से संबंधित नहीं है।

12. (a) सम्भाषण में अर्थ की लघुतम इकाई रूपग्राम है।

13. (c) डॉ. मेस ने कहा था "हम करके सीखते है।"

14. (d) वर्णन शिक्षण का स्तर नहीं है।

15. (c) शिक्षण की अंत: क्रियात्मक अवस्था में मुख्य संक्रिया क्रिया और प्रतिक्रिया की होती है।

16. (b) दिए गए कथन के अनुसार इस प्रकार के अनुबंधन में उद्दीपक सामान्यीकरण निहित है।

17. (b) शिक्षण विधि का चयन करते समय अभिभावक की पृष्ठभूमि को ध्यान में रखने की आवश्यकता नही है।

18. (b) 'जिज्ञासा की कमी' बाल्यावस्था की विशेषता नहीं है।

19. (b) सृजनात्मक प्रक्रिया से अभिप्रेरण संबंधित नहीं है।

20. (a) शारीरिक विकास वृद्धि और विकास का प्रथम चरण है।

21. (c) सीखना एक तरह के व्यवहार का संशोधन है।

22. (b) स्किनर बॉक्स का प्रयोग प्रसूत अनुबंधन के लिए किया जाता है।

23. (a) बुद्धिमापन की भाटिया बैटरी परीक्षण में 5 उप-परीक्षण है।

24. (a) किंडरगार्टन विधि का प्रतिपादान फ्रोबेल ने किया था।

25. (a) संकलनात्मक परामर्श के जन्मदाता थॉर्न है।

26. (d) 'अवांछित व्यवहार के कारणों का पता लगाना तथा उपचारों का सुझाव देना।'

27. (a) डिस्लेक्सिया पढ़ने संबंधी समस्या से संबंधित हैं।

28. (a) दृष्टिबाधित विधार्थियों के लिए ब्रेल लिपि व टेप-रिकॉर्डिंग शैक्षिक प्रावधान के रूप में प्रयुक्त किए जा सकते है।

29. (c) सी. डब्ल्यू. एस. एन (CWSN) का अर्थ है। विशिष्ट आवश्यकता वाले बच्चे।

30. (c) 'वृत्रिक विधि' परामर्श का एक तत्व नहीं है।

❑❑❑

सॉल्व्ड पेपर्स

उत्तर प्रदेश शिक्षक पात्रता परीक्षा

कक्षा I-V सॉल्व्ड पेपर-2017

बाल विकास एवं शिक्षण शास्त्र

1. सीखने की वह अवधि, जब सीखने की प्रक्रिया में कोई उन्नति नहीं होती, कहलाती है–
(a) सीखने का वक्र (b) सीखने का पठार
(c) स्मृति (d) अवधान

2. सामान्य संयुक्त कोशिका में गुणसूत्रों के जोड़े होते हैं–
(a) 22 (b) 23
(c) 24 (d) इनमें से कोई नहीं

3. बुद्धि लब्धि निकालने का सूत्र है–
(a) मानसिक आयु × वास्तविक सूत्र
(b) $\frac{\text{वास्तविक आयु}}{\text{मानसिक आयु}}$
(c) $\frac{\text{मानसिक आयु}}{\text{वास्तविक आयु}} \times 100$
(d) वास्तविक आयु × मानसिक आयु

4. क्रियाप्रसूत अनुबन्धन सिद्धान्त का प्रतिपादन किया–
(a) हल ने (b) थॉर्नडाइक ने
(c) हेगार्टी ने (d) स्किनर ने

5. सीखने में प्रयास व भूल के सिद्धान्त का प्रतिपादन किसने किया?
(a) कोह्लर (b) पैवलव
(c) थॉर्नडाइक (d) गेस्टाल्ट

6. कोह्लर निम्न में से किससे सम्बन्धित हैं?
(a) अभिप्रेरणा का सिद्धान्त
(b) विकास का सिद्धान्त
(c) व्यक्तित्व का सिद्धान्त
(d) अधिगम का सिद्धान्त

7. बुद्धि के तरल क्रिस्टलीय प्रतिमान के प्रतिपादक कौन थे?
(a) कैटेल (b) थॉर्नडाइक
(c) वर्नन (d) स्किनर

8. निम्न में से कौन-सा अधिगम के पठार का कारण नहीं है?
(a) प्रेरणा की सीमा
(b) विद्यालय का असहयोग
(c) शारीरिक सीमा
(d) ज्ञान की सीमा

9. शिक्षण हेतु मानसिक उद्वेलन प्रतिमान का प्रयोग निम्न में से किसके सुधार हेतु किया जाता है?
(a) समझ (b) अनुप्रयोग
(c) सृजनात्मकता (d) समस्या समाधान

10. "अधिगम, अनुभव और प्रशिक्षण के परिणामस्वरूप व्यवहार में परिवर्तन है।" यह कथन किसके द्वारा दिया गया?
(a) गेट्स व अन्य
(b) मॉर्गन और गिलिलैण्ड
(c) स्किनर
(d) क्रॉनबैक

11. गोलमैन निम्न में से किससे सम्बन्धित है?
(a) सामाजिक बुद्धि (b) संवेगात्मक बुद्धि
(c) अध्यात्मिक बुद्धि (d) सामान्य बुद्धि

12. 'स्टैनफोर्ड-बिने परीक्षण' मापन करता है–
(a) व्यक्तित्व का
(b) पढ़ने की दक्षता का
(c) बुद्धि का
(d) इनमें से कोई नहीं

13. निम्न में से कौन शेष से भिन्न है?
(a) अधिगम के लिए अधिगम का सिद्धान्त
(b) समान अवयसों का सिद्धान्त
(c) ड्राइव रिडक्शन सिद्धान्त
(d) सामान्यीकरण का सिद्धान्त

14. अन्तर्मुखी व्यक्तित्व एवं बर्हिमुखी व्यक्तित्व का वर्गीकरण किसने किया है?
(a) फ्रायड (b) जुंग
(c) मन (d) आलपोर्ट

15. संज्ञानात्मक सम्प्राप्ति का न्यूनतम स्तर है–
(a) ज्ञान (b) बोध
(c) अनुप्रयोग (d) विश्लेषण

16. बच्चों के सामाजिक विकास को प्रभावित करने वाले कारक हैं–
(a) आर्थिक तत्व
(b) सामाजिक परिवेशजन्य तत्व
(c) शारीरिक तत्व
(d) वंशानुगत तत्व

17. एक बालक, जो साइकिल चलाना जानता है, मोटरबाइक चलाना सीख रहा है। यह उदाहरण होगा–
(a) क्षैतिज अधिगम अन्तरण का
(b) ऊर्ध्व अधिगम अन्तरण का
(c) द्विपार्श्विक अधिगम अन्तरण का
(d) कोई भी अधिगम अन्तरण का

18. निम्न में से कौन-सा शारीरिक विकास का एक प्रमुख नियम है?
(a) मानसिक विकास से भिन्नता का नियम
(b) अनियमित विकास का नियम
(c) द्रुतगामी विकास का नियम
(d) कल्पना और संवेगात्मक विकास से सम्बन्ध

19. निम्न में से कौन-सा विकास का सिद्धान्त नहीं है?
(a) अनुकूलित प्रत्यावर्तन का सिद्धान्त
(b) निरन्तर विकास का सिद्धान्त
(c) परस्पर सम्बन्ध का सिद्धान्त
(d) समान प्रतिमान का सिद्धान्त

20. "विकास के परिणामस्वरूप नवीन विशेषताएं और नवीन योग्यताएं प्रकट होती हैं।" यह कथन किसने दिया है?
(a) गेसेल (b) हरलॉक
(c) मेरेडिथ (d) डगलस और होलैण्ड

21. मूल प्रवृत्तियों को चौदह प्रकार से किसने वर्गीकृत किया है?
(a) ड्रेवल (b) मैक्डूगल
(c) थॉर्नडाइक (d) वुडवर्थ

22. "किसी दूसरी वस्तु की अपेक्षा एक वस्तु पर चेतना का केन्द्रीकरण अवधान है।" यह कथन है–
(a) डम्विल का (b) रॉस का
(c) मन का (d) मैक्डूगल का

23. निम्न में से कौन-सा सीखने के मुख्य नियमों में शामिल नहीं है?
(a) तत्परता का नियम
(b) अभ्यास का नियम
(c) बहु-अनुक्रिया का नियम
(d) प्रभाव का नियम

24. 12 वर्ष से 16 वर्ष के बच्चों के लिए हिन्दी में डॉ. एस. जलोटा ने कौन-सा परीक्षण प्रतिपादित किया है?

(a) अशाब्दिक बुद्धि परीक्षण
(b) साधारण मानसिक योग्यता परीक्षण
(c) आर्मी अल्फा परीक्षण
(d) चित्रांकन परीक्षण

25. निम्न में से कौन-सा युग्म सही नहीं है?

(a) सीखने का उद्दीपक-अनुक्रिया सिद्धान्त-थॉर्नडाइक
(b) सीखने का क्रियाप्रसूत अनुबन्धन सिद्धान्त-बी एफ स्किनर
(c) सीखने का क्लासिकल सिद्धान्त-पैवलॉव
(d) सीखने का समग्र सिद्धान्त-हल

26. ग्रन्थियों के आधार पर व्यक्तित्व के विभिन्न प्रकारों की चर्चा किसने की है?

(a) क्रेशमर (b) युग
(c) कैनन (d) स्प्रैन्जर

27. बुद्धि के द्विकारक सिद्धान्त का प्रतिपादन किसने किया?

(a) थॉर्नडाइक
(b) स्पीयरमैन
(c) वर्नन
(d) स्टर्न

28. इनमें से किनका नाम 'सृजनशास्त्र के पिता' से जुड़ा हुआ है?

(a) क्रो एवं क्रो (b) गाल्टन
(c) रॉस (d) वुडवर्थ

29. "सृजनात्मकता मौलिक परिणामों को अभिव्यक्त करने की मानसिक प्रक्रिया है।" यह कथन है–

(a) कोल एवं ब्रूस का
(b) ड्रेवहल का
(c) डीहान का
(d) क्रो एवं क्रो का

30. 'विद्रोह की भावना' की प्रवृत्ति निम्न में से किस अवस्था से सम्बन्धित है?

(a) बाल्यावस्था
(b) शैशवावस्था
(c) पूर्व किशोरावस्था
(d) मध्य किशोरावस्था

उत्तर व्याख्या सहित

1. (b) सीखने की वह अवधि, जब बालकों के सीखने की प्रक्रिया में किसी भी प्रकार का विकास नहीं है तो इसे सीखने का पठार कहा जाता है।

2. (b) आनुवंशिकता का मूलाधार कोष है। कोषों के द्वारा ही मानव शरीर का निर्माण होता है। गर्भधारण के समय मां के अण्डाणु एवं पिता के शुक्राणु का कोषों से मिलन होता है, ताकि एक नवीन कोष की रचना हो सके। कोषों के संकेन्द्रक के कणों को गुणसूत्र कहते हैं। गुणसूत्र हमेशा युग्मों में होते हैं। मानव कोष में 46 गुणसूत्र होते हैं, जो 23 जोड़ों में विभाजित होते हैं।

3. (c) बुद्धि लब्धि एक गणना है, जिससे बुद्धि का आंकलन लगाया जाता है। जर्मनी मनोवैज्ञानिक विलियम स्टर्न एवं अल्फ्रेड बिने ने इसे प्रतिपादित किया।

बुद्धि लब्धि (IQ)

$$= \frac{\text{मानसिक आयु}}{\text{वास्तविक आयु}} \times 100$$

मानसिक आयु $\Rightarrow$ किसी व्यक्ति द्वारा अपनी आयु से अधिक कार्य करना।

वास्तविक आयु $\Rightarrow$ किसी व्यक्ति की वास्तविक आयु, जो उसकी होती है।

4. (d) क्रियाप्रसूत अनुबन्धन सिद्धान्त का प्रतिपादन प्रसिद्ध मनोवैज्ञानिक बी.एफ. स्किनर ने एक चूहे पर किया था, जिसे स्किनर बॉक्स कहा जाता है। स्कीनर के इस सिद्धान्त के आधार पर पाठ्यक्रम को सरल बनाने हेतु उसे छोटे-छोटे खण्डों में बांट देना चाहिए, जिससे अधिगम शीघ्र एवं प्रभावकारी हो जाना है। क्रिया प्रसूत अनुबन्धन में पुनर्बलन का व्यापक महत्व है, जो दण्ड, पुरस्कार, परिणाम एवं ज्ञान के रूप में होते हैं।

5. (c) प्रसिद्ध अमेरिकी मनोवैज्ञानिक डॉ. एल. थॉर्नडाइक ने प्रयास एवं मूल के सिद्धान्त का प्रतिपादन किया। थॉर्नडाइक ने इस सिद्धान्त का प्रतिपादन एक बिल्ली पर किया। बिल्ली बार-बार प्रयास करने के पश्चात मछली के टुकड़े को प्राप्त कर लेती है। थॉर्नडाइक ने इस सिद्धान्त के अन्तर्गत इस बात पर बल दिया कि अधिगम के प्रयास एवं सिद्धान्त में व्यक्ति बार-बार गलती कर सकता है, किंतु बार-बार किए गए प्रयासों के बाद वह सीखने में सफल हो जाता है।

6. (d) प्रसिद्ध गेस्टाल्ट मनोवैज्ञानिक कोह्लर ने अन्तर्दृष्टि या सूझ के सिद्धान्त को प्रतिपादित किया, जो सीखने (अधिगम) के सिद्धान्त से सम्बन्धित है। कोह्लर ने सुल्तान नामक चिम्पैंजी पर अपना प्रयोग किया। इसके अनुसार, जब बच्चों को कुछ पढ़ाया जाए या कुछ सीखने के लिए कहा जाए तो उसे समग्र रूप से बच्चों के समक्ष प्रस्तुत करना चाहिए। बालकों के बौद्धिक विकास हेतु अन्तर्दृष्टि या सूझ-बूझ बहुत सहायता करती है।

7. (a) बुद्धि के तरल एवं क्रिस्टलाइज प्रतिमान का प्रतिपादन आर.बी. कैटेल ने किया है। तरल सिद्धान्त वंशानुक्रम कार्यकुशलता अथवा केन्द्रीय नारी संस्थान की दी हुई विशेषताओं पर आधारित एक सामान्य योग्यता है, जबकि क्रिस्टलाइज भी एक प्रकार की सामान्य योग्यता है, जो अनुभव अधिगम तथा अनुभव पर आधारित है।

8. (b) सीखना या अधिगम जब स्थिर हो जाए तो इस क्रिया को सीखने का पठार कहते हैं। अधिगम के पठार के निम्नलिखित कारण हैं

1. ज्ञान की सीमा
2. उत्साह या प्रेरणा की सीमा
3. शारीरिक क्रिया की सीमा
4. कार्य की जटिलता

विद्यालय का असहयोग अधिगम के पठार का कारण नहीं है।

9. (d) एलेक्स एफ. आसबर्न ने अपनी पुस्तक 'सृजनात्मक समस्या समाधान' में शिक्षण हेतु मानसिक उद्वेलन प्रतिमान का प्रयोग सृजनात्मक सुधार हेतु किया जाता है। यह विधि किसी व्यक्ति के अनोखे विचार तथा समस्या समाधान हेतु बहुत ही उपयोगी साबित होती है।

10. (a) अधिगम का अर्थ होता है, सीखना। यह एक ऐसी प्रक्रिया है, जो जीवन पर्यन्त चलती रहती है। इसके माध्यम से हम ज्ञान अर्जित करके अपने व्यवहार में परिवर्तन लाते हैं। गेट्स एवं अन्य मनोवैज्ञानिकों ने अधिगम को परिभाषित करते हुए कहा है कि "अधिगम अनुभव एवं प्रशिक्षण के व्यवहार में परिवर्तन है।"

11. (b) डैनियल गोलमैन ने संवेगात्मक बुद्धि का सिद्धान्त दिया है। गोलमैन ने इस सिद्धान्त को अपनी पुस्तक 'इमोशनल इण्टेलीजेन्स' के माध्यम से सम्पूर्ण विश्व में प्रचलित कर दिया। स्वयं की एवं दूसरों की भावनाओं अथवा संवेगों को समझने, व्यक्त करने एवं नियन्त्रित करने की योग्यता को संवेगात्मक बुद्धि कहते हैं।

12. (c) 'स्टैनफोर्ड-बिने परीक्षण' मापन का सम्बन्ध बुद्धि से है। इसके अन्तर्गत बुद्धि की उच्च एवं औसत सीमा होती है।

13. (c) ड्राइव रिडक्शन सिद्धान्त एक अभिप्रेरणात्मक सिद्धान्त है। यह सिद्धान्त प्रसिद्ध मनोवैज्ञानिक क्लार्क हल द्वारा वर्ष 1943 में दिया गया था। जबकि अन्य तीनों का सम्बन्ध अधिगम से है।

14. (b) प्रसिद्ध स्विट्जरलैण्ड के मनोवैज्ञानिक कॉर्ल जुंग ने व्यक्ति का विभाजन अन्तर्मुखी, बहिर्मुखी एवं उभयमुखी के रूप में किया है।

15. (a) ब्लूम ने संज्ञानात्मक सम्प्राप्ति को छह भागों में विभाजित किया है, जिसे ज्ञान, अवबोध , अनुप्रयोग, विश्लेषण, संश्लेषण तथा मूल्यांकन के रूप में विभाजित किया है। इसमें से ज्ञान संज्ञानात्मक सम्प्राप्ति में न्यूनतम स्तर पर है।

16. (b) बच्चों के सामाजिक विकास को प्रभावित करने वाले कारक मुख्य रूप से सामाजिक परिवेशजन्य तत्व होता है। परिवार के पश्चात समाज ही वह संस्थान हैं, जहां बालकों का सर्वांगीण (सामाजिक सांस्कृतिक, मानसिक, नैतिक) विकास होता है।

17. (b) एक बालक, जो साइकिल चलाना जानता है, मोटरबाइक चलाना सीख रहा है, जो उर्ध्व अधिगम अन्तरण का उदाहरण है। उर्ध्व अधिगम सीखने की एक समानान्तर स्तर से उसी स्तर में एक उच्च स्तर में सीखने की प्रक्रिया होती है।

18. (c) शारीरिक विकास एक सतत विकास है, जो कभी मन्द तो कभी द्रुत (तेज) गति से होता है। द्रुतगामी विकास शारीरिक विकास का प्रमुख नियम है।

19. (a) अनुकूलित प्रत्यावर्तन का सिद्धान्त विकास से सम्बन्धित नहीं है, जबकि निरन्तर विकास, परस्पर सम्बन्ध, समान प्रतिमान, एकीकरण, विकास की दिशा से सम्बन्धित सिद्धान्त बाल विकास से सम्बन्धित हैं। विकास मां के गर्भ से लेकर मृत्युपर्यन्त तक होता रहता है।

20. (a) प्रसिद्ध मनोवैज्ञानिक गेसेल ने विकास के सन्दर्भ में कहा है कि "विकास के परिणामस्वरूप नवीन विशेषताएं एवं नवीन योग्यताएं प्रकट होती है।"

21. (b) अमेरिकी मनोवैज्ञानिक जॉन ए. मैक्डूगल ने संवेग से सम्बन्धित 14 मूल प्रवृत्तियों के बारे में बताया है, जिसमें प्रमुख रूप से भय, प्रेम, ईर्ष्या, घृणा कामुकता इत्यादि हैं।

22. (b) किसी वस्तु विचार आदि पर चेतना को केन्द्रित करने की मनिसिक प्रक्रिया को अवधान कहते हैं। इसे परिभाषित करते हुए रॉस ने कहा है कि "अवधान दूसरी वस्तु की अपेक्षा एक वस्तु पर चेतना का केन्द्रीकरण अवधान है।"

23. (c) अमेरिकी मनोवैज्ञानिक एडवर्ड थॉर्नडाइक ने अधिगम से सम्बन्धित तत्परता का नियम, अभ्यास का नियम एवं प्रभाव का नियम इत्यादि का प्रतिपादन किया। इन तीनों नियमों के माध्यम से शिक्षण प्रक्रिया को प्रभावशाली बनाया जा सकता है। बहु अनुक्रिया का नियम सीखने के मुख्य नियमों में शामिल न होकर थॉर्नडाइक के अधिगम सम्बन्धी सहायक नियमों में है।

24. (b) डॉ. एस. जलोटा ने 12 से 16 वर्ष के बच्चों के लिए साधारण मानसिक योग्यता परीक्षण का प्रतिपादन किया। यह व्यक्तिगत रूप से सीखने, अनुदेशों को समझने तथा समस्याओं के समाधान से सम्बन्धित है।

25. (d) सीखने का उद्दीयक अनुक्रिया सिद्धान्त → थॉर्नडाइक

सीखने का क्रियाप्रसूत अनुबन्धन सिद्धान्त → बी. एफ. स्कीनर

सीखने का क्लासिकल सिद्धान्त → पैवलॉव

सीखने का समग्र सिद्धान्त → शिक्षा का दर्शन

26. (a) ग्रन्थियों के आधार पर व्यक्तित्व के विभिन्न प्रकारों की चर्चा क्रेशमर ने व्यक्तित्व के विभिन्न प्रकार में किया है। इसमें उन्होंने अन्तःस्त्रावी ग्रन्थि के अनुसार चर्चा की है।

27. (b) बुद्धि के द्वि-कारक सिद्धान्त का सृजन स्पीयरमैन ने किया है। इसके अनुसार बुद्धि के दो कारक होते हैं। सामान्य मानसिक योग्यता (g) एवं विशिष्ट मानसिक योग्यता (s)। जिस व्यक्ति की जितनी अधिक सामान्य योग्यता होगी वह उतना ही तेज होगा।

28. (b) सृजनशास्त्र के पिता के रूप में फ्रांसिस गाल्टन को जाना जाता है। इसका उद्देश्य आनुवंशिकी एवं मानव आबादी का विकास करना है।

29. (d) सृजनात्मकता व्यक्ति की वह योग्यता है, जिसके द्वारा वह उन वस्तुओं या विचारों का उत्पादन करता है, जो अनिवार्य रूप से नवीन हो अर्थात् जिसे वह पहले से नहीं जानता हो। सृजनात्मकता के सन्दर्भ में क्रो एवं क्रो ने कहा है कि "सृजनात्मकता मौलिक परिणामों को अभिव्यक्त करने की योग्यता है।"

30. (d) प्रसिद्ध मनोवैज्ञानिक जीन पियाजे के अनुसार, विद्रोह की भावना मध्य किशोरावस्था में होती है। जोकि इनके अनुसार 13 से 15 वर्ष माना गया है।

❑❑❑

उत्तर प्रदेश शिक्षक पात्रता परीक्षा

कक्षा VI-VIII सॉल्व्ड पेपर-2017

बाल विकास एवं शिक्षण शास्त्र

1. भारतीय संविधान के किस अनुच्छेद में 6-14 आयु-वर्ग के बच्चों के लिए नि:शुल्क व अनिवार्य शिक्षा का अधिकार शामिल किया गया है?

(a) अनुच्छेद 26
(b) अनुच्छेद 15
(c) अनुच्छेद 45
(d) अनुच्छेद 21A

2. क्रेशमर ने व्यक्ति को निम्न में से किस प्रमुख प्रकार में वर्गीकृत किया है?

(a) कृशकाय (दुर्बल)
(b) सुडोलकाय
(c) गोलकाय
(d) ये सभी

3. टी.ई.टी. का उद्देश्य निम्न में से किसका मापन है?

(a) बौद्धिक क्षमता
(b) अभिक्षमता
(c) अभिवृत्ति
(d) मूल्य

4. संघनन का सिद्धान्त निम्न में से किसकी व्याख्या करता है?

(a) अधिगम (b) स्मृति
(c) अभिप्रेरणा (d) सृजनात्मकता

5. निम्न में से कौन-सी शिक्षा मनोविज्ञान की सर्वाधिक व्यक्तिनिष्ठ विधि है?

(a) अन्तर्दर्शन (b) बहिर्दर्शन
(c) अवलोकन (d) प्रयोगीकरण

6. अल्बर्ट बण्डूरा निम्न में से किससे सम्बन्धित हैं?

(a) सामाजिक अधिगम सिद्धान्त
(b) व्यवहारवादी सिद्धान्त
(c) संज्ञानात्मक विकास का सिद्धान्त
(d) मनोलैंगिक विकास

7. अधिगम वक्र में पठार बनता है।

(a) परिपक्वता के कारण
(b) अभिप्रेरणा के कारण
(c) थकान के कारण
(d) अभिरुचि के कारण

8. दर्पण चित्र परीक्षण किसको मापने हेतु प्रयुक्त होता है।

(a) अधिगम की गति
(b) अधिगम-अन्तरण
(c) सृजनात्मकता
(d) अभिरुचि

9. क्लाउड पिक्चर टेस्ट निम्न में से किसके मापन में प्रयुक्त होता है?

(a) बुद्धि (b) व्यक्तित्व
(c) अभिक्षमता (d) अभिरुचि

10. निम्न में कौन-सा शेष से भिन्न है?

(a) टी ए टी
(b) 16-पी एफ
(c) रैवेन का परीक्षण
(d) ड्रॉ-ए-मैन परीक्षण

11. 7, 8, 9, 10, 11, 12 की माध्यिका है-

(a) 8 (b) 9
(c) 10 (d) 9.5

12. सूझ या अन्तर्दृष्टि के सिद्धान्त का प्रतिपादन किसने किया है?

(a) थार्नडाइक
(b) गेस्टाल्टवादी मनोवैज्ञानिक
(c) हेगार्टी
(d) स्किनर

13. मैक्डूगल के अनुसार प्रत्येक मूल प्रवृत्ति से सम्बद्ध होता है-

(a) संज्ञान (b) संवेग
(c) संवेदना (d) चिन्तन

14. पूर्व अनुभव के आधार पर संवेदना को अर्थ प्रदान करना कहलाता है-

(a) संवेदना (b) प्रत्यक्षज्ञान
(c) अभिप्रेरणा (d) कल्पना

15. पांच वर्ष के मोहन की मानसिक आयु आठ वर्ष है। उसकी बुद्धि-लब्धि कितनी है?

(a) 150 (b) 160
(c) 140 (d) 135

16. कौन-सा बुद्धि-लब्धि स्तर मन्दबुद्धि वाले बच्चों का प्रशिक्षण योग्य बुद्धि-लब्धि स्तर कहलाता है?

(a) 70-79 (b) 50-69
(c) 36-49 (d) 35 एवं निम्न

17. रॉशार्क इंक ब्लॉट टेस्ट का प्रयोग निम्न में से किसके मापन हेतु किया जाता है?

(a) व्यक्तित्व (b) बुद्धि
(c) अभिरुचि (d) अभिक्षमता

18. निम्न में से कौन-सा विस्मृति का कारण नहीं है?

(a) सीखने में कमी
(b) स्मरण करने की इच्छा
(c) मानसिक द्वन्द्व
(d) सीखने की दोषपूर्ण विधियां

19. वह विज्ञान, जो संख्यात्मक प्रदत्त को एकत्र करने, विभाजित करने, प्रस्तुत करने तुलना करने और व्याख्या करने का विधि से सम्बन्धित है, कहलाता है-

(a) सांख्यिकी (b) गणित
(c) ज्यामिति (d) सम्भाव्यता

20. पिछड़े बच्चों के लिए शैक्षिक लब्धि की अवधारणा किसने दी है?

(a) गॉर्डन (b) शोनेल
(c) बर्टन हॉल (d) सिरिल बर्ट

21. निम्न में से कौन-सा एक उत्तम परीक्षण की विशेषताओं से भिन्न है?

(a) विश्वसनीयता (b) वैधता
(c) वस्तुनिष्ठता (d) अभिक्षमता

22. निम्न में से कौन-सा बुद्धि का सिद्धान्त नहीं है?

(a) एक-तत्त्व सिद्धान्त
(b) द्वि-तत्त्व सिद्धान्त
(c) प्रत्यागमन का सिद्धान्त
(d) बहुतत्त्व सिद्धान्त

23. निम्न में से कौन-सी एक अन्तःस्रावी ग्रन्थि नहीं है?

(a) एड्रिनल ग्रन्थि (b) पीयूष ग्रन्थि
(c) लार ग्रन्थि (d) थायरॉइड ग्रन्थि

24. पियाजे के अनुसार संज्ञानात्मक विकास की द्वितीय अवस्था है।

(a) ज्ञानेन्द्रिय अवस्था
(b) औपचारिक संक्रिया की अवस्था
(c) पूर्व-संक्रिया की अवस्था
(d) मूर्त संक्रिया की अवस्था

25. शारीरिक विकास को प्रभावित करने वाला कारक कौन-सा है?

(a) वंशानुक्रम
(b) वातावरण
(c) खेल तथा व्यायाम
(d) ये सभी

26. बुद्धि-लब्धि की गणना का सही सूत्र निम्न में से कौन-सा है?

(a) मानसिक आयु/वास्तविक आयु×100
(b) वास्तविक आयु/मानसिक आयु
(c) वास्तविक आयु/मानसिक आयु×100
(d) मानसिक आयु/वास्तविक आयु×100

27. 'चिन्तनशील सोच' की चर्चा इनमें से किसने की है?

(a) डेवी (b) रॉस
(c) वुडवर्थ (d) ड्रेवर

28. आगमनात्मक तर्क के स्तरों में कौन-सा शामिल नहीं है?

(a) अवलोकन (b) प्रयोग
(c) सामान्यीकरण (d) कल्पना

29. सीखी गई बात को धारण करने और पुनःस्मरण करने में असफल होना कहलाता है–

(a) विस्मरण है (b) स्मरण है
(c) धारण है (d) चिन्तन है

30. मूल प्रवृत्ति की एक प्रमुख विशेषता है, जो पाई जाती है–

(a) केवल मनुष्यों में
(b) केवल बिल्लियों तथा चूहों में
(c) सभी प्राणियों में तथा यह जन्मजात व प्राकृतिक होती है
(d) केवल कलाकारों में

उत्तर व्याख्या सहित

1. (d)

2. (d) क्रेशमर ने व्यक्ति को निम्न तीन मुख्य प्रकारों में वर्गीकृत किया।

पहला-अस्थिक/लेप्टोसॉमिक (पतली, छोटे, कमजोर) दूसरा- एथलेटिक (पेशी, बड़े, अस्थिर) और पीयनाइक (सब्जी, वसा)।

3. (b)

4. (b) संघनन का सिद्धान्त स्मृति (Memory) की व्याख्या करता है। मेमोरी समेकन प्रक्रियाओं का एक वर्ग है, जो प्रारम्भिक अधिग्रहण के बाद मेमोरी ट्रेस को स्थिर करता है। समेकन को सिनाप्टिक समेकन में भी अलग किया जाता है, जो देर के चरण दीर्घकालिक समाधान का पर्याय बन गया है।

5. (a) शिक्षा मनोविज्ञान की सर्वाधिक व्यक्तिनिष्ठ (आत्मनिष्ठ) विधि अन्तर्दर्शन (आत्मनिरीक्षण) विधि है। इस विधि में व्यक्ति की मानसिक क्रियाएं आत्मगत होती हैं। आत्मगत होने के कारण आत्मनिरीक्षण या अन्तर्दर्शन विधि अधिक उपयोगी होती है। लॉक के अनुसार, मस्तिष्क द्वारा अपनी स्वयं की क्रियाओं का निरीक्षण अंतर्दर्शन कहलाता है।

6. (a) अल्बर्ट बण्डूरा एक प्रभावशाली सामाजिक संज्ञानात्मक मनोवैज्ञानिक हैं, वह सामाजिक शिक्षा सिद्धान्त, आत्मप्रभावकारिता और उनकी प्रसिद्ध बोबोडॉल प्रयोगों की अवधारणा के लिए सबसे प्रसिद्ध है। अतः इनका सामाजिक शिक्षा सिद्धान्त अवलोकन, अनुकरण और मॉडलिंग के महत्व पर बल देता है।

7. (c) जब अधिगम करते समय हम ऐसी स्थिति में आ जाएं कि हमारी सीखने की क्रिया की उन्नति बिल्कुल रुक जाती है, तो इस स्थिति को अधिगम में पठार कहते हैं। रॉस के अनुसार अधिगम (सीखने) की प्रक्रिया की एक प्रमुख विशेषता पठार है। इससे उस अवधि को व्यक्त करते हैं जब सीखने की क्रिया में कोई उन्नति नहीं होती है। अतः दिए गए विकल्पों में से थकान के कारण अधिगम वक्र में पठार बनता है सही है।

8. (b) दर्पण-चित्र परीक्षण को एक मनोवैज्ञानिक तकनीक के रूप में प्रयोग किया जाता है जो अधिगम की प्रक्रिया जो मुट्ठी से संबंधित होता है, फिर व्यक्तित्व के क्षेत्र में बढ़ाया जाता है। अतः इस परीक्षण का उपयोग हम अधिगम-अंतरण, समन्वय तथा तंत्रिका मनोविज्ञान क्षति आदि में करते हैं।

9. (b) क्लाउड पिक्चर टेस्ट व्यक्तिव के मापन में प्रयोग किया जाता है। इसमें तनाव, प्रदर्शन, परीक्षण, कार्यात्मक परीक्षण आदि के मापन के आधार पर व्यक्तित्व परीक्षण किया जाता है।

10. (c) **11.** (d)

12. (b) सूझ या अन्तर्दृष्टि के सिद्धान्त का प्रतिपादन गेस्टाल्ट मनोवैज्ञानिक ने किया। सीखने का पूर्ण और सबसे व्यवस्थित उपचार कोफ्का के गेस्टाल्ट मनोविज्ञान के सिद्धान्त 1935 में पाया गया। इसमें इन्होंने सुझाव दिया कि सीखने की स्थिति एक समस्या की स्थिति है और शिक्षार्थी को समस्या को पूरी तरह से देखना चाहिए। अन्तर्दृष्टि में इसका समाधान सम्भव है।

13. (b)

14. (b) पूर्व अनुभव के आधार पर संवेदना प्रकट करना अथवा उसके अर्थ प्रदान करने को प्रत्यक्ष ज्ञान कहा जाता है।

15. (b)

16. (d) 35 एवं 20 तक की IQ बुद्धिलब्धि वाले बालक को प्रशिक्षण योग्य बुद्धिलब्धि स्तर कहा जाता है। यह न्यूरोलॉजिकल शर्त की जरूरत होती है। जिसे बुनियादी कौशल तथा पर्यवेक्षण के साथ सिखाया जा सकता है।

17. (a) रॉशार्क परीक्षण, जिसे रॉशार्क स्याही का धब्बा परीक्षण, अथवा रॉशार्क तकनीक कहा जाता है। यह एक मनोवैज्ञानिक परीक्षण है जिसमें किसी व्यक्ति की व्यक्तित्व विशेषताओं और भावनात्मक कार्यविधि की जांच की जाती है। इस परीक्षण का नाम स्विस मनोवैज्ञानिक हरमन रॉशार्क के नाम पर रखा गया है।

18. (b)

19. (a) वह विज्ञान सांख्यिकी है, जो संख्यात्मक आंकड़े का संग्रह करने, विभाजित

करने, प्रस्तुत करने, तुलना करने और व्याख्या करने की विधि से सम्बद्ध है। यह डाटा के संगठन से सम्बन्धित विद्या है। इसमें सर्वेक्षणों को भी शामिल किया जाता है।

20. (d)

21. (d) दिए गए उत्तम परीक्षणों की विशेषताओं से अभिक्षमता भिन्न है, क्योंकि परीक्षण में विश्वसनीयता, वैधता तथा वस्तुनिष्ठता पर ध्यान दिया जाता है। अभिक्षमता एक ज्ञान कौशल है।

22. (c) प्रत्यागमन का सिद्धान्त बुद्धि के सिद्धान्त से सम्बद्ध नहीं है। बुद्धि के सिद्धान्त हैं, विने का एक तत्त्व (कारक) सिद्धान्त, द्वितत्व सिद्धान्त, त्रिकारक बुद्धि सिद्धान्त, थॉर्नडाइक का बहुकारक सिद्धान्त, थर्नस्ट का समूह कारक बुद्धि सिद्धान्त आदि।

23. (c)

24. (c) पियाजे द्वारा प्रतिपादित संज्ञानात्मक विकास की अवस्थाओं में द्वितीय अवस्था पूर्व संक्रियात्मक की अवस्था होती है, जो 2–7 वर्ष के बीच की आयु में देखी जाती है। इसमें प्रतीकात्मक विचार विकसित होते हैं। इसमें बच्चा वस्तु के विभिन्न भौतिक गुणों को समन्वित नहीं कर पाता।

25. (d) **26.** (a)

27. (a) चिन्तनशील सोच का विचार 1910 में जॉन डेवी (Dewey) ने दिया। डेवी की सबसे बुनियादी धारणा यह थी, कि सीखने से उस डिग्री में सुधार होता है, जो प्रतिबिम्ब की प्रक्रिया से उत्पन्न होता है।

28. (d) आगमनात्मक तर्क के स्तरों में कल्पना को शामिल नहीं किया जाता। इसमें अवलोकन, चिन्तन एवं चिन्तन के विभिन्न रूपों अथवा प्रकारों को शामिल किया जाता है। यह लक्ष्य उन्मुखी सोच की ओर बढ़ने को प्रेरित करता है अथवा उस स्तर की सोच को इंगित करता है।

29. (a) सीखी गई बात को धारण करने और पुनः स्मरण करने में असफल होने को विस्मरण कहा जाता है। यह याद की कमी को व्यक्त करता है।

30. (c)

❑❑❑

राजस्थान अध्यापक पात्रता परीक्षा

कक्षा I-V सॉल्व्ड पेपर-2016

बाल विकास एवं शिक्षण शास्त्र

1. बाह्य आभास के आधार पर व्यक्तित्व का वर्णन कहा जाता है–

(a) गहन दृष्टिकोण
(b) सतही दृष्टिकोण
(c) मानकीय दृष्टिकोण
(d) प्रेक्षणात्मक दृष्टिकोण

2. व्यक्तिगत भेद पाए जाते हैं–

(a) बुद्धि स्तर में
(b) अभिवृत्ति में
(c) गतिवाही योग्यता में
(d) ये सभी

3. चिन्तन प्रारम्भ होने के लिए क्या आवश्यक है?

(a) पूर्वानुभव (b) भाषा
(c) तर्क (d) समस्या

4. बुद्धि-लब्धि सम्प्रत्यय विकसित किया–

(a) बिने ने (b) रीड ने
(c) टर्मन ने (d) कैटेल ने

5. प्रगतिशील परिवारों में बच्चों में अपेक्षाकृत कौन-सा प्रेरक अधिक प्रबल होता है?

(a) सम्बन्धन (b) जिज्ञासा
(c) उपलब्धि (d) आक्रामकता

6. निम्न में से कौन-सा पिछड़ेपन का कारण नहीं है?

(a) सामान्य बुद्धि का अभाव
(b) शारीरिक दोष
(c) विशिष्ट पिछड़ापन
(d) स्वस्थ वातावरण

7. व्यक्तित्व का पहला प्रकारात्मक वर्गीकरण प्रस्तुत किया–

(a) मन्न ने (b) शैल्डन ने
(c) हिप्पोक्रेटेस् ने (d) कैटेल ने

8. सामान्य तथा विशिष्ट कारक सिद्धान्त का प्रतिपादन किया था–

(a) अलफ्रेड बिने ने (b) स्पीयरमैन ने
(c) गिलफोर्ड ने (d) थर्स्टन ने

9. तनाव को कम करने के अप्रत्यक्ष ढंग कहलाते हैं–

(a) समस्या समाधान विधि
(b) रक्षात्मक यान्त्रिकता
(c) व्यक्तिगत विधि
(d) इनमें से कोई नहीं

10. ....मस्तिष्क की संरचना तथा कृत्यों में विभेद का परिणाम होता है।

(a) तनाव
(b) पिछड़ापन
(c) डिसलेक्सिया
(d) इनमें से कोई नहीं

11. जिन बालकों की बुद्धि-लब्धि..........है साधारणतः उन्हें मानसिक न्यूनता-ग्रसित की श्रेणी में रखते हैं।

(a) 70 से कम
(b) 70 से ऊपर
(c) 80-100 के बीच
(d) इनमें से कोई नहीं

12. ....बच्चों में अमूर्त्तमान प्रत्ययों को ग्रहण करने की योग्यता होती है।

(a) पिछड़े हुए
(b) प्रतिभाशाली
(c) मानसिक रूप से पिछड़े
(d) इनमें से कोई नहीं

13. निम्न में से कौन-सा मूल्यांकन का प्रकार नहीं है?

(a) मानक (b) निर्माणात्मक
(c) योगात्मक (d) सीसीई

14. निम्न में से कौन-सी सामाजिक रूप से वंचित की समस्या नहीं है?

(a) सीखने के लिए प्रेरणा का अभाव
(b) सृजनशीलता को पोषित होने के अवसर नहीं मिलना
(c) रहने के लिए स्वस्थ परिवेश
(d) विद्यालय में पक्षतापूर्ण वातावरण का सामना करना

15. शिक्षण प्रक्रिया में विद्यार्थी है–

(a) आश्रित चर
(b) स्वतंत्र चर
(c) मध्यस्थ चर
(d) इनमें से कोई नहीं

16. आरटीई एक्ट 2009 के अनुसार, शिक्षक हेतु प्रति सप्ताह कार्य घण्टे हैं–

(a) 40 (b) 42
(c) 45 (d) 48

17. NCF 2005 बल देता है.........।

(a) करके सीखने पर
(b) रटने पर
(c) समस्या हल करने पर
(d) ये सभी

18. निम्न में से कौन-सा मूल्यांकन के त्रिकोण का भाग नहीं है?

(a) शैक्षिक उद्देश्य
(b) मूल्यांकन
(c) शिक्षण अनुभव
(d) अधिगम अनुभव

19. क्रियात्मक अनुसन्धान के महत्व के बारे में निम्न में से कौन-सा कथन सही नहीं है?

(a) उपभोक्ता ही अनुसन्धानकर्ता है
(b) समस्याओं का हल शीघ्रता से प्राप्त हो जाता है
(c) समस्याओं का हल अभ्यास में लिया जाता है और उसका मूल्यांकन नहीं किया जाता है
(d) उपरोक्त में से कोई नहीं

20. ''वातावरण वह बाहरी शक्ति है, जो हमें प्रभावित करती है।'' किसने कहा था?

(a) वुडवर्थ
(b) रॉस
(c) एनास्टसी
(d) इनमें से कोई नहीं

21. तर्क, जिज्ञासा तथा निरीक्षण शक्ति का विकास होता है......की आयु पर।
(a) 7 वर्ष (b) 11 वर्ष
(c) 9 वर्ष (d) 6 वर्ष

22. शारीरिक विकास का क्षेत्र है.........।
(a) स्नायुमण्डल
(b) माँसपेशियों की वृद्धि
(c) एण्डोक्राइन ग्लैण्ड्स
(d) ये सभी

23. इस अवस्था में बालकों में नई खोज करने की और घूमने की प्रवृत्ति बहुत अधिक बढ़ जाती है–
(a) शैशव
(b) उत्तर बाल्यकाल
(c) किशोरावस्था
(d) प्रौढ़ावस्था

24. अधिगम अन्तरण का थॉर्नडाइक सिद्धान्त कहा जाता है–
(a) समानता सिद्धान्त
(b) अनुरूप तत्वों का सिद्धान्त
(c) औपचारिक नियमों का सिद्धान्त
(d) उपरोक्त में से कोई नहीं

25. निम्न में से कौन-सा वंशानुक्रम का नियम नहीं है?
(a) समानता (b) भिन्नता
(c) प्रत्यागमन (d) अभिप्रेरणा

26. ....की अवस्था तक बालक की दृष्टि एवं श्रवण इन्द्रियाँ पूर्ण विकसित हो चुकी होती है।
(a) 3 अथवा 4 वर्ष
(b) 6 अथवा 7 वर्ष
(c) 8 अथवा 9 वर्ष
(d) इनमें से कोई नहीं

27. संकेत अधिगम के अन्तर्गत सीखा जाता है–
(a) पारम्परिक अनुकूलन
(b) मनोविज्ञान
(c) वातावरण
(d) मनोदैहिक

28. निम्न में से कौन-सा उदाहरण अर्जित प्रेरक का है?
(a) भूख (b) पुरस्कार
(c) रुचि (d) विश्राम

29. अभिप्रेरणा वर्णित होती है–
(a) ज्ञानात्मक जागृति द्वारा
(b) भावात्मक जागृति द्वारा
(c) (a) और (b) दोनों
(d) उपरोक्त में से कोई नहीं

30. चिन्तन मानसिक क्रिया का.........पहलू है।
(a) ज्ञानात्मक (b) भावात्मक
(c) क्रियात्मक
(d) उपरोक्त में से कोई नहीं

उत्तर व्याख्या सहित

1. (b)

2. (b) बुद्धि स्तर, अभिवृत्ति तथा गतिवाही योग्यता तीनों में व्यक्तिगत भेद पाएँ जाते हैं।

3. (d) 'चिन्तन' एक मानसिक प्रक्रिया है जो सभी प्राणियों में होती है। इस प्रक्रिया की शुरुआत उस समय होती है, जब प्राणी के सामने कोई समस्या आती है।

4. (c) बुद्धि-लब्धि का सम्प्रत्यय 'टर्मन' द्वारा विकसित किया गया था।

बुद्धि-लब्धि

$$= \frac{\text{मानसिक आयु (MA)}}{\text{तैथिक आयु (CA)}} \times 100$$

5. (c) **6.** (d)

7. (c) हिप्पोक्रेट्स द्वारा व्यक्तित्व का पहला प्रकारात्मक वर्गीकरण प्रस्तुत किया गया था।

8. (b) सामान्य और विशिष्ट कारक सिद्धान्त का प्रतिपादन 'स्पीयरमैन' द्वारा प्रतिपादित किया गया था।

9. (b)

10. (c)

11. (a) 70 से कम बुद्धि-लब्धि के बालकों को साधारणतया मानसिक न्यूनता-ग्रसित की श्रेणी में रखा जाता है।

12. (b)

13. (a) 'मानक' को छोड़कर, अन्य सभी मूल्यांकन के प्रकार हैं।

14. (a)

15. (a) शिक्षण प्रक्रिया में विद्यार्थी एक आश्रित चर है।

16. (c) आरटीई एक्ट 2009 के अनुसार, शिक्षक हेतु प्रति सप्ताह 45 कार्य घण्टे हैं।

17. (a) राष्ट्रीय पाठ्यचर्या की रूपरेखा (NCF) 2005 करके सीखने पर बल देती है।

18. (c) शिक्षण अनुभव को छोड़कर, अन्य सभी मूल्यांकन के त्रिकोण के भाग हैं।

19. (a) **20.** (b)

21. (b) तर्क, जिज्ञासा तथा निरीक्षण शक्ति का विकास बालक में 11 वर्ष की अवस्था में हो जाता है।

22. (d) स्नायुमण्डल, माँसपेशियों में वृद्धि तथा एण्डोक्राइन ग्लैण्ड्स तीनों ही शारीरिक वृद्धि के क्षेत्र हैं।

23. (b)

24. (b) 'अनुरूप तत्वों के सिद्धान्त' का प्रतिपादन थॉर्नडाइक द्वारा किया गया था। इस सिद्धान्त के अनुसार, नये कौशल को सीखने में कुछ वैसे समरूप तत्व उपस्थित रहते हैं, जो पहले सीखे गए कौशल में थे।

25. (d) 'अभिप्रेरणा' को छोड़कर, अन्य सभी वंशानुक्रम के नियम हैं।

26. (a) **27.** (a) **28.** (c)

29. (b) **30.** (a)

❑❑❑

उत्तर प्रदेश शिक्षक पात्रता परीक्षा

कक्षा I-V सॉल्व्ड पेपर-2016

बाल विकास एवं शिक्षण शास्त्र

1. एक परिस्थिति में अर्जित ज्ञान का दूसरी परिस्थिति में उपयोग कहलाता है–
(a) सीखने की विधियाँ
(b) सीखने में स्थानान्तरण
(c) सीखने में पठार
(d) सीखने में रूचि

2. अनुभव द्वारा व्यवहार में परिवर्तन कहलाता है–
(a) स्मृति (b) सीखना
(c) प्रेरणा (d) चिन्तन

3. सांख्यिकी में वह रेखाचित्र, जिसमें आवृत्तियों को स्तम्भों द्वारा प्रदर्शित किया जाता है, कहलाता है
(a) स्तम्भाकृति (b) आवृत्ति बहुभुज
(c) संचयी आवृत्ति (d) रेखाचित्र

4. विकास की किस अवस्था में बुद्धि का अधिकतम विकास होता है?
(a) बाल्यावस्था (b) शैशवावस्था
(c) किशोरावस्था (d) प्रौढ़ावस्था

5. शिशु का अधिकांश व्यवहार आधारित होता है–
(a) मूल प्रवृत्ति पर (b) नैतिकता पर
(c) वास्तविकता पर (d) ध्यान पर

6. अन्तर्दृष्टि (सूझ) द्वारा सीखने के सिद्धान्त में कोहलर ने प्रयोग किया था–
(a) कुत्ते पर (b) वनमानुषों पर
(c) बिल्ली पर (d) चूहों पर

7. यह आवश्यक नहीं है कि उच्च बुद्धि लब्धि वाले बच्चे ...... में भी उच्च होंगे।
(a) सृजनशीलता
(b) अध्ययन
(c) विश्लेषण करने
(d) अच्छे अंक प्राप्त करने

8. ध्यान को केन्द्रित करने की आन्तरिक दशा है–
(a) अवधि (b) नवीनता
(c) रूचि (d) आकार

9. निम्न में से किस विधि का उपयोग स्मृति के मापन के लिए नहीं किया जाता है?
(a) प्रत्याह्वान विधि (b) तार्किक विधि
(c) पहचान विधि (d) पुन: सीखना विधि

10. प्रासंगिक अन्तर्बोध परीक्षण (TAT) का विकास .... द्वारा किया गया था।
(a) सायमण्ड (b) होल्ट्जमैन
(c) मरे (d) बैलक

11. मनोविज्ञान का शिक्षा के क्षेत्र में सबसे बड़ा योगदान है–
(a) विषय केन्द्रित शिक्षा
(b) शिक्षक केन्द्रित शिक्षा
(c) क्रिया केन्द्रित शिक्षा
(d) बाल केन्द्रित शिक्षा

12. निम्नलिखित में से कौन-सा वृद्धि और विकास के सिद्धान्तों से सम्बन्धित नहीं है?
(a) निरन्तरता का सिद्धान्त
(b) वर्गीकरण का सिद्धान्त
(c) समन्वय का सिद्धान्त
(d) वैयक्तिकता का सिद्धान्त

13. कक्षा शिक्षण में पाठ प्रस्तावना सोपान सीखने के किस नियम पर आधारित है?
(a) प्रभाव का नियम
(b) सादृश्यता का नियम
(c) तत्परता का नियम
(d) साहचर्य का नियम

14. सम्प्रत्यय निर्माण का प्रथम सोपान है–
(a) सामान्यीकरण (b) विभेदीकरण
(c) प्रत्यक्षीकरण (d) पृथक्करण

15. प्रेक्षणात्मक अधिगम सम्प्रत्यय ..... द्वारा दिया गया था।
(a) टोलमैन (b) बैण्डूरा
(c) थॉर्नडाइक (d) कोहलर

16. अधिगम में, ... ने प्रभाव का नियम दिया था।
(a) पॉवलॉव (b) स्किनर
(c) वाटसन (d) थॉर्नडाइक

17. अवधान के आन्तरिक अथवा व्यक्तिनिष्ठ निर्धारक हैं–
(a) रुचि, लक्ष्य, अभिवृत्ति
(b) उद्दीपक, वस्तु, प्रविधि
(c) प्रकाश, ध्वनि, गन्ध
(d) पुरस्कार, दण्ड, प्रोत्साहन

18. बाल मनोविज्ञान का क्षेत्र है
(a) केवल शैशवावस्था की विशेषताओं का अध्ययन
(b) केवल गर्भावस्था की विशेषताओं का अध्ययन
(c) केवल बाल्यावस्था की विशेषताओं का अध्ययन
(d) गर्भावस्था से किशोरावस्था की विशेषताओं का अध्ययन

19. वह अवस्था जो कि माता के 21वें गुणसूत्र जोड़े के अलग न हो पाने के कारण होती है, कहलाती है–
(a) डाउन्स सिण्ड्रोम
(b) क्लीनफेल्टर सिण्ड्रोम
(c) टर्नर सिण्ड्रोम
(d) विल्सन सिण्ड्रोम

20. कोह्लबर्ग के अनुसार किस अवस्था में नैतिकता बाह्य कारकों द्वारा निर्धारित होती है?
(a) पूर्व पारम्परिक अवस्था
(b) पारम्परिक अवस्था
(c) पश्चात् पारम्परिक अवस्था
(d) उपरोक्त में से कोई नहीं

21. निम्नलिखित में से कौन-सा एक सही क्रम है?
(a) अण्डाणु-शुक्राणु, ब्लास्टोसिस्ट, युग्मनज
(b) ब्लास्टोसिस्ट, अण्डाणु-शुक्राणु, युग्मनज
(c) ब्लास्टोसिस्ट, युग्मनज, अण्डाणु-शुक्राणु
(d) अण्डाणु-शुक्राणु, युग्मनज, ब्लास्टोसिस्ट

22. अन्तर्मुखी, बहिर्मुखी तथा उभयमुखी व्यक्तित्व का वर्गीकरण .... द्वारा किया गया है।
(a) क्रेचनर (b) युंग
(c) शैल्डन (d) स्प्रेंजर

23. उदाहरण, निरीक्षण, विश्लेषण, वर्गीकरण, नियमीकरण निम्नलिखित में से किस विधि के सोपान हैं?
(a) निगमन विधि (b) आगमन विधि
(c) अन्तर्दर्शन विधि (d) बहिर्दर्शन विधि

24. फ्रायड के अनुसार हमारे मूल्यों को आन्तरिकीकरण......... में होता है।
(a) इदम् (b) अहम्
(c) पराहम् (d) परिस्थितियों

25. व्यवहारवादी.......... ने कहा है, ''मुझे नवजात शिशु दे दो। मैं उसे डॉक्टर, वकील, चोर या जो चाहूँ बना सकता हूँ।''
(a) फ्रीमैन (b) न्यूमैन
(c) वाटसन (d) होलजिंगर

26. ध्यान आकर्षित होने में .... की प्रमुख भूमिका होती है।
(a) उद्दीपन की तीव्रता
(b) उद्दीपन की उपादेयता
(c) उद्दीपन की विश्वसनीयता
(d) उद्दीपन की सक्रियता

27. ''............... छात्र में रूचि उत्पन्न करने की कला है।''
(a) शिक्षण (b) सहानुभूति
(c) समदृष्टि (d) प्रेरणा

28. फ्रायड के अनुसार
(a) ''ग्रहण किए जा सीखे हुए तथ्यों को धारण करने या पुनःस्मरण करने की असफलता को विस्मरण कहते हैं''
(b) ''विस्मरण का अर्थ है किसी समय प्रयत्न करने पर भी किसी पूर्व अनुभव का स्मरण करने या पहले की सीखी हुई किसी क्रिया को करने की असफलता''
(c) ''विस्मरण वह प्रवृत्ति है, जिसके द्वारा दुखद अनुभवों को स्मृति से अलग कर दिया जाता है''
(d) उपरोक्त में से कोई नहीं

29. एस ओ आर जिसके द्वारा प्रस्तावित किया गया है?
(a) वाटसन
(b) कोफ्का
(c) कोहलर
(d) गेस्टाल्टवादी मनोवैज्ञानिकों

30. वह मापनी जिसमें अन्तराल मापनी के समस्त गुण के साथ परम शून्य भी हो, कहलाती है–
(a) नामित मापनी
(b) क्रमसूचक मापनी
(c) अन्तराल मापनी
(d) अनुपात मापनी

उत्तर व्याख्या सहित

1. (a) माना कोई शिक्षार्थी कक्षा में सीखता है कि 8 – 2 = 6 होता है। अब शिक्षार्थी घर जाकर फ्रिज में रखे 8 अण्डों में से 2 अण्डे निकालकर यह समझता है कि फ्रिज में अब शेष 6 अण्डे रह गए होंगे।

अतः हम कह सकते हैं कि एक परिस्थिति में अर्जित ज्ञान का दूसरी परिस्थिति में उपयोग 'सीखने का स्थानान्तरण' कहलाता है।

2. (b) अनुभव द्वारा व्यवहार में परिवर्तन 'सीखना' कहलाता है।

3. (a) सांख्यिकी के अन्तर्गत स्तम्भाकृति (Histogram) रेखाचित्र, आवृत्तियों को स्तम्भों द्वारा प्रदर्शित करने का एक महत्वपूर्ण तरीका है।

4. (c) **5.** (a)

6. (b) सूझ या अन्तर्दृष्टि सिद्धान्त का प्रतिपादन गेस्टाल्ट मनोवैज्ञानिकों द्वारा किया गया था। इनमें कोलहर ने अपने प्रयोग 'सुल्तान' नामक एक वनमानुष पर किए थे।

7. (a) सृजनशीलता का बुद्धि से गहरा सम्बन्ध है, किन्तु यह आवश्यक नहीं है कि उच्च बुद्धि-लब्धि वाले बच्चे 'सृजनशीलता' में भी उच्च होंगे।

8. (c)

9. (b) तार्किक विधि को छोड़कर अन्य सभी स्मृति मापन की विधियाँ हैं।

10. (c) प्रासंगिक अन्तर्बोध परीक्षण (TAT) का विकास 'मरे' द्वारा किया गया था। इस परीक्षण में कुल 31 कार्ड होते हैं। इनमें से 30 कार्ड पर चित्र बने होते हैं तथा 1 कार्ड सादा होता है।

11. (d)

12. (d) वर्गीकरण के सिद्धान्त को छोड़कर, अन्य सभी वृद्धि और विकास से सम्बन्धित सिद्धान्त हैं।

13. (c) कक्षा शिक्षण में पाठ प्रस्तावना सोपान सीखने के 'तत्परता के नियम' पर आधारित है।

14. (c) **15.** (b)

16. (d) अधिगम में, थॉर्नडाइक द्वारा प्रभाव का नियम दिया गया था। इस नियमानुसार, व्यक्ति किसी अनुक्रिया या कार्य को उसके प्रभाव के आधार पर सीखता है।

17. (a)

18. (d) गर्भावस्था से लेकर किशोरावस्था तक की सभी अवस्थाओं की विशेषताओं का अध्ययन करना बाल मनोविज्ञान का क्षेत्र है।

19. (a) 'डाउन्स सिण्ड्रोम' अवस्था माता के 21वें गुणसूत्र जोड़े के अलग न हो पाने के कारण होती है।

20. (a)

21. (d) सही क्रम निम्नवत् है

अण्डाणु-शुक्राणु → युग्मनज
→ ब्लास्टोसिस्ट

22. (b) अन्तर्मुखी, बहिर्मुखी तथा उभयमुखी व्यक्तित्व का वर्गीकरण 'युग' द्वारा किया गया है।

23. (b) उदाहरण, निरीक्षण, विश्लेषण, वर्गीकरण तथा नियमीकरण 'आगमन विधि के सोपान हैं।

24. (c) **25.** (c)

26. (a) ध्यान आकर्षित होने में 'उद्दीपन की तीव्रता' की भूमिका प्रमुख होती है। कम या मन्द उद्दीपन की अपेक्षा तीव्र उद्दीपन व्यक्ति का ध्यान अधिक आकर्षित करता है।

27. (d) **28.** (c) **29.** (a) **30.** (d)

❑❑❑

केंद्रीय शिक्षक पात्रता परीक्षा

कक्षा VI-VIII सॉल्व्ड पेपर-2016

बाल विकास एवं शिक्षण शास्त्र

निर्देश: (प्र. सं. 1-30) निम्नलिखित प्रश्नों के उत्तर देने के लिए सबसे उचित विकल्प चुनिए-

1. निम्नलिखित में से कौन-सा अधिगम के आकलन को उजागर करता है?

(a) शिक्षक 'मानक' उत्तरों से विद्यार्थियों के उत्तरों की तुलना करके उनका आकलन करता है

(b) शिक्षक विद्यार्थियों की चिन्तन प्रक्रियाओं पर ध्यान देने के अलावा उनकी अवधारणात्मक समझ का भी आकलन करता है

(c) शिक्षक पाठ्य-पुस्तकों में दी गई जानकारी के आधार पर विद्यार्थियों का आकलन करता है

(d) शिक्षक किसी विद्यार्थी के निष्पादन का आकलन दूसरों के निष्पादन की तुलना में करता है

2. 'बाल केन्द्रित' शिक्षाशास्त्र का अर्थ है?

(a) बच्चों के अनुभवों और उनकी आवाज को प्रमुखता देना

(b) निर्धारित सूचना का अनुसरण करने में बच्चों को समझ बनाना

(c) शिक्षक द्वारा बच्चों को आदेश देना कि क्या किया जाना चाहिए

(d) कक्षा में सारी बातें सीखने के लिए शिक्षक का आगे-आगे होना

3. निम्नलिखित में से कौन-सा कथन भाषा और विचार के बारे में पियाजे और वाइगोत्स्की के दृष्टिकोण का सही वर्णन करता है?

(a) पियाजे के अनुसार पहले विचार जन्म लेता है और वाइगोत्स्की के अनुसार भाषा का विचार पर भारी प्रभाव पड़ता है

(b) वाइगोत्स्की के अनुसार पहले विचार जन्म लेता है और पियाजे के अनुसार भाषा का विचार पर भारी प्रभाव पड़ता है

(c) दोनों मानते हैं, कि बच्चे की भाषा से विचार जन्म लेते हैं

(d) दोनों भाषा को बच्चे के विचारों से जन्म लेती हुई मानते हैं

4. विद्यालय-यात्रा पर जाने के लिए पोती को अपने पिता से बहस करते हुए देखकर दादी कहती है, ''तुम अच्छी लड़की की तरह आज्ञाकारी क्यों नहीं हो? तुम लड़कों की तरह व्यवहार करोगी, तो तुम से कौन शादी करेगा?'' यह कथन निम्नलिखित में से किसको प्रतिबिम्बित करता है?

(a) लड़कियों और लड़कों के स्वभाव के बारे में रूढ़िबद्ध धारणा

(b) लिंग समरूपता

(c) लड़की के लिंग की गलत पहचान

(d) बच्चों के पालन-पोषण में परिवार की कठिनाइयां

5. आकलन के बारे में निम्नलिखित कथनों में से कौन-से कथन सही हैं?

A. आकलन से विद्यार्थियों को यह सहायता मिलनी चाहिए कि वे अपनी शक्तियों और रिक्तियों को देख सकें और शिक्षक तद्नुसार उन्हें ठीक कर सकें।

B. आकलन तभी सार्थक होता है जब शिक्षार्थियों का तुलनात्मक मूल्यांकन भी हो।

C. आकलन केवल स्मरण शक्ति का ही नहीं, बोधन और अनुप्रयोग का भी होना चाहिए

D. आकलन तब तक उद्देश्यपूर्ण नहीं हो सकता जब तक उससे भय और चिन्ता का संचार न हो।

(a) A और B (b) B और C

(c) B और D (d) A और C

6. शिक्षा के अधिकार अधिनियम, 2009 के अनुसार विशेष आवश्यकता वाले बच्चों को पढ़ना चाहिए?

(a) खासतौर पर उन्हीं के लिए बनाए गए विशेष विद्यालयों में

(b) घर पर माता-पिता और देखभाल करने वालों के साथ जो उन्हें आवश्यक सहायता उपलब्ध कराएं

(c) समावेशी शिक्षा व्यवस्था में इस प्रावधान के साथ कि उनकी व्यक्तिगत आवश्यकताओं की पूर्ति की जा सके

(d) व्यावसायिक प्रशिक्षण केन्द्रों में जो उन्हें जीवन कौशलों के लिए तैयार करेंगे

7. जिस कक्षा-कक्ष में विविध पृष्ठभूमि से विद्यार्थी आते हों, वहां एक प्रभावी शिक्षक-

(a) समूह में वैयक्तिक भिन्नता को बताने के लिए उनकी सांस्कृतिक जानकारी पर ध्यान देगा

(b) वंचित पृष्ठभूमि के विद्यार्थियों को कठिन परिश्रम करने के लिए ताकि वे अपने साथियों के बराबर पहुंच सके

(c) सांस्कृतिक जानकारी की अनदेखी करेगा और एक सर्वमान्य तरीके से अपने सभी विद्यार्थियों के साथ व्यवहार करेगा

(d) समान आर्थिक पृष्ठभूमि के विद्यार्थियों का समूह बनाएगा और उन्हें एकसाथ रखेगा

8. निम्नलिखित विकास के सिद्धातों का उनके सही वर्णन से मिलान कीजिए-

सिद्धांत	*वर्णन*
A. समीप-दूराभिमुख दिशा	I. विभिन्न बच्चे भिन्न-भिन्न दर से बढ़ते हैं
B. शिर पदाभिमुख दिशा	II. सिर से पैर का क्रम
C. अन्तवैयक्तिक भिन्नताएं	III. किसी अकेले बच्चे में विकास की दर विकास के एक क्षेत्र की अपेक्षा दूसरी में भिन्न हो सकती है

D. अन्तरावैयक्तिक भिन्नताएं	IV. शरीर के केन्द्र से बाहर की ओर
	V. सरल व जटिल की ओर वृद्धि

कूट:

	A	B	C	D
(a)	II	IV	I	III
(b)	V	II	I	III
(c)	II	IV	III	I
(d)	IV	II	I	III

9. संज्ञान और संवेग के बारे में निम्नलिखित कथनों में से कौन-सा कथन सही है?

(a) संज्ञान और संवेग एक-दूसरे से स्वतन्त्र प्रक्रियाएं हैं
(b) संज्ञान और संवेग परस्पर जुड़े हैं और एक-दूसरे को प्रभावित करते हैं
(c) संज्ञान, संवेगों को प्रभावित करता है, किन्तु संवेग संवेगों को प्रभावित नहीं करता
(d) संवेग, संज्ञान को प्रभावित करते हैं किन्तु संज्ञान, संवेगों को प्रभावित नहीं करता

10. विविध शिक्षार्थियों वाली एक समावेशी कक्षा में सहयोगी अधिगम और समवयस्कों से सीखना-

(a) सक्रिय रूप में निरुत्साहित किया जाना चाहिए और प्रतियोगिकता को बढ़ावा देना चाहिए
(b) केवल कभी-कभी ही प्रयोग किया जाना चाहिए, क्योंकि यह सहपाठियों से तुलना करना चाहिए
(c) सक्रिय रूप से प्रोत्साहित किया जाना चाहिए, जिससे समवयस्कों की स्वीकार्यता बढ़े
(d) कार्यान्वित नहीं किया जाना चाहिए और विद्यार्थियों को क्षमताओं के अनुसार अलग-अलग किया जाना चाहिए

11. एक शिक्षक अपनी कक्षा में विविधता को सम्बोधित कर सकती है?

(a) भिन्नताओं को स्वीकार करके और उसे महत्त्व देकर
(b) बच्चों की सामाजिक-सांस्कृतिक पृष्ठभूमि का शिक्षा-शास्त्रीय संसाधन के रूप में प्रयोग करके
(c) विभिन्न अधिगम शैलियों को समायोजित करके
(d) मानक निर्देश देकर और निष्पादन हेतु सर्वमान्य मानदंड करके

12. कोई शिक्षिका अपनी कक्षा में फर्नीचर की तीखी धार वाले किनारों को रूई से ढका रखने को कहती है और 'छुआ तथा अनुभव करो' वाले सूचना-पट्टों का उपयोग करने को कहती है। वह किस वर्ग के विशेष शिक्षार्थियों की आवश्यकता पूर्ति करने का प्रयास कर रही है?

(a) श्रवण विकलांग शिक्षार्थी
(b) दृष्टि विकलांग शिक्षार्थी
(c) सीख न सकने वाले शिक्षार्थी
(d) सामाजिक रूप से वंचित शिक्षार्थी

13. प्रतिभाशाली बच्चों के लिए सबसे अच्छे शिक्षिक कार्यक्रम वे होते हैं जो-

(a) प्रत्यास्मरण के द्वारा ज्ञान की प्रवीणता पर बल देते हैं
(b) उन्हें अधिगम के न्यूनतम मानकों तक काम करने को प्रेरित करने के लिए उपहारों और पुरस्कारों का उपयोग करते हैं
(c) उनके चिन्तन को प्रेरित कर उन्हें विविध विचारों में व्यस्त रहने के अवसर देते हैं
(d) उनके आक्रामक व्यवहार को नियन्त्रित करते हैं

14. विद्यालयों में विद्यार्थियों की असफलता के बारे में निम्नलिखित में कौन-से कथन सही हैं?

A. विशेष जनजातियों और समुदायों से संबंधित विद्यार्थी असफल होते हैं क्योंकि उसमें योग्यता नहीं होती
B. विद्यार्थी विद्यालयों में असफल होते हैं, क्योंकि उन्हें अधिगम के लिए उपयुक्त पुरस्कार नहीं दिए जाते
C. विद्यार्थी असफल होते हैं, क्योंकि शिक्षण उस तरीके से नहीं किया जाता जो उनके लिए सार्थक हो
D. विद्यार्थी असफल होते हैं, क्योंकि विद्यालय व्यवस्था प्रत्येक विद्यार्थी की आवश्यकताओं और अभिरुचियों का ध्यान नहीं रखती

(a) A और B (b) C और D
(c) B और C (d) B और D

15. दो विद्यार्थी एक ही अवतरण को पढ़ते हैं, फिर भी इसके बिल्कुल भिन्न अर्थ लगाते हैं। उनके बारे में निम्नलिखित में से क्या सत्य है?

(a) संभव है, क्योंकि शिक्षक ने अवतरण को समझाया नहीं है
(b) संभव नहीं है और क्योंकि अवतरण को उसे दोबारा पढ़ना चाहिए
(c) संभव है, क्योंकि व्यक्ति के अधिगम को विविध कारण विभिन्न विधियों से प्रभावित करते हैं
(d) संभव नहीं है, क्योंकि अधिगम का आशय अर्थ लगाना नहीं है

16. राष्ट्रीय पाठ्यचर्या की रूपरेखा-2005 के अनुसार अधिगम अपने स्वभाव में ... और ... है।

(a) निष्क्रिय; सरल
(b) सक्रिय; सामाजिक
(c) निष्क्रिय; सामाजिक
(d) सक्रिय; सरल

17. विद्यार्थियों को स्वतन्त्र रूप से चिन्तन करने तथा प्रभावी शिक्षार्थी बनने में सक्षम बनाने हेतु शिक्षक के लिए यह महत्त्वपूर्ण है कि-

(a) विद्यार्थियों को सिखाना कि किस प्रकार से अपने अधिगम का अनुवीक्षण करें
(b) विद्यार्थियों के द्वारा प्राप्त की गई प्रत्येक सफलता के लिए उन्हें पुरस्कार देना
(c) छोटी-छोटी इकाइयों या खंडों में जानकारी प्रदान करना
(d) एक संघटित तरीके से जानकारी को प्रस्तुत करना ताकि पुनःस्मरण करने में आसानी हो

18. यदि कोई शिक्षिका चाहे कि उसके विद्यार्थी समस्या-समाधान कौशल प्राप्त कर लें, तो विद्यार्थियों को ऐसे क्रिया-कलापों में लगाना चाहिए जिनमें हो-

(a) प्रत्यास्मरण, रटना और समझना
(b) बहुविकल्पीय प्रश्नों वाले स्तरीकृत कार्यपत्रक
(c) ड्रिल और अभ्यास
(d) पूछना, तर्क करना और निर्णय लेना

19. कक्षा तक पहुंचने वाले बच्चों की भोली अवधारणाओं को जानना-

(a) शिक्षक के किसी उद्देश्य की पूर्ति नहीं करता
(b) शिक्षक के हौसले को पस्त कर देता है,
(c) शिक्षक के लिए अपने शिक्षण को अधिक सार्थक बनाने की योजना बनाने में सहायक होता है
(d) शिक्षक की योजना और शिक्षण में रुकावट बनता है

20. निम्नलिखित में से कौन-सा तत्व अधिगम को प्रभावित करते हैं?

A. शिक्षार्थी का उत्प्रेरणा
B. शिक्षार्थी की परिपक्वता
C. शिक्षण युक्तियां
D. शिक्षार्थी का शारीरिक और संवेगात्मक स्वास्थ्य

(a) A और B
(b) A, B, C और D
(c) A और C
(d) A, B और D

21. सार्थक अधिगम है-
(a) वयस्कों और अधिक साथियों का अनुकरण
(b) उद्दीपक तथा उत्तर के बीच युग्मन तथा साहचर्य
(c) दी गई सूचना का निष्क्रिय ग्रहण
(d) निजी अनुभवों से ज्ञान की संरचनाओं का सक्रिय निर्माण

22. विद्यार्थियों के प्रभावशाली अधिगम के लिए निम्नलिखित में से कौन-सा शिक्षक, शिक्षक के प्रारंभिक कार्यों में से एक नहीं है?
(a) विद्यार्थियों की उन धारणाओं को जानना जिन्हें लेकर वे कक्षा में आते हैं
(b) विद्यार्थियों को उपदेशात्मक विधि से सूचना प्रदान करना
(c) विद्यार्थियों से उच्चतर स्तर के प्रश्नों के उत्तर की अपेक्षा करना
(d) बच्चों को यह सिखाना कि वे अपने अधिगम प्रयासों को कैसे देख और सुधार सकते हैं?

23. विकास के सिद्धातों के बारे में निम्नलिखित में से कौन-सा कथन गलत है?
(a) विकास वंशानुगतता और वातावरण के बीच सतत् अन्योक्रिश से होता है
(b) विकास परिपक्वन और अधिगम पर आधारित होता है
(c) प्रत्येक बच्चा विकास के चरणों से गुजरता है फिर भी बच्चों में वैयक्तिक भिन्नताएं बहुत होती हैं।
(d) विकास एक परिमाणात्मक प्रक्रिया है जिसका ठीक-ठीक मापन हो सकता है

24. ...... तथा .... की विशिष्ट अन्योन्यक्रिया का परिणाम विकास के विविध मार्गों और निष्कर्षों के रूप में होता है?
(a) वंशानुक्रम, पर्यावरण
(b) चुनौतियां; सीमाएं
(c) स्थिरता; परिवर्तन
(d) खोज; पोषण

25. विद्यालय की समाजीकरण के बारे में निम्नलिखित में से क्या सत्य है?
(a) समाजीकरण में विद्यालय की कोई भूमिका नहीं होती है
(b) विद्यालय समाजीकरण का एक महत्त्वपूर्ण तरीके का कारक है
(c) समाजीकरण में विद्यालय की बहुत थोड़ी भूमिका होती है
(d) विद्यालय समाजीकरण का पहला मुख्य कारक है

26. जीन पियाजे के संज्ञानात्मक विकास के पांच स्पष्ट चरण प्रस्तावित किए हैं-
(a) पियाजे का तर्क है, कि संज्ञानात्मक विकास, चरणों में आगे बढ़ने की अपेक्षा निरंतर होता है
(b) बच्चों में सांस्कृतिक आधार के अनुसार इन चरणों को आगे बढ़ने की अपेक्षा निरंतर होता है
(c) किसी चरण को छोड़ा नहीं जा सकता है, क्योंकि ये चरण स्थिर है।
(d) बच्चों के सांस्कृतिक आधार के अनुसार इन चरणों का क्रम बदला जा सकता है

27. जीन पियाजे के द्वारा प्रस्तुत 'संरक्षण' के प्रत्यय से तात्पर्य है, कि-
(a) कुछ भौतिक गुणधर्म वहीं रहते हैं चाहे बाहरी आकृतियां बदल जाएं
(b) वन्यजीवन और वनों का संरक्षण बहुत महत्वपूर्ण है
(c) परिकल्पना और विविध परीक्षण से सही निष्कर्ष पर पहुंचा जा सकता है
(d) दूसरों के परिदृश्य को ध्यान में रखना एक महत्वपूर्ण संज्ञानात्मक क्षमता है

28. हॉवर्ड गार्डनर के बहुबुद्धि सिद्धांत के अनुसार निम्नलिखित का मिलान कीजिए-

	बुद्धि का प्रकार		**अन्तः अवस्था**
A.	संगीतात्मक	I.	चिकित्सक
B.	भौतिक	II.	कवि
C.	अन्तर्वैयक्तिक	III.	खिलाड़ी
D.	स्थानिक	IV.	वायलिन-वादक
		V.	मूर्तिकार

कूटः

	A	B	C	D
(a)	II	IV	I	V
(b)	V	II	I	I
(c)	IV	II	III	V
(d)	IV	II	I	III

29. लेव वाइगोत्स्की के अनुसार-
(a) भाषिक विकास मानव चिन्तन के स्वभाव को बदल देता है
(b) वयस्कों और साथियों से अन्योन्यक्रिया करने का भाषा के विकास में कोई प्रभाव नहीं पड़ता
(c) भाषिक विकास में संस्कृति की भूमिका बहुत कम होती है
(d) बच्चे भाषा अर्जन की एक युक्ति से कोई भाषा सीखते हैं

30. लॉरेन्स कोह्लबर्ग के नैतिक तर्क के सिद्धांत की अनेक बातों के लिए आलोचना की जाती है। इस आलोचना के संदर्भ में निम्नलिखित में से कौन-सा कथन सही हैं?
(a) अपनी सैद्धान्तिक रूपरेखा पर पहुंचने के लिए कोह्लबर्ग ने पियाजे के सिद्धांतों को दोहराया है
(b) कोह्लबर्ग ने नैतिक तर्क के प्रत्येक सोपान के लिए विशेष उत्तर दिया है
(c) कोह्लबर्ग नैतिक तर्क के प्रत्येक सोपान के लिए विशेष उत्तर नहीं दिया है
(d) कोह्लबर्ग ने अपने अध्ययन को मूलतः पुरुषों में नमूनों पर आधृत रखा है।

उत्तर व्याख्या सहित

1. (b) अधिगम का मूल्यांकन बच्चों की अवधारणात्मक समझ के आधार पर किया जाता है। मानक उत्तर से तुलना करना एक नकारात्मक प्रक्रिया है। इसमें शिक्षक की चिन्तन प्रक्रिया को भी महत्त्वपूर्ण नहीं माना जा सकता।

2. (c) बाल-केन्द्रित शिक्षाशास्त्र बालकों की शिक्षण प्रक्रिया का अध्ययन करता है। इसमें बच्चों के अनुभव द्वारा सीखने की प्रक्रिया बेहतर है, क्योंकि बच्चा स्वयं करके या स्व-अर्जित ज्ञान प्राप्त करता है।

3. (a)

4. (a) यहां पिता और दादी दोनों में लिंग के संबंध में रूढ़िवादी धारणा देखने को मिलती है वे लिंग के आधार पर कार्यों के विभाजन के पक्ष में हैं।

5. (d) आकलन एक व्यापक दृष्टिकोण है। इसका प्रयोग निदानात्मक होता है। विद्यार्थियों की कमियों को दूर करने में सहायक होता है। आकलन बोध तथा अनुप्रयोग स्तर पर होना चाहिए न कि केवल स्मरण शक्ति के स्तर पर।

6. (c)

7. (a) जिस वर्ग में सांस्कृतिक विविधता हो वहां छात्रों के बीच सांस्कृतिक अन्तर का ध्यान रखना चाहिए शिक्षक को किसी एक संस्कृति को अधिक महत्त्व नहीं देना चाहिए

8. (b) **सिद्धांत**	**वर्णन**
A. समीप-दूरीभिमुख	V. सरल व जटिल दिशा की ओर
B. शिर पदाभिमुख	II. सिर से पैर दिशा का क्रम
C. अन्तर्वैयक्तिक	III. किसी अकेले बच्चे में भिन्नताएं विकास
D. अन्तरा	वैंयक्तिक की दर विकास के क्षेत्र की अपेक्षा दूसरे क्षेत्र में भिन्न हो सकती है।
	IV. शरीर के केन्द्र से बाहर भिन्नताएं की ओर

9. (b) संज्ञान तथा संवेग परस्पर संबंधित होते हैं तथा एक-दूसरे को प्रभावित करते हैं। संवेग, संज्ञान को कार्यात्मक रूप प्रदान करता है।

10. (c) समवयस्कों की स्वीकार्यता बढ़ाने में विविध शिक्षार्थियों के बीच समावेशी कक्षा सहयोगी होती है। यह अन्तर निर्भरता में वृद्धि करती है।

11. (d) कक्षा में विविधता को स्वीकार कर शिक्षिका को सामाजिक शिक्षण पर बल देना चाहिए ऐसे में अधिगम की अनेक शैलियों को अपनाकर विविधता में प्रभावी शिक्षण किया जा सकता है। एक सामान्य मानदंड निर्धारित करना उचित नहीं होगा।

12. (b) दृष्टिबाधित विद्यार्थियों को समझाने के लिए शिक्षिका छुओ तथा अनुभव करो माध्यम से शिक्षण कार्य कर रही है।

13. (c)

14. (c) उपयुक्त पुरस्कार अधिगम अर्जित करने में सहायक होता है तथा सफलता के प्रति प्रेरित होता है यदि विद्यार्थियों को आवश्यकतानुसार शिक्षण नहीं दिया गया, तो वह असफलता का कारण बन सकता है। यह कहना कि विद्यालय प्रत्येक विद्यार्थी की आवश्यकता और अभिरुचि पर ध्यान नहीं होता तार्किक नहीं है।

15. (c)

16. (b) राष्ट्रीय पाठ्यचर्या की रूपरेखा, 2005 में स्पष्ट कहा गया है, कि अधिगम एक सक्रिय तथा सामाजिक प्रक्रिया है।

17. (a) स्वतंत्र चिन्तन विकसित करने के लिए विद्यार्थियों में अधिगम का मूल्यांकन करने की क्षमता होनी चाहिए शिक्षक द्वारा अधिगम के प्रत्येक स्तर पर मूल्यांकन के तरीके विकसित करने का प्रयास करना चाहिए

18. (d) प्रश्न पूछने से विद्यार्थियों में किसी विषय के बारे में ज्ञान की वृद्धि होती है। तर्क से उसकी अवधाराणात्मक क्षमता का विकास होता है। निर्णय लेना शिक्षा का कार्यात्मक रूप है। इस सबसे विद्यार्थी समस्या का समाधान कर सकता है।

19. (c)

20. (b) शिक्षार्थी की उत्प्रेरणा, शिक्षार्थी की परिपक्कवता, शिक्षण युक्तियां तथा शिक्षार्थी का शारीरिक और संवेगात्मक स्वास्थ्य अधिगम को प्रभावित करते हैं।

21. (d) अपने निजी अनुभवों द्वारा ज्ञान की संरचनात्मक का निर्माण सार्थक अधिगम कहलाता है।

22. (b)

23. (d) विकास एक गुणात्मक प्रक्रिया है जिसका ठीक-ठीक मापन संभव नहीं है, जबकि वृद्धि एक परिणात्मक प्रक्रिया है। इसका मापन किया जाता है।

24. (a)

25. (b) विद्यालय समाजीकरण का पहला कारक नहीं है, परंतु एक महत्त्वपूर्ण कारक अवश्य है। समाजीकरण का पहला कारक परिवार तथा आस-पड़ोस का समाज होता है।

26. (b) जीन पियाजे का मानना है कि संज्ञानात्मक विकास निरंतर होता रहता है। यह चरणबद्ध हो यह आवश्यक नहीं है।

27. (a)

28. (c)

29. (a) सोवियत रूस के मनौवैज्ञानिक लेव वाइगोत्स्की ने बालकों में सामाजिक विकास से संबंधित एक सिद्धांत का प्रतिपादन किया। इस सिद्धांत में उन्होंने बताया कि बालक में हर प्रकार में उसके समाज का विशेष योगदान होता है तथा भाषिक विकास मानव चिंतन के स्वभाव को बदल देता है।

30. (d)

❑❑❑

उत्तराखण्ड शिक्षक पात्रता परीक्षा

कक्षा I-V सॉल्व्ड पेपर-2015

बाल विकास एवं शिक्षण शास्त्र

1. शिक्षा के सन्दर्भ में, समाजीकरण से तात्पर्य है–
(a) सामाजिक वातावरण में अनुकूलन और समायोजन
(b) सामाजिक मानदण्डों का सदैव अनुपालन करना
(c) अपने सामाजिक मानदण्ड बनाना
(d) समाज में बड़ों का सम्मान करना

2. निम्न में से एक प्राथमिक स्तर के शिक्षक के लिए सबसे महत्वपूर्ण गुण कौन-सा है?
(a) शिक्षण विधियों में सक्षमता और विषय का ज्ञान
(b) उच्च मानक भाषा में पढ़ाने की क्षमता
(c) पढ़ाने की उत्सुकता
(d) धैर्य और लगन

3. नर्सरी कक्षा में शुरुआत करने के लिए कौन-सी विषय-वस्तु (Theme) सबसे अच्छी है?
(a) मेरा प्रिय मित्र (b) मेरा पड़ोस
(c) मेरा परिवार (d) मेरा विद्यालय

4. पियाजे के अनुसार, संज्ञानात्मक विकास के किस चरण पर बच्चा 'वस्तु-स्थायित्व' को प्रदर्शित करता है?
(a) संवेदी प्रेरक चरण
(b) पूर्व-संक्रियात्मक चरण
(c) मूर्त संक्रियात्मक चरण
(d) औपचारिक संक्रियात्मक चरण

5. सीखने की प्रक्रिया में शिक्षक की भूमिका होनी चाहिए–
(a) सुगमकर्ता की
(b) अनुदेशनकर्ता की
(c) प्रशिक्षक की
(d) नियन्त्रणकर्ता की

6. निम्नलिखित में से कौन-सा सूक्ष्म गतिक कौशल का उदाहरण हैं?
(a) चढ़ना (b) फुदकना
(c) दौड़ना (d) लिखना

7. एक शिक्षिका अपने आप कभी भी प्रश्नों के उत्तर नहीं देती। वह अपने विद्यार्थियों को उत्तर देने के लिए, समूह चर्चाएँ और सहयोगात्मक अधिगम अपनाने के लिए प्रोत्साहित करती है। यह उपागम. ....के सिद्धान्त पर आधारित है।
(a) सीखने की तत्परता
(b) सक्रिय भागीदारी
(c) अनुदेशात्मक सामग्री के उचित संगठन
(d) अच्छा उदाहरण प्रस्तुत करना और भूमिका-प्रतिरूप बनाना

8. एक बालक की मानसिक आयु 12 वर्ष और शारीरिक आयु 10 वर्ष है। उसका बुद्धिलब्धांक होगा–
(a) 120 (b) 100
(c) 22 (d) 83

9. समेकित शिक्षा इंगित करती है–
(a) सभी बच्चों के लिए एकसमान शिक्षण विधि
(b) सामान्य बच्चों व भिन्न रूप से योग्य बच्चों के लिए एक ही स्कूल
(c) सामान्य बच्चों एवं भिन्न रूप से योग्य बच्चों के लिए पृथक् स्कूल
(d) सामान्य बच्चों एवं भिन्न रूप से योग्य बच्चों के लिए एकसमान सुविधा

10. एक शिक्षक, विद्यार्थियों में सामाजिक मूल्यों को विकसित कर सकता है–
(a) अनुशासन की अनुभूति को विकसित कर
(b) आदर्श रूप से बर्ताव कर
(c) महान व्यक्तियों के बारे में बोलकर
(d) उन्हें अच्छी कहानियाँ सुनाकर

11. शिक्षार्थियों के बीच अधिगम शैली में अन्तर का कारण हो सकता है–
(a) शिक्षार्थी की समाजीकरण प्रक्रिया
(b) शिक्षार्थी द्वारा अपनाई गई विचारण नीति
(c) परिवार की आर्थिक स्थिति
(d) बालक का लालन-पालन

12. कक्षा एक में बच्चों में भाषा कौशल का विकास किस क्रम में होना चाहिए?
(a) सुनना, बोलना, पढ़ना, लिखना
(b) लिखना, पढ़ना, सुनना, बोलना
(c) सुनना, लिखना, बोलना, पढ़ना
(d) लिखना, बोलना, पढ़ना, सुनना

13. मानव व्यक्तित्व परिणाम है–
(a) केवल आनुवांशिकता का
(b) पालन-पोषण और शिक्षा का
(c) आनुवंशिकता और वातावरण की अन्तःक्रिया का
(d) केवल वातावरण का

14. कक्षा एक और दो स्तर के बच्चे–
(a) अमूर्त अनुभवों से शीघ्र सीखते हैं
(b) मूर्त अनुभवों से शीघ्र सीखते हैं
(c) पढ़कर शीघ्र सीखते हैं
(d) लिखकर शीघ्र सीखते हैं

15. शिक्षार्थी वैयक्तिक भिन्नता प्रदर्शित करते हैं। अतः शिक्षक को–
(a) अधिगम की एकसमान गति पर बल देना चाहिए
(b) कठोर अनुशासन सुनिश्चित करना चाहिए
(c) परीक्षाओं की संख्या बढ़ा देनी चाहिए
(d) सीखने के विविध अनुभवों को उपलब्ध कराना चाहिए

16. प्रायः शिक्षार्थियों की त्रुटियाँ...........की ओर संकेत करती हैं।
(a) वे कैसे सीखते हैं
(b) शिक्षार्थियों का सामाजिक-आर्थिक स्तर
(c) यान्त्रिक अभ्यास की आवश्यकता
(d) सीखने की अनुपस्थिति

17. एक बच्चा जो.........से ग्रस्त है, वह 'Saw' और 'Was', 'Nuclear' और 'Unclear' में अन्तर नहीं कर सकता।
(a) शब्द जम्बलिंग विकार
(b) डिस्लेक्सिमिया
(c) डिस्लेक्सिया
(d) डिस्मोरफीमिया

18. बच्चों के सीखने की प्रक्रिया में प्रगति तब हो सकती है जब हम–
(a) उसकी प्रगति की नियमित रूप से जाँच करें
(b) बच्चों की प्रगति को नियमित रूप से जाँचने के साथ-साथ सुधारात्मक कदम उठाएँ
(c) बच्चों को नियमित रूप से गृहकार्य दें
(d) बच्चों के लिए नियमित रूप से गतिविधियाँ आयोजित कराएँ

19. कोह्लबर्ग के अनुसार, शिक्षक बच्चों में नैतिक मूल्यों का विकास कर सकता है–
(a) नैतिक मुद्दों पर आधारित चर्चाओं में उन्हें शामिल करके
(b) 'कैसे व्यवहार किया जाना चाहिए' इस पर कठोर निर्देश देकर
(c) धार्मिक शिक्षा को महत्व देकर
(d) व्यवहार के स्पष्ट नियम बनाकर

20. प्राथमिक स्तर पर बच्चों के लिए संगीत, कहानी कहने, नाटक, कला, शिल्प, खेल आदि जैसी गतिविधियों का संचालन–
(a) सप्ताह में एक बार होना चाहिए
(b) प्रत्येक विषय के साथ सम्मिलित होना चाहिए
(c) अलग से संचालित करना चाहिए
(d) अतिरिक्त समय में कराया जाना चाहिए

21. राज्य स्तर की एक एकल-गायन प्रतियोगिता के लिए विद्यार्थियों को तैयार करते समय एक विद्यालय लड़कियों को वरीयता देता है। यह दर्शाता है–
(a) प्रगतिशील चिन्तन
(b) वैश्विक प्रवृत्तियाँ
(c) प्रयोजनात्मक उपागम
(d) लैंगिक पूर्वाग्रह

22. निम्नलिखित में से कौन-सा विकास का सिद्धान्त है?
(a) यह निरन्तर चलने वाली प्रक्रिया नहीं है
(b) विकास की सभी प्रक्रियाएँ अन्त: सम्बन्धित नहीं हैं
(c) सभी की विकास-दर समान नहीं होती है
(d) विकास हमेशा रेखीय होता है

23. यदि विद्यार्थी पाठ में रुचि न लेते प्रतीत हों, तो शिक्षक को चाहिए कि वह–
(a) शिक्षण विधि बदल दे
(b) दृश्य-श्रव्य सामग्री को प्रयोग में लाकर पाठ को रुचिकर बनाए
(c) कक्षा से चला जाए
(d) कक्षा में कोई अन्य कार्य प्रारम्भ करे

24. व्यवहार का 'करना' पक्ष..........में आता है।
(a) सीखने के गतिक क्षेत्र
(b) सीखने के भावनात्मक क्षेत्र
(c) सीखने के मनोवैज्ञानिक क्षेत्र
(d) सीखने के संज्ञानात्मक क्षेत्र

25. बच्चे के विकास के सिद्धान्तों को समझना शिक्षक की सहायता करता है–
(a) शिक्षार्थियों की भिन्न अधिगम शैलियों को प्रभावी रूप में सम्बोधित करने में
(b) शिक्षार्थी के सामाजिक स्तर को पहचानने में
(c) शिक्षार्थी की आर्थिक पृष्ठभूमि को पहचानने में
(d) शिक्षार्थियों को क्यों पढ़ना चाहिए-यह औचित्य स्थापित करने में

26. बच्चे उसी वातावरण में सीख सकते हैं जहाँ–
(a) उनके अनुभवों एवं भावनाओं को उचित स्थान मिले
(b) उन्हें खेलने का मौका मिले
(c) उन्हें मित्र बनाने का मौका मिले
(d) कड़ा अनुशासन हो

27. एक विद्यार्थी अपने अध्यापक से समय की पाबन्दी सीखता है; यह एक उदाहरण है–
(a) वाचिक अधिगम का
(b) प्रेक्षण अधिगम का
(c) कौशल अधिगम का
(d) अधिगम अन्तरण का

28. विद्यार्थियों के सीखने में जो रिक्तियाँ रह जाती हैं, उनके निदान के बाद.......... चाहिए।
(a) सघन अभ्यास कार्य होना
(b) समुचित उपचारात्मक कार्य होना
(c) सभी पाठों को व्यवस्थित रूप से दोहराना
(d) शिक्षार्थियों और अभिभावकों को उपलब्धि के बारे में बताना

29. एक शिक्षक, बच्चे द्वारा की गई छोटी-छोटी गलतियों पर क्रोध प्रकट करता है। यह इंगित करता है कि–
(a) वह बच्चे की शुभचिन्तक है
(b) उसमें ज्ञान की कमी है
(c) वह कुण्ठित है
(d) वह संवेदनात्मक रूप से सन्तुलित नहीं है

30. एनसीएफ 2005 के सम्बन्ध में निम्न में से कौन-सा कथन सही है?
(a) यह भारत की विद्यालयी शिक्षा के सम्बन्ध में एक संवैधानिक संशोधन है
(b) यह एनसीईआरटी द्वारा तैयार किया गया दस्तावेज है, जो भारत की विद्यालयी शिक्षा के सम्बन्ध में संस्तुतियाँ प्रस्तुत करता है
(c) यह भारत में गुणात्मक शिक्षा के सम्बन्ध में यूनेस्को और भारत द्वारा हस्ताक्षरित दस्तावेज है
(d) उपरोक्त में से कोई नहीं

उत्तर व्याख्या सहित

1. (a) सामाजिक एक ऐसी प्रक्रिया है जिसके अन्तर्गत कोई बालक सामाजिक प्रत्याशाओं और मापदण्डों के अनुसार व्यवहार करना सीखता है। अत: इससे शिक्षा के सन्दर्भ में कहा जा सकता है कि समाजीकरण से तात्पर्य सामाजिक वातावरण में अनुकूलन और समायोजन से है।

2. (d)

3. (c) नर्सरी कक्षा का बालक सबसे अधिक अपने परिवार के सदस्यों से घनिष्ठ होता है। अत: 'मेरा परिवार' विषय-वस्तु नर्सरी कक्षा में शुरुआत करने हेतु सर्वाधिक उपयुक्त है।

4. (a) संवेदी प्रेरक चरण के अन्तिम दौर में बालक चिन्तन प्रारम्भ कर देता है तथा उन वस्तुओं के प्रति भी अनुक्रिया करने लगता है, जो सीधे तौर पर दृष्टिगोचर नहीं होती है। इस गुण को 'वस्तु स्थायित्व' कहा जाता है।

5. (a) **6.** (d)

7. (b)

8. (a) बुद्धिलब्धांक

$$= \frac{\text{मानसिक आयु}}{\text{शारीरिक आयु}} \times 100$$

$$= \frac{12}{10} \times 100 = 120$$

9. (b) सामान्य बच्चों एवं भिन्न रूप से योग्य बच्चों के लिए एक ही स्कूल की व्यवस्था 'समेकित शिक्षा' को इंगित करती है।

10. (b) किसी शिक्षक के चरित्र तथा स्वभाव का प्रभाव प्रत्यक्ष रूप से विद्यार्थियों पर पड़ता है। यदि वह शिक्षक आदर्श रूप से बर्ताव करे, तो स्पष्टत: विद्यार्थियों के सामाजिक मूल्यों का विकास होगा।

11. (b) शिक्षार्थी द्वारा अपनाई गई विचारणा नीति के परिणामस्वरूप ही शिक्षार्थियोंके बीच अधिगम शैली में अन्तर पाया जाता है।

12. (a) कक्षा एक के बच्चों में भाषा कौशलों का विकास निम्नलिखित क्रम में होना चाहिए

सुनना → बोलना → पढ़ना → लिखना

13. (c) मानव व्यक्तित्व आनुवंशिकता और वातावरण दोनों की अन्त:क्रिया का परिणाम है। जहाँ एक ओर आनुवंशिकता हमें विकसित होने की क्षमताएँ प्रदान करती है वहीं दूसरी ओर वातावरण इन क्षमताओं को विकसित होने के अवसर उपलब्ध कराता है।

14. (b) कक्षा एक और दो स्तर के बच्चे मूर्त अनुभवों से शीघ्र सीखते हैं।

15. (d) शिक्षार्थी वैयक्तिक भिन्नता प्रदर्शित करते हैं। अत: शिक्षक के लिए यह आवश्यक है कि वह अधिगम हेतु विधि अनुभवों को उपलब्ध कराए।

16. (a)

17. (c) डिस्लेक्सिया पठन सम्बन्धी एक ऐसा विकार है जिससे ग्रस्त बच्चा कुछ अक्षरों जैसे d एवं b आदि में विभेद नहीं कर पाता है। जिस कारण उसे Saw और Was एवं Nuclear और Unclear आदि शब्दों में अन्तर करने में परेशानी होती है।

18. (b)

19. (a) कोह्लबर्ग के अनुसार, शिक्षक नैतिक मुद्दों पर आधारित चर्चाओं में बच्चों को शामिल कर उनमें नैतिक मूल्यों का विकास कर सकता है।

20. (b) **21.** (d) **22.** (c)

23. (a) **24.** (a)

25. (a) बच्चे के विकास के सिद्धान्तों को समझने में शिक्षकों को शिक्षार्थियों की भिन्न अधिगम शैलियों को प्रभावी रूप से सम्बोधित करने में सहायता मिलती है।

26. (a) **27.** (b)

28. (b) विद्यार्थियों के सीखने में जो रिक्तियाँ रह जाती हैं, उनके निदान के बाद उनका समुचित उपचार होना चाहिए।

29. (d) **30.** (b)

❑❑❑

हरियाणा शिक्षक पात्रता परीक्षा

कक्षा I-V सॉल्व्ड पेपर-2014

बाल विकास एवं शिक्षण शास्त्र

1. व्यक्तिगत विभिन्नताओं का क्षेत्र है-

(a) लिंग-भेद (b) शारीरिक रचना

(c) मानसिक योग्यताएँ

(d) ये सभी

2. एक सजीव कक्षा स्थिति में निम्नलिखित में सबसे अधिक सम्भावित है-

(a) कभी कभार हँसी का शोर

(b) पूर्णरूप से शान्ति

(c) शिक्षक-छात्र वार्ता

(d) विद्यार्थियों के बीच तेज आवाज में वार्तालाप

3. सामाजिक नियमों व कानूनों के विरुद्ध व्यवहार करने वाला बालक कहलाता है-

(a) पिछड़ा बालक

(b) मन्दबुद्धि बालक

(c) जड़बुद्धि बालक

(d) बाल अपराधी

4. एक शिक्षक को कक्षा में कार्य करना चाहिए-

(a) प्रगतिशील भूमिका में

(b) प्रभुत्ववादी भूमिका में

(c) प्रजातान्त्रिक भूमिका में

(d) प्रभावशाली भूमिका में

5. अधिगम का सबसे उपयुक्त कार्य है-

(a) व्यक्तिगत समायोजन

(b) सामाजिक व राजनीतिक चेतना

(c) व्यवहार परिवर्तन

(d) स्वयं को रोजगार के लिए तैयार करना

6. निम्नलिखित में से कौन मानव विकास का सही क्रम है?

(a) शैशवावस्था, किशोरावस्था, बाल्यावस्था, प्रौढ़ावस्था

(b) शैशवावस्था, बाल्यावस्था, किशोरावस्था, प्रौढ़ावस्था

(c) बाल्यावस्था, किशोरावस्था, प्रौढ़ावस्था, शैशवावस्था

(d) बाल्यावस्था, शैशवावस्था, किशोरावस्था, प्रौढ़ावस्था

7. व्यक्तित्व का 'समाजशास्त्रीय प्रकार का सिद्धान्त' दिया गया-

(a) हिप्पोक्रेटस के द्वारा

(b) क्रेनमर के द्वारा

(c) शेल्डन के द्वारा

(d) स्प्रेजर के द्वारा

8. जब बालक सीखने के लिए तैयार होता है, तब वह जल्दी व प्रभावशाली तरीके से सीखता है। यह सिद्धान्त प्रतिपादित किया गया है-

(a) थॉर्नडाइक द्वारा (b) स्किनर द्वारा

(c) पावलॉव द्वारा (d) कुर्ट लेविन द्वारा

9. वह कथन जो वैयक्तिक विभिन्नता के सन्दर्भ में सत्य नहीं है, वह है-

(a) व्यक्ति विशेष प्रकार में भिन्न होते हैं

(b) व्यक्ति विशेष कोटि में भिन्न होते हैं

(c) व्यक्ति विशेष प्रकार व कोटि दोनों में भिन्न होते हैं

(d) व्यक्ति विशेष न तो कोटि और न ही प्रकार में भिन्न होते हैं

10. आपके अनुसार, शिक्षण है-

(a) एक प्रक्रिया (b) एक कला

(c) एक कौशल (d) (2) और (3)

11. प्रोजेक्ट शिक्षण विधि किससे सम्बन्धित है?

(a) फ्रोबेल (b) जॉन डीवी

(c) आर्मस्ट्रांग (d) मैक्ड्यूगल

12. मानव आवश्यकताओं का पदानुक्रम किसने दिया?

(a) थॉर्नडाइक (b) मास्लो

(c) गिल्फोर्ड (d) कॉफ्का

13. जिला प्राथमिक शिक्षा कार्यक्रम किस वर्ष लागू किया गया था?

(a) 1990 (b) 1993

(c) 1998 (d) 2000

14. 'जोन ऑफ प्रॉक्सिमल डेवलपमेण्ट (ZPD)' का प्रत्यय दिया गया-

(a) बण्डुरा द्वारा (b) पियाजे द्वारा

(c) स्किनर द्वारा (d) वाइगोत्स्की द्वारा

15. शिक्षा का उद्देश्य है-

(a) अच्छा नागरिक बनाना

(b) ऐसे व्यक्तियों का निर्माण जो समाज के लिए उपयोगी हो

(c) व्यावहारिकता का निर्माण करना

(d) उपरोक्त सभी

16. फ्रोबेल ने निम्न में से किस खेल पर प्रमुख बल दिया?

(a) गेंद का खेल

(b) ब्लॉक का खेल

(c) आकृतियों का खेल

(d) ये सभी

17. प्रयोगात्मक विधि को सर्वप्रथम प्रस्तावित किया-

(a) जुड ने

(b) राइस एवं कार्नमैन ने

(c) विलहेल्म वुण्ट ने

(d) कोलिन्स व ड्रेवर ने

18. निम्न में से कौन पुनर्बलन का एक प्रकार नहीं है?

(a) सकारात्मक शाब्दिक पुनर्बलन

(b) शारीरिक दण्ड

(c) नकारात्मक शाब्दिक पुनर्बलन

(d) उपरोक्त में से कोई नहीं

19. बालक का चिन्तन किसके द्वारा प्रदर्शित नहीं होता है?

(a) आत्मकेन्द्रिकता (b) सजीवतावाद

(c) यथार्थवाद (d) वैयक्तिकवाद

20. 'समूह शिक्षण' है-
(a) संसाधनों, रुचि व विशेषता का इष्टतम उपयोग करने हेतु शिक्षकों के समूहों द्वारा शिक्षण है
(b) शिक्षकों की अनुपलब्धता से निबटने का एक उपाय है
(c) स्कूल में शिक्षकों के समूहों के बीच स्वस्थ प्रतिस्पर्द्धा को प्रोत्साहित करता है
(d) विद्यार्थियों को उनकी योग्यता के अनुसार छोटे समूहों में बाँटना शिक्षण है

21. एक व्यक्ति वैधानिक रूप से दृष्टिबाधित है, यदि उसका विजन क्षेत्र, 20° है, तो उसकी विजुअल एक्यूइटी
(a) अत्यधिक उपयुक्त सुधार के साथ, ठीक आँख में 6/6 से कम है
(b) अत्यधिक उपयुक्त सुधार के साथ, ठीक आँख में 6/7 से कम है
(c) अत्यधिक उपयुक्त सुधार के साथ, ठीक आँख में 6/30 से कम है
(d) अत्यधिक उपयुक्त सुधार के साथ, ठीक आँख में 6/60 से कम है

22. बाल अन्तर्बोध (एपरसेप्शन) परीक्षण का निर्माण किसने किया?
(a) मर्रे (b) बेलक
(c) रॉबर्ट (d) रोजनविंग

23. विद्यार्थियों में अभिप्रेरणा विकसित करने के लिए, एक शिक्षक को क्या करना चाहिए?
(a) गलाकाट प्रतियोगिता को प्रोत्साहित करना
(b) विद्यार्थियों के सम्मुख एक अप्राप्य लक्ष्य रखना
(c) नई तकनीक व नई विधियों का प्रयोग करना
(d) उनके आकांक्षा स्तर को घटाना

24. एक शिक्षक की सबसे महत्वपूर्ण चुनौती है-
(a) विद्यार्थियों से उनका गृहकार्य करवाना
(b) शिक्षण अधिगम प्रक्रिया को आनन्दप्रद बनाना
(c) कक्षा में अनुशासन बनाए रखना
(d) प्रश्न-पत्र तैयार करना

25. निम्नलिखित में से कौन-सा कथन सतत् व व्यापक मूल्यांकन के लिए सही नहीं है?
(a) यह एक विद्यालय आधारित मूल्यांकन है
(b) यह विद्यार्थियों में तनाव को कम करता है
(c) इसमें नम्बरों के स्थान पर ग्रेड का प्रयोग होता है
(d) इससे शिक्षकों पर बोझ बढ़ जाता है

26. समावेशी शिक्षा से तात्पर्य है-
(a) नियमित विद्यालयों में सभी प्रकार के बालकों का बिना किसी भेदभाव के स्वागत करना
(b) शिक्षण का एक विशेष तरीका, जिससे सभी बालक सीख सकें
(c) कड़ी दाखिला प्रक्रिया को बढ़ावा देना
(d) शिक्षण के लिए विशेष विद्यालयों का प्रयोग करना

27. एक प्रभावी शिक्षक वह है, जो कर सकता है-
(a) कक्षा पर नियन्त्रण
(b) कम समय में अधिक सूचना देना
(c) विद्यार्थियों को सीखने के लिए अभिप्रेरित करना
(d) दत्तकार्य को ध्यानपूर्वक जाँचना

28. निम्नलिखित में से कौन-सा अधिगम का क्षेत्र नहीं है?
(a) संज्ञानात्मक (b) भावात्मक
(c) क्रियात्मक (d) आध्यात्मिक

29. ''ऑपरेशन ब्लैक बोर्ड'' परिणाम था-
(a) कोठारी आयोग का
(b) राष्ट्रीय पाठ्यक्रम रचना, 2005
(c) राष्ट्रीय शैक्षिक योजना, 1986
(d) राष्ट्रीय पाठ्यक्रम रचना, 2000

30. शिक्षा का अधिकार अधिनियम, 2009 के क्रियान्वयन के बाद कक्षा-कक्ष
(a) अप्रभावित है, क्योंकि शिक्षा का अधिकार विद्यालय में कक्षा की औसत आयु को प्रभावित नहीं करता
(b) जेण्डर के अनुसार अधिक समजातीय है
(c) आयु के अनुसार अधिक समजातीय है
(d) आयु के अनुसार अधिक विषमजातीय है

उत्तर व्याख्या सहित

1. (d) स्किनर का विचार था कि व्यक्तिगत विभिन्नता में संपूर्ण व्यक्तित्व के ऐसे पहलू सम्मिलित किए जा सकते हैं, जिनका मापन हो सके। इन पहलू में लिंग-भेद, शारीरिक रचना, मानसिक योग्यताएँ आदि प्रमुख हैं।

2. (c) शिक्षण अधिगम प्रक्रिया के अन्तर्गत कक्षा-कक्ष में शिक्षक-छात्र वार्ता के होने की सम्भावना बनी रहती है।

3. (d) यदि कोई ऐसा बालक, जिसका व्यवहार सामान्य सामाजिक व्यवहार से इतना भिन्न हो जाए कि उसे समाज विरोधी कहा जा सके अर्थात् वह सामाजिक नियमों व कानूनों के विरुद्ध व्यवहार करने लगे, तो उसको बाल अपराधी कहा जाता है।

4. (c) **5.** (c)

6. (b) मानव विकास की अवस्थाओं का सही क्रम निम्नवत् है-

शैशवावस्था	(5 वर्ष तक)
बाल्यावस्था	(6-12 वर्ष तक)
किशोरावस्था	(13 से 19 वर्ष तक)
प्रौढ़ावस्था	(19 वर्ष से ऊपर)

7. (d)

8. (a) थॉर्नडाइक ने अपने प्रयोगों के आधार पर सीखने के तीन मुख्य नियमों (तत्परता, अभ्यास तथा प्रभाव का नियम) का प्रतिपादन किया। इनमें से तत्परता के नियम के अनुसार ''जब बालक सीखने के लिए तैयार होता है, तब यह जल्दी व प्रभावी तरीके से सीखता है।''

9. (c) व्यक्ति विशेष प्रकार व कोटि दोनों में भिन्न होते हैं।

10. (d) **11.** (b)

12. (b) मानव आवश्यकताओं के पदानुक्रम का सिद्धान्त 'मास्लो' द्वारा प्रतिपादित किया गया था।

13. (b) जिला प्राथमिक शिक्षा कार्यक्रम वर्ष 1993 में लागू किया गया था।

14. (d) वाइगोत्स्की के अनुसार, बच्चों के संज्ञानात्मक विकास हेतु उन्हें उनके वास्तविक विकास स्तर से सम्भाव्य

15. (d) स्वामी दयानन्द सरस्वती का विचार था कि शिक्षा चरित्र निर्माण व सही प्रकार से जीवन जीने का एक साधन है। जिसका मुख्य उद्देश्य ऐसे नागरिकों का निर्माण करना है जो समाज के लिए उपयोगी हों।

16. (a) फ्रोबेल को खेल प्रणाली का जन्मदाता माना जाता है। उनका विचार था कि सभी प्रकार के खेल जो मैदान में खेले जाते हैं, बालकों के शारीरिक, मानसिक, सृजनात्मक तथा सामाजिक विकास को बढ़ाने में सहायता प्रदान करते हैं।

17. (c) **18.** (d)

19. (d) 'चिन्तन' मानसिक क्रिया का ज्ञानात्मक पहलू है। बालक के ज्ञानात्मक पहलुओं में सजीवतावाद, यथार्थवाद तथा आत्मकेन्द्रिता तो पाई जाती है किन्तु वैयक्तिकवाद का अभाव होता है।

20. (a) 'समूह शिक्षण' से तात्पर्य शिक्षकों के उस समूह से है जिसमें शिक्षण की व्यवस्था उस प्रकार की जाती है कि संसाधनों तथा रुचियों का इष्टतम उपयोग हो सके।

21. (d) **22.** (b)

23. (c) अभिप्रेरणा किसी भी विद्यार्थी के लिए वह विशिष्ट अवस्था होती है, जो उसे उसके लक्ष्य की ओर निर्देशित करती है। अत: विद्यार्थियों में अभिप्रेरणा विकसित करने के लिए यह आवश्यक है कि शिक्षक अधिक-से-अधिक नई तकनीकों व विधियों का प्रयोग करें।

24. (b)

25. (d) सतत् एवं व्यापक मूल्यांकन विद्यार्थियों के बोधात्मक, मनोप्रेरक और भावात्मक कौशलों के विकास में सहायक होता है साथ ही यह अध्यापकों को प्रभावकारी कार्यनीतियाँ आयोजित करने में सहायक होता है।

26. (a) समावेशी शिक्षा से तात्पर्य नियमित विद्यालयों में सभी प्रकार के बालकों का बिना किसी भेदभाव के स्वागत करना है अर्थात् समावेशी शिक्षा समाज के सभी वर्गों के बच्चों को शिक्षा की मुख्य धारा में समाविष्ट कर उन्हें शिक्षा के समान अवसर उपलब्ध कराती है।

27. (c) किसी भी शिक्षक का प्राथमिक लक्ष्य विद्यार्थियों को अधिकाधिक सिखाने का होता है। अत: एक प्रभावी शिक्षक होने के लिए यह आवश्यक है कि विद्यार्थियों को अधिक-से-अधिक अभिप्रेरित किया जाए।

28. (d) **29.** (c) **30.** (c)

❑❑❑

उत्तर प्रदेश शिक्षक पात्रता परीक्षा

कक्षा VI-VIII सॉल्व्ड पेपर-2014

बाल विकास एवं शिक्षण शास्त्र

1. निम्नलिखित में से कौन-सा कथन सही नहीं है?

(a) ''वंशानुक्रम माता-पिता से सन्तान में गुणों का संचरण है''

(b) ''विकास प्राणी और उसके पर्यावरण की अन्तर्क्रिया का परिणाम है''

(c) ''वंशानुक्रम व्यक्ति की जन्मजात विशेषताओं का शोधन है''

(d) ''माता-पिता की शारीरिक और मानसिक विशेषताओं का सन्तानों में संचरित होना वंशानुक्रम है''

2. साहचर्य के नियम हैं-

(a) समानता का नियम

(b) वैषम्य का नियम

(c) समीपता का नियम

(d) ये सभी

3. गेट्स के अनुसार, ''अनुभव द्वारा व्यवहार में परिवर्तन ही .... है।''

(a) अभिप्रेरण (b) समायोजन

(c) सीखना (d) चिन्तन

4. अपने आपको प्रेम करने की प्रवृत्ति को क्या कहते हैं?

(a) आत्मकेन्द्रित प्रवृत्ति

(b) अहंकारी प्रवृत्ति

(c) नार्सिसिज्म की प्रवृत्ति

(d) हिप्नोटिज्म की प्रवृत्ति

5. मनुष्य की बुद्धि आगे की पीढ़ियों में संक्रमित होती हैं।........का कार्य इस जन्मजात योग्यता के विकास के लिए उपयुक्त परिस्थितियों का निर्माण करना है।

(a) क्षेत्र (b) मौसम

(c) वातावरण (d) जलवायु

6. पूरे आवृत्ति वितरण के प्रतिनिधित्व करने वाले मान को.....कहा जाता है।

(a) प्रामाणिक विचलन का मान

(b) केन्द्रवर्ती प्रमाप का मान

(c) सहसम्बन्धीय प्रतिनिधि का मान

(d) समूहज प्रतिशत प्रतिनिधि का मान

7. निम्नांकित में कौन-सी विशेषता आन्तरिक रूप से अभिप्रेरित बच्चों के लिए सही नहीं है?

(a) वे चुनौतीपूर्ण कार्य पसन्द करते हैं

(b) वे हमेशा सफल होते हैं

(c) वे कार्य के समय आनन्द अनुभव करते हैं

(d) वे कठिन कार्यों में उच्च स्तर की ऊर्जा प्रदर्शित करते हैं

8. ''बालक एक ऐसी पुस्तक है जिसका शिक्षक को आद्योपान्त अध्ययन करना चाहिए।''
उपरोक्त कथन किसके द्वारा दिया गया है?

(a) प्लेटो (b) अरस्तू

(c) रूसो (d) रॉस

9. बाल मनोविज्ञान के अनुसार शिक्षा के क्षेत्र में मुख्य स्थान है-

(a) बालक का (b) अध्यापक का

(c) अभिभावक का (d) प्रशासक का

10. सामान्य से विशेष की तर्क की प्रक्रिया निम्नलिखित में से कौन-सी पद्धति में है?

(a) आगमनात्मक (b) निगमनात्मक

(c) (1) और (2) दोनों

(d) इनमें से कोई नहीं

11. बाल्यावस्था की प्रमुख मनोवैज्ञानिक विशेषता क्या है?

(a) पर निर्भरता

(b) सामूहिकता की भावना

(c) धार्मिकता

(d) अनुकरणात्मक प्रवृत्ति का अभाव

12. किशोरावस्था में संवेगों की तीव्रता किस प्रकार प्रकट होती है?

(a) प्रतिकूल पारिवारिक सम्बन्ध

(b) व्यवसाय की समस्या

(c) नई परिस्थिति के साथ समायोजन

(d) उपरोक्त सभी

13. 140 से अधिक बुद्धिलब्धि (IQ) वाले बच्चों को किस श्रेणी में रखेंगे?

(a) मूर्ख (b) मन्दबुद्धि

(c) सामान्य बुद्धि (d) प्रतिभाशाली

14. ''सृजनशीलता मौलिक परिणामों को अभिव्यक्त करने की मानसिक क्रिया है।''

(a) क्रो एण्ड क्रो (b) जेम्स ड्रेवर

(c) रॉस (d) स्किनर

15. 'प्रयास और भूल' सिद्धान्त के प्रतिपादक हैं-

(a) थॉर्नडाइक (b) मैक्डूगल

(c) कोहलर (d) पावलॉव

16. 'सीखने के पठार' के निराकरण के लिए क्या नहीं करना चाहिए?

(a) सीखने वाले को प्रेरित और प्रोत्साहित करना चाहिए

(b) सीखने की अच्छी विधि का प्रयोग करना चाहिए

(c) उसे दण्डित करना चाहिए

(d) इनके कारणों का अध्ययन करना चाहिए

17. जिस वक्र रेखा में प्रारम्भ में सीखने की गति तीव्र होती है और बाद में यह क्रमशः मन्द होती जाती है, उसे कहते हैं

(a) उन्नतोदर वक्र (Convex Curve)

(b) नतोदर वक्र (Concave Curve)

(c) मिश्रित वक्र रेखा (Concave Curve)

(d) वक्र रेखा नहीं होती है

18. वैयक्तिक भिन्नता का क्या अर्थ है?

(a) दो व्यक्तियों में शारीरिक भिन्नता होना

(b) कोई दो व्यक्ति शारीरिक, मानसिक योग्यता और संवेगात्मक दशा में समान और जैसे नहीं होते हैं

(c) कोई दो व्यक्ति शारीरिक और मानसिक योग्यता में समान और एक जैसे होते हैं

(d) उपरोक्त में से कोई नहीं

19. मानसिक स्वास्थ्य विज्ञान का प्रमुख उद्देश्य है-

(a) बालक के मानसिक स्वास्थ्य की रक्षा करना

(b) कुसमोयन का निराकरण करना

(c) (1) और (2) दोनों

(d) उपरोक्त में से कोई नहीं

20. निम्नांकित 7 छात्रों के अंक इस प्रकार हैं-

40, 38, 36, 50, 51, 54, 23

(a) 36 (b) 50

(c) 40 (d) 23

21. रुचि का सम्बन्ध है-

(a) योग्यता (b) अवधान

(c) (1) और (2) दोनों

(d) इनमें से कोई नहीं

22. सीखे हुए ज्ञान, कौशल या विषय का अन्य परिस्थितियों में उपयोग करने को कहते हैं?

(a) प्रेरणा

(b) सीखने का स्थानान्तरण

(c) भग्नाशा

(d) चिन्ता

23. अनुबन्धन की प्रक्रिया में प्रथम सोपान निम्नांकित में से कौन-सा है?

(a) उत्तेजना

(b) आवृत्ति

(c) सामान्यीकरण

(d) इनमें से कोई नहीं

24. ''स्मृति सीखी हुई वस्तु का सीधा उपयोग है।''

उपरोक्त कथन किसका है?

(a) मैक्डूगल (b) वुडवर्थ

(c) रॉस (d) ड्रेवर

25. निम्नलिखित में से कौन-सी दशा/दशाएँ ध्यान को आकर्षित करने की आन्तरिक दशा नहीं है/हैं?

(a) उद्दीपन का स्थिति

(b) आवश्यकता

(c) (a) या (b)

(d) (a) और (b)

26. संवेग की उत्पत्ति .... से होती है।

(a) आदतों

(b) मूल प्रवृत्तियों

(c) शारीरिक विकास

(d) सम्प्रत्ययों के निर्माण

27. अभिप्रेरण के लिए अकसर.........शब्द का भी प्रयोग किया जाता है।

(a) संवेग

(b) आवश्यकता

(c) भावना

(d) प्रत्यक्षीकरण

28. विद्यार्थियों में प्रत्यय विकास या निर्माण के लिए शिक्षक

(a) की शिक्षण विधि सरल से जटिल की ओर होनी चाहिए

(b) को विद्यार्थी को व्यापक अनुभव का अवसर प्रदान करना चाहिए

(c) को विद्यार्थी को निर्मित प्रत्ययों के अन्तरण का अवसर देना चाहिए

(d) को उपरोक्त सभी क्रियाएँ करनी चाहिए

29. ''चिन्तन मानसिक क्रिया का ज्ञानात्मक पहलू है।'' चिन्तन की यह परिभाषा किसने दी?

(a) वॉरेन (b) रॉस

(c) वेलेण्टाइन (d) स्किनर

30. कल्पना के विकास के लिए

(a) ज्ञानेन्द्रियों को प्रशिक्षित करना चाहिए

(b) कहानी सुनाना चाहिए

(c) रचनात्मक प्रवृत्ति के विकास पर ध्यान देना चाहिए

(d) उपरोक्त सभी क्रियाएँ करनी चाहिए

उत्तर व्याख्या सहित

1. (c) **2.** (d) **3.** (c) **4.** (c)

5. (c) मोर्स एवं विंगो का विचार था कि ''मानव व्यवहार की प्रत्येक विशेषता वंशानुक्रम और वातावरण की अन्त:क्रिया का फल है। जहाँ एक ओर वंशानुक्रम के परिणामस्वरूप मनुष्य की बुद्धि आगे की पीढ़ियों में संक्रमित होती है वहीं दूसरी ओर 'वातावरण' का कार्य इस जन्मजात योग्यता के विकास के लिए उपयुक्त परिस्थितियों का निर्माण करना होता है।''

6. (b) पूरे आवृत्ति वितरण का प्रतिनिधित्व करने वाले मान को 'केन्द्रवर्ती प्रमाप का मान' कहा जाता है जिसमें माध्य, माध्यिका, बहुलक आदि शामिल होते हैं।

7. (b) जब कोई बालक किसी कार्य को स्वयं अपनी इच्छा से करता है, तो इस प्रकार अभिप्रेरित बालक को आन्तरिक रूप से अभिप्रेरित कहा जाता है। ऐसे बालक में प्राय: चुनौतीपूर्ण कार्य करने, कार्य करते समय आनन्द उठाने तथा कठिन कार्यों में उच्च स्तर की ऊर्जा प्रदर्शित करने की विशेषता पाई जाती है।

8. (c)

9. (a) बाल मनोविज्ञान के अनुसार शिक्षा के क्षेत्र में बालक का स्थान प्रमुखर होता है। यही कारण है कि आज शिक्षण प्रक्रिया के अन्तर्गत बालक को प्रथम स्थान दिया जाता है सम्पूर्ण शिक्षण व्यवस्था बालक के इर्द-गिर्द ही घूमती है।

10. (b)

11. (b) बाल्यावस्था (6-12 वर्ष) को जीवन का एक अनोखा काल माना गया है। 'सामूहिकता' की भावना इस अवस्था की एक प्रमुख मनोवैज्ञानिक विशेषता है। यही कारण है कि इस अवस्था में बालक में सामूहिक प्रवृत्ति बहुत ही प्रबल होती है। वह अधिक-से-अधिक समय दूसरे बालकों के साथ व्यतीत करने का प्रयास करता है।

12. (d) किशोर अनेक प्रकार के संवेगों से संघर्ष करता है। उसे प्रतिकूल पारिवारिक सम्बन्ध, व्यवसाय की समस्या, नई परिस्थितियों के साथ समायोजन करने आदि में समस्या होती है जिसका मूल कारण उसके संवेगों का तीव्र गति से प्रकट होना होता है।

13. (d) 140 से अधिक बुद्धिलब्धि (IQ) के बालक प्रतिभाशाली बालकों की श्रेणी में आते हैं।

ज्ञातव्य है कि बुद्धिलब्धि (IQ) का प्रयोग यह जानने के लिए किया जाता है कि बालक की मानसिक योग्यता का विकास किस गति से हो रहा है।

14. (a)

15. (a) सीखने के 'प्रयास और भूल' सिद्धान्त का प्रतिपादन ई एल थॉर्नडाइक द्वारा किया गया है। इस सिद्धान्त के अनुसार जब हम किसी कार्य को करते हैं, तो उसमें त्रुटियों या भूलों की संख्या अधिक होती है किन्तु यदि हम बार-बार उसी कार्य को करते रहते हैं, तो त्रुटियों या भूलों की संख्या कम होती जाती है। इस प्रकार सीखने को ही 'प्रयास और भूल' द्वारा सीखना कहा जाता है।

16. (c) सीखने की गति सदैव समान नहीं होती है। अत: यह आवश्यक है कि 'सीखने के पठार' के निराकरण हेतु सीखने वाले को दण्डित न किया जाए, अपितु सीखने वाले को प्रेरित किया जाए, शिक्षण विधियों को बदला जाए तथा उसकी कमजोरी के कारणों की खोज कर उन्हें दूर किया जाए।

17. (a) **18.** (b)

19. (c) मानसिक स्वास्थ्य विज्ञान वह विज्ञान है, जो मानसिक स्वास्थ्य को बनाए रखने, मानसिक रोगों को दूर करने, इन रोगों की रोकथाम करने तथा कुसमायोजन का निराकरण करने के उपाय बताता है।

20. (c) छात्रों के अंकों को आरोही क्रम में लिखने पर, 23, 36, 38, 40, 50, 51, 54

अभीष्ट माध्यिका = (7 + 1)/2 वाँ पद = 4वाँ पद = 40

21. (b) रुचि वह प्रेरक शक्ति है, जो हमें किसी वस्तु, व्यक्ति या क्रिया के प्रति ध्यान देने के लिए प्रेरित करती है। रुचि का अवधान से सीधा तथा घनिष्ठ सम्बन्ध होता है तथा दोनो साथ चलते हैं।

22. (b) सीखे हुए ज्ञान, कौशल या विषय का अन्य परिस्थितियों में उपयोग करना 'सीखने का स्थानान्तरण' कहलाता है। यह निम्न तीन प्रकार का होता है।

1. धनात्मक स्थानान्तरण
2. ऋणात्मक स्थानान्तरण
3. शून्य स्थानान्तरण

23. (a) पावलॉव का विचार था कि ''सीखना एक अनुबन्धनात्मक प्रक्रिया है तथा इस प्रक्रिया का प्रथम सोपान उत्तेजना है। यही उत्तेजना पहले किसी विशेष अनुक्रिया के साथ लगी रहती है तथा अन्त में वह किसी व्यवहार का कारण बन जाती है।''

24. (b) ''स्मृति सीखी गई वस्तु का सीधा उपयोग है।'' यह कथन बुडवर्थ का है।

25. (a)

26. (b) 'संवेग', प्राणी की जटिल दशा है, जिसमें शारीरिक परिवर्तन प्रबल भावना के कारण उत्तेजित दशा और एक निश्चित प्रकार का व्यवहार करने की प्रवृत्ति निहित रहती है। इनकी उत्पत्ति मूल प्रवृत्तियों के कारण होती है। अभी तक चौदह मूल प्रवृत्तियों को पहचाना जा चुका है।

27. (b) लावेल (Lawell) का विचार था कि ''अभिप्रेरणा किसी आवश्यकता की उत्पत्ति में उत्पन्न होती है। यह एक ऐसी क्रिया की ओर गतिशील होती है जो किसी आवश्यकता को सन्तुष्ट करेगी। यही कारण है की अकसर अभिप्रेरणा को 'आवश्यकता' भी कहा जाता है।''

28. (d) **29.** (b) **30.** (d)

❑❑❑

केंद्रीय शिक्षक पात्रता परीक्षा

कक्षा VI-VIII सॉल्व्ड पेपर-2014

बाल विकास एवं शिक्षण शास्त्र

1. प्रकृति-पोषण विवाद निम्नलिखित में से किससे सम्बन्धित है?

(a) आनुवांशिकी एवं वातावरण

(b) व्यवहार एवं वातावरण

(c) वातावरण एवं जीव विज्ञान

(d) वातावरण एवं पालन-पोषण

2. संज्ञानात्मक विकास निम्न में से किसके द्वारा समर्थित होता है?

(a) जितना सम्भव हो उतनी आवृत्ति से संगत और सुनियोजित परीक्षाओं का आयोजन करना

(b) उन गतिविधियों को प्रस्तुत करना जो पारम्परिक पद्धतियों को सुदृढ़ बनाती हैं

(c) एक समृद्ध और विविधतापूर्ण वातावरण उपलब्ध कराना

(d) सहयोगात्मक की अपेक्षा वैयक्तिक गतिविधियों पर अधिक ध्यान केन्द्रित करना

3. मानव विकास .... है।

(a) मात्रात्मक (b) गुणात्मक

(c) कुछ सीमा तक अमापनीय

(d) (a) और (b)

4. निम्न में से कौन-सी समाजीकरण की निष्क्रिय एजेंसी है?

(a) स्वास्थ्य क्लब (b) परिवार

(c) ईको क्लब

(d) सार्वजनिक पुस्तकालय

5. वाइगोत्स्की के सिद्धान्त में, विकास के निम्नलिखित में से कौन-से पहलू की उपेक्षा होती है?

(a) सामाजिक (b) सांस्कृतिक

(c) जैविक (d) भाषायी

6. ध्वनि सम्बन्धी जागरूकता निम्नलिखित में से किस क्षमता से सम्बन्धित है?

(a) ध्वनि संरचना पर चिन्तन करना व उसमें हेर-फेर करना

(b) सही-सही व धाराप्रवाह बोलना

(c) जानना, समझना व लिखना

(d) व्याकरण के नियमों में दक्ष होना

7. एक वर्ष तक के शिशु जब आँख, कान व हाथों से सोचते हैं, तो निम्नलिखित में से कौन-सा स्तर शामिल होता है?

(a) मूर्त संक्रियात्मक स्तर

(b) पूर्व-संक्रियात्मक स्तर

(c) इन्द्रियजनित गामक स्तर

(d) अमूर्त संक्रियात्मक स्तर

8. कक्षा-कक्ष में जेण्डर (लिंग) विभेद

(a) शिक्षार्थियों के निष्पादन को प्रभावित नहीं करता है

(b) शिक्षार्थियों के ह्रासोन्मुख प्रयासों अथवा निष्पादन का कारण बन सकता है

(c) पुरुष शिक्षार्थियों के वृद्धि-उन्मुख प्रयासों अथवा निष्पादन का कारण बन सकता है

(d) महिला शिक्षकों की अपेक्षा पुरुष शिक्षकों के द्वारा अधिक किया जाता है

9. रिया कक्षा-पिकनिक तय करने हेतु रिषभ से सहमत नहीं है। वह सोचती है कि बहुमत के अनुकूल बनाने के लिए नियमों का संशोधन किया जा सकता है। यह सहपाठी विरोध, पियाजे के अनुसार, निम्नलिखित में से किससे सम्बन्धित है?

(a) विषमांग नैतिकता

(b) संज्ञानात्मक अपरिपक्वता

(c) प्रतिक्रिया

(d) सहयोग की नैतिकता

10. निम्न में से कौन-सा सीखने की शैली का एक उदाहरण है?

(a) चाक्षुष (b) संग्रहण

(c) तथ्यात्मक (d) स्पर्श-सम्बन्धी

11. निम्न में से कौन-सा स्टर्नबर्ग का बुद्धि का त्रिस्तरीय सिद्धान्त का एक रूप है?

(a) व्यवहारिक बुद्धि

(b) प्रायोगिक बुद्धि

(c) संसाधनपूर्ण बुद्धि

(d) गणितीय बुद्धि

12. एक शिक्षक कक्षा के कार्य को एकत्र करता है और उन्हें पढ़ता है उसके बाद योजना बनाता है और अपने अगले पाठ को शिक्षार्थियों की आवश्यकताओं को पूरा करने के लिए समायोजित करता है। वह .... कर रहा/रही है।

(a) सीखने का आकलन

(b) सीखने के रूप में आकलन

(c) सीखने के लिए आकलन

(d) सीखने के समय आकलन

13. किसने सबसे पहले बुद्धि परीक्षण का निर्माण किया?

(a) डेविड वैश्लर (b) एल्फ्रेड बिने

(c) चार्ल्स एडवर्ड स्पीयरमैन

(d) रॉबर्ट स्टर्नबर्ग

14. वे शिक्षक जो विद्यालय आधारित आकलन के अन्तर्गत कार्य करते हैं-

(a) उन पर अधिक कार्य का बोझ रहता है क्योंकि उन्हें सोमवार की परीक्षा सहित अकसर परीक्षा लेनी पड़ती है

(b) उन्हें प्रत्येक शिक्षार्थी को प्रत्येक विषय में परियोजना कार्य देना पड़ता है

(c) शिक्षार्थियों के मूल्यों और अभिवृत्तियों का आकलन करने के लिए रोजाना उनका सूक्ष्म अवलोकन करते हैं

(d) व्यवस्था के लिए स्वामित्व की भावना रखते हैं

15. "ग्रेड अंकों से कैसे अलग हैं?" यह प्रश्न निम्न में से किस प्रकार के प्रश्नों से सम्बन्ध रखता है?

(a) अपसारी
(b) विश्लेषणात्मक
(c) मुक्त-अन्त
(d) समस्या-समाधान

16. गणित में अधिगम निर्योग्यता का आकलन निम्न में से किस परीक्षण द्वारा सर्वाधिक उचित तरीके से किया जा सकता है?

(a) अभिक्षमता परीक्षण
(b) निदानात्मक परीक्षण
(c) स्क्रीनिंग परीक्षण
(d) उपलब्धि परीक्षण

17. छात्राएँ–

(a) गणित के सवाल अच्छे से सीखती हैं लेकिन उन्हें तब कठिनाई आती है जब उनसे उनके तर्क के बारे में पूछा जाता है
(b) अपनी आयु के लड़कों की तरह गणित में अच्छी हैं
(c) अपनी आयु के लड़कों की तुलना में स्थानिक अवधारणाओं में कम कुशलतापूर्ण निष्पादन करती हैं
(d) भाषिक और संगीत सम्बन्धी अधिक क्षमताएँ रखती हैं

18. सिद्धान्त चित्र.........के द्वारा नवीन अवधारणाओं की समझ बढ़ाते हैं।

(a) विषय-क्षेत्रों के बीच ज्ञान के स्थानान्तरण
(b) विशिष्ट विवरण पर एकाग्रता केन्द्रित करने
(c) अध्ययन के लिए शैक्षणिक विषय-वस्तु की प्राथमिकता तय करने
(d) तर्कपूर्ण ढंग से सूचनाओं को व्यवस्थित करने की योग्यता को बढ़ाने

19. शब्दों में अक्षरों के क्रम को पढ़ने में कठिनाई का अनुभव करना और अकसर चाक्षुष स्मृति का ह्रास .... से सम्बन्धित है।

(a) डिस्लेक्सिया (b) डिस्केल्कुलिया
(c) डिसग्राफिया (d) डिस्प्राक्सिया

20. एल्बर्ट बैन्ड्यूरा के सामाजिक अधिगम सिद्धान्त के अनुसार निम्न में से कौन-सा सही है?

(a) खेल अनिवार्य है और उसे विद्यालय में प्राथमिकता दी जानी चाहिए
(b) बच्चों के सीखने के लिए प्रतिरूपण (मॉडलिंग) एक मुख्य तरीका है
(c) अनसुलझा संकट बच्चे को नुकसान पहुँचा सकता है
(d) संज्ञानात्मक विकास सामाजिक विकास से स्वतन्त्र है

21. 'सभी के लिए विद्यालयों में सभी की शिक्षा' निम्नलिखित में से किसके प्रचार वाक्य हो सकता है?

(a) संसक्तिशील शिक्षा
(b) समावेशी शिक्षा
(c) सहयोगात्मक शिक्षा
(d) पृथक् शिक्षा

22. प्रवाहपूर्णता, व्याख्या, मौलिकता और लचीलापन..........के साथ सम्बन्धित तत्व हैं।

(a) प्रतिभा (b) गुण
(c) अपसारी चिन्तन (d) त्वरण

23. निगमनात्मक तर्कणा में शामिल है/हैं-

(a) सामान्य से विशिष्ट की ओर तर्कणा
(b) विशिष्ट से सामान्य की ओर तर्कणा
(c) ज्ञान का सक्रिय निर्माण और पुनर्निर्माण
(d) अन्वेषणपरक सीखना और स्वत: खोजपरक सम्बन्धी पद्धतियाँ

24. प्रतिभाशाली शिक्षार्थियों को...........से जुड़े प्रश्नों पर अधिक समय देने के लिए कहा जा सकता है।

(a) स्मरण (b) समझ
(c) सर्जन (d) विश्लेषण

25. जब बच्चे एक अवधारणा को सीखते हैं और उसका प्रयोग करते हैं, तो अभ्यास उनके द्वारा की जाने वाली त्रुटियों को कम करने में मदद करता है। यह विचार .... के द्वारा दिया गया।

(a) ई. एल. थॉर्नडाइक
(b) जीन पियाजे
(c) जे. बी. वॉटसन
(d) लेव वाइगोत्स्की

26. ....प्रेरणाएँ अनुभूतियों के सन्तुष्टिकरण की अवस्थाओं तक पहुँचने और वैयक्तिक लक्ष्यों को प्राप्त करने की आवश्यकता को सम्बोधित करती हैं।

(a) प्रभावी (b) भावात्मक
(c) संरक्षण-उन्मुखी (d) सुरक्षा-उन्मुखी

27. निम्न में से कौन-सा कौशल संवेगात्मक बुद्धि से सम्बन्धित है?

(a) याद करना (b) गतिक प्रक्रमण
(c) विचार करना (d) सहानुभूति देना

28. एक आन्तरिक बल जो प्रोत्साहित करता है और व्यवहारपरक प्रतिक्रिया के लिए बाध्य करता है एवं उस प्रतिक्रिया को विशिष्ट दिशा उपलब्ध कराता है, है-

(a) अभिप्रेरण (b) अध्यवसाय
(c) संवेग (d) वचनबद्धता

29. निम्न में से कौन-सी शब्दावली प्राय: अभिप्रेरणा के साथ अन्त: बदलाव के साथ इस्तेमाल की जाती है?

(a) पुरस्कार (प्रेरक)
(b) संवेग
(c) आवश्यकता
(d) उत्प्रेरणा

30. निम्नलिखित में से कौन-सा कारक अधिगम को सकारात्मक प्रकार से प्रभावित करता है?

(a) अनुत्तीर्ण हो जाने का भय
(b) सहपाठियों से प्रतिस्पर्धा
(c) अर्थपूर्ण सम्बन्ध
(d) माता-पिता की ओर से दबाव

उत्तर व्याख्या सहित

1. (a)

2. (c) संज्ञानात्मक विकास से तात्पर्य बालकों में किसी संवेदी सूचनाओं को ग्रहण करके उस पर चिन्तन करने तथा क्रमिक रूप से उसे इस योग्य बनाने से होता है कि वह विभिन्न परिस्थितियों में समस्याओं का समाधान सरलता से कर सकें अर्थात् संज्ञानात्मक विकास समृद्ध तथा विविधतापूर्ण वातावरण की उपलब्धता को समर्थित करता है।

3. (d)

4. (d) सामाजिक प्रत्याशाओं तथा सामाजिक मानदण्डों के अनुसार, जब बालक व्यवहार करना सीख लेता है, तो इसे समाजीकरण की संज्ञा दी जाती है। स्वास्थ्य क्लब, परिवार, ईको क्लब इसके प्रमुख सक्रिय साधन हैं किन्तु 'सार्वजनिक पुस्तकालय' इसका एक निष्क्रिय साधन है।

5. (c) वाइंगोत्स्की ने अपने सिद्धान्त में, विकास के जैविक पहलू की उपेक्षा की है। उन्होंने बालक के विकास में सामाजिक कारकों, सांस्कृतिक कारकों तथा भाषा को महत्त्वपूर्ण माना है सलिए उनके सिद्धान्त को 'सामाजिक-सांस्कृतिक सिद्धान्त' भी कहा जाता है।

6. (a)

7. (c) इन्दियजनित गामक स्तर पर एक वर्ष तक के शिशु आँख, कान व हाथ से सोचते हैं। वे हाथों से चीजों को इधर-उधर कर, चीजों की पहचान कर या किसी ध्वनि को सुनकर चिन्तन प्रारम्भ कर देते हैं किन्तु यह चिन्तन अधिक वास्तविक नहीं होता है।

8. (b) लिंग भेद शिक्षार्थियों की मानसिकता को प्रत्यक्ष रूप से प्रभावित करता है जिसके परिणामस्वरूप उनके ह्रासोन्मुख प्रयासों अथवा निष्पादनों पर प्रभाव पड़ता है।

9. (d)

10. (a) 'चाक्षुष' (Visual) सीखने की शैली का एक महत्त्वपूर्ण उदाहरण है।

11. (a) स्टर्नबर्ग ने अपने बुद्धि त्रिस्तरीय सिद्धान्त में तीन तरह की बुद्धि बताई हैं

1. विश्लेषणात्मक बुद्धि
2. सर्जनात्मक बुद्धि
3. व्यावहारिक बुद्धि।

12. (c)

13. (b) बुद्धि परीक्षण, बुद्धि की माप का सर्वश्रेष्ठ साधन है। सबसे पहले बुद्धि परीक्षण का निर्माण एल्फ्रेड बिने तथा साइमन द्वारा मिलकर वर्ष 1905 में किया गया था।

14. (d) **15.** (b) **16.** (b)

17. (b) **18.** (d) **19.** (a)

20. (b) एल्बर्ट बैन्ड्यूरा के सामाजिक अधिगम सिद्धान्त के अनुसार, बच्चों का सिखाने के लिए प्रतिरूपण (मॉडलिंग) एक मुख्य तरीका है। जैसे कोई बालक अपने उन चहेते अभिनेताओं के व्यवहार को अपने व्यवहार में शामिल कर लेता है जैसा उन्हें वह टेलीविजन, चलचित्र आदि में करते देखता है।

21. (b) समावेशी शिक्षा, सभी नागरिकों की समानता के अधिकार को जानने तथा सभी शिक्षार्थियों को बिना किसी भेदभाव के साथ शिक्षा के समान अवसर उपलब्ध कराती है। अतः ''सभी के लिए विद्यालयों में सभी की शिक्षा'' समावेशी शिक्षा का प्रचार वाक्य हो सकता है।

22. (a)

23. (a) निगमनात्मक तर्कणा वैसी तर्कणा को कहा जाता है जिसमें व्यक्ति सामान्य से विशिष्ट की ओर चलता है। जैसे सभी मनुष्य मरणशील है तथा मोहन एक मनुष्य है। अतः मोहन मरणशील है।

24. (c) प्रतिभाशाली शिक्षार्थी शारीरिक गठन, सामाजिक समायोजन, व्यक्तित्व के लक्षणों, विद्यालय-उपलब्धि, खेल की सूचनाओं और रुचियों की बहुरूपता में सामान्य बालकों से बहुत श्रेष्ठ होते हैं। ऐसे शिक्षार्थियों को सर्जन से जुड़े प्रश्नों पर अधिक समय देने के लिए कहा जा सकता है।

25. (a)

26. (b)

27. (d)

28. (a) 'अभिप्रेरण' एक ऐसा आन्तरिक बल है, जो बालक को प्रोत्साहित करता है और व्यवहारपरक प्रतिक्रिया के लिए उसे बाध्य करता है एवं उस प्रतिक्रिया को विशिष्ट दिशा उपलब्ध कराता है।

29. (c) मनोवैज्ञानिकों ने आवश्यकता को अभिप्रेरणा की उत्पत्ति में पहला कदम बताया है। व्यक्ति में मुख्तः दो तरह की आवश्यकताएँ होती हैं 1. जैविक आवश्यकताएँ तथा 2. सामाजिक आवश्यकताएँ। प्रायः अभिप्रेरणा के साथ इनका प्रयोग अन्तः बदलाव के साथ किया जाता है।

30. (c) अर्थपूर्ण सम्बन्ध अधिगम को सकारात्मक रूप से प्रभावित करता है अर्थात् सीखे जाने वाली सामग्री के सार तत्व को एक नियम के अनुसार समझकर तथा उसका सम्बन्ध गत ज्ञान से जोड़ते हुए सीखा जाता है।

❑❑❑

हरियाणा शिक्षक पात्रता परीक्षा

कक्षा VI-VIII सॉल्व्ड पेपर-2014

बाल विकास एवं शिक्षण शास्त्र

1. जीन पियाजे की संज्ञानात्मक विकास की अवस्थाओं के अनुसार जिसे पूर्व-प्रत्ययात्मक काल जाना जाता है, निम्न में से किससे सम्बन्धित है?

(a) इन्द्रिय गति अवस्था से
(b) मूर्त संक्रिया अवस्था से
(c) पूर्व संक्रियात्मक अवस्था से
(d) औपचारिक संक्रिया अवस्था से

2. "हम में से कुछ लोग, कुछ जो लम्बे हैं तथा कुछ जो छोटे हैं, कुछ जो गोरे हैं तथा कुछ जो काले हैं, कुछ लोग मजबूत हैं तथा कुछ कमजोर हैं।" यह कथन किस स्थापित सिद्धान्त पर आधारित है?

(a) बुद्धि व लैंगिक विभिन्नता पर
(b) बुद्धि व प्रजाति विभिन्नता पर
(c) वैयक्तिक विभिन्नता पर
(d) वैयक्तिक प्रगतिशीलता पर

3. एक व्यक्ति के "जीवन में नाम व प्रशंसा कमाने की इच्छा" किस प्रकार का अभिप्रेरक है?

(a) आन्तरिक अभिप्रेरक
(b) बाह्य अभिप्रेरक
(c) दैहिक अभिप्रेरक
(d) मनोवैज्ञानिक अभिप्रेरक

4. संपुष्ट कार्यक्रम जरूरी होते हैं-

(a) कमजोर अधिगमकर्ताओं के लिए
(b) प्रतिभाशाली बालकों के लिए
(c) साधारण बालकों के लिए
(d) शारीरिक रूप से अयोग्य बालकों के लिए

5. चिन्तन शक्ति के विकास की प्रक्रिया में निम्न में से कौन-सा कथन गलत है?

(a) ज्ञान व अनुभवों की यथेष्टता
(b) यथेष्ट अभिप्रेरणा
(c) यथेष्ट स्वतन्त्रता व लचीलापन
(d) कम बुद्धि व ज्ञान

6. वंशानुक्रम के सन्दर्भ में गलत कथन निम्न में से कौन-सा है?

(a) वंशानुक्रम बालक का लिंग निर्धारित करता है
(b) यह शारीरिक संगठन में महत्वपूर्ण योगदान देता है
(c) यह जुड़वाँ बालकों के जन्म में योगदान देता है
(d) इसमें रुचि, अभिवृत्ति, पसन्द, नापसन्द तथा मस्तिष्क की संवेदात्मक भावनाएँ समावेशित होती हैं

7. समावेशित विद्यालय योजना के सन्दर्भ में कौन-सा कथन गलत है?

(a) समानता की भावना का विकास
(b) धनात्मक आत्मसम्मान का विकास
(c) विशेष आवश्यकता वाले विद्यार्थियों में आत्महीनता की भावना का विकास
(d) विशेष बालकों के नैतिक आचरण को उठाना

8. निम्न में से कौन रचनात्मक आकलन का एक उपयुक्त उपकरण नहीं है?

(a) दत्तकार्य (b) मौखिक प्रश्न
(c) अवधि परीक्षा (d) प्रश्न व खेल

9. विज्ञान में मूल्यांकन-

(a) पूर्णतया वैज्ञानिक तथा बहुविकल्पीय परीक्षण होना चाहिए
(b) विद्यार्थियों के क्रिया-कलापों के अन्त में होना चाहिए
(c) सभी क्रिया-कलापों का एकीकृत भाग होना चाहिए
(d) केवल विषय व प्रत्ययों को शामिल करें तथा प्रक्रिया व अभिवृत्ति को छोड़ दें

10. चिन्तन अनिवार्य रूप से है एक-

(a) क्रियात्मक गतिविधि
(b) भावात्मक व्यवहार
(c) संज्ञानात्मक गतिविधि
(d) मनोगतिक प्रक्रिया

11. बुद्धि समावेश करती है-

(a) अपसारी चिन्तन का
(b) अभिसारी चिन्तन का
(c) समालोचित चिन्तन का
(d) विचारशील चिन्तन का

12. मनोविज्ञान का क्षेत्रवादी सिद्धान्त दिया-

(a) कर्ट लेविन ने
(b) सी टी मॉर्गन ने
(c) लियोन फेस्टिंगर ने
(d) हेनरी गोडार्ड ने

13. दुर्बलीकरण बाधा है-

(a) शारीरिक स्तर पर
(b) कार्यात्मक स्तर पर
(c) सामाजिक स्तर पर
(d) शैक्षिक स्तर पर

14. पद 'संवेगात्मक क्रान्ति' किस अवस्था से अधिक जुड़ा हुआ है?

(a) शैशवावस्था से
(b) बाल्यावस्था से
(c) किशोरावस्था से
(d) प्रौढ़ावस्था से

15. पियाजे के संज्ञानात्मक सिद्धान्त की अवस्थाओं का क्रम निम्न है-

(a) संवेदनात्मक गामक काल-मूर्त संक्रियात्मक काल-पूर्व संक्रियात्मक काल-औपचारिक संक्रियात्मक काल
(b) संवेदनात्मक गामक काल-मूर्त संक्रियात्मक काल-मूर्त संक्रियात्मक काल-औपचारिक संक्रियात्मक काल
(c) पूर्व-संक्रियात्मक काल-संवेदनात्मक गामक काल-मूर्त संक्रियात्मक काल-औपचारिक संक्रियात्मक काल
(d) पूर्व-संक्रियात्मक काल-संवेदनात्मक गामक काल-औपचारिक संक्रियात्मक काल-मूर्त संक्रियात्मक काल

16. किसने 'बहुबुद्धि सिद्धान्त' प्रतिपादित किया था?
(a) अल्फ्रेड बिने ने
(b) हॉवर्ड गार्डनर ने
(c) फ्रांसिस गाल्टन ने
(d) बी एस ब्लूम ने

17. एक सिद्धान्त के रूप में निर्मितिवाद-
(a) अनुकरण की भूमिका पर केन्द्रित करता है
(b) अधिगमकर्ता की स्वयं के शब्दों का निर्माण करने की भूमिका पर जोर देता है
(c) सूचनाओं को रटने तथा प्रत्यास्मरण द्वारा परीक्षण पर जोर देता है
(d) शिक्षक की प्रधान भूमिका पर जोर देता है

18. निचली कक्षाओं में बढ़ाते समय एक शिक्षक को प्राथमिकता देनी चाहिए-
(a) व्याख्यान विधि को
(b) दत्तकार्य को
(c) कहानी कथन को
(d) समूह चर्चा को

19. अधिगम कार्य के लिए विद्यार्थियों की तत्परता का आकलन करना शिक्षकों के लिए कठिन है क्योंकि-
(a) तत्परता के सभी तत्व एकसाथ-परिपक्व नहीं होते
(b) तत्परता के अधिकतर तत्व बाह्य रूप से दृश्य नहीं होते
(c) अभिभावक अपने बच्चों को उपलब्धि के लिए धकेलते हैं
(d) शिक्षक विद्यार्थियों के बाह्य व्यवहार का निर्णय करने में कमजोर होते हैं

20. युवा अधिगमकर्ताओं में निम्न में से कौन पढ़ने में कठिनाई का द्योतक नहीं है?
(a) अक्षर व शब्द अभिज्ञान में कठिनाई
(b) पठन गति व प्रवाह में कठिनाई
(c) शब्दों व विचारों को समझने में कठिनाई
(d) स्पेलिंग निरन्तरता में कठिनाई

21. इरफान खिलौने तोड़ता है तथा उसके अवयवों को देखने के लिए उसे अलग-अलग कर देता है। आप क्या करेंगे?
(a) इरफान की कभी भी खिलौने के साथ खेलने नहीं देंगे
(b) सदैव कड़ी नजर रखेंगे
(c) उसकी जिज्ञासु प्रकृति को बढ़ावा देंगे तथा उसकी ऊर्जा को दिशा प्रदान करेंगे
(d) उसे बताएँगे कि खिलौने नहीं तोड़ने चाहिए

22. मानव विकास की वह अवस्था जिसे 'सुनहरी अवस्था' कहा जाता है, वह है-
(a) शैशवावस्था (b) बाल्यावस्था
(c) किशोरावस्था (d) प्रौढ़ावस्था

23. वह विशेषता जोकि सहयोगात्मक स्थिति की सीमा में नहीं है-
(a) आमने-सामने अन्त:क्रिया
(b) वैयक्तिक जवाबदेही
(c) कार्यों पर जोर
(d) शिक्षक केन्द्रित

24. एक शिक्षण विधि में दो या अधिक शिक्षण सहयोगपूर्वक विषयों की योजना बनाते हैं, पूरा करते हैं तथा सदैव विद्यार्थियों पर इसके प्रभाव का मूल्यांकन आवर्ती रूप से करते हैं, यह विधि है-
(a) श्रव्य-दृश्य शिक्षण
(b) टोली शिक्षण
(c) दृश्य शिक्षण
(d) वैयक्तिक शिक्षण

25. सृजनात्मकता के बारे में क्या गलत है?
(a) सृजनात्मकता तथा बुद्धि सदैव साथ-साथ चलते हैं
(b) सृजनात्मकता में लचीलापन होता है
(c) सृजनात्मकता सार्वभौमिक प्रत्यय है
(d) सृजनात्मकता में अहम् का समावेश होता है

26. व्यवहार का 'संवेगात्मक' पहलू निम्न से सम्बन्धित होता है-
(a) सीखने के संज्ञानात्मक पक्ष से
(b) सीखने के भावात्मक पक्ष से
(c) सीखने के क्रियात्मक पक्ष से
(d) सीखने के मनोवैज्ञनिक पक्ष से

27. जब एक क्षेत्र का अधिगम दूसरे क्षेत्र के अधिगम में सहायता करता है, तो उसे कहते हैं-
(a) अधिगम का धनात्मक अन्तरण
(b) अधिगम का ऋणात्मक अन्तरण
(c) अधिगम का शून्य अन्तरण
(d) अधिगम का परम अन्तरण

28. एक अच्छा विद्यालय वह है-
(a) जो कड़ी प्रतियोगिता की भावना पर जोर देता है
(b) जहाँ प्रत्येक बालक खुशी का अनुभव करे व बिना एक दूसरे के सहयोग से वैयक्तिक रूप से सीखे
(c) जो बालक के सामाजिक स्तरीकरण को समझे तथा कक्षा के वातावरण को प्रगतिशील व प्रेरणास्पद बनाए
(d) जो आदर्श उत्तरों को याद करने पर जोर दे

29. एक अच्छे शिक्षक का सबसे महत्त्वपूर्ण गुण है-
(a) विषय-वस्तु का पूर्ण ज्ञान
(b) अच्छा सम्प्रेषण कौशल
(c) विद्यार्थियों के हित का ध्यान रखना
(d) प्रभावी नेतृत्व का गुण

30. एक कक्षा में एक शिक्षक पढ़ाने के लिए बाल केन्द्रित उपागम का प्रयोग कर रहा है। यह तरीका उपयुक्त नहीं है-
(a) समूह वार्तालाप के लिए
(b) प्रोजेक्ट विधि के लिए
(c) प्रदर्शन के लिए
(d) प्रश्नोत्तर के लिए

उत्तर व्याख्या सहित

1. (c) जीन पियाजे ने बालकों के संज्ञानात्मक विकास (Cognitive Devlopment) की व्याख्या करने के लिए चार अवस्था वाले एक सिद्धान्त का प्रतिपादन किया। इस सिद्धान्त की दूसरी अवस्था ''पूर्व-संक्रियात्मक अवस्था'' को जो 2 से 7 वर्ष तक की अवधि तक होती है। 'पूर्व-प्रत्ययात्मक काल' के नाम से भी जाना जाता है।

2. (c) **3.** (a) **4.** (b)

5. (d) 'चिन्तन' प्रतिमाओं, प्रतीकों, सम्प्रत्ययों, नियमों एवं अन्य मध्यस्थ इकाइयों को जोड़-तोड़ है। चिन्तन शक्ति के विकास की प्रक्रिया में ज्ञान, अनुभव, अभिप्रेरणा, स्वतन्त्रता व लचीलेपन की भूमिका अहम होती है।

6. (d) 'वंशानुक्रम' से तात्पर्य शारीरिक एवं मानसिक गुणों के संचरण से है, जो माता-पिता से प्राप्त होते हैं। इनमें रुचि, अभिवृत्ति आदि की संवेगात्मक भावनाएँ समावेशित नहीं होती।

7. (c) एक समावेशी विद्यालय वह है, जिसमें समाज के सभी वर्गों के बच्चों को शिक्षा की मुख्य धारा में समाविष्ट कर उन्हें शिक्षा के समान अवसर उपलब्ध कराए जाते हैं जहाँ उनमें समानता की भावना धनात्मक आत्मसम्मान का विकास करने के साथ उनमें नैतिक आचरण को उठाया जाता है।

8. (a) रचनात्मक आकलन से तात्पर्य ऐसी प्रक्रिया से है जिसके द्वारा बच्चों की अधिगम की गुणवत्ता का विस्तार किया जा सके। अवधि परीक्षा, मौखिक प्रश्न व खेल इसके प्रमुख उपकरण हैं।

9. (c)

10. (d) चिन्तन अनिवार्य रूप से एक मनोगतिक प्रक्रिया है, जो किसी इच्छा के कारण पैदा होती है तथा इच्छा को सन्तुष्ट करती है।

11. (b)

12. (a) मनोविज्ञान का क्षेत्रवादी सिद्धान्त कर्ट लेविन द्वारा दिया गया था। इस सिद्धान्त में मनुष्य तथा उसके सीखने की प्रक्रिया को निरपेक्ष न मानकर सापेक्ष माना जाता है साथ ही अनुभव के स्थान पर व्यवहार को अधिक बल दिया गया है।

13. (b) **14.** (c)

15. (b) पियाजे के संज्ञानात्मक सिद्धान्त की अवस्थाओं का क्रम निम्नवत् है-

1. संवेदनात्मक गामक काल (जन्म से 2 वर्ष तक)

2. पूर्व संक्रियात्मक काल (2 वर्ष से 7 वर्ष तक)

3. मूर्त संक्रियात्मक काल (7 वर्ष से 12 वर्ष तक)

4. औपचारिक संक्रियात्मक काल (12 वर्ष से ऊपर)

16. (b) 'बहुबुद्धि सिद्धान्त' का प्रतिपादन हॉवर्ड गार्डनर द्वारा किया गया था। उनका विचार था कि बुद्धि का स्वरूप एकांकी न होकर बहुकारकीय होता है। अब तक बुद्धि के 9 प्रकारों की खोज हो चुकी है।

17. (b)

18. (c) निचली कक्षाओं में पढ़ाते समय एक शिक्षक को सदैव कहानी कथन को प्राथमिकता देनी चाहिए क्योंकि कहानी कथन के माध्यम से बच्चों में चिन्तन का विकास होता है।

19. (a) किसी कार्य को करने के लिए तैयार रहना 'तत्परता' कहलाता है किन्तु इसका आकलन करना एक शिक्षक के लिए कठिन होता है क्योंकि इसमें सभी तत्व एक साथ परिपक्व नहीं होते हैं।

20. (b)

21. (c) बालक के सृजनात्मक विकास हेतु यह आवश्यक है कि उसकी नवीन रचना या उत्पादन की प्रवृत्ति को बढ़ावा दिया जाए तथा उसकी ऊर्जा को सही दिशा प्रदान की जाए।

22. (b) शैक्षिक दृष्टिकोण से जीवन चक्र में बाल्यावस्था से अधिक कोई महत्वपूर्ण अवस्था नहीं है इसलिए इसे 'सुनहरी अवस्था' कहा जाता है।

23. (d) **24.** (b) **25.** (a)

26. (b) व्यवहार का 'संवेगात्मक' पहलू सीखने के भावात्मक रूप से सम्बन्धित है। इसके अन्तर्गत व्यक्ति की संवेगात्मक दशा को आसानी से पहचाना जा सकता है।

27. (a) जब एक क्षेत्र का अधिगम दूसरे क्षेत्र के अधिगम में सहायता करता है, तो इस प्रकार के अधिगम अन्तरण को 'धनात्मक अन्तरण' कहा जाता है। जैसे यदि किसी बालक को हिन्दी भाषा सीखने से भोजपुरी भाषा सीखने को मदद मिलती है।

28. (c)

29. (*) विकल्प (1) एवं (2) दोनों सही हैं।

30. (c)

❑❑❑

उत्तर प्रदेश शिक्षक पात्रता परीक्षा

कक्षा I-V सॉल्व्ड पेपर-2013

बाल विकास एवं शिक्षण शास्त्र

1. 'संवेग व्यक्ति की उत्तेजित दशा है' यह कथन निम्नांकित में से किसका है?

(a) पियाजे (b) वुडवर्थ
(c) वैलेन्टाइन (d) रॉस

2. शैक्षिक विकास में मूल्यांकन का अर्थ है–

(a) छात्रों की प्रगति का आकलन
(b) कक्षा अभिलेखों का मूल्यांकन
(c) कार्य निष्पादन का मूल्यांकन
(d) ज्ञान क्षमता का मूल्यांकन

3. पूर्वाग्रही किशोर/किशोरी अपनी.......... के प्रति कठोर होंगे।

(a) समस्या (b) जीवनशैली
(c) सम्प्रत्यय (d) वास्तविकता

4. संज्ञानात्मक विकास के चार चरणों.......…संवेदी पेशीय, पूर्व संक्रियात्मक और औपचारिक संक्रियात्मक की पहचान की गई है।

(a) हिलगार्ड द्वारा (b) स्टॉट द्वारा
(c) हरलॉक द्वारा (d) पियाजे द्वारा

5. कौन-से गुण अच्छे मानसिक स्वास्थ्य के नहीं हैं?

(a) नियमित जीवन, संवेगात्मक परिपक्वता
(b) आत्मविश्वास, सहनशीलता
(c) बहुत विनीत, स्वयं में सीमित
(d) वास्तविकता की स्वीकृति, स्व-मूल्यांकन की योग्यता

6. अधिगम क्षमता निम्नलिखित में से किससे प्रभावित नहीं होती?

(a) आनुवांशिकता (b) वातावरण
(c) प्रशिक्षण/शिक्षण (d) राष्ट्रीयता

7. किस अधिगम मनोवैज्ञानिक ने बाल-अधिगम विकास में पुरस्कार को महत्व नहीं दिया है?

(a) थार्नडाइक (b) पावलॉव
(c) स्किनर (d) गुथरी

8. निम्नलिखित में से किस एक से शिशु के अधिगम को सहायता नहीं मिलती?

(a) अनुकरण (b) अभिप्रेरणा
(c) स्कूल का बस्ता (d) पुरस्कार

9. स्व-केन्द्रित अवस्था होती है बालक के

(a) जन्म से 2 वर्ष तक
(b) 3 से 6 वर्ष तक
(c) 7 वर्ष से किशोरावस्था तक
(d) किशोरावस्था में

10. माँ-बाप के साये से बाहर निकल अपने साथी बालकों की संगत को पसन्द करना सम्बन्धित है–

(a) किशोरावस्था से
(b) पूर्व किशोरावस्था से
(c) उत्तर बाल्यावस्था से
(d) शैशवावस्था से

11. सीखने का प्राथमिक मूलभूत नियम सम्बन्धित है–

(a) अभ्यास कार्य से
(b) परिणाम की अपेक्षा से
(c) प्रशंसा से
(d) तत्परता से

12. मानसिक परिपक्वता की ऊँचाइयों को छूने के लिए प्रयत्नरत रहना सम्बन्धित है–

(a) किशोरावस्था से
(b) प्रौढ़ावस्था से
(c) पूर्व बाल्यावस्था से
(d) उत्तर बाल्यावस्था से

13. सीखने की प्रक्रिया को प्रभावित करने वाले कारक हैं–

(a) अनुकरण
(b) प्रशंसा एवं निन्दा
(c) प्रतियोगिता
(d) ये सभी

14. बालकों के सीखने में प्रेरणा को किस रूप में उपयोगी माना जाता है?

(a) बालक की वैयक्तिकता का आदर
(b) पुरस्कार एवं दण्ड
(c) प्रशंसा एवं भर्त्सना
(d) उपरोक्त सभी

15. कक्षा में विद्यार्थियों को अधिगम के लिए प्रेरित करने हेतु किस युक्ति का अनुप्रयोग आप नहीं करते हैं?

(a) छात्रों में स्वस्थ प्रतिस्पर्धा स्थापित करना
(b) उन्हें आत्म गौरव की अनुभूति कराना
(c) उनकी अत्यधिक प्रशंसा करना
(d) गतिविधि आधारित शिक्षण-अधिगम विधियों का अनुप्रयोग करना

16. बुद्धि एवं सृजनात्मकता में किस प्रकार का सहसम्बन्ध पाया गया है?

(a) धनात्मक (b) ऋणात्मक
(c) शून्य (d) ये सभी

17. कक्षा में अनुशासन बनाए रखने के लिए सर्वाधिक प्रभावशाली उपाय क्या है?

(a) अनुशासनहीन छात्रों को कक्षा से बाहर निकाल देना
(b) शिक्षण को रोचक एवं व्यवहारिक बनाना
(c) छात्रों के अभिभावकों को सूचित करना
(d) अनुशासनहीन छात्रों को विशिष्ट सुविधाएँ प्रदान करना

18. शैशवावस्था में बच्चों के क्रिया-कलाप ....होते हैं।

(a) मूलप्रवृत्यात्मक (b) संरक्षित
(c) संज्ञानात्मक (d) संवेगात्मक

19. जिन विद्यालयों में समेकित शिक्षा दी जाती है उसके शिक्षकों को किस क्षेत्र विशेष में प्रशिक्षित करना चाहिए?

(a) विशेष आवश्यकता वाले बच्चों की पहचान और शिक्षण
(b) व्याख्यान विधि द्वारा शिक्षण
(c) क्रियात्मकता के साथ शिक्षण
(d) उपरोक्त में से कोई नहीं

20. निम्नलिखित में से किस समूह के बच्चों को समायोजन की समस्या होती है?

(a) औसत बुद्धि के बच्चे
(b) ग्रामीण बच्चे

(c) अध्ययनशील बच्चे
(d) कुशाग्र बुद्धि के बच्चे

21. किसी शिक्षक को यदि यह लगता है कि उसका एक विद्यार्थी जो पहले विषय-वस्तु को भली प्रकार सीख रहा था। उसमें स्थिरता आ गई है। शिक्षक को इसे–
(a) सीखने की प्रक्रिया की स्वाभाविक स्थिति मानना चाहिए
(b) विषय को स्पष्टता से पढ़ाना चाहिए
(c) विद्यार्थी को प्रेरित करना चाहिए
(d) उपचारात्मक शिक्षण करना चाहिए

22. अपनी कक्षा के एक विद्यार्थी की प्रवृत्ति को यदि शिक्षक बदलना चाहता है, तो उसे.........
(a) विद्यार्थी के साथ कड़ाई से पेश आना होगा
(b) कक्षा के अन्य विद्यार्थियों को उससे न जानने योग्य दूरी बनाए रखने के लिए कहना होगा
(c) उसके समूह के सभी सदस्यों की प्रवृत्ति बदलनी होगी
(d) विद्यार्थी को पढ़ने के प्रति प्रेरित करना होगा

23. विकास का वही सम्बन्ध परिपक्वता से है जो उद्दीपन का.......से
(a) परिवर्तन (b) प्रतिक्रिया
(c) प्रयास (d) परिणाम

24. पियाजे मुख्यत:...........के क्षेत्र में योगदान के लिए जाने जाते हैं।
(a) भाषा विकास
(b) ज्ञानात्मक विकास
(c) नैतिक विकास
(d) सामाजिक विकास

25. ''जब कभी दो या अधिक व्यक्ति एकसाथ मिलते हैं और एक-दूसरे को प्रभावित करते हैं, तो वे एक सामाजिक समूह का निर्माण करते हैं'' यह कथन–
(a) आंशिक रूप से सत्य है
(b) सत्य है
(c) कदाचित सत्य है
(d) असत्य है

26. शिक्षण-प्रक्रिया में निम्नलिखित में किसका भली प्रकार ध्यान रखना चाहिए?
(a) विद्यार्थियों की सक्रिय सहभागिता
(b) अनुशासन और नियमित उपस्थिति
(c) गृहकार्य की जाँच में लगन
(d) विषय-वस्तु का कठिनाई स्तर

27. निम्नलिखित व्यक्तियों में से कौन अपने बच्चे/बच्चों को आन्तरिक प्रेरणा दे रहा है?
(a) फादर रॉबर्ट अपनी कक्षा के उन बच्चों को चॉकलेट देते हैं जो अच्छा व्यवहार करते हैं
(b) अगली कक्षा में कक्षोन्नति पाने पर नन्द कुमार अपने पुत्र को कहानी की पुस्तकें देते हैं
(c) अपने पुत्र के जन्मदिन पर गिरिजेश कुमार दावत देते हैं
(d) विज्ञान विषयों में सर्वोच्च अंक पाने पर राकेश कुमार अपने पुत्र की प्रशंसा करते हैं

28. बच्चों के सामाजिक विकास में.........का विशेष महत्व है।
(a) खेल (b) बाल साहित्य
(c) दिनचर्या (d) संचार माध्यम

29. भाटिया बैटरी का प्रयोग निम्न में से किसके परीक्षण हेतु किया जाता है?
(a) व्यक्तित्व (b) बुद्धि
(c) सृजनात्मकता (d) अभिवृत्ति

30. कोहल्बर्ग का विकास सिद्धान्त निम्न में से किससे सम्बन्धित है?
(a) भाषा विकास
(b) संज्ञानात्मक विकास
(c) नैतिक विकास
(d) सामाजिक विकास

उत्तर व्याख्या सहित

1. (b) संवेगावस्था में व्यक्ति असामान्य व्यवहार करने लगता है। वुडवर्थ के अनुसार, 'संवेग' व्यक्ति की उत्तेजित दशा है।

2. (d) शैक्षिक विकास में मूल्यांकन से अभिप्राय शिक्षार्थियों द्वारा अर्जित ज्ञान क्षमता सम्बन्धी उपलब्धियों के मूल्यांकन से होता है।

3. (a) पूर्वाग्रही किशोर/किशोरी अपनी समस्याओं के प्रति कठोर होते हैं।

4. (d) जीन पियाजे एक प्रमुख स्विस मनोवैज्ञानिक थे। जब वे अल्फ्रेड विने की प्रयोगशाला में बुद्धि परीक्षणों पर काम कर रहे थे तब उन्होंने बालकों के संज्ञानात्मक विकास के विषय में सोचा तथा संज्ञानात्मक विकास की व्याख्या चार अवस्थाओं में बाँटकर की।

5. (c) मानसिक स्वास्थ्य एक तरह का समायोजी व्यवहार है जो व्यक्ति को जिन्दगी के सभी क्षेत्रों जैसे सांवेगिक सामाजिक एवं शैक्षिक आदि में असफलतापूर्वक समायोजन करने में मदद करता है। बहुत विनीत या स्वयं में सीमित होता अच्छे मानसिक स्वास्थ्य का लक्षण नहीं है।

6. (d) अधिगम क्षमता को प्रभावित करने वाले तत्वों में वातावरण आनुवंशिकता एवं शिक्षण प्रमुख हैं। जबकि राष्ट्रीयता का अधिगम क्षमता पर कोई प्रभाव नहीं पड़ता है।

7. (d) थार्नडाइक, पावलॉव तथा स्किनर ने अनेक प्रयोगों के माध्यम से यह सिद्ध किया है कि पुरस्कार बाल-अधिगम विकास में काफी महत्व रखता है।

8. (c) अधिगम (सीखना) एक ऐसी प्रक्रिया है जिसके द्वारा अनुभूति या अभ्यास के फलस्वरूप व्यवहार में अपेक्षाकृत स्थायी परिवर्तन होता है। अनुकरण, अभिप्रेरणा तथा पुरस्कार के माध्यम से शिशु को अधिगम में सहायता मिलती है।

9. (b) 3 से 6 वर्ष तक की अवस्था को पूर्व बाल्यावस्था कहा जाता है। इस अवस्था में बालक अपने सुखों की प्राप्ति हेतु तत्पर रहता है इसलिए ही इस अवस्था को स्वकेन्द्रित अवस्था भी कहा जाता है।

10. (b) पूर्व किशोरावस्था में बालक माता-पिता से हटकर एक सांवेगिक स्वतंत्रता कायम करना चाहता है। इसी कारण इस अवस्था में बालक अपने साथी बालकों की संगत को अन्य की तुलना में अधिक पसन्द करने लगता है।

11. (d) थार्नडाइक ने सीखने के मुख्य तीन नियमों की चर्चा की है जिनमें उन्होंने तत्परता के नियम को प्राथमिक माना है। यह नियम बताता है कि जब व्यक्ति किसी कार्य को करने के लिए तत्पर होता है तो उस कार्य को करने में उसे अन्य कार्यों की तुलना में अधिक सन्तोष मिलता है।

12. (a) किशोरावस्था वह समय है जिसमें बालक बाल्यावस्था से परिपक्वता की ओर संक्रमण करता है। जिसके परिणामस्वरूप वह इस अवस्था में मानसिक परिपक्वता की ऊँचाइयों को छूने हेतु प्रयत्नरत रहता है।

13. (d) उपरोक्त सभी सीखने की प्रक्रिया को प्रभावित करने वाले कारक हैं।

14. (d) प्रेरणा, व्यवहार को जाग्रत करके सीखने के विकास का पोषण करती है। यह सीखने में बालक की वैयक्तिकता का आदर, पुरस्कार एवं दण्ड तथा प्रशंसा एवं भर्त्सना के रूप में उपयोगी मानी जाती है।

15. (c) अत्यधिक प्रशंसा, शिक्षण-अधिगम प्रक्रिया में नकारात्मक सिद्ध हो सकती है। जिसमें परिणामस्वरूप अधिगम कार्य अवरुद्ध हो सकता है।

16. (a) बुद्धि एवं सर्जनात्मकता दोनों ही अलग-अलग सम्प्रत्यय हैं, फिर भी दोनों में धनात्मक सहसम्बन्ध पाया जाता है अर्थात् बुद्धि के बढ़ने पर सर्जनात्मकता बढ़ती है तथा बुद्धि के घटने पर सर्जनात्मकता भी घटती है।

17. (b) सामाजिक समूह द्वारा अनुमोदित नैतिक व्यवहार बालकों को सीखना ही अनुशासन है। यदि कक्षा-कक्ष में शिक्षण को रोचक एवं व्यवहारिक बनाया जाए, तो कक्षा-कक्ष का वातावरण अनुशासित होता है।

18. (a) शैशवावस्था में शिशु के अधिकांश व्यवहार का आधार उसकी मूल प्रवृत्तियाँ होती हैं। जैसे यदि आपको किसी बात पर क्रोध आ जाता है, तो वह उसको वाणी या क्रिया द्वारा व्यक्त करता है।

19. (a) समेकित विद्यालयों के शिक्षकों को विशेष आवश्यकता वाले बच्चों की पहचान तथा सम्बन्धित शिक्षण प्रक्रिया की जानकारी होना आवश्यक है।

20. (d) कुशाग्र बुद्धि के बच्चों को समायोजन की समस्या रहती है। ऐसे बच्चों के लिए शिक्षा का सफल कार्यक्रम वही हो सकता है, जिसका उद्देश्य उनकी विभिन्न योग्यताओं का विकास करना हो।

21. (a) सीखने की प्रक्रिया सदैव एवं सर्वत्र चलती रहती है। इसकी गति कभी तीव्र तो कभी मन्द हो सकती है। अत: यदि विद्यार्थी के सीखने में स्थिरता आई है, तो शिक्षक को इसे अधिगम प्रक्रिया की स्वभाविक स्थिति माननी चाहिए।

22. (c) प्रवृत्तियाँ प्रत्यक्ष या अप्रत्यक्ष रूप से व्यक्ति की समस्त क्रियाओं का चालक होती है। अत: पूरे समूह के सदस्यों की प्रवृत्ति को बदलकर ही एक विद्यार्थी की प्रवृत्ति को बदला जा सकता है।

23. (b) विकास का जो सम्बन्ध परिपक्वता से है, ठीक वैसा ही सम्बन्ध उद्दीपक का प्रतिक्रिया से है।

24. (b) बालकों के ज्ञानात्मक विकास के क्षेत्र में जीन पियाजे का योगदान विशिष्ट है। उन्होंने बालकों के ज्ञानात्मक विकास का अध्ययन अपने सिद्धान्त में चार अवस्थाओं में रखकर किया है।

25. (b)

26. (a) सफल शिक्षण-प्रक्रिया हेतु यह अत्यन्त आवश्यक है कि विद्यार्थियों की सहभागिता सक्रिय रूप से हो अन्यथा अधिगम प्रक्रिया नीरस हो जाती है।

27. (d) राकेश अपने पुत्र को विज्ञान विषयों में सर्वोच्च अंक लाने पर उसकी प्रशंसा कर रहा है अर्थात् वह उसे आन्तरिक रूप से प्रेरित कर रहा है।

28. (a) खेल एक ऐसा साधन है जिसके माध्यम से बालक की मूल प्रवृत्तियाँ अपने आपको प्रकाश में लाने की चेष्टा करती है तथा उसके सामाजिक विकास की दिशा को एक मार्ग मिलता है।

29. (b) भाटिया बैटरी का प्रयोग बुद्धि परीक्षण हेतु किया जाता है। इसका निर्धारण सी.एम. भाटिया द्वारा वर्ष 1955 में किया गया था।

30. (c) कोह्लबर्ग ने 10 से 16 साल के बच्चों के लिए साक्षात्कार से प्राप्त तथ्यों का विश्लेषण करके पियाजे के सिद्धान्त को विस्तारित परिवर्तित तथा परिष्कृत कर अपना एक नैतिक विकास का सिद्धान्त दिया जिसे उन्होंने तीन स्तर तथा छ: अवस्थाओं (प्रत्येक स्तर की दो अवस्थाएँ) में बाँटा।

❑❑❑

केंद्रीय शिक्षक पात्रता परीक्षा

कक्षा VI-VIII सॉल्व्ड पेपर-2013

बाल विकास एवं शिक्षण शास्त्र

1. निम्नलिखित में से कौन-सी बहुबुद्धि सिद्धान्त की आलोचना है?

(a) बहुबुद्धि केवल 'प्रतिभाएँ' हैं, जो पूर्ण रूप से बुद्धि में विद्यमान रहती हैं

(b) बहुबुद्धि शिक्षार्थियों को अपने रुझान को खोजने में मदद उपलब्ध कराती है

(c) यह व्यावहारिक बुद्धि पर आवश्यकता से अधिक बल देती है

(d) यह आनुभाविक साक्ष्यों को बिल्कुल भी समर्थन नहीं दे सकता

2. सामाजिक भूमिकाओं के कारण न कि जीव वैज्ञानिक सम्पत्ति के कारण सौंपी गई विशिष्टताएँ...............कहलाती हैं।

(a) जेंडर भूमिका अभिवृत्ति

(b) जेंडर भूमिका दबाव

(c) जेंडर भूमिका रूढ़िबद्धता

(d) जेंडर भूमिका नैदानिकी

3. निम्नलिखित में से कौन-से युग्म के सही होने की सम्भावना सबसे कम है?

(a) बच्चे भाषा के बारे में निश्चित ज्ञान के साथ प्रवेश करते हैं – चॉम्स्की

(b) भाषा और विचार प्रारम्भ में दो भिन्न गतिविधियाँ हैं – वाइगोत्स्की

(c) भाषा विचार पर आधारित है – पियाजे

(d) भाषा वातावरण में एक उद्दीपक है – बी.एफ. स्किनर

4. निम्नलिखित में से कौन-सा अधिगम को अधिकतम करने के लिए सर्वाधिक उचित है?

(a) शिक्षिका को अपनी संज्ञानात्मक शैली के साथ-साथ अपने शिक्षार्थियों की संज्ञानात्मक शैली की पहचान करनी चाहिए

(b) शिक्षार्थियों में वैयक्तिक भिन्नता को सहज बनाने के लिए समान शिक्षार्थियों के जोड़ बनाए जा सकते हैं

(c) अधिकतम परिणाम लाने के लिए शिक्षक केवल एक अधिगम शैली पर ध्यान केन्द्रित करता है

(d) समान सांस्कृतिक पृष्ठभूमि वाले शिक्षार्थियों को एक कक्षा में रखना चाहिए ताकि मत वैभिन्नय से बचा जा सके

5. ....के अतिरिक्त निम्नलिखित सभी सीखने के रूप में आकलन को बढ़ावा देते हैं।

(a) शिक्षार्थियों को आन्तरिक पृष्ठपोषण लेने के लिए कहना

(b) अवसर लेने हेतु शिक्षार्थियों के लिए एक सुरक्षित वातावरण का निर्माण करना

(c) पढ़ाए गए विषय पर मनन करने के लिए शिक्षार्थियों को कहना

(d) जितनी सम्भावना हो शिक्षार्थियों का लगातार परीक्षण लेना

6. निम्नलिखित में से.........के अतिरिक्त सभी के कारण अधिगम अक्षमता उत्पन्न हो सकती है।

(a) शिक्षक की शिक्षण-शैली

(b) जन्म से पहले माँ द्वारा मदिरा-सेवन

(c) मन्दबुद्धिता

(d) शैशवकाल के समय दिमागी बुखार

7. जब एक बावर्ची खाना पकाते समय खाने को चखता है, तो वह............के समान है।

(a) सीखने का आकलन

(b) सीखने के लिए आकलन

(c) सीखने के रूप में आकलन

(d) आकलन और सीखना

8. एक समावेशी विद्यालय...........के अतिरिक्त निम्नलिखित सभी प्रश्नों पर मनन करता है।

(a) क्या हम यह विश्वास करते हैं कि सभी शिक्षार्थी सीख सकते हैं?

(b) क्या हम अधिगमयोग्य परिवेश की योजना बनाने और उसे प्रदान करने के लिए समूह में कार्य करते हैं?

(c) क्या हम विशेष बालक को बेहतर देखभाल उपलब्ध कराने के लिए उचित तरीके से उन्हें सामान्य से अलग करते हैं?

(d) क्या हम शिक्षार्थियों की विविध आवश्यकताओं को पूरा करने के लिए युक्तियाँ अपनाते हैं?

9. अन्तरपरक अनुदेशन है–

(a) शिक्षार्थियों की आवश्यकताओं को पूरा करने के लिए समूहीकरण के विविध रूपों का प्रयोग करना

(b) कक्षा में प्रत्येक शिक्षार्थी के लिए कुछ अलग करना

(c) अव्यवस्थित अथवा स्वच्छन्द शिक्षार्थी गतिविधियाँ

(d) ऐसे समूहों का प्रयोग जो कभी नहीं बदलते

10. प्रतिभाशाली शिक्षार्थी..........हैं।

(a) अभिसारी चिंतक

(b) अपसारी चिंतक

(c) बहिर्मुखी

(d) बहुत परिश्रमी

11. सांस्कृतिक तथा भाषिक रूप से वैविध्यपूर्ण कक्षा में यह निश्चित करने से पहले कि शिक्षार्थी विशिष्ट शिक्षा-वर्ग में आता है या नहीं, एक शिक्षक को करना चाहिए–

(a) माता-पिता को इसमें सम्मिलित नहीं करना चाहिए क्योंकि उनके पास अपना कार्य होता है

(b) अक्षमता स्थापित करने से पहले शिक्षार्थी की मातृभाषा का मूल्यांकन करना चाहिए

(c) पारंगत मनोविज्ञानियों का उपयोग

(d) वातावरणीय कारकों को अप्रभावी बनाने के लिए बच्चे को अलग कर देना चाहिए

12. छायांकित क्षेत्र सामान्य वितरण में उन शिक्षार्थियों को प्रदर्शित करता है जो.........में आते हैं।

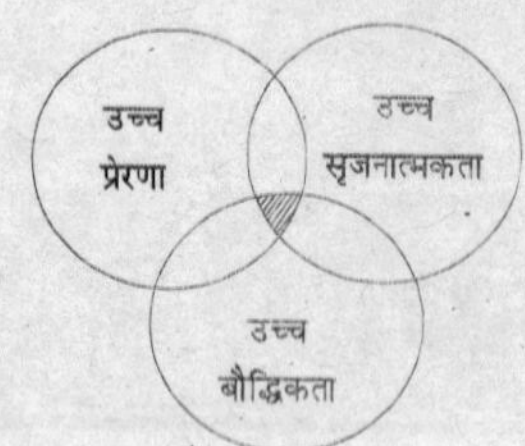

(a) $\sigma = 0$ पर
(b) $2\sigma - 3\sigma$ के बीच
(c) 3σ के बाद
(d) $\sigma - 2\sigma$ के बीच

13. दिए गए वाक्य को पूरा करने के लिए निम्नलिखित में से कौन-सा युग्म सर्वाधिक उचित विकल्प होगा?
जब बच्चे उन गतिविधियों में शामिल होते हैं जो.........होती हैं, तब वे जल्दी ....करते हैं।

(a) कक्षा-कक्ष में उपयोगी; विस्मरण
(b) केवल उनके कक्षा-कार्य से सम्बन्धित; प्रत्यास्मरण
(c) सांस्कृतिक रूप से निष्क्रीय; स्मरण
(d) वास्तविक जीवन में उपयोगी; सीखा

14. यदि शिक्षार्थी पाठ के दौरान लगातार गलतियाँ करते हैं, तो शिक्षक को–

(a) अनुदेशन, कार्य, समय-सारणी अथवा बैठने की व्यवस्था में परिवर्तन करना चाहिए
(b) पाठ को कुछ समय के लिए छोड़ देना चाहिए और कुछ समय के बाद वापस जाना चाहिए
(c) गलतियाँ करने वाले शिक्षार्थियों की पहचान करनी चाहिए और उनके बारे में प्राचार्य से बात करनी चाहिए
(d) गलतियाँ करने वाले शिक्षार्थियों को कक्षा-कक्ष से बाहर खड़ा कर देना चाहिए

15. सी.बी.एस.ई. शिक्षार्थियों के लिए व्यक्तिगत गतिविधियों के स्थान पर सामूहिक गतिविधियों की संस्तुति करती है। ऐसा करने के पीछे विचार हो सकता है–

(a) व्यक्तिगत प्रतिस्पर्द्धा के प्रति नकारात्मक संवेगात्मक प्रतिक्रियाओं से उबारना जो सम्पूर्ण अधिगम पर सामान्यीकृत हो सकती है
(b) प्रत्येक शिक्षार्थी के स्थान पर समूह में अवलोकन द्वारा शिक्षक के कार्य को सरल बनाने के लिए
(c) विद्यालयों के पास उपलब्ध समय को प्रासंगिक बनाना जबकि उनमें से अधिकांश के पास व्यक्तिगत गतिविधियों के लिए पर्याप्त समय नहीं होता
(d) गतिविधि की ढाँचागत लागत को कम करना

16. ....के अतिरिक्त निम्नलिखित कुछ तकनीकें हैं जो परीक्षा के कारण होने वाली चिन्ता को दूर करती हैं।

(a) प्रश्न-पत्र की संरचना (पैटर्न) से परिचित कराना
(b) परिणाम के बारे में बहुत अधिक सोचना
(c) समर्थन प्राप्त करना
(d) विशिष्टताओं पर बल देना

17. 'बच्चे फिल्मों में दिखाए गए हिंसात्मक व्यवहार को सीख सकते हैं।' यह निष्कर्ष निम्नलिखित में से किस मनोवैज्ञानिक द्वारा किए गए कार्य पर आधारित हो सकता है?

(a) एडवर्ड एल. थॉर्नडाइक
(b) जे.बी. वाटसन
(c) एल्बर्ट बंडूरा
(d) जीन पियाजे

18. ब्लूम की टैक्सोनॉमी............की पदानुक्रमिक व्यवस्था है।

(a) उपलब्धि लक्ष्यों
(b) पाठ्यचर्या सम्बन्धी घोषणाओं
(c) पठन कौशल
(d) संज्ञानात्मक उद्देश्यों

19. शिक्षार्थी फैशन शो को देखकर मॉडल्स का अनुकरण करने की कोशिश करते हैं। इस प्रकार के अनुकरण को........ कहा जा सकता है।

(a) प्राथमिक अनुकरण
(b) गौण अनुकरण
(c) सामाजिक अनुकरण
(d) सामान्यीकरण

20. अ, ब, स तीन शिक्षार्थी हैं जो अंग्रेजी पढ़ते हैं। 'अ' को यह विषय रोचक लगता है और वह सोचता है कि यह उसके भविष्य में सहायक होगा। 'ब' अंग्रेजी इसलिए पढ़ती है, क्योंकि वह कक्षा में पहला स्थान प्राप्त करना चाहती है। 'स' अंग्रेजी विषय इसलिए पढ़ता है, क्योंकि उसका प्राथमिक सरोकार उत्तीर्ण होने वाले ग्रेड्स प्राप्त करना है। अ, ब और स के उद्देश्य क्रमशः.............हैं।

(a) निपुणता, निष्पादन, निष्पादन-उपेक्षा
(b) निष्पादन, निष्पादन-उपेक्षा, निपुणता
(c) निष्पादन-उपेक्षा, निपुणता, निष्पादन
(d) निपुणता, निष्पादन-उपेक्षा, निष्पादन

21. हालाँकि यह स्पष्ट रूप से उनकी सुरक्षा आवश्यकताओं के उल्लंघन में था, कैप्टन विक्रम बतरा अपने देश को बचाने के दौरान कारगिल युद्ध में मारे गए। सम्भवत: उन्हें...........था/थी।

(a) नवीन अनुभव की प्राप्ति की इच्छा
(b) आत्म-सिद्धि की प्राप्ति
(c) अपने अपनत्व सम्बन्धी आवश्यकताओं की उपेक्षा
(d) अपने परिवार के नाम की ख्याति-प्राप्ति

22. ....के अतिरिक्त निम्नलिखित सभी तथ्य संकेत करते हैं कि बच्चा कक्षा में संवेगात्मक और सामाजिक रूप से समायोजित है।

(a) हमउम्र साथियों के साथ मधुर सम्बन्धों का विकास
(b) चुनौतीपूर्ण कार्यों पर ध्यान केन्द्रित करना और उन्हें दृढ़तापूर्वक करते रहना
(c) क्रोध तथा हर्ष दोनों को प्रभावी रूप से प्रबन्धित करना
(d) हमउम्र साथियों के साथ प्रतियोगिता पर दृढ़तापूर्वक ध्यान केन्द्रित करना

23. प्रतिक्रिया का विलोप होना निम्नलिखित में से किसके बाद अधिक कठिन है?

(a) आंशिक पुनर्बलन
(b) निरन्तर पुनर्बलन
(c) दण्ड
(d) मौखिक भर्त्सना

24. निम्न में से कौन-सा कथन बच्चे के विकास में परिवेश की भूमिका का समर्थन करता है?

(a) कुछ शिक्षार्थी सूचनाओं का जल्दी प्रक्रमण करते हैं। जबकि उसी शिक्षा के अन्य विद्यार्थी ऐसा नहीं कर पाते
(b) पिछली कुछ दशाब्दियों में बुद्धि-लब्धांक परीक्षा में शिक्षार्थियों के औसत प्रदर्शन में लगातार वृद्धि हुई है
(c) एकसमान जुड़वाँ बच्चे जिनका लालन-पालन भिन्न घरों में हुआ है, उनकी बुद्धि-लब्धि 0.75 के समान उच्च है
(d) शारीरिक रूप से स्वस्थ बच्चे अकसर नैतिक रूप से अच्छे पाए जाते हैं

25. ....के द्वारा निपुणता अभिविन्यास को प्रोत्साहित किया जा सकता है।

(a) शिक्षार्थियों के व्यक्तिगत प्रयासों पर ध्यान केन्द्रित करने
(b) शिक्षार्थियों की सफलता की परस्पर तुलना करने
(c) गृहकार्य के रूप में बहुत अधिक अभ्यास सामग्री देकर
(d) अनपेक्षित परीक्षा लेकर

26. समाजीकरण में सम्मिलित हैं– सांस्कृतिक संचरण और..........।

(a) विद्रोहियों को निरुत्साहित करना
(b) वैयक्तिक व्यक्तित्व विकास
(c) बच्चों को लेबलों में समायोजित करना
(d) संवेगात्मक समर्थन उपलब्ध कराना

27. निम्न में से किसका मिलान उचित है?

(a) शारीरिक विकास – वातावरण
(b) संज्ञानात्मक विकास – परिपक्वता
(c) सामाजिक विकास – वातावरण
(d) संवेगात्मक विकास – परिपक्वता

28. एक शिक्षिका दो एकसमान गिलासों को प्रदर्शित करती है जो जूस की समान मात्रा से भरे हुए हैं। वह उन्हें दो भिन्न गिलासों में खाली करती है जिनमें से एक लम्बा है और दूसरा चौड़ा है। वह बच्चों को उस गिलास की पहचान करने के लिए कहती है जिसमें जूस ज्यादा है। बच्चे प्रत्युत्तर देते हैं कि लम्बे गिलास में जूस ज्यादा है। शिक्षिका के बच्चों को. ....कठिनाई है।

(a) समायोजन (b) अहम्केन्द्रिता
(c) विकेन्द्रीकरण (d) पलटावी

29. करनैल सिंह कानूनी कार्यवाही तथा खर्चे के बावजूद आयकर नहीं देते। वे सोचते हैं कि वे एक भ्रष्ट सरकार को समर्थन नहीं दे सकते जो अनावश्यक बाँधों के निर्माण पर लाखों के रुपये खर्च करती है। वे सम्भवतः कोह्लबर्ग के नैतिक विकास की किस अवस्था में हैं?

(a) परम्परागत
(b) पश्च-परम्परागत
(c) पूर्व-परम्परागत
(d) परा-परम्परागत

30. जो बुद्धि सिद्धान्त बुद्धि में सम्मिलित मानसिक प्रक्रियाओं (जैसे परा-घटक) और बुद्धि द्वारा लिए जा सकने वाले विविध रूपों (जैसे सृजनात्मक बुद्धि) को शामिल करता है, वह है–

(a) स्पीयरमैन का 'जी' कारक
(b) स्टर्नबर्ग का बुद्धिमता का त्रितन्त्र सिद्धान्त
(c) बुद्धि का सावेंट सिद्धान्त
(d) थर्स्टन की प्राथमिक मानसिक योग्यताएँ

उत्तर व्याख्या सहित

1. (a) बहुबुद्धि सिद्धान्त का विकास गार्डनर द्वारा किया गया था। इस सिद्धान्त में गार्डनर ने यह स्पष्ट किया कि बुद्धि का स्वरूप एकाकी (Singular) न होकर बहुकारकीय होता है तथा बहुबुद्धि केवल प्रतिभाएँ हैं, जो पूर्ण रूप से बुद्धि में विद्यमान रहती हैं।

2. (c) **3.** (d)

4. (a) दिए गए सभी उपायों में से शिक्षिका द्वारा अपनी तथा शिक्षार्थियों की संज्ञानात्मक शैली की पहचान कर अधिगम कराना सर्वाधिक उचित होगा। चूँकि इससे शिक्षार्थी किसी संवेदी सूचनाओं को ग्रहण करके उस पर चिन्तन कर किसी समस्या के समाधान को आसानी से कर सकेंगे।

5. (d) जितनी सम्भावना हो शिक्षार्थियों का लगातार परीक्षण लेने के अतिरिक्त अन्य सभी सीखने के रूप में आकलन को बढ़ावा देते हैं क्योंकि आवश्यकता से अधिक बार किए जाने वाले परीक्षण भी बालक के अधिगम स्तर पर प्रत्यक्ष प्रभाव डालते हैं।

6. (a)

7. (b) सीखने के लिए आकलन कुछ ऐसा है जिसे 'निर्माणात्मक आकलन' के रूप में देखा जाता है। अतः जब एक बावर्ची खाना पकाते समय खाने को चखता है तो वह सीखने के लिए आकलन के समान होता है।

8. (c) समावेशी शिक्षा, सभी नागरिकों की समानता के अधिकार को पहचानने तथा सभी शिक्षार्थियों को विशिष्ट आवश्यकताओं के साथ-साथ शिक्षा के समान अवसर उपलब्ध कराती है। अतः एक समावेशी विद्यालय विशेष बालकों को बेहतर देखभाल करने के लिए उचित तरीके से उन्हें सामान्य से अलग करने पर बल नहीं देता है।

9. (a) शिक्षार्थियों की आवश्यकताओं को पूरा करने के लिए समूहीकरण के विविध रूपों का प्रयोग करना अन्तरपरक अनुदेशन कहलाता है।

10. (b) प्रतिभाशाली शिक्षार्थी शारीरिक विकास, शैक्षणिक उपलब्धि, बुद्धि और व्यक्तित्व में वरिष्ठ होते हैं। ऐसे शिक्षार्थियों में सामान्यतया अपसारी चिन्तन का गुण पाया जाता है।

11. (b) यह निश्चित करने से पहले कि शिक्षार्थी सांस्कृतिक तथा भाषिक रूप से किसी विशिष्ट शिक्षा वर्ग में आता है अथवा नहीं। शिक्षक को चाहिए कि वह सर्वप्रथम उसकी मातृभाषा का मूल्यांकन करें।

12. (c) छायांकित क्षेत्र सामान्य वितरण में उन शिक्षार्थियों को प्रदर्शित करता है जो 3σ के बाद आते हैं।

13. (d) जब बच्चे उन गतिविधियों में शामिल होते हैं, जो वास्तविक जीवन में उपयोगी होती हैं, तब वे जल्दी सीखा करते हैं। चूँकि दैनिक जीवन में उपयोगी गतिविधियाँ उनके पूर्वानुभव से सम्बन्धित होती हैं इसलिए बच्चे उन्हें सीखने में अधिक तत्परता प्रदर्शित करते हैं।

14. (a) यदि शिक्षार्थी शिक्षण प्रक्रिया के अन्तर्गत गलतियाँ कर रहे हैं, तो इसका अर्थ यह है कि अधिगम कार्य सुचारु रूप से नहीं हो रहा है अर्थात् प्रबन्धन व्यवस्थित नहीं है। ऐसी स्थिति में एक शिक्षक को चाहिए कि वह अनुदेशन, कार्य, समय-सारणी अथवा बैठने की व्यवस्था में सकारात्मक परिवर्तन करें।

15. (a) व्यक्तिगत प्रतिस्पर्द्धाएँ शिक्षार्थियों में नकारात्मक संवेगों को जन्म दे सकती हैं। जिससे बचने के लिए सीबीएसई सामूहिक गतिविधियों की संस्तुति करती है। सामूहिक प्रतिस्पर्द्धाओं के द्वारा अधिगम का सामान्यीकरण अधिक हो सकता है।

16. (b)

17. (c) एल्बर्ट बंडूरा ने सामाजिक अधिगम सिद्धान्त का प्रतिपादन किया था। उन्होंने पाया कि किशोरावस्था में किशोर को यदि आक्रामक व्यवहार को अकसर पुनर्बलित होने का, प्रेक्षण करने का मौका मिलता है, तो उसमें आक्रामक व्यवहार अधिक प्रबल पाया जाता है। अतः वह फिल्मों में दिखाए गए हिंसात्मक व्यवहार को जल्दी सीख सकते हैं।

18. (d) **19.** (c)

20. (a) 'अ' अंग्रेजी विषय को भविष्य में सहायक के रूप में स्वीकार कर रुचि के साथ पढ़ता है। अतः उसका उद्देश्य अंग्रेजी में निपुणता प्राप्त करने का है। 'ब' अंग्रेजी में अच्छे अंक प्राप्त

कर कक्षा में प्रथम स्थान प्राप्त करना चाहती है। अत: उसका उद्देश्य अंग्रेजी में अच्छा निष्पादन करने का होगा जबकि 'स' अंग्रेजी केवल इसलिए पढ़ता है कि उसे केवल पास होना है। अत: उसका उद्देश्य निष्पादन उपेक्षा करना होगा।

21. (b)

22. (d) हमउम्र साथियों के साथ किसी प्रतियोगिता पर दृढ़ता पूर्वक ध्यान केन्द्रित करने के अतिरिक्त अन्य सभी तथ्य संकेत करते हैं कि बच्चा कक्षा में संवेगात्मक और सामाजिक रूप से समायोजित है।

23. (a) जब पुनर्बलन नियमित न होकर अनियमित रूप से प्रदान किया जाता है, तो ऐसे पुनर्बलन को आंशिक पुनर्बलन कहते हैं। इस प्रकार प्रदान किए जाने वाले पुनर्बलन के बाद किसी प्रतिक्रिया का विलोपन अधिक कठिनता से होता है।

24. (b) **25.** (a)

26. (b) समाजीकरण वह प्रक्रिया है जिसके फलस्वरूप व्यक्ति सामाजिक व्यवहारों को स्वीकार करता है और उसके साथ अनुकूलन करता है। इसमें सांस्कृतिक, संचरण और वैयक्तिक व्यक्तित्व विकास को सम्मिलित किया जाता है।

27. (c) किसी बालक/व्यक्ति का सामाजिक विकास उसके वातावरण पर निर्भर करता है।

28. (c) **29.** (b) **30.** (b)

❑❑❑

केंद्रीय शिक्षक पात्रता परीक्षा

कक्षा I-V सॉल्व्ड पेपर-2012

बाल विकास एवं शिक्षण शास्त्र

1. विद्यालय-आधारित आकलन मुख्य रूप से किस सिद्धान्त पर आधारित होता है?

(a) आकलन बहुत किफायती (मितव्ययी) होना चाहिए
(b) बाह्य परीक्षकों की अपेक्षा शिक्षक अपने शिक्षार्थियों की क्षमताओं को बेहतर जानते हैं
(c) किसी भी कीमत पर विद्यार्थियों को अच्छे ग्रेड मिलने चाहिए
(d) विद्यालय, बाह्य परीक्षा निकायों की अपेक्षा ज्यादा सक्षम हैं

2. एक शिक्षक प्रश्न-पत्र बनाने के बाद, यह जाँच करता है कि क्या प्रश्न परीक्षण के विशिष्ट उद्देश्यों की परीक्षा ले रहे हैं। वह मुख्य रूप से प्रश्न-पत्र की/के........के बारे में चिन्तित है।

(a) वैधता
(b) सम्पूर्ण विषय-वस्तु की शामिल करने
(c) प्रश्नों के प्रकार
(d) विश्वसनीयता

3. विवेचनात्मक शिक्षाशास्त्र का यह दृढ़ विश्वास है कि–

(a) एक शिक्षक को हमेशा कक्षा-कक्ष के अनुदेशन का नेतृत्व करना चाहिए
(b) शिक्षार्थियों को स्वतंत्र रूप से तर्कणा नहीं करनी चाहिए
(c) बच्चे स्कूल से बाहर क्या सीखते हैं, यह अप्रासंगिक है
(d) शिक्षार्थियों के अनुभव और प्रत्यक्षण महत्वपूर्ण होते हैं

4. शिक्षार्थी वैयक्तिक भिन्नता प्रदर्शित करते हैं। अतः शिक्षक को–

(a) अधिगम की एकसमान गति पर बल देना चाहिए
(b) सीखने के विविध अनुभवों को उपलब्ध कराना चाहिए
(c) कठोर अनुशासन सुनिश्चित करना चाहिए
(d) परीक्षाओं की संख्या बढ़ा देनी चाहिए

5. एक शिक्षिका अपने-आप से कभी भी प्रश्नों के उत्तर नहीं देती। वह अपने विद्यार्थियों को उत्तर देने के लिए, समूह चर्चाएँ और सहयोगात्मक अधिगम अपनाने के लिए प्रोत्साहित करती है। यह उपागम. ....के सिद्धान्त पर आधारित है।

(a) सक्रिय भागीदारिता
(b) अनुदेशात्मक सामग्री के उचित संगठन
(c) अच्छा उदाहरण प्रस्तुत करना और भूमिका-प्रतिरूप बनना
(d) सीखने की तत्परता

6. वाइगोत्स्की बच्चों के सीखने में निम्नलिखित में से किस कारक की महत्वपूर्ण भूमिका पर बल देते हैं?

(a) सामाजिक (b) आनुवांशिक
(c) नैतिक (d) शारीरिक

7. निम्नलिखित में से कौन-सा शिक्षक से सम्बन्धित अधिगम को प्रभावित करने वाला कारक है?

(a) विषय-वस्तु में प्रवीणता
(b) बैठने की उचित व्यवस्था
(c) शिक्षण-अधिगम संसाधनों की उपलब्धता
(d) विषय-वस्तु या अधिगम-अनुभवों की प्रकृति

8. एक शिक्षिका अपने शिक्षार्थियों की विभिन्न अधिगम-शैलियों को सन्तुष्ट करने के लिए वैविध्यपूर्ण कार्यों का उपयोग करती है। वह.........से प्रभावित है।

(a) पियाजे के संज्ञानात्मक विकास के सिद्धान्त
(b) कोह्लबर्ग के नैतिक विकास के सिद्धान्त
(c) गार्डनर के बहुबुद्धि सिद्धान्त
(d) वाइगोत्स्की के सामाजिक-सांस्कृतिक सिद्धान्त

9. राज्य स्तर की एक एकल-गायन प्रतियोगिता के लिए विद्यार्थियों को तैयार करते समय एक विद्यालय लड़कियों को वरीयता देता है। यह दर्शाता है–

(a) लैंगिक पूर्वाग्रह
(b) वैश्विक प्रवृत्तियाँ
(c) प्रयोजनात्मक उपागम
(d) प्रगतिशील चिन्तन

10. बीजों का अंकुरण संकल्पना के शिक्षण की सबसे प्रभावी पद्धति है–

(a) विस्तृत व्याख्या करना
(b) विद्यार्थियों द्वारा पौधे के बीज बोना और उसके अंकुरण के चरणों का अवलोकन करना
(c) श्याम पट्ट पर चित्र बनाना और वर्णन करना
(d) बीज की वृद्धि के चित्र दिखाना

11. निम्नलिखित में से कौन-सी प्रगतिशील शिक्षा की विशेषता है?

(a) समय-सारणी और बैठने की व्यवस्था में लचीलापन
(b) केवल प्रस्तावित पाठ्य-पुस्तकों पर आधारित अनुदेश
(c) परीक्षाओं में अच्छे अंक प्राप्त करने पर बल
(d) बार-बार ली जाने वाली परीक्षाएँ

12. शिक्षण से अधिगम पर बल देने वाला परिवर्तन हो सकता है–

(a) परीक्षा परिणामों पर केन्द्रित होकर
(b) बाल-केन्द्रित शिक्षा-पद्धति अपनाकर
(c) रटने को प्रोत्साहित करके
(d) अग्र शिक्षण की तकनीक अपनाकर

13. पियाजे के संज्ञानात्मक विकास के चरणों के अनुसार, इन्द्रिय-गामक (संवेदी-प्रेरक) अवस्था किसके साथ सम्बन्धित है?

(a) सामाजिक मुद्दों से सरोकार
(b) अनुकरण, स्मृति और मानसिक निरूपण

(c) तार्किक रूप से समस्या-समाधान की योग्यता
(d) विकल्पों के निर्वचन और विश्लेषण करने की योग्यता

14. समावेशी शिक्षा–
(a) हाशिए पर स्थित वर्गों से शिक्षकों को सम्मिलित करने से सम्बन्धित है
(b) कक्षा में विविधता का उत्सव मनाती है
(c) दाखिले सम्बन्धी कठोर प्रक्रियाओं को बढ़ावा देती है
(d) तथ्यों की शिक्षा (मतारोपण) से सम्बन्धित है

15. कोह्लबर्ग के अनुसार, शिक्षक बच्चों में नैतिक मूल्यों का विकास कर सकता है–
(a) 'कैसे व्यवहार किया जाना चाहिए' इस पर कठोर निर्देश देकर
(b) धार्मिक शिक्षा को महत्व देकर
(c) व्यवहार के स्पष्ट नियम बनाकर
(d) नैतिक मुद्दों पर आधारित चर्चाओं में उन्हें शामिल करके

16. निम्नलिखित में से कौन-सा वस्तुनिष्ठ प्रश्न है?
(a) निबन्धात्मक प्रश्न
(b) लघुत्तरात्मक प्रश्न
(c) मुक्त उत्तर वाला प्रश्न
(d) सत्य या असत्य

17. जब बच्चा 'फेल' होता है, तो इसका तात्पर्य है कि–
(a) बच्चा पढ़ाई के लिए योग्य नहीं है
(b) बच्चे ने उत्तरों को सही तरीके से याद नहीं किया है
(c) बच्चे को प्राइवेट ट्यूशन लेनी चाहिए थी
(d) व्यवस्था फेल हुई है

18. छोटे शिक्षार्थियों को कक्षा-कक्ष में समवयस्कों के साथ अन्त:क्रिया करने के लिए प्रोत्साहित करना चाहिए जिससे–
(a) शिक्षक कक्षा-कक्ष को बेहतर तरीके से नियन्त्रित कर सके
(b) वे एक-दूसरे से प्रश्नों के उत्तर सीख सकें
(c) पाठ्यक्रम को बहुत जल्दी पूरा किया जा सके
(d) वे पढ़ने के दौरान सामाजिक कौशल सीख सकें

19. मानव-व्यक्ति परिणाम है–
(a) केवल आनुवांशिकता का
(b) पालन-पोषण और शिक्षा का
(c) आनुवंशिकता और वातावरण की अन्त:क्रिया का
(d) केवल वातावरण का

20. जब एक निर्योग्य बच्चा पहली बार विद्यालय आता है, तो शिक्षक को क्या करना चाहिए?
(a) प्रवेश-परीक्षा लेनी चाहिए
(b) बच्चे की निर्योग्यता के अनुसार उसे विशेष विद्यालय में भेजने का प्रस्ताव देना चाहिए
(c) उसे अन्य विद्यार्थियों से अलग रखना चाहिए
(d) सहकारी योजना विकसित करने के लिए बच्चे के माता-पिता के साथ चर्चा करनी चाहिए

21. शिक्षण-अधिगम प्रक्रिया में व्यक्तिगत रूप से ध्यान देना महत्वपूर्ण है, क्योंकि–
(a) बच्चों की विकास दर भिन्न होती है और वे भिन्न तरीकों से सीख सकते हैं
(b) शिक्षार्थी हमेशा समूहों में ही बेहतर सीखते हैं
(c) शिक्षक प्रशिक्षण कार्यक्रमों में ऐसा ही बताया गया है
(d) इससे प्रत्येक शिक्षार्थी को अनुशासित करने के लिए शिक्षकों को बेहतर अवसर मिलते हैं

22. प्राय: शिक्षार्थियों की त्रुटियाँ.............की ओर संकेत करती हैं।
(a) शिक्षार्थियों के सामाजिक-आर्थिक स्तर
(b) वे कैसे सीखते हैं
(c) यान्त्रिक अभ्यास की आवश्यकता
(d) सीखने की अनुपस्थिति

23. निम्नलिखित में से कौन-सा सीखने का क्षेत्र है?
(a) व्यावसायिक (b) आनुभविक
(c) भावात्मक (d) आध्यात्मिक

24. निम्नलिखित में से कौन-सी समस्या-समाधान की वैज्ञानिक पद्धति का पहला चरण है?
(a) प्राक्कल्पना का निर्माण करना
(b) प्राक्कल्पना का परीक्षण करना
(c) समस्या के प्रति जागरूकता
(d) प्रासंगिक जानकारी को एकत्र करना

25. जब बच्चा कार्य करते हुए ऊबने लगता है, तो यह इस बात को संकेत है कि–
(a) बच्चे को अनुशासित करने की जरूरत है
(b) सम्भवत: कार्य यान्त्रिक रूप से बार-बार हो रहा है
(c) बच्चा बुद्धिमान नहीं है
(d) बच्चे में सीखने की योग्यता नहीं है

26. शिक्षा के सन्दर्भ में, समाजीकरण से तात्पर्य है–
(a) सामाजिक मानदण्डों का सदैव अनुपालन करना
(b) अपने सामाजिक मानदण्ड बनाना
(c) समाज में बड़ों का सम्मान करना
(d) सामाजिक वातावरण में अनुकूलन और समायोजन

27. एक शिक्षिका पाठ्य-वस्तु और फल-सब्जियों के कुछ चित्रों का प्रयोग करती है और अपने विद्यार्थियों से चर्चा करती है। विद्यार्थी इस जानकारी को अपने पूर्व ज्ञान से जोड़ते हैं और पोषण की संकल्पना को सीखते हैं। यह उपागम. ....पर आधारित है।
(a) ज्ञान के निर्माण
(b) अधिगम के शास्त्रीय अनुबन्धन
(c) पुनर्बलन के सिद्धान्त
(d) अधिगम के सक्रिय अनुबन्धन

28. निम्नलिखित में से कौन-सा विकास का सिद्धान्त है?
(a) विकास की सभी प्रक्रियाएँ अन्त: सम्बन्धित नहीं है
(b) सभी की विकास-दर समान नहीं होती है
(c) विकास हमेशा रेखीय होता है
(d) यह निरन्तर चलने वाली प्रक्रिया नहीं है

29. जब बच्चे की दादी उसे उसकी माँ की गोद से लेती है, तो बच्चा रोने लगता है। बच्चा...........के कारण रोता है।
(a) वियोग दुश्चिंता
(b) सामाजिक दुश्चिंता
(c) संवेगात्मक दुश्चिंता
(d) अजनबी दुश्चिंता

30. मानव विकास को क्षेत्रों में विभाजित किया जाता है जो हैं–
(a) शारीरिक, आध्यात्मिक, संज्ञानात्मक और सामाजिक
(b) शारीरिक, संज्ञानात्मक, संवेगात्मक और सामाजिक
(c) संवेगात्मक, संज्ञानात्मक, आध्यात्मिक और सामाजिक-मनोवैज्ञानिक
(d) मनोवैज्ञानिक, संज्ञानात्मक, संवेगात्मक और शारीरिक

उत्तर व्याख्या सहित

1. (b) विद्यालय-आधारित आकलन का मुख्य सिद्धान्त इस तथ्य पर आधारित होता है कि बाह्य परीक्षकों की अपेक्षा शिक्षक अपने शिक्षार्थियों की क्षमताओं को बेहतर तरीके से जानते हैं क्योंकि आकलन एक क्रमिक प्रक्रिया है जो कि शिक्षण प्रक्रिया के साथ सीखने की क्रियाओं से उत्पन्न अनुभवों की उपयोगिता के बारे में निर्णयों का निर्माण करती है जिसमें शिक्षक बाह्य परीक्षकों की अपेक्षा अधिक श्रेष्ठ होते हैं।

2. (b)

3. (d) विवेचनात्मक शिक्षा मौलिक परिणामों को व्यक्त करने की एक मानसिक प्रक्रिया है। शिक्षार्थी अपने आस-पास के वातावरण से बहुत कुछ सीखते हैं जिसमें उनके अनुभव और प्रत्यक्षण अत्यन्त महत्वपूर्ण होते हैं।

4. (b) 5. (a) 6. (a) 7. (a)

8. (c) शिक्षिका द्वारा अपने शिक्षार्थियों की विभिन्न अधिगम-शैलियों को सन्तुष्ट करने के लिए वैविध्यपूर्ण कार्यों का उपयोग करना होवर्ड गार्डनर के बहुबुद्धि सिद्धान्त की ओर इशारा करता है क्योंकि शिक्षिका कक्षा-कक्ष में विविध बुद्धिलब्धि वाले छात्रों को पढ़ाने के लिए विविध कार्य पद्धतियों का प्रयोग कर रही है।

9. (a) गायन प्रतियोगिता में विद्यालय लड़कियों को वरीयता दे रहा है जिससे वह लैंगिक पूर्वाग्रह की भावना को दर्शा रहा है क्योंकि प्रत्येक व्यक्ति स्वयं में विशिष्ट होता है इसी आधार पर लड़कों तथा लड़कियों को प्रतियोगिता में समान वरीयता मिलनी चाहिए।

10. (b) नवीन ज्ञान तथा प्रतिक्रियाओं के शिक्षण हेतु यह आवश्यक है कि विद्यार्थी स्वयं करके सीखें क्योंकि विद्यार्थी स्वयं करके जल्दी सीखते हैं। बीजों के अंकुरण की संकल्पना के शिक्षण हेतु विद्यार्थियों द्वारा पौधे के बीज बोना और उसके अंकुरण के विभिन्न चरणों का समय-समय पर अवलोकन करना सबसे प्रभावी पद्धति है।

11. (a) प्रगतिशील शिक्षा यह बताती है कि शिक्षा बालक के लिए है ना कि बालक शिक्षा के लिए। यह शिक्षा का एक ऐसा वातावरण तैयार करती है जिसमें शिक्षार्थियों को सामाजिक विकास करने का पर्याप्त अवसर मिलता है। समय-सारणी में और बैठने की व्यवस्था में लचीलापन प्रगतिशील शिक्षा की मुख्य विशेषता है।

12. (b)

13. (b) जीन पियाजे ने संज्ञानात्मक विकास को चार चरणों में बाँटा है। इन्द्रिय-गामक (0-2 वर्ष) अवस्था में शिशु संवेदी अनुभवों का शारीरिक क्रियाओं के साथ समन्वय करते हुए संसार का अन्वेषण करता है। अनुकरण, स्मृति और मानसिक निरूपण इस अवस्था की प्रमुख विशेषता है।

14. (b) विभिन्न अक्षमताओं वाले बच्चों को नियमित कक्षाओं में अन्य बिना किसी अक्षमताओं वाले बच्चों के साथ शामिल करना समावेशी शिक्षा का मुख्य उद्देश्य है अतः समावेशी शिक्षा कक्षा में विविधता का उत्सव मनाती है।

15. (d) कोह्लबर्ग ने बच्चों के कार्य की अपेक्षा उनके नैतिक न्याय के विकास पर अधिक ध्यान केन्द्रित किया है। उनके अनुसार बच्चों में नैतिक मूल्यों का विकास करने के लिए उन्हें नैतिक मुद्दों पर आधारित चर्चाओं में शामिल किया जाना आवश्यक है।

16. (d) वस्तुनिष्ठ प्रकार के प्रश्न वे प्रश्न हैं जो किसी परीक्षक के व्यक्तिनिष्ठ पूर्वाग्रह से मुक्त होते हैं ये प्राय: संक्षिप्त उत्तर के रूप में पूछे जाते हैं जैसे–बहुविकल्पीय प्रश्न, मिलान प्रश्न, सत्य-असत्य प्रश्न आदि।

17. (d) विद्यालय बच्चों के मानसिक, शारीरिक, चरित्रिक, सामुदायिक, राष्ट्रीय तथा अन्तर्राष्ट्रीय विकास करने के साथ-साथ उसकी शैक्षिक उपलब्धियों का दिशा निर्धारण भी करता है ऐसी स्थिति में यदि बच्चा फेल हो जाता है तो इसका तात्पर्य यह होगा कि व्यवस्था फेल हुई है।

18. (d) छोटे शिक्षार्थियों को कक्षा-कक्ष में समव्यस्कों के साथ अन्त: क्रिया करवाने से उनका सामाजिक विकास होता है, क्योंकि बड़े शिक्षार्थी, छोटे शिक्षार्थियों के प्रति तथा छोटे शिक्षार्थी, बड़े शिक्षार्थियों के प्रति उनके कुछ दृष्टिकोण न केवल उनके अनुभवों में, वरन् उनके सामाजिक कौशलों में भी परिवर्तन करने लगते हैं।

19. (c) आनुवांशिकता हमें विकसित होने की क्षमताएँ प्रदान करती हैं। इन क्षमताओं के विकसित होने के अवसर हमें वातावरण से मिलते हैं, आनुवांशिकता हमें कार्यशील पूँजी देती है और परिस्थिति हमें इसको निवेश करने के अवसर प्रदान करती है। अत: मानव व्यक्तित्व आनुवांशिकता और वातावरण की अन्त:क्रिया का परिणाम है।

20. (b)

21. (a) बच्चों की विकास दर भिन्न होती है और वे भिन्न तरीकों से सीख सकते हैं, जैसे विकास की गति शैशवावस्था एवं किशोरावस्था में तीव्र रहती है, किन्तु बाल्यावस्था में मन्द पड़ जाती है। अत: शिक्षण-अधिगम प्रक्रिया में व्यक्तिगत रूप से ध्यान देना महत्वपूर्ण है।

22. (c) अभ्यास के द्वारा उद्दीपक तथा अनुक्रिया का सम्बन्ध मजबूत होता है। अभ्यास रोक देने पर यह सम्बन्ध कमजोर पड़ने लगता है तथा शिक्षार्थी त्रुटियाँ करने लगते हैं। अत: अधिगम प्रक्रिया को त्रुटि रहित बनाने के लिए यान्त्रिक अभ्यास की आवश्यकता होती है।

23. (b)

24. (c) समस्या-समाधान वह प्रतिमान है जिसमें तार्किक, चिन्तन निहित होता है। समस्या-समाधान की वैज्ञानिक पद्धति में मुख्यत: छ: चरणों का अनुसरण किया जाता है जिसका प्रथम चरण समस्या के प्रति जागरूकता तथा समस्या को समझना होता है।

25. (b) जब किसी कार्य को यान्त्रिक रूप से बार-बार किया जाता है तो ऐसी स्थिति में बच्चे ऊबने लगते हैं क्योंकि अवैज्ञानिक तथा अमनोवैज्ञानिक पद्धतियों से किसी कार्य को बार-बार करने पर उस कार्य में बच्चे की रुचि कम होने लगती है तथा सीखना, अत्यन्त कठिन तथा नीरस हो जाता है।

26. (d) 27. (a)

28. (b) 'सभी की विकास-दर समान नहीं होती है।' मानव विकास का प्रमुख सिद्धान्त है। इससे सम्बन्धित अन्य सिद्धान्त निम्नवत् है–

(i) विकास की सभी प्रक्रियाएँ अन्त: सम्बन्धित होती है।

(ii) विकास हमेशा अरेखीय होता है।

(iii) विकास एक निरन्तर चलने वाली प्रक्रिया है।

29. (c) ब्रिजेज ने अपने अध्ययनों के आधार पर यह निष्कर्ष निकाला कि लगभग दो वर्ष की आयु तक बच्चों में भय, क्रोध, प्रेम, पीड़ा आदि संवेगों का विकास हो जाता है क्योंकि बच्चे को माँ से अधिक लगाव होता है जिसके कारणवश वह दादी की गोद में आने पर संवेगात्मक दुश्चिंता के कारण रोने लगता है।

30. (d) मानव विकास को मनोवैज्ञानिक, संज्ञानात्मक, संवेगात्मक तथा शारीरिक क्षेत्रों में विभाजित किया जाता है।

❑❑❑

केंद्रीय शिक्षक पात्रता परीक्षा

कक्षा VI-VIII सॉल्व्ड पेपर-2012

बाल विकास एवं शिक्षण शास्त्र

1. अभिप्रेरणा के सिद्धान्तों के अनुसार, एक शिक्षक.........के द्वारा सीखने को संवर्द्धित कर सकता है।

(a) विद्यार्थियों से वास्तविक अपेक्षाएँ रखने
(b) अपेक्षाओं का एकरूप स्तर रखने
(c) विद्यार्थियों से किसी प्रकार की अपेक्षाएँ न रखने
(d) विद्यार्थियों से बहुत उच्च अपेक्षाएँ रखने

2. ''अधिकांश व्यक्तियों की बुद्धि औसत होती है, बहुत कम लोग प्रतिभा-सम्पन्न होते हैं और बहुत कम व्यक्ति मन्द बुद्धि के होते हैं।'' यह कथन.........के प्रतिस्थापित सिद्धान्त पर आधारित है।

(a) बुद्धि और जातीय विभिन्नताओं
(b) बुद्धि के वितरण
(c) बुद्धि की वृद्धि
(d) बुद्धि और लैंगिक विभिन्नताओं

3. विकास शुरू होता है-

(a) उत्तर-बाल्यावस्था स
(b) प्रसवपूर्व अवस्था से
(c) शैशवावस्था से
(d) पूर्व-बाल्यावस्था से

4. सहयोगी अधिगम में अधिक उम्र के प्रवीण विद्यार्थी, छोटे और कम निपुण विद्यार्थियों की मदद करते हैं। इससे-

(a) गहन प्रतियोगिता होती है
(b) उच्च नैतिक विकास होता है
(c) समूहों में द्वन्द्व होता है
(d) उच्च उपलब्धि और आत्म-सम्मान विकसित होता है

5. बहुविध बुद्धि सिद्धान्त के अनुसार सभी प्रकार के पशुओं, खनिजों और पेड़-पौधों को पहचानने और वर्गीकृत करने की योग्यता कहलाती है–

(a) तार्किक-गणितीय बुद्धि
(b) प्राकृतिक बुद्धि
(c) भाषिक बुद्धि
(d) स्थानिक बुद्धि

6. जब पूर्व का अधिगम नई स्थितियों के सीखने को बिल्कुल प्रभावित नहीं करता, तो यह .... कहलाता है।

(a) अधिगम का शून्य स्थानान्तरण
(b) अधिगम का निरपेक्ष स्थानान्तरण
(c) अधिगम का सकारात्मक स्थानान्तरण
(d) अधिगम का नकारात्मक स्थानान्तरण

7. सृजनात्मकता मुख्य रूप से .... से सम्बन्धित है।

(a) मॉडलिंग (b) अनुकरण
(c) अभिसारी चिन्तन
(d) अपसारी (बहुविध) चिन्तन

8. चिन्तन अनिवार्य रूप से है एक-

(a) संज्ञानात्मक गतिविधि
(b) मनोगतिक प्रक्रिया
(c) मनोवैज्ञानिक परिघटना
(d) भावात्मक व्यवहार

9. एक विद्यार्थी मेडिकल कॉलेज में दाखिला लेने के लिए कठिन परिश्रम करता है ताकि वह प्रवेश परीक्षा में उत्तीर्ण हो सके। यह विद्यार्थी .... रूप से अभिप्रेरित है।

(a) वैयक्तिक (b) आनुभविक
(c) आन्तरिक (d) बाह्य

10. एक बाल-केन्द्रित कक्षा में, बच्चे सामान्यतः सीखते हैं-

(a) वैयक्तिक और सामूहिक, दोनों रूपों में
(b) मुख्य रूप से शिक्षक से
(c) वैयक्तिक रूप से
(d) समूहों में

11. पियाजे के अधिगम के संज्ञानात्मक सिद्धान्त के अनुसार, वह प्रक्रिया जिसके द्वारा संज्ञानात्मक संरचना को संशोधित किया जाता है, ... कहलाती है।

(a) प्रत्यक्षण (b) समायोजन
(c) समावेशन (d) स्कीमा

12. व्यवहार का 'करना' पक्ष .... में आता है।

(a) सीखने के गतिक (कोनेटिव) क्षेत्र
(b) सीखने के मनोवैज्ञानिक क्षेत्र
(c) सीखने के संज्ञानात्मक क्षेत्र
(d) सीखने के भावात्मक क्षेत्र

13. एक शिक्षिका अपने शिक्षार्थियों की सदैव इस रूप में सहायता करती है कि वे एक विषय-क्षेत्र से प्राप्त ज्ञान को दूसरे विषय-क्षेत्रों के ज्ञान के साथ जोड़ सकें! इससे.......... को बढ़ावा मिलता है।

(a) पुनर्बलन
(b) ज्ञान के सह-सम्बन्ध एवं अन्तरण
(c) वैयक्तिक भिन्नताओं
(d) शिक्षार्थी-स्वायत्तता

14. विज्ञान एवं कला प्रदर्शनियाँ, संगीत एवं नृत्य प्रस्तुतियाँ तथा विद्यालय-पत्रिका निकालना, ... के लिए हैं।

(a) शिक्षार्थियों को सृजनात्मक मार्ग उपलब्ध कराने
(b) विभिन्न व्यवसायों के लिए विद्यार्थियों को प्रशिक्षित करने
(c) विद्यालय का नाम रोशन करने
(d) अभिभावकों को सन्तुष्ट करने

15. एक शिक्षिका अपने शिक्षार्थियों को अनेक तरह की सामूहिक गतिविधियों में व्यस्त रखती है, जैसे-समूह-चर्चा, समूह-परियोजनाएँ, भूमिका-निर्वाह आदि। यह सीखने के किस आयाम को उजागर करता है?

(a) सामाजिक गतिविधि के रूप में अधिगम
(b) मनोरंजन द्वारा अधिगम
(c) भाषा-निर्देशित अधिगम
(d) प्रतियोगिता-आधारित अधिगम

16. एक विद्यार्थी अपने समकक्ष व्यक्तियों के समूह के प्रति आक्रामक व्यवहार करता है और विद्यालय के मानदण्डों को नहीं मानता। इस विद्यार्थी को .... में सहायता की आवश्यकता है।

(a) भावात्मक क्षेत्र
(b) उच्चस्तरीय चिन्तन कौशल
(c) संज्ञानात्मक क्षेत्र
(d) मनोगत्यात्मक क्षेत्र

17. जब एक शिक्षिका दृष्टिबाधित शिक्षार्थी को कक्षा के अन्य शिक्षार्थियों के साथ सामूहिक गतिविधियों में शामिल करती है, तो वह–

(a) कक्षा के लिए सीखने हेतु बाधाएँ उत्पन्न कर रही है
(b) समावेशी शिक्षा की भावना के अनुसार कार्य कर रही है
(c) सभी शिक्षार्थियों में दृष्टिबाधित शिक्षार्थी के प्रति सहानुभूति विकसित करने में मदद कर रही है
(d) दृष्टिबाधित शिक्षार्थी पर सम्भवतः तनाव बढ़ा रही है

18. शिक्षकों को यह सलाह दी जाती है कि वे अपने शिक्षार्थियों को सामूहिक गतिविधियों में शामिल करें क्योंकि सीखने को सुगम बनाने के अतिरिक्त, ये........ में भी सहायता करती है।

(a) दुश्चिता (b) समाजीकरण
(c) मूल्य द्वन्द्व (d) आक्रामकता

19. एक शिक्षिका अपने शिक्षण में दृश्य-श्रव्य सामग्रियों और शारीरिक गतिविधियों का प्रयोग करती है क्योंकि-

(a) वे शिक्षक को आराम देते हैं
(b) वे प्रभावी आकलन को सुगम बनाते हैं
(c) वे शिक्षार्थियों को वैविध्य उपलब्ध कराते हैं
(d) इनमें अधिकतम इन्द्रियों का उपयोग सीखने को संवर्द्धित करता है

20. समावेशी शिक्षा उस विद्यालयी शिक्षा व्यवस्था की ओर संकेत करती है-

(a) विशेष आवश्यकता वाले बच्चों को विशिष्ट विद्यालयों के माध्यम से शिक्षा देने को प्रोत्साहित करता है
(b) केवल बालिका शिक्षा को बढ़ावा देने की आवश्यकता पर बल देती है
(c) जो सभी नियोग्य बच्चों को शामिल करती है
(d) जो उनकी शारीरिक, बौद्धिक, सामाजिक, भाषिक या अन्य विभिन्न योग्यता स्थितियों को ध्यान में रखे बगैर सभी बच्चों को शामिल करती है

21. कोहलबर्ग के अनुसार, सही और गलत के प्रश्न के बारे में निर्णय लेने में शामिल चिन्तन-प्रक्रिया को कहा जाता है-

(a) सहयोग की नैतिकता
(b) नैतिक तर्कणा
(c) नैतिक यथार्थवाद
(d) नैतिक दुविधा

22. निम्नलिखित में से कौन-सा मुख्य रूप से आनुवांशिकता सम्बन्धी कारक है?

(a) आँखों का रंग
(b) सामाजिक गतिविधियों में भागीदारिता
(c) समकक्ष व्यक्तियों के समूह के प्रति अभिवृत्ति
(d) चिन्तन पैटर्न

23. शिक्षकों को अपने विद्यार्थियों की त्रुटियों का अध्ययन करना चाहिए क्योंकि वे प्रायः .... की ओर संकेत करती हैं।

(a) योग्यताओं के अनुसार समूह बनाने हेतु दिशा-निर्देश
(b) भिन्न प्रकार की पाठ्यचर्या की आवश्यकता
(c) उनके ज्ञान की सीमा
(d) आवश्यक उपचारात्मक युक्तियों

24. श्रवण ह्रास से ग्रसित बच्चे कक्षा में किस सबसे मुख्य नैराश्य (कुण्ठा) का सामना करते हैं?

(a) दूसरों के साथ सम्प्रेषण करने तथा सूचनाओं को बांटने में अक्षमता
(b) दूसरे विद्यार्थियों के साथ परीक्षा देने में अक्षमता
(c) प्रस्तावित पाठ्य-पुस्तक को पढ़ने की अक्षमता
(d) खेल-कूद में भागीदारिता निभाने में अक्षमता

25. सीमा हर पाठ को बहुत जल्दी सीख लेती है जबकि लीना उसे सीखने में ज्यादा समय लेती है। यह विकास के .... सिद्धान्त को दर्शाता है।

(a) वैयक्तिक भिन्नता
(b) अन्तःसम्बन्ध
(c) निरन्तरता
(d) सामान्य से विशिष्ट की ओर

26. 'डिस्लेक्सिया' मुख्य रूप से .... की समस्या से सम्बन्धित है।

(a) सुनने
(b) पढ़ने
(c) बोलने
(d) बोलने व सुनने

27. निम्नलिखित में से .... के अतिरिक्त सभी वातावरणीय कारक विकास को आकार देते हैं।

(a) पौष्टिकता की गुणवत्ता
(b) संस्कृति
(c) शिक्षा की गुणात्मकता
(d) शारीरिक गठन

28. प्रतिभाशाली विद्यार्थी अपनी क्षमताओं को तब विकसित कर पाएँगे जब-

(a) बार-बार उनकी परीक्षा होगी
(b) वे अन्य विद्यार्थियों के साथ अधिगम-प्रक्रिया से जुड़ते हैं
(c) उन्हें अन्य विद्यार्थियों से अलग किया जाएगा
(d) वे निजी कोचिंग कक्षाओं में पढ़ेंगे

29. एक अच्छी पाठ्य-पुस्तक .... से बचती है।

(a) लैंगिक समानता
(b) सामाजिक उत्तरदायित्व
(c) लैंगिक पूर्वाग्रह
(d) लैंगिक संवेदनशीलता

30. पियाजे के अनुसार, संज्ञानात्मक विकास के किस चरण पर बच्चा 'वस्तु स्थायित्व' को प्रदर्शित करता है?

(a) मूर्त संक्रियात्मक चरण
(b) औपचारिक संक्रियात्मक चरण
(c) संवेदीप्रेरक चरण
(d) पूर्व-संक्रियात्मक चरण

उत्तर व्याख्या सहित

1. (a) **2.** (b)

3. (b) विकास प्रसवपूर्व अवस्था से शुरू हो जाता है। लेकिन रॉस महोदय के अनुसार बालक के विकास की चार अवस्थाएँ होती हैं, शैशवावस्था (1-5 वर्ष), बाल्यावस्था (5 से 12 वर्ष), किशोरावस्था (12 से 18 वर्ष) तथा प्रौढ़ावस्था (18 वर्ष से ऊपर)

4. (d)

5. (b) गार्डनर के बहुविध बुद्धि सिद्धान्त के अनुसार पशुओं, खनिजों, पेड़-पौधों आदि प्राकृतिक तत्त्वों को पहचानने और वर्गीकृत करने की योग्यता प्राकृतिक बुद्धि कहलाती है।

6. (a) जब पूर्व में की गई अधिगम प्रक्रियाओं से नवीन अधिगम प्रक्रियाएँ बिल्कुल भी प्रभावित नहीं होती हैं अर्थात् पूर्व ज्ञान का सम्बन्ध नवीन ज्ञान

से नहीं होता है तो इस प्रकार का सीखना, अधिगम का शून्य स्थानान्तरण कहलाता है।

7. (d) सृजनात्मकता मुख्य रूप से अपसारी (बहुविध) चिन्तन से सम्बन्धित है क्योंकि सृजनात्मक बालक नए सम्बन्धों के ज्ञान को इसकी उत्पत्ति में चिन्तन के परम्परागत तरीकों से हटकर असाधारण विचार उत्पन्न करने की योग्यता रखते हैं।

8. (a) **9.** (c)

10. (a) राष्ट्रीय पाठ्यचर्या की रूपरेखा 2005 ने बाल-केन्द्रित शिक्षा पर विशेष बल दिया है तथा बच्चों को ज्ञान की संरचना करने वाला बताया है। इसके अनुसार एक बाल-केन्द्रित कक्षा का वातावरण ऐसा होना चाहिए जिसमें बच्चे सामान्यत: वैयक्तिक और सामूहिक दोनों रूपों में सीख सके।

11. (c) पियाजे के अधिगम के संज्ञानात्मक सिद्धान्त के अनुसार, वह प्रक्रिया जिसके द्वारा संज्ञानात्मक संरचना को संशोधित किया जाता है वह प्रक्रिया समावेशन कहलाती है।

12. (c) व्यवहार का 'करना' पक्ष सीखने के संज्ञानात्मक क्षेत्र में आता है क्योंकि व्यवहार का देखना, अवबोधन करना, समझना तथा अन्तर्निहित करना ही संज्ञान है।

13. (b) एक विषय क्षेत्र से प्राप्त ज्ञान को, दूसरे विषय क्षेत्र से प्राप्त ज्ञान के साथ जोड़ने से दोनों विषयों के ज्ञान का सह-सम्बन्ध तथा अन्तरण होता है।

14. (a) सृजनात्मकता नए सम्बन्धों के ज्ञान को इसकी उत्पत्ति में चिन्तन के परम्परागत तरीकों से हटकर असाधारण विचार उत्पन्न करने की योग्यता है। ऐसे शिक्षार्थियों के लिए विज्ञान एवं कला प्रदर्शनियाँ, संगीत एवं नृत्य प्रस्तुतियाँ, विद्यालय पत्रिका आदि उनके कौशल का विकास करती हैं।

15. (a) समूह चर्चा, समूह परियोजनाएँ, भूमिका निर्वाह आदि गतिविधियाँ सीखने के सामाजिक गतिविधि के रूप में अधिगम को दर्शाती हैं क्योंकि ये गतिविधियाँ शिक्षार्थियों में समाजीकरण के कौशल का विकास करती हैं।

16. (a) किसी विद्यार्थी का अपने समकक्ष व्यक्तियों के समूह के प्रति आक्रामक व्यवहार तथा विद्यालय के मानदण्डों को न मानने की आदत उसकी संवेगात्मक अस्थिरता को दर्शाती है। ऐसे विद्यार्थी को भावात्मक क्षेत्र में सहायता की आवश्यकता होती है।

17. (b) किसी अक्षमता वाले बच्चे को नियमित कक्षाओं में अन्य बिना किसी अक्षमताओं वाले बच्चों के साथ सामूहिक गतिविधियों में शामिल करना समावेशी शिक्षा की प्रमुख विशेषता है। अत: वह शिक्षिका समावेशी शिक्षा की भावना के अनुसार कार्य कर रही है।

18. (b) शिक्षार्थियों को सामूहिक गतिविधियों में शामिल करने से सीखना सुगम हो जाता है। साथ ही उनका समाजीकरण भी होता है क्योंकि इसके द्वारा शिक्षार्थियों में उसके समूह मानकों के अनुसार वास्तविक व्यवहार का विकास होता है।

19. (d) कॉमेनियन के अनुसार दृश्य-श्रव्य सामग्री में आँख और कान साथ-साथ कार्य करते हैं क्योंकि ज्ञान विभिन्न ज्ञानेन्द्रियों के माध्यम से प्राप्त किया जाता है जिससे अधिकतम इन्द्रियों का उपयोग सीखने को संवर्द्धित होता है।

20. (d)

21. (b) कोहलबर्ग ने सही और गलत प्रकार के प्रश्नों के बारे में निर्णय लेने में शामिल चिन्तन प्रक्रिया को नैतिक तर्कणा कहा है।

22. (a) निम्न में से आँखों का रंग आनुवांशिकता सम्बन्धी कारक है जबकि सामाजिक गतिविधियों में भागीदारिता, समकक्ष व्यक्तियों के समूह के प्रति अभिवृत्ति तथा चिन्तन पैटर्न वातावरण सम्बन्धी कारक है।

23. (d)

24. (a) श्रवण ह्रास से ग्रसित बच्चे कक्षा में दूसरों के साथ सम्प्रेषण करने तथा सूचनाओं को बाँटने में अक्षमता महसूस करते हैं। इसी के कारण उन्हें कक्षा में दूसरों के सम्मुख नैराश्य (कुण्ठा) का सामना करना पड़ता है।

25. (a) विकास के स्वरूपों में व्यापक वैयक्तिक विभिन्नताएँ होती हैं। एक ही आयु के दो बालकों, दो बालिकाओं या एक बालक और एक बालिका के शारीरिक, मानसिक, सामाजिक विकास में वैयक्तिक विभिन्नताओं की उपस्थिति स्पष्ट रूप से दृष्टिगोचर होती है। सीमा का पाठ को बहुत जल्दी सीख लेना जबकि लीना का उसे सीखने में ज्यादा समय लेना विकास के वैयक्तिक भिन्नता सिद्धान्त को दर्शाता है।

26. (b) **27.** (d)

28. (b) प्रतिभाशाली विद्यार्थियों की शिक्षा व्यवस्था अन्य सामान्य विद्यार्थियों के साथ करनी चाहिए इससे इन विद्यार्थियों को अपनी क्षमताओं को विकसित करने का भरपूर अवसर मिलता है।

29. (c) एक अच्छी पाठ्य-पुस्तक को लैंगिक पूर्वाग्रह से बचना चाहिए क्योंकि प्रत्येक व्यक्ति स्वयं में विशिष्ट होता है।

30. (d) जीन पियाजे ने अपने संज्ञानात्मक विकास को चार चरणों में बांटा है। पूर्व-संक्रियात्मक (2-7 वर्ष) चरण में बच्चे में प्रतीकात्मक विचार विकसित होते हैं, वस्तु स्थायित्व उत्पन्न होता है तथा बच्चा वस्तु के विभिन्न भौतिक गुणों को समन्वित नहीं कर पाता है।

❑❑❑

छत्तीसगढ़ शिक्षक पात्रता परीक्षा

कक्षा I-V सॉल्व्ड पेपर-2011

बाल विकास एवं शिक्षण शास्त्र

1. मैक्ड्यूगल के अनुसार मूल प्रवृत्ति 'जिज्ञासा' का सम्बन्ध संवेग कौन-सा है?
(a) भय (b) घृणा
(c) आश्चर्य (d) भूख

2. शर्म तथा गर्व जैसी भावना का विकास किस अवस्था में होता है?
(a) शैशवावस्था (b) बाल्यावस्था
(c) किशोरावस्था (d) वृद्धावस्था

3. व्यक्तित्व स्थायी समायोजन है-
(a) पर्यावरण के साथ
(b) जीवन के साथ
(c) प्रकृति के साथ
(d) ये सभी

4. दूसरे वर्ष में अन्त तक शिशु का शब्द भण्डार हो जाता है-
(a) 100 शब्द (b) 60 शब्द
(c) 50 शब्द (d) 10 शब्द

5. संवेगों की उत्पत्ति होती है-
(a) मूल प्रवृत्ति
(b) गत्यात्मक क्रियाएँ
(c) पोषण
(d) इनमें से कोई नहीं

6. 'सीखने के नियम' के प्रतिपादक हैं-
(a) फ्रायड (b) स्किनर
(c) थॉर्नडाइक (d) एडलर

7. शैशवावस्था की मुख्य विशेषता क्या नहीं है?
(a) सीखने की प्रक्रिया में तीव्रता
(b) जिज्ञासा की प्रवृत्ति
(c) अनुकरण द्वारा सीखने की प्रवृत्ति
(d) चिन्तन प्रक्रिया

8. किस मनोवैज्ञानिक के अनुसार, ''विकास एक सतत् और धीमी-धीमी प्रक्रिया है''?
(a) कोलेसनिक (b) पियाजे
(c) स्किनर (d) हरलॉक

9. वर्तमान में नि:शक्त बच्चों की शिक्षा के लिए कहा गया है-
(a) समावेशी शिक्षा
(b) विशेष शिक्षा
(c) समेकित शिक्षा
(d) कोई नहीं

10. बाल्यावस्था अवस्था होती है-
(a) पाँच वर्ष तक (b) बारह वर्ष तक
(c) इक्कीस वर्ष तक
(d) कोई भी नहीं

11. व्यक्तित्व विकास की अवस्था है-
(a) अधिगम एवं वृद्धि
(b) व्यक्तिवृत्त अध्ययन
(c) उपचारात्मक अध्ययन
(d) इनमें से कोई नहीं

12. पिछड़े बालक ऐसे बच्चे हैं-
(a) सीखने की गति धीमी हो
(b) बुद्धि लब्धि स्तर 80-90
(c) मानसिक रूप से अस्वस्थ और असमायोजित व्यवहार
(d) उपरोक्त सभी

13. विकास में वृद्धि से तात्पर्य है-
(a) ज्ञान में वृद्धि (b) संवेग में वृद्धि
(c) वजन में वृद्धि
(d) आकार, सोच, समझ कौशलों में वृद्धि

14. परिपक्वता का सम्बन्ध है-
(a) विकास (b) बुद्धि
(c) सृजनात्मकता (d) रुचि

15. तनाव और क्रोध की अवस्था है-
(a) शैशवावस्था (b) किशोरावस्था
(c) बाल्यावस्था (d) वृद्धावस्था

16. बच्चों की रुचि बनाए रखने के लिए आप कौन-सी विधि का चयन करेंगे?
(a) बच्चों को पढ़कर आने को कहेंगे और प्रश्न पूछेंगे
(b) स्वयं गति विधि करेंगे तथा बच्चों को बताएंगे
(c) आप गतिविधि में बच्चों को शामिल करेंगे
(d) बच्चों को स्वयं गतिविधि करने के लिए देंगे

17. एक बच्चे की मानसिक आयु 12 वर्ष एवं वास्तविक आयु 16 वर्ष है, तो उसकी बुद्धि लब्धि क्या होगी?
(a) 110 (b) 100
(c) 120 (d) 83

18. शारीरिक विकास का क्षेत्र है-
(a) स्नायूमण्डल (b) स्मृति
(c) अभिप्रेरणा (d) समायोजन

19. मूल्यांकन किया जाना चाहिए-
(a) मूल्यांकन से बच्चे पढ़ेंगे
(b) पता लगता है बच्चों की उपलब्धि का
(c) बच्चों के सीखने के स्तर का ज्ञान होता है
(d) शिक्षकों की उपलब्धि का पता लगता है

20. शरीर के आकार में वृद्धि होती है क्योंकि
(a) शारीरिक और गत्यात्मक विकास
(b) संवेगात्मक विकास
(c) संज्ञानात्मक विकास
(d) नैतिक विकास

21. मानसिक विकास को प्रभावित करने वाले कारक हैं-
(a) वंशानुक्रम
(b) परिवार का वातावरण
(c) परिवार की सामाजिक स्थिति
(d) उपरोक्त समस्त

22. किस मनोवैज्ञानिक के अनुसार, ''सीखने का मतलब ज्ञान निर्माण करना है''?
(a) स्किनर (b) पियाजे
(c) थॉर्नडाइक
(d) लेव वाइगॉत्सकी

23. पियाजे के संज्ञानात्मक विकास सिद्धान्त के अनुसार संवेदी- क्रियात्मक अवस्था होती है-
(a) जन्म से 2 वर्ष
(b) 2 से 7 वर्ष
(c) 7 से 11 वर्ष (d) 11 से 16 वर्ष

24. आर.टी.ई. एक्ट 2009 के अनुसार प्राथमिक विद्यालयों में शिक्षकों को प्रति सप्ताह कुल कितने घण्टे की योजना बनाकर कार्य करना है?
(a) 30 घण्टे (b) 45 घण्टे
(c) 42 घण्टे (d) 50 घण्टे

25. शिक्षा का अधिकार अधिनियम, 2009 लागू नहीं होता
(a) नि:शक्त बच्चे
(b) 6-14 आयु वर्ग के बच्चे
(c) 14-18 वर्ष के आयु के बच्चे
(d) बच्चों की नियमित उपस्थिति

26. यदि आपकी कक्षा का बच्चा 'C' को 'D' तथा 'D' को 'C' लिखे/पढ़े, तो वह कौन-से रोग से पीड़ित है?
(a) मलेरिया (b) डिस्लेक्सिया
(c) फाइलेरिया (d) टायफाइड

27. अधिगम का व्यावहारिक सिद्धान्त निम्न है
(a) सम्बद्ध प्रतिक्रिया का सिद्धान्त
(b) स्किनर का क्रिया प्रसूत अधिगम का सिद्धान्त
(c) प्रबलन सिद्धान्त (d) उपरोक्त सभी

28. इनमें से कौन पाठ्यचर्या (NCF) का मार्गदर्शी सिद्धान्त नहीं है?
(a) ज्ञान को स्कूल के बाहरी जीवन से जोड़ना
(b) पढ़ाई को रटन्त प्रणाली से मुक्त कराना
(c) अंग्रेजी भाषा में शिक्षा देना
(d) बच्चों को बहुमुखी विकास के अवसर उपलब्ध कराना

29. सीखने की प्रोजेक्ट विधि किस अवस्था के लिए उपयोगी है?
(a) बाल्यावस्था
(b) पूर्व बाल्यावस्था
(c) किशोरावस्था (d) उपरोक्त सभी

30. राष्ट्रीय पाठ्यचर्या की रूपरेखा 2005 दस्तावेज में भाषा के लिए निहित है-
(a) एक भाषा (b) द्वि भाषा
(c) तीन भाषा (d) बहु भाषा

उत्तर व्याख्या सहित

1. (c)

2. (b) 'बाल्यावस्था' को संवेगात्मक विकास का अनोखा काल माना जाता है। बालक में शर्म एवं गर्व जैसी भावनाओं का विकास इसी काल में होता है।

3. (d) समायोजन वह प्रक्रिया है, जिसके द्वारा प्राणी अपनी मूलभूत आवश्यकताओं और इन आवश्यकताओं की पूर्ति को प्रभावित करने वाली परिस्थितियों में सन्तुलन रखता है। पर्यावरण, जीवन तथा प्रकृति के साथ समायोजन, व्यक्तित्व स्थायी समायोजन का प्रमुख लक्षण है।

4. (a) शैशवावस्था (0-5 वर्ष) मानव जीवन की सबसे महत्वपूर्ण अवस्था होती है। इस अवस्था के दूसरे वर्ष तक शिशु का शब्द भण्डार लगभग 100 शब्द तक हो जाता है।

5. (a) संवेग, प्राणी की उत्तेजित मनोवैज्ञानिक और शारीरिक दशा है, जिसमें शारीरिक क्रियाएँ और शक्तिशाली भावनाएँ किसी निश्चित उद्देश्य को प्राप्त करने के लिए स्पष्ट रूप से बढ़ती है। इसकी उत्पत्ति मूल प्रवृत्तियों के कारण होती है।

6. (c) 'सीखने के नियम' का प्रतिपादन थॉर्नडाइक द्वारा किया गया था। इस नियम के अनुसार, जब व्यक्ति कोई कार्य सीखता है, तब उसके सामने एक विशेष स्थिति या उद्दीपक (Stimulus) होता है, जो उसे एक विशेष प्रकार की प्रतिक्रिया (Response) करने के लिए प्रेरित करता है।

7. (d) चिन्तन प्रक्रिया, शैशवावस्था की एक मुख्य विशेषता नहीं है। बालक में चिन्तन प्रक्रिया का विकास बाल्यावस्था के दौरान होता है।

8. (c)

9. (a) राष्ट्रीय पाठ्यचर्चा की रूपरेखा 2005 के अनुसार, नि:शक्त बच्चों की शिक्षा के लिए 'समावेशी शिक्षा' का प्रयोग किया गया है।

10. (a) हरलॉक ने बाल्यावस्था को 6 वर्ष से 12 वर्ष तक के बीच का समय माना है। इस अवस्था में बालक स्वयं को अति विशाल संसार में पाता है ओर उसके बारे में जल्दी-जल्दी जानकारी प्राप्त करना चाहता है।

11. (a) व्यक्तित्व विकास की अवस्थाओं को 3 भागों में वर्गीकृत किया जा सकता है।
(i) अधिगम एवं वृद्धि
(ii) अधिगम एवं परिपक्वता
(iii) विकास की प्रक्रिया

12. (d) बर्ट के अनुसार, पिछड़ा हुआ बालक वह है जो स्कूल के जीवन के मध्य में अपनी आयु स्तर की कक्षा से एक नीचे की कक्षा का कार्य करने में असमर्थ होता है। सीखने की कम गति, 80-90 के मध्य बुद्धि लब्धि स्तर तथा मानसिक रूप से अस्वस्थ और असमायोजित व्यवहार ऐसे बालकों की प्रमुख विशेषताएँ हैं।

13. (d)

14. (a) जिस प्रकार, दूसरी सीढ़ी पर पहुँचने के लिए पहली सीढ़ी पर कदम रखना पड़ता है, उसी प्रकार विकास क्रम में शरीर के अव्यवों में किसी नवीन क्रिया को सीखने की तत्परता उत्पन्न होती है। यही तत्परता 'परिपक्वता' है।

15. (b) स्टेनले हॉल के अनुसार, किशोरावस्था बड़े संघर्ष तनाव, तूफान तथा क्रोध की अवस्था है। किशोरावस्था को जीवन का सबसे कठिन काल माना गया है।

16. (d) बच्चों की रुचि बनाए रखने के लिए उन्हें स्वयं गतिविधि करने के लिए देना अधिक उपयुक्त है क्योंकि बच्चे स्वयं करके बेहतर सीखते हैं।

17. (c) चूँकि बच्चे की मानसिक आयु = **12 वर्ष**
तथा वास्तविक आयु = **10 वर्ष**
बच्चे की बुद्धि लब्धि
= मानसिक आयु/वास्तविक आयु × 100

18. (a) स्मृति, अभिप्रेरणा तथा समायोजन मानसिक विकास के क्षेत्र हैं जबकि स्नायूमण्डल, शारीरिक विकास का क्षेत्र है।

19. (c) मूल्यांकन वह प्रक्रिया है जिसके माध्यम से अधिगमकर्त्ता के सीखने के स्तर का पता लगाया जाता है। अत: मूल्यांकन का मुख्य उद्देश्य बच्चों के सीखने के स्तर के ज्ञान की जानकारी प्राप्त करना होता है।

20. (a) किसी बच्चे का शारीरिक और गत्यात्मक विकास उसके शरीर के आकार में वृद्धि का द्योतक है जबकि संवेगात्मक, संज्ञानात्मक तथा नैतिक विकास उसके मानसिक विकास को दर्शाता है।

21. (d) **22.** (b)

23. (a) जीन पियाजे के अनुसार, जन्म से 2 वर्ष तक की अवस्था संवेदी-क्रियात्मक अवस्था कहलाती है। इस अवस्था में बालक भूख लगने की अवस्था को रोकर व्यक्त करता है। यह जिन वस्तुओं को प्रत्यक्ष रूप से देखता है, उसके लिए उन्हीं वस्तुओं का अस्तित्व होता है।

24. (b)

25. (c) शिक्षा का अधिकार अधिनियम, 2009, 14-18 वर्ष की आयु के बच्चे पर लागू नहीं होता है। इस अधिनियम में नि:शक्त बच्चों की शिक्षा 6-14 आयु वर्ग के बच्चों को निशुल्क तथा अनिवार्य शिक्षा तथा बच्चों की नियमित उपस्थिति से सम्बन्धित प्रावधान है।

26. (b) डिस्लेक्सिया पठन विकार से सम्बन्धित है। इस बीमारी से पीड़ित बच्चों को सामान्य रूप से पढ़ाई/लिखाई में समस्याएँ आती हैं जिससे बच्चे के मन में पढ़ाई/लिखाई के प्रति अरुचि तथा नकारात्मक भाव पैदा होने लगते हैं।

27. (d)

28. (c) ज्ञान को स्कूल के बाहरी जीवन से जोड़ना, पढ़ाई को रटन्त प्रणाली से मुक्त कराना तथा बच्चों को बहुमुखी विकास के अवसर उपलब्ध कराना राष्ट्रीय पाठ्यचर्या की रूपरेखा (NCF) 2005 के प्रमुख मार्गदर्शी सिद्धान्त हैं जबकि अंग्रेजी भाषा में शिक्षा देना इसका सिद्धान्त नहीं है।

29. (d) **30.** (a)

❑❑❑

उत्तराखण्ड शिक्षक पात्रता परीक्षा

कक्षा I-V सॉल्व्ड पेपर-2011

बाल विकास एवं शिक्षण शास्त्र

1. राष्ट्रीय पाठ्यचर्या की रूपरेखा 2005 (NCF-2005) के आधारभूत सिद्धान्तों में, निम्न में से कौन-सा भाग सम्मिलित नहीं है?
(a) अच्छी बाह्य परीक्षाओं का आयोजन करना
(b) रटने को महत्त्व प्रदान न करना
(c) पुस्तकों से इतर ज्ञान प्राप्त करना
(d) ज्ञान को वास्तविक जीवन से जोड़ना

2. निम्न में से कौन-सा कथन सत्य है?
(a) लड़के अधिक बुद्धिमान होते हैं
(b) लड़कियाँ अधिक बुद्धिमान होती हैं
(c) बुद्धि का लिंग के साथ सम्बन्ध नहीं है
(d) सामान्यत: लड़के लड़कियों से अधिक बुद्धिमान होते हैं

3. डिस्लेक्सिया का सम्बन्ध है-
(a) मानसिक अक्षमता से
(b) लेखन अक्षमता से
(c) पढ़ने की अक्षमता से
(d) शारीरिक अक्षमता से

4. शिक्षा मनोविज्ञान की दृष्टि से निम्न में से कौन-सा कथन सत्य है?
(a) बच्चे अपने ज्ञान का स्वयं सृजन करते हैं
(b) विद्यालय में आने से पहले बच्चों को कोई पूर्व ज्ञान नहीं होता है
(c) अधिगम प्रक्रिया में बच्चों को कष्ट होता है
(d) बच्चे यथावत् वही सीखते हैं, जो उन्हें पढ़ाया जाता है

5. परामर्श का उद्देश्य है-
(a) बच्चे को समझना
(b) बच्चे को कमियों का कारण पता करना
(c) बच्चे को समायोजन में सहायता प्रदान करना
(d) उपरोक्त सभी

6. आधुनिक शिक्षण अधिगम प्रक्रिया में, शिक्षक की भूमिका है-
(a) सीखने हेतु एक अच्छे सुलभकर्ता को
(b) बच्चों को गणित, विज्ञान और भाषा सिखाने की
(c) बच्चों को मूल्य आधारित शिक्षा देने की
(d) बच्चों को सभी कुछ पढ़ाने की

7. बच्चों में नैतिकता की स्थापना के लिए सर्वोत्तम मार्ग है-
(a) उन्हें धार्मिक पुस्तकें पढ़ाना
(b) शिक्षक का आदर्श रूप में व्यवहार करना
(c) उनका मूल्य शिक्षा पर मूल्यांकन करना
(d) उन्हें प्रात:कालीन सभा में उपदेश देना

8. एक अध्यापक की दृष्टि में कौन-सा कथन सर्वोत्तम है?
(a) प्रत्येक बच्चा सीख सकता है
(b) कुछ बच्चे सीख सकते हैं
(c) अधिकतर बच्चे सीख सकते हैं
(d) बहुत कम बच्चे सीख सकते हैं

9. शिक्षक एवं विद्यार्थी के मध्य सम्बन्ध होना चाहिए-
(a) स्नेह का (b) विश्वास का
(c) सम्मान का (d) ये सभी

10. बच्चा किस प्रकार सीखता है?
(a) पुस्तकें पढ़कर (b) परिचर्चा द्वारा
(c) प्रश्न पूछकर (d) कई प्रकार से

11. डाल्टन शिक्षण विधि का विकास किसने किया?
(a) फ्रोबेल
(b) डब्लू.एच. किलपैट्रिक
(c) मिस हेलेन पार्कहर्स्ट
(d) डाल्टन

12. सीखने की प्रक्रिया में विद्यार्थी द्वारा की गई त्रुटियों के सम्बन्ध में, आपकी दृष्टि में, निम्न में से कौन-सा कथन सर्वोत्तम है?
(a) विद्यार्थी को कभी भी त्रुटियाँ नहीं करनी चाहिए
(b) त्रुटियाँ अधिगम प्रक्रिया का भाग है
(c) विद्यार्थी की लापरवाही के कारण त्रुटियाँ होती हैं
(d) कभी-कभी विद्यार्थी त्रुटियाँ कर सकता है

13. एक अच्छा अध्यापक विद्यार्थियों के मध्य बढ़ावा देता है-
(a) प्रतियोगिता की भावना को
(b) सहयोग की भावना को
(c) प्रतिद्वन्द्विता की भावना को
(d) तटस्थता की भावना को

14. मधु गणित में कमजोर है। एक अच्छे अध्यापक की दृष्टि में उसके गणित में कमजोर होने का क्या कारण हो सकता है?
(a) प्राय: लड़कियाँ गणित में कमजोर होती हैं
(b) उसके माता-पिता अनपढ़ हैं
(c) उसे अध्ययन में रुचि नहीं है
(d) गणित शिक्षण की विधि त्रुटिपूर्ण है

15. निम्न में से सर्वोत्तम कथन कौन-सा है? एक अच्छा अध्यापक?
(a) अध्यापन के लिए व्याख्यान विधि का प्रयोग करता है
(b) सदैव प्रदर्शन के माध्यम से सिखाता है
(c) विद्यार्थियों को सदैव सीखने के लिए प्रेरित करता है
(d) विद्यार्थियों को सदैव अनुशासन में रखता है

16. बच्चे की बुद्धिलब्धि 90 से 110 के मध्य है; वह है-

(a) सामान्य बुद्धि (b) प्रखर बुद्धि
(c) उत्कृष्ट बुद्धि (d) प्रतिभाशाली

17. राष्ट्रीय पाठ्यचर्या की रूपरेखा 2005 (NCF-2005) के अनुसार गणित शिक्षण का मुख्य उद्देश्य है-

(a) बच्चों को अंक गणित का ज्ञान देना
(b) बच्चों में गणित के प्रति रुचि पैदा करना
(c) बच्चों में तार्किक चिन्तन तथा समस्या-समाधान योग्यता का विकास करना
(d) बच्चों का संवेगात्मक विकास करना

18. सतत् एवं व्यापक मूल्यांकन में, व्यापक मूल्यांकन शब्दावली का तात्पर्य है-

(a) सभी विषयों का मूल्यांकन
(b) सह-शैक्षिक क्षेत्र का मूल्यांकन
(c) शैक्षिक एवं सह शैक्षिक क्षेत्र का मूल्यांकन
(d) शैक्षिक क्षेत्र का मूल्यांकन

19. मानसिक रूप से स्वस्थ अध्यापक की विशेषता क्या है?

(a) वह संवेदनात्मक रूप से सन्तुलित है
(b) उसे अपने विषय का गहन ज्ञान है
(c) वह अत्यधिक संवेदनशील है
(d) वह सख्त अनुशासन पसन्द है

20. शिवानी द्वारा पूछे गए एक प्रश्न का उत्तर शिक्षक तत्काल नहीं दे सकता है, शिक्षक की प्रतिक्रिया क्या होनी चाहिए?

(a) शिक्षक द्वारा शिवानी को चुप करा देना चाहिए
(b) शिक्षक द्वारा शिवानी का ध्यान बँटा देना चाहिए
(c) शिक्षक को कहना चाहिए, ''मैं नहीं जानता हूँ''
(d) शिक्षक द्वारा इस प्रश्न का सही उत्तर बाद में समझकर देना चाहिए

21. शिक्षा का अति महत्वपूर्ण उद्देश्य है-

(a) आजीविका कमाना
(b) बच्चे का सर्वांगीण विकास
(c) पढ़ना एवं लिखना सीखना
(d) बौद्धिक विकास

22. बच्चे की जिज्ञासा शान्त करनी चाहिए-

(a) जब शिक्षक फुर्सत में हो
(b) जब विद्यार्थी फुर्सत में हो
(c) कुछ समय के पश्चात्
(d) तत्काल, जब विद्यार्थी द्वारा जिज्ञासा की गई है

23. आप अनपढ़ माता-पिता के बच्चे को अंग्रेजी सिखाना चाहते हैं-

(a) आप बच्चे से अंग्रेजी में बातें करेंगे
(b) आप बच्चे को अंग्रेजी में बोलने के लिए बाध्य करेंगे
(c) आप बच्चे को मातृ-भाषा में बोलने से रोकेंगे
(d) आप उसे मातृभाषा की सहायता से अंग्रेजी सिखाने का प्रयास करेंगे

24. पुरस्कार एवं दण्ड हैं-

(a) सकारात्मक प्रेरक
(b) स्वाभाविक प्रेरक
(c) कृत्रिम प्रेरक
(d) अर्जित प्रेरक

25. शिक्षक को ज्ञान होना चाहिए-

(a) अध्यापन विषय का
(b) बाल मनोविज्ञान का
(c) शिक्षा संहिता का
(d) अध्यापन विषय एवं बाल-मनोविज्ञान का

26. बाल मनोविज्ञान के आधार पर कौन-सा कथन सर्वोत्तम है?

(a) सारे बच्चे एक जैसे होते हैं
(b) प्रत्येक बच्चा विशिष्ट होता है
(c) कुछ बच्चे विशिष्ट होते हैं
(d) कुछ बच्चे एक जैसे होते हैं

27. एक बच्चा कक्षा में प्रायः पूछता है, उचित रूप में इसका अर्थ है कि-

(a) वह शरारती है
(b) वह अधिक जिज्ञासु है
(c) वह असामान्य है
(d) वह प्रतिभाशाली है

28. बच्चों का मूल्यांकन होना चाहिए-

(a) बोर्ड परीक्षा द्वारा
(b) सतत् एवं व्यापक मूल्यांकन द्वारा
(c) गृह परीक्षा द्वारा
(d) लिखित एवं मौखिक परीक्षा द्वारा

29. एक बच्चा प्रायः अपने सहपाठियों के साथ झगड़ता है, आप क्या करेंगे?

(a) आप बच्चे को सजा देंगे
(b) आप बच्चे को विद्यालय से निकाल देंगे
(c) आप कारण पता लगाने का प्रयास करेंगे तथा उसे परामर्श देंगे
(d) आप उसके माता-पिता से शिकायत करेंगे

30. बच्चे के लिए निःशुल्क एवं अनिवार्य शिक्षा का अधिकार अधिनियम के लिए लागू है-

(a) 6-11 वर्ष (b) 7-13 वर्ष
(c) 5-11 वर्ष (d) 6-12 वर्ष

उत्तर व्याख्या सहित

1. (a)

2. (c) बुद्धि शब्द का प्रयोग प्राचीन काल से ही व्यक्ति की तत्परता, समायोजन, तत्कालीनता तथा समस्या की क्षमताओं के सन्दर्भ में होता रहा है। रायबर्न के अनुसार-बुद्धि वह शक्ति है, जो हमको समस्याओं का समाधान करने और उद्देश्य को प्राप्त करने की क्षमता देती है अर्थात् इसका लिंग के साथ सम्बन्ध नहीं है, कथन सत्य है।

3. (c)

4. (a) जीन पियाजे के अनुसार, ''बच्चे दुनिया के बारे में अपनी समझ का सृजन स्वयं ही करते हैं अर्थात् नव स्फूर्त विचारों के धरातल पर वे अपनी अभिव्यक्ति स्वयं ही करते हैं।

5. (d) बच्चे काम समझाना, बच्चे की कमियों का पता करना तथा बच्चे को समायोजन में सहायता प्रदान करना परामर्श के प्रमुख उद्देश्य हैं।

6. (a)

7. (b)

8. (a) एक अध्यापक की दृष्टि से यह कथन सर्वोत्तम है कि ''प्रत्येक बच्चा सीख सकता है।'' क्योंकि शिक्षण अधिगम प्रक्रिया के दौरान एक शिक्षक विभिन्न शिक्षण विधियों का प्रयोग करके भिन्न-भिन्न बुद्धिलब्धि वाले बच्चों को आसानी से सिखा सकता है।

9. (d) किसी विद्यार्थी के मानसिक विकास तथा व्यापक अधिगम के लिए शिक्षक तथा विद्यार्थी के मध्य स्नेह, विश्वास तथा सम्मान का सम्बन्ध होना आवश्यक है।

10. (d) 'सीखना' व्यवहार में उत्तरोत्तर सामंजस्य की एक प्रक्रिया है। अत: बच्चे कई प्रकार से सीखते हैं।

11. (c) डाल्टन शिक्षण विधि का विकास मिस हेलेन पार्कहर्स्ट के द्वारा किया गया था। इस विधि में छात्रों को कोई काम सौंप दिया जाता है और छात्र प्रयोगशाला के रूप में अपनी-अपनी कक्षाओं का ही प्रयोग करते हैं। बालक स्वतन्त्रतापूर्वक बगैर समय चक्र के अपने-अपने कार्य को अपनी-अपनी क्षमता, योग्यता स्तर आदि के अनुसार दिए गए कार्यों को पूर्ण करते हैं।

12. (b) सीखने की प्रक्रिया में विद्यार्थियों द्वारा की जाने वाली त्रुटियाँ अधिगम प्रक्रिया का एक महत्त्वपूर्ण भाग होती हैं।

13. (b) एक अच्छा अध्यापक विद्यार्थियों के मध्य सदैव सहयोग की भावना को बढ़ावा देता है।

14. (d) यदि कोई विद्यार्थी किसी विषय में कमजोर है, तो सामान्यत: यह कहा जा सकता है कि उसे उस विषय का शिक्षण त्रुटिपूर्ण विधियों से कराया गया है। अत: मधु के गणित में कमजोर होने का प्रमुख कारण गणित शिक्षण की विधि का त्रुटिपूर्ण होना हो सकता है।

15. (c) एक अच्छा अध्यापक विद्यार्थियों को सदैव सीखने के लिए प्रेरित करता है।

16. (a) टर्मन के बुद्धि लब्धि परीक्षणों के अनुसार बुद्धि लब्धि 90 से 110 के मध्य के बालक सामान्य बुद्धि वाले होते हैं।

17. (c)

18. (c) सतत् एवं व्यापक मूल्यांकन में, व्यापक मूल्यांकन शब्दावली का तात्पर्य शैक्षिक एवं सह शैक्षिक क्षेत्र का मूल्यांकन करने से है। जबकि सतत् मूल्यांकन का केन्द्र विद्यार्थियों में सुधार करना होता है।

19. (a) मानसिक स्वास्थ्य का अर्थ दैनिक जीवन में भावनाओं, इच्छाओं, महत्त्वाकांक्षाओं, आदर्शों में सन्तुलन करने की योग्यता से है। अत: संवेदनात्मक रूप से सन्तुलन मानसिक रूप से स्वस्थ अध्यापक की एक प्रमुख विशेषता है।

20. (d) ऐसी स्थिति में शिक्षक को चाहिए कि वह शिवानी को प्रश्न का सही उत्तर बाद में समझकर दे।

21. (b) शिक्षा व्यक्ति की उन सभी योग्यताओं का विकास करती है जिनके द्वारा वह अपने वातावरण पर नियन्त्रण करने की क्षमता प्राप्त करता है तथा अपनी सम्भावनाओं को पूर्ण करता है अर्थात् शिक्षा का अति महत्वपूर्ण उद्देश्य बच्चे का सर्वांगीण विकास करना है।

22. (d)

23. (d) जिन बच्चों के माता-पिता निरक्षर हैं ऐसे बच्चों को अंग्रेजी सिखाने के लिए एक अध्यापक की उन्हें मातृभाषा की सहायता से अंग्रेजी का प्रयास करना चाहिए।

24. (c) पुरस्कार एवं दण्ड कृत्रिम प्रेरक हैं क्योंकि ये प्रेरक स्वाभाविक प्रेरकों के पूरक रूप में कार्य करते हैं और व्यक्ति के कार्य या व्यवहार को नियन्त्रित और प्रोत्साहित करते हैं।

25. (d) **26.** (b)

27. (b) जब कोई बच्चा कक्षा में प्राय: प्रश्न पूछता है, तो वह उस समय अधिक जिज्ञासु होता है। ऐसी स्थिति में एक शिक्षक को तुरन्त उसकी जिज्ञासा शान्त कर देनी चाहिए।

28. (b) बच्चों का मूल्यांकन का सतत् एवं व्यापक मूल्यांकन द्वारा होना चाहिए क्योंकि इसके माध्यम से एक शिक्षक, छात्र की शैक्षिक उपलब्धि का पता लगाता है, साथ ही छात्र की कमजोरियों का पता लगाकर उनका निदान भी करता है।

29. (c)

30. (a) शिक्षा का अधिकार अधिनियम, 2009 के अनुसार 6 से 14 तक के बच्चों के लिए नि:शुल्क एवं अनिवार्य शिक्षा का प्रावधान रखा गया है।

❑❑❑

बिहार शिक्षक पात्रता परीक्षा

कक्षा I-V सॉल्व्ड पेपर-2011

बाल विकास एवं शिक्षण शास्त्र

1. एलेक्सिया है-
(a) पढ़ने की अक्षमता
(b) लिखने की अक्षमता
(c) सीखने की अक्षमता
(d) सुनने की अक्षमता

2. हिन्दी अक्षरों को बालक किस आयु में पहचानने लगते हैं?
(a) 3 वर्ष की आयु में
(b) 4 वर्ष की आयु में
(c) 5 वर्ष की आयु में
(d) 6 वर्ष की आयु में

3. ''मनोविज्ञान, शिक्षा का आधारभूत विज्ञान है।'' यह किसने कहा है?
(a) बी एन झा (b) स्किनर
(c) डेविस (d) वुडवर्थ

4. आधुनिक मनोविज्ञान का अर्थ है-
(a) मन का अध्ययन
(b) आत्मा का अध्ययन
(c) शरीर का अध्ययन
(d) व्यवहार का अध्ययन

5. बुद्धि लब्धि मापन के जन्मदाता हैं-
(a) स्टर्न
(b) बिने
(c) टर्मन
(d) इनमें से कोई नहीं

6. प्रमापीकृत परीक्षण क्यों कराए जाते हैं?
(a) मन्द बुद्धि बालकों की पहचान के लिए
(b) प्रतिभाशाली बालकों की पहचान के लिए
(c) पिछड़े बालकों की पहचान के लिए
(d) बहरे बालकों की पहचान के लिए

7. बुद्धि के बहुकारक सिद्धान्त के प्रतिपादक हैं-
(a) मैक्डूगल (b) टर्मन
(c) थॉर्नडाइक (d) बर्ट

8. शिक्षा मनोविज्ञान की उत्पत्ति का वर्ष कौन-सा माना जाता है?
(a) 1947 (b) 1920
(c) 1940 (d) 1900

9. NCTE का पूर्ण रूप क्या है?
(a) National Council of Technical Education
(b) National Curriculum of Technical Education
(c) National Council of Teacher Education
(d) National Curriculum for Teacher Education

10. पियाजे की औपचारिक संक्रियात्मक अवस्था बालक की किस आयु अवधि तक मानी जाती है?
(a) 0-2 वर्ष (b) 2-7 वर्ष
(c) 7-11 वर्ष (d) 11-15 वर्ष

11. भारतीय संविधान के अनुच्छेद 41 व 46 किसके कल्याण से सम्बन्धित है?
(a) आर्थिक रूप से पिछड़े व्यक्तियों से
(b) विकलांग व्यक्तियों से
(c) धार्मिक रूप से पिछड़े व्यक्तियों से
(d) क्षेत्रीय रूप से पिछड़े व्यक्तियों से

12. जड़ बुद्धि वाले बालक की (IQ) बुद्धि लब्धि कितनी होती है?
(a) 111-120 (b) 81-110
(c) 71-80 (d) 71 से कम

13. उपनयन संस्कार किस शिक्षाकाल में किया जाता था?
(a) वैदिक काल (b) बौद्ध काल
(c) मुस्लिम काल
(d) इनमें से कोई नहीं

14. गर्भ में बालक को विकसित होने में कितने दिन लगते हैं?
(a) 150 (b) 280
(c) 390 (d) 460

15. यदि छात्र अधिकांश कार्य स्वयं के हाथों से करेगा, तो छात्र में-
(a) शारीरिक शक्ति बढ़ती है
(b) मानसिक शक्ति बढ़ती है
(c) परिश्रम करने की भावना जागृत होती है
(d) आत्मनिर्भरता पैदा होती है

16. नवजात शिशु का भार होता है-
(a) 6 पाउण्ड (b) 7 पाउण्ड
(c) 8 पाउण्ड (d) 9 पाउण्ड

17. निम्नलिखित में से जन्मजात अभिप्रेरक कौन है?
(a) निद्रा (b) खेलना
(c) प्रशंसा (d) क्रोध

18. 'पाठ्यक्रम निम्नलिखित में से शिक्षण के कौन-से चर में आता है?
(a) आश्रित चर (b) मध्यस्थ चर
(c) स्वतन्त्र चर
(d) इनमें से कोई नहीं

19. शिक्षण-अधिगम प्रक्रिया को प्रारम्भ करने से पहले एक कुशल अध्यापक को क्या करना चाहिए?
(a) छात्रों को दण्डित करना चाहिए
(b) चुटकुले सुनाने चाहिए
(c) अधिगम परिस्थितियाँ उत्पन्न करनी चाहिए
(d) आराम करना चाहिए

20. स्मिथ ने शिक्षण की त्रिध्रुवी प्रक्रिया में कार्यवाहक माना है-
(a) अभिभावक को (b) शिक्षक को
(c) शिक्षार्थी को
(d) पाठ्यक्रम को

21. साइजौइड वर्ग में किस प्रकार के बालक आते हैं?

(a) मोटे, स्वस्थ तथा लम्बे शरीर वाले
(b) प्रतिभाशाली व प्रखर बुद्धि वाले
(c) दुबले, पतले तथा लम्बे शरीर वाले
(d) उपरोक्त में से कोई नहीं

22. ''नवीन ज्ञान तथा नवीन प्रतिक्रियाओं का अर्जन करने की प्रक्रिया अधिगम प्रक्रिया है।'' यह कथन है-

(a) थार्नडाइक का (b) वुडवर्थ का
(c) गैने का (d) हल का

23. विशिष्ट बालकों के अन्तर्गत निम्न में से कौन-सा बालक आता है?

(a) पिछड़ा बालक
(b) प्रतिभाशाली बालक
(c) मन्द बुद्धि बालक
(d) ये सभी

24. 'तत्परता का नियम' किसने दिया है?

(a) पावलॉव (b) एबिंगहास
(c) थार्नडाइक (d) स्किनर

25. अपराधी बालक कौन होते हैं?

(a) जो असामाजिक कार्य करते हैं
(b) जो शिक्षक के लिए सिरदर्द होते हैं
(c) जो कक्षा में अव्वल होते हैं
(d) जो समाज में रहना पसन्द नहीं करते हैं

26. रॉस ने संवेग को कितने प्रकार में बाँटा है?

(a) 2 (b) 3 (c) 4 (d) 5

27. भारत के संविधान में किसके लिए निःशुल्क अनिवार्य शिक्षा है?

(a) सभी छात्रों के लिए
(b) 14 वर्ष के सभी बच्चों के लिए
(c) सभी छात्रों और प्रौढ़ों के लिए
(d) सभी नागरिकों के लिए

28. ''अभिप्रेरणा की व्याख्या जन्मजात मूल प्रवृत्तियों के आधार पर की जा सकती है।'' किसने कहा है?

(a) मैक्डूगल ने (b) कर्ट लेविन ने
(c) फ्रायड ने (d) स्किनर ने

29. निम्न में से कौन जन्मजात प्रेरक नहीं है?

(a) भूख (b) प्यास
(c) आदत (d) नींद

30. शिक्षण के आधार पर इसके कितने चर हैं?

(a) 1 (b) 2 (c) 3 (d) 4

उत्तर व्याख्या सहित

1. (a) 'एलेक्सिया' पढ़ने की अक्षमता है। इस बीमारी में बच्चा पढ़ने में समस्या महसूस करता है।

2. (c) **3.** (b)

4. (d) आधुनिक मनोविज्ञान का अर्थ व्यवहार का अध्ययन है। पिल्सबरी (Pillsbury) के अनुसार मनोविज्ञान मानव व्यवहार का विज्ञान है।

5. (c) मानसिक आयु का विचार 'बिने' द्वारा आरम्भ किया गया था। इसी के आधार पर टर्मन ने सर्वप्रथम 'बुद्धि लब्धि' के विचार को जन्म दिया। बुद्धि लब्धि निकलने के लिए उन्होंने निम्नलिखित सूत्र का प्रतिपादन किया था।

बुद्धि लब्धि = मानसिक आयु/वास्तविक आयु × 100

6. (b) प्रमापीकृत परीक्षण 'प्रतिभाशाली' बालकों की पहचान के लिए कराए जाते हैं।

7. (c) बुद्धि के बहुकारक सिद्धान्त का प्रतिपादन थॉर्नडाइक द्वारा किया गया था। इस सिद्धान्त के अनुसार बुद्धि के अनेक तत्व होते हैं। थार्नडाइक ने सामान्य तत्व के अलावा कुछ मूल तत्व जैसे-आंकिक योग्यता, शाब्दिक योग्यता, दिशा योग्यता, स्मरण शक्ति तथा भाषण योग्यता भी बताए हैं।

8. (d) **9.** (c)

10. (d) जीन पियाजे की औपचारिक संक्रियात्मक अवस्था में बालक की आयु 11-15 वर्ष तक मानी जाती है। इस अवस्था में बालक तर्क का अनुप्रयोग अधिक अमूर्त रूप से करते हैं, साथ ही उनमें परिकल्पनात्मक चिन्तन विकसित होने लगता है।

11. (a) भारतीय संविधान के अनुच्छेद 41 व 46 अनुसूचित जातियों, अनुसूचित जनजातियों और अन्य दुर्बल वर्गों की शिक्षा और आर्थिक हितों की अभिवृद्धि से है।

12. (d)

13. (a) उपनयन को एक अन्य नाम यज्ञोपवीत के नाम से भी जाना जाता है अर्थात् यज्ञ द्वारा पवित्र किया गया सूत्र (जनेऊ)। यह संस्कार की शिक्षा वैदिक काल में की जाती थी, जो आज भी होती है।

14. (b) गर्भाधान से लेकर जन्म तक बालक को विकसित होने में 40 सप्ताह या 280 दिन लगते हैं।

15. (d) थॉर्नडाइक के अधिगम सम्बन्धी नियम के अनुसार कार्य को स्वयं करने में उद्दीपक तथा अनुक्रिया का सम्बन्ध मजबूत होता है जिससे कि बालक में आत्मनिर्भरता पैदा होती है।

16. (b)

17. (a) जन्मजात प्रेरक, वे प्रेरक हैं जो व्यक्ति में जन्म से ही पाए जाते हैं। इन्हें जैविक प्रेरक भी कहा जाता है जैसे-भूख, प्यास, काम, निद्रा, विश्राम आदि जबकि 'खेलना' स्वाभाविक प्रेरक, 'प्रशंसा' कृत्रिम प्रेरक तथा 'क्रोध' मनोवैज्ञानिक प्रेरक है।

18. (b)

19. (c) शिक्षण-अधिगम प्रक्रिया को प्रारम्भ करने से पहले एक कुशल अध्यापक को अधिगम के लिए उपयुक्त परिस्थितियाँ उत्पन्न करनी चाहिए जिससे कि सीखने की दशाओं में परिवर्तन होने के साथ-साथ अधिगम हेतु परिपक्वता पर भी ध्यान दिया जा सके।

20. (b) स्मिथ ने शिक्षण की त्रिध्रुवी प्रक्रिया में शिक्षक को कार्यवाहक, शिक्षार्थी को लक्ष्य अथवा उद्देश्य तथा पाठ्यक्रम को मध्यस्थ चर के रूप में माना है।

21. (d)

22. (b) ''नवीन ज्ञान और नवीन प्रतिक्रियाओं का अर्जन करने की प्रक्रिया अधिगम प्रक्रिया है।'' यह कथन वुडवर्थ का है।

23. (d) विशिष्ट बालकों के अन्तर्गत पिछड़े, प्रतिभाशाली तथा मन्दबुद्धि तीनों प्रकार के बालक आते हैं। ऐसे बालक सामान्य बालकों से मानसिक, शारीरिक तथा सामाजिक विशेषताओं से भिन्न होते हैं।

24. (c) 'तत्परता का नियम' थॉर्नडाइक द्वारा दिया गया था। इस नियम के अनुसार जब कोई व्यक्ति किसी कार्य को करने के लिए तैयार होता है तो वह प्रक्रिया, यदि वह कार्य करता है तो उसे आनन्द देती है तथा कार्य नहीं करता है तो तनाव भी उत्पन्न करती है।

25. (a) अपराधी बालक वे बालक होते हैं जो असामाजिक कार्य करते हैं। इनका व्यवहार हमेशा सीखा हुआ होता है तथा ये सामाजिक सिद्धान्तों और आदर्शों की बिल्कुल परवाह नहीं करते हैं।

26. (b) रॉस ने संवेग को तीन भागों में बाँटा है- (i) ज्ञानात्मक (ii) क्रियात्मक (iii) भावात्मक

27. (b) भारतीय संविधान में अनुच्छेद 21(क) के तहत 14 वर्ष तक के सभी बच्चों के लिए निःशुल्क अनिवार्य शिक्षा का प्रावधान रखा गया है।

28. (a) मनोविज्ञान के क्षेत्र में अभिप्रेरणा को प्रथम वैज्ञानिक सिद्धान्त माना जाता है जिसके अन्तर्गत मैक्डूगल ने यह कहा है कि ''अभिप्रेरणा की व्याख्या जन्मजात मूल प्रवृत्तियों के आधार पर की जा सकती है।''

29. (c) **30.** (c)

❑❑❑

राजस्थान शिक्षक पात्रता परीक्षा

कक्षा VI-VIII सॉल्व्ड पेपर-2011

बाल विकास एवं शिक्षण शास्त्र

1. निम्न में से कौन-सा कथन विकास के बारे में सत्य नहीं है?
(a) विकास अन्त:क्रिया का फल है
(b) विकास एक व्यवस्थित शृंखला का अनुगामी है
(c) विकास एक व्यक्तिगत प्रक्रिया है
(d) विकास विशिष्ट से सामान्य की ओर होता है

2. निम्न में से कौन पियाजे के अनुसार बौद्धिक विकास का निर्धारक तत्व नहीं है?
(a) सामाजिक संचरण
(b) अनुभव
(c) सन्तुलनीकरण
(d) इनमें से कोई नहीं

3. बालकों की सोच अमूर्तता की अपेक्षा मूर्त अनुभवों एवं प्रत्ययों से होती है। यह अवस्था है-
(a) 7 से 12 वर्ष तक
(b) 12 से वयस्क तक
(c) 2 से 7 वर्ष तक
(d) जन्म से 2 वर्ष तक

4. विशेष आवश्यकता वाले बच्चों को पढ़ाने के लिए निम्नलिखित में से कौन-सी व्यूहरचना अधिक उपयुक्त है?
(a) अधिकतम बच्चों को सम्मिलित करते हुए कक्षा में चर्चा करना
(b) विद्यार्थियों को सम्मिलित करते हुए अध्यापक द्वारा निर्देशन
(c) सहकारी अधिगम तथा पीअर ट्यूटरिंग (सहपाठियों द्वारा अनुशिक्षण)
(d) अध्यापन के लिए योग्यता आधारित समूहीकरण

5. मानव विकास किन दोनों के योगदान का परिणाम है?
(a) अभिभावक एवं अध्यापक का
(b) सामाजिक एवं सांस्कृतिक कारकों का
(c) वंशक्रम एवं वातावरण का
(d) उपरोक्त में से कोई नहीं

6. समस्या के अर्थ को जानने की योग्यता, वातावरण के दोषों, कमियों एवं रिक्तियों के प्रति सजगता विशेषता है-
(a) प्रतिभाशाली बालकों की
(b) सामान्य बालकों की
(c) सृजनशील बालकों की
(d) उपरोक्त में से कोई नहीं

7. एक कॉलेज जाने वाली लड़की ने फर्श पर कोट फेंकने की आदत डाल ली है। लड़की की माँ ने उससे कहा कि कमरे से बाहर जाओ और कोट को खूँटी पर टांगो। लड़की अगली बार घर में प्रवेश करती है, कोट को हाथ पर रखकर अलमारी की तरफ जाकर कोट को खूँटी पर टाँग देती है। यह उदाहरण है-
(a) शृंखलागत अधिगम का
(b) उद्दीपन-अनुक्रिया अधिगम का
(c) प्रत्यय अधिगम का
(d) इन सभी में

8. अधिगम को प्रभावित करने वाला व्यक्तिगत कारक है-
(a) संचार के साधन
(b) समवयस्क समूह
(c) अध्यापक
(d) परिपक्वता एवं आयु

9. बाह्य अभिप्रेरणा में समावेशित किया जाएगा-
1. प्रशंसा एवं दोषारोपण
2. प्रतिद्वन्द्विता
3. पुरस्कार एवं दण्ड
4. परिणाम का ज्ञान

इनमें से-
(a) 1 और 2 (b) 1, 2 और 3
(c) केवल 2 (d) ये सभी

10. एक क्रिकेट खिलाड़ी अपनी गेंदबाजी के कौशल को विकसित कर लेता है, पर यह उसके बल्लेबाजी के कौशल को प्रभावित नहीं करता। इसे कहते हैं-
(a) विधेयात्मक प्रशिक्षण अन्तरण
(b) निषेधात्मक प्रशिक्षण अन्तरण
(c) शून्य प्रशिक्षण अन्तरण
(d) उपरोक्त में से कोई नहीं

11. जिस प्रक्रिया में व्यक्ति दूसरी के व्यवहार को देखकर सीखता है न कि प्रत्यक्ष अनुभव के, को कहा जाता है-
(a) सामाजिक अधिगम
(b) अनुबन्धन
(c) प्रायोगिक अधिगम
(d) आकस्मिक अधिगम

12. निम्न में से कौन-सा कथन किसी व्यक्ति के मानसिक स्वास्थ्य को उत्तम रूप से प्रदर्शित करता है?
(a) पूर्ण अभिव्यक्ति, संगतिकरण और सामान्य लक्षण की ओर निर्देशन
(b) मानसिक विकारों का न होना
(c) व्यक्तित्व के विकारों से मुक्ति
(d) उपरोक्त में से सभी

13. अधिगम निर्योग्यता का लक्षण है-
(a) भागने की प्रवृत्ति होना
(b) अशान्त, ऊर्जावान एवं विध्वंसक होना
(c) अवधान सम्बन्धी बाधा/विकार
(d) अभिप्रेरणा का अभाव

14. फ्रायड, पियाजे एवं मनोवैज्ञानिकों ने व्यक्तित्व विकास की विभिन्न अवस्थाओं के सन्दर्भ में व्याख्या की है। परन्तु पियाजे ने
(a) कहा है कि विकास की अवस्थाएँ वातावरण से निर्धारित होती है
(b) कहा है कि शैशवावस्था के अनुभव ही अधिक प्रभावित करते हैं, बाकी अवस्थाओं के सीमित प्रभाव होते हैं
(c) विभिन्न अवस्थाओं को समझाने के लिए संज्ञानात्मक बदलाव के बारे में कहा
(d) उपरोक्त में से कोई नहीं

15. गिलफोर्ड ने 'अभिसारी चिन्तन' पद का प्रयोग किसके समान अर्थ में किया है?
(a) बुद्धि
(b) सृजनात्मकता
(c) बुद्धि एवं सृजनात्मकता
(d) इनमें से कोई नहीं

16. रक्षा तन्त्र बहुत सहायता करता है-
(a) हिंसा से निपटने में
(b) दबाव से निपटने में
(c) थकान से निपटने में
(d) अजनबियों से निपटने में

17. निम्न में से कौन-सा रुचि के बारे में सत्य नहीं है?
(a) रुचियाँ जन्मजात और अर्जित दोनों होती हैं
(b) रुचियाँ समय के अनुसार बदलती रहती है
(c) रुचियाँ योग्यताओं एवं अभिक्षमताओं से सम्बन्धित नहीं होती है
(d) रुचियाँ व्यवहार में आकर्षण एवं विकर्षण के प्रतिबिम्ब नहीं है

18. शारीरिक निर्योग्यता वाले व्यक्ति के लिए निम्न में से कौन-सी युक्ति रक्षा तन्त्र में सबसे सन्तोषजनक होगी?
(a) तादात्मीकरण (b) विवेकीकरण
(c) अतिकल्पना
(d) इनमें से कोई नहीं

19. अभिवृत्ति है
(a) एक भावात्मक प्रवृत्ति जो अनुभव के द्वारा संगठित होकर किसी मनोवैज्ञानिक वस्तु के प्रति पसंदगी या नापसंदगी के रूप में प्रतिक्रिया करती है
(b) एक ऐसी विशेषता जो व्यक्ति की योग्यता का परिचायक है जिसे किसी प्रदत्त क्षेत्र में विशिष्ट प्रशिक्षण, ज्ञान अथवा कौशल से सीखा जा सकता है
(c) व्यक्ति की बीजभूत क्षमता जो कि विशिष्ट प्रकार की होती है
(d) उपरोक्त में से कोई नहीं

20. बालक प्रसंगबोध परीक्षण 3 वर्ष से 10 वर्ष की आयु के बालकों के लिए बनाया गया है। इस परीक्षण में कार्ड में प्रतिस्थापित किए गए हैं-
(a) सजीव वस्तुओं के स्थान पर निर्जीव वस्तुओं को
(b) लोगों के स्थान पर जानवरों को
(c) पुरुषों के स्थान पर महिलाओं को
(d) वयस्क के स्थान पर बालकों को

21. व्यक्तित्व एवं बुद्धि में वंशानुक्रम की
(a) नाममात्र की भूमिका है
(b) महत्वपूर्ण भूमिका है
(c) अपूर्वानुमेय भूमिका है
(d) आकर्षक भूमिका है

22. सृजनशीलता के पोषण के लिए एक अध्यापक को निम्न में से किस विधि की सहायता लेनी चाहिए?
(a) ब्रेन स्टार्मिंग/विचार वेश
(b) व्याख्यान विधि
(c) दृश्य-श्रव्य सामग्री
(d) ये सभी

23. जिन इच्छाओं की पूर्ति नहीं होती, उनका भण्डारगृह निम्न में से कौन-सा है?
(a) इदम् (b) अहम्
(c) परम अहम् (d) इदम् एवं अहम्

24. निम्न में से कौन-सा कथन सही नहीं है?
(a) आवश्यकता वंचना की शारीरिक अवस्था नहीं है
(b) अन्तनोंद आवश्यकता का मनोवैज्ञानिक परिणाम है
(c) आवश्यकता एवं अन्तनोंद समान नहीं है, बल्कि समानान्तर है
(d) मूलप्रवृत्तियाँ आन्तरिक जैविक बल है

25. शिक्षा का अधिकार अधिनियम, 2009 में एक अध्यापक के लिए न्यूनतम कार्य घण्टे प्रति सप्ताह निर्धारित किए गए हैं-
(a) चालीस घण्टे (b) पैंतालीस घण्टे
(c) पचास घण्टे (d) पचपन घण्टे

26. शिक्षा का अधिकार अधिनियम, 2009 में एक अध्यापक को निम्न में से किस दायित्व को पूरा करना होगा?
(a) विद्यालय में नियमित रूप से समय पर उपस्थित होना होगा
(b) पाठ्यक्रम का संचालन कर पूरा करना होगा
(c) सम्पूर्ण पाठ्यक्रम को निर्धारित समय पर पूरा करना होगा
(d) उपरोक्त सभी

27. क्रियात्मक अनुसन्धान का उद्देश्य है-
(a) नवीन ज्ञान की खोज
(b) शैक्षिक परिस्थितियों में व्यवहार विज्ञान का विकास
(c) विद्यालय तथा कक्षा की शैक्षिक कार्य प्रणाली में सुधार लाना
(d) उपरोक्त सभी

28. राष्ट्रीय पाठ्यक्रम रूपरेखा, 2005 में शान्ति शिक्षा को बढ़ावा देने के लिए कुछ क्रियाओं की अनुशंसा की गई है। पाठ्यक्रम रूपरेखा में निम्न में से किसे सूचीबद्ध किया गया है?
(a) महिलाओं के प्रति आदर एवं जिम्मेदारी का दृष्टिकोण विकसित करने के लिए कार्यक्रम आयोजित किए जाएं
(b) नैतिक शिक्षा को बढ़ाया जाए
(c) शान्ति शिक्षा को एक अलग विषय के रूप में पढ़ाया जाए
(d) शान्ति शिक्षा को पाठ्यक्रम में सम्मिलित किया जाए

29. राष्ट्रीय पाठ्यचर्या की रूपरेखा, 2005 में बातचीत की गई है-
(a) ज्ञान स्थायी है व दिया जाता है-से ज्ञान का विकास होता हो और इसकी संरचना की जाती है
(b) शैक्षिक केन्द्र से विषय केन्द्र होने पर
(c) विद्यार्थी केन्द्रित से अध्यापक केन्द्रित की ओर
(d) उपरोक्त में से कोई नहीं

30. राष्ट्रीय पाठ्यचर्या रूपरेखा, 2005 के अन्तर्गत परीक्षा सुधारों-
(a) खुली पुस्तक परीक्षा
(b) सतत्/निरन्तर एवं व्यापक मूल्यांकन
(c) सामूहिक कार्य मूल्यांकन
(d) उपरोक्त सभी

उत्तर व्याख्या सहित

1. (d) बालक का विकास सामान्य क्रियाओं से विशिष्टता की ओर होता है न कि विशिष्ट क्रियाओं से सामान्य की ओर। पहले वह सभी व्यक्तियों को पापा कह कर सम्बोधित करता है किन्तु धीरे-धीरे वह केवल पिता को ही पापा कह कर सम्बोधित करने लगता है।

2. (a)

3. (a) जीन पियाजे द्वारा प्रतिपादित संज्ञानात्मक विकास की मूर्त-संक्रियात्मक अवस्था (7-11 वर्ष) के अनुसार बच्चा मूर्त घटनाओं के सम्बन्ध में युक्तियुक्त तर्क कर सकता है और वस्तुओं को विभिन्न समूहों में वर्गीकृत कर सकता है।

4. (c)

5. (c) मानव विकास वंशक्रम एवं वातावरण के योगदान का परिणाम है। लैण्डिस के अनुसार यदि वंशक्रम हमें विकसित होने की क्षमताएँ प्रदान करता है तो इन क्षमताओं को विकसित करने के लिए हमें वातावरण की आवश्यकता पड़ती है।

6. (c) आइन्जक के अनुसार ''सृजनशील बालक नए सम्बन्धों के ज्ञान को इसकी उत्पत्ति में चिन्तन के परम्परागत तरीकों से हटकर असाधारण विचार उत्पन्न करने की योग्यता रखते हैं'' जिस कारण ऐसे बालक समस्या के अर्थ को जानने, वातावरण आदि के प्रति सजग रहते हैं।

7. (a)

8. (d) संचार के साधन, 'समवयस्क समूह तथा अध्यापक अधिगम को प्रभावित करने वाले वातावरणीय कारक हैं जबकि परिपक्वता एवं आयु व्यक्तिगत कारक है।

9. (d) वातावरण के वे तत्व जो व्यक्ति को उत्तेजित करते हैं तथा साथ ही उद्दीपन का कार्य करते हैं उन्हें बाह्य अभिप्रेरणा में समावेशित किया जाता है। प्रश्न में दिए गए सभी तत्त्व बाह्य अभिप्रेरणा से सम्बन्धित है।

10. (c) क्रॉनब्रेक के मतानुसार अधिगम, अनुभव के परिणामस्वरूप व्यवहार में परिवर्तन द्वारा व्यक्त होता है। क्रिकेट खिलाड़ी अपनी गेंदबाजी के कौशल को अपने अभ्यास के द्वारा विकसित कर लेता है लेकिन बल्लेबाजी में उसका कौशल प्रशिक्षण शून्य रहा है।

11. (a)

12. (a) पूर्ण अभिव्यक्ति, संगतिकरण और सामान्य लक्ष्य की ओर निर्देशन व्यक्ति के मानसिक स्वास्थ्य की ओर इशारा करते हैं।

13. (c)

14. (c) जीन पियाजे ने व्यक्तित्व की विभिन्न अवस्थाओं के सन्दर्भ में इनको समझने के लिए संज्ञानात्मक बदलाव के बारे में कहा है। उनके अनुसार व्यक्तित्व विकास की प्रक्रिया में व्यक्ति की संज्ञानात्मक संरचना का रूपान्तरण होता है जो उद्दीपक-अनुक्रिया सम्बन्धी के रूप में न होकर अधिक गहरा तथा आन्तरिक होता है।

15. (b)

16. (b) दबाव से निपटने के लिए व्यक्ति का रक्षातन्त्र कवच का कार्य करता है।

17. (d)

18. (c) शारीरिक निर्योग्यता वाले व्यक्ति के लिए अतिकल्पना रक्षा तन्त्र के लिए सर्वोत्तम होती है।

19. (a) अभिवृत्ति एक भावात्मक प्रवृत्ति है जो अनुभव के द्वारा संगठित होकर किसी मनोवैज्ञानिक वस्तु के प्रति पसन्द या नापसन्द के रूप में प्रतिक्रिया करती है।

20. (b)

21. (a) किसी व्यक्ति का व्यक्तित्व एवं उसकी बुद्धि वंशानुक्रम तथा वातावरण की अन्तःक्रिया का परिणाम है जिसमें वंशानुक्रम की भूमिका नाममात्र की होती है।

22. (a) विचारावेश सृजनशीलता के पोषण की सर्वोत्तम विधि है।

23. (a) जिन इच्छाओं की पूर्ति नहीं होती, उनका भण्डारगृह इदम् कहलाता है।

24. (a)

25. (b) शिक्षा का अधिकार अधिनियम, 2009 के अनुसार एक अध्यापक को एक सप्ताह में न्यूनतम पैंतालीस घण्टे शिक्षण कार्य करना आवश्यक है।

26. (d)

27. (c) गुड के अनुसार क्रियात्मक अनुसन्धान वह अनुसन्धान है जिसका प्रयोग अध्यापक अपने कार्यों एवं निर्णयों में सुधार हेतु करता है जिसका उद्देश्य विद्यालय तथा कक्षा की शैक्षिक कार्य प्रणाली में सुधार लाना है।

28. (a) राष्ट्रीय पाठ्यक्रम रूपरेखा, 2005 में रात्रि शिक्षा को बढ़ावा देने के लिए महिलाओं के प्रति आदर एवं जिम्मेदारी का दृष्टिकोण विकसित करने के लिए कार्यक्रमों को आयोजित करने की अनुशंसा की गई है।

29. (a) ज्ञान स्थायी है व दिया जाता है, से ज्ञान का विकास होता है और इसकी संरचना की जाती है, के सम्बन्ध में राष्ट्रीय पाठ्य चर्चा की रूपरेखा 2005 के परिप्रेक्ष्य में की गई है।

30. (d)

❑❑❑

बाल विकास
एवं
शिक्षण शास्त्र

1

अध्याय

वृद्धि एवं विकास

सोरेन्सन के अनुसार–''सामान्य रूप से वृद्धि शब्द का प्रयोग शरीर और उसके अंगों के भार और आकार में वृद्धि के लिए किया जाता है। इस वृद्धि को नापा और तोला जा सकता है। विकास का सम्बन्ध वृद्धि से अवश्य होता है पर यह शरीर के अंगों में होने वाले परिवर्तनों को विशेष रूप से व्यक्त करता है।''

हरलोक के अनुसार–''विकास, वृद्धि तक सीमित नहीं है। इसके बजाय इसमें प्रौढ़ावस्था के लक्षण की ओर परिवर्तनों का प्रगतिशील क्रम निहित रहता है। विकास के परिणामस्वरूप व्यक्ति में नवीन विशेषताओं और नवीन योग्यताएं प्रकट होती हैं।''

बालक के विकास की प्रक्रिया जन्म से पूर्व जब वह माता के गर्भ में आता है, तभी से प्रारम्भ हो जाती है और जन्म के बाद शैशवावस्था, बाल्यावस्था किशोरावस्था तथा प्रौढ़ावस्था तक क्रमशः चलती रहती है। इस प्रकार वह विकास की विभिन्न अवस्थाओं से गुजरता है जिसमें उसका शारीरिक, मानसिक, संवेगात्मक एवं सामाजिक विकास होता है।

अभिवृद्धि

व्यक्ति के स्वाभाविक विकास को अभिवृद्धि कहते हैं। गर्भाशय में भ्रूण बनने के पश्चात् जन्म होते समय तक उसमें जो प्रगतिशील परिवर्तन होते हैं वह अभिवृद्धि है। इसके अतिरिक्त जन्मोपरान्त से प्रौढ़ावस्था तक व्यक्ति में स्वाभाविक रूप से होने वाले परिवर्तन, जो अधिगम एवं प्रशिक्षण आदि से प्रभावित नहीं है, और ऊर्ध्ववर्ती है, भी अभिवृद्धि है। अभिवृद्धि की सीमा पूर्ण होने के पश्चात् लम्बाई में विकास होने की सम्भावना नगण्य होगी। अभिवृद्धि एक जैविक प्रक्रिया है जो सभी जीवों में पाई जाती है। अभिवृद्धि स्वतः होती है। व्यक्ति में अभिवृद्धि का माप किया जा सकता है और मापन में वही तत्व अथवा विशेषताएँ आती हैं जो जन्म के समय विद्यमान होगी। विशेषताएँ आती हैं। अधिगम पर अभिवृद्धि का प्रभाव देखा जा सकता है। जब तक बालक की माँसपेशियों की पर्याप्त अभिवृद्धि नहीं हो जाती तब तक चलना अथवा लिखना नहीं सीख सकता। किन्तु यदि अभिवृद्धि पर अधिगम अथवा अभ्यास का प्रभाव डाला जाएगा तो उसे हम विकास कहेंगे न कि अभिवृद्धि, क्योंकि अभिवृद्धि स्वतः घटित होती है। व्यक्ति की अभिवृद्धि में वातावरण का प्रभाव पड़ सकता है।

विकास

विकास का तात्पर्य व्यक्ति में नई-नई विशेषताओं एवं क्षमताओं का विकसित होना है जो प्रारम्भिक जीवन से आरम्भ होकर परिपक्वतावस्था तक चलती है। हरलॉक के शब्दों में–''विकास अभिवृद्धि तक ही सीमित नहीं है। इसके बजाय इसमें प्रौढ़ावस्था के लक्ष्य की ओर परिवर्तनों का प्रगतिशील क्रम निहित रहता है। विकास के परिणामस्वरूप व्यक्ति में नवीन विशेषताएँ और नवीन योग्यताएँ प्रकट होती है।'' हरलॉक की इस परिभाषा से तीन बातें स्पष्ट होती हैं–

1. विकास परिवर्तन की ओर संकेत करता है।
2. विकास में एक निश्चित क्रम होता है।
3. विकास की एक निश्चित दिशा एवं लक्ष्य होता है।

हरलॉक के कथनानुसार विकास की प्रक्रिया जीवनपर्यन्त एक क्रम से चलती रहती है तथा प्रत्येक अवस्था का प्रभाव विकास की दूसरी अवस्था पर पड़ता है।

अभिवृद्धि एवं विकास में अन्तर

	अभिवृद्धि	विकास
1.	अभिवृद्धि विशेष आयु तक चलने वाली प्रक्रिया है।	विकास जन्म से मृत्यु तक चलने वाली प्रक्रिया है।
2.	वृद्धि, विकास का एक चरण है।	विकास में वृद्धि भी सम्मिलित है।
3.	अभिवृद्धि में परिवर्तनों को देखा व मापा जा सकता है।	विकास में होने वाले परिवर्तनों को अनुभूत किया जा सकता है, मापा नहीं जा सकता।
4.	अभिवृद्धि मुख्यतः शारीरिक परिवर्तनों को प्रकट करता है।	विकास में सभी पक्षों (शारीरिक, मानसिक, सामाजिक, संवेगात्मक नैतिक आदि) के परिवर्तनों को संयुक्त रूप से लिया जाता है।
5.	अभिवृद्धि केवल उन्हीं घटकों की होती है जो बालक में जन्म के समय विद्यमान होती है।	विकास के लिए यह आवश्यक नहीं है।
6.	अभिवृद्धि में परिणात्मक परिवर्तन की अभिव्यक्ति होती है।	गुणात्मक एवं परिमाणात्मक पक्षों की अभिव्यक्ति होती है।

विकास क्रम में होने वाले परिवर्तन

विकास क्रम में होने परिवर्तन चार वर्गों में बाँटे जा सकते हैं–

1. **आकार परिवर्तन**–जन्म के बाद ज्यों-ज्यों बालक की आयु बढ़ती जाती है, उसके शरीर में परिवर्तन होता जाता है। शरीर के ये परिवर्तन-बाह्य एवं आन्तरिक दोनों अवयवों में होते हैं। शरीर की लम्बाई, चौड़ाई एवं भार में वृद्धि होती है। आन्तरिक अँग जैसे हृदय, मस्तिष्क, उदर, फेफड़ा आदि का आकार भी बढ़ता है। शारीरिक परिवर्तनों के साथ-साथ मानसिक परिवर्तन होते हैं।
2. **अँग-प्रत्यँगों के अनुपात में परिवर्तन**–बालक एवं वयस्क के अँग-प्रत्यँगों में अन्तर होता है। बाल्यावस्था में हाथ-पैर की अपेक्षा सिर बड़ा होता है, किन्तु किशोरावस्था में आने पर यह अनुपात वयस्कों के समान होता है। इसी प्रकार का अन्तर मानसिक विकास में भी देखने को मिलता है।
3. **कुछ चिह्नों का लोप**–विकास के साथ ही थाइमस ग्रन्थि, दूध के दाँत आदि का लोप हो जाता है। इसके साथ ही वह बाल क्रियाओं एवं क्रीड़ाओं को भी त्याग देता है।
4. **नवीन चिह्नों का उदय**–आयु में वृद्धि के साथ-साथ बालक में अनेक नवीन शारीरिक एवं मानसिक चिह्न प्रकट होते रहते हैं, उदाहरण के लिए, स्थायी दाँतों का उगना। इसके साथ ही लैंगिक चेतना का भी विकास होता है। किशोरावस्था में मुँह एवं गुप्ताँगों पर बाल उगने प्रारम्भ हो जाते हैं।

विकास के सिद्धान्त

निम्नलिखित सिद्धान्तों द्वारा विकास की प्रक्रिया नियंत्रित होती है–

1. **विकास की दिशा का सिद्धान्त**–इसके अनुसार शिशु के शरीर का विकास सिर से पैर की दिशा में होता है। मनोवैज्ञानिकों ने इस विकास को 'मस्तकाधोमुखी' या 'शिरः पुच्छीय दिशा' कहा है।
2. **निरन्तर विकास का सिद्धान्त**–स्किनर के अनुसार विकास प्रक्रियाओं की निरन्तरता का सिद्धान्त केवल इस तथ्य पर बल देता है कि व्यक्ति में कोई आकस्मिक परिवर्तन नहीं होता है। विकास एक समान गति से नहीं होता है। विकास की गति कभी तेज कभी धीमी रहती है।
3. **विकास की गति में व्यक्तिगत भिन्नता का सिद्धान्त**–वैज्ञानिक अध्ययनों से यह निश्चित हो गया है कि विभिन्न व्यक्तियों के विकास की गति विभिन्नता होती है। एक ही आयु में दो बालकों में शारीरिक, मानसिक, सामाजिक विकास में वैयक्तिक विभिन्नताएँ स्पष्ट दिखाई देती है।
4. **विकास क्रम का सिद्धान्त**–विकास एक निश्चित एवं व्यवस्थित क्रम में होता है। उदाहरणार्थ बालक का भाषा एवं गामक सम्बन्धी विकास एक क्रम में होता है।
5. **परस्पर सम्बन्ध का सिद्धान्त**–बालक के शारीरिक, मानसिक, संवेगात्मक पक्ष के विकास में परस्पर सम्बन्ध होता है। शारीरिक विकास बौद्धिक विकास को प्रभावित करता है। गैरीसन तथा अन्य के अनुसार ''शरीर सम्बन्धी दृष्टिकोण व्यक्ति के विभिन्न अँगों के विकास में सामंजस्य और परस्पर सम्बन्ध पर बल देता है।''

विकास को प्रभावित करने वाले कारक

मानव विकास तथा व्यवहार का अध्ययन करने के लिए विशेष रूप से दो प्रमुख कारकों पर ध्यान दिया जाता है। प्रथम, जन्मजात या प्रकृतिदत्त प्रभाव तथा दूसरा, जन्म के उपरान्त प्रभावित करने वाले बाह्य कारक। व्यक्तित्व में भिन्नता प्रकृतिजन्य कारकों तथा पर्यावरण का पोषण सम्बन्धी कारणों से होती है।

जन्म से सम्बन्धित बातों को वंशानुक्रम एवं समाज से सम्बन्धित बातों को वातावरण कहते है। इसे प्रकृति तथा पोषण भी कहा जाता है। वुडवर्थ का कथन है कि एक पौधे का वंशक्रम उसके बीज में निहित है और उसके पोषण का दायित्व उसके वातावरण पर है।

1. **वंशानुक्रम :** वैज्ञानिक रूप में वंशानुक्रम एक जैवकीय तथ्य है। प्राणिशास्त्रीय नियमों के अनुसार एक पीढ़ी से दूसरी पीढ़ी को कुछ गुण हस्तान्तरित किए जाते हैं। पूर्वजों के इन हस्तान्तरित किए गए शारीरिक और मानसिक लक्षणों के मिश्रित रूप को ही वंशानुक्रम, वंश परम्परा, पैतृकता, आनुवांशिकता आदि कहा जाता है।
   जीवशास्त्र के अनुसार–''निषिक्त अण्ड में सम्भावित विद्यमान विशिष्ट गुणों का योग ही आनुवांशिकता है।'' माता-पिता की शारीरिक एवं मानसिक विशेषताओं का सन्तानों में हस्तान्तरण होना वंशानुक्रम है।
   उपर्युक्त परिभाषाओं के आधार पर स्पष्ट हो जाता है कि वंशानुक्रम माता-पिता एवं अन्य पूर्वजों से सन्तान को प्राप्त होने वाला गुण है जिसमें शारीरिक, मानसिक एवं व्यवहारिक गुण सम्मिलित होते हैं।
2. **वंशानुक्रम की प्रक्रिया**–मानव शरीर कोषों का योग होता है। शरीर का आरम्भ केवल एक कोष से होता है, जिससे 'संयुक्त कोष' (Zygote) कहते हैं। यह कोष 2, 4, 6, 8 के क्रम में बढ़ता चला जाता है।
   पुरुष और स्त्री दोनों में 23-23 गुण सूत्र (Chromosomes) होते हैं। इस प्रकार संयुक्त कोष में गुण सूत्रों के 23 जोड़े होते हैं। प्रत्येक गुण-सूत्र में 40 से 100 तक पित्र्यैक होते हैं। प्रत्येक पित्र्यैक एक गुण या विशेषता को निर्धारित करता है। इसलिए इन पित्र्यैकों को वंशानुक्रम निर्धारक (Heredity determinants) कहते हैं।

3. **बालक पर वंशानुक्रम का प्रभाव**–बालक के व्यक्तित्व के प्रत्येक पहलू पर वंशानुक्रम का प्रभाव पड़ता है।
   (i) **मूल शक्तियों पर प्रभाव**–बालक की मूल शक्तियों का प्रधान कारण उसका वंशानुक्रम है।
   (ii) **शारीरिक लक्षणों पर प्रभाव**–कॉल पियरसन के अनुसार माता-पिता की लम्बाई कम या अधिक होने पर उनके बच्चों की लम्बाई भी कम या अधिक होती है।
   (iii) **प्रजाति की श्रेष्ठता पर प्रभाव**–बुद्धि की श्रेष्ठता का कारण प्रजाति है। यही कारण है कि अमेरिका की श्वेत प्रजाति नीग्रो प्रजाति से श्रेष्ठ है। यद्यपि कुछ मनोवैज्ञानिकों ने इसका खण्डन किया है।

वंशानुक्रम सम्बन्धी कुछ अध्ययन

पाश्चात्य विद्वानों ने वंशानुक्रम के प्रभाव एवं महत्व के सम्बन्ध में जो अध्ययन किए हैं वो अग्रलिखित है–

गाल्टन का अध्ययन–ब्रिटेन के मनोवैज्ञानिक सर फ्रांसिस गाल्टन ने 977 व्यक्तियों के दो वर्गों की जीवनकथाओं का अध्ययन किया। पहले 535 व्यक्ति बुद्धिमान थे और दूसरे में केवल 5 बुद्धिमान थे। इनकी रिश्तेदारी भी उन्हीं के समान लोगों से थी। इन एकत्रित तथ्यों को उसने 'हैरिडिटी जीनियस' (Heredity Genius) नामक पुस्तक में दिया है। इससे स्पष्ट होता है कि प्रतिभाशाली प्रतिष्ठित व्यक्तियों के निकट सम्बन्धी भी प्रतिष्ठित होते हैं और सामान्य स्तर के व्यक्तियों के सम्बन्धी सामान्य स्तर के पाए जाते हैं।

ज्यूक वंश का अध्ययन–इस परिवार का अध्ययन डगडेल और स्ट्राबुक ने किया। ज्यूक ने अपने समय एक दुराचारी स्त्री से सम्बन्ध किया था जिसके परिवार में 1000 स्त्री-पुरुष पाँच पीढ़ियों में हुए। इनसे 300 बचपन में मर गए, 440 रोगी हुए और 310 अनाथालय में भेजे गए, 130 अपराध वृत्ति वाले हुए और 120 व्यक्ति कुछ कामधाम करके साधारण जीविका चलाते रहे।

जुड़वा बालकों का अध्ययन–व्यक्ति के विकास में वंशानुक्रम का कितना प्रभाव पड़ता है इस बात का पता लगाने के लिए मनोवैज्ञानिकों ने कुछ जुड़वा बच्चों का अध्ययन किया। फ्रांसिस गाल्टन इस अध्ययन के आधार पर इस निष्कर्ष पर पहुँचे कि जुड़वा बच्चों के जीवन में रूप-रंग, आकार और बुद्धि में बहुत अधिक समानता पाई जाती है।

वातावरण

वातावरण के लिए 'पर्यावरण' शब्द का प्रयोग भी किया जाता है। वातावरण से तात्पर्य उन सभी चीजों से (जीन्स को छोड़कर) होता है जो व्यक्ति को उत्तेजित और प्रभावित करते हैं। दूसरे शब्दों में, व्यक्ति के वातावरण से तात्पर्य उन सभी तरह की उत्तेजनाओं से होता है जो गर्भधारण से मृत्यु तक उसे प्रभावित करते हैं। भौगोलिक वातावरण में अनेक उद्दीपन या चीजें हो सकती है परन्तु व्यक्ति के मनोवैज्ञानिक वातावरण में वह सभी सम्मिलित हो यह आवश्यक नहीं है। कोई भी उद्दीपन व्यक्ति के मनोवैज्ञानिक वातावरण में तभी सम्मिलित मानी जाती है जब वह व्यक्ति को प्रभावित करें। मनोविज्ञान में वातावरण से तात्पर्य मनोवैज्ञानिक वातावरण से होता है।

वुडवर्थ के अनुसार–''वातावरण में वह सब ग्राह्य तत्व आ जाते हैं, जिन्होंने व्यक्ति को जीवन आरम्भ करने के समय से प्रभावित किया है।''

रॉस के अनुसार–''पर्यावरण कोई बाहरी शक्ति है जो हमें प्रभावित करती है।''

उपर्युक्त परिभाषाओं का सार इस प्रकार है–

1. वातावरण व्यक्ति को प्रभावित करने वाला तत्व है।
2. इसमें बाह्य तत्व आते हैं।
3. वातावरण किसी एक तत्व का नहीं अपितु एक समूह तत्व का नाम है।
4. इसमें प्रत्येक वह वस्तु आती है जो व्यक्ति के विकास के लिए वांछित तत्व प्रदान करती है।

इस प्रकार वातावरण उन सभी उद्दीपकों को कहते हैं जो बालक पर गर्भ से लेकर मृत्युपर्यन्त प्रभाव डालते रहते हैं।

वातावरण के प्रकार

सामान्य रूप से वातावरण को दो मुख्य वर्गों में विभाजित किया जा सकता है–

1. **आन्तरिक वातावरण (Internal Environment)**–आन्तरिक वातावरण का तात्पर्य जन्म से पूर्व माता के गर्भाशय के चारों ओर की परिस्थितियों से है। कोष, वंश सूत्र, जीन्स, जो वंशानुक्रम के अँग है गर्भाशय में जिस वातावरण में रहते हैं वह बहुत महत्वपूर्ण है। वंश सूत्र व जीन्स को कोष रस (Cytoplasm) घेरे रहता है। इस वातावरण को अन्तर्कोषीय वातावरण कहते हैं। इस वातावरण से जीन्स प्रभावित होकर विशेष गुणों को प्रभावित करते हैं।

2. **बाह्य वातावरण (External Environment)**–बाह्य वातावरण के अन्तर्गत वह सभी परिस्थितियाँ आती हैं जो सामूहिक या मिश्रित रूप से प्राणी को प्रभावित करती है। ये परिस्थितियाँ मानव को चारों ओर से घेरे रहती हैं और उस पर विपरीत या अनुकूल दिशा में निरन्तर अपना प्रभाव डालती रहती है। इनको पुनः दो भागों में विभाजित कर सकते हैं–

   (अ) भौतिक वातावरण (Physical Environment)–इसके अन्तर्गत वह सभी प्राकृतिक वस्तुएँ आ जाती हैं जो व्यक्ति को किसी-न-किसी रूप में प्रभावित करती है। जैसे–पृथ्वी, चन्द्रमा, सूर्य, जलवायु, वृक्ष आदि।

   (ब) सामाजिक वातावरण (Social Environment)–इसके अन्तर्गत मानवकृत वस्तुएँ आ जाती हैं। इसके अन्तर्गत रिवाज, प्रथाएँ, रूढ़ियाँ, रहन-सहन के ढंग आदि आते हैं।

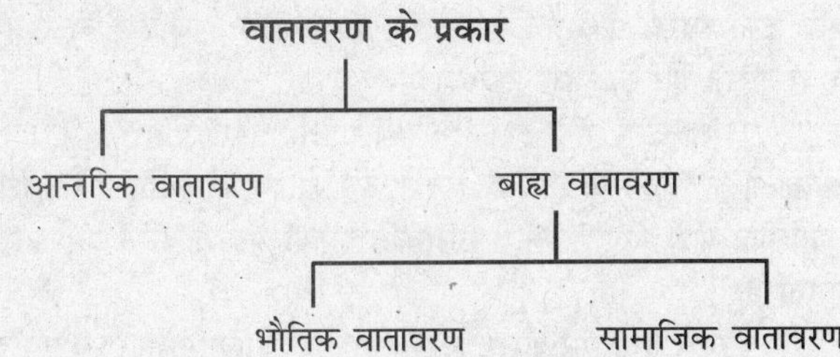

वातावरण का महत्व

व्यक्ति के विकास में वातावरण का महत्वपूर्ण स्थान है। वातावरण को प्राणी के अस्तित्व से पृथक नहीं किया जा सकता है। कुछ विचारकों के अनुसार वातावरण व्यक्ति के विकास का मुख्य कारक है। व्यवहारवादी मनोवैज्ञानिकों का विचार है कि वंशक्रम स्वयं वातावरण द्वारा विकसित होता है।

जॉन लॉक के अनुसार–जन्म के समय बालक का मस्तिष्क एक कोरी स्लेट के समान होता है जिस पर कुछ भी लिखा जा सकता है। कहने का तात्पर्य है कि जन्म के बाद बालक जिस प्रकार के वातावरण में रहता है उस पर उसी

का प्रभाव पड़ता है। वंशानुक्रम में नवीन व्यक्तित्व की रचना करने की जो क्षमता है वह वातावरण में भी है।

बालक पर वातावरण का प्रभाव

पाश्चात्य मनोवैज्ञानिकों ने वातावरण के सम्बन्ध में अनेक अध्ययन और परीक्षण किए हैं और सिद्ध किया है कि बालक के व्यक्तित्व के प्रत्येक पहलू पर भौतिक, सामाजिक और सांस्कृतिक वातावरण का व्यापक प्रभाव पड़ता है।

1. **शारीरिक अन्तर पर प्रभाव**–फ्रेंज बोन्स का मत है कि विभिन्न प्रजातियों के शारीरिक अन्तर का कारण वंशानुक्रम न होकर वातावरण है।
2. **मानसिक विकास पर प्रभाव**–गोर्डन का मत है कि उचित सामाजिक और सांस्कृतिक वातावरण न मिलने पर मानसिक विकास की गति धीमी हो जाती है।
3. **व्यक्तित्व पर प्रभाव**–कूले ने सिद्ध किया है कि कोई भी व्यक्ति उपर्युक्त वातावरण में रहकर अपने व्यक्तित्व का निर्माण करके महान बन सकता है।
4. **अनाथ बच्चों पर प्रभाव**–समाज कल्याण केन्द्रों में अनाथ और परावलम्बी बच्चे आते हैं। वुडवर्थ के अनुसार बच्चे समग्र रूप में माता-पिता से अच्छे ही सिद्ध होते हैं।
5. **जुड़वा बच्चों पर प्रभाव**–स्टीफेन्स का विचार है कि पर्यावरण का बुद्धि पर साधारण प्रभाव होता है और उपलब्धि पर विशेष प्रभाव होता है।
6. **बालक पर बहुमुखी प्रभाव**–वातावरण बालक के शारीरिक, मानसिक, सामाजिक, संवेगात्मक आदि सभी अँगों पर प्रभाव डालता है। इसकी पुष्टि एवेरॉन के जंगली बालक के उदाहरण से भी होती है। स्टीफेन्स ने कहा है कि एक बच्चा जितने अधिक समय तक उत्तम पर्यावरण में रहता है वह उतना ही अधिक इस पर्यावरण की ओर प्रवृत्त होता है।

वंशानुक्रम एवं वातावरण का सम्बन्ध

वंशानुक्रम एवं वातावरण का अलग-अलग अध्ययन करने पर ज्ञात होता है कि व्यक्ति के विकास में केवल वंशानुक्रम या वातावरण में से किसी एक का योगदान नहीं है बल्कि दोनों पहलू मिलकर एक सम्पूर्ण व्यक्तित्व का निर्माण कर सकते हैं। एक बीज और खेत जैसा सम्बन्ध इसमें पाया जाता है। स्वस्थ बीज तभी स्वस्थ पौधे का रूप धारण कर सकता है जबकि वातावरण स्वस्थ व सन्तुलित हो। लैण्डिस ने कहा है–

"वंशानुक्रम हमें विकसित होने की क्षमताएँ प्रदान करता है। इस क्षमताओं के विकसित होने के अवसर हमें वातावरण से मिलते हैं। वंशक्रम हमें कार्यशील पूँजी देता है और परिस्थिति इसको निवेश करने के अवसर प्रदान करती है।"

वुडवर्थ तथा मारेक्विस का कहना है–"व्यक्ति वंशानुक्रम एवं वातावरण का योग्य नहीं, गुणनफल है।"

वंशानुक्रम व वातावरण पर हुए परीक्षणों ने यह सिद्ध कर दिया है कि सामान्य वंशानुक्रम व सामान्य वातावरण होने पर भी बच्चों में भिन्नता होती है। अत: बालक के विकास पर दोनों का ही प्रभाव पड़ता है।

बालक वंशानुक्रम एवं वातावरण की उपज है। इसमें से एक की भी अनुपस्थिति में उसका सम्यक् विकास असम्भव है अत: वुडवर्थ ने कहा है–व्यक्ति वंशानुक्रम व वातावरण का योग न होकर गुणनफल है–

व्यक्ति = वंशानुक्रम × वातावरण

बालक का शारीरिक विकास

बालक के विकास का एक महत्वपूर्ण पक्ष उसका शारीरिक विकास है। बालक का शारीरिक विकास उसके समस्त व्यवहार तथा विकास के अन्य सभी पक्षों को प्रभावित करता है। शारीरिक विकास के अन्तर्गत शरीर रचना, स्नायु मण्डल, माँसपेशीय वृद्धि अन्त:स्रावी ग्रन्थियों आदि प्रमुख रूप से आती है। बालक के शारीरिक विकास का उसके मानसिक तथा सामाजिक विकास पर स्पष्ट प्रभाव पड़ता है। यही कारण है कि शैक्षिक दृष्टि से शारीरिक विकास को अत्याधिक महत्वपूर्ण स्वीकार किया जाता है। विकास की विभिन्न अवस्थाओं में शारीरिक विकास की प्रक्रिया भिन्न-भिन्न होती है। प्रस्तुत अध्याय में भिन्न-भिन्न अवस्थाओं में होने वाले शारीरिक विकास की चर्चा की गई है। मनुष्य के विकास क्रम को निम्नलिखित अवस्थाओं में विभाजित किया गया है।

- भ्रूणावस्था (जन्म से पूर्व)
- शैशवावस्था (जन्म से लगभग 5-6 वर्ष तक)
- बाल्यावस्था (7 से 12 वर्ष तक)
- किशोरावस्था (12 से 18 वर्ष तक)
- प्रौढ़ावस्था (35 वर्ष से लेकर 60 वर्ष तक)

(i) जन्म पूर्व शारीरिक विकास

ज्योंही अण्ड शुक्राणु से मिलकर निषेचित होता है, त्योंही मानव जीवन का प्रारम्भ हो जाता है। निषेचित अण्ड सर्वप्रथम दो कोषों में विभाजित होता है, जिसमें से प्रत्येक कोष पुन: दो-दो में विभाजित हो जाते हैं। कोष विभाजन की यह प्रक्रिया अत्यन्त तीव्र गति से चलने लगती है। इनमें ये कुछ कोष प्रजनन कोष बन जाते हैं तथा अन्य शरीर कोष बन जाते हैं। शरीर कोषों से ही माँसपेशियों, स्नायुओं तथा शरीर के अन्य भागों का निर्माण होता है। निषेचन से जन्म तक के समय को जन्म पूर्वकाल अथवा जन्म पूर्व विकास का काल कहा जाता है। सामान्यत: जन्म पूर्वकाल दस चन्द्रमास अथवा नौ कैलेण्डर मास अथवा चालीस सप्ताह अथवा 280 दिन का होता है। भ्रूणावस्था में शारीरिक विकास तीन चरणों में होता है।

डिम्बावस्था–डिम्बावस्था या गर्भास्थिति, शुक्राणु एवं डिम्ब के संयोग के समय से लेकर दो सप्ताह तक मानी जाती है। इस अवस्था में कोषों का विभाजन होता है। जाइगोट या सिंचित डिम्ब में महत्वपूर्ण परिवर्तन होने लगते हैं। कोषों के भीतर खोखलापन विकसित होने लगता है। संसेचित डिम्ब, डिम्बवाहिनी नलिका द्वारा गर्भाशय में आ जाता है, गर्भाशय में पहुँचने पर इसका आकार हुक के समान हो जाता है। गर्भाशय में कुछ दिनों पश्चात् यह इसको सतह का आधार लेकर चिपक जाता है यहाँ पर गर्भ अपना पोषण माता से प्राप्त करने लगता है। कभी-कभी डिम्ब डिम्बवाहिनी नलिका से ही चिपक कर वृद्धि करने लगता है, ऐसे गर्भ को नलिका गर्भ कहते हैं। इस प्रक्रिया को आरोपण कहते हैं। आरोपण हो जाने के पश्चात् संयुक्त कोष एक परजीवी हो जाता है तथा जन्म पूर्व का काल वह इसी अवस्था में व्यतीत करता है। डिम्बावस्था तीन कारणों से महत्वपूर्ण हो–प्रथम, निषेचित अण्ड गर्भाशय में आरोपित होने से पूर्व निष्क्रिय हो सकता है। द्वितीय, आरोपण गलत स्थान पर हो सकता है तथा तृतीय, आरोपण होना सम्भव नहीं हो सकता है।

पिण्डावस्था अथवा भ्रूणीय अवस्था–जन्म पूर्व विकास का द्वितीय काल पिण्डावस्था अथवा पिण्ड काल कहलाता है। यह अवस्था निषेचन के तीसरे

सप्ताह से शुरू होकर आठवें सप्ताह तक चलती है। लगभग छः सप्ताह तक चलने वाली पिण्डावस्था परिवर्तन की अवस्था है, जिसमें कोषों का समूह एक लघु मानव के रूप में विकसित हो जाता है। शरीर की लगभग समस्त मुख्य विशेषताएँ, बाह्य तथा आन्तरिक, इस लघु अवधि में स्पष्ट हो जाती है। इस काल में विकास मस्तक-अधोमुखी दिशा में होता है अर्थात् सर्वप्रथम मस्तक क्षेत्र का विकास होता है तथा फिर धड़ क्षेत्र का विकास होता है और अन्त में पैर क्षेत्र का विकास होता है। कुपोषण, संवेगात्मक सदमों, अत्याधिक शारीरिक गतिशीलता, ग्रन्थियों के कार्यों में व्यवधान अथवा अन्य किसी कारण से भ्रूण गर्भाशय की दीवार से विलग हो सकता है। जिसके परिणामस्वरूप स्वतः गर्भपात हो जाता है।

भ्रूणावस्था–यह समय गर्भ तिथि के दूसरे मास से लेकर बालक के जन्म तक अर्थात् दसवें चन्द्रमास अथवा नवें कैलेण्डर मास तक रहता है। तीसरे मास में 3.5 इंच लम्बा एवं 3/4 औंस भार का गर्भ होता है। दो मास बाद इसकी लम्बाई 10 इंच एवं भार 9 से 10 औंस हो जाता है। आठवें महीने में इसकी लम्बाई 10 इंच व भार 4 से 5 पौण्ड तथा जन्म के समय तक गर्भाशय भ्रूण की लम्बाई 20 इंच एवं भार 7 से 7.5 पौण्ड हो जाता है।

भ्रूणावस्था के दौरान शरीर के विभिन्न अँगों की लम्बाई में अनुपात

शरीर के अंग	8 सप्ताह का भ्रूण	20 सप्ताह का भ्रूण	40 सप्ताह का भ्रूण
सिर	45%	35%	35%
धड़	45%	40%	40%
पैर	20%	25%	25%

भ्रूणावस्था चार दृष्टियों से महत्वपूर्ण मानी है।

1. गर्भाधान के उपरान्त पाँच माह तक गर्भपात की सम्भावना बनी रहती है।
2. माता के गर्भ में बालक को मिल रहे वातावरण की प्रतिकूल परिस्थितियाँ भ्रूण के विकास को प्रभावित कर सकती है।
3. अपरिपक्व प्रसव हो सकता है।
4. प्रसव की सरलता अथवा जटिलता सदैव ही जन्म पूर्व परिस्थितियों से प्रभावित होती है।

(ii) शैशवावस्था में शारीरिक विकास

सामान्यतः मनोवैज्ञानिकों ने शैशवावस्था का अर्थ उस अवस्था से लगाया जो औसतन जन्म से 5-6 वर्ष तक चलती है। एडलर के अनुसार–''शैशवावस्था द्वारा जीवन का पूरा क्रम निश्चित होता है। शैशवावस्था में विशेषकर जन्म से 3 वर्ष तक की आयु होने के दौरान शारीरिक विकास की गति अत्यन्त तीव्र रहती है। शैशवावस्था में होने वाले शारीरिक विकास से सम्बन्धित कुछ महत्वपूर्ण तथ्य अधोलिखित हैं।

1. **कोमल अँग**–जन्म के पश्चात् शिशु और उसके अँग कोमल एवं निर्बल होते हैं। माता-पिता पर वह सभी आवश्यकताओं की पूर्ति हेतु आश्रित रहता है।
2. **लम्बाई व भार**–जन्म के समय शिशु की लम्बाई लगभग 51 सेन्टीमीटर होती है। प्रायः बालक जन्म के समय बालिकाओं से लगभग आधा सेन्टीमीटर अधिक लम्बे होते हैं। शैशवावस्था के विभिन्न वर्षों में बालक-बालिका की लम्बाई (सेन्टीमीटर में) निम्नांकित तालिका में दर्शाई गई है।

शैशवावस्था में बालक एवं बालिकाओं की औसत लम्बाई (सेन्टीमीटर)

आयु	जन्म के समय	3 माह	6 माह	9 माह	1 वर्ष	2 वर्ष	3 वर्ष	4 वर्ष	5 वर्ष	6 वर्ष
बालक	51-5	62-7	64-9	60-5	73-9	81-6	88-8	96-0	102-1	108-5
बालिका	51-0	60-9	64-4	66-7	72-5	80-1	87-5	94-5	101-4	107-4

प्रारम्भ में शरीर का ढाँचा लगभग 17 से 22 इंच तक लम्बा होता है और 5-6 वर्ष तक यह लम्बाई 3 फुट हो जाती है इसी प्रकार से भार का विकास होता है। शैशवावस्था में भार (किलोग्राम) की बढ़ोत्तरी निम्नलिखित तालिका द्वारा दर्शाई गई है।

शैशवावस्था में बालक एवं बालिकाओं की औसत भार (किग्रा.)

आयु	जन्म के समय	3 माह	6 माह	9 माह	1 वर्ष	2 वर्ष	3 वर्ष	4 वर्ष	5 वर्ष	6 वर्ष
बालक	3-2	5-7	6-9	7-4	8-4	10-1	11-8	13-5	14-8	16-3
बालिका	3-0	5-6	6-2	6-6	7-8	9-6	11-2	12-9	14-5	16-0

3. **मस्तिष्क तथा सिर**–नवजात का सिर उसके शरीर की अपेक्षा बड़ा होता है। जन्म के समय सिर की लम्बाई कुल शरीर की लगभग एक चौथाई होती है। मस्तिष्क का भार जन्म के समय लगभग 300-350 ग्राम होता है।
4. **दाँत**–जन्म के समय शिशु के दाँत नहीं होते हैं, लगभग छठे या सातवें माह में अस्थायी दूध के दाँत निकलने लगते हैं। एक वर्ष की आयु तक दूध के सभी दाँत निकल आते हैं।
5. **हड्डियाँ**–कई मनोवैज्ञानिकों ने यह स्पष्ट रूप से कहा है कि शिशु की बनावट और उसकी हड्डियों के परिपक्व होने की गति के मध्य एक सम्बन्ध होता है। जिनका शरीर अधिक मजबूत और गठीला होता है, उनके शरीर की हड्डियों में परिपक्वता तेजी से आती है।
6. **स्नायु विकास**–स्नायु मण्डल तथा स्नायु केन्द्रों का विकास भी 3 वर्ष तक शीघ्रता से होता है।
7. **माँसपेशियाँ**–नवजात शिशु की माँसपेशियों का भार उसके शरीर के कुल भार का लगभग 23 प्रतिशत होता है। माँसपेशियों के प्रतिशत भार में धीरे-धीरे बढ़ोत्तरी होती जाती है।
8. **अन्य अँग**–शिशु की भुजाओं तथा टाँगों का विकास भी तीव्र गति से होता है। जन्म के समय शिशु के हृदय की धड़कन अनियमित होती है। कभी वह तीव्र हो जाती है तथा कभी धीमी हो जाती है। जैसे-जैसे हृदय बड़ा होता है वैसे-वैसे धड़कन में स्थिरता आ जाती है।
9. **समस्त प्रणालियों का विकास**–जन्म के पश्चात् शरीर की समस्त प्रणालियों में विकास होता है, माँसपेशियाँ, स्नायु तन्त्र, रक्त संचार-क्रिया आदि का उत्तरोत्तर विकास होता है।

(iii) बाल्यावस्था में शारीरिक विकास

छः वर्ष की आयु से लेकर बारह वर्ष की आयु तक की अवधि बाल्यावस्था कहलाती है। बाल्यावस्था के प्रथम तीन वर्षों के दौरान अर्थात् 6 से 9 वर्ष की आयु तक शारीरिक विकास तीव्र गति से होता है। बाद में शारीरिक विकास की

गति कुछ धीमी हो जाती है। बाल्यावस्था में होने वाले शारीरिक विकास से सम्बन्धित कुछ महत्वपूर्ण परिवर्तन अग्रांकित हैं।

1. **लम्बाई व भार**–6 वर्ष से 12 वर्ष की आयु तक चलने वाली बाल्यावस्था में शरीर की लम्बाई लगभग 5 सेंटीमीटर से 7 सेंटीमीटर प्रतिवर्ष की गति बढ़ती है। बाल्यावस्था के प्रारम्भ में जहाँ बालकों की लम्बाई बालिकाओं की लम्बाई से लगभग एक सेंटीमीटर अधिक होती है वहीं इस अवधि की समाप्ति पर बालिकाओं की औसत लम्बाई बालकों की औसत लम्बाई से लगभग 1 सेंटीमीटर अधिक हो जाती है। लम्बाई में अन्तर निम्नलिखित तालिका द्वारा दर्शाया गया है।

बाल्यावस्था में बालक तथा बालिकाओं की औसत लम्बाई (से.मी.)

आयु	6 वर्ष	7 वर्ष	8 वर्ष	9 वर्ष	10 वर्ष	11 वर्ष	12 वर्ष
बालक	108.5	113.9	119.3	123.7	128.4	133.4	138.3
बालिका	107.4	112.8	118.2	122.9	128.4	133.6	139.2

बाल्यावस्था के दौरान बालकों के भार में काफी वृद्धि होती है। 9-10 वर्ष की आयु तक बालकों का भार बालिकाओं के भार से अधिक होता है। बाल्यावस्था के विभिन्न वर्षों में बालक तथा बालिकाओं का औसत भार (किलोग्राम) निम्नलिखित तालिकाओं में दर्शाया गया है।

बाल्यावस्था में बालक तथा बालिकाओं का औसत भार (किग्रा.)

आयु	6 वर्ष	7 वर्ष	8 वर्ष	9 वर्ष	10 वर्ष	11 वर्ष	12 वर्ष
बालक	16.3	18.0	19.0	21.5	23.5	25.9	28.5
बालिका	16.0	17.6	19.4	21.3	23.6	26.4	29.8

2. **सिर तथा मस्तिष्क**–बाल्यावस्था में सिर के आकार में क्रमशः परिवर्तन होता रहता है, परन्तु शरीर के अन्य अँगों की तुलना में यह भी अपेक्षाकृत बड़ा होता है। बाल्यावस्था में मस्तिष्क आकार तथा भार दोनों ही दृष्टि से लगभग पूर्णरूपेण विकसित हो जाता है।
3. **दाँत**–लगभग 5-6 वर्ष की आयु में स्थायी दाँत निकलने प्रारम्भ हो जाते हैं। 16 वर्ष की आयु तक लगभग सभी स्थायी दाँत निकल आते हैं। स्थायी दाँतों की संख्या लगभग 28-32 होती है।
4. **हड्डियाँ**–बाल्यावस्था में हड्डियों की संख्या तथा उनकी दृढ़ता दोनों में ही वृद्धि होती है। इस अवस्था में हड्डियों की संख्या 270 से बढ़कर 320 हो जाती है। इस अवस्था के दौरान हड्डियों का दृढ़िकरण अथवा अस्थिकरण तेजी से होता है।
5. **माँसपेशियाँ**–बाल्यावस्था में माँसपेशियों का धीरे-धीरे विकास होता जाता है। इस अवस्था में बालक माँसपेशियों पर पूर्ण नियंत्रण करने लगता है।
6. **शरीर के आकार में भिन्नता**–बालक जैसे-जैसे बड़ा होता जाता है, उसमें शारीरिक भिन्नता अधिक स्पष्ट होने लगती है। चेहरा, धड़, भुजाएँ या टाँगें आदि में पहले से भिन्नता परिलक्षित होने लगती है।
7. **आन्तरिक अवयव**–शरीर के आन्तरिक अवयवों का विकास भी अनेक रूपों में होता है यह विकास रक्त संचार, पाचन संस्थान तथा श्वसन प्रणाली में होता है।

(iv) किशोरावस्था में शारीरिक विकास

किशोरावस्था विकास की अत्यन्त महत्वपूर्ण सीढ़ी है। किशोरावस्था का महत्व कई दृष्टियों से दिखाई देता है प्रथम यह युवावस्था की ड्योढ़ी है जिसके ऊपर जीवन का समस्त भविष्य पाया जाता है। द्वितीय यह विकास की चरमावस्था है। तृतीय यह संवेगात्मक दृष्टि से से भी महत्वपूर्ण मानी जाती है।

किशोरावस्था के लिए अंग्रेजी का शब्द Adolescence है यह लैटिन भाषा को Adolecere शब्द से लिया गया है जिसका अर्थ है–''परिपक्वता की ओर बढ़ना अतः स्पष्ट है कि किशोरावस्था वह अवस्था है जिसमें व्यक्ति बाल्यावस्था के बाद पदार्पण करता है, किशोरावस्था में होने वाले शारीरिक विकास से सम्बन्धित कुछ महत्वपूर्ण परिवर्तन निम्नलिखित हैं।

1. **लम्बाई तथा भार**–किशोरावस्था में बालक तथा बालिकाओं की लम्बाई बहुत तीव्र गति से बढ़ती है। बालिकाएँ प्रायः 16 वर्ष की आयु तक तथा बालक लगभग 18 वर्ष की आयु तक अपनी अधिकतम लम्बाई प्राप्त कर लेते हैं। किशोरावस्था में बालक-बालिकाओं की औसत लम्बाई (सेमी.) निम्नांकित तालिका में दशाई गई है।

किशोरावस्था में बालक तथा बालिकाओं की औसत लम्बाई (से.मी.)

आयु	12 वर्ष	13 वर्ष	14 वर्ष	15 वर्ष	16 वर्ष	17 वर्ष	18 वर्ष
बालक	138.3	144.6	150.1	155.5	159.5	161.4	161.8
बालिका	139.2	143.9	147.6	149.6	151.0	151.5	151.6

किशोरावस्था में भार में काफी वृद्धि होती है। बालकों का भार बालिकाओं के भार से अधिक बढ़ता है। इस अवस्था के अन्त में बालकों का भार बालिकाओं के भार से अधिक बढ़ता है। किशोरावस्था के विभिन्न वर्षों में बालक तथा बालिकाओं का औसत भार (किग्रा.) निम्नांकित तालिका में दर्शाया गया है।

किशोरावस्था में बालक तथा बालिकाओं की औसत भार (किग्रा.)

आयु	12 वर्ष	13 वर्ष	14 वर्ष	15 वर्ष	16 वर्ष	17 वर्ष	18 वर्ष
बालक	28.5	32.1	35.7	39.6	43.2	45.7	47.3
बालिका	29.8	33.3	36.8	39.8	41.1	42.2	43.12

2. **सिर तथा मस्तिष्क**–किशोरावस्था में सिर तथा मस्तिष्क का विकास जारी रहता है, परन्तु इसकी गति काफी मंद हो जाती है। लगभग 16 वर्ष की आयु तक सिर तथा मस्तिष्क का पूर्ण विकास हो जाता है।
3. **हड्डियाँ**–किशोरावस्था में हड्डियों के दृढ़िकरण की प्रक्रिया पूर्ण हो जाती है। जिसके परिणामस्वरूप अस्थियों का लचीलापन समाप्त हो जाता है तथा वे दृढ़ हो जाती है किशोरावस्था में हड्डियों की संख्या कम होने लगती है। प्रौढ़ व्यक्ति में केवल 206 हड्डियाँ होती हैं।
4. **दाँत**–किशोरावस्था में प्रवेश करने से पूर्ण बालक तथा बालिकाओं के लगभग 28-32 स्थायी दाँत निकल जाते हैं।
5. **माँसपेशियाँ**–किशोरावस्था में माँसपेशियों का विकास तीव्र गति से होता है। किशोरावस्था की समाप्ति पर माँसपेशियों का भार शरीर के कुल भार का लगभग 45 प्रतिशत हो जाता है।
6. **अँगों की वृद्धि**–आन्तरिक अँगों की वृद्धि होती है। पाचन प्रणाली, रक्त संचार प्रणाली, ग्रन्थिप्रणाली, श्वास तन्त्र आदि में विकास चरमोत्कर्ष पर होता है।

7. **गले की ग्रन्थि का विकास**—गले के थायराइड-ग्रन्थि बढ़ने से किशोर-किशोरियों की वाणी में अन्तर आ जाता है। किशोरों की वाणी कर्कश होने लगती है जबकि किशोरियों की वाणी में कोमलता और क्षीणता आने लगती है।
8. **काम ग्रन्थि का विकास**—काम ग्रन्थि के विकास स्वरूप किशोर तथा किशोरियों में लिंगीय परिवर्तन होने लगते हैं। किशोरियों में मासिक रक्त स्राव आरम्भ होता है तथा किशोरों में रात्रि-दोष के लक्षण पाए जाते हैं।
9. **विशेष अँगों का विकास**—कुछ अन्य शारीरिक अँगों में भी परिवर्तन होते हैं। किशोरियों में वक्षस्थल तथा स्तनों की वृद्धि होती है। किशोरों के कन्धों की चौड़ाई बढ़ जाती है।

शारीरिक विकास को प्रभावित करने वाले कारक

विभिन्न अवस्थाओं में होने वाले शारीरिक विकास को अनेक कारक प्रभावित करते हैं जो निम्नवत हैं।

जन्म पूर्व अवस्था को प्रभावित करने वाले तत्व

1. **भोजन**—गर्भकाल में भ्रूण का विकास बहुत शीघ्रता से होता है उसे प्रोटीन, खनिज, वसा आदि पोषक तत्वों की आवश्यकता है। इन्हीं तत्वों से भ्रूण का सन्तुलित विकास होता है। ऐसी अवस्था में यदि माता को सन्तुलित आहार नहीं मिलता है तो वह कुपोषण की शिकार हो जाती है जिसका सीधा असर भ्रूण विकास पर पड़ता है।
2. **माता का स्वास्थ्य**—यदि माता को पहले से सिफलिस गोनोरिया आदि रोग हो तो भ्रूण का विकास प्रभावित हो सकता है।
3. **मद्यपान**—मद्यपान तथा धूम्रपान से शिशु में रक्तचाप दोष उत्पन्न हो जाता है। यह गर्भस्थ शिशु के हृदय को दुर्बल कर देता।
4. **सांवेगिकता**—यदि माता बहुत अधिक संवेदनशील है तो उसके सुख-दुख दोनों का प्रभाव होने वाले शिशु पर पड़ता है।

जन्म के पश्चात् शारीरिक विकास को प्रभावित करने वाले कारक

1. **वंशानुक्रम**—बालक के शारीरिक विकास पर उसके माता-पिता के स्वास्थ्य, शारीरिक संरचना या पूर्वजों के शारीरिक दोषों व रोगों का प्रभाव पड़ता है। स्वस्थ माता-पिता की सन्तान प्राय: शारीरिक दृष्टि से स्वस्थ होती है।
2. **वातावरण**—बालक के शारीरिक विकास में उसको मिलने वाले वातावरण का महत्वपूर्ण योगदान रहता है। वायु, धूप तथा स्वच्छता वातावरण के तीन मुख्य तत्व हैं। यह तत्व शारीरिक विकास को प्रत्यक्ष व अप्रत्यक्ष दोनों रूप में प्रभावित करता है।
3. **भोजन**—पौष्टिक तथा सन्तुलित भोजन बालक के शारीरिक विकास की स्वाभाविक ढंग से होने में विशेष रूप से सहायता प्रदान करता है। पौष्टिक तथा सन्तुलित भोजन मिलने पर बालक को शारीरिक स्वास्थ्य उत्तम होता है।
4. **पारिवारिक स्थिति**—परिवार की सामाजिक, आर्थिक तथा सांस्कृतिक परिस्थिति का भी बालक के शारीरिक विकास पर प्रभाव पड़ता है। परिवार के रहन-सहन, सामाजिक परम्पराओं तथा खान-पान के अनुरूप ही बालक का विकास होता है।
5. **दिनचर्या**—बालक की दिनचर्या का उसके शारीरिक विकास पर बहुत प्रभाव पड़ता है। नियमित दिनचर्या अच्छे स्वास्थ्य की आधारशिला होती है। खाने-नहाने, खेलने, सोन आदि दैनिक कार्यों को नियमित समय पर करने से बालक का स्वस्थ विकास होता है।
6. **विश्राम तथा निद्रा**—शरीर के स्वस्थ विकास के लिए विश्राम तथा निद्रा आवश्यक है। थकान शारीरिक विकास में बाधा उत्पन्न करती हैं। विश्राम तथा निद्रा थकान को दूर करके बालक के शरीर को विकसित होने के अनुकूल अवसर प्रदान करते हैं। बाल्यावस्था में लगभग दस घण्टे व किशोरावस्था में लगभग आठ घण्टे की निद्रा पर्याप्त होती है।
7. **खेल तथा व्यायाम**—शारीरिक विकास पर खेल तथा व्यायाम का बहुत प्रभाव होता है, इसलिए बालकों के खेल तथा व्यायाम पर पर्याप्त ध्यान देना चाहिए। छोटा शिशु अपने हाथों व पैरों को चला कर व्यायाम कर लेता है। परन्तु बालकों तथा किशोरों के लिए खुली हवा में खेलने तथा व्यायाम करने की व्यवस्था की जानी चाहिए।
8. **अन्य कारक**—उपरोक्त वर्णित कारकों के अतिरिक्त कुछ अन्य कारक भी व्यक्ति के विकास को प्रभावित कर सकते हैं। यह निम्नलिखित हैं–
   - रोगों के कारण शरीर में उत्पन्न विकृतियाँ।
   - दुर्घटना के कारण शारीरिक अँगों की हानि अथवा कार्यक्षमता में कमी।
   - भौगोलिक परिस्थितियाँ।
   - गर्भावस्था में की गई असावधानियाँ।

संप्रत्यात्मक विकास

जैसे-जैसे परिवेश के सम्पर्क में बच्चा आता है विभिन्न प्रकार के प्रत्ययों का निर्माण करना आरम्भ कर देता है। बच्चों में कैसे-कैसे प्रत्ययों का निर्माण हुआ है यह इस बात पर भी निर्भर करता है कि उसका परिवेश किस प्रकार का है।

सही संप्रत्यय निर्माण कैसे होता है, उनकी क्या-क्या विशेषताएँ होती हैं, एक शिक्षक के लिए इन प्रत्ययों की जानकारी रखना व उनके उचित विकास में सहयोग देना कितना आवश्यक है, इनका ध्यान रखकर इस इकाई को लिखा गया है।

सभी प्रकार के सीखने का आधार प्रत्यय है। शैशवावस्था से वृद्धावस्था तक मनुष्य अनेक नए प्रत्ययों का निर्माण करता है तथा प्रतिदिन के जीवन में पुराने निर्मित प्रत्ययों का प्रयोग करता है। व्यक्ति स्वयं आयु, अनुभव व बुद्धि के आधार पर प्रत्यय निर्माण के अलग-अलग स्तर पर होते हैं। उदाहरणार्थ–एक चार साल के बच्चे का पौधे का प्रत्यय जीव विज्ञान के शिक्षक के पौधे के प्रत्यय से भिन्न होगा।

प्रत्यय चिन्तन प्रक्रिया में सहायक होते हैं। यह चिन्तन शक्ति बच्चे में अचानक उत्पन्न नहीं होती है, इसका विकास क्रमिक व नियमित होता है। जन्म के समय बच्चे को अपने वातावरण का ज्ञान नहीं होता है। धीरे-धीरे परिपक्वता व सीखने के परिणामस्वरूप बच्चा जो देखता है उसे समझना आरम्भ करता है। इस प्रकार उसका वातावरण उसके लिए अर्थपूर्ण हो जाता है। अलग-अलग ज्ञानेन्द्रियों से प्राप्त अनुभव को एक में बाँधने से प्रत्यय बनते हैं।

डी सीको के अनुसार—उत्तेजनाओं का वर्ग जिसमें समान विशेषताएं हो प्रत्यय कहलाते हैं।

उदाहरणार्थ–वर्ग एक विशेष वस्तु को बताता है जो घेरा तथा त्रिभुज से भिन्न है।

प्रत्यय निर्माण की प्रक्रिया

बच्चे का ज्ञान ऐन्द्रिय ज्ञान से आरम्भ होता है अर्थात् वह वातावरण का अनुभव इन्द्रियों द्वारा ग्रहण करता है। इसी को संवेदना कहते हैं। संवेदना व्यक्ति के दिमाग की चेतन प्रतिक्रिया है। प्रत्ययों का निर्माण संवेदना से प्रारम्भ होता है। जैसे-जैसे बच्चा बड़ा होता है उसका ऐन्द्रिय ज्ञान प्रत्यक्ष ज्ञान में परिवर्तित हो जाता है। बच्चा जो कुछ देखता, सुनता व चखता है उसका अर्थ समझने लगता है। इसी को प्रत्यक्षीकरण कहते हैं। प्रत्यक्षीकरण की प्रक्रिया द्वारा विभिन्न प्रकार की संवेदनाओं को अर्थ मिलता है। संवेदना व प्रत्यक्षीकरण दोनों एक साथ घटित होते हैं। संवेदना व प्रत्यक्षीकरण के पश्चात् प्रत्यय निर्माण होता है।

सामान्य प्रत्यय निर्माण की प्रक्रिया के पाँच चरण होते हैं–

1. **निरीक्षण–**एक जाति के सभी पदार्थों का भिन्न-भिन्न परिस्थितियों में निरीक्षण किया जाता है। उदाहरणार्थ–बच्चा एक विशिष्ट परिस्थिति में विशेष कार को देखता है और उसका चित्र उसके मस्तिष्क में अँकित हो जाता है। भविष्य में 'कार' शब्द सुनकर उसके मस्तिष्क में वही कार की प्रतिमा आ जाती है। यहीं से प्रत्यय निर्माण का आरम्भ होता है।
2. **तुलना–**उस पदार्थ के विभिन्न गुणों का विश्लेषण करता है तथा विभिन्न पदार्थों से उसकी तुलना समानता व असमानता के आधार पर करता है। जैसे–बच्चा विभिन्न कारों को आपस में तुलना करता है।
3. **प्रत्याहार–**समान गुणों को पृथक् कर लेता है। अर्थात् बच्चा सभी प्रकार की कारों में समान गुणों का विश्लेषण व संश्लेषण करके उसमें एकरूपता का ज्ञान प्राप्त करता है।
4. **सामान्यीकरण–**समान गुणों का संयोजन कर लिया जाता है।
5. **नामकरण–**उस पदार्थ को एक विशेष नाम से पुकारा जाता है। नामकरण ऐसे शब्दों द्वारा किया जाता है जो उसके नाम का बोध कराते हैं।

प्रत्यय के विकास के सम्बन्ध में मनोवैज्ञानिकों के अलग-अलग मत हैं। कुछ के अनुसार प्रत्यय का विकास भाषा विकास से पहले ही हो जाता है। कुछ अन्य मनोवैज्ञानिकों के अनुसार भाषा एवं प्रत्यय का विकास साथ-साथ होता है।

बच्चों के प्रत्ययों की विशेषताएँ

बड़ों के प्रत्ययों से बच्चों के प्रत्ययों में अन्तर प्रकार का नहीं, वरन मात्रा का होता है। क्योंकि बच्चों को कम अनुभव व ज्ञान होता है। जैसे-जैसे बच्चे की अवस्था बढ़ती है बच्चों के प्रत्ययों में धीरे-धीरे परिवर्तन आता है। ये परिवर्तन इस प्रकार होता है–

1. **प्रत्यय सरल से जटिल की ओर विकसित होते हैं–**प्रारम्भ में बच्चे सामान्य प्रत्यय रखते है जैसे पहले वे प्रत्येक खाने की चीज को एक समान समझते हैं बाद में रोटी, दाल, चावल आदि को अलग-अलग समझते हैं।
2. **प्रत्यय सामान्य से विशिष्ट की ओर विकसित होते हैं–**सर्वप्रथम बच्चा सम्पूर्ण परिस्थिति के प्रति प्रतिक्रिया करता है उसके अलग-अलग भागों को नहीं। जब बच्चा वस्तु को सम्पूर्ण रूप में देखता है तो उसके बारीकियों को इतनी जल्दी नहीं देख पाता है। **Binet** ने शब्दों के अर्थ परीक्षण के आधार पर बताया कि बच्चों बड़ों की प्रतिक्रिया में अन्तर था जैसे- गाउन का अर्थ बच्चों ने बताया "यह एक पोशाक है" जब कि बड़े बच्चों ने कहा "यह एक रात में पहनने वाली पोशाक है"।
3. **प्रत्यय संचयी होते हैं–**कभी-कभी एक प्रत्यय को समझने के लिए दूसरे प्रत्यय का ज्ञान आवश्यक है जैसे- रेखागणित में त्रिभुज का ज्ञान होने से पहले भुजा एवं कोण का प्रत्यय स्पष्ट होना चाहिए।

बाल्यावस्था के कुछ सामान्य प्रत्यय

1. **जीवन का प्रत्यय–**छोटे बच्चों के अनुभव व ज्ञान सीमित होते हैं। वे सजीव व निर्जीव वस्तुओं में भेद नहीं समझते हैं परिणामस्वरूप उनके प्रत्यय दोषपूर्ण होते हैं। प्याजे ने वस्तुओं में चेतना समझने की प्रवृति के लिए चार अवस्थाएँ बतायी हैं–
   - इस स्तर पर बच्चा सोचता है कि जो चीजें क्रियाशील होती हैं वह सजीव होती हैं जैसे चाभी से चलने वाले खिलौने।
   - जो चीजे हिल सकती हैं वो जीवित होती हैं जैसे सूर्य चन्द्रमा आदि।
   - बच्चे यह समझने लगते हैं कि गति वस्तु में स्वयं में हैं या बाहर से की जा रही है। जिनमें गति स्वयं में हैं वे चीजे सजीव हैं।
   - बच्चे वास्तव में जीवित लोगों को ही जीवित समझते हैं जैसे जानवर, मनुष्य आदि।

   जीवन के प्रत्यय से सम्बन्धित मृत्यु का प्रत्यय भी होता है। तीन से पांच वर्ष के बच्चे मृत्यु का अर्थ केवल अलग होना समझते हैं और यह नहीं समझते कि वह हमेशा के लिए चला गया है। नौ वर्ष का बच्चा मृत्यु को एक प्रक्रिया के रूप में समझने लगता है जो असम्भावी है।
2. **जगह का प्रत्यय–**इसके अन्तर्गत दिशा, दूरी तथा त्रिविमीय आदि के प्रत्यय आते हैं। दिशा व दूरी के बारे में बच्चा अनुभव से सीखता है। बहुत छोटा बच्चा 20 इंच की दूरी पर रखी चीज को पकड़ने के लिए आगे नहीं बढ़ता है। इससे स्पष्ट होता है कि उसे दूरी का ज्ञान है। जैसे ही बच्चा चलना व दौड़ना आरम्भ करता है तो उसे दूरी का मूल्यांकन करने के अवसर ज्यादा मिलते हैं। दिशा एवं दूरी का प्रत्यय अर्जित करने में प्रशिक्षण की अहमभूमिका होती है। विद्यालय में दिए गए कार्य को करते समय जगह व चीजों को नापने में बच्चा सेंटीमीटर का प्रयोग करता है जब कि दैनिक जीवन में इसका उपयोग करने पर बच्चे को कठिनाई होती है। पांच से सात वर्ष की अवस्था में बच्चे दाएं तथा बाएं में अन्तर कर पाते हैं। नौ-दस वर्ष के बच्चे दिशाओं को अलग-अलग समझ सकते हैं जैसे उत्तर दिशा, दक्षिण दिशा आदि।
3. **सम्बन्धित आकार का प्रत्यय–**बच्चा सर्वप्रथम सबसे छोटे आकार व सबसे बड़े आकार वाली चीज को पहचान लेता है। ऐसा तीन-चार वर्ष की आयु पर बच्चा कर सकता है। पांच वर्ष की आयु पर बच्चा बीच के आकार वाली चीजों को चुन सकता है।
4. **भार का प्रत्यय–**बच्चों को अनुभव से ज्ञात होता है कि भिन्न-भिन्न वस्तुओं का भार अलग-अलग होता है। प्रारम्भ में बच्चों का भार का प्रत्यय वस्तुओं के आकार से प्रभावित होता है। बाद में आकार व भार में अन्तर करना सीखता है।
5. **संख्या का प्रत्यय–**बच्चा जैसे ही बोलना शुरू करता है संख्या बताने वाले शब्दों का प्रयोग करने लगता है। ऐसा बच्चा सिर्फ अनुकरण से करता है। वह वास्तव में शब्दों का अर्थ नहीं समझ पाता है। संख्या के प्रत्यय का विकास आयु बढ़ने व प्रशिक्षण से विकसित होता है। Terman तथा Merill ने पाया कि चार वर्ष का सामान्य बच्चा 2 वस्तुओं को गिन

सकता है, पांच वर्ष का बच्चा 4 वस्तुओं को तथा 6 वर्ष का बच्चा 12 वस्तुओं को गिन सकता है।

6. **धन का प्रत्यय**–विद्यालय जाने से पहले बहुत कम बच्चों को सिक्कों तथा रुपयों का प्रयोग करने का अवसर मिलता है इसलिए पूर्व विद्यालय अवस्था में धन के प्रत्यय का विकास बहुत धीमा होता है। चार वर्ष में बच्चा समझता है कि धन का सम्बन्ध खरीदने से है लेकिन वे नहीं समझ पाते कि अलग-अलग सिक्कों का क्या मूल्य है।
7. **समय का प्रत्यय**–समय का प्रत्यय सूक्ष्म होता है अतः इसके लिए स्थूल से स्थितियों को सम्बन्धित करने की आवश्यकता होती है। बच्चा घड़ी में लिखें संख्याओं को समझता है। बच्चे को ऐतिहासिक समय को समझना कठिन होता है उदाहरणार्थ उसे बताया जाए कि यह घटना 100 साल पहले हुयी थी तो वह सौ साल नहीं समझ सकेगा समय के प्रत्यय का विकास संख्या के प्रत्यय के विकास पर निर्भर करता है जैसे एक महीना 30 दिन। समय का प्रत्यय समझने के लिए चिन्हों व प्रतीकों का प्रयोग आवश्यक है। महीने के प्रत्यय की तुलना में दिन, रात, हफ्ते व ऋतुओं का प्रत्यय अधिक सही होता है। ऐमस ने अध्ययनों में पाया कि वर्तमान को सूचित करने वाले शब्द पहले सीखे जाते हैं। उसके बाद भविष्य तथा भूत को सूचित करने वाले शब्द सीखे जाते हैं।
8. **आत्म का प्रत्यय**–बच्चा शीशे में स्वयं को देखकर और अपने शरीर के विभिन्न भागों को छूकर अपने शरीर से परिचित होता है। छः सात महीने का बच्चा अपनी गतिविधियों को शीशे में देखता है। चौदह महीने का बच्चा शरीर के विभिन्न भागों की ओर इशारा करके बताते हैं। जब बच्चा स्वयं को दूसरों से अलग समझता है तब उसके आत्म का प्रत्यय बनता है। आत्म चेतना (Self Consciousness) के कारण बच्चा दूसरों से शर्माता है। जब बच्चा विद्यालय जाने लगता है तो वह प्रतियोगिता (Competition) का अर्थ समझने लगता है। बच्चे मजाक उड़ाने, असफलता व मानहानि के प्रति संवेदनशील होते हैं और ये चीजे उसके आत्म प्रत्यय के समुचित विकास में बाधक होती है।

प्रत्यय निर्माण में शिक्षक की भूमिका

प्रत्यय निर्माण की प्रक्रिया जन्म से ही प्रारम्भ हो जाती है। बच्चे के मस्तिष्क में वातावरण की साधारण वस्तओं जैसे दूध पीने की शीशी, मेज, आँख, नाक आदि प्रत्यय बनने शुरू होते हैं। इस स्तर पर बच्चा इन शब्दों को स्वयं बोल नहीं पाता है लेकिन दूसरों के निर्देश पर कार्य करता है जैसे दूध की बोतल ले आओं। तुम्हारी आँख कहाँ है? इत्यादि। प्रत्यय निर्माण की मात्रा व गुणवत्ता बच्चे को मिलने वाले वातावरण व अनुभवों पर निर्भर करती है। उदाहरण के लिए– गन्दी बस्ती में पलने वाले बच्चे के लिए 'घर' तथा उच्च सामाजिक आर्थिक स्तर के बच्चे के 'घर' के प्रत्यय में अन्तर होगा। प्रत्ययों का निर्माण एक संचयी प्रक्रिया है। बाद के वर्षों में प्रत्ययों का निर्माण व्यक्ति के जीवन के प्रारम्भिक वर्षों के अनुभवों पर निर्भर करता है।

सामान्यतः चार वर्ष की आयु के बाद बच्चे का विद्यालय में प्रवेश होता है। विद्यालय में प्रवेश लेने से पहले बच्चा अपने वातावरण की बहुत सी वस्तुओं के बारे में प्रत्यय रखता है। यद्यपि यह प्रत्यय स्पष्ट नहीं होते हैं। इस समय प्रत्यय निर्माण में शिक्षक की अहम भूमिका होती है–

1. बच्चे में पहले से निर्मित प्रत्ययों को ठीक व स्पष्ट करना।
2. बच्चे को नए प्रत्ययों के निर्माण में सहायता प्रदान करना।
3. प्रत्ययों का उचित व सही निर्माण हो सके इस हेतु शिक्षक को प्रत्यक्ष अनुभव प्रदान करने चाहिए। उदाहरणार्थ- बच्चे को 'हाथी' का प्रत्यय देना है तो हाथी दिखाना चाहिए। कक्षा में हाथी नहीं बुलाया जा सकता अतः बच्चों को चिड़ियाघर ले जाना चाहिए।
4. बहुत सी वस्तुओं का प्रत्यय ज्ञान देना संभव नहीं होता है। ऐसी वस्तुओं के बारे में ज्ञान दृश्य–श्रव्य साधन का प्रयोग करके दिया जा सकता है।
5. बच्चों के प्रत्यय स्पष्ट हो इस हेतु एक ही वस्तु को विभिन्न परिस्थितियों में दिखाना चाहिए। जैसे–'गाय' का प्रत्यय देना है तो काली व भूरी व सफेद गाय दिखाना चाहिए। इसके अतिरिक्त मोटी, बड़ी व छोटी, पतली गाय भी भिन्न-भिन्न परिस्थितियों में दिखाना चाहिए।
6. छात्रों को नवीन ज्ञान कों आत्मसात करने में कठिनाई होती है। अतः शिक्षक को नवीन ज्ञान को छात्रों के पूर्व ज्ञान से सम्बन्धित करना चाहिए। अर्थात् ज्ञात से अज्ञात के सिद्धान्त को अपनाना चाहिए। उदाहरण के लिए– त्रिभुज का ज्ञान देना है तो छात्रों को भुजा व कोण का ज्ञान होगा। भुजा व कोण के बारे में छात्रों से प्रश्न पूछते हुए त्रिभुज का ज्ञान देना चाहिए।
7. शिक्षक को पढ़ाते समय विभिन्न वस्तुओं एवं घटनाओं के मुख्य गुणों की तरफ छात्रों का ध्यान आकर्षित करना चाहिए जिससे छात्रों को प्रत्यय निर्माण में सुविधा हो सके तथा वे स्वयं से वस्तुओं व घटनाओं को परिभाषित कर सकें।

संवेगात्मक विकास

जीवन में संवेगों की महत्वपूर्ण भूमिका होती है तथा व्यक्ति के वैयक्तिक एवं सामाजिक विकास में संवेगों का योगदान होता है। संवेगों के विकास के सन्दर्भ में दो मत है–

1. **संवेग जन्मजात होते हैं**–इस मत को मानने वालों में वेकविन तथा हालिगवर्थ आदि है।
   हालिगवर्थ का मानना है कि प्राथमिक संवेग जन्मजात होते हैं। वाटसन ने बताया कि जन्म के समय बच्चे में तीन प्राथमिक संवेग भय, क्रोध व प्रेम होते हैं।
2. **संवेग अर्जित किए जाते हैं**–कुछ मनोवैज्ञानिकों का मत है कि संवेग विकास एवं वृद्धि की प्रक्रिया के दौरान प्राप्त किए जाते हैं। इस सम्बन्ध में हुए प्रयोग स्पष्ट करते हैं कि जन्म के समय संवेग निश्चित रूप से विद्यमान नहीं होते हैं। बाद में धीरे-धीरे बच्चा ऐसी निश्चित प्रतिक्रियाएँ करता है जिससे ज्ञात होता है कि उसे सुखद व दुखद अनुभूति हो रही है।

संवेगों की विशेषताएँ

1. संवेगात्मक अनुभव किसी मूल प्रवृति या जैविकीय उत्तेजना से जुड़े होते हैं।
2. सामान्यतः संवेग प्रत्यक्षीकरण का उत्पाद होते हैं।
3. प्रत्येक संवेगात्मक अनुभव के दौरान प्राणी में अनेक शारीरिक परिवर्तन होते हैं।
4. संवेग किसी स्थूल वस्तु या परिस्थिति के प्रति अभिव्यक्त किए जाते हैं।
5. प्रत्येक जीवित प्राणी में संवेग होते हैं।
6. विकास के सभी स्तरों में संवेग होते हैं और बच्चे व बूढ़ों में उत्पन्न किए जा सकते हैं
7. एक ही संवेग को अनेक प्रकार के उत्तेजनाओं (वस्तुओं या परिस्थितियों) से उत्पन्न किया जा सकता है
8. संवेग शीघ्रता से उत्पन्न होते हैं और धीरे-धीरे समाप्त होते हैं।

बच्चों के संवेगों की विशेषताएँ

1. बच्चों के संवेग थोड़े समय के लिए होते हैं बच्चे अपने संवेगों की अभिव्यक्ति बाहरी व्यवहार द्वारा तुरन्त कर देते हैं जब कि बड़े होने पर बाहरी व्यवहार पर सामाजिक नियन्त्रण होता है।
2. बच्चों के संवेग तीव्र होते हैं। बच्चे डर, क्रोध व खुशी आदि की अभिव्यक्ति अत्यधिक तीव्रता से करते हैं।
3. बच्चों के संवेग अस्थिर होते हैं। बच्चों के संवेगों में शीघ्रता से बदलाव होता है उदाहरणार्थ अभी लड़ाई और थोड़ी ही देर में तुरन्त दोस्ती कर लेते हैं।
4. बच्चों के संवेग बार-बार दिखायी देते हैं क्योंकि वे अपने संवेगों को छिपाने में असमर्थ होते हैं। बच्चे दिन में अनेक बार गुस्सा करते हैं या खुश होते हैं।
5. बच्चों की संवेगात्मक प्रतिक्रिया में भिन्नता पायी जाती है एक ही संवेग की अवस्था में प्रत्येक बच्चा अलग-अलग प्रतिक्रिया देता है– उदाहरणार्थ:– अजनबी के सामने एक बच्चा भाग जाएगा व दूसरा रोंने लगेगा।

बच्चों के सामान्य संवेगात्मक ढंग

डर–प्रथम वर्ष के अन्त के पहले ही डर से सम्बन्धित उत्तेजनाएँ बच्चे पर प्रभाव डालने लगती है। समय के साथ-साथ उन वस्तुओं की संख्या बढ़ती जाती है जो बच्चे को डराती है। मानसिक विकास के साथ-साथ वह इस योग्य होता है कि उन वस्तुओं और व्यक्तिओं को पहचान सके जो उसे डराती है। डर चाहे तार्किक हो या अतार्किक इसकी जड़ बच्चों के अनुभवों में होती है। छोटा बच्चा सामान्यत: जोर की आवाज, अजनबी-लोग, जगह, वस्तुएँ, अंधेरी जगह व अकेले रहने से डरते हैं। यह डर अवस्था के साथ-साथ कम हो जाता है। डर के प्रति बच्चे की प्रतिक्रिया इस बात पर निर्भर करती है कि उसकी शारीरिक व मानसिक दशा क्या है। यदि बच्चा थका हुआ है तो ऐसी स्थितियां डर को और बढ़ाती हैं। बोस्ट्न ने अपने अध्ययनों में पाया कि बुद्धिमान बच्चे डर अधिक प्रदर्शित करते हैं क्योंकि वे खतरे की सम्भावनाओं को समझते हैं। डर तब उपयोगी होता है जब यह खतरे से सावधान करता है।

क्रोध–यह संवेगात्मक प्रतिक्रिया बच्चे ज्यादा करते हैं क्योंकि वातावरण में क्रोध दिलाने वाले उत्तेजक डर की अपेक्षा अधिक होते हैं। अधिकतर बच्चे शीघ्र ही यह समझ जाते हैं कि क्रोध ध्यान आकृष्ट करने का अच्छा तरीका है। इससे उनकी इच्छा की पूर्ति होती है।

छोटे बच्चे को आराम न मिलने पर क्रोध आता है। जैसे-जैसे बच्चा बड़ा होता है तो वह स्वयं काम करना चाहता है और कार्य न कर पाने पर गुस्सा दिखाता है। विद्यालय जाने से पूर्व की आयु के बच्चे उन पर गुस्सा करते हैं जो उनके खेल की चीजों को छूते हैं व उनके खेलने में बाधा उत्पन्न करते हैं। उत्तर बाल्यावस्था में बच्चे की मजाक उड़ाने, उनकी गलती निकालने व दूसरे बच्चों से तुलना करने पर उनके गुस्सा आता है। क्रोध को अभिव्यक्त करने का ढंग वातावरण से सीखा जाता है।

ईर्ष्या–ईर्ष्या बच्चे तब दिखाते हैं जब प्यार की कमी के लिए वास्तव में कोई स्थिति जिम्मेदार होती है या बच्चा प्यार की कमी महसूस करता है। ईर्ष्या इस बात पर निर्भर करती है कि दूसरे उससे कैसा व्यवहार करते हैं व बच्चे को कैसा प्रशिक्षण मिला है। कभी-कभी माता-पिता दूसरों की प्रशंसा अत्याधिक करते हैं उस प्रकार वे अपने बच्चों में प्रतिद्विन्दिता व स्पर्धा उत्पन्न करते हैं। ईर्ष्या की स्थिति में बच्चे विभिन्न प्रतिक्रिया देते हैं।

1. **गुस्सा करना**:-यह दो प्रकार से प्रकट किया जाता है–
   (अ) प्रत्यक्ष रूप से जिससे ईर्ष्या होती है उसके रास्ते में मिल जाने पर उस पर प्रहार करना
   (ब) अप्रत्यक्ष रूप से जिससे ईर्ष्या होती है उसकी अनुपस्थिति में उसके बस्ते से उसकी कॉपी या किताब चुराना लेना।
2. **आत्मीकरण करना**:-जिससे ईर्ष्या होती है उससे बच्चा आत्मीकरण कर लेते हैं।
3. अधिक प्यार मिलने वाले से स्वयं को अलग करना।
4. **दमन**:-बच्चा अपनी भावनाओं को यह कहते हुए दबा देता है कि मैं परवाह नहीं करता
5. **मार्गान्तीकरण**:-यदि बच्चा पढ़ने में तेज बच्चे से ईर्ष्या करता है तो वह खेल में स्वयं को आगे कर लेता है।

हर्ष, सन्तोष एवं सुख–ये तीनों सुखद संवेग हैं। इनमें मात्रा का अन्तर है। ये निश्चयात्मक संवेग है। क्योंकि व्यक्ति उस परिस्थिति को स्वीकार करता है जो इस संवेग को उत्पन्न करती है। छोटे बच्चों में ये संवेग शारीरिक कष्ट न होने पर देखा जाता है। बड़े बच्चों को सन्तोष व हर्ष तब होता है जब उन्हें सफलता मिलती है, दूसरें से प्रशंसा मिलती है व दूसरों से उच्चता या श्रेष्ठता का अनुभव होता है।

स्नेह–स्नेह बच्चे किसी व्यक्ति या वस्तु के प्रति दिखाते हैं। छोटे बच्चे उनके प्रति स्नेह दिखाते हैं जो उनकी आवश्यकताओं की परवाह करते हैं, उनसे खेलते हैं, सामान्यत: जो उन्हें हर्ष एवं सन्तोष प्रदान करते हैं। परिवार के सदस्यों एवं ऐसे लोग जिनसे खून का सम्बन्ध नहीं है, बच्चा स्नेह दिखाएगा या नहीं यह इस बात पर निर्भर करता है कि बच्चे के प्रति इन लोगों का व्यवहार कैसा है।

उत्सुकता व कौतुहल–छ: से सात महीने के बाद बच्चे नई चीजों को पकड़ना चाहते हैं। पकड़ने के बाद सब तरफ से देखकर, छूकर, पटककर, हिलाडुला कर, मुँह में डालकर विभिन्न इन्द्रिय ज्ञान प्राप्त करते हैं। जैसे ही बच्चे बोलना सीखते हैं वे अपने कौतुहल को प्रश्न पूछकर कौतुहल को शान्त करते हैं आठ से नौ वर्ष के बच्चे इसी इच्छा के कारण अपना अधिक समय पढ़ने में लगाते हैं।

किशोर के सामान्य संवेगात्मक ढंग

डर–किशोर सामाजिक परिस्थितियों, अपरिचित व्यक्तियों एवं नई स्थिति में जाने से डरते हैं। डर की अभिव्यक्ति में लिंग भेद पाया जाता है। क्योकि लड़के व लड़कियों के मूल्यों में अन्तर होता है। लड़कियां व्यक्तिगत सुरक्षा को विशेष महत्व देती हैं इसलिए अपरिचित के सामने डरती हैं जबकि लड़कों में ऐसा नहीं पाया जाता। डर पर सामाजिक-आर्थिक स्तर का भी प्रभाव पड़ता है।

चिन्ता–चिन्ता डर से उत्पन्न होती है। ये काल्पनिक कारणों से होती है। इसमें वास्तविकता का अंश भी होता है लेकिन ये अनावश्यक रूप से बड़ी छुपी अवस्था है अर्थात् परेशानी अभी है नहीं, लेकिन आ सकती है इस बात की चिन्ता होती हैं। चिन्ता किसी वस्तु, व्यक्ति एवं स्थिति से सम्बन्धित हो सकती है। जैसे परीक्षा में अच्छे नम्बर आयेंगे या नहीं, नौकरी मिलेगी या नही या फिर दूसरों के सामने बोलने से डरते हैं। लड़के व लड़कियों के मूल्यों में अन्तर अलग-अलग होते हैं। जैसे लड़के नौकरी व व्यवसाय को लेकर चिन्तित होते हैं जबकि लड़कियां बाहय आकृति एवं सामाजिक मान्यता को लेकर अधिक चिन्तित रहती हैं।

दुश्चिन्ता–दुश्चिन्ता आंन्तरिक द्वन्द्व के कारण उत्पन्न होती है। यह लगातार रहने वाली कष्टकारी मानसिक दशा है। व्यक्ति बेचैनी का अनुभव करता है। उसे यह स्पष्ट नही होता है कि वह क्या करें और क्या न करें। जब अनेक चिन्ताएं एकत्रित होती हैं तो वह दुश्चिन्ता का रूप धारण कर लेती है। उदाहरण के लिए यदि किशोर ऐसे सांस्कृतिक समूह में रहता है जहां वाह्य आकृति, प्रसिद्धि, अध्ययन व सम्प्राप्ति को महत्व दिया जाता है और किशोर स्वयं को इन सांस्कृतिक आशाओं के अनुरूप नहीं पाता तो दुश्चिन्ता हो जाती है।

क्रोध–किशोरों को पक्षपातपूर्ण व्यवहार से गुस्सा आता है। यह पक्षपातपूर्ण व्यवहार घर पर भी हो सकता है। यदि कोई उन पर रोब जमाता है तो गुस्सा आता है। भाई-बहनों द्वारा एक दूसरे का सामान प्रयोग करने पर, व्यंग्यात्मक बातों का प्रयोग करने पर, आदतों में बाधा होने पर, योजना को सफलतापूर्वक सम्पन्न न करने पर क्रोध आता है। क्रोध की अभिव्यक्ति में किशोर चीजों को तोड़ते, फेंकते हैं, तेज बोलते हैं। कभी-कभी बोलना बन्द कर देते हैं।

ईर्ष्या–इसमें दो संवेग शामिल होते हैं। सामाजिक स्तर खोने का डर और क्रोध। किशोरावस्था में ईर्ष्या भाई बहनों के प्रति कम और संगी साथियों के प्रति ज्यादा होती है। जितना अधिक किशोर सामाजिक स्थितियों में असुरक्षा का अनुभव करेगा उतना अधिक उन लोगों से ईर्ष्या करेगा जिनकों सामाजिक मान्यता प्राप्त है। असन्तुष्ट बच्चा ईर्ष्या का शिकार होता है। इस संवेग की अनुभूति पर मौखिक अभिव्यक्ति होती है। जैसे मजाक उड़ाना या व्यंग्य करना।

जलन की भावना–जलन की भावना व्यक्ति की चीजों के प्रति होती है जैसे कोई अमीर घर का लड़का कार में आता है, अच्छे कपड़े पहनता है, अच्छे खिलौने रखता है। तो गरीब घर के लड़के को उसकी इन सुविधाओं से जलन होती है।

नाराज होना–यह गुस्से से कम तीव्र संवेग है। किशोर गुस्से की तुलना में नाराज अधिक होते हैं। किशोर उन चीजों के बारे में बात करके सुख का अनुभव करते हैं। जो उसे नाराज करती है। किशोर दूसरें लोगों के भाषण, व्यवहार करने के तरीके से अधिक नाराज होते हैं। किशोर जब आशा के अनुरूप कार्य नहीं कर पाता, उसका समायोजन अच्छा नहीं होता वे नाराज होते हैं।

जिज्ञासा/उत्सुकता–किशोर लिंग, वैज्ञानिक चीजों, संसार की घटनाओं, धर्म व नैतिकता में उत्सुकता दिखाते हैं और इन विषयों पर वे प्रश्न भी करते हैं। वे किताबें, पत्र पत्रिकाएं पढ़कर अपनी जिज्ञासा को शान्त करते हैं।

स्नेह–यह व्यक्ति, वस्तु या जानवर के प्रति कोमल लगाव है। यह सुखद अनुभवों पर आधारित होता है। किशोरावस्था व बाल्यावस्था के इस संवेग में अन्तर होता है। किशोर स्नेह निर्जीव व जानवरों की तुलना में व्यक्तियों के प्रति अधिक करते हैं। किशोर के लिए स्नेह में भी तीव्रता होती है। लेकिन किशोर बच्चों की तरह केवल घर के लोगों से भी स्नेह नहीं करते वरन् संग-साथी व बाहर के लोगों से भी करते हैं।

दुःख–इस संवेग की अनुभूति तब होती है जब व्यक्ति ऐसी चीज खो देता है जिसको वो बहुत महत्व देता है। तथा उससे उसे संवेगात्मक लगाव होता है। किशोर को इस संवेग का अनुभव बार-बार होता है क्योंकि किशोर में अब सोचने समझने की शक्ति बढ़ जाती है। किशोर बच्चों की तरह रोते नहीं हैं वरन् अपने चारों तरफ के लोगों व चीजों में रूचि नहीं लेते हैं। एकान्त में रहते हैं। भूख कम लगती हैं व नींद कम आती है। इसका किशोर के स्वास्थ्य पर बुरा प्रभाव पड़ता है।

खुशी–किशोर खुशी का अनुभव तब करता है जब उसका समायोजन अच्छा होता है। प्रशिक्षण व योग्यता से किशोर इस योग्य होता है कि वह परिस्थिति के साथ ठीक से समायोजन कर सके। अच्छा समायोजन व्यक्ति को आत्म सन्तोष देता है। यदि किशोर समाज द्वारा मान्यता प्राप्त कार्यों को सफलतापूर्वक करता है तो उसमें उच्चता की भावना आती है उससे भी उसे सन्तोष मिलता है। अन्ततः वह खुशी का अनुभव करता है।

संवेगात्मक विकास को प्रभावित करने वाले कारक

1. **परिपक्वता**–व्यक्ति के विकास पर संवेगात्मक विकास निर्भर करता है विशेष रूप से स्नायु तन्त्र के विकास पर। यदि Frontal Lobe को हटा दिया जाए तो संवेगों में स्थिरता नहीं रहती है।
2. **स्वास्थ्य और शारीरिक विकास**–बच्चे के स्वास्थ्य, शारीरिक विकास एवं संवेगात्मक विकास में धनात्मक सहसम्बन्ध होता है। स्वास्थ्य में गिरावट से संवेगात्मक विकास पर बुरा प्रभाव पड़ता है।
3. **बुद्धि**–हरलोक ने अध्ययनों में पाया कि सामान्य व कम बुद्धि के लोगों में अपने संवेगों पर नियन्त्रण कम होता है। चूंकि बुद्धिमान व्यक्ति के पास चिन्तन व तर्क की योग्यता होती है इसलिए संवेगों पर नियन्त्रण कर लेते हैं।
4. **सीखना**–व्यक्ति समाज व संस्कृति द्वारा मान्य ढंग से संवेगों को व्यक्त करना सीखता है। उदाहरण के लिए नीग्रों के डर को व्यक्त करने का तरीका भारतीयों से भिन्न प्रकार का होता है। बच्चे संवेगात्मक व्यवहार को दो प्रकार से सीखते हैं–

   (अ) अनुबन्धन द्वारा–वाटसन ने अलबर्ट नामक बच्चे पर प्रयोग किया। यह बच्चा खरगोश से बहुत प्यार करता था और उसके साथ खेलता था। वाटसन ने इस बच्चे को खरगोश से डरना सिखाया। अतः जब कभी बच्चा खरगोश के साथ खेलता था तो वे जोर की आवाज (जो डरावनी थी) करते थे। इससे बच्चा डरने लगा। धीरे-धीरे बच्चा खरगोश से डरने लगा। बाद में वह सफेद दिखने वाली सभी चीजों से डरना सीख गया।

   (ब) अनुकरण–यदि माता-पिता चिन्तित रहते हैं तो बच्चे चिन्तित रहना सीख जाते हैं। इसी प्रकार माता-पिता शान्त तो बच्चे भी शान्त होते हैं। Turner ने पाया कि शिक्षकों के संवेगात्मक व्यवहार का प्रभाव छात्रों पर पड़ता है।
5. **विद्यालयी वातावरण**–शिक्षकों का अपने व्यवसाय एवं छात्रों के प्रति मनोवृत्ति, विद्यालय अनुशासन, विद्यालय में अकादमिक सुविधाएं, भौतिक सुविधाएं, शिक्षण विधि, पाठ्य सहगामी क्रियाएं आदि का बच्चे के संवेगात्मक विकास पर प्रभाव पड़ता है। उदाहरण के लिए विद्यालय में अत्यन्त कठोर अनुशासन होता है या अनुशासन विहीन विद्यालय दोनों का बच्चे के संवेगात्मक विकास पर बुरा प्रभाव पड़ता है।
6. **संगी-साथी**–संवेगात्मक व्यवहार अनुकरण द्वारा सीखे जाते हैं। साथ ही कहावत है–संगत का असर पड़ता है। अतः बच्चों के संवेगात्मक विकास पर मित्रों, संगी साथियों व सह पाठियों के व्यवहार का प्रभाव पड़ता है।
7. **पारिवारिक वातावरण**–माता-पिता व बच्चे के मध्य सम्बन्ध, बच्चे का जन्म क्रम, लड़का व लड़की, परिवार का आकार, परिवार का सामाजिक आर्थिक स्तर, अनुशासन, माता-पिता का बच्चे के प्रति मनोवृत्ति आदि बच्चे के संवेगात्मक विकास को प्रभावित करते हैं।

संवेगात्मक विकास का शैक्षिक निहितार्थ

सभी सीखने की क्रियाओं के सम्बन्ध संवेगों से होता है। विद्यालय में दिया जाने वाला शिक्षण सफल नहीं होगा यदि छात्रों का बौद्धिक विकास तो हो रहा है लेकिन वे संवेगात्मक रूप से विचलित है। UNESCO रिपोर्ट (1955) के अनुसार–"Learning in the strict educational sense will not proceed satisfactorly if the child's emotional life is disturbed."

1. कक्षा में पढ़ाते समय शिक्षक को इस बात के लिए संवेदनशील होना चाहिए कि उनके प्रति छात्रों के कैसे संवेग हैं।
2. प्रत्येक कक्षा में हम भावना (Feeling Tone) होती है। जिसके कारण छात्र कक्षा में सुरक्षित महसूस करते है। शिक्षक का प्रयास होना चाहिए कि यह भावना बनी रहे और छात्र कक्षा में किसी भी प्रकार का तनाव का अनुभव न करें।
3. छात्रों के संवेगों व संवेगात्मक व्यवहार के प्रति शिक्षक का सकारात्मक दृष्टिकोण होना चाहिए।
4. स्वस्थ प्रतिस्पर्धा को महत्व देना चाहिए।
5. परीक्षा में नम्बरों पर बहुत बल नहीं होना चाहिए।
6. सम्पूर्ण उपस्थिति के स्थान पर बच्चे के स्वास्थ्य पर बल देना चाहिए।
7. संवेगात्मक समस्याओं के समाधान हेतु निर्देशन का प्रबन्ध होना चाहिए।
8. छात्रों को सामाजिक मान्यता प्राप्त ढंग से संवेगात्मक व्यवहार करने का तरीका सिखाना चाहिए।
9. छात्रों के संवेगों को समझते समय शिक्षक का पक्षपात रहित व वस्तुनिष्ठ व्यवहार होना चाहिए।

(i) **केन्द्रीय प्रवृति**–यह सभी व्यक्तियों में पायी जाती है। प्रत्येक व्यक्ति में 5 से 10 ऐसी प्रवृत्तियां होती हैं जिसके भीतर उसका व्यक्तित्व अधिक सक्रिय रहता है। इन गुणों को केन्द्रीय प्रवृत्ति कहते हैं। जैसे सामाजिकता, आत्मविश्वास आदि।

(ii) **गौण प्रवृत्ति**–गौण प्रवृत्ति वैसे गुणों को कहते हैं जो व्यक्तित्व के लिए कम महत्वपूर्ण, कम संगत, कम अर्थपूर्ण तथा कम स्पष्ट होते हैं। जैसे- खाने की आदत, केश शैली आदि।

एक व्यक्ति के लिए कोई प्रवृत्ति केन्द्रीय प्रवृत्ति हो सकती है वहीं दूसरे के लिए गौण प्रवृत्ति हो सकती है।

कैटल का योगदान–शीलगुण सिद्धान्त में ऑलपोर्ट के बाद कैटल का नाम महत्वपूर्ण माना गया है। कैटल ने प्रमुख शीलगुणों की शुरुआत ऑलपोर्ट द्वारा बतलाये गए 18,000 शीलगुणों में से 4,500 शीलगुणों को चुनकर किया। बाद में, इनमें से सामानार्थ शब्दों को एक साथ मिलाकर इसकी संख्या उन्होंने 200 कर दी और फिर बाद में विशेष सांख्यिकीय विधि यानी कारक विश्लेषण के सहारे अन्तर सहसंबंध द्वारा उसकी संख्या 35 कर दी कैटल ने शीलगुणों को दो भागों में विभाजित किया है।

(i) **सतही शीलगुण**–इस तरह का शीलगुण व्यक्तित्व के ऊपरी सतह या परिधि पर होता है यानी इस तरह के शीलगुण ऐसे होते हैं जो व्यक्ति के दिन-प्रतिदिन की अन्त: क्रिया में आसानी से अभिव्यक्ति हो जाते हैं।

(ii) **स्त्रोत या मूल शीलगुण**–कैटेल के अनुसार मूल शीलगुण व्यक्तित्व की अधिक महत्वपूर्ण संरचना है तथा इसकी संख्या सतही शीलगुण की अपेक्षा कम होती है। मूल शीलगुण सतही शीलगुण के समान, व्यक्ति के दिन प्रतिदिन की अन्त: क्रिया में स्पष्ट रूप से व्यक्त नहीं हो पाते हैं।

भाषा विकास

मनुष्य एक सर्वाधिक विकसित प्राणी माना जाता है। अन्य प्राणियों के समक्ष ऐसा कोई माध्यम नहीं है जिसके द्वारा वे अपने विचार एवं भाव दूसरे प्राणी तक स्पष्ट रूप से पहुंचा सके और उसे प्रकट कर सकें। यह विशेष अनुकम्पा सिर्फ मानव जाति को ही प्राप्त है। इसकी विशेषता इसकी भाषा और वाणी है। मनुष्य अपनी वाक् इन्द्रियों के द्वारा अपनी भाषा का प्रयोग करता है। उसकी वाणी इसी इन्द्रिय की क्रियाशीलता होती है, तब अपनी आन्तरिक प्रेरणा से वह अपने आपका प्रकाशन वाणी के माध्यम से करता है। भाषा इसी वाणी का उत्पाद है जिसमें मनुष्य की बौद्धिक कुशलता निहित होती है।

भाषा विकास बौद्धिक विकास की सर्वाधिक उत्तम कसौटी मानी जाती है। बालक को सर्वप्रथम भाषाज्ञान परिवार से होता है।

कार्ल सी गैरिसन के अनुसार ''स्कूल जाने से पूर्व बालकों में भाषा ज्ञान का विकास उनके बौद्धिक विकास की सबसे अच्छी कसौटी है। भाषा का विकास भी विकास के अन्य पहलुओं के लाक्षणिक सिद्धान्तों के अनुसार होता है। यह विकास परिपक्वता तथा अधिगम दोनों के फलस्वरूप होता है और इसमें नयी अनुक्रियाएं सीखनी होती है और पहले की सीखी हुई अुनक्रियाओं का परिष्कार भी करना होता है।

भाषा का अर्थ

भाषा का अर्थ होता है–कही हुई चीज। मनोवैज्ञानिकों के अनुसार भाषा दूसरों तक विचारों को पहुंचाने की योग्यता हैं इसमें विचार-भाव के आदान-प्रदान के प्रत्येक साधन सम्मिलित किये जाते हैं। जिसमें विचारों और भावों के प्रतीक बना लिये जाते हैं जिससे कि आदान-प्रदान के व्यापक रूप में भिन्न रूपों जैसे लिखित, बोले गये, सांकेतिक, मौखिक, इंगित प्रहसन तथा कला के अर्थ बताये जाते हैं।

भाषा विकास का क्रम

भाषा विकास क्रमागत निम्न बिन्दुओं पर आधारित है–

(1) बाल्यावस्था
(2) पूर्व शैशवावस्था
(3) मध्य एवं अपरांह शैशवावस्था
(4) किशोरावस्था

(1) शैशवावस्था

यह तथ्य सर्वविदित है कि शैशवावस्था मनुष्य की सबसे सक्रिय कम अवधि है। इस अवस्था में मस्तिष्क की सतर्कता, ज्ञानेन्द्रियों की तेजी, सीखने और समझने की अधिकता अपने चरमोत्कर्ष पर होती है। फ्रायड के अनुसार मनुष्य शिशु जो कुछ बनता है जीवन के प्रारम्भिक चार-पांच वर्षों में ही बन जाता है। भाषा को क्रमानुसार निम्नलिखित रूप में प्रस्तुत किया जा सकता है।

(i) **रूदन**–चूँकि बोलना एक लम्बी एवं जटिल प्रक्रिया के बाद सीखा जाता है, अतएव उसका प्रारूप हमें रूदन अथवा चीखने-चिल्लाने में मिलता है। रिबिल के अनुसार रूदन प्रारम्भ में संकटकालीन होता है। यह अनियमित तथा अनियंत्रित होता है। अत: रूदन एक स्वाभाविक

प्रक्रिया है जो शिशु अकारण ही करता है। स्टीवर्ट के अनुसार जीवन के प्रारम्भिक दिनों में शिशु रूदन भिन्न मात्रा में पाया जाता है और वह दूसरे सप्ताह में प्रकट होता है। तीसरे सप्ताह में स्वार्थवश रूदन कम हो जाता है। रूदन तीव्रता तथा शिशु के विचारों तथा भावों को अभिव्यक्त करता है। यह रूदन पीड़ा, तेज रोशनी, तीक्ष्ण आवाज, थकान, भूख आदि के कारण हो सकता है।

(ii) **बलबलाना**–इरविन महोदय के अनुसार रूदन में सुस्पष्ट आवाजें पायी जाती है। यह ध्वनि चौथे पाँचवें मास के पश्चात् स्पष्ट होना प्रारम्भ हो जाती है। बलबलाने में जीवन के प्रथम वर्ष में स्वर ध्वनि सुनाई देती है। अ-आ-इ-ई-ए-ऐ-इसके साथ ही इसी समय तक जबकि आगे के कुछ दाँत आ जाते हैं जो होठों के मेल से शिशु, ब, ल, त, द, म जैसे व्यंजनों को प्रकट करता है।

(iii) **इंगित करना**–भाषाविदों ने इंगित करने को भाषा विकास का तृतीय सोपान कहा। जरसील्ड मैकार्थी ने अपने अध्ययन के आधार पर बताया है कि इसके द्वारा शिशु दूसरे को अपने भाव विचार समझता है। इसे लेरिक ने सम्पूर्ण शरीर की भाषा भी माना है। शिशु 'हाँ' या 'ना' की मुद्रा में गर्दन हिला कर भी उत्तर देता है।

(iv) **बोलना**–भाषा प्रयोग की यह अन्तिम अवस्था है। इसका आरम्भ एक डेढ़ वर्ष के करीब होता है। भाषा बोलना भी एक कौशल है अतः इसे अभ्यास की आवश्यकता होती है। यह शारीरिक अवयवों की पुष्टता पर निर्भर करता है। शुरू में निरर्थक शब्द बोले जाते हैं जैसे वा, ला, दा, ना इत्यादि। परन्तु क्रमशः साहचर्य के नियमों के कारण निरर्थक शब्दों में सार्थकता आ जाती है और वे सोद्देश्य प्रयुक्त होते हैं।
शब्द बोलने में एक समस्या उच्चारण की होती है। शुरू में बालक अनुकरण से ही उच्चारण सीखता है। शैशवावस्था में उच्चारण योग्यता लचीली मानी जाती है।

(v) **भाषा के ध्वनि की पहचान**–जैसे पहले स्पष्ट किया जा चुका है कि शब्दों को सीखने से पहले शिशु भाषा की ध्वनि में अन्तर करना सीख जाता है। जैसे रा तथा ला में अन्तर स्पष्ट कर लेते हैं।

(vi) **प्रथम शब्द**–8 से 12 माह की आयु में बच्चा प्रथम शब्द बोलता है। इससे पूर्व वह बलबलाना, इंगन आदि अन्य भाव भँगिमाओं के द्वारा अपनी भावाभिव्यक्ति करता है। ब्रेकों के अनुसार बोलना शिशु के सम्प्रेषण की विभिन्न अवस्थाओं का अगला पड़ाव है।
शिशु सर्वप्रथम अपने परिवार से जुड़े व्यक्तियों जिसमें उसका भावनात्मक लगाव होता है उनको पुकारना प्रारम्भ करता है जैसे बड़ों को दादा, पालतू जानवर को किटी, खिलौनों को टाम खाने को दूध इत्यादि।

(vii) **शब्द युग्म का उच्चारण**–18 से 24 माह की आयु तक शिशु प्रायः शब्दों युग्मों को बोलना प्रारम्भ कर देता है यह शब्द युग्म वे अपनी इंगन, कुशलता, शारीरिक इंगन तथा सिर के विभिन्न मुद्राओं के साथ बोलते हैं। कुछ उदाहरण इस प्रकार है–

स्थान – वहाँ पुस्तक
दोहराना – दूध और
किसी वस्तु के प्रति विशेष लगाव – मेरा खिलौना
वस्तु की पहचान – कार बड़ी
क्रिया प्रतिक्रिया – तुम्हें मारूँगा
क्रिया वस्तु – चाकू काटो
प्रश्न – आल कहाँ

शिशुओं की शब्दावली का अध्ययन विभिन्न मनोवैज्ञानिकों (स्मिथ एवं सीशोर) द्वारा हुआ है तथा कुछ इस प्रकार के निष्कर्ष प्राप्त हुए हैं।

आयु	शब्द संख्या
8 मास	0
10 मास	1
1 वर्ष	3
1-3 वर्ष	19
1-6 वर्ष	22
1-9 वर्ष	118
2 वर्ष	272
4 वर्ष	1550 (स्मिथ)
4 वर्ष	1560 (सीशोर)
5 वर्ष	2072 (स्मिथ)
5 वर्ष	9600 (सीशोर)
6 वर्ष	2562 (स्मिथ)
6 वर्ष	14700 (सीशोर)

उपर्युक्त तालिका से शैशवावस्था में शब्दों की संख्या मालूम होती है जो शिशु प्रायः उच्चारित करता है।

(2) बाल्यावस्था में भाषा विकास

बाल्यावस्था जन्मोपरान्त मानव विकास की दूसरी अवस्था है जो शैशवावस्था की समाप्ति के उपरान्त प्रारम्भ होती है। बाल्यावस्था में प्रवेश करते समय बालक अपने वातावरण से काफी सीमा तक परिचित हो जाता है। इस अवस्था में वह व्यक्तिगत तथा सामाजिक व्यवहार करना सीखना प्रारम्भ करता है तथा उसकी औपचारिक शिक्षा का प्रारम्भ भी इसी अवस्था में होता है। बाल्यावस्था में भाषा विकास तीव्र गति से होता है। शब्द भण्डार में वृद्धि होती है। बालकों की अपेक्षा बालिकाओं में भाषा का विकास तेजी से होता है। वाक्य रचना एवं वाकपटुता में भी बालिकाएँ श्रेष्ठ होती हैं।

सीशोर ने बालक-बालिकाओं के शब्द भण्डार का अध्ययन करके बताया कि उनके शब्दों की संख्या 10-12 साल तक 35,000 के लगभग पहुँच जाती है।

आयु	शब्द संख्या
7 साल	21200
8 साल	26300
10 साल	34300
12 साल	50500

उपर्युक्त सारिणी देखने से ज्ञात होता है कि बाल्यावस्था में क्रमश: एक वाक्य में अधिक शब्द होते हैं। बालक अब मिश्रित एवं संयुक्त वाक्यों का प्रयोग अधिक करता है न कि सरल वाक्यों का।

किशोरावस्था में भाषा विकास

किशोरावस्था जन्मोपरान्त मानव विकास की तृतीय अवस्था है जो बाल्यावस्था की समाप्ति के उपरान्त प्रारम्भ होती है तथा प्रौढ़ावस्था के प्रारम्भ होने तक चली है। यद्यपि व्यक्तिगत भेदों, जलवायु आदि के कारण किशोरावस्था की अवधि में कुछ अन्तर पाया जाता है फिर भी प्राय: 12 से 18 वर्ष की आयु के बीच की अवधि को किशोरावस्था कहा जाता है। इस अवस्था को बाल्यावस्था तथा प्रौढ़ावस्था के बीच का सन्धिकाल माना जाता है।

चूँकि भाषा का विकास इस अवस्था में सम्प्रत्यात्मक स्तर पर निर्भर होता है, अत: किशोर-किशोरियों में कल्पनाशील साहित्य के अध्ययन एवं सृजन की अभिकार्य होती है, प्रतीकात्मक शब्दों का प्रयोग भी किशोरवर्ग अधिक करता है। अत: इनके शब्द भण्डार की विविधता तथा प्रचुरता स्वभावत: पायी जाती है।

किशोरावस्था में भाषा के विकास में आदत एवं बुद्धि का प्रभाव स्पष्ट लक्षित होता है, आदत एक प्रकार चेतन सजगता एवं अन्तर्दृष्टि की ओर संकेत करती है। इस क्षमता के कारण किशोर समस्याओं की परख करता है और उपयुक्त भाषा का प्रयोग करता है। यदि उपयुक्त भाषा नहीं मिलती तो वह उन्हें तोड़-मरोड़ के नए शब्द गढ़ता है। यहीं पर उसकी बुद्धि, उसकी कल्पना और उसकी आदत या अभ्यास भाषा के विकास में अपना योगदान देते हैं।

भाषा विकास को प्रभावित करने वाले कारक

(i) बुद्धि–भाषा की क्षमता एवं योग्यता का सम्बन्ध हमारी बुद्धि से अटूट होता है। भाषा की कुशलता भी उन बालकों में अधिक होती है, जो बुद्धि में अधिक होते हैं। बर्ट ने अपने 'बैकवार्ड चाइल्ड' में संकेत किया है जिन बालकों की बुद्धि क्षीण होती है वे भाषा की योग्यता भी कम रखते हैं और पिछड़े भी होते हैं। तीक्ष्ण बुद्धि बालक भाषा का प्रयोग उपयुक्त ढंग से करते हैं।

(ii) जैविकीय कारक–मस्तिष्क की बनावट भी भाषा विकास को प्रभावित करते हैं। भाषा बोलने तथा समझने के लिए स्नायु तन्त्र तथा वाक्-यन्त्र की आवश्यकता होती है। बहुत हद तक इनकी बनावट तथा कार्य शैली तथा स्नायु नियन्त्रण भाषा को प्रभावित करते हैं।

(iii) वातावरणीय कारक–भाषा सम्बन्धी विकास पर व्यक्ति जिस स्थान और परिस्थिति में रहता है, आचरण करता है, विचारों का आदान-प्रदान करता है उसमें भाषा का विकास होता है। उदाहरण स्वरूप निम्न श्रेणी के परिवार व समाज के लोगों में भाषा का विकास कम होता है क्योंकि उन्हें दूसरों के सम्पर्क में आने का अवसर कम मिलता है, इसी प्रकार परिवार में कम व्यक्तियों के होने पर भी भाषा संकुचित हो जाती है।

विद्यालय और शिक्षक–विद्यालय और शिक्षक भाषा विकास में महती भूमिका का निर्वाहन करते हैं। विद्यालय में विभिन्न विषयों एवं क्रियाओं का सीखना तथा सिखाना भाषा के माध्यम से होता है। इस प्रक्रिया में भाषा सम्बन्धी विकास अच्छे से होता है।

व्यवसाय एवं कार्य–ऐसे बहुत-से व्यवसाय हैं जिनमें भाषा का प्रयोग अत्यधिक होता है, उदाहरण स्वरूप अध्यापन, वकालत, व्यापार कुछ ऐसे व्यवसाय हैं जिनमें भाषा के बिना कोई कार्य नहीं चल सकता। अतएव वातावरण के अन्तर्गत इनको भी सम्मिलित किया गया है।

अभिप्रेरण, अनुबन्धन तथा अनुकरण–मनोवैज्ञानिक के विचारानुसार भाषा सम्बन्धी विकास अभिप्रेरण, अनुबन्धन एवं अनुकरण पर निर्भर करता है। एक निरीक्षण से ज्ञात हुआ कि बोलने वाले शिशु को प्रलोभन देकर स्पष्ट भाषी बनाया गया। एक दूसरे निरीक्षण में शिशुओं को चित्र दिखाकर उनके नाम याद कराए गए। ये अभिप्रेरण के महत्व को प्रकट करते हैं। भाषण प्रतियोगिता में पुरस्कृत होने पर छात्र को अधिक प्रभावशाली भाषा का प्रयोग करने का अभिप्रेरणा मिलती है।

अनुबन्धन की प्रक्रिया में प्रलोभन पुरस्कार या अभिप्रेरण के साथ प्रयत्न इस प्रकार जोड़ा जाता है कि प्रक्रिया पूरी हो जाती है। अनुकरण वास्तव में एक सामान्य प्रकृति है जो सभी को अभिप्रेरित करती है। अनुकरण की प्रवृत्ति एक आन्तरिक अभिप्रेरक होती है। कक्षा में अध्यापक की सुस्पष्ट साहित्यिक तथा शुद्ध भाषा का अनुकरण सचेतन एवं अचेतन रूप में छात्र करते हैं तथा भाषा सम्बन्धी विकास करने में सफल होते हैं।

इरिक इरिक्सन का मनोसामाजिक सिद्धान्त

विकास के सिद्धान्तों में मनोसामाजिक सिद्धान्त का महत्वपूर्ण स्थान है। इस सिद्धान्त के प्रतिपादक इरिक इरिक्सन हैं जिनका जन्म 1902 ई. में जर्मनी के फ्रैंकफर्ट में हुआ इरिक्सन ने अपने इस सिद्धान्त का प्रतिपादन फ्रायड द्वारा प्रतिपादित मनोलैंगिक अवस्थाओं के विस्तार के रूप में किया। उन्होंने अपने विचारों और सिद्धान्तों का प्रतिपादन अपनी कुशल पुस्तकों में किया जैसे–

- चाइल्डहुड एण्ड सोसाइटी (Childhood and Society)
- आइडेण्टिटी : यूथ एण्ड क्राइसिस (Identity : Youth and Crisis)
- गाँधी की सच्चाई (Truth of Gandhi)
- टॉय एण्ड रिजन (Toy and Reason)
- एडल्टहुड (Adulthood)

इरिक्सन एक मनोविश्लेषण और मानवतावादी थे अत: उनका सिद्धान्त मनोविश्लेषण सिद्धान्त से अधिक उपयोगी सिद्ध हुआ। फ्रायड के तत्वों का समावेश भी इस सिद्धान्त में निश्चित ही किया है। इस सिद्धान्त का आधार बिन्दु यह है कि व्यक्ति के व्यक्तित्व का विकास कुछ पूर्व निश्चित सार्वभौमिक अवस्थाओं में होता है, जो कि क्रमश: अग्रसर होती है। व्यक्ति विशेष का विकास उसके और उसके सामाजिक वातावरण में परस्पर अन्तक्रिया का परिणाम होता है।

इस सिद्धान्त को अवस्थाओं (Crisis) या संवेगात्मक छन्द द्वारा प्रतिपादित किया गया है।

आठ मनोसामाजिक संकटों में दो विपरीत दृष्टिकोण या स्थितियों में छन्द होता है। इस सिद्धान्त को प्रथम दृष्टिकोण के अनुकूल शान्ति के रूप में प्रस्तुत किया, जिसके लिए सिन्टोनिक (Syntonic) शब्द का प्रयोग किया तथा दूसरा दृष्टिकोण जो प्रतिकूल शक्ति के रूप में प्रस्तुत है, उसको डिस्टोनिक

(Dystonic) शब्द से सम्बोधित किया गया है और सफल विकास के लिए इन दोनों प्रवृत्तियों में सन्तुलन आवश्यक है। सकारात्मक प्रवृत्तियों अथवा नकारात्मक प्रवृत्तियों के एकाँगी विकास से व्यक्तित्व का सन्तुलित विकास सम्भव नहीं है।

इन सभी आठ मनो-सामाजिक अवस्थाओं का एक क्रम है और उनमें व्यक्तित्व का विकास जैविक परिपक्वता तथा सामाजिक एवं ऐतिहासिक बलों के अन्तःक्रिया के फलस्वरूप होता है।

मनोसामाजिक अवस्थाएँ एवं उनका समय

1.	विश्वास बनाम अविश्वास (Trust v/s Mistrust)	→ 0-1½ वर्ष–शैशवावस्था
2.	स्वायत्तता बनाम लज्जा तथा शंका (Autonom v/s shame and Doubt)	→ 1-3 वर्ष–प्रारम्भिक बाल्यावस्था
3.	पहल शक्ति बनाम अपराध भावना (Initiative v/s Guilt)	→ 3-6 वर्ष–खेल अवस्था
4.	परिश्रम बनाम हीनता (Industry v/s inferity)	→ 6-12 वर्ष–स्कूल अवस्था
5.	अहं पहचान बनाम भूमिका सम्भ्रान्ति (Ego identity v/s Role Confusion)	→ 9-18 किशोरावस्था
6.	घनिष्ठता बनाम अलगाव (Intimacy v/s Isolatio)	→ 18-40 प्रारम्भिक वयस्कावस्था
7.	जननात्मकता बनाम स्थिरता (Generativity v/s Stognation)	→ 36-65 वर्ष वयस्कावस्था
8.	अहं पूर्णता बनाम निराशा (Integrity v/s Despair)	→ 50 वर्ष वृद्धावस्था तक–परिपक्वतावस्था

मनोसामाजिक अवस्थाओं की विशेषताएँ

इरिक्सन के द्वारा प्रतिपादित इन सभी आठ मनोसामाजिक अवस्थाओं की कुछ विशेषताएँ हैं जो निम्नलिखित हैं–

- प्रत्येक मनोसामाजिक अवस्था में एक संक्रान्ति होती है अर्थात् जीवन का वह वर्तन बिन्दु (Turning Point) जो उस अवस्था में जैविक परिपक्वता और सामाजिक माँग में अन्तःक्रिया के परिणामस्वरूप प्राणी में उत्पन्न होता है।
- प्रत्येक मनोसामाजिक संकट धनात्मक तथा ऋणात्मक दोनों तत्वों से युक्त होते हैं। प्रत्येक अवस्था में जैविक परिक्वता और सामाजिक माँग के कारण संघर्ष की स्थिति ही उत्पन्न होती है। यदि संघर्ष की स्थिति का समाधान सन्तोषजनक तरीके से कर लिया जाता है तो व्यक्तित्व विकास अवरुद्ध होने की सम्भावना में कमी आती है। सही तरह से व्यक्तित्व विकास के लिए धनात्मक तत्व का ऋणात्मक तत्व की तुलना में अनुकूल अनुपात होना आवश्यक है।
- प्रत्येक मनोसामाजिक अवस्था में उत्पन्न संकट (Crisis) का निराकरण आवश्यक है। ऐसा न होने पर अगली अवस्था में अपेक्षित विकास की सम्भावना कम हो जाती है।
- मनोसामाजिक विकास की प्रत्येक अवस्था में उत्पन्न होने वाले संकट (Crisis) का निराकरण हो जाने पर एक मनोसामाजिक शक्ति का उद्भव होता है। जिसे इरिक्सन ने सदाचार (Virtue) की संज्ञा दी है।
- इरिक्सन के मत में प्रत्येक मनो-सामाजिक अवस्था में तीन R होते हैं तीन R से तात्पर्य–

  Ritualization – कर्म-कांडता
  Ritual – कर्म-कांड
  Ritulism – कर्म-कांडवाद
- यहाँ पर 'कर्म-कांडता' से तात्पर्य, सांस्कृतिक रूप से स्वीकृत तरीके से समाज के अन्य व्यक्तियों के साथ अन्तःक्रिया करना। इस प्रकार के व्यवहार थोड़े-थोड़े समय के पश्चात् अर्थपूर्ण सन्दर्भ में दोहराए भी जाते हैं।
- वयस्क समुदाय द्वारा महत्वपूर्ण घटनाओं की अभिव्यक्ति के लिए किए गए कार्य 'कर्मकाण्ड' कहे जाते हैं।
- कर्मकांडवाद से अभिप्राय है कि कर्मकाण्डता से उत्पन्न विकृति जिसकी वजह से व्यक्ति का ध्यान स्वयं के ऊपर केन्द्रित रहता है।
- प्रत्येक मनोसामाजिक अवस्था का निर्माण उसके पूर्वावस्था में हुए विकास से सम्बद्ध होता है।

मनोसामाजिक विकास की अवस्थाएँ

(i) विश्वास बनाम अविश्वास (Trust vs Mistrust)–फ्रायड के मनोलैंगिक विकास की मुखावस्था (Oral stage) से समानता रखने वाली यह अवस्था जन्म से लेकर 1 साल/1½ साल उम्र तक होती है।

इस अवस्था में जिस सकारात्मक दृष्टिकोण का विकास होता है। वह दूसरों तथा स्वयं में विश्वास एवं आस्था की भावना है। इस भावना का विकास माता-पिता द्वारा बच्चों की सही देख-देख के परिणामस्वरूप होता है। अच्छी देखभाल ही दूसरों में विश्वास की भावना को बढ़ाती है और उसमें यह भी विश्वास उत्पन्न करती है कि उसके शारीरिक अँग जैविक आवश्यकताओं को पूर्ण करने में सक्षम हैं। इस प्रकार की भावना के विकास से बच्चों में एक स्वस्थ व्यक्तित्व के निर्माण की आधारशिला तैयार हो जाती है।

यदि किन्हीं कारणों से माता-पिता बच्चे की उत्तम देखभाल करने में समर्थ नहीं होते हैं तो बच्चे में अविश्वास की भावना विकसित हो जाती है जिससे मनोसामाजिक विकास की अग्रिम अवस्थाओं में स्वस्थ व्यक्तित्व का निर्माण अवरुद्ध हो जाता है और वह दूसरों के प्रति डर, सन्देह, आशंकाएँ जैसी अनुभूतियाँ विकसित कर लेता है। इस भावना का विकास तीव्र तब हो जाता है जब बच्चा यह अनुभूति करता है कि माँ

उस पर ध्यान न देकर अन्य चीजों या कार्यों पर ध्यान देती है। इस सिद्धान्त के अनुसार बचचों के स्वस्थ विकास के लिए केवल विश्वास की भावना ही आवश्यकता नहीं है, अपितु विकास का अविश्वास की तुलना में एक अनुपात में होना अनिवार्य है, क्योंकि वातावरण में प्रभावी समायोजन के लिए कुछ चीजों/कार्यों पर विश्वास न करना उतना ही आवश्यक है, जितना किसी वस्तु/कार्य पर विश्वास करना। जब शिशु विश्वास बनाम अविश्वास के संघर्ष का समाधान सफलतापूर्वक कर लेता है, तो उसमें एक मनोसामाजिक शक्ति उत्पन्न होती है, जिसे 'आशा' (Hope) नाम से अभिहित किया जाता है। 'आशा' एक ऐसी मनोसामाजिक शक्ति है, जिसके द्वारा शिशु अपने सांस्कृतिक वातावरण तथा अपने अस्तित्व को अर्थपूर्ण ढंग से समझने लगता है।

(ii) **स्वतंत्रता बनाम लज्जाशीलता**–इस अवस्था का समय 2 वर्ष से 3 वर्ष तक होता है। यह अवस्था फ्रायड के मनोलैंगिक विकास की 'गुदा अवस्था' (Anal stage) के समान है। इस अवस्था में स्वतंत्रता एवं आत्मनियंत्रण आदि गुणों का विकास होता है। इससे पूर्व की अवस्था में बच्चे पूर्णतः दूसरों पर निर्भर होते हैं, किन्तु इस अवस्था में उनमें न्यूरोपेशीय परिपक्वता, सामाजिक विभेद तथा शाब्दिक अभिव्यक्ति आदि की क्षमता विकसित हो जाती है और वह वातावरण को स्वतंत्रता से अन्वेषण करना प्रारम्भ कर देता है। इस अवस्था में बच्चे अधिक से अधिक काम स्वयं करना चाहते हैं इसे 'स्वायत्तता' (Autonomy) कहा जाता है। यहाँ स्वायत्तता का अर्थ है स्वतंत्रता, किन्तु अप्रतिबन्धित स्वतंत्रता नहीं, बल्कि माता-पिता अपने नियंत्रण में बच्चों को कार्य करने की स्वतंत्रता दें।

जब माता-पिता बच्चों से ऐसी उम्मीद रखते हैं जो उनकी क्षमता से बाहर है या फिर उन्हें छोटा समझकर कार्य नहीं करने देते हैं, तो बच्चों में लज्जाशीलता की भावना विकसित हो जाती है। जिससे अन्य मनोसामाजिक मनोवृत्तियाँ विकसित हो जाती है जैसे–स्वयं पर सन्देह, व्यर्थता, शक्तिहीनता जब बालक स्वायत्तता बनाम लज्जाशीलता के संघर्ष का समाधान कर लेता है, तो उसमें एक मनोसामाजिक शक्ति की उत्पत्ति होती है जो 'इच्छा शक्ति' से मिलती-जुलती है। इस अवस्था में बच्चों को दूसरों का कार्य करने में आनन्द आता है वे नई जिम्मेदारियाँ निभाने में आनन्दित होते हैं। इस शक्ति के द्वारा बच्चों में अपनी रुचि के अनुसार कार्य करने तथा आत्म संयम की क्षमता उत्पन्न होती है।

(iii) **पहल शक्ति बनाम अपराध भावना**–इस अवस्था का समय 4 साल की आयु से 6 साल की आयु तक होता है। यह अवस्था फ्रायड की मनोलैंगिक विकास की 'लिंग प्रधान अवस्था' से मिलती-जुलती है। इस अवस्था तक बच्चों में भाषा और पेशीय कौशलों का विकास हो जाता है। अतः वे बाहर अन्य बच्चों के साथ सामाजिक खेलों में भाग लेने में रुचि लेते हैं।

यह ऐसी पहली मनोसामाजिक अवस्था है जहाँ बच्चों को पहली बार यह अनुभूति होती है कि उनके जीवन का भी एक उद्देश्य है। जब इस अवस्था में माता-पिता द्वारा सामाजिक कार्यों में हाथ बँटाने से रोका जाता है या किसी ऐसी इच्छा पर शारीरिक दण्ड दिया जाता है तो बच्चों में अपराध की भावना उत्पन्न हो जाती है और वे बच्चे कभी स्वयं को स्वतंत्र रूप से अभिव्यक्त नहीं कर पाते और उनमें किसी लक्ष्य के प्रति निरन्तर प्रयत्न करने की क्षमता समाप्त हो जाती है।

जब बच्चों में इस नकारात्मक भावना का विकास हो जाता है और यह सतत् बनी रहती है तो उनमें निष्क्रियता, लैंगिक नपुंसकता और अन्य मनोविकारी क्रिया करने की प्रवृत्तियाँ तीव्र हो जाती है। इस अवस्था में पहल शक्ति बनाम अपराध भावना से उत्पन्न संघर्ष के सफल समाधान से जिस मनोसामाजिक शक्ति की उत्पत्ति होती है उसे 'उद्देश्य' कहा जाता है इस शक्ति के द्वारा बच्चों में लक्ष्य निर्धारण क्षमता बढ़ती है।

(iv) **परिश्रम बनाम हीनता**–मनोसामाजिक विकास की यह चतुर्थ अवस्था जो 6 साल की आयु से प्रारम्भ होकर लगभग 11-12 साल तक की आयु तक की होती है। यह फ्रायड के मनोलैंगिक विकास की अव्यक्त अवस्था (Latancy stage) के समान है। इस अवस्था में बालक औपचारिक शिक्षा के माध्यम से संस्कृति के प्रारम्भिक कौशलों को सीखता है। अतः इस अवस्था को स्कूल अवस्था भी कहा जाता है। जब बच्चे प्रारम्भिक कौशलों को सफलतापूर्वक सीख लेते हैं तो उनमें परिश्रम का भाव विकसित होता है, किन्तु यदि किसी कारणवश वे कौशलों का अर्जन करने में असफल होते हैं या उन्हें स्वयं के कौशल पर सन्देह हो जाता है तो उनमें हीनता/असामर्थ्यता की भावना आ जाती है। इस भावना के विकसित होने से उसे स्वयं की क्षमता पर विश्वास नहीं रहता है।

जब बालक परिरम बनाम हीनता के द्वन्द्व का सफल समाधान कर लेता है तो उसमें 'सामर्थ्यता' (Competancy) नामक मनोसामाजिक शक्ति उत्पन्न होती है। यह शारीरिक और मानसिक क्षमताओं को प्रयोग करने में सहायक होती है।

(v) **अहं पहचान बनाम भूमिका संभ्रम**–12 वर्ष की आयु से लेकर 19 या 20 वर्ष तक माने जाने वाली यह अवस्था एक महत्वपूर्ण अवस्था है। इस अवस्था में सकारात्मक पक्ष के रूप में अहं पहचान और नकारात्मक पक्ष के रूप में भूमिका भ्रांति या पहचान संकट का विकास होता है इस अवस्था में किशोर पूर्व में सीखे गए ज्ञान को इस तरह संगठित करने की कोशिश करते हैं कि उनकी पहचान बनी रहे। अहं पहचान के समुचित विकास के लिए आवश्यक है कि किशोरों में वयस्क यौन भूमिकाओं का विकास हुआ हो किन्तु यदि किशोर बाल्यावस्था की अनुभूतियों या वर्तमान प्रतिकूल सामाजिक परिस्थितियों से घिर जाते हैं तो परिणाम यह होता है कि उनका आत्म प्रत्यक्षण (Self Perception) दूषित हो जाता है। इससे उनमें भूमिका संभ्रम की भावना उत्पन्न हो जाती है। इस स्थिति में किशोर दिग्भ्रमित हो जाते हैं और आगे की शिक्षा को जारी रखने में स्वयं को असमर्थ पाते हैं। जिससे उनमें उद्देश्यहीनता व्यक्तिगत विघटन (Personal Disorganization) की भावना प्रधान हो जाती है। कभी-कभी किशोरों में ऋणात्मक पहचान भी विकसित हो जाती है।

इरिक्सन का मानना है कि कुछ किशोर इस भूमिका संभ्रांति का समाधान नहीं करना चाहते हैं। वे चाहते हैं कि यह पहचान संकट कुछ समय तक बना रहे। इसे इरिक्सन ने 'मनोसामाजिक विलम्बन' कहा है।

जब किशोर अहं पहचान बनाम भूमिका संभ्रांति से उत्पन्न समस्या का सफलतापूर्वक समाधान कर लेता है, तब उसमें एक विशेष मनोसामाजिक शक्ति विकसित होती है। जिसे इरिक्सन ने 'कर्तव्यनिष्ठता' नाम दिया है। जिसका तात्पर्य किशोरों में समाज की विचारधाराओं, शिष्टाचार एवं मानकों के अनुकूल व्यवहार करने की क्षमता से होता है। कर्तव्यनिष्ठता को इरिक्सन ने इस अवस्था में व्यक्तित्व का एक सार तत्व माना है।

(vi) घनिष्ठता बनाम अलगाव–20 वर्ष की आयु से प्रारम्भ होकर 30 वर्ष की आयु तक इस अवस्था का समय है। इस अवस्था में व्यक्ति जीवन प्रारम्भ करता है। यहाँ युवक किसी-न-किसी व्यवसाय का चयन करता है और अपना स्वतंत्र जीविकोपार्जन प्रारम्भ कर देता है। इस अवस्था में व्यक्ति सही अर्थों में दूसरों के साथ सामाजिक लैंगिक, घनिष्ठता बनाने के लिए तैयार रहता है। इस अवस्था में व्यक्ति अपने परिवार और अपने सम्बन्धियों के साथ घनिष्ठ सम्बन्ध विकसित करता है। इस अवस्था में यदि दूसरों के साथ कुछ कारणों से घनिष्ठ वैयक्तिक सम्बन्ध विकसित नहीं कर पाता है और स्वयं में ही खोया रहता है तो इसे अलगाव कहा जाता है। ऐसे व्यक्ति यदि अन्तर्वैयक्तिक सम्बन्ध बनाते भी हैं तो वह खोखले व सतही होते हैं। ऐसे व्यक्तियों में कार्य एवं व्यवसाय के प्रति नीरसता की मनोवृत्ति जाग्रत होती है। जब 'अलगाव' की भावना की मात्रा बढ़ जाती है तो व्यक्ति में गैर-सामाजिक व्यवहार प्रबल होता है। जब व्यक्ति घनिष्ठत बनाम अलगाव से उत्पन्न संघर्ष का समाधान सफलतापूर्वक कर लेता है तो 'स्नेह' नामक मनोसामाजिक शक्ति की उत्पत्ति होती है जो किसी सम्बन्ध को बनाए रखने में समर्पण की क्षमता से सम्बद्ध है। इसके माध्यम से व्यक्ति दूसरों के प्रति आदर, उत्तरदायित्व आदि मनोवृत्ति दिखलाता है।

(vii) जननात्मक बनाम स्थिरता–यह अवस्था 30 वर्ष की आयु से 65 वर्ष की आयु तक की मानी गई है। जननात्मकता का भाव इस अवस्था में सकारात्मक दृष्टिकोण के रूप में उत्पन्न होता है। जननात्मकता से तात्पर्य है कि व्यक्ति द्वारा अगली पीढ़ी के लोगों के कल्याण और साथ-ही-साथ उस समाज के जिसमें वे लोग रहेंगे को उन्नत बनाने की चिन्ता।

जब व्यक्ति में जननात्मकता की भावना विकसित नहीं होती तो स्थिरता की अवस्था होती है जिसमें व्यक्ति की वैयक्तिक आवश्यकताओं एवं सुख-सुविधा सर्वोपरि होती है। ऐसे व्यक्ति को किसी दूसरे की चिन्ता तक नहीं होती। सिर्फ स्वयं की वैयक्तिक सुख-सुविधा के लिए परेशान रहते हैं।

इस अवस्था में मनोसामाजिक संकट का समाधान होने पर एक शक्ति उत्पन्न होती है। जिसे इरिक्सन ने 'देखभाल' (Care) कहा है। इससे कल्याण की भावना का विकास होता है।

(viii) अहं सम्पूर्णता बनाम निराशा–मनोसामाजिक विकास की यह अन्तिम अवस्था है जो 65 वर्ष की आयु से मृत्यु तक होती है। इस अवस्था को बुढ़ापे की अवस्था कहा गया है। जिसमें व्यक्ति को कई चुनौतियों का सामना करना पड़ता है। जैसे प्रधान रूप से गिरते हुए शारीरिक स्वास्थ्य और शक्ति के साथ समायोजन, अवकाश प्राप्ति के बाद उत्पन्न आय में कमी, अपने समकालीन की मृत्यु, अपने हम उम्र समूह के साथ सम्बन्ध आदि।

इस अवस्था में व्यक्ति का ध्यान भविष्य से हटकर बीते दिनों पर होता है। विशेषकर जिसमें उसने सफलता या असफलता अर्जित की है। इरिक्सन का मत है कि इस अवस्था में कोई मनोसामाजिक संकट उत्पन्न नहीं होता। व्यक्ति स्वयं की पिछली मनोसामाजिक अवस्थाओं का मूल्यांकन करता है। जिससे उसमें अहंपूर्णता का भाव उत्पन्न होता है। इस अवस्था में व्यक्ति को मृत्यु से भय नहीं लगता, क्योंकि वह स्वयं का अस्तित्व जारी समझता है। इस अवस्था में व्यक्ति को बुद्धिमत्ता का व्यावहारिक ज्ञान प्राप्त होता है। इस अवस्था की प्रमुख मनोसामाजिक शक्ति 'परिपक्वता' है। कोई-कोई व्यक्ति अपनी बीती मनोसामाजिक अवस्थाओं में उत्पन्न असफलताओं से चिन्तित रहते हैं। ऐसे लोग अपनी जिन्दगी को अपूरित, इच्छाओं, आवश्यकताओं का एक ढेर मानते हैं इससे उनमें निराशा का भाव उत्पन्न होता है। वे स्वयं को निर्बल और असहाय समझने लगते हैं। यदि ऐसी भावना तीव्र हुई तो उसमें मानसिक विषाद भी उत्पन्न हो जाता है।

(ix) समकक्षीय सम्बन्ध–सामाजिकता के विकास में बच्चों के अपने वय-समूह का, मित्रों का, सहपाठियों का बहुत योगदान होता है। एक कहावत है कि 'संगति से गुण ऊपजै संगति से गुण जाय' अर्थात् जिसका साथ जैसे लोगों का होगा वह वैसा ही बन जाता है। मित्रों का सहपाठियों का, समान वय समूह का व्यवहार जैसा होगा बच्चा वही व्यवहार अपनाने के लिए बाध्य हो जाता है। विभिन्न प्रकार के सामाजिक गुण और अवगुणों को अर्जित करने में मित्र मण्डली या समान वय समूह महत्वपूर्ण भूमिका निभाते हैं। अनेक गुणों जैसे–सहयोग, त्याग भावना, सहानुभूति, सामूहिक हित का ध्यान रखना आदि बहुमूल्य सामाजिक गुणों को विकसित करने में वय समूह या टोली का बहुत महत्व है। अतः अध्यापकों को और अभिभावकों को नजर रखना चाहिए जिससे बालक बुरी संगति में पड़कर बुरी आदतों के शिकार न हो जाए।

समान वय समूह के साथ सम्बन्ध का सीधा प्रभाव पड़ता है। सामाजिक सम्बन्धों को पुष्ट करने और सामाजिक व्यवहार को सीखने में समान वय समूह की महत्वपूर्ण भूमिका होती है। किशोरावस्था में बालकों में अपने समूह के प्रति अधिक लगाव रहता है इस अवस्था में बच्चे यदि बुरी संगति में पड़ गए तो उनमें सामाजिक व्यवहार का विरोध करने की प्रवृत्ति पनपती है। यदि संगति अच्छी हो और सही मार्गदर्शन हो तो बालक सामाजिक व्यवहारों में निपुण हो जाता है।

किशोरावस्था ही नहीं अपितु सभी अवस्थाओं में समकक्षीय सम्बन्ध बनते ही हैं। समान वय समूह में रहकर अनेक सामाजिक गुणों का विकास होता है।

इरिक्सन के इस सिद्धान्त में 'पहल शक्ति बनाम अपराध भावना' इस मनोसामाजिक अवस्था में बताया गया है कि बच्चा सामाजिक कार्यों से जुड़ने का प्रयास करने लगता है। खेलों में भाग लेने में रुचि लेता है। यदि इस अवस्था में निर्देशन सही तरह से नहीं हुआ तो 'अपराध भाव' की नकारात्मक भावना उत्पन्न हो जाती है और विकास अवरुद्ध हो जाता है।

'परिश्रम बनाम हीनता' इस मनोसामाजिक अवस्था में जिसको स्कूल अवस्था कहा जाता है, बालक स्कूल में अपने समान वय समूह के साथ अर्थात् समकक्षीय सम्बन्धों में रहते हुए प्रारम्भिक कौशलों को सीखता है इस द्वन्द्व के समाधान में समकक्षीय सम्बन्ध सहायक होते हैं और 'सामर्थ्यता' नामक मनोसामाजिक शक्ति विकसित हो जाती है।

'अहं पहचान बनाम भूमिका संभ्रम' अर्थात् किशोरावस्था में बालक समान वय समूह में अपनी पहचान बनाए रखना चाहते हैं। समकक्षीय सम्बन्ध में अपनी पहचान बनाए रखना चाहते हैं यदि समकक्षीय सम्बन्ध पुष्ट हैं अच्छे हैं तो भूमिका संभ्रान्ति नामक नकारात्मक पक्ष का विकास नहीं होता है और इस द्वन्द्व स्थिति का समाधान करके 'कर्तव्यनिष्ठता' नामक मनोसामाजिक शक्ति विकसित कर लेता है। अतः सामाजिकता के विकास में समकक्षीय सम्बन्धों का महत्वपूर्ण योगदान है।

फ्रायड और इरिक्सन के सिद्धान्त की तुलना

फ्रायड और इरिक्सन दोनों ही मनोविश्लेषणवादी हैं और उन्होंने अलग-अलग व्यक्तित्व के सिद्धान्तों का प्रतिपादन किया है। जिनमें कुछ समानताएँ और कुछ असमानताएँ हैं–

समानता	
फ्रायड	**इरिक्सन**
(i) इन्होंने पाँच महत्वपूर्ण अवस्थाओं का वर्णन किया।	(i) इरिक्सन ने भी आठ अवस्थाओं का वर्णन किया है।
(ii) जैविक और लैंगिक आधारों को महत्व दिया है।	(ii) इरिक्सन ने भी फ्रायड की तरह जैविक और लैंगिक आधारों को महत्व दिया है।
(iii) अहं, इदम्, पराहं का प्रयोग किया है।	(iii) फ्रायड का संरचनात्मक प्रतिमान इदम्, अहं, पराहं, इरिक्सन ने भी स्वीकार किया है।
असमानता	
फ्रायड	**इरिक्सन**
(i) अहंक को व्यक्तित्व का कार्य-कारिणी पहलू मानते हैं जो इदम् और पराहं के मध्य संतुलन करता है।	(i) अहं को व्यक्तित्व की स्वतंत्र संरचना मानते हैं
(ii) मनुष्य को अविवेकी प्राणी मानकर व्यवहारों व्याख्या की गई है।	(ii) मनुष्य को विवेकी प्राणी मानकर व्यवहारों की व्याख्या की गई है।
(iii) बच्चों के व्यक्तित्व विकास में माता-पिता के प्रभावों को सर्वोपरि माना है।	(iii) इरिक्सन ने मनोऐतिहासिक परिस्थिति को व्यक्तित्व विकास के लिए महत्वपूर्ण माना है।
(iv) मूलतः प्रारम्भिक बाल्यावस्थाओं की अनुभूतियों को ध्यान में रखकर व्यक्तित्व विकास की व्याख्या की है।	(iv) पूर्ण जीवन अवधि को ध्यान में रखकर व्यक्तित्व विकास की व्याख्या की है।
(v) व्यक्तित्व विकास की व्याख्या में जैविक लैंगिक आवेगों पर सर्वाधिक बल डाला गया है।	(v) इरिक्सन के जैविक लैंगिक आवेगों के साथ सामाजिक और सांस्कृतिक परिस्थितियों पर बल डालते हुए व्यक्तित्व विकास की व्याख्या की गई है।

गुण

- इस सिद्धान्त में आशावादिता को अपनाया गया है। एक अवस्था में असफलता मिलने पर भी अगली अवस्था में सफलता मिल सकती है।
- व्यक्तित्व विकास की व्याख्या हेतु समाज एवं स्वयं व्यक्ति की भूमिकाओं पर बल डाला गया है।
- इस सिद्धान्त में सम्पूर्ण जीवन अवधि के आधार पर व्यक्तित्व विकास की व्याख्या की गई है।
- इस सिद्धान्त में किशोरावस्था को महत्वपूर्ण माना गया है।

दोष

- कुछ विद्वानों के अनुसार इरिक्सन के सिद्धान्त में केवल फ्रायड के सिद्धान्त का सरलीकरण हुआ है और कुछ नहीं।
- इस सिद्धान्त को प्रयोगात्मक समर्थन प्राप्त नहीं है। सभी सम्प्रत्यय व्यक्तिगत प्रेक्षणों पर आधारित है। अतः वे आत्मनिष्ठ हैं।

❑❑❑

2

अध्याय

शिक्षण एवं मूल्य

महात्मा गाँधी–शिक्षा से मेरा तात्पर्य बालक और मनुष्य के शरीर, मन तथा आत्मा के सर्वांगीण एवं सर्वोत्कृष्ट विकास से है।

स्वामी विवेकानन्द–मनुष्य की अन्तर्निहित पूर्णता को अभिव्यक्त करना ही शिक्षा है।

जॉन ड्यूवी–शिक्षा व्यक्ति की उन सभी भीतरी शक्तियों का विकास है जिससे वह अपने वातावरण पर नियंत्रण रखकर अपने उत्तरदायित्वों का निर्वाह कर सके।

शिक्षा का अर्थ एवं परिभाषा

शिक्षा में ज्ञान, उचित आचरण और तकनीकी दक्षता, शिक्षण और विद्या प्राप्ति आदि समाविष्ट हैं। इस प्रकार यह कौशलों (skills), व्यापारों या व्यवसायों एवं मानसिक, नैतिक और सौन्दर्यविषयक के उत्कर्ष पर केंद्रित है।

शिक्षा व्यक्ति की अंतर्निहित क्षमता तथा उसके व्यक्तित्त्व को एक विकसित करने वाली प्रक्रिया है। यही प्रक्रिया उसे समाज में एक वयस्क की भूमिका निभाने के लिए समाजीकृत करती है तथा समाज के सदस्य एवं एक जिम्मेदार नागरिक बनने के लिए व्यक्ति को आवश्यक ज्ञान तथा कौशल उपलब्ध कराती है। शिक्षा शब्द संस्कृत भाषा की 'शिक्ष्' धातु में 'अ' प्रत्यक्ष लगाने से बना है। 'शिक्ष्' का अर्थ है सीखना और सिखाना। 'शिक्षा' शब्द का अर्थ हुआ सीखने-सिखाने की क्रिया।

विभिन्न दार्शनिकों, समाजशास्त्रियों, मनोवैज्ञानिकों व नीतियों ने शिक्षा के सम्बन्ध में अपने विचार दिए हैं। शिक्षा के अर्थ को समझने में ये विचार भी हमारी सहायता करते हैं। कुछ शिक्षा सम्बन्धी मुख्य विचार यहाँ प्रस्तुत किए जा रहे हैं-

- शिक्षा व्यक्ति के समन्वित विकास की प्रक्रिया है। – जिद्दू कृष्णमूर्ति
- शिक्षा का अर्थ अन्तःशक्तियों का बाह्य जीवन से समन्वय स्थापित करना है। – हर्बट स्पैन्सर
- शिक्षा मानव की सम्पूर्ण शक्तियों का प्राकृतिक, प्रगतिशील और सामंजस्यपूर्ण विकास है। – पेस्तालॉजी
- शिक्षा राष्ट्र के आर्थिक, सामाजिक विकास का शक्तिशाली साधन है, शिक्षा राष्ट्रीय सम्पन्नता एवं राष्ट्र कल्याण की कुंजी है।
  – राष्ट्रीय शिक्षा आयोग, 1964-66

शिक्षण का अर्थ एवं परिभाषा

शिक्षार्थी को कक्षीय स्थिति में अनुदेशन देना शिक्षण कहलाता है। (Teaching is the act of imparting instructions to the learners in the classroom situations.) यह पारम्परिक अवधारणा है। इस अवधारणा के अनुसार अध्यापक विद्यार्थियों को सूचनाएँ देता है। आधुनिक शिक्षार्थियों को शिक्षण की यह पारम्परिक अवधारणा स्वीकार नहीं है। आजकल शिक्षण को केवल ज्ञान प्रदान करना नहीं समझा जाता है और न ही यह केवल विद्यार्थियों को केवल सूचना देने तक सीमित है। ज्ञान प्रदान करते समय अध्यापक को विषय-वस्तु के विधिवत प्रस्तुतिकरण के साथ-साथ बच्चे की ओर भी ध्यान देना होता है। शिक्षण विद्यार्थी के लिए वांछित ज्ञान एवं कौशल प्राप्त करने तथा समाज में रहने की वांछित विधियां सीखने के कारण पैदा करना है। यह एक ऐसी प्रक्रिया है, जिसमें विद्यार्थी अध्यापक, पाठ्यक्रम तथा अन्य विभिन्न वस्तुओं को पूर्व निश्चित लक्ष्यों की प्राप्ति के लिए विधिवत एवं मनोवैज्ञानिक रूप से गठित किया जाता है।

- रायबर्न का विचार (Ryburn's view)-'शिक्षण ऐसा सम्बन्ध है, जो बच्चे को अपनी सभी शक्तियों के विकास की ओर अग्रसर करता है।' ("Teaching is a relationship which keeps the child to develop all his powers.")
- स्मिथ का विचार (Smith's view)-'शिक्षण अधिगम की उत्पत्ति के लिए किये गए कार्यों की व्याख्या है।' (Teaching is a system of actions intended to produce learning.)

मूल्य का अर्थ एवं परिभाषा

मूल्य क्या है? मूल्य वह है जो मानव इच्छा को पूरा करता है। मानव की इच्छाओं को पूरा क्यों करना चाहिए? इसका उत्तर होगा कि जीवित रहने के लिए इच्छाएं पूरी करनी पड़ती हैं। परन्तु हम जीवित क्यों रहना चाहते हैं? इसके उत्तर में हम अपने जीवन के कुछ लक्ष्य या उद्देश्य बताएंगे जिनके लिए हम जीते हैं। एक व्यक्ति कहता है कि कला की साधना के लिए, दूसरा कहता है कि सत्य की खोज के लिए और तीसरा कहता है कि वह ईश्वर प्राप्ति के लिए जिन्दा रहना चाहता है। एक कलाकार कला की रचना क्यों करना चाहता है, क्योंकि उसके अनुसार कला तो कला के लिये है। इसी तरह सत्य तो सत्य के लिए, भलाई-भलाई के लिए, कर्तव्य-कर्तव्य के लिए तथा ईश्वर-ईश्वर के लिए है। इस तरह हम ऐसे मूल्यों की अवधारणा पर पहुँच जाते हैं कि जो अंतिम मूल्य हैं, जिनको अपने आप में मूल्य मानना चाहिए, वे परम मूल्य हैं। दर्शन में इन्हीं स्वत: मूल्यों (Intric Values) को मौलिक माना जाता है, क्योंकि ये मनुष्य के उद्देश्य हैं। ये उद्देश्यों को प्राप्त करने के साधन हैं, जो परत: मूल्य (instrumental values) हैं। परत: मूल्य का मूल्य उद्देश्य के मूल्य पर निर्भर है। यदि उद्देश्य मूल्यवान है तो उसको प्राप्त करने का साधन भी मूलवान होगा, जैसे चश्मे का देखने के लिए प्रयोग होता है, यही उसका मूल्य है। वास्तव में परत: मूल्य अपने आप में मूल्य नहीं है। स्वत: मूल्य ही मूल्य है।

- सी.वी. गुड (C.V. Good)-मूल्य वह चारित्रिक विशेषता है कि जो मनोवैज्ञानिक, सामाजिक और सौन्दर्य-बोध की दृष्टि से महत्वपूर्ण मानी जाती है। लगभग सभी विचार मूल्यों के अभीष्ट-चरित्र को स्वीकार करते हैं।
- आलपोर्ट (Allport)-मूल्य एक मानव विश्वास है, जिसके आधार पर मनुष्य वरीयता प्रदान करते हुए कार्य करता है।
- आर.बी. पर्सी (R.B. Persi)-मूल्य किसी व्यक्ति के लिए रुचि का ऐसा विषय है, जिसकी उत्पत्ति विषय तथा रुचि के बीच विशिष्ट संबंधों से होती है।

मूल्यों की प्रकृति

मूल्यों की प्रकृति के बारे में तीन मत प्रचलित हैं-

1. **आत्मनिष्ठ मत (Subjective View)** – इस मत के अनुसार मूल्य इच्छा, रुचि-पसंद, मेहनत करने, संकल्प-शक्ति कार्य तथा सन्तोष जैसे कारकों पर निर्भर होते हैं। इन सभी कारकों के परिणामस्वरूप व्यक्ति के निजी जीवन में मूल्य विकसित होते हैं तथा वे व्यक्ति के अनुभवों से अत्यधिक जुड़े रहते हैं।
2. **वस्तुनिष्ठ मत (Objective View)** – इस मत के अनुसार मूल्य व्यक्ति से स्वतंत्र होते हैं तथा वे व्यक्ति में निहित नहीं होते, उनमें वस्तुनिष्ठ होती है।
3. **आपेक्षिकीय मत (Relationistic View)** – इस मत के पोषक मूल्यों को मूल्य प्रदान करने वाले मानव तथा उसके वातावरण के मध्य एक सम्बन्ध मानते हैं। वे मूल्य को अंशत: भावना तथा अंशत: तर्क समझते हैं। मूल्य नियामक तथा संरचनात्मक नियमों के मिलन स्थल हैं।

मूल्यों का वर्गीकरण

मूल्य दो प्रकार के होते हैं–(1) आंतरिक अथवा स्वत:प्रेरित (Intrisic); बाह्य तथा परत:प्रेरित (Extrinsic)

1. **आंतरिक मूल्य (Intrisic Values) :** आंतरिक मूल्यों के लक्षणों के बारे में मूल्य शास्त्र में कई परिकल्पनाएं हैं; और उन्हीं के आधार पर, इन मूल्यों के प्रकार-भेद भी कई हैं। ज्ञान शास्त्र के आधार पर, कुछ दार्शनिक आन्तरिक मूल्यों को मानसिक मानते हैं। उनका कथन है कि आंतरिक मूल्य का अस्तित्त्व मूल्य ज्ञाता के ऊपर अवलंबित है। अध्यात्मवादी तो उन्हें मानसिक मानते ही हैं, कुछ भौतिकवादी भी ऐसे हैं, जो इन मूल्यों को मानसिक मानते हैं। उनका कथन है कि मूल्य एक प्रकार का अनुभव है, वह कोई वस्तु अथवा पदार्थ नहीं है। इच्छा की मूल्यों का आधार है; जब तक इच्छा की पूर्ति का प्रयत्न अथवा उसकी चेष्टा नहीं होती है, तब तक कोई मूल्य भी नहीं होता है।
2. **बाह्य मूल्य (Extrinsic Value) :** 'यथार्थवादी दार्शनिक मूल्यों को मानसिक नहीं मानते हैं। उनका कथन है कि वस्तु तभी अच्छी लगेगी जब वह मूल्यवान होगी; अत: मूल्य ज्ञान अथवा दृष्टा (subject) में नहीं होते हैं; वरना वस्तु (object) में होते हैं। कुछ अध्यात्मवादियों का भी यही मत है।

शिक्षण का मूल्यों पर प्रभाव

आज का युग भौतिकता का युग है। इस भौतिक चकाचौंध ने मनुष्य को पूर्ण रूप से भौतिकता के रंग में रंग दिया है। मनुष्य के रहन-सहन का स्तर तो दिन प्रतिदिन पहले से बेहतर हो रहा है। वह स्वार्थ के वशीभूत होकर गलत रास्ते पर चल रहा है अर्थात भौतिक सुखों को सच्चा सुख मानकर इस संसार में भटक रहा है। उसके मन में शांति नहीं है और इसके परिणामस्वरूप हमारे समाज का ढांचा भी चरमरा रहा है। आज सामाजिक, नैतिक, सांस्कृतिक और आध्यात्मिक मूल्यों का पतन हो रहा है। मूल्य युग परिवर्तन के साथ बदलते हैं। वर्तमान वैज्ञानिक एवं प्रौद्योगिकी प्रधान युग में शिक्षा के प्रसार के बावजूद जीवन मूल्यों में ह्रास दिखाई दे रहा है। मूल्य आधारित जीवन शैली को ध्यान में रखते हुए यह जरूरी है कि विद्यालयों में मूल्यों के विकास हेतु विशिष्ट एवं संगठित प्रयत्न किए जायें। समय तथा काल की जरूरतों को ध्यान में रखते हुए दार्शनिकों व अन्य विद्वानों ने विविध प्रकार के मूल्यों को निश्चित किया है तथा उन्हें वर्गीकृत करने का प्रयत्न किया है। अत: बच्चों के पूर्ण विकास के लिए प्रभावी शिक्षण की जरूरत है। अच्छे शिक्षण से मूल्य किस तरह प्रभावित होते हैं, निम्नलिखित तथ्यों से आप समझ सकते हैं-

(i) **अनुभवात्मक शिक्षण**-अनुभवात्मक शिक्षण सिद्धांत (ईएलटी), शिक्षण प्रक्रिया का एक समग्र प्रारूप है और विकास का बहुरैखिक प्रारूप भी, जिसमें दोनों ही इस बात से संबंध रखते हैं कि हम इंसान को सीखने, बड़ा होने और विकास करने के बारे में कितना जानते हैं। इस सिद्धांत को अनुभवात्मक शिक्षण इसलिए कहते हैं ताकि सीखने की प्रक्रिया में अनुभव की केंद्रीय भूमिका पर जोर दिया जा सके। यही वह जोर है, जो अनुभवात्मक शिक्षण सिद्धांत को अन्य शिक्षण सिद्धांतों से अलग करता है। 'अनुभवात्मक' का इस्तेमाल अनुभवात्मक शिक्षण सिद्धांत

को ज्ञानात्मक शिक्षण सिद्धांत और व्यावहारात्मक सिद्धांत दोनों से ही अलग दिखाने के लिए किया जाता है।

(ii) **ज्ञानात्मक शिक्षण**-मनुष्य प्रेक्षण, निर्देश ग्रहण करने और दूसरों के आचार की नकल करने से कहीं ज्यादा प्रभावी तरीके से सीखता है। ''ज्ञानात्मक शिक्षण सुनने, देखने, स्पर्श करने या अनुभव करने का परिणाम है।''

ज्ञानात्मक शिक्षण एक प्रभावी प्रणाली है, जो ज्ञान के साधन उपलब्ध करवाती है और सिर्फ दूसरों की नकल करने तक सीमित नहीं रहती। आप हमारी वेबसाइट पढ़ कर क्या सीख रहे हैं, उसे आपका पोषण नहीं तय कर सकता। यही सीखना ज्ञानात्मक शिक्षण के महत्व को रेखांकित करता है। ज्ञानात्मक शिक्षण ज्ञान और कौशल का मानसिक या ज्ञानात्मक प्रक्रिया द्वारा अधिग्रहण है, जो प्रक्रिया हमारे मस्तिष्क के भीतर सूचनाओं के प्रसंस्करण के लिए बनी होती है। ज्ञानात्मक प्रक्रिया के तहत भौतिक वस्तुओं और घटनाओं के मानसिक प्रतिबिंब रचे जाते हैं और सूचना प्रसंस्करण के अन्य रूप इसमें शामिल होते हैं। ज्ञानात्मक शिक्षण हेतु एक जटिल संरचना पैदा करने और उसका प्रसार करने की अनुमति देता है, जिसमें प्रतीक, बिंब, मूल्य, मान्यताएं और नियम होते हैं।

(iii) **सहकारी शिक्षण**-सभी अध्यापन रणनीतियों में सहकारी शिक्षण की रणनीति पर सबसे ज्यादा काम किया गया है। नतीजे बताते हैं कि जिन छात्रों को साथ मिल कर काम करने का मौका मिला है, उन्होंने ज्यादा सक्षम तरीके से और तेजी से ज्ञान प्राप्त किया है, ज्ञान को लंबे समय तक अपने पास रखा है और वे अपने सीखने के अनुभवों को लेकर कहीं ज्यादा सकारात्मक महसूस करते हैं। इसका मतलब यह नहीं है कि छात्रों को एक समूह में बांध कर एक प्रोजेक्ट देने भर से काम हो जाता है। समूह कार्य की सफलता को सुनिश्चित करने के कुछ विशिष्ट तरीके होते हैं, और यह जरूरी है कि अध्यापक और छात्र दोनों ही इस बारे में जागरूक हों। इस प्रक्रिया के दुरुपयोग के कारण हाल ही में इसकी काफी आलोचना भी की गयी है। इतना साफ होना चाहिए कि यह कोई ऐसा तरीका नहीं है जिसे अपनाकर अध्यापक अपने काम से पल्ला झाड़ लें, कि बच्चे तो समूह में काम करते रहें और शिक्षक पर्चा जानने में ही लगे रहें। यह कोई ऐसा भी तरीका नहीं, जिसके रास्ते शिक्षक समूहों का नेतृत्व 'गिफ्टेड' यानी होनहार बच्चों के हाथों में देकर उन्हीं का पोषण करते रहें। यह एक ऐसा तरीका है, जिससे छात्र अनिवार्य अंतरव्यक्तिक जीवन-कौशल को सीखते हैं और साथ मिल कर काम करने की क्षमता विकसित कर पाते हैं-यह एक ऐसा कौशल है, जिसकी मांग आज कार्यालयों में सबसे ज्यादा है। यह एक ऐसा तरीका है, जिससे छात्र अलग-अलग भूमिकाएं अपना सकते हैं-मध्यस्थ, रिपोर्टर, रिकॉर्डर इत्यादि। एक सहकारी समूह में हर छात्र के पास विशिष्ट काम होता है, हरेक को सीखने में संलग्न होना होता है और कोई भी काम से बच नहीं सकता। इस समूह की कामयाबी प्रत्येक सदस्य के सफल कार्य पर निर्भर करती है।

(iv) **शिक्षण और नैतिक मूल्य**-नैतिक मूल्यों पर आधारित शिक्षण भावी नागरिकों को चारित्रिक और नैतिक विकास करने में पूर्ण रूप से सहायक है। ये शिक्षा छात्र-छात्राओं में सहनशीलता, संतोष, सहयोग, विनम्रता, प्रेम, समाज-सेवा, सहानुभूति जैसे मानवीय गुणों का विकास करती और चरित्र का निर्माण करती है।

(v) **शिक्षण और सांस्कृतिक विकास**-सांस्कृतिक विकास को ध्यान मगगए कर दिया जाने वाला शिक्षण संस्कृति के विकास में पूर्ण रूप से सहायक है। यह संस्कृति का विकास और उसको सुदृढ़ बनाने में पूर्ण रूप से भूमिका निभाती है। सांस्कृतिक मूल्य आधारित शिक्षण संस्कृति को गतिशील बनाते हैं और इसलिए सांस्कृतिक विकास हेतु पाठ्यक्रम में मूल्यों की शिक्षा महत्वपूर्ण स्थान देना चाहिए।

(vi) **उदार दृष्टिकोण का विकास**-एक प्रभावी शिक्षण छात्र-छात्राओं के दृष्टिकोण को विकसित करता है। उनकी सोच को नई दिशा मिलती है। इस प्रकार की शिक्षा से उनमें चेतनता और जागरूकता आती है। वे समाज कल्याण के लिए अपने हितों के त्याग की बात सोचते हैं। स्वार्थ की भावना को त्याग कर परमार्थ में रुचि लेते हैं। वे सादा जीवन उच्च विचार के पथ पर चलने का प्रयास करते हैं।

(vii) **प्रजातांत्रिक गुणों का विकास**-प्रजातांत्रिक मूल्यों पर आधारित शिक्षण से विद्यार्थियों में प्रजातांत्रिक गुणों का विकास होता है। प्रजातांत्रिक गुण, प्रजातंत्र की सफलता के लिए बहुत आवश्यक है। इससे विद्यार्थियों में स्वतंत्रता, समानता, न्याय, सहयोग जैसे गुणों का विकास होता है।

(viii) **विवादों को सुलझाने की क्षमता**-आज के इस युग में सभी की एक जैसी विचारधारा नहीं है। आज परम्परागत विचारों और आधुनिक विचारों में बहुत टकराव है। समाज की प्रगति के लिए टकराव को समाप्त करना बहुत आवश्यक है। मूल्यों की शिक्षा व्यक्ति को दूसरों की भावना पर आदर करना सिखाती है। व्यक्ति में अगर संतोष और सहनशीलता होगी तो वह अवश्य ही दूसरों के विचारों का आदर करेगा। स्वाभाविक बात है कि इससे मतभेद और विवाद की समस्या का समाधान होगा।

(ix) **शिक्षण और मूल प्रवृत्तियों का परिष्कार**-शिक्षण से मनुष्य को मूल प्रवृत्तियों तथा संवेगों का परिष्कार करने में पूर्ण रूप से सहायता मिलती है। मनुष्य में सशक्त काम वासना होती है और मूल्य आधारित शिक्षण से काम शक्ति को नई तथा सही दिशा प्रदान की जा सकती है, जिससे मनुष्य किसी प्रकार का नकारात्मक कार्य करने की अपेक्षा उस शक्ति का प्रयोग समाज कल्याण कार्यों में करता है, जिससे व्यक्ति और समाज दोनों का ही विकास होता है।

(x) **सहयोगपूर्ण जीवन की प्रेरणा**-इस प्रकार के शिक्षण द्वारा समाज के सभी प्राणी एक-दूसरे का सहयोग करके शांति का जीवन व्यतीत करते हैं। सहयोग पूर्ण जीवन इस बात की प्रेरणा देता है कि एक सबके लिए जिये और सब एक के लिए जियें।

(xi) **कक्षा-कक्ष शिक्षण से मानवता की शिक्षा**-शिक्षात्मक मूल्यों की शिक्षा पूर्ण रूप से मानवीय शिक्षा है। इस शिक्षा का आधार मानवतावाद है। शिक्षा प्रक्रिया से सम्बन्धित सभी गतिविधियां मानव कल्याण के लिए होनी चाहिए। इससे हम सम्पूर्ण मानवता की हित की बात करते हैं। इसमें सभी बुराइयों को जड़ से उखाड़ने की बात आती है। यह शिक्षा विश्व शांति और विश्व बंधुत्व की भावना का संकेत देती है।

यह शिक्षा समता भावना का विकास करती है और संसार के सभी मनुष्यों को प्रेरित करती है कि स्वयं जियो और जीने दो की नीति का पालन करो। इस नीति का पालन करते हुए मनुष्य अपना कल्याण करने के साथ-साथ दूसरों के कल्याण में भागीदार हो सकता है।

(xii) **भविष्य के लिए तैयारी**-वर्तमान युवा पीढ़ी भावी समस्याओं का विश्वसनीय पूर्वानुमान नहीं लगा सकती। समाज में परिवर्तन की गति अनुमान से तेज हो सकती है। हमें संस्कृति-विहीनता, अमानवीयता व अलगाव से बचना है व विद्यार्थियों को ऐसी शिक्षा देनी है, जो बालकों व बालिकाओं को भविष्य के लिए तैयार करें। मूल्यपरक शिक्षा व्यक्ति को सामाजिक परिवर्तन के विविध रूपों को व उनके निहितार्थों को समझने में सक्षम बना सकती है तथा उनकी नैतिक निर्णय क्षमता व मूल्यों के प्रति उनकी प्रतिबद्धता विकसित कर सकती है। हमें शिक्षण तथा शिक्षा को इस प्रकार मूल्यपरक बनाना चाहिए कि विद्यार्थी भविष्य के लिए सुरक्षित तैयारी कर सके।

(xiii) **रोजगारपरक शिक्षा : मूल्य विहीनता का कलंक**-चरित्र व्यक्ति की सबसे बड़ी आवश्यकता है व यही उसका रक्षक है। जब तक आर्थिक जीवन का प्रवेश-द्वार माना जाने वाला शिक्षण तथा उस पर आधारित शिक्षा को मूल्यों का सम्बल नहीं मिलेगा तब तक सम्पूर्ण औपचारिक शिक्षा प्रक्रिया, विशेष रूप से रोजगारपरक शिक्षा, ढोंग बराबर ही रहेगी। हमें यह शंका नहीं करनी चाहिए कि रोजगारपरक शिक्षा पाने के बाद व्यक्ति तिकड़मों का जाल बुन कर वैयक्तिक हितों का पोषण करने के बजाय अपनी विकसित क्षमताओं के सहारे रोजगार के नए-नए आयाम खोजें तथा शुद्ध प्रतिस्पर्धा में संलग्न रहें। इस उद्देश्य की प्राप्ति के लिए मूल्यविहीन रोजगारपरक शिक्षा एक कलंक के सिवा कुछ नहीं हो सकती है। औद्योगिक क्षेत्र में शुद्ध प्रतिस्पर्धा का अभाव अहितकर होगा। इस कारण मूल्यों में आस्था रखने वाले कुशल कर्मकारों को तैयार करने के लिए मूल्यपरक रोजगारोन्मुख शिक्षा अति आवश्यक है।

शिक्षक और शिक्षार्थियों के बीच निजी सम्बन्ध

गुरु शिष्य परंपरा भारतीय संस्कृति का एक अभिन्न अंग रहा है। ''गु'' और ''रु'' इन दो शब्दों से मिल कर बनता है गुरु शब्द। ''गु'' शब्द का अर्थ है अन्धकार या अज्ञान और ''रु'' शब्द का अर्थ है ज्ञान या प्रकाश अज्ञान रूपी अन्धकार को मिटाने वाला जो ज्ञान रूपी प्रकाश है, वही गुरु है। भारतीय संस्कृति में गुरु का स्थान ईश्वर से भी ऊपर माना गया है।

''गुरुर ब्रह्मा गुरुर विष्णु गुरुर देवो महेश्वरः
गुरुर साक्षात् परम ब्रह्म तस्मै श्री गुरुवे नमः

कबीर दास जी ने भी कहा है-

''गुरु गोविन्द दोउ खड़े, काके लागूँ पांय
बलिहारी गुरु आपने, गोविन्द दियो बताय''

प्राचीन काल में गुरु और शिष्य के संबंधों का आधार था, गुरु का ज्ञान, मौलिकता और नैतिक बल, उनका शिष्यों के प्रति स्नेह भाव तथा ज्ञान बांटने का निःस्वार्थ भाव। शिष्य में होती थी, गुरु के प्रति पूर्ण श्रद्धा, गुरु की क्षमता में पूर्ण विश्वास तथा गुरु के प्रति पूर्ण समर्पण एवं आज्ञाकारिता। अनुशासन शिष्य का सबसे महत्वपूर्ण गुण माना गया है।

कक्षा में शिक्षण के दौरान शिक्षक और विद्यार्थी आमने-सामने होते हैं तथा परस्पर अंतर्क्रिया के परिणामस्वरूप विद्यार्थियों की अधिगम कठिनाइयाँ शीघ्र दूर हो सकती हैं। हमारे विकासशील भारत में अनेक बच्चे शिक्षा के दायरे से बाहर हैं तथा उनकी शिक्षा के लिए खुले विद्यालय तथा खुले विश्वविद्यालय स्थापित किये जा रहे हैं व अनौपचारिक शिक्षा केन्द्रों का जाल बिछाया जा रहा है। यहाँ शिक्षा देने के लिए रेडियो, दूरदर्शन, टेप, वीडिओ कैसेट तथा मुद्रित विषय-सामग्री का उपयोग किया जाता है। बच्चों व वयस्कों के मनोरंजन के लिए निर्मित अनेक कार्यक्रमों में कुछ ऐसे स्थल होते हैं, जिनमें मूल्य संकट प्रतिबिम्बित होते हैं तथा मूल्य उभरते हैं। आधुनिक युग में शिक्षकों का वृतिक विकास एक अहम विषय बन गया है। इसे कई प्रकार से अभिव्यक्त किया जा रहा है, जैसे शिक्षण का वृतीकरण किया जाना चाहिए अथवा शिक्षकों में वृतिवाद होना चाहिए। यह विचारधारा शिक्षकों के हर स्तर पर लागू है।

शिक्षक एवं छात्रों के लिए कोई उम्र बंधन नहीं है। मनुष्य सारी जिंदगी एक छात्र के रूप में कुछ-न-कुछ प्रत्यक्ष या अप्रत्यक्ष रूप में ही सीखता ही रहता है। मनुष्य एक निश्चित समयावधि के पश्चात किसी संस्था या विद्यालय में रहकर शिक्षा प्राप्त करने में समर्थ नहीं होता है। उसे गृहस्थ आश्रम में प्रवेश करना पड़ता है या किसी अन्य कार्य में उलझ जाना पड़ता है। उस अवस्था में भी वह शिक्षा प्राप्त करता ही है; किंतु उस समय उसे किसी शिक्षक की उतनी आवश्यकता नहीं पड़ती, जितनी कि बच्चे को विद्यालयीन जीवन में होती है। विद्यालयीन जीवन में शिक्षक और छात्रों के बीच मधुर संबंध ही उसकी शिक्षा का मूल आधार होता है। बच्चा जब पहली बार विद्यालय आता है, तो वहाँ भी वह अपने घर जैसा माहौल ढूँढता है। अपने माता-पिता की तरह प्यार करने वाले शिक्षक उसकी नज़रें होती हैं। यदि उसे वह माहौल न मिल पाया तो वह विक्षिप्त मस्तिष्क का हो जाता है, उसके मन में विद्यालय तथा शिक्षकों के प्रति अविश्वास, नफरत तथा डर पैदा हो जाता है। इस स्थिति में उसे संभालना ही शिक्षकों और छात्रों के बीच अच्छे संबंध को दर्शाता है। किशोरावस्था में पहुँचने तक वह इतना परिपक्व हो चुका होता है कि वह विद्यालय तथा शिक्षकों के बारे में स्वतंत्र विचार अपने मन में ला सकता है। विद्यालय का माहौल, शिक्षकों का व्यवहार उसके मन में अपना आधिपत्य जमा चुके होते हैं। विद्या प्राप्त करने के उद्देश्य से आया विद्यार्थी अगर शिक्षक के मार से, व्यवहार से या शिक्षा प्रदान करने के ढंग से डर जाये तो वह कभी सफल नहीं हो सकता। वह चाहकर भी कुछ करने में स्वयं को असमर्थ और अकेला पाता है। अतः शिक्षक को चाहिए कि वह अपने छात्र के साथ ऐसा व्यवहार करे कि छात्र उसे अपना शुभचिंतक मानने लगे और शिक्षकों से डरने के बजाय उनका सान्ध्यि प्राप्त करने की कोशिश करे, उन पर विश्वास कर सके।

शिक्षक और छात्रों के बीच मधुर संबंध से ही कोई अच्छा परिणाम सामने आ सकता है, जिससे वे अपना तथा विद्यालय का, इस देश का गौरव बढ़ा सकते हैं। इसके छात्रों को विद्यालयीन अनुशासन में रहना चाहिए, गुरुओं का आदर करना चाहिए, उनके अमूल्य परामर्शों पर अमल करना चाहिए, उनके

बताए राह पर चलना चाहिए। ऐसी स्थिति में, गुरुओं के भी कुछ कर्त्तव्य होते हैं कि वे छात्रों को अच्छे स्तर तक अच्छी गुणवत्ता की शिक्षा प्रदान करें, उनकी हर परेशानी को समझने और हल करने का प्रयत्न करें, उनके साथ मधुर व्यवहार बनाएं रखें।

अध्ययन, चिंतन और मनन द्वारा विद्या अर्जित करना विद्यार्थी का दायित्व है। इस दायित्व को पूरा करने में शिक्षक का बहुत बड़ा हाथ होता है। एक बच्चे को शिक्षा देकर उसका मार्गदर्शन करना शिक्षक का कार्य होता है। शिक्षक ही छात्र को सही दिशा दिखाता है। ये दोनों शिक्षा रूपी धागे से आपस में जुड़े होते हैं। शिक्षक अपने विद्यार्थी के गुणों को समाज के सामने रखता है। अर्थात साधारण से छात्र को भी परिश्रमी, बुद्धिमान व योग्य बना देता है। उसी तरह एक छात्र का कर्त्तव्य होता है कि वह अपने शिक्षक की बातों को ध्यान से सुने, उसकी आज्ञा का पालन करे, विद्यालय के अनुशासन को बनाए रखे, कक्षा में पढ़ाए पाठ को दुबारा पढ़े, साथ ही ज्ञान को बढ़ाने वाली अन्य पुस्तकों का भी अध्ययन करे। शिक्षक का मान-सम्मान करे। शिक्षक के लिए आवश्यक है कि छात्र के साथ सहयोग बनाए रखे। पाठ को रुचिकर बनाए ताकि छात्र पूरी तरह उसमें रुचि ले सकें। उनसे मित्रता कायम करे। उनको अपना भरपूर सहयोग दे। हर कदम पर उन्हें संभाले। विद्यार्थियों से स्नेह करें। उनकी समस्याओं और कठिनाइयों को हल करने में उनकी सहायता करे।

आजकल शिक्षकों ने शिक्षा को व्यवसाय बना लिया है। कक्षा में ज्यादातर उपस्थित नहीं रहते हैं। ज्यादा पैसे लेकर ट्यूशन पढ़ाते हैं और छात्रों को ऐसा करने के लिए मजबूर करते हैं। अत: आज की आवश्यकता नहीं है कि छात्रों में अराजकता व अनुशासनहीनता रोकने के लिए छात्र और शिक्षक दोनों ही अपने-अपने कर्त्तव्यों का पालन ठीक से करें ताकि उनके संबंध अच्छे बने रहें। छात्र जो आजकल शिक्षकों का आदर करना भूल गए हैं, वे उन्हें पूरा मान-सम्मान दें। इसके लिए शिक्षक को चाहिए कि वे वाणी से मधुर बोलें तथा व्यवहार में शिष्टता बनाए रखें। शिक्षक को विद्यार्थियों की 'आत्मशक्ति' को पहचानने में सक्षम होना चाहिए। अत: यह सब तभी संभव है, जब विद्यालय में गुरुकुल जैसा शांत वातावरण हो, स्वाभिमानी, तेजस्वी व तपस्वी शिक्षक हो और राजनीति से शिक्षा दूर हो।

छात्र और शिक्षक के बीच बढ़ती दूरियाँ

आजकल परम्परा बदली है। एक-दूसरे से आगे बढ़ने की होड़ ने समाज के दोनों पैरों को दो दिशाओं में अग्रसर कर दिया है। आज के आधुनिक युग में जब शिक्षण मात्र एक व्यवसाय बन कर रह गया है। ऐसे में समय के साथ छात्रों और शिक्षकों के आपसी संबंध भी बदले हैं। आज शिक्षा में शिक्षक की भूमिका को अस्वीकार कर इ-लर्निंग जैसी बात हो रही है और आधुनिक ज्ञान-विज्ञान के अविष्कारों ने इसे कुछ हद तक संभव भी बनाया है, लेकिन आमने-सामने के शिक्षा में जो आपसी विचारों का आदान-प्रदान है, वह दूर शिक्षा में संभव नहीं हो पाता। उसमें विचारों का एकतरफा बहाव है जो छात्रों का सम्पूर्ण विकास नहीं कर पाता। लेकिन साथ ही हमें यह भी स्वीकार करना होगा कि आमने-सामने की शिक्षा का माहौल भी कटु हो गया है। स्वार्थ की ऐसी आंधी चली है कि एक ओर कम आमदनी का मार्ग समझ कोई शिक्षक बनना ही नहीं चाहता। वहीं दूसरी ओर जो आते हैं, वे पैसे की ओर ही भागते हैं। छात्रों का भी यही हाल है। जिससे विद्यालयों और विश्वविद्यालयों में छात्र और शिक्षकों के बीच चापलूसी और खुशामदी बढ़ी है। शिक्षक दिवस का भी बाजारीकरण हो गया है। महंगे गिफ्ट, झूठी बड़ाई, अपनी प्रशंसा इसी की भूख है। साथ ही छात्रों का भी शिक्षकों के प्रति विश्वास घटा है और व्यवहार बदला है। यानी छात्र और शिक्षक दोनों ही एक-दूसरे को संदेह की दृष्टि से देखने लगे हैं। इसके पीछे दोनों के व्यवहार से आये परिवर्तन ही दोषी हैं। जिससे छात्रों और शिक्षकों के बीच मतभेद बढ़ता जा रहा है। अब उनमें पहले सा आत्मीय स्नेह नहीं रह गया है। एक तरफ छात्र शिक्षकों के पीठ पीछे उनका मजाक उड़ाने से नहीं चूकते। वहीं दूसरी तरफ शिक्षक भी मात्र पाठ्यक्रम भर से नाता रखते हैं। आज जब इलेक्ट्रॉनिक मीडिया, समाचार पत्रों में कहीं शिक्षकों के नैतिक पतन की, व्यभिचार की, तो कहीं छात्रों द्वारा शिक्षकों की हत्या तक की खबरें देखने और पढ़ने को मिल रही हैं, तो स्थिति और वीभत्स हो गयी है। ऐसे में गुरु-शिष्य की आत्मीय परम्परा को फिर से एक बार याद कर बनाये रखने की जरूरत है। हो सकता है कि आज हमारे विचारों में काफी मतभेद हो। परन्तु फिर भी हम एक-दूसरे के विचारों का सम्मान तो कर ही सकते हैं। एक पीढ़ी की दूसरी पीढ़ी से हमेशा विचारों में मतभेद रहा है।

कक्षा संप्रेषण का प्रभाव

संप्रेषण का प्रभाव शिक्षक और शिक्षार्थी के संबंधों पर सकारात्मक प्रभाव डालता है। एक अध्यापक को विद्यार्थी को नये भाव, दृष्टिकोण, सूचना, व्यवहार, कौशल आदि संप्रेषित करने वाला माना जाता है। अध्यापक का सम्प्रेषण तभी फलदायक होगा, जब विद्यार्थी इसे ग्रहण करके समझेंगे और इससे कुछ सीखेंगे। यहाँ अध्यापक सम्प्रेषण का प्रेषक होता है, जबकि विद्यार्थी सम्प्रेषण के प्राप्तकर्ता होते हैं। सम्प्रेषण को समझने के बाद ही विद्यार्थी इसके प्रति उपयुक्त ढंग से अपनी अनुक्रिया व्यक्त कर सकेंगे। यह अनुक्रिया अध्यापक द्वारा पूछे गए प्रश्न के उत्तर के बारे में भी हो सकती है। यह अनुक्रिया किसी अन्य रूप में भी हो सकती है, जैसे दृष्टिकोण में परिवर्तन या व्यवहार में परिवर्तन आदि। अधिगम को प्रभावी बनाना है, तो फिर इस बात को सुनिश्चित कर लेना चाहिए कि सम्प्रेषण प्रक्रिया किसी तरह के बाधक तत्त्वों के बगैर निर्धारित माध्यमों द्वारा चल रही है। इसके लिए अध्यापक को जान लेना चाहिए कि कक्षा सम्प्रेषण में पैदा होने वाले बाधक तत्त्व कौन-कौन से हैं। समूची सम्प्रेषण प्रक्रिया का लक्ष्य सम्प्रेषण की सामग्री को विद्यार्थियों के लिए बोधगम्य बनाना है।

कक्षीय समस्याएं

कक्षा में शिक्षण अधिगम की प्रक्रिया प्रभावपूर्ण एवं सफलतापूर्वक चलनी चाहिए। ऐसा तभी हो सकता है जब अध्यापक कक्षा में पैदा होने वाली समस्याओं का सफलतापूर्वक हल कर सके। ये समस्याएं कई प्रकार की होती हैं। अध्यापक को कक्षीय समस्याओं की सामान्य प्रकृति का पहले से ही ज्ञान होना चाहिए। जरूरी नहीं कि एक कक्षा की समस्याएं दूसरी कक्षा की समस्याओं के अनुरूप हों, या सभी अध्यापकों को एक जैसी कक्षीय समस्याओं का सामना करना पड़े या एक संस्था की कक्षीय समस्याएं दूसरी संस्था के अनुरूप हों। एक अध्यापक अपने विद्यार्थियों की समस्याओं को समझकर उन्हें पढ़ाई में अग्रसर करके अपना उत्तरदायित्व निभा सकता है। इससे संबंधों में मिठास रहेगी।

शिक्षण एक जटिल गतिविधि के रूप में

अधिकतर लोग शिक्षण व्यवसाय को सरल समझकर उसके विषय में अपनी धारणा बनाते हैं, परंतु जब हम शिक्षण की बात एक औपचारिक संस्था जैसे स्कूल या कॉलेज में करते हैं, तो हम पाते हैं कि शिक्षण एक चुनौतीपूर्ण व्यवसाय है। औपचारिक संस्थान में इस व्यवसाय को समझने पर हम पाते हैं कि यह एक जटिल गतिविधि है। हम निम्न वास्तविकताओं को समझने के बाद ही इसकी जटिलताओं को भली-भांति समझ सकेंगे।

(i) **विद्यार्थियों की अनुक्रियाओं का अनुमान न लगा पाना**-शैक्षिक प्रक्रिया के अंतर्गत शिक्षकों के सम्मुख यह सबसे बड़ी चुनौती के रूप में उभर कर आती है कि वे पहले से यह अनुमान नहीं लगा सकते कि किसी प्रत्यक्ष अथवा अवधारणा को लेकर विद्यार्थियों की अनुक्रिया क्या होगी। शिक्षण के परिणामों का न तो अनुमान लगाया जा सकता है और न ही ये परिणाम संगत होते हैं। शिक्षण-अधिगम प्रक्रिया का पूर्ण रूप से सफल होना कभी भी केवल एक ओर से नहीं होता। इसके अनेक कारक जैसे विषयवस्तु के प्रति रुचि, शिक्षिका की विषय पर पकड़, कक्षा का वातावरण, शिक्षण पद्धति के लिए चुनी गयी विधि, शिक्षण-अधिगम सामग्री की प्रासंगिकता, अन्तर्सम्बन्ध के लिए उपयुक्त व पर्याप्त समय इत्यादि ऐसी कारक हैं, जो एक साथ मिलकर किसी शिक्षण को सफल बनाने में महत्वपूर्ण भूमिका निभाते हैं। इन सभी तत्त्वों के सुचारु रूप में काम करने पर भी विद्यार्थियों की अनुक्रियाओं का शत प्रतिशत अनुमान लगाना असंभव साबित होता है। एक शिक्षक या शिक्षिका चाहे कितनी भी अच्छी पाठ योजना का निर्माण करें, परन्तु शिक्षण के दौरान बच्चों का कक्षा में शांत रहना या बीच में अरुचि का अनुभव करना, या विषय के बारे में उलझन महसूस करना आदि के आधार पर भी यह नहीं कहा जा सकता कि बच्चों ने प्रत्यय को कितना समझा है।

(ii) **बच्चे पाठ्यक्रम का अनुभव कैसे कर रहे हैं, यह पता लगाना कठिन कार्य है**-बच्चों ने शिक्षण से कितना सीखा या समझ रहे हैं। इसको ज्ञात करना शिक्षकों के लिए एक मुश्किल कार्य है। शिक्षण का श्रेष्ठतम उद्देश्य यह है कि बच्चों की संसार के तत्त्वों के बारे में एक गहरी समझ बने, परन्तु विद्यार्थियों ने समझा है या नहीं और जिस प्रकार से समझाने का उद्देश्य था उसी प्रकार से समझा या नहीं, इसकी पुष्टि कर पाना अत्यंत कठिन साबित होता है। पाठ्यक्रम के साथ-साथ बड़े स्तर पर यह बात पाठ्यचर्या के लिए भी उतनी ही सही साबित होती है। पाठ्यचर्या से अभिप्राय एक विद्यार्थी द्वारा स्कूल की चारदीवारी में प्राप्त होने वाला प्रत्येक अनुभव है।

(iii) **विद्यार्थी साझेदारी की आवश्यकता**-एक शिक्षण-अधिगम प्रक्रिया का सफल होना इस बात पर भी निर्भर करता है कि शिक्षक और विद्यार्थियों के बीच आपसी तालमेल किस प्रकार का है। शिक्षण प्रक्रिया की जटिलता इस बात से स्पष्ट हो जाती है कि यह प्रक्रिया न तो केवल शिक्षक पर आधारित है और न ही शिक्षार्थी पर। दोनों जब एक सामान्य वातावरण में अंत:क्रिया करते हैं, तो ही ये प्रक्रिया संभव होती है। यह समझना आवश्यक है कि शिक्षिका विद्यार्थियों के व्यवहार में पूर्णत: बदलाव नहीं कर सकती, क्योंकि विद्यार्थी एक कोरी स्लेट की भांति नहीं है। सामान्यत: बच्चों द्वारा किए जाने वाली अनुक्रिया का अनुमान लगाना भी संभव नहीं है। शिक्षा क्षेत्र में कई शिक्षाशास्त्रियों ने बच्चों को निष्क्रिय बताया है, परंतु वर्तमान दृष्टिकोण के अनुसार हम जानते हैं कि एक विद्यार्थी की अपनी इच्छाएं व योग्यताएं है, जिनके अनुसार वह कार्य करता है और शिक्षिका को इन्हीं योग्यताओं व रुचियों को समझकर अपने शिक्षण के साथ उसमें सामंजस्य बैठाना होता है। यह तभी संभव है जब शिक्षक व विद्यार्थी दोनों एक साथ मिलकर ज्ञान की प्राप्ति की ओर बढ़ें। शायद इसलिए शिक्षण प्रक्रिया के समय शिक्षक के सामने विद्यार्थियों के साथ घनिष्ठता का निर्माण (Rapport Formation) करना एक आवश्यक शर्त होती है, जो उससे बच्चों के साथ अंत:क्रिया में मदद करती है और वह अपने विचारों को बच्चों तक भली-भांति पहुंचा पाता है

(iv) **प्रत्येक विद्यार्थी का एक-दूसरे से अलग होना**-कोई भी दो विद्यार्थी अथवा व्यक्ति एक समान नहीं हो सकते। विभिन्न मनोवैज्ञानिक व शिक्षाशास्त्रियों ने व्यक्तिगत अंतरों के बारे में बहुत विश्वासपूर्ण व शोध के आधार पर बात करते हैं। राष्ट्रीय पाठ्यचर्या रूपरेखा, 2005 के अनुसार भी शिक्षण प्रक्रिया के दौरान बच्चों में व्यक्तिगत अंतर का ध्यान रखने पर खास जोर दिया गया है। किसी एक बच्चे की रुचि पढ़ाई में है, तो दूसरे बच्चे की खेल में हो सकती है, और तीसरे बच्चे की संगीत में हो सकती है। इसी तरह यह बिल्कुल संभव है कि एक बालक/बालिका किसी अवधारणा को जल्दी समझ लेती है, जबकि उसी अवधारणा को कोई दूसरा बालक/बालिका समझने में तुलनात्मक रूप से अधिक समय लेता है। प्रत्येक बालक/बालिका की रुचि, योग्यताएं, क्षमताओं व समझने के तरीके में अंतर होता है और उसी वजह से प्रत्येक बच्चा एक-दूसरे से अलग और अपने आप में खास होता है। शिक्षकों के लिए इस स्थिति में शिक्षण प्रक्रिया काफी बड़ी चुनौती उत्पन्न करती है, क्योंकि प्रत्येक विद्यार्थी की आवश्यकताओं व विशिष्टताओं का ध्यान में रखते हुए पाठ योजना, शिक्षण प्रक्रिया के दौरान होने वाला अन्तर्सम्बन्ध व मूल्यांकन की प्रक्रिया सभी में काफी कठिनाई का सामना करना पड़ता है।

(v) **भारतीय कक्षाओं का आकार**-यह बिंदु मुख्य रूप से भारतीय कक्षाओं के सम्बन्ध में हैं, जो भारतीय शिक्षकों के लिए एक बहुत बड़ी चुनौती खड़ा करता है। अन्य देशों में जहाँ शिक्षण की गुणवत्ता बनाये रखने के लिए विद्यार्थी शिक्षक अनुपात का खास ख्याल रखा जाता है और उसे कम-से-कम रखने का भी प्रयास किया जाता है। वहीं भारतीय कक्षाओं में आप जानते हैं कि एक-एक कक्षा खचाखच बच्चों से भरी होती है। एक कक्षा में औसत पचास बच्चे होते हैं जो एक शिक्षक अथवा शिक्षिका की जिम्मेदारी होती है। वही शिक्षिका उस कक्षा के सभी बच्चों के शिक्षण, पाठ्यक्रम सम्पूर्ण करने, बच्चों की जानकारी जमा करने संबंधी रिकॉर्ड कार्य व स्कॉलरशिप संबंधी कार्यों के लिए जिम्मेदार होती हैं। कई बार तो शिक्षकों की कमी के चलते दो सेक्शन एक साथ मिला दिए जाते हैं, जिनकी जिम्मेदारी किसी एक शिक्षक या शिक्षिका को ही उठानी होती है।

(vi) शिक्षण व्यवसाय का वर्णन करने में होने वाली कठिनाई : प्रगतिशील ज्ञान के इस दौर में जहाँ हर पल ज्ञान के क्षेत्र में वृद्धि हो रही है, लोग नयी-नयी वस्तुओं की खोज कर रहे हैं, तकनीक का

विकास हो रहा है। ऐसे भी एक शिक्षक का ज्ञान कभी भी सम्पूर्ण नहीं माना जा सकता। एक शिक्षक सदैव सीखता रहता है, इसलिए वह कभी विद्यार्थी या अधिगमकर्ता की भूमिका से अलग नहीं होता। शिक्षण प्रक्रिया को हम शिक्षक व विद्यार्थी के बीच कहीं स्थित कर सकते हैं, हालाँकि यह वास्तव में क्या है, इसको बता पाना काफी कठिन प्रतीत होता है, जिसका अनुभव एक शिक्षक भली-भांति करता है। यह मध्य का रास्ता ऐसा है, जिसका अनुभव तो एक व्यक्ति कर सकता है, परंतु उसके लिए उस अनुभव को शब्दों में बता पाना काफी मुश्किल होता है। शिक्षक बनने की इस यात्रा के दौरान आप भी स्वयं में कई क्षमताओं का विकास करेंगे, जैसे आपने विद्यार्थियों को सब्र के साथ सुन पाना और किसी मुद्दे से संबंधित ज्ञान को उनसे विकसित करना आदि। परंतु इन सभी के बावजूद यह संभव है कि आप शिक्षण को स्पष्ट भाषा अथवा शब्दों में न बता सकें या उसके लिए कोई निश्चित सूत्र बता सकें। इन सभी कारणों से आप समझ गए होंगे कि शिक्षण एक जटिल गतिविधि के रूप में कैसे काम करता है?

(vii) शिक्षक द्वारा निभाई जाने वाली विभिन्न भूमिकाएं - एक शिक्षक शिक्षण के दौरान व उसके अलावा कई भूमिकाएं निभाता है, जिन्हें हम विस्तार से निम्न भाग में जान सकते हैं :-

- **लाइव प्रदर्शक** - शिक्षण प्रक्रिया के अंतर्गत शिक्षण और अधिगम साथ-साथ होता हैं, परंतु यह प्रक्रिया शिक्षक के लिए चुनौतीपूर्ण है क्योंकि उसे सभी विद्यार्थियों के सामने अवधारणाओं को समझाना होता है। शिक्षक इस दौरान एक प्रकार का प्रदर्शक होता है, जो लाइव रूप से यह प्रदर्शन करता है। तैयारी के नाम पर शिक्षक पाठ योजना का एक खाका अवश्य बनाता है, लेकिन विद्यार्थियों की अनुक्रिया का अनुमान न लगा पाने की वजह से उसे शिक्षण की प्रक्रिया के दौरान भी अपने प्रदर्शन को लगातार सुधारने की कोशिश करनी होती है। इस भूमिका के अंतर्गत शिक्षक से अवधारणा से सम्बंधित व अलग कोई भी प्रश्न पूछा जा सकता है, जिसके लिए उसे सदैव तैयार रहने की उम्मीद की जाती है। इसके साथ ही एक शिक्षक को लाइव प्रदर्शन में आने वाली आकस्मिक समस्याओं का भी ध्यान रखना होता है और उनका सामना करने के लिए तुरंत ही उपाय भी सोचने होते हैं।
- **समूह नेता** - शिक्षक को स्कूल में एक समूह नेता की भूमिका भी निभानी होती है। उसे अपनी कक्षा को प्रत्येक कार्य व स्थिति के लिए तैयार करना होता है। वह कक्षा में एक मार्गदर्शक की भाति कार्य करता है, जिसमें बच्चे स्वयं ही सभी कार्य करते हैं, परंतु उन कार्यो को किस तरह किया जाना है, इसका समय-समय पर मार्गदर्शन शिक्षक को ही करना होता है।
- **कक्षा शिक्षक** - ऐसा नहीं है कि स्कूल के अंतर्गत शिक्षकों को केवल बच्चों को पढ़ाना होता है। शिक्षकों को एक कक्ष की जिम्मेदारी भी पूर्ण रूप से लेनी होती है, जिसमें वे एक निश्चित कक्षा के शिक्षक बनाये जाते हैं। उस कक्षा को पढ़ाने के साथ-साथ उन्हें उस कक्षा के सभी बच्चों का रिकॉर्ड रखना होता है। इसमें प्रत्येक बच्चे की मूलभूत जानकारी, उसके परिवार की जानकारी, सामाजिक-आर्थिक स्थिति की जानकारी और उनको समय-समय पर दिए जाने वाली स्कॉलरशिप की जानकारी रखनी होती है। प्रत्येक बच्चे के बैंक खाते खुलवाने व उन्हें पैसा बांटने की जिम्मेदारी भी कक्षा-शिक्षक की होती है। शिक्षण के सम्बन्ध में बात करें, तो शिक्षक को पहले शिक्षण नियोजन पर कार्य करना होता है, जिसमें उसे प्रत्येक बच्चे की आवश्यकताओं व क्षमताओं के अनुसार पाठ योजना का निर्माण करना होता है और फिर प्रत्येक बच्चे के साथ अंत:क्रिया करते समय भी उनके बारे में प्राप्त जानकारी को ध्यान में रखना होता है। इस स्थिति में स्कूल के भीतर एक शिक्षक की पहचान उस कक्षा के प्रदर्शन द्वारा भी की जाती है।
- **काउंसलर**-शैक्षिक प्रक्रिया में हमारे उत्पाद विद्यार्थी होते हैं, जिनकी अपनी आवश्यकताएं, रुचि व क्षमताएं होती हैं। प्रत्येक विद्यार्थी एक-दूसरे से अलग होता है, क्योंकि उनकी सामाजिक, आर्थिक पृष्ठभूमि में अंतर होता है। यहाँ तक कि मानसिक रूप से भी उनमें विभिन्नताएं होती हैं। ऐसे में एक शिक्षक या शिक्षिका को बच्चों में कई उनके करियर व निजी जिन्दगी संबंधी समस्याओं को सुनकर उन्हें उससे निकलने के लिए उपाय सुझाना होता है। ऐसी स्थिति के अंतर्गत एक शिक्षक की भूमिका एक परामर्शदाता की बन जाती है।
- **प्रशासक**-शिक्षक को स्कूल के अंतर्गत एक प्रशासक की भूमिका भी निभानी होती है, जिसमें उन्हें विभिन्न प्रशासनिक कार्य जैसे स्कूल में दाखिला इंचार्ज, मिड डे मील इंचार्ज, स्कॉलरशिप इंचार्ज या परीक्षा इंचार्ज बनाया गया है। उन्हें इन कार्यों के अंतर्गत सभी प्रकार की कागजी व तालमेल संबंधी जिम्मेदारी दी जाती है। उदाहरणार्थ यदि एक शिक्षक परीक्षा इंचार्ज है, तो उसे पूरे स्कूल की परीक्षाओं को भली-भांति करवाने का कार्य करना होता है। उसे सभी कक्षाओं व बच्चों के प्रत्येक विषय का ब्यौरा जमा करना होता है और इससे सम्बन्धित नियोजन करके उसे सुचारु रूप से करवाना भी होता है।
- **मूल्यांकनकर्ता**-एक शिक्षक के सम्मुख सभी बच्चों का मूल्यांकन करने की जिम्मेदारी नहीं होती है। इसके अंतर्गत उसे बच्चों का पूरे शिक्षण के दौरान व अंत में बहुत ध्यानपूर्वक विश्लेषण करके, उनके प्रदर्शन का अवलोकन करके उनका मूल्यांकन करना होता है। सतत व व्यापक मूल्यांकन के पश्चात यह भूमिका और भी महत्वपूर्ण हो गयी है, चूंकि इसमें शिक्षक से यह उम्मीद की जाती है कि वह बच्चों को विषय ज्ञान के साथ-साथ उनके द्वारा चुने गए खेल भी खेलाएं।

शिक्षण और अधिगम की प्रभावकारी विधियाँ

कक्षा में कई विधियों का उपयोग किया जाता है। अध्यापन की प्रभावकारिता के अनुसार शिक्षण अधिगम की विधि की विशेषताओं के बारे में एक विचार बनाने में सहायता मिलेगी, जो कि निम्न प्रकार से है–

- विद्यार्थियों में रुचि उत्पन्न करना ताकि वे शिक्षण-अधिगम प्रक्रिया में सक्रिय रूप से भागीदारी करें और सीखने के लिए सतत प्रयास करें।
- विद्यार्थियों की आवश्यकताओं और मानसिक योग्यताओं के अनुरूप हों।
- विद्यार्थियों के अनुभव पर अधिक बल देना।
- सहपाठियों के साथ सीखने के लिए कार्यक्षेत्र उपलब्ध करना।
- करके सीखने के लिए कार्यक्षेत्र उपलब्ध कराना।
- विद्यार्थियों को स्वतंत्र रूप से सोचने के लिए और ज्ञान का स्वसृजन करने के लिए प्रोत्साहित करना।
- बच्चों में सृजनात्मक चिंतन का विकास करना।

- बच्चों में जीवन कौशल का विकास करने के लिए कार्यक्षेत्र उपलब्ध कराना।
- सभी विषयवस्तु के शिक्षण के लिए केवल एक ही विधि का उपयोग करने के बजाए लचीला तरीका अपनाने शिक्षण अधिगम के दौरान विधियों का उपयोग किया जा सकता है।
- सस्ता

विधियों का वर्गीकरण

अतः शिक्षण अधिगम प्रक्रिया में अध्यापक और विद्यार्थियों की भूमिका के आधार पर इनकी विधियों को दो मुख्य श्रेणियों में वर्गीकृत किया गया है। अर्थात अनुदेशात्मक विधियां और विद्यार्थी अनुकूल विधियां। प्रथम परिस्थिति अनुदेशात्मक विधि का उदाहरण है, जबकि द्वितीय परिस्थिति विद्यार्थी अनुकूल विधि है। अतएव इन दो विधियों को निम्नांकित दिये गये आरेख के अनुसार वर्गीकृत किया जा सकता है।

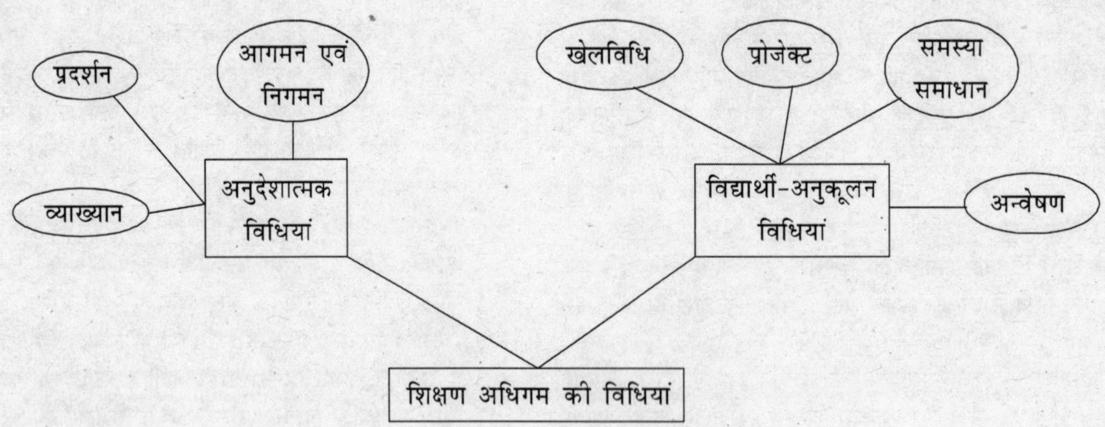

आकृति कक्षा संचालन की विधियों का वर्गीकरण

अनुदेशात्मक विधियां

कक्षा में विद्यार्थियों को निर्देश देने में या पढ़ाते समय प्रायः अनुदेशात्मक विधियों का प्रयोग होता है, ये विधियां हमारे लिए सामान्य है। कभी हम तथ्यों, अवधारणाओं, सिद्धान्तों और नियमों की व्याख्या करते हैं, तो कभी चित्रों, चार्ट, प्रतिरूपों और प्रयोगों का प्रदर्शन करते हैं या कभी हम विद्यार्थियों को निर्देश देते हैं कि पूछे गये प्रश्नों का उत्तर मौखिक या लिखित में दें। इन विधियों में एक अध्यापक के रूप में शिक्षण अधिगम के दौरान अधिक सक्रिय होते हैं, जबकि विद्यार्थी अधिक निष्क्रिय होते हैं और सीमित रूप से ही सक्रिय रहते हैं, जैसाकि हमारे द्वारा उन्हें निर्देशित किया जाता है। अनुदेशात्मक विधियों के कुछ उदाहरण निम्न प्रकार से-

व्याख्यान विधि, आगमनात्मक और निगमनात्मक विधियां, बातचीत विधि, व्याख्यान-प्रदर्शन विधि।

व्याख्यान विधि

निम्नांकित परिस्थिति को ध्यान से पढ़े-

व्याख्यान विधि की मुख्य विशेषताओं को नोट करें, जो निम्न प्रकार से है-

- अध्यापक संपूर्ण पीरियड में विषय वस्तु पर व्याख्या देते या निर्देशन देते है।
- अध्यापक सूचना, अवधारणायें, तथ्यों, सिद्धांतों, नियमों को उपलब्ध कराता है।
- कभी-कभी वह व्याख्यान के दौरान श्यामपट का उपयोग करते हैं और विद्यार्थियों से प्रश्न पूछते हैं।
- विद्यार्थी निष्क्रिय श्रोता होते हैं। व्याख्यान विधि के दौरान उनका क्रियाकलाप अधिक-से-अधिक नोट लिखने तक सीमित होता है और कभी-कभी अध्यापक के प्रश्नों का उत्तर देते हैं।
- एक पीरियड के भीतर में अध्यापक, हो सकता है जरूरत से अधिक सूचना विद्यार्थियों को उपलब्ध कराये, जिसे विद्यार्थी आत्मसात नहीं कर सकता है। इसके अतिरिक्त यह विधि विद्यार्थियों की प्रगति का वास्तविक रूप से जांच नहीं करती है। अध्यापक अपनी गति से विषयवस्तु को प्रस्तुत करता है।
- पाठ्यवस्तु को एक ही बार में प्रस्तुत किया जाता है और विद्यार्थी सुनकर और याद करके सीखते हैं।

तथ्यात्मक सूचना के प्रदान में सैद्धान्तिक बिंदुओं की व्याख्या करने में जिससे प्रदर्शित नहीं किया जा सकता, तथा उच्च कक्षाओं में किसी विशेष विषय वस्तु के संक्षिप्तीकरण और पुनरावृत्ति में इस विधि का सफलता-पूर्वक उपयोग किया जा सकता है। परन्तु यह विधि प्राथमिक कक्षाओं के विद्यार्थियों और अध्यापकों के लिए प्रासंगिक नहीं लगती है।

प्रदर्शन विधि

प्रदर्शन विधि अध्यापक केंद्रित विधि है क्योंकि अध्यापक चित्र/चार्ट मॉडल/प्रयोगों का प्रदर्शन करता है और इन प्रदर्शित सामग्रियों या प्रक्रिया से संबंधित अवधारणाओं, नियमों की व्याख्या करते हैं। विद्यार्थी अध्यापक द्वारा दिखाये गये प्रदर्शन का अवलोकन करते हैं तथा अध्यापक द्वारा पूछे गये प्रश्नों के उत्तर देने में और निष्कर्ष निकालने में कुछ विद्यार्थी भाग लेते हैं।

प्रदर्शन विधि के विभिन्न चरण इस प्रकार से है-

(क) योजना (ख) परिचय

(ग) प्रदर्शन (घ) श्यामपट्ट उपयोग

(ङ) अवधारणाओं का संग्रह

सफलतापूर्वक प्रदर्शन के लिए प्रत्येक चरण में कई मानदंडों का अनुकरण किया जाता है-

- योजना बनाना–
  - यह सुनिश्चित करें कि यह पाठ इस विधि के लिए उपयुक्त है।
  - प्रदर्शन के लिए आवश्यक उपकरणों, औजार और सामग्रियों को एकत्रित करना।
  - कक्षा में प्रदर्शन से पहले प्रयोग को करके देखना चाहिए इससे विश्वास के साथ आप प्रदर्शन कर सकते हैं।
  - प्रदर्शन के दौरान तथा उसके पश्चात उपयोग आने वाले व्याख्यात्मक नोट एवं प्रश्न तैयार कर लेना चाहिए।
- परिचय–
  - विद्यार्थियों को प्रयोग को ध्यानपूर्वक अवलोकन करने के लिए, रुचि उत्पन्न करने के लिए और प्रदर्शन के पश्चात नये अवधारणाओं को स्वीकार करने के लिए प्रेरित करें।
  - पाठ को एक समस्या या मुद्दे के रूप में परिचय कराये ताकि विद्यार्थी पाठ के महत्व को समझ सके।
- प्रदर्शन–
  - प्रदर्शन के दौरान विद्यार्थियों की जिज्ञासा को बनाये रखे।
  - यह सुनिश्चित करें कि विद्यार्थी प्रदर्शन का अनुकरण करने के योग्य है।
  - विद्यार्थियों के जीवन अनुभव से प्रदर्शन को जोड़े।
  - उपकरणों को ठीक प्रकार से उपयोग में लाये और प्रदर्शन हेतु व्यवस्थित रूप से उनके निश्चित स्थान पर रखें।
- श्यामपट कार्य–
  - विद्यार्थियों को प्रदर्शन के महत्व को स्पष्ट रूप से समझाने के लिए श्यामपट पर प्रदर्शन के उद्देश्यों को स्पष्ट लिखे।
  - प्रासंगिक चित्र बनाकर मुख्य अवधारणाओं को और प्रदर्शन के निष्कर्ष को तुरंत ही श्यामपट पर लिखें।
  - विद्यार्थियों को मुख्य बिंदुओं को लिखने, चित्र बनाने और निष्कर्ष को अपनी कॉपी में लिखने के लिए कहें।
  - विद्यार्थी जब अपनी कॉपियों में लिख रहे हो, उस समय उनकी कॉपियों की जांच करें।

उपरोक्त लिखित बिंदुओं के अतिरिक्त आपको निम्नांकित पहलुओं पर ध्यान देने की आवश्यकता है–

- विद्यार्थियों को प्रदर्शन के प्रयोजन को बताये, परन्तु प्रदर्शन के निष्कर्ष या अनुमान के बारे में पहले से न बतायें।
- प्रयोग करने के लिए आवश्यक तैयारी करने में विद्यार्थियों की सहायता लें। आप और विद्यार्थी सक्रिय रूप से प्रायोगिक कार्य में भाग लेंगे, तो इससे प्रदर्शन की गुणवत्ता बेहतर होती है।
- उपकरणों को सावधानीपूर्वक उपयोग करने का अभ्यास कर लें तथा एक निश्चित क्रम में उपकरणों को रखे ताकि विद्यार्थी उसे स्पष्ट रूप से देख सके।
- जांच करें कि प्रदर्शन सभी विद्यार्थियों को स्पष्ट रूप से दिखायी दे रहा है।
- सुनिश्चित करें कि प्रदर्शन सरल और विद्यार्थियों के मानसिक स्तर अनुरूप हो।
- प्रदर्शन को वास्तविक और रुचिकर बनाने के लिए अन्य शिक्षण सामग्री का उपयोग करें।
- विद्यार्थियों की रुचि बनाये रखने के लिए उनसे विचारणीय प्रश्न पूछें।

प्रदर्शन विधि की उपयोगिता

प्रदर्शन विधि, अध्यापन विधि की एक पसंदीदा विधि है, क्योंकि इसके कई लाभ है।

- यह महंगी नहीं है, क्योंकि अध्यापक इसका प्रदर्शन करता है और यह समय बचाती है।
- अध्यापक प्रदर्शन के दौरान अवधारणाओं को समझाता है, जिससे विद्यार्थी पाठ के अवधारणाओं को स्पष्ट रूप से समझ सके।
- प्रदर्शन के दौरान विद्यार्थियों के शंकाओं का निवारण अध्यापक द्वारा उसी समय और जगह किया जाता है।
- प्रदर्शन के दौरान विद्यार्थियों को निम्नांकित अवसर प्राप्त होते हैं–
  - अवलोकन
  - नोट बनाने में
  - प्रश्न करना
  - आरेख बनाने में
  - प्रयोग में भागीदारी
- यह विद्यार्थियों में ध्यान बनाये रखने को बढ़ावा देता है, ध्यानभंग कम होता है और उपयोगी अधिगम के लिए रास्ता बनाता है।
- यह अधिगम के लिए प्रेरित करता है और विद्यार्थियों की रुचि बनाये रखने का प्रयास करता है।

आगमनात्मक और निगमनात्मक विधि

आगमन विधि विद्यार्थियों को मूर्त्त तत्वों/वस्तुओं या कथनों में संबंधों को अवलोकन के आधार पर सामान्यीकरण करने के पश्चात निष्कर्ष निकालने के लिए अग्रसर करता है। आगमन के माध्यम से निकाला गया निष्कर्ष सही या वैध है, इसे आगमन को पुनः उपयोग करके सत्यापित नहीं किया जा सकता है। वरन इसकी जांच केवल निगमन विधि द्वारा किया जा सकता है। आगमन के माध्यम से आप अपने विद्यार्थियों की संबंधों या नये अवधारणाओं का अन्वेषण करने में सहायता करते हैं और निगमन के माध्यम से आप उनकी सहायता खोजे गये संबंधों या अवधारणाओं की सत्यता की जांच करने में करते हैं। इस प्रकार प्रभावकारी अधिगम के लिए दोनों विधियों का इस्तेमाल करना चाहिए, क्योंकि एक के बिना दूसरा अपूर्ण है।

विद्यार्थी अनुकूल विधियां/विद्यार्थी केन्द्रित विधियां

अध्यापक की भूमिका ऐसी परिस्थिति का सृजन करना है, जिसमें एक समस्या का विकास हो और विद्यार्थियों को मुद्दों की पहचान करने में सहायता करता हो, प्रायोगिक समाधान ढूंढते हो, समाधानों का उपयोग करना और सम स्या का सबसे उत्तम संभावित हल निकालते हो। खेल विधि, प्रोजेक्ट, समस्या समाधान और अन्वेषण विधि विद्यार्थी अनुकूल विधियों के कुछ उदाहरण हैं।

खेल कूद विधि

हम सभी चाहे किसी भी आयु के हो, खेल का आनंद लेते हैं, परन्तु एक बच्चे का कार्य जगत खेल से भरा होता है। सभी बच्चे खेलना पसंद करते हैं, खेल बच्चों का नैसर्गिक स्वभाव है। यह उनकी आवश्यकताओं की प्राकृतिक अभिव्यक्ति है। यह एक बच्चे के शारीरिक, संज्ञानात्मक सामाजिक और भावानात्मक वृद्धि का विकास करता है। परन्तु खेल और कार्य के बीच क्या अंतर है? खेल और कार्य भिन्न है, एक व्यक्ति के लिए जो कार्य, वह दूसरे व्यक्ति के लिए खेल हो सकता है। माली के लिए बगीचे का रखरखाव करने का कार्य उसके जीवनयापन का स्रोत है, जबकि वही कार्य एक युवा विद्यार्थी का शौक बन जाता है जब वह अपने सृजनात्मक इच्छाओं की संतुष्टि के लिए यह कार्य करता है।

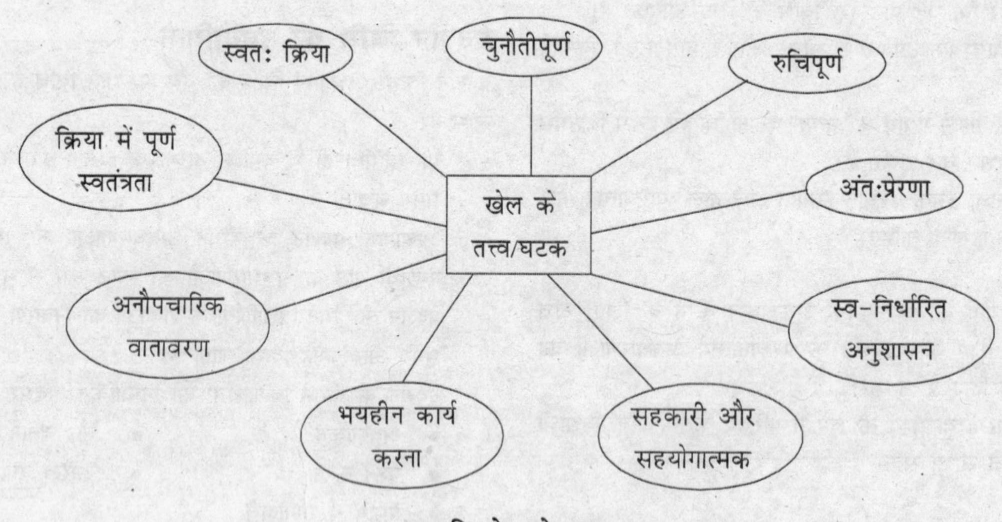

आकृति खेल के तत्त्व

खेल विधि के निम्नांकित लाभ हैं :

- खेल खेलना बच्चों की स्वाभाविक प्रकृति है। वे न केवल खेलों में स्वत:स्फूर्त रूप से भाग लेते हैं, बल्कि यदि उन्हें स्वतंत्रता दी जाये तो वे प्रभावकारी ढंग से खेल का आयोजन कर सकते हैं।
- बच्चे नये खेल का सृजन कर सकते हैं, वे खेल को खेलने के लिए नियम बनाते हैं और स्व:निर्मित अनुशासन का कड़ाई से अवलोकन करते हैं।
- यह बच्चों में सृजनात्मक कौशलों को पोषित करने में सहायता करता है साथ-ही-साथ कई जीवन कौशलों जैसे समस्या समाधान नेतृत्व क्षमता, तर्कपूर्ण ढंग से सोचना, स्व:अभिव्यक्ति, संप्रेषण कौशल, सहकारी अधिगम, समूह में रहना आदि का विकास करता है।
- अधिगम स्वाभाविक, आनंददायक और ऊर्जावान अनुभवकारी होता है।
- यह बच्चों को उनके शारीरिक, भावात्मक और संज्ञानात्मक आवश्यकताओं को पूरा करने के लिए अवसर उपलब्ध कराता है।
- यह विद्यार्थी-अध्यापक और विद्यार्थी-विद्यार्थी संबंधों को सुदृढ़ बनाता है।

खेल विधि के सिद्धांत

खेल विधि निम्नांकित सिद्धांतों पर आधारित है-

- **अन्त:शक्तियों का अभिव्यक्तिकरण का सिद्धांत :** यह एक स्थापित तथ्य है कि एक बच्चा कुछ अंतर्निहित शक्तियों के साथ जन्म लेता है और जैसे बच्चा बड़ा होता है वैसे वह शक्तियों का अभिव्यक्ति करना प्रारंभ करता है यदि उसे शक्तियों को प्रकट करने के लिए अनुकूल परिस्थितियां उपलब्ध कराया जाये। यदि बच्चे के ऊपर प्रतिकूल परिस्थितियों को थोपा जाता है तो ऐसे शक्तियों के विकास की प्रक्रिया धीमी हो जाती है या अत्यधिक विषम परिस्थितियों में शायद शक्तियों का विकास बिल्कुल ही नहीं होता है। खेल विधि का लक्ष्य है एक बच्चे के अंतर्निहित शक्तियों की पहचानना, पोषित करना और उसे अभिव्यक्ति करने का अवसर प्रदान करना है।
- **नैसर्गिक स्वभाव का सिद्धांत :** प्रत्येक व्यक्ति अपने नैसर्गिक स्वभाव के द्वारा निर्देशित होता है। खेल प्रत्येक बच्चे का स्वाभाविक प्रकृति है। बच्चे को खेल के द्वारा सीखा गया कोई भी चीज स्वाभाविक लगता है। और वह उसे शीघ्रता और प्रभावकारी ढंग से आत्मसात कर लेता है। खेल विधि इसलिए इस नैसर्गिक स्वभाव को पहचानता है और विशेषकर बच्चों को नये अनुभव प्राप्त करने के लिए इस्तेमाल किया जाता है।
- **पूर्ण स्वतंत्रता का सिद्धांत :** यदि एक बच्चे को उसके कार्य करने में पूर्ण-स्वतंत्रता दी जाये तो वह अपने अंत:शक्तियों को अभिव्यक्त करता है और अधिक नये अनुभव कम समय में प्राप्त करता है। बच्चे के ऊपर किसी भी प्रकार का प्रतिबंध लगाने से उसकी स्वाभाविक वृद्धि रुक जाती है। बच्चों को पूर्ण-स्वतंत्रता प्रदान करना खेल विधि का मुख्य सिद्धांत है।

- **क्रियाकलाप का सिद्धांत :** शिक्षा और मनोविज्ञान में किये गये शोध कार्यों ने यह तथ्य स्थापित किया है कि एक बच्चा बेहतर ढंग से सीखता है, यदि वह सक्रिय रूप से किसी कार्य में भाग लेता है। बिना किसी क्रियाकलाप के निष्क्रियतापूर्वक सुनना रटना सीखने की प्रवृत्ति को बढ़ाता है। खेल के द्वारा बच्चा स्वतःस्फूर्त सक्रिय हो जाता है।
- **इच्छापूर्ति का सिद्धांत :** प्रत्येक बच्चा अपने आंतरिक इच्छाओं और प्रवृत्तियों द्वारा चालित होता है, जिसे वह शायद सदैव वर्णन करने योग्य नहीं होता है। जब वह पर्याप्त स्वतंत्रता और नभ्यता प्राप्त करता है, तो वह अपने इच्छाओं और इरादों को पूरा करने के लिए असीमित अवसर प्राप्त करता है। इसके विपरीत यदि बच्चों पर अधिगम उद्देश्य के संदर्भ में कोई बाह्य बंधन लगाया जाता है तो उनके स्वाभाविक वृद्धि में रुकावट/बाधा उत्पन्न हो सकता है। खेल विधि इस प्रकार के बाह्य प्रतिबंधों से रहित स्वतंत्रता उपलब्ध कराता है।
- **आनंद का सिद्धांत :** कोई भी चीज जो आनंद प्रदान करती है, उसे आसानी से सीखा जाता है। बच्चों की सभी क्रियायें आनंद और पीड़ा के सिद्धांत के द्वारा संचालित होता है, इसका अर्थ है कि बच्चा आनंददायक कार्यों को करना पसंद करता है तथा पीड़ादायक कार्यों से बचने का प्रयास करते हैं। इसलिए खेल विधि से बच्चे आनंदपूर्वक आसानी से सीखते हैं तथा यह लम्बे समय तक बच्चों को याद रहता है।
- **सृजनात्मकता का सिद्धांत :** बच्चे खेल खेलना पसंद करते हैं लेकिन एक ही प्रकार के खेल से वे जल्दी ही ऊब जाते हैं तथा नये वैकल्पिक खेल तलाशते हैं। बदलाव की इच्छा उन्हें अपने खेल में नवीनता लाने के लिए प्रेरित करती है। इस प्रकार एक बच्चे का सृजनात्मक शक्तियों का प्रारंभिक विकास खेल के द्वारा होता है और खेल विधि कल्पनाशीलतापूर्वक बच्चों में सृजनात्मक योग्यता का विकास करता है।
- **जिम्मेदारी का सिद्धांत :** खेल बच्चों में जिम्मेदारी के अहसास को बढ़ाता है। खेल के दौरान बच्चे यह अहसास करते हैं, चाहे वे व्यक्तिगत रूप से या समूह में खेल रहे हो, कि बिना किसी नियम या अनुशासन के खेलना संतोषजनक नहीं है। इसलिए बच्चे नियम बनाने के लिए दूसरों की सहायता लेते हैं या समूह में स्वयं विकास करते हैं तथा खेल के नियमों का पालन करने की जिम्मेदारी लेते हैं इस प्रकार बच्चे खेल विधि से अधिक जिम्मेदार होना सीखते हैं, जबकि प्रत्यक्ष निर्देशन के माध्यम से आज्ञापालन करने से वे जिम्मेदार नहीं बनते हैं।

खेल विधि में अध्यापक की भूमिका

- विद्यार्थियों के सुझाव के अनुसार खेल की शुरुआत करने में उनकी सहायता करते हैं या विद्यार्थियों के सहयोग से नये खेल का विकास करते हैं।
- बच्चों के अधिगम को आनंददायक अनुभव बनाने के लिए अधिगम वातावरण तैयार करते हैं।
- अधिगम क्रियाकलाप की डिजाइन करने के पश्चात उचित शिक्षण अधिगम सामग्रियों को तैयार करता है।
- अधिगम क्रियाकलापों को सरल अवधारणा से कठिन अवधारणा के क्रम में व्यवस्थित करता है।
- अधिगम प्रक्रिया के दौरान विद्यार्थियों के लिए मार्गदर्शक नेतृत्वकर्ता और पर्यवेक्षक का कार्य करते हैं।
- खेल विधि के द्वारा विद्यार्थियों का मूल्यांकन करते हैं। मूल्यांकन की उपेक्षा नहीं करनी चाहिए।

खेल विधि की सीमाएं

- इस विधि को पूर्व-प्राथमिक और प्राथमिक स्तर के लिए उचित समझा जाता है।
- सभी विषयों के विषयवस्तुओं और अवधारणाओं को इस विधि द्वारा परिचित नहीं कराया जा सकता है।
- कभी-कभी कुछ बच्चे सिर्फ खेल खेलने में रुचि रखते हैं तथा खेल विधि से सीखने में रुचि नहीं रखते हैं।

प्रोजेक्ट विधि

John Afford Stevenson के अनुसार ''एक प्रोजेक्ट एक समस्यात्मक कार्य है जिसे उसके वास्तविक परिस्थितियों में पूर्ण किया जाता है।'' Bafford इसे कुछ इस तरह से परिभाषित करते हैं-''एक प्रोजेक्ट वास्तविक जीवन का एक टुकड़ा होता है जिसे विद्यालय में लाया जाता है'' जबकि डॉ. विलियम हेड किलपैट्रिक इसे परिभाषित करते हैं-एक प्रोजेक्ट उद्देश्यपरक क्रियाकलाप है जिसे एक सामाजिक वातावरण में संपूर्ण हृदय से पूरा किया जाता है। दूसरों शब्दों में हम कह सकते हैं-

एक प्रोजेक्ट एक शैक्षणिक विधि है, जहां विद्यार्थी व्यक्तिगत रूप से या छोटे समूह में वास्तविक-जीवन के समस्या का विकास और विश्लेषण करते हैं या आज के समय के किसी प्रकरण को वर्तमान समय सीमा के भीतर समझने और निष्कर्ष निकालने का प्रयास करते हैं, कार्य का स्पष्ट रूप से विभाजन करके व्यक्तिगत रूप से कार्य करते हैं।

इन परिभाषाओं से आप अवलोकन कर सकते हैं कि-

- एक प्रोजेक्ट एक कार्य है या एक क्रियाकलाप है।
- इसका कुछ प्रयोजन होता है।
- इसका आयोजन सामाजिक और वास्तविक परिस्थितियों में किया जाता है।

प्रोजेक्ट विधि की विशेषताएं

प्रोजेक्ट विधि की निम्नांकित विशेषताएं हैं–

- **समस्यात्मक :** प्रत्येक प्रोजेक्ट किसी विद्यार्थी-विद्यार्थियों द्वारा अनुभूत एक समस्या का समाधान प्राप्त करने का लक्ष्य रखता है। समस्या के बारे में जागरूक होना प्रोजेक्ट निर्माण को प्रारम्भ करता है।
- **उद्देश्य :** किसी प्रोजेक्ट की सफलता इस बात पर निर्भर करता है कि विद्यार्थियों में इसके उद्देश्य को कितना समझा है। विद्यार्थियों द्वारा प्रोजेक्ट कार्य को पूरा करने का उद्देश्य उनके वास्तविक जीवन की परिस्थितियों से अंतरंग रूप से जुड़े होते हैं। उनकी मन की कुछ इच्छाओं को पूरा करता है।

- **क्रियाकलाप :** उद्देश्य को परिभाषित करने के पश्चात अब आपका कर्त्तव्य है कि आप अधिगम वातावरण की रचना करें। विद्यार्थी स्व योजना बनाकर, सामूहिक चर्चा के द्वारा और सामूहिक क्रियाकलाप के द्वारा सीखना प्रारम्भ करते हैं।
- **वास्तविक :** प्रभावकारी अधिगम के लिए वास्तविक जीवन के क्रियाकलापों की रचना करना आवश्यक है।
- **स्वतंत्रता :** प्रोजेक्ट विधि में अधिगम स्वाभाविक रूप से होता है अत: विद्यार्थी स्वतंत्र रूप से क्रियाकलाप में भाग लेता है।
- **उपयोगिता :** अर्जित ज्ञान विद्यार्थियों के वर्तमान जीवन की आवश्यकताओं को पूरा करने वाला होना चाहिए।
- **समग्रता :** चूंकि प्रोजेक्ट वास्तविक जीवन के समस्याओं पर आधारित होता है। प्रोजेक्ट को पूरा करने के लिए वास्तविक अनुभव चाहिए और कोई भी वास्तविक अनुभव केवल एक ही विषय के ज्ञान को शामिल नहीं करता है वरन एक से अधिक विषयों के ज्ञान को जोड़कर किसी प्रोजेक्ट को सफलतापूर्वक पूरा किया जा सकता है।
  विभिन्न विषयों के बारे में कक्षा में अर्जित ज्ञान को मिलाकर उपयोग करना प्रोजेक्ट कार्य की मूलभूत आवश्यकता है।
- **प्रजातांत्रिक मूल्य :** प्रोजेक्ट में कार्य करते समय समूह में कार्य करने वाले विद्यार्थियों को एक-दूसरे की सहायता करना चाहिए, आदर करना चाहिए, विचारों को आपस में बांटना चाहिए तथा जिम्मेदारी लेना चाहिए। इस प्रकार के विशेषताओं का पोषण करने से विद्यार्थियों में प्रजातांत्रिक मूल्यों का विकास होता है। किलपैट्रिक के अनुसार एक प्रजातंत्र में यह सबसे उत्तम विधि है।

उपरोक्त उदाहरण से आप एक प्रोजेक्ट के आयोजन के चरणों का निगमन कर सकते हैं।

1. एक परिस्थिति उपलब्ध कराना
2. समस्या का चुनाव करना
3. प्रोजेक्ट की योजना बनाना
4. क्रियान्वीकरण
5. मूल्यांकन करना

प्रोजेक्ट विधि के लाभ

- प्रोजेक्ट विधि सक्रिय अधिगम के सिद्धांत पर आधारित है। इसमें विद्यार्थी पूर्ण रूप से संलग्न हो जाते हैं, जिससे उसके ज्ञान, समझ और कौशलों को बढ़ाता है, जिसका उपयोग वे वास्तविक जीवन के परिस्थितियों में उपयोग कर सकते हैं और उनके समग्र व्यक्तित्व विकास में सहायक होते हैं।
- चूंकि सभी क्रियाकलाप वास्तविक जीवन के अनुभव से संबंधित होते हैं, अत: प्रोजेक्ट के प्रत्येक क्रियाकलाप विद्यार्थियों के लिए अर्थपूर्ण होते हैं। इसलिए अर्थपूर्ण अधिगम, प्रोजेक्ट विधि के साथ सदैव जुड़ा रहता है।
- प्रोजेक्ट के आयोजन में बच्चों को पूर्ण स्वतंत्रता होती है, इससे उनका आत्मविश्वास बढ़ता है और विद्यार्थी के बीच जिम्मेदारी के भाव का विकास होता है।
- विद्यार्थी उन कार्यों के साथ परिचित होते हैं, जिसे शायद वे भविष्य में करें। इस प्रकार प्रोजेक्ट विधि विद्यार्थियों को उनके भविष्य के जीवन के लिए तैयार करता है।
- विद्यार्थी कई प्रकार के सामाजिक गुणों को प्रोजेक्ट के द्वारा अपनाते हैं, जैसे सहयोग, समूह में कार्य करना, समूह बंधन और त्याग की भावना आदि।
- प्रोजेक्ट क्रियाकलापों के लिए रुचि और प्रेरणा स्वत: उत्पन्न होते हैं और कोई बाह्य बल या अनुनय-विनय की आवश्यकता नहीं पड़ती है।
- प्रोजेक्ट की पूर्ण होने पर प्रोजेक्ट व्यक्तिगत रूप से विद्यार्थी को उपलब्धि का अहसास दिलाता है। इससे विद्यार्थी आगे सीखने के लिए उद्यत होते हैं।

समस्या समाधान विधि के चरण

1. समस्या को पहचानना
2. सोचविचार कर समस्या को परिभाषित करना और प्रासंगिक सूचना को छांटना
3. विभिन्न वैकल्पिक समाधानों को ढूंढना, विचार मंथन करना, और विभिन्न विचारों की जांच करना।
4. रणनीतियों पर कार्य करना।
5. पश्चावलोकन करे और अपने क्रियाकलाप के प्रभाव का मूल्यांकन करें।

इस प्रकार के मॉडल को इस धारणा पर विकसित किया जाता है कि अमूर्त समस्या समाधान कौशलों को सीखकर इन कौशलों को किसी भी स्थिति में स्थानान्तरित किया जा सकता है (किसी भी अवधारणा को सीखना)। यह धारणा विद्यार्थियों के पूर्व के अनुभव पर विचार नहीं करता है। परन्तु 1980 से समस्या समाधान पर शोधकर्त्ताओं का झुकाव प्रसंग आधारित समस्याओं की ओर है। इसका अर्थ है कि विषयवस्तु का अध्ययन करते समय जिन समस्याओं का सामना विद्यार्थी करते हैं। वे सदैव एक प्रसंग या एक परिस्थिति पर आधारित होते हैं। समस्या की प्रकृति अलग-अलग प्रसंग में अलग-अलग हो सकती है। 1983 में समस्या समाधान को परिभाषित एक बहुचरणीय प्रक्रिया के रूप में किया है, जहां पर समाधानकर्ता को अपने पूर्व के अनुभवों और वर्तमान समस्या के बीच संबंध का ढूंढना आवश्यक है और फिर उसके बाद समाधान प्राप्त करने का प्रयास करना चाहिए।

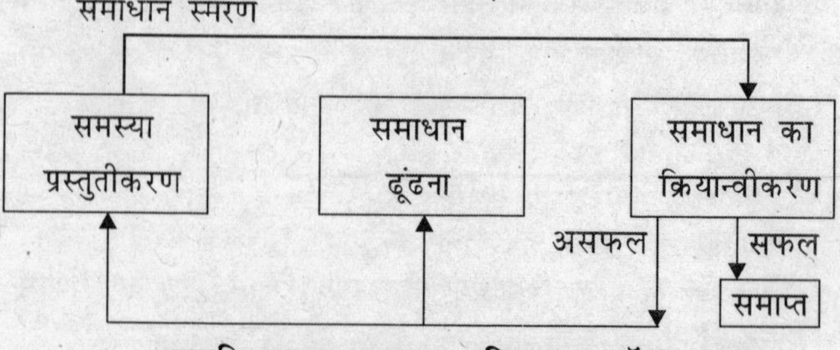

आकृति समस्या समाधान प्रक्रिया का मॉडल

- समस्या का प्रस्तुतीकरण (i) उपयुक्त प्रासंगिक ज्ञान का स्मरण करना (पूर्व ज्ञान) और (ii) लक्ष्य की पहचान और समस्या के लिए प्रासंगिक स्थिति को पहचानना।

- समाधान ढूंढना : इसमें लक्ष्य का परिशुद्ध करना (वैकल्पिक हल/अभिधारणा) और लक्ष्य तक पहुंचने के लिए क्रियाओं की योजना का विकास करना शामिल है।
- समाधान का क्रियान्वीकरण : इसमें (i) योजनाक्रिया को क्रियान्वित करना और (ii) परिणामों का मूल्यांकन करना शामिल है।
  कक्षा अध्यापक के रूप में, समस्या समाधान विधि का अनुकरण करते समय, आपको निम्नांकित चरणों पर विचार करना चाहिए।
- समस्या पहचानना या अनुमान लगाना।
- विभिन्न स्रोत से सूचना उपयोग करके समस्या को स्पष्ट रूप से समझना और इसके जड़ तक पहुंचना।
- वैकल्पिक हल उत्पन्न करना।
- विकल्पों के सबल और निर्बल पक्षों का मूल्यांकन करना, साथ-ही-साथ खतरा और लाभों तथा लघु और दीर्घ परिणामों का मूल्यांकन करना।
- एक ऐसे विकल्प का चुनाव करना, जो कि लक्ष्य, प्रसंग और उपलब्ध संसाधनों के लिए सबसे अधिक उपयुक्त हो।
- समाधान या निर्णय के प्रभावीकरण का मूल्यांकन करने के लिए मापदंड स्थापित करना। समस्या समाधान विधि में चिंतनात्मक सोच, तार्किक सोच और विशेष योग्यताओं, कौशलों और दृष्टिकोण के उपलब्धि के परिणाम शामिल हैं। आपको ऐसे परिस्थितियां या क्रियाकलाप उपलब्ध कराना चाहिए, जिससे समस्या उत्पन्न हो। इसमें समस्या को विश्लेषण करने के लिए एक निश्चित प्रक्रिया, आगमनात्मक रूप से इसका हल ढूंढना और अंत में निगमनात्मक उपागम के द्वारा सामान्यीकरण के पूर्णता की जांच करना शामिल है। जैसाकि इसमें चिंतनात्मक सोच और तर्क शामिल है, इसलिए इसका उपयोग छोटी कक्षाओं के लिए नहीं किया जाता है।

अन्वेषण विधि

इस विधि को Heuristic Method के नाम से भी जाना जाता है। Heuristic शब्द ग्रीस शब्द Heurisca से लिया गया है जिसका अर्थ है 'पता लगाना।' इसे खोजबीन विधि भी कहते हैं। प्रो. डेनरी एडवर्ड आर्मस्ट्रोंग के अनुसार जिन्होंने विज्ञान पढ़ाने के लिए इस विधि का परिचय कराया ''Heuristic विधि शिक्षण की एक विधि है, जिसमें जितना संभव हो सके बच्चों को खोजकर्ता के मनोवृत्ति के स्तर पर लाना है। यह एक ऐसी विधि है, जिसमें बच्चे स्वयं वस्तुओं की खोज और अन्वेषण करते हैं। उन्हें खोजकर्ता या आविष्कारक के स्थान पर रखा जाता है। आपको चाहिए कि आप अपने विद्यार्थियों को समस्या का समाधान ढूंढने के लिए कहें, उन्हें व्याख्यान न दें। विद्यार्थियों को समस्या उपलब्ध कराया जाता है। विद्यार्थियों से अपेक्षा की जाती है कि निर्देशन के अनुसार अवलोकन और प्रयोग आयोजन करें। निष्कर्ष विद्यार्थियों द्वारा निकाला जाता है और इस प्रकार उनको तार्किक कौशल का परिचय स्वयं के अवलोकन और प्रयोग द्वारा हो जाता है।

अन्वेषण विधि के चरण : इसके निम्नांकित चरण है-

1. समस्या की पहचान करना
2. अवलोकन और प्रयोग करना
3. समस्या समाधान
4. मूल्यांकन

शिक्षण एवं अधिगम के उपागम

कक्षा के तीन महत्वपूर्ण पहलू हैं-विद्यार्थी, शिक्षक एवं विषय सामग्री। कक्षा में शिक्षण का अन्तिम उद्देश्य विद्यार्थियों को ज्ञान को ग्रहण करने के योग्य बनाना एवं कक्षा को पढ़ायी गयी अवधारणा को समझने के योग्य बनाना है।

कक्षा क्रियाकलापों की तीन महत्वपूर्ण पहलुओं पर विचार करते हुए, यहाँ मुख्य रूप से उपागमों के तीन महत्वपूर्ण वर्गों का वर्णन किया गया है :- अध्यापक-केन्द्रित, विषय-केन्द्रित और अध्येता-केन्द्रित उपागम। इन उपगमों के अतिरिक्त यहाँ दो अन्य उपागम और है :- दक्षता आधारित उपागम और रचनात्मक उपागम, जिनका कि आजकल प्राथमिक विद्यालयों में अधिकतर उपयोग किया जाता है।

अध्यापक-केन्द्रित उपागम

इस उपागम का ये मुख्य विश्वास है कि अध्यापक वह सब जानता है, जो बच्चे को जानने की आवश्यकता है। इसलिए अध्यापक उन कौशलों को बच्चों में पहुँचा सकता है। एक तथाकथित अच्छा कहलाने वाला बच्चा/विद्यार्थी ही इस प्रकार के ज्ञान को अपनी स्मृति में संग्रहित करता है और जब आवश्यकता होती है तब उस ज्ञान का उपयोग करता है। अन्य शब्दों में, कमजोर बच्चे में ज्ञान को ग्रहण करने एवं उसका उपयोग करने की योग्यता की कमी होती है। अन्य शब्दों में, स्मृति से याद करने एवं ज्ञान का उपयोग करने की प्रक्रिया इस उपागम की दो महत्वपूर्ण प्रक्रिया है। एक महान शैक्षिक चिन्तक पाउटो फिरिअर ने इस प्रक्रिया को ''बैंकिंग शिक्षा'' (Banking Education) का नाम दिया है।

अध्यापक केन्द्रित उपागम की विशेषताएं

शिक्षण-अधिगम के अध्यापक केन्द्रित उपागम की कुछ महत्वपूर्ण विशेषताएं निम्न हैं :-

- ज्ञान, शिक्षक से बच्चे में पहुँचता है।
- अधिगम की अपेक्षा ध्यान शिक्षण। सूचना प्रेषण। निर्देशन पर केन्द्रित किया जाता है।
- औसत विद्यार्थियों को ध्यान में रखते हुए विषय वस्तु एवं शिक्षण विधि अध्यापक के द्वारा सुनिश्चित की जाती है। शिक्षण के दौरान व्यक्तिगत विद्यार्थी की रुचि और आवश्यकताओं का मुश्किल से ध्यान रखा जाता है।
- शिक्षण के द्वारा निर्देशित या पढ़ायी गयी वस्तु को सकारात्मक रूप से सुनने, पढ़ने, लिखने आदि पर बल दिया जाता है।
- कक्षा क्रियाकलाप में विद्यार्थी की सहभागिता अध्यापक द्वारा तय की जाती है। अधिकतर स्थितियों में, अध्यापक बच्चों को विचारों के आदान-प्रदान में, अन्ताक्षरी एवं चर्चा में कम ही अवसर देते हैं।
- अध्यापक मुख्यतया विषय वस्तु को पूरा करने से ही संबंध रखते हैं।
- अध्यापक केवल ठीक उत्तर पर ही ध्यान देते हैं।
- कक्षा प्रबंधन पूर्ण रूप से अध्यापक पर, उसके अनुभवों की योग्यताओं और कभी-कभी उसकी मर्जी एवं भावनाओं पर निर्भर करता है।
- कक्षा अनुशासन के सिद्धांत एवं कक्षा में उनका पुनर्बलन पूर्ण रूप से अध्यापक नियंत्रित होता है।

- कक्षा/विद्यालय में अनुशासन का प्रभाव चिन्ह यही है कि विद्यार्थी अध्यापक के प्रति पूर्णतया आज्ञाकारी रहे।
- उत्साह वर्धन के बाह्य तरीके जैसे तारीफ करना, पीठ थपथपाना, ईनाम और सजा आदि सामान्य रूप से अध्यापक के द्वारा प्रयोग किये जाते हैं।

अध्यापक केन्द्रित उपागम की उपयोगिता

यह उपागम पूर्ण रूप से अध्यापक पर निर्भर होती है। यदि अध्यापक एक सकारात्मक दिमाग का है तो वह नयी वस्तुओं के अधिगम की ऊर्जा को जारी रख सकता है और अपने विद्यार्थियों के अनुभवों को बढ़ाने में उनकी सहायता कर सकता है।

- अध्यापक से ज्ञान, सूचना एवं कौशल का विद्यार्थियों में स्थानांतरण अक्सर विवादित रहा है कि ये विद्यार्थियों के लिए लाभदायक है या नहीं, जैसे कि बहुत से सफल विद्यार्थी जो परम्परागत तरीकों से आते हैं, उन्होंने भी अपनी प्रतिभा को सिद्ध किया है।
- यहाँ बच्चे के लिए पर्याप्त संख्या में नयी, अपरिचित या अमूर्त अवधारणाएं हैं, जिनको आसानी से नहीं सीखा जा सकता। इनको बच्चों पर नहीं छोड़ा जा सकता है। विद्यार्थियों को सुविधा प्रदान करने के लिए एवं इन्हें आसानी से समझाने के लिए, अध्यापक के द्वारा इनकी प्रत्यक्ष रूप से व्याख्या करना ही अधिक अच्छा तरीका है।
- यहाँ ऐसी अनेकों सामग्री, उपकरण एवं स्थितियां है, जिनके द्वारा छोटे बच्चों को नुकसान पहुँच सकता है। ऐसी स्थितियों में हमेशा यह सलाह दी जाती है कि अध्यापक ही ऐसी सामग्री या उपकरणों की सहायता से ऐसे अनुप्रयोगों या क्रियाकलापों का प्रदर्शन करें।
- बड़े आकार की कक्षा में, जहाँ बहुत अधिक संख्या में बच्चे हैं, शिक्षण केवल सुविधा प्रदान करने की विधि बन जाती है।

अधिगम केन्द्रित उपागम की सीमाएं

इस उपागम की बहुत अधिक संख्या में सीमाएं हैं। उनमें से कुछ इस प्रकार हैं-

- शिक्षक के द्वारा जब अक्सर प्रभावशाली तथ्यों एवं विचारों का शिक्षण किया जाता है, तो बच्चे इसे पसंद नहीं करते और अपनी रुचि खोने लगते हैं।
- यदि शिक्षक का ज्ञान सीमित है, तब वह व्यक्तिगत बच्चों की आवश्यकताओं की पूर्ति नहीं कर सकता है।
- इस उपागम में वाद-विवाद एवं परिचर्चा के लिए कोई स्थान नहीं दिया जा सकता है।
- अध्यापक बच्चों को सोचने के कौशल को विकसित करने के लिए कोई भी अवसर उपलब्ध नहीं कराता।
- अधिकांशतः मूल्यांकन की प्रकृति समेकित होती है। यहां सतत एवं व्यापक मूल्यांकन के लिए कोई स्थान नहीं होता जो आज के वर्तमान समय की मांग है।
- शिक्षक कोर्स को पूरा करने के प्रति प्रतिबद्ध होता है। इससे कोई मतलब नहीं है कि किसी बच्चे ने अवधारणा को समझा है या नहीं।

विषय-केन्द्रित उपागम

विषय केन्द्रित उपागम में, विद्यार्थियों के ग्रहण करने के लिए अध्यापक के द्वारा मुख्य रूप से विषय वस्तु के प्रस्तुतीकरण पर ध्यान दिया जाता है। उदाहरण के लिए विषय में शामिल प्रकरण/अवधारणा को महत्व दिया जाता है, जिसके चारों ओर सभी शिक्षण एवं अधिगम क्रियाकलाप परिक्रमण करते हैं। शिक्षण एवं अधिगम के लिए पाठ्यपुस्तक एवं पाठ्यक्रम का दृढ़ता से अनुकरण करना अधिकांश विद्यालयों में एक सामान्य अभ्यास है। सभी विषयों में पाठ्यपुस्तक को सभी आवश्यक अवधारणा, उदाहरण एवं अभ्यास के भंडार गृह के रूप में माना जाता है, जिसकी शिक्षण-अधिगम प्रक्रिया के लिए आवश्यकता होती है। प्रस्तावित अवधारणा को अधिग्रहण करने की विधि से तात्पर्य कुछ भी हो सकता है।

''पाठ्यपुस्तक पाठ्यक्रम का मूर्त्तरूप बन जाती है, जो पढ़ाया जाता है वो सब इसी में है। यह एक विधिपूर्वक गाइड बन जाती है, जिसको पढ़ना है और इसके कुछ भागों को बारम्बार पढ़कर स्मरण करना है। इसके प्रत्येक पाठ के अंत में दिए गए प्रश्नों को मूल्यांकन के लिए निर्धारित किया गया है, जिसका मौखिक रूप से उत्तर देना है और लिखते समय इसे दोहराना है।

राष्ट्रीय पाठ्यक्रम की रूपरेखा (2005) में बनाये गये बिन्दुओं पर चर्चा करते हैं :-

विषय केन्द्रित उपागम के सन्दर्भ में यह निम्नलिखित का चिन्हाकिंत करता है-

- अध्यापक के लिए पाठ्यपुस्तक ही केवल मुख्य स्रोत होता है।
- विद्यार्थियों के सम्मुख एक-एक शब्दों को प्रस्तुत किया जाता है।
- पाठ्यपुस्तक की पाठ्य वस्तु ही अध्यापक के लिए उसकी प्रविधियों के चुनाव के लिए गाइड का कार्य करती है।
- विद्यार्थियों को बार-बार पढ़कर तथ्यों को स्मरण करने पर बल दिया जाता है।
- अधिगम के आकलन के लिए विद्यार्थियों से पाठ के अन्त में दिए गये प्रश्न पूछे जाते हैं।
- विद्यार्थी पाठ्यपुस्तक की नकल से मौखिक व लिखित रूप से उत्तर देते हैं।
- वे अपने उत्तर मौखिक रूप से या लिखित रूप से वास्तविक पाठ्यवस्तु के पुनरुत्पादन के द्वारा निर्मित कर सकते हैं।

विषय-केन्द्रित उपागम की विशेषताएं

- विषय वस्तु पर ही ध्यान केन्द्रित होता है, अतः कक्षा में पाठ्यपुस्तक का आदान-प्रदान ही सभी कक्षा क्रियाकलापों का मूल होता है।
- शिक्षक स्वयं को बच्चों के सम्मुख एक आदर्श के रूप में प्रस्तुत करता है, जैसे कि वह विषय से संबंधित सभी मामलों का आधिपत्य रखता है।
- इन विद्यार्थियों की अधिगम आवश्यकताओं को पाठ्य पुस्तक के द्वारा ही पूरा हुआ माना जाता है।
- कक्षा में विषय वस्तु को प्रस्तुत करते समय वास्तविक जीवन की स्थितियों को मुश्किल से ही स्थान दिया जाता है।
- कक्षा की सभी परस्पर क्रियाएं पाठ्य पुस्तक केन्द्रित होती है।

- गुणात्मक आधारित परिणाम की अपेक्षा आधारित परिणाम का दबाव होता है।
- मूल्यांकन के लिए पाठ्यपुस्तक आधारित प्रश्न उपयोग किये जाते हैं, जिनमें विभिन्नता की कमी होती है।

यद्यपि यह उपागम, एक सीमित समय में पाठ्यवस्तु से भरपूर विवरण अध्येता को प्रदान करता है। जैसे कि प्रस्तावित समय में कोर्स पूर्ण हो जाता है, अध्येता विस्तृत रूप से अभ्यास की योजना बना सकता है और विषय वस्तु को पूर्ण रूप से सीख सकता है।

इस प्रकार से ग्रहण किया गया ज्ञान केवल पुस्तकीय है। यहाँ शिक्षण-अधिगम प्रक्रिया में कोई श्रेष्ठता नहीं है। अधिकांश समय रटने व दोहराने में उपयोग हो जाता है, ना कि अर्थपूर्ण अधिगम में। अतः विद्यार्थी व अध्यापक दोनों के लिए प्रश्न पूछने की कला के विकास में अधिक समय नहीं मिलता, क्योंकि वह अपने आपको पुस्तकीय प्रश्नों तक ही सीमित रखते हैं। अधिगम के परिणाम के रूप में व्यक्तित्त्व वृद्धि के सभी पहलुओं का आकलन करने की अपेक्षा पाठ्य पुस्तक से ग्रहण की गयी सभी अवधारणाओं के आकलन के लिए एक सतत एवं व्यापक मूल्यांकन को सीमित किया गया है।

अध्येता-केन्द्रित उपागम

अध्यापक केन्द्रित व विषय-केन्द्रित उपागमों के बारे में अध्ययन किया। दोनों ही उपागम रुढ़िवादी है और अधिक या कम एक-दूसरे के काफी समान है। एक उदाहरण है "कि अध्यापक, जॉन को भाषा पढ़ाता है।" यहाँ ना तो अध्यापक और ना ही भाषा महत्वपूर्ण है। लेकिन जॉन महत्वपूर्ण है। जॉन शिक्षार्थी है और वही शिक्षण-अधिगम क्रियाकलाप का केन्द्र बिन्दु है। अतः शिक्षार्थी की ओर उन्मुक्त उपागम विद्यार्थी केन्द्रित उपागम है।

शिक्षार्थी केन्द्रित उपागम की विशेषताएं

- इस उपागम की सभी अधिगम विधियां और व्यूह रचना, व्यक्तिगत विद्यार्थी की आवश्यकताओं का आधार बनाती है।
- अध्यापक शिक्षण अधिगम प्रक्रिया को शुरू करने से पहले बच्चों को प्रोत्साहित करने की कोशिश करता है।
- शिक्षण अधिगम प्रक्रिया में शिक्षक एक सुविधा करने वाले की भूमिका निभाता है ना कि उपदेशक की।
- अधिगम प्रक्रिया को सुविधाजनक बनाने के लिए स्थितियों का सृजन किया जाता है।
- विद्यार्थी, व्यक्तिगत रूप से एवं समूह में दोनों प्रकार से कार्य करते हैं।
- विद्यार्थी अपने सहपाठियों के साथ परस्पर क्रिया से सीखते हैं।
- विद्यार्थियों को प्रश्न पूछने, खोज करने एवं प्रयोग करने के अवसर उपलब्ध कराये जाते हैं।
- बच्चों के बैठने की व्यवस्था, कक्षा में बच्चों के क्रियाकलाप के अनुसार होती है।
- आकलन, शिक्षण-अधिगम प्रक्रिया का एक भाग है और बच्चों का आकलन कोर्स के क्रियाकलाप को करते हुए किया जाता है।
- विभिन्न प्रकार की शिक्षण अधिगम सामग्री का उपयोग किया जाता है, जिनको हस्तकौशल शिक्षक व विद्यार्थियों के द्वारा किया जाता है।
- अधिगम का वातावरण स्वतंत्रतापूर्ण होता है।
- विद्यार्थी अक्सर अवधारणा को स्पष्ट करने के लिए शिक्षक से प्रश्न पूछता है।

आप उपरोक्त दी गयी सूची में और अधिक बिन्दुओं को जोड़ सकते हैं। बच्चों के साथ कक्षा में क्रियाकलाप के द्वारा अधिगम पूरे देश में प्राथमिक विद्यालयों में तीव्र गति से अपनाया जा रहा है।

शिक्षार्थी केन्द्रित उपागम की उपयोगिता

- शिक्षण-अधिगम प्रक्रिया के केन्द्र में विद्यार्थी स्थित है।
- योजना और परस्पर क्रिया की प्रक्रिया बड़ी बारीकी से एवं व्यवस्थित तरीके से बनायी जाती है। यह प्रक्रिया बच्चों के अर्थपूर्ण तरीके से सीखने के लिए अध्यापक द्वारा बनायी जाती है।
- विद्यार्थियों के प्रदर्शन को पहचान दी जाती है।

लेकिन शिक्षार्थी केन्द्रित उपागम आलोचना से स्वतंत्र नहीं है। यहाँ तक कि यदि इस उपागम का उपयोग किया तो जाता है, लेकिन एक सीमित समयावधि में औसत रूप से सभी विद्यार्थियों के उपलब्धि स्तर को बढ़ाना कठिन है। दक्ष और समर्पित अध्यापकों के बिना यह उपागम कार्य नहीं करेगा। इसमें ऐसे अध्यापकों की आवश्यकता है, जो बच्चों की आवश्यकताओं के प्रति बहुत अधिक संवेदनशील हो। विद्यालय में कागजी अधिगम वातावरण का सृजन किए बिना, अध्येता-केन्द्रित उपागम का उपयोग संभव नहीं है।

शिक्षण एवं अधिगम के दो मुख्य उपागम के बीच संक्षेप में तुलना निम्नलिखित तालिका में दी गयी है।

अध्यापक केन्द्रित उपागम एवं शिक्षार्थी केन्द्रित उपागम के मध्य तुलना

सूचक	अध्यापक केन्द्रित उपागम	शिक्षार्थी केन्द्रित उपागम
पाठ्यक्रम उद्देश्य	अध्यापक पाठ्य रूपरेखा के अनुरूप विषयवस्तु को पूरा करता है।	अध्यापक द्वारा निर्धारित अधिगम उद्देश्य को प्राप्त करता है।
विद्यार्थी कैसे सीखता है	• विद्यार्थी निष्क्रिय होकर सुनता है व पढ़ता है। • वे स्वतंत्र अधिगम का चुनाव अच्छे अंक अर्जित करने के लिए करते हैं	• विद्यार्थी पूर्व अर्जित ज्ञान में नये ज्ञान का समावेश करता है। • करके सीखना मुख्य आधार होता है।

शिक्षण पद्धति	• सूचना के संप्रेषण पर आधारित	• विभिन्न क्रियाकलापों में संलग्न होकर करके सीखना पर आधारित
पाठ्यक्रम संप्रेषण	• व्याख्यान पद्धति का उपयोग • समाकलित उद्देश्य के लिए दत्तकार्य व • इकाई परीक्षण और इकाई योजना नहीं होता है।	• सक्रिय अधिगम • सहकारी अधिगम और समस्या पर आधारित अधिगम परीक्षा आधारित होते हैं। का प्रयोग होता है। • दत्तकार्य अभ्यास के लिए दिया जाता है। इकाई परीक्षण दिया जाता है।
अध्यापक की भूमिका	• मंच पर सुना और जो कुछ कहा, उसका	• अध्यापक एक सुगमकर्त्ता है, वह विद्यार्थियों के साथ पालन करना आवश्यक है। मिलकर कार्य करता है।
शिक्षण की प्रभावशीलता	• अध्यापक सूचना उपलब्ध कराता है और विद्यार्थी उसे कंठस्थ करते हैं। • चूंकि विद्यार्थी रटकर सीखते हैं। अंतः प्रक्रिया की प्रभावशीलता का मूल्यांकन तार्किक रूप से नहीं किया जा सकता।	• अध्यापक विद्यार्थियों को अधिगम क्रियाकलापों में संलग्न रखता है। • अध्यापक प्रत्येक विद्यार्थी को अधिगम प्राप्ति में सहायता करता है। • प्रदर्शन अधिगम उद्देश्य के मास्टरी का सूचक होता है। • विद्यार्थियों के स्तर को सुधारने के लिए मूल्यांकन किया जाता है।

योग्यता आधारित उपागम

- योग्यता एक आवश्यक कौशल, ज्ञान, दृष्टिकोण और व्यवहार है जिसकी वास्तविक जगत के कार्यों या गतिविधियों के सम्पादन के लिए आवश्यकता पड़ती है।
- योग्यता एक कौशल है, जिसकी आवश्यकता एक सफल विद्यार्थी को पड़ती है।
- योग्यता एक कौशल है, जिसका सम्पादन एक विशिष्ट स्थिति में एक विशिष्ट मापदंड के अधीन किया जाता है।
- योग्यता किसी व्यक्ति के व्यक्तित्त्व में समाहित आधारभूत विशेषता है जिसका उपयोग करके वह सफल प्रदर्शन करता है।
- एक योग्यता एक व्यक्ति द्वारा पूर्ण किया गया क्रियाकलाप है, जिसको स्पष्ट परिभाषित व मापा जा सकता है (संबंधित ज्ञान और कौशलों का संग्रह)

इन कथनों के माध्यम से योग्यता के प्रकृति के बारे में क्या निष्कर्ष निकाला जा सकता है?

- योग्यता कुछ विशिष्ट कौशल, ज्ञान, दृष्टिकोण और व्यवहार है जिसे एक व्यक्ति प्राप्त कर सकता है। सफल प्रदर्शन के लिए यह एक विशेषता या क्षमता है, जिसे एक व्यक्ति अपने व्यक्तित्त्व में समाहित कर सकता है। (प्राप्त योग्य)
- यह सुस्पष्ट रूप से परिभाषित अतः मापने योग्य है। (माप योग्य)
- योग्यता के कथनों के शब्द इस प्रकार के होते हैं कि इसे अध्यापक व विद्यार्थियों तथा अन्य संबंधितों द्वारा आसानी से समझा जा सकता है। (संप्रेषण योग्य)
- इसके कई प्रकार के मापदंड या स्तर हो सकते हैं, जो कि विद्यार्थी के स्तरों के विशेषताओं के ऊपर निर्भर करता है। (उपयुक्तता)
- प्रशासनिक स्तर पर योग्यताओं के कुछ उदाहरण निम्न प्रकार से है।

(i) भाषा योग्यताएं

- सही उच्चारण के साथ बोलना
- हस्तलिखित और छपे हुए शब्दों को स्पष्ट रूप से पढ़ना
- सभी विराम का सही इस्तेमाल करते हैं इमला लिखना
- पाठ के पढ़ने के पश्चात क्योंकि और/या चूँकि शब्द का उपयोग करके पूछे जाने वाले प्रश्नों के उत्तर देने योग्य होना

(ii) गणितीय योग्यतायें

- वस्तुओं और चित्रों का उपयोग करके 1-20 तक गिनना
- दैनिक जीवन की साधारण समस्या का हल इकाई विधि का उपयोग करके करना
- दिये गये आंकड़ों से औसत ज्ञात करना
- चाँद की सहायता से विभिन्न मापों का कोण बनाना

(iii) पर्यावरण अध्ययन योग्यतायें

- अपने घर-परिवार में संबधियों और पड़ोसियों के साथ उचित व्यवहार का प्रदर्शन करना
- दैनिक जरूरतों की पूर्ति हेतु विभिन्न वस्तुओं के उत्पादन से संबधित व्यवसायों की सूची बनाना
- मानचित्र में मुख्य भौगोलिक विशेषताओं की पहचान करना व वर्णन करना
- पीने के पानी को साफ करने के साधारण प्रयोग करना

क्या आप योग्यता आधारित शिक्षा से संबंधित दो शब्द कौशल और योग्यता के इस्तेमाल से भ्रमित है?

कौशल सामान्यतः एक कार्य या कार्य समूह का सम्पादन एक विशेष स्तर के कुशलता पर करना है। इसमें मोटर का उपयोग उपकरणों और औजारों

का हस्त कौशल साधन करने की आवश्यकता होती है। कुल कौशल यद्यपि, जैसे-सही व शीघ्रता से जोड़ना और घर, विद्यालय और सार्वजनिक स्थानों पर उचित व्यवहार करने की प्रशंसा करना ज्ञान व दृष्टिकोण पर आधारित है।

योग्यता प्राप्ति के लिए केवल कौशल की प्राप्ति पर्याप्त नहीं है, इसके लिए किसी व्यक्ति को एक निर्धारित कुशलता स्तर पर प्रदर्शन करना आवश्यक है। दूसरे शब्दों में किसी व्यक्ति को अपने कौशल पर सिद्धहस्त होना (उच्चस्तरीय प्रदर्शन) आवश्यक है, यदि वह उस कौशल में योग्यता हासिल करना चाहता है। उदाहरण के लिए कक्षा तृतीय के विद्यार्थियों के लिए हम एक मापदंड दो अंकीय संख्याओं के योग के लिए निर्धारित कर सकते है। जैसे दो, दो अंकीय संख्याओं को बिना हासिल के जोड़ करना। निर्धारित समय सीमा के भीतर कम-से-कम 80% कार्य सटीकता से पूर्ण करना। यदि इस प्रकार के जोड़ के 20 प्रश्न (प्रत्येक प्रश्न के 1 अंक) विद्यार्थियों को दिये जाये तो कम-से-कम 16 प्रश्न सही ढंग से हल करता है (या 16 अंक अर्जित करता है) उसे हम कह सकते हैं कि उसने उस विशेष कौशल में मास्टरी हासिल (या योग्यता) कर लिया है।

परंपरागत अध्यापक केन्द्रित उपागम में जहाँ पर निर्धारित समय के अन्दर पाठ्यक्रम को पूरा करने पर बल दिया जाता है। जबकि योग्यता आधारित उपागम में इकाई की प्रगति का अर्थ है विशेष ज्ञान और कौशल में सिद्धहस्त होना। यह विद्यार्थी केन्द्रित उपागम के समान है क्योंकि यह कक्षा के प्रत्येक विद्यार्थी के ज्ञानार्जन में सिद्धहस्त होने पर बल दिया जाता है।

यदि अध्यापक योग्यता आधारित उपागम को अपनाने का निर्णय लेते हैं, आपको निम्नांकित बातों पर ध्यान देने की आवश्यकता है।

- किसी पाठ को शुरू करने से पहले (किसी कक्षा विशेष के लिए और किसी विशेष विषय के लिए) उन योग्यता कथनों की सूची बनाये जिसे प्राप्त करना है। कथनों की रचना सावधानीपूर्वक करना चाहिए ताकि शिक्षण-अधिगम प्रक्रिया और मूल्यांकन को सुनिश्चित तरीके से आयोजित किया जा सके।
- इन योग्यताओं को जो आपस में एक-दूसरे से संबंधित है, इस प्रकार से व्यवस्थित करे कि इनके कठिनाई का स्तर सतत् उच्च हो। अधिगम एक सतत् प्रक्रिया है जिसमें अधिगम इकाई को स्तरीय रूप से व्यवस्थित किया जाता है और एक विद्यार्थी क्रमिक रूप से निम्न से उच्च स्तर की ओर योग्यता को प्राप्त करते हुए प्रगति करता है। एक विद्यार्थी जब तक एक योग्यता को प्राप्त नहीं कर लेगा वह दूसरी योग्यता की ओर नहीं बढ़ सकता है।
- उपलब्धि का मूल्यांकन के लिए उपयोग किये जाने वाले मापदंडों का निर्धारण करना चाहिए इसके अतिरिक्त उन स्थितियों का निर्धारण करें जिसके अन्तर्गत उपलब्धि का मूल्यांकन किया जायेगा इसके साथ मास्टरी स्तर का भी सुस्पष्टता के साथ निर्धारण करें।
- विभिन्न प्रकार के अनुदेशात्मक तकनीकों और समूह क्रियाकलापों का इस्तेमाल, विद्यार्थियों को योग्यता प्राप्ति के लिए करें। इस प्रकार अनुदेशात्मक कार्यक्रम व्यक्तिगत विकास और निर्धारित योग्यताओं को प्राप्त करना। इसलिए विभिन्न विधियों या सामग्रियों का इस्तेमाल करना चाहिए जिससे विद्यार्थी योग्यता अर्जित करने में सिद्धहस्त हो जाये।
- पाठ्य पैराग्राफ, संचार, कोई अन्य साधन और वास्तविक जीवन के सामग्रियों का इस्तेमाल योग्यता अर्जन करने के लिए करना चाहिए।
- प्रतिभागी के ज्ञान और दृष्टिकोण का ध्यान योग्यता का मूल्यांकन करते समय अवश्य रखें, परन्तु यह याद रहे कि विद्यार्थी का योग्यता आधारित प्रदर्शन उसके मूल्यांकन के प्रमाण का प्रमुख स्रोत है।
- अनुदेशात्मक कार्यक्रम के माध्यम से विद्यार्थियों को उनके अपने गति से प्रगति करने का अवसर दें। इसके लिए आप निर्दिष्ट योग्यता उपलब्धि हेतु उपयुक्त प्रदर्शन करें।
- प्रदर्शन के मूल्यांकन की प्रति पुष्टि विद्यार्थियों को तुरंत उपलब्ध कराये ताकि विद्यार्थी अपनी गल्तियों को सुधारकर या अतिरिक्त प्रयास करके योग्यता के मास्टरी स्तर को प्राप्त कर सके।
- विद्यार्थी को उसके योग्यता के मास्टरी स्तर को प्रदर्शित करने के लिए अवसर उपलब्ध करायें और यह प्रक्रिया तब तक जारी रखें, जब तक वह मास्टरी स्तर का प्रदर्शन न करे।

योग्यता आधारित उपागम की उपयोगिता

- योग्यता आधारित उपागम विद्यार्थी को रटकर याद करने की पद्धति से दूर रखता है।
- विद्यार्थी ने आज जो कुछ सीखा है, उसे वह कल भूल नहीं सकता है, क्योंकि विद्यार्थी आपके दिशा निर्देशन में योग्यता के मास्टरी स्तर को प्राप्त करता है।
- योग्यताओं का मूल्यांकन का संबंध प्रत्यक्ष रूप से अधिगम अनुभव के उद्देश्य से होता है और यह अपेक्षा की जाती है कि यह सतत् और योग्यता आधारित होगा।
- मूल्यांकन परिणाम का उपयोग विद्यार्थी के प्रदर्शन में सुधार के लिए किया जाता है। निम्न उपलब्धिकर्त्ता के लिए समृद्धिकरण कार्यक्रम का आयोजन सहायता करता है। चूँकि यह प्रत्येक विद्यार्थी मास्टरी स्तर की आयोजन सहायता करता है। चूँकि यह प्रत्येक विद्यार्थी के मास्टरी स्तर की प्राप्ति को लक्षित करता है। अतः यह प्रत्येक श्रेणी की अधिगम आवश्यकताओं की पूर्ति करता है।
- उपयुक्त क्रियाकलापों जैसे कहानी सुनाना, भूमिका प्रदर्शन, संवाद, पहेली अभ्यास, शब्द खेल, जादू, क्विज आदि विद्यार्थियों को उपलब्ध करने में सहायता करता है।
- इस उपागम में शिक्षण-अधिगम प्रक्रिया आनंददायक और रुचिकर होता है।

सीमायें

- अध्यापक को विषयवस्तु के बारे में गहन ज्ञान रखने की अति आवश्यकता होती है क्योंकि विद्यार्थी आपके सहयोग से उपलब्धि करेगा यदि अध्यापक विषयवस्तु में कुशल नहीं है तो उस स्थिति में यह उपागम शायद कार्य न करें।
- सभी विद्यालयों का अधिगम वातावरण, श्रेष्ठ तरीके से ज्ञानार्जन के लिए बराबर नहीं होते हैं और इस प्रकार निर्धारित समय में योग्यताओं की प्राप्ति प्रभावकारी नहीं होती है।

- चूँकि विद्यार्थियों की सीखने की गति अलग-अलग होती है इसलिए निर्धारित समय में योग्यताओं की उपलब्धि विद्यार्थियों को कराना अध्यापक के लिए कठिन होता है।
- निम्न उपलब्धि प्राप्त करने वाले विद्यार्थियों को उचित नैदानिक कोचिंग उपलब्ध कराने के लिए सभी अध्यापक समान रूप से सक्षम नहीं है। विद्यार्थियों के लिए योग्यताओं की मास्टरी स्तर हासिल करना कठिन होता है विशेषकर प्रथम पीढ़ी के विद्यार्थियों के लिए।
- योग्यताओं को विस्तृत रूप से सह-योग्यताओं में बांटा जाता है और यह देखा गया है कि मूल्यांकन में सभी विवरण को स्थान नहीं मिलता है।
- योग्यताओं/ सह-योग्यताओं की विस्तृत सूची के लिए क्रियाकलाप और परीक्षण आइटम तैयार करना सदैव व्यावहारिक नहीं होता है।

संरचनात्मक उपागम

- क्या आप सोचते हैं कि बच्चे सिर्फ विद्यालय में सीखते हैं? यदि आप सोचते हैं कि बच्चा विद्यालय में सीखना प्रारम्भ करता है, तो आप निम्नांकित क्रियाकलाप करें।

वह इन सब क्रियाकलापों को कैसे सीखता है? क्या कोई व्यक्ति इन क्रियाकलापों को उसे सीखाता है या वह स्वयं सीखता है? वह दूसरों की सहायता के बिना कैसे सीखता है?

आइये इन स्थिति पर विचार करते हैं-

परिस्थिति 7 एक बार श्री राबिन जो एक अंग्रेजी के अध्यापक है उसने एक कहानी सुनायी और उसे एक बार फिर दोहराया। जब उसने विद्यार्थियों ने इसे सुना दिया। क्या इसमे कोई नयापन है? क्या यह सोचने के लिए प्रेरित करता है?

परन्तु जब उसने विद्यार्थियों को कहानी सुनाने के लिए कहा तो दो या तीन विद्यार्थियों ने हाथ उठाया। इसके पश्चात् उसने एक चित्र देखकर एक कहानी लिखने के लिए कहा। 15 मिनट के बाद कुछ विद्यार्थियों ने कहानी लिखी परन्तु कोई भी दो कहानी समान नहीं थी। सभी कहानियाँ भिन्न थी।

उसके बाद उसने कुछ शब्द दिये और इसका इस्तेमाल करके कहानी लिखने के लिए कहा। विद्यार्थियों ने पुनः अलग-अलग कहानी लिखी।

ये कैसे संभव था कि वस्तु(चित्र या शब्द) के आधार पर अलग-अलग कहानी विद्यार्थियों ने लिखी? विद्यार्थियों ने अपने माता-पिता, दादा-दादी से कहानी सुनी है। जब उन्होंनें एक कहानी लिखनी शुरू की तो उन्होंने अपने पूर्व-अनुभव का स्मरण किया। उन्होंने पूर्व ज्ञान को नये ज्ञान से जोड़ा और इससे नये विचार की रचना करने का प्रयास किया।

अध्यापक केन्द्रित कक्षा में विद्यार्थी निष्क्रिय होता है परन्तु संरचनात्मक कक्षा में यह नहीं होता है। संरचनात्मक शिक्षण अधिगम में विद्यार्थियों को सक्रिय शिक्षार्थी समझा जाता है और अध्यापक विद्यार्थियों द्वारा ज्ञान की रचना करने की प्रक्रिया को सुगम बनाता है।

जैसा कि संरचनात्मक कक्षाकक्ष, विद्यार्थी केन्द्रित होता है अतः इसमें विद्यार्थियों को अधिकतम स्वतंत्रता दी जाती है।

उपरोक्त के आधार पर निम्नंकित प्रश्नों का उत्तर दीजिए

E-10 निम्न में से कौन-सा कथन संरचनात्मक उपागम पर आधारित नहीं है?

(i) विद्यार्थी का पूर्व ज्ञान नये ज्ञान की संरचना करने में महत्वपूर्ण भूमिका निभाता है।

(ii) अधिगम एक सक्रिय अर्थसृजन करने की प्रक्रिया है।

(iii) एक विद्यार्थी का तेज स्मरणशक्ति ज्ञान की संरचना करने का आधार है।

एक अध्यापक के रूप में कक्षा में आप अपने ढंग से और अपने विधि से शिक्षण कार्य करते है। आप विद्यार्थियों को कहानी भी सुनाते है। क्या आपने कभी विद्यार्थियों की सहायता से कहानी विकसित करने का प्रयास किया है।

यहाँ पर एक उदाहरण के माध्यम से समझते हैं कि किस प्रकार विद्यार्थी कहानियों का विकास कर सकता है।

एक बार एक अध्यापक ने श्यामपट्ट पर कुछ शब्द लिखे। उनका उद्देश्य था विद्यार्थियों की सहायता से कहानी का निर्माण करना। वह चाहते थे कि विद्यार्थी उन शब्दों का उपयोग करके एक कहानी लिखे। उसने पूछा कि आपमें से कौन कहानी का प्रथम वाक्य बनायेगा। जब एक विद्यार्थी ने पहला वाक्य बनाया तो उन्होंने बारी-बारी से सभी विद्यार्थियों से पहले वाक्य को जोड़ते हुए नये वाक्य बनाने के लिए कहा। कुछ ही देर में श्यामपट पर 20 वाक्य अध्यापक ने विद्यार्थियों की सहायता से लिख दिये। उसके पश्चात् अध्यापक ने कहानी की दिशा को बदल दिया उन्होंनें दो वाक्य स्वयं बनाकर जोड़े उन्होंने विद्याथियों को वाक्य बनाने के क्रम को जारी रखने के लिए कहा। पांच वाक्य और जोड़ने के पश्चात अध्यापक ने विद्यार्थियों से कहानी को समाप्त करने के लिए कहा तो उन्होंने विद्यार्थियों से इस कहानी का शीर्षक लिखने के लिए कहा। इसके पश्चात् विद्यार्थियों ने एक नहीं कई शीर्षकों के नाम सुझाए।

उपरोक्त उदाहरण के आधार निम्नकित प्रश्नों कें उत्तर दीजिए।

- कहानी किसने शुरू की?
- उन्होंने कहानी को आगे बढ़ाने के लिए क्या किया?
- कहानी किस प्रकार बनायी गयी?
- जब 20 वाक्य लिख लिये गये तब अध्यापक ने क्या किया?
- कहानी के विकास अभ्यास में किसने सबसे अधिक योग दिया?
- विद्यार्थियों को किसने सहयोग दिया?
- क्या अध्यापक ने प्रारम्भ से अंत तक विद्यार्थियों की सहायता की?
- क्या आपको इस तरह का अनुभव है?
- क्या यह अभ्यास रुचिकर है?

क्या यह याद करके बतायी गयी कहानी या किताब से पढ़ी गयी कहानी से भिन्न नहीं है?

विद्यार्थी कक्षा में समूह में कार्य करते हैं, उन पर एक-दूसरे का प्रभाव पड़ता है तथा अध्यापक की भूमिका एक सहायक की होती है। विद्यार्थी अपने पुराने अनुभवों को नये अनुभवों से जोड़ते हैं। जब तक उन्होंने समूह में कार्य किया, एक-दूसरे के विचारों का आदान-प्रदान होता रहा। इस तरह की परिस्थितियों में विद्यार्थी निम्न स्तरों से गुजरते है :-

I. पुराने अनुभवों को नई परिस्थितियों से संबंधित करना।

II. कहानी की समझ बनाना।

III. अपने विचारों का योगदान देना (नये)

IV. एक-दूसरे से प्रश्न पूछना (पूछना)

V. सोचना कि उन्हें पात्र क्यों पसंद आया? (निर्णय)

सम्पूर्ण प्रक्रिया ज्ञान सृजन के उद्देश्यों पर आधारित होती हैं अत: अपनाये गये उपागम को रचनावाद उपागम कहते हैं। शिक्षण और अधिगम का रचनावाद उपागम जिस सिद्धांत पर आधारित है उसे रचनावादी अधिगम सिद्धांत कहते हैं। इसके अनुसार ज्ञान का निर्माण अधिगमकर्ता के पूर्व ज्ञान पर आधारित होता है। विद्यार्थी वस्तुओं एवं उन्हें प्रस्तुत की गयी गतिविधियों से ही सक्रिय रूप से पुराने अनुभवों को नये विचारों से जोड़ते हुए ज्ञान का सृजन करना है।

रचनावाद

रचनावाद दर्शनशास्त्र का एक विद्यालय है जो अठारहवीं शताब्दी के पूर्व में इटालियन दर्शनशास्त्री Giambattista Vico से संबंधित है जहाँ आनुवांशिकी का अध्ययन किया जाता है। वर्तमान में यह स्विस मनोवैज्ञानिक जीन पियाजे (1896-1960) एवं रशियन मनोवैज्ञानिक लेव वायगोत्सकी (1896-934) के योगदान से बहुत विस्तृत रूप में शिक्षा दर्शन के रूप में विकसित हो चुका है।

तत्त्व रचनावाद पियाजे के संज्ञानात्मक विकास के सिद्धांत पर आधारित है इसके अनुसार ज्ञान अधिगमकर्ता द्वारा सक्रिय रहकर सृजन होता है न कि निष्क्रिय रहकर वातावरण द्वारा प्राप्त किया जाता है। ''जानने के लिए आना'' अपनाने की एक प्रक्रिया है जो कि बालक के अनुभाविक संसार एवं उसमें निरंतर सुधारों पर आधारित है।

वायगोटस्की ने समाज रचनावाद से प्रभावित संज्ञानात्मक विकास पर कार्य किया जो कि व्यक्तिगत रूप से सामाजिक अनुक्रिया की सहायता से वातावरण द्वारा ज्ञान के निर्माण पर बल देता है। यहां सामाजिक अन्तर्क्रिया समवाय गतिविधि के रूप में, अध्यापकों, अभिभावकों एवं अन्य वयस्कों के साथ अन्तर्क्रिया के रूप में ही रचनावादी कक्षा कक्षों की कुछ गतिविधियों को नीचे दिया गया है :-

- **प्रयोग :** विद्यार्थी व्यक्तिगत रूप से प्रयोग करते हैं तथा उनके परिणामों पर एक-दूसरे से चर्चा करते हैं।
- **परियोजना कार्य :** विद्यार्थी परियोजना हेतु एक प्रकरण चुनता है, परियोजना कार्य पूरा करता है एवं प्राप्त परिणामों को कक्षा में प्रस्तुत करता है।
- **क्षेत्रभ्रमण :** यह विद्यार्थियों द्वारा कक्षा में प्रस्तुत अवधारणाओं एवं विचारों को वास्तविक जगत से जोड़ने का अवसर प्रदान करता है। क्षेत्र भ्रमण के बाद इस पर कक्षा में चर्चा आवश्यक है।
- **दृश्य :** ये दृश्य संदर्भ को प्रस्तुत करते हैं और यह अधिगम अनुभवों में नयी समझ पैदा करते हैं।
- **कक्षाकक्ष चर्चा :** यह तकनीक ऊपर वर्णित सभी विधियों में प्रयुक्त की जाती है। यह रचनावाद की महत्वपूर्ण धारणाओं में से एक है।

रचनावादी कक्षा कक्ष में विद्यार्थी मूलरूप से समूहों में काम करते हैं जिसमें अधिगम अन्तक्रियात्मक एवं गतिज होता है। कोई भी इसे परंपरागत कक्षा शिक्षण में नहीं ढूंढ सकता है जहाँ विद्यार्थी अकेले कार्य करते हैं।

उस परिस्थिति में अधिगम बार-बार दोहराने की प्रक्रिया के माध्यम से सम्पन्न होती है और विद्यार्थी अधिकतर पाठ्यपुस्तक पर निर्भर होते हैं। लेकिन रचनावादी कक्षाकक्ष में विद्यार्थी प्रयोग करते हैं और कुछ परियोजना कार्य करते हैं। वे व्यक्तिगत रूप से कार्य शुरू करते हैं परन्तु परिणामों की चर्चा समूह में कार्य करते हैं। वे अवलोकन के लिए विद्यालय के बागीचे या संग्रहालय इत्यादि में कक्षा से बाहर जाते हैं। प्रेक्षणों को रिकार्ड करने के बाद वे कक्षा में अपने-अपने प्रेक्षणों के साथ आते हैं तथा समूह में उन प्रेक्षणों पर चर्चा करते हैं। समूह चर्चाएं एक महत्वपूर्ण भूमिका का निर्वहन करती है। गतिविधियाँ वाद-विवाद, बौद्धिक सहभागिता एवं निष्कर्ष निकालने इत्यादि पर आधारित होती है।

उपागमों की तुलना

नीचे दी गयी सारणी में शिक्षण एवं अधिगम से संबंधित तीन मुख्य उपागमों की संक्षिप्त तुलना दी गयी है :-

सूचक	शिक्षक केन्द्रित उपागम	विद्यार्थी केन्द्रित उपागम	रचनावादी उपागम
उद्देश्य	शिक्षक केन्द्रित उपागम विषय वस्तु को समयावधि में समाप्त करता है।	प्रत्येक बालक स्वयं करके सीखता है।	विद्यार्थी सशक्तिकरण का केन्द्र बिन्दु है। रचनावादी कक्षाकक्ष बालक को स्वयं ज्ञान का सृजन करने में सहायता करता है।
शिक्षण एवं अधिगम का तरीका	अधिगम का केवल एक तरीका प्रचलित है। शिक्षक सूचना प्रदान करता है एवं विद्यार्थी उसे रटता है।	अध्यापक अधिगम परिस्थितियाँ प्रस्तुत करता है जो बालक को अवलोकन, प्रश्न पूछना एवं खोज के माध्यम से सीखने के अवसर प्रदान करता है।	अधिगम कार्य बच्चों के अपने तरीकों से पूर्ण किये जाते हैं। सहयोगी अधिगम को स्थान दिया जाता है।

- निर्धारित विषय वस्तु को पूर्ण करना या पाठ्य पुस्तक में दी गयी वस्तु का संपादन करना पाठ्य वस्तु केन्द्रित उपागम में परम आवश्यक है। यह उपागम प्राय: अधिगम में उत्पाद को नकारते हुए निर्धारित समयावधि में पाठ्यवस्तु को रखने पर बल देती है।
- अधिगम में बालक का सर्वागीण विकास ही विद्यार्थी केन्द्रित उपागम का मुख्य उद्देश्य है। गतिविधि आधारित अधिगम इस उपागम का एक उदाहरण है जो कि अब स्कूलों द्वारा बहुत बड़ी संख्या में अपनाया जा चुका है।

- दक्षताओं को प्राप्त करना या अधिगम उत्पादों को विभिन्न साधनों एवं विधियों द्वारा प्राप्त करना दक्षता आधारित उपागम का मुख्य उद्देश्य है।
- रचनावाद उपागम इस सिद्धान्त पर आधारित है कि अधिगमकर्ता अपने ज्ञान का पूर्व अनुभवों के आधार पर एवं सामाजिक वातावरण के साथ अन्तक्रिया करके सृजन करता है। अधिगम में सहायक के रूप में अध्यापक की महत्वपूर्ण भूमिका होती है।
- सभी उपागमों में सापेक्षित विशेषताएं एवं सीमा हैं। अध्यापक को विद्यार्थियों की आवश्यकता के अनुरूप उपयुक्तता के आधार पर चयन करना होता है।

रचनावाद उपागम की विशेषताएं

यदि कोई रचनावादी कक्षाकक्ष का अवलोकन करता है तो उसे निम्न चीजें देखने को मिलती है।

- विद्यार्थी अधिगम प्रक्रिया में सक्रिय रूप से सम्मिलित है।
- वातावरण प्रजातांत्रिक है।
- गतिविधियाँ अन्तक्रियात्मक एवं विद्यार्थी केन्द्रित है।
- अध्यापक अधिगम प्रक्रिया में सहायता करता है जिसे विद्यार्थी एक उत्तरदायी सदस्य के रूप में कार्य करने के लिए उत्साहित रहते हैं।
- विद्यार्थियों द्वारा दी गयी राय एवं विचारों को स्वीकार किया जाता है एवं उसका सम्मान किया जाता है।
- विद्यार्थी अपने स्वयं के अनुभवों से नये अर्थ गढ़ते हैं।
- प्रक्रिया भी उत्पाद जितनी ही महत्वपूर्ण है।
- शिक्षण के बजाए अधिगम पर केन्द्रित है।

रचनावादी आकलन : शिक्षण व अधिगम के पूर्ण होने के पश्चात परंपरागत कक्षाकक्ष में शिक्षक उत्तरों हेतु कुछ प्रश्न प्रस्तुत करता है और वह सदैव सही उत्तरों की उपेक्षा करता है। रचनावादी अधिगम परिस्थितियों में प्रक्रिया भी उतनी ही महत्वपूर्ण है जितना उत्पाद। आकलन केवल परीक्षाओं पर निर्भर नहीं करता है अपितु विद्यार्थी के कार्यों के अवलोकन पर उनके पारस्परिक क्रिया पर, उनके किसी विषय पर निष्कर्ष निकालने पर भी निर्भर करता है। आकलन की कुछ युक्तियां निम्न हैं :

मौखिक विचार-विमर्श : अध्यापक प्रकरण पर केन्द्रित एक प्रश्न मुक्त चर्चा के लिए श्यामपट्ट पर लिखता है। जब विद्यार्थी चर्चा में भाग ले रहे होते हैं तब अध्यापक उनके व्यक्तिगत प्रदर्शन का अवलोकन करता है।

मस्तिष्क मानचित्रण : इस गतिविधि में विद्यार्थी प्रकरण से संबंधित अवधारणाओं को सूचीबद्ध एवं वर्गीकृत करते हैं।

- व्यावहारिक गतिविधियों द्वारा विद्यार्थी वातावरण के साथ अन्तक्रिया एवं वस्तुओं में हेर फेर करने के लिए उत्साही रहते हैं।
- नये अधिगम के लिए विद्यार्थियों का पूर्ण परीक्षण किया जाता है कि उन्होंने अवधारणाओं को किस सीमा तक सीखा है।

सार्थकता

बच्चे अधिक सीखते हैं और अधिगम में ज्यादा आनंद लेते हैं क्योंकि वे शिक्षण अधिगम प्रक्रिया में सक्रिय रूप से सम्मिलित रहते हैं। वे कक्षा कक्ष में निष्क्रिय श्रोता नहीं है। याद करने अथवा रटने के बजाय समझने एवं सोचने पर जोर दिया जाता है। रचनावादी कक्षाकक्ष में विद्यार्थी अधिगम क्रियाकलाप का एक अभिन्न अंग है। ऐसा इसलिए है क्योंकि प्रत्येक विद्यार्थी अधिगम क्रियाकलाप में अपने विचारों का योगदान देता है। इसलिए विद्यार्थियों को जो वह सीखते हैं उसमें अपनापन लगता है। अब विचार कीजिए कि यह सभी चीजें एक परंपरागत कक्षाकक्ष में स्थान रखती है।

सीमाएं

अध्यापक कक्षाकक्ष को रचनावादी सिद्धान्तों के अनुरूप ढालने में पर्याप्त निपुण नहीं है। पर्याप्त दिशा-निर्देश के अभाव में यह कार्य नहीं करता है। यदि अध्यापक पूर्ण रूप से प्रवीण नहीं है तो यह कार्य नहीं करता है और यदि कोई अध्यापक प्रवीण है परन्तु विद्यार्थी का स्तर निम्न है, तो भी रचनावादी कक्षा कक्ष का उद्देश्य पूर्ण नहीं हो सकता।

विद्यार्थी-केंद्रित उपागम

विद्यार्थी, विद्यार्थी केंद्रित उपागम के सभी क्रियाकलापों का केंद्र होता है। अध्यापक अधिगम प्रक्रिया को सहज व सुगम बनाने का कार्य करता है और अधिगम परिस्थिति का आयोजक होता है जो विद्यार्थियों में स्वतंत्र चिंतन और जिज्ञासा को जागृत करता है, समस्या समाधान कौशल का विकास करता है, प्रोजेक्ट की रूपरेखा और क्रियान्वीकरण को बढ़ावा देता है, तथा स्वअधिगम का विकास करते हुए तथ्यों का अवलोकन करके ज्ञानार्जन करना व सृजनात्मक चिंतन व क्रियाकलापों के द्वारा ज्ञानार्जन करने के लिए प्रोत्साहित करता है। (प्राथमिक व माध्यमिक शिक्षा के लिए राष्ट्रीय पाठ्यक्रम-एक रूपरेखा, 1987 पेज-6) कि एक विद्यार्थी अपने साथ अपना पूर्व अनुभव व ज्ञान लेकर विद्यालय में आता है जो कि कक्षा के अधिगम प्रक्रिया को प्रभावित करता है। विद्यार्थी-केंद्रित उपागम में, विद्यार्थी के विकासात्मक स्तरों, परिपक्वता, अधिगम युक्तियों, पूर्व-ज्ञान व अनुभवों, रुचियों, सामाजिक संदर्भ, और संस्कृति पर ध्यान दिया जाता है। एक अध्यापक के रूप में विद्यार्थी-केंद्रित उपागमों को क्रियान्वित करने के लिए, आपको विद्यार्थियों को और उनके अधिगम तरीकों को समझना अत्यंत आवश्यक है। यह आवश्यक है कि आप अपने कक्षा के प्रत्येक विद्यार्थी के विशेषताओं के बारे में विस्तृत रूप से ज्ञानकारी रखें।

विद्यार्थी को समझना-विद्यार्थी केंद्रित उपागमों को अपनाने के लिए आपको अपने कक्षा के विद्यार्थी के विभिन्न पहलुओं को समझना आवश्यक है, जैसे कि-

(क) स्वास्थ्य व शारीरिक विकास	(ख) मानसिक योग्यताएं
(ग) व्यक्तित्त्व	(घ) अधिगम के तरीके
(ङ) प्रेरणा	(च) घर और सांस्कृतिक पृष्ठभूमि

(क) स्वास्थ्य और शारीरिक विकास-विद्यार्थी की सीखने की योग्यता उसके स्वास्थ्य और शारीरिक विकास के स्तर पर निर्भर करती है। अधिगम अनुभवों का चुनाव करते समय विद्यार्थियों के विकास की भिन्नात्मक गतियों को ध्यान रखना आवश्यक है। नियमित रूप से विद्यार्थियों की स्वास्थ परीक्षण कराने से उनके स्वास्थ्य और शारीरिक विकास के बारे में आपको जानकारी प्राप्त हो सकती है।

(ख) मानसिक योग्यताएं-विद्यार्थियों के विशिष्ट मानसिक योग्यताओं को जानकर आप उनकी विशिष्ट जरूरतों को पूरा कर सकते है। सामान्यत:

एक व्यक्ति की बुद्धिमता को उसकी मानसिक योग्यता समझा जाता है। गार्डनर (1985) द्वारा प्रस्तुत सात प्रकार के बुद्धिमत्ता को ध्यान में रखकर एक व्यक्ति की मानसिक योग्यताओं का चित्रण किया जा सकता है। ये इस प्रकार है-

- **भाषा**-एक व्यक्ति को संप्रेषण के योग्य बनाता है और अपनी आस-पास के दुनिया को भाषा के माध्यम से सुनिश्चित करता है।
- **गणितीय तर्क**-व्यक्ति को अमूर्त गणितीय संबंधों को उपयोग करने के योग्य बनाता है।
- **दृष्टि-स्थानिक**-व्यक्ति को दृश्यांकन, परिवर्तित करने और स्थानिक सूचनाओं का उपयोग करने के योग्य बनाता है।
- **शारीरिक गतिशीलता**-व्यक्ति को उच्च स्तरीय शारीरिक चालन, नियंत्रण और अभिव्यक्ति का इस्तेमाल करने के योग्य बनाता है।
- **संगीतमय**-व्यक्ति को ध्वनि निर्माण संप्रेषण और अर्थ समझने के योग्य बनाता है।
- **अंतर-वैयक्तिक**-व्यक्ति को दूसरों के भाव, इच्छा को पहचानने तथा उनमें अंतर जानने में सहायता करता है।
- **अंत-वैयक्तिक**-स्वयं तथा दूसरों को चिंतानात्मक दृष्टिकोण से समझने की क्षमता के विकास में सहायक होता है।

Gardner के विशिष्ट मानसिक योग्यताओं के विश्लेषण से यह प्रस्तावित है कि शिक्षार्थी के विभिन्न प्रकार के मानसिक योग्यता और शक्तियां होती हैं। और उन्हीं के अनुसार इनको विकसित करने के लिए आपको विभिन्न प्रकार के अधिगम क्रियाओं का चयन करना होगा आप शिक्षार्थी के सीखने की गुणवत्ता को प्रभावित कर सकते हैं तथा उनके बौद्धिक क्षमताओं में वृद्धि कर सकते हैं।

(ग) व्यक्तित्त्व-शिक्षार्थी के व्यक्तित्त्व को समझने से आपको व्यक्तिगत भिन्नता के प्रतिमान को पहचानने में सहायता मिलेगी तथा शिक्षार्थी के व्यक्तित्त्व व अधिगम तरीके के अनुरूप उनके लिये अधिगम मुक्तियों का चुनाव करने में सहायता मिलेगी।

(घ) अधिगम तरीका-किसी भी व्यक्ति के सीखने की एक विशिष्ट शैली होती है। शिक्षार्थी के सीखने के तरीके में कई प्रकार के बदलाव भी हो सकते हैं यह बदलाव शिक्षार्थी के ऊपर निर्भर करता है। अधिगम तरीके के कई प्रारूप हैं, इनमें से एक महत्वपूर्ण प्रारूप David Kolb का है जो कि अनुभूतिमूलक अधिगम पर आधारित है।

David Kolb के अधिगम माडल के अनुसार चार प्रकार के अधिगम तरीके हैं जो कि दो ग्राह्य अनुभूति के दो उपागमों पर आधारित है। ये हैं मूर्त अनुभव (Concreta Experience-CE) और अमूर्त अवधारणात्मक Abstract conceptualization-AC) इसके अतिरिक्त परिवर्तनीय अनुभव पर आधारित दो उपागम है चिंतनात्मक अवलोकन (Reflective observation-RO) और **सक्रिय प्रयोग** (Active experimentation-AE)। ये चार अधिगम तरीके इस प्रकार से हैं-

- **अभिसारी (देखना और महसूस करना CE/RO)**-विभिन्न प्रकार के अधिगम तरीके से सीखने वाले शिक्षार्थी संवेदनशील होते हैं और चीजों को कई पहलुओं से देखने योग्य होते हैं। ये करने की अपेक्षा देखना अधिक पसंद करते हैं और सूचना एकत्रित करते हैं तथा कल्पना-शक्ति का उपयोग करके समस्या समाधान करते हैं। ये शिक्षार्थी समूह में कार्य करने का चुनाव करते हैं, ये खुले दिमाग से बात सुनते हैं तथा व्यक्तिगत प्रतिपुष्टि प्राप्त करते हैं।
- **आत्मसातकरण (देखना व सोचना AC/RO)**-जो शिक्षार्थी आत्मसात करने के तरीके से सीखते हैं वे व्यक्तियों पर अधिक ध्यान नहीं देते हैं तथा विचारों और अमूर्त अवधारणाओं में अधिक रुचि रखते हैं। वे व्यावहारिक मूल्यों पर आधारित उपागमों की अपेक्षा तार्किकता सिद्धांतों की ओर अधिक आकर्षित होते हैं। वे पढ़ना, व्याख्या, **अन्वेषण, विश्लेषण माडल को अधिक पसंद करते हैं तथा उनके पास** गहन विचार का समय होता है।
- **अभिसारी (करना और सोचना AC/AE)**-वे शिक्षार्थी जो अभिसारी अधिगम तरीके से सीखते हैं वे समस्या समाधान कर सकते हैं तथा अपने अर्जित ज्ञान का उपयोग वे व्यावहारिक मुद्दों का हल निकालने में करते हैं। वे तकनीकी कार्यों में रुचि रखते हैं तथा व्यक्तियों और अंतर्वैक्तिक पहलुओं पर कम ध्यान देते हैं। वे नये विचारों के साथ प्रयोग करते है तथा व्यावहारिक अनुप्रयोग के साथ कार्य करते हैं।
- **सामंजस्यीकरण (देखना और महसूस करना CE/AE)**-सामंजस्य अधिगम तरीके से सीखने वाले शिक्षार्थी तर्क की अपेक्षा स्वअनुभव पर निर्भर करते हैं। ये दूसरों के विश्लेषण का इस्तेमाल करते हैं तथा व्यावहारिक, अनुभूतिमूलक उपागम को पसंद करते हैं। वे नई चुनौती की ओर आकर्षित होते है तथा अपने योजना को क्रियान्वित करते हैं। ये कार्य पूरा करने के लिए समूह में कार्य करते हैं। वे लक्ष्य निर्धारित करके सक्रिय रूप से विभिन्न तरीकों का इस्तेमाल करते हुए लक्ष्य की प्राप्ति के लिए प्रयासरत रहते हैं।

अधिगम तरीके, अधिगम स्थिति, अनुभव और प्रेरणा के द्वारा प्रभावित होता तथा इन्हें शिक्षार्थी के व्यक्तित्त्व व संज्ञानात्मक व्यवहार के बीच एक संबंध के रूप में देखा जा सकता है।

(ङ) प्रेरणा-क्या शिक्षार्थी को उपलब्ध कराये गये अधिगम अनुभव और उनके व्यक्तित्त्व तथा अधिगम तरीकों के बीच समानता है या नहीं? प्रेरणा इसी से संबंधित है, यदि शिक्षार्थी को उसके वर्तमान कौशल, ज्ञान और समझ को चुनौती देने वाला अधिगम कार्य दिया जाये तो शिक्षार्थी ऐसे कार्य को करने के लिए प्रेरित होता है। परन्तु यदि चुनौती का स्तर उसके ज्ञान कौशल और समझ से कम या अधिक होता है तो वह इस प्रकार के कार्य में अधिक रुचि नहीं लेता है। अत: अध्यापक को चाहिए कि वे प्रत्येक शिक्षार्थी के क्षमताओं योग्यताओं, रुचियों को समझे तथा साथ-साथ उनको अपने विषय के बारे में गहन ज्ञान और कौशल का होना अति आवश्यक है ताकि शिक्षार्थी को प्रभावकारी अधिगम अनुभव उपलब्ध करा कर प्रेरित किया जा सके।

(च) घर और सांस्कृतिक पृष्ठभूमि-विद्यालय, घर, साथी और सामाजिक परिवेश बच्चे की शिक्षा को प्रभावित करते हैं। अधिगम को सांस्कृतिक पृष्ठभूमि, भाषा का माध्यम, और अधिगम अभिवृत्ति प्रभावित करता है।

सांस्कृतिक अनुभव-शिक्षार्थी के पूर्व ज्ञान को शिक्षार्थी के सामाजिक परिवेश की संस्कृति, ज्ञान, मूल्य और विचार गहन रूप से प्रभावित करते हैं। ये नई अवधारणा को समझने के लिए रूपरेखा का कार्य करते हैं तथा उसके नये अधिगम को प्रभावित करते हैं।

भाषा-सोचने और सीखने का माध्यम भाषा है। भाषा सांस्कृतिक उपकरण को शामिल करता है जिसके द्वारा नये अनुभवों की व्याख्या और मध्यस्थता की जाती है जब शिक्षार्थी समाज और समुदाय से अंत:क्रिया करता है। भाषा एक सांस्कृतिक उपकरण के रूप में नवीन अधिगम को प्रभावित करता है।

अधिगम अभिवृत्ति-अधिगम अभिवृत्ति वातावरण, विशिष्ट वयस्कों और साथियों के साथ बातचीत के अनुभवों से प्राप्त तथा प्रभावित होता है। यह नोट किया गया है कि जब बच्चा किसी क्रियाकलाप के उद्देश्य को समझता है तो वह उसमें सक्रिय रूप से भाग लेता है और क्रियाकलाप के नियमों और तर्को को समझना शुरू कर देता है। इससे उसे क्रियाकलाप में सम्मिलित अवधारणा को सीखने में सहायता मिलती है।

सहपाठी-अधिगम अनुभव की डिजाइन करते समय बच्चे के ऊपर उनके सहपाठियों का प्रभाव का भी ध्यान रखना अत्यंत आवश्यक है। सहपाठियों के सामूहिक संस्कृति एक शिक्षार्थी को विद्यालय जीवन को अपनाने में सहायता करता है वे अपने समूह में सीखते हैं, मनोविनोद करते हैं। माध्यमिक विद्यालय के सभी स्तर के लड़के और लड़कियां अपना अलग सामाजिक समूह बनाने के लिए प्रवृत्त होते हैं।

विद्यालय के भीतर या एक कक्षा के बच्चे उप-समूह भाषा, क्षेत्र धर्म जाति, सामाजिक स्तर, और शैक्षणिक उपलब्धियों के आधार पर बनाते है। इस प्रकार के सहपाठी समूह एक विद्यार्थी के आत्म-सम्मान और उपलब्धियों को प्रभावित करता है। कुछ सहपाठी समूह विद्यालय में अध्यापक के सकारात्मक शिक्षण-अधिगम उपागम को सुदृढ़ता प्रदान करते हैं जबकि कुछ समूह वैकल्पिक मूल्यों से सीखते हैं और ऐसे विद्यार्थी समूह विद्यालय से अधिक अपेक्षा नहीं रखते हैं। ये विद्यार्थी अधिगम सामग्री से सीखने का प्रयास करते हैं परन्तु ये शायद अध्यापक द्वारा लक्षित प्रकार के नहीं होते हैं।

विद्यालय-प्रत्येक विद्यालय की अपनी एक विशिष्ट संस्कृति होती है परन्तु सूक्ष्म अवलोकन करने पर पाया जाता है कि विद्यालय में कई उप-संस्कृति है। विद्यालय में अध्यापकों ओर विद्यार्थियों की ये सांस्कृतिक समूह, क्षेत्र, भाषा, धर्म, जाति, और सामाजिक स्तर पर आधारित हो सकते हैं तथा ये कक्षाकक्ष क्रियाकलाप और शिक्षार्थी के अधिगम उपलब्धि को प्रभावित करते हैं।

शिक्षार्थी-केंद्रित उपागम में अध्यापक की भूमिका

शिक्षार्थी केंद्रित उपागम में हम निम्नांकित प्रतिमानों पर विचार करते हैं-

- विद्यार्थियों के अधिगम तरीके अलग-अलग होते हैं (अनुदेश में इसका सामंजस्य होना चाहिए)
- विद्यालय में बच्चे की अंतर्निहित जिज्ञासा और निरंतर स्व-अन्वेषण करने के व्यवहार को सीखने का आधार बनाना चाहिए। इसका अर्थ है कि बच्चे के रुचि के अनुसार जिनती गहराई से व जितने समय तक वह अपने कार्य को संतोषजनक पाता है तब तक उसे ऐसे अवसर विद्यालय में कराना चाहिए।
- एक बच्चा प्राय: अप्रत्याशित तरीकों से सीखता है (और अनुदेश में ऐसे परिस्थितियों को स्थान देना चाहिए)
- बच्चे अपने अधिगम क्षेत्र में बुद्धिमत्तापूर्ण ढंग से निर्णय लेने की क्षमता रखते है।
- विद्यालय का कार्य है कि वे शिक्षार्थी को सीखने में इस प्रकार सहायता करे कि वह जीवनपर्यंत शिक्षार्थी बना रहे।
- खुले दिल-दिमाग से, विश्वास से, और परस्पर सम्मान की भावना अधिगम को सुदृढ़ करता है और विद्यालय में स्वीकृति का भाव तथा सकारात्मक भावना का वातावरण उपलब्ध कराना चाहिए। अत: एक अध्यापक के रूप में, शिक्षार्थी-केंद्रित उपागम में, निम्नांकित तीन महत्वपूर्ण भूमिकाएं आपको निभानी हैं।

शिक्षार्थी का अवलोकनकर्त्ता और निदानकर्त्ता

शिक्षार्थी के व्यवहार और क्रियाकलापों को कक्षा के भीतर व बाहर आपको लगातार अवलोकन करता है ताकि उसके अधिगम अभिवृत्ति, अधिगम जरूरतों, सबलता और निर्बलता का अनुमान व पहचान किया जा सके। यह आपको शिक्षार्थी के लिए उचित अधिगम वातावरण तैयार करने और अधिगम क्रियाकलाप की संरचना करने में सहायता करेगा।

अधिगम के लिए वातावरण उपलब्ध कराने वाला

एक बार जब आप शिक्षार्थियों के अधिगम जरूरतों को पहचान लेते हैं तब आपका मुख्य कार्य होता है एक ऐसे अधिगम वातावरण तैयार करना जिसमें प्रत्येक शिक्षार्थी को सीखने के लिए तथा अपने अधिगम आवश्यकताओं को पूरा करने के लिए पूर्ण अवसर मिले।

अधिगम सहजकर्त्ता

शिक्षार्थी जब अधिगम क्रियाकलाप में संलग्न रहता है तब आप उनकी सतर्क होकर सहायता करें। प्रत्यक्ष शिक्षण से यह अधिक चुनौतीपूर्ण होता है। जैसाकि हम जानते हैं कि प्रत्येक शिक्षार्थी की सीखने का तरीका तथा अधिगम अभिवृत्तियां, भिन्न होता है अत: उनके अधिगम समयावधि में उचित परिस्थितियों में हमें उन्हें उचित सहायता उपलब्ध कराना है। इसके अतिरिक्त जब भी आप शिक्षार्थी को निष्क्रिय पाते है उन्हें अधिगम क्रियाकलाप में भाग लेने के लिए प्रेरित करें।

अधिगम केंद्रित उपागम

अधिगम-केंद्रित शिक्षा अधिगम प्रक्रिया पर ध्यान दिया जाता है यद्यपि विद्यार्थियों का अधिगम प्रमुख स्थान रखता है, अधिगम, केंद्रित शिक्षा में, शिक्षा से जुड़े सभी व्यक्तियों जैसे अध्यापक भी विद्यार्थियों के साथ सह-शिक्षार्थी होता है। प्रमुख रूप से शिक्षार्थी-केंद्रित होता है परन्तु कक्षा परिस्थिति में अध्यापक अधिगम प्रक्रिया में शामिल होता है। शोध से पता चला है कि अधिगम केंद्रित शिक्षा विद्यार्थियों को कौशलीय दक्षता अर्जित करने में सहायता करता है तथा जीवनपर्यंत शिक्षार्थी बनाता है।

उदाहरण के लिए, जब आप अपने विद्यार्थियों को शैक्षणिक भ्रमण पर किसी कारखाने या बांध दिखाने के लिए लेकर जाते हैं तो केवल विद्यार्थी ही नहीं सीखते परन्तु आप भी बहुत सी नई बातें वहां के तकनीकी विशेषज्ञों, कर्मचारियों से बातचीत करके कारखाने के संचालन, निर्माण, उपयोगिता आदि के बारे में बहुत सी जानकारी प्राप्त करते हैं, इन एकत्रित जानकारियों को विद्यार्थियों के साथ बातचीत करके आप उनके अधिगम क्षमता को और अधिक सुदृढ़ बना सकते हैं।

अधिगम-केंद्रित शिक्षा में विद्यार्थी को शिक्षा का केंद्र बिंदु माना जाता है। यह विद्यार्थी के उस शैक्षणिक संदर्भ, जहाँ से विद्यार्थी आता है, को समझने की प्रक्रिया से शुरू होता है तथा अध्यापक द्वारा समझने की प्रक्रिया विद्यार्थी के अधिगम उद्देश्यों की प्राप्ति की मूल्यांकन करते समय भी चलता रहता है। विद्यार्थियों को सीखने के लिए मूलभूत कौशल प्राप्त करने के लिए सहायता करके हम विद्यार्थियों को जीवनपर्यंत ज्ञानर्जन करने के लिए प्रेरित कर सकते हैं। अतः वास्तव में अधिगम की जिम्मेदारी विद्यार्थी के ऊपर होता है और अध्यापक विद्यार्थी की शिक्षा को सहज, सुगम बनाने की जिम्मेदारी लेता है। यह उपागम, व्यक्तिवादी, लचीला, दक्षता-आधारित विभिन्न प्रकार के विधियों का उपयोग करने का प्रयास करता है तथा हमेशा किसी स्थान या समय से बंधा हुआ नहीं है। दूसरे शब्दों में यह उपागम विद्यार्थी आधारित शिक्षण-अधिगम वातावरण को प्रोत्साहित करता है जिसमें एक-दूसरे के सहयोग से और विषय वस्तु की खोज-बीन से ज्ञान की सार्थकता को जाना जाता है। अध्यापक विद्यार्थी की उत्पादकता, ज्ञानार्जन क्षमता, कौशलों को सतत उच्चतर बनाने का प्रयास करता है तथा उसके व्यक्तिगत और व्यावसायिक क्षमताओं को विकसित करने के लिए भी प्रयास करता है। अध्यापक इसके लिए विभिन्न प्रकार के अनुदेशानात्मक विधियों उपकरणों का इस्तेमाल कर सकता है तथा लचीला समय व स्थान की व्यवस्था भी कर सकता है।

शिक्षार्थी अपने चुनाव के लिए मुख्य रूप से जिम्मेदार होता है तथा उसके पास अपने अधिगम पर नियंत्रण करने के लिए अवसर उपलब्ध होता है। इसके परिणामस्वरूप बच्चे के अधिगम से संबंधित सभी हितधारकों के मध्य एक सहयोगात्मक साझेदारी होता है।

अधिगम केंद्रित शैक्षणिक अभ्यासों के कुछ उदाहरण निम्न प्रकार से है-

- कक्षा के भीतर व बाहर सहयोगात्मक सामूहिक अधिगम
- व्यक्तिगत विद्यार्थी का अन्वेषण और पूछताछ
- विद्यार्थी और अध्यापक दोनों के द्वारा अन्वेषण और पूछताछ
- समस्या आधारित खोज-बीन अधिगम
- समकालिक अंत:क्रियात्मक दूरस्थ अधिगम
- स्वयं के द्वारा अनुभूतिमूलक अधिगम क्रियाकलाप
- अधिगम स्थानों का अनुभव
- प्रासंगिक कार्यों का स्वनिर्धारित प्रदर्शन

अधिगम-केंद्रित शिक्षा की विशेषताएं

मुख्य विशेषताएं निम्नलिखित है-

- विद्यार्थी समूचना संग्रहण और संश्लेषित करके ज्ञान संरचना करते हैं और उसे सामान्य कौशलों जैसे खोजबीन, संप्रेषण, गहन चिंतन, समस्या समाधान आदि के साथ जोड़ते हैं।
- प्रभावकारी ढंग से ज्ञान संप्रेषण का उपयोग करते हुए उभरते और Enduring मुद्दों और वास्तविक जीवन की समस्याओं को हल करने पर बल दिया जाता है।
- अध्यापक की भूमिका पथ-प्रदर्शक और अधिगम को सहज बनाना है
- अध्यापक और विद्यार्थी मिलकर अधिगम का मुल्यांकन करते हैं।
- अध्यापन और आकलन एक-दूसरे में गुंथे हुए हैं।
- आकलन का उपयोग अधिगम को बढ़ाने और निदान करने के लिए किया जाता है।
- त्रुटियों से सीखने और बेहतर प्रश्न उत्पन्न करने पर बल दिया जाता है।
- अपेक्षित अधिगम का आकलन प्रत्यक्ष रूप से पेपर पेंसिल, प्रोजेक्ट, प्रदर्शन पोर्टफोलियो आदि के द्वारा किया जाता है।
- अंतर्विषयी अन्वेषण के साथ उपागम सुसंगत है।
- संस्कृति सहकारी और सहयोगात्मक होता है।
- अध्यापक और विद्यार्थी के साथ-साथ सीखते हैं।

वीयर (2002) के अनुसार अधिगम-केंद्रित शिक्षा प्राप्ति के लिए 5 अभ्यासों में परिवर्तन करने की आवश्यकता हैं-

(i) **विषय-वस्तु का कार्य**-ज्ञान का आधार निर्माण करने के अतिरिक्त विषयवस्तु विद्यार्थियों को निम्नांकित पहलुओं पर भी सहयोग करता है।

- विषय-विशेष के बारे में सोचने और अन्वेषण का अभ्यास कराने में
- वास्तविक समस्याओं को हल करने में
- विषय-वस्तु के कार्य को समझने में और क्यों इस विषय-वस्तु को सीखा
- विषय-विशेष के लिए अधिगम विधियाँ बनाने में
- विषय-वस्तु के विशिष्टमूल्य को समझने में
- विषय-वस्तु के द्वारा सीखने के तरीके विकसित करने में और उसे अर्थ तलाशने में

(ii) **अध्यापक की भूमिका**-अध्यापक एक ऐसे वातावरण का सृजन करता है जो कि-

- विद्यार्थियों के अधिगम का निर्माण करता है
- विभिन्न प्रकार के अधिगम तरीकों में सामंजस्य स्थापित करता है
- विद्यार्थियों को सीखने के लिए जिम्मेदारी स्वीकार करने के लिए प्रेरित करता है।
- अधिगम उद्देश्य अधिगम विधियों और मूल्यांकन का सतत संगत आयोजन करता है।
- विद्यार्थियों के अधिगम लक्ष्यों को प्राप्त करने के लिए कई प्रकार के अधिगम तकनीकों का उपयोग करता है।
- ऐसे क्रियाकलापों का डिजाईन करता है जिसमें विद्यार्थी और अध्यापक दोनों सक्रिय रूप से भाग लेते हैं।
- विद्यार्थियों को स्वध्याय के लिए प्रेरित और प्रोत्साहित करता है।

(iii) **अधिगम की जिम्मेदारी**-हांलाकि अधिगम की जिम्मेदारी अध्यापक और विद्यार्थी दोनों की होती है लेकिन विद्यार्थियों से अपेक्षा की जाती है कि वे अधिगम और मूल्यांकन की जिम्मेदारी स्वीकार करें इसके फलस्वरूप विद्यार्थी-

- आगे के अधिगम के लिए अधिगम कौशलों का विकास करता है।
- स्वनिर्देशित जीवनपर्यंत शिक्षार्थी बनता है।
- अपने अधिगम का स्वमूल्यांकन करता है।
- साक्षरता सूचना कौशलों में सिद्धहस्त बनता है।

(iv) **मूल्यांकन प्रक्रिया और उद्देश्य**-अधिगम केंद्रित शिक्षा में मूल्यांकन अधिक समग्र और अधिगम के साथ जुड़ा होता है। इसमें शामिल है-

- समाकलित मूल्यांकन

- संरचनात्मक अनुवर्तन के साथ रचनात्मक मूल्यांकन
- सहपाठी और स्वयं के द्वारा मूल्यांकन
- सीखने और विशेषज्ञता प्रदर्शन के लिए कई अवसर
- विद्यार्थी अपने उत्तरों को न्यायोचित ठहराने के लिए प्रोत्साहित होता है।
- विद्यार्थी और अध्यापक अनुवर्तन के लिए समय निर्धारित करने में सहमत होते हैं।
- पूरे समय विशुद्ध मूल्यांकन का उपयोग किया जाता है।

(v) **शक्ति संतुलन**-अध्यापक से अधिक, विद्यार्थी अपने अधिगम पर नियंत्रण रखता है। इसलिए अध्यापक को सतर्कता के साथ विद्यार्थी को अपने अधिगम को नियंत्रित करने के लिए जिम्मेदारी ग्रहण करने के लिए अधिकार देने की प्रयास करने की आवश्यकता है।

- विद्यार्थियों को अतिरिक्त विषयवस्तु की खोज-बीन के लिए प्रोत्साहित किया जाता है।
- उचित समय पर वैकल्पिक दृष्टिकोण अभिव्यक्ति के लिए विद्यार्थियों को प्रोत्साहित किया जाता है।
- कॉन्ट्रेक्ट ग्रेडिंग या मास्टरी ग्रेडिंग का इस्तेमाल किया जाता है।
- मूल्यांकन मुक्त-अन्त्य होता है।
- विद्यार्थी सीखने के अवसर का लाभ उठाते हैं।

शिक्षा के तीन उपागमों-अध्यापक-केंद्रित, शिक्षार्थी-केंद्रित और अधिगम-केंद्रित शिक्षा के मुख्य पहलुओं के मध्य तुलनात्मक चित्रण निम्नांकित है।

शिक्षा के तीन उपागमों के मध्य तुलना

पहलु	अध्यापक केंद्रित	शिक्षार्थी-केंद्रित	अधिगम केंद्रित
ज्ञान की प्रकृति	ज्ञान शिक्षार्थी से पहले	ज्ञान विद्यार्थी द्वारा खोजा जाता है।	ज्ञान शिक्षार्थी के द्वारा संरक्षित किया जाता है।
अध्यापक और शिक्षार्थी की भूमिका	अध्यापक सक्रिय विद्यार्थी निष्क्रिय होता है	अध्यापक विद्यार्थी को सक्रिय बनाता है	विद्यार्थी कार्य करता है अध्यापक उत्साहित करता है
अध्यापक के कार्य की प्रबलता	अनुदेशन, निर्देशन	अधिगम कार्य डिजाइन और अध्यापन	अधिगम को सुगम बनाना और सहायता करना
परिस्थिति	परिस्थिति विशेष नहीं (स्वतंत्र परिस्थिति)	शिक्षार्थी अनुकूल	अधिगम संदर्भित और स्वाभाविक अधिगम
नियंत्रण	संपूर्ण रूप से अध्यापक नियंत्रित (अनभ्य व निरंकुश)	अध्यापक व शिक्षार्थी नियंत्रित (आंशिक रूप से लचीला)	शिक्षार्थी नियंत्रित प्रभुतव (लचीला व प्रजातांत्रिक
निविष्ट (INPUT)	कुछ ज्ञान और तथ्य	क्षमतायें और अनुभव	अधिगम तकनीकी और रणनीतियां
विधि और उपागम	अधिकांशतः व्याख्यान व प्रदर्शन, तानाशाही	खेल विधि और आनंददायक विधियां	क्रियाकलाप आधारित प्ररोहण
पाठ्यक्रम	निर्दिष्ट	विकासात्मक	उद्भावी
मूल्यांकन	वस्तुनिष्ठ आधारित संकलनात्मक	क्रियाकलाप आधारित रचनात्मक	विशुद्ध मूल्यांकन और स्व-विश्लेषणात्मक
अनुशासन	लादा गया imposed	साझा, सक्रिय भागीदारी	स्व-नियंत्रित

क्रियाकलाप-आधारित उपागम

क्रियाकलाप क्या है? क्या यह विद्यार्थियों द्वारा किया जाने वाला कार्य है? एक अध्यापक के रूप में क्या क्रियाकलाप आधारित कक्षा में विद्यार्थियों की अपेक्षा आपकी भूमिका कम होगी? इस प्रकार के प्रश्न आपके मस्तिक में होने चाहिए।

हम जानते हैं कि कक्षा शिक्षण-अधिगम प्रक्रिया के तीन मुख्य तत्त्व हैं, अध्यापक, शिक्षार्थी, विषय या पाठ्यक्रम में सम्मिलित अनुभव। हम चर्चा कर चुके हैं कि शिक्षार्थी-केंद्रित उपागम, शिक्षण-अधिगम प्रक्रिया के लिए अधिक उपयुक्त है। शिक्षार्थी केंद्रित उपागम, में शिक्षार्थी की आवश्यकता, रुचि, मानसिक क्षमता और सामाजिक संदर्भ का ध्यान रखा जाता है। क्रियाकलाप आधारित उपागम में उस शिक्षार्थी को महत्व दिया जाता है जो अपने वातावरण में क्रियाकलाप में संलग्न रहकर नई गति प्राप्त करता है।

अधिगम क्रियाकलाप और इसके तत्व

हालांकि हम सब शिक्षण प्रक्रिया से परिचित है, क्रियाकलाप के बारे में हमारी दृष्टिकोण भिन्न है। क्रियाकलाप के संदर्भ में कुछ सामान्य दृष्टिकोण निम्न है-

- गीत गाना, नाचना, भूमिकायें निभाना, कहानी कहना, एकांकी अभिनय आदि
- जो कार्य आनन्ददायक है वह क्रियाकलाप है
- क्रियाकलाप में कुछ शारीरिक कार्य शामिल होता है
- प्रत्येक क्रियाकलाप में शिक्षण सामग्री का होना आवश्यक है।

- इन उदाहरणों से हम अवलोकन करते हैं।
- क्रियाकलाप खेल, कहानी, भूमिका अभिनय, या गाने हो सकते हैं। हालांकि यही एक तरीका नहीं है। क्रियाकलाप उपरोक्त लिखित विभिन्न तरीकों से भी आयोजित किया जा सकता है।
- प्रत्येक बच्चे को क्रियाकलाप में अवसर मिल सकता है।
- क्रियाकलाप व्यक्तिगत या समूह में आयोजित किया जा सकता है।
- प्रत्येक क्रियाकलाप में शारीरिक अभ्यास हो सकता है या नहीं भी हो सकता है लेकिन मानसिक अभ्यास जैसे चिंतन, श्रेणी में व्यस्थापन, वैभिन्नता समस्या समाधान कौशलों का विकास का होना आवश्यक है।
- एक विद्यार्थी को प्रत्येक क्रियाकलाप में संलग्न रहने व भाग लेने में संतुष्टि का अहसास होता है।
- एक क्रियाकलाप में कुछ छोटे परिवर्तन करके एक नये उद्देश्य प्राप्ति के लिए उपयोग किया जा सकता है।

इस प्रकार क्रियाकलाप एक उद्देश्य oriented कार्य है जिसमें शिक्षार्थी Spontaneasly संलग्न होकर आनंदपूर्वक अधिगम उद्देश्य को प्राप्त करता है।

क्रियाकलाप के तत्व-जब आप क्रियाकलाप आधारित कक्षाकक्ष में प्रवेश करते हैं तो ऐसे कौन से पहलू हैं जो आपको विश्वस्त करता है कि क्रियाकलाप उचित ढंग से चल रहा है? आपको निम्नांकित पर ध्यान देना चाहिए-

- बच्चे आपकी उपस्थिति से व्यथित हुए बिना अपने कार्य में पूर्ण रूप से संलग्न रहते हैं।
- वे आपस में बातचीत कर रहे हैं, सामग्रियों का Manipulation, समस्या के विभिन्न तरीके और व्यवस्था करने के लिए प्रयासरत है।
- यदि आप उनसे पूछते हैं कि वे क्या कर रहे हैं तो वे स्पष्ट रूप से वर्णन कर सके कि इस क्रियाकलाप को करने के क्या कारण है और इसका उद्देश्य क्या है।

दूसरे शब्दों में क्रियाकलाप रुचिकर होता है विद्यार्थियों को अधिगम उद्देश्यों प्राप्त करने के लिए प्रोत्साहित करता है। हालांकि क्या विद्यार्थी के लिए क्रियाकलाप अधिक कठिन या बहुत ही सरल होना चाहिए? यदि क्रियाकलाप आसान होगा तो विद्यार्थी उसमें रुचि नहीं लेगा और यदि बहुत कठिन हुआ तो विद्यार्थी उस क्रियाकलाप में भाग लेने से बचने की कोशिश करेगा। क्रियाकलाप को इस प्रकार डिजाइन करना चाहिए कि विद्यार्थी व्यक्तिगतरूप से या अपने सहपाठियों से बातचीत करके या अध्यापक की सहायता लेकर कार्य को पूरा करने का प्रयास करता है। कार्य में स्वत: अंतर्भागिता का सृजन करना अधिगम क्रियाकलाप का एक महत्वपूर्ण तत्त्व है। यह पाया गया है कि यदि एक विद्यार्थी एक क्रियाकलाप में आनंद प्राप्त करता है तो वह कार्य करता है और वह क्रियाकलाप को चुनौती रूप में स्वीकार करके इसमें अधिक से अधिक संलग्न हो जाता है। यदि वह कार्य करने में आनंदित नहीं होता है और कार्य को बोझ समझता है तो कार्य को यांत्रिक रूप से पूरा करने का प्रयास करेगा परिणामस्वरूप असफल हो जाता है। इसलिए क्रियाकलाप एक ऐसे कार्य के रूप में होना चाहिए जिसमें विद्यार्थी आनंद का अनुरूप करता हो।

अत: एक प्रभावकारी अधिगम क्रियाकलाप के चार मुख्य तत्त्व हैं। ये निम्न प्रकार से है।

- **ध्यान केंद्रित**-अधिगम क्रियाकलाप सदैव लक्ष्य निर्धारित होता है और इस प्रकार डिजाइन किया होता है कि प्रतिभागी विद्यार्थी समस्या समाधान करने में या लक्ष्य प्राप्ति के लिए ध्यान केंद्रित रखते हैं और आसानी से उनका ध्यान भंग नहीं होता है।
- **चुनौतीपूर्ण**-एक प्रभावकारी क्रियाकलाप विद्यार्थियों के समक्ष एक चुनौती प्रस्तुत करता है। यह न तो इतना आसान होता है कि इसकी उपेक्षा की जा सकती है और इतना कठिन भी नहीं होता है कि हल करने का प्रयास न किया जाए। यह औसत रूप से कठिन होता है जोकि विद्यार्थियों के क्षमताओं के भीतर होता है परन्तु ध्यानकेंद्रित करके और कुछ अधिक प्रयास करके समस्या को हल कर सकते हैं।
- **स्वत: अंतर्भागिता**-एक अच्छा क्रियाकलाप इस प्रकार होता है कि इससे शुरू होते ही विद्यार्थी इसके और तुरंत आकर्षित होते हैं और वे इस क्रियाकलाप में बिना किसी दबाव के या किसी अनुनय-विनय के अपनी इच्छानुसार भाग लेते हैं।
- **आनंददायक**-क्रियाकलाप के प्रभावशीलता का परीक्षण तब होता है जब विद्यार्थी इसके पूर्ण होने पर संतुष्टि का अनुभव प्राप्त करता है। एक अच्छे क्रियाकलाप की यह प्रकृति होती है कि इसका आयोजन विद्यार्थी के लिए रुचिकर होता है और यह उपलब्धि का भाव लाता है, आनन्द उपलब्ध कराता है जो कि अंतत: विद्यार्थी को अगले चुनौतीपूर्ण क्रियाकलाप में भाग लेने के लिए अंत: प्रेरित करने का स्रोत बनता है।

क्रियाकलाप

क्रियाकलाप नहीं है

- कंठस्थीकरण
- नियमों का ज्ञान
- बारम्बार वाचन
- प्रतिलिपिकरण
- अध्यापक-प्रदर्शन

गुण

- अमूर्त अवधारणा/प्रक्रिया को स्थूल बनाने के लिए सामग्रियों का उपयोग कर सकते हैं।
- एक सहायक एक उपयोग कर सकते हैं।
- एक खेल हो सकता है
- एक अनुभव हो सकता है (वास्तविक जीवन या अन्य)
- नाटक शामिल किया जा सकता है
- कोई शारीरिक वेग का उपयोग शायद न हो

एक क्रियाकलाप की विशेषतायें

- रुचिकर
- अर्थपूर्ण
- विभिन्न प्रकार के कौशलों/योग्यताओं के लिए अवसर उपलब्ध करना
- चुनौती व संघर्ष
- चिंतन के लिए स्थान
- व्यक्तिगत बच्चा
- अध्यापक और एक बच्चा/बच्चों का छोटा समूह

- बच्चों का समूह
- अध्यापक ओर संपूर्ण कक्षा
- बच्चे और बिरादरी

उद्देश्य

- समस्या के साथ संघर्ष प्रारंभ करना
- अवधारणा/प्रक्रिया का अभ्यास करना
- एक योग्यता के विकास का अभ्यास (उदाहरण घटाना)
- एक अवधारणा का मूर्तरूप में प्रदर्शन
- एक विचार के लिए जरूरत महसूस करना (एक मानक इकाई, अंक के लिए मानक प्रतीक आदि, प्राय: सामाजिक संदर्भ में उत्पन्न होता है)
- क्षैतिज व्याख्या के लिए अवसर उपलब्ध कराना और नीचे प्रक्रियाओं कौशलों और युक्तियों का आविष्कार/विकास करना।

क्रियाकलाप आधारित कक्षा संचालन की योजना बनाने में एक महत्वपूर्ण अंतर उद्देश्य के बारे में पूर्ण स्पष्टता है। उदाहरण के लिए क्या आप कोई नई अवधारणा से परिचय कराना चाहते हैं? या बच्चों द्वारा पहले ही परिचित किसी अवधारणाओं को बेहतर ढंग से समझाने की इच्छा है? या कुछ चुनौतीपूर्ण कार्य उपलब्ध कराना चाहते हैं? एक बार आपका उद्देश्य स्पष्ट होने जाने के बाद आपको एक उचित क्रियाकलाप की योजना बनाने की आवश्यकता होगी। कुछ नये क्रियाकलाप हो सकते हैं या आपके द्वारा पहले ही कराये गये क्रियाकलापों का विस्तारण हो सकता है। कुछ आपके उद्देश्य से प्रत्यक्ष रूप से जुड़े हो सकते हैं तथा कुछ अप्रत्यक्ष रूप से। परन्तु दोनों अवस्था में क्रियाकलाप रुचिकर अन्वेषणों को उपलब्ध कराने वाला होगा। अधिगम को प्रभावकारी ढंग से सुगम बनाने के लिए आपको क्रियाकलाप की मुख्य विशेषताओं को ध्यान में रखना अति आवश्यक है। कक्षा में क्रियाकलाप आयोजन करने का निर्णय लेने के पश्चात आपको सुगम और प्रभावी ढंग से क्रियाकलाप का आयोजन के लिए आपको कक्षा प्रबंधन के अन्य पहलुओं की योजना पर भी ध्यान देने का आवश्यकता है। अधिगम क्रियाकलाप के सफलतापूर्वक क्रियान्वयन हेतु कुछ महत्वपूर्ण बिंदु जिनका ध्यान रखना अति आवश्यक है निम्नांकित है-

- **उपलब्ध स्थान का प्रबंधन**-क्रियाकलाप संचालन के लिए कक्षा में उपलब्ध स्थान का उपयोग करने के लिए उचित योजना बनाना आवश्यक है। कुछ जगह शिक्षण सामग्री, श्यामपट रखने व उपयोग के लिए व प्रदर्शन बोर्ड के लिए सुरक्षित होना चाहिए तथा कुछ जगह विद्यार्थियों के रिकार्ड व पोर्टफोलियो रखने के शेल्फ/रैक के लिए सुरक्षित रखना चाहिए। विद्यार्थियों के बैठने, चलने-फिरने के लिए, तथा सामूहिक गतिविधियों के लिए कक्षा के भीतर पर्याप्त स्थान उपलब्ध कराने की आवश्यकता है। विशिष्टरूप से आपको पहले से ही सामूहिक क्रियाकलाप के लिए आवश्यक स्थान की योजना बनाने की आवश्यकता है तथा इसी के अनुसार समूहों की संख्या निर्धारण, तथा कक्षा के भीतर आपके और विद्यार्थियों के चलने-फिरने की जगह के लिए आपको निर्णय लेना है।
- **सामग्री प्रबंधन**-क्रियाकलाप प्रारंभ करने से पहले से आपको प्रत्येक कक्षा के शिक्षण अधिगम सामग्री कोना में पर्याप्त मात्रा में सामग्री रखने की आवश्यकता है। आप शायद जानते होंगे कि TLM की मुख्यत: दो श्रेणियां है (i) आधारभूत सामग्री जैसे पासा संगमरमर, घड़ी फ्लेश कार्ड, बीज, कंकड़ इत्यादि इन सबका क्रियाकलापों में कई प्रकार से इस्तेमाल कर सकते हैं। (ii) एक विशेष क्रियाकलाप में इस्तेमाल होने वाले विशिष्ट सामग्री। आपको प्रथम श्रेणी के TLM की आवश्यक मात्रा में संकलन करने की जरूरत है। आपको पहले से ही, विशेषरूप से शैक्षणिक सत्र प्रारंभ में, TLM का चयन, संकलन और उन्हें रखने के लिए उचित व्यवस्था कर लेनी चाहिए। पहले से ही आपको क्रियाकलाप की समीक्षा करके कक्षा के लिए आवश्यक सामग्री की सुनिश्चितता निर्धारित करना चाहिए। TLM का चयन करने में विद्यार्थियों को भी शामिल करना चाहिए ताकि वे TLM कोने से समय पर उचित सामग्री ला सके। यह प्रासंगिक क्रियाकलाप के दौरान स्वत: प्रवर्तित रूप से सहायता करता है। उन विद्यार्थियों के लिए जो अपना काम निर्धारित समय से पूर्ण पूरा कर लेते हैं और खाली बैठे बोर होते हैं उनके लिए कोई न कोई साधारण खेल तैयार रखें। क्रियाकलाप समाप्त करने के पश्चात TLM को उनके निर्धारित स्थान पर रखने की आदत का निर्माण विद्यार्थियों में अवश्य करें तथा यह कार्य करने के लिए उन्हें पूर्ण-अधिकार प्रदान करें।
- **क्रियाकलापों में विद्यार्थियों की अंतर्भागिता**-क्रियाकलाप में विद्यार्थियों की अंतर्भागिता से अधिगम को सहज सुगम बनाया जा सकता है। इसलिए क्रियाकलाप के आयोजन करते समय निम्नलिखित बिंदु पर ध्यान देना आवश्यक है-
- **क्रियाकलाप की प्रकृति**-किसी विषयवस्तु पर एक क्रियाकलाप का चयन करते समय विषय वस्तु के संदर्भ में इसकी उपयुक्तता और प्रासंगिकता के साथ-साथ विद्यार्थियों के संज्ञानात्मक स्तर का भी ध्यान रखना चाहिए। आपको निर्णय लेना है कि क्या यह व्यक्तिगत या सामूहिक या संपूर्ण कक्षा के लिए क्रियाकलाप है? क्या यह कक्षा को सहज बनाने के लिए साधारण क्रियाकलाप है, या अत्यधिक शारीरिक क्रिया से भरपूर क्रियाकलाप है? या सोचने और चिंतन के लिए क्रियाकलाप है?
- **क्रियाकलाप का प्रदर्शन**-क्रियाकलाप की प्रगति के लिए स्पष्ट दिशा निर्देश होना चाहिए। लम्बे मौखिक स्पष्टीकरण का इस्तेमाल करने के बजाय एक सरल उदाहरण या चित्रण क्रियाकलाप के विचार को अधिक स्पष्टता के साथ प्रस्तुत करता है। अतिरिक्त नियम के क्रियाकलाप के प्रगति के समय या तो आपके या बच्चों के द्वारा जोड़ा जा सकता है। एक पीरियड के समयावधि में अलग-अलग क्रियाकलाप उचित समय पर कराना चाहिए। परन्तु पीरियड के प्रारंभ में छोटे सामूहिक क्रियाकलाप का आयोजन करना वांछनीय है इसके पश्चात कक्षा में क्रियाकलाप के विभिन्न महत्वपूर्ण घटना/बिंदुओं पर चर्चा किया जा सकता है। यदि आवश्यक हुआ तो पीरियड के मध्य में व्यक्तिगत बच्चे के लिए क्रियाकलाप आयोजित किया जा सकता है। पीरियड के अंत में संपूर्ण कक्षा को किये गये कार्य पर विचार विमर्श करके क्रियाकलाप के परिणाम का सारांश प्राप्त करने की आवश्यकता है। इस प्रकार के समापन न होने की दशा में क्रियाकलाप में बहुत अंतर्भागिता हो सकती है परन्तु अधिगम के विशिष्ट पहलू पर, जिसे आप चाहते हैं कि बच्चे सीखे, ध्यान केंद्रित करने में असफल हो जाता है।
- **प्रत्येक विद्यार्थी की अंतर्भागिता सुनिश्चित करना**-यह महत्वपूर्ण है कि प्रत्येक बच्चा क्रियाकलाप में अवश्य भाग ले यह हमेशा संभव नहीं

है कि कक्षा/समूह के विद्यार्थी बराबर रूप से एक क्रियाकलाप में भाग नहीं ले सकता है।

विद्यार्थियों के अंतर्भागिता के अंश में परिवर्तन होता है परन्तु आप प्रत्येक शिक्षार्थी के अंतर्भागिता को अवश्य सुनिश्चित करें। जब भी आपको जरूरत पड़े आपको क्रियाकलाप में छोटे परिवर्तन करके विद्यार्थियों की अंतर्भागिता को बढ़ाना चाहिए। क्रियाकलाप में भाग लेने वाले सभी विद्यार्थियों पर सूक्ष्म निगाह रखे और उन विद्यार्थियों को प्रेरित करें जो कक्षा में निष्क्रिय रहते हैं।

- क्रियाकलाप के आरंभ में दिशा-निर्देश देने या किसी बिंदु को स्पष्ट करने के लिए आपकी उपस्थिति अनिवार्य है। यदि क्रियाकलाप बच्चों के छोटे समूहों में आयोजित कर रहे हैं तो आपको समय निकालकर प्रत्येक समूह में बैठकर बच्चों से बात करें। इसमें आप उनसे क्रियाकलाप के परिणाम में बात करें तथा यह भी सुनिश्चित करें कि सभी विद्यार्थी क्रियाकलाप में समान रूप से भाग ले रहे हैं। इस प्रकार सभी समूह के पास जाकर आप समूह के सदस्यों के बीच सामाजिक अंत:क्रिया को सहज सुगम बना सकते हैं तथा विद्यार्थियों को उनके किये जा रहे कार्य के बारे में उनको जानकारी देना चाहिए। आप इस प्रकार यह भी निर्णय कर पायेंगे कि क्रियाकलाप का बच्चों के अधिगम के ऊपर क्या प्रभाव पड़ा।
- **क्रियाकलाप में समुदाय की सहभागिता**-कई समुदाय संसाधनों का उपयोग क्रियाकलाप को अधिक अर्थपूर्ण और प्रासंगिक बनाने के लिए किया जा सकता है। स्थानीय रूप से उपलब्ध सामग्री लोक कहानी, लोकगीत, खेल और पहेली का इस्तेमाल कक्षा क्रियाकलाप में ही किया जा सकता है, जिसमें विद्यार्थी सहज रूप से सम्मिलित हो सकते हैं। इसके अतिरिक्त समुदाय के सदस्यों को संसाधन व्यक्ति के रूप में शामिल किया जा सकता है जैसे स्थानीय कलाकार, किसान, हस्तशिल्पी आदि। ये सब कक्षा क्रियाकलाप के गुणवत्ता को अपने अनुभव के द्वारा समृद्ध कर सकते हैं तथा क्रियाकलाप को सामाजिक-सांस्कृतिक रूप से संदर्भगत और प्रासंगिक बना सकते हैं। यहां तक कि समुदाय की बुजुर्ग महिलाएं बच्चों को कहानियाँ सुना सकती है या युवा महिलायें बच्चों को नृत्य और गायन सीखा सकती है।
- **मूल्यांकन की प्रक्रिया**-क्रियाकलाप आधारित अधिगम उपागम में विशेषकर रचनात्मक स्तर पर अधिगम के मूल्यांकन में स्व-मूल्यांकन सहपाठियों द्वारा मूल्यांकन या सामूहिक मूल्यांकन शामिल है। जिसे सतत रूप से किया जाना चाहिए ताकि विद्यार्थियों को अपने अधिगम प्रगति के बारे में सही समय पर जानकारी प्राप्त कर सके और प्राप्त जानकारी के आधार पर अपने अधिगम की गुणवत्ता को सुधार कर सकते हैं। निश्चित रूप से छोटे सामूहिक क्रियाकलाप में सहपाठियों द्वारा मूल्यांकन अंत:निर्मित होता है तथा इसी कारण इसे अधिगम का एक प्रभावकारी विधि के रूप में देखा जाता है। इसके अतिरिक्त विद्यार्थियों के अधिगम की अनौपचारिक मूल्यांकन करने की भी आवश्यकता है।
- **समय प्रबंधन**-कक्षा के एक पीरियड का समय निर्धारित होता है इसे कक्षा क्रियाकलाप की योजना बनाते समय ध्यान में रखना चाहिए। प्रत्येक क्रियाकलाप, जिसका आयोजन पीरियड के दौरान करना है, के लिए अलग-अलग समय निर्धारित करना आवश्यक है। सामान्यत: क्रियाकलाप परिचय के लिए कम समय (5 से 10 मिनट) और समापन क्रियाकलाप के लिए भी 5 से 10 मिनट तक का समय रखना चाहिए। जबकि अधिकांश समय का उपयोग क्रियाकलाप आयोजित करने में किया जाना चाहिए। प्रत्येक क्रियाकलाप के आरंभ में विद्यार्थियों को उस क्रियाकलाप के लिए निर्धारित समयावधि के बारे में जानकारी देने की आवश्यकता है। एक क्रियाकलाप आधारित कक्षा में 40 से 50 मिनट के एक पीरियड में उचित रूप से क्रियाकलाप आयोजित करने के लिए हमेशा पर्याप्त नहीं होता है। इसलिए कक्षा के लिए समय सारणी निर्माण के समय क्रियाकलाप के लिए अधिक समय (लंच से पहले या बाद में लगातार 2 पीरियड एक साथ प्रस्तावित है) दिया जाना चाहिए तथा यह भी ध्यान रखे कि प्रति सप्ताह में प्रत्येक विषय के लिए निर्धारित समय के अनुपात में किसी प्रकार के विघ्न उत्पन्न न होने पाये।

अधिगम क्रियाकलाप के लाभ

क्रियाकलाप के कुछ लाभ निम्न प्रकार से है :

- क्रियाकलाप अपने ढंग से सीखने व अपने सीखने के गति का निर्धारण करने के लिए कार्यक्षेत्र उपलब्ध कराता है। क्रियाकलाप में भागीदारी के समय विद्यार्थी खोजी क्षमताओं का विकास करता है, अपने ज्ञान का मूल्यांकन करते हैं और नये ज्ञान की संरचना करता है। क्रियाकलाप की प्रकृति इस प्रकार की होती है कि इसमें शिक्षार्थी पूर्णरूप से संलग्न हो जाता है जो कि शिक्षार्थी में रुचि उत्पन्न करता है और वह अधिक से अधिक ज्ञानार्जन के लिए प्रेरित होता है।
- जानने के लिए सीखना, करने के लिए सीखना, साझा जीने के लिए सीखना और स्वअभिव्यक्ति के लिए सीखना-अधिगम के इन चार स्तम्भों के बारे में क्रियाकलाप आधारित उपागम के माध्यम से सीख जा सकता है। एक क्रियाकलाप में थोड़ा परिवर्तन करके इसे मिश्रित कक्षा और परिस्थितियों के कई स्तरों में आसानी से आयोजित किया जा सकता है। एक क्रियाकलाप में भाग लेते समय चाहे वह समूह में हो, या व्यक्तिगत रूप से हो, या सहपाठियों के साथ सीखने के स्थिति में, एक विद्यार्थी को कई प्रकार के कार्यों को, संपादन करना पड़ता है इसके लिए वह अपनी तार्किक क्षमता वैचारिक क्षमता, वैकल्पिकों की खोज, सामाजिक रूप से वांछनीय तरीके से जवाब देना, भावनाओं पर नियंत्रण, सहयोग की क्षमताओं का इस्तेमाल करता है तथा उसे विभिन्न प्रकार के विधियों का भी उपयोग करना पड़ता है। इसलिए क्रियाकलाप का आयोजन नियमित रूप से कक्षा में करने से विद्यार्थियों में संज्ञानात्मक, भावनात्मक और मानसिक संवेग पहलुओं का विकास करने में सहायता मिलती है जो कि समग्र व्यक्तित्त्व विकास को सुनिश्चित करता है।

शिक्षण की प्रक्रिया

''कक्षा में सिखाने के लिए शिक्षक जो कुछ करता है शिक्षण कहलाता है।'' जितने प्रकार के शिक्षक होते हैं उतने ही प्रकार के शिक्षण होते हैं। परम्परागत रूप से हमारे कक्षा के अभ्यास शिक्षक के वर्चस्व वाले होते हैं अर्थात अध्यापक केन्द्रित होते हैं। कक्षा में जो भी क्रिया घटित होती है वह शिक्षक के द्वारा निर्धारित, प्रबंधित और आकलित होती हैं कक्षा में प्रबंधित शिक्षण-अधिगम प्रक्रिया में विद्यार्थियों के कहने के लिए कुछ नहीं होता। विद्यार्थियों को क्या करना है शिक्षक उन्हें सूचित और निर्देशित करता है शिक्षण का अर्थ

सूचनाओं, तथ्यों और विषय-वस्तु में निर्धारित अवधारणाओं को प्रसारित करना है। यदि अध्यापक केन्द्रित कक्षा अभ्यास को विद्यार्थी केन्द्रित अभ्यास में बदल दे, तो विद्यार्थी और अधिगम अधिक केन्द्रित हो जाते हैं जहाँ पर शिक्षक की भूमिका और शिक्षण का अभ्यास रूपान्तरित हो चुके होते हैं। अधिगम का एक रास्ता नहीं है और इसलिए अधिगम के ऐच्छिक तरीकों को सूट करने वाले विभिन्न शिक्षण आदर्श हैं।

व्यावहारिक रूपान्तरण के लिए शिक्षण

अधिगम पूर्ण रूप से व्यवहार में स्थायी परिवर्तन है। व्यवहार से तात्पर्य भिन्न व्यक्तियों के लिए भिन्न हैं। कुछ लोगों का विश्वास है कि व्यवहार, उन सभी व्यक्तित्व विशेषताओं, जो व्यक्ति में होनी चाहिए, का योग होता है। वहीं दूसरे लोगों का विश्वास है कि व्यवहार एक अवलोकन की क्रिया है जिसका व्यक्ति प्रदर्शन करता है। शिक्षण के लिए व्यवहार रूपान्तरण अधिगम दूसरे विश्वास पर आधारित है। जब हम एक बच्चे के अवलोकन युक्त व्यवहार को रूपान्तरित करते हैं या बदलते हैं, तो हम प्रत्यक्ष या अप्रत्यक्ष रूप से बच्चे की सीखने में मदद करते हैं।

अवलोकन किया गया व्यवहार मुख्य रूप से दो प्रकार का होता है प्राप्त किया गया व्यवहार और निकाला गया व्यवहार। जब हम बच्चे को एक सामाजिक नियम व आदर्श के अनुसार किसी अलग ढंग से व्यवहार करवाना चाहते हैं तो हम उसको उसी तरह से सिखाते हुए वांछनीय व्यवहार परिवर्तन की चेष्टा करते हैं उदाहरण :- जब हम बच्चे को चाकलेट देते हुए कहते हैं भागो, तो हम बच्चे से भागने की क्रिया करने की अपेक्षा करते हैं और चाहते हैं कि वह भागे (कभी कुछ अवसरों पर आपने देखा होगा कि व्यक्ति बिना किसी बाहरी पुरस्कार के कोई विशेष व्यावहारिक क्रिया करता है, जो कि आपने पहले कभी नहीं देखी है। ऐसे व्यवहार का हम स्वाभाविक तौर पर सीखना कहते हैं एक छोटा बच्चा एक अनजानी मीठी धुन को गुनगुना रहा है, एक विद्यार्थी एक कठिन प्रश्न को एक अस्वाभाविक विधि से हल करता है, और एक लड़की नृत्य का एक ऐसा दृश्य दिखाती है जो उसने नृत्य की कक्षा में नहीं सीखा था आदि ये कुछ उदाहरण स्वाभविक व्यवहार या निकाले गये व्यवहार के हैं।

जब एक बच्चा निम्न दो अवलोकन योग्य व्यवहारों को सामान्य ग्रहण किए गये व्यवहार के रूप में प्रदर्शन के लिए तैयार करता है जैसे:- प्राप्त किया गया व्यवहार और स्वाभाविक व्यवहार, तब हम कहते हैं कि बच्चे में व्यवहार का रूपान्तरण हो गया है। व्यवहार रूपान्तरण के दो चरण हैं:- पहले चरण से संबंधित व्यावहारिक क्रियाएं बार-बार, जब अपेक्षा की जाये होती है। और दूसरा चरण व्यवहार सुधार को निरंतर बनाये रखने से संबंधित है ताकि वर्तमान और सीखे हुए व्यवहार में गुणता लाने के लिए और नए सुधार की आदत पक्की करने के लिए, दुहराव और सुधार किया जाता है। इस प्रक्रिया को मनोवैज्ञानिक अनुकूलन कहते हैं। दो मुख्य प्रकार के अनुकूलन दो प्रकार के व्यवहारों पर निर्भर करते हैं :-

1. शास्त्रीय अनुकूलन (प्राप्त किए गये व्यवहार का अनुकूलन)
2. संक्रिया अनुकूलन (स्वाभाविक व्यवहार का अनुकूलन)

(1) **शास्त्रीय अनुकूलन :-** 1890 के आस-पास पावलॉव एक रूप के शरीर विज्ञानी ने इस दिशा में कार्य किया। उसने अपनी प्रयोगशाला में ये देखा कि भूखे कुत्ते, खाना मिलने या खाने की सुगंध लेने से पहले ही लार टपकाना शुरू कर देते थे। आश्चर्य जनक रूप से वे अपने रखवाले को देखते ही या उसके कदमों की आहट को सुनते ही अपने मुँह से लार टपकाना शुरू कर देते थे। इस साधारण अवलोकन से प्रभावित होकर पावलॉव ने बड़े ध्यानपूर्वक कुछ प्रयोग किये। जिनमें घंटी का बजना शामिल है, जिसके होने से अकसर मुँह से लार नहीं टपकती और इसके तुरन्त बाद कुत्तों को खाना देना जो एक उद्दीपन है जिससे लार का आना स्वाभाविक है। इस प्रकार के सम्मिलित प्रस्तुतीकरणों को अनेक बार करने के बाद (पहले घंटी का बजाना फिर खाना देना) कुत्ते केवल घंटी की आवाज पर ही लार टपकाने लगे यहाँ तक कि चाहे उन्हें खाना भी ना दिया जाये।

पावलॉव के प्रयोगों में घंटी एक अनुकूल उद्दीपन है, खाना एक प्राकृतिक या स्वाभाविक उद्दीपन है और खाने को देखकर लार का टपकाना एक स्वाभाविक प्रतिक्रिया है, वहीं घंटी के बजने पर लार का टपकना एक अस्वाभाविक या अनुकूलन प्रतिक्रिया है। शुरूआत में, लार के टपकने के लिए घंटी का बजना एक तटस्थ उद्दीपन (जो किसी प्रतिक्रिया से उत्पन्न नहीं होता) है। साधारण शब्दों में, एक उद्दीपन या एक परिस्थिति किसी अनजान उद्दीपन से जोड़ने पर जो व्यवहार उत्पन्न होता है उसे शास्त्रीय अनुकूलन कहते हैं। इसे प्रत्युत्तर अनुकूलन भी कहते हैं, क्योंकि प्रकटीकरण व्यवहार एक उद्दीपन की प्रतिक्रिया के कारण है।

शास्त्रीय अनुकूलन कक्षा अभ्यास में बहुत अधिक स्पष्ट है, प्रत्येक समय के अनुकूल है और एक ही समय में अन्य प्रकार के अधिगम का विचार किए बिना जारी रहती है। और अधिकतर इन्हीं अचेतन प्रक्रियाओं के द्वारा ही विद्यार्थी विषय एवं अध्यापकों को पसंद या ना पसंद करना शुरू कर देते हैं। उदाहरण- एक विद्यालय का विषय एक तटस्थ उद्दीपन है जो शुरुआत की सोच में छोटी भावात्मक प्रतिक्रियाओं को ताजा करता है जो बच्चे के लिए नयी है। अध्यापक, कक्षा अथवा कोई और विशेष उद्दीपन एक अनुकूलित उद्दीपन का कार्य कर सकता है। अनुकूलित उद्दीपन सुखदायक भी हो सकता है (जैसे हवादार, आरामदायक कक्षा, एक मित्रवत अध्यापक) तथा दुखदायक भी (अंधेरा और गर्म कमरा, एक गुस्से वाला सख्त अध्यापक) हो सकता है। निम्नलिखित विशेष उद्दीपन के साथ जुड़े हुए क्रमागत मामले, अनुकूलन उद्दीपन के साथ जुड़े हुई भावनाएं और प्रवृत्ति, विद्यालय के कुछ पहलुओं को शास्त्रीय अनुकूलन बनाते हैं।

(2) **संक्रिया अनुकूलन :-** सक्रिय अनुकूलन, विस्तृत रूप से B.F. Skinner (1940) द्वारा चूहों और कबूतरों पर किए गये असंख्य प्रयोगों का निष्कर्ष है। साधारण शब्दों में, सक्रिय अनुकूलन शारीरिक इन्द्रियों (निकाला गया व्यवहार संक्रिया कहलाता है) के द्वारा निकाला गया व्यवहार का पुनर्बलन है। जिससे कि इसकी ग्रहण करने की शक्ति बढ़ती है। पुनर्बलन और व्यवहार के बीच संबंध की खोज से और ये स्पष्ट करना कि व्यवहार इसके परिणाम को कैसे प्रभावित करता है, स्किनर विशेष रूप से संबंधित है।

स्किनर अपने दो महत्वपूर्ण पदों" सुदृढ़ करना एवं पुनर्बलन में अन्तर करता है। उदाहरण-एक ईनाम या भोजन सुदृढ़ करता है और जब किसी प्रतिक्रिया या परिणाम को निकालने के लिए भोजन प्रस्तुत किया जाता है वह

पुनर्बलन है। किसी निकाले गये व्यवहार की घटना और निकाले गये व्यवहार के रूपान्तरण के द्वारा व्यवहार को आकार देना भी, विभिन्न प्रकार के पुनर्बलन प्रदान करके संभव किया जा सकता है। यद्यपि पुनर्बलन दो प्रकार के हैं-सकारात्मक और नकारात्मक।

- **सकारात्मक पुनर्बलन**-(ईनाम) सकारात्मक पुनर्बलन में निकाले गये व्यवहार के बाद सुखदायक उद्दीपन दिये जाते हैं जो व्यवहार की घटना को दृढ़ता प्रदान करते हैं। जब एक अध्यापक बच्चों को देखकर मुस्कुराते हैं और उन्हें कुछ अच्छे शब्दों से पुकारते हैं, उनके कार्य की प्रशंसा करते हैं, उनको अच्छे अंक देते हैं, इसका तात्पर्य है कि वे अध्यापक सकारात्मक पुनर्बलन का उपयोग करते हैं।
- **ऋणात्मक पुनर्बलन (आराम)**-नकारात्मक पुनर्बलन तब होता है जब निकाले गये व्यवहार के साथ किसी अप्रिय उद्दीपन को दूर किया जाता है। इससे निकाले गये व्यवहार की घटना बढ़ जाती है। सजा की धमकी, फेल होना, छुट्टी के बाद रोक कर रखना, शर्मिन्दा करना, मजाक उड़ाना आदि के द्वारा कक्षा में अध्यापक विद्यार्थी के साथ दुखदायक उद्दीपन का उपयोग करते हैं। जब इनका निवारण हो जाता है तो विद्यार्थियों को सुख मिलता है और वह अपने व्यवहार में सुधार लाते हैं। आपके लिए यह जानना आवश्यक है कि दण्ड प्रक्रिया पुनर्बलन नहीं है। दंड या तो दुखदायक उद्दीपन प्रस्तुत करता है या एक सुखदायक उद्दीपन को निकाल देता है जिसके कारण बच्चों को शारीरिक और भावात्मक दोनों तरह से दुख पहुँचता है। कक्षा में शारीरिक दंड देना, डाँटना, चेतावनी देना और छुट्टी के बाद बच्चों को रोकना आदि विद्यालयों में दिये जाने वाले कुछ दंड के उदाहरण है।

सक्रिय अनुकूलन शिक्षण की विभिन्न तकनीकियों को विकसित करने में लागू किया जा चुका है। योजनाबद्ध निर्देशन और हाल ही में चलाए गए कम्प्यूटर सहायक अधिगम उनमें से मुख्य है।

- व्यवहार सुधार के सभी सिद्धान्तों से यह स्पष्ट है कि अधिगम में अभ्यास की महत्वपूर्ण भूमिका है।
- अभ्यास बिना पुर्नबलन किए अधिगम को नहीं बढ़ाता।
- पुनर्बलन में बदलाव सुधार में मदद करता है।
- अप्रिय व्यवहार को समाप्त करने में सजा अधिक प्रभावशाली नहीं है।
- कार्य में रुचि और सुधार अधिगम के लिए चालक की तरह है। व्यवहार रूपान्तरण उपागम की सबसे बड़ी आलोचना यह है कि इसमें केवल बाहर से दिखाई देने वाली व्यावहारिक क्रिया पर ध्यान दिया जाता है। और उसी को अधिगम का प्रतीक समझा जाता है। यह जानवरों और छोटे बच्चों के लिए तो उपयुक्त है। लेकिन बढ़ती उम्र के साथ मानसिक विकास और अवलोकनात्मक व्यवहार किसी व्यक्तिगत की वास्तविक धारणा को प्रतिबिम्बत नहीं कर सकता। एक विद्यालयी आयु का बच्चा कुछ व्यवहारों को केवल सजा से बचने के लिए और दूसरों का ध्यान अपनी ओर आकर्षित करने के लिए प्रदर्शित करता है। अत: दिखाई देने वाले व्यवहार रूपान्तरण से यह आवश्यक नहीं है कि वास्तविक अधिगम हुआ है।

संज्ञानात्मक विकास के लिए शिक्षण

संज्ञानात्मक का शाब्दिक अर्थ "जानने की कला" है। सामान्यतया यह जानने, समझने, प्रक्रियाओं और सूचनाओं के उपयोग करने से संबंधित है तथा इनको मानसिक योग्यता या बुद्धिमता के घटक के रूप में समझा जाता है। संज्ञानात्मक विकास बौद्धिक विकास से जुड़ी हुई अवस्थाओं व प्रक्रियाओं से संबंधित है।

संज्ञानात्मक विकास के अनेकों सिद्धान्त है। इन सभी सिद्धान्तों के बीच में प्याजे का सिद्धान्त संज्ञानात्मक विकास की जन्म से लेकर 14-15 वर्ष की आयु तक की विस्तृत तस्वीर प्रदान करता है जबकि संज्ञानात्मक विकास चर्म सीमा पर होता है। अवस्थाओं की शृंखला के अनुसार पियाजे ने संज्ञानात्मक विकास का अनुमान लगाया है तथा प्रत्येक अवस्था को कुछ निश्चित प्रकार के व्यवहारों और कुछ निश्चित तरीके से सोचने एवं समस्या समाधान के द्वारा इनकी विशेषता को बताया है।

सभी विशिष्ट अवस्थाओं की आयु को चार विस्तृत अवस्थाओं के अनुसार समूहित किया गया है :-

- **संवेदी-गत्यात्मक काल** (0 से 2 वर्ष की आयु तक)
- **पूर्व-संक्रिया काल** (2 से 7 वर्ष की आयु तक)
- **स्थूल-संक्रिया काल** (7 से 11 या 12 वर्ष की आयु तक)
- **औपचारिक-संक्रिया काल** (11 या 12 से 14 या 15 वर्ष की आयु तक)

प्रत्येक अवस्था पर बच्चे के व्यवहार की विशेषताओं का वर्णन आपके विद्यार्थियों के संज्ञानात्मक स्तर को समझने के लिए एक शिक्षक के रूप में आपकी सहायता के हिसाब से महत्वपूर्ण हो सकता है। अधिगम की किसी भी अवस्था के लिए संज्ञानात्मक स्तर को जानना महत्वपूर्ण है क्योंकि अधिगम बच्चे के सोचने के तरीके से, कारणों एवं प्रक्रियाओं की सूचना मुख्य रूप से प्रभावित होता है। संज्ञानात्मक विकास की चारों अवस्थाओं की कुछ मुख्य विशेषताएं तालिका-1 में नीचे दी गयी है।

तालिका-1
संज्ञानात्मक विकास की पियाजे की चार अवस्थाएं

अवस्था	सन्निकट आयु	कुछ मुख्य विशेषताएं
संवेदी-गत्यात्मक काल	0 से 2 वर्ष की आयु तक	• बुद्धिमत्ता संबंधित गत्यात्मक क्रियाकलाप • वर्तमान और नजदीक की घटनाओं व वस्तुओं से संबंध • ना ही कोई भाषा और ना ही कोई विचार • किसी वस्तु की वास्तविकता का कोई विचार नहीं
पूर्व-संकिया काल या	2 से 7 वर्ष की आयु तक	• अहं केंद्रित विचार

पूर्व-अवधारणा काल या सहज बोधनीय काल	2 से 4 वर्ष की आयु तक 4 से 7 वर्ष की आयु तक	• ग्रहण बोध के आधार पर तर्क-वितर्क • तर्कपूर्ण समाधान की अपेक्षा सहज बोध से समाधान करना • संरक्षित करने के अयोग्य
स्थूल संक्रिय काल	7 से 11 या 12 वर्ष की आयु तक	• संरक्षण करने की योग्यता • वर्ग व संबंधों के बारे में तर्क देना • संख्याओं को समझना। • स्थूल वस्तुओं और अनुभवों को समझना • विचारों में विरोधाभास का विकास।
औपचारिक संक्रिया काल	11 या 12 से 14 या 15 वर्ष की आयु तक की योग्यता	• विचारों में सम्पूर्ण सामान्यीकरण • वैचारिक अभिव्यक्ति की सोच • परिकल्पित विचारों एवं स्थितियों के साथ संबंध बनाने • सशक्त आदर्शवाद का विकास

स्रोतः (Source : Lefrancois 1994 P 60)

पियाजे के सिद्धांत हमें बताते हैं कि बच्चा मानसिक संज्ञानात्मक संरचना के साथ जन्म लेता है। जिसकी अधिकतम वृद्धि और विकास 14-15 वर्ष की आयु तक हो जाता है। संज्ञानात्मक विकास के चारों अवस्थाओं के दौरान मुख्य चलन निम्न प्रकार के हैं-

- जीवन के पहले दो वर्षों के दौरान, बच्चा अपने क्रियाकलापों का प्रदर्शन अधिकांशतः अपनी ज्ञानेन्द्रियों के द्वारा करता है और कुछ गत्यात्मक क्रियाकलाप भी करता है। इस अवस्था में शिशु किसी वस्तु को देखकर, सुनकर, छूकर, स्वाद या गंध के द्वारा उस वस्तु की अनुभूति करता है और जब वह वस्तु उससे दूर कर दी जाती है तो तुरन्त उसकी ज्ञानेन्द्रियां उस वस्तु के ना होने का अनुभव कर लेती है।
- संवेदी गत्यात्मक काल के अन्त होने की ओर, बच्चा अपने चारों ओर की वस्तुओं को पहचानने लगता है और दूसरों की क्रियाओं की नकल कर सकता है। और इसके बाद की अवस्था पर बच्चा किसी वस्तु या क्रिया को देखने के बाद उसकी अनुपस्थिति में भी उसकी नकल कर सकता है। इससे ये अर्थ निकलता है कि बच्चा किसी क्रिया को बड़ी गम्भीरता से देखता है, उसे समझता है और इसके बाद उसकी नकल करता है। सुनिश्चित क्रिया बुद्धिमता पूर्ण क्रियाकलाप का एक भाग है।
- पियाजे संक्रिय को तर्कों के निश्चित नियमों के आधार पर एक मानसिक क्रियाकलाप के रूप में परिभाषित करते हैं पियाजे के अनुसार 7 वर्ष की आयु से पहले संक्रिया सत्य रूप में प्रतीत नहीं होती है। लेकिन भाषा की योग्यता का विकास होने के साथ बच्चा पूर्व-संक्रिया काल के दौरान अपरिष्कृत तरीके से निष्कर्ष निकालने की कोशिश करता है। ये तर्क क्षमता मुख्य रूप से पूर्व तर्क स्व-केन्द्रित और उसके अन्तर्ज्ञान की स्थिति होती है और मुख्य रूप से भावनाओं और जोश से संचालित होती है।
- बुद्धिमता की शुरूआत मुख्य रूप से पूर्व-संक्रिया काल की समाप्ति के दौरान लगभग 6-7 वर्ष की आयु पर होती दिखाई देती है। (संयोग से यह समय विद्यालय जाने का शुरूआत का समय होता है।) यह स्थूल संक्रियकाल 7 से 11 या 12 वर्ष की आयु के दौरान का समय है, जिसमें बच्चा पूर्व-तर्क से बनाए गए विचार से तर्क पूर्ण सोच के रूप में एक मूलभूत महत्वपूर्ण परिवर्तन बनाता है। और जिनको वास्तविक, स्थूल वस्तुओं एवं घटनाओं में लागू करता है। इस काल के दौरान स्थूल वस्तुओं एवं घटनाओं में हस्तकौशल करने के साथ तीन महत्वपूर्ण योग्यताओं का विकास होता है। वे है, संरक्षण वर्गीकरण और श्रेणीकरण।

संरक्षण- संरक्षण से यह तात्पर्य है कि कोई भी संख्या या मात्रा तब तक नहीं बदली जा सकती जब तक कि उसमें कुछ जोड़ा या घटाया नहीं जाता चाहे वस्तुओं या वस्तुओं के भण्डार की स्थिति या स्थान बदलता रहे। उदाहरण-संख्याओं के संरक्षण की जाँच को, मोतियों के दो ढेर के द्वारा समझाया जा सकता है जो नीचे दिये गये हैं-

O
O O
O O O   O O O O O O
(a)   (b)

आकृति-1 मोतियों की व्यवस्था यदि पूर्व संक्रिया काल में इन दो व्यवस्थाओं को बच्चों को दिखाया जाता है तो लगभग सभी बच्चे ढेर (b) में अधिक मोती बतायेंगे क्योंकि अभी तक उनकी संख्याओं को संरक्षण करने की योग्यता का विकास नहीं हुआ है। क्षेत्रफल, आयतन, भार आदि संरक्षण क्रियाएं यही बताती है कि इस योग्यता का विकास बच्चों में स्थूल संक्रिया काल में ही होता है।

वर्गीकरण-वस्तुओं की समानता एवं विभिन्नता के अनुसार समूहीकरण करना वर्गीकरण कहलाता है। इसमें, वस्तुओं की विभिन्न विशेषताएं जैसे आकार, आकृति रंग, वजन, उपयोग, सामग्री आदि तुलनाएं वर्गीकरण में शामिल होती हैं। एक पूर्व-संक्रिय काल में बच्चा वस्तुओं का वर्गीकरण करने के योग्य नहीं होता है और एक ही समय में दो वस्तुओं से अधिक की तुलना नहीं कर सकता है।

श्रेणीकरण-एक समान वस्तुओं को एक निश्चित क्रम में व्यवस्थित करने की योग्यता (बढ़ते या घटते क्रम में) श्रेणीकरण कहलाती है।

इन तीनों के अतिरिक्त, संख्याओं को समझने की योग्यता वर्गीकरण एवं श्रेणीकरण का प्रत्यक्ष उत्पाद है, जो स्थूल संक्रिया काल के दौरान विकसित होता है।

- औपचारिक संक्रिया काल की अवस्था संज्ञानात्मक विकास की अंतिम अवस्था है। यह इसलिए औपचारिक है क्योंकि जिन मामलों से बच्चा अब तक संबंधित हो सकता था वे मुख्य रूप से काल्पनिक या परिकल्पना पर आधारित तथा स्थूल वस्तुओं एवं घटनाओं से स्वतंत्र एवं अमूर्त हैं। इस अवस्था में सोचने की प्रक्रिया में वचनबद्ध तर्क शामिल होते हैं जैसे-"यदि, तब..." कुछ इस प्रकार के तर्क जैसे 'यदि A>B से और B>C से, तब A और C के बीच क्या संबंध है? इस प्रकार की समस्याएं जिनमें अमूर्त एवं वचनबद्ध तर्क शामिल है, बच्चा स्थूल संक्रिया काल में हल नहीं कर सकता है।

लेव वायगोत्सस्की (Lev Vygotsky) एक प्रसिद्ध रूसी मनोवैज्ञानिक ने संज्ञानात्मक विकास के अपने सिद्धान्तों में अपने दो तत्वों को शामिल किया। उसने संज्ञानात्मक विकास पर संस्कृति और भाषा के प्रभाव पर बल दिया। उनके अनुसार-संस्कृति के बिना हमारा दिमागी कार्य एक बन्दर के समान प्रारम्भिक मानसिक क्रियाओं तक सीमित है। संस्कृति और एक स्वस्थ विकसित भाषा के तत्वों के साथ गहन परस्पर क्रिया के साथ, हम उच्च मानसिक क्रियाओं जैसे सोचने, तर्क करने, स्मरण करना आदि इसी प्रकार की क्रियाओं के योग्य बन जाते हैं।

आगे वायगोत्सकी वर्णन करते हैं कि बच्चा भाषायी कार्य के विकास में तीन अवस्थाओं से गुजरता है :

(i) सामाजिक (बाहरी) भाषण- (3 या 4 वर्ष की आयु से पहले) दूसरों को नियंत्रित करने के लिए विस्तृत रूप से उपयोग या सामान्य अवधारणा की अभिव्यक्ति।

(ii) अहम केंद्रित भाषण-(3 से 7 वर्ष की आयु तक)-इसमें बच्चा अक्सर अपने बारे में बात करता है और ऊँचे स्वर में बोलता है। इसमें बच्चा स्वयं अपने व्यवहार को नियंत्रित एवं निर्देशित करने की भूमिका निभाता है।

(iii) अंदरूनी मन के अन्दर (7 वर्ष से ऊपर की आयु) यह एक बिना बोला हुआ संवाद होता है जो विचारों ओर व्यवहार को नियंत्रित करता है।

विजोस्की विद्यालयों में भाषा संबंधी क्रियाकलाप और कक्षा में अन्दर या बाहर पाठ्यक्रम की परस्पर क्रिया में सांस्कृतिक तत्वों को समेकित करने का मजबूती के साथ तर्क देता है।

यह प्राथमिक विद्यालय के बच्चों के बारे में विचार करते हैं तो उनमें से अधिक बच्चे स्थूल संक्रिया काल के होते हैं और जो उच्च प्राथमिक विद्यालय के बच्चे होते हैं वे औपचारिक संक्रिया काल के होते हैं। इसलिए आपको अपने शिक्षण व्यूह रचना को विकसित करने की आवश्यकता है जिससे कि बच्चों का संज्ञानात्मक विकास सुनिश्चित हो। निम्नलिखित कुछ बातें ध्यान देने योग्य है :-

- आपकी शिक्षण व्यूह रचना में एक अच्छी साम्यवस्था बनाने की आवश्यकता है (भाषा में पियाजे का साम्यीकरण) पूर्व अनुभवों, पुराने अधिगम और व्यवहार के बीच संतुलन के रूप में धारण करना और नए परिवर्तन को बनना, इस प्रकार संतुलन कायम रखना बालक को व्यवहार व क्रियाओं में परिवर्तन के सामंजस्य में मदद करता है।
- अधिगम अनुभव प्रदान करते हुए बालकों के परिपक्वता स्तर को भी पहचानने की आवश्यकता है। परिपक्वता जन्मजात गुणों को निखारती है जो हमें उपयुक्त अधिगम साधन जुटाने में मदद करती है। आप बच्चे को तब तक ऊँचे स्वर में गाना गाने के लिए नहीं कह सकते जब तक कि उसके गाने के लिए अंग विकसित नहीं हो जाते जो कि परिपक्वता के दौरान ही होते हैं।
- संज्ञानात्मक विकास बच्चे के दैनिक दिनचर्या की क्रियाओं, वास्तविक वस्तुओं व घटनाओं के अनुभव पर आधारित है। इसलिए बालकों के शारीरिक व मानसिक, वास्तविक घटनाओं व वस्तुओं से संबंधित बहुत सारी क्रियाओं के लिए साधन जुटाने में मदद करनी चाहिए, विशेष रूप से औपचारिक संक्रियात्मक अवस्था से पहले।
- सामाजिक परस्पर क्रिया दूसरों के और स्वयं के विचार जानने के लिए आवश्यक है। इस प्रकार की परस्पर क्रिया अधिकतर शाब्दिक भाषा योग्यता के विकास में मदद करती है और संबंधों को समझने में भी सहायक होती है। यह दोनों ही संज्ञानात्मक विकास के लिए महत्वपूर्ण है।
- एक अध्यापक के लिए बच्चों को समझना आवश्यक है। जब बच्चा पहले दी गयी आकृति (a) में यह कहता है कि आकृति (b) में अधिक मोती हैं, हम बच्चे के भाव को स्पष्ट नहीं समझ सकते और यह निर्णय निकालना भी ठीक नहीं है कि उसने कोई गलती की है। इसकी अपेक्षा हमें यह जानने की कोशिश करनी चाहिए कि बालक उसे ठीक से क्यों नहीं समझता तब शायद हम योग्यताओं को बेहतर तरीके से समझ पायेंगे अपेक्षाकृत सीधे-सीधे सही उत्तर सुझाने के। इस विधि से हम बालकों की क्षमताएं व कमियों को जान सकेंगे और बच्चे के मानसिक विकास में उपयुक्त युक्तियां दे पायेंगे।
- भाषा हमारे विचारों को अभिव्यक्त करने का प्राथमिक संकेत है। इसलिए बच्चों को बोलने के अधिक अवसर प्रदान करने से उनके संज्ञानात्मक विकास में ही नहीं बल्कि उनकी अभिव्यक्ति के द्वारा उनके विचारों को समझने में भी सहायता करते हैं।

अनुभव निर्माण के लिए शिक्षण

एक विद्यार्थी अपने ज्ञान का निर्माण अपने वातावरण के साथ परस्पर क्रिया के आधार पर करता है। संरचनात्मक अधिगम के आधार पर दो पूर्वानुमान निम्नलिखित है-

- वातावरण से बच्चे की सक्रियता से ही ज्ञान की संरचना होती है ना कि अक्रियता से।
- वातावरण से प्राप्त बच्चे के अनुभवों के द्वारा लगातार रूपान्तरित एवं स्वीकार आधारित प्रक्रिया, जानने के लिए आना है।

यह ध्यान रखिए, कि नयी चीज को सीखने में बच्चे का अनुभव महत्वपूर्ण स्थान रखता है। एक समस्यात्मक स्थिति को हल करने के क्रम में और नए अनुभवों की संरचना में या नए ज्ञान को प्राप्त करने में बच्चा अकेला ही पूर्व अनुभवों को रूपान्तरित कर सकता है। लेकिन ज्ञान के निर्माण की ये प्रक्रिया कैसे घटित होती है।

ज्ञान के निर्माण की ये प्रक्रिया निम्नलिखित प्रकार से घटित होती है-

- नए विचारों को पूर्व ज्ञान/अनुभवों से जोड़ना नए ज्ञान को संरक्षित करना है। यदि कोई वस्तुओं की गिनती जानता है तो वह उसे जोड़ना सीखने में प्रयोग

कर सकता है। लेकिन इस अवस्था में सीधे प्रतिशत नहीं सीख सकता। अपने नजदीक वातावरण में बहुत सी घटनाओं व वस्तुओं से खेलते हुए व्यक्ति अपनी मानसिक छवि का विकास करता है और जब कभी उसका नयी वस्तु से पाला पड़ता है तो वह पहले से प्राप्त ज्ञान के आधार पर इसकी व्याख्या करता है।

- अवधारणाओं के आपसी संबंधों पर ध्यान केंद्रित करने से नए विचारों व ज्ञान की संरचना होती है। यदि संबंधित अवधारणाओं के बीच समानता व असमानता के संबंध को स्थापित कर सके तो नयी वस्तुओं का अधिगम और सुविधाजनक व सार्थक हो जायेगा।
- अधिगम की आरम्भिक अवस्था मानसिक छवि बनाने और आपसी अंत:संबंधों की मुख्य प्रक्रिया है। मान लो, बच्चा एक नयी वस्तु जो संतरे से मिलती-जुलती है, को देखता है। और कुछ देर बाद यदि वह नयी वस्तु का संबंध संतरे से नहीं जोड़ सका तो वह अपने मन में छवि बना लेता है, और कुछ देर बाद वहीं वस्तु उसके लिए नयी हो जाती है। अत: दूसरे शब्दों में मानसिक छवि बनाना ही ज्ञान संरचना है।
- सामाजिक समूहों में परस्पर क्रिया अथवा सामाजिक विषय, अधिगम को सार्थक बनाने में सहायक होते हैं। सामाजिक परस्पर क्रिया बच्चे को विभिन्न सांसारिक वास्तविक समस्याओं को समझने में मदद करती है, वह प्रश्न पूछता है, दूसरों के प्रश्नों का उत्तर देता है, समस्या पर ध्यान केंद्रित करता है, समस्या की बहुतत्वीय व्याख्या के बारे में समझता है, और अंतत: समस्या का संपूर्ण मानसिक स्वरूप बनाकर उस समस्या का मानसिक रूप से समाधान करने का प्रयास करता है। इस प्रकार समस्या के विभिन्न पहलुओं के मानसिक चित्रण के फलस्वरूप समाधान नए ज्ञान की संरचना के रूप में निकलता है।

एक अध्यापक के नाते अपने विद्यार्थियों की ज्ञान संरचना में आपकी क्या भूमिका है?

- बिना आदेश दिये उन्हें नयी अवधारणाओं को सीखने में मदद करना।
- कक्षा में प्रत्येक विद्यार्थी के पूर्व अनुभव के प्रति संवेदनशीलता।
- विद्यार्थी को वास्तविक सांसारिक कार्य करने के लिए देना।
- नजदीकी वातावरण से जितना संभव हो सके विषय वस्तु व अनुभव प्रदान करना।
- अधिगम को वास्तविक, संबंधित व समय अनुकूल बनाने के लिए वास्तविक सांसारिक वस्तुओं और अनुकूलित वातावरण प्रदान करने की कोशिश ना कि पूर्व निर्धारित निर्देशित विषय वस्तु।
- वास्तविक सांसारिक समस्या सुलझाने व वास्तविक युक्तियों पर ध्यान केंद्रित करना।
- किसी भी समस्या समाधान के लिए बहुपक्षीय नजरिया रखने पर, प्रोत्साहन करते हुए विभिन्न समाधान खोजना।
- विद्यार्थियों को प्रश्न पूछने की अनुमति देना और उन्हें बुद्धिमता पूर्ण प्रश्न उठाने के लिए प्रोत्साहित करना।
- मन ही मन में सोचने का अभ्यास विकसित करना। बुद्धिमता पूर्ण प्रश्न पूछने की कला को उकसाने से छात्र अंदर ही अंदर मन में सोचते हैं।
- कक्षा में सदभावनापूर्वक मिल-जुलकर अधिगम को बढ़ावा देना।
- विद्यालय के अन्दर की क्रियाओं को विद्यालय के बाहर की क्रियाओं से जोड़ना।
- अपने अधिगम की वृद्धि का स्वयं विश्लेषण व स्वंय जाँच करना।

❑❑❑

3

अध्याय

अधिगम

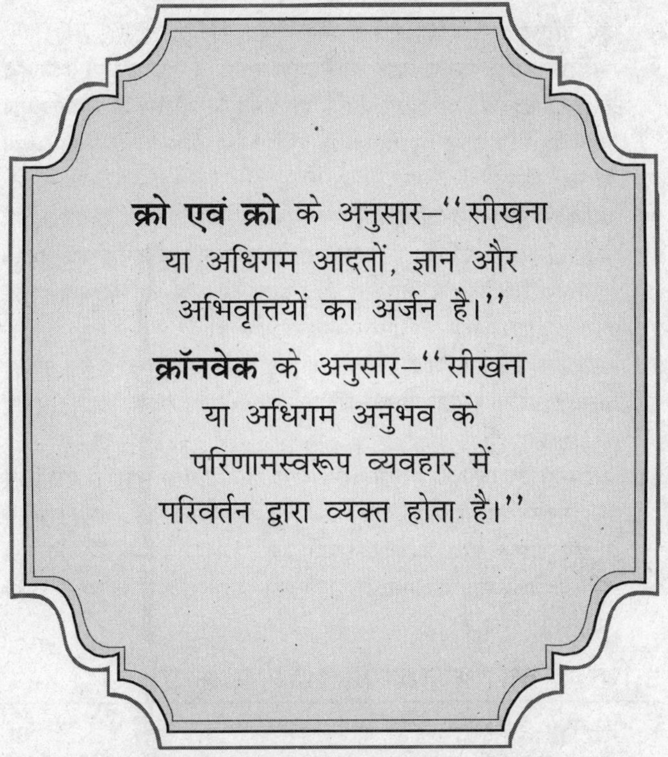

अधिगम का अर्थ एवं परिभाषा (Meaning and Definition of Learning)

अधिगम या सीखना एक बहुत ही सामान्य और आम प्रचलित प्रक्रिया है। जन्म के तुरन्त बाद से ही व्यक्ति सीखना प्रारम्भ कर देता है और फिर जीवनपर्यन्त कुछ न कुछ सीखता ही रहता है। सामान्य अर्थ में 'सीखना' व्यवहार में परिवर्तन को कहा जाता है। (Learning refers to change in behaviour) परन्तु सभी तरह के व्यवहार में हुए परिवर्तन को सीखना या अधिगम नहीं कहा जा सकता।

वुडवर्थ के अनुसार- ''नवीन ज्ञान और नवीन प्रतिक्रियाओं को प्राप्त करने की प्रक्रिया, सीखने की प्रक्रिया है।''

गेट्स एवं अन्य के अनुसार- ''अनुभव और प्रशिक्षण द्वारा व्यवहार में परिवर्तन लाना ही अधिगम या सीखना है।''

मॉर्गन और गिलीलैण्ड के अनुसार- ''अधिगम या सीखना, अनुभव के परिणामस्वरूप प्राणी के व्यवहार में कुछ परिमार्जन हैं, जो कम से कम कुछ समय के लिए प्राणी द्वारा धारण किया जाता है।''

जी.डी. बोआज के अनुसार- ''सीखना या अधिगम एक प्रक्रिया है जिसके द्वारा व्यक्ति विभिन्न आदतें, ज्ञान एवं दृष्टिकोण अर्जित करता है जो कि सामान्य जीवन की माँगों को पूरा करने के लिए आवश्यक है।''

ऊपर की परिभाषाओं एवं अनेक अन्य मनोवैज्ञानिकों द्वारा दी गई लगभग समान परिभाषाओं का यदि एक संयुक्त विश्लेषण (analysis) किया जाए, तो सीखने का स्वरूप बहुत कुछ स्पष्ट हो जाता है। इस तरह के विश्लेषण करने पर हम निम्नांकित निष्कर्ष पर पहुँचते हैं।

(i) **सीखना व्यवहार में परिवर्तन को कहा जाता है (Learning is the change in behaviour) :** प्रत्येक सीखने की प्रक्रिया में व्यक्ति के व्यवहार में परिवर्तन होता है। अगर परिस्थिति ऐसी है जिसमें व्यक्ति के व्यवहार में परिवर्तन नहीं होता है, तो उसे हम सीखना नहीं कहेंगे। व्यवहार में परिवर्तन एक अच्छा एवं अनुकूली (adaptive) परिवर्तन भी हो सकता है या खराब में कुसमंजित (Maladaptive) परिवर्तन भी हो सकता है।

(ii) **व्यवहार में परिवर्तन अभ्यास या अनुभूति के फलस्वरूप होता है (The change in behaviour occurs as a function of practice or experience):** सीखने की प्रक्रिया में व्यवहार में जो परिवर्तन होता है, वह अभ्यास या अनुभूति के फलस्वरूप होता है।

(iii) **व्यवहार में अपेक्षाकृत स्थायी परिवर्तन होता है (There is relatively permanent change in behaviour):** ऊपर दी गयी परिभाषाओं में इस बात पर विशेष रूप से बल डाला गया है कि सीखने में व्यवहार में अपेक्षाकृत स्थायी परिवर्तन होता है।

अधिगम की प्रकृति (The Nature of Learning)

अधिगम एक मानसिक प्रक्रिया है जिसमें मानसिक प्रक्रियाओं की अभिव्यक्ति व्यवहारों द्वारा होती है। मानव व्यवहार अनुभवों के आधार पर परिवर्तित और परिमार्जित होते रहते हैं। अत: अधिगम प्रक्रिया में दो तत्व निहित होते हैं। परिपक्वता और पूर्व अनुभवों से लाभ उठाने की योग्यता। अधिगम पूर्व अनुभव द्वारा व्यवहार में प्रगतिशील परिवर्तन होता है। अधिगम की क्रिया जीवन में सदा और सर्वत्र चलती रहती है, बालक परिपक्वता की ओर बढ़ता हुआ अपने

अनुभवों से लाभ उठाता हुआ, वातावरण के प्रति जो उपर्युक्त प्रतिक्रिया करता है वहीं अधिगम होता है।

मनोवैज्ञानिकों ने अधिगम की प्रकृति, प्रक्रिया कोई व्यक्ति कैसे सीखता है इसको समझने के लिए ढेर सारा साहित्य इकट्ठा किया है। जब हम अधिगम की विभिन्न परिभाषाओं का विश्लेषण करते हैं तो अधिगम की प्रकृति के सन्दर्भ में निम्न बिन्दु स्पष्ट होते हैं-

(1) अधिगम की क्रिया द्वारा व्यवहार में परिवर्तन होता है।
(2) व्यवहार में जो परिवर्तन होता है वह कुछ समय तक बना रहता है, और अगर आलोप हो जाए तब भी व्यक्ति द्वारा कुछ प्रयासों के पश्चात फिर वह परिवर्तन हो जाता है।
(3) व्यवहार में परिवर्तन पूर्व अनुभवों पर आधारित होता है।
(4) अधिगम द्वारा व्यवहार में जो परिवर्तन आता है वह बाह्य रूप से दिखाई देने वाला या न दिखाई देने वाला हो सकता है।
(5) अधिगम द्वारा हुए व्यवहारों में होने वाले परिवर्तनों में परिपक्वता नशावृत्ति, थकान, तथा मूल प्रवृत्तियात्मक व्यवहार शामिल नहीं होते।
(6) एक बार व्यवहार में परिवर्तन होने के पश्चात् नवीन परिस्थिति में उस परिवर्तित व्यवहार का संशोधन हो सकता है।
(7) अधिगम के द्वारा व्यक्ति के ज्ञानात्मक, भावात्मक तथा मनोक्रियात्मक क्षेत्रों में व्यवहारों का विकासात्मक परिवर्तन होता है।
(8) अधिगम व्यक्ति में सामाजिक या असामाजिक दोनों प्रकार के व्यवहार पैदा कर सकता है।
(9) अधिगम त्रुटि रहित या त्रुटिपूर्ण हो सकता है।

अधिगम की विशेषताएँ (Characterstics of Learning)

अधिगम की विशेषताओं को निम्न रूप में वर्णित किया जा सकता है–

1. **अधिगम के फलस्वरूप व्यवहार में स्थायी परिवर्तन होते हैं-** व्यक्ति अपने अनुभवों के आधार पर सीखता है जैसे एक शिशु जिसे आग के बारे में कोई पूर्व अनुभव नहीं है वह आग की तरफ उत्सुकता से बढ़ता है वह उसे पकड़ने का प्रयास करता है जिससे वह जलन अनुभव करता है और इस अनुभव के आधार पर दुबारा आग को पकड़ने का प्रयास नहीं करेगा और यह व्यवहार परिवर्तन ही अधिगम है।
2. **संपूर्ण जीवन ही अधिगम है-** व्यक्ति जन्म से लेकर मृत्यु तक वातावरण के साथ सक्रिय-अन्तक्रिया करता रहता है जिसके फलस्वरूप वह जीवनपर्यन्त अधिगम करता है।
3. **अधिगम के फलस्वरूप जो परिवर्तन होते हैं वह स्थायी होते हैं-** अधिगम द्वारा व्यवहारों में परिवर्तन होते हैं जिनका स्वरूप स्थायी होता है अगर किसी व्यक्ति ने साइकिल चलाना सीखा है और कई वर्षों तक नहीं चलाई फिर भी वह थोड़े अभ्यास के बाद साइकिल पुन: चला पाता है।
4. **अधिगम एक समायोजन की प्रक्रिया है-** व्यक्ति हर हालत में अपने वातावरण में समायोजित होने का प्रयास करता है जिसके फलस्वरूप वह अपने व्यवहारों में संशोधन, नए व्यवहारों को ग्रहण करता है। ताकि वह अपनी समायोजित अवस्था में रह सके।
5. **अधिगम की प्रक्रिया सार्वभौमिक है-** प्रत्येक जीवित प्राणी अधिगम करता है। मनुष्य में अधिगम की क्षमता सर्वाधिक होती है।
6. **अधिगम व्यक्तिगत और सामाजिक दोनों ही हैं-** अधिगम एक व्यक्तिगत कार्य है। प्रत्येक व्यक्ति स्वयं ही सीखने की प्रक्रिया से होकर निकलता है परन्तु व्यक्ति सामाजिक वातावरण में रहकर भी बहुत कुछ सीखता है।
7. **अधिगम विकास की प्रक्रिया है-** अधिगम द्वारा व्यक्ति का निरन्तर विकास होता है। हर अवस्था पर व्यक्ति अपने भविष्य के विकास के लिए नए लक्ष्य बनाता है और उन्हें प्राप्त करने का प्रयास करता है और इन्हीं प्रयासों के फलस्वरूप उसके विकास की प्रक्रिया चलती रहती है।
8. **अधिगम को प्रत्यक्ष रूप से नहीं देखा जा सकता है-** अधिगम के बारे में जानने के लिए व्यक्ति के व्यवहारों का अध्ययन करना पड़ता है क्योंकि अधिगम को देखा नहीं जा सकता बल्कि व्यक्ति के व्यवहारों में हुए परिवर्तनों से उसके बारे में पता लगाया जा सकता है।
9. **अधिगम उद्देश्यपूर्ण एवं विवेकपूर्ण होता है-** सीखने में सफलता निश्चित उद्देश्यों की उपस्थिति से ही संभव है। सीखना एक विवेकपूर्ण कार्य है। बिना बुद्धि या विवेक के सीखने की प्रक्रिया संतोषजनक ढंग से नहीं चलती।
10. **अधिगम स्थानान्तरणीय है-** एक प्रकार की परिस्थिति में सीखे गए कौशलों अथवा समस्या के समाधानों का उपयोग व्यक्ति मिलती-जुलती दूसरी परिस्थितियों में कर लेता है, अर्थात अधिगम का स्थानान्तरण हो जाता है। इस प्रकार अधिगम स्थानान्तरणीय है।
11. **अधिगम उत्तेजना तथा अनुक्रिया के मध्य एक संबंध है-** किसी उत्तेजना के साथ सही अथवा वांछित अनुक्रिया का संबंध स्थापित करना ही अधिगम है।
12. **अधिगम ज्ञानात्मक, भावात्मक व मनोक्रियात्मक पक्ष से संबंधित है-** मनुष्य जो कुछ सीखता है उसका क्षेत्र ज्ञानात्मक, भावात्मक व मनोक्रियात्मक होता है क्योंकि वह ज्ञान का संग्रह करता है, भावनाओं को ग्रहण करता है तथा क्रियाओं को करने हेतु दक्षताओं को भी संकलित करता है।

अधिगम की अवधारणा और प्रक्रिया

- अधिगम, अधिक या कम स्थायी के द्वारा, संसार में हमारे चारों ओर क्या घटित हो रहा है, इसके द्वारा, हमें क्या करना और हमें क्या अवलोकन करना है, इन सब के द्वारा रूपान्तरित होने की एक प्रक्रिया है।
- अधिगम एक ऐसी प्रक्रिया है, जिसके द्वारा व्यवहार को मूलभूत किया जाता है या प्रशिक्षण विधि के द्वारा परिवर्तन होता है। (या तो प्राकृतिक वातावरण में या प्रयोगशाला में)
- अधिगम एक ऐसी प्रक्रिया है, जिसके द्वारा व्यक्ति विभिन्न आदतें, ज्ञान और प्रवृत्ति प्राप्त करता है, जिनका सामान्य रूप से जीवन की माँग के अनुसार मिलना आवश्यक होता है।
- "अधिगम व्यक्तित्व (संज्ञानात्मक, प्रभावकारी, प्रवृत्तिपूर्ण, उत्साहपूर्ण, व्यवहारपूर्ण और अभ्यासात्मक) में पूर्णतया परिवर्तन कर देता है और उसके प्रदर्शन में परिवर्तन की चमक दिखाई देती है अक्सर ये अभ्यास के द्वारा आता है फिर भी यह अन्तर्दृष्टि से या अन्य कारकों या स्मरण से पैदा हो सकता है।"

उपरोक्त तथ्य हमें अधिगम को तीन विस्तृत तरीकों से समझने की ओर इशारा करते हैं।

विद्यालय के शुरुआती समय के दौरान अधिगम एवं शिक्षण

अधिगम को निम्न प्रकार से सुनिश्चित किया जा सकता है-

- व्यवहार का पूर्णतया स्थायी रूपान्तरण
- जीवन की माँगों से मिलने के लिए आवश्यक आदतें, ज्ञान और वृत्ति को ग्रहण करना।
- व्यक्तित्व में पूर्णतया स्थायी परिवर्तन (सभी संभव विमाओं में) अधिगम प्रक्रिया की विशेषताएं निम्न प्रकार है-
- **अधिगम एक सतत प्रक्रिया है :-** बचपन से ही प्रत्येक मनुष्य अपने व्यवहार, सोच, प्रवृत्ति, रुचि आदि से अपने व्यवहार में परिवर्तन की कोशिश करता है वह ऐसा जीवन की परिवर्तनशील स्थितियों में स्वयं को निरन्तर फिट रखने के लिए करता है।
- **अधिगम एक प्रत्यक्ष लक्ष्य है :-** प्रत्येक मनुष्य अपने जीवन में कुछ लक्ष्यों को प्राप्त करने की अभिलाषा करता है। इन लक्ष्यों को अधिगम के द्वारा प्राप्त किया जा सकता है। यदि प्राप्त करने के लिए कोई उद्देश्य नहीं है, तब वहाँ अधिगम की कोई आवश्यकता नहीं होगी।
- **अधिगम सुविचारित है :-** जब कोई अपने लिए लक्ष्य निर्धारित करता है तब वह लक्ष्य प्राप्त करने के लिए जानबूझकर कुछ क्रियाकलाप करता है यदि उसके पास लक्ष्य तक पहुँचने के लिए कोई सुविचार नहीं है या वह इसके बारे में बिल्कुल शांत है, तब उसका लक्ष्य तक पहुँचना मुश्किल है, इसका तात्पर्य है कि उसका अधिगम कमजोर है।
- **अधिगम एक सक्रिय प्रक्रिया है :-** कुछ सीखने के लिए शारीरिक, मानसिक या दोनों प्रकार के कुछ क्रियाकलाप करने की आवश्यकता होती है। नए अनुभवों को सीखने के लिए मस्तिष्क का सक्रिय होना आवश्यक है अन्यथा अधिगम संभव नहीं होगा।
- **अधिगम व्यक्तिवादी है :-** आपने कक्षा में यह अवलोकन किया होगा कि कुछ बच्चे अधिक शीघ्रता से सीखते हैं और अन्य धीरे-धीरे सीखते हैं। वास्तव में विभिन्न व्यक्तियों की अधिगम की गति भिन्न-भिन्न होती है।
- **अधिगम एक व्यक्ति की वातावरण के साथ परस्पर क्रिया का परिणाम है :-** एक शिक्षक के रूप में, बच्चों को प्रोत्साहित करने के लिए सावधानी पूर्वक वातावरण का संगठन करना है, प्राय: जब वे आपस में अपने साथियों से परस्पर क्रिया करते हैं तथा शिक्षण अधिगम सामग्री से परस्पर क्रिया करते हैं।
- **अधिगम स्थानान्तरणीय है :-** एक स्थिति में किया गया अधिगम अन्य स्थितियों में समस्या हल करने में उपयोगी हो सकता है। गणित, विज्ञान, सामाजिक विज्ञान और भाषा का अधिगम बच्चों के वास्तविक जीवन में विभिन्न क्रियाकलापों के प्रदर्शन में उनकी सहायता करता है।

अनुकरण

अधिकांशतया व्यक्ति किसी कार्य को अनुकरण से, व्यवहार के अवलोकन से और अन्य प्रकार की क्रियाओं से सीखते हैं। ये भी कुछ मुख्य प्रक्रियाएं है जिनसे बच्चे नए अनुभवों और व्यावहारिकता को सीखते हैं। अनुकरण किसी अन्य व्यक्ति के व्यवहार या क्रिया की नकल है। बच्चा प्रत्येक का अनुकरण नहीं करता। वह उसका चुनाव करता है जिसे वह पसंद करता है या उस व्यक्ति का अनुकरण करता है जो अपने व्यवहार या क्रियाओं से उसे आकर्षित करता है। ऐसा व्यक्ति अनुकरण के लिए आदर्श बन जाता है वह आदर्श कोई भी व्यक्ति हो सकता है जो उसके प्रत्यक्ष रूप से संपर्क में रहता है जैसे माता-पिता, सहोदर, अध्यापक या अन्य कोई व्यस्क सदस्य जिसमें अनुकरण के कुछ गुण हो। कुछ ऐसे अन्य व्यक्ति होते हैं जिनके प्रत्यक्ष संपर्क में बच्चा नहीं रहता लेकिन वे अनुकरण के लिए आदर्श बन सकते हैं। उदाहरण - ऐसे व्यक्ति इतिहास या पौराणिक कथाओं के आदर्श हो सकते हैं जैसे-अशोक महान, शिवाजी, अकबर, गाँधी, नेहरू, मदर टेरेसा, श्री राम, श्री कृष्ण, मीराबाई, ईसा मसीह या प्रसिद्ध फिल्म एक्टर, खिलाड़ी, कलाकार आदि। यहाँ तक कि प्रसिद्ध कॉमिक्स के चरित्र भी छोटे बच्चे के आदर्श बन जाते हैं।

ऐसे आदर्शों को सांकेतिक आदर्श कहा जाता है। अक्सर माता-पिता सहोदर व अध्यापक, बच्चे को कुछ महान हस्तियों के उदाहरण भी देते हैं। ऐसे आदर्शों को या तो वास्तविक आदर्श या उदाहरणीय आदर्श कहा जाता है।

यह ध्यान देने योग्य बात है कि सभी अनुकरण अधिगम नहीं होते, जब तक कि अनुकरणीय व्यक्ति बच्चे के दिमाग पर अपनी पक्की छाप नहीं छोड़ता। जब आप किसी बच्चे को सकारात्मक और ऐच्छिक क्रिया का अनुसरण करते हुए, अवलोकन करते हैं, तो आप कैसे उस अनुकरणीय व्यवहार को अधिगम व्यवहार में बदलने के लिए बल दे सकते हैं? संभवत: अनुकरण को बल देने के तीन रास्ते हो सकते हैं, जो कि निम्न हैं-

- **प्रत्यक्ष प्रशंसा या ईनाम प्रदान करना :-** कथन के द्वारा, जैसे- "वह तो एक विशेषज्ञ की तरह से समस्या हल कर रहा है", वह तो लता मंगेश्कर की तरह बहुत अच्छा गा रही है", या "क्या शॉट खेला है बिल्कुल सचिन तेंदुलकर की तरह" बच्चे के व्यवहार को दुहराने के लिए प्रेरित करते हैं।
- **संतोषजनक परिणाम :-** यदि अनुकरण से बच्चा एक समाज स्वीकृत व्यवहार को अपनाता है व वांछित उद्देश्य को प्राप्त करता है, तो वह उसे दोहराना पसंद करता है। उदाहरण के लिए जब कोई बच्चा अपनी माँ को "दूध" कहते हुए अनुकरण करता है, तो वह उस शब्द को दोहराना पसंद करेगा यदि दोहराने पर उसको पीने के लिए दूध मिलता है।

प्रतिनिधित्व पुनर्बलन :- कभी-कभी बच्चा दूसरों के अनुकरण को देखकर बिना किसी ईनाम या संतोषजनक परिणाम के लालच के अनुकरण करता है। इसके पीछे उसका तर्क होता है कि यदि दूसरों को ऐसा करने से लाभ प्राप्त होता है तो मुझे भी होगा। किसी विशेष प्रकार की ड्रैस या लिपस्टिक का चुनाव करना किसी विशेष तरीके से बात करना या कोई भिन्न धुन को गाना आदि ऐसे कुछ प्रतिनिधित्व अनुकरण के उदाहरण है।

अनुकरण के प्रभाव:- सतही तौर पर, अनुकरण एक आदर्श के व्यवहार की पूर्ण रूप से नकल है। सम्मिलित प्रतिक्रियाओं का गम्भीरता से परीक्षण करने पर यह सुझाव दिया जाता है कि अनुकरणीय व्यवहार की तीन श्रेणियां हैं:-

1. आदर्शीय प्रभाव
2. दमनात्मक/अदमनात्मक प्रभाव और
3. प्रकटीकरण का प्रभाव।

- किसी आदर्श के अवलोकन के परिणामस्वरूप ग्रहण किए गये नए व्यवहार आदर्शीय व्यवहार में शामिल होते हैं।
- आमतौर पर समान व्यवहार में व्यस्त किसी आदर्श को दण्डित होता हुआ

देखने के परिणामस्वरूप आदर्श के पथ भ्रष्ट व्यवहार के प्रतिबंध से ये दमनात्मक प्रभाव संबंधित है।

अदमनात्मक प्रभाव इसके विपरीत है। यह तब घटित होता है जब बच्चा किसी आदर्श को पहले से सीखे हुए पथभ्रष्ट व्यवहार करने के कारण ईनाम पाते हुए अवलोकन करता है।

- प्रकटीकरण प्रभाव किसी आदर्श के प्रतिक्रियात्मक कार्य से संबंधित है ना कि उसकी व्यावहारिक विशेषताओं पर। प्रकटीकरण प्रभाव का एक उदाहरण समूह का व्यवहार है। किसी खेल की घटना में भीड़ में एक व्यक्ति दूसरों के व्यवहार को देखकर ताली बजा रहा है। कभी-कभी भीड़ में बहुत से व्यक्ति ये नहीं जानते कि वे इस तरह का व्यवहार क्यों प्रकट कर रहे हैं।

एक शिक्षक के रूप में आप कक्षा में, छोटे बच्चों में सकारात्मक और सामाजिक ऐच्छिक व्यवहार को विकसित करने के योग्य बनाने के लिए, प्रकटीकरण का किस प्रकार उपयोग कर सकते हैं?

अवलोकन

अवलोकन से अधिगम मानव अधिगम की सामान्य और प्राकृतिक विधि है। अवलोकनात्मक अधिगम (स्थानापन्न अधिगम, सामाजिक अधिगम या आदर्शात्मक अधिगम के नाम से भी जाना जाता है।) इस प्रकार का अधिगम है जो दूसरों के द्वारा किए गये व्यवहार के देखने, अपनाने व परखने से ग्रहण किया जाता है। अवलोकनात्मक अधिगम बच्चों के लिए एक महत्वपूर्ण अधिगम विधि है, जब बच्चा मौलिक क्रियाकलाप जैसेः- भाषा और सांस्कृतिक सिद्धांतों को ग्रहण करता है लेकिन यह अनुकरण से अलग है जिसमें अवलोकन कर्त्ता आदर्श के व्यवहार की नकल करता है एवं पुनः उसका निर्माण करता है। इसलिए अवलोकन के माध्यम से अधिगम किसी आदर्श के व्यवहार का पूर्ण रूप से पुनः निर्माण करना नहीं है बल्कि अवलोकन किए गये व्यवहार के आधार पर नए व्यवहार का विकास है।

बंडूरा (1977) के अनुसार, निम्न चार विशेष प्रक्रियाएं अवलोकन व्यवहार से जुड़ी हुई हैं :-

- **ध्यान प्रक्रिया :-** हम आदर्श के पूरे व्यवहार की नकल नहीं करते, बल्कि केवल व्यवहार के विशेष पहलुओं पर ध्यान केंद्रित करते हैं, जो सीखने में हमें अच्छा लगता है। हम व्यवहार के उन्हीं महत्वपूर्ण लक्षणों की ओर ध्यान देते हैं, जो हम सीखना चाहते हैं। उदाहरणतया-एक बच्चा अच्छा सुलेख लिखना सीखने के लिए अध्यापक को ध्यानपूर्वक देखता है और बारीकी से उसके पेंसिल पकड़ने के तरीके पर ध्यान केन्द्रित करता है, वह कैसे अपनी अंगुलियां घुमाती हैं, कहाँ पर वह बड़े अक्षरों का उपयोग करती है अतः उसका ध्यान अध्यापक के पहनावे पर एवं चलने के तरीके पर नहीं जाता।
- **स्मृति की प्रक्रिया :-** सूचना को दिमाग में एकत्रित करने की योग्यता भी अधिगम प्रक्रिया का महत्वपूर्ण भाग है। स्मृति को कई प्रकार के कारक प्रभावित कर सकते हैं। एकत्रित सूचनाओं को बाद में प्रयोग में लाना और उस पर अमल करना अवलोकन अधिगम का महत्वपूर्ण अंग है। हमें अवलोकन की गयी वस्तुओं को कुछ चिन्हों के उपयोग के तरीके के द्वारा, समझ के द्वारा और उनका संगठन करके, याद रखने की आवश्यकता है।

अक्सर हम स्मृति के लिए दो प्रक्रियाओं का प्रयोग करते हैं:-

पहली देखी गयी वस्तुओं को अपने दिमाग में स्टोर करना और तब मन ही मन उन क्रियाओं कीश्रृंखला बनाकर अभ्यास करना।

उदाहरण-यदि कोई जहीर खान की तरह बॉल फेंकने का प्रयास कर रहा है तो शुरू में उसे मन ही मन जहीर खान के बालिंग एक्शन की कल्पना जहीर खान को व्यक्तिगत रूप से बॉल फेंकते हुए देखकर या टी.वी. पर देखने के बाद करनी होगी और उसके एक्शन की दृश्याकृति अपने दिमाग में बनानी होगी।

बंडूरा (1977) सुझावित करते हैं- एक आदर्श से सीखने का सबसे अच्छा तरीका है, अवलोकन किए गये व्यवहार को संज्ञानात्मक रूप से संबंधित और अभ्यास करना और इसके बाद उस पर कार्य करना।

- **पुनः निर्माण की गतिक प्रक्रिया :-** दृश्याकृति के अभ्यास के द्वारा अवलोकित व्यवहार के स्मरण के बाद व्यवहार शारीरिक कार्य के रूप में बदल जाता है। इसके लिए दो चीजों की आवश्यकता होती है। पहली, उसके द्वारा किए जाने वाले कार्य के लिए मूलभूत चीजों की आवश्यकता होती है। यदि कोई सचिन तेंदुलकर के समान बल्लेबाज बनने की इच्छा रखता है, तब एक बल्लेबाज बनने के लिए उसमें शारीरिक योग्यता/क्षमता का होना मूलभूत आवश्यकता है। यदि कोई शारीरिक रूप से कमजोर है, तो यह संभव नहीं है कि वह सचिन तेंदुलकर के समान बल्लेबाजी का अभ्यास कर सके क्योंकि उसके लिए बल्ले को उठाना और सचिन तेंदुलकर की तरह घुमाना बहुत कठिन कार्य होगा।
- अवलोकन किए गये व्यवहार को क्रियान्वित करने का दूसरा पहलू उस कार्य की श्रृंखला का वास्तव में अभ्यास करना है। दृश्याकृति की कल्पना और दिमागी रूप से अभ्यास करना भी अवलोकन कर्त्ता को उस कार्य के प्रदर्शन को स्वाभाविक बनाने में सहयोगी नहीं होगा। प्रभावशाली प्रदर्शन के लिए लगातार अभ्यास और अभ्यास पर लगातार ही पृष्ठपोषण और प्रत्येक अभ्यास के बाद गलतियों में सुधार करना आवश्यक होता है।
- **प्रेरक प्रक्रिया :-** आपने कई बार ऐसे बच्चों को भी देखा होगा जो दूसरे बच्चों को देखकर बहुत अच्छी तरह सीख लेते हैं और सीखने के सभी पदों को बता भी देते हैं तथा इस कार्य को अच्छी प्रकार कर भी लेते हैं। लेकिन जब आवश्यकता होती है या किसी और समय उनसे उस कार्य को करने के लिए कहें तो वे नहीं कर पाते हैं। ऐसी परिस्थितियों में क्या समुचित प्रेरणा का अभाव है। बच्चे को प्रेरित करने की आवश्यकता होती है विशेष रूप से किसी कार्य को करने के लिए स्वःप्रेरणा की आवश्यकता होती है।

प्रयत्न एवं त्रुटि सिद्धांत

प्रयत्न एवं त्रुटि अधिगम का सिद्धान्त अमेरिकन मनोविज्ञानी E.L. Thorndike के द्वारा 1913 के दौरान, विभिन्न जानवरों, मुख्यतया बिल्लियों पर किए गये अनेकों प्रयोगों के बाद विकसित किया गया था। उनके बहुत से प्रयोगों में से एक मुख्य प्रयोग इस सिद्धान्त को दर्शाने के लिए एक भूखी बिल्ली को पिंजरे में रखकर बाहर लटकती मछली से संबंधित है। बिल्ली को एक बटन दबाकर पिंजरे से बाहर आना है और मछली को हजम करना है। शुरूआत की अवस्था में बिल्ली ने बटन दबाने के अनेकों अनावश्यक प्रयास किये। लेकिन धीरे-धीरे उसके अनावश्यक प्रयास कम हो गये और उसने सीधे ही बटन दबाया ओर बाहर आ गयी। इस प्रयोग से थॉर्नडाइक ने निम्न तीन नियमों का विकास किया।

- **अभ्यास का नियम :-** किसी कार्य को बार-बार करने से वह कार्य लम्बे समय के लिए स्मरण हो जाता है। इसमें मुख्यत: दो नियम हैं- उपयोग करने का नियम और उपयोग ना करने का नियम। पहला उद्दीपन के संबंधों की क्षमता से संबंधित है और प्रतिक्रियाओं को बार-बार करने से संबंधित है और दूसरा पहले के विपरीत है यानि संबंध कमजोर करने से है।
- **प्रभाव का नियम :-** विभिन्न प्रतिक्रियाओं में से वह प्रतिक्रिया जिसको करने से आनंद व सुख की अनुभूति होती है, वह शीघ्रता से सीखी जाती है। और वह प्रतिक्रिया जिसमें दुख प्राप्त होता है, वह शीघ्र ही भुला दी जाती है। दूसरे शब्दों में जिस व्यवहार का परिणाम सुखदायी होता है, उस व्यवहार को अपना लिया जाता है। ऐसी स्थिति पुरस्कार व ईनाम की भूमिका अपनाये हुए व्यवहार को दृढ़ करने में सकारात्मक होती है जबकि सजा व तिरस्कार अपनाए हुए व्यवहार में विपरीत प्रभाव डालता है।
- **तत्परता का नियम :-** प्रभावशाली अधिगम तभी होता है जब विद्यार्थी अधिगम के लिए तैयार होता है। इस नियम की शैक्षिक उपयोगिता स्पष्ट है। एक बच्चा जो किसी विशेष प्रकार के अधिगम के लिए तैयार है वह अधिगम अनुभवों से शीघ्र लाभ उठायेगा और दूसरा जो सीखने के लिए तैयार नहीं है वह उतना लाभ नहीं उठा पायेगा। इस इकाई की शुरुआत में हम अधिगम की तत्परता के महत्व के बारे में चर्चा कर चुके हैं और बच्चों की तत्परता की समझ में शिक्षक की भूमिका की भी चर्चा कर चुके हैं।

थॉर्नडाइक के इन तीन अधिगम के नियमों ने कक्षा अध्ययन में बहुत प्रभाव डाला है यद्यपि अनेकों शोधार्थियों ने अपने प्रयोगों के उपयोग में इन नियमों में अनेकों कमियां पायी हैं।

अधिगम के प्रकार (Types of Learning)

अधिगम के प्रकार को बताना एक चुनौतीपूर्ण कार्य ही है क्योंकि इसका वर्गीकरण अनेक आधारों पर किया जा सकता है।

- अधिगम के क्षेत्र में आधार पर अधिगम के प्रकार
- अधिगम प्रक्रिया में घटित होने वाली दशाओं के आधार पर अधिगम
- कठिनाई के स्तर पर आधारित अधिगम प्रकार

अधिगम के क्षेत्र के आधार पर अधिगम के प्रकार

अधिगम ज्ञानात्मक, भावात्मक व मनोक्रियात्मक क्षेत्रों से संबंधित रहता हैं। इसी आधार पर अधिगम के निम्न प्रकार देखे जा सकते हैं-

1. **संवेदन गति अधिगम (Sensory Motor Learning)**–इस अधिगम में कौशल अर्जन सम्बन्धी ज्ञान आता है और व्यक्ति द्वारा विभिन्न प्रकार की कुशलता अर्जित की जाती है। जैसे तैरना, साइकिल चलाना, टाइपिंग इत्यादि। इस प्रकार के अधिगम में तीन चरण होते हैं-
   - (i) **ज्ञानात्मक (Cognitive Phase)**– इस चरण में व्यक्ति सीखे जाने वाले कौशल के बारे में सैद्धान्तिक ज्ञान प्राप्त करता है। वह कौशल के अभ्यास करने की योजना बनाता है वह संभावित त्रुटियों के सन्दर्भ में विश्लेषण करता है।
   - (ii) **दृढ़ीकरण (Fixation)**– इस चरण में सही व्यवहार प्रारूपों का तब तक अभ्यास किया जाता है जब तक कि गलत अनुक्रिया की संभावना शून्य नहीं हो जाती। यह स्थिति दृढ़ीकरण कहलाती है।
   - (iii) **स्वचलित स्थिति (Autonomous Phase)**– इस चरण में किसी कौशल में कार्य करने की गति में वृद्धि करने की आवश्यकता होती है। यह चरण कौशल में पूर्ण निपुणता का द्योतक है। इस स्थिति में व्यक्ति निपुणता के कारण किसी कार्य को यन्त्रवत रूप में करता है।
2. **गामक अधिगम (Motor Learning)**– गामक अधिगम में बालक विकास की प्रारम्भिक अवस्थाओं में शरीर के अंगों के संचालन एवं गति पर नियंत्रण करना सीखता है।
3. **बौद्धिक अधिगम (Intellectual Learning)**– इसके अन्तर्गत ज्ञानोपार्जन सम्बन्धी समस्त क्रियाएं आती हैं। जो निम्नलिखित हैं–
   - (i) **प्रत्यक्षीकरण अधिगम (Perceptual Learning)**– इसमें बालक प्रत्यक्ष ज्ञानात्मक स्तर पर ज्ञानेन्द्रियों की सहायता से सम्पूर्ण परिस्थिति को देखकर व सुनकर प्रतिक्रिया करता व सीखता है।
   - (ii) **प्रत्ययात्मक अधिगम (Conceptual Learning)**–इस प्रकार के सीखने में उसे तर्क, कल्पना और चिन्तन का सहारा लेना पड़ता है।
   - (iii) **साहचर्यात्मक अधिगम (Associative Learning)**– प्रत्ययात्मक अधिगम इसी अधिगम की सहायता से सम्पन्न होता है। इस प्रकार का अधिगम स्मृति के अन्तर्गत आता है।
   - (iv) **रसानुभूतिपरक अधिगम (Appreciation Learning)**– इस प्रकार के सीखने में बालक में संवेगात्मक या भावुकतापूर्ण वर्णन या घटना से प्रभावित होकर मूल्यांकन करने अर्थात गुण- दोष विवेचना करने तथा सौन्दर्य बोध की क्षमता आ जाती है।

अधिगम प्रक्रिया में घटित होने वाली दशाओं के आधार पर अधिगम के प्रकार

अधिगम प्रक्रिया में घटित होने वाली दशाओं के आधार पर निम्न प्रकार के अधिगम देखने को मिलते हैं-

1. **स्मृति अधिगम-** इस प्रकार के अधिगम में बालक अर्थपूर्ण तथ्यों को स्मृति में धारण करता है वह यंत्रवत तरीके से तथ्यों को याद करता है।
2. **चिन्तन स्तर अधिगम-** इस प्रकार के अधिगम में बालक अपने समक्ष प्रस्तुत की गई समस्या के समाधान के लिए प्रेरित होता है। वह समस्या समाधान हेतु सीखे गए तथ्यों, नियमों एवं सिद्धांतों का विश्लेषण करके नियम आदि बनाता है।
3. **समझ स्तर अधिगम-** इस अधिगम में बालक तथ्यों का बोध करता है व उन्हें समझने का प्रयास करता है विभिन्न तथ्यों में अंतर करता है उनका वर्गीकरण करता है आदि। बोध द्वारा प्राप्त अनुभव बालक की स्मृति का स्थायी अंग बन जाते हैं तथा वह समस्या समाधान में इन तथ्यों का प्रयोग कर पाता है।
4. **सरल अधिगम-** बालक जब स्वत: ही स्वतंत्र रूप से कार्य करते हुए कुछ सीख जाता है, तो उसे स्वतंत्र अधिगम कहते हैं।
5. **स्वायत्ता अधिगम-** इस प्रकार के अधिगम में बालक प्राकृतिक रूप में सीखता है। वह अपनी अंतर्दृष्टि के आधार पर समस्याओं का विश्लेषण कर उन्हें सुलझाता है।

6. **आकस्मिक अधिगम**- यह अधिगम अनायास ही घटित हो जाता है। इसमें अधिगम कर्ता न तो सचेत होता है और न ही उसके द्वारा अधिगम हेतु किसी प्रकार का प्रयास किया जाता है।
7. **कठिन अधिगम**- कठिन अधिगम में संगठित एवं जटिल प्रक्रियाएं शामिल होती हैं। इस अधिगम में कठिनता का स्तर बढ़ता ही जाता है। इसमें बालक को ज्ञान एवं क्रिया में सामन्जस्य करना होता है। जैसे संगीत में सुर, लय एवं ताल को सीखना तथा उसके बाद राग एवं अलाप आदि कठिन प्रक्रियाओं को सीखना।
8. **उद्देश्यपूर्ण अधिगम**- इस प्रकार के अधिगम में जानबूझ कर एवं सचेत प्रयास करने पड़ते हैं। इसमें उद्देश्यों का पहले ही निर्धारण कर लिया जाता है। यह एक संगठित अधिगम होता है।

कठिनाई के स्तर पर आधारित अधिगम के प्रकार

गेने (Gagne) ने अपनी पुस्तक The Conditions of Learning में अधिगम के आठ भेद बताये हैं, जिसे वह निष्पादन परिवर्तन कहता है। गेने द्वारा बताये गये अधिगम के भेदों को कठिनता के स्तर के आधार पर एक क्रम में रखा जा सकता है।

गेने के अनुसार अधिगम के ये आठ भेद निम्नलिखित हैं-

1. **संकेतक अधिगम (Signal Learning)**- यह एक प्रकार का रूढ़िगत अनुकूलन है। इसमें एक संकेत विशेष से अधिगम हो जाता है। जैसे पावलॉव के प्रयोगानुसार घण्टी रूपी उद्दीपन से लार स्त्राव की अनुक्रिया का घटित होना।
2. **उद्दीपन अनुक्रिया अधिगम (Stimulus Response Learning)**- इस प्रकार के अधिगम में बालक किसी विभेदकारी उद्दीपन के प्रति एक-एक सही अनुक्रिया सीख लेता है। थॉर्नडाइक के बिल्ली के प्रयोग द्वारा इसे समझा जा सकता है।
3. **शाब्दिक साहचर्य अधिगम (Verbal Association Learning)**- शाब्दिक संयोजन, शाब्दिकशृंखलाओं का अधिगम है।
4. **शृंखला अधिगम (Chain Learning)**- इस प्रकार के अधिगम में अलग-अलग उद्दीपन अनुक्रियाओं के मध्य एक संयोजन स्थापित किया जाता है तथा उनके मध्य एक सम्बन्ध स्थापित कर सम्बन्धों की एक शृंखला सी बन जाती है।
5. **विभेदन अधिगम (Discrimination Learning)**- इस अधिगम के अन्तर्गत बालक भिन्न-भिन्न उद्दीपनों के प्रति अनुकूलन से भिन्न-भिन्न प्रकार की अनुक्रियाएं करना सीख जाता है तथा उसमें एक जैसे उद्दीपनों में भेद करने की एवं उनके अनुसार अनुक्रिया करने की क्षमता आ जाती है।
6. **सम्प्रत्यय अधिगम (Concept Learning)**- यह अधिगम विभेदन पर नए ारित है। इस अधिगम में बालक में उद्दीपनों के प्रत्ययों के अनुसार अनुक्रिया करने की क्षमता आ जाती है।
7. **नियम अधिगम (Rule Learning)**- इस अधिगम को महाप्रत्यय अधिगम भी कहते हैं क्योंकि नियम की शब्दिक रूप में भी अभिव्यक्ति संभव है। इस अधिगम में बालकों द्वारा विचार का समायोजन किया जाता है।
8. **समस्या समाधान अधिगम (Problem Solving Learning)**- इस अधिगम में बालक पूर्व में सीखे गए नियमों का संयोग खोजता है तथा उनका प्रयोग नवीन समस्यात्मक परिस्थितियों को हल करने के लिये करता है। यह अधिगम नियम अधिगम का प्राकृतिक विस्तार है।

अधिगम वक्र (Learning Curve)

- स्किनर ने वर्गीकृत कागज (Graph Paper) पर अंकित आंकड़ों से निर्मित चित्र को अधिगम वक्र कहा है। उनके अनुसार, अधिगम का वक्र किसी भी दी हुई क्रिया में उन्नति या अवनति का वर्गीकृत कागज का ब्यौरा है।
- अधिगम वक्र सीखने की प्रगति के सूचक हैं।

अधिगम वक्र के प्रकार (Types of Learning Curve)

सरल रेखीय वक्र (Straight Line Learning Curve)

सीखने की क्रिया हमेशा एक समान नहीं होती है। इसमें प्रगति हमेशा नहीं रहती अतः सीखने में सरल रेखीय वक्र नहीं बनते हैं।

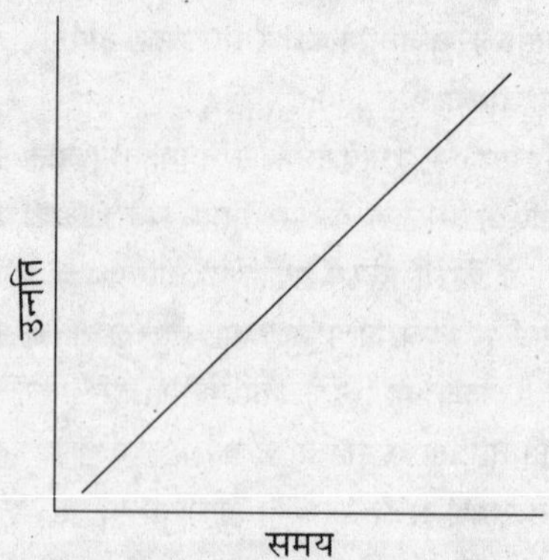

ऋणात्मक उन्नति सूचक वक्र (Negative/Convex accelerated Curve)

इस प्रकार के वक्र में अधिगम की क्रिया में **आरम्भ में सीखने की गति में अधिक प्रगति** दिखाई पड़ती है, परन्तु **अभ्यास के बढ़ने** के साथ-साथ सीखने की प्रक्रिया की **गति शिथिल** पड़ जाती है।

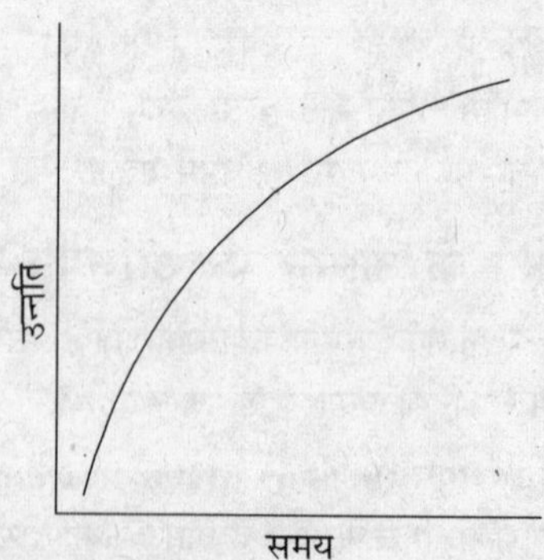

धनात्मक उन्नति सूचक वक्र (Positive/Concave accelerated Curve)

इस प्रकार के वक्र में अधिगम की क्रिया में **आरम्भ में सीखने की गति कम होती है**, परन्तु **अभ्यास के बढ़ने** के साथ-साथ सीखने की प्रक्रिया में उन्नति होती है।

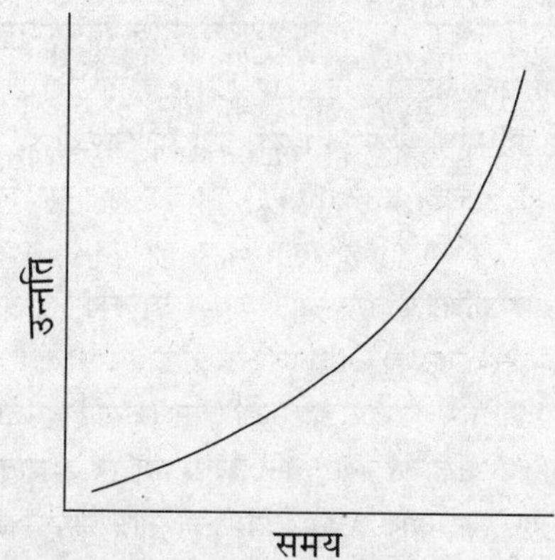

मिश्रित वक्र (Combination or S-type of Curve)

इस प्रकार के वक्र में **पहले सीखने की गति धीमी** होती है, **फिर तेज** होती है और बाद में **फिर धीमी** होने लगती है।

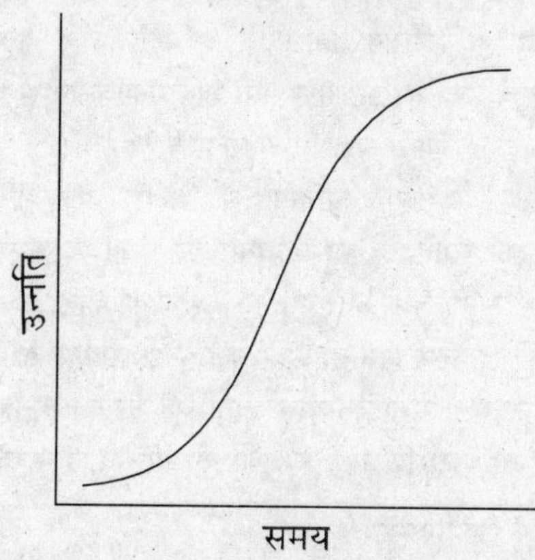

अधिगम पठार (Learning Plateau)

अधिगम की प्रक्रिया में एक स्थिति ऐसी अवश्य आ जाती है जब सीखने की गति में कोई प्रगति होती दिखाई नहीं देती है।

पठार के कारण (Reason of Plateau)

- विषय का कठिनतम होना।
- सीखने की गति पद्धति के कारण।
- विषय में रुचि न होने के कारण।
- अभ्यास की कमी के कारण।
- संतुष्टि की भावना आ जाने के कारण।
- आदतों में परिवर्तन होने के कारण।
- सीखने वाले का एक अवस्था से दूसरी अवस्था में जाने पर।
- शारीरिक व मानसिक स्वास्थ्य ठीक नहीं होने के कारण।

अधिगम को प्रभावित करने वाले सामान्य कारक (General Factors Affecting Learning)

शिक्षार्थी सम्बन्धी कारक (Factors Related with Learner)

शिक्षार्थी सम्बन्धी कारकों को निम्न रूप में निर्दिष्ट किया जा सकता है-

(1) **बालक स्वयं-** बालक किसी भी सीखने की प्रक्रिया की धुरी है। बालक शिक्षण-अधिगम की प्रक्रिया का आधार है, इसलिए किसी भी स्तर पर बालक के प्रति अज्ञानता सीखने की प्रक्रिया को व्यर्थ व कोरी कल्पना कर देगी। इसलिए अधिगम के लिए यह आवश्यक है कि बालक की रुचियों, आवश्यकताओं, शारीरिक एवं मानसिक क्षमताओं का पूर्ण ज्ञान शिक्षक को होना चाहिए।

(2) **बुद्धि-** बुद्धि सीखने को प्रभावित करने वाला एक प्रमुख कारक है। इसको हम एक सामान्य कक्षा में भी अनुभव कर सकते हैं।

(3) **आयु-** आयु और अधिगम के विषय में शृंखलाबद्ध अध्ययनों के उपरान्त यह पाया गया है कि एक निश्चित सीमा तक सीखने की क्षमता उम्र के साथ बढ़ती है जिसके बाद यह कुछ समय तक स्थित रहती है व अंत में सीखने की क्षमता में बढ़ती उम्र के साथ कमी आती है, इस प्रक्रिया को समझने के लिए विकास के चक्र को ध्यान देना आवश्यक है।

(4) **सीखने की इच्छा-** सीखने की इच्छा का सीधा संबंध सीखने की मात्रा से होता है। यह माना जाता है कि किसी भी विषय पर पकड़ बनाने के व्यक्ति में सीखने के लिए अंदर से इच्छा होनी चाहिए जो उसे उस विषय के बारे में जानने के लिए अभिप्रेरित करती रहे। और यह अभिप्रेरणा व्यक्ति की आवश्यकताओं रुचियों द्वारा निर्धारित होती है और इनके विकास में शिक्षक की अहम भूमिका होती है। एक बुद्धिमान शिक्षक अपने छात्रों को केवल ज्ञान प्रदान नहीं करता बल्कि उन्हें सीखने के लिए अभिप्रेरित करता है, जीवन के वृहद विषयों के संबंध में रुचियों का विकास करता है।

(5) **मार्गदर्शन-** आमतौर पर प्रयास एवं त्रुटि को सीखने की विधि माना जाता है। जहाँ व्यक्ति एक नए कार्य से परिचित होता है तो वह प्रयास करता है और असफल होने पर पुनः नयी विधि अपनाता है और कुछ प्रयासों और त्रुटियों के पश्चात वह उस कार्य को करने की सही विधि विकसित कर लेता है। पर व्यावहारिक रूप में एक छात्र काफी समय इस प्रक्रिया में बर्बाद करता है और वह असफलता का सामना करने पर वह तनाव और हताशा महसूस करता है। एक शिक्षक छात्रों को सही मार्गदर्शन देकर उनका समय व उनमें तनाव व हताशा को उत्पन्न होने से बचा सकता है।

(6) **शैक्षिक पृष्ठभूमि-** शिक्षार्थी की शैक्षिक पृष्ठभूमि उसके सीखने को प्रभावित करती है। शैक्षिक दृष्टि से बालक सामान्य रूप या विशिष्ठ रूप में पिछड़े हो सकते हैं। कुछ छात्र सामान्यतः सभी विषयों में पिछड़े होते हैं जिन्हें सामान्य पिछड़ेपन की श्रेणी में रखा जाता है वहीं कुछ बालक किन्हीं विशिष्ट विषयों में पिछड़े होते हैं जो विशिष्ट पिछड़ेपन की श्रेणी में आते हैं, अगर एक बालक एक विषय में पिछड़ा है तो उसे विषय के नए प्रत्ययों को समझने में दिक्कत आती है और यदि कोई बालक प्रतिभाशाली है तो उसे उस विषय को सीखने में आसानी रहती है। इस प्रकार शैक्षिक पृष्ठभूमि आगे सीखने में योगदान देती है।

(7) **अभिप्रेरणा-** अभिप्रेरणा का सीखने में बहुत योगदान होता है, कोई भी अर्थपूर्ण अधिगम अभिप्रेरणा के अभाव में नहीं हो सकता। मनुष्य का मस्तिष्क ज्ञान को स्पंज की भांति नहीं सोख सकता, कुछ सीखने के लिए उसे सक्रिय गतिविधियों में लिप्त रहना होता है। और इन गतिविधियों

के लिए अभिप्रेरणा का होना आवश्यक है इसके अभाव में गतिविधि रुक जाती है जिसके फलस्वरूप अधिगम भी रुक जाता है।

(8) **बालक का स्वास्थ्य-** एक स्वस्थ्य शरीर में स्वस्थ्य मन विकसित होता है। सीखने की पहली शर्त है कि अधिगमकर्ता शारीरिक व मानसिक रूप से स्वस्थ हो। एक कुपोषित, विकलांग अधिगमकर्ता अपनी समस्त क्षमताओं के अनुसार अधिगम करने में असफल होते हैं। अगर कोई बालक संवेगात्मक रूप से संतुलन में नहीं है तो उसका अधिगम भी प्रभावित होगा। सीखने में बालक की रुचि, दृष्टिकोण अवधान, शारीरिक व मानसिक स्वास्थ्य सीधे तौर पर अधिगम से सम्बन्धित रहते हैं।

(9) **बालक की मनोवृत्ति-** अनुकूल या सकारात्मक मनोवृत्ति किसी भी क्षेत्र में सफलता पाने के लिए आवश्यक होती है। अधिगम के प्रति सकारात्मक मनोवृत्ति बालक को अधिक उत्साही और सक्रिय बनाती है, यदि छात्र की किसी विषय के प्रति सकारात्मक सोच है तो वह उस विषय में शिक्षक द्वारा दिए गए ज्ञान को पूरी दिलचस्पी से ग्रहण करेगा। परंतु यदि वह किसी विषय के प्रति नकारात्मक मनोवृत्ति रखता है तो वह उस विषय से नफरत करेगा। इसलिए अधिगम को प्रभावी बनाने के लिए यह आवश्यक है शिक्षक अधिगम गतिविधियों के प्रति छात्रों में सकारात्मक मनोवृत्ति को विकसित करने में सहायता प्रदान करें।

शिक्षक सम्बन्धी कारक (Factors Related with Teacher)

1. **शिक्षक का व्यवहार-** शिक्षक के व्यवहार का भी छात्रों के अधिगम पर प्रभाव पड़ता है। यदि कोई शिक्षक बहुत ही मित्रवत व्यवहार द्वारा छात्रों को अधिगम के लिए प्रेरित करता है तो निश्चित ही उन छात्रों में अधिगम प्रभावी तरीके से होता है क्योंकि वह शिक्षक को अपने मित्र की तरह मानते हैं व भयमुक्त वातावरण में अपनी समस्याओं से शिक्षक को अवगत करा कर मार्गदर्शन लेते हैं दूसरी ओर यदि शिक्षक का व्यवहार कठोर व भय पैदा करने वाला हो तो छात्र अपनी समस्याओं को शिक्षक से नहीं बताते जिसके फलस्वरूप वह पिछड़ जाते हैं अत: इस प्रकार हम कह सकते हैं कि शिक्षक के व्यवहार का अधिगम में महत्वपूर्ण योगदान होता है।
2. **विषय का ज्ञान-** शिक्षक का अपने विषय में विस्तृत ज्ञान, अनुभव आदि का अधिगमकर्ता के अधिगम करने की क्षमता से संबंधित रहता है। शिक्षक विषय सामग्री को छात्रों की योग्यता, रुचि, आयु आदि के अनुकूल बना कर अधिगम को प्रभावी बनाने में सहायक होता है परन्तु वह यह सब तभी कर सकता है जब उसे अपने विषय पर पकड़ हो।
3. **व्यक्तिगत विभिन्नताओं का ज्ञान-** शिक्षक से अपेक्षा रखी जाती है कि वह प्रत्येक बालक-बालिका के व्यक्तित्व के सर्वांगीण विकास में सहायक हो, किन्तु यह कार्य तब तक सम्भव नहीं है जब तक शिक्षक को व्यक्तिगत विभिन्नताओं का ज्ञान न हो। व्यक्तिगत विभिन्नताओं का ज्ञान होने पर शिक्षक बालकों के अनुरूप ही अधिगम अनुभवों का चयन कर सकता है। व्यक्तिगत विभिन्नताओं का ज्ञान प्राप्त करने में सहायक होता है। और इस ज्ञान के द्वारा वह अधिगम को प्रभावी बना कर नियोजित कर सकता है।
4. **शिक्षण विधि-** शिक्षण विधियों का प्रयोग शिक्षक द्वारा विषय संबंधी नियोजन ज्ञान को छात्रों तक पहुंचाने के लिए किया जाता है। शिक्षण विधियां भी कई प्रकार की होती हैं पर मुख्यत: इन्हें दो श्रेणियों में रखा जाता है। शिक्षक केन्द्रित व छात्र केन्द्रित। अधिगम इस बात पर निर्भर करता है कि सीखने की कैसी विधि का प्रयोग किया जा रहा है। शिक्षक द्वारा सिखाने के लिए यदि रुचिकर तथा आनंददायक विधियों का प्रयोग किया जाता है तो छात्र उस पाठ में अधिक रुचि लेकर सीखते हैं।
5. **मनोविज्ञान का ज्ञान-** शिक्षा में बालक द्वारा अधिगम क्रियाएँ करवाकर उसके व्यवहार में अपेक्षित परिवर्तन लाए जाने के प्रयास किए जाते हैं। इसलिए शिक्षक को जहां एक ओर अपने विषय का ज्ञान होना चाहिए वहीं उसे बाल मनोविज्ञान का भी ज्ञान होना चाहिए। यह माना जाता है कि शिक्षा बालक की अन्तर्निहित शक्तियों का विकास है। अन्तर्निहित शक्तियों की पहचान और उसके विकास की सम्भ्यताओं का ज्ञान मनोविज्ञान द्वारा ही प्राप्त किया जा सकता है। बालक की अधिगम क्रियाओं में उसकी बुद्धि, अभियोग्यता, अभिवृत्ति, अभिरुचि और आकांक्षा स्तर का अत्यधिक महत्व होता है। इनका पर्याप्त ज्ञान मनोविज्ञान से प्राप्त कर अधिगम क्रियाओं को प्रभावी बनाया जा सकता है।
6. **शिक्षक का व्यक्तित्व-** अधिगम प्रक्रिया में शिक्षक की भूमिका अतुलनीय है। शिक्षक का व्यक्तित्व भी अधिगम को प्रभावित करते हैं। अधिगम की प्रक्रिया में सामाजिक अधिगम भी महत्वपूर्ण होता है बहुत सारी बातें शिक्षक अपने व्यवहार द्वारा ही छात्रों को सिखा सकता है। यदि छात्र शिक्षक के व्यक्तित्व से प्रभावित होते हैं तो वह उसका अनुकरण करने लगते हैं जिससे वह उस शिक्षक के गुणों को आत्मसात करते हैं।

वातावरण सम्बन्धी कारक (Factors Related with Environment)

1. **कक्षा-कक्ष वातावरण-** कक्षा-कक्ष ही वह स्थान है जहां शिक्षक और छात्रों के मध्य अन्त:क्रिया होती है और शिक्षा के उद्देश्यों की प्राप्ति के लिए प्रयास किए जाते हैं। कक्षा-कक्ष का वातावरण अधिगम अनुकूल होना चाहिए छात्रों के बैठने की उचित व्यवस्था, प्रकाश, हवा, आदि की उचित व्यवस्था अधिगम में सहायक होती है। कक्षा-कक्ष में उचित स्थानों पर डिस्प्ले बोर्ड, छात्रों के लिए बोर्ड, श्यामपट्ट, दृश्य-श्रव्य साधनों की व्यवस्था होनी चाहिए इन भौतिक तत्वों के अलावा कक्षा का मनोवैज्ञानिक वातावरण भी अधिगम के अनुरूप होना चाहिए, कक्षा-कक्ष किसी प्रकार का भय, घबराहट आदि को छात्रों में व्याप्त न होने देकर उन्हें अधिगम के प्रति अभिप्रेरित करता है।
2. **सीखने का समय व थकान-** सीखने का समय सीखने की क्रिया को प्रभावित करता है, जैसे जब छात्र विद्यालय आते हैं तब उनका मन तरोताजा व उनमें स्फूर्ति होती है जो घण्टों के बीतने के साथ कम होती है और वे थकान अनुभव करने लगते हैं। प्रात: वह सुगमता से सीखते हैं व दोपहर तक उनकी सीखने की क्रिया मन्द हो जाती है। अत: सीखने के समय के अनुरूप छात्रों के कठिन विषयों का ज्ञान प्रात:काल में व आसान व रुचिकर विषयों का ज्ञान बाद में देकर अधिगम में उनकी सक्रियता को बनाए रखे जा सकता है।

अधिगम स्थानान्तरण (Transfer of Learning)

जब एक परिस्थिति में अर्जित ज्ञान किसी दूसरी परिस्थिति में प्रयोग किया जाता है तो इसे **अधिगम स्थानान्तरण** कहते हैं। यह निम्नलिखित प्रकार के होते हैं–

1. सकारात्मक स्थानान्तरण (Positive Transfer)

जब एक स्थिति में सीखा हुआ ज्ञान किसी दूसरी स्थिति में सहायक होता है तो इसे सकारात्मक व अनुकूलन स्थानान्तरण कहते हैं। उदाहरण–साइकिल चलाने वाले को मोटरसाइकिल चलानी आसानी से आ जाती है।

2. नकारात्मक स्थानान्तरण (Negative Transfer)

जब एक स्थिति में सीखा हुआ ज्ञान किसी दूसरी स्थिति में बाधा उत्पन्न करता है तो इसे नकारात्मक व प्रतिकूल स्थानान्तरण कहते हैं। उदाहरण–कला विषय के विद्यार्थी को विज्ञान विषय पढ़ने में बाधा उत्पन्न होती है। अर्थात् जहाँ पर भी बाधा होगी वहाँ नकारात्मक स्थानान्तरण होता है।

1. शून्य स्थानान्तरण (Zero Transfer)

जब एक स्थिति में सीखा हुआ ज्ञान दूसरी स्थिति में न तो सहायता प्रदान करता है न ही बाधा उत्पन्न करता है तो उसे शून्य स्थानान्तरण कहते हैं।

रॉबर्ट एम. गैने के अनुसार अधिगम 8 प्रकार का होता है–

रॉबर्ट एम. गेने की अधिगम सोपानिकी

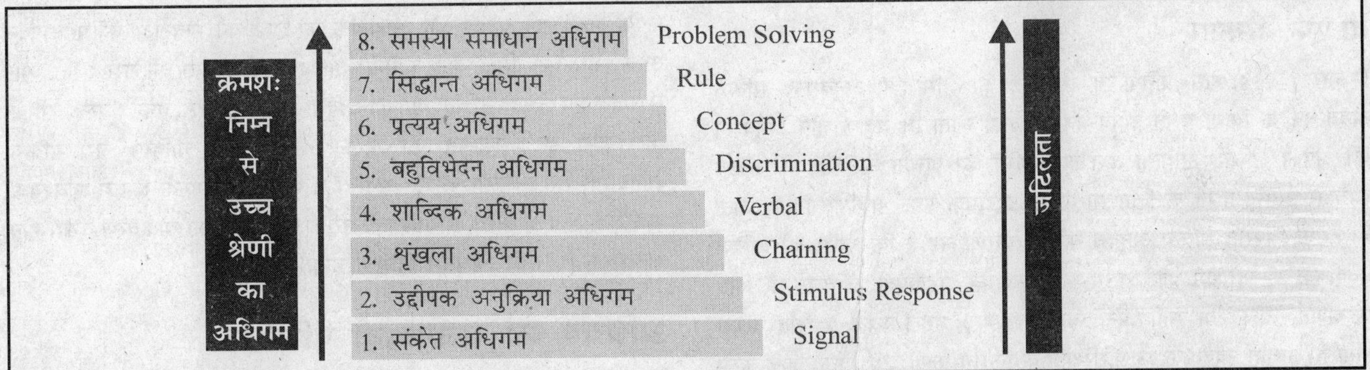

अधिगम के सिद्धांत

सीखने के आधुनिक सिद्धान्तों को निम्नलिखित श्रेणियों में विभक्त किया जा सकता है–

(अ) व्यवहारवादी साहचर्य सिद्धान्त
(Behavioural Associationist Theories)

(ब) ज्ञानात्मक एवं क्षेत्र संगठनात्मक सिद्धान्त
(Congnitive Organisation Theory)

(स) मानवतावादी (Humanistic Approach)

(द) निर्मितवादी उपागम (Constructivistic Approach)

विभिन्न उद्दीपनों के प्रति सीखने वाले की विशेष अनुक्रियाएं होती हैं। इन उद्दीपनों तथा अनुक्रियाओं के साहचर्य से उसके व्यवहार में जो परिवर्तन आते हैं उनकी व्याख्या करना ही पहले प्रकार के सिद्धान्तों का उद्देश्य है। इस प्रकार के सिद्धान्तों के प्रमुख प्रवर्तकों में थॉर्नडाइक, वाटसन और पावलव तथा स्किनर के नाम विशेष रूप से उल्लेखनीय हैं। थॉर्नडाइक द्वारा प्रतिपादित विचार प्रणाली को संयोजनवाद (Connectionism) के नाम से जाना जाता है, वहां वाटसन और पावलव तथा स्किनर की प्रणाली को अनुबन्धन या प्रतिबद्धता (Conditioning) का नाम दिया गया है।

व्यवहारवादी साहचर्य सिद्धांत (Behavioural Associationist Theories)

थॉर्नडाइक ने सीखने की व्याख्या करते हुए कहा है कि जब कोई उद्दीपक (stimulus) व्यक्ति के सामने दिया जाता है तो उसके प्रति वह अनुक्रिया (respponse) करता है। अनुक्रिया सही होने से उसका संबंध (connection) उसी विशेष उद्दीपक (stimulus) के साथ हो जाता है। इस संबंध को सीखना (learning) कहा जाता है तथा इस तरह की विचारधारा को संबंधवाद (Connectionism) की संज्ञा दी गयी है। थॉर्नडाइक के अधिगम के सिद्धांत को प्रयास एवं त्रुटि का सिद्धांत तथा संबंधवाद के नाम से जाना जाता है।

आई.पी. पावलव (I.P. Pavlov) एक रूसी शरीर-वैज्ञानिक (physiologist) थे जिन्होंने अपनी जीवन-वृत्ति (career) हृदय के कार्यों के अध्ययन से शुरू की परन्तु बाद में उन्होंने पाचन क्रिया (digestion) के दैहिकी (physiology) का विशेष रूप से अध्ययन करना प्रारम्भ किया और उनका यह अध्ययन इतना महत्वपूर्ण एवं लोकप्रिय हुआ कि 1904 में इसके लिए उन्हें नोबेल पुरस्कार (Nobel Prize) भी दिया गया। संयोग से पैवलव ने सीखने के एक सिद्धांत का भी प्रतिपादन किया जिसे अनुबन्धित अनुक्रिया सिद्धान्त (conditioned response theory) कहा जाता है।

पावलव ने अपने सीखने के सिद्धान्त का आधार अनुबन्धन (conditioning) को माना है। पावलव के सीखने के इस अनुबन्धन सिद्धान्त को शास्त्रीय अनुबन्धन सिद्धान्त (classical conditioning theory) या प्रतिवादी अनुबन्धन सिद्धान्त (Respondent conditioning theory) या टाइप-एस (Type–S) अनुबन्धन भी कहा जाता है।

क्लासिकल अनुबन्धन में प्रतिमान की शुरुआत एक उद्दीपक (stimulus) तथा इससे उत्पन्न अनुक्रिया के बीच के संबंध से होती है।

पावलव के अनुसार जब कोई स्वाभाविक एवं उपर्युक्त उद्दीपक को जीव के सामने उपस्थित किया जाता है तो वह उसके प्रति एक स्वाभाविक अनुक्रिया (natural response) करता है। जैसे गर्म बर्तन को छूते ही हाथ खींच

लेना तथा भूखा होने पर भोजन देखकर मुंह में लार आना, कुछ ऐसी अनुक्रियाओं (responses) के उदाहरण हैं। जब इस स्वाभाविक एवं उपयुक्त उद्दीपक के ठीक कुछ सेकेण्ड पहले एक दूसरा तटस्थ उद्दीपक (netural stimulus) बार-बार उपस्थित किया जाता है तो कुछ प्रयास (trials) के बाद उस तटस्थ उद्दीपक द्वारा ही स्वाभाविक अनुक्रिया (लार आना या हाथ खींच लेना जो सिर्फ स्वाभाविक उद्दीपक के प्रति होती थी) उत्पन्न होने लगती है।

पावलव का यह निष्कर्ष कि यदि तटस्थ उद्दीपक (neutral stimulus) को किसी उपयुक्त एवं स्वाभाविक उद्दीपक (neutral stimulus) के साथ बार-बार दिया जाता है तो तटस्थ उद्दीपक के प्रति व्यक्ति वैसी ही अनुक्रिया (responses) करना सीख लेता है जैसा कि वह उपयुक्त एवं स्वाभाविक उद्दीपक के प्रति करता है। यह निष्कर्ष एक प्रयोग पर आधारित है।

बी.एफ. स्किनर

स्किनर (1938) द्वारा प्रतिपादित सिद्धान्त को नैमित्तिक अनुबंधन, सक्रिय अनुबन्धन या क्रिया प्रसूत अनुबन्धन भी कहा जाता है। यह प्राचीन अनुबंधन की अपेक्षा अधिक उपयोगी तथा व्यावहारिक है। प्राचीन अनुबंधन में वांछित व्यवहार उत्पन्न करने के लिए सम्बन्धित उद्दीपक पहले प्रदर्शित किया जाता है। इसके विपरीत सक्रिय अनुबंध की अवधारणा यह है कि प्राणी को वांछित उद्दीपक या परिणाम प्राप्त करने या कष्टदायक उद्दीपक से बचने के लिए प्रत्याशित, उचित या सही अनुक्रिया (व्यवहार) पहले स्वयं प्रदर्शित करना होता है। अर्थात् उद्दीपक या परिस्थिति के निमित्त प्राणी द्वारा किया जाने वाला व्यवहार ही परिणाम का स्वरूप निर्धारित करता है। इसी कारण इसे नैमित्तिक अनुबंधन कहते हैं (Hulseet. al. 1975)। इसी आधार पर इसे संक्रियात्मक या क्रिया प्रसूत अधिगम (Operant learning) भी कहा जाता है (Hilgard and Bower, 1981)। पोस्टमैन एवं इगन (1967) ने भी लिखा है कि नैमित्तिक अनुबंधन में धनात्मक पुनर्बलन (S +) का प्राप्त होना या नकारात्मक पुनर्बलन (S–) से बचना इस बात पर निर्भर करता है कि किसी अधिगम परिस्थिति में प्रयोज्य कैसा व्यवहार (उचित/अनुचित) करता है।

दूसरे प्रकार के सिद्धान्त सीखने को उस क्षेत्र में, जिसमें सीखने वाला और उसका परिवेश शामिल होता है, आये हुये परिवर्तनों तथा सीखने वाले द्वारा इस क्षेत्र के प्रत्यक्षीकरण किए जाने के रूप में देखते हैं। ये सिद्धान्त सीखने की प्रक्रिया में उद्देश्य (Purpose), अन्तर्दृष्टि (Insight) और सूझबूझ (Understanding) के महत्व को प्रदर्शित करते हैं। इस प्रकार के सिद्धान्तों के मुख्य प्रवर्तकों में वर्दाईमर (Werthemier), कोहलर (Kohler), और लेविन (Lewin) के नाम उल्लेखनीय हैं।

मानवतावादी परिप्रेक्ष्य में सीखना (Learning in Humanistic Perspectives)

मानव एक जागृत प्राणी है, वह जीवन भर सीखता रहता है और अपने सीखे हुए ज्ञान को आने वाली पीढ़ी को स्थानान्तरित करता रहता है।

मास्लोः मनावैज्ञानिक मास्लो (1968) और रोजर (1983) ने बताया कि मनुष्य अपनी आकांक्षा आवश्यकताओं के आधार पर सीखता है। इसके लिए मजबूत धारणा, आत्मसम्मान तथा आत्म यथार्थीकरण का होना अति आवश्यक है। मनुष्य को उच्च स्तर पर पहुंचने हेतु सही दिशा या मार्ग का ज्ञान होना परम आवश्यक है। मास्लो के अनुसार जब व्यक्ति की बुनियादी आवश्यकता की पूर्ति हो जाती है तथा वह उनसे संतुष्ट हो जाता है तब वह अपनी उच्च आकांक्षाओं, आत्मसम्मान और यथार्थीकरण के बारे में सोचेगा। उनका सिद्धान्त इस बात पर निर्भर करता है कि व्यक्ति क्या अपील कर रहा है अर्थात् वह किस वस्तु की कमी महसूस कर रहा है। जैसे-एक छात्र जो थका, भूखा, प्यासा, चिन्तित, डरा हुआ है, वह पूर्ण रूप से सीखने में अपनी शक्ति नहीं लगा सकता। जबकि दूसरा छात्र पूर्ण रूप से सुरक्षित व स्वस्थ है, वह उस छात्र की अपेक्षा अधिक सीख पायेगा।

रोजरः रोजर ने बताया कि छात्रों की आवश्यकता के अनुसार उन्हें सीखने का स्वतंत्रतापूर्वक मौका दिया जाए और अध्यापकों से उनके व्यक्तिगत संपर्क अच्छे होने चाहिए और अध्यापक को छात्रों की भावनाओं को पहचानकर उनके साथ घुल-मिल जाना चाहिए। अध्यापक द्वारा छात्र की पसन्द को ध्यान में रखते हुए उनके उचित मार्गदर्शन दिया जाना चाहिए। एक वयस्क सीखने वाले द्वारा इन सिद्धान्तों का पालन किया जाना चाहिए। जैसे-सक्रिय, आत्म-निर्देशित, समस्या-केंद्रित, अनुभव से संबंधित, प्रासंगिक रूप में आवश्यक, आन्तरिक रूप से प्रेरित, प्रभावशाली तरीके से सीखने का वातावरण उसमें होना आवश्यक है, तभी अधिगम अधिक होगा।

अधिगम का सर्जनवादी परिप्रेक्ष्य (Constructivism Perspective of Learning)

शिक्षण शास्त्र की परिधि में सबसे प्रचलित शब्द सर्जनवाद है। सर्जनवाद मूलतः 'मानव कैसे सीखता है' से सम्बंधित एक सिद्धांत है जो अवलोकन तथा वैज्ञानिक पद्धति पर आधारित है। इसके अनुसार कोई भी व्यक्ति इस संसार के सन्दर्भ में जो भी ज्ञान अथवा अवधारणा का विकास करता है वह स्वयं के अनुभव पर ही आधारित होता है। किसी भी ज्ञान का आधार उसके स्वयं का ही अनुभव होता है। अर्थात् अनुभव ही ज्ञान की कुंजी होती है। यदि कोई व्यक्ति किसी कार्य को पूरा करता है तो उसे किसी न किसी प्रकार का अनुभव प्राप्त होता है और यही अनुभव उस व्यक्ति के लिए ज्ञान सृजन का आधार होता है। सृजनवाद को अर्थ निर्माण के ऐसे सिद्धांत के रूप में देखा जा रहा है जो ज्ञान की प्रकृति और सीखने की प्रक्रिया का स्पष्टीकरण देता है। अधिगम की इस व्याख्या के अनुसार, ''व्यक्ति अपनी नई समझ अथवा ज्ञान की रचना अथवा निर्माण, जितना वह जानते एवं मानते हैं और जिन विचारों, घटनाओं एवं गतिविधियों के संपर्क में आते हैं, दोनों संवादो के माध्यम से करते हैं। (रिचर्डस)। ज्ञान को यहाँ जिस प्रकार से देखा जा रहा है उसे दोहराव की शुरुआत करने की बजाय विषय में संलिप्त होकर प्राप्त किया जाता है। (करोल और लोबास्की)। सृजनवादी स्थितियों में अधिगम गतिविधियाँ सक्रिय भागीदारी, पूछताछ, समस्या समाधान और अन्य साझेदारी से विभूषित होती हैं। तदनुसार, इस प्रकार की परिस्थिति में शिक्षक की भूमिका ज्ञान के वितरक मात्र की ही नहीं होती बल्कि एक मार्गदर्शक, प्रेरणादायी और साथी अन्वेषक के रूप में होती है जो छात्रों को प्रश्न करने, चुनौती लेने, अपने विचार सृजन करने, राय बनाने और निष्कर्ष तक पहुँचने के लिए प्रेरित करता है।

जीन पियाजे का अधिगम सिद्धांत (Learning theory of Jean Piaget)

विकासात्मक मनोविज्ञान के विभिन्न सिद्धान्तों में से एक बहुत ही सर्वाधिक महत्वपूर्ण सिद्धान्त जीन पियाजें (Jean Piaget) का सर्वाधिक विकास का सिद्धान्त है जिसका मूल उद्देश्य बच्चों के विकास के अंतर्गत जो क्रमिक परिवर्तन होते हैं, जिसके कारण मानसिक क्रियाएं और भी जटिल (Complex/ Sophisticated) हो जाती हैं, सरलता से व्याख्या करना है। संज्ञानात्मक विकास के अध्ययन में जीन पियाजे (Jean Piaget) का अभूतपूर्व योगदान है। पियाजे ने अपने सिद्धान्त में शैशवस्था से वयस्कावस्था के बीच चिन्तन-क्रिया में जो विकास होते हैं व्याख्या की है। संज्ञान (Cognition) का तात्पर्य उन सारी मानसिक क्रियाओं से है जिसका संबंध चिंतन (Thinking), समस्या-समाधान, भाषा संप्रेषण तथा और भी बहुत सी मानसिक प्रक्रियाओं से है। निस्सर (Neisser 1067) ने कहा है कि 'संज्ञान' संवेदी सूचनाओं (Sensory Information) को ग्रहण करके उसका रूपान्तरण (Transformation), विस्तारण (Elaboration), संग्रहण (Storage), पुनर्लाभ (Recovery) तथा इसके समुचित प्रयोग करने से होता है।

संज्ञानात्मक विकास की अवस्थाएँ (Stages of Cognitive Development)

1. **संवेदी-पेशीय अवस्था (Sensory Motor stage)**- यह अवस्था जन्म से दो साल तक की होती है। इस अवस्था में बालक कुछ संवेदी-पेशीय क्रियाएँ जैसे पकड़ना, चूसना, चीजों को इधर-उधर करना आदि स्वत: सहज क्रियाओं से व्यवस्थित क्रियाओं की ओर अग्रसित होता है। पियाजे के अनुसार इस अवस्था में शिशुओं का बौद्धिक और संज्ञानात्मक विकास निम्नलिखित छ: उप-अवस्थाओं से होकर गुजरता है-

   (i) पहली अवस्था को **प्रतिवर्त्त क्रिया की अवस्था (Stage of Relax Actions)** कहा जाता है जो जन्म से एक महीने तक की होती है। इस प्रतिवर्त्त क्रिया की अवस्था में शिशु अपने को नए वातावरण में अभियोजित करने की कोशिश करता है। इस समय चूसने की क्रिया सबसे प्रबल होती है।

   (ii) दूसरी अवस्था को **प्रमुख वृत्तीय प्रतिक्रिया की अवस्था (Stage of secondary circular reaction)** कहा जाता है जो 1 से 4 महीने तक होती है। इस अवस्था में शिशुओं की प्रतिवर्त्त क्रियाएं (Reflex activities) में कुछ हद तक परिवर्तन होता है। शिशु अपने को नए वातावरण में अभियोजित करने की कोशिश करता है। वह अपने अनुभवों को दोहराता है तथा उसमें रूपान्तरण लाने का प्रयास करता है। इसे प्रमुख (Primary) इसलिए कहा जाता है क्योंकि ये प्रतिवर्त्त क्रियाएं प्रमुख होती हैं एवं उन्हें वृतीय (Circular) इसलिए कहा जाता है क्योंकि इन क्रियाओं को वे बार-बार दोहराते हैं।

   (iii) तीसरी अवस्था **गौण तृतीय प्रतिक्रिया की अवस्था (Stage of secondary circular reaction)**-होती है जो 4 से 8 महीने तक की होती है। इस अवस्था में शिशु ऐसी क्रियाएं करता है जो रुचिकर होती हैं तथा अपने आस-पास की वस्तुओं को छूने की कोशिश करता है।

   (iv) चौथी अवस्था **गौण-स्कीमटा के समन्वय की अवस्था (Stage of coordination of secondary schemata)**- जो 6 महीने से 12 महीने तक होती है। इस अवधि में शिशु अपने उद्देश्यों की प्राप्ति के लिए सहज क्रिया को इच्छानुसार प्रयोग करना सीख जाता है। वह वयस्कों द्वारा किए गये कार्यों का अनुकरण (Imitation) करने की कोशिश करता है।

   (v) **तृतीय वृतीय प्रतिक्रिया की अवस्था (Tertiary circular reaction)**- 12 महीने से 18 महीने तक होती है। इस अवस्था में बालक प्रयास एवं त्रुटि के आधार पर अपनी परिस्थितियों को समझाने की कोशिश करने से पहले सोचना प्रारंभ कर देता है। इस अवधि में बच्चों में उत्सुकता (Curiosity) उत्पन्न होती है तथा भाषा का भी प्रयोग करना शुरू कर देता है।

   (vi) **मानसिक संयोग द्वारा नए साधनों की खोज अवस्था (Stage of the new means through mental combination)** 18 महीनों से 2 साल तक में शिशु प्रतिमा (Image) का प्रयोग करना सीख जाता है। अब वह स्वयं ही समस्या का हल प्रतीकात्मक चिंतन क्रिया (Symbolic thought process) द्वारा ढूंढ लेता है।

   इस अवस्था में संज्ञानात्मक विकास के साथ बौद्धिक-विकास भी तीव्र गति से होता है।

2. **पूर्व संक्रियात्मक अवस्था (Pre operational stage)**

   संज्ञानात्मक विकास की पूर्व-संक्रियात्मक अवस्था लगभग दो साल से प्रारंभ होकर सात साल तक होती है।

   इस अवस्था में संकेतात्मक कार्यों की उत्पत्ति (Emergence of symbolic functions) तथा भाषा का प्रयोग (Use of language) होता है।

   पियाजे ने इस अवस्था को दो भागों में बांटा है।

   (i) **प्राक संप्रत्यात्मक अवधि (Pre conceptual period)**- जो कि 2 से 4 साल तक होती है। यह अवस्था वस्तुत: परिवर्तन की अवस्था है जिसे खोज (Exploration) की अवस्था भी कहा जाता है। इस अवस्था में बच्चे जो संकेत (Symbol) का प्रयोग करते हैं वह थोड़ी-सी अव्यवस्थित (Discorganized) होती है। इस अवस्था में बच्चे बहुत सी ऐसी क्रियाएं करते हैं जिसे इससे पहले वह नहीं कर सकते थे। जैसे संकेत (Symbol) व चिन्ह (Signs) का प्रयोग कब और कहां किया जाता है। वे शब्दों (Words) का प्रयोग कर समस्याओं का समाधान करते हैं। बालक विभिन्न घटनाओं या कार्यों के संबंध में क्यों तथा कैसे (Why and How) जैसे प्रश्नों को जानने में रुचि रखते हैं। वे जिस कार्य को दूसरों के द्वारा करते हैं या होते देखते हैं उस कार्य को करने लगते है। उनमें बड़ों का अनुकरण (Imitation) करने की प्रवृत्ति होती है।

   (ii) **अंतर्दर्शी अवधि (Intuitive period)**- यह अवधि 4 साल से 7 साल तक होती है। इस अवधि में बालक की चिन्तन और तार्किक क्षमता पहले से अधिक सुदृढ हो जाती है। पियाजे के अनुसार अंतर्दर्शी चिन्तन ऐसा चिन्तन है जिसमें बिना किसी तार्किक विचार द्वारा प्रक्रिया के किसी बात को तुरन्त स्वीकार कर लिया जाता है।

(iii) **मूर्त सक्रिय अवस्था (Period of concrete operation)**– यह अवस्था 7 साल से 12 साल तक चलती है। इस अवस्था में बच्चे का अतार्किक चिन्तन संक्रियात्मक विचारों का स्थान ले लेता है। बच्चे अब जोड़ना (Addition), घटाना (Subtraction) गुणा करना (Multiplication) और भाग (Divison) कर सकते हैं। लेकिन अगर उसे शाब्दिक कथन (Verbal statement) के आधार पर मानसिक क्रियाएं करने को कहा जाये तो वे नहीं कर सकते हैं। इस अवस्था के दौरान बालकों द्वारा तीन मानसिक निपुणता हासिल कर ली जाती हैं। ये तीन योग्यताएं विचारों की विलोमता (Reversibility of Thought), संरक्षण (Conservation) तथा वर्गीकरण व पूर्ण अंश प्रत्ययों का उपयोग (Classification and part whole conception) हैं।

इस अवस्था में विचारों की विलोमता में बालक सक्षम हो जाते हैं। भौतिक वस्तुओं में संरक्षण (Conservation in physical objects) बालकों की मानसिक प्रक्रिया का एक अंग बन जाता है। सबसे महत्वपूर्ण विकास उनकी क्रमबद्धता अर्थात विभिन्न वस्तुओं को उनके आकार व भार आदि की दृष्टि से अलग करना तथा छोटे से बड़े क्रम में वर्गीकरण करना है।

बालकों में यह क्षमता विकसित हो जाती है कि वह वस्तुओं को कुछ भागों में बांट सके और उन भागों की समस्या का समाधान तार्किक ढंग से कर सकें।

मूर्तसक्रिय अवस्था में बालक का ध्यान अपनी ओर से हटकर दूसरे की ओर जाने लगता है। अर्थात् उसके सामाजीकरण (Socialization) की शुरूआत होती है।

इस अवस्था में मानसिक विकास की दो सीमाएँ पायी जाती हैं–

a. इस अवस्था में बालक तार्किक चिन्तन (Logical Thinking) तभी कर सकते हैं जब उनके सामने वस्तु ठोस रूप से उपस्थित की गई हो।
b. दूसरा, इस अवस्था में ठोस संक्रियात्मक चिन्तन की दूसरी परिसीमा यह है कि यह बहुत क्रमबद्ध नहीं होती है। किसी समस्या के तार्किक रूप से संभावित सभी समाधान के बारे में बालक नहीं सोच पाता है (ब्राउन तथा कूक, 1986)।

औपचारिक-सक्रिय अवस्था (Period of Formal Operations)

यह संज्ञानात्मक विकास की अंतिम अवस्था है जो लगभग 11 साल से 15 साल की आयु तक होती है। इस अवस्था के दौरान बालक अमूर्त बातों के संबंध में तार्किक चिन्तन करने की क्षमता का विकास कर लेता है। इस अवस्था को किशोरावस्था (Period of Adolescence) कहा जाता है। बच्चे अब वर्तमान, भूत एवं भविष्य (Present, Past & Future) के मध्य अन्तर समझने लगते हैं। समस्या का हल सुव्यवस्थित ढंग से करने लगते हैं। इस अवस्था में बालक परिकल्पनाएं (Hypothesis) निर्माण के योग्य हो जाता है। उसकी व्याख्या करता है तथा व्याख्यान के आधार पर निष्कर्ष भी निकालता है। पियाजे के अनुसार इस अवस्था में बालकों में बौद्धिक संगठन अधिक क्रमबद्ध हो जाता है। बालक एक साथ अधिक-से-अधिक बातों को समझाने तथा उसका विचार करने में समर्थ हो जाता है। इस तरह पियाजे द्वारा बताई गई संज्ञानात्मक विकास के सिद्धान्त की चार अवस्थाएं इस बात का द्योतक हैं कि किसी भी बालक का संज्ञानात्मक विकास चार विभिन्न अवस्थाओं से होकर गुजरता है जिसमें कुछ बालकों का बौद्धिक विकास तीव्र गति से होता है। कुछ का औसत गति से तथा कुछ का धीमी गति से।

जिरोम सेमौर ब्रूनर का अधिगम सिद्धांत (Learning theory of J S Bruner)

अमेरिकी मनोवैज्ञानिक जिरोम सेमौर ब्रूनर (जन्म 1915) ने प्रत्यक्षण, संज्ञान एवं शिक्षा के अध्ययन में महत्वपूर्ण योगदान दिया। उन्होंने अमेरिका एवं इंग्लैण्ड के विश्वविद्यालयों में अध्ययन कार्य किए तथा शिक्षा एवं मनोविज्ञान के क्षेत्र में बहुत सी पुस्तकों एवं लेखों के रचयिता हैं।

ब्रूनर, जिन्होंने बालकों के संज्ञानात्मक विकास का अध्ययन किया, ने बालकों की बाहरी दुनिया के संज्ञानात्मक प्रदर्शन (प्रस्तुतीकरण) से संबंधित एक सिद्धान्त प्रतिपादित किया। ब्रूनर का सिद्धान्त वर्गीकरण पर आधारित है वर्गीकरण हेतु प्रत्यक्षीकरण, वर्गीकरण हेतु संप्रत्ययीकरण, वर्ग बनाने हेतु अध्ययन, वर्गीकरण हेतु निर्णय लेना ब्रूनर मानते है कि लोग दुनिया को उसकी समानताओं एवं विषमताओं के पदों में व्याख्यायित करते हैं।

वे दो प्रकार के चिन्तन व प्राथमिक तरीकों कथन माध्यम एवं रूपदर्शन माध्यम, का सुझाव देते हैं। कथन चिन्तन में मस्तिष्क क्रमागत, क्रिया-उन्मुख एवं विवरण प्रेरित विचार में व्यस्त होता है।

रूप दर्शन चिन्तन (Paradigmatic Thinking) में मन व्यवस्थित व वर्गीकृत संज्ञान को प्राप्त करने हेतु विशिष्टताओं का अतिक्रमण करता है। प्रथम स्थिति में चिन्तन कहानी एवं ग्रीपिंग ड्रामा का रूप लेता है। बाद वाली स्थिति में चिन्तन तार्किक प्रवर्तकों (Logical operators) से जुड़े कथनों (Propositions) के रूप में संरचित है।

ब्रूनर के संज्ञानात्मक विकास के सिद्धान्त के मूलभूत आयाम (Fundamental Aspects of Bruner's Theory of Congnitive Development)

ब्रूनर के संज्ञानात्मक विकास के सिद्धान्त की सटीक गतिकी को समझने हेतु निम्नलिखित कारक प्रमुख स्थान रखते हैं।

वर्गीकरण (Categorisation)

ब्रूनर के विचार वर्गीकरण पर आधारित हैं: "वर्गीकरण के लिए प्रत्यक्षण, वर्गीकरण हेतु संप्रत्यायीकरण, वर्गीकरण करने हेतु अधिगम, वर्गीकरण के लिए निर्णयीकरण"।

मस्तिष्क सूचनाओं का सरलीकरण कैसे करता है जो कि लघु-अवधि स्मृति में प्रवेश करता है, वर्गीकरण है। ब्रूनर ने आन्तरिक संज्ञानात्मक मानचित्रों की संरचना में सूचनाओं के वर्गीकरण पर अधिक जोर दिया। उनका विश्वास है कि प्रत्यक्षण, संप्रत्ययीकरण, अधिगम, निर्णयीकरण और अनुमानीकरण ये सभी वर्गीकरण में सम्मिलित होते हैं।

संगठन (Organisation)

संगठन से तात्पर्य सूचनाओं को कूटकृत तन्त्र में व्यवस्थित करने से है। कूट-कृत तन्त्र संवेदी निवेश को पहचानने हेतु प्रेषित वर्ग होते हैं। ये उच्चतर संज्ञानात्मक क्रियाएं, प्रमुख संगठनात्मक चर होते हैं। इससे परे तात्कालिक संवेदी ऑकड़े संबन्धित वर्गों के आधार पर अनुमान लगाने में सम्मिलित हैं। संबंधित वर्ग एक कूट-कृत तन्त्र बनाते हैं। ये संबंधित वर्गों की क्रमबद्धित व्यवस्थाएं हैं। ब्रूनर ने एक कूट-कृत तंत्र का सुझाव दिया जिसमें लोग सम्बन्धित वर्गों की श्रेणीबद्ध व्यवस्था बनाते हैं।

मानसिक प्रदर्शन के माध्यम (Modes of Mental Representations)

ब्रूनर के विचारों में मानसिक प्रदर्शन के तीन माध्यम हैं- दृश्य, शब्द तथा प्रतीक। बच्चे आन्तरिक सूचना संसाधन एवं संग्रहण तंत्र द्वारा बाहरी वास्तविकता के मानसिक प्रदर्शन का विकास करते हैं। मानसिक प्रदर्शन हेतु भाषा बहुत सहायक होती है।

भाषा (Language)

ब्रूनर के तर्क के अनुसार संज्ञानात्मक प्रदर्शन के आयाम भाषा से मदद प्राप्त करते हैं। उन्होंने भाषा-ज्ञान में सामाजिक व्यवस्था के महत्व पर जोर दिया इनके विचार पियाजे के विचारों के समान हैं, परन्तु वे विकास के सामाजिक प्रभाव पर ज्यादा जोर देते हैं।

शिक्षक एवं शिक्षार्थी के मध्य अन्त:क्रिया (Interaction between Teacher and Taught)

शिक्षक-शिक्षार्थी के मध्य प्रगाढ़ अन्त:क्रिया, शिक्षार्थी के संज्ञानात्मक विकास में सार्थक अन्तर स्थापित करती हैं। समाज का कोई भी शिक्षक हो सकता है। माता, पिता, या वह कोई जो कुछ सीख सकता है, शिक्षक हो सकता है।

अधिगमकर्ता का अभिप्रेरण (Motivation of Learner)

ब्रूनर, पियाजे के बच्चों के संज्ञानात्मक विकास के विचारों से प्रभावित थे। उन्होंने यह दृष्टिकोण प्रस्तुत किया कि बच्चे सक्रिय समाधानकर्ता होते हैं तथा 'कठिन विषयों' के अन्वेषण में सक्षम होते हैं जैसा कि बच्चे आन्तरिक अभिप्रेरणा से ओत-प्रोत होते हैं।

संरचनावादी प्रक्रिया की तरह अधिगम (Learning as Constructivist Process)

अधिगम वास्तविकताओं को संरचित करने की प्रक्रिया है जो कि अन्तत: संज्ञानात्मक विकास में जुड़ जाती है। ब्रूनर का सैद्धान्तिक ढांचा इस विषय-वस्तु पर आधारित है कि अधिगमकर्ता विद्यमान ज्ञान के आधार पर नए विचार या संप्रत्यय संरचित करते हैं।

सूझपूर्ण एवं विश्लेषणात्मक चिन्तन (Intuitive and Analytic Thinking)

ब्रूनर का विश्वास है कि सूझपूर्ण एवं विश्लेषणात्मक दोनों चिन्तन प्रोत्साहित एवं पुरस्कृत किए जाने चाहिए। उनका विश्वास था कि सूझपूर्ण (अर्न्तज्ञात) कौशलों को कम-बल दिया जाता था और वे प्रत्येक क्षेत्र में सूझ पूर्ण छलांग (कदम) हेतु विशेषज्ञों की क्षमताओं पर चिन्तन करते हैं।

खोज-अधिगम (Discovery Learning)

खोज अधिगम संज्ञान की क्रियात्मक क्षमता को बढ़ाता है। ब्रूनर ने 'खोज-अधिगम' को विख्यात किया। खोज-अधिगम एक पूछताछ आधारित संरचनावादी अधिगम सिद्धान्त है जो कि समस्या समाधान परिस्थितियों में होता है जहाँ अधिगमकर्ता स्वयं की अनुभूतियों एवं विद्यमान ज्ञान के प्रयोग से तथ्यों, उनके सम्बन्धों एवं नए सत्यों को सीखने हेतु खोजता है।

अनुभवजन्य अधिगम (Experiential Learning)

अनुभवजन्य अधिगम बौद्धिक विकास में बहुत सहायक होता है। यह आगमनात्मक, अधिगमकर्ता-केन्द्रित एवं क्रिया-कलाप उन्मुखित होती है। अनुभव के बारे में वैयक्तिक चिन्तन और दूसरी परिस्थितियों में अधिगमित ज्ञान का प्रयोग करने में योजनाओं का प्रतिपादन (सूत्रीकरण) प्रभावी अनुभवजन्य अधिगम के लिए क्रान्तिक (विवेचनात्मक) कारण है। अनुभवजन्य अधिगम में अधिगम की प्रक्रिया पर जोर दिया जाता है न कि अधिगम के उत्पाद पर संज्ञानात्मक विकास पर अधिगम की प्रक्रिया का अत्याधिक (अवश्य) प्रभाव होता है।

ब्रूनर ने संज्ञानात्मक विकास की तीन अवस्थाओं को बताया।

प्रथम अवस्था को उन्होंने 'सक्रियता' (Enactive) नाम दिया। सक्रियता एक ऐसी अवस्था है, जिसमें एक व्यक्ति भौतिक वस्तुओं पर क्रिया करके एवं उन क्रियाओं के उत्पादों के द्वारा वातावरण को समझता है।

द्वितीय अवस्था ''दृश्य प्रतिमा (Iconic)'' कहलाई जिसमें प्रतिमानों एवं चित्रों के प्रयोग से अधिगम होता है।

अन्तिम अवस्था ''सांकेतिक'' (Symbolic) अवस्था थी जिसमें अधिगमकर्ता अमूर्त पदों में चिन्तन करने की क्षमता का विकास करता है। इस त्रि-अवस्थीय मत के आधार पर ब्रूनर ने मूर्त, चित्रात्मक और फिर सांकेतिक क्रियाओं जो कि अधिक प्रभावी अधिगम को अग्रसर होगी, के संगठनात्मक प्रयोग की अनुशंसा की।

सक्रियता प्रदर्शन (Activism Representation) बालक में प्रकट होने वाले प्रथम प्रकार के प्रदर्शन को ब्रूनर ने 'सक्रियता प्रदर्शन' (Activism representations) का नाम दिया है।

'चलन' या 'पेशीय स्मरण' के लिए यह प्रथम प्रकार उपयोगी चिन्तन का तरीका है।

भूत-अनुभवों को सांकेतिक रूप में संग्रहित नहीं किया जा सकता है। एक शिशु अपने भूत-अनुभवो को केवल पेशीय ढांचा (Motor Pattern) के रूप में व्यक्त (Represent) कर सकता है।

प्रतिमा प्रदर्शन (Iconic Representations) : दूसरे प्रकार के प्रकट होने वाले प्रदर्शन को प्रतिमा प्रदर्शन (Iconic Representations) नाम दिया गया। प्रतिमा का अंग्रेजी पर्याय आइकोनिक (Iconic) है जो कि आइकन शब्द से बना है जिसका अर्थ है समानता या साम्यता।

ज्ञानेन्द्रियों तक पहुंचने वाले उद्दीपकों के विश्वसनीय प्रदर्शन के रूप में अब बालक दृश्य-श्रवण या स्पर्श-प्रतिमाओं को याद करने की क्षमता का विकास करता है।

यह विधि वातावरण के बारे में सूचनाओं के संग्रहित करने की सबसे अच्छी विधि है। वे बच्चे जो प्रतिमा प्रदर्शन (Imaging) का प्रयोग करते हैं, चित्र व नामांकन के सुस्पष्ट विश्वसनीय प्रदर्शन बनाने में और आवश्यकतानुसार प्रत्यास्मरिक करने में सक्षम होते हैं।

दूसरी तरफ वे बच्चे जो प्रतिमा नहीं बना पाते या प्रतिमा बनाने में बहुत कमजोर होते हैं, नामांकन को याद करने में तथा इसे सही चित्र में स्थापित (Fit) करने में कठिनाई महसूस करते हैं, क्योंकि शब्द अपने आप में किंचित इंगित नहीं कर पाते कि वे किस चित्र में स्थापित होंगे। प्रतिमा-कल्पना इतनी अपरिवर्तनीय (कठोर) है कि यह बालक को प्राय: वातावरण के भागों के केवल विशेष चित्रों को सीखने के लिए स्वीकृत करती है और वस्तुओं में निहित साम्यता को निष्कर्षित करना कठिन बना देती है। अत: प्रतिमा कल्पना करने वाले बच्चों को प्रतिमा-कल्पना न करने वाले बच्चों की अपेक्षा वस्तुओं का वर्गीकरण करने में अधिक कठिनाई होती है।

सांकेतिक प्रदर्शन (Symbolic reprutation): जैसा कि नाम से स्पष्ट है, समस्या का समाधान प्रतीकों के प्रयोग द्वारा करते हैं। एक प्रतीक कुछ अतिरिक्त को प्रदर्शित करता है, ब्रूनर का विश्वास है कि मानव भाषा-शब्द एवं वाक्यों के रूप में प्रतीकों का एक क्रम, जिससे इस निरन्तर परिवर्तनशील वातावरण की सूचनाओं को प्रदर्शित एवं संग्रहित किया जा सकता है। वास्तव में ब्रूनर सांकेतिक प्रदर्शन के विकास में भाषा को एक महत्वपूर्ण सहायक उपकरण मानते हैं क्योंकि भाषा वर्गीकरण एवं क्रम निश्चित करने में हमें सक्षम बनाती है।

संज्ञानात्मक विकास की तीन अवस्थाएं (ब्रूनर)

- सक्रियता (Activism), जहां एक व्यक्ति वस्तुओं पर संक्रिया के द्वारा वातावरण के बारे में सीखता है।
- प्रतिमा (Iconic), जहां अधिगम प्रतिमानों एवं प्रतिमाओं के द्वारा होता है।
- सांकेतिक (Symbolic), जो अमूर्त रूप में चिन्तन करने की क्षमता की व्याख्या करता है।

जिरोम ब्रूनर ने शिक्षा की प्रक्रिया एवं पाठ्यचर्या सिद्धान्त के विकास में महत्वपूर्ण योगदान दिया है। उनका कार्य औपचारिक, निरौपचारिक, अनौपचारिक शिक्षकों तथा उन सभी जीवन पर्यन्त अधिगम (LLL) से सम्बन्धित लोगों के लिए महत्वपूर्ण पाठों पर प्रकाश डालता है। शिक्षण-अधिगम प्रक्रिया के संगठन एवं इसे जारी रखने हेतु ब्रूनर का सिद्धान्त बहुत ही सहायक है। ब्रूनर सिद्धान्त के पदानुक्रमानुसार प्रभावी अधिगम-उत्पाद हेतु अधिगम अनुभवों को सक्रियता (Activism) प्रतिमा (Iconic) सांकेतिक (Symbolic) क्रम में रखा जाना चाहिए।

लेव वायगोत्स्की का अधिगम सिद्धांत (Learning Theory of Lev Vygotsky)

लेव सेमोनोविच वायगोत्सकी एक सोवियत मनोवैज्ञानिक थे, जिन्हें मानव के सांस्कृतिक तथा जैव-सामाजिक विकास के सिद्धांत के प्रवर्तक के रूप में जाना जाता है। इनका जन्म नवंबर 17, 1896 में बेलारूस के ओर्शा में हुआ। इनकी मृत्यु जून 11, 1934 में मास्को में हुई। इनके जीवन दर्शन पर जीन पियाजे, अल्फ्रेड एडलर, कर्ट लेविन जैसे मनोवैज्ञानिकों का अत्यधिक प्रभाव पड़ा। इनके मुख्य विचारों को निम्न बिंदु के अंतर्गत देखा जा सकता है-

- बिना किसी सन्दर्भ के अधिगम संभव नहीं हो सकता अर्थात सन्दर्भगत अधिगम ही मौलिक अधिगम है।
- किसी भी व्यक्ति तथा वातावरण के मध्य पृथकता कृत्रिम होता है।
- अधिगम में परासंज्ञान (Meta Cognition) की भूमिका अत्यधिक महत्वपूर्ण होती है।
- सहकारी अधिगम (cooperative learning) प्रभावशाली होती है।
- अधिगम उत्पाद से ज्यादा महत्वपूर्ण अधिगम प्रक्रिया होती है अर्थात अधिगम प्रक्रिया को रुचिकर बनाकर इसे प्रभावशाली बनाया जा सकता है।
- अधिगम को गत्यात्मक तरीके से आकलन करना चाहिए।
- वायगोत्सकी के अनुसार मानव विकास हेतु सामाजिक सन्दर्भ अत्यन्त आवश्यक है, इसलिए वायगोत्सकी को सामाजिक सृजनवाद का जनक भी माना जाता है।
- बच्चों द्वारा ज्ञान का सृजन किया जाता है न कि उनके द्वारा प्राप्त किया जाता है।
- वायगोत्सकी के अनुसार किसी भी बच्चे का विकास सामाजिक परिस्थिति में ही संभव है।
- वायगोत्सकी के सिद्धांत को सामाजिक विकास का भी सिद्धांत कहा जाता है।
- बच्चों का संज्ञानात्मक विकास सामूहिक प्रक्रिया द्वारा संभव हो पाता है।
- बच्चे सामाजिक अंत:क्रिया द्वारा ही सीखते हैं।
- वायगोत्सकी के अनुसार विकास जन्म से शुरू होकर मृत्युपर्यंत चलता रहता है।
- वायगोत्सकी के अनुसार विकास एक आजीवन प्रक्रिया है जो सामाजिक अंत:क्रिया पर निर्भर करता है तथा इस सामाजिक अधिगम के फलस्वरूप संज्ञानात्मक विकास संभव होता है।
- वायगोत्सकी ने अधिगम के क्षेत्र में समीपस्थ विकास क्षेत्र (Zone of Proximal Development) के संप्रत्यय को लोकप्रिय बनाया। किसी भी अधिगमकर्ता हेतु समीपस्थ विकास क्षेत्र से आशय उन दो क्षेत्रों के मध्य से है, अर्थात वह क्षेत्र जहां अधिगमकर्ता बिना किसी सहायता से सीखता है तथा जहाँ अधिगमकर्ता को सीखने हेतु किसी की मदद की आवश्यकता होती है।

उनका विश्वास था कि कोई भी अधिगम दो स्तरों पर संपन्न होता है- पहला, एक-दूसरे के साथ अंत:क्रिया तथा दूसरा, अंत:क्रिया के फलस्वरूप प्राप्त अनुभव को मानसिक संरचना में समाविष्ट करना।

वायगोत्सकी के सिद्धांत का दूसरा महत्वपूर्ण पहलू है कि संज्ञानात्मक विकास की संभावना समीपस्थ विकास क्षेत्र Zone of Proximal Development (ZPD) तक सीमित होती है। यह क्षेत्र ऐसा अन्वेषण क्षेत्र है जिसके लिए छात्र संज्ञानात्मक रूप से तो तैयार होता है, लेकिन उसके पूर्ण विकास के लिए उसे सामाजिक अंत:क्रिया की आवश्यकता पड़ती है। छात्र के संज्ञानात्मक विकास के लिए एक अध्यापक अथवा अधिक अनुभवी सहयोगी के सहयोग की आवश्यकता पड़ती है, जिसे वायगोत्सकी ने स्केफोल्डिंग "Scaffolding" की संज्ञा दी है।

स्केफोल्डिंग: किसी भी कार्य को पूर्ण करने के लिए ऐसा सहयोग, जिसके बिना उस कार्य को किसी भी व्यक्ति द्वारा स्वतंत्र रूप से नहीं किया जा सकता है।

कार्ल रोजर्स का अधिगम सिद्धांत (Learning Theory of Carl Ranson Rogers)

कार्ल रोजर्स (Carl Ranson Rogers) (8 जनवरी 1902–4 फरवरी 1987): अमेरिका के प्रसिद्ध मानवतावादी चिन्तक तथा मनोचिकित्सक थे। वे मनोचिकित्सा में मानवीय संवेदना के अनुसार पूर्ण रूप से कार्यात्मक व्यक्ति में निम्नांकित विशेषताएँ पाई जाती हैं–

1. अनुभव के प्रति खुलापन (Open To Experience)
2. अस्तित्वपरक जीवन जीना (Existential living)
3. भावनाओं पर भरोसा (Trust Feelings)
4. सृजनात्मकता (Creativity)
5. संतुष्ट जीवन (Fulfilled Life)

रोजर्स यह मानते हैं कि पूर्ण रूप से कार्यात्मक व्यक्ति समाज में पूर्ण रूप से समायोजित होता है तथा समाज में ऐसे व्यक्ति उच्च उपलब्धि वाले भी होते हैं।

रोजर्स के सिद्धांत का केन्द्र बिन्दु उसका स्व संप्रत्यय है, स्व संप्रत्यय का अर्थ है व्यक्ति के स्वयं के बारे में उसके प्रत्यक्षण का संगठित तथा संगतिपूर्ण समुच्चय व उसका विश्वास।

रोजर्स का उपागम स्व संप्रत्यय के तीन अवयवों पर प्रकाश डालता है।

स्व-मूल्य अथवा आत्म सम्मान (Self Worth or Self-Esteem)– अर्थात् हम अपने बारे में क्या सोचते हैं। यह पूर्व बाल्यावस्था के दौरान माता-पिता के अंत:क्रिया के फलस्वरूप विकसित होता है।

स्व-प्रतिमा (Self-image)– अर्थात हम अपने आपको कैसे देखते हैं। स्व-प्रतिमा के रूप में साधारण तौर पर हम अपने आपको अच्छे या बुरे व्यक्ति के रूप में देखते हैं। स्व-प्रतिमा का प्रभाव हमारे सोचने तथा व्यवहार पर होता है।

आदर्श स्व (Ideal self)– अर्थात् जैसा हम बनना चाहते हैं। यह हमारे उद्देश्य तथा आकांक्षाओं को प्रतिबिंबित करता है, जो गतिशील प्रकृति का होता है।

कार्ल रोजर्स (1951)– के अनुसार किसी बच्चे की दो मूलभूत आवश्यकताएं होती हैं- अन्य लोगों से सकारात्मक सम्बन्ध तथा स्व-मूल्य अथवा आत्म सम्मान।

एक अध्यापक को विद्यार्थियों के स्व-मूल्य अथवा आत्म सम्मान (Self Worth or Self-Esteem), स्व-प्रतिमा (Self-Image) तथा आदर्श स्व (Ideal Self) के निर्माण तथा उनके संगतिपूर्ण विकास के लिए प्रयासरत रहना चाहिए ताकि वे समाज के लिए पूर्ण रूप से कार्यात्मक व्यक्ति बने। रोजर्स के अनुसार एक अध्यापक छात्रों के आत्म यथार्थीकरण की वृद्धि में महत्वपूर्ण भूमिका अदा कर सकता है तथा उन्हें आदर्श नागरिक बनाने में सार्थक भूमिका अदा कर सकता है।

चॉम्स्की का भाषा अधिगम सिद्धांत (Chomsky's Language Learning Theory)

चॉम्स्की (जन्म 7 दिसंबर, 1928) को अमरीका में हुआ था एवं ये अत्यंत प्रमुख भाषावैज्ञानिक, दार्शनिक, राजनैतिक एक्टीविस्ट, लेखक एवं व्याख्याता हैं। संप्रति वे मसाचुएटस इंस्टीट्यूट आफ टेक्नोलॉजी के अवकाश प्राप्त प्रोफेसर हैं।

चॉम्स्कीय भाषाविज्ञान की शुरुआत उनकी पुस्तक **सिंटैक्टिक स्ट्रक्चर्स** से हुई मानी जा सकती है, जो उनके पीएचडी के शोध, **लॉजिकल स्ट्रक्चर ऑफ लिंग्विस्टिक थीयरी** (1955- 75) का परिमार्जित रूप था।

इस पुस्तक के द्वारा चॉम्स्की ने पूर्व स्थापित संरचनावादी भाषावैज्ञानिकों की मान्यताओं को चुनौती देकर **ट्रांसफार्मेशनल ग्रामर** की बुनियाद रखी।

इस व्याकरण ने स्थापित किया कि शब्दों के समुच्चय का अपना व्याकरण होता है, जिसे औपचारिक व्याकरण द्वारा निरूपित किया जा सकता है और खासकर संदर्भमुक्त व्याकरण द्वारा जिसे ट्रांसफार्मेशन के नियमों द्वारा निरूपित किया जा सकता है और खासकर संदर्भमुक्त व्याकरण द्वारा जिसे ट्रांसफार्मेशन के नियमों द्वारा व्याख्या किया जा सकता है।

चॉम्स्की ने अपने **प्रिंसिपल्स एण्ड पैरामीटरस** का मॉड्ल अपने पीसा के व्याख्यान के बाद 1979 में विकसित की थी, जो बाद में लेक्चर्स ऑन गवर्नमेंट एण्ड बाइंडिंग के नाम से प्रकाशित हुई।

इसमें चॉम्स्की ने सार्वभौम व्याकरण के बारे में काफी अकाट्य दावे एवं तर्क पेश किये।

चॉम्स्की के अधिगम सम्बंधित सिद्धांत से जुड़े महत्वपूर्ण तथ्य को निम्न रूप में व्यक्त किया जा सकता है–

* उन्होंने माना कि प्रत्येक मानव शिशु में व्याकरण की संरचनाओं का एक अंतर्निहित एवं जन्मजात (आनुवंशिक रूप से) खाका होता है जिसे **सार्वभौम व्याकरण** की संज्ञा दी गयी।
* मानव भाषा की सबसे महत्वपूर्ण पहलू सृजनात्मकता है।
* हम लोग सही वाक्यों का असीमित निर्माण कर सकते हैं, जिनका निर्माण अभी तक शायद नहीं हुआ है।
* चॉम्स्की का मानना है कि एक साधारण या औसत स्तर का बच्चा भी भाषा के क्षेत्र में अच्छी उपलब्धि हासिल कर सकता है।

  कोई भी बच्चा कुछ सीमित वाणी को ही सुनता है, उनमें से भी कुछ अच्छे से सरंचित भी नहीं होने के बावजूद उसके अंदर असीमित वाक्यों के निर्माण की संरचना मस्तिष्क के अंदर विकसित हो जाती है।
* बच्चे के अंदर ज्ञान का विकास उसके अनुभव से भी अधिक होता है।
* मानव के अंदर भाषा का विकास पूर्ण रूप से उसके आनुवंशिक पूंजी का ही प्रतिफलन होता है।
* मानव मस्तिष्क जन्म के समय एक कोरे स्लेट की भांति नहीं होता। मनुष्य की आनुवंशिक पूंजी बाह्य वातावरण से अंत:क्रिया कर भाषा तथा अन्य विकास को गति प्रदान करता है।

  अत: एक शिक्षक को अपने छात्र के भाषा विकास के लिए चॉम्स्की के भाषा विकास सिद्धांत के सार तत्त्व को समझना अति आवश्यक है।

गथरी का प्रतिस्थापन का सिद्धान्त

दिया हुआ उत्तेजक अथवा उत्तेजकों का संचय एक निश्चित अनुक्रिया को निष्कर्षित करने की प्रवृत्ति रखता है और गथरी के अनुसार सीखना, इन जन्मजात अथवा अर्जित अनुक्रियाओं को दूसरे अथवा प्रतिस्थापित उत्तेजकों की ओर विस्तारित करने की क्रिया है।

गथरी के अनुसार-''एक उत्तेजक प्रतिमान, जो एक प्रतिक्रिया के समय क्रियाशील है, यदि वह दोबारा होगा तो उस प्रतिक्रिया को उत्पादित करने की प्रवृत्ति रखेगा।''

गथरी के अनुसार, इस प्रकार की सीखने के लिए केवल एक तत्व उत्तेजक और प्रतिक्रिया के एक बन्धन में पूर्णतः दृढ़ हो जाता है, किन्तु अभ्यास में दोहराना कई प्रकार के सीखने के लिए आवश्यक होता है।

हल का क्रमबद्ध व्यवहार सिद्धान्त

अमेरिकी मनोवैज्ञानिक, क्लार्क एल. हल का सिद्धान्त सम्बन्धवादी मनोवैज्ञानिकों में महत्वपूर्ण स्थान रखता है। हल ने अनेक प्रयोग किए और उनके आधार पर अनुसार अनुसार सीखने की व्याख्या प्रस्तुत की। उसके सिद्धान्त को क्रमबद्ध व्यवहार सिद्धान्त या हल का प्रबलन सिद्धान्त कहा गया। इसे अन्तर्नोद न्यूनता का सिद्धान्त भी कहते हैं।

किसी आवश्यकता को दूर करना इस सिद्धान्त का मुख्य तत्त्व है। अपने को पर्यावरण से समायोजित करने के लिए प्राणी किसी-न-किसी आवश्यकता का अनुभव करता है। आवश्यकता को पूरा करने के लिए वह जो कुछ भी उस क्षण से पहले अनुभव कर रहा होता है, वह सब उसकी प्रतिक्रियाओं से सम्बद्ध हो जाता है। यह सम्बद्ध प्रतिक्रिया आवश्यकता का अनुभव होने पर होती है।

हल के अनुसार सीखना आवश्यकता की पूर्ति की प्रक्रिया के द्वारा होता है। हल ने चूहों पर अनेक प्रयोग किये। इन प्रयोगों के आधार पर उसने निष्कर्ष निकाला कि उत्तेजना (S) और अनुक्रिया (X) के बीच सम्बन्ध अन्तर्नोद पर निर्भर है। अन्तर्नोद आवश्यकता के कारण प्राणी में तनाव की स्थिति है। ऐसी स्थिति का अनुभव होने पर प्राणी में अनेक उत्तेजनाएं उत्पन्न की स्थिति है। ऐसी स्थिति का अनुभव होने पर प्राणी में अनेक उत्तेजनाएं उत्पन्न हो जाती हैं, जो उसे उद्देश्य तक पहुंचाती हैं। इससे उनका तनाव कम हो जाता है और वह पुर्नबलन प्राप्त करता है। इस प्रकार वह कार्य को सीख लेता है।

गेस्टाल्ट सिद्धान्त

गेस्टाल्ट सिद्धान्त एक जर्मन स्कूल की देन है। गेस्टाल्ट स्कूल का जन्म सन 1920 ई. में हुआ था। इस स्कूल में संबंधित व्यक्ति मैक्स वर्दीगर, कोहलर तथा कोफका है। वर्दीगर इस सिद्धान्त के प्रवर्तक हैं और कोहलर तथा कोफका ने इस सिद्धान्त को आगे बढ़ाने का कार्य किया है।

गेस्टाल्ट जर्मन भाषा का शब्द है, जिसका अर्थ होता है समग्राकृति या पूर्ण आकार। गेस्टाल्ट के प्रमुख सिद्धान्त इस प्रकार हैं-

1. मस्तिष्क में चीजों को व्यवस्थित करने का गुण होता है। यह विभिन्न वस्तुओं को तत्काल आकार-प्रकार और गुण प्रदान कर सकता है।
2. हम किसी भी चीज को पूर्ण रूप से समग्र रूप से देखते हैं। यद्यपि यह विभिन्न भागों या अंगों से बनी होती है, फिर भी उनसे भिन्न होती है।
3. यह सांख्यिकी में विश्वास नहीं करता है। मानव व्यवहार को गणितीय रूप से विश्लेषित नहीं किया जा सकता है। ये परिमाण की अपेक्षा गुणात्मकता में अधिक विश्वास करते हैं।
4. ये मनोवैज्ञानिक वातावरण में विश्वास करते हैं और उसी को अधिक महत्व देते हैं। ये भौतिक वातावरण को अधिक महत्व नहीं देते।
5. ये समाकृतिका के सिद्धान्त को मानते हैं।

कोहलर के अनुसार सीखना किसी स्थिति के समग्र या पूर्णरूप से समझने का प्रतिफल है। इसका सम्बन्ध प्रत्यक्षीकरण से है। सीखने में प्राणी सम्पूर्ण परिस्थिति को दृष्टि में रखकर समस्या का हल ढूंढने में सफल होता है। इसके अन्तर्गत सीखने की क्रिया में सफलता प्राप्त करने के लिए या समस्या का समाधान ढूंढने में अन्तर्दृष्टि या सूझ विद्यमान रहती है। इसलिए इसे अन्तर्दृष्टि या सूझ का सिद्धान्त भी कहते हैं।

यह सिद्धान्त पशुओं की अपेक्षा मनुष्यों पर सफलतापूर्वक लागू किया जा सकता है, क्योंकि सूझ का सम्बन्ध बुद्धि, चिन्तन और कल्पना से होता है और यह क्षमता पशुओं में कम होती है।

टॉलमैन का संज्ञानात्मक विकास सिद्धान्त

टॉलमैन द्वारा प्रतिपादित सीखने के सिद्धान्त के अनुसार सीखने की क्रिया में उद्देश्य का विशेष महत्व है। उसका विचार है कि प्राणी की सभी क्रियाएं उद्देश्यपूर्ण या प्रयोजनपूर्ण होती है। सीखने की क्रिया में प्राणी का व्यवहार उद्देश्यपूर्ण होता है। उदाहरणार्थ भूखा कुत्ता अपने मालिक की विशिष्ट ध्वनि सुनकर दौड़ना सीख जाता है। यहाँ पर कुत्ते का दौड़ना यांत्रिक नहीं है वरन किसी ज्ञान पर आधारित है। यदि उत्तेजक में अर्थ नहीं जुड़ा रहता है, तो किसी भी प्रकार की प्रतिक्रिया नहीं होती है। टॉलमैन का विचार है कि उत्तेजक में उसी समय अर्थ जुड़ता है, जब वह किसी की आवश्यकता और उद्देश्य की पूर्ति में सहायक होते हैं।

इस सिद्धान्त के अनुसार, सीखने वाला उद्देश्यों की सम्प्राप्ति के लिये प्रतीकों का अनुसरण करता है और विषय वस्तु में अर्थ सीखने का प्रयास करता है। टॉलमैन यह मानता है कि सीखना ज्ञानात्मक मानचित्र बनाना है। टॉलमैन के विचार से पुरस्कार, दण्ड एवं अनुबन्धन के प्रतीक है, जो उसे यह ज्ञान देते हैं कि उसे कौन-सा मार्ग चुनना है। वे ऐसे प्रतिनिधि नहीं हैं, जो उनसे संबंधित कार्यों को करा सके या रोक सके।

क्षेत्रीय सिद्धान्त

इस सिद्धान्त के प्रतिपादक कुर्त लेविन 1890-1947 हैं। उनका सिद्धान्त, सीखने के ज्ञानात्मक सिद्धान्त के तुरन्त बाद स्थान दिया गया है।

लेविन के मत का आधार वातावरण में व्यक्ति की स्थिति है। लेविन ने जीवन स्थल के आधार पर व्यक्ति के अनुभवों की व्याख्या की है। लेविन के अनुसार जीवन स्थल, वह वातावरण है जिसमें व्यक्ति रहता है और उससे प्रभावित होता है। किसी व्यक्ति का यह जीवन स्थल मनोवैज्ञानिक शक्तियों पर निर्भर होता है।

लेविन के सिद्धान्त में भर्त्सना, लक्ष्य तथा अवरोधक प्रमुख तत्व हैं। किसी व्यक्ति को लक्ष्य की संप्राप्ति के लिए अवरोधक को पार करना आवश्यक है। यह अवरोधक मनोवैज्ञानिक अथवा भौतिक हो सकता है। व्यक्ति के जीवन स्थल में अवरोधक के मनोवैज्ञानिक रूप से परिवर्तन होने के कारण सदैव नए निर्माण होते रहते हैं।

अधिगम को प्रभावित करने वाले विशिष्ट कारक

शिक्षण एक उद्धेश्यपूर्ण प्रक्रिया है। शिक्षण का सीखने से घनिष्ट संबंध है, इसलिए वर्तमान परिप्रेक्ष्य में शिक्षण व सीखना अथवा अधिगम को ही एक अथवा अधिगम को ही एक संकल्पना माना जाता है।

अधिगम को प्रभावित करने वाले कुछ विशिष्ट कारकों/घटकों का उल्लेख अग्रलिखित बिन्दुओं में स्पष्ट किया जा रहा है।

अधिगम में जिज्ञासा का स्थान

मनुष्य की स्वाभाविक प्रकृति है, किसी भी अज्ञात चीज को जानने की। अतः किसी भी चीज को जानने की प्रवृत्ति ही जिज्ञासा कही जाती है। जिज्ञासा प्राणीमात्र का एक महत्वपूर्ण लक्षण है। एक बौद्धिक व्यक्ति हमेशा जिज्ञासु होता है।

थॉमस एडीसन, लियोनार्डा विन्सी, रिचर्ड आइंस्टीन, आदि उनके जिज्ञासु चरित्र के व्यक्ति थे। रिचर्ड फनमेन को उनकी जिज्ञासा के कारण ही साहसी माना जाता था।

जिज्ञासा इतनी महत्वपूर्ण क्यों है, इसके कारण निम्नलिखित हैं–

(1) यह हमारे मस्तिष्क को निष्क्रिय के बजाय सक्रिय बनाती है:
(2) यह हमारे मस्तिष्क के नए विचारों को अवलोकन योग्य बनाती है:
(3) यह हमारे लिए नया संसार एवं संभावनाएं खोलती हैं।
(4) यह हमारे जीवन में उत्तेजना अथवा आनन्द लाता है।

जिज्ञासा का महत्व: जिज्ञासा बढ़ाने अथवा विकसित करने के कुछ बिन्दु निम्नलिखित है–

(1) मस्तिष्क को खुला रखें।
(2) दी गई वस्तुओं के रूप में स्वीकार नहीं करना।
(3) लगातार प्रश्न पूछें।
(4) किसी चीज को उबाउपन का लेबल नहीं दें।
(5) सीखने में मजा है।
(6) विभिन्न प्रकार की पढ़ाई पढ़ने में।

अधिगम में रुचि का स्थान

विलियम लैन्स लोट की रुचि उपागम का जनक कहा जाता है। इनके मतानुसार सीखने की रुचि वाले के लिए सीखना महत्वपूर्ण है और ये रुचियां व्यक्ति के सोचने की योग्यता को विकसित करने में महत्वपूर्ण भूमिका निभाती है। यह एक शिक्षक का उत्तरदायित्व होता है कि सीखने वाले की रुचि और नए ज्ञान के मध्य सम्बन्ध को जोड़ें। यह रुचि उपागम द्वारा किया जा सकता है।

रुचि निर्माण/विकसित करने की विधियाँ/तरीके

रुचि उपागम के कुछ तरीकों और प्रयत्न द्वारा शिक्षार्थी में रुचि उत्पन्न की जा सकती है। अध्ययन अध्यात्म क्रिया कलापों में रुचि उपागम के ये बिन्दु रुचि के विकास में मदद्गार हो सकते हैं–

1. शिक्षार्थी के विषय और पाठ के अनुसार रुचि विकसित करने में ध्यान देना।
2. यदि शिक्षार्थी अनिश्चित रूप से पाठ के प्रति उत्साहित नहीं हैं अथवा शंकित रूप है तो अध्यापक अथवा सहयोगी का उसमें कार्य कुशलता के द्वारा रुचि उत्पन्न करना आवश्यक है।
3. यदि शिक्षार्थी स्वयं पहले से ही पाठ के प्रति उन्मुख और रुचि रखने वाला है, तो उसकी ऊर्जा में बढ़ोत्तरी करके और विषय में रुचि के साथ आगे बढ़ने हेतु उत्साहित करना।
4. रुचि का निर्माण दो चरणों में किया जा सकता है। प्रथम तो शिक्षार्थी अन्वेशित पाठ में विषय को शिक्षार्थी के साथ जोड़कर, जिसमें कि वह रुचि के साथ कार्य कर सकता है। ऐसे क्रियाकलापों को करवाने से उसका ध्यान मुख्य रूप से केन्द्रित किया जा सकता है।
   * प्रथम चरण में शिक्षार्थी की नई स्थापित रुचि के अनुसार मजबूती प्रदान करने हेतु किया जाता है। उसमें नए विषय और सम्बन्धित क्षेत्र के ज्ञान और क्रियाकलापों के साथ अच्छी तरह से सम्बन्ध स्थापित हो जाए।
   * दूसरे चरण में पूर्व ज्ञान और अनुभव के साथ सामाजिक विषय के ज्ञान, नई सूचनाओं के नए कौशलों और योग्यताओं को विकसित करके शिक्षार्थी में दीर्घाविधि के लिए रुचि उत्पन्न करके भविष्य के ज्ञान को ग्रहण करने हेतु तैयार किया जा सकता है।
5. प्राकृतिक आवेगों का प्रयोग भी शिक्षार्थी में रुचि उत्पन्न करने के लिये किया जा सकता है। इससे रुचि उत्पन्न होने के साथ-साथ सीखने के वातावरण में शिक्षार्थी सामंजस्य स्थापित कर लेता है, प्राकृतिक आवेगों की सूची निम्नलिखित है–

1.	सक्रियता:	शिक्षार्थी के मस्तिष्क को सक्रिय रखने हेतु।
2.	प्रकृतिः	बाह्य क्रियाकलापों जिनमें पेड़, जानवर, समुद्र आदि।
3.	जिज्ञासा:	सीखने के लिये नए चीजों के अन्वेषण करने हेतु।
4.	आश्चर्य:	वास्तविक काल्पनिक क्षेत्र की यात्रा।
5.	सृजनात्मकता:	शिक्षार्थी के द्वारा चित्र निर्माण करना।
6.	सामूहिकता:	सामूहिक क्रियाकलापों या परियोजना जिसमें शिक्षार्थी एक दूसरे से अन्तः क्रिया कर सके।
7.	प्रतियोगिता:	खेलकूद एवं गतिविधियों, परियोजना जहाँ पर शिक्षार्थी एक दूसरे के विरुद्ध प्रतिस्पर्धा कर सकें।

और संश्लेषण कर देता है तथा परिणामों को पा लेता है। वह एक उपयोगी समस्या समाधान कौशल को विकसित कर लेता है। ये कौशल भविष्य को जानने की आवश्यक स्थिति में प्रयुक्त किए जा सकते हैं, जो कि विद्यार्थी के साथ स्कूल और कार्य पर होते रहते हैं।

पूछताछ आधारित अधिगम जीवन भर चलने वाली मस्तिष्कीय क्रिया अथवा आद्रर्ता का विकास करता है और सीखने व सृजनात्मक सोच का मार्ग निर्देशन करता हैं।

बालक के अधिगम के लिये सहभागिता तकनीक का प्रयोग और ज्ञान का निर्माण करना

अधिगम एवं सीखना एक निरंतर चलने वाली प्रक्रिया है, हम जन्म से लेकर मृत्यु तक सदैव ही अलग-अलग परिस्थितियों में सीखते हैं। सीखना हमारी सक्रिय सहभागिता पर निर्भर करता है। जब तक वह अपनी सहभागिता प्रदान नहीं करेंगे, तब तक हम कुछ भी नहीं सीख पायेंगे।

सहभागिता की परिभाषा: बालक में प्रारम्भ से ही सीखने के प्रति उत्सुकता रहती है, प्रारम्भिक अवस्था में बालक हाथ पांव की गति से पहुंच

बनाना सीखता है। और इस अवस्था में वह आंख की सहायता से लक्ष्य के प्रति केन्द्रित होने का प्रयास करता है। यहाँ सीखने में गामक सहभागिता एवं आंख की सहभागिता महत्वपूर्ण होती है।

सहभागिता को हम निम्न विशेषताओं के आधार पर परिभाषित कर सकते हैं–

1. सहभागिता एक सक्रिय प्रक्रिया है।
2. सहभागिता शारीरिक एवं मानसिक सक्रियता की अवस्था है।
3. सहभागिता सीखने की प्रक्रिया।
4. सहभागिता वह प्रक्रिया है, जो कि बालक में जिज्ञासा उत्पन्न करती है।
5. सहभागिता सीखने को प्रोत्साहित करती है।
6. सहभागिता बालक में रुचि उत्पन्न करती है।
7. सहभागिता बौद्धिक लक्ष्यों को प्राप्त करने की प्रक्रिया है। शोध में प्राप्त निष्कर्ष कक्षा कक्ष में सहभागिता के संबंध में किए गये शोध मनोवैज्ञानिक एवं व्यावहारिक लक्ष्यों को स्पष्ट करते है।

मनोवैज्ञानिक रूप से सहभागिता प्रदान करने के लिये बालकों में सीखने के प्रति उत्सुकता, रुचि, आनन्द, के लक्षण दृष्टिगत होते हैं, तथा वे व्यवहार में केन्द्रित होकर सम्पूर्ण सोच-विचार कर अपने समय के सही प्रयोग के प्रति जागरूक होकर सीखने का प्रयास करते हैं। (फिन और रॉक 1997: ब्रेरेस्टर और फगर 2000, कार्क 2000)

विद्यालयों में बालकों की सम्पूर्ण सहभागिता उसकी सफलता का एक निर्णायक आधार है।

कक्षा में बालक के सहभागिता के लक्षण: कक्षा में बालक के सहभागिता के अनुभव से जो लक्षण होते हैं, उन्हें संक्षेप में निम्न प्रकार से स्वयं कर सकते हैं।

1. इससे बालक में पूर्व ज्ञान सक्रिय होता है।
2. बालक में खोज के प्रति सक्रियता बढ़ती है।
3. सहयोग की भावना विकसित होती है।
4. चयन की स्वतन्त्रता बढ़ती है, जो कि मानसिक विकास में सहायक होती है।
5. समूह में अन्त:निर्भरता की भावना बढ़ती नए
6. खेल के माध्यम से विकास होता है एवं मानकीय आधार विकसित होता है।
7. विषय पर अधिकार बढ़ता है।
8. स्वतंत्र विचारधारा का विकास होता है।
9. बालक को अनावश्यक प्रतीक्षा नहीं करनी पड़ती है।

निर्माणवाद

निर्माणवाद सीखने का दर्शन शास्त्र हैं। यह अधिगम की प्रक्रिया में अधिगमकर्ता को महत्व देता है। इसके अलावा अधिगमकर्ता अपने लिए प्रत्ययों का निर्माण करता है, समस्या के बारे में अपने समाधान खोजता है। सीखना मानसिक संरचना के निर्माण का परिणाम है, जिसमें अधिगमकर्ता नयी सूचना को पुरानी सूचना से अर्थपूर्ण ढंग से जोड़ता है। अत: सीखना अधिगमकर्ता की पृष्ठभूमि, विश्वासों व मनोवृत्तियों से प्रभावित होते हैं।

निर्माणवाद में सीखने के सिद्धान्त

1. सीखना सक्रिय प्रक्रिया है, जिसमें अधिगमकर्ता संवेदनाओं का प्रयोग करते हुए इनका अर्थपूर्ण निर्माण करता है।
2. जैसे-जैसे व्यक्ति सीखता जाता है, सीखने की प्रक्रिया को भी सीखता है।
3. इसके अनुसार सीखने के लिए मस्तिष्क तथा हाथ दोनों सक्रिय होना आवश्यक है।
4. सीखने की प्रक्रिया में भाषा निहित होती है।
5. सीखना एक सामाजिक क्रिया है। सीखना हमारे अन्य लोगों से सम्बन्ध जैसे शिक्षण, संगी-साथी व परिवार पर निर्भर करता है।
6. सीखना किसी परिप्रेक्ष्य में होता है। हम अपने पूर्व ज्ञान, विश्वासों, पक्षपातों तथा भय के सम्बन्ध में सीखते हैं।
7. सीखने के लिए ज्ञान की आवश्यकता होती है। जितना ज्यादा हमारा ज्ञान होता है, उतना ही हम सीखते हैं।
8. सीखना क्षणभर में नहीं हो जाता। सीखने में समय लगता है।
9. सीखने का मुख्य तत्त्व प्रेरणा है।

निर्माणवाद के अन्तर्गत मुख्य रूप से प्याजे, वायगोत्सकी, बूनर तथा डीवी के अधिगम सम्बन्धी विचार आते हैं।

बालक में सहभागिता प्राप्त करने की तकनीक

कक्षा में बालक की सक्रियता प्राप्त करने के लिये कुछ विधियाँ हैं जिनको कर पूर्ण सहभागिता प्राप्त किया जा सकता है, जो कि निम्न प्रकार से हैं।

- इस तकनीक के प्रयोग में अध्यापक कुछ नवीन विधियाँ हैं, जो कि पहले बालकों से पूछते हैं कि तुम क्या जानते हो, तुम्हारे मन में क्या जानने की उत्सुकता है और तुम क्या सीखना चाहते हो, ऐसा करके अध्यापक एवं बालक में पूर्ण सहभागिता प्राप्त करने में सफल हो सकते हैं।
- **कितने तरीके से हल प्राप्त किया जा सकता है**–इस तकनीक का प्रयोग करके अध्यापक छात्रों से कोई प्रकरण पूछ सकते हैं कि इसको कितने प्रकार से हल किया जा सकता हैं, इससे सृजनशीलता का भी विकास होता है। बालक आनन्दित होकर सहभागिता प्रदान करते हैं, जिससे न केवल वे सरलता से सीखते हैं वरन् उनमें बौद्धिक विकास भी होता है, जो कि उनकी उपलब्धि में सुधार लाता है। उनमें एक ज्यामितीय बोर्ड पर आप कितने तरीके से आकृति दे सकते हैं आदि।
- **सोचना-विचार, विमर्श करना, सबके साथ बांटना**–इस विधि का प्रयोग समूह में सीखने की प्रक्रिया के रूप में किया जा सकता है, अध्यापक बालकों से प्रश्न कर उनके व्यक्तिगत रूप से सोचने को कहते हैं। फिर आपस में विचार करने को कहा जाता है, तत्पश्चात् उसे पूरे समूह में प्रस्तुत करने को कहा जाता है, इस प्रकार सम्पूर्ण सहभागिता प्राप्त की जा सकती है।
- **नाटक के माध्यम से**–सम्पूर्ण सहभागिता प्राप्त करने की एक सरल व प्रभावी तकनीक नाटक के माध्यम से उपकरण का प्रस्तुतिकरण करना है। इसके अन्तर्गत पात्र के रूप में बालाकों को सम्मिलित कर रोचक व सरल तरीके से सजीव चित्रण के द्वारा सीखना संभव होता है।
- **देखो और बताओ विधि**–इस विधि का प्रयोग किसी नवीन प्रकरण को सरलता पूर्वक समझाने के लिए किया जाता है, इसमें बालकों को

प्रस्तुतिकरण के माध्यम से सिखाने हेतु उन्हें सम्मिलित करते हुए पूर्व ज्ञान के आधार पर देखकर बनाने को कहा जाता है, इस प्रकार सहभागिता प्राप्त की जा सकती है।

- **शीघ्र खेल के माध्यम से**—बालकों की सहभागिता प्राप्त करने की एक विधि है, इसमें शीघ्रता खेल के माध्यम से ना केवल बालकों में केन्द्रिकरण की प्रवृत्ति का विकास होता है वरन् स्वतंत्र सोच विकसित होती है, जो कि सीखने में अत्यन्त सहायक होती है। जैसे अंग्रेजी शब्द ज्ञान अन्ताक्षरी के माध्यम से करवाया जा सकता है।

सहभागिता तकनीक सफल कार्य करती है इसके निम्न कारण हैं।

I. यह बालकों में नवीन ज्ञान के प्रति जिज्ञासा और रुचि उत्पन्न करती है।
II. बालकों में खोज के प्रति उत्सुकता उत्पन्न करती है।
III. यह बालकों में पूर्व ज्ञान का प्रयोग करने में सहायक भूमिका निभाता है।
IV. सक्रियता के साथ खोज की भावना विकसित करता है।
V. सहयोग की भावना विकसित करता है।
VI. चयन की स्वतंत्रता प्रदान करता है।

पूछताछ आधारित अधिगम सीखने का आधुनिक तरीका

सीखना एक बहुत ही महत्वपूर्ण प्रक्रिया है, यह मनुष्य की एक प्रवृत्ति होती है, जो कि उसके अलावा भगवान ने किसी प्रजाति को प्रदान नहीं की है, यह बात और है कि मनोवैज्ञानिकों ने जानवरों पर प्रयोग कर मनुष्य के मनोविज्ञान के सम्बन्ध में सिद्धांतों को विकसित करती है।

सीखने के लिये हम विद्यालय में जाते हैं, परन्तु एक महत्वपूर्ण प्रश्न यह उत्पन्न होता है, कि क्या हमारे विद्यालय हमारे सीखने की आवश्यकताओं को पूर्ण कर रहे हैं, क्या हमारे पाठ्यक्रम आवश्यकता पर आधारित है, यदि हम परम्परागत तरीकों को देखें तो स्पष्ट होता है, कि आज भी हमारे विद्यालय कहीं-ना-कहीं सूचना संकलन के कार्यों पर बल दे रहे हैं।

पूछताछ के माध्यम से किसी भी तथ्य को सीखना, सीखने का आधुनिक तरीका कहलाता है। पूछताछ से प्राप्त जानकारी नवीन अधिगम उपलब्ध करवाने का अच्छा स्त्रोत है, इससे प्राप्त ज्ञान उपयोगी जानकारी बन जाती है। आरम्भिक अवस्था में ही बालक के मस्तिष्क का विकास इस प्रकार किया जाना चाहिए कि बालक में एक ऐसी आदत का विकास हो, जिसके द्वारा वह निरंतर पूछताछ के द्वारा अपने अधिगम को सुगमता पूर्वक व्यावहारिक कसौटियों पर खरा साबित कर सकें।

पूछताछ आधारित अधिगम कैसे प्रदान किया जाएं

पूछताछ आधारित अधिगम के अर्थ से अधिगम प्रदान करना ही माना जाता है। जहाँ तक प्रश्न का सवाल है, यह तो परम्परागत कक्षाओं में भी प्रयुक्त होते हैं, पर इसकी प्रकृति यह जानकारी प्राप्त करने तक ही सीमित रहती है कि जो पढ़ाया गया है, वह बालकों के द्वारा सीखा गया या नहीं, परन्तु आधुनिक परिप्रेक्ष्य में प्रश्नों का उद्देश्य नहीं है।

प्रश्नों का उद्देश्य है, कि वे बालक में पूछताछ की भावना को विकसित करें।

चार प्रकार के प्रश्न हैं, जिनके माध्यम से बालक 28 मस्तिष्क में पूछताछ के द्वारा ज्ञान प्राप्त करने के प्रयास किए जा सकते हैं, ये प्रश्न निम्न प्रकार से हैं।

1. **अनुमान पर आधारित प्रश्नः** इस प्रकार के प्रश्न में बालक को चित्र आदि के माध्यम से जानकारी दिखाई जाती है, जिससे बालक पूछताछ कर उससे सम्बन्धित जानकारी प्राप्त करने का प्रयास करते हैं। अनुमान पर आधारित प्रश्न अधूरी जानकारी को पूर्ण करने में सहायक होते हैं।
2. **व्याख्यात्मक प्रश्नः** व्याख्यात्मक प्रश्न दी गई जानकारी के प्रभाव को समझाने में सहायक होते हैं, जैसे कोई चित्र दिखाकर उसमें कुछ परिवर्तन करने पर यह पूछना कि इस परिवर्तन के क्या प्रभाव होंगे, इस प्रकार के प्रश्नों का उदाहरण माना जा सकता है।
3. **हस्तांतरण प्रश्नः** इस प्रकार के प्रश्न में प्राप्त जानकारी का उपयोग एक अलग परिस्थिति को हल करने के संबंध में किया जाता है, जैसे प्रचलित पाठ्य पुस्तक का आपके द्वारा आलोचनात्मक मूल्यांकन यह हस्तांतरण प्रश्न का एक उदाहरण माना जायेगा।
4. **परिकल्पना पर आधारित प्रश्नः** किसी समस्या के सम्भावित अनुमान, जो पहले से सोचे जाते हैं, एक ऐसे प्रश्नों के रूप में किसी समस्या को हल कर उसके विकल्प को प्राप्त करने में सहायता प्रदान करते हैं।

उपर्युक्त प्रश्नों के माध्यम से चार निष्कर्ष प्राप्त होते हैं।

* विषय वस्तु को समझना सरल होता है।
* विषय वस्तु की व्यापक अवधारणा विकसित होती है।
* सूचना प्रक्रिया में कौशल विकास होता है।
* मस्तिष्क में पूछताछ की प्रवृत्ति जिज्ञासा का विकास होता है।

बालक की प्रवृत्ति

- वे सीखने की ओर अग्रसर रहते हैं।
- वे इच्छा शक्ति का प्रदर्शन करते हैं, जो उन्हें सीखने के लिए प्रेरित करते हैं।
- उनमें सहयोग की भावना विकसित होती है तथा वे सहयोग और अध्यापक के द्वारा मिलकर सीखने का प्रयास करते हैं।
- वे सीखने में ज्यादा आत्मविश्वास दर्शाते हैं।
- उनमें जिज्ञासा दिखाई देती है और वे ज्यादा-से-ज्यादा अवलोकन करते हैं।
- वे अपने वातावरण से उपलब्ध सामग्री संकलन करते हैं।
- अवलोकन से उनके मन में जो प्रश्न उत्पन्न होते हैं। वे सहयोगी व अध्यापक से हल करवाने का प्रयत्न करते हैं।
- वे स्वयं के विचार रखने का प्रयास करते हैं।
- वे प्रश्न पूछते हैं।
- अन्य प्रश्नों से सम्बन्धित जानकारियों को समझने का प्रयास करते हैं।
- आलोचनात्मक मूल्यांकन का प्रयास करते हैं।
- पूर्वज्ञान से प्राप्त नवीन अधिगम को जोड़ते हैं।
- वे कार्य के तरीके को स्वयं ढूंढने लगते हैं।
- वे सूचनाएं स्वयं एकत्र करने लगते हैं, तथा स्वयं निर्धारित करते हैं कि महत्वपूर्ण क्या है।

- वे विस्तृत अवधारणा को समझते हैं, उनके कार्य निर्धारित होते हैं और समानता में व असमानता में अंतर करते हैं।
- वे अपने विचारों को विभिन्न तरीके से व्यक्त करते हैं।
- वे सूचना प्राप्त करने में कौशल का प्रयोग करते हैं।
- वे अपने द्वारा प्राप्त जानकारी का स्वयं आलोचनात्मक मूल्यांकन करते हैं।
- अपनी कमियों का पता लगाकर निराकरण का प्रयोग करते हैं। स्पष्ट है कि उक्त प्रक्रिया में बालक का मस्तिष्क क्रियाशील रहकर अधिगम प्रक्रिया को सुगम व सरल बनाता है।

सहकारी अधिगम

सहकारी अधिगम माडल का विकास कम-से-कम तीन मुख्य अनुदेशात्मक लक्ष्यों की प्राप्ति के लिए किया गया है। ये लक्ष्य हैं शैक्षणिक उपलब्धि, विभिन्नता की स्वीकृति और सामाजिक कौशल का विकास। यह एक विशेष छोटी समूह उपागम है जिसमें प्रजातांत्रिक प्रक्रिया, व्यक्तिगत जिम्मेदारी, समान अवसर व सामूहिक पारितोषक निहित है। आज के कक्षा में कई प्रकार के सहकारी अधिगम क्रियाकलापों और माडल और उपयोग किया जाता है जैसे विद्यार्थी टीम का उपलब्धि विभाजन, जिग्सा और सामूहिक अन्वेषण। सभी सहकारी अधिगम पाठों में हालांकि निम्नांकित मुख्य विशेषतायें होती है-

- शैक्षणिक सामग्रियों में सिद्धहस्त होने के लिए विद्यार्थी समूह में कार्य करते हैं।
- समूह उच्च, औसत और निम्न उपलब्धि वाले विद्यार्थियों को मिलाकर बनाते हैं।
- जहां तक संभव हो समूह में विभिन्न जाति लिंग और सांस्कृतिक पृष्ठभूमि वाले विद्यार्थियों का समावेशी होती है।
- परितोष पुरस्कार नियम व्यक्तिगत आधारित न होकर समूह आधारित होता है। अध्ययनों से पता चला है कि सहकारी उपागम शैक्षणिक उपलब्धि, सहयोगात्मक व्यवहार, अत: सांस्कृतिक समझ व संबंध तथा विकलांग विद्यार्थियों के प्रति दृष्टिकोण पर सकारात्मक प्रभाव पड़ता है।

सहकारी अधिगम के पांच मूलभूत और आवश्यक तत्त्व होते हैं :

1. सकारात्मक अंत:निर्भरता :

- विद्यार्थी पूर्ण रूप से सक्रिय भागीदारी करें और समूह के भीतर अपना योगदान दें।
- समूह के प्रत्येक सदस्य की एक कार्य-भूमिका/जिम्मेदारी है अत: उन्हें वे विश्वास करना चाहिए कि वे अपने व समूह के अधिगम के प्रति जिम्मेदार है।

2. आमने-सामने बातचीत करने को बढ़ावा देते हैं

- सदस्य एक-दूसरे की सफलता को बढ़ावा देते हैं।
- विद्यार्थी एक-दूसरे को बताते हैं कि वे क्या सीख रहे हैं या उनके पास क्या है तथा अपने साथियों को दत्तकार्य को समझने और पूरा करने में सहयोग देते हैं।

3. व्यक्तिगत जिम्मेदारी

- प्रत्येक विद्यार्थी अध्ययन की जा रही विषयवस्तु का प्रदर्शन करने में सिद्धहस्त होता है।
- प्रत्येक विद्यार्थी अपने अधिगम और कार्य के प्रति जवाबदेह होता है।

4. सामाजिक कौशलें

- सफल सहकारी अधिगम के लिए सामाजिक कौशलों का होना आवश्यकता है।
- सामाजिक कौशलों में शामिल प्रभावकारी संवाद, अंतर्व्यैक्तिक और और सामूहिक कौशल जैसे (i) नेतृत्व क्षमता (ii) निर्णय लेना (iii) विश्वसनीय (iv) संप्रेषण (v) विवाद प्रबंधन क्षमता

5. सामूहिक प्रसंस्करण

प्रत्येक समूह अपने प्रभावशीलता का मूल्यांकन करे और निर्णय ले कि किस प्रकार से इसे बेहतर बनाया जा सकता है। विद्यार्थी उपलब्धि को विचारणीय रूप से बेहतर बनाने के लिए दो विशेषताओं का होना आवश्यक है।

(क) विद्यार्थी समूह के लक्ष्य या पहचान के लिए कार्य करता है।

(ख) सफलता प्रत्येक शिक्षार्थी के अधिगम के ऊपर निर्भर है। सहकारी अधिगम कार्य और पुरस्कार संरचना की डिजाइन करते समय व्यक्तिगत जिम्मेदारी व जवाबदेही की पहचान करना चाहिए। व्यक्ति को यह मालूम होना चाहिए कि उसकी जिम्मेदारी क्या है और समूह के लक्ष्य प्राप्ति के लिए उनकी एक निश्चित उत्तरदायित्व है। समूह के कार्य के लिए विद्यार्थियों के मध्य आपस में सकारात्मक अंत:निर्भरता होनी चाहिए और उसके अधिगम प्रक्रिया में यह स्पष्ट रूप से दिखायी पड़ना चाहिए। समूह कार्य को पूर्ण करने के लिए समूह के सभी सदस्यों की सक्रिय भागीदारी होना आवश्यक है। इसके लिए यह आवश्यक है कि समूह के प्रत्येक सदस्य के पास एक कार्य को पूरा करने की जिम्मेदारी ले जिसे समूह के अन्य सदस्यों द्वारा पूरा नहीं किया जा सकता है।

सहकारी अधिगम के उपयोग के लिए दिशा-निर्देश

- समूह के आकार को 3 से 5 विद्यार्थियों तक सीमित रखे
- समूह में विभिन्न शैक्षणिक योग्यताओं, लिंग, जाति वाले विद्यार्थियों का सम्मिश्रण होना चाहिए।
- समूह के प्रत्येक सदस्य को एक निश्चित कार्य, जिम्मेदारी या भूमिका सौंपा जाना चाहिए जिससे समूह की सफलता में उनका योगदान हो
- सहकारी अधिगम का उपयोग एक संपूरकता क्रियाकलाप के रूप में समीक्षा, समृद्धिकरण और अभ्यास के लिए करें जो कि समूह के सदस्यों को आपस में सामग्री को समझने के लिए एक-दूसरे की सहायता करना चाहिए।
- सहकारी अधिगम की योजना बनाते समय कक्षा प्रबंधन, कार्य-सामग्रियों और समय प्रबंधन का ध्यान रखना चाहिए।
- व्यक्तिगत विद्यार्थी के योगदान को ग्रेड दें
- समूह के विद्यार्थियों को एक समूह पुरस्कार उपलब्ध कराने पर विचार करना चाहिए।
- समूह के सदस्यों ने परिवर्तन करना चाहिए ताकि कोई विद्यार्थी यह महसूस न करें कि वे 'धीमी' समूह का सदस्य है और सभी विद्यार्थियों को यह अवसर मिले कि वे विद्यालय वर्ष में कक्षा के अन्य सभी विद्यार्थियों के साथ कार्य करें।
- सहकारी अगिम समूह को प्रभावकारी से कार्य करने के लिए सहयोगात्मक सामाजिक कौशलों को सीखाना, माडल बनाना और नियमित रूप से पुनर्बलन प्रदान किया जाना चाहिए।

सहकारी अधिगम माडल में अध्यापक की भूमिका

चरण	अध्यापक की भूमिका
1-लक्ष्य व अधिगम सेट की प्रस्तुति	अध्यापक पाठ के उद्देश्यों को समझता है और अधिगम सेट की स्थापना करता है
2-सूचना प्रस्तुति	अध्यापक विद्यार्थियों को मौखिक या लिखित सामग्री के द्वारा सूचना उपलब्ध कराता है।
3-अधिगम टीम के लिए विद्यार्थियों का संगठन	अध्यापक विद्यार्थियों को बताता है कि अधिगम समूह कैसे बनाना है और प्रभावकारी रूपांतरण से सहयोग देता है।
4-समूह कार्य और अध्ययन में सहयोग	अध्यापक अधिगम समूह को उनके कार्य संपादन में सहयोग देता है।
5-सामग्री परीक्षण	अध्यापक सामग्री की ज्ञान की सूची बनाता है या समूह अपने कार्य का परिणाम प्रस्तुत करते हैं।
6-पहचान दिलाना	अध्यापक व्यक्तिगत और समूह के प्रयास और उपलब्धि को पहचान दिलाने के तरीके तलाशते हैं।

सहकारी अधिगम के लाभ व सीमाएं

सहकारी अधिगम पर किये गये शोध कार्यों में इसके सकारात्मक परिणाम प्रदर्शित हुये हैं। सहकारी अधिगम में विद्यार्थियों को सामूहिक क्रियाकलाप में संलग्न होने की आवश्यकता होती है जिसमें अधिगम में वृद्धि होती है और अन्य महत्वपूर्ण अधिगम पहलु जुड़ जाते हैं। सकारात्मक परिणाम में शामिल हैं-शैक्षणिक लाभ, बेहतर अंतव्यैक्तिक संबंध, और व्यक्तिगत व सामाजिक विकास में वृद्धि। उपागम की कुछ मुख्य लाभ जो व्यापक शोध के पश्चात उद्भासित हुए हैं इस प्रकार से है-

- विद्यार्थी शैक्षणिक उपलब्धि का प्रदर्शन करते हैं
- सहकारी अधिगम विधि प्रायः सभी क्षमता स्तरों पर समान रूप से प्रभावकारी है
- सरकारी अधिगम सभी प्रकार के समूह के लिए प्रभावकारी है।
- जब विद्यार्थी को एक-दूसरे के साथ कार्य करने का अवसर दिया जाता है तो वे एक-दूसरे को बेहतर ढंग से समझते हैं।
- सहकारी अधिगम शिक्षार्थी के आत्म-सम्मान और स्व-अवधारणा में वृद्धि करता है।
- शिक्षार्थियों के मध्य, जाति, लिंग, सामाजिक स्तर और शारीरिक/ मानसिक विकलांगता के कारण जो असमानता होती है वे सभी बाधायें सहकारी अधिगम में टूट जाती हैं तथा सकारात्मक अंतःक्रिया और मित्रता के भाव का उदय होता है।

हालांकि सहकारी अधिगम की बहुत सी सीमाएं भी हैं जिसके कारण यह प्रक्रिया जितना समझा जाता है उससे अधिक जटिल हो सकता है। सहकारी अधिगम में लगातार परिवर्तन तो ने के कारण यह संभव है कि अध्यापक शंकित हो सकता है और इस विधि को पूर्ण रूप से समझ पाये। जो अध्यापक इस विधि को लागू कर रहे हैं शायद उनके विद्यार्थियों का गुस्से का सामना करना पड़े जो होशियार है, निपुण है क्योंकि कमजोर विद्यार्थियों का गुस्से का सामना करना पड़े जो होशियार है, निपुण है क्योंकि कमजोर विद्यार्थियों के कारण उनकी प्रगति रुक सकती है और अपने समूह में उपेक्षित और तिरस्कृत भी अनुभव करते हैं।

सहयोगात्मक अधिगम

सहयोगात्मक अधिगम, सहकारी अधिगम उपागम से अधिक सामान्यीकृत उपागम है। इस उपागम में दो या उससे अधिक व्यक्तियों को सीखने में या एक साथ सीखने के लिए प्रयासरत होने के लिए अवसर उपलब्ध कराता है। व्यक्तिगत अधिगम से भिन्न इस अधिगम उपागम में व्यक्ति एक-दूसरे के संसाधन और कौशलों का लाभ उठाते हुए सीखते हैं (जैसे सूचना के लिए एक-दूसरे से पूछना, एक-दूसरे के विचारों का मूल्यांकन और एक-दूसरे के कार्य का निरीक्षण करना) विशिष्ट रूप से कहे तो सहयोगात्मक अधिगम का आधार है कि व्यक्तियों के समूह में ज्ञान का सृजन, सदस्यों द्वारा पारस्परिक अंतःक्रिया करके, अनुभवों को बांटकर, तथा सक्रिय भूमिका निभाकर, किया जा सकता है। इस प्रकार सहयोगात्मक अधिगम, एक शिक्षण-अधिगम विधि है जिसमें अध्यापक और विद्यार्थी दोनों मिलकर एक महत्वपूर्ण समस्या का अन्वेषण करते हैं या कोई अर्थपूर्ण प्रोजेक्ट का निर्माण करते हैं। विद्यार्थियों का एक समूह व्याख्यान पर चर्चा करते हैं या विभिन्न विद्यालय के विद्यार्थी इंटरनेट पर मिलकर साझा दत्तकार्य करते हैं ये दोनों सहयोगात्मक अधिगम के उदाहरण है।

दूसरे शब्दों में हम कह सकते हैं कि सहयोगात्मक अधिगम एक विधियों और वातावरण की ओर इंगित करता है जिसमें शिक्षार्थी किसी उभयनिष्ठ कार्य संपादन में संलग्न रहते हैं जहां पर प्रत्येक शिक्षार्थी एक-दूसरे को खोजते हैं और उनके प्रति जवाबदेह भी होते हैं। इस विधि में कंम्प्यूटर का इस्तेमाल करके आमने-सामने बातचीत कर सकते हैं (जैसे आनलाइन फोरम, चैट रूप आदि)। सहयोगात्मक अधिगम प्रक्रिया के परीक्षण में संवाद विश्लेषण और सांख्यिकी व्याख्यान विश्लेषण शामिल है। सहयोगात्मक व सहकारी अधिगम परंपरागत शिक्षण उपागमों से भिन्न है, इसमें विद्यार्थी व्यक्तिगतरूप से एक-दूसरे प्रतिस्पर्धा नहीं करते हैं वरन एक साथ मिल-जुल कर कार्य करते हैं। सहकारी और सहयोगात्मक उपागमों के मध्य सूक्ष्म अंतर, सहयोगात्मक अधिगम की प्रकृति को प्रदर्शित करेगा।

सहयोगात्मक अधिगम किसी भी समय हो सकता है, उदाहरण के लिए गृहकार्य पूर्ण करने में विद्यार्थी एक-दूसरे की सहायता करते हुए कार्य करते हैं। सहयोगात्मक अधिगम तब होता है जब विद्यार्थी एक स्थान पर मिलकर किसी संरचित प्रोजेक्ट पर छोटे समूह में कार्य करते हैं।

- सहयोगात्मक अधिगम अधिक गुणात्मक उपागम है जैसे, विद्यार्थी के बातचीत, साहित्य में किसी स्थान या इतिहास में मुख्य स्रोत के संदर्भ में, का विश्लेषण करना। दूसरी ओर सहकारी अधिगम में परिमाणात्मक विधियों का उपयोग होता है जो कि उपलब्धि की ओर देखता है। (अधिगम के उत्पाद पर)
- सहयोगात्मक अधिगम में एक बार कार्य निर्धारित करने के पश्चात, जो कि मुक्त-अन्त्य होते है, अध्यापक सभी अधिकार समूह को स्थानान्तरित कर देता है। यह समूह के ऊपर निर्भर करता है कि किस तरह से वे कार्य को मिल-जुल कर पूरा करने की योजना बनाते हैं। सहकारी अधिगम

उपागम में अधिकार व कार्य का स्वामित्व अध्यापक के पास होता है। तथा अध्यापक समस्या समाधान कराने के लिए समूह को लगातार दिशा-निर्देश, देखरेख व सुधारात्मक सुझाव देता है।

- सहयोगात्मक अधिगम वास्तव में विद्यार्थियों को सशक्त बनाता है जबकि सहकारी अधिगम में ऐसा नहीं होता है। इसके बजाय सहकारी अधिगम में विद्यार्थियों को अध्यापक के इच्छानुसार कार्य करना पड़ता है और सही या स्वीकार्य उत्तर देने के लिए कहा जाता है।
- शिक्षा में सहयोग अध्यापक, विद्यार्थी और पाठ्यक्रम के बीच एक बातचीत है विद्यार्थी को एक समस्या हलकर्त्ता के रूप में देखा जाता है। और समस्या समाधान व अन्वेषण उपागम को संज्ञानात्मक कौशलों पर बल देने के लिए प्रयोग किया जाता है। यह उपागम शिक्षण को एक बातचीत के रूप में देखती है जिसमें अध्यापक व विद्यार्थी दोनों पाठ्यक्रम को negotiation करने की एक प्रक्रिया के माध्यम से सीखते हैं तथा विश्व के बारे में एक साझा दृष्टिकोण का विकास करते हैं। सहकारी अधिगम मूलभूत ज्ञान में मास्टरी हासिल करने के उत्तम तरीके को प्रदर्शित करता है। एक बार जब विद्यार्थी एक-दूसरे से अच्छी तरह से परिचित हो जाते हैं तो वे सहयोग के लिए, चर्चा के लिए और मूल्यांकन के लिए तैयार हो जाते हैं।

सहयोगात्मक अधिगम के लाभ

- **विभिन्नताओं का समारोह** - विद्यार्थी सभी प्रकार के व्यक्तियों के साथ सीखता है। उन्हें चिंतन के लिए कई अवसर मिलते हैं तथा उठाये गये प्रश्नों के सहपाठियों द्वारा दिये गये विभिन्न उत्तरों के संदर्भ में जवाब देते हैं। छोटे समूह में विद्यार्थियों को किसी मुद्दे पर विभिन्नताओं के आधार पर, अपना दृष्टिकोण रखने का अवसर मिलता है। इस प्रकार के आदान-प्रदान में निश्चित रूप से विद्यार्थियों को दूसरी के संस्कृति और दृष्टिकोण को बेहतर ढंग से समझने में सहायता करता है।
- **व्यक्तिगत भिन्नताओं की स्वीकृति**-जब प्रश्न उठाये जाते हैं तो अलग-अलग विद्यार्थी के पास विभिन्न प्रकार के जवाब होते हैं। प्रत्येक जवाब समूह को एक ऐसे उत्पाद तैयार करने में सहायता करता है जो विस्तृत रूप से भिन्न दृष्टिकोण को प्रदर्शित करता है और इस प्रकार अधिक पूर्ण और व्यापक होता है।
- **अन्तर्वैयक्तिक विकास**-विद्यार्थी अपने सहपाठियों और अन्य शिक्षार्थियों के साथ समूह में कार्य करते हुए अपने आपको जोड़ना सीखते हैं। यह उन विद्यार्थियों के लिए विशेषकर सहायक है जिनमें सामाजिक कौशलों का अभाव होता है। वे दूसरों के साथ संरचित अंतर्क्रिया करके लाभ उठा सकते हैं।
- **अधिगम में विद्यार्थियों की सक्रिय भागीदारी**-छोटे समूह में प्रत्येक सदस्य के पास अपना योगदान देने के लिए अवसर होता है। विद्यार्थी अपने सामग्रियों की अधिक अपना मानते हैं तथा टीम में कार्य करते हुए संदर्भित मुद्दे पर गहन विचार विमर्श करते हैं।
- **व्यक्तिगत अनुवर्तन के लिए अधिक अवसर**-छोटे समूह में विचार आदान-प्रदान के लिए अधिक अवसर उपलब्ध होने के कारण विद्यार्थी अपने विचार व जवाब के बारे में व्यक्तिगत रूप से अनुवर्तन प्राप्त करते हैं। बड़े-समूह में इस प्रकार के अनुवर्तन प्रायः संभव नहीं होता है, इसमें एक या दो विद्यार्थी अपने विचारों का आदान-प्रदान करते हैं तथा बाकी सब विद्यार्थी सुनते हैं।

❑❑❑

4

अध्याय

बुद्धि

स्टोडार्ड के अनुसार, ''बुद्धि उन क्रियाओं को समझने की क्षमता है जो जटिल, कठिन, अमूर्त, मितव्यय, किसी लक्ष्य के प्रति अनुकूलनशील, सामाजिक व मौलिक हो तथा कुछ परिस्थिति में वैसी क्रियाओं को करना जो शक्ति की एकाग्रता तथा सांवेगिक कारकों का प्रतिरोष दिखाता हो।''

राबिन्सन तथा राबिन्सन, ने भी बुद्धि को संज्ञानात्मक व्यवहारों का संपूर्ण माना है जो व्यक्ति में सूझ द्वारा समस्या समाधान करने की क्षमता, नई परिस्थितियों के साथ समायोजन करने की क्षमता, अमूर्त रूप से सोचने की क्षमता तथा अनुभवों से लाभ उठाने की क्षमता को परिलक्षित करता है।

बोरिंग के अनुसार, ''बुद्धि वही है, जो बुद्धि परीक्षण मापता है।

बुद्धि का अर्थ एवं परिभाषा

बुद्धि वह योग्यता है जिससे मनुष्य अपनी नई आवश्यकताओं के अनुकूल अपने चिंतन को चेतन रूप से अभियोजित कर लेता है। बुद्धि को मनोवैज्ञानिकों ने अलग-अलग तरह से परिभाषित किया है।

टरमन के अनुसार, ''बुद्धि अमूर्त विचारों के बारे में सोचने की योग्यता है।''
स्टर्न के अनुसार, ''बुद्धि एक सामान्य योग्यता है जिसके द्वारा व्यक्ति नई परिस्थितियों में अपने विचारों को जानबूझकर समायोजित कर लेता है।''
स्टर्न के अनुसार, ''बुद्धि जीवन की नई परिस्थितियों तथा समस्याओं के अनुरूप समायोजन की सामान्य योग्यता है।''
बकिंघम के अनुसार, ''सीखने की शक्ति ही बुद्धि की है।''
गाल्टन के अनुसार, ''बुद्धि पहचानने तथा सीखने की शक्ति है।''
वेश्लर के अनुसार, बुद्धि एक समग्र क्षमता है जिसके सहारे व्यक्ति उद्देश्यपूर्ण क्रिया करता है, विवेकशील चिन्तन करता है तथा वातावरण के साथ प्रभावकारी ढंग से समायोजन करता है अर्थात् बुद्धि को कई तरह की क्षमताओं का योग माना है।''

बुद्धि की प्रकृतिः इन सभी परिभाषाओं से बुद्धि की प्रकृति के बारे में निम्नलिखित निष्कर्ष निकाला जा सकता है–

(1) बुद्धि सीखने की क्षमता है।
(2) बुद्धि वातावरण के साथ प्रभावकारी ढंग से समायोजन करने की क्षमता है।
(3) यह व्यक्ति के समस्या समाधान करने की योग्यता को प्रदर्शित करता है।
(4) बुद्धि अमूर्त चिंतन करने की क्षमता है।
(5) बुद्धि विभिन्न क्षमताओं का समग्र योग है।
(6) बुद्धि को प्रत्यक्ष व्यवहार के आधार पर मापा जा सकता है।
(7) बुद्धि द्वारा ही किसी समस्या के समाधान में गत अनुभूतियों का लाभ मिलता है।
(8) बुद्धि विवेकशील चिंतन करने की योग्यता है।
(9) बुद्धि मानसिक परिपक्वता का द्योतक है।
(10) बुद्धि के विकास के लिए आनुवंशिकी व वातावरण दोनों ही उत्तरदायी कारक हैं।
(11) यह अपनी ऊर्जा को किसी कार्य को करने में संकेन्द्रण की क्षमता है।
(12) यह उच्च श्रेणी के चिंतन प्रक्रिया के लिए आवश्यक है।
(13) यह आगमन विधि व निगमन विधि द्वारा तर्क करने की योग्यता है।
(14) बुद्धि शाब्दिक व अशाब्दिक योग्यता है।
(15) यह एक प्रत्यक्षण/सूझ की योग्यता है।
(16) यह जटिल, कठिन, मितव्यय, अमूर्त व सामाजिक मूल्यों वाले कार्य को करने की योग्यता है।
(17) बुद्धि एक परिकल्पित सम्प्रत्यय है।
(18) बुद्धि को सतर्कता, धारणा, विचार एवं प्रतीक, स्वयं की आलोचना करने की क्षमता, आत्मविश्वास और तीव्र प्रेरणा की क्षमता के रूप में समझा जा सकता है।
(19) बुद्धि में व्यक्तिगत भिन्नताएं पाई जाती हैं।
(20) बुद्धि को किसी कार्य करने की प्रणाली के द्वारा अवलोकन किया जा सकता है।

बुद्धि के प्रकार

बुद्धि के विभिन्न परिभाषाओं और सिद्धांतों से इसके स्वरूप व प्रकार का पता चलता है। बुद्धि का स्वरूप कुछ ऐसा होता है जिसे किसी एक कारक (Factor) या क्षमता के आधार पर नहीं समझा जा सकता है। बुद्धि विभिन्न क्षमताओं के समग्रता को परिलक्षित करता है। ई.एल. थार्नडाइक, डोनेल्ड हेब्ब और वर्नन जैसे मनोवैज्ञानिकों ने बुद्धि को निम्न प्रकारों में विभक्त किया है:–

1. **आनुवांशिक क्षमता के रूप में बुद्धि (Intelligence as Genetic Capacity):** इसके अनुसार बुद्धि को पूर्णतः वंशागत माना जाता है। इसे हेब्ब (Hebb, 1978) ने बुद्धि 'ए' (Intelligence 'A') की संज्ञा दी है। स्पष्टतः यह बुद्धि का एक जीनोटाइपिक (Genotypic) प्रकार है तथा इसमें बुद्धि को व्यक्ति का आनुवंशिक गुण माना जाता है।

2. **अवलोकित व्यवहार के रूप में बुद्धि (Intelligence as an observable behaviour) :** इस परिप्रेक्ष्य में बुद्धि को आनुवंशिकता व वातावरण के अंत: क्रिया का परिणाम माना जाता है। जिस सीमा तक व्यक्ति नए वातावरण या अपने वर्तमान वातावरण के साथ समायोजित करता है, इस सीमा तक उसे बुद्धिमान समझा जाता है। इसे हेब्ब ने बुद्धि 'बी' (Intelligence 'B') की संज्ञा दी है जिसका अर्थ फेनोटाइपिक (Phenotypic) प्रारूप पर आधारित है।
3. **परीक्षण श्रेयांक के रूप में बुद्धि (Intelligence as test score) :** बुद्धि एक परिकल्पनात्मक संप्रत्यय है। इसके मापन के लिए इसका संक्रियात्मक परिभाषा का होना आवश्यक है। बोरिंग के अनुसार ''बुद्धि वही है जो बुद्धि परीक्षण मापता है''। इसे हेब्ब ने बुद्धि 'सी' (Intelligence 'C') की संज्ञा दी है।

थार्नडाइक के अनुसार बुद्धि को तीन भागों में वर्गीकृत किया गया है:-

A. **अमूर्त बुद्धि (Abstract Intelligence) :** यह बुद्धि अमूर्त समस्याओं के समाधान के लिए आवश्यक है। यह विचारों के परिचालित करने की क्षमता से संबंधित है।
B. **मूर्त बुद्धि (Concrete Intelligence) :** यह बुद्धि मूर्त समस्याओं के समाधान के लिए आवश्यक है। यह वस्तुओं के परिचालित करने की क्षमता से संबंधित है।
C. **सामाजिक बुद्धि (Social Intelligence):** यह बुद्धि सामाजिक समायोजन की क्षमता से संबंधित है। यह बुद्धि व्यक्तियों के सामाजिक संबंधों को बेहतर बनाने के लिए काम आती है।

इसके अतिरिक्त आजकल बुद्धि के और दो प्रकारों की चर्चा की जाती है, जो निम्नलिखित हैं:-

1. **संवेगात्मक बुद्धि (Emotional Intelligence) :** यह बुद्धि अपने संवेग व दूसरों के संवेगों को समझने में सहायक है। यह संवेगात्मक समस्याओं को हल करने में मदद करती है।
2. **आध्यात्मिक बुद्धि (Spiritual Intelligence) :** यह व्यक्ति के आध्यात्मिक परिपक्वता का सूचकांक है। ऐसी बुद्धि वाले व्यक्ति स्वअनुशासित, कर्तव्यपरायण, परोपकारी, चेतना का विकसित स्वरूप वाले होते हैं। इसके सोचने का तरीका मानवतावादी उपागम पर आधारित होता है।

सामान्य मानसिक बुद्धि

मानसिक क्रियाएं	विषयवस्तु	उत्पाद
मूल्यांकन	आभासी	ईकाई
अभिसारित चिंतन	श्रवण संबंधी	वर्ग
अवसरित चिंतन	प्रतीकात्मक	सम्बन्ध
स्मृति	अर्थगत	प्रणाली
संज्ञान	व्यावहारिक	रूपान्तरण
		निहितार्थ

बुद्धि मापन या परीक्षा का अर्थ

बाह्य व्यवहार द्वारा मानसिक योग्यता, संज्ञानात्मक परिपक्वता और समायोजन की क्षमता का मापन बुद्धि मापन कहलाता है। बुद्धि मापन का कार्य विभिन्न प्रकार के परीक्षणों के माध्यम से किया जाता है। इस परीक्षणों में सम्मिलित पदों की प्रकृति व प्रकार के आधार पर बुद्धिलब्धि सूचकांक तैयार किया जाता है।

बुद्धि मापांक के अवयव

1. **तैथिक या कालक्रमिक आयु (Chronological Age):** किसी व्यक्ति के वास्तविक जन्मतिथि से वर्तमान समय के अवधि को तैथिक या कालक्रमिक आयु की संज्ञा दी जाती है। दूसरे शब्दों में, व्यक्ति की कालक्रमिक आयु (chronological age, CA) जन्म लेने के बाद बीत चुकी अवधि होती है। इसकी जानकारी व्यक्ति (परीक्षार्थी) या उनके माता-पिता से पूछकर अथवा जन्मकुंडली, विद्यालय के रिकार्ड (Record) को देखकर प्राप्त की जा सकती है।
2. **मानसिक आयु (Mental Age):** सर्वप्रथम 1905 में अल्फ्रेड बिने तथा थियोडोर साइमन (Theodore Simon) ने औपचारिक रूप में बुद्धि के मापन का सफल प्रयास किया। 1908 में अपनी मापनी का संशोधन करते समय उन्होंने मानसिक आयु (Mental Age, MA) का संप्रत्यय दिया। मानसिक आयु के माप का अभिप्राय है, किसी व्यक्ति के मानसिक परिपक्वता का सूचकांक अर्थात किसी व्यक्ति का बौद्धिक विकास अपनी आयु वर्ग के अन्य व्यक्तियों की तुलना में कितना हुआ है। यदि किसी बच्चे की मानसिक आयु 5 वर्ष है तो इसका अर्थ है कि किसी बुद्धि परीक्षण पर उस बच्चे का निष्पादन 5 वर्ष वाले बच्चे के औसत निष्पादन के बराबर है।
3. **बुद्धि लब्धि (Intelligence Quotient, IQ) :** 1912 में जर्मन मनोवैज्ञानिक विलियम स्टर्न (Williamm Stern) ने बुद्धि को मापने के लिए मानसिक लब्धि के संप्रत्यय का विकास किया जिसका सूत्र निम्न प्रकार से है।

मानसिक लब्धि (Mental Quotient)

$$= \frac{\text{मानसिक आयु}}{\text{कालानुक्रमिक आयु}}$$

1916 में टरमन (Terman) ने मानसिक लब्धि के स्थान पर बुद्धि लब्धि के संप्रत्यय को जन्म दिया।

$$\text{बुद्धि लब्धि (IQ)} = \frac{\text{मानसिक आयु}}{\text{कालानुक्रमिक आयु}} \times 100$$

अर्थात् किसी व्यक्ति की मानसिक आयु को उसकी कालानुक्रमिक आयु से भाग देने के बाद उसको 100 से गुणा करने से उसकी बुद्धि लब्धि प्राप्त हो जाती है। गुणा करने में 100 की संख्या का उपयोग दशमलव बिन्दु समाप्त करने के लिए किया जाता है।

इस सूत्र के माध्यम से बुद्धि लब्धि के मापन में तीन प्रकार की स्थितियाँ हो सकती हैं:

(1) जब मानसिक आयु (MA) = कालानुक्रमिक आयु (CA) तो IQ = 100 होगा।
(2) जब मानसिक आयु (MA) > कालानुक्रमिक आयु (CA) तो IQ का मान 100 से अधिक होगा।
(3) जब मानसिक आयु (MA) < कालानुक्रमिक आयु (CA) तो IQ का मान 100 से कम होगा।

बुद्धि लब्धि प्राप्तांक का वितरण

बुद्धि लब्धि प्राप्तांक का वितरण किसी जनसंख्या में सामान्य प्रायिकता वितरण के अनुसार होता है। अधिकांश लोगों का बुद्धि लब्धि प्राप्तांक मध्य क्षेत्र में तथा बहुत कम लोगों के बुद्धि लब्धि प्राप्तांक बहुत अधिक या बहुत कम होते हैं। बुद्धि लब्धि प्राप्तांकों का यदि एक आवृति वितरण वक्र (Frequency

Distribution Curve) बनाया जाए तो यह लगभग एक घंटाकार वक्र (Bell Shaped Curve) से सदृश होता है। इस वक्र को सामान्य वक्र (Normal Curve) कहा जाता है। ऐसा वक्र अपने केन्द्रीय माध्य के दोनों ओर सममित (Symmetrical) आकार का होता है। एक सामान्य वितरण के रूप में बुद्धि लब्धि प्राप्तांकों के वितरण को निम्न रेखाचित्र द्वारा प्रदर्शित किया गया है-

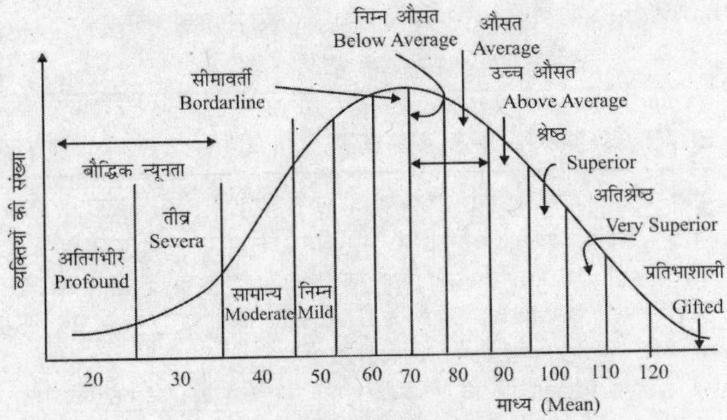

बुद्धि लब्धि प्राप्तांक (IQ Score)

किसी भी जनसंख्या में बुद्धि लब्धि प्राप्तांक का वितरण सामान्य वक्र के अनुरूप होता है। किसी जनसंख्या की बुद्धि लब्धि प्राप्तांक का माध्य (औसत) 100 होता है। जिन व्यक्तियों की बुद्धि लब्धि प्राप्तांक 90 से 110 के बीच होती है उन्हें सामान्य बुद्धि वाला कहा जाता है। जिनकी बुद्धि लब्धि 70 से भी कम होती है वे मानसिक मंदन (Mental Retardation) से प्रभावित समझे जाते हैं और जिनकी बुद्धि लब्धि 130 से अधिक होती है वे आसाधारण रूप से प्रतिभाशाली समझे जाते हैं। किसी व्यक्ति के बुद्धि लब्धि प्राप्तांक की व्याख्या निम्न तालिका की मदद से की जा सकती है-

स्टेनफोर्ड-बिने के आधार पर बुद्धिलब्धि का वर्गीकरण

बुद्धिलब्धि	व्याख्या
140 या अधिक	प्रतिभाशाली
120-139	अति श्रेष्ठ
110-119	श्रेष्ठ
90-109	सामान्य
80-89	मन्द
70-79	सीमान्त मन्द बुद्धि
60-69	मूर्ख
20-59	मूढ़
20 से कम	जड़

बुद्धि लब्धि (IQ) की सीमाएँ तथा विचलन बुद्धि लब्धि

बुद्धि लब्धि का संप्रत्यय दोष-रहित नहीं है। वर्तमान समय में IQ का संप्रत्यय संदिग्ध बन गया है, जिसमें कई त्रुटियां हैं। सामान्यतः यह माना जाता है कि 16 वर्ष की आयु तक मानसिक आयु का विकास होता है, इसके बाद इसमें ह्रास होता जाता है, जबकि कालानुक्रमिक आयु बढ़ती जाती है। MA का स्थिर हो जाना या इसमें ह्रास होना तथा CA का निरंतर बढ़ना, IQ के संप्रत्यय को भ्रामक बना देता है। अर्थात् यह संप्रत्यय वयस्क व्यक्तियों की बौद्धिक योग्यता को व्यक्त करने में सक्षम नहीं है। वेश्लर ने सन् 1981 में वेश्लर वयस्क बुद्धि लब्धि मापनी (Wechsler Adult Intelligence Scale, WAIS) को संशोधित कर IQ के बदले विचलन बुद्धि लब्धि (Deviation Intelligence Quotient, DIQ) का संप्रत्यय दिया जो मानसिक आयु तथा कालानुक्रमिक आयु का अनुपात न होकर एक प्रामाणिक अंक (Standard Score) या Z–Score के सूत्र के आधार पर निकाला जाता है। Z–Score को निकालने का सूत्र निम्नवत् है:-

$$Z = \frac{\text{प्रयोज्य द्वारा प्राप्त अंक}(X) - \text{मध्य मान}(M)}{\text{मानक विचलन (SD)}}$$

Z score के आधार पर ही DIQ का सूचकांक निकाला जाता है।

DIQ = 100 + 16 Z

DIQ एक ऐसा मानक प्राप्तांक (Standard Score) है जिसका विकास आर्थर ओटिस (Arthur Otis) के शोधों से हुआ है। यह प्राप्तांक आज बुद्धि परीक्षण के मापन के क्षेत्र में एक लोकप्रिय मापक बन गया है। IQ के सूत्र के साथ समस्या यह उत्पन्न हुई कि व्यक्ति की कालानुक्रमिक आयु तो हमेशा बढ़ती है परन्तु 17–18 की आयु के बाद सामान्यतः नहीं बढ़ती है। अतः IQ का पारंपरिक सूचकांक एक भ्रामक परिणाम देता है। इसी कठिनाई को दूर करने के लिए DIQ के संप्रत्यय का विकास हुआ।

किसी बुद्धि परीक्षण पर एक व्यक्ति का प्राप्तांक उसी व्यक्ति की आयु समूह के अन्य व्यक्तियों के प्राप्तांकों के औसत (माध्य) से कितनी दूरी (प्रमाप विचलन) पर है, इसका पता DIQ से चलता है। DIQ ज्ञात करने के लिए प्रत्येक आयु समूह के लिए Z– प्राप्तांक ज्ञात किया जाता है और फिर उस Z प्राप्तांक को एक ऐसे वितरण में बदल दिया जाता है जिसका माध्य = 100 तथा प्रमाप विचलन = 16 होता है। इसका सूत्र निम्न प्रकार से है:-

DIQ = 16 Z + 100

$$\text{जहाँ } Z = \frac{X - \text{माध्य}}{\text{प्रमाण विचलन}}$$

X = व्यक्ति का किसी बुद्धि परीक्षण पर उसका प्राप्तांक

Wechsler Adult Intelligence Scale (WAIS) में DIQ का उपयोग किया जाता है। अगर किसी व्यक्ति का इस बुद्धि परीक्षण पर प्राप्तांक एक प्रमाप विचलन इकाई माध्य से ऊपर है, तो उसका DIQ = 16 × 1 + 100 = 116 होगा जिससे पता चलता है कि उसका DIQ अपनी आयु समूह के व्यक्तियों के औसत से ऊपर है। उसी तरह से यदि किसी व्यक्ति का प्राप्तांक आदि माध्य से एक प्रमाप विचलन कम है तो उसका DIQ प्राप्तांक 84 होगा जिसका अर्थ है कि उसका DIQ अपने आयु समूह के व्यक्तियों के औसत से नीचे है। इस तरह DIQ में प्रत्येक उम्र स्तर पर प्रमाप विचलन (Standard deviation) का एक स्थिर मान होता है, जिसके परिणामस्वरूप IQ में होने वाला असामान्य परिवर्तनशीलता को नियंत्रित करता है।

वेश्लर के अनुसार IQ के साथ एक कठिनाई यह है कि 15–16 साल की आयु के बाद मानसिक आयु (MA) तेजी व क्रमिक रूप से नहीं बढ़ती है। दूसरी कठिनाई यह है कि वयस्कों के लिए मानसिक आयु का संप्रत्यय अर्थहीन है। अतः IQ के बदले DIQ का संप्रत्यय बुद्धि का मूल्यांकन करने में ज्यादा सक्षम है। दूसरे शब्दों में किसी व्यक्ति के बुद्धि लब्धि प्राप्तांक से यह पता चलता है कि औसत जिसे IQ कहा गया है, से किसी बुद्धि परीक्षण पर व्यक्ति का निष्पादन कितना विचलित है।

बुद्धि परीक्षण की उपयोगिताएँ

शिक्षा मनोवैज्ञानिकों ने शिक्षा में बुद्धि परीक्षण की अनेक उपयोगिताओं का वर्णन किया है जिनमें मुख्य हैं:-

(1) कक्षोन्नति के निर्णय में।
(2) शिक्षकों के चयन में।
(3) विभिन्न प्रकार के निर्देशन देने में (व्यक्तिगत, व्यावसायिक व शैक्षिक निर्देशन में)।
(4) छात्रों के श्रेणीकरण में।
(5) शैक्षिक दुर्बलता के निदान में।
(6) विद्यार्थियों के समायोजन में।
(7) मानसिक बीमारियों के इलाज में।
(8) कक्षा में प्रवेश लेने में।
(9) अनुशासन की समस्या के समाधान में।
(10) पाठ्यक्रमों तथा व्यवसाय चयन में।

शाब्दिक बुद्धि परीक्षण व अशाब्दिक बुद्धि परीक्षण की तुलना

शाब्दिक परीक्षण	अशाब्दिक परीक्षण
1. इस तरह के बुद्धि परीक्षणों में एकाशों को भाषा के माध्यम से प्रकट किया जाता है	एकांशों के संकेत चित्र या वस्तुओं के माध्यम से प्रकट किया जाता है
2. यह संस्कृति अभिनति परीक्षण होता है	यह अपेक्षाकृत संस्कृति स्वच्छ परीक्षण होता है
3. शाब्दिक परीक्षणों में परीक्षार्थी को मौखिक अथवा लिखित रूप में शाब्दिक अनुक्रियाएं करनी होती हैं	एकांशों का उत्तर देने के लिए लिखित भाषा के उपयोग की आवश्यकता नहीं होती।
4. यह परीक्षण भिन्न संस्कृतियों के व्यक्तियों को नहीं दिया जा सकता है बल्कि केवल उन्हीं व्यक्तियों को दिया जा सकता है जिस सांस्कृतिक पृष्ठभूमि में वह परीक्षण निर्मित हुआ है	यह भिन्न संस्कृतियों के व्यक्तियों को आसानी से दिया जा सकता है।
5. यह परीक्षण केवल साक्षरों के लिए उपयुक्त है।	यह परीक्षण असाक्षर व साक्षर दोनों के बुद्धि के लिए उपयुक्त है।

व्यक्तिगत बुद्धि परीक्षण व सामूहिक बुद्धि परीक्षण की तुलना

व्यक्तिगत परीक्षण	सामूहिक परीक्षण
1. वैयक्तिक बुद्धि परीक्षण के द्वारा एक समय में एक ही व्यक्ति का बुद्धि परीक्षण किया जा सकता है, जैसे स्टेंनफोर्ड बिने परीक्षण	सामूहिक बुद्धि परीक्षण को एक साथ बहुत से व्यक्तियों को समूह में दिया जा सकता है जैसे आर्मी अल्फा परीक्षण
2. इस परीक्षण को प्रशासित करने के लिए अनुभवी व्यक्ति चाहिए	यह परीक्षा सामान्य योग्यता का व्यक्ति भी ले सकता है।
3. इस परीक्षण के माध्यम से परीक्षार्थी के सफलता के कारणों का पता लगाया जा सकता है	अपेक्षाकृत जटिल व दुरूह कार्य है
4. इस परीक्षा में परीक्षार्थी व परीक्षक का निकट संबंध होता है	इसमें निकट संबंध की सम्भावना नहीं के बराबर होती है
5. इस परीक्षा के माध्यम से परीक्षार्थी की भाषा और व्यवहार का पूर्ण ज्ञान हो जाता है	इस परीक्षा में इन तत्वों का आंशिक ज्ञान हो पाता है
6. इन परीक्षणों की विश्वसनीयता व वैधता अधिक होती है	विश्वसनीयता व वैधता अपेक्षाकृत कम होती है

बुद्धि परीक्षण की सीमाएँ

बुद्धि परीक्षण कई उपयोगी उद्देश्य को पूर्ण करता है जैसे- चयन, परामर्श, निर्देशन, आत्मविश्लेषण और निदान में। जब तक ये परीक्षण किसी प्रशिक्षित परीक्षणकर्ता द्वारा नहीं उपयोग किए जाते, जानबूझकर या अनजाने में इनका दुरुपयोग हो सकता है। अप्रशिक्षित परीक्षणकर्ताओं द्वारा किए गए बुद्धि परीक्षणों के कुछ दुष्परिणाम निम्नलिखित हैं:-

1. किसी परीक्षण पर किसी व्यक्ति का खराब प्रदर्शन, उसके निष्पादन व आत्मसम्मान पर प्रतिकूल प्रभाव डाल सकता है।
2. परीक्षण द्वारा माता-पिता, अध्यापकों तथा बड़ों के भेद-भावपूर्ण आचरण को बढ़ावा मिलने का भय बना रहता है।
3. मध्यवर्गीय और उच्चवर्गीय जनसंख्याओं के पक्ष में अभिनत (पक्षपातपूर्ण) बुद्धि परीक्षण समाज के सुविधावंचित समूहों से आने वाले बच्चों की IQ को कम आंकने की सम्भावना बनी रहती है।
4. बुद्धि परीक्षा सृजनात्मक संभाव्यताओं और बुद्धि के व्यावहारिक पक्ष का माप नहीं कर पाता है और उनका जीवन में सफलता से ज्यादा संबंध नहीं होता। बुद्धि जीवन के विभिन्न क्षेत्रों में उपलब्धियों का एक संभाव्य कारक हो सकती है।

बुद्धि के सिद्धान्त

बुद्धि की संरचना की पूर्णरूपेण व्याख्या तब हो पाती है जब हम बुद्धि के सिद्धान्तों की ओर ध्यान देते हैं। वास्तव में मनोवैज्ञानिकों को प्रारम्भ से ही प्रयास रहा है कि बुद्धि की व्याख्या करने के लिए एक वैज्ञानिक सिद्धान्त का प्रतिपादन किया जाए। इस प्रयास के परिणामस्वरूप हमें बुद्धि के कई सिद्धान्त प्राप्त हैं। सिद्धान्तों का वर्गीकरण मूल रूप से निम्नांकित दो प्रमुख श्रेणियों में किया गया है-

(क) कारकीय सिद्धान्त (Factorial Theories)
(ख) प्रक्रिया-उन्मुखी सिद्धान्त (Process-oriented Theories)

कारकीय सिद्धान्तों की व्याख्या निम्न प्रकार से है-

कारकीय सिद्धान्त Factorial Theories

इसके अन्तर्गत उन मनोवैज्ञानिकों के सिद्धान्तों को सम्मिलित किया गया है जिन्होंने बुद्धि की संरचना (structure) की व्याख्या कुछ कारकों के रूप में की है। प्राय: इन कारकों को विशेष सांख्यिकीय विधि (Statistical Analysis) जिसे कारक विश्लेषण (factor analysis) कहा जाता है, के आधार पर ज्ञात किया जाता है। इस श्रेणी के अन्तर्गत आने वाले प्रमुख सिद्धान्त निम्न प्रकार से हैं-

(1) एक-कारक सिद्धान्त (Unitary or Monarchic Theory)
(2) स्पीयरमैन का द्विकारक सिद्धान्त (Spearman's Two Factor Theory)
(3) थर्स्टन का समूहकारक सिद्धान्त (Thurstone Group Factor Theory)

(4) बहुकारक सिद्धान्त (Multi Factor Theory)
(5) कैटेल का सिद्धान्त (Catell's Theory)
(6) गार्डनर का बहु बुद्धि सिद्धान्त (Gardner's Theory of Multiple intelligence)
(7) पदानुक्रमिक सिद्धान्त (Hierarchical Theory)

मनोवैज्ञानिकों के दो समूह हैं

प्रथम समूह में वैसे मनोवैज्ञानिक हैं जिनका मत है कि बुद्धि समस्या समाधान करने, तर्क करने तथा ज्ञान प्राप्त करने की एक सामान्य एवं संगठित क्षमता है। स्पीयरमैन इस समूह के अग्रणी मनोवैज्ञानिक हैं जिनका मानना है कि किसी भी बौद्धिक कार्य के निष्पादन का आधार सामान्य कारक होता है।

द्वितीय समूह में उन वैज्ञानिकों को स्थान दिया गया है जो यह मानते हैं कि बुद्धि बहुत सारी भिन्न-भिन्न मानसिक क्षमताओं, जो करीब-करीब स्वतन्त्र रूप से क्रियाशील होती हैं, का एक योग होता है। इसमें थर्स्टन, कैटेल, थार्नडाइक, वर्तन, गिलफोर्ड तथा गार्डनर आदि के नाम प्रसिद्ध हैं।

प्रक्रिया उन्मुखी सिद्धान्त

लगभग 1960 तक बुद्धि के स्वरूप की व्याख्या कारक सिद्धान्तों द्वारा काफी प्रभावित रही। परन्तु इसके बाद के वर्षों में जब संज्ञानात्मक मनोविज्ञान (Cognitive Psychology) पर अधिक जोर दिया जाने लगा, तो वैसी परिस्थिति में बुद्धि के स्वरूप की व्याख्या नये-नये सिद्धान्तों द्वारा अधिक की जाने लगी। इन सिद्धान्तों को प्रक्रिया-उन्मुखी सिद्धान्त कहा गया। इस सिद्धान्त की मुख्य विशेषता यह है कि इसके द्वारा बुद्धि के स्वरूप की व्याख्या उसके भिन्न-भिन्न कारकों के रूप में न करके उन बौद्धिक प्रक्रियाओं के रूप में की गयी है जिसे व्यक्ति किसी समस्या के समाधान करने में या सोच विचार करने में लगाता है। इस सिद्धान्त के अन्तर्गत बुद्धि के लिए संज्ञान (Cognition) तथा संज्ञानात्मक प्रक्रिया (Cognitive process) का प्रयोग अधिक किया गया। ये सिद्धान्त निम्नांकित दो तथ्यों की व्याख्या से सम्बन्धित है-

1. व्यक्ति किसी दिए हुए समस्या का समाधान करने में किन-किन प्रक्रियाओं का सहारा लेता है?
2. व्यक्ति में बौद्धिक प्रक्रियाओं (intellectual processes) का विकास कैसे होता है? जैसे-जैसे व्यक्ति में परिपक्वता बढ़ती जाती है, वैसे-वैसे इन प्रक्रियाओं में किस ढंग का परिवर्तन आता है?

   इसके अन्तर्गत पियाजे, ब्रुनर, स्टेनवर्ग, जुआन पासकुएल लियोनी, जेन्सन आदि मनोवैज्ञानिकों के सिद्धान्त प्रमुखता से आते हैं।

स्पीयरमैन का द्विकारक सिद्धान्त

इस सिद्धान्त का प्रतिपादन ब्रिटेन के मनोवैज्ञानिक स्पीयरमैन ने 1904 में किया। इन्होंने कारक विश्लेषण की प्रविधि द्वारा कई प्रयोगात्मक अध्ययनों से प्राप्त आँकड़ों का विश्लेषण किया और बताया कि बुद्धि की संरचना में मूल रूप से दो कारक निहित होते हैं- सामान्य कारक (General factor या 'g' factor) तथा विशिष्ट कारक (Specific factor या 's' factor)

सामान्य कारक या 'g' कारक-स्पीयरमैन के अनुसार 'g' कारक से तात्पर्य यह होता है कि प्रत्येक व्यक्ति में कोई भी मानसिक कार्य करने की एक सामान्य क्षमता (general capacity) भिन्न-भिन्न मात्रा में मौजूद होती है। यही कारण है कि 'g' कारक को स्पीयरमैन ने मानसिक ऊर्जा की संज्ञा प्रदान की है। स्पीयरमैन के अनुसार जिस व्यक्ति में 'g' कारक जितना ही अधिक होगा वह व्यक्ति उतना ही अधिक सभी तरह के मानसिक कार्यों को करने में प्रवीण होगा।

सामान्य कारक की विशेषताएं

स्पीयरमैन के अनुसार सामान्य कारक की दो प्रमुख विशेषताएं हैं-

1. सामान्य कारक जन्मजात योग्यता है। इसलिए इस कारक पर किसी तरह के शिक्षण, प्रशिक्षण, पूर्व अनुभवों आदि का प्रभाव नहीं पड़ता है।
2. प्रत्येक व्यक्ति में सामान्य कारक की मात्रा निश्चित होती है। इसका तात्पर्य यह नहीं है कि सभी व्यक्तियों में इसकी मात्रा समान होती है। वास्तव में, प्रत्येक व्यक्ति में प्रत्येक मानसिक कार्य करने की जो क्षमता होती है, वह निश्चित नहीं होती है। किसी में इस क्षमता की मात्रा अधिक हो सकती है तथा किसी में इसकी मात्रा कम हो सकती है।

   विशिष्ट कारक या 'S' कारकः स्पीयरमैन का यह भी विचार था कि प्रत्येक मानसिक कार्य करने में कुछ विशिष्टता की भी आवश्यकता पड़ती है क्योंकि मानसिक कार्य एक दूसरे से कुछ न कुछ भिन्न होते हैं। स्पीयरमैन ने इसे ही 'S' कारक का नाम दिया है।

विशिष्ट कारक की विशेषताएं

विशिष्ट कारक की विशेषताएं निम्नलिखित हैं-

(1) एक ही व्यक्ति में विशिष्ट कारक की मात्रा भिन्न-भिन्न कार्यों के लिए निश्चित नहीं होती है। एक कार्य के लिए एक व्यक्ति में विशिष्ट कारक की मात्रा अधिक हो सकती है परन्तु उसी व्यक्ति में दूसरे कार्य के लिए विशिष्ट कारक की मात्रा कम हो सकती है। जैसे, एक व्यक्ति में गाना गाने का विशिष्ट कारक अधिक हो सकता है परन्तु उसी व्यक्ति में पेंटिंग की क्रिया के लिए जिस विशिष्ट कारक की जरूरत है, उसकी मात्रा कम हो सकती है।

(2) विशिष्ट कारक का स्वरूप परिवर्तनशील होता है। एक मानसिक क्रिया में एक तरह के विशिष्ट कारक की आवश्यकता होती है तो दूसरे तरह की मानसिक क्रिया में दूसरे तरह के विशिष्ट कारक की आवश्यकता होती है।

(3) विशिष्ट कारक पर व्यक्ति के प्रशिक्षण, पूर्व अनुभवों आदि का काफी प्रभाव पड़ता है। प्रशिक्षण देकर हम किसी खास मानसिक कार्य के लिए आवश्यक विशिष्ट कारक की मात्रा को बढ़ा सकते हैं। दूसरे शब्दों में, प्रशिक्षण देकर हम किसी को अच्छा 'तबलावादक' बना सकते हैं या अच्छा 'चित्रकार' बना सकते हैं।

स्पीयरमैन के द्विकारक सिद्धान्त की उपयुक्त व्याख्या से स्पष्ट है कि स्पीयरमैन के अनुसार बौद्धिक कार्य में सामान्य कारक तथा विशिष्ट कारक दोनों ही सम्मिलित होते हैं जिसे चित्र के द्वारा स्पष्ट किया जा सकता है।

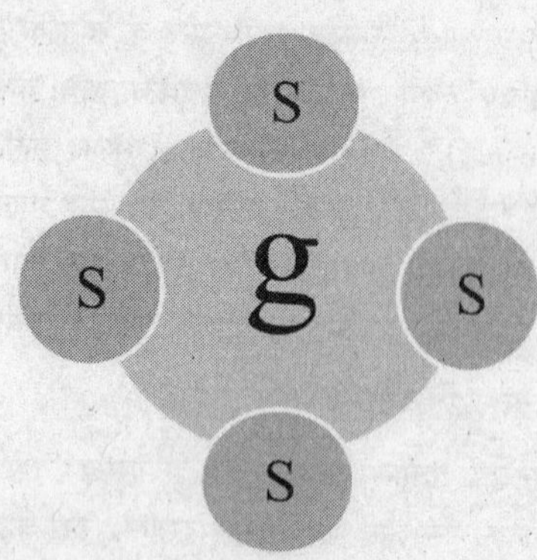

चित्र: स्पीयरमैन का द्विकारक सिद्धान्त

स्पष्ट है कि इन दोनों कारकों में 'g' कारक को अधिक महत्व दिया गया है। 'g' कारक कम होने से व्यक्ति को किसी भी बौद्धिक कार्य करने में पूर्ण सफलता नहीं मिलेगी। स्पीयरमैन के अनुसार विषयों में स्थानान्तरण केवल सामान्य कारकों के द्वारा ही सम्भव होता है। इसलिए स्पीयरमैन के बुद्धि सिद्धान्त को 'g' कारक सिद्धान्त भी कहा गया है। जबकि विशिष्ट कारक व्यक्ति की किन्हीं विशेष क्रियाओं में पाया जाता है। विभिन्न व्यक्तियों में भिन्न-भिन्न प्रकार के विशिष्ट कारक पाए जाते हैं। एक व्यक्ति में केवल एक विशिष्ट कारक पाया जाता है तो अन्य में कई विशिष्ट कारक निहित रहते हैं। व्यक्ति की विषय में प्रवीणता उसकी विशिष्ट योग्यताओं के अतिरिक्त सामान्य योग्यताओं पर निर्भर है जो उसकी सम्पूर्ण मानसिक क्रियाओं को प्रभावित करती है।

स्पीयरमैन के द्विकारक सिद्धान्त की आलोचना

(1) स्पीयरमैन के सिद्धान्त में बुद्धि की व्याख्या सिर्फ दो कारकों अर्थात् 'g' कारक तथा 'S' कारक के आधार पर की गयी है। थर्स्टन एवं गिलफोर्ड ने स्पीयरमैन के इस तथ्य की आलोचना की है और कहा है कि बुद्धि की व्याख्या करने के लिए अनेक कारकों की आवश्यकता पड़ती है जो केवल दो तत्त्वों या कारकों से सम्भव नहीं है।

(2) स्पीयरमैन के अनुसार प्रत्येक कार्य को करने में कुछ सामान्य योग्यता की आवश्यकता पड़ती है और कुछ विशिष्ट योग्यता की। इसका अर्थ हुआ कि प्रत्येक कार्य में अलग-अलग विशिष्ट योग्यता चाहिए। परन्तु व्यवहार में हम ऐसा नहीं पाते। अनेक कार्यों को मिलाकर ऐसे समूहों में बाँटा जा सकता है जिसमें एक ही प्रकार की योग्यता की आवश्यकता पड़ती है, जैसे-फोरमैन, मैकेनिक एवं इंजीनियर के कार्य में, या नर्सिंग, कम्पांउडर तथा डॉक्टर के व्यवसाय में।

इन आलोचनाओं के बावजूद स्पीयरमैन का बुद्धि सिद्धान्त बहुत ही महत्वपूर्ण सिद्धान्त है और इसे मनोवैज्ञानिकों द्वारा बुद्धि के अन्य कारक सिद्धान्तों की नींव माना गया है।

थर्स्टन का समूह कारक सिद्धान्त

इस सिद्धान्त का प्रतिपादन एल.एल. थर्स्टन; 1938 द्वारा किया गया है जो कई वर्षों तक किए गए कारक विश्लेषण से प्राप्त तथ्यों पर आधारित है।

इस सिद्धान्त के अनुसार, बुद्धि की व्याख्या कई कारकों के आधार पर की जाती है न कि सिर्फ दो कारकों के आधार पर। इस सिद्धान्त के अनुसार किसी बौद्धिक कार्य में अनेक छोटे-छोटे विशिष्ट कारक या तत्त्व नहीं पाए जाते हैं जो अलग-अलग मानसिक क्षमताओं के द्योतक हों। साथ ही साथ किसी बौद्धिक कार्य में 'g' कारक की भी प्रधानता नहीं होती है। इस प्रकार थर्स्टन ने स्पीयरमैन के 'g' कारक की मान्यता को अस्वीकृत किया है।

थर्स्टन के समूह कारक सिद्धान्त के अनुसार मानसिक प्रक्रियाओं या क्षमताओं का एक सामान्य प्राथमिक कारक (common primary factor) होता है जो उन सभी मानसिक प्रक्रियाओं को आपस में सूत्र में बांधे रखता है तथा साथ ही साथ इन मानसिक क्रियाओं को अन्य मानसिक क्रियाओं से भिन्न रखता है। ऐसी सभी मानसिक प्रक्रियाएँ जिनका एक प्राथमिक कारक होता है, आपस में सहसम्बन्धित होते हैं एवं एक साथ मिलकर समूह का निर्माण करते हैं। इस समूह का प्रतिनिधित्व करने वाले कारक को प्राथमिक कारक (primary factor) की संज्ञा दी जाती है।

इसी तरह से दूसरे तरह की मानसिक प्रक्रियाओं को एक सूत्र में बाँधने वाला अन्य प्राथमिक कारक होता है। ऐसी सभी प्रक्रियाओं का एक अन्य समूह होता है। फिर तीसरे तरह की मानसिक क्षमताओं का एक तीसरा प्राथमिक कारक होता है जो उन सभी क्षमताओं को आपस में बांधकर रखता है।

थर्स्टन ने अपने सिद्धान्त में सात प्राथमिक या प्रारम्भिक मानसिक क्षमताओं (Primary Mental Abilities) का स्पष्टीकरण किया है। उन सात प्रारम्भिक मानसिक क्षमताओं का वर्णन निम्नांकित है-

1. **शाब्दिक अर्थ क्षमता (Verbal meaning ability or V):** शब्दों तथा वाक्यों के अर्थ एवं शाब्दिक सम्बन्धों को समझने की क्षमता को शाब्दिक अर्थ क्षमता कहा गया है जिसे अक्षर 'V' द्वारा सम्बोधित किया गया है। शाब्दिक सम्बन्धों को समझने की क्षमता को निम्न उदाहरण द्वारा स्पष्ट किया जा सकता है-

   उदाहरण- पैर: जूता:: हाथ:?(अंगूर, सिर, दस्ताना, अंगुली)

   उत्तर- दस्ताना

2. **शब्द प्रवाह क्षमता (Word fluency ability or W):** दिए हुए शब्दों से असम्बन्धित या अलग शब्दों को त्वरित गति से सोचने की क्षमता को शब्द प्रवाह कहा गया है। इसे अक्षर 'w' से सम्बोधित किया गया।

   उदाहरण- निम्नांकित अक्षरों को इस प्रकार व्यवस्थित करें कि जानवरों के नाम बन जाएँ-

अक्षर	**उत्तर**
odg	dog
ebar	bear
act	cat

   उदाहरण- क अक्षर से शुरू होने वाले शब्द लिखो।

   (उत्तर- कमल, कलम, कबूतर, कौआ, कल.......)

3. **आंकिक क्षमता (Numerical ability or N) :** परिशुद्धता (accuracy) तथा तीव्रता के साथ आंकिक गणना (manipulate) करने की क्षमता को आंकिक क्षमता कहा गया है और इसे अक्षर 'S' द्वारा सम्बोधित किया गया। उदाहरणार्थ-

   755

   $(29)^2$ = 841

   872

   910

4. **स्थानिक क्षमता (Spatial ability or S)**– किसी दिए हुए स्थान (space) में काल्पनिक रूप से वस्तुओं के परिचालन (manipulate) करने की क्षमता को स्थानिक क्षमता कहा गया। इसे अक्षर 'S' से सम्बोधित किया गया। यह दो-तीन परिमाणों में स्थान स्मरण करने की सामर्थ्य है।

5. **तर्क क्षमता (Reasoning ability or R)**– वाक्यों के समूह या अक्षरों के समूह में छिपे नियम (Principle) की खोज करने की क्षमता को तर्क क्षमता कहा गया। इसे अक्षर 'R' द्वारा सम्बोधित किया गया। निम्न उदाहरण के द्वारा यह स्पष्ट होता है-

उदाहरण-	गुप्त लेखन
SAW	5, 8, 3
SAT	5, 8, 6
WAS	3, 8, 5

बताओ कौन सा अक्षर किस अंक के लिए है?

उत्तर - S = 5, W=3, A=8, T=6

6. **स्मृति क्षमता (Memory ability or M)**– किसी पाठ, विषय या घटना को शीघ्रता से स्मरण कर लेने की क्षमता को स्मृति क्षमता कहा गया। इसे अक्षर 'M' से सम्बोधित किया गया। इसमें शब्दों के साथ कुछ अंक दिए रहते हैं, जैसे- Box 76, Chain 54, Fan 39, Lamp 80। अगले पृष्ठ पर वस्तु का संख्या क्रम दिया रहता है और प्रयोज्य को वस्तुओं के नाम बताने पड़ते हैं।

7. **प्रत्यक्षीकरण गति क्षमता (Perceptual Speed ability or P)**– किसी घटना या वस्तु की विस्तृतता (details) का तेजी से प्रत्यक्षीकरण करने की क्षमता इसके अन्तर्गत आती है। प्रत्यक्ष विवरणों को शीघ्रता एवं यथार्थता से ग्रहण करना, समानताओं एवं अन्तरों की शीघ्र पहचान करना इसी योग्यता से सम्बन्धित है। इसका सम्बोधन 'P' अक्षर द्वारा किया गया। इसको स्पष्टता से निम्न उदाहरण द्वारा समझा जा सकता है-

उदाहरण-

696	980
352	552
456	666
696	630
870	980
230	240
696	980

स्तम्भ के ऊपर जो संख्याएँ लिखी हैं, उन्हें देखें। नीचे की संख्याओं में वे दुबारा कहाँ हैं? उन्हें रेखांकित करें।

इस तरह से हम देख सकते हैं कि थर्स्टन ने अपने सिद्धान्त में प्राथमिक क्षमताओं के आधार पर बुद्धि की व्याख्या की है। ये सभी क्षमताएँ एक दूसरे से स्वतन्त्र होती हैं। इसकी संरचना को निम्न चित्र द्वारा भली-भाँति समझा जा सकता है-

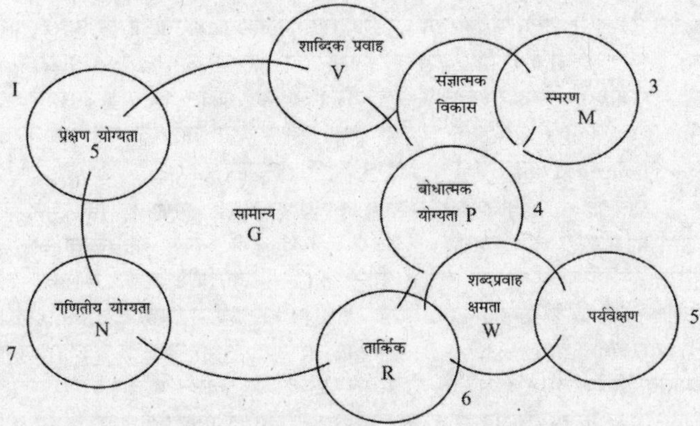

चित्र: थर्स्टन का समूहकारक सिद्धान्त

उपर्युक्त चित्र में N आंकिक योग्यता, R तर्कक्षमता, V शाब्दिक अर्थ क्षमता, W शब्द प्रवाह क्षमता, S स्थानिक क्षमता, M स्मृति क्षमता तथा P प्रत्यक्षीकरण गति क्षमता को दर्शाता है।

समूह कारक सिद्धान्त की आलोचना

एटकिन्सन तथा हिलगार्ड (Atkinson & Hilgard, 1983) ने थर्स्टन के सिद्धान्त की समीक्षा की और बताया कि इस सिद्धान्त में कुछ दोष भी हैं जो इस प्रकार है-

1. थर्स्टन ने इस बात पर पर्याप्त जोर दिया है कि उनके द्वारा प्रतिपादित सात प्राथमिक क्षमताएँ एक दूसरे से स्वतन्त्र हैं अर्थात् उनमें सहसम्बन्ध नहीं है। परन्तु कई मनोवैज्ञानिकों ने यह स्पष्ट रूप से पाया है कि ये सभी क्षमताएं आपस में पूर्णत: स्वतन्त्र नहीं हैं बल्कि वे काफी हद तक सहसम्बन्धित हैं।
2. थर्स्टन के अनुसार चूँकि ये सभी सात क्षमताएँ आपस में स्वतन्त्र होती हैं, अत: 'g' कारक के समान कोई कारक वास्तव में नहीं होता है। इसी आधार पर थर्स्टन ने स्पीयरमैन के 'g' कारक को अस्वीकृत किया था। लेकिन जब सचमुच में ये सात क्षमताएं स्वतन्त्र न होकर आपस में सहसम्बन्धित पाई गईं तो ऐसी परिस्थिति में स्पीयरमैन के 'g' कारक को ही समर्थन मिल जाता है। थर्स्टन ने भी इस आलोचना को स्वीकार किया है और कहा है कि वे सात क्षमताएं प्रथम क्रम के 'g' कारक नहीं हैं बल्कि द्वितीय क्रम के 'g' कारक हैं।
3. थर्स्टन के सिद्धान्त का आधार कारक विश्लेषण था। कारक विश्लेषण था कारक विश्लेषण द्वारा कितनी तरह की क्षमताओं की पहचान की जा सकती है, यह तो निश्चित नहीं है। अत: थर्स्टन द्वारा यह निश्चित कर देना कि बुद्धि में मूलत: सात ही तरह की प्राथमिक मानसिक क्षमताएं होती हैं, न तो उचित है और न ही वैज्ञानिक।

थॉर्नडाइक का बहुकारक सिद्धान्त

थॉर्नडाइक ने स्पीयरमैन के सिद्धान्त का खण्डन करते हुए कहा है कि बुद्धि सिर्फ दो कारकों या तत्त्वों के मिलने से नहीं होता है बल्कि बुद्धि की रचना बहुत से छोटे-छोटे तत्वों या कारकों के मिलने से होती है। प्रत्येक कारक या तत्व एक विशिष्ट मानसिक क्षमता का प्रतिनिधित्व करते हैं तथा साथ ही साथ एक दूसरे से स्वतन्त्र होते हैं। ऐसे ही बहुत से कारकों के आपस में मिलने से बुद्धि की रचना होती है, ठीक वैसे ही जैसे अनेक ईंटों के मिलने से एक मकान का निर्माण होता है। जिस तरह प्रत्येक ईंट एक दूसरे से स्वतन्त्र होते हुए भी अपना योगदान करके एक मकान का निर्माण करता है, ठीक उसी तरह से अनेक विशिष्ट क्षमताएं जो एक दूसरे से स्वतन्त्र होती हैं, मिलकर बुद्धि का निर्माण करती हैं। अत: थॉर्नडाइक के सिद्धान्त के अनुसार कोई सामान्य बुद्धि नाम की चीज नहीं होती है जैसा कि स्पीयरमैन ने कहा था। बुद्धि कई विशेष मानसिक क्रियाओं या क्षमताओं का एक योग है।

थॉर्नडाइक के सिद्धान्त के अनुसार व्यक्ति के भिन्न-भिन्न मानसिक क्रियाओं के बीच सहसम्बन्ध का कारण 'g' कारक नहीं होता है बल्कि उन मानसिक क्रियाओं में कई उभयनिष्ठ तत्व पाए जाते हैं। दिये हुए मानसिक क्रियाओं में जितने ही अधिक उभयनिष्ठ तत्व (common elements) होंगे, उनके बीच सहसम्बन्ध उतना ही अधिक होगा। उदाहरणार्थ-मान लीजिए कि मानसिक कार्य 'X' तथा 'Y' में अलग-अलग 10-10 तत्वों या कारकों की आवश्यकता है। इन तत्वों या कारकों में से 8 ऐसे तत्व हैं, जो इन दोनों तरह की मानसिक क्रियाओं को पूरा करने में उभयनिष्ठ (Common) हैं।

ऐसी परिस्थिति में दोनों मानसिक कार्यों के बीच उच्च धनात्मक सहसम्बन्ध होगा। दूसरी ओर यदि यह मान लिया जाए कि इन दोनों मानसिक कार्यों के बीच दो-दो ही तत्व ऐसे हैं जिन्हें उभयनिष्ठ कहा जा सकता है। ऐसी परिस्थिति में इन दोनों कार्यों के बीच धनात्मक सम्बन्ध तो होगा, परन्तु काफी कम। इस प्रकार जब दो मानसिक कार्यों के प्रतिपादन में धनात्मक सहसम्बन्ध पाया जाता है तो यह स्पष्ट है कि उसमें उभयनिष्ठ कारक (common factor) निहित है। इन तत्वों या कारकों की उभयनिष्ठता के आधार पर थार्नडाइक ने स्पीयरमैन के 'g' कारक की एक तरह से आलोचना की है।

थॉर्नडाइक का यह भी विचार था कि कुछ मानसिक कार्य ऐसे होते हैं जिनके तत्वों की कारकों में उभयनिष्ठता (commonness) कम होती है। ऐसा

इसलिए होता है क्योंकि प्रत्येक मानसिक कार्य का स्वरूप भिन्न-भिन्न होता है। तत्वों की कारकों के बीच इस तरह की अ-उभयनिष्ठता (uncommonness) के कारण ही दो मानसिक कार्यों या उनके मापने के लिए बने परीक्षणों के बीच समसम्बन्ध पूर्ण नहीं होता है। इस तरह की व्याख्या देकर थार्नडाइक ने स्पीयरमैन के 'S' कारक की भी आलोचना की है क्योंकि इस व्याख्या से स्पष्ट हो जाता है कि दो मानसिक कार्यों या उन्हें मापने के लिए बने परीक्षणों के बीच कम सहसम्बन्ध 'S' कारक के कारण नहीं होता है, बल्कि इसलिए होता है क्योंकि इन दोनों मानसिक कार्यों के तत्वों या कारकों के बीच अ-उभयनिष्ठता होती है।

थॉर्नडाइक के द्वारा वर्णित बहुकारक सिद्धान्त के आधार पर बुद्धि की संरचना को चित्र के द्वारा स्पष्ट किया जा सकता है।

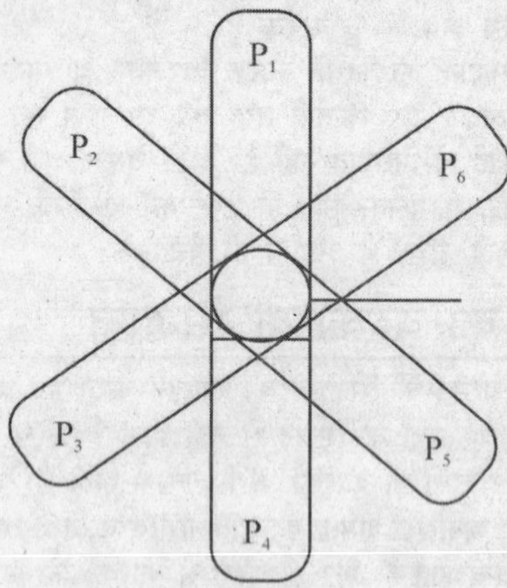

चित्र: थॉर्नडाइक का बहुकारक सिद्धान्त

प्रस्तुत चित्र में esa P_1, P_2, P_3, P_4, ... P_6 आदि विभिन्न मानसिक योग्यताएँ हैं और C उनमें उभयनिष्ठ (common factor) कारक है।

इस प्रकार इस सिद्धान्त में स्पीयरमैन के सामान्य कारक (General factor) की अवहेलना करके अपने द्वारा प्रतिपादित उभयनिष्ठ कारक को महत्व दिया गया है। यह उभयनिष्ठ कारक कुछ अंश में तो समस्त मानसिक क्रियाओं में पाया जाता है।

थार्नडाइक के सिद्धान्त की आलोचना

यदि ध्यानपूर्वक देखा जाए तो थार्नडाइक का सिद्धान्त स्पीयरमैन के सिद्धान्त से मौलिक रूप से भिन्न नहीं है। वास्तव में थार्नडाइक ने 'g' कारक को एक तरह से स्वीकार किया क्योंकि स्पीयरमैन ने जिसे सामान्य कारक या तत्व कहा है उसे थार्नडाइक ने उभयनिष्ठ तत्व (common element) कहा है तथा जिसे स्पीयरमैन ने विशिष्ट कारक या 'S' कारक कहा है उसे थार्नडाइक ने अ-उभयनिष्ठ (uncommon factor) कहा है।

यदि इन दोनों सिद्धान्तों में अन्तर है तो सिर्फ इतना कि स्पीयरमैन ने 'g' कारक को छोटी-छोटी इकाइयों या उपकारकों (subfactors) में नहीं बाँटा है जबकि थार्नडाइक ने इसे कई उपकारकों का योग माना है।

बुद्धि के कारक सिद्धान्त विश्लेषण एवं निष्कर्ष

पिछले खण्ड में आप बुद्धि के मुख्य कारक सिद्धान्तों का अध्ययन कर चुके हैं। उपरोक्त वर्णित सिद्धान्तों के द्वारा बुद्धि की संरचना को विभिन्न प्रकार से समझाने का प्रयोग किया गया। स्पीयरमैन ने जहाँ दो कारकों का उल्लेख किया वहीं थर्स्टन ने बुद्धि की संरचना में मुख्य रूप से सात प्राथमिक मानसिक क्षमताओं को स्वीकार किया जबकि थार्नडाइक ने माना कि बुद्धि की संरचना बहुत से छोटे-छोटे तत्वों या कारकों के मिलने से होती है।

स्पीयरमैन ने अपने प्रयोगों से यह निष्कर्ष निकाला कि बुद्धि दो कारकों का योग है। प्रथम कारक को उन्होंने सामान्य कारक ('g' कारक) तथा दूसरे को विशिष्ट कारक ('S' कारक) कहा। उन्होंने स्पष्ट किया कि सामान्य कारक या 'g' कारक व्यक्ति के सभी कार्यों में सहायक होता है जबकि विशिष्ट कारक या 'S' कारक कारक कार्य विशेष के लिए ही सहायक होता है। इस प्रकार विभिन्न प्रकार के विशिष्ट कारकों को S_1 S_2 S_3 S_4 आदि से व्यक्त किया।

दूसरे शब्दों में, सामान्य बुद्धि नाम की कोई चीज अवश्य है जो सभी क्रियाओं में विद्यमान रहती है और इसके अतिरिक्त कुछ विशिष्ट योग्यताएँ होती हैं जिनके द्वारा मनुष्य विशिष्ट समस्याओं का सामना करता है। उदाहरणस्वरूप किसी व्यक्ति की हिन्दी की योग्यता में कुछ तो उसकी सामान्य बुद्धि होती है और कुछ भाषा सम्बन्धी विशिष्ट योग्यता होती है। अर्थात $g + s_1$ या गणित में उसकी योग्यता कारण होगा $g + s_2$। इस प्रकार कई विशिष्ट योग्यताएँ हो सकती हैं। इस आधार पर व्यक्ति की पूर्ण बुद्धि (जिसे यदि 'A' की संज्ञा दे दी जाए) को इस प्रकार स्पष्ट किया जा सकता है- $g+s_1+s_2+s_3+ ...... = A$

एल.एल. थर्स्टन ने अपने प्रयोगों के आधार पर यह निष्कर्ष निकाला कि न तो बुद्धि किसी एक योग्यता का द्योतक है, न दो योग्यताओं का, न तीन योग्यताओं का और न अनेक योग्यताओं का, अपितु यह सामूहिक योग्यताओं के अनेक समूहों का योग है। उन्होंने आगे स्पष्ट किया कि प्रत्येक ऐसे समूह का एक प्राथमिक कारक होता है जो समूह का प्रतिनिधित्व करता है। उन्होंने इस प्रकार के सात प्राथमिक कारकों का उल्लेख किया। इस आधार पर बुद्धि की संरचना को संक्षेप में निम्नांकित रूप में व्यक्त किया जाता है-

बुद्धि = N+V+S+W+R+M+P

चहाँ N आंकिक क्षमता, V शाब्दिक अर्थक्षमता, S स्थानिक क्षमता, W शब्द प्रवाह क्षमता, R तर्क क्षमता, M आंकिक क्षमता, P प्रत्यक्षीकरण गति क्षमता का द्योतक है।

थर्स्टन के अनुसार ये सात मानसिक क्षमताएं ही बुद्धि के रूप में कार्य करती हैं। उन्होंने आगे स्पष्ट किया कि जिस मनुष्य में इन सात मानसिक क्षमताओं में जो क्षमता अधिक होती है वह व्यक्ति उसी के अनुकूल विकास करता है। दूसरे शब्दों में, थर्स्टन के प्राथमिक मानसिक क्षमताओं के आधार पर यह पता चल जाता है कि बुद्धि के खास-खास क्षेत्र में व्यक्ति कितना मजबूत या कमजोर है। उदाहरणस्वरूप, इन क्षमताओं के आधार पर यह आसानी से पता चल जाता है कि एक व्यक्ति शब्द प्रवाह तथा शाब्दिक बोध में बहुत मजबूत है किन्तु तर्क या विवेचना में बहुत कमजोर है।

थॉर्नडाइक ने बुद्धि की संरचना का वर्णन करते हुए कहा कि बुद्धि में सामान्य योग्यता का कारक (g कारक) जैसा कोई कारक नहीं होता अपितु इसके अन्तर्गत कई कारक होते हैं। किसी भी मानसिक क्रिया में कई कारक मिल कर कार्य करते हैं। उन्होंने स्पष्ट किया कि जिन अनुभवों में उद्दीपन (Stimulus, S) और अनुक्रिया (Response, R) में सम्बन्ध स्थापित हो जाता है उनका प्रयोग व्यक्ति भविष्य में उसी प्रकार की समस्याओं को हल करने में करता है। उन्होंने आगे स्पष्ट किया कि किसी कारण यदि कोई व्यक्ति एक प्रकार के कार्यों को करने में दक्ष है तो यह आवश्यक नहीं कि वह दूसरे कार्यों में भी दक्ष होगा।

थॉर्नडाइक के अनुसार बुद्धि के कोई एक, दो या तीन कारक नहीं होते। बुद्धि में कारक उतने ही होते हैं जितनी कि मनुष्य की क्रियाएँ। ये विभिन्न कारक मिलकर एक उभयनिष्ठ कारक का निर्माण करते हैं। आंकिक, शाब्दिक, दिशा, तर्क, स्मरण तथा भाषण की योग्यता इसके अतिरिक्त कारक हैं। थार्नडाइक का यह मत सम्बन्ध अथवा संयोजना पर आधारित है। जितने अधिक सम्बन्ध होंगे, व्यक्ति उतना ही बुद्धिमान होगा।

❑❑❑

5

अध्याय

व्यक्तित्व का विकास - अर्थ, प्रकार (अन्तर्मुखी, बहिर्मुखी, उभयमुखी)

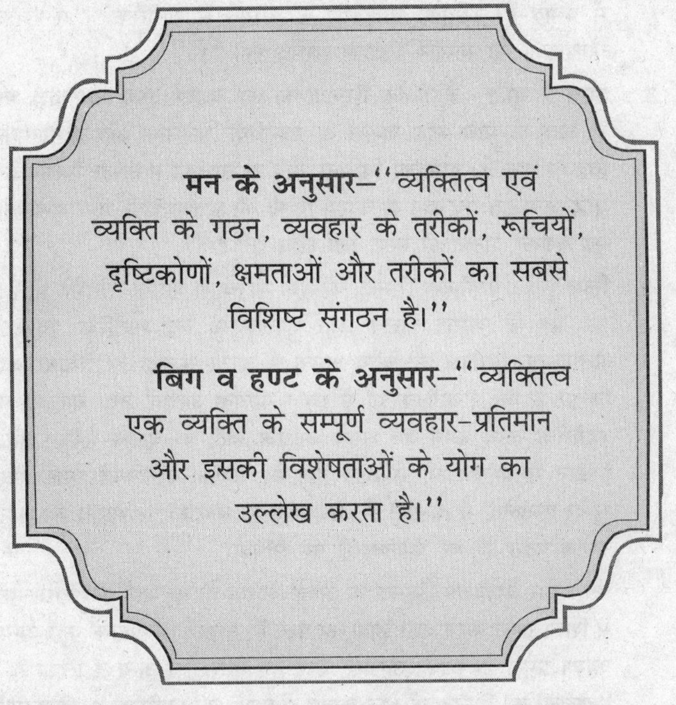

मन के अनुसार–''व्यक्तित्व एवं व्यक्ति के गठन, व्यवहार के तरीकों, रूचियों, दृष्टिकोणों, क्षमताओं और तरीकों का सबसे विशिष्ट संगठन है।''

बिग व हण्ट के अनुसार–''व्यक्तित्व एक व्यक्ति के सम्पूर्ण व्यवहार-प्रतिमान और इसकी विशेषताओं के योग का उल्लेख करता है।''

व्यक्तित्व की अवधारणा: अर्थ व परिभाषा

सामान्यत: व्यक्तित्व से अभिप्राय व्यक्ति के रूप, रंग, कद, लम्बाई, चौड़ाई अर्थात् शारीरिक संरचना, व्यवहार तथा मृदुभाषी होने से लगाया जाता है। ये समस्त गुण व्यक्ति के समस्त व्यवहार का दर्पण है।

व्यक्तित्व अंग्रेजी के पर्सनेल्टी (Personality) शब्द का रूपान्तर है। अंग्रेजी के इस शब्द की उत्पत्ति यूनानी भाषा के 'पर्सोना' (Persona) शब्द से हुई है, जिसका अर्थ है- **'नकाब'**। यूनानी लोग नकाब या मुखौटा पहनकर मंच पर अभिनय करते थे, ताकि दर्शकगण यह न जान सकें कि अभिनय करने वाला कौन है?

रैक्स के अनुसार- ''व्यक्तित्व समाज द्वारा मान्य तथा अमान्य गुणों का संगठन है।''

व्यक्तित्व के प्रकार

व्यक्तित्व के सन्दर्भ में अलग-अलग शिक्षा शास्त्रियों ने अपने विचार पृथक-पृथक प्रकट किये हैं। इनमें से निम्नांकित तीन वर्गीकरण को साधारणत: स्वीकार किया जाता है, पर सबसे अधिक महत्वपूर्ण अन्तिम को माना जाता है-

1. **शरीर रचना प्रकार**- जर्मन विद्वान क्रेश्मर ने शरीर रचना के आधार पर व्यक्तित्व के तीन प्रकार बताए हैं-
   (1) शक्तिहीन (2) खिलाड़ी (3) नाटा
2. **समाजशास्त्रीय प्रकार**- स्प्रेंगर ने अपनी पुस्तक "Types of Men" में व्यक्ति के सामाजिक कार्यों और स्थिति के आधार पर व्यक्तित्व के छ: प्रकार बताए हैं; यथा-
   (1) सैद्धान्तिक (2) राजनीतिक (3) आर्थिक
   (4) धार्मिक (5) सामाजिक (6) कलात्मक
3. **मनोवैज्ञानिक प्रकार**- मनोवैज्ञानिकों ने मनोवैज्ञानिक लक्षणों के आधार पर व्यक्तित्व का वर्गीकरण किया है। मनोविश्लेषणवादी युग ने व्यक्ति को दो भागों में बाँटा है-
   (1) अन्तर्मुखी
   (2) बहिर्मुखी तथा दोनों के मिश्रित उभयोमुखी

1. ***अन्तर्मुखी व्यक्तित्व***- ऐसे व्यक्तित्व का व्यक्ति चिन्तनशील होता है तथा अपनी ही ओर केन्द्रित रहता है। इस व्यक्तित्व के लक्षण, स्वभाव, आदतें, अभिवृत्तियाँ आदि बाह्य रूप में प्रकट नहीं होते हैं। इसीलिए, इसको अन्तर्मुखी कहा जाता है। इसका विकास बाह्य रूप में न होकर आन्तरिक रूप में होता है। अन्तर्मुखी व्यक्तित्व की निम्नलिखित विशेषताएं है-
   (1) वे एकांकी होते हैं।
   (2) ऐसे व्यक्ति का बाह्य जगत की वस्तुओं से कम अनुराग होता है।
   (3) वे कर्त्तव्य परायण होते हैं तथा समय का सदैव ध्यान रखते हैं।
   (4) यह चिन्ताग्रस्त होते हैं तथा अपनी वस्तुओं व कष्टों के प्रति सजग होते हैं।
   (5) यह व्यवहार कुशल नहीं होता तथा हँसी, मजाक एवं व्यर्थ के छलों आदि में नहीं फँसता।
   (6) युंग ने अन्तर्मुखी व्यक्तियों को विचार प्रधान, भावप्रधान, तर्क प्रधान व दिव्यदृष्टि प्रधान चार रूपों में विभक्त किया है।
   (7) अच्छे लेखक होते हैं परन्तु अच्छे वक्ता नहीं क्योंकि चिन्तन का धरातल प्रबल होता है।
   (8) ये स्वयं के लिए चिन्तशील होते हैं तथा शान्त मुद्रा में रहते हैं।
   (9) ये भाव प्रधान होते हैं, आत्मचिन्तन करते हैं तथा आत्मोदार हेतु लीन रहते हैं।
   (10) ये प्राय: प्रतिक्रियावादी होते हैं तथा यथार्थ को अपने स्वभाव के अनुरूप ढालने का प्रयास करते हैं।

2. ***बहिर्मुखी व्यक्तित्व-*** ऐसे व्यक्तित्व वाले व्यक्ति की रुचि बाह्य जगत में होती है। वे अपने विचारों और भावनाओं को स्पष्ट रूप से व्यक्त करते हैं। वे संसार के भौतिक और सामाजिक लक्ष्यों में विशेष रूचि रखते हैं। इसकी निम्नलिखित विशेषताएँ हैं-

(1) ये सबको प्रसन्न करने वाले होते हैं तथा प्रशंसकों से घिरे रहने की कामना करते हैं।

(2) इनमें कार्यकुशलता की मात्रा अन्तर्मुखी से अधिक होती है।

(3) वातावरण के साथ आसानी से अनुकूलन कर लेते हैं।

(4) ये विचार प्रधान तथा व्यवहार-कुशल होते हैं तथा निर्णय भी भावों के अनुरूप ही लेते हैं।

(5) बाह्य क्रियाओं की ओर संवेदनशील होते हैं।

(6) आत्मचिन्तनशील नहीं होते परन्तु सभी के विचारों के आधार पर अपना विचार प्रकट करते हैं।

(7) स्वयं की पीड़ा परिस्थिति की चिन्ता नहीं करते व चिन्तामुक्त होते हैं।

(8) ये धारा प्रवाह बोलने वाले होते हैं।

3. ***उभयमुखी व्यक्तित्व-*** कुछ ऐसे भी व्यक्ति होते हैं, जो दोनों का सम्मिश्रण होते हैं, उन्हें उभयोमुखी या विकासोन्मुखी कहते हैं।

इस प्रकार अलग-अलग व्यक्तियों के अलग-अलग गुण होने के कारण उनके दृष्टिकोण में अन्तर पाया जाता है। इनके दृष्टिकोणों का अध्ययन कर हम इनके व्यक्तित्व के विभिन्न पक्षों में विकास करने का प्रयास कर सकते हैं तथा परिवार में माता-पिता तथा विद्यालय में शिक्षक से उचित मार्गदर्शन ले सकते हैं।

वैयक्तिक भिन्नता

जब दो बालक विभिन्न समानताएँ रखते हुए भी आपस में भिन्नता व्यवहार करते हैं तो इसे 'वैयक्तिक भिन्नता' कहा जाता है। वैयक्तिक भिन्नता से अभिप्राय है कि प्रत्येक व्यक्ति में जैविक, मानसिक, सांस्कृतिक, संवेगात्मक अन्तर पाया जाना।

- **स्किनर के अनुसार-** ''व्यक्तिगत विभिन्नता में सम्पूर्ण व्यक्तित्व का कोई भी ऐसा पहलू सम्मिलित हो सकता है, जिसका माप किया जा सकता है।''
- **टायलर के अनुसार-** ''शरीर के आकार और स्वरूप, शारीरिक गति सम्बन्धी क्षमताओं, बुद्धि, उपलब्धि, ज्ञान, रूचियों, अभिवृत्तियों और व्यक्तित्व के लक्षणों में माप की जा सकने वाली विभिन्नताओं की उपस्थिति सिद्ध की जा चुकी है।''

यदि हम उपर्युक्त कथनों का विश्लेषण करें, तो स्पष्ट होता है कि व्यक्तिगत भिन्नताओं के अन्तर्गत किसी एक विशेषता को आधार मानकर हम अन्तर स्थापित नहीं करते बल्कि सम्पूर्ण व्यक्तित्व के आधार पर अन्तर करते हैं।

वैयक्तिक भिन्नता के प्रभावी कारक

वैयक्तिक भिन्नता का प्रभाव अधिगम प्रक्रिया तथा उसकी उपलब्धि पर पड़ता है। बुद्धि तथा व्यक्तित्व, वैयक्तिक भिन्नता के आधार हैं। इसके कारण सीखने की क्रिया प्रभावित होती है। वैयक्तिक विभिन्नताओं के अनेक कारण हैं, जिनमें से महत्वपूर्ण कारक निम्नांकित हैं-

1. **वंशानुक्रम-** वंशानुक्रम में वे सभी जीन्स सम्मिलित हैं, जो एक बालक को उसके माता-पिता से गर्भधारण के समय प्राप्त होते हैं। वंशानुक्रम एक प्रकार की वंशपरम्परागत शक्ति है जिसके द्वारा माता-पिता और पूर्वजों के गुण नवनिर्मित शिशु में स्थानान्तरित होते हैं। इसमें शारीरिक और मानसिक, दोनों प्रकार के गुणों का स्थानान्तरण होता है।

2. **वातावरण-** वैयक्तिक भिन्नताओं का दूसरा महत्वपूर्ण कारण है- वातावरण मनोवैज्ञानिकों का तर्क है कि व्यक्ति जिस प्रकार के सामाजिक वातावरण में निवास करता है, उसी के अनुरूप उसका व्यवहार, रहन-सहन, आचार-विचार आदि होते हैं। अतः विभिन्न सामाजिक वातावरणों में निवास करने वाले व्यक्तियों में भिन्नताओं का होना स्वाभाविक है। यही बात भौतिक और सांस्कृतिक वातावरणों के विषय में भी कही जा सकती है। वातावरण कारक का शारीरिक और मानसिक विकास, दोनों ही क्षेत्रों में प्रभाव है। उपयुक्त वातावरण के अभाव में शारीरिक व मानसिक योग्यताओं का सामान्य विकास सम्भव नहीं है।

3. **आयु व बुद्धि-** वैयक्तिक भिन्नता का एक कारण आयु और बुद्धि भी है। आयु के साथ-साथ बालक का शारीरिक, मानसिक और संवेगात्मक विकास होता है। इसीलिए विभिन्न आयु के बालकों में अन्तर मिलता है। बुद्धि जन्मजात गुण होने के कारण किसी को प्रतिभाशाली और किसी को मूढ़ बनाकर अन्तर की स्पष्ट रेखा खींच देती है।

4. **लिंग भेद-** वैयक्तिक भिन्नता का एक महत्वपूर्ण कारक लिंगभेद भी है। इस भेद के कारण बालक और बालिकाओं की शारीरिक बनावट, संवेगात्मक विकास की कार्य क्षमता में अन्तर मिलता है। स्किनर का विचार है कि, ''बालिकाओं में स्मृति योग्यता अधिक तथा बालकों में शारीरिक कार्य करने की क्षमता अधिक होती है। बालक गणित और विज्ञान में बालिकाओं से आगे होते हैं, जबकि बालिकायें भाषा और सुन्दर हस्तलेख में बालकों से आगे होती हैं। बालकों पर सुझाव का कम प्रभाव पड़ता है, पर बालिकाओं पर अधिक।

इस प्रकार वैयक्तिक भिन्नता के अनेक कारक हैं। पर जहाँ तक विद्यालयों में शिक्षा ग्रहण करने वाले छात्रों का प्रश्न है, उसकी भिन्नता के कुछ अन्य कारण प्रमुख है। इनका उल्लेख करते हुए गैरीसन व अन्य ने लिखा है- ''बालकों की भिन्नता के श्रेष्ठ कारणों में प्रेरणा, बुद्धि परिपक्वता, वातावरण सम्बन्धी उद्दीपन में विचलन है।''

वैयक्तिक विभिन्नता का महत्व

आधुनिक मनोवैज्ञानिक, बालकों की वैयक्तिक विभिन्नताओं को अत्यधिक महत्व देते हैं। उनका यह विश्वास है कि इन भिन्नताओं का ज्ञान प्राप्त करके शिक्षक अपने छात्रों का सर्वाधिक हित कर सकता है। साथ ही शिक्षा के परम्परागत स्वरूप में क्रान्तिकारी परिवर्तन करके उसे बालकों की वास्तविक आवश्यकताओं के अनुकूल बना सकता है। औद्योगिक मनोविज्ञान, शिक्षा-मनोविज्ञान और बाल-मनोविज्ञान के क्षेत्रों में वैयक्तिक भिन्नताओं का महत्व सर्वाधिक है। कुछ प्रमुख महत्व इस प्रकार हैं-

(1) कक्षा में वैयक्तिक भिन्नताओं के अनुसार शैक्षिक आवश्यकताओं की पूर्ति के लिए आवश्यक है कि कक्षा में बालकों की संख्या अधिक से अधिक 20 होनी चाहिए। कक्षा में विद्यार्थियों की संख्या कम होने से शिक्षक का विद्यार्थियों से व्यक्तिगत सम्पर्क व सम्बन्ध अच्छा होता है तथा वह विद्यार्थियों से उनके स्वभाव के अनुसार कार्य करवा सकता है।

(2) व्यक्तियों के वर्गीकरण में वैयक्तिक भिन्नताओं का ज्ञान आवश्यक है। यह वर्गीकरण विद्यालय में विद्यार्थियों का हो सकता है। विद्यार्थियों का मानसिक योग्यताओं के आधार पर वर्गीकरण कर यदि उन्हें शिक्षा दी जाती है तो शिक्षा उनके लिए बहुत उपयोगी हो जाती है।

(3) व्यक्तिगत भेदों के कारण सब बालकों में समान कार्य की समान मात्रा पूर्ण करने की क्षमता नहीं होती है। अत: गृह-कार्य देते समय बालकों की क्षमताओं और योग्यताओं का पूर्ण ध्यान रखना आवश्यक है।

(4) एक ही कक्षा के बालकों की रूचियों, अभिवृत्तियों एवं मानसिक योग्यताओं में अन्तर होने के कारण पाठ्यक्रम का विभिन्नीकरण अत्यन्त आवश्यक है। सबको अपनी रूचियों, योग्यताओं और इच्छाओं के अनुसार विषयों के चयन में छूट होनी चाहिए।

(5) वैयक्तिक भिन्नताएँ लिंग-भेद के कारण भी पाई जाती हैं जिससे बालक-बालिकाओं की रुचियों, क्षमताओं, योग्यताओं, आवश्यकताओं आदि में अन्तर होता है। जैसे-जैसे वह बड़े होते हैं, वैसे-वैसे अन्तर अधिक स्पष्ट होता है। अत: प्राथमिक कक्षाओं में उनके लिए समान पाठ्य-विषय हो सकते हैं परन्तु माध्यमिक कक्षाओं में इस विषयों में अन्तर की स्पष्ट रेखा का खींचा जाना आवश्यक है। शिक्षक और माता-पिता को इन अन्तरों को ध्यान में रखकर बालक-बालिकाओं को सिखाना या प्रशिक्षण देना चाहिए।

❑❑❑

6

अध्याय

संज्ञानात्मक एवं संवेगात्मक प्रक्रियाएं

यंग (1943) के अनुसार "संवेग व्यक्ति की एक तीव्र उपद्रव की अवस्था है, जिसका प्रभाव उस पर सम्पूर्ण रूप से पड़ता है, जो मनोवैज्ञानिक ढंग से उत्पन्न होती है और जिनमें चेतन अनुभव, व्यवहार एवं अन्तरायव सम्बन्धी कार्य सन्निहित होते हैं।"

मैक्डूगल (McDougle)–"अवधान केवल उस इच्छा या चेष्ठा को कहते हैं जिसका प्रभाव हमारी ज्ञान प्रक्रिया पर पड़ता है।"

जेम्स–"स्मृति चेतना से अलग हो जाने के बाद मन की अतीत दशा का ज्ञान है अथवा यह एक घटना या तथ्य का ज्ञान है, जिसके बारे में हमने कुछ समय तक कुछ नहीं सोचा है पर साथ ही हमें यह चेतना है कि हम पहले उसका विचार या अनुभव कर चुके हैं।"

वुडवर्थ–"प्रेरक व्यक्ति की वह दशा है जो उसे निश्चित व्यवहार करने के लिये और निश्चित उद्देश्यों की प्राप्ति के लिये उत्तेजित करता है।"

संज्ञान शब्द से तात्पर्य

संज्ञा शब्द को अंग्रेजी में Cognition कहा जाता है, जो कि लैटिन भाषा के Cognosco शब्द से बना है, जिसका अर्थ पहचान करना या प्रत्यय बनाना है। किसी व्यक्ति द्वारा अपने अथवा अपने वातावरण के बारे में प्राप्त ज्ञान, विचार, धारणा या व्याख्या ही संज्ञान है। संज्ञान ज्ञान सम्बन्धी सभी मानसिक योग्यताओं एवं प्रक्रियाओं का समुच्चय है। सरलतम शब्दों में कहा जा सकता है कि बाह्य जगत के बारे में ज्ञान प्राप्त करना ही संज्ञान है।

संज्ञानात्मक क्षमताएं बालक के विकास क्रम में उसके द्वारा बाह्य जगत, अपने वातावरण तथा उसमें विद्यमान उद्दीपकों के प्रति कोई अनुक्रिया करने में तथा उनके प्रति समायोजन स्थापित करने में महत्वपूर्ण भूमिका निभाती हैं। जो मानसिक प्रक्रियाओं के रूप में कार्य करती हैं। ये मानसिक प्रक्रियाएं मानव व्यवहार तथा वातावरण के मध्य मध्यस्थ की भूमिका निभाती हैं।

इस प्रकार हम कह सकते हैं कि–

(1) संज्ञानात्मक प्रक्रिया एक जटिल मानसिक योग्यता है।
(2) यह आजीवन चलने वाली अर्जित की हुई योग्यता है।
(3) इसमें अमूर्तिकरण पाया जाता है।
(4) इसमें अन्तरण पाया जाता है।
(5) इसमें प्रत्यक्षीकरण प्रक्रम घटित होता है।
(6) इसमें प्रतीकों का उपयोग होता है।
(7) इनका निरीक्षण सम्भव नहीं है क्योंकि ये समस्त मानसिक प्रक्रियाएं अप्रत्यक्ष होती हैं।
(8) प्राणी का संज्ञान पूर्णतः व्यक्तिगत होता है।
(9) यह वातावरण के बारे में ज्ञान प्राप्त करने तथा उसे समझकर उसके प्रति व्यवहार करने की प्रक्रिया है।
(10) बालक की आयु, शिक्षा एवं पूर्वानुभावों के विकास के साथ ही उसकी संवेगात्मक क्षमताएं भी विकसित होती जाती हैं।

संज्ञान में निहित प्रमुख प्रक्रियाएं

संज्ञान में प्रमुख रूप से निम्न तीन प्रक्रियाएं निहित होती हैं–

(1) वातावरण में सूचनाएं ग्रहण करने हेतु केन्द्रिय एवं प्रत्यक्षीकरण प्रक्रियाएं (उदाहरण के लिये-दृष्टि, श्रवण क्षमता, गंध, स्वाद, स्पर्श, संवेदनाएं आदि)।
(2) वह सभी मानसिक प्रक्रियाएं जिनके द्वारा वातावरण से ग्रहण की गई सूचनाओं को पहचान कर उन्हें अर्थपूर्ण सूचनाओं में परिवर्तित किया जाता है तथा महत्वपूर्ण व अमहत्वपूर्ण सूचनाओं में विभेद कर उनका भंडारण किया जाता है व आवश्यकतानुसार इन्हें पुनः प्राप्त किया जाता है।
(3) सूचनाओं का निर्णय लेने, समस्या समाधान करने, सम्प्रेषण आदि से सम्बन्धित प्रयोगों में शामिल मानसिक प्रक्रियाएं।

संज्ञान की तत्व प्रणालियां

संज्ञान की निम्न प्रमुख तत्व प्रणालियां होती हैं–

1. **अल्पकालिक स्मृति/कार्यात्मक स्मृति**- यह वह स्मृति होती है जो इस पर आधारित होती है कि कोई व्यक्ति एक समय में कितनी जानकारी अथवा सूचनाएं चेतन स्थिति में रख सकता है।
2. **ज्ञानकोश/दीर्घकालिक स्मृति**- यह वह स्मृति होती है जिसके द्वारा सूचनाओं का वर्गीकरण एवं भण्डारण किया जाता है तथा आवश्यकता पड़ने पर इन सूचनाओं को पुनः प्राप्त किया जाता है।

3. **कार्यकारी प्रणाली**- इसके अन्तर्गत पराबोध आता है, जिसमें व्यक्ति को अपनी क्षमताओं तथा कमजोरियों का ज्ञान होता है। इसके द्वारा ही वह अपनी मानसिक प्रक्रियाओं को नियोजित, नियंत्रित व मूल्यांकित कर सकता है ताकि समस्या समाधान में आसानी हो सके।
4. **प्रतिक्रिया प्रणाली**- इसके अन्तर्गत व्यक्ति द्वारा संकलित अथवा प्राप्त सूचनाओं का विश्लेषण करने के उपरांत प्रतिक्रियाएं दी जाती हैं।

संवेग का अर्थ

संवेग अंग्रेजी भाषा के शब्द Emotion का हिन्दी रूपांतरण है, जो लैटिन भाषा के शब्द Emovere से बना है, जिसका शाब्दिक अर्थ है- शरीर को हिला देना। मनोवैज्ञानिकों ने इसमें शारीरिक एवं मानसिक दोनों प्रकार की प्रक्रियाओं को शामिल माना है।

इस प्रकार उपरोक्त परिभाषाओं का विश्लेषण करने के बाद संवेद के सन्दर्भ में कहा जा सकता है कि-

(1) संवेग तीव्र उपद्रव की अवस्था है।
(2) यह प्राणी में सम्पूर्ण रूप में घटित होते हैं।
(3) संवेगों की उत्पत्ति मनोवैज्ञानिक आधार पर होती है।
(4) संवेगों के अनुभव व्यक्तिगत अनुभव के रूप में होते हैं।
(5) संवेगात्मक अवस्था में व्यक्ति में विशेष प्रकार के व्यवहार देखे जाते हैं। जैसे भय की अवस्था में रोना, चिल्लाना एवं भागना आदि।
(6) संवेगात्मक अवस्था में व्यक्ति की आन्तरिक शारीरिक क्रियाओं में भी कई प्रकार के परिवर्तन देखे जाते हैं। जैसे- क्रोध की अवस्था में रक्तचाप एवं श्वास की गति का बढ़ जाना आदि।

प्रत्यक्षीकरण

प्रत्यक्षीकरण एक मानसिक प्रक्रिया है। प्रत्यक्षीकरण एक अर्थपूर्ण प्रक्रिया है, इसीलिये प्रत्यक्षीकरण के द्वारा प्राप्त ज्ञान को सविकल्प प्रत्यक्ष भी कहते हैं। पहली बार जब कोई बालक किसी आवाज को सुनता है तो उसे यह ज्ञान नहीं होता है कि उक्त आवाज किसकी है तथा कहाँ से आ रही है, किन्तु जैसे-जैसे वह बड़ा होता है वह आवाजों को पहचानने लगता है। पहचानने की इसी प्रक्रिया को प्रत्यक्षीकरण कहते हैं। दूसरे शब्दों में पूर्व अनुभव के आधार पर संवेदना की व्याख्या करना या उसमें अर्थ जोड़ना ही प्रत्यक्षीकरण है।

प्रत्यक्षीकरण के अर्थ को निम्न परिभाषाओं के द्वारा और अधिक स्पष्ट किया जा सकता है-

रायबर्न के अनुसार- ''अनुभव के अनुसार संवेदना की व्याख्या की प्रक्रिया को प्रत्यक्षीकरण कहते हैं।''

जेम्स के अनुसार- ''प्रत्यक्षीकरण विशेष रूप से अभौतिक पदार्थों की चेतना है, जो ज्ञानेन्द्रियों के सामने रहते हैं।''

प्रत्यक्षीकरण का विश्लेषण

जलोटा के अनुसार- ''प्रत्यक्षीकरण वह मानसिक प्रक्रिया है, जिससे हमको बाह्य जगत की वस्तुओं या घटनाओं का ज्ञान प्राप्त होता है।'' प्रत्यक्षीकरण की क्रिया का विश्लेषण निम्न प्रकार से किया जा सकता है-

(1) वस्तु या उत्तेजक का होना।
(2) वस्तु का ज्ञानेन्द्रियों को प्रभावित करना।
(3) ज्ञानेन्द्रियों का ज्ञानवाहक तन्तुओं को प्रभावित करना।
(4) ज्ञानवाहक तन्तुओं का वस्तु के ज्ञान या अनुभव को मस्तिष्क के ज्ञान केन्द्र में पहुंचाना।
(5) संवेदना उत्पन्न होना।
(6) संवेदना में अर्थ जोड़ना।
(7) प्रत्यक्षीकरण का होना।

प्रत्यक्षीकरण का शिक्षा में महत्व

वर्तमान समय में सभी शिक्षा शास्त्री प्रत्यक्षीकरण या प्रत्यक्ष ज्ञान के महत्व को स्वीकारते हैं। इसीलिये वर्तमान शिक्षण संस्थाओं में इसी प्रकार की शिक्षा व्यवस्था दिखाई देती है। प्रत्यक्षीकरण के शिक्षा में महत्व को निम्न बिन्दुओं के द्वारा स्पष्ट किया जा सकता है-

(1) प्रत्यक्षीकरण बालक के विचारों का विकास करता है।
(2) प्रत्यक्षीकरण बालक के ज्ञान को स्पष्टता प्रदान करता है।
(3) प्रत्यक्षीकरण व्याख्या करने की प्रक्रिया है। अतः यह बालक को व्याख्या करने के योग्य बनाता है।
(4) प्रत्यक्षीकरण बालक को ध्यान केन्द्रित करने का प्रशिक्षण देता है।
(5) प्रत्यक्षीकरण बालक की स्मृति एवं कल्पनाशीलता को क्रियाशील बनाता है।
(6) प्रत्यक्षीकरण बालक को विभिन्न बातों का स्वाभाविक ज्ञान देता है।
(7) भाटिया के अनुसार- प्रत्यक्षीकरण ज्ञात का वास्तविक आरम्भ है।
(8) प्रत्यक्षीकरण का आधार ज्ञानेन्द्रियाँ हैं।
(9) प्रत्यक्षीकरण के विकास के लिये बालक को स्वयं क्रिया द्वारा ज्ञान प्राप्त करने को प्रोत्साहित किया जाना चाहिये।
(10) डम्विल के अनुसार- प्रत्यक्षीकरण और गति में बहुत घनिष्ट संबंध है। अतः बालक के प्रत्यक्षीकरण का विकास करने के लिये उसे शारीरिक गतिविधियां करने का पूरा अवसर दिया जाना चाहिये।
(11) प्रत्यक्षीकरण के विकास के लिये बालक को आस पास के वातावरण को भ्रमण करने का अवसर दिया जाना चाहिये।
(12) प्रत्यक्षीकरण के विकास के लिये बालक को पढ़ाते समय शिक्षक को विभिन्न प्रकार की शिक्षण सामग्री का प्रयोग करना चाहिये।

अवधान (Attention)

शिक्षा के क्षेत्र में अवधान का बहुत अधिक महत्व है। शिक्षण कार्य को समुचित ढंग से सम्पादित करने के लिये एक सफल शिक्षक का यह सर्व प्रथम दायित्व होता है कि वह अध्ययन विषय को इस प्रकार प्रस्तुत करे कि विद्यार्थियों का ध्यान उस विषय के प्रति आकर्षित हो सके। इस उद्देश्य की पूर्ति के लिये यह आवश्यक है कि अवधान की क्रिया पर मनोवैज्ञानिक दृष्टिकोण से विचार किया जाये।

अवधान का अर्थ एवं परिभाषा

मनोवैज्ञानिक दृष्टि से सरल अर्थों में अवधान का अर्थ है- ध्यान देना। यह एक मानसिक क्रिया है। मनुष्य अपने पर्यावरण में प्रतिदिन अनेक वस्तुओं के सम्पर्क में आता है, किन्तु वह प्रत्येक वस्तु पर समान रूप से ध्यान नहीं देता है। इन अनेक वस्तुओं में से वह किन्ही विशेष वस्तुओं पर ही अपनी चेतना को केन्द्रित करता है। इस प्रकार चेतना को किसी वस्तु पर केन्द्रित करना ही अवधान है।

अवधान की परिभाषा

प्रमुख आधुनिक मनोवैज्ञानिकों ने अवधान की निम्नलिखित परिभाषाऐं दी हैं-

डम्बिल (Dumbile) - ''किसी दूसरी वस्तु की अपेक्षा एक वस्तु पर चेतना का केन्द्रीकरण ही अवधान है।''

रॉस (Ross) – "अवधान, विचार की वस्तु को मस्तिष्क के सामने लाने स्पष्ट रूप से लाने की प्रक्रिया है।"

अवधान की विशेषताएं

अवधान की प्रमुख विशेषताओं को निम्न बिन्दुओं के अन्तर्गत वर्गीकृत किया जा सकता है-

1. **मानसिक प्रक्रिया**- अवधान एक मानसिक प्रक्रिया है क्योंकि ध्यान लगाने के लिये मन को किसी वस्तु विशेष की ओर संचालित एवं सक्रिय करना पड़ता है।
2. **उत्तेजक का चेतना का केन्द्र बनना**- अवधान की प्रक्रिया में कई उत्तेजकों में से चयनित उत्तेजक को चेतना के केन्द्र में आना पड़ता है। तभी उसका प्रत्यक्षीकरण सम्भव होता है।
3. **चयनात्मक प्रक्रिया**- अवधान एक चयनात्मक प्रक्रिया है। व्यक्ति अपने वातावरण में अनेकों उत्तेजकों से घिरा रहता है तथा उसे चुनकर उस पर अपना ध्यान केन्द्रित करता है।
4. **प्रयोजनता**- अवधान में कोई न कोई प्रयोजन अवश्य होता है। इसी प्रयोजन के कारण ही हम किसी उत्तेजक के प्रति अपना ध्यान केन्द्रित करने में सफल होते हैं।
5. **अन्वेषणात्मकता**- हमारा मन छान बीन के लिये सदा नई वस्तुओं की खोज में लगा रहता है। इसीलिये इसकी प्रकृति गतिशील एवं चंचल होती है। वुडवर्थ ने कहा भी है कि "अवधान गतिशील होता है क्योंकि यह अन्वेषणात्मक है यह छान बीन के लिये सदा नई वस्तुओं की खोज करता है।"
6. **अस्थिरता**- अवधान की एक और विशेषता उसका अस्थिर होना है। हमारा मन अत्यंत चंचल एवं गतिशील होता है, जिसके कारण हम किसी एक वस्तु पर बहुत अधिक समय तक ध्यान केन्द्रित नहीं रख पाते हैं।
7. **तत्परता**- अवधान की प्रक्रिया में हमारा मन एवं शरीर प्रतिक्रिया करने को तत्पर रहता है। इसी तत्परता के कारण हम अनेकों उत्तेजकों में से किसी एक उत्तेजक को अपनी चेतना के केन्द्र में लाने में सफल होते हैं।
8. **सीमित विस्तार**- अवधान की चयनात्मक प्रकृति के कारण हम अनेकों में से किसी एक उत्तेजक का चयन करते हैं तो अन्य उत्तेजक हमारी चेतना के केन्द्र से बाहर चले जाते हैं। इस प्रकार अवधान की प्रकृति सीमित विस्तार वाली होती है।
9. **विश्लेषणात्मक तथा संश्लेषणात्मक प्रवृत्ति**- अवधान में विश्लेषणात्मक तथा संश्लेषणात्मक दोनों ही प्रकार की प्रवृत्तियां शामिल होती है। इन्हीं के आधार पर हम किसी वस्तु या उत्तेजक का विश्लेषणात्मक अध्ययन कर उसके प्रति अपनी राय अभिव्यक्त कर पाते हैं।
10. **गतियों का समायोजन**- अवधान के समय शरीर एवं मन दोनों को सचेष्ट सावधान रहना पड़ता है। बिना इनके समायोजन के ध्यान का केन्द्रण सम्भव हो नहीं सकता।
11. **अवधान में तीनों पक्षों का होना**- किसी वस्तु के प्रति ध्यान केन्द्रण में चेतना सम्मिलित होती है जो ज्ञानात्मक पक्ष है। ध्यान केन्द्रण में प्रयुक्त प्रयत्नशीलता इसका क्रियात्मक पक्ष है तथा इसके फलस्वरूप प्राप्त होने वाली सन्तुष्टि या आनन्द उसका भाव पक्ष होता है। इस प्रकार अवधान में सचेत जीवन के तीनों पक्ष समाहित होते हैं।

अवधान की दशाएं

वातावरण में अनेक वस्तुओं के होते हुए भी हम किसी एक वस्तु पर ध्यान केन्द्रित क्यों करते हैं? इसका कारण यह है कि ध्यान को आकर्षित करने के लिये अनेक दशाएं सहायता करती हैं। इन दशाओं को अवधान के कारक या निर्धारक भी कहा जाता है।

अवधान की इन दशाओं को निम्न दो भागों में विभाजित किया जा सकता है-

(अ) वस्तुगत या बाह्य दशाएं

(ब) आत्मगत या आन्तरिक दशाएं

(अ) अवधान की वस्तुगत या बाह्य दशाएं

ये वातावरण की वस्तुओं से सम्बन्धित होती हैं और वस्तु की प्रकृति पर निर्भर होती है। ये दशाएं निम्नलिखित हैं-

1. **उद्दीपन की तीव्रता**- उद्दीपन की तीव्रता के कारण ध्यान न होने पर भी हमारा ध्यान उनकी ओर आकर्षित हो जाता है। जैसे - तेज प्रकाश या तेज आवाज।
2. **उद्दीपन का आकार**- छोटे आकार की अपेक्षा बड़े आकार की वस्तुऐं हमारा ध्यान जल्दी आकर्षित करती है। इस प्रकार उद्दीपन का आकार भी ध्यान केन्द्रण में सहायक होता है।
3. **उद्दीपन की नवीनता**- हमारा ध्यान सदा नवीन वस्तुओं की ओर आकर्षित होता है।
4. **उद्दीपन की विषमता**- उद्दीपन की विषमता भी ध्यान केन्द्रण में सहायक है। जैसे- काले श्यामपट्ट पर सफेद खड़िया से लेखन।
5. **उद्दीपन में परिवर्तन**- जिन उद्दीपनों में एकाएक परिवर्तन हो जाता है, वे भी हमारा ध्यान शीघ्र ही आकर्षित कर लेते हैं। जैसे- शान्त कक्षा में एकाएक शोरगुल होने लगना।
6. **उद्दीपन का स्वरूप**- उद्दीपन के स्वरूप का अर्थ उसके प्रकार से है। विभिन्न उद्दीपन विभिन्न ज्ञानेन्द्रियों के माध्यम से हमारा ध्यान आकर्षित करते हैं। प्रयोगों के द्वारा यह ज्ञात हुआ है कि अन्य केन्द्रित उद्दीपनों की अपेक्षा श्रवण एवं दृष्टि उद्दीपक हमारा ध्यान अधिक आकर्षित करते हैं।
7. **उद्दीपन की पुनरावृत्ति**- किसी उद्दीपन के बार-बार दोहराये जाने पर हमारा ध्यान न चाहते हुए भी उसकी ओर आकर्षित हो जाता है।
8. **उद्दीपन की गति**- स्थिर उद्दीपनों की अपेक्षा गतिमान उद्दीपन हमारा ध्यान जल्दी आकर्षित करते हैं।
9. **उद्दीपन की अवधि**- जो उद्दीपक हमारे सामने अधिक समय तक रहता है उन पर हमारा ध्यान अधिक जाता है अपेक्षाकृत उन उद्दीपकों के जो हमारे समाने कुछ ही समय तक रहते हैं।
10. **उद्दीपन की स्थिति**- ध्यान देने के लिये उद्दीपन को एक विशेष स्थिति में होना आवश्यक है, यथा दृष्टि उद्दीपन का आंखों के ठीक सामने तथा सही ऊंचाई पर होना चाहिये।

(ब) आत्मगत या आन्तरिक दशाएं

अवधान केवल वातावरण की बाह्य दशाओं पर ही नहीं बल्कि व्यक्ति की आन्तरिक दशाओं पर भी निर्भर करता है। ये दशाएं निम्न हैं-

1. **मूल प्रवृत्तियां**- मूल प्रवृत्तियों के कारण कोई व्यक्ति किसी वस्तु के प्रति ध्यान देने हेतु प्रेरित होता है।

2. **आवश्यकता**- जिन वस्तुओं से हमारी आवश्यकताओं की पूर्ति होती है उनकी ओर हमारा ध्यान जाना स्वाभाविक है।
3. **आदत**- आदत के अनुरूप भी हमारा ध्यान अपने अनुकूल वस्तुओं के प्रति बेकार ही चला जाता है।
4. **संवेग**- संवेग भी हमारे ध्यान को महत्वपूर्ण तरीके से प्रभावित करते हैं।
5. **उद्देश्य या लक्ष्य**- जो वस्तुएं हमारे उद्देश्य या लक्ष्यों के अनुकूल होती हैं, उन पर भी हमारा ध्यान अधिक तीव्र गति से जाता है।
6. **अतीत अनुभव**- पूर्व में अनुभव की हुई बातें भी हमारा ध्यान सरलता से आकर्षित कर लेती हैं।
7. **अर्थ**- जिन बातों का हम अर्थ समझते हैं, वे भी हमारा ध्यान आकर्षित करती हैं।

   उदाहरणार्थ-हिन्दी भाषी व्यक्ति का ध्यान हिन्दी में बात करने वाले व्यक्तियों की ओर आकर्षित होता है अपेक्षाकृत अन्य भाषा-भावी व्यक्तियों के।
8. **रुचि**- वे बातें भी हमारा ध्यान अधिक सहजता से आकर्षित करती हैं, जो हमारी रुचि के अनुकूल होती है।

अधिगम में अवधान की भूमिका

अवधान का अधिगम पर अत्यंत प्रभाव पड़ता है। बिना अवधान के बालक किसी अनुभव या व्यवहार को नहीं सीख पाता है। कक्षा में शिक्षक जब नवीन ज्ञान देता है जो उस समय वह बालकों के चंचल मन को कक्षा क्रिया में केन्द्रित रखने का प्रयास करता है।

यहां पर अवधान को केन्द्रित करने के कुछ उपायों की चर्चा की जा सकती है, जिनके प्रयोग द्वारा शिक्षण के समय किया जाए, तो, बालकों के ध्यान को केन्द्रित किया जा सकता है।

1. **विषय में रुचि उत्पन्न करना**- यदि बालक में विषय के प्रति रूचि पैदा कर दी जाये तो बालक का ध्यान उस विषम में केन्द्रित किया जा सकता है।
2. **सहायक सामग्री का प्रयोग**- शिक्षक पाठ के विकास के समय सहायक सामग्री का प्रयोग कर छात्रों का ध्यान कक्षा कार्य में केन्द्रित रखने में सफलता प्राप्त कर सकता है।
3. **संकीर्ण विचार**- स्वाभाविक अधिगम के लिये शिक्षक को विषय वस्तु के सीमित बिन्दुओं को ही कक्षा में प्रस्तुत करना चाहिये क्योंकि विषय वस्तु का सीमित विस्तार अवधान केन्द्रण में सहायक होता है।
4. **शान्त वातावरण**- अध्यापन के दौरान वातावरण में व्याप्त शान्ति ध्यान के केन्द्रण में सहायक होता है।
5. **रूप रंग**- बालकों का ध्यान (विशेषत: छोटी उम्र के) केन्द्रित करने के लिये शिक्षक को रंगीन सहायक सामग्री का प्रयोग करना चाहिये।
6. **आकार**- अधिगम को सरल बनाने के लिए बड़े आकार की सहायक सामग्री का प्रयोग करना चाहिये।
7. **गति**- बालकों का ध्यान केन्द्रित करने हेतु शिक्षक को स्थिर वस्तुओं की अपेक्षा गतिशील वस्तुओं का उपयोग करना चाहिये।
8. **नवीनता**- वस्तुओं की नवीनता ध्यान केन्द्रण में अति उपयोगी होती है। अत: बालकों का ध्यान केन्द्रित करने के लिये शिक्षक को नवीन चित्रों एवं मानचित्रों आदि सहायक सामग्री का उपयोग करना चाहिये।
9. **विषमता**- विषम स्वरूप वाली वस्तुएं भी ध्यान केन्द्रण में सहायक होती हैं।
10. **व्यवस्थित रूप**- व्यवस्थित स्वरूप वाली वस्तुएं भी ध्यान केन्द्रण में सहायक होती हैं। अत: बालकों का ध्यान केन्द्रित करने के लिये शिक्षक को व्यवस्थित रूपवाली सहायक सामग्री का प्रयोग करना चाहिये।

स्मृति का अर्थ

स्मृति एक मानसिक क्रिया है। इसकी सहायता से हम अपने पूर्व अनुभवों को जो कि हमारे अचेतन मन में विद्यमान रहते हैं, अपनी वर्तमान चेतना में लाते हैं। हमारे व्यावहारिक जीवन में अनेक प्रकार की घटनाएं घटित होती हैं जिनके अनुभव हमारे अचेतन मन में बने रहते हैं और इन अनुभवों की छाप हमारे मस्तिष्क में अंकित हो जाती है। अचेतन मन में संचित इन्हीं अनुभवों के चेतन मन में आने की क्रिया को स्मृति कहते हैं।

वुडवर्थ: ''स्मृति सीखी हुई वस्तु का सीधा उपयोग है।''

मैक्डूगल: ''स्मृति से तात्पर्य है- अतीत की घटनाओं के अनुभवों की कल्पना करना और इस तथ्य को पहचान लेना कि ये अतीत कालीन अनुभव हैं।''

स्मृति के प्रकार

प्रमुख मनोवैज्ञानिकों ने स्मृति के निम्न प्रकार बतलाए हैं-

1. **तात्कालिक स्मृति (Immediate Memory)**- किसी विषय या तथ्य को याद करके तुरंत सुना देना तात्कालिक स्मृति है। इस प्रकार की स्मृति में विस्मृति की संभावना अधिक रहती है।
2. **स्थाई स्मृति (Permanent Memory)**- इसमें सीखी हुई बाते बहुत लम्बे समय तक याद रहती है। यह बालकों में अधिक पायी जाती है।
3. **सक्रिय स्मृति (Active Memory)**- पूर्व अनुभवों को इच्छापूर्वक प्रयास करके पुन: स्मरण करना सक्रिय स्मृति कहलाती है।
4. **निष्क्रिय स्मृति (Passive Memory)**- जब हम पूर्व अनुभवों को अनायास ही बिना किसी प्रयास के याद कर लेते हैं, तो वह निष्क्रिय स्मृति कहलाती है।
5. **व्यक्तिगत स्मृति (Personal Memory)**- अतीत काल के स्वयं के अनुभवों का पुन: स्मरण व्यक्तिगत स्मृति कहलाता है।
6. **अव्यक्तिगत स्मृति (Impersonal Memory)**- इस प्रकार की स्मृति में स्वयं के अनुभवों की अपेक्षा अन्य किसी माध्यम (मित्र, समाचार पत्र, पत्रिकायें, पुस्तक आदि) से प्राप्त अनुभवों को याद कर लिया जाता है।
7. **यांत्रिक स्मृति (Mechanical Memory)**- किसी विषय को बिना समझे रट लेना और आवश्यकता पड़ने पर सफलतापूर्वक पुन: स्मरण कर लेना ही यांत्रिक स्मृति कहलाती है।
8. **तार्किक स्मृति (Logical Memory)**- किसी विषय को भली भांति सोच विचार कर समझ लेना और आवश्यकता पड़ने पर सफलतापूर्वक पुन: स्मरण कर लेना ही तार्किक स्मृति कहलाती है।
9. **आदतजन्य स्मृति (Habit Memory)**- जब कोई व्यक्ति किसी बात या व्यवहार को बार-बार दोहराता है जो यह उसकी आदत बन जाती है। इसे स्मरण करने के लिये उस कोई प्रयत्न नहीं करना पड़ता।
10. **इन्द्रिय अनुभव स्मृति (Sense Impression Memory)**- जब हम किसी वस्तु, तथ्य या विचार को अपनी ज्ञानेन्द्रियों के अनुभवों के द्वारा पुन: स्मरण करते हैं तो यह इन्द्रिय अनुभव स्मृति कहलाती है। उदाहरणार्थ- आंख बन्द कर किसी को सूंघकर, चखकर अथवा स्पर्श करके पहचानना।
11. **शारीरिक स्मृति (Physiological Memory)**- जब हम अपने शरीर के किन्ही अंगों के प्रयोग द्वारा किसी कार्य को बार-बार करते हैं, तो सम्बन्धित अंगों को उसकी आदत हो जाती है, और उस कार्य में किसी प्रकार की भूल नहीं होती तो वह शारीरिक स्मृति कहलाती है। उदाहरणार्थ - टाइपिंग का अभ्यास हो जाना।

12. **वास्तविक स्मृति (Real Memory)**– शिक्षाविदों ने इसे सर्वश्रेष्ठ स्मृति माना है। इसमें किसी विषय को क्रमबद्ध तरीके से स्थाई रूप से याद किया जाता है तथा तथ्यों को शीघ्र पुन: स्मरण कर लिया जाता है। शिक्षा में इस स्मृति का महत्त्वूपर्ण स्थान है।

स्मृति की अधिगम में भूमिका

अधिगम में स्मृति की महत्वपूर्ण भूमिका है। स्मृति के माध्यम से ही शिक्षक द्वारा अथवा कक्षा कक्ष में प्राप्त अनुभवों को छात्रों द्वारा जीवन में प्रयुक्त किया जा सकता है। अत: यह आवश्यक है कि शिक्षक यह सुनिश्चित करें कि छात्र उसके द्वारा प्रदान किए जा रहे अनुभवों को ग्रहण कर रहे हैं। स्मरण की निम्न विधियों के प्रयोग द्वारा छात्र इन अनुभवों को आसानी से ग्रहण कर सकते हैं-

1. **खंड और पूर्ण विधि**- किसी विषय को याद करने के लिए प्रमुख रूप से दो विधियां उपयोग होती हैं। जब कोई विषय वस्तु आकार एवं स्वरूप में बड़ी हो तथा उसे पूर्ण रूप से याद किया जाना बालकों हेतु संभव नहीं होता तब उस विषय वस्तु को छोटे-छोटे खंडों में बांट कर दिया जाता है और उस विषय वस्तु को छोटे-छोटे खंडों के माध्यम से अपेक्षाकृत सहज रूप से याद किया जा सकता है।
2. **मिश्रित विधि**- इस विधि में खंड एवं पूर्ण विधि को साथ-साथ प्रयुक्त किया जाता है। उदाहरणार्थ किसी कविता को याद करने के लिये उसके चार अथवा छ: पंक्तियों के पद्यांशों को याद किया जा सकता है।
3. **प्रगतिशील विधि**- इस विधि में विषय सामग्री को कई खंडों जैसे 1, 2, 3, 4 आदि में बांट कर दिया जाता है एवं उन खंडों को क्रमश: याद कर लिया जाता है।
4. **निरंतर या अविराम विधि**- इस विधि में बिना बीच में रूके पाठ को लगातार दोहराया जाता है। यह विधि तात्कालिक स्मृति के लिये उत्तम है।
5. **सान्तर या विराम विधि**- इस विधि में बीच में थोड़ा रूक कर एवं विश्राम करके पुन: पाठ को लगातार दोहराया जाता है। यह विधि स्थाई स्मृति के लिये उत्तम है।
6. **सक्रिय विधि**- इस विधि को स्वर अथवा उच्चारण विधि भी कहा जाता है। इसमें विषय वस्तु को जोर-जोर से उच्चारण कर याद किया जाता है। यह विधि बच्चों के लिए अत्यंत उपयोगी है।
7. **निष्क्रिय विधि**- इसमें विषय वस्तु को मन में पढ़कर बिना बोले याद किया जाता है। यह विधि बड़े बच्चों के लिये अत्यंत उपयोगी है।
8. **रटने की विधि**- इस विधि में विषय वस्तु को बिना सोचे अथवा समझे ही बार-बार पढ़ कर याद कर लिया जाता है। इस विधि में विस्मृति की सम्भावना अधिक रहती है।
9. **विचार साहचर्य विधि**- इस विधि में किसी अज्ञात वस्तु को याद करने के लिये उसे किसी ज्ञात वस्तु से सम्बन्धित कर लिया जाता है। यह विधि तार्किक स्मृति का प्रमुख आधार है।

समस्या समाधान का अर्थ

किसी लक्ष्य के मार्ग में उत्पन्न किसी बाधा अथवा कठिनाई पर विजय प्राप्त कर लेना ही समस्या समाधान कहलाता है।

परिभाषाएं

स्किनर: ''समस्या समाधान किसी लक्ष्य की प्राप्ति में बाधा डालती प्रतीत होती कठिनाइयों पर विजय प्राप्त करने की प्रक्रिया है। यह बाधाओं के बावजूद सामंजस्य करने की विधि है।''

समस्या समाधान की अधिगम में भूमिका

समस्या समाधान की शिक्षण अधिगम प्रक्रिया में महत्वपूर्ण भूमिका है। समस्या समाधान की शिक्षण अधिगम की प्रक्रिया में इस भूमिका को निम्न बिन्दुओं के माध्यम से स्पष्ट किया जा सकता है-

(1) यह बालकों में रुचि उत्पन्न करती है।
(2) यह बालकों में स्वयं कार्य करने का आत्मविश्वास उत्पन्न करती है।
(3) यह बालकों में समस्याओं का समाधान करने के लिये वैज्ञानिक विधियों के प्रयोग का अनुभव प्रदान करती है।
(4) यह बालकों की विचारात्मक और सृजनात्मक चिंतन एवं तार्किक शक्ति का विकास करती है।
(5) यह बालकों को भावी जीवन में उत्पन्न होने वाली समस्याओं के समाधान करने का प्रशिक्षण देती है।

समस्या समाधान की विधियां

समस्या समाधान की कुछ प्रमुख विधियाँ निम्न हैं-

1. **बिना सीखे अथवा आदतजन्य व्यवहार द्वारा समस्या समाधान विधि** - इस विधि में किसी भी प्रकार के चिंतन अथवा मानसिक प्रक्रिया का अभाव होता है। इसका प्रयोग निम्न कोटि के जीवों द्वारा किया जाता है। उदाहरणार्थ- सर्प अथवा मधुमक्खी द्वारा अपने जीवन रक्षार्थ सदा डंक मारना।
2. **प्रयास एवं त्रुटि विधि**- इस विधि का प्रयोग निम्न एवं उच्च कोटि के जीवों के द्वारा किया जाता है। इसके सम्बन्ध में थार्नडाइक द्वारा बिल्ली पर किया गया प्रयोग उल्लेखनीय है।
3. **अन्तर्दृष्टि अथवा सूझ विधि**- इस विधि का प्रयोग उच्च कोटि के जीवों के द्वारा किया जाता है। इसके सम्बन्ध में कोहलर द्वारा वनमानुषों पर किया गया प्रयोग उल्लेखनीय है।
4. **वैज्ञानिक विधि**- यह विधि जीवन के प्रत्येक क्षेत्र में उपयोगी है। यह समस्या समाधान की एक व्यवस्थित विधि है। तथ्यों एवं आंकड़ों का एकत्रीकरण, उनका वर्गीकरण, विश्लेषण, निष्कर्ष एवं उनका प्रयोग इसके प्रमुख चरण है।

इस प्रकार कहा जा सकता है कि समस्या समाधान मानव के दैनिक जीवन में घटित होने वाली एक स्वाभविक प्रक्रिया है। इसका शिक्षण अधिगम प्रक्रिया में महत्वपूर्ण स्थान है। अत: शिक्षा में समस्या समाधान के लिये तार्किक प्रशिक्षण पर ध्यान देना आवश्यक है।

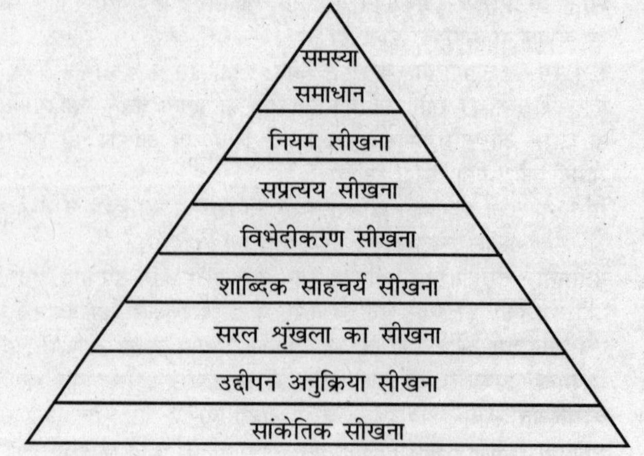

गैने द्वारा प्रतिपादित समस्या समाधान सीखने की शृंखला

प्रेरणा का अर्थ

किसी निश्चित लक्ष्य के लिये क्रियाशील बनाना ही प्रेरणा है। यह रुचि को पैदा करने, बनाये रखने तथा नियंत्रित करने की क्रिया है।

परिभाषाएं- प्रेरणा के अर्थ को अधिक स्पष्ट रूप से समझने के लिये कतिपय मनोवैज्ञानिकों द्वारा दी गई परिभाषाओं पर विचार करना उपयुक्त होगा-

जनसनः ''प्रेरणा सामान्य क्रियाओं का प्रभाव है जो प्राणी के व्यवहार की ओर संकेत करता है और उसका मार्ग निर्देषन करता है।''

गुडः ''क्रिया को उत्तेजित करने, जारी रखने और नियंत्रित करने की प्रक्रिया को प्रेरणा कहते हैं।''

प्रेरणा के प्रकार

प्रेरणा को मुख्यत: दो भागों में विभाजित किया जा सकता है- आन्तरिक प्रेरणा (Internal Motivation) और बाह्य प्रेरणा (External Motivation)।

1. **आन्तरिक प्रेरणा:** आन्तरिक प्रेरणा का तात्पर्य उस आन्तरिक शक्ति से है जो व्यक्ति के व्यवहारों को व्यक्त करती है। इस प्रेरणा द्वारा किये हुए कार्य व्यक्ति को सुख एवं संतोष प्रदान करते हैं। शिक्षण अधिगम प्रक्रिया में आन्तरिक प्रेरणा का सर्वाधिक महत्व होता है। इस प्रकार की प्रेरणा द्वारा प्राप्त अधिगम अधिक प्रभावशाली होता है।
2. **बाह्य प्रेरणा :** इस प्रकार की प्रेरणा में वे उत्तेजक अथवा उद्देश्य समाहित होते हैं जिनकी प्राप्ति बालक का लक्ष्य होती है। इस प्रकार की प्रेरणा में बालक बाह्य तत्वों से प्रभावित होकर कार्य करता है तथा उसकी इच्छा गौण होती है।

प्रेरणा की अधिगम में भूमिका-

ब्लेयर, जोन्स व सिम्पसन ने कहा है कि ''प्रेरक वे शक्तियां हैं जो हमारी आवश्यकताओं से उत्पन्न होकर व्यवहार को दिशा और उद्देश्य प्रदान करती हैं।'' उक्त परिभाषा से यह भलीं भांति स्पष्ट हो जाता है कि प्रेरक बालकों के उद्देश्यों के निर्धारण में महत्वपूर्ण भूमिका निभाते हैं।

अधिगम को प्रभावित करने वाले कुछ प्रमुख प्रेरकों की चर्चा निम्नलिखित बिन्दुओं के अन्तर्गत की जा सकती है-

1. **उद्देश्य अथवा सीखने की इच्छा-** बिना इच्छा अथवा उद्देश्यों के कार्य करने पर सन्तोषजनक परिणामों की प्राप्ति नहीं होती है जबकि यदि बालक में सीखने की इच्छा विकसित कर दी जाए तो सीखना सुगम हो जाता है।
2. **प्रगति और परिणामों का ज्ञान-** किसी बालक द्वारा किसी क्षेत्र में किए गए कार्यों में उसके द्वारा की गई प्रगति अथवा परिणामों के ज्ञान से उसे कार्य को और भी अधिक रूचि एवं लग्न से करने के लिये प्रेरित करता है।
3. **प्रशंसा-** बालक द्वारा किसी क्षेत्र में किए गए कार्यों में उसके द्वारा की गई प्रगति अथवा परिणामों की प्रशंसा उस पर सकारात्मक प्रभाव डालती है। जिसके परिणामस्वरूप वह उस कार्य को और भी अधिक रुचि एवं लग्न से करता है। प्रशंसा मौखिक एवं सांकेतिक दोनों रूपों में हो सकती है।
4. **भर्त्सना-** कुछ प्रयोगों ने सिद्ध किया है कि अधिगम में भर्त्सना भी प्रेरक का कार्य करती है। किन्तु इसका प्रभाव व्यक्तिगत शिक्षण के अनुसार पृथक होता है। इसका प्रभाव बहिर्मुखी बालकों पर अधिक पड़ता है।
5. **प्रतिद्वन्दिता एवं सहयोग-** प्रतिद्वन्दिता व्यक्ति में मूल आवश्यकताओं को संतुष्ट करती है। यह अधिगम को प्रभावपूर्ण बनाने हेतु एक महत्वपूर्ण प्रेरक है।
6. **पुरस्कार तथा दण्ड-** पुरस्कार तथा दण्ड प्रेरणा के महत्वपूर्ण साधन हैं। इनका उद्देश्य भावी जीवन पर अनुकूल प्रभाव डालना है। पुरस्कार का प्रयोग किसी सकारात्मक कार्य को प्रोत्याहित करने के लिये किया जाता है तथा दण्ड का प्रयोग किसी अवांछित कार्य को रोकने के लिये किया जाता है।
7. **आकांक्षा का स्तर-** किसी भी व्यक्ति के उद्देश्यों में उसकी आकांक्षा का भिन्न स्तर उसके द्वारा किए जाने वाले प्रयासों के स्तर को प्रभावित करता है। उच्च आकांक्षा वाला बालक अपने उद्देश्यों की प्राप्ति के लिये निम्न आकांक्षा वाले बालक की अपेक्षाकृत अधिक प्रयास करता है।
8. **सफलता-** सफलता स्वयं में एक प्रकार का पुरस्कार है। सफलता बालक के मनोबल को ऊंचा उठाती है। किसी एक कार्य में सफलता प्राप्त करने वाला बालक अन्य कार्यों में भी सफलता प्राप्त करने के प्रयास करता है।
9. **आत्म प्रेरणा-** किसी भी बालक के लिये उसकी अपनी शक्तियों एवं क्षमताओं का ज्ञान उसे अपने कार्य को पूर्ण करने के लिये प्रेरित करता है। आत्मप्रेरणा का अन्य सभी प्रेरकों में महत्वपूर्ण स्थान है।
10. **ध्यान, रुचि एवं उत्साह-** श्रेष्ठ अधिगम के लिये कक्षा में बालक का ध्यान सीखने की क्रिया में केन्द्रित करना प्रेरणा का महत्वपूर्ण साधन है। ध्यान को केन्द्रित करने में रुचि एवं उत्साह का महत्वपूर्ण स्थान है। एक अध्यापक को सदैव बालकों में आन्तरिक रूचि विकसित करने पर ध्यान देना चाहिये।

उपर्युक्त विवेचन के आधार पर कहा जा सकता है कि अधिगम में प्रेरणा के बिना नवीन ज्ञान को सिखाना या क्रिया को प्रभावशाली ढंग से पूरा किया जाना संभव नहीं है। अत: अध्यापकों को प्रेरणा की प्रक्रिया तथा प्रेरणा के साधनों का ज्ञान शिक्षण को प्रभावशाली बनाने के लिये अत्यन्त आवश्यक है।

कल्पना

कल्पना गत अनुभवों से सम्बन्धित होती है। इसमें हमेशा नवीनता का तत्व पाया जाता है। बालक को कल्पना में यह अनुभव होता है कि कल्पना से सम्बन्धित अनुभव नवीन है। कल्पना को परिभाषित करते हुए कहा जा सकता है कि कल्पना पूर्व प्रत्यक्षीकृत अनुभवों पर आधारित वह प्रक्रिया है जो रचनात्मक होती है, परन्तु आवश्यक नहीं है, कि वह सृजनात्मक भी हो।

रायबर्न के अनुसार–''कल्पना वह शक्ति है जिसके द्वारा हम अपनी प्रतिभाओं का नये आकार से प्रयोग करते हैं। वह हमको अपने पूर्ण अनुभव को किसी ऐसी वस्तु का निर्माण करने में सहायता देती है, जो पहले कभी नहीं थी।''

मैक्डूगल के शब्द में- ''कल्पना दूरस्थ वस्तुओं के सम्बन्ध का चिन्तन है।''

कल्पना के प्रकार

मैक्डूगल ने कल्पना के कुछ प्रमुख प्रकार बतलाये हैं जो निम्नांकित हैं-

1. **सृजनात्मक कल्पना**- इस कल्पना का सृजन से प्रत्यक्ष सम्बन्ध होता है। इसी कल्पना के आधार पर चित्रकार चित्र, कवि-कविता, लेखक-लेखन करता है।
2. **आदानात्मक कल्पना**- बालक जब दूसरे के कथन या कल्पना के आधार पर कल्पना करता है तो यह कल्पना आदानात्मक कल्पना कहलाती है।
3. **कार्यसाधक कल्पना**- ज्ञान का विकास इसी कल्पना के आधार पर होता है। इसी प्रकार की कल्पना जटिल समस्याओं के हल में सहायक है। यह कल्पना दो प्रकार की होती है-

   सैद्धान्तिक कल्पना- उच्च कोटि के नियम, सिद्धान्त आदि इसी कल्पना के आधार पर प्रतिपादित होते हैं।

व्यावहारिक कल्पना- व्यावहारिक या क्रियात्मक बातों से सम्बन्धित कल्पना व्यावहारिक कल्पना कहलाती है। व्यावहारिक जीवन में उपयोग में आने वाली वस्तुओं से सम्बन्धित कल्पना का बालकों के जीवन में बहुत अधिक महत्त्व है।

4. **रसात्मक कल्पना-** इस प्रकार की कल्पना को सौन्दर्यात्मक कल्पना भी कहते हैं। इसके दो प्रमुख प्रकार है-

कलात्मक कल्पना- नाटक, कविता, कहानी, चित्र आदि इसी कल्पना के आधार पर बनाये जाते हैं। एक लेखक अपनी कृति की रचना इसी कलात्मक कल्पना के आधार पर करता है।

मनोराज्यमयी कल्पना- इसी कल्पना के आधार पर एक लेखक अपनी कल्पना में स्वाभाविकता और नियन्त्रण को भूलकर अपनी कल्पना तरंगों में गोते लगाता है।

कल्पना विकास के निर्धारक तत्व- बच्चों के कल्पना का विकास निम्नलिखित तरीकों से किया जा सकता है।

(1) **भाषा ज्ञान का विकास करके-** भाषा का ज्ञान कल्पना के विकास में एक प्रमुख सहायक कारक है। जैसे-जैसे बच्चों का भाषा का ज्ञान बढ़ता जाता है उससे कल्पना करने की क्षमता भी बढ़ती जाती है।

(2) **कहानियाँ या कथाएँ-** बच्चों के कल्पना विकास में कहानियाँ या कथाएँ सहायक होती हैं। कहानियों से नए-नए शब्दों का ज्ञान बढ़ता है साथ ही कल्पना का भी विकास होता है। शिक्षक को इस बात का ध्यान रखना चाहिए कि जब कोई कहानी बच्चों को सुनाई जाए तो पूरे हाव-भाव के साथ तथा कहानी को आधी सुनाकर बच्चों से पूरी करवाएं।

(3) **अभिनय की कार्यभूमिका-** बालकों के कल्पना विकास को अभिनय भी महत्वपूर्ण ढंग से प्रभावित करता है। अभिनय के पात्र से बालक, साहस, वीरता, नैतिकता, हास्य आदि सीखकर पात्रों के समान अपने जीवन को ढालता है, इससे उसका अनुभव और कल्पना शक्ति बढ़ती है। दूसरे अभिनय करके बालक स्वयं अनेक नए अनुभव प्राप्त करता है।

(4) **कविताएँ-** बालकों को कल्पना विकास की कविताएँ भी प्रभावित करती हैं। जिन कविताओं में कल्पना का पुट जितना ही अधिक होता है वह उतना ही अधिक प्रभाव डालती हैं।

(5) **जनमाध्यम-** सिनेमा, रेडियो और टेलीविजन जैसे माध्यम बालकों में कल्पना शक्ति विकसित करने में सहायक होते हैं।

कल्पना का विकास

अनेक मनोवैज्ञानिक इस बात से सहमत हैं कि कल्पना का विकास बालक में उस समय से प्रारम्भ हो जाता है जब से उसमें भाषा का विकास प्रारम्भ होता है। दो वर्ष की अवस्था तक बालकों की कल्पना का विकास बहुत मन्द गति से होता है परन्तु दो वर्ष की अवस्था के बाद कल्पना का विकास तीव्रगति से होता है। पियाजे का विचार है कि बालक में प्रारम्भ में पुनरोत्पादक कल्पना (Reproductive Imagination) पाई जाती है। बालक में कल्पना का विकास वैसे-वैसे बढ़ता जाता है जैसे-जैसे उसमें प्रतिमाओं (Images) का विकास होता जाता है, उसमें इन प्रतिमाओं को संरचित बौद्धिक कार्यों में संगठित करने की योग्यता बढ़ती जाती है।

चार-पाँच वर्ष का बालक अनेक प्रकार की कल्पनाएँ करता है- जैसे मम्मी बाजार से खिलौने और मिठाई ला रही होगी, लकड़ी व बर्तनों से खाना पकाने का खेल आदि। लगभग पाँच वर्ष की अवस्था से ही बालक में रचनात्मक कल्पना का विकास होने लगता है। वह केवल डण्डे या छड़ी को घोड़ा समझकर उस पर सवारी करता है। उत्तर-बाल्यावस्था से ही बालकों में मनोरंजमयी (Fantastic) कल्पना का विकास तीव्रगति से प्रारम्भ हो जाता है।

चिन्तन

चिन्तन एक उच्च ज्ञानात्मक (cognitive) प्रक्रिया है, जिसके द्वारा ज्ञान संगठित होता है। इस मानसिक प्रक्रिया में स्मृति कल्पना आदि मानसिक प्रक्रियाएँ सम्मिलित होती हैं।

वैलेन्टाइन के अनुसार- ''मनोवैज्ञानिक दृष्टिकोण से 'चिन्तन' शब्द का प्रयोग उस क्रिया के लिये किया जाता है जिसमें श्रृंखलाबद्ध विचार किसी लक्ष्य या उद्देश्य की ओर अविराम गति से प्रवाहित होते हैं।''

गैरेट के अनुसार- ''चिन्तन एक प्रकार का अव्यक्त एवं रहस्यपूर्ण व्यवहार होता है, जिसमें सामान्य रूप से प्रतीकों (बिम्बों, विचारों, प्रत्ययों) का प्रयोग होता है।

उपर्युक्त परिभाषाओं से स्पष्ट है कि चिन्तन एक ज्ञानात्मक क्रिया है। यह स्वत: ही नहीं होती बल्कि प्रयत्न करना पड़ता है। चिन्तन की क्रिया उद्देश्यपूर्णता की ओर अग्रसर रहती है। इसमें दिवास्वप्न या कल्पना आदि का कोई भी स्थान नहीं है। चिन्तन के द्वारा समस्या-समाधान होता है। यह मुख्य रूप से प्रतीकों पर आधारित मानसिक क्रिया है।

चिन्तन के उपकरण या साधन- विभिन्न विद्वानों ने अपने अध्ययनों के आधार पर चिन्तन प्रक्रिया के आधार स्तम्भ या उपकरण को निम्नलिखित भागों में प्रस्तुत किया है-

(1) **प्रतिमाएँ (Images)-** मानव अनुभव प्रतिमाओं के आधार पर व्यक्त होता है। हम जो कुछ देखते हैं, करते हैं एवं सुनते हैं, सभी का आधार मन में विकसित प्रतिमा होती है। इसीलिए इनको स्मृति प्रतिमा, दृश्य प्रतिमा, कल्पना प्रतिमा आदि नाम देते हैं। ये प्रतिमाएँ वस्तु, व्यक्ति एवं विचार से निर्मित होती हैं। चिन्तन में इन्हीं को आधार बनाया जाता है।

(2) **प्रत्यय (Concept)-** चिन्तन का महत्तपूर्ण साधान प्रत्यय भी माना जाता है। इसके द्वारा हमें 'सम्पूर्ण ज्ञान' का बोध होता है; जैसे- कुत्ते शब्द को सुनकर हमारे मस्तिष्क में कुत्ते से सम्बन्धित संचित प्रत्यय जाग जाता है और सम्पूर्ण ज्ञान का अभ्यास होने लगता है।

(3) **प्रतीक एवं चिन्ह (Symbols and signs)-** प्रतीक एवं चिन्ह मूक रहते हुए भी अपना अर्थ स्पष्ट या व्यक्त करने में समर्थ होते हैं। सड़क पर बने हुए प्रतीक या चिन्ह हमें सही गति एवं सुरक्षा को स्पष्ट करते हैं। इसी प्रकार गणित में + या ÷ का चिन्ह अर्थ स्पष्ट करता है कि हमें क्या करना है?

(4) **भाषा (Language)-** विद्वानों ने भाषा के पीछे चिन्तन शक्ति को बतलाया है। सामाजिक विकास में भाषा संकेतों एवं इशारों से भी प्रकट होती है जैसे-मुस्कराना, भौंहें चढ़ाना तथा अँगूठा दिखाना आदि। इन सबका दैनिक जीवन में प्रयोग किया जाता है तथा बिना बोले अर्थ को लगाना या समझना प्रचलित है। इन सबके पीछे चिन्तन शक्ति है, जो अर्थो को स्पष्ट करती है।

(5) **सूत्र (Sormula)-** हमारी प्राचीन परम्परा है कि हम ज्ञान को छोटे-छोटे सूत्रों में एकत्रित करके संचित करते हैं। इसमें गणित, विज्ञान आदि के सूत्र आते हैं। भारतीय ज्ञान संस्कृत के श्लोकों में संचित है जिसकी व्याख्या से अपार ज्ञान प्रकट होता है। सूत्र को देखकर हमारी चिन्तन शक्ति उसमें निहित सम्पूर्ण ज्ञान को प्रकट करती है।

चिन्तन के प्रकार (Kinds of Thinking)– चिन्तन को चार रूपों में विभाजित किया जाता है जो निम्नलिखित प्रकार से हैं–

(1) **प्रत्यक्षात्मक चिन्तन (Perceptual Thinking)**– यह वह चिन्तन है जो वस्तुओं और परिस्थितियों के प्रत्यक्षीकरण से सम्बन्धित होता है। बालक अपने चारों ओर के भौतिक और मनोवैज्ञानिक वातावरण में जिन वस्तुओं और परिस्थितियों को देखता है या प्रत्यक्षीकरण करता है उनके सम्बन्ध में जो चिन्तन होता है वह प्रत्यक्षात्मक चिन्तन कहलाता है।

(2) **प्रत्ययात्मक चिन्तन (Conceptual Thinking)**– यह अपेक्षाकृत अधिक उच्च प्रकार का चिन्तन है। इसकी बालकों में तभी अभिव्यक्ति होती है जब बालकों में प्रत्ययों का निर्माण प्रारम्भ होता है। एक बालक में जितने ही अधिक प्रत्यय निर्मित होते हैं उसमें उतना ही अधिक प्रत्ययात्मक चिन्तन पाया जाता है। इस प्रकार के चिन्तन को विचारात्मक चिन्तन (Ideational Thinking) भी कहते हैं। स्थान, आकार, भार, समय, दूरी और संख्या आदि सम्बन्धी प्रत्यय बालकों में प्रारम्भिक आयु स्तर पर ही बन जाते हैं। इन प्रत्ययों के सम्बन्ध चिन्तन भी प्रत्ययात्मक चिन्तन कहलाता है।

(3) **कल्पनात्मक चिन्तन (Imaginative Thinking)**– जब उद्दीपक, वस्तु या पदार्थ, उपस्थित नहीं होता है जब उसकी कल्पना की जाती है। इनके अभाव में इनकी मानसिक प्रतिमा बनाकर इन प्रतिमाओं से सम्बन्धित चिन्तन कहलाता है।

(4) **तार्किक चिन्तन (Logical Thinking)**– यह अपेक्षाकृत सर्वाधिक उच्च प्रकार का चिन्तन है। इसका सम्बन्ध किसी समस्या के समाधान से होता है।

चिन्तन वृद्धि के तरीके या विधियाँ

अध्यापक को छात्रों में सावधानीपूर्वक चिन्तन वृद्धि के उपायों का विकास करना चाहिए। चिन्तन वृद्धि की विधियाँ निम्नवत् हैं–

1. **भाषा की परिपक्वता (Maturity of Language)**– भाषा ही विचार अभिव्यक्ति का माध्यम है। बालक के चिन्तन के विकास में भाषा का अत्यधिक महत्व है। अत: शिक्षक को अपने बालकों को सही भाषा का उच्चारण, लिखना एवं वाचन करना सिखाना चाहिए। जब वे भाषा में परिपक्व हो जायेंगे तो चिन्तन प्रक्रिया में सरलता होगी।

2. **ज्ञान की गहनता (Deep Knowledge)**– चिंतन के विकास के लिये बालकों में ज्ञान के प्रति रुचि एवं लगन उत्पन्न करनी चाहिए। चिन्तन की सहायक सामग्री से विभिन्न प्रकार का ज्ञान होता है, जो चिन्तन प्रक्रिया को मजबूत एवं सफल बनाता है।

3. **बौद्धिक प्रखरता (Intesity in Intelligence)**– बालकों में बौद्धिक वितरण जिस औसत से होगा, चिन्तन प्रबलता भी उसी औसत से पाई जाती है। बुद्धि का विकास नहीं होता है बल्कि उसमें तीव्रता पैदा की जाती है। यही तीव्रता चिन्तन शक्ति में सकारात्मक भूमिका अदा करती है। अत: ज्ञान के द्वारा बालकों की बौद्धिक प्रखरता को तीव्र बनाना चाहिए।

4. **सशक्त प्रेरणा (Motivation)**– प्रेरणा मानव विकास में सहायक होती है। थॉर्नडाइक महोदय ने प्रेरणा को सीखने और चिन्तन में सहायक माना है। प्रेरणा आन्तरिक होनी चाहिए ताकि बालकों का पूर्ण ध्यान एवं रुचि चिन्तन के प्रति लग सके। इसीलिए सशक्त प्रेरणा को चिन्तन प्रणाली का प्रभावशाली तत्व माना जाता है।

5. **समस्या प्रस्तुत करना (Problem Presentation)**– बालकों की चिन्तन शक्ति का विकास करने के लिये समस्याएँ उत्पन्न करनी चाहिए। ये समस्याएँ बालकों के समक्ष इस प्रकार से रखी जायें जैसे वातावरण से स्वत: उत्पन्न हुई हैं। बालक स्वत: ही क्रियाशील होकर चिन्तन करके समस्या का हल खोजेंगे। इसीलिये रूसो ने अध्यापक को पर्दे के पीछे रहने को कहा था। अध्यापक छात्रों को मार्ग-दर्शन देता है और उसी आधार पर वे अपना विकास करते हैं। इस प्रकार से बालक जीवन के प्रति आशावान हो जाते हैं और समस्याओं के प्रति सावधान।

❑❑❑

7

अध्याय

सृजनात्मकता

विल्सन, गिलफोर्ड एवं क्रिस्टेनसैन- सृजनात्मक-प्रक्रिया एक ऐसी प्रक्रिया है जिसके द्वारा कोई नवीन (कोई नई वस्तु, विचार या पुराने तत्वों का कोई नवीन संगठन या रूप) उत्पत्ति हो। यह नवीन उत्पत्ति किसी समस्या के समाधान में सहयोगी होनी चाहिए।

स्किनर- "सृजनात्मक चिंतन का अर्थ है कि व्यक्ति की भविष्यवाणियाँ या निष्कर्ष नवीन, मौलिक, अन्वेषणात्मक तथा असाधारण हो। सृजनात्मक चिंतक वह है जो नए क्षेत्र की खोज करता है नए निरीक्षण करता है, नई भविष्यवाणियाँ करता है और नए निष्कर्ष निकालता है।"

सृजनात्मकता

सृजनात्मकता शब्द अंग्रेजी के क्रिएटिविटी का हिन्दी रूपांतरण है। सृजनात्मकता से अभिप्राय है रचना संबंधी योग्यता, नवीन उत्पाद की रचना मनोवैज्ञानिक दृष्टि से सृजनात्मक स्थिति अन्वेषणात्मक होती है। विद्वानों ने सृजनात्मकता की अवधारणा को स्पष्ट करने के लिए उसे अपनी-अपनी तरह से परिभाषित करने का प्रयत्न किया है। कुछ प्रसिद्ध विद्वानों की परिभाषाओं पर हम विचार करेंगें।

जेम्स ड्रेवर के अनुसार- "सृजनात्मकता मुख्यत: नवीन रचना या उत्पादन में होती है।"

क्रो एवं क्रो- "सृजनात्मकता मौलिक परिणामों को व्यक्त करने की मानसिक प्रक्रिया है।"

स्टेगनर एवं कार्वोस्की- "किसी नई वस्तु का पूर्ण या आंशिक उत्पादन सृजनात्मकता है।"

ड्रैवडाहल- "सृजनात्मकता व्यक्ति की वह योग्यता है जिसके द्वारा वह उन वस्तुओं या विचारों का उत्पादन करता है जो अनिवार्य रूप से नए हों और जिन्हें वह व्यक्ति पहले से न जानता हो।

सृजनात्मकता की विशेषताएँ

1. सृजनात्मकता सार्वभौमिक होती है। हममें से प्रत्येक व्यक्ति में कुछ-न-कुछ मात्रा में सृजनात्मकता अवश्य होती है।
2. यद्यिप सृजनात्मक योग्यताएं प्रकृत-प्रदत होती हैं परन्तु प्रशिक्षण या शिक्षा द्वारा उनको विकसित किया जा सकता है।
3. सृजनात्मक अभिव्यक्ति द्वारा किसी नई वस्तु को उत्पन्न किया जाता है परन्तु यह आवश्यक नहीं कि वह वस्तु पूर्ण रूप से नई हो। पृथक रूप से दिए गए तत्वों से नए एवं ताजा सम्मिश्रण का निर्माण करना: पहले से ज्ञात तथ्यों या सिद्धांतों का पुनर्गठन करना: किसी पूर्व-ज्ञात शैली में सुधार करना-आदि उतने ही सृजनात्मक कार्य हैं जितना रसायन विज्ञान का कोई नया तत्व ढूंढ़ना या गणित का कोई नया सूत्र खोजना। 'सृजनात्मकता' में केवल इस बात के प्रति सावधान रहने की आवश्यकता है कि किसी ऐसी वस्तु की पुनरावृति नहीं होनी चाहिए जिसका व्यक्ति को पहले से ज्ञान हो।
4. कोई भी सृजनात्मक-अभिव्यक्ति सृजक के लिए आनंद तथा संतुष्टि का स्रोत होती है। सृजक जो देखता या अनुभव करता है उसे अपने तरीके से प्रकट करता है। सृजक अपनी रचना द्वारा ही अपने आप की अभिव्यक्ति करता है। सृजक अपने ही तरीके से वस्तुओं, व्यक्तियों तथा घटनाओं को लिखता है। अत: यह आवश्यक नहीं कि रचना प्रत्येक व्यक्ति को वही अनुभव एवं वहीं संतोष प्रदान करें जो रचनाकार को प्राप्त हुआ हों।
5. सृजक वह व्यक्ति है जो अपने अहं को इस प्रकार प्रकट करता हो, यह मेरी रचना है, यह मेरा विचार है, मैंने इस समस्या को हल किया है। अत: निर्माणात्मक क्रिया में अहं अवश्य सम्मिलित रहता है।
6. सृजनात्मक चिंतन बंधा हुआ चिंतन नहीं होता। इसमें कई विकल्पों तथा इच्छित कार्यप्रणाली को चुनने की पूर्ण स्वतन्त्रता रहती है।
7. सृजनात्मक अभिव्यक्ति का क्षेत्र अत्यन्त व्यापक होता है। वैज्ञानिक आविष्कार, कविता, कहानी, नाटक आदि लिखना नृत्य-संगीत, चित्रकला, शिल्पकला, राजनीति एवं सामाजिक सम्बन्ध आदि में से कोई भी क्षेत्र इस प्रकार की अभिव्यक्ति की नींव बन सकता है। अत: जीवन अपने समूचे रूप से रचनात्मक अभिव्यक्ति के लिए असंख्या अवसर प्रदान करता है।
8. जे.पी. गिलफोर्ड, टोरनैन्स, ड्रैवडाहल आदि कई विद्वानों ने सृजनात्मक के विधि तत्वों को खोजने का प्रयास किया है। परिणामस्वरूप प्रवाहात्मक विचारधारा, मौलिकता, लचीलापन, विविधतापूर्ण-चिंतन, आत्म-विश्वास, संवेदनशीलता, संबंधों को देखने तथा बनाने की योग्यता, आदि सृजनात्मक प्रक्रिया में सहायक माने गए हैं।

सृजनात्मक चिन्तन, चिन्तन का एक प्रमुख प्रकार है। सृजनात्मक चिन्तन को कई अर्थों में प्रयोग किया गया है। सृजनात्मक चिन्तन का सबसे **लोकप्रिय अर्थ गिलफोर्ड (1967) द्वारा बतलाया गया है। इन्होंने चिन्तन को दो भागों में बांटा है-**

(1) **अभिसारी चिन्तन-** अभिसारी चिन्तन में व्यक्ति दिए गये तथ्यो के आधार पर किसी सही निष्कर्ष पर पहुँचने की कोशिश करता है, इस तरह के चिन्तन में व्यक्ति रुढ़िवादी तरीका अपना कर अर्थात समस्या सम्बन्धी दी गई सूचनाओं के आधार पर उसका समाधान करता है। अभिसारी चिन्तन में व्यक्ति बहुत आसानी से एक पूर्व निश्चित क्रम में चिन्तन कर लेता है।

(2) **अपसारी चिन्तन-** अपसरण चिन्तन में व्यक्ति भिन्न-भिन्न दशाओं में चिन्तन कर समस्या का समाधान करने की कोशिश करता है। जब वह भिन्न-भिन्न दशाओं में चिन्तन करता है तो स्वभावत: वह समस्या के कई संभावित उत्तरों पर चिंतनता है और अपनी ओर से कुछ नए एवं मूल चीजों को जोड़ने की कोशिश करता है। इस तरह के चिन्तन की एक और विशेषता यह है (जो इसे अभिसारी चिन्तन से अलग करती है) कि इसमें व्यक्ति आसानी से एक पूर्व सुनिश्चित कदमों के अनुसार चिन्तन नहीं कर पाता है क्योंकि इसमें कुछ नया एवं मूल चिन्तन करना होता है। मनोवैज्ञानिकों ने अपसरण चिन्तन को वृजनात्मक चिन्तन के तुल्य माना है।

सृजनात्मकता के तत्व

सृजनात्मकता के चार प्रमुख तत्व निम्न हैं-

1. **प्रवाह (Fluency):** प्रवाह से तात्पर्य किसी दी गई समस्या परा अधिकाधिक विचारों या प्रत्युत्तरों की प्रस्तुति से है। प्रवाह के भी चार भाग हैं-
   (i) वैचारिक प्रवाह (ii) अभिव्यक्ति प्रवाह
   (iii) साहचर्य प्रवाह (iv) शब्द प्रवाह
2. **मौलिकता (Originality) :** मौलिकता से अभिप्राय व्यक्ति के द्वारा प्रस्तुत किए गए विकल्पों या उत्तरों का असामान्य अथवा अन्य व्यक्तियों के उत्तरों से भिन्न होने से है। इसमें यह देखा जाता है कि व्यक्ति द्वारा दिए गए उत्तर प्रचलित उत्तरों से कितने भिन्न हैं। मौलिक मुख्यत: नवीनता से संबंधित होती है।
3. **लचीलापन (Flexibility):** लचीलापन से अभिप्राय किसी समस्या पर दिए गए प्रत्युत्तरों या विकल्पों में लचीलापन के होने से है। अत: व्यक्ति के द्वारा प्रस्तुत किए गए विकल्प या उत्तर एक-दूसरे से कितने भिन्न हैं।
4. **विस्तारण (Elaboration):** विस्तारण से अभिप्राय दिए गए विचारों या भावों की विस्तृत व्याख्या, व्यापक पूर्ति या गहन प्रस्तुतीकरण से होता है।

सृजनात्मक बालक की विशेषताएँ

सृजनात्मक बालक के व्यवहार में प्राय: निम्न गुणों एवं विशेषताओं की झलक मिलती है-

1. विचार और कार्य में मौलिकता का प्रदर्शन।
2. विस्तारीकरण की प्रवृति पाई जाती है अर्थात वह अपने विचारों, कार्यो एवं योजनाओं के अत्यंत सूक्ष्म पहलुओं पर ध्यान देता हुआ हर बात को अधिक विस्तार से कहना और करना चाहता है।
3. व्यवहार में आवश्यक लचीलेपन का परिचय।
4. जटिलता, अपूर्णता असमरूपता के प्रति उसका लगाव होता है और वह खुले दिमाग से सोचने मे विश्वास रखता है।
5. वह समायोजन में सक्षम होता है एवं उसकी साहसिक कार्यों में प्रवृति होती है।
6. वह एकरसता और उबाऊपन की अपेक्षा कठिन और टेढ़े-मेढ़े जीवन पथ से आगे बढ़ना पसन्द करता है।
7. वह अस्पष्ट गूढ़ एवं अव्यक्त विचारों में रुचि रखता है।
8. उसकी स्मरण शक्ति अच्छी होती है और उसके ज्ञान का दायरा भी विस्तृत होता है।
9. उसमें चुस्ती, सजगता, ध्यान एवं एकाग्रता की प्रचुरता होती है।
10. उसमें स्वयं निर्णय लेने की पर्याप्त योग्यता होती है।
11. उसमें अपने सीखने या प्रशिक्षण को एक परिस्थिति से दूसरी परिस्थिति में स्थानान्तरण करने की योग्यता पाई जाती है।
12. समस्याओं के प्रति उसमें उच्च स्तर की संवेदना पाई जाती है।
13. उसकी विचार अभिव्यक्ति में अत्यधिक प्रवाहात्मकता पाई जाती है।
14. समस्या के किसी नवीन हल एवं समाधान तथा योजना के किसी नवीन प्रारूप का उसकी ओर से सदैव स्वागत ही किया जाता है और इस दिशा में वह स्वयं भी अथक प्रयास करता रहता है।
15. उसके सोचने-विचारने के ढंग में केन्द्रीयकरण एवं रूढ़िवादिता के स्थान पर विविधता एवं प्रगतिशीलता पाई जाती है।
16. उसमें उच्च स्तर की सौन्दर्यात्मक अनुभूति, ग्राहता एवं परख क्षमता पाई जाती है।
17. अन्य सामान्य बालकों की अपेक्षा आत्म-सम्मान के भाव और अहं के तुष्टिकरण की आवश्यकता कुछ अधिक ही पाई जाती है। वह आत्म-अनुशासित होता है। वह अपने व्यवहार और सृजनात्मक उत्पादन में विनोदप्रियता आनंद, उल्लास, स्वच्छंद एवं स्वतंत्र अभिव्यक्ति तथा बौद्धिक स्थिरता का प्रदर्शन करता है।
18. उसमें उच्च स्तर की विशेष कल्पनाशक्ति जिसे सृजनात्मक कल्पना का नाम दिया जाता है पाई जाती है।
19. विपरीत एवं विरोधी व्यक्तियों तथा परिस्थितियों को सहन करने तथा उनसे सामंजस्य स्थापित करने की क्षमता भी उसमें पाई जाती है।
20. उसकी कल्पना एवं दिव्य स्वप्नों का संसार भी काफी अदभुत एवं महान होता है।

बालकों में सृजनात्मकता विकसित करना

प्रवाह, मौलिकता, लचीलापन, विविधा-चिंतन आत्म-विश्वास, संवेदनशीलता संबंधों को देखने तथा बनाने की योग्यता-आदि कुछ ऐसी योग्यताएं हैं जिनका विकास सृजनात्मकता के विकास में सहायक सिद्ध हो सकता है। इन योग्यताओं को विकसित करने के लिए निम्नलिखित सुझाव सहायक सिद्ध हो सकते हैं-

1. उत्तर देने की स्वतन्त्रता
2. अभिव्यक्ति के लिए अवसर

3. मौलिकता तथा लचीलेपन को प्रोत्साहित करना
4. उचित अवसर एवं वातावरण प्रदान करना
5. समुदाय के सृजनात्मक साधनों का प्रयोग करना
6. सृजनात्मक चिंतन के अवरोधों से बचना
7. मूल्यांकन प्रणाली में सुधार
8. सृजनात्मकता के विकास के लिए विशेष तकनीकों का प्रयोग

सृजनात्मकता विकसित करने की विधियां

(i) **मस्तिष्क उद्वेलन Brain Storming**– मस्तिष्क उद्वेलन एक ऐसी तकनीक एवं विद्या है जिसके द्वारा किसी समूह विशेष से बिना किसी रोक-टोक आलोचना मूल्यांकन या निर्णय की परवाह किए बिना किसी समस्या विशेष के हल के लिए विभिन्न प्रकार के विचारों एवं समाधानों को जल्दी-जल्दी प्रस्तुत करने के लिए कहा जाता है और फिर विचार विमर्श के बाद उचित हल एवं समाधान तलाशने का प्रयत्न किया जाता है।

(ii) **शिक्षण प्रतिमानों का प्रयोग Use of Teaching Models**– शिक्षा शास्त्रियों द्वारा प्रतिपादित कुछ विशेष शिक्षण प्रतिमानों का प्रयोग भी बालकों की सृजनशीलता के विकास में पर्याप्त योगदान दे सकता है। उदाहरण के लिए ब्रूनर का संप्रत्यय उपलब्धि -प्रतिमान संप्रत्ययों को ग्रहण करने के अलावा बालकों को सृजनशील बनाने में भी सहयोग देता है। और इसी तरह सचमैन का पूछताछ प्रशिक्षण प्रतिमान वैज्ञानिक ढंग से पूछताछ करने के कौशल को विकसित करने के अतिरिक्त सृजन में सहायक विशेष गुणों को विकसित करने में पर्याप्त सहायता करता है।

(iii) क्रीड्न तकनीकों का प्रयोग Use of Gaming Technique–खेल-खेल में ही सृजनात्मकता का विकास करने की दृष्टि से क्रीड्न तकनीकों का अपना एक विशेष स्थान है। इस कार्य हेतु इन तकनीकों में जो प्रयोग सामग्री काम में लाई जाती है वह शाब्दिक और अशाब्दिक दोनों ही रूपों में होती है। प्रकार की क्रीड्न सामग्री द्वारा बालकों को खेल-खेल में ही निर्माण एवं सृजन के लिए जो बहुमूल्य अवसर प्राप्त होते हैं उन सभी का उनकी सृजनशीलता के विकास एवं पोषण हेतु पूरा-पूरा लाभ उठाया जा सकता है।

□□□

8

अध्याय

सामाजिक विकास

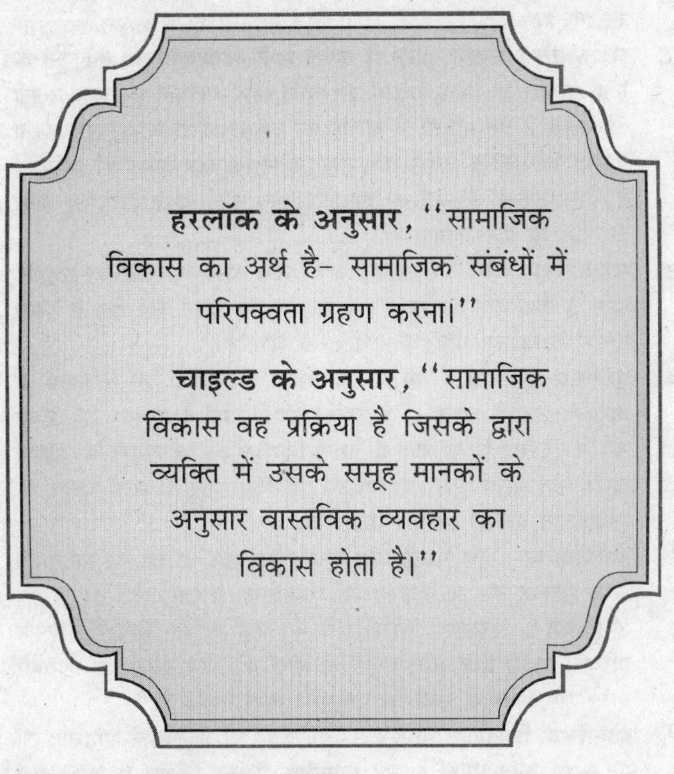

हरलॉक के अनुसार, ''सामाजिक विकास का अर्थ है- सामाजिक संबंधों में परिपक्वता ग्रहण करना।''

चाइल्ड के अनुसार, ''सामाजिक विकास वह प्रक्रिया है जिसके द्वारा व्यक्ति में उसके समूह मानकों के अनुसार वास्तविक व्यवहार का विकास होता है।''

सामाजिक विकास

बालक में सामाजिक विकास अति महत्वपूर्ण है। किशोर व किशोरियों में विभिन्न कारक सक्रिय होने लगते हैं। अत: अध्यापक के लिए समाजीकरण की इस प्रक्रिया को समझना अतिआवश्यक है। जन्म के समय शिशु न सामाजिक और न असामाजिक बल्कि वह समाज के प्रति उदासीन होता है। आयु से सुशोभित होता जाता है और कुछ ही वर्षों बाद वह सामाजिक प्राणी कहलाने लगता है। बालक सामाजिक गुणों का सामाजिक विकास की अवस्थाओं के अनुसार ग्रहण करता है।

सामाजिक विकास से अभिप्राय, सामाजिक अपेक्षाओं के अनुसार व्यवहार करने की योग्यता को ग्रहण करना है।

सामाजिक विकास को प्रभावित करने वाले कारक

सामाजिक विकास किसी न किसी कारक से प्रभावित होता है। बालक के सामाजिक विकास को प्रभावित करने वाले कारक निम्नलिखित हैं :-

1. **परिवार :** जन्म लेते ही शिशु परिवार का सदस्य बनता है। उसका समाजीकरण शुरू हो जाता है। परिवार इस प्रक्रिया को प्रभावित करता है। परिवार का आकार, माता-पिता का आपसी संबंध, उनका दृष्टिकोण, परिवार का आर्थिक स्तर, सामाजिक स्तर आदि परिवार से संबंधित कारक है, जो बालक के सामाजिक विकास को प्रभावित करते हैं।
2. **स्कूल :** बालक के व्यक्तित्व पर स्कूल का गहरा प्रभाव पड़ता है क्योंकि वे अधिकतम समय स्कूल में ही व्यतीत करते हैं। माता-पिता का स्थान अध्यापक लेता है। स्कूल में सांस्कृतिक ज्ञान और विषयों का ज्ञान प्रदान करती है। स्कूलों में निरंकुश वातावरण सामाजिक विकास को प्रभावित करता है तथा जनतांत्रिक वातावरण सामाजिक विकास में सहयोग करता है।
3. **समुदाय का प्रभाव :** सामाजिक विकास पर समुदाय का भी प्रभाव पड़ता है। बालक जैसे समुदाय में रहता है, उसका समाज के प्रति व्यवहार भी वैसा ही होता है। समुदाय के बालक के सकारात्मक तथा नकारात्मक दोनों प्रकार का सामाजिक विकास हो सकता है। समुदाय से बालक आज्ञापालन, ईमानदारी, नम्रता आदि गुणों का विकास करता है।
4. **शारीरिक स्वास्थ्य :** शारीरिक विकास भी सामाजिक विकास पर अपना प्रभाव छोड़ता है। अस्वस्थ बच्चा कभी भी समाज में स्वयं को समायोजित नहीं कर पाता, परंतु एक स्वस्थ बालक प्रत्येक स्थान में समायोजन कर सकता है। अस्वस्थ बालकों में हीन भावना देखने को मिलती है। जिसकी वजह से सामाजिक विकास में बाधाएँ आती हैं।
5. **आस-पड़ोस का प्रभाव :** बच्चों के आस-पड़ोस का प्रभाव सामाजिक विकास पर पड़ता है। इसका बालक प्रत्यक्ष-अप्रत्यक्ष रूप से प्रभावित करता है। आस-पड़ोस द्वारा बच्चों के जीवन के स्तर का ज्ञान होता है। दोषपूर्ण आस-पड़ोस से बच्चों का समायोजन भी दोषपूर्ण ही होगा।
6. **बौद्धिक विकास :** सामाजिक विकास व बौद्धिक विकास में गहरा संबंध है। बौद्धिक विकास के अंतर्गत व्यक्ति स्वयं को ठीक प्रकार से समायोजित कर सकता है। इस प्रकार का विकास बच्चे के सामाजिक विकास का एक आवश्यक तत्व है। अत: बौद्धिक रूप से विकसित बालक सामाजिक रूप से भी विकसित होगा।
7. **सामाजिक-आर्थिक स्तर :** सामाजिक विकास पर परिवार के आर्थिक स्तर का प्रभाव भी आसानी से देखा जा सकता है। विभिन्न सामाजिक आर्थिक स्तरों के बच्चों के व्यवहारों में भी भिन्नता देखने को मिलती है। यह विभिन्न धन-व्यय करने, प्रशिक्षण देने, अनुशासन तथा माता-पिता के प्रति दृष्टिकोण आदि में पाई जाती है।

माता-पिता का व्यवसाय : माता-पिता का व्यवसाय बच्चों के सामाजिक विकास को भी प्रत्यक्ष या अप्रत्यक्ष रूप से प्रभावित करता है। बाल्यकाल के प्रारंभिक वर्षों में यह प्रभाव अधिक होता है। क्योंकि बालक के लालन-पालन में व्यवसाय का सीधा संबंध होता है। जैसे उसका भोजन, कपड़े, खेल का सामान इत्यादि। माता-पिता का व्यवसाय बच्चों को सामाजिक सम्मान भी दिलाता है।

बालक का समाजीकरण

''समाजीकरण वह प्रक्रिया है जिसके माध्यम से बालक अपने समाज के स्वीकृत ढंगों को अपने व्यक्तित्व का एक अंग बना लेते हैं।''

बोगार्डस, ''समाजीकरण वह प्रक्रिया है जिसके द्वारा लोग मानव कल्याण के लिए एक-दूसरे पर निर्भर होकर व्यवहार करना सीखते हैं और ऐसा करने में सामाजिक आत्म-नियंत्रण, सामाजिक उत्तरदायित्व तथा संतुलित व्यक्ति का अनुभव होता है।''

ग्रीन, ''समाजीकरण वह प्रक्रिया है जिसके द्वारा बालक सांस्कृतिक विशेषताओं, आत्मपन और व्यक्तित्व को प्राप्त करता है।''

रॉस, ''समाजीकरण सहयोग करने वाले व्यक्तियों में हम भावना का विकास करता है और उनमें एक साथ कार्य करने की इच्छा तथा क्षमता में वृद्धि करता है।''

उपरोक्त परिभाषाओं से स्पष्ट है कि समाजीकरण सीखने की एक प्रक्रिया है जिसके द्वारा मानव शिशु अपने व्यक्तित्व का विकास करता है। समाज का क्रियाशील सदस्य बनता है तथा सामाजिक आदर्शों, मूल्यों एवं प्रतिमानों को सीखकर उनके अनुरूप आचरण करता है।

समाजीकरण की प्रक्रिया में शिक्षक का कार्य

समाजीकरण की प्रक्रिया को तीव्र गति देने हेतु शिक्षकों को निम्नलिखित बातों पर ध्यान देना चाहिए-

1. शिक्षकों को चाहिए कि वे सामाजिक मूल्यों एवं आदर्शों को अपने कर्त्तव्यों एवं क्रियाओं के माध्यम से बालक के समक्ष प्रस्तुत करें। वे वस्तुतः बालकों के समक्ष सामाजिक व्यवहार के उच्च आदर्श उपस्थित करें।
2. शिक्षकों को बालकों को समाज की संस्कृति से परिचित कराना चाहिए। वे बालकों में ऐसी भावना उत्पन्न करें जिससे वे अपनी संस्कृति का सम्मान करना सीखें।
3. शिक्षकों का कर्त्तव्य है कि वे बालकों में अंतर-सांस्कृतिक भावना का विकास करें जिससे वे केवल अपनी संस्कृति की परिधि में सीमित न रहें वरन् विभिन्न संस्कृतियों का आदर करना भी सीखें। वे अपने साथ पढ़ने वाले विभिन्न सांस्कृतिक पृष्ठ भूमियों वाले बालकों के साथ मिल-जुलकर रहें और संकीर्ण विचारों से ऊपर उठें।
4. परम्पराएँ सामाजिक दृष्टि से उपयोगी एवं श्रेष्ठ होती हैं तो शिक्षकों का कर्त्तव्य है कि बालकों में इन परम्पराओं में विश्वास उत्पन्न करें तथा उन्हीं के अनुसार कार्य करने को प्रोत्साहित करें।
5. बालकों के चरित्र निर्माण के लिए आवश्यक है कि शिक्षक पहले उनकी रुचियों एवं मनोवृत्तियों आदि को समझें। इसके लिए उन्हें बालकों के माता-पिता से घनिष्ठ संबंध रखने आवश्यक हैं। संबंधों के परिणामस्वरूप एक ही प्रकार के विश्वासों व दृष्टिकोणों को अपनाकर बालक का उचित दिशा में समाजीकरण किया जा सकता है।
6. बालकों के समाजीकरण को प्रोत्साहित करने की दृष्टि से विद्यालय को सामुदायिक केन्द्र के रूप में संगठित करना चाहिए। दूसरे शब्दों में विद्यालय में सामूहिक कार्यों को संगठित एवं प्रोत्साहित किया जाना चाहिए। इससे बालकों में सामूहिक भावना का उदय होता है।

बालक के समाजीकरण की प्रक्रिया

समाजीकरण की प्रक्रिया के महत्वपूर्ण कारक निम्नलिखित हैं :-

1. **पालन-पोषण :** उचित समाजीकरण के लिए आवश्यक है कि बालक का पालन-पोषण अच्छे वातावरण में उचित ढंग से किया जाए। ऐसा करने पर ही वह समाज के आदर्शों व मूल्यों के अनुरूप आचरण करना सीखता है।
2. **सहानुभूति :** बालक, प्रारंभ में अपनी सभी आवश्यकताओं की पूर्ति के लिए परिवार के अन्य सदस्यों पर निर्भर रहता है। यहां पर ध्यान रखना आवश्यक है कि परिवार में बालक की समस्त आवश्यकताएं पूरी करना पर्याप्त नहीं। बल्कि उनके साथ सहानुभूतिपूर्णव्यवहार करना भी अनिवार्य है। इससे बालक अपनत्व की भावना अनुभव करने लगता है व उन्हें अधिक प्यार भी करने लगता है।
3. **सहकारिता :** जैसे-जैसे बालक अपने साथ अन्य व्यक्तियों का सहयोग पाता है वैसे-वैसे वह दूसरों का सहयोग भी प्रारंभ कर देता है इससे उसकी सामाजिक प्रवृत्तियां संगठित हो जाती हैं।
4. **पुरुस्कार एवं दंड :** जब बालक समाज के आदर्शों एवं प्रतिमानों के अनुरूप आचरण करता है तो उसकी प्रशंसा होती है अथवा उसे उचित रूप में पुरुस्कृत किया जाता है। इसके विपरीत जब वह समाज के आदर्शों के विपरीत आचरण करता है तो उसे दंड दिया जाता है। इससे बालक के समाजीकृत होने में सहायता मिलती है।
5. **आत्मीकरण :** जब परिवार तथा अन्य समूहों द्वारा बालक को सहानुभूति प्राप्त होती है तब आत्मीकरण की भावना का विकास होता है।
6. **अनुकरण :** अनुकरण समाजीकरण का एक मूलभूत तत्व है। बालक परिवार, पड़ोस तथा अन्य समूहों के लोगों को जिस प्रकार का व्यवहार करते हुए देखता है, उसी का अनुसरण करने लगता है।
7. **सामाजिक शिक्षण :** सामाजिक शिक्षण का भी बालक के समाजीकरण पर गहरा प्रभाव पड़ता है। यह सामाजिक शिक्षण परिवार से प्रारंभ होता है। परिवार में बालक माता-पिता, भाई-बहन तथा अन्य सदस्यों से रहन-सहन, उठना-बैठना, खान-पान, बोलचाल आदि के विषय में शिक्षा प्राप्त करता है।

बालक का समाजीकरण करने का प्रमुख अभिकरण

समाजीकरण प्रक्रिया दीर्घ एवं जटिल है। इस कार्य में अनेक संस्थाओं और समूहों का योगदान होता है। बालक में सामाजिकता का विकास करने या उसके समाजीकरण में सहायता देने वाले प्रमुख साधन अथवा तत्व निम्नलिखित हैं :

परिवार : समाजीकरण करने वाली संस्था से परिवार सर्वाधिक महत्वपूर्ण है। क्योंकि बालक परिवार में ही जन्म लेता है। उन्हीं के संपर्क में आता है। कुछ विद्वान परिवार को समाजीकरण का सबसे स्थाई साधन मानते हैं। इसमें माँ-बाप की भूमिका अत्यधिक महत्वपूर्ण है। क्योंकि उनके संबंध परस्पर सौहार्दपूर्ण हैं तो बालक का समाजीकरण उचित ढंग से हो जाता है, यदि उनमें कलह होती है तो समाजीकरण विकृत हो जाता है।

पड़ोस : परिवार के समान पड़ोस भी बालक के समाजीकरण पर गहरा प्रभाव डालता है। इसी कारण अच्छे लोग किराए के लिए मकान लेते समय इस बात का काफी ध्यान रखते हैं कि पड़ोस कैसा है? पड़ोस एक प्रकार का बड़ा परिवार है। वैसे शहरों की तुलना में गांवों में पड़ोस का अधिक प्रभाव होता है। पड़ोस के लोग बालक को स्नेह व प्यार में कई नई बातों का ज्ञान करा देते हैं तथा उसकी प्रशंसा तथा निंदा द्वारा उसे समाज सम्मत व्यवहार करने को प्रेरित करते हैं।

विद्यालय : समाजीकरण में विद्यालय का सर्वाधिक प्रभाव पड़ता है। विद्यालय में ही उसे सामाजिक एवं सांस्कृतिक आदर्शों एवं मान्यताओं की शिक्षा प्राप्त होती है। विद्यालयों में बालक अन्य पारिवारिक पृष्ठभूमियों से आए अन्य बालकों के संपर्क में आता है। इससे उसका समाजीकरण तीव्र गति से होने लगता है। विद्यालय में बालक को कुछ विशिष्ट नियमों का पालन करना पड़ता हैं, इससे उसमें धीरे-धीरे आत्म नियंत्रण का भाव विकसित होने लगता है। विद्यालय में प्रायः बालक का कोई अध्यापक अवश्य मॉडल होता है। जिसके अनुरूप अपने को ढालना सीखता है।

समूह : समाजीकरण की दृष्टि से बालक के लिए मित्रों का समूह अर्थात् खेल समूह एक महत्वपूर्ण प्राथमिक समूह है। खेल समूह में बालक खेल के नियमों का पालन करना सीखता है, वह दूसरों के नियंत्रण में रहना व अनुशासन का पालन करना भी सीखता है। उसमें नेतृत्व के गुणों का विकास होता है तथा वह लोगों पर नियंत्रण करना व अनुशासन अनुकूलन कराना भी सीखता है। इसके साथ ही वह खेल में पारस्परिक सहयोग प्रतिस्पर्धा एवं स्वस्थ संघर्ष की भावनाएँ भी ग्रहण करता है।

समुदाय या समाज : समुदाय या समाज बालक के समाजीकरण को विभिन्न रूपों में प्रभावित करता है। समाज जिन साधनों के माध्यम से बालक के समाजीकरण को प्रभावित करता है उनमें प्रमुख हैं :

संस्कृति- इतिहास जातीय एवं राष्ट्रीय प्रथा।

कला - साहित्य सामाजिक प्रथाएं और परम्पराएँ।

जातीय पूर्व धारणाएँ - समाज का आर्थिक और राजनीतिक संगठन

जाति : समाजीकरण का एक प्रमुख कारण जाति भी है। प्रत्येक जाति के अपने रीति-रिवाज, आदर्श, परंपराएँ एवं सांस्कृतिक उपलब्धियाँ होती हैं तथा बालक अपनी जाति की इन विशेषताओं को स्वाभाविक रूप से ग्रहण कर लेता है। यही कारण है कि प्रत्येक जाति के बालक का समाजीकरण भिन्न होता है। उदाहरण- क्षत्रिय बालक के समाजीकरण का रूप वैश्य बालक के समाजीकरण से भिन्न होगा।

सामाजिक परिवर्तन में लिंग तथा आयु की भूमिका

समाज में परिवर्तन होता है और इसके साथ पुरुष और स्त्री की भूमिकाओं में भी अंतर आता है। यह अंतर नातेदारी व्यवस्था में भी देखने को मिलता है। विवाह की उम्र और संपत्ति के उत्तराधिकार लिंग के आधार पर निश्चित किए जाते हैं। मिसाल के लिए भारतीय समाज में लड़की की विवाह की उम्र 18 वर्ष और लड़के की 21 वर्ष है। उम्र के ये समूह नातेदार इस भांति विवाह संबंध वंशानुक्रम के आधार पर तय किया जाता है। मातृ-पितृ समूहों की पीढ़ियों को वंशानुक्रम के नियम के अनुसार तय किया जाता है। नोतदारी में पुरुषों और स्त्रियों की भूमिकाएँ परंपरा से निर्धारित होती हैं, जब समाज में तीव्रता से परिवर्तन आते हैं तो इसके परिणामस्वरूप नातेदारों की भूमिका में भी अंतर आता है।

नातेदारी संबंधों का सामाजिक संरचना में विशेष स्थान है। नातेदारी संबंध सामाजिक परिवर्तन के साथ बदलते रहते हैं। इन संबंधों के जहां संरचनात्मक अंगों जैसे विवाह के प्रकार निवास के नियम, उत्तराधिकार के नियम और नातेदारी समूह की रचना में परिवर्तन की गति प्रायः धीमी रहती है। समकालीन सामाजिक जीवन में जनसंख्या, लिंग तथा आयु समूहों के आकार में परिवर्तन, संसाधनों की खोज, विकास उत्पादन के नए साधन, अपनी उत्पादन प्रक्रिया के बीच।

❑❑❑

9

अध्याय

लैंगिक भेद

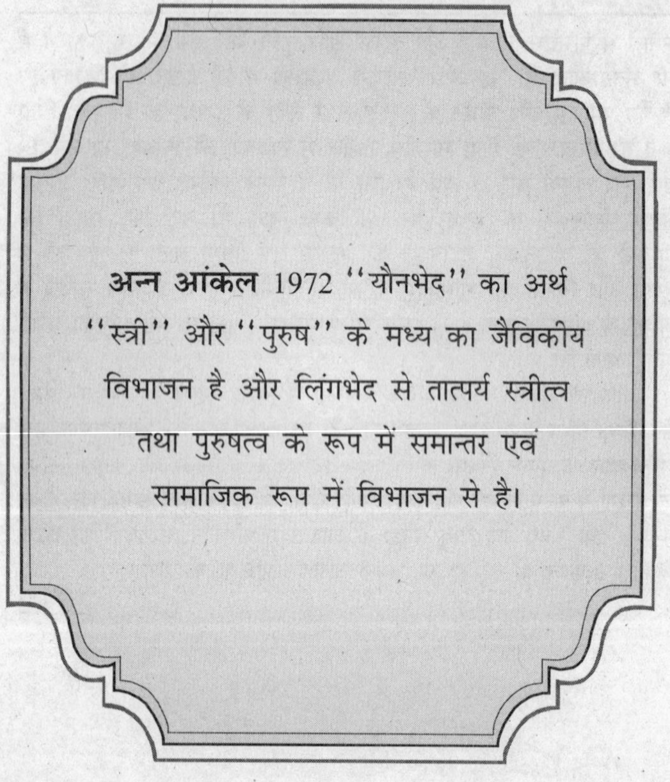

अन्न आंकेल 1972 ''यौनभेद'' का अर्थ ''स्त्री'' और ''पुरुष'' के मध्य का जैविकीय विभाजन है और लिंगभेद से तात्पर्य स्त्रीत्व तथा पुरुषत्व के रूप में समान्तर एवं सामाजिक रूप में विभाजन से है।

लिंग की परिभाषा एवं अर्थ

समाज की संरचना, संगठन और व्यवस्था में लिंग की समानता और असमानता का विशेष महत्व है। लिंग की असमानता पर समाज के संरचनात्मक संस्थागत और संगठनात्मक ढांचे का प्रभाव पड़ता है। लिंग की असमानता भी समाज के संतुलन व्यवस्था और विकास को प्रभावित करती है।

लिंग और यौन अवधारणाएं एक दूसरे से संबंधित हैं। इसलिए लिंग और लिंग भेद को यौन और यौन के संदर्भ में समझना अधिक सरल है। इसी संदर्भ में लिंग की परिभाषा और अर्थ की विवेचना प्रस्तुत है।

सामाजिक विज्ञानों में विशेष रूप से समाजशास्त्र में स्त्री-पुरुषों का अध्ययन-1 लिंग भेद (Gender) के आधार पर किया जाता है, जिसका तात्पर्य है कि उन्हें सामाजिक अर्थ प्रदान किया जाता है। 'स्त्री' और 'पुरुष' का अध्ययन सामाजिक संबंधों को गहराई से समझने के लिए किया जाता है। योनि-भेद जैविक-सामाजिक है, और लिंग भेद सामाजिक संस्कृति है। योनि-भेद (सेक्स) शीर्षक के अंतर्गत स्त्री-पुरुष का नर-मादा के बीच भिन्नताओं का अध्ययन करते हैं, जिसमें जैविक लक्षणों जैसे पुनर्जनन कार्य पद्धति, शुक्राणु-अण्डाणु एवं गर्भाधान क्षमता, शारीरिक बल क्षमता, शरीर रचना की भिन्नता आदि पर ध्यान किया जाता है। लिंग भेद 'स्त्री' और 'पुरुष' का अध्ययन पति-पत्नी, माता-पिता, भाई-बहन, पुत्र-पुत्री के रूप में अर्थात सामाजिक सांस्कृतिक दृष्टिकोण से किया जाता है।

लिंग की सामाजिक संरचना

लिंग असमानता

1. 1970 तक स्त्री और पुरुषों में जैविकीय लक्षणों के आधार पर असमानताओं का अध्ययन किया जाता था।
2. बाद में समाजशास्त्र और मनोविज्ञान लिंग भेद के अध्ययनों की ओर वैज्ञानिकों का ध्यान गया, जिससे स्त्री और पुरुषों में सामाजिक, सांस्कृतिक और मनोवैज्ञानिक यथार्थताओं के आधार पर भिन्नताओं की खोज की जाने लगी।
3. वैज्ञानिकों से इनमें संस्कृति के कारण अनेक भिन्नताएँ और असमानताओं का विश्लेषण किया।
4. समाजशास्त्रियों ने विभिन्न समाजों में ऐतिहासिक और स्थैनिक अध्ययनों के आधार पर लिंग असमानताओं को उजागर किया।
5. विद्वानों ने स्पष्ट किया कि लिंग भेद सभी समाजों में और सभी कालों में तथा सामाजिक जीवन के प्रत्येक क्षेत्र में विद्यमान रहा है।
6. लिंग भेद या स्त्री-पुरुषों में असमानताएं इनकी समाज में प्रस्थिति और भूमिकाओं के आधार पर देखी जा सकती हैं।
7. प्रास्थिति के महत्वपूर्ण सूचकों-काम में सहभागिता, समाजीकरण, स्वास्थ्य सुविधाएं प्राप्त करने की क्षमता, साक्षरता दर, संपत्ति में हिस्सेदारी आदि के आधार पर पाया गया है।
8. स्त्रियों की प्रस्थिति सभी क्षेत्रों में खराब है। समाज पुरुष प्रधान है तथा पुरुषों की प्रस्थिति सभी क्षेत्रों में अच्छी है।

लिंग असमानता के सिद्धांत

लिंग असमानता के प्रमुख तीन सिद्धांत हैं–

उदारवादी : उदारवादी के अनुसार लिंग असमानता का प्रमुख कारण सामाजीकरण में भेदभाव है। बालक और बालिका के समाजीकरण में पक्षपात किया जाता है, जो आगे चलकर पुरुष को विशेषाधिकार प्रदान करता है और स्त्री को विभिन्न प्रकार के शोषण और निर्योग्यताओं में ढकेल देता है और पुरुष प्रधान सामाजिक

मूल्यों को विकसित करता है। सामाजिक और सांस्कृतिक प्रथाएं भी नारी शोषण को बढ़ावा देती हैं और लिंग असमानता का पोषण करती हैं।

मार्क्सवादी : मार्क्सवादी मान्यता है कि लिंग असमानता अर्थात् नारी शोषण का प्रमुख कारण पितृ सत्तात्मक सामाजिक व्यवस्था एवं पूंजीवादी है। इनका कहना है कि समाज पुरुष प्रधान है। सत्ता पुरुष के पास रहती है। पिता से पुत्र को सत्ता हस्तांतरित होने के कारण नारी का समाज में निम्न स्थान है। पूंजीवादी समाज होने के कारण नारी पर अनेक प्रतिबंध लगाए जाते हैं।

उग्र उन्मूलनवादी : उग्र उन्मूलनवादी संप्रदाय समाज में नारी की पितृ प्रस्थिति का कारण पूंजीवाद समाज की पितृ सत्तात्मक व्यवस्था और समाजीकरण की प्रक्रिया का परिणाम नहीं माना है। उग्र उन्मूलन वादियों या रेडिकल समाजशास्त्रियों का कहना है कि लिंग असमानता अर्थात् नारी की निम्न स्थिति का कारण अज्ञानता एवं परतंत्रता है। लिंग असमानता पुरुषों के द्वारा महिलाओं पर नियंत्रण करने की सोची-समझी सामूहिक योजनाओं का परिणाम है। पुरुषों ने महिलाओं पर अपनी सत्ता को सामूहिक रूप से थोपा है। पुरुषों ने नारियों पर अनेक प्रतिबंध एवं नियंत्रण लागू करके उनकी परिस्थिति दयनीय कर दी है।

लैंगिक सामाजिक विकास

निस्संदेह लैंगिक विकास एक सामाजिक सिद्धांत है। आज भी लैगिक विकास का एक सर्वमान्य अथवा सामाजिक सिद्धांत बना पाना अत्यंत ही कठिन है। इस विषय में अध्ययन तो अनेक किए गये हैं, किन्तु उनमें सार्वभौमीकरण का अभाव है। सोवल, कार्टर आदि ऐसे ही कुछ विद्वान हैं, जिन्होंने उपरोक्त विषय पर अध्ययन किया है।

लैंगिक विकास के अध्ययन

एक सामान्य सामाजिक ढांचे को देखा जाए तो हमारा समाज दो लिंगों स्त्री तथा पुरुष में विभाजित है। जैविक रूप में स्त्रियों की स्थिति पुरुषों की अपेक्षा जटिल तथा पृथक होती है।

जैविक रूप से स्त्रियों का लैंगिक विकास

शारीरिक रूप से स्त्रियां पुरुषों की अपेक्षा कम सशक्त तथा कमजोर होती है। साथ ही उनकी औसत लंबाई तथा वजन भी पुरुषों की अपेक्षा कम होता है। इन सबके अतिरिक्त उन्हें मातृत्व-दायित्व का भी निर्वहन करना होता है। अत: जैविक रूप से स्त्रियां पुरुषों की अपेक्षा कम सशक्त किन्त अधिक दायित्व का निर्वहन करने वाली होती है। यदि इस रूप में देखा जाये तो स्त्रियों में लैगिक विकास अधिक नहीं हो पाया है। आज भी उनकी स्थिति लगभग वैसी ही है, जैसी सदियों पूर्व हुआ करती थी।

सामाजिक रूप में स्त्रियों का लैंगिक विकास

सामाजिक रूप से स्त्रियाँ पुरुषों की अपेक्षा अधिक सामाजिक सरोकार रखने वाली होती हैं। अपने मातृत्व काल से ही स्त्री का बालक के साथ घनिष्ठ संबंध स्थापित हो जाता है जो जीवनपर्यन्त गतिमान रहता है। एक स्त्री अपने जन्म से मृत्यु तक विभिन्न सामाजिक नातेदारी संबंधों को सशक्त रूप से स्त्री-पुरुषों की अपेक्षा अधिक आगे है। आधुनिक समय में स्त्रियों की इस स्थिति में कुछ जटिलता भी आई है। मुख्य रूप से देखा जाए तो स्त्री कामकाजी महिलाओं को अपनी इस स्थिति के निर्वहन के लिए अधिक परिश्रम करना होता है, अन्यथा उसके लिए स्थिति अत्यंत जटिल हो जाती है।

जैविक रूप से पुरुषों का लैंगिक विकास

निस्संदेह जैविक रूप से पुरुष स्त्रियों की अपेक्षा सशक्त होते हैं, जिसके परिणामस्वरूप उनकी प्रस्थिति स्त्रियों की अपेक्षा उच्च रही है। आरंभ में ही पुरुषों को घर से बाहर गतिविधियाँ संचालित करनी होती हैं तथा साथ ही इन्हें सैन्य अभियानों में भी भाग लेना होता था। भारतीय परिप्रेक्ष्य में कुछ दशकों पूर्व तक स्त्री मुख्यता घर में अपने कार्य करती थी, जबकि पुरुष ऊपर बताए कार्य करते थे किन्तु वर्तमान में स्थितियाँ बदल रही हैं तथा अब लैंगिक रूप से कोई ऐसा कार्य नहीं है जो केवल पुरुषों के लिए आरक्षित हो।

सामाजिक रूप से पुरुषों का लैंगिक विकास

जहाँ एक ओर पुरुष जैवकीय रूप से महिलाओं से अधिक सशक्त होते हैं, तो वहीं सामाजिक तथ्य सांस्कृतिक रूप से महिलाओं से न्यून स्थिति में होते हैं। भावनात्मक रूप से महिला पुरुषों की अपेक्षा अपने परिवार तथा समाज के प्रति अधिक संवेदनशील तथा कर्तव्यपरायण होती है। यह व्यवस्था आज भी गतिमान है। किंतु ऐसी भी नहीं है कि यह एक सार्वभौमिक सिद्धांत है। आधुनिक समय में ऐसा देखने में आता है कि बड़े शहरों में संयुक्त परिवार विघटित हो रहे हैं तथा एकल परिवार अस्तित्व में आ रहे हैं। ऐसी स्थिति में सामाजिक रूप से पुरुषों की वहीं प्रस्थिति है, जो कि महिलाओं की, क्योंकि जब पति-पत्नी दोनों आजीविका के लिए घर से बाहर जाते हैं तो दोनों के सामाजिक दायित्व समान हो जाते हैं। इस प्रकार लैंगिक विकास का सर्वमान्य अथवा सार्वभौमिक सिद्धांत की स्थिति में बनना अत्यन्त कठिन है।

□□□

10

अध्याय

समावेशी शिक्षा

अमेरिकन नेशनल सोसायटी फॉर स्टडी ऑफ ऐजूकेशन के अनुसार "विशिष्ट बालक वे हैं जो कि सामान्य बालकों से शारीरिक, मानसिक, संवेगिक या सामाजिक विशेषताओं में इतनी अधिक दूरी पर हैं कि अपनी उच्चतम योग्यता तक विकसित होने के लिए उन्हें विशेष शैक्षिक सेवाओं की आवश्यकता पड़ती है।"

किर्क (Kirk) के अनुसार, "विशिष्ट बालक वह है जो सामान्य तथा औसत बालक से शारीरिक, मानसिक तथा सामाजिक विशेषताओं में इतना अधिक भिन्न है कि वह विद्यालय व्यवस्थाओं में संशोधन अथवा विशेष सेवाएं अथवा पूरक शिक्षण चाहता है जिससे वह अपनी अधिकतम क्षमता का विकास कर सके।

प्रत्येक व्यक्ति दूसरे व्यक्ति से कई बातों में भिन्न होता है। व्यक्तियों के बीच यह भिन्नता उनकी शारीरिक, मानसिक, सामाजिक तथा सांस्कृतिक विशेषताओं में होती है। ये विभिन्नतायें सामान्यत: सभी में पायी जाती हैं। परन्तु जब कोई व्यक्ति साधारण व्यक्ति से बहुत अधिक भिन्नता रखता है तो उसे उस भिन्नता के आधार पर सुगमता से पहचाना जा सकता है। ऐसे बालक को विशिष्ट बालक की श्रेणी में रखा जाता है।

विशिष्ट आवश्यकता वाले बच्चे, उनकी पहचान एवं वर्गीकरण

ऐसे बालक की कुछ विशेष आवश्यकताएं होती हैं। उन्हें विशिष्ट बालकों की श्रेणी में रखा जा सकता है। वैसे मनोवैज्ञानिकों ने विशिष्ट शब्द का अर्थ अलग-अलग तरह से दिया है। क्रो एण्ड क्रो (Kro and Kro) ने विशिष्ट शब्द को स्पष्ट करते हुए लिखा है कि - विशिष्ट शब्द किसी एक ऐसे गुण या उस गुण को धारण करने वाले व्यक्ति के लिए उस समय प्रयोग में लाया जाता है जबकि वह व्यक्ति उस विशेष गुण को धारण करते हुए अन्य सामान्य व्यक्तियों से इतना अधिक असामान्य प्रतीत हो कि वह उस गुण विशेष के कारण अपने साथियों से विशिष्ट ध्यान की मांग करे अथवा उसे प्राप्त करे और साथ ही इससे उसके व्यवहार की क्रियाएं तथा अनुक्रियाएं भी प्रभावित हों।

विशिष्ट बालकों का वर्गीकरण

अलग-अलग मनोवैज्ञानिकों ने विशिष्ट बालकों के अलग-अलग प्रकार बताये हैं। पाण्डेय तथा श्रीवास्तव (2007) ने बालकों को उनकी विशिष्टता की प्रकृति एवं क्षेत्र के आधार पर निम्न प्रकार से वर्गीकृत किया है-

1. **मानसिक रूप से विशिष्ट**

   इस वर्ग में मुख्यत: दो प्रकार के विशिष्ट बालक आते हैं-

   (i) प्रतिभाशाली बालक

   (ii) मन्द बुद्धि बालक

2. **शारीरिक दृष्टि से बाधित**

   इसके अन्तर्गत निम्न प्रकार के विकलांग बालक आते हैं-

   (i) दृष्टि विकलांग

   (ii) श्रवण दोष युक्त बालक

   (iii) वाक् दोष युक्त बालक

   (iv) विरूपित बालक

   (v) अस्वस्थ विकलांग

3. **सांवेगिक दृष्टि से विशिष्ट**

   इस वर्ग में निम्न प्रकार के बालक आते हैं-

   (i) असमायोजित एवं नैतिक-विचलित बालक

   (ii) समस्यात्मक बालक

   (iii) बाल अपराधी

   (iv) सांवेगिक रूप से विशिष्ट

4. **बहु विकलांग**

   इसके अन्तर्गत ऐसे बालक आते हैं जो एक से अधिक दृष्टि से विशिष्ट होते हैं।

विशिष्ट बालकों की पहचान

कक्षा में विशिष्ट बालकों की पहचान उनकी विशेषताओं को कसौटी मानकर की जा सकती है-

(1) विभिन्न प्रकार के बुद्धि परीक्षण जैसे-सामूहिक एवं व्यक्तिगत बुद्धि परीक्षण

(2) उपलब्धि परीक्षण

(3) अभिरुचि परीक्षण

(4) शारीरिक परीक्षण

(5) मानसिक परीक्षण इत्यादि।

श्रवण दोष युक्त

श्रवण दोष युक्त बालक से अभिप्राय उन बालकों से है। जिन्हें या तो सुनाई नहीं देता अथवा ऐसे बालक जिन्हें सुनने, ध्वनियों को पहचानने तथा अर्थ लगाने में सहजता महसूस नहीं होती है। श्रवण दोष से युक्त बालक विकलांगता के शिकार माने जाते हैं। श्रवण विकलांग बालक को दो श्रेणियों में बांटा जा सकता है-

1. बधिर अथवा बहरा बालक जिसे कुछ सुनाई नहीं देता।
2. ऊँचा सुनने वाला बालक

बहरे बालक को कुछ भी सुनाई नहीं देता। यदि यह बात जन्म से होती है तो वे गूंगे भी होते हैं। वे अपनी बात को ईशारों से ही थोड़ा बहुत समझ सकते हैं, ऊँचा सुनने वाले बालकों में पूर्णत: बहरापन नहीं होता इनकी श्रवण यंत्रों में दोष पाये जाने के कारण वे सामान्य वार्तालाप तथा ध्वनियों को अच्छी तरह से सुन व समझ नहीं पाते हैं। इसलिए इनके साथ काफी तेज बोलना पड़ता है। श्रवण यंत्रों के माध्यम से ऐसे बालकों की परेशानियों को कम किया जा सकता है। धीरे-धीरे ये सामान्य बालकों की तरह व्यवहार करना शुरू कर देते हैं। इसलिए श्रवण दोषों को ठीक से पहचान कर, इलाज करने तथा श्रवण यंत्रों का सही इस्तेमाल का प्रशिक्षण देकर इन्हें सामान्य बालकों की तरह शिक्षा प्रदान की जा सकती है।

श्रवण दोष के लिए कई कारण जिम्मेदार हो सकते हैं जैसे-

(1) यदि माँ के गर्भ में बालक को उचित वातावरण की कमी है अथवा माँ को लगी चोट, सदमा, आदि भी बालक के मस्तिष्क पर सीधा प्रभाव डाल सकते हैं।

(2) कोई भी गम्भीर बीमारी से ग्रसित होने पर या कुपोषण का शिकार होने पर भी श्रवण दोष हो सकता है।

(3) भयंकर दुर्घटनाएँ भी श्रवण दोष का कारण बन सकती हैं। शरीर व मस्तिष्क पर पहुँचा गहरा आघात श्रवण दोष उत्पन्न कर सकता है।

(4) माता-पिता के क्रोमोसोम्स तथा जीन्स का दोषपूर्ण होना व इनका स्थानान्तरण बालकों में होने पर जैसे ही बच्चा भ्रूण अवस्था में आता है वह श्रवण दोष का शिकार हो जाता है।

(5) वर्तमान परिस्थितियों में तेजी से बढ़ता प्रदूषण ही बहरेपन की समस्या के लिए जिम्मेदार है।

(6) सामान्य तथा कान सम्बन्धी बीमारियाँ भी श्रवण दोष का कारण होती हैं। जैसे- बीमारियों में ली जाने वाली तेज दवाइयों का मस्तिष्क पर सीधा प्रभाव पड़ता है। जिससे व्यक्ति की श्रवण तन्त्रिकाओं पर सीधा प्रभाव पड़ता है, तथा व्यक्ति की सुनने की शक्ति प्रभावित होती है।

श्रवणदोष युक्त विकलांग विद्यार्थियों की शिक्षा

बालक किस प्रकार की श्रवण विकलांगता से ग्रसित है यह जानना अत्यन्त आवश्यक है। जो बालक पूर्ण रूप से बहरे तथा जिन्हें ऊँचा सुनाई देता है उनके लिए शिक्षा की व्यवस्था अलग-अलग होनी चाहिए। जैसे:-

बहरे बालकों की शिक्षा

बहरे बालकों की समस्याएं सामान्य बालकों की तुलना में काफी गंभीर होती हैं जैसे-

(1) पूर्ण रूप से बहरे बालकों के लिए विशेष विद्यालयों की व्यवस्था होनी चाहिए जिससे इन्हें मूक एवं बधिर विद्यालयों में भेजा जा सके।

(2) ध्वनियाँ न सुनाई देने के कारण ये अपनी अभिव्यक्ति मौखिक रूप से नहीं कर पाते हैं, जिससे ये अपनी सहायता के लिए कह नहीं पाते हैं।

(3) मूक, बधिर बालकों को इस प्रकार से प्रशिक्षित किया जाये कि ये होंठों के संचालन, हाव भाव, मुख, जिह्वा, तालू आदि की पेशीय क्षति (मांसपेशियों से संबंधित कमी) का अनुभव कर, विचारों को ग्रहण कर सके।

(4) ऐसे बालक जो पूरी तरह से सुन नहीं सकते हैं उनके अन्दर सुनने की शक्ति का विकास प्रशिक्षित अध्यापकों द्वारा किया जा सकता है।

ऐसे बालकों के पाठ्यक्रम में क्रियाओं तथा इन्द्रिय अनुभवों को विशेष रूप से स्थान दिया जाना चाहिए।

ऊँचा सुनने वाले बालकों की शिक्षा

पूर्ण रूप से बहरे बालकों की तुलना में कम या ऊँचा सुनने वाले बालकों की शिक्षा की व्यवस्था करना आसान है। उन्हें आसानी से जीवन की परिस्थितियों के साथ समायोजित किया जा सकता है जैसे:

ऊँचा सुनने वाले बालकों की श्रवण शक्ति के विकास के लिए श्रवण सहायक यंत्रों का नियमित प्रयोग तथा अभ्यास का सहारा लिया जा सकता है।

- ऐसे बालकों की देखभाल इस प्रकार की जाए ताकि इन्हें अपनी अक्षमता का बोध न हो सके।
- कम सुनने वालों में उन कौशलों की कमी पायी जाती है जिनका सम्बन्ध सुनने से होता है कभी ये बहुत जोर से बोलते हैं कभी धीरे से। ऐसा इनकी स्वयं की ध्वनि को सुन न पाने के कारण होता है। इसलिए बोलने से सम्बन्धित त्रुटियों तथा उच्चारण से संबंधित गलतियों को दूर करने के प्रयास किये जाने चाहिए। इसके लिए सुनने के साधन तथा दृश्य साधनों (टेलीविजन) का प्रयोग किया जा सकता है।

दृष्टि दोष युक्त विकलांग बालक

ऐसा दोष जिसके कारण या तो कुछ भी दिखायी नहीं देता अथवा जिसमें स्पष्ट रूप से दिखायी नहीं देता, दृष्टि दोष कहलाता है तथा इस दोष के शिकार बालक दृष्टि विकलांग कहलाते हैं। दृष्टि विकलांग बालकों के कई प्रकार हो सकते हैं जैसे: कमजोर दृष्टि वाले, पूरी तरह से अंधे, अपूर्ण अंधे आदि।

(1) दृष्टि दोष युक्त बालकों की पहचान– दृष्टि दोष युक्त बालकों को चलने, उठने, बैठने, विद्यालयों में भाग लेने में असुविधा होती है।

(2) दृष्टि दोष होने के कारण बालक हीन भावना से ग्रसित हो जाते हैं।

(3) नेत्र के दोषपूर्ण होने के कारण ज्ञान को ग्रहण करने में असुविधा होती है।

(4) ऐसे बालकों को उचित सामाजिक तथा संवेगात्मक समायोजन में असुविधा होती है।

(5) इनमें से कुछ को विशेष उपकरणों की आवश्यकता होती है जिससे वे अपने परिवेश के साथ उचित रूप से समायोजन कर सकें।

दृष्टि दोष के कारण

दृष्टि दोष के लिए, प्रमुख रूप से आनुवांशिकता तथा वातावरण जिम्मेदार होते हैं। प्रमुख कारण निम्नलिखित हैं-

(1) बालक के शुरुआती जीवन में दिया जाने वाले भोजन, कुपोषण आदि।

(2) प्रसव के समय होने वाली असावधानियाँ।

(3) बहुत कम रोशनी या अधिक रोशनी, गहरे रंग वाली रोशनी में पढ़ना, हिलती-डुलती रोशनी में पढ़ना तथा बहुत देर तक कम्प्यूटर पर कार्य करना या बहुत पास से टीवी देखने से भी दृष्टि दोष हो जाता है।

(4) शरीर में महत्वपूर्ण पोषक तत्वों की कमी।

(5) डायबिटीज, मलेरिया आदि बीमारियाँ जिससे शरीर में महत्वपूर्ण पोषक तत्वों की कमी हो जाये।

(6) गर्भकाल में माँ का अशान्त रहना या दुर्घटना का शिकार होना आदि।
(7) माँ बाप से दृष्टि दोष का अपनी संतति में स्थानान्तरण।

दृष्टि दोष युक्त बालकों की शिक्षा

दृष्टि दोष युक्त बालकों की शिक्षा की व्यवस्था निम्न प्रकार से की जा सकती है-

पूर्ण रूप से अंधे बालकों की शिक्षा

यदि बालक पूरी तरह से अंधा है तो उसे अंध विद्यालयों में भेजना चाहिए तथा विशेष शिक्षण विधियों का भी प्रयोग करना चाहिए जैसे-ब्रेल लिपि, व्यक्तिगत शिक्षण, स्वक्रिया एकीकृत शिक्षण इन विधियों के माध्यम से पूर्णरूपेण दृष्टि दोष युक्त बालक वातावरण से समायोजन करना सीख सकते हैं। पूर्णरूपेण अंधे बालकों का पाठ्यक्रम इस प्रकार से बनाया जाना चाहिए कि वे पढ़ने, लिखने, जानने तथा अपने वातावरण को समझने के योग्य बन सकें। ब्रेल लिपि इसमें सहायक है। पाठ्यक्रम में निम्न बातों को लक्ष्य बनाया जाना चाहिए-

- वे अपने आवश्यक कार्यो (चलना, घूमना, सड़क पार करना आदि) को स्वयं कर सकें।
- कला तथा संगीत के प्रति इनका लगाव देखा गया है अत: पूर्णरूपेण अंधे बालकों की शिक्षा में संगीत विषय तथा क्रियाओं को स्थान दिया जाना चाहिए।
- ऐसे बालकों का पाठ्यक्रम कार्यानुभव तथा बुनियादी उद्योगों के प्रशिक्षण पर आधारित होना चाहिए।

देश के सभी प्रान्तों में सरकार तथा स्वयंसेवी संस्थाओं द्वारा पूर्णरूपेण अंधे बालकों के लिए विद्यालय चलाये जा रहे हैं।

दृष्टि दोष युक्त विकलांग बालकों की शिक्षा

ऐसे बालक जो पूरी तरह से अंधे नहीं होते या जिनकी दृष्टि कमजोर होती है। उनकी शिक्षा सामान्य बालकों के साथ नियमित कक्षाओं में करायी जा सकती है। परन्तु ऐसे बालकों के समायोजना तथा शिक्षा प्राप्त करने में निम्न बातों का ध्यान रखना चाहिए, जैसे-

1. ऐसे बालकों को दृष्टि यंत्रों के उपयोग की आदत डालने का अभ्यास कराना चाहिए।
2. ऐसे बालकों का दृष्टि परीक्षण करवाकर, उनके नेत्र के उपयुक्त लेन्स, चश्मों का प्रयोग करना चाहिए ताकि इन्हें देखने में असुविधा न हो।
3. वे बालक जो कम देखते हैं उन्हें ऐसी कक्षाओं में भेजना चाहिए जहाँ बड़े छापे वाली पुस्तकें व साम्रगी प्रयोग में लायी जाती हों। ऐसी कक्षाएं 'कन्जरवेशन कक्षाएं' कहलाती हैं।
4. ऐसी कक्षाएं जिनमें नेत्र का उपयोग कम होता है वहीं दृष्टिदोष युक्त बालकों को सामान्य कक्षाओं में रखना चाहिए। इसके विपरीत जिन कार्यों के लिए नेत्र की अधिक आवश्यकता होती है इन बालकों को विशेष कक्षाओं में रखना चाहिए। इस प्रकार की कक्षा की व्यवस्था करना 'सहकारी योजना' के अन्तर्गत आता है।
5. कक्षा में श्यामपट्ट ऐसा हो जिसका बालकों की आँखों पर प्रभाव न पड़े।

प्रतिभाशाली बालक

प्रतिभाशाली बालक को विशिष्ट बालक की श्रेणी में रखे जाने का कारण ऐसे बालकों में उच्च बुद्धि तथा अभिक्षमताओं का पाया जाना है। प्रतिभाशाली बालक को मनोवैज्ञानिकों द्वारा अलग-अलग ढंग से परिभाषित किया गया है। लूसिटो ने प्रतिभाशाली शब्द की व्याख्या पांच भागों में विभाजित करके की है जो कि निम्न है:-

1. ऐसे व्यक्तियों को प्रतिभाशाली माना गया है जिन्होंने किसी विशेष व्यवसाय में उच्च स्थान प्राप्त किया हो।
2. द्वितीय वर्ग में ऐसे व्यक्तियों को प्रतिभाशाली माना गया है जो कि बुद्धिलब्धि की दृष्टि से उच्च होते हैं। परन्तु बुद्धिलब्धि के वितरण का कोई सुनिश्चित विभेदक बिन्दु निर्धारित नहीं है। फिर भी मनोवैज्ञानिक 120 से ऊपर बुद्धिलब्धि रखने वाले विद्यार्थियों को प्रतिभाशाली मानते हैं।
3. तृतीय वर्ग में ऐसे विद्यार्थियों/व्यक्तियों को प्रतिभाशाली माना जाता है जिन्होंने किसी विशेष वर्ग (कला, संगीत, सांस्कृतिक क्षेत्र) में विशेष उपलब्धि अर्जित की हो।
4. चतुर्थ वर्ग में ऐसे बालक/व्यक्ति जो किसी समूह में निश्चित अनुपात या प्रतिशत में आते हैं, को प्रतिभाशाली माना गया है।
5. पंचम वर्ग में उन परिभाषाओं को रखा गया है जिनमें सृजनात्मकता पर बल दिया गया है। अर्थात ऐसा व्यक्ति प्रतिभाशाली माना जायेगा जिसमें सृजनशीलता की मात्रा अधिक होती है। गिलफर्ड के बुद्धि संरचना के सिद्धान्त के अनुसार अपसारी उत्पादन की अधिक क्षमता रखने वाले व्यक्ति को प्रतिभागी माना गया है।

उपरोक्त वर्गों से निष्कर्ष निकलता है कि प्रतिभाशाली बालक की श्रेणी में आने के कई प्रकार के मानदण्ड हैं।

लूसिटो ने प्रतिभाशाली बालक को निम्न शब्दों में परिभाषित किया है - ''प्रतिभाशाली बालक वे हैं जिनकी क्षमता तथा बौद्धिक शक्तियों की उत्पादकता एवं मूल्यांकनात्मक चिन्तन में इतने उच्च स्तर की है कि तर्कसंगत रूप में माना जा सकता है कि यदि इन्हें पर्याप्त शैक्षिक अनुभव प्रदान किये जाये तो वे संस्कृति के भावी समस्या समाधानकर्ता, खोजकर्ता, प्रवर्तक एवं मूल्यांकनकर्ता बन सकेंगे''।

प्रतिभाशाली बालक की पहचान

प्रत्येक विद्यालय में प्रतिभाशाली बालक होते हैं परन्तु इनकी पहचान करना इतना आसान नहीं होता। निम्नलिखित विधियों तथा प्रविधियों का प्रयोग कर प्रतिभाशाली विद्यार्थियों की पहचान की जा सकती है-

1. बुद्धि परीक्षण (व्यक्तिगत एवं सामूहिक) का प्रयोग कर प्रतिभाशाली बालकों की पहचान की जा सकती है। इन परीक्षणों के लिए अध्यापक का प्रशिक्षित होना आवश्यक है।
2. स्कूल के अंकपत्र तथा संचयी प्रपत्रों से भी बालकों की प्रतिभा का पता लगाया जा सकता है।
3. मानवीकृत उपलब्धि परीक्षणों के प्रयोग द्वारा भी प्रतिभाशाली बालकों को पहचाना जा सकता है।
4. प्रतिभाशाली बालकों की पहचान के लिए अध्यापक व्यक्तियों से भी सूचनायें एकत्रित कर सकता है। अध्यापक अन्य गतिविधियों के माध्यम से भी बालक की प्रतिभा का पता लगा सकता है, जैसे प्रतियोगिता आयोजित कर, कक्षा में तथा कक्षा से बाहर निरीक्षण करके, विशेष प्रकार की परीक्षा का आयोजन आदि।

डीहान और कफ ने शिक्षकों के लिए प्रकाशित निर्देश पुस्तिका में प्रतिभाशाली विद्यार्थियों के गुणों की सूची तैयार की है जिसके आधार पर भी विद्यार्थियों की पहचान की जा सकती है, जैसे:-

1. अधिक शब्दों का प्रयोग शुद्धता व सरलता से करना।
2. शीघ्रता व सरलता से सीखने की क्षमता।
3. तर्क करने की क्षमता, स्पष्ट चिन्तन तथा अर्थों का अवबोध करने की क्षमता।
4. अपने स्तर से ऊँचे स्तर की पुस्तकों को पढ़ना व समझना।
5. कठिन कार्यों को आसानी से कर लेना।
6. सामान्य बुद्धि तथा व्यावहारिक ज्ञान का अधिकाधिक उपयोग करना।

7. अनेक प्रकार की चीजों से संबंधित रुचि रखना।
8. बिना रटे समझने में विश्वास करना।
9. सामान्य बालक जिन चीजों से अनभिज्ञ रहते हैं उनकी जानकारी करना।
10. अनुक्रियाओं को शीघ्रता तथा सतर्कतापूर्वक उत्पन्न करना।

प्रतिभाशाली बालकों की पहचान उपरोक्त विधियों/प्रविधियों का प्रयोग करके की जा सकती है।

प्रतिभाशाली बालकों की पहचान के लिए विशेषकर 'बुद्धि परीक्षण' तथा 'उपलब्धि परीक्षणों' का संचालन किया जाता है। भारत में ये परीक्षायें एन.सी. आर.टी व एस.सी.ई.आर.टी. संस्थाओं द्वारा ली जाती हैं। एन.सी.आर.टी., एस. सी.ई.आर.टी. तथा मनोवैज्ञानिक केन्द्रों द्वारा समय-समय पर प्रतिभाशाली बालकों की खोज के लिए प्रशिक्षण भी प्रदान किए जाते हैं।

प्रतिभाशाली बालकों की शिक्षा

प्रतिभाशाली बालकों को शिक्षा प्रदान करने के लिए मुख्यतः तीन उपागम उपयोग में लाये जाते हैं-

(I) त्वरण उपागमः इस उपागम के अनुसार त्वरण तीन प्रकार से किया जाता है-
   * वर्ष में एक से अधिक बार अगली कक्षा में प्रवेश देना/प्रोन्नत करना।
   * तीन वर्ष की विषय सामग्री को दो वर्ष में पढ़ाना।
   * लचीली शैक्षिक व्यवस्थाएं जैसे - खुला विद्यालय, पत्राचार पाठ्यक्रम आदि के माध्यम से प्रतिभाशाली विद्यार्थियों की सीखने की गति को बढ़ावा दिया जाता है। कुछ मनोवैज्ञानिकों का मानना है ऐसा करने से बालकों का संवेगित तथा सामाजिक विकास बाधित होता है। परन्तु ये मत शोध पर आधारित नहीं हैं।

(II) संवर्धन उपागम इससे प्रतिभाशाली विद्यार्थियों की प्रतिभावों (विशिष्ट योग्यताएं, क्षमताएं तथा गुण) को विकसित करने का अवसर प्रदान किया जाता है। इसके अन्तर्गत विद्यार्थियों को अतिरिक्त कक्षाएं, तथा अन्य क्रियाकलापों में भाग लेने के लिए प्रोत्साहित किया जाता है। इन क्रियाओं के अन्तर्गत दिया जाने वाला गृह कार्य भी उच्च स्तर का होता है। प्रतिभाशाली बालकों के लिए अलग शिक्षक का प्रावधान करना भी संवर्धन के अन्तर्गत आता है। जिसका कार्य इन बालकों की पहचान करके, उनकी रुचि व योग्यताओं के अनुसार शिक्षा की व्यवस्था करना होता है। संवर्धन के अन्तर्गत शिक्षकों को इस बात के लिए प्रेरित किया जाता है कि वे प्रतिभाशाली बालकों को स्वतन्त्र रूप से कार्य करने व पहल करने की स्वतन्त्रता दें जिससे उनकी उपलब्धि का स्तर ऊँचा हो सके।

(III) विशिष्ट कक्षाएं एवं विद्यालय प्रतिभाशाली बालकों विशेष कक्षाओं तथा विद्यालय के प्रावधान के अन्तर्गत तीन प्रकार की व्यवस्थाएं आती हैं-
   (1) बालकों को पूर्णतः पृथक करके अलग शिक्षा देने की व्यवस्था की जाए। इसे पूर्ण पृथक्करण के नाम से जाना जाता है।
   (2) ऐसी व्यवस्था जिसमें प्रतिभाशाली विद्यार्थियों को सामान्य विद्यार्थियों के साथ ही पढ़ाया जाता हो अपृथक्करण कहलाती है।
   (3) जब प्रतिभाशाली विद्यार्थियों को उनकी प्रतिभा के क्षेत्र या विषय में पढ़ाने के लिए अलग बिठाकर पढ़ाया जाए जबकि अन्य विषयों में सामान्य बालकों के साथ रखकर पढ़ाया जाए तो यह उपागम 'आंशिक पृथक्करण' कहलाता है। आजकल आंशिक पृथक्करण बहुत अधिक प्रचलन में है। उपरोक्त उपागमों के अतिरिक्त प्रतिभाशाली विद्यार्थियों की आवश्यकताओं की पूर्ति के लिए परियोजना, यात्रा, शोध, नाटकीकरण आदि शिक्षण विधियों का प्रयोग किया जाना चाहिए।

पिछड़े विद्यार्थी

पिछड़े विद्यार्थी से तात्पर्य ऐसे बालक से है जो बार-बार समझाने पर भी नहीं समझता तथा सामान्य बालकों की भांति प्रगति नहीं कर पाता है। इस प्रकार पिछड़े बालक सामान्य बालकों की तुलना में पढ़ने-लिखने में पीछे होते हैं। इसलिए ऐसे बालक कक्षा में कई बार अनुत्तीर्ण हो जाते हैं।

बालकों का पिछड़ापन दो प्रकार का होता है- (1) मानसिक पिछड़ापन (2) शैक्षिक उपलब्धि के आधार पर पिछड़ापन। परन्तु पिछड़ा बालक सदैव मानसिक रूप से मन्द नहीं होता यह देखने में आया है कि सामान्य बुद्धिलब्धिक वाले बालक भी शैक्षिक प्रगति में पिछड़ जाते हैं। शोनेल के अनुसार, ''पिछड़ा हुआ बालक वह है जो अपनी आयु के अन्य बालकों की तुलना में अत्यधिक शैक्षणिक कमी का परिचय देता है।''

बर्ट के अनुसार ''पिछड़ा बालक वह है जो अपने विद्यालयी जीवन के मध्यकाल, लगभग साढ़े दस वर्ष की आयु में अपनी कक्षा का वह कार्य नहीं कर सकता, जो उसकी आयु के लिए सामान्य कार्य है।''

पिछड़े बालक की पहचान

बर्ट के अनुसार ऐसा बालक जिसका शैक्षिक अनुपात 85 से कम होता है पिछड़ा बालक कहलाता है। बालकों का शैक्षिक अनुपात निम्न सूत्र द्वारा ज्ञात किया जा सकता है:

$$\text{शैक्षिक अनुपात } \frac{(\text{शैक्षणिक})}{(\text{कालानुक्रमिक आयु})} \times 100$$

इसके अतिरिक्त पिछड़ बालकों की पहचान अनेक मनोवैज्ञानिक परीक्षणों के माध्यम से भी की जा सकती है तथा बुद्धि परीक्षण (व्यक्तिक या सामूहिक), निष्पत्ति परीक्षण, व्यक्तित्व परीक्षण, निदानात्मक परीक्षण, व्यक्तित्व अध्ययन।

इसके अलावा शिक्षण प्रेक्षण के अन्तर्गत बालक के व्यवहार का अध्ययन कक्षा में तथा कक्षा के बाहर किया जाता है। जबकि व्यक्तित्व अध्ययन में बालक की शारीरिक, मानसिक, सामाजिक तथा नैतिक विशेषताओं को उसके अतीत, वर्तमान एवं भविष्य को ध्यान में रखकर परीक्षित किया जाता है।

पिछड़े बालक की शिक्षा

पिछड़ेपन की पहचान हो जाने पर उसके दूर करने के लिए उपचारात्मक शिक्षण की व्यवस्था निम्न प्रकार से की जा सकती है-

1. पिछड़ेपन की समस्या के कारणों का सही-सही पता लगाकर, छात्र पर व्यक्तिगत रूप से ध्यान दिया जाए।
2. पिछड़े बालकों के बौद्धिक स्तर, रूचि व ग्रहण करने की क्षमता के अनुकूल शिक्षण विधियों का प्रयोग किया जाए।
3. बालक को उचित पारिवारिक व विद्यालय वातावरण प्रदान किया जाये। पारिवारिक वातावरण से तात्पर्य बालक के पढ़ने का उचित प्रबन्ध सही मार्गदर्शन दिया जाए जबकि विद्यालय वातावरण में उपयुक्त शिक्षण विधि, परस्पर सहभागिता का कक्षा में प्रावधान हो।
4. पिछड़े बालकों की शिक्षा विशेष रूप से नियोजित कक्षाओं में होनी चाहिए ताकि वे हीनता से ग्रसित न हों।

बाल अपराधी बालक

बाल अपराध का सम्बन्ध बालक के व्यक्तित्व सभी पक्षों जैसे-सामाजिक, संवेगात्मक पक्षों से होता है। किसी भी पक्ष के समायोजन करने में यदि बालक असफल रहता है तो वह बाल अपराधी बन जाता है।

बाल अपराध शाब्दिक अर्थ रास्ते से भटक जाना या गिर पड़ना होता है। हीली के अनुसार 'यह बालक जो व्यवहार में सामाजिक मापदण्ड से विचलित हो जाता है या भटक जाता है, बाल अपराधी कहलाता है।''

सिरिल वर्ट के अनुसार ''यह बालक वैधानिक रूप से उस समय अपराधी कहलाता है जब उसके समाज विरोधी कार्य इतने गम्भीर हो जाते हैं कि सरकार उन पर नियन्त्रण करने के लिए आवश्यक कार्यवाही करती है या कार्यवाही करने की आवश्यकता महसूस करती है।''

''बाल अपराधी व्यवहार के अन्तर्गत न्यूमेयर के अनुसार ऐसे समाज विराधी व्यवहार आते हैं जो व्यक्तिगत तथा सामाजिक विघटन उत्पन्न करते हैं।''

बाल अपराधी बालक के लक्षण

बाल अपराधी बालक के मनोवैज्ञानिक द्वारा निम्न लक्षण बताए गए हैं:

(I) स्वाभाव से बैचेन रहते हैं।

(II) व्यक्तित्व में बैचेन रहते हैं।

(III) समस्या के समाधान में पूर्ण नियोजन की कमी रहती है।

(IV) ये बालक अवसाद ग्रसित होते हैं।

बाल अपराधों के कारण

बाल अपराध के कई कारण हो सकते हैं जैसे-

(1) मनोवैज्ञानिक कारण - बालक की बौद्धिक दुर्बलता, मानसिक रोग, सांवेगिक अस्थिरता आदि भी बालक को अपराधी बनाने में सहायक होती है।

(2) सामाजिक कारण - सामाजिक कारणों के अन्तर्गत आस पड़ोस, सामाजिक परिवेश तथा पारिवारिक वातावरण में व्याप्त प्रतिकूल परिस्थितियां आती हैं। जाने अनजाने बालक का परिवेश बालक पर अपना प्रभाव डालता है।

पारिवारिक वातावरण

1. घरेलू लड़ाई-झगड़े।
2. माता-पिता का बालकों पर नियन्त्रण न होना।
3. माता-पिता में से किसी एक की मृत्यु होना।
4. परिवार के किसी सदस्य का अपराधी प्रवृत्ति का होना।
5. बालक के साथ पक्षपातपूर्ण रवैया।
6. बालक को पर्याप्त स्वतन्त्रता न मिलना।

विद्यालय वातावरण का प्रभाव

1. दोषपूर्ण शिक्षा प्रणाली, पाठ्यक्रम तथा अनुचित शिक्षण विधियां।
2. अध्यापक द्वारा किया गया पक्षपातपूर्ण व्यवहार।
3. उचित अनुशासन का अभाव।
4. शैक्षिक असफलता व पिछड़ापन।
5. साथियों का समाज विरोधी व्यवहार।

बाल अपराधी की शिक्षा

आज के समय में बाल अपराधी को दण्ड न देकर उनके सुधार के उपाय किए जाते हैं। बाल अपराध की रोकथाम दो प्रकार से की जा सकती है:

1. रोकथाम के प्रयत्न
2. सुधारात्मक प्रयत्न

(1) रोकथाम के प्रयत्न के अन्तर्गत समाज, विद्यालय, परिवार तथा वातावरण में सुधार के लिए बाल अपराध को रोकने का प्रयास किया जाता है।

(2) सुधारात्मक प्रयत्नों के अन्तर्गत ऐसे प्रयत्नों को शामिल किया जाता है जो बाल अपराधी को अपराधपूर्ण जीवन से मुक्ति दिला सकें। जैसे-

- **परिवीक्षण:** इसमें बाल अपराधी को परिवीक्षण अधिकारी के संरक्षण में रखा जाता है। यह अधिकारी बालपराधी बालक की मानसिक प्रवृत्तियां, मनोवैज्ञानिक आवश्यकताओं को सन्तुष्ट कर सही रास्ते पर लाने का प्रयास करता है। 1938 में उत्तर प्रदेश का प्रथम अपराधी परिवीक्षण अधिनियम पास हुआ।

- **मनोवैज्ञानिक उपचार:** बाल अपराधियों का उपचार करने से पहले इनका पता विभिन्न के परीक्षणों द्वारा लगा लेना चाहिए जैसे - शारीरिक परीक्षण, मनौवैज्ञानिक परीक्षणों के अन्तर्गत - व्यक्तित्व परीक्षण, साक्षात्कार, केस स्टडी आदि।

- **खेल चिकित्सा:** व्यक्तिगत व सामूहिक खेलों द्वारा ऐसे बालकों में विश्वास, सहयोग व सहकारिता की भावना का विकास किया जा सकता है।

- **अंगुली चित्रण:** इसमें बाल अपराधी अपनी अंगुली से विभिन्न रंगों के माध्यम से चित्र बनाने का प्रयास करता है, इन चित्रों के माध्यम से अपनी दबी इच्छाओं व भावनाओं को उजागर कर देता है। जिससे उपचार के व्यवहार को धीरे-धीरे सामान्य करने में आसानी होती है।

- **मनोभिनय:** इसमें बालक को एक काल्पनिक भूमिका में भाग लेने का अवसर प्रदान किया जाता है। जिससे बालक की आक्रामक तथा विध्वंसात्मक प्रवृत्तियों का पता लग जाता है।

इसके अतिरिक्त मनोविश्लेषण विधि द्वारा बाल अपराधी बालक के मन में दबी इच्छाओं और संवेगों का पता लगाकर उपचार किया जा सकता है।

पिछड़े बालक व उनका पाठ्यक्रम

पर्यावरण द्वारा बालकों के लिए पारिवारिक व शैक्षिक दोनों प्रकार से वातावरण में सुधार करना होगा। बुरी संगत से बचाने के लिए नैतिक मूल्यों का ज्ञान देकर उसका आत्मविश्वास जगाना होगा, यदि बालक की मूल आवश्यकताओं की पूर्ति न होती हो तो माता-पिता से सम्पर्क कर पौष्टिक भोजन, स्वच्छता, पढ़ाई के साधनों की व्यवस्था, यदि कोई रोग है, तो उसके उपचार हेतु परामर्श देना होगा।

मंद बुद्धि बालक व उनका पाठ्यक्रम

मंद बुद्धि बालकों के लिए अलग विद्यालय की व्यवस्था होनी चाहिए, लेकिन हमारे देश में ऐसी व्यवस्था कम है, ऐसे बालकों के लिए विशिष्ट कक्षाओं का आयोजन किया जाना चाहिए। इनका पाठ्यक्रम सामान्य से अलग होना चाहिए, इनके लिए शिक्षण की अपेक्षा प्रतिक्षण योग्य पाठ्य सामग्री निर्धारित की जानी चाहिए। इनके लिए-

(1) पढ़ाये जाने वाले विषयों की संख्या अधिक न हो।

(2) विषयवस्तु सरल व सुलभ हो।

(3) जीवन में उपयोग में आने वाले ज्ञान को अधिक महत्व दिया जाये।

(4) मानसिक की अपेक्षा शारीरिक व क्रियात्मक कार्यों पर विशेष बल दिया जाये।

(5) पाठ्यक्रम थोपा न जाये बल्कि वह व्यावहारिक एवं उनकी रुचि के अनुसार हो।

शारीरिक दोष वाले पिछड़े बालक व उनका पाठ्यक्रम

ऐसे बालक जो अपंग हों, लेकिन मंद बुद्धि न हों उनके लिए उनकी सामर्थ्य अनुसार पाठ्यक्रम निर्धारित किया जाना चाहिए।

(1) अपनी अपंगता के कारण को जानना व उसे दूर करना या कम करना, स्वास्थ्य सम्बन्धी जानकारी का ज्ञान जैसी विषय वस्तु रखी जाये।

(2) संगीत, चित्रकला, सिलाई, कढ़ाई, बुनाई, क्राफ्ट, लकड़ी का कार्य जीविकोपार्जन हेतु दक्षता व्यावसायिक कुशलता जैसे विषयों का होना आवश्यक है।

(3) नैतिक मूल्यों के ज्ञान द्वारा आत्मविश्वास व आत्मनिर्भरता जागृत करने जैसे विषयवस्तु का समावेश होना।

विशिष्ट बालकों हेतु विभिन्न स्तर पर पाठ्यक्रम

विशिष्ट बालकों के व्यक्तित्व के विकास की दृष्टि से प्रत्येक स्तर पर शैक्षिक पाठ्यक्रम ऐसा हो, जो विभिन्न शैक्षिक स्तरों के बालकों व उन बातों का विकास कर सके, जो व्यक्तित्व के प्रमुख अंग हैं। इस सम्बन्ध में पाठ्यक्रम के निर्माण के समय मूलरूप से दो बातों को ध्यान में रखना आवश्यक है-

1. बालकों की आयु एवं उनका शैक्षिक स्तर।
2. व्यक्तित्व का वह विशेष अंग जिसका विकास किया जाना है।

इन दोनों ही बातों को ध्यान में रखते हुए-

प्राथमिक स्तर पर

(1) शारीरिक विकास के लिए - ऐसे पाठों का चयन किया जाना चाहिए, जिनमें सफाई का स्वास्थ्य पर प्रभाव, गंदगी के कारण फैलने वाली बीमारियाँ, सड़ी-गली चीजों से घृणा करना, स्वच्छ जल, वायु पर्यावरण, शिक्षा, पेड़-पौधों का महत्व आदि हो।

(2) सामाजिक विकास के लिए - भाषायी पाठों का चयन किया जाये जिनमें संगठन, सहयोग, समाज सेवा आदि से संबंधित पाठ हों। इन पाठों का धनात्मक प्रभाव पाठ के निष्कर्ष के रूप में बताया गया हो। इसके विपरीत असहयोग, अकेलेपन की आदत आदि के दुष्परिणामओं को भी दर्शाया गया होना चाहिए।

(3) बौद्धिक विकास के लिए - गणित व सामान्य विज्ञान जैसे विषयों पर अधिक बल दिया जाये। गणित में रटाने को कम व विज्ञान में स्वयं करके देखने और बौद्धिक क्रियाओं को अधिक महत्व दिया जाये। इस दृष्टि से इस स्तर पर गणित व विज्ञान अनिवार्य हो और अवश्य पढ़ाया जाये।

(4) नैतिक विकास के लिए - नीति सम्बन्धी उन कहानियों, कविताओं आदि के माध्यम से इस अवस्था में सत्य, अहिंसा, चोरी न करना, साथियों को धोखा न देना आदि ऐसे गुणों पर आधारित पाठ पढ़ाए जाएं जिनमें बच्चों में उन गुणों का विकास हो सके जो उनके भावी जीवन के लिए जरूरी हैं।

(5) सांवेगिक विकास के लिए - मातृभाषा के पाठ के अन्तर्गत क्रोधी राजा, साहसी बालक आदि ऐसे पाठों का चयन किया जाए, जिन्हें पढ़कर विद्यार्थियों में भय, क्रोध आदि का शमन हो तथा साहस, उत्साह, सामाजिकता, सहानुभूति आदि सांवेगिक गुणों का विकास हो।

पाठ्यवस्तु की दृष्टि से बच्चों पर अधिक बोझ न डाला जाये, क्योंकि उनसे यह अपेक्षा करना कि वे सभी विषयों का ज्ञान प्राप्त कर सकेंगे, ठीक नहीं। उन्हें तो उनकी बौद्धिक एवं शारीरिक क्षमता को ध्यान में रखते हुए केवल उतना ही पढ़ाया जाये जो-

(i) उनके विकास की दृष्टि से आवश्यक हो, तथा
(ii) क्षमता की दृष्टि से जिसे वे आत्मसात् कर सकें।

इस दृष्टि से प्राथमिक स्तर पर-

1. मातृभाषा (विचारों के आदान-प्रदान की दृष्टि से)
2. गणित व विज्ञान (बौद्धिक विकास की दृष्टि से)
3. सामाजिक अध्ययन (समाज से सम्बन्धित सामान्य बातों की जानकारी की दृष्टि से)
4. बच्चों की क्षमता को ध्यान में रखते हुए प्राथमिक स्तर पर ये चार विषय ही पर्याप्त हैं।

माध्यमिक स्तर पर

पाठ्यवस्तु के अन्तर्गत थोड़ा परिवर्तन किया जाये क्योंकि आयु बढ़ने के साथ-साथ बालकों की बौद्धिक क्षमता का भी विकास होता है। इस प्रकार इस स्तर पर निम्न विषय होने चाहिए-

1. मातृभाषा या क्षेत्रीय भाषा
2. राष्ट्रभाषा
3. गणित व सामाजिक विज्ञान
4. सामजिक अध्ययन एवं
5. विभिन्न कलाओं में से बच्चों की रूचि के अनुसार कोई भी एक कला।

पाठ्यक्रम की दृष्टि से

1. **मानसिक विकास हेतु** - गणित यहाँ भी अनिवार्यतः पढ़ाया जाये। साथ ही विज्ञान एवं सम्बन्धित सामान्य बातों की जानकारी भी इसी स्तर पर दी जा सकती है।
2. **शारीरिक विकास के लिए** - विभिन्न प्रकार के खेलों में से आयु अनुसार खिलाये जाने वाले खेलों की सामान्य जानकारी, उनका प्रभाव, स्वास्थ्य को अनुकूल या प्रतिकूल रूप से प्रभावित करने वाले विभिन्न तत्वों का अध्ययन कराया जाना चाहिए। ये पाठ भाषायी पाठों के अन्तर्गत भी पढ़ाये जा सकते हैं जैसे स्वास्थ्य शिक्षा, पर्यावरण शिक्षा, योग शिक्षा आदि।
3. **सांवेगिक विकास की दृष्टि से** - छात्रों के शैक्षिक स्तर के अनुसार ऐसी कविताओं, कहानियों आदि का चयन किया जाना चाहिए, जो विद्यार्थियों में सांवेगिक स्थिरता लाने में सहायक सिद्ध हों।
4. **सामाजिक विकास की दृष्टि से** - सामाजिक अध्ययन विषय के अन्तर्गत राष्ट्रीय एकता, अखण्डता, राष्ट्रीयता की भावना, आतंकवाद, फूट के दुष्परिणाम, समाजवाद, अन्धविश्वास, रूढ़ियों आदि सभी से सम्बन्धित उन सभी बातों को पढ़ाया जाना चाहिए, जो अन्ततः सामाजिक विकास में सहायक या बाधक सिद्ध होती हैं।
5. **नैतिक विकास हेतु** - इस आयु में उन मूल्यों के विकास का प्रयास तो किया ही जाये जिनका उल्लेख हमने प्राथमिक स्तर के विद्यार्थियों के लिए किया था। साथ ही महाराणा प्रताप, शिवाजी, महारानी लक्ष्मीबाई, महात्मा गाँधी, सत्यवादी हरिश्चन्द्र जैसे पाठों का भी चयन किया जाए, जिनके द्वारा विद्यार्थियों में आदर्श मूल्यों का विकास हो।

उच्च स्तर पर

पाठ्यवस्तु की दृष्टि से - चूंकि विद्यार्थियों में बौद्धिक दृष्टि से काफी परिपक्वता आ जाती है, रुचियाँ अपना स्पष्ट प्रभाव दिखाने लगती हैं, जीवन मूल्य भी स्पष्ट झलकने लगते हैं, अतः इन सभी दृष्टियों से विद्यार्थियों को अपने भविष्य को ध्यान में रखते हुए अपनी रूचियों बौद्धिक क्षमताओं आदि की दृष्टि से विषयों के चयन में छूट होनी चाहिए। उनकी बौद्धिक क्षमता के अनुरूप उन्हें उनकी इच्छा से किसी अन्य भाषा के अध्ययन की भी सुविधा होनी चाहिए। इस प्रकार इस स्तर पर तीन भाषाओं का अध्ययन सरलता से कराया जा सकता है। उनके लिए पाठ्यवस्तु होगी-

1. सामाजिक ज्ञान (अनिवार्य)
2. सामान्य विज्ञान (अनिवार्य)
3. विज्ञान, सामाजिक विज्ञान, भाषाओं आदि के समूहों में से किन्हीं तीन विषयों का स्वेच्छा से चयन या अध्ययन। यहाँ विज्ञान वर्ग को छोड़कर भाषाओं और सामाजिक विज्ञान के विषयों को परस्पर मिलाया जा सकता है।

4. किसी भी विदेशी भाषा का अध्ययन (पूरी तरह ऐच्छिक) यहाँ यह आवश्यक नहीं कि विदेशी भाषा देश के बाहर की ही भाषा हो। प्रान्त से बाहर की भाषा का चयन किया जा सकता है।

पाठ्यक्रम की दृष्टि से

1. **बौद्धिक विकास हेतु-** प्रत्येक विषय के अध्ययन को तर्क आधारित बनाने का प्रयत्न किया जाये। भाषाओं के अध्ययन में शब्द परिवर्तन, तुलना एवं अन्तर के द्वारा तथा सामाजिक विज्ञान के विषयों में स्थिति बदलकर तथ्यों में क्या परिवर्तन आ सकता है- यह बताया जाये। प्रश्नों में 'क्या' का आधार कम किया जाये और क्यों, कैसे, किस प्रकार, किस कारण, क्या प्रभाव पड़ेगा से सम्बन्धित प्रश्न अधिक पूछे जायें।
2. **शारीरिक विकास हेतु-** ब्रह्मचर्य से अनुभव एवं लाभ, जैवीय दृष्टि से प्रजनन अंगों की सामान्य जानकारी, यौन शिक्षा, वंशानुक्रम का प्रभाव, जीव विज्ञान के विभिन्न नियम आदि से सम्बन्धित जानकारी दी जाये।
3. **सांवेगिक विकास की दृष्टि से-** क्रोध, साहस आदि विभिन्न संवेगों का अस्तित्व, सार्थकता, उपयोगिता एवं महत्व आदि का तर्कसंगत विश्लेषण कराया जाये। भाषा की दृष्टि से पाठ इतने बोधगम्य हों कि विद्यार्थी स्वत: उन्हें समझकर अपने विचारों एवं मान्यताओं में वांछित परिवर्तन करे सकें।
4. **सामाजिक विकास की दृष्टि से** - सामाजिक रीति-रिवाज एवं परम्पराओं के पीछे निहित आधार, परम्पराओं का वैज्ञानिक आधार, रूढ़ियाँ एवं अन्धविश्वासों (यदि वास्तव में हैं तो) का खण्डन। उपद्रवों, आतंकवाद आदि का सामाजिक आधार और उसे दूर करने के उपाय आदि से सम्बन्धित ज्ञान दिया जाये।
5. **नैतिक विकास की दृष्टि से** - सत्य आदि नैतिक गुणों की परिभाषा न देकर उनसे सम्बन्धित तथ्यों का विवेचन वर्तमान संदर्भ में कराया जाये। अनीति के दुष्परिणामों को विद्यार्थियों से ही निकलवाया जाए।

विशिष्ट समूह की शिक्षा की आवश्यकता

ऐसे बालक जो शारीरिक, सामाजिक, सांवेगिक एवं नैतिक दृष्टि से पिछड़े हुए या कमजोर हैं लेकिन बौद्धिक दृष्टि से ठीक हैं, उन्हें शिक्षा देने की आवश्यकता है। ऐसे विकलांग जिनके पैर या हाथ नहीं हैं वे कई कार्य एक हाथ या पैर से ही बड़ी कुशलता से कर लेते हैं, कई नेत्रहीन बड़े अच्छे संगीतज्ञ, शिक्षक व कलाकार होते हैं। प्रशिक्षण उनके लिए उपयोगी होता है, जो बौद्धिक दृष्टि से बहुत ठीक नहीं होते, पर वे किसी भी कार्य को अनुसरण कर या अभ्यास करके सीख सकते हैं, इसलिए शिक्षा उनके लिए आवश्यक है-

(1) जो सामाजिक, सांवेगिक, नैतिक दृष्टि से पिछड़े हुए हैं या सामान्य से अति नीचे हैं या बौद्धिक दृष्टि से प्रखर हैं।

(2) जो शारीरिक दृष्टि से विकलांग हैं, किन्तु बौद्धिक दृष्टि से ठीक हैं। शिक्षा के साथ प्रशिक्षण उनके लिए आवश्यक है।
   (i) जो बौद्धिक दृष्टि से मन्द, किन्तु अन्य दृष्टियों से ठीक हैं।
   (ii) जो शारीरिक दृष्टि से विकलांग, लेकिन बौद्धिक दृष्टि के अलावा अन्य दृष्टियाँ से ठीक हैं।

विशिष्ट समूह में ऐसे बालक आते हैं, जिनकी बुद्धि 120 या इससे भी अधिक है इन बालकों में ध्यान केन्द्रित करने की शक्ति बहुत अधिक होती है। उन्हें यदि थोड़ा सा भी मार्गदर्शन मिल जाये तो वे अपना मार्ग स्वयं खोज लेते हैं और बिना थके घंटों तक अपने कार्य में व्यस्त रहते हैं। बालक स्वयं अपनी समस्या का समाधान खोज लेते हैं। उनके लिए ऐसे विद्यालय कार्यक्रम हों, जिनसे वे अधिकतम लाभ उठा सकें। वे बालक सामान्य बालकों का नेतृत्व कर सकते हैं। वे चिन्तनशील होते हैं, उन्हें नेतृत्व करने के अवसर प्रदान करने चाहिए। दूसरी श्रेणी के ऐसे बालक जो किसी कारणवश पिछड़े हुए हैं वे समस्याग्रस्त हैं उनके लिए शिक्षा की अत्यधिक आवश्यकता है, क्योंकि यदि ऐसे बालकों की समस्याओं का समाधान आरम्भिक स्तर पर नहीं किया गया, तो वे आगे चलकर गम्भीर समस्या के लिए रूप धारण कर लेंगे, इसलिए ऐसे बालकों के समुचित विकास के लिए शिक्षा अति आवश्यक है। पिछड़े हुए बालकों में आत्महीनता की भावना को दूर करने हेतु उन्हें आत्मनिर्भर बनाने हेतु, व्यावसायिक दक्षता उत्पन्न करने हेतु, आत्मविश्वास जगाने हेतु, समाज में स्थान बनाने हेतु, जीविकोपार्जन हेतु, अवकाश के समय का सदुपयोग करने हेतु, समाज सुधार हेतु विशिष्ट समूह की शिक्षा की आवश्यकता है।

विशिष्ट समूह के वे बालक जो शारीरिक रूप से अक्षम हैं, जिसके कारण उनमें बहुत-सी व्यक्तिगत, सामाजिक, आर्थिक संवेगात्मक समस्याएँ उत्पन्न हो जाती हैं और वे मानसिक रूप से अशान्त व विचलित हो जाते हैं, अपनी अक्षमता के कारण उनमें हीन भावना व मानसिक तनाव पैदा हो जाता है। ये बालक अपने चारों ओर के वातावरण द्वारा की जाने वाली अपेक्षाओं के प्रति अत्यधिक संवेदनशील हो जाते हैं। सामाजिक जीवन से कतराने लगते हैं, संकोची होने की प्रवृत्ति उत्पन्न होने लगती है। अनेक प्रकार की कुंठाएँ आक्रोश व असमायोजन की समस्याएँ पैदा होने लगती हैं। इन सब स्थितियों को कम करने के लिए, हल करने के लिए, स्वस्थ व सकारात्मक दृष्टिकोण विकसित करने के लिए विशिष्ट समूह की शिक्षा की आवश्यकता है।

(*i*) विशिष्ट समूह बालक व पाठ्यक्रम

जिन विशिष्टताओं या कमियों के कारण बालकों को विशिष्ट की श्रेणी में रखा गया है, उनके लिए समान पाठ्यक्रम निर्धारित करना न्यायसंगत नहीं होगा। हमें प्रत्येक कमी या विशेषता के लिए अलग-अलग प्रकार का पाठ्यक्रम निर्धारित करना होगा।

ये बालक सामान्य पाठ्यक्रम से संतुष्ट नहीं होते, जिज्ञासु व कर्मठ होने के कारण बहुत कुछ सीख सकते हैं, इसलिए ऐसे छात्रों के लिए-

(1) अपेक्षाकृत कुछ कठिन व विस्तृत पाठ्यवस्तु होनी चाहिए।
(2) विज्ञान, प्रौद्योगिकी, गणित विषयों का समावेश होना चाहिए।
(3) तर्क, चिन्तन व अनुसंधान पर आधारित विषय-वस्तु होनी चाहिए।
(4) उन्हें नेतृत्व के अवसर प्रदान करने चाहिए।

(*ii*) विशिष्ट बालकों के लिए विशिष्ट कक्षाएँ

प्रत्येक प्रकार की विशिष्टताओं के लिए अलग-अलग प्रकार के पाठ्यक्रम हैं, जैसे नेत्रहीन बालकों के लिए अलग पाठ्यक्रम होना चाहिए तथा मूक बधिर के लिए अलग। जहाँ एक ओर पाठ्यक्रम में प्रत्येक स्तर और विशेषता के अनुसार पाठ्यक्रम अलग-अलग होगा, वहीं एक ही स्तर और एक ही प्रकार की विशेषता के लिए सभी बालकों के लिए कक्षाएँ समान होनी चाहिए।

प्रतिभावान छात्रों के लिए विशेष शिक्षण कक्षाओं को व्यवस्थित करना होगा, जबकि पिछड़े बालकों के लिए सामान्य शिक्षण कक्षाओं को आयोजित करना होगा।

विशिष्ट बालकों में भी छात्रों व छात्राओं की रुचि, योग्यता, कर्तव्यबोध अलग-अलग होता है, इसलिए हमें छात्र व छात्राओं के लिए अलग-अलग कक्षाओं की व्यवस्था करनी चाहिए, यह अन्तर प्रतिभाशाली छात्र व छात्राओं में अधिक देखने को मिलता है।

(*ii*) विशिष्ट विद्यालयों का संगठन

विशिष्ट बालकों की शिक्षा व्यवस्था अलग-अलग प्रकार से होनी चाहिए। जैसे यदि प्रतिभाशाली बालकों के समूह को सामान्य वर्ग के बच्चों के साथ रख दिया जाये, तो ये बच्चे तो किसी बात को बड़ी जल्दी सीख लेते हैं, जबकि सामान्य या पिछड़े बालक नहीं सीख पाते। जो बच्चे जल्दी सीख लेते हैं वे यह सोचते हैं कि हम बहुत होशियार हैं और उनमें अहम भाव पनपने लगता है और वे बच्चे जो सीखने में कठिनाई का अनुभव करते हैं, उनमें हीन भावना पनपने लगती है। दोनों ही प्रकार की भावनाएँ अधिगम में बाधक होती हैं। इस दृष्टि से सभी बालकों को एक ही कक्षा या विद्यालय में पढ़ाना उचित नहीं, प्रत्येक प्रकार के विशिष्ट बालक हेतु अलग-अलग विद्यालय होने चाहिए।

मंद बुद्धि बालकों को शिक्षित करने के बजाय प्रशिक्षित करना अधिक उपयोगी होता है, उनके लिए ऐसे विद्यालय हों जहाँ उन्हें कौशल अर्जन कर कार्य सिखाये जाएं ताकि वे जीविकोपार्जन हेतु उनका उपयोग कर सकें।

ज्ञानेन्द्रिय दोष वाले पिछड़े बालकों हेतु सामान्य विद्यालय उपर्युक्त नहीं होते ऐसे बच्चों को विशेष साधन सुविधाओं की आवश्यकता होती है। जैसे अलग प्रकार से बैठने की व्यवस्था, सुनने की व्यवस्था देखने की व्यवस्था, श्रव्य-दृश्य साधनों की व्यवस्था, चिकित्सा व्यवस्था, दोषों के अनुरूप प्रशिक्षित शिक्षकों की व्यवस्था इसलिए इस प्रकार के पिछड़े बालकों हेतु अलग विद्यालयों का संगठन करना आवश्यक है। ऐसे बालक उपहास के पात्र न बनें, क्योंकि उपहास के कारण भी कई छात्र विद्यालय छोड़ देते हैं।

विशेष रूप से मंद बुद्धि व ज्ञानेन्द्रिय दोष वाले पिछड़े हेतु अलग प्रकार के विद्यालयों की व्यवस्था की जानी चाहिए। परन्तु हमारे देश में ऐसे विद्यालयों का अभाव है, ऐसी स्थिति में इन बच्चों के शिक्षण के लिए सामान्य विद्यालयों में ही विशिष्ट कोष्ठ विकसित किये जा सकते हैं। जहाँ विशिष्ट कक्षाएँ चलाई जाएं इन बालकों हेतु अलग समय-सारणी, अलग पाठ्यक्रम व लम्बा कालांश व्यवस्था हो। इन कोष्ठों में विशिष्ट छात्रों के अनुकूल जहाँ तक संभव हो व्यवस्था की जाये। ये व्यवस्था स्वयं के द्वारा विकसित व आशुरचित भी हो सकती हैं।

विशिष्ट समूह और विशिष्ट शिक्षण विधियाँ व प्रविधियाँ

प्रत्येक प्रकार की विशिष्टता के लिए शिक्षण व विधियों में प्रविधियों में विविधता होनी चाहिए। प्रतिभावान बालकों हेतु - तर्क, चिन्तन, मनन, चर्चा व आलोचना पर आधारित विधियों जैसे प्रश्नोत्तर प्रविधि, प्रयोजन विधि ह्युरिस्ट विधि, समस्या समाधान विधि, समूह परिचर्चा आदि द्वारा शिक्षण कार्य हो।

मंद बुद्धि बालकों के समूह हेतु - क्रियाओं पर आधारित विधियों जैसे किंडर गार्टन विधि खेल विधि क्रिया सह-सम्बंध विधि नाटक द्वारा गीत, कविता गाकर उदाहरणों द्वारा, प्रदर्शन द्वारा, खिलौने द्वारा, जादू द्वारा ऐसे बालकों को उपयोगी व व्यावहारिक ज्ञान दिया जा सकता है।

पिछड़े बालकों हेतु- निदानात्मक व उपचारात्मक विधि द्वारा, शिक्षक अभिभावक सम्मेलन द्वारा पिछड़ेपन के कारण जानकर उनके अनुरूप शिक्षण विधियों का चुनाव किया जाये।

जैसे नेत्रहीनों के लिए व्याख्यान विधि, प्रश्नोत्तर प्रविधि, वर्णन, व्याख्या प्रविधि, मूक बधिर बालकों के लिए प्रदर्शन विधि, प्रयोगशाला विधि, अधिक उपयोगी सिद्ध होगी। कान के दोष वाले बालक होठों की गति के अध्ययन द्वारा ज्ञानार्जन कर सकते हैं।

विशिष्ट समूह और शिक्षण सामग्री

विशिष्ट बालकों के शिक्षण हेतु प्रयुक्त सहायक सामग्री अलग-अलग प्रकार की होगी। प्रतिभाशाली बालकों हेतु ऐसे प्रयोग, चार्ट मॉडल हों, जिन्हें वे अपने विवेक व बौद्धिक क्षमता द्वारा पूर्ण करें व उनमें नयापन लाएं। स्वनिर्मित उपकरण, क्रियात्मक मॉडल, मानसिक चिन्तन, तर्क, सोच-विचार वाली सहायक सामग्री उनके लिए हों जो आँखों से देख सकते हैं, जबकि जो आँखों से देख नहीं सकते उनके लिए श्रव्य सामग्री जैसे रेडियो, कैसेट प्लेयर, टेपरिकॉर्डर, ग्रामोफोन, छूकर महसूस करने वाली सहायक सामग्री उपयुक्त होगी। शारीरिक विकलांग वाले विशिष्ट समूह हेतु उनकी क्षमता व जिस अंग से वे कार्य कर सकते हैं, उसी के अनुरूप श्रव्य, दृश्य सामग्री उनके लिए उपयोगी होगी।

कामचोर व आलसी बेईमान बालकों के लिए प्रेरणादायी कहानियाँ प्रसंग व कविताएँ उपयोगी रहेंगी जबकि दुष्ट प्रवृत्ति निर्ममी के लिए दया भरी, दुख भरी क्रहानियाँ अधिक उपयोगी सिद्ध होंगी।

विशिष्ट समूह हेतु शिक्षक की संक्रियता

विशिष्ट समूह के व्यक्तित्व के विकास में यदि सबसे अधिक महत्वपूर्ण भूमिका किसी की है तो वह है- शिक्षक। शिक्षक के बाद माता-पिता का स्थान है। माता-पिता का स्थान बाद में इसलिए कि व्यक्तित्व का विकास किस प्रकार किया जा सकता है- इसे माता-पिता इतना नहीं जानते जितना शिक्षक। पहले देखते हैं कि शिक्षक को क्या करना चाहिए? अपने विद्यार्थियों के व्यक्तित्व के विकास हेतु शिक्षक को चाहिए कि वह-

1. व्यक्तित्व के किसी पहलू के विकास हेतु विद्यार्थियों को जो कार्य दिये जायें वे उनकी रुचि, आयु-योग्यता एवं क्षमता के अनुसार हों।
2. पहले तो इस बात को जानें कि विद्यार्थी-विद्यार्थी में किसी न किसी दृष्टि से अन्तर होता है। अतः विद्यार्थियों के व्यक्तित्व के विकास हेतु ज्ञान-प्राप्ति, भावना-परिवर्तन एवं क्रियाशीलता की दृष्टि से सभी को उत्प्रेरित करने और सिखाने के तरीके अलग-अलग होंगे।
3. कार्य देते समय विद्यार्थियों की पारिवारिक पृष्ठभूमि का भी अवश्य ध्यान रखा जाये।
4. केवल ज्ञानार्जन की ओर ही बच्चों का ध्यान आकर्षित न किया जाये, अपितु भावात्मक परिवर्तन पर अधिक बल दिया जाये, क्योंकि कर्म तो भावना के अनुरूप ही होते हैं।
5. छात्रों में राग, द्वेष, ईर्ष्या, जैसे नकारात्मक भावों को न पनपने दिया जाये और यदि पनप चुके हैं तो उचित उदाहरण महापुरुषों के दृष्टांत, संस्मरण आदि के द्वारा उनका शमन किया जाये और बदलने का प्रयास किया जाये।
6. विशिष्ट समूह के व्यक्तित्व के विभिन्न अंगों का विकास अलग-अलग प्रकार से होता है। बौद्धिक विकास यदि अध्ययन करने से अधिक होता है, तो शारीरिक विकास, व्यायाम, खेलकूद जैसी पाठ्येतर क्रियाओं से और सामाजिक विकास समूह-कार्यों या शैक्षिक भ्रमण वगैरह से। अतः सभी प्रकार की क्रियाओं को उचित स्थान दिया जाये।
7. कक्षा के वातावरण को इतना आकर्षक एवं भयमुक्त बनाने को प्रयास किया जाये कि विद्यार्थी भयमुक्त होकर पढ़ने में रुचि लें।
8. विद्यार्थियों की गलती के समय उन्हें समझाया जाये न कि उन्हें भय दिखाकर उनकी भावनाओं को उकसाया जाये।
9. हीनता के समय विद्यार्थियों को उत्प्रेरित किया जाये और अहं भाव पनपने से उसे दूर किया जाये।
10. बच्चों के साथ व्यवहार मातृत्व/ पितृत्व या मित्रवत हो, न कि अधिकारात्मक।
11. विद्यार्थियों में नैतिकता और चरित्र के विकास पर अधिक ध्यान दिया जाए, क्योंकि व्यक्तित्व के अन्य पहलू इसी पर आधारित अधिक होते हैं।
12. किसी भी प्रकार की कोई समस्या उत्पन्न होने पर उन्हें उचित मार्गदर्शन दिया जाये।

13. व्यक्तित्व की उन कमजोरियों को दूर करने का हठात् प्रयास न किया जाये जो वंशानुगत हैं।
14. निष्पक्ष मूल्यांकन द्वारा समय-समय पर उन्हें उनकी कमजोरी से अवगत कराया जाए, ताकि वे उस कमजोरी को दूर करने हेतु विशेष प्रयास कर सकें।
15. अपने व्यक्तित्व में भी वह परिवर्तन लाने का प्रयास करें जिसकी अपेक्षा वह अपने विद्यार्थियों से करता है।

संविधान में प्रावधान

हम संविधान के शिक्षा से सम्बन्धित दायित्व की चर्चा निम्नलिखित ढंग से कर सकते हैं-

1. निःशुल्क एवं अनिवार्य शिक्षा (Free and Compulsory Education)।
2. अल्पसंख्यकों की शिक्षा-संस्थाओं की स्थापना तथा प्रबन्ध सम्बन्धी दायित्व (Education of the minorities their right to establish and administer educational Intitutions)।
3. विशेष शिक्षा संस्थाओं में धर्म शिक्षा तथा धार्मिक पूजा पाठ में छूट (Freedom for providing religious education or religious worship in certain educational institutions)।
4. सामाजिक और शिक्षा की दृष्टि से पिछड़े हुए नागरिकों तथा महिलाओं की शिक्षा (Education of the socially and educationally backward classes and women)।
5. भिन्न-भिन्न स्तरों पर शिक्षा सम्बन्धी राजकीय कर्त्तव्य (Educational functions of government at various levels)।

अनुच्छेद 29 तथा 30 में दिए गए शिक्षा संबंधी महत्वपूर्ण प्रावधान

अल्पसंख्यकों के शैक्षिक संस्थाओं की स्थापना तथा प्रबन्ध सम्बन्धी अधिकार (Right of Minorities to Establish and Administer Educational Institutions)—संविधान के अनुच्छेद 29 और 30 द्वारा अल्पसंख्यकों को अपने शैक्षणिक और सांस्कृतिक संस्थानों, धार्मिक विचारों, भाषाओं, लिपियों (Scripts) और सांस्कृतियों की सुरक्षा के लिए यदि उनकी पर्याप्त रूप से संरक्षण की व्यवस्था नहीं की जाती तो संविधान की मूल भावना प्रजातंत्र को ठेस पहुँचेगी।

अनुच्छेद 29 के अनुसार भारत के किसी भी क्षेत्र में अथवा उसके किसी भी छोटे-बड़े भाग में रहने वाले नागरिकों के किसी भी वर्ग को, जिसकी अपनी विशेष भाषा है, लिपि या संस्कृति है, उनको उचित संरक्षण दिया जाएगा। उसके साथ-साथ किसी भी देश के नागरिक को केवल धर्म, जाति एवं भाषा या इनमें से किसी एक के आधार पर किसी सरकारी या सरकार से अनुदान प्राप्त करने वाली किसी संस्था में प्रवेश पाने के अधिकार से वंचित नहीं किया जा सकता।

अनुच्छेद 30 के अनुसार सभी अल्पसंख्यक वर्ग को चाहे वह धर्म पर आधारिक हो या भाषा पर इच्छानुसार शैक्षणिक संस्थाएं स्थापित करने और उनका यथा आवश्यकतानुकूल प्रबन्ध करने का भी अधिकार है। इसके अतिरिक्त शैक्षिक संस्थाओं को अनुदान देते समय राज्य उनमें इस आधार पर भेदभावपूर्ण रवैया नहीं दिखाएगा। संविधान का यह दायित्व अल्पसंख्यकों को इस बात का आश्वासन देता है कि संविधान व्यवस्था के अन्तर्गत उनके हितों का पूरा ख्याल रखा जाएगा और वे पूर्ण रूप से सुरक्षित होंगे।

मूल रूप से अल्पसंख्यकों को केवल धर्म के आधार पर ही मान्यता नहीं दी गई है अपितु भाषालिपि और संस्कृति को भी आधार माना गया है। संविधान सभा में कुछ सदस्यों ने इन दायित्वों की कड़ी आलोचना की और कहा कि वह प्रथकवाद को बढ़ावा देने वाली प्रवृत्ति होगी और इससे संकीर्ण तथा संकुचित दृष्टिकोण को बढ़ावा मिलेगा और राष्ट्रीय एकता में बाधा उत्पन्न होगी। इन विरोधी मतों के बावजूद भी इस संवैधानिक दायित्व को स्वीकार कर लिया गया।

अनुच्छेद 29 और 30 को जब सर्वोच्च न्यायालय के समक्ष रखा गया तो इसे सर्वोच्च न्यायालय ने भी स्वीकृति दे दी। इसके साथ-साथ इसने राज्य की सभी विद्यालयों के लिए आवश्यक नियम तथा अनुदान प्राप्त विद्यालयों के लिए पाठ्यक्रम निर्धारित करने का अधिकार भी दिया। लेकिन विद्यालयों को जो कार्य-प्रबंध का अधिकार दिया जाएगा उसका दुरुपयोग न हो। कार्य-प्रबन्ध के अधिकार से तात्पर्य है कि कुप्रबन्ध नही होना चाहिए। सर्वोच्च न्यायालय (Supreme Court) ने तो इसे इजाजत दे दी परन्तु माध्यमिक शिक्षा आयोग कुछ अलग ढंग से सोच रखता था। उसके विचार पूर्णरूप से सर्वोच्च न्यायालय के विपरीत थे। आयोग के अनुसार अल्पसंख्यक वर्ग विद्यालय को कुछ ऐसी नीतियों पर चलाते हैं जिससे मानसिक संकीर्णता, संकुचित दृष्टिकोण और साम्प्रदायिकता को बढ़ावा मिलता है। इसके साथ-साथ वे राष्ट्र के विशाल हितों और राष्ट्र की अखंडता को ध्यान में नहीं रखते। आयोग का यह भी विचार था कि इन विद्यालयों में अध्यापकों की नियुक्ति धर्म, जाति और समुदाय को ध्यान में रखकर की जाती है जिससे राष्ट्र हित की भावना को गहरा धक्का लगता है।

भारतीय शिक्षा आयोग (1964-66) ने भी इस विषय पर अपने विचार व्यक्त किए। आयोग के अनुसार अल्पसंख्यकों द्वारा चलाए जा रहे विद्यालयों में से कुछ एक विद्यालय तो सभी आदर्शों को तिरोहित करके धार्मिक पक्षपात, जातिवाद, धर्मान्धानुकरण तथा पृथकतावादी प्रवृत्तियों को प्रोत्साहित करते हैं। आयोग ने आगे कहा कि यह ठीक है कि संविधान के अनुसार उन निजी विद्यालयों में से कुछ एक जो सरकार से किसी प्रकार का अनुदान नहीं लेते, उन विद्यालयों में सरकार को दखल न करने या कम हस्तक्षेप करने का आदेश है, परन्तु फिर भी राष्ट्रीय हितों को ध्यान में रखते हुए आयोग चाहता है कि शिक्षा के स्तर को बढ़िया बनाने के लिए इन विद्यालयों में भी सरकार का अपना नियंत्रण होना चाहिए।

भारतीय संविधान के अनुच्छेद 30.। के अनुसार प्राथमिक स्तर पर प्रत्येक विद्यार्थी को उसकी मातृभाषा के माध्यम से शिक्षा प्राप्त करने तथा शिक्षा प्रदान करने का हक होता है। इसके साथ इस अनुच्छेद से यह भी स्पष्ट रूप से वर्णित किया गया है कि प्रत्येक राज्य या राज्य के अन्तर्गत स्थानीय सत्ता को इस प्रकार प्रयास करना होगा कि प्राथमिक स्तर पर भाषा पर आधारित अल्पसंख्यक वर्ग के बालकों के लिए उनकी शिक्षा का प्रबन्ध उनकी मातृभाषा में हो और भारत का राष्ट्रपति किसी भी राज्य को ऐसे निर्देश दे सकता है।

माध्यमिक शिक्षा आयोग (1952-53) का भी यह कहना है कि शिक्षा के माध्यम का जहाँ तक सम्बन्ध है, राज्य के बहुत से विद्यालयों में, मातृभाषा या प्रादेशिक भाषा को ही शिक्षा के माध्यम के रूप में स्वीकार किया गया है। कई स्थानों पर अल्पसंख्यक वर्ग होने के बावजूद यदि मातृभाषा के माध्यम से पढ़ने वाले छात्रों की संख्या अधिक है तो उनके लिए मातृभाषा के माध्यम से पढ़ाने की व्यवस्था की गई है।

अनुच्छेद 45 में दिए गए शिक्षा महत्वपूर्ण प्रावधान

निःशुल्क एवं अनिवार्य शिक्षा (Free and Compulsory Primary Education)–राज्य नीति निर्देशक सिद्धान्त, अनुच्छेद 45 (Article 45, Directive Principles of State Policy) के अनुसार ''राज्य इस बात के लिए प्रयत्नशील होगा कि वह, इस संविधान के लागू होने से दस वर्ष के अन्दर सभी बालकों को 14 वर्ष की आयु प्राप्त होने तक निःशुल्क तथा अनिवार्य शिक्षा देने के दायित्व

को निभायें।'' ("The state shall endeavour to provide with in period of ten years from the commencement of this constitution, for free and compulsory education for all children untill they complete the age of fourteen years."—Article 45, Directive Principles of State Policy)

कुछ ऐसा ही मन्तव्य राजकीय विधान परिषद् के सदस्य श्री गोपाल कृष्ण गोखले ने दिया। उन्होंने कहा कि लोक शिक्षा के लिए निःशुल्क अनिवार्य शिक्षा देना अत्यधिक आवश्यक है और इस बात का सारा उत्तरदायित्व भारत सरकार का है। भारत का प्रथम प्रयास इस उद्देश्य की पूर्ति के लिए साधनों को जुटाना होना चाहिए। अंग्रेजी शासन के दौरान भारत की कई राज्य सरकारों ने प्राथमिक शिक्षा अधिनियम बनाए, जिनके द्वारा प्राथमिक शिक्षा के क्षेत्र में सन्तोषजनक प्रति न हो सकी। बुनियादी शिक्षा-1937 (Basic Education-1937) का मुख्य उद्देश्य 6 से 14 आयु वर्ग के बच्चों के लिए निःशुल्क प्राथमिक शिक्षा प्रदान करना था और शिक्षा का ध्येय गरीब बालकों को आत्मनिर्भर बनाना था। परन्तु दुर्भाग्य की बात यह है कि आज देश को आजाद हुए लगभग 59 साल हो चुके हैं, परन्तु शिक्षा का यह निर्धारित तथ्य आज तक प्राप्त नहीं किया जा सका है। इसकी असफलता के पीछे एक नहीं अनेकों कारणों का होना था। जिनमें से कुछ निम्नलिखित हैं-

(i) वित्तीय साधनों की कमी (Lack of financial sources)
(ii) छोटे-छोटे गाँव (Very small villages)
(iii) विद्यार्थियों की संख्या में विस्फोट (Explostion in the number of students)
(iv) छितरे तथा बिखरे गांव (Seanty and scattered villages)
(v) लगातार अनुत्तीर्ण होने से विद्यालय छोड़ना (Dropping out of school due to continous failures)
(vi) माँ-बाप की निर्धनता (Poverty of the parents)
(vii) प्राथमिक शिक्षा पूरी किए बिना विद्यालय छोड़ देना (Dropout of the students without completing primary education)
(viii) मां-बाप का असहयोग (Parent's non co-operation)
(ix) प्राथमिक शिक्षा के प्रति अनदेखापन (Indifference of primary education)
(x) लड़कियों की शिक्षा सम्बन्धी अवरोध (Stagnation in the matter of women education)
(xi) निरक्षर लोगों की शिक्षा के प्रति अरुचि (Disinterestedness of illiterate people to education)।

भारतीय शिक्षा आयोग ने केन्द्र तथा प्रादेशिक सरकारों से यह अनुरोध किया कि केन्द्र या राज्य स्तर ही नहीं अपितु प्रत्येक जिला स्तर पर ठोस कार्यक्रम बनाया जाए ताकि केवल सुविधाओं अथवा सुरक्षित धनराशि के कम होने के कारण शिक्षा के क्षेत्र में किसी प्रकार की बाधा उपस्थित न हो। इसके साथ-साथ आयोग ने इस बात की ओर भी ध्यान दिलवाया कि देश के सभी क्षेत्रों में 1975-76 के दौरान 5 वर्ष के लिए तथा 1985-86 तक 7 वर्ष के लिए सभी बच्चों की अच्छी व अर्थपूर्ण शिक्षा का दायित्व पूरा हो जाना चाहिए। इन सब उद्देश्यों की पूर्ति के लिए सम्पूर्ण देश को अथक प्रयास करने होंगे। शिक्षा में सुधार का दूसरा तरीका, शिक्षा में होने वाली अपव्ययता तथा अवरोधन को दूर करना है। आयोग ने इस बात पर भी बल दिया कि प्रत्येक बच्चे को शिक्षा ग्रहण करने का संवैधानिक अधिकार है। इसलिए सरकार का यह दायित्व बनता है कि यह प्रत्येक बच्चे की शिक्षा का प्रावधान करे। ऐसा करने से सामाजिक न्यायशीलता तथा लोक कल्याण की भावना तो पैदा होगी ही साथ-साथ यह देश के उत्पादन बढ़ाने में भी सहायक होगा। इसलिए सर्वप्रथम हमें बच्चों को बढ़िया स्तर की शिक्षा देकर उन्होंने आदर्श नागरिक बनाना होगा।

42वें संविधान संशोधन में शिक्षा सम्बन्धी महत्वपूर्ण प्रावधान

42वें संविधान संशोधन के अनुसार शिक्षा को समवर्ती सूची में शामिल किया गया तथा इसके साथ ही केन्द्र तथा राज्यों को शिक्षा का दायित्व सौंप दिया गया। इस संशोधन में यह कहा गया कि सातवीं अनुसूची (समवर्ती सूची) की 25वीं प्रविष्टि के स्थान पर निम्नलिखित होगा-

''शिक्षा में तकनीकी शिक्षा, मेडिकल शिक्षा और विश्वविद्यालय सम्मिलित हैं, बशर्ते कि यह सूची-1 की प्रविष्टियों 63, 64, 65 और 66 श्रमिकों की व्यावसायिक एवं तकनीकी प्रशिक्षण के अन्तर्गत हों।''

42वें संविधान संशोधन के अनुसार केन्द्र सरकार तथा राज्य सरकार, दोनों को शिक्षा संबंधित नीतियां बनाने का अधिकार है। इससे पहले यह अधिकार केवल राज्यों के पास था। शिक्षा को समवर्ती सूचित में शामिल करने के फलस्वरूप केन्द्र किसी भी राज्य में अपनी नीति को सीधे रूप से लागू नहीं कर सकता है। केन्द्र ने पूरे देश में 10+2+3 की शिक्षा पद्धति स्थापित करने का निर्णय लिया तो सभी राज्यों ने इस पद्धति का अनुसरण किया।

72वें तथा 73वें संविधान संशोधन में शिक्षा सम्बन्धी महत्वपूर्ण प्रावधान

72वें तथा 73वें संविधान संशोधन में अनुसूचित जातियों के विद्यार्थियों के स्तर को ऊँचा उठाने के लिए अनेक प्रावधान किए गए।

73वां संविधान संशोधन पंचायती राज से सम्बन्धित था। इस संविधान संशोधन के अन्तर्गत ग्राम पंचायतों को शिक्षा सम्बन्धी अनेक अधिकार प्रदान किए गए।

उत्तर-शिक्षा का अधिकार (Right to Education)–निःशुल्क और अनिवार्य शिक्षा के अधिकार को मूल अधिकार बनाने के लिए संविधान (83वां संशोधन) विधेयक 1997 में 6-14 वर्ष की आयु समूह के सभी बालकों को निःशुल्क और अनिवार्य शिक्षा का अधिकार प्रदान करने के लिए संविधान में अनुच्छेद 21-ए को अन्तःस्थापित करने के लिए राज्य सभा में पेश किया गया। विधेयक का मुख्य उद्देश्य बच्चों की अनिवार्य शिक्षा के लिए मूल अधिकार प्रदान करना था जिससे प्रारंभिक शिक्षा का सार्वभौमिकरण तथा अशिक्षा का उन्मूलन हो सके। लेकिन विधेयक 27-11-2001 को वापिस ले लिया गया। इस विषय की मानव संसाधान विकास पर संसद की स्थायी समिति द्वारा समीक्षा की गयी और इस पर भारतीय विधि आयोग 165वीं रिपोर्ट में भी विचार किया गया। विधि आयोग की रिपोर्ट और स्थायी समिति की अनुशंसा पर विचार करने के बाद नया विधेयक, संविधान (93वां संशोधन) विधेयक, 2001 पुनः स्थापित किया गया। जो लोक सभा में 28-11-2001 को सर्व-सम्मति से तथा राज्य सभा द्वारा 14-05-2002 को औपचारिक संशोधनों द्वारा पारित किया गया।

अनुच्छेद 21-ए-राज्य 6-14 वर्ष की आयु के बीच सभी बच्चों को मुफ्त और अनिवार्य शिक्षा ऐसे ढंग से प्रदान करेगा, जैसा कि राज्य, विधि द्वारा, अवधारित करे।

अनुच्छेद 45-राज्य सभी शिशुओं के लिए प्रारम्भिक बचपन सावधानी से तथा शिक्षा प्रदान करने की कोशिश करेगा, जब तक कि 6 वर्ष की आयु पूरी नहीं कर लेते।

अनुच्छेद 51-(ए) : (के)-6-14 वर्ष की आयु के बीच अपने शिशु या यथास्थिति, प्रतिपाल्यक को शिक्षा के लिए अवसर प्रदान करने के लिए माता-पिता या संरक्षक हैं।

शिक्षा के अधिकार को मूल अधिकार बनाने के लिए संवैधानिक कार्यवाही प्रारम्भ करने के पूर्व, उच्चतम न्यायालय ने उन्नीकृष्णन, जे.पी. एण्ड अदर्स बनाम स्टेट ऑफ आन्ध्र प्रदेश एण्ड अदर्स में अवधारित किया था कि, ''इस देश के प्रत्येक नागरिक को नि:शुल्क शिक्षा का अधिकार है, जब तक कि वह चौदह वर्ष की आयु पूरी नहीं कर लेता।''

शिक्षा का अधिकार विधेयक, 2005 (Right to Education Act, 2005)

1. भारतीय संविधान की प्रस्तावना में सभी नागरिकों को आर्थिक, सामाजिक एवं राजनैतिक न्याय, विचार, अभिव्यक्ति, आस्था, पूजा, विश्वास आदि की स्वतन्त्रता, अवसर एवं हैसियत की समानता और मनुष्य की प्रतिष्ठा तथा राष्ट्र की एकता व अखण्डता सुनिश्चित करने हेतु भ्रातृत्व प्राप्त है।
2. संविधान की धारा 45 के अनुसार संविधान लागू होने के 10 वर्षों के भीतर राज्य 14 वर्ष तक के बच्चों को अनिवार्य एवं नि:शुल्क शिक्षा की व्यवस्था करने का प्रयास करेगा।
3. संविधान में 86वें संशोधन (2002) के फलस्वरूप धारा 21ए के अनुसार 6-14 वर्ष की आयु के सभी बच्चों को नि:शुल्क एवं अनिवार्य शिक्षा प्राप्त करने का मूल अधिकार है।
4. धारा 45 के अनुसार 6 वर्ष तक की उम्र के बच्चों की बचपन पूर्व देख-रेख एवं शिक्षा की व्यवस्था हेतु राज्य प्रयास करेगा।
5. संविधान की धारा 51 (ACK) (जो नागरिकों के मूल कर्त्तव्य के बारे में है) के अनुसार प्रत्येक नागरिक का यह मूल कर्त्तव्य है कि वह अपने बच्चे/पाल्य को शिक्षा के अवसर उपलब्ध कराए।
6. एक मानवीय एवं समतामूलक समाज के सृजन हेतु जिसमें पंथ-निरपेक्ष मूल्य तथा भारत की स्थानीय, धार्मिक व सांस्कृतिक विविधता शामिल है।
7. लोकतन्त्र सामाजिक न्याय एवं समता के उद्देश्यों की प्राप्ति सिर्फ समता पूर्ण गुणवत्ता वाली शिक्षा सबको मुहैया कराने से ही हो सकती है।

शिक्षा का अधिकार विधेयक, 2005 की धारा 3 में निम्नलिखित प्रावधान किए गए हैं।

(क) 6 वर्ष की उम्र प्राप्त प्रत्येक बच्चे को पूर्णकालिक प्रारम्भिक शिक्षा में भाग लेने तथा उसे पूरी करने का अधिकार है। इस उद्देश्य के लिए उसे पड़ोस विद्यालय में भर्ती किया जाएगा और उसे नि:शुल्क शिक्षा प्रदान की जाएगी।

(ख) इस विधेयक के लागू होने के समय बिना दाखिला वाला 9-14 वर्ष का बच्चा पड़ोस विद्यालय में विशेष कार्यक्रम में शिक्षा प्राप्त कर सकेगा। वह कानून लागू होने के 3 वर्षों के भीतर उपयुक्त कक्षा में दाखिला पाने का हकदार होगा।

(ग) इस कानून को लागू करने के समय 7-9 वर्ष की आयु समूह का कोई भी बच्चा जिसने दाखिला नहीं पाया है 1 वर्ष के भीतर विद्यालय में उम्र के मुताबिक उपयुक्त कक्षा में प्रवेश पाने का हकदार होगा।

(घ) प्रारंभिक शिक्षा पूरी नहीं होने तक कोई भी बालक स्कूल से निकाला नहीं जाएगा।

इस विधेयक की धारा 4 में निम्नलिखित प्रावधान किए गए हैं-

1. जो विद्यार्थी कक्षा 8 से कम की पढ़ाई वाले विद्यालयों में पढ़ रहे हों, उनके प्रवेश स्थानीय अधिकारी मुफ्त प्रारंभिक शिक्षा पूरी करने हेतु दूसरे विद्यालय में कराने की व्यवस्था करेंगे।
2. जो बच्चे दूसरे राज्य के विद्यालय में पढ़ने के लिए जाएंगे उन्हें पहले वाले विद्यालय के प्रधानाध्यापक के द्वारा स्थानान्तरण प्रमाण-पत्र दिया जाएगा।
3. अगर किसी बच्चे के पास स्थानान्तरण प्रमाण-पत्र नहीं है तो नए विद्यालय में प्रवेश के लिए इंकार नहीं किया जाएगा और न ही विलम्ब होगा। उसके प्रवेश के लिए जांच परीक्षा भी नहीं ली जाएगी।

इस विधेयक की धारा 5 में निम्नलिखित प्रावधान किए गए हैं-

1. यह सुनिश्चित करना कि आर्थिक, सामाजिक, भाषायी, लैंगिक, सांस्कृतिक, प्रशासनिक, अक्षमता स्थानिक या अन्य अवरोध बच्चे की प्रारम्भिक शिक्षा में सहभागिता एवं उसे पूरा करने को रोक न सके।
2. प्रत्येक बच्चे के नामांकन, उपलब्धि और सहभागिता की स्थिति का नियमित अनुश्रवण करने हेतु एक पद्धति तैयार करना। प्रत्येक बच्चे के लिए आवश्यक सुधारात्मक कदम उठाना।
3. प्रत्येक बच्चे को मुफ्त शिक्षा प्राप्त करवाना। अगर किसी क्षेत्र में विद्यालय न हो तो वहां के बच्चों के लिए दूसरे विद्यालय में जाने हेतु यातायात की सुविधा उपलब्ध करवाना। आवासीय विद्यालय की सुविधाएँ उपलब्ध करना।
4. यह निश्चित करना कि प्रत्येक बच्चा समतामूलक गुणवत्ता वाली तथा संविधान में निहित मूल्यों की पोषक शिक्षा प्राप्त करे।

धारा 6 में निम्नलिखित प्रावधान किए गए हैं-

1. 7-9 वर्ष के बिना दाखिला वाले बच्चे इस कानून के लागू होने के एक साल के अन्दर पड़ोस विद्यालय में नामांकन करा लें।
2. पड़ोस विद्यालय में 9-14 वर्ष के बच्चों को भर्ती कराया जाए। पड़ोस विद्यालय में उन्हें उपयुक्त कक्षा में भर्ती कराया जाए।

धारा 7 के प्रावधान-कम से कम 5 और 6 वर्ष के बीच की उम्र वाले बच्चों को सरकार सभी शिक्षा सुविधाएँ उपलब्ध कराएगी और ऐसी सुविधाएँ न होने पर विद्यालयों के नजदीक दूसरे कार्यक्रम उपलब्ध कराएगी।

धारा 8 के प्रावधान-धारा 8 में प्रावधान दिए गए हैं कि यदि कोई बच्चा 14 वर्ष की उम्र पूरी होने के बाद भी प्रारम्भिक शिक्षा पूरी नहीं करता और यदि विद्यालय में पढ़ रहा हो, तो उसे 18 वर्ष की उम्र तक उस विद्यालय में नि:शुल्क शिक्षा दी जाएगी जब तक उसकी प्रारम्भिक शिक्षा पूरी नहीं हो जाए।

धारा 9 में निम्नलिखित प्रावधान दिए गए हैं-

1. राष्ट्रपति द्वारा विशिष्ट आदेश के आलोक में कदम उठाना।
2. राज्य सरकारों से समय-समय पर सलाह लेकर केन्द्र सरकार इस कानून के लागू करने पर लगने वाले खर्च का हिस्सा निर्धारित करके राज्य सरकारों को आर्थिक सहायता प्रदान करेगी।
3. राष्ट्रीय पाठ्यचर्या विकसित करना, प्रशिक्षण के लिए मानदण्ड विकसित व लागू करना, प्रारंभिक शिक्षा के लिए शिक्षकों की योग्यता, जो सहभागिता तथा परामर्श पर आधारित होगा।

धारा 10 में इसे निम्नलिखित तरीके से स्पष्ट किया गया है-

1. विद्यालयों में शिक्षक नियुक्त करना।
2. अतिरिक्त जरूरी विद्यालयों की स्थापना करना और चालू करना।
3. आवश्यक चीजें समय पर नि:शुल्क उपलब्ध करवाना।
4. विस्तृत आंकड़ा आधार विकसित करना।

धारा 11 में प्रावधान किया गया है कि-

1. इस कानून के शुरू होने के छः माह के भीतर प्रशिक्षण संस्थानों का मूल्यांकन करना।

2. सरकार द्वारा प्रशिक्षित शिक्षकों की पूर्ति करना अगर कमी होती है तो केन्द्र सरकार की अधिसूचना के मुताबिक अधिकतम 5 वर्षों में इस जरूरत को पूरा करने के लिए उपयुक्त कदम उठाए।

धारा 12 में निम्नलिखित प्रावधान किए गए हैं-

1. यह निश्चित करना कि कोई बच्चा 6-14 वर्ष के बीच में विद्यालय में दाखिले के बिना तो नहीं है अगर है तो उसे दाखिला दिलवाया जाए और उसकी प्रारंभिक शिक्षा पूरी करवाई जाए।
2. आवश्यक प्रवासी परिवारों को बच्चों की सही शिक्षा हेतु विशेष कदम उठाना चाहिए।
3. नि:शुल्क एवं अनिवार्य शिक्षा हेतु विद्यालय मैंपिंग के जरिए विद्यालय की हर कमी को पूरा करना। बजट आदि तैयार करना।
4. 6-14 वर्ष की उम्र के सभी बच्चों विशेषकर वंचित समूहों के बच्चों का अभिलेख संचारित करना।

संविधान 13 में यह कहा गया है कि-

1. प्रारम्भिक शिक्षा के लिए वार्षिक बजट सक्षम/केन्द्र सरकार बनाकर राज्य के विधानमण्डल में रखेगी।
2. प्रत्येक विद्यालय प्रबन्धन समिति वार्षिक, मध्यम तथा दीर्घकालिक विद्यालय विकास योजना बनाएगी जिससे समता मूलक गुणवत्ता वाली शिक्षा देने हेतु उसके पड़ोस में रहने वाले बच्चों की जरूरतों पूरी की जाएंगी।
3. उपधारा 3 में वर्णित योजनाओं के आधार पर राष्ट्रीय प्रारम्भिक शिक्षा आयोग इस कानून के कार्यान्वयन का अनुश्रवण करेगा।

धारा 14 में प्रावधान दिए गए हैं कि-

1. राज्य के विद्यालय, निर्दिष्ट श्रेणियों के विद्यालयों को छोड़कर, सभी बच्चों को नि:शुल्क एवं अनिवार्य शिक्षा अग्रलिखित तरीके से प्रदान करेंगे।
2. सहायता प्राप्त विद्यालय अपने यहाँ नामांकित बच्चों को कम से कम उस अनुपात में नामांकन करेंगे जो इसके वार्षिक खर्च इसे प्राप्त वार्षिक आवर्ती सहायता का रहता है-किन्तु कम से कम 25%।
3. राज्य के निर्दिष्ट श्रेणियों के विद्यालय तथा गैर-सहायता प्राप्त विद्यालय इस कानून के शुरू होने से कक्षा में भर्ती बच्चों के कम से कम 25 प्रतिशत बच्चे जो कमजोर वर्गों के हों जो निर्धारित प्रक्रिया के अनुसार विद्यालय द्वारा चयनित किए जाएंगे। मगर किसी भी विद्यालय में मुफ्त शिक्षा सबसे पहले पड़ोस में रहने वाले योग्य बच्चों को दी जाएगी और उसके बाद स्थान रिक्त होने पर अन्य योग्य बच्चों को दी जाएगी।

किसी विद्यालय ने केन्द्र सरकार, सक्षम सरकार या अन्य प्राधिकरण एजेन्सी से मुफ्त में अथवा अनुदानित दर पर जमीन, उपकरण या अन्य सुविधाएँ प्राप्त की हों तो ऐसा विद्यालय उपयुक्त प्रतिपूर्ति पाने का हकदार नहीं होगा।

धारा 15 के अनुसार-कोई भी विद्यालय प्रारम्भिक चरण में प्रवेश के लिए बच्चों की स्क्रीनिंग नहीं करेगा और उनके परिवारों द्वारा कोई कैपिटेशन शुल्क भुगतेयं नहीं होगा।

धारा 16 में प्रावधान दिया गया है कि-बच्चों का प्रवेश यथा सम्भव शैक्षिक वर्ष के प्रारम्भ में होगा अथवा निर्धारित अन्य अवधि तक होगा। परन्तु कोई भी बच्चा शिक्षा से वंचित नहीं रहेगा। इस वर्ष के शुरू होने के चार महीने के भीतर भर्ती बच्चा पहले वाले बच्चों के साथ सत्र पूरा कर सकेगा। किन्तु बाद में भर्ती बच्चा जो स्थानान्तरण हो कर नहीं आया हो वह दूसरे बैच के साथ पढ़ाई पूरी करेगा जब तक कि विद्यालय सन्तुष्ट न हो जाए कि यह बच्चा बचे हुए दोनों में अगले बच्चों के साथ अगली कक्षा में जा सकता है।

धारा 17 में निम्नलिखित प्रावधान हैं-

1. इस कानून के लागू होने के समय जो विद्यालय सूची में बनाए गए नियमों का पालन नहीं कर रहा है तो उसे तीन साल के अन्दर उन नियमों का पालन करना होगा।
2. सूची में दिए गए नियमों को पूरा किए बगैर कोई भी विद्यालय स्थापित नहीं किया जाएगा। किसी अन्य विद्यालय को किसी सक्षम प्राधिकर द्वारा मान्यता नहीं दी जाएगी।

धारा 18 में कहा गया है कि-राष्ट्री प्रारम्भिक शिक्षा आयोग केन्द्र तथा सक्षम सरकारों से सलाह-मशवरा करके किसी भी समय इस कानून की अनुसूची में पूरे देश या किसी क्षेत्र के बाबत संशोधन कर सकता है।

धारा 19 के तहत प्रावधान-दशकीय जनगणना, राज्य विधानमण्डल, संसद का चुनाव, आपदा राहत कार्य तथा स्थानीय निकाय को छोड़कर किसी सरकारी या पूर्णत: सहायता प्राप्त विद्यालय के शिक्षक को गैर-शिक्षण कार्य हेतु प्रतिनियुक्त नहीं किया जाएगा।

धारा 20 के प्रावधान-कोई भी शिक्षक अपने नियोक्ता या पर्यवेक्षक द्वारा सौंपे गए कार्य के लिए आर्थिक लाभ हेतु अन्य निजी शिक्षण नहीं कर सकेगा।

धारा 21 के प्रावधान-विद्यालय प्रबन्धन समिति प्रत्येक सरकारी और पूर्णत: सहायता प्राप्त विद्यालय के कार्यों के अनुश्रवण पर्यवेक्षण के लिए गठित की जाएगी। विद्यालय के समग्र विकास हेतु अभिभावकों, शिक्षकों, समुदाय एवं स्थानीय प्राधिकरण के प्रतिनिधियों के साथ योजना तैयार करेगी तथा उत्तरदायी होगी। विद्यालय प्रबन्धन समिति में समुदाय के सभी अनुभागों-अभिभावकों, शिक्षकों, अनुसूचित जातियों, जनजातियों, अन्य पिछड़े वर्गों तथा शिक्षा के लिए कार्य करने वाले व्यक्तियों का प्रतिनिधित्व होगा। विद्यालय प्रबन्धन समिति को मिली राशि का अलग खाता होगा तथा उसका प्रयोग निर्दिष्ट तरीके से किया जाएगा।

1. इस कानून के लागू होने के समय सरकारी और पूर्णत: सहायता प्राप्त विद्यालयों, निर्दिष्ट श्रेणी के सरकारी विद्यालयों को छोड़कर शिक्षकों की विशिष्ट विद्यालयों में नियोक्ता अधिकारी द्वारा यह सुनिश्चित किया जाएगा कि किसी भी समय कुल स्वीकृत पदों के 19 प्रतिशत से अधिक पद रिक्त ना रहें। स्थानीय प्राधिकरण तथा सक्षम सरकारें सुनिश्चित करेंगे कि अनुसूची के अनुसार शिक्षकों और उनके स्वीकृत पदों को दिया जाए और ग्रामीण विद्यालयों की कीमत पर शहरी विद्यालयों में ज्यादा शिक्षक न प्रतिनियुक्त हो जाएँ।
2. इस कानून के शुरू होने के बाद निर्दिष्ट श्रेणियों के सरकारी विद्यालयों को छोड़कर सरकारी तथा पूर्णत: सहायता प्राप्त विद्यालयों के शिक्षकों की नियुक्ति किसी विशिष्ट विद्यालय के लिए स्थानीय प्राधिकार या विद्यालय प्रबन्धन समिति के द्वारा की जाएगी और उनका स्थानान्तरण वहां से नहीं होगा। परन्तु सक्षम सरकार के एक आदेश द्वारा किसी जिला, ब्लॉक या राज्य में स्थानीय प्राधिकारों विद्यालय प्रबन्धन समितियों द्वारा शिक्षकों का चयन तथा तत्पश्चात् नियोक्ता अधिकारियों के नाम भेजने सम्बन्धी निर्देश दे सकती है।

धारा 24 के तहत प्रावधान में कहा गया है कि केवल राष्ट्रीय अध्यापक शिक्षण परिषद द्वारा निर्धारित योग्यता वाले शिक्षकों की नियुक्ति ही की जाए। अगर जिस राज्य में सेवा-पूर्व प्रशिक्षण क्षमता न हो वहां अध्यापक शिक्षण परिषद/केन्द्र सरकार ऐसे प्रशिक्षण के बारे में निर्धारित अवधि एवं सीमा तक छूट दे सकेगी। इस कानून के शुरू होने के समय कार्यरत अप्रशिक्षित शिक्षकों को 5 वर्ष के अन्दर ऐसी योग्यता के समकक्ष योग्यता प्राप्त करनी होगी। इसमें नियोक्ता अधिकारी निर्धारित शुल्क आदि का भुगतान करेंगे।

❑❑❑

11

अध्याय

शिक्षण सहायक सामग्री के प्रकार एवं महत्व

बर्टन के अनुसार — ''श्रव्य-दृश्य सामग्री, वह संवेदीय पदार्थ या काल्पनिक वस्तुएं हैं जो अधिगम को प्रारंभ एवं प्रेरित करती हैं तथा उसे पुनर्बलन प्रदान करती हैं।''

एस॰के॰ कोचर के अनुसार — ''श्रव्य-दृश्य साधन ऐसे सहायक उपकरण हैं, जिनके उपयोग को बढ़ाकर एक शिक्षक छात्रों को भाव स्पष्ट कर सकता है तथा विभिन्न प्रत्ययों को समझाने, अर्थ करने, गुण-दोषों का विमोचन करने, ज्ञान वृद्धि, रुचियों, चिंतन शक्ति आदि को बढ़ाने में सहायता प्रदान कर सकता है।''

एक सफल शिक्षक वही है जो छात्रों को उचित रूप से विषय का ज्ञान दे सके। शिक्षक का प्रमुख कार्य है छात्रों को सिखाना। शिक्षण अधिगम सामग्री सीखने की प्रक्रिया में महत्वपूर्ण भूमिका अदा करती है। सहायक सामग्री की सहायता से छात्रों को रुचिपूर्ण, प्रभावपूर्ण एवं आकर्षक तरीके से सिखाया जा सकता है। शिक्षक सदैव यही चाहता है कि छात्र भली-भाँति विषय की जानकारी प्राप्त कर सकें एवं स्पष्ट रूप से समझ सकें। इसलिए अध्यापक विभिन्न सहायक सामग्री का प्रयोग करता है। जिनमें सीखना एवं सिखाना सरल एवं सहज हो सके, यदि संप्रेषण सर्वोत्तम होगा तो परिणाम उत्कृष्ट प्राप्त होंगे। शिक्षण सहायक सामग्री को तीन भागों में विभाजित किया गया है–

1. दृश्य सामग्री 2. श्रव्य सामग्री 3. दृश्य-श्रव्य सामग्री

1. **दृश्य सामग्री** — वह सामग्री जिसको देखा जाता है जैसे — मॉडल, चार्ट्स, नक्शे, डाइग्राम, एटलस, श्यामपट्ट, आदि।
2. **श्रव्य सामग्री**— वह सामग्री जिसको सुनकर जानकारी प्राप्त की जाती है जैसे — टेपरिकार्डर, रेडियो आदि
3. **दृश्य-श्रव्य सामग्री** — वह सामग्री जिसका प्रयोग हम देखने एवं सुनने दोनों रूप में करते हैं जैसे — टेलीविजन, स्लाइड प्रोजेक्टर, ओवर हेड प्रोजेक्टर, चलचित्र, डी.वी.डी. आदि।

भारतीय शिक्षा आयोग (Indian Education Commission 1964–66) के अनुसार ''शिक्षण की गुणवत्ता में सुधार करने के लिए प्रत्येक विद्यालय में शिक्षण सहायक सामग्री वास्तव में अपने देश में शैक्षिक क्रांति ला सकती है।''

सहायक सामग्री के प्रयोग में ध्यान देने योग्य बिंदु

1. सहायक सामग्री का प्रयोग किसी विषय के ज्ञान को स्पष्ट करने हेतु किया जाता है। सहायक सामग्री साधन है साध्य नहीं।
2. दृश्य-श्रव्य सामग्री या सहायक सामग्री विषय के अनुरूप होनी चाहिए।
3. दृश्य-श्रव्य सामग्री का प्रयोग अधिक प्रभावशाली होता है क्योंकि इसमें दो इंद्रियां जुड़ी होती हैं।
4. सभी दृश्य-श्रव्य सामग्री, शिक्षण सामग्री नहीं हो सकती है इसलिए ये ध्यान देना आवश्यक है।

सहायक सामग्री के गुण

1. सहायक सामग्री का आकर्षण होना अत्यंत आवश्यक है। इसे उचित रंगों के साथ प्रस्तुत किया जाना चाहिए।
2. सहायक सामग्री का प्रयोग छात्रों के स्तर को ध्यान में रखते हुए होना चाहिए।
3. सहायक सामग्री कक्षा-कक्ष परिस्थितियों के अनुरूप होनी चाहिए अर्थात् कक्षा का आकार, कक्षा में छात्रों की संख्या, रोशनी आदि को ध्यान में रखते हुए सामग्री का निर्माण किया जाना चाहिए।

सहायक सामग्री की आवश्यकता एवं महत्व

1. सहायक सामग्री की सहायता से शिक्षण प्रक्रिया रुचिपूर्ण एवं प्रभावशाली हो जाती है।
2. सहायक सामग्री द्वारा शिक्षण प्रदान करने से छात्रों को जल्दी और स्पष्ट समझ आता है। इससे समय की बचत होती है।
3. अधिक दूर की वस्तुओं या जो आसानी से उपलब्ध ना हो ऐसी वस्तुओं को सहायक सामग्री की मदद से जीवंत रूप में देखा जा सकता है और छात्रों को ज्ञान प्रदान किया जा सकता है।
4. सहायक सामग्री की सहायता से छात्रों में वैज्ञानिक दृष्टिकोण विकसित किया जा सकता है।

5. सहायक सामग्री की सहायता से सीखा हुआ ज्ञान लम्बे समय तक छात्रों की स्मृति में बना रहता है।

सहायक सामग्री का चुनाव या चयन

1. सहायक सामग्री विषय के अनुरूप होनी चाहिए
2. सहायक सामग्री छात्रों के मानसिक स्तर के अनुरूप होनी चाहिए, तभी अच्छे परिणाम प्राप्त होंगे
3. सहायक सामग्री को प्रयोग में लाते समय यह प्रयास करना चाहिए कि छात्रों के पूर्वज्ञान से नवीन ज्ञान को जोड़ दिया जाए।
4. सहायक सामग्री प्रभावशाली एवं क्रियाशील होनी चाहिए।
5. सहायक सामग्री मितव्ययी होनी चाहिए
6. सहायक सामग्री का प्रस्तुतीकरण करने से पूर्व अध्यापक को स्वयं को तैयार कर लेना चाहिए।
7. सहायक सामग्री का प्रयोग इस प्रकार से करना चाहिए कि अनुशासन और व्यवस्था बनी रहे।
8. सहायक सामग्री ज्ञानवर्धक, आकर्षक होने के साथ-साथ रुचिपूर्ण भी होनी चाहिए तथा छात्रों में नीरसता नहीं होनी चाहिए।

सहायक सामग्री की सापेक्षिक प्रभावशीलता

सापेक्षिक प्रभावशीलता को एडगर डेल ने शंकु के द्वारा प्रदर्शित किया है। इसमें सहायक सामग्री को उसकी प्रभावशीलता के क्रम में व्यवस्थित किया गया है। इस शंकु को कोण ऑफ एक्सपीरियन्स कहते हैं।

एडगर डेल के इस अनुभव शंकु में सम्पूर्ण सामग्री इस प्रकार व्यवस्थित की गई है कि यदि हम ऊपर की ओर चलें तो सामग्री की प्रभावशीलता या प्रत्यक्षता घटती जाती है तथा मूर्तता बढ़ती चली जाती है।

एडगर डेल प्रतिमान का उपयोग

1. बहु-इन्द्रियाँ तथा क्रियात्मक इन्द्रियों के द्वारा अधिगम अनुभवों की गहनता, व्यापकता तथा सार्थकता को बढ़ाया जाता है।
2. बहु-इन्द्रिय अनुदेशन के माध्यम से ही आंतरिक अनुभवों की प्राप्ति होती है।
3. दृश्य-श्रव्य सामग्री की सार्थकता अधिगम अनुभवों के आधार पर की जाती है।
4. प्रक्षेपित सामग्री का प्रयोग शिक्षण को प्रभावशाली बनाता है और छात्रों में रुचि का विकास होता है।

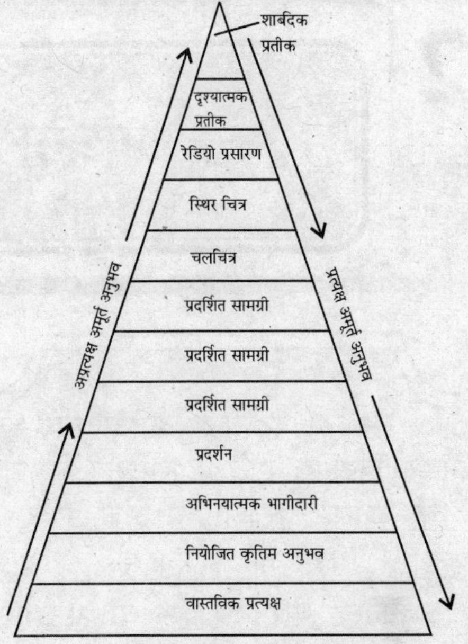

एडगर डेल का अनुभव कोण (शंकु)

सहायक सामग्री का शिक्षण में महत्व

1. सहायक सामग्री के प्रयोग से छात्रों में शिक्षा के प्रति रुचि का विकास किया जा सकता है।
2. सहायक सामग्री छात्रों में विचार और कल्पना को दिशा प्रदान करती है।
3. शिक्षण प्रक्रिया में पाठ्यक्रम का कोई अंश व्याख्यान कौशल द्वारा छात्रों को पूरी तरह समझाने या स्पष्ट करने में असक्षम होता है। वहाँ सहायक सामग्री का प्रयोग लाभदायक होता है। छात्र आसानी से समझ लेता है।
4. सुनने के प्रभाव से देखने का प्रभाव ज्यादा लाभदायक होता है जैसे—अरावली पर्वत से नदियाँ निकलती हैं, खनिज प्राप्त होता है परन्तु मानचित्र की सहायता से छात्रों को यह प्रदर्शित कर सकते हैं कि अरावली पर्वत कहाँ स्थित है।
5. सहायक सामग्री की सहायता से जब पाठ प्रस्तुत किया जाता है, तो छात्रों को समझने में कम समय लगता है।
6. प्रत्येक सहायक सामग्री प्रत्येक पाठ के प्रस्तुतीकरण में सहायक नहीं होती है, इसलिए अलग-अलग सहायक सामग्री का प्रयोग पाठ की आवश्यकतानुसार किया जाता है।

❑❑❑

12

अध्याय

मापन, मूल्यांकन एवं आकलन

एस.एस. स्टीवेन्स के अनुसार : मापन किन्हील निश्चित स्वीकृत नियमों के अनुसार वस्तुओं को अंक प्रदान करने की प्रक्रिया है

ब्रेडफील्ड एवं मोरेडॉक के अनुसार : किसी तथ्य के विभिन्न आयामों को प्रतीक प्रदान करना ही मापन कहलाता है।

हुबा एवं फ्रीड के अनुसार: "आकलन सूचना संग्रहण तथा उस पर विचार विमर्श की प्रक्रिया है, जिन्हें हम विभिन्न माध्यमों से प्राप्त कर या समझ सकते हैं कि विद्यार्थी क्या जानता है, समझता है, अपने शैक्षिक अनुभवों से प्राप्त ज्ञान को परिणाम के रूप में व्यक्त कर सकता है जिसके द्वारा छात्र अधिगम में वृद्धि होती है।"

मापन का अर्थ

मनोविज्ञान का आधार व्यक्तिगत भिन्नता है। व्यक्तिगत भिन्नता का सही अध्ययन मापन के द्वारा किया जाता है। कार्ल पियर्सन ने व्यक्तिगत भिन्नता को पहचानने तथा उसके स्वरूप के विश्लेषण के लिए वैज्ञानिक तथा अधिक विकसित प्रविधि का विकास किया है। मापन का दर्शन हमें अतीत के सम्बन्ध में जानकारी देता है जिससे वर्तमान को समझने में सहायता मिलती है और भविष्य की समस्याओं में मापन का प्रयोग किया जा सकता है। मापन की परिभाषा इस प्रकार है-

"Measurement is a process of quantification."

"मापन वह प्रक्रिया है जिससे चलराशि को परिणाम में बदल लिया जाता है।" मापन संख्यात्मक विवरण प्राप्त करने के लिए प्रयोग किया जाता है।

सामान्य रूप में मापन की प्रमुख प्रक्रिया के तीन कार्य होते हैं-

1. किसी वस्तु के गुण या चर की पहचान की जाती है और उसकी परिभाषा दी जाती है।
2. उन क्रियाओं तथा व्यवहारों को निर्धारित किया जाता है जिनसे उस गुण अथवा दर की अभिव्यक्ति की जाती है।
3. उस प्रक्रिया का प्रतिपादन किया जाता है जिससे निरीक्षणों को परिमाण अथवा प्राशंकों में बदल लिया जाता है।

मापन के द्वारा किसी व्यक्ति या वस्तु का मापन नहीं होता है। अपितु उसके गुण विशेष का मापन किया जाता है। सभी चरों को व्यापक रूप में चार वर्गों में विभाजित किया जा सकता है-

1. **योग्यताएँ (Abilities)**—एक व्यक्ति क्या कर सकता है? इसे उसकी योग्यता कहते हैं। जैसे-बुद्धि। यदि कोई व्यक्ति कुछ करने का प्रयास करे तब वह क्या कर सकता है। यह उसकी योग्यता का प्रमाण होता है।
2. **निष्पत्ति (Achievement)**–व्यक्ति की वे अनुक्रियाएँ जिनसे यह ज्ञात होता है कि उसने अब तक क्या सीखा ? वह उसकी प्रवणता का परिचायक होगा।
3. **प्रवणता (Aptitude)**–एक व्यक्ति क्या कर सकेगा ? उसे उसकी योग्यता कहते हैं। जैसे-शिक्षण की प्रवणता। यदि कोई व्यक्ति भविष्य में कुछ करना चाहेगा तब वह क्या कर सकेगा? वह उसकी प्रवणता का परिचायक होगा।
4. **लक्षण तथा व्यक्तित्व चर**–किसी समय तथा स्थान पर किसी व्यक्ति के जिन व्यवहारों में स्थायित्व हो और वह सामाजिक व्यवहारों से सम्बन्धित हो तब उसे लक्षण या व्यक्तित्व चर की संज्ञा दी जाती है।

मापन के कार्य (Functions of Mesaurement)–मापन प्रक्रिया द्वारा वस्तु विशेष के गुणों को परिणाम में बदल दिया जाता है। इसके प्रमुख तीन कार्य हैं-

1. किसी चर का स्तर या परिणाम ज्ञात करने का कार्य मापन प्रक्रिया द्वारा किया जाता है। बुद्धि तथा निष्पत्ति चरों के मापन से इसी कार्य का बोध होता है।
2. निदानात्मक कार्य से कमजोरियों के कारणों की जानकारी होती है। निदानात्मक परीक्षाओं का शिक्षा के क्षेत्र में अधिक प्रयोग किया जाता है।
3. किसी चर के परिणाम के आधार पर भविष्य की कार्य-क्षमताओं के सम्बन्ध में भविष्यवाणी की जाती है। गणित में अच्छा होने पर इन्जीनियरिंग में अच्छा कर सकता है।

मापन विधियाँ

एक व्यक्ति के गुणों या चरों में अधिक विषमता होती है। इसलिए मापन की विधियाँ भी कई प्रकार की होती हैं। इन मापन विधियों को तीन वर्गों में बाँटते हैं-

1. **परीक्षण विधि**–इस विधि में कार्य एवं समय की परिभाषा की जाती है। तथा ऐसी परिस्थिति उत्पन्न हो जाती है, जो सही या गलत होती है। सही अनुक्रिया के लिए एक प्राप्तांक तथा गलत के लिए शून्य दिया जाता है। इन विधियों को बुद्धि, प्रवणता तथा निष्पत्तियों के मापन के लिए किया जाता है। इस विधि का स्थायी आलेख होता है जिसे मूल्यांकन या जाँच के आधार पर तैयार किया जाता है।
2. **निरीक्षण विधि**–इस विधि से व्यवहारों का निरीक्षण स्वाभाविक जीवन परिस्थितियों में किया जाता है। निरीक्षण की अनेक विधियाँ हैं-

(i) **स्वतः निरीक्षण**–इसमें व्यक्ति स्वयं अपने व्यवहार के सम्बन्ध में बतलाता है। यह दो प्रकार का होता है।

नियोजित निरीक्षण–इसमें निरीक्षण की पूर्व व्यवस्था की जाती है। विशिष्ट समय में विशिष्ट व्यवहारों का निरीक्षण किया जाता है।

अतीत का निरीक्षण–में अतीत के स्मरण के आधार पर मूल्यांकन किया जाता है।

(ii) **अन्य व्यक्तियों द्वारा निरीक्षण**–इसमें अन्य व्यक्ति किसी व्यक्ति के व्यवहारों का निरीक्षण करके उसके सम्बन्ध में अपनी प्रतिक्रिया करते हैं। यह दो प्रकार का होता है-

(क) नियोजित निरीक्षण

(ख) अतीत के आधार पर निरीक्षण

3. **मिश्रित विधि**–इस विधि में परीक्षण तथा निरीक्षण दोनों को एक साथ प्रयुक्त करते हैं। व्यवहारों के निरीक्षण के आधार पर कुछ गुणों का मूल्यांकन किया जाता है। इस प्रकार की विधि में अनुसूचियों परिस्थिति परीक्षण, अनुस्थितियाँ सूची, आयोजन सूची, अभिवृत्ति सूची तथा व्यक्ति व्यक्तित्व अनुसूचियों का प्रयोग किया जाता है।

''मापन किन्हीं स्वीकृत नियमों के अनुसार वस्तुओं को अंक प्रदान करने की प्रक्रिया है'' **-एस. स्टीवेन्स**

''मापन मूल रूप से एक भाग के रूप में उस प्रक्रिया से सम्बन्धित है जिसके द्वारा शिक्षक, छात्र की किसी विशेषता को संख्यात्मक रूप प्रदान करता है।'' **-मैरिसन**

''मापन को किसी मान्य नियमों के अनुरूप व्यक्तियों तथा वस्तुओं के किसी समुच्चय के प्रत्येक तत्व को अंकों के किसी समुच्चय से एक अंक आवंटित करने के रूप में परिभाषित किया जा सकता है।''

-रिचर्ड एच. लिन्डेमैन

शिक्षा के क्षेत्र में छात्रों, शिक्षकों, अभिभावकों, प्रशासकों एवं समाज के लिए मापन का अत्यधिक महत्व है। मापन के सहयोग से छात्रों को स्वयं की शैक्षिक प्रगति की जानकारी अर्जित होती है जिससे उसके अंदर प्रेरणा, आत्म विश्वास एवं प्रतियोगिता की भावना पैदा होती है। मापन प्रक्रिया शिक्षकों के लिए भी अति महत्वपूर्ण है जिसके माध्यम से शिक्षक पाठ्यक्रम, शिक्षण विधि, पाठ्य योजना, शिक्षण सामग्री इत्यादि में समय के साथ परिवर्तन लाते हैं। मापन के सहयोग से छात्रों के माता पिता व परिवार के सदस्य उसकी शैक्षिक प्रगति, रुचि, योग्यता, क्षमता, व्यक्तित्व, कमियों से परिचित होकर समय से पूर्व उसका निराकरण करते हैं।

शिक्षा प्रशासनिक अधिकारी एवं नीति निर्धारकों को भी मापन के परिणामों का प्रयोग शैक्षिक व्यवस्था लागू करने एवं नीतियों का निर्माण करने में करते हैं।

मूल्यांकन की संकल्पना

मूल्यांकन शिक्षा के क्षेत्र में चलने वाली एक सतत प्रक्रिया है जो पूर्व निर्धारित उद्देश्यों की प्राप्ति की सीमा को ज्ञात करके उसके सम्बन्ध में उचित या अनुचित का निर्णय लेने में सहायता प्रदान करती है।

''छात्रा के व्यवहार में विद्यालय द्वारा लाए गए परिवर्तनों के विषय में प्रमाणों के संकलन और उसकी व्याख्या करने की प्रक्रिया ही मूल्यांकन है।''

–क्विलिन व हन्ना

N.C.E.R.T. ने मूल्यांकन को स्पष्ट करते हुए कहा है कि यह एक सतत व व्यवस्थित प्रक्रिया है जो देखती है कि-

- निर्धारित शैक्षिक उद्देश्यों की प्राप्ति किस सीमा तक हो रही है।
- कक्षा में दिए गए अधिगम अनुभव कितने प्रभावशाली रहे।
- शिक्षा के उद्देश्य कितने अच्छे ढंग से पूर्ण हो रहे हैं।

मापन की तरह मूल्यांकन भी व्यक्तियों अथवा वस्तुओं के किसी भी गुण के सन्दर्भ में किया जा सकता है। परन्तु शिक्षा के क्षेत्र में मूल्यांकन से अभिप्राय छात्रों की शैक्षिक उपलब्धि से है। मूल्यांकन प्रक्रिया में किसी कार्यक्रम के द्वारा प्राप्त उद्देश्यों अथवा उपलब्धियों की वांछनीयता को ज्ञात किया जाता है। अर्थात् मूल्यांकन वह प्रक्रिया है जो यह बताती है कि वांछित उद्देश्यों को किस सीमा तक प्राप्त किया जा चुका है। मूल्यांकन के अन्तर्गत छात्रों के व्यवहार के गुणात्मक व मात्रात्मक वर्णन के साथ-साथ व्यवहार की वांछनीयता से सम्बन्धित मूल्य निर्धारण भी निहित रहता है। वास्तव में कोई भी अध्यापक अपने शिक्षण कार्य के उपरान्त यह जानना चाहता है कि क्या उसने वे उद्देश्य प्राप्त कर लिए हैं जिसके लिए उसने अध्यापन कार्य किया था। इसी प्रकार छात्र यह जानना चाहते हैं कि क्या उन्होंने वह ज्ञान प्राप्त कर लिया है जिसे प्राप्त करने के लिए वे अध्ययन कार्य कर रहे हैं तथा प्रधानाचार्य यह जानना चाहता है कि क्या उसके विद्यालय के छात्रों के द्वारा वांछित शिक्षण उद्देश्यों की प्राप्ति की जा रही है।

मूल्यांकन की यह नवीन संकल्पना इस मूलभूत मान्यता पर आधारित है कि शिक्षा संस्था का कार्य छात्रों को सीखने में सहायता प्रदान करना है। सीखने के दौरान छात्रों के व्यवहार में जिन परिवर्तनों को लाने के हम इच्छुक होते हैं उन्हें शिक्षा के उद्देश्यों अथवा अनुदेशन उद्देश्यों के नाम से जाना जाता है तथा इन शिक्षण उद्देश्यों की प्राप्ति के लिए विद्यालय में विभिन्न अधिगम क्रियाओं का आयोजन किया जाता है। ये अधिगम क्रियाएँ निर्धारित उद्देश्यों की प्राप्ति में सीमा तक सफल रही हैं यह मूल्यांकन क्रिया का कार्य है। इससे स्पष्ट है कि मूल्यांकन प्रक्रिया में शिक्षण उद्देश्यों की प्राप्ति की वांछनीयता को देखा जाता है। इस प्रकार मूल्यांकन प्रक्रिया के तीन प्रमुख अंग होते हैं-

1. शिक्षण उद्देश्य
2. अधिगम क्रियाएँ
3. व्यवहार परिवर्तन।

मूल्यांकन के ये तीनों अंग परस्पर एक-दूसरे से सम्बन्धित तथा एक दूसरे पर निर्भर होते हैं। शिक्षण उद्देश्यों की प्राप्ति के लिए विद्यालय में अधिगम क्रियाएँ आयोजित की जाती हैं जिनसे छात्रों के व्यवहार में परिवर्तन होते हैं। छात्रों के व्यवहार में आये इन परिवर्तनों की तुलना वांछित परिवर्तनों (शिक्षा उद्देश्यों) से करके मूल्यांकन किया जाता है। मूल्यांकन प्रक्रिया के इन तीनों अंगों को एक त्रिभुज के रूप में प्रस्तुत किया जा सकता है-

शिक्षण उद्देश्य
(Educational Objectives)

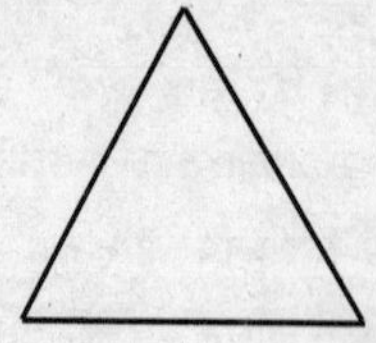

अधिगम क्रियाएँ (Learning Activities) व्यवहार परिवर्तन (Behavioural change)

मूल्यांकन की यह संकल्पना केवल पाठ्यवस्तु के ज्ञान तक ही सीमित नहीं है वरन् विद्यालय के पाठ्यक्रम से सम्बन्धित समस्त उद्देश्यों की एक विशाल तथा व्यापक शृंखला का मूल्यांकन करते हैं। यह संकल्पना पारम्परिक परीक्षा प्रणाली के द्वारा प्राप्त मापन प्राप्तांकों के ऊपर ही आधारित नहीं होता बल्कि अनेक प्रकार की मापन प्रविधियों, विधियों तथा यन्त्रों का प्रयोग करता है। मूल्यांकन की यह संकल्पना छात्रों की केवल शैक्षिक उपलब्धि से ही सम्बन्धित नहीं होता वरन् उनके सम्पूर्ण व्यक्तित्व के विकास से सम्बन्धित होता है। अतः मूल्यांकन की यह संकल्पना अत्यन्त व्यापक (Comprehensive) तथा बहुआयामी (Multi Dimensional) होती है।

मूल्यांकन के उद्देश्य

यद्यपि मापन एवं मूल्यांकन के पूर्व वर्णित संकल्पना से इनके उद्देश्य स्पष्ट हो जाते हैं, फिर भी शैक्षिक मापन तथा मूल्यांकन के प्रमुख उद्देश्यों को निम्नवत् ढंग से सूचीबद्ध किया जा सकता हैं-

- **ज्ञान की जांच एवं विकास की जानकारी**-विद्यार्थी निर्धारित पाठ्यक्रम से उद्देश्यों की प्राप्ति किस सीमा तक प्राप्त कर लिए हैं, उससे उनका विकास किस सीमा तक हुआ, विकास में बाधक तत्व कौन-कौन से हैं, इत्यादि की जानकारी करना इनका प्रमुख उद्देश्य है।
- **अधिगम की प्रेरणा**-मापन तथा मूल्यांकन द्वारा अधिगम को प्रेरित किया जाता है और पूर्व निर्धारित उद्देश्यों तक पहुँचने का प्रयास किया जाता है।
- **व्यक्तिगत भिन्नताओं की जानकारी**-मापन व मूल्यांकन के माध्यम से छात्रों के पारस्परिक भिन्नता की जानकारी मिलती है, जिससे उनके शारीरिक, मनोवैज्ञानिक गुण-दोषों का पता चलता है।
- **निदान**-मापन एवं मूल्यांकन का एक प्रमुख उद्देश्य है कि विद्यार्थियों के कमजोर क्षेत्रों की पहचान करके उन्हें आगे बढ़ाने में मदद करता है।
- **शिक्षण की प्रभावशीलता ज्ञात करना**-मापन तथा मूल्यांकन की सहायता से शिक्षण विधियों की प्रभावशीलता का आकलन किया जाता है।
- **पाठ्यक्रम में सुधार**-मापन तथा मूल्यांकन का प्रमुख उद्देश्य पाठ्यक्रम की उपादेयता की जांच करके उसकी उपयोगिता को बढ़ाने के लिए पाठ्यक्रम सुधार करना है।
- **चयन**-मापन व मूल्यांकन का एक प्रमुख उद्देश्य उपयोगी पाठ्यपुस्तकों व आवश्यकता व योग्यतानुरूप विद्यार्थियों का चयन करने में सहायता प्रदान करना है।
- **शिक्षण सहायक सामग्री की उपादेयता की जानकारी**-मापन और मूल्यांकन की सहायता से शिक्षण सहायक सामग्री की उपादेयता की जांच करते हुए सुधार किया जाता है।
- **वर्गीकरण**-छात्रों को मापन तथा मूल्यांकन की सहायता से अच्छे, औसत, खराब के रूप में वर्गीकृत किया जा सकता है।
- **निर्देशन**-मापन तथा मूल्यांकन का उद्देश्य छात्रों को व्यवसाय, शिक्षा इत्यादि के लिए निर्देशन प्रदान करना है।
- **प्रमाण-पत्र प्रदान करना**-मापन तथा मूल्यांकन की सहायता से छात्रों को कक्षों के अध्ययनोपरांत प्रमाण-पत्र प्रदान किया जाता है।
- **मानकों का निर्धारण**-मापन व मूल्यांकन की सहायता से परीक्षण प्राप्तांकों की व्याख्या हेतु प्रासंगिक मानकों का निर्माण किया जाता है।

मूल्यांकन का क्षेत्र

मापन व मूल्यांकन का अपना कोई अलग एवं विशिष्ट क्षेत्र एवं कार्य नहीं होता है। जिस क्षेत्र में जिस कार्य एवं उद्देश्य की पूर्ति के लिए इसका प्रयोग किया जाता है वही उसका क्षेत्र व उसे पूरा करना ही उसका उद्देश्य होता है। शैक्षिक मापन व मूल्यांकन की दृष्टि से पूरी शिक्षा प्रक्रिया को निम्नलिखित क्षेत्रों में बांटा जा सकता है-

शिक्षा में मूल्यांकन के क्षेत्र

1. शिक्षण
2. प्रशासन
3. निर्देशन व परामर्श
4. भविष्य कथन

1. शिक्षण के क्षेत्र

→ पाठ्यक्रम
→ शिक्षण विधि
→ शिक्षा प्रक्रिया
→ शिक्षक
→ विद्यार्थी

2. प्रशासन के क्षेत्र

→ शैक्षिक नीति निर्धारण
→ वर्गीकरण एवं व्यवस्थापन
→ परीक्षा एवं मूल्यांकन
→ प्रमाण पत्रों का वितरण
→ शिक्षक से सम्बन्धित सभी पक्षों की गुणवत्ता, नियन्त्रण आदि
→ छात्रों के चयन
→ शिक्षक, विद्यार्थी, शिक्षणेत्तर कर्मचारी आदि के कार्य प्रणाली का मूल्यांकन
→ पाठयपुस्तकों की गुणवत्ता का मूल्यांकन

3. निर्देशन व परामर्श के क्षेत्र

→ विषय व व्यवसाय चयन में सहायता देने के लिए
→ निदानात्मक कार्य (शिक्षक, विद्यार्थी आदि की समस्या के निराकरण में परामर्श देने हेतु)
→ शिक्षक, प्रशासक आदि की प्रशासनिक दक्षता बढ़ाने हेतु परामर्श देने के लिए

4. भविष्य कथन के क्षेत्र

→ छात्र की दृष्टि से (भविष्य में किस क्षेत्र में सफल होगा, कार्य क्षेत्र चयन में आदि)
→ शिक्षक को शिक्षण के नये आयाम विकसित करने हेतु
→ शिक्षा के विभिन्न क्षेत्र में समाज की आवश्यकता के अनुसार शिक्षा के विभिन्न पक्षों में परिवर्तन करने में सहायता देने के लिए

1. शिक्षण के क्षेत्र

मापन व मूल्यांकन द्वारा शिक्षण के विभिन्न पक्षों द्वारा लक्ष्य प्राप्ति की सीमा जानी जा सकती है। पाठ्यक्रम कितना उपयोगी है, इसे प्राप्त करने के लिए उपयुक्त अधिगम क्रियाएँ आयोजित की गई या नहीं, शिक्षण विधि कौन-सी उपयुक्त होगी आदि जानकारी, मापन एवं मूल्यांकन के शिक्षण क्षेत्र हैं।

2. प्रशासनिक क्षेत्र

किसी भी कार्य की सफलता व असफलता में उसके प्रशासन का बहुत बड़ा हाथ होता है। शिक्षा के क्षेत्र में विद्यार्थियों का चयन, वर्गीकरण व व्यवस्थापन, प्रमाण-पत्रों का वितरण तथा शिक्षण से सम्बन्धित सभी पक्षों की गुणवत्ता नियन्त्रण आदि प्रशासनिक क्षेत्र के अन्तर्गत आते हैं। प्रवेश के समय छात्रों की अभिरुचि, योग्यता, क्षमता, बुद्धि, व्यक्तित्व भिन्नता आदि का मापन व मूल्यांकन कर उसके अनुरूप विभिन्न पाठ्यक्रमों हेतु चयनित कर उन्हें समुचित ढंग से व्यवस्थित व वर्गीकृत कर उनकी क्षमताओं का पूरा-पूरा उपयोग किया जा सकता है। सत्र के अन्त में मापन व मूल्यांकन इसी उद्देश्य की पूर्ति हेतु किया जाता है। यह जानने का प्रयास किया जाता है कि छात्रों ने निर्धारित पाठ्यवस्तु का ज्ञान किस सीमा तक प्राप्त किया। उसी के आधार पर मूल्यांकन प्रक्रिया द्वारा उन्हें विभिन्न श्रेणियाँ प्रदान कर उत्तीर्ण या अनुत्तीर्ण घोषित किया जाता है। सही शैक्षिक नीतियों का निर्माण हो, समय-समय पर उनमें परिवर्तन एवं सुधार हो अर्थात् पाठ्यक्रम, पाठ्यपुस्तक, शैक्षिक नीति, पठन-पाठन, अनुशासन आदि का सुचारू संचालन ही प्रशासनिक क्षेत्र है।

3. निर्देशन एवं परामर्श

मापन व मूल्यांकन द्वारा समय-समय पर छात्रों की कठिनाइयों व कमियों आदि की जानकारी प्राप्त कर उन्हें समय से उचित मार्गदर्शन, निर्देशन व परामर्श दिया जाये तो उनकी समस्याओं व कमियों का निदान कठिन नहीं होगा। छात्रों की क्षमता, रुचि तथा योग्यता आदि का मापन व मूल्यांकन कर उन्हें सही शैक्षिक व व्यवसायिक निर्देशन दिया जा सकता है। इससे शिक्षा में अपव्यय एवं अवरोधन की समस्या तो कम होगी ही साथ ही बेरोजगारी भी कम होगी।

शिक्षकों तथा शिक्षा से सम्बन्धित अन्य कर्मियों के व्यवहार का शिक्षा जगत व छात्रों के व्यवहार पर पड़ने वाले प्रभाव का मापन व मूल्यांकन उन्हें उनकी प्रशासनिक क्षमता बढ़ाने हेतु उचित परामर्श देने का भी कार्य करता है, जो उनकी क्षमता में सुधार लाकर व्यवस्था को और सफल बना सकता है अर्थात् शिक्षा से जुड़े सभी पक्षों की कमियों एवं समस्याओं को दूर करने एवं उनकी क्षमताओं एवं योग्यताओं का भरपूर सहयोग सही निर्देशन एवं परामर्श द्वारा ही सम्भव हो सकता है।

4. भविष्य कथन

भविष्य अध्ययन नये आयाम प्रस्तुत करता है परन्तु भविष्य कथन तभी सम्भव होगा जब वर्तमान शिक्षा प्रणाली व उसके सभी पक्षों का सही व वैज्ञानिक मापन व मूल्यांकन किया जाये। प्राप्त परिणामों के आधार पर ही भविष्य की सम्भावनाओं हेतु पूर्व कथन सम्भव हो पाएगा। छात्र की दृष्टि से भी भविष्य कथन उसे अपनी योग्यता व क्षमता के अनुरूप भावी सफलता के संदर्भ में सही निर्णय लेने में सहायता देता है।

मापन व मूल्यांकन का अपना कोई अलग एवं विशिष्ट क्षेत्र एवं कार्य नहीं होता है। जिस क्षेत्र में, जिस कार्य एवं उद्देश्य की पूर्ति के लिए इसका प्रयोग किया जाता है वही उसका क्षेत्र व उसे पूरा करना ही उसका उद्देश्य होता है।

मूल्यांकन की आवश्यकता

(*i*) मूल्यांकन की शैक्षिक आवश्यकता

शिक्षा की गुणवत्ता मूल्यांकन की गुणवत्ता से प्रत्यक्ष रूप से सम्बद्ध है। मूल्यांकन एक सतत चलने वाली प्रक्रिया है जो समग्र रूप में समाज पर व्यापक प्रभाव की अपनी क्षमता के कारण शैक्षिक प्रक्रिया में विशिष्ट महत्व रखती है। शैक्षिक मूल्यांकन मुख्य रूप से छात्रों के मूल्यांकन को व्यक्त करता है जिसमें बौद्धिक, सामाजिक और संवेगात्मक विकास के रूप में उनके व्यक्तित्व के विकास के विभिन्न क्षेत्रों में छात्रों की निष्पत्ति का मूल्यांकन सम्मिलित है। छात्रों को कक्षा शिक्षण की प्रक्रियाओं के माध्यम से जो कुछ भी अधिगम अनुभव प्रदान किया जाता है, उन सबका व्यापक प्रभाव उस पर पड़ता है। शिक्षण की गुणवत्ता, पाठ्यक्रम सम्बन्धी सामग्री, शैक्षिक तकनीकी एवं विद्यालय का आधारभूत ढाँचा आदि सभी छात्रों के अधिगम को प्रभावित करते हैं और उसके ज्ञान एवं अनुभवों में वृद्धि करते हैं।

मूल्यांकन एक सतत एवं व्यापक प्रक्रिया है। शिक्षा प्रक्रिया के प्रारम्भ होने के साथ ही साथ मूल्यांकन का कार्य भी प्रारम्भ हो जाता है। अध्यापक छात्रों द्वारा दिये गये मौखिक प्रश्नों के उत्तर, परीक्षणों पर प्राप्त अंकों, पाठ्य सहगामी क्रियाओं में भागीदारी आदि की सहायता से सत्रपर्यन्त छात्रों का मूल्यांकन करता रहता है। इसके अतिरिक्त विद्यालय मासिक परीक्षा, अर्द्धवार्षिक परीक्षा व वार्षिक परीक्षा की सहायता से तथा माध्यमिक शिक्षा परिषद् व अन्य शिक्षण संस्थाओं आदि की वार्षिक परीक्षाओं की सहायता से छात्रों के ज्ञान का मूल्यांकन किया जाता है। ज्ञानार्जन की उपलब्धता की दृष्टि से शैक्षिक मूल्यांकन की आवश्यकता की निम्नलिखित स्थितियाँ हो सकती हैं-

→ **कक्षा शिक्षण के समय**

→ **दैनिक पाठ की समाप्ति पर**

→ **प्रकरण के शिक्षण के उपरान्त**

→ **माह के अन्त में**

→ **वर्ष के मध्य में**

→ **वर्ष के अन्त में**

उपर्युक्त स्थितियों में पहली स्थिति एक आदर्श स्थिति है जिसका सभी शिक्षण संस्थाओं में अनिवार्यत: अनुसरण किया जाना चाहिए क्योंकि यदि इस स्थिति के प्रति उदासीनता बरती गई तो छात्र की विषय के प्रति रुचि, योग्यता, आकांक्षा आदि की उपेक्षा की जाएगी। शिक्षा बालक केन्द्रित है इस अवधारणा की भी उपेक्षा की जाएगी। शिक्षण के दौरान शिक्षक व छात्र के बीच एक अन्तर्सम्बन्ध होता है जो छात्र सहभागिता के अभाव में प्राप्त नहीं किया जा सकता। उपर्युक्त प्रक्रिया में अन्तिम स्थिति वैज्ञानिक व मनोवैज्ञानिक दोनों ही दृष्टि से उचित नहीं है परन्तु साधारणत: इसका अनुसरण सभी शिक्षा संस्थाओं के द्वारा किया जाता है। अत: किसी ऐसे मूल्यांकन कार्यक्रम का निर्माण करना अत्यन्त आवश्यक है जिसकी सहायता से छात्रों की शैक्षिक प्रगति को ठीक ढंग से ज्ञात किया जा सके एवं जिसके परिणामों को पृष्ठपोषण के लिए सफलतापूर्वक प्रयुक्त किया जा सके। किसी भी अच्छे तथा व्यापक शैक्षिक मूल्यांकन कार्यक्रम के अन्तर्गत निम्न तीन बातें सम्मिलित रहती हैं-

- संस्थागत मूल्यांकन (Institutional Evaluation)
- कक्षागत मूल्यांकन (Classroom Evaluation)
- पृष्ठपोषण (Feed back)

• **संस्थागत मूल्यांकन**

संस्थागत मूल्यांकन एक अत्यन्त आवश्यक व महत्वपूर्ण प्रक्रिया है। इस मूल्यांकन प्रक्रिया का निष्पादन प्रशिक्षित एवं अनुभवी व्यक्तियों से सुनियोजित ढंग से कराना चाहिए। शिक्षा के क्या उद्देश्य हैं तथा उनकी प्राप्ति का ज्ञान किस प्रकार से सम्भव है। इस बात पर समुचित ढंग से विचार करने के उपरांत ही संस्थागत मूल्यांकन की योजना बनानी चाहिए। इस मूल्यांकन के द्वारा प्राप्त छात्रों के अंकों का उचित ढंग से अवलोकन करना चाहिए। संस्थागत मूल्यांकन का अधिकार संस्था को ही देना चाहिए। इसमें प्रशासकों का हस्तक्षेप नहीं होना चाहिए, लेकिन समय-समय पर मूल्यांकन भली-भाँति किया जा सके इसके लिए उनसे सलाह व निर्देशन लेते रहना चाहिए।

संस्थागत मूल्यांकन संतुलित होना चाहिए। मूल्यांकन कार्यक्रम बनाते समय उन पर होने वाले व्यय को भी दृष्टि में रखना चाहिए। अत: संस्थागत मूल्यांकन के लिए अध्यापकों, प्रशासकों व विशेषज्ञों की एक समिति बनानी चाहिए जो मूल्यांकन कार्यक्रम का निर्माण करें तथा उसका निष्पादन सावधानी के साथ करे।

संस्थागत मूल्यांकन की दृष्टि से प्रधानाचार्य की अहम भूमिका होती है उसे विभिन्न विषयों पर गम्भीरता से निर्णय लेना होता है। यदि निर्णय लेते समय सावधानी बरती गई तो शायद वह अपने उद्देश्यों को सफलतापूर्वक क्रियान्वित कर सकेंगे। इसके लिए निर्णय लेने की निम्न विधियों के अनुसार अपनी नीतियों व योजनाओं को क्रियान्वित कर सकते हैं-

→ विद्यालय के उद्देश्य निर्धारित करना
→ समस्याएँ
→ तथ्यों का पता लगाना एवं सूचनाएं संकलित करना
→ योजनाएं तैयार करना
→ परीक्षण एवं मूल्यांकन करना
→ निर्णयों को नियोजित करना
→ निर्णय लागू करना
→ लागू किए गए निर्णयों का मूल्यांकन करना
→ मूल्यांकन के आधार पर क्रियाएं करना

उपर्युक्त प्रारूप के आधार पर निर्णय लेने हेतु संस्था के प्रधान को निम्नलिखित क्रियाओं को अपनाना आवश्यक होता है-

- समस्या का अर्थ जानकर उसे परिभाषित करना।
- समस्या का विश्लेषण करके सूचनाएँ एकत्रित करना।
- समस्या के समाधान हेतु वैकल्पिक हल खोजना।
- सर्वश्रेष्ठ समाधान को स्वीकार करना।
- लिए गए निर्णय को कार्यरूप में परिणित करना।

• **कक्षागत मूल्यांकन**

एक कक्षाध्यापक जब कक्षा में शिक्षण के लिए जाता है तो उसका यही उद्देश्य होना चाहिए कि वह जो भी पाठ्य वस्तु का शिक्षण करने जा रहा है उसे छात्र अच्छी तरह से समझकर ग्रहण कर सकें। उसके लिए आवश्यक है कि वह समय-समय पर छात्रों की शैक्षिक प्रगति का आकलन करता रहे जिससे उसे अपने शिक्षण की सफलता तथा छात्रों के अधिगम का ज्ञान होता रहे। कक्षा अध्यापक न केवल छात्रों के व्यवहार का मात्रात्मक मापन करता है वरन् गुणात्मक मापन भी करता है। इसके लिए वह अवलोकन, समाजमिति, स्वसूचना, साक्षात्कार प्रक्षेपण जैसी विभिन्न तकनीकों का प्रयोग करता है।

कक्षा अध्यापक अपने शिक्षण कार्य को सफल, सुगम तथा व्यवस्थित बनाने के लिए वार्षिक योजना और इकाई योजना का निर्माण करता है। कक्षा अध्यापक अपने दैनिक शिक्षण कार्य के दौरान भी इन प्रविधियों का उपयोग करके छात्रों के ज्ञान, अवबोध, अनुप्रयोग, कौशल आदि की जानकारी प्राप्त करके अपने शिक्षण कार्य में सुधार करता है जिससे शैक्षिक मूल्यांकन की वास्तविक प्रगति को प्राप्त किया जा सके।

• **पृष्ठपोषण (Feed Back)**

पृष्ठपोषण अर्थात् सीखने की उपलब्धता। इस मूल्यांकन के द्वारा छात्रों को अपनी स्थिति का ज्ञान हो जाता है तथा वे अपनी कमजोरी को जान जाते हैं जिससे उन्हें अपनी भावी शैक्षिक तैयारी के सम्बन्ध में सहायता मिलती है। ''परिणामों के ज्ञान के आधार पर कार्यक्रम में सुधार करने में प्राप्त सहायता को ही पृष्ठ पोषण कहते हैं। ''शिक्षा में गुणवत्ता की दृष्टि से भी पृष्ठपोषण प्रविधि की आवश्यकता सुनिश्चित होती है। पृष्ठ पोषण मुख्यत: दो प्रकार से कार्य करता है-

- यह छात्रों को अध्ययन करने के सम्बन्ध में उपयोगी निर्देशन प्रदान करता है।
- यह छात्रों को भावी अध्ययन के लिए अभिप्रेरणा प्रदान करता है।

शैक्षिक मूल्यांकन की आवश्यकता की दृष्टि से इसकी महत्ता का आकलन करें, तो इस मूल्यांकन प्रविधि के द्वारा छात्र अपनी पूर्ववर्ती प्रयास की अपनी सफलता असफलता के ज्ञान के आधार पर ही अपनी आगामी क्रियाओं का सही ढंग से नियोजन कर सकते हैं क्योंकि जब तक छात्रों को अपनी कमियों का सही ज्ञान नहीं होगा तब तक वह उसे दूर करने का प्रयास नहीं कर सकता। यह ज्ञान केवल वार्षिक अथवा अर्द्धवार्षिक परीक्षाओं के द्वारा ही प्राप्त नहीं होता वरन् दिन-प्रतिदिन के कक्षा शिक्षण में भी छात्रों का मूल्यांकन करके उनको पृष्ठपोषण प्रदान किया जा सकता है।

पृष्ठपोषण की दूसरी स्थिति के अनुसार कुछ लोगों का मत है कि पृष्ठपोषण से छात्रों में अभिप्रेरणा बढ़ती है जबकि कुछ अन्य मतानुसार पृष्ठपोषण से अभिप्रेरणा में कमी आती है। वास्तव में देखा जाए तो सभी का व्यक्तित्व एक जैसा नहीं होता है। जरूरी नहीं की जो एक के लिए उपयुक्त हो वही दूसरों के लिए भी। इसलिये अध्यापकों को मूल्यांकन के परिणामों का पृष्ठपोषण के रूप में प्रयोग करते समय छात्रों के व्यक्तित्व का भी ध्यान रखना चाहिए।

पृष्ठपोषण प्रविधि छात्रों के लिए ही नहीं वरन् अध्यापकों के शिक्षण कार्य में भी सुधार की दृष्टि से महत्वपूर्ण है। उसे अपने शिक्षण कार्य की कमियों का ज्ञान हो जाता है जिससे वह अपनी पाठयोजना, शिक्षण सामग्री आदि में आवश्यक सुधार करता है।

(*ii*) मूल्यांकन की प्रशासनिक आवश्यकता

प्रशासन एक गतिशील प्रक्रिया है और मूल्यांकन भी प्रशासन की प्रक्रिया का एक महत्वपूर्ण तत्व है। कोई भी कार्य तब तक पूर्ण नहीं माना जा सकता है, जब तक उसके परिणामों का उचित प्रकार से मूल्यांकन न कर लिया गया हो। मूल्यांकन के द्वारा हमें इस बात का ज्ञान होता है कि हमने निर्धारित उद्देश्यों की प्राप्ति किस सीमा तक की है। हमें ज्ञात हो जाता है कि अमुक कार्य की प्रगति क्यों धीमी है और क्या कारण है कि हमें उस कार्य में सफलता नहीं मिली। मूल्यांकन की प्रशासनिक आवश्यकता की शिक्षा जगत में इस दृष्टि से भी महत्वपूर्ण उपयोगिता है कि बालक जो हमारे देश का कर्णधार हैं कल उसे ही देश का भविष्य सँवारना है देश को उन्नति के शिखर तक पहुँचाना है। यदि हम बालक की शिक्षा-दीक्षा पर उचित ध्यान देंगे, तभी तो वे सही मायने में एक सफल नागरिक बन सकेंगे।

मूल्यांकन की प्रशासनिक आवश्यकता में शिक्षा-प्रक्रिया की समुचित व्यवस्था करना निहित है। इसके संचालन के लिए प्रशासक को प्रशासन प्रक्रिया के विभिन्न स्तरों पर ध्यान देना परमावश्यक है क्योंकि इसके अभाव में असफलता प्राप्त करना असम्भव है। शिक्षा प्रशासन की सहायता उसके कुशल नेतृत्व तथा निरीक्षण में दक्षता आदि गुणों पर भी निर्भर करती है। चाहे उसकी योजना कितनी ही अच्छी क्यों न हो, जब तक वह उसको कार्यान्वित करने में अपने सफल नेतृत्व का परिचय नहीं देगा और उसका समय-समय पर निरीक्षण या मूल्यांकन नहीं करेगा तब तक वह सफल नहीं हो सकेगी। नेतृत्व के अन्तर्गत तीन बातें महत्व की हैं-

- निर्णय करना
- निर्णयों को घोषित करना
- निर्णयों को व्यवहार में लाना

इस प्रकार नेतृत्व करना सरल कार्य नहीं है। इसके लिए प्रशासक में उच्च स्तर की योग्यता, ज्ञान, नेतृत्व-शक्ति, दूरदर्शिता, अनुभव, विवेक आदि गुणों का होना परमावश्यक है। एक कुशल प्रशासक को अपने अधीनस्थ के परामर्श से ही किसी विषय का निर्णय लेना चाहिए। उसे अपने विचारों को उनके सम्मुख इस तरह प्रस्तुत करना चाहिए जिसे उसके अधीनस्थ अपना विचार समझकर समझें। इस प्रकार के पारस्परिक सम्बन्ध स्थापित करने से कार्यसंचालन की सफलता निश्चित होती है।

प्रत्येक संस्था या संगठन दो प्रकार के संसाधनों से जुड़े होते हैं-भौतिक संसाधन तथा मानवीय संसाधन। भौतिक संसाधनों में भवन, उपकरण, साज-सज्जा आदि आते हैं। मानवीय संसाधनों में प्राचार्य एवं अन्य अधिकारी, शिक्षक, कर्मचारी, छात्र आदि आते हैं। प्रशासन का सबसे बड़ा कार्य यह है कि इन संसाधनों की शक्तियों को इस प्रकार न्यायोचित, सार्थक तथा मितव्ययतापूर्ण प्रयोग करें जिससे संस्था के निर्धारित उद्देश्यों की प्राप्ति हो सके।

राज्य स्तर पर शिक्षा विभाग का सबसे बड़ा अधिकारी शिक्षामंत्री होता है उसकी सहायता हेतु उपमंत्री भी रखे जाते हैं। शिक्षा मंत्रालय शिक्षा की नीतियाँ तथा योजनाओं का निर्धारण राज्य की सुविधा तथा विकास की दृष्टि से करता है और उसे उपलब्ध साधनों के आधार पर क्रियान्वित करता है तथा समय-समय पर उन नीतियों और योजनाओं का मूल्यांकन करता है कि वे कहाँ तक सफल हैं या उसमें कुछ सुधार की आवश्यकता है।

प्रशासन चाहे घर में हो, किसी संस्था, कार्यालय या विद्यालय में हो अथवा समाज की किसी इकाई से सम्बन्धित हो, जब तक उसमें नियंत्रण शक्ति को महत्वपूर्ण स्थान न मिला हो तो वह न तो कुशल रूप से संचालित हो सकता है और न ही उसमें अपेक्षित सफलता मिल सकती है। प्रशासन में सुधार लाने हेतु मूल्यांकन का सहारा लेना आवश्यक है। मूल्यांकन करने से प्रगति का सही-सही आकलन होता है जिसके आधार पर भावी प्रगति का अनुमान लगा सकना सम्भव होता है। इस दृष्टि से मूल्यांकन प्रशासन की प्रक्रिया का एक महत्वपूर्ण अंग है। मूल्यांकन के द्वारा कार्य की वैधता तथा औचित्य का बोध होता है। अत: प्रशासन में मूल्यांकन का निर्धारण अग्रलिखित बातों को ध्यान में रखकर करना आवश्यक प्रतीत होता है।

- प्रशासन के निर्धारित उद्देश्यों की उपलब्धि किस सीमा तक हुई है ज्ञात करने के लिए।
- मूल्यांकन द्वारा प्रशासनिक क्षमताओं, कुशलताओं, योग्यताओं आदि का पता लगा कर विभिन्न स्तरों पर तथा कर्मचारियों के मध्य प्रशासनिक कार्यों व उत्तरदायित्वों का विभाजन करने के लिए।
- भूत, वर्तमान और भविष्य तीनों की प्रगति का तुलनात्मक अध्ययन हेतु।
- वर्तमान के आधार पर भविष्य को उज्ज्वल प्रगति की ओर अग्रसर करने हेतु
- प्रशासनिक दोषों, असफल प्रयासों, अनुचित विधियों तथा तौर-तरीकों और प्रशासन में आने वाले दूषित तत्वों में सुधार के लिए।

शैक्षिक अनुसंधान अपने आधुनिक अर्थों में ज्ञान की एक नवीन शाखा है। चूँकि शैक्षिक अनुसंधान का केन्द्र-बिन्दु छात्र का विकास ही है जो विद्यालयी क्रियाओं के माध्यम से उत्पन्न होता है। बालकों के शारीरिक, मानसिक, नैतिक तथा व्यक्तित्व के विकास की परिस्थितियाँ हमारे समक्ष महत्वपूर्ण प्रश्न उभार देती हैं जिनके प्रति हमें संतोषजनक उत्तर खोजने की आवश्यकता पड़ती है। जैसे वह कौन-सी परिस्थितियाँ हैं जो बालक के व्यक्तित्व को पूर्ण रूप में तथा सामन्जस्यपूर्ण ढंग से विकसित करती हैं? किस प्रकार विद्यालय बालकों में कुछ वांछनीय लक्षण, अभिरुचियाँ तथा अभिवृत्तियाँ विकसित कर सकते हैं? प्रतिभाशाली बालकों की शिक्षा किस प्रकार सर्वोत्तम हो सकती है? पिछड़े बालकों की शिक्षा किस प्रकार होनी चाहिए? अपराधी बालकों को किस प्रकार पुन: समंजनशील बनाकर शिक्षित किया जा सकता है? बालिका शिक्षा को किस प्रकार बढ़ावा दिया जा सकता है? बालकों में बोलने, सुनने, पढ़ने, लिखने की दक्षताओं को किस प्रकार विकसित किया जाए कि उनमें शैक्षिक वातावरण के प्रति लगाव व रुचि उत्पन्न हो सके और वे अच्छी तरह से शिक्षा ग्रहण कर सकें। इन सभी समस्याओं का समाधान शैक्षिक अनुसंधानों के द्वारा ही समय-समय पर किए जाने वाले मूल्यांकन के द्वारा सम्भव हो पाता है। "Educational Research & Appraisal" इस पुस्तक में समस्याओं के हल एवं शिक्षा में मूल्यांकन की मुख्य मुख्य विधियों का सर्वेक्षण किया गया है। इस पुस्तक में ऐसे अनुसंधान पर अधिक बल दिया गया है, जो स्कूल में संचालित हो सके और क्रियाओं का आधार हो।

शैक्षिक अनुसंधान में प्रयुक्त प्रमुख उपकरणों–

- अन्वेषण प्रपत्र (Inquiry form)
  - o प्रश्नावली (Questionnaire)
  - o अनुसूची (Schedule)
  - o चेकलिस्ट (Check List)
  - o निर्धारण मापनी (Rating scale)
  - o गुणांक पत्र (Score card)
  - o मतावली अथवा अभिवृत्ति मापनी (Opinionnaire or Attitude scale)
- निरीक्षण (Observation)
- साक्षात्कार, संवार्ता या इंटरव्यू (Interview)
- समाजमिति या सामाजिकता मापन (Sociometry)
- मनोवैज्ञानिक परीक्षण (Psychological test)
  - o निष्पत्ति परीक्षण (Achievement test)
  - o अभिरुचि परीक्षण (Aptitude Test)
  - o बुद्धि परीक्षण (Intelligence Test)
  - o रुचि सूची (Interest Test)
  - o व्यक्तित्व मापन (Personality Measures)

(*iii*) सामाजिक दृष्टिकोण से मूल्यांकन की आवश्यकता

सामाजिक दृष्टिकोण से तात्पर्य है-समाज में रहने वाले व्यक्तियों का सोचने विचारने का ढंग। ये विचार एक-दूसरे के प्रति सकारात्मक व नकारात्मक दोनों हो सकते हैं। समाज गत्यात्मक होता है। सामाजिक सम्बन्धों के द्वारा ही

समाज का निर्माण होता है। उसके पारस्परिक सम्बन्ध व्यवस्थित होने चाहिए। सुव्यवस्थित ढंग से स्थापित सम्बन्ध एक प्रकार की व्यवस्था का निर्माण करते हैं। इसे ही समाज कहते हैं।

शिक्षा की व्यवस्था समाज की आवश्यकताओं, आकांक्षाओं एवं आदर्शों को आधार मानकर की जानी चाहिए। शिक्षा द्वारा बालकों में सामाजिक गुणों का और सामाजिक भावनाओं का विकास किस हद तक हो रहा है इसके लिए मूल्यांकन की आवश्यकता पड़ती है। शिक्षा का उद्देश्य है-''व्यक्ति को सामाजिक कुशलता प्राप्त कराके सामाजिक वातावरण से समायोजन करने की योग्यता प्रदान करना।'' शिक्षा का एक कार्य यह है कि वह मनुष्यों को यह सिखाएं कि व्यक्तिगत हितों की अपेक्षा सार्वजनिक हितों को प्रधानता दी जाये। प्रत्येक समाज में नैतिकता का व्यवहार आवश्यक होता है क्योंकि इसके द्वारा ही मनुष्य का आचरण अच्छा होता है।

''समाज एक प्रकार का समुदाय है जिसके सदस्य अपने जीवन के तौर-तरीकों के प्रति सामाजिक रूप से चैतन्य होते हैं तथा वह समान उद्देश्यों व मूल्यों के आधार पर एक-दूसरे से बँधे होते हैं।''

मूल्यांकन का महत्व

मूल्यांकन अर्थात् मूल्य का अंकन करना। मूल्यांकन मूल्य निर्धारण की एक प्रक्रिया है। शिक्षा प्रक्रिया से सम्बन्धित विभिन्न व्यक्तियों विशेषकर छात्रों, अभिभावकों, अध्यापकों, प्रशासकों तथा समाज के लिए मूल्यांकन का अत्यन्त महत्व है क्योंकि मूल्यांकन के द्वारा ही छात्रों को अपनी शैक्षिक प्रगति का ज्ञान होता है। इससे उनमें प्रेरणा, आत्मसंतोष, आत्मविश्वास, आगे बढ़ने की हिम्मत उत्पन्न होती है तथा साथ ही साथ अपनी कमियों की जानकारी भी मिल जाती है जो उन्हें भविष्य में अथक परिश्रम करने की प्रेरणा देती है। मूल्यांकन का अध्यापकों के लिए भी बहुत महत्व है इसके द्वारा वे अपने शिक्षण की सही जानकारी प्राप्त करके उसमें सुधार करते हैं। इसके द्वारा अध्यापकगण पाठ्यक्रम, शिक्षणविधि, पाठयोजना, शिक्षण सामग्री आदि की प्रभावशीलता जानते हैं तथा समय-समय पर आवश्यकता के अनुरूप संशोधन करते हैं। मूल्यांकन की सहायता से अध्यापक बच्चों की रुचियों, योग्यताओं, क्षमताओं, व्यक्तित्व, सामर्थ्य, कमियों आदि को पहचानकर उन्हें उचित मार्गदर्शन करते हैं। मूल्यांकन शिक्षा के सुधार तथा गुणवत्ता उन्नयन में सहायक होता है।

शैक्षिक दृष्टि से मूल्यांकन का महत्व इस प्रकार समझा जा सकता है-

- मूल्यांकन उचित शैक्षिक निर्णय लेने के लिए अत्यन्त आवश्यक है।
- मूल्यांकन से शिक्षाशास्त्री, प्रशासक, अध्यापक, छात्र तथा अभिभावक शिक्षण उद्देश्यों की प्राप्ति सीमा को जान सकते हैं।
- मूल्यांकन शिक्षण के उद्देश्यों को स्पष्ट करता है।
- छात्रों को अध्ययन के लिये प्रेरित करता है।
- मूल्यांकन के आधार पर पाठ्यक्रम, शिक्षण विधियों, सहायक सामग्री आदि में आवश्यक सुधार किया जा सकता है।
- कक्षा शिक्षण में सुधार लाता है। अध्यापक को अपनी कमी ज्ञात हो जाती है जिससे वह अपने शिक्षण को अधिक सुसंगठित बनाता है।
- मूल्यांकन के आधार पर छात्रों को शैक्षिक तथा व्यावसायिक निर्देशन दिया जा सकता है।
- मूल्यांकन से छात्रों की रुचियों, अभिरुचियों, कुशलताओं, योग्यताओं, दृष्टिकोणों एवं व्यवहारों का ज्ञान सम्भव होता है।
- मूल्यांकन से विभिन्न शैक्षिक कार्यक्रमों की उपयोगिता का ज्ञान प्राप्त किया जा सकता है।

मापन तथा मूल्यांकन में अन्तर

अधिकतर लोग मापन तथा मूल्यांकन को एक ही मानते हैं लेकिन ऐसा नहीं है। मापन का मनुष्य के जीवन में अधिक महत्व है। प्रात: उठने से लेकर सोने तक व्यक्ति प्रत्येक द्वक्षण मापन का ही प्रयोग करता है उसका प्रत्येक कार्य मापन के ही द्वारा सम्पन्न होता है। जैसे-विद्यार्थी को स्कूल जाना है तो कितने बजे जाना है, स्कूल की कितनी दूरी है, उसे स्कूल में कितने घण्टे पढ़ाई करनी है, कितनी देर की उसे खाने की छुट्टी मिली है कितने-कितने कालांश में उसे कौन-कौन से विषय पढ़ने हैं? आदि। अत: स्पष्ट है कि मापन मानव जीवन में निश्चित नियम लागू करता है। मापन तथा मूल्यांकन एक है, ऐसा सोचना गलत है क्योंकि मापन तो मूल्यांकन का एक अंग मात्र है।

मापन केवल बालकों की उपलब्धियों की जाँच का एक साधन मात्र है जो बालकों की प्रगति की प्राप्तांकों में व्यक्त करता है। लेकिन मापन से मूल्यांकन का क्षेत्र विस्तृत है। मूल्यांकन में मापन और जाँच दोनों ही सम्मिलित हैं। बालकों की रुचियों, आकांक्षाओं, अभिवृत्तियों, जानकारी आदि विशेषताओं की जानकारी के लिए जाँच शब्द का प्रयोग किया जाता है। **राइट स्टोन के अनुसार**-''मापन में विषयवस्तु अथवा विशेष कुशलताओं तथा योग्यताओं की उपलब्धि के एकांकी पक्षों पर बल दिया जाता है, परन्तु मूल्यांकन में व्यक्ति से सम्बन्धित परिवर्तनों तथा शैक्षिक कार्यक्रम के मुख्य उद्देश्यों पर विशेष बल दिया जाता है। ''इस प्रकार स्पष्ट है कि मूल्यांकन छात्रों की कठिनाइयों, कमियों तथा गुणों की जानकारी करने में सहायता देता है और उनके सर्वांगीण विकास को सही दिशा-निर्देश देकर गतिशील बनाएं रखने में सहायक होता है।

मूल्यांकन सदैव उद्देश्यों के अनुरूप किया जाता है। शिक्षा के क्षेत्र में किसी बालक ने किन्हीं उद्देश्यों को किस सीमा तक प्राप्त किया है इसी के द्वारा शिक्षा जगत में बालक ने जो प्रगति की है, उसका ज्ञान प्राप्त किया जाता है।

मूल्यांकन मूल्य निर्धारण की एक प्रक्रिया है। मापन की अपेक्षा मूल्यांकन अधिक व्यापक है। मापन के अन्तर्गत किसी व्यक्ति अथवा वस्तु के गुणों अथवा विशेषताओं का वर्णन मात्र ही किया जाता है जबकि मूल्यांकन के अन्तर्गत उस व्यक्ति अथवा वस्तु के गुणों अथवा विशेषताओं को वांछनीयता पर दृष्टिगत किया जाता है। अत: मापन वास्तव में मूल्यांकन का एक अंग मात्र है। मूल्यांकन एक ऐसा कार्य अथवा प्रक्रिया है जिसमें मापन से प्राप्त परिणामों की वांछनीयता का निर्णय किया जाता है। मापन वास्तव में स्थिति निर्धारण है जबकि मूल्यांकन उस स्थिति का मूल्यांकन है। छात्रों की शैक्षिक उपलब्धि को अंकों में व्यक्त करना मापन का उदाहरण है जबकि छात्रों के प्राप्तांकों के आधार पर उनकी उपलब्धि स्तर के सम्बन्ध में संतोषजनक अथवा असंतोषजनक स्थिति का निर्धारण करना मूल्यांकन का उदाहरण है। नि:संदेह मापन मूल्यांकन में सहायक है, परन्तु मूल्यांकन का समानार्थी नहीं है। वस्तुत: मापन की अपेक्षा मूल्यांकन का क्षेत्र अधिक व्यापक होता है।

मापन किसी छात्र के सम्बन्ध में धारणा व्यक्त नहीं करता जबकि मूल्यांकन के आधार पर किसी छात्र के विषय में स्पष्ट धारणा बनाई जा सकती है।

मापन के लिए अधिक श्रम और समय की आवश्यकता नहीं होती है परन्तु मूल्यांकन में अधिक श्रम और समय की आवश्यकता पड़ती है।

मापन में अंक प्रदान किए जाते हैं। उत्तर पुस्तिकाओं की जांच करके उनमें अंक प्रदान करना ही मापन है परन्तु अंक प्रदान करने के पश्चात् अंकों का मूल्य निर्धारित करना ही मूल्यांकन कहलाता है।

परीक्षण एवं मापन में अन्तर

मानव व्यवहार की विभिन्नताओं का यथार्थ मापन एवं मूल्यांकन जिस साधन/उपकरण के माध्यम से किया जाता है। परीक्षण कहलाता है, परीक्षण एक व्यापक शब्द है। ''यह शिक्षालय द्वारा शिक्षालय पद्धति में मूल्यांकन करने वाली प्रक्रियाओं को क्रम से लागू करने वाली किसी सुसंगठित योजना की ओर संकेत करता है उसमें परीक्षाओं का चयन, प्रशासन, अंकन तथा व्याख्या सम्मिलित रहती है।'' परीक्षण वह वस्तुनिष्ठ एवं मानकीकृत साधन है जिसके द्वारा सम्पूर्ण मानव व्यवहार के विभिन्न पक्षों-योग्यताएँ, उपलब्धियाँ, क्षमताएँ, रुचि एवं व्यक्तित्व सम्बन्धी विशेषताओं का मात्रात्मक एवं गुणात्मक अध्ययन किया जाता है।

- मापन का प्रयोग व्यापक रूप से विभिन्न मनोवैज्ञानिक शोध कार्यों में किया जाता है जबकि परीक्षण का क्षेत्र संकुचित होता है।
- मापन में किसी सामान्य प्रश्न का उत्तर देने का प्रयास किया जाता है जबकि परीक्षण के माध्यम से व्यक्ति विशेष के विषय में ज्ञान प्राप्त किया जाता है।
- मापन में वस्तुओं को नियमानुसार संख्यात्मक रूप प्रदान कर परिभाषित किया जाता है जबकि परीक्षण में विभिन्न प्रकार के पदों को मानकीकृत करके प्रयोग में लाया जाता है।
- मापन में भौतिक एवं मानसिक दोनों प्रकार के उपकरणों की आवश्यकता होती है जबकि परीक्षण का प्रयोग स्वयं उपकरण के रूप में किया जाता है।

आकलन

किसी व्यक्ति या वस्तु के आकलन की दिशा में की गई क्रिया ही आकलन है। आकलन ऐसी प्रक्रिया है जो किसी निर्माणाधीन शिक्षा, नीति, योजना अथवा कार्यक्रम, पाठ्यवस्तु, शिक्षण विधि, शिक्षण सामग्री अथवा मूल्यांकन विधि की संरचना को अन्तिम रूप देने से पहले किया जाता है। आकलन का उद्देश्य किसी प्रस्तावित शिक्षा नीति, योजना अथवा कार्यक्रम पाठ्यवस्तु, शिक्षण विधि, शिक्षण साधन अथवा मूल्यांकन विधि की कमियों को जानना, उन कमियों को दूर करना और उपयुक्त शिक्षा नीति, योजना अथवा कार्यक्रम, पाठ्यवस्तु शिक्षण साधन अथवा मूल्यांकन विधि की संरचना करना होता है।

आकलन द्वारा यह जानने का प्रयास किया जाता है कि-

1. विद्यार्थियों ने क्या सीखा है ? (परिणाम Outcome)
2. वह प्रक्रिया जिसके द्वारा सीखा गया है। (प्रक्रिया Outcome)
3. क्रिया को सीखने का तरीका: क्रिया से पहले, दौरान तथा क्रिया के बाद में।

आकलन क्रिया के निम्नलिखित चरण होते हैं-

1. निर्देश से पूर्व वह ज्ञात करना कि विद्यार्थी क्या जानता है।
2. प्रक्रिया के दौरान देखना कि क्या सीख रहा है।
3. निर्देश देने के पश्चात् आकलन के प्रमुख दो उद्देश्य होते हैं-

1. क्या ज्ञान में परिवर्तन है? (Summative Assessment)
2. क्या क्रिया अथवा पाठ्यक्रम की पुनरावृत्ति आवश्यक है?

आकलन का स्तर (Level of Assessment)–आकलन व्यक्तिगत स्तर का है अथवा सामूहिक स्तर का व्यक्तिगत स्तर से तात्पर्य छात्रों की निष्पति तथा विकास क्रिया में वृद्धि हेतु अधिगम प्रक्रिया को सुदृढ़ बनाना तथा उपलब्धियों का लेखा जोखा रखना है तथा सामूहिक स्तर के आकलन का अर्थ अधिगम तथा अध्यापन को अध्यापन को उन्नत बनाने के प्रयासों को प्रोत्साहन देना तथा कार्यक्रम का मूल्यांकन हेतु सूचनाएं उपलब्ध कराना है।

आकलन क्यों किया है (Purpose of Assessment)– आकलन करने का मुख्य उद्देश्य संरचनात्मक तथा योगात्मक **(summative)** होता है। संरचनात्मक आकलन का उद्देश्य मूल्य निर्धारण करना होता है।

आकलन की विषयवस्तु Object of Assessment)– आकलन की विषयवस्तु व्यक्ति का ज्ञान, कौशल, अभिवृत्ति तथा व्यवहार हैं।

अत: कहा जा सकता है कि आकलन का संबंध केवल छात्र की बौद्धिक उपलब्धि न होकर उसके सम्पूर्ण व्यक्तित्व से है। छात्र के व्यक्तित्व के निम्नलिखित प्रमुख पक्ष आकलन के क्षेत्र के अन्तर्गत आते हैं-

1. ज्ञान
2. बोध
3. सूचना
4. कुशलताएं
5. प्रवृत्तियां, मूल्य
6. छात्र की त्रुटियां
7. शारीरिक स्वास्थ्य

आकलन के उद्देश्य

आकलन के अपने में न कोई उद्देश्य होते हैं और न कार्य, जिस क्षेत्र में इनका प्रयोग जिन उद्देश्यों से किया जाता है उस क्षेत्र में इसके वही उद्देश्य होते हैं और इन उद्देश्यों की पूर्ति करना इनके कार्य होते हैं। शिक्षा के क्षेत्र में निम्न हैं-

1. प्रवेश के समय प्रवेशार्थियों की योग्यता का मापन करना, उनकी रुचि और रुझान का पता लगाना और इसके आधार पर उन्हें प्रवेश देना।
2. समय समय पर छात्रों की शैक्षिक उपलब्धियों अथवा व्यवहार परिवर्तन का पता लगाना और उसके आधार पर छात्रों का मार्गदर्शन करना उन्हें सीखने के लिए अभिप्रेरित करना।
3. प्रवेश के बाद उनकी बुद्धि एवं व्यक्तित्व का मापन करना और उसके आधार पर उन्हें वर्ग विशेषों में विभाजित करना और समय समय पर व्यक्तित्व निर्माण में सहयोग देना।
4. समय-समय पर छात्रों की शैक्षिक प्रगति में बाधक तत्वों की जानकारी करना और उनका उपचार करना।
5. समय-समय पर छात्रों की शैक्षिक लब्धियों तथा व्यवहार का आकलन करना और उन्हें पृष्ठपोषण प्रदान करना।
6. समय-समय पर शिक्षा प्रशासकों एवं अन्य कर्मचारियों और अभिभावकों की क्रियाओं के शैक्षिक महत्व की परख करना, उन्हें सुधार के लिए सुझाव देना।
7. छात्रों की बुद्धि, रुचि, रुझान और सृजनात्मक योग्यता का पता लगाना और उसके आधार पर उन्हें शैक्षिक एवं व्यावसायिक निर्देश देना।
8. शैक्षिक उद्देश्यों की प्राप्ति में पाठ्यसहमी क्रियाओं के प्रभाव का आकलन करना और उनके सही प्रयोग हेतु सुझाव देना।
9. शैक्षिक उद्देश्यों की प्राप्ति में पाठ्यसहमी क्रियाओं के प्रभाव का आकलन करना और उनके सही प्रयोग हेतु सुझाव देना, अनुसंधान के लिए मार्ग प्रशस्त करना।
10. 10-15 वर्ष के अन्तराल से शिक्षा नीति का मूल्यांकन करना तथा उसमें सुधार हेतु सुझाव देना।

11. शिक्षण में विभिन्न शिक्षण साधनों के प्रयोग से होने वाले प्रभाव का अध्ययन करना, उनका कहा, किस रूप में प्रयोग उपयुक्त होता है, इसका पता लगाना और सुधार के लिए सुझाव देना।
12. शिक्षा की तत्कालीन समस्याओं को समझना, उनके समाधान के उपाय खोजना।
13. शैक्षिक शोधों के लिए आकड़ों का संकलन करना।

आकलन की विशेषताएँ

1. आकलन एक व्यापक पद है जिसमें संरचनात्मक (Formative & Summative) तथा योगात्मक प्रकार के आकलन होते हैं।
2. आकलन निरन्तर चलने वाली प्रक्रिया है।
3. आकलन के अन्तर्गत बालक के सभी पक्ष शारीरिक, मानसिक, नैतिक आदि आ जाते हैं।
4. इस प्रकार यह सम्पूर्ण शिक्षा प्रणाली का अंग ही छात्र व्यवहार के परिवर्तनों की व्याख्या करने हेतु आकलन सामग्री एकत्र करने के समस्त साधन निहित रहते हैं।
5. आकलन का शिक्षा के उद्देश्यों से घनिष्ठ संबंध है।
6. आकलन एक प्रकार का सहयोगी कार्य है जिसमें छात्रों अध्यापकों एवं अभिभावकों का पूर्ण सहयोग प्राप्त किया जाता है।
7. आकलन का प्रमुख संबंध छात्र के विकास से है।
8. आकलन के परिणामों के आधार पर किसी छात्र के संबंध में पूर्ण उत्तरदायित्व के साथ भविष्यवाणी की जा सकती है व किस सीमा तक किसी उद्देश्य की प्राप्ति हुई है तथा क्या पुनरावृत्ति की आवश्यकता है।
9. आकलन का स्वरूप सुधारात्मक होता है। यह छात्र की शैक्षिक लब्धि का ही आकलन नहीं करता-
10. कक्षा के अन्दर जो सीखने के अनुभव उत्पन्न किए गए वे प्रभावशाली रहे या नहीं अथवा सुधार अपेक्षित है।

आकलन के आधारभूत तत्व

आकलन के आधारभूत तत्व निम्न हैं-

1. आकलन कर्ता को यह निर्धारित करना होता है कि अमुक क्रिया अथवा पाठ्यक्रम के पश्चात् विद्यार्थियों के ज्ञान, समझ तथा व्यवहार में क्या परिवर्तन आएगा ? प्राप्त ज्ञान का प्रयोग वह किस क्षेत्र में करेगा ? क्या वांछित उद्देश्यों की प्राप्ति संभव है ?
2. उपर्युक्त तथ्यों के परीक्षण हेतु आकड़ों का संकलन दो प्रकार से करता है।

1. **प्रत्यक्ष आकलन**-साक्षात्कार, मौखिक, परीक्षण, व्यक्तिगत अध्ययन प्रोजेक्ट वर्क आदि विभिन्न माध्यम है।
2. **अप्रत्यक्ष आकलन**-सर्वेक्षण द्वारा, अन्य व्यक्तियों की परिचर्चा आदि।
3. **सीखने के अनुभव**-यह सुनिश्चित करना कि कक्षा तथा कक्षा के बाहर जो सीखने के अनुभव प्रदान किए जा रहे हैं। वे वांछित उद्देश्यों को प्राप्त करने में समक्ष हैं अथवा नहीं।
4. आकलन करना तथा परिणामों के आधार पर निर्णय लेना कि क्या पुनरावृत्ति की आवश्यकता है अथवा ज्ञान/व्यवहार में सुधार है।

अनुदेशनात्मक, सीखना एवं आकलन के उद्देश्य

अनुदेशनात्मक उद्देश्य

अनुदेशनात्मक शब्द का साधारण भाषा में अर्थ है सूचना देना। कक्षा शिक्षण के समय शिक्षक विषय को विद्यार्थी तक पहुंचाने के लिए जो क्रिया करता है उसे अनुदेशन या निर्देशन कहते हैं। ज्ञान और कौशल प्राप्ति को और अधिक प्रभावकारी और आकर्षक बनाने के लिए शिक्षा के अनुभवों का सृजन करने के व्यवहार को ही शिक्षा का उद्देश्य कहेंगे, मुख्य तौर पर सीखने की स्थिति और जरूरतें, शिक्षा के अंतिम लक्ष्य की व्याख्या और परिवर्तन में सहायक कुछ 'हस्तक्षेपों' का सृजन करना इस प्रक्रिया में शामिल है।

विज्ञान के किसी विशेष पाठ की इकाई या उप-इकाई को पढ़ते-पढ़ते समय या निर्देशन देते समय किसी विशिष्ट कक्षा की अवधि में एवं निहित संसाधन के अंतर्गत, शिक्षक को अपने समक्ष कुछ निश्चित एवं अति विशिष्ट उद्देश्य रखना होता है।

अनुदेशनात्मक का उद्देश्य विद्यार्थियों के व्यवहार में अपेक्षित-व्यवहार परिवर्तन लाना है। विद्यार्थियों के व्यवहार-परिवर्तन तीन प्रकार के होते हैं-

1. ज्ञानात्मक
2. भावात्मक तथा
3. क्रियात्मक

अनुदेशनात्मक में ज्ञानात्मक तथा क्रियात्मक उद्देश्यों की प्राप्ति की जाती है।

1. **ज्ञानात्मक उद्देश्य**-ज्ञानात्मक उद्देश्यों की प्राप्ति निम्नलिखित तत्वों के शिक्षण से की जाती है-

(i) सिद्धांतों का शिक्षण,
(ii) प्रत्ययों का शिक्षण
(iii) समस्या-समाधान का शिक्षण तथा
(iv) सर्जनात्मक क्षमताओं के विकास के लिए अनुदेशन।

2. **क्रियात्मक उद्देश्य**-क्रियात्मक उद्देश्यों के लिये कौशल का विकास किया जाता है, जिसके दो प्रकार की क्षमताओं का विकास किया जाता है-

(i) रचनात्मक (Manipulative)
(ii) शारीरिक (Physical)

3. **शाब्दिक अधिगम का विकास**-शाब्दिक अधिगम के विकास से भाषा के उद्देश्यों की प्राप्ति की जाती है। इसके लिये निम्नांकित तथ्यों का शिक्षण किया जाता है-

(i) भाषा का शिक्षण,
(ii) अनुवाद का शिक्षण तथा पढ़ने का शिक्षण,
(iii) व्याकरण का शिक्षण।

अनुदेशनात्मक उद्देश्य से शिक्षा के परिणामों का सीधे अवलोकन किया जा सकता है तथा वैज्ञानिक तौर पर जांचा-परखा जा सकता है, वैसे तो शिक्षा प्रदान करने के कई रूपरेखा और प्रारूप हैं, लेकिन अधिकतर ए. डी.डी.आई.ई. नमूने पर आधारित हैं, जिनमें पांच अवस्थाएं होती हैं। विश्लेषण, रूपरेखा या परिकल्पना, विकास, क्रियान्वयन और मूल्यांकन। एक क्षेत्र के रूप में शिक्षा की रूपरेखा ऐतिहासिक और पारस्परिक रूप से ज्ञानार्जन और व्यवहार संबंधी मनो-विश्लेषण क्षेत्र में अपनी जड़ें रखता है, हालांकि हाल में सृजनात्मकतावाद ने भी इस क्षेत्र के विचारों को प्रभावित किया है। अनुदेशनात्मक उद्देश्य को निम्नलिखित सर बिन्दुओं के माध्यम से समझते हैं-

1. अनुदेशनात्मक उद्देश्य शिक्षा मनोवैज्ञानिक द्वारा निर्देशित होते हैं।
2. किसी भी निर्देशात्मक प्रक्रिया में अनुदेशनात्मक उद्देश्यों की केन्द्रिय भूमिका रहती है।
3. शिक्षण उद्देश्य जिनसे अनुदेशनात्मक उद्देश्य प्राप्त किये जाते हैं।
4. अनुदेशनात्मक उद्देश्य व्यवहारिक रूप में प्राप्त करने योग्य होते हैं।
5. यह बहुत ही संकीर्ण और विशिष्ट होते हैं।
6. यह विषय वस्तु से एकदम संबंधित होते हैं।

सीखना के उद्देश्य

किसी पाठ्यक्रम विषय तथा पाठ जिन्हें व्यवहार में दर्शाया जा सके, ऐसे कौशल्यों के सिलसिले में अथवा शिक्षा की प्रक्रिया के परिणामस्वरूप, विद्यार्थी जो ज्ञान अर्जित करेगा, ऐसे वक्तव्यों को अधिगम का उद्देश्य कहा जाता है। शिक्षा के उद्देश्य सीखने का परिणाम और सीखने के मकसद एवं लक्ष्य भी कहते हैं।

सीखने के उद्देश्य ही किसी शिक्षा की रूपरेखा के लिए बुनियाद होते हैं शिक्षा की रूपरेखा और आघात-नीतियों एवं कार्य-प्रणालियों या तरीकों को तैयार करने वाले अंतर्भूत तत्व भी होते हैं। सीखने की प्रक्रिया संबंधी परिदृश्य पाठ की योजनाओं की आधारशिला होते हैं। सीखने के उद्देश्य को प्रदर्शन उद्देश्य भी कहा जाता है। ये उद्देश्य अधिगम की दिशा के सूचक हैं और यह बताते हैं कि इकाई या पाठ को पढ़ने के बाद विद्यार्थियों को किन बिन्दुओं पर समझ बनेगी। ये उद्देश्य शिक्षा शास्त्रियों द्वारा सुझाए गए निश्चित किये जाते हैं। ब्लूम के अनुसार सीखने के उद्देश्य तीन प्रकार के होते हैं-

1. ज्ञानात्मक 2. भावात्मक 3. क्रियात्मक

ब्लूम द्वारा सीखने के उद्देश्यों को निम्नांकित तालिका में प्रस्तुत किया गया है-

तालिका-: सीखने के उद्देश्यों का वर्गीकरण

ज्ञानात्मक	भावात्मक	क्रियात्मक
1. ज्ञान (Knowledge)	1. आग्रह (Receiving)	1. प्रत्यक्षीकरण (Perception)
2. बोध (Comprehension)	2. अनुक्रिया (Responding)	2. तत्परता (Set)
3. प्रयोग (Application)	3. अनुमूल्यन (Valuing)	3. निर्देशित अनुक्रिया (Guided Respones)
4. विश्लेषण (Analysis)	4. विचारण (Conceptualization)	4. रचना तंत्र (Mechanism)
5. संश्लेषण (Synthesis)	5. संगठन (Organisation)	5. जटिल बाह्य अनुक्रिया (Complex Response)
6. मूल्यांकन (Evaluation)	6. चरित्रीकरण (Characterization)	

(क) ज्ञानात्मक क्षेत्र के शैक्षिक उद्देश्य :

ज्ञानानात्मक प्रक्रियाओं के अंतर्गत शैक्षिक उद्देश्यों का छ: वर्गों में बांटा गया है।

1. ज्ञान

ज्ञान में हम विशिष्टताओं का ज्ञान, शब्दावली का ज्ञान, विशिष्ट तथ्यों का ज्ञान, परम्पराओं का ज्ञान, प्रचलन तथा तारतम्य का ज्ञान, पद्धति, सार्वभौमिकतता, तथ्यों तथा सामान्यीकरण, सिद्धांतों तथा संरचनाओं का ज्ञान लेते हैं।

2. बोध

बोध में हम अनुवाद, अर्थापन एवं बर्हिवेशन को लेते हैं।

3. प्रयोग

वास्तविक परिस्थितियों में प्रत्ययों, तथ्यों एवं सामान्यीकरण का प्रयोग करना।

4. विश्लेषण

इसमें तत्वों का विश्लेषण, संबंधों का विश्लेषण तथा व्यवस्थित सिद्धांतों का विश्लेषण आता है।

5. संश्लेषण

इसमें तत्वों को नई संरचना में संगठित किया जाता है। विशेष सम्प्रेषण की उत्पत्ति, योजना का निर्माण, अमूर्त संबंधों के विन्यास द्वारा व्युत्पत्ति आदि लेते हैं।

6. मूल्यांकन

इसमें विशिष्ट उद्देश्य के लिए संदर्भ सामग्री का मूल्य निर्धारण करते हैं। इसमें आतरिक प्रमाण के संदर्भ में निर्णय तथा बाह्य प्रमाण के संदर्भ में निर्णय लिया जाता है।

(ख) भावात्मक क्षेत्र के शैक्षिक उद्देश्य :

भावात्मक क्षेत्र के शैक्षिक उद्देश्यों के वर्गीकरण में मुख्य योगदान ब्लूम, क्रांथव्होल एवं सहयोगियों का है भावात्मक पक्ष को निम्न रूप में प्रस्तुत करते हैं :-

1. आग्रहण

भावात्मक दृष्टि से सबसे पहले मूल्यों की अनुभूति करानी होती है। यह वर्ग अधिगम कर्ता की उपलब्धि संवेदनशीलता को प्रदर्शित करता है इसके अंतर्गत संवेदना ग्रहण करने की इच्छा तथा नियंत्रित तथा चयनित ध्यान सम्मिलित हैं। भावात्मक पक्ष का यह निम्नतम स्तर है।

2. अनुक्रिया या प्रतिक्रिया

यह दूसरे स्तर पर प्रतिनिधित्व करता है। इसके लिए ध्यान का आकर्षण होना जरूरी है। विद्यार्थियों में जब विभिन्न मानवीय मूल्यों को ग्रहण करने की इच्छा जागृत होती है तथा वे संबंधित शैक्षिक, गतिविधियों में भाग लेना शुरू करते हैं तथा तभी उनमें अनुक्रिया करने की इच्छा जागृत होती है इसके अंतर्गत स्वीकार, इच्छा तथा संतोष निहित हैं।

3. आकलन या अनुमूल्यन

प्रत्येक व्यक्ति के व्यवहार को व्यक्तिगत तथा सामाजिक मूल्य प्रभावित करते हैं। इस वर्ग के लिए उपर्युक्त दोनों की वर्ग आग्रहण और अनुक्रिया आधार का कार्य करती हैं। इसमें अनुक्रिया विचार बहुत मूल्यवान होते हैं, जिनसे वह अपने प्रयोजन की पूर्ति का साधन बनाता है। इस वर्ग में मूल्यों की स्वीकृति, प्राथमिकता एवं मूल्यव्यवस्था का संगठन आता है।

4. संगठन या व्यवस्थापन

इस वर्ग में मूल्यों का व्यवस्थीकरण उसमें आपसी संबंधों का निश्चयीकरण तथा मूल्यों की प्रमुखता का निर्धारण आवश्यक होता है। कोई भी व्यक्ति किसी विचार या मूल्य की तरफ आकर्षित होकर उसके प्रति अनुक्रिया व्यक्त करता है। इसी तरह व्यक्ति तथा सामाजिक मूल्यों की प्राप्ति होती है मूल्यों के आपसी टकराव को रोकने के लिए इन मूल्यों के स्वरूप तथा संप्रत्यय का ज्ञान होना अति आवश्यक है।

5. **मूल्य प्रणाली का चरित्रीकरण**

भावात्मक क्षेत्र के इस वर्ग के लिए पूर्व चारों वर्ग आधार का कार्य करते हैं यह भावात्मक क्षेत्र का उच्चतम स्तर है। इस स्तर पर अधिगम कर्ता के व्यक्तिगत एवं सामाजिक मूल्यों के समन्वय से एक मूल्य प्रणाली का निर्माण हो चुका होता है तथा यह स्तर अपेक्षाकृत स्थायी एवं वैयक्तिक होता है। इसके माध्यम से विद्यार्थियों में एक विशिष्टजीवन शैली, विश्वास, अभिरुचियों एवं रुचियों का संगठन होता है। इस प्रकार से शिक्षा में बालक के व्यवहार के भावात्मक पक्ष विकास करने के लिए इन सभी स्तरों को क्रमिक ढंग से गुजरना पड़ता है।

(ग) क्रियात्मक क्षेत्र के शैक्षिक उद्देश्य :

क्रियात्मक क्षेत्र के उद्देश्यों के प्रयोग एवं विकास से संबंधित हैं। इसके अंतर्गत अधिगम उद्देश्यों को निम्नलिखित पांच वर्गों में बांटा जाता है।

1. **प्रत्यक्षीकरण**-इसमें व्यक्ति पूरी स्थिति को समझकर गतिवाही क्रिया उत्पन्न करता है।
2. **तत्परता**-इसमें व्यक्ति प्रारंभिक समायोजन करता है।
3. **निर्देशिता अनुक्रिया**-इसमें व्यक्ति किसी के निर्देशन में बाह्य रूप से क्रिया उत्पन्न करता है।
4. **रचना तंत्र**-इसमें व्यक्ति विश्वासपूर्वक स्वयं क्रिया उत्पन्न कर लेता है।
5. **जटिल बाह्य अनुक्रिया**-इसमें व्यक्ति अपेक्षित गति के साथ क्रिया उत्पन्न कर लेता है।

आकलन के उद्देश्य

शैक्षणिक आकलन आम तौर पर दर्शनीय, ज्ञान और कौशल्य तथा मनोवृत्ति के दस्तावेजीकरण की प्रक्रिया है। आकलन हम पृथक सीखने वाले, शिक्षा लेने वाले समुदाय (कक्षा अथवा अन्य संगठित सीखने वालों के समूह), संस्था अथवा समग्र रूप से शिक्षा प्रणाली पर केंद्रित कर सकते हैं। शिक्षा के संदर्भ में 'आकलन' शब्द का इस्तेमाल दूसरे विश्व-युद्ध के बाद होने लगा था।

जैसा कि आप जानते हैं कि आकलन मूल्यांकन करने की एक प्रक्रिया है जो लगातार चलती रहती है। इसे छोटे-छोटे उद्देश्यों के लिए किया जाता है। इसका मुख्य उद्देश्य निदानात्मक होता है। शैक्षणिक संदर्भ में उद्देश्य निम्नलिखित है-

- शिक्षण अधिगम प्रक्रिया में सुधार करना।
- विद्यार्थियों की अधिगम संबंधी दिक्कतों को पता करना।
- शिक्षकों एवं विद्यार्थियों को पृष्ठपोषण देना।
- विद्यार्थियों की रुचि, रुझान का पता लगाना और इस के आधार पर निर्देशन देना।
- शिक्षण में विभिन्न शिक्षण साधनों के उपयोग से होने वाले प्रभाव का अध्ययन करना और सुधार के लिए सुझाव देना।
- विद्यार्थियों में अपेक्षित व्यवहार एवं आचरण परिवर्तन की जांच करना।
- यह जांचना कि विद्यार्थियों ने कुशलताओं, योग्यता आदि को कितना ग्रहण किया है।
- विद्यार्थियों की चहुमुखी विकास को निरंतर गति प्रदान करना।
- समय-समय पर शिक्षा प्रशासकों एवं अभिभावकों अन्य कर्मचारियों की क्रियाओं के शैक्षिक महत्व की परख करना, उन्हें सुधार के लिए सुझाव देना।
- दस से पंद्रह वर्ष के अंतराल से शिक्षा नीति का मूल्यांकन करना तथा उसमें सुधार हेतु सुझाव देना।
- शिक्षा की वर्तमान समस्याओं का समझना, उनके समाधान के उपाय खोजना
- शैक्षिक शोधों के लिए आकड़ों का संकलन करना।

आकलन, टेस्ट, मूल्यांकन, निष्पत्ति में अंतर

आकलन-यह प्रायः विद्यार्थियों की उपलब्धि संबंधी जानकारी प्राप्त करने के लिए किया जाता है। इसमें कागज, पेंसिल शिक्षणों का प्रयोग किया गया है। उसमें प्रामाणिक कार्य जैसे प्रयोगशाला प्रयोग आदि, लिखित परीक्षण के अतिरिक्त शामिल किए जाते हैं। किसी भी व्यक्ति के व्यक्तिगत प्रदर्शन को आकलन द्वारा देखा जा सकता है।

टेस्ट-यह एक व्यवस्थित प्रक्रिया है जिसमें समान तरीके से सवालों का एक सेट प्रस्तुत किया जाता है। इसके द्वारा व्यक्ति की व्यावहारिक जानकारी प्राप्त की जा सकती है। यह परीक्षण के आकलन का एक रूप है।

मूल्यांकन-यह निर्णय लेने के लिए जानकारी प्राप्त करने का विज्ञान है। इसमें मापन व परीक्षण शामिल रहता है। इसके द्वारा सूचनाएँ एकत्रित की जाती हैं। मूल्यांकन, आकलन, परीक्षण और मापन की एक प्रमुख प्रक्रिया के रूप में उभरा है।

निष्पत्ति-परीक्षा तथा मानदण्ड-परीक्षा में अकसर भ्रम हो जाता है। इन दोनों में अन्तर होता है। मानदण्ड-परीक्षा उद्देश्यों के मूल्यांकन पर बल देती है जबकि निष्पत्ति परीक्षा पाठ्यवस्तु के मापन को महत्व देती है।

उद्देश्य एवं विषय वस्तु के आधार पर मूल्यांकन क्यों और कैसे?

प्रत्येक विद्यार्थी में सीखने की अद्भुत क्षमता होती है। विद्यार्थी अलग-अलग तरीके से प्रतिक्रियाएं व्यक्त करते हैं। कक्षा में इन भिन्नताओं को पहचानने तथा इसे ध्यान में रखने की आवश्यकता है।

मूल्यांकन का मुख्य उद्देश्य विद्यार्थियों की उपलब्धि के स्तर को पता लगाकर उसे और आगे ले जाने के लिए यह आवश्यक है कि शिक्षक विद्यार्थियों की सतत् प्रगति का मूल्यांकन करते रहे और अपनी शिक्षण प्रक्रिया को संवद्धित करें जिससे सभी विद्यार्थियों की प्रगति सुनिश्चित हो सके।

कक्षा में जो भी शिक्षण होता है उसका एक उद्देश्य होता है। उद्देश्य की स्पष्टता से शिक्षण में सफलता मिलती है। किसी विषय का शिक्षण करते समय हमें उसके उद्देश्य को समझना है। परन्तु उद्देश्य किस सीमा तक प्राप्त हुए को जानने के लिए विद्यार्थी द्वारा प्राप्त की हुई शिक्षा का आकलन आवश्यक है। जैसे कि एक शिक्षक पढ़ाने के पहले अपने विद्यार्थी का पूर्व ज्ञान का आकलन आवश्यक है। जैसे कि एक शिक्षक पढ़ाने के पहले अपने विद्यार्थी का पूर्व ज्ञान का आकलन करता है। पद्धति समय भी एवं पढ़ाने के बाद आकलन कर यह जानने का प्रयास करता है कि उसके विद्यार्थी को जो विषय वस्तु या जिस उद्देश्य से शिक्षण दिया गया है वह सफल हुआ है या नहीं। यदि नहीं तो उसके क्या कारण हैं?

इसके अलावा कक्षा शिक्षण में दिये गये अनुभवों का उचित और अनुचित प्रभाव पता करने के लिए भी मूल्यांकन परम आवश्यक है।

अतः मूल्यांकन क्योंकि आवश्यक है? इसको समझने का प्रयास करते हैं-

1. विभिन्न विषयों में जो प्रयोजन हमारे सामने आते हैं, उनकी प्राप्ति किस सीमा तक हुई मूल्यांकन द्वारा पता चलता है।
2. मूल्यांकन द्वारा शिक्षा के उद्देश्य एवं विषय वस्तु किस सीमा तक प्राप्त हो चुके हैं, इसकी जानकारी मिलती है।

3. कक्षा कक्ष में जो अनुभव या विषय वस्तु प्रदान किए गए हैं, वे कितने प्रभावशाली थे, इसका भी परीक्षण मूल्यांकन द्वारा होता है।
4. उन स्थितियों का पता करना जो विद्यार्थियों को उद्‌देश्य की ओर प्रगति प्रदर्शित करने का अवसर प्रदान करें।
5. उद्‌देश्य एवं शिक्षण विधियों की समीक्षा करना या पता करना कि क्या उनमें संशोधन की आवश्यकता है?

   अतः मूल्यांकन विद्यार्थियों और शिक्षकों के विषयों का ही नहीं कहता है बल्कि पूरी शिक्षण प्रणाली के बारे में हमें बहुत कुछ बताता है। यदि शिक्षक यह देखते हैं कि भरसक प्रयास के बाद भी विद्यार्थी कोई कौशल प्राप्त नहीं कर पा रहे हैं तो पाठ्य-वस्तु के शिक्षण, प्रशिक्षण और पाठ्यक्रम के विषय में विचार करना आवश्यक होगा।

   इस तरह मूल्यांकन गुणात्मक सुधार की प्रक्रिया का एक अभिन्न अंग है। मूल्यांकन के आधार पर हम कहाँ तक पहुंचे हैं और अभी उद्‌देश्यों की पूर्ति के लिए आगे कितनी दूर जाना है।
6. समय-समय पर विद्यार्थियों की शैक्षिक उपलब्धियों तथा व्यवहार का आकलन करना और उन्हें पृष्ठपोषण देना। शिक्षक की भूमिका यह है कि, वह प्रत्येक विद्यार्थी को उसकी क्षमता के अनुसार सीखने के अवसर दे और इस तरह के अनुभव दे जिससे संज्ञानात्मक गुणों का विकास हो, शारीरिक स्वास्थ्य सुनिश्चित हो और सौन्दर्य बोध तथा संवेदनशीलता भी विकसित हो।

मूल्यांकन की भूमिका उस प्रगति को समझने की होती है, जो विद्यार्थी और शिक्षक निर्धारित उद्‌देश्यों की दिशा और विषय वस्तु की समझ के आधार पर करते हैं और इस प्रक्रिया को बेहतर बनाने के लिए इसकी समीक्षा भी करते हैं।

जैसा कि हम जानते हैं कि शिक्षा प्रक्रिया के प्रारम्भ होने के साथ ही साथ मूल्यांकन का कार्य भी प्रारम्भ हो जाता है। शिक्षक विद्यार्थियों द्वारा दिये गये मौखिक प्रश्नों के उत्तर, परीक्षणों पर प्राप्त अंकों, पाठ्य सहगामी क्रियाओं में भागीदारी आदि की सहायता से सत्रपर्यन्त छात्रों का मूल्यांकन करता रहता है। इसके अतिरिक्त विद्यालय मासिक परीक्षा, अर्द्धवार्षिक परीक्षा व वार्षिक परीक्षा की सहायता से तथा माध्यमिक शिक्षा मण्डल, भोपाल व अन्य शिक्षण संस्थाओं आदि की वार्षिक परीक्षाओं की सहायता से विद्यार्थियों के ज्ञान का मूल्यांकन किया जाता है। ज्ञानार्जन की उपलब्धता की दृष्टि से शैक्षिक मूल्यांकन की आवश्यकता की निम्नलिखित स्थितियाँ हो सकती हैं-

- कक्षा शिक्षण के समय
- दैनिक पाठ की समाप्ति पर
- प्रकरण के शिक्षण के उपरान्त
- माह के अन्त में
- वर्ष के मध्य में
- वर्ष के अन्त में

उपर्युक्त स्थितियों में पहली स्थिति एक आदर्श स्थिति है जिसका सभी शिक्षण संस्थाओं में अनुसरण किया जाता है क्योंकि यदि इस स्थिति के प्रति उदासीनता बरती गई तो बालक की विषय के प्रति रुचि, योग्यता, आकांक्षा आदि के प्रति उपेक्षा की जाएगी और शिक्षा बालक केन्द्रित है इस अवधारणा की भी उपेक्षा की जाएगी। शिक्षण के दौरान शिक्षक व विद्यार्थी के बीच एक अन्तर्सम्बन्ध होता है जो विद्यार्थी सहभागिता के अभाव में प्राप्त नहीं किया जा सकता।

एक शिक्षक जब कक्षा में शिक्षण के लिए जाता है तो उसका यही उद्देश्य होता है कि वह जो भी विषय वस्तु का शिक्षण करने जा रहा है उसे विद्यार्थी अच्छी तरह से समझकर ग्रहण कर सकें। उसके लिए आवश्यक है कि वह समय-समय पर विद्यार्थियों की शैक्षिक प्रगति का आकलन करता रहे जिससे उसे अपने शिक्षण की सफलता तथा विद्यार्थियों के अधिगम का ज्ञान होता रहे। कक्षा शिक्षक न केवल विद्यार्थियों के व्यवहार का मात्रात्मक मापन करे वरन् गुणात्मक मापन भी किया जाये।

इसके लिए अवलोकन, स्वसूचना, समाजमिति, साक्षात्कार प्रक्षेपण जैसी तकनीकों का प्रयोग किया जा सकता है। शिक्षक अपने दैनिक शिक्षण कार्य के दौरान भी प्रविधियों का उपयोग करके शिक्षक विद्यार्थियों के ज्ञान, अवबोध, अनुप्रयोग, कौशल आदि की जानकारी प्राप्त करके अपने शिक्षण कार्य में सुधार करता है जिससे शैक्षिक मूल्यांकन की वास्तविक प्रगति को प्राप्त किया जा सके।

अपने प्रयासों के दौरान शिक्षक को यह भी उत्सुकता रहती है कि विद्यार्थियों के व्यवहार में क्या परिवर्तन आ रहे हैं इस कार्य में शिक्षक की सहायता आकड़े करते हैं जिनकी प्राप्ति उसे उपलब्धि या व्यवहार परीक्षण करने के द्वारा होती है। इस दृष्टि से शिक्षक के लिए यह आवश्यक है कि वह सभी प्रक्रियाओं परीक्षण तथा मूल्यांकन की अवधारणा से अच्छी तरह परिचित हो जाए। इस इकाई हम इन्हीं से अवगत होने का प्रयास कर रहे हैं।

मूल्यांकन की प्रविधियाँ

मूल्यांकन की प्रक्रिया ज्ञानात्मक, भावात्मक तथा क्रियात्मक उद्देश्यों की प्राप्ति के सम्बन्ध में प्रदत्त का संकलन करती है। परम्परागत परीक्षाओं से ज्ञानात्मक उद्देश्यों का ही मापन किया जाता है। मूल्यांकन की प्रक्रिया का क्षेत्र अधिक व्यापक होता है। इसमें अनेक प्रकार की प्रविधियाँ प्रयुक्त की जाती हैं।

1. ज्ञानात्मक उद्देश्यों के लिए मौखिक, लिखित, निबन्धात्मक तथा वस्तुनिष्ठ परीक्षाएँ तथा प्रयोगात्मक परीक्षायें प्रयोग में लायी जाती हैं। निरीक्षण-प्रविधि का भी प्रयोग करते हैं।
2. भावात्मक उद्देश्यों के लिए अभिरुचि सूचि (Inventory) अभिवृति सूची (Attitude Scale) रेटिंग स्केल तथा मूल्यों की परीक्षा (Values Test) आदि प्रयुक्त किए जाते हैं। निबन्धात्मक परीक्षाएँ भी आशिक रूप से प्रयुक्त की जा सकती हैं। निरीक्षण प्रविधि को भी प्रयोग में लाया जाता है।
3. क्रियात्मक उद्देश्यों के लिए प्रयोगात्मक परीक्षा उपयोगी मानी जाती है। इसमें छात्रों को कुछ क्रियाएँ करनी पड़ती हैं और उनके कौशल का मूल्यांकन किया जाता है।

मूल्यांकन में मानदण्ड परीक्षा को विशेष महत्व दिया जाता है। इनकी तीन प्रमुख विशेषताएँ होती हैं-

(अ) समुचितता (Appropriatence) मानदण्ड परीक्षा समुचित मानी जाती है क्योंकि इसमें उद्देश्यों को विशेष महत्व दिया जाता है। परीक्षा के प्रश्न उद्देश्यों की प्राप्ति का मापन करते हैं।

(ब) प्रभावशीलता (Effectiveness) मानदण्ड परीक्षा का प्रशासन सरल होना चाहिए। अंकन भी सरल हो तथा प्रदत्तों का अर्थापन सार्थक होना चाहिए। परीक्षा छात्रों तथा शिक्षकों को मान्य होनी चाहिए।

अभिक्रमित अनुदेशन के मूल्यांकन में प्रमुख रूप में मानदण्ड परीक्षा को प्रयुक्त किया जाता है। यदि मानदण्ड परीक्षा में छात्रों को अच्छे अंक (90/90 मानदण्ड) नहीं प्राप्त हुए तो यह इस बात का सूचक है कि अधिगम प्रक्रिया प्रभावशाली नहीं है। इसमें परिवर्तन तथा सुधार लाना चाहिए। इस प्रकार अनुदेशन अभिक्रमित की प्रभावशीलता के सम्बन्ध में निर्णय लिया जा सकता

है। छात्रों की प्रतिक्रियाओं को एवं उनकी कमजोरियों को जानने के लिए भी मानदण्ड परीक्षा प्रयुक्त कर सकते हैं और उनमें सुधार ला सकते हैं।

सतत एवं व्यापक मूल्यांकन

मूल्यांकन द्वारा शिक्षण के परिणामों एवं उनसे सम्बन्धित प्रक्रियाओं के आकलन पर बल दिया जाता है। जब मूल्यांकन शिक्षण क्रिया का अभिन्न अंग बनकर उसे नियमित रूप से संगति, दिशा एवं उत्तरोत्तर गतिशीलता प्रदान करता है तो इसे **सतत मूल्यांकन** का नाम दिया जाता है। हमारे यहां मूल्यांकन का मुख्य आधार परीक्षाओं को माना जाता है जो प्राय: सत्र (समेस्टर या वर्ष) के अन्त में आयोजित की जाती हैं। इस व्यवस्था को बदलकर जब मूल्यांकन को शैक्षणिक क्रिया-कलापों से निरन्तरता के आधार पर जोड़ दिया जाए तो इसे ही सतत मूल्यांकन की संज्ञा दी जाती है।

इसी प्रकार मूल्यांकन के अन्तर्गत केवल संज्ञानात्मक पक्ष पर ही जोर न देकर संज्ञानेत्तर पक्षों पर प्रभाव यथा कौशल, रुचि, अभिवृत्ति, मूल्य एवं व्यक्तित्व विकास के आकलन को भी मूल्यांकन की परिधि में लाया जाए तो इसे **व्यापक मूल्यांकन** कहा जाता है। इन दोनों ही अवधारणाओं को संयुक्त करते हुए एक नवीन सम्प्रत्यय के रूप में शिक्षा में सतत एवं व्यापक मूल्यांकन की प्रणाली का अभ्युदय हुआ इस प्रकार का मूल्यांकन को सामान्यत: सम्पूर्ण शिक्षा की गुणवत्ता में सुधार लाने और खासतौर पर अध्ययन अध्यापन के स्तर को ऊपर उठाने में एक सशक्त उपकरण के रूप में देखा जा रहा है। जिसके अन्तर्गत परिणामों की व्याख्या इस प्रकार की जाती है कि-

- विद्यार्थी अपनी शक्ति और कमजोरी की जानकारी प्राप्त करें और अपनी कमियों को जल्दी से जल्दी दूर करने की प्रेरणा प्राप्त या ग्रहण करें।
- शिक्षक एक ओर तो विद्यार्थी की कार्य निष्पादन को परख सकें और दूसरी ओर अपने द्वारा प्रयुक्त अध्ययन अध्यापन की कार्यनीति की प्रभावकारिता या शिक्षण की प्रभावशीलता का पता लगा सकें। इसकी व्याख्या विभिन्न कोटि के विद्यार्थियों के लिए अलग-अलग प्रकार के शिक्षण की व्यवस्था करने की दृष्टि से की जानी चाहिए ताकि उन्हें निम्न प्रकार से प्रवृत्त किया जा सकें-

(क) प्रतिभाशाली बच्चों को संवर्धन कार्यक्रम के जरिए लक्ष्य निर्देशित ज्ञानार्जन में प्रवृत्त किया जा सके।

(ख) सामान्य कोटि के बच्चों को छोटे-छोटे समूहों में खास-खास कार्यों में प्रवृत्त करके साथियों से सीखने का अवसर प्रदान किया जा सके।

(ग) कमजोर विद्यार्थियों के लिए निदानात्मक परीक्षण एवं तत्पश्चात् उपचारात्मक शिक्षण की व्यवस्था की जानी चाहिए।

दक्षता आधारित मूल्यांकन

सुयोग्य नागरिकों के निर्माण में शिक्षा की भूमिका महत्वपूर्ण होती है। 'न्यूनतम अधिगम स्तर' अर्थात् कम से कम उतना जितना बच्चों को उसके आयु स्तर पर अवश्य आना चाहिए, उसी को अधिगम दक्षता भी कहा जा सकता है। किसी कक्षा विशेष के अन्त में छात्र/छात्रा द्वारा धारण किया हुआ व्यवहार ही अधिगम दक्षता है। शिक्षा के उद्देश्य में संज्ञानात्मक, भावात्मक और कौशलात्मक/क्रियात्मक दक्षता सभी आवश्यक है। **सीखने वाले बिन्दुओं को दक्षता के रूप में लिया जाता है।** इसका अर्थ है किसी विशेष स्तर पर किसी बिन्दु की बालक जानकारी ही नहीं रखता वरन् वह उसको अपने व्यवहार में उतार सकता है, परिस्थितियों में उसका वास्तविक प्रयोग कर सकता है। उदाहरण स्वरूप कक्षा-5 के छात्र को गणित के विषय में जो दक्षता प्राप्त करनी चाहिए वह इस प्रकार की 3 अंकों की संख्या में 3 अंकीय संख्याओं का गुणा कर सकें, इसका प्रयोग वह वास्तविक जीवन में रुपयों का हिसाब लगाकर कर सके।

प्राथमिक स्तर पर सर्वप्रथम पाठ्यक्रम के अन्तर्गत भाषा का सर्वाधिक महत्व है। व्यावहारिक जीवन में जितना महत्व भाषा का है कदाचित् उतनी आवश्यकता किसी अन्य विषय की नहीं होती है। इस दृष्टि से प्राथमिक स्तर पर भाषा शिक्षण अधिगम कार्यक्रम के अन्तर्गत निम्नलिखित दक्षताओं को विकसित करना तथा उसका मूल्यांकन करना आवश्यक है-

- लिखना
- समझते हुए सुनना
- प्रभावी ढंग से बोलना
- समझकर पढ़ना
- पढ़े हुए विषय का आनन्द लेना
- विचारों को तर्क के साथ प्रस्तुत करना
- स्व अधिगम
- दूसरे के विचारों को समझना
- व्याकरण का व्यावहारिक अनुप्रयोग

यहाँ यह ध्यान रखना आवश्यक है कि सभी दक्षतायें परस्पर सम्बद्ध होती हैं। भाषा सीखने का कार्य यांत्रिक न हो कर आनन्द से जुड़ा होना चाहिए। यथा घटनाओं का वर्णन, सहपाठियों के साथ समूहगत विचार-विमर्श, कहानी, नाटक, गीत, संवाद, प्रश्नोत्तर, शब्द खेल, वाद-विवाद आदि के माध्यम से उनमें (छात्रों में) स्व अधिगम कौशल व भाषा सम्बन्धी योग्यताओं का विकास किया जाना चाहिए। भाषा विकास की दक्षता के मूल्यांकन का आधार नयी परिस्थितियों में उनके अनुप्रयोग की क्षमता से किया जाये। इस हेतु पाठ्यपुस्तकों के अतिरिक्त विद्यालय के सभी क्रिया-कलापों एवं सामाजिक स्थितियों में भाषा का उपयोग एवं मूल्यांकन होना चाहिए।

इसी क्रम में प्राथमिक स्तर पर विज्ञान शिक्षण का उद्देश्य वैज्ञानिक दृष्टिकोण का विकास है। अत: पाठ्यक्रम सम्बन्धित विज्ञान आधारित दक्षता कार्यक्रम के मूल्यांकन के अन्तर्गत स्वास्थ्य, परिवेश तथा परिवेश की सजीव और निर्जीव वस्तुओं से सम्बन्धित प्रश्नों का अधिकाधिक समावेश तथा प्रयोगात्मक पक्ष पर आधारित कार्यों के परीक्षण की व्यवस्था की जानी चाहिए।

इसी प्रकार गणित शिक्षण अधिगम की दक्षता का मूल्यांकन शीघ्रता से एवं शुद्धता से गणना करने की योग्यता, तार्किक ढंग से सोचने की योग्यता, क्रम और आकृतियों को पहचाने की और उसमें अन्तर करने की योग्यता, दैनिक जीवन की साधारण समस्याओं में गणितीय प्रत्ययों और कौशलों के प्रयोग की योग्यता से सम्बन्धित प्रश्नों का समावेश करके किया जाना चाहिए।

प्राथमिक स्तर पर प्रत्येक कक्षा में सामाजिक/पर्यावरणीय अध्ययन के उद्देश्यों में मुख्यत: प्राकृतिक या वातावरणीय ज्ञान, सामाजिक तथा नागरिक परिवेश का बोध, आर्थिक गतिविधियाँ, मनुष्य तथा उसके परिवेश के बीच तालमेल, देश के प्रति कर्त्तव्य तथा सामाजिक परिवेश में व्यवहार सम्बन्धी ज्ञान देना आवश्यक माना गया है। अत: इसका मूल्यांकन इन्हीं दक्षताओं को ध्यान में रखकर किया जाना चाहिए।

अरतु दक्षताओं का विकास तभी सम्भव है जबकि शिक्षार्थी किसी ज्ञान की इकाई को इस सीमा तक सीख लें कि वह उसके जीवन का अंग बन जाये। शैक्षिक तकनीकी अध्ययन विज्ञान की शब्दावली में इसे मास्टरी लर्निंग अथवा ऑप्टिमम लर्निंग कहा जाता है। बहुत से विद्वान अधिगम के आटोमाइजेशन पर बल देते हैं। आटोमाइजेशन का अर्थ है कि ज्ञान की इकाई, विचार और क्रिया के मार्ग से होती हुई बच्चे की सहज जीवनचर्या का अंग बन जाये।

सतत एवं व्यापक मूल्यांकन की आवश्यकता तथा महत्व

मूल्यांकन की वर्तमान व्यवस्था के अन्तर्गत परीक्षाओं के बीच समय का अन्तराल इतना अधिक होता है कि उनके द्वारा छात्रों की कठिनाइयों को पहचान कर समय रहते उनका निवारण कर पाना सम्भव नहीं है। एक लम्बे अन्तराल के बाद उपचारात्मक शिक्षण के रूप में छात्रों को जो सहायता मिलती भी है, तो वह उसके लिए विशेष हितकर नहीं होती क्योंकि इस सुदीर्घ अन्तराल में उनका रोग असाध्य हो चुका होता है। सतत मूल्यांकन की व्यवस्था के द्वारा शिक्षण अधिगम की प्रक्रिया के बीच ही शिक्षक को छात्रों के सीखने के स्तर के बारे में निरन्तर जानकारी मिलती रहती है। जहाँ छात्रों को सीखने में कठिनाई का अनुभव हो रहा हो, शिक्षक उन बिन्दुओं से भी अवगत होता चलता है और छात्रों की कठिनाईयों का समय रहते निदान व उपचार हो जाता है। सतत मूल्यांकन एक सजग और निष्ठावान शिक्षक के लिए भी अत्यन्त उपयोगी है। उसे जहाँ एक ओर छात्रों की कठिनाइयों का पता निरन्तर चलता रहता है, वहीं अपने शिक्षण में रह गई कमियों से भी अवगत होता है और छात्रों की आवश्यकता के अनुरूप अपनी शिक्षण पद्धति में भी बदलाव लाता रहता है।

परीक्षा की वर्तमान पद्धति छात्रों में भय व तनाव को जन्म देती है। विषय की सम्पूर्ण जानकारी रखने वाले छात्र भी तनाव से नहीं बच सकते हैं। दीर्घ अवधि में यही तनाव कई प्रकार की कुंठाओं को जन्म देता है जिससे छात्रों के व्यक्तित्व के विकास में बाधा पहुँचती है। सतत मूल्यांकन द्वारा छात्रों की कठिनाइयों का निवारण होने से उनमें आत्मविश्वास विकसित होता है और सीखने की प्रक्रिया सुगम हो जाती है। इस क्रम में शिक्षक और छात्र के बीच जो संवाद और आत्मीयता पनपती है उसके परिणामस्वरूप विद्यालय छोड़ने वाले छात्रों की संख्या भी कम हो जाती है।

सतत और व्यापक मूल्यांकन के अंतर्गत शिक्षण अधिगम प्रक्रिया में समय-समय पर शैक्षिक और गैर शैक्षिक पहलुओं पर ध्यान दिया जाना अपेक्षित होता है। यदि विद्यार्थी किसी विषय में कमजोर है तो नैदानिक मूल्यांकन और उपचारी प्रयास किया जाना चाहिए। सतत और व्यापक मूल्यांकन का महत्व शिक्षण एवं अधिगम की व्यवस्थाओं में आपेक्षित संवेदनशीलता, गुणवत्ता, सार्थकता तथा सजगता लाने की दृष्टि से विशेष प्रकार के साधकत्व के रूप में सहज ही आका जा सकता है। इससे विद्यार्थी की शैक्षिक प्रगति का चित्रण करने, उसे विद्यार्थी के स्तरानुकूल बनाने एवं उसके अभिभावक में उसकी अधिगम आवशण्यकताओं के अनुरूप व्यवस्था रचने में आपेक्षित सहयोग की सम्भावना अभिवृद्ध होती है।

संक्षेप में सतत एवं व्यापक मूल्यांकन का महत्व निम्नलिखित दृष्टियों से है-

- सतत मूल्यांकन से विद्यार्थियों की प्रगति योग्यता और उपलब्धि की सीमा और स्तर के निर्धारण में नियमित सहायता मिलती है।
- सतत मूल्यांकन में कमजोरियों का निदान किया जा सकता है और इसकी सहायता से शिक्षक प्रत्येक अलग अलग विद्यार्थी की शक्ति, कमजोरियाँ और उसकी आवश्यकताओं का पता लगा सकते हैं। इससे शिक्षक को तात्कालिक प्रतिपुष्टि (Feed back) प्राप्त होती है जो इसके आधार पर यह निर्णय करता है कि क्या किसी इकाई विशेष का पूरी कक्षा में पुन:शिक्षण किया जाये अथवा क्या कुछ विद्यार्थियों को उपचारी अनुदेश दिया जाना चाहिए।
- इससे शिक्षक को प्रभावी शिक्षा कार्यनीति तैयार करने में सहायता मिलती है।
- बहुधा कुछ व्यक्तिगत कारणों से पारिवारिक समस्याओं से या समायोजन सम्बन्धी समस्याओं के कारण विद्यार्थी अपने पढ़ाई के प्रति लापरवाह होने लगते हैं जिसके परिणामस्वरूप उनकी उपलब्धि में अचानक गिरावट आने लगती है जिन्हें जाँचने के लिए सतत व्यापक मूल्यांकन का विशेष महत्व है।
- सतत मूल्यांकन से विद्यार्थियों को अपनी शक्ति और कमजोरियों की जानकारी मिलती है। इससे विद्यार्थी को उसके अध्ययन के सम्बन्ध में स्पष्ट वास्तविक जानकारी मिलती है। इससे विद्यार्थी को अपनी अच्छी अध्ययन आदतें विकसित करने, गलतियों को सुधारने तथा अपेक्षित लक्ष्यों को प्राप्त करने के लिए प्रेरणा मिलती है।
- सतत और व्यापक मूल्यांकन अभिक्षमता और अभिरुचि के क्षेत्रों को सुनिश्चित करता है।
- इससे भविष्य के लिए अध्ययन क्षेत्रों, पाठ्यक्रमों और व्यवसाय के चयन के सम्बन्ध में निर्णय लेने में सहायता मिलती है।
- यह शैक्षिक और गैर शैक्षिक क्षेत्रों में विद्यार्थी की प्रगति सम्बन्धी सूचना/रिपोर्ट उपलब्ध कराता है जो विद्यार्थी के भावी सफलता का अनुमान लगाने में सहायता देता है।
- यह अधिगमकर्ताओं की अभिप्रेरणा बढ़ाने, उनकी अध्ययन की आदतों को सुधारने तथा उन्हें अपेक्षित अधिगम स्तर तक पहुँचाने में मदद करता है।
- सतत एवं व्यापक मूल्यांकन से विद्यार्थी के प्रतिभाग के स्तर को समुन्नत बनाने में मदद मिलती है जिससे उसके सर्वांगीण विकास का मार्ग प्रशस्त होता है। इससे विद्यार्थी न केवल संज्ञानात्मक और शैक्षणिक अनुक्षेत्र में प्रगति बल्कि उसके संज्ञानेत्तर एवं व्यक्तित्व के विविध पक्षों यथा रुचि, अभिवृत्ति, आदतों मूल्य चरित्र में होने वाले रूपान्तरण का भी आकलन मिल जाता है।

इस प्रकार शिक्षण अधिगम परिस्थितियों को समुचित गतिशील एवं सार्थक बनाए रखने की दृष्टि से सतत एवं व्यापक मूल्यांकन का विशेष महत्व है।

सतत मूल्यांकन का क्षेत्र

एक शिक्षक के रूप में हमारी सफलता इस बात पर निर्भर करती है कि हमारे शैक्षिक उद्देश्यों की प्राप्ति किस सीमा तक हो पायी है। वैसे भी उद्देश्यों की प्राप्ति की प्रगति का निर्धारण और मूल्यांकन किया ही जाना चाहिए। विद्यालय स्तर पर सतत मूल्यांकन के अन्तर्गत शैक्षिक विषयों में छात्र की उपलब्धि में सुधार करना और शिक्षा के उद्देश्यों के अनुरूप उसमें सही आदतों और अभिवृत्तियों का विकास करना है। यहाँ यह ध्यान रखना आवश्यक है कि मूल्यांकन की प्रक्रिया अत्यन्त विस्तृत है। अत: जब मूल्यांकन की बात कही जाती तो इसका अभिप्राय विद्यार्थी के सम्पूर्ण मूल्यांकन से होता है। जिसमें व्यक्ति के शैक्षिक उपलब्धि का मूल्यांकन ही पर्याप्त नहीं है बल्कि व्यक्तित्व के अन्य पक्षों का मूल्यांकन भी निहित होता है। इसके अन्तर्गत निम्नलिखित क्षेत्र आते हैं-

(i) शारीरिक विकास का मूल्यांकन

शारीरिक विकास में अर्थ विद्यार्थी के स्वास्थ्य सम्बन्धी मूल्यांकन से है। अरस्तू के अनुसार स्वस्थ शरीर से ही स्वस्थ मस्तिष्क निवास करता है। अत:

विद्यार्थी के उचित मानसिक विकास के लिए उसे शारीरिक रूप से स्वस्थ भी होना चाहिए। शारीरिक विकास के मूल्यांकन हेतु विद्यार्थी का समय समय पर अच्छे चिकित्सक द्वारा परीक्षण भी होना चाहिए और किसी भी प्रकार के शारीरिक दोष को दूर करने हेतु सही समय पर चिकित्सक की राय लेनी चाहिए। विद्यालय द्वारा समय-समय पर इस तरह की चिकित्सा जांच के द्वारा माता-पिता अपने बच्चे की उचित समय पर उपचार कर सकते हैं। अत: शारीरिक विकास हेतु एक विद्यालय को निम्न बातों की ओर विशेष ध्यान देना चाहिए-

1. विद्यार्थी की सत्र में एक बार शारीरिक जाँच, कुशल चिकित्सक द्वारा करवायी जाए।
2. ऐसे विद्यार्थियों की जिसमें किसी प्रकार की शारीरिक अपंगता है, उनका रिकार्ड रखना चाहिए।
3. विद्यार्थियों की शारीरिक क्षमता का मूल्यांकन एक निश्चित समयावधि के बाद अवश्य होना चाहिए।
4. अगर किसी विद्यार्थी में कोई असामान्यता हो तो उसके अभिभावक को तुरन्त सूचित किया जाना चाहिए।

(*ii*) मानसिक स्वास्थ्य का मूल्यांकन

मानसिक स्वास्थ्य से तात्पर्य मस्तिष्क को स्वस्थ तथा निरोग रखने से है। मानसिक स्वास्थ्य व्यक्ति के व्यक्तित्व का सन्तुलित विकास करके उसे जीवन की विभिन्न परिस्थितियों में समायोजन के लिए समर्थ बनाता है। अत: शिक्षक को छात्रों में भय, चिन्ता, कुण्ठा तथा अन्य मानसिक विकृतियों को दूर कर उनके अच्छे मानसिक स्वास्थ्य पर ध्यान देना चाहिए।

(*iii*) सामाजिक विकास का मूल्यांकन

विद्यार्थी विद्यालय में शिक्षकों तथा अनेक अन्य विद्यार्थियों के सम्पर्क में आते हैं और अपने विचारों का आदान-प्रदान करते हैं। इसके फलस्वरूप विद्यार्थी में सहभागिता, सहानुभूति, सहयोग तथा अनुशासन जैसी क्षमताओं का विकास होता है, जो उन्हें एक कुशल सामाजिक प्राणी बनाते हैं। अत: विद्यालय का यह कार्य भी है कि विद्यार्थियों की इन क्षमताओं का मूल्यांकन भी करें जिससे यह विदित हो कि विद्यार्थियों में किस प्रकार के सामाजिक विकास वांछनीय है। अत: इस उद्देश्य हेतु विद्यालय को निम्नलिखित कार्य करने चाहिए-

- विद्यार्थी को दिन-प्रतिदिन की गतिविधियों जैसी प्रार्थना सभा में भाषण, खेलकूद, कार्यक्रम, गाइडिंग या स्काउटिंग इत्यादि की ओर ध्यान दिया जाये।
- इन कार्यक्रमों के प्रति विद्यार्थियों का दृष्टिकोण कैसा है।
- विद्यार्थी का अपने मित्रों और सहपाठियों के साथ व्यवहार कैसा है।

(*iv*) व्यक्तित्व के विकास का मूल्यांकन

व्यक्तित्व एक विस्तृत शब्द है। मनोवैज्ञानिक व्यक्तित्व को मनो शारीरिक गुणों का गत्यात्मक संगठन मानते हैं जो वातावरण के साथ व्यक्ति का अनूठा समायोजन स्थापित करते हैं। अत: व्यक्तित्व के अन्तर्गत बुद्धि, रुचि, अभिवृत्ति, चरित्र, सृजनात्मकता, स्वभाव जैसे मनोवैज्ञानिक गुणों तथा शारीरिक गठन, वेशभूषा, वाणी जैसे शारीरिक गुण समाहित होते हैं। विद्यालय का यह प्रयास होता है कि वह विद्यार्थी में सम्यक् गुणों का विकास कर एक अच्छे व्यक्तित्व को विकसित करें। विद्यालय में समय-समय पर व्यक्तित्व परीक्षणों की सहायता से व्यक्ति सम्बन्धी विशेषताओं व समस्याओं का पता करके उनके निवारण का प्रयास करना चाहिए।

(*v*) शैक्षिक उपलब्धियों का मूल्यांकन

शैक्षिक उपलब्धियों से तात्पर्य है कि विषयगत दक्षता या योग्यता का मापन। छात्र शिक्षण अधिगम प्रक्रिया के अन्तर्गत कक्षा में विभिन्न विषयों का अध्ययन करते हैं जिसका समय-समय पर मूल्यांकन या जाँच किया जाता है जिससे उनकी शिक्षण अधिगम सम्बन्धी समस्याओं का निवारण कर उनका सर्वांगीण विकास सम्भव हो सके।

मूल्यांकन की कार्य प्रणाली एवं सोपान

शिक्षा तथा मूल्यांकन दोनों प्रक्रियाएं एक-दूसरे से घनिष्ठ रूप से सम्बन्धित हैं। शिक्षा के अन्तर्गत बालक के व्यक्तित्व का समुचित विकास हो, इसके लिए मूल्यांकन का सहारा लिया जाता है। शिक्षा में मूल्यांकन से अभिप्राय है-शिक्षण प्रक्रिया तथा सीखने की क्रियाओं से उत्पन्न अनुभवों उपयोगिता एवं उपादेयता के सम्बन्ध में निर्णय देना। इसके अन्तर्गत केवल विद्यार्थी की जांच नहीं होती बल्कि शिक्षक शिक्षा पद्धति, शिक्षण के उपकरण, पाठ्यक्रम, पाठ्यवस्तु, शिक्षण प्रक्रिया में प्रयुक्त शिक्षण तकनीकी तथा साधनों की उपयोगिता का भी पता लगाया जाता है। यहाँ ध्यान रखने योग्य बात यह है कि मूल्यांकन की कार्यप्रणाली सहकारी व्यवहारिक तथा निश्चित होनी चाहिए।

जिस तरह शिक्षण प्रक्रिया के कुछ सोपान होते हैं, उसी तरह मूल्यांकन प्रक्रिया के भी कई सोपान हैं जो निम्नलिखित हैं-

1. उद्देश्यों का निर्धारण
   - सामान्य उद्देश्य का निर्धारण
   - विशिष्ट उद्देश्य का निर्धारण
2. अधिगम क्रियाओं का आयोजन
   - शिक्षण बिन्दुओं का चयन
   - शिक्षण क्रियाओं द्वारा उपयुक्त अधिगम अनुभवं उत्पन्न करना व्यवहार परिवर्तन
3. मूल्यांकन
   - मापक उपकरणों का प्रशासन तथा अंकन
   - प्राप्तांकों का विश्लेषण व व्याख्या
   - प्राप्त परिणामों का अनुप्रयोग
   - पृष्ठ पोषण तथा उपचारात्मक कार्यक्रम
   - उपयुक्त अभिलेख तथा आख्या

मूल्यांकन प्रारूप

शैक्षिक उपलब्धि के समग्र मूल्यांकन के लिए बालक को प्राय: संज्ञानात्मक पक्ष एवं संज्ञान सहगामी पक्ष इन दो भागों में विभाजित किया जाता है जिनका मूल्यांकन सतत एवं व्यापक मूल्यांकन की अवधारणाओं के अनुसार इस प्रकार अपेक्षित होता है-

(*i*) संज्ञानात्मक पक्ष का सतत एवं व्यापक मूल्यांकन

संज्ञानात्मक पक्ष के मूल्यांकन के लिए तीन आधार रखे जायेंगे-

- प्रत्येक पाठ से सम्बन्धि अभ्यास कार्य/कक्षा कार्य/दत्त कार्य और अन्य विषयगत क्रियाकलापों की जाँच, अवलोकन तथा निर्देशन।

- इकाइयों पर आधारित अध्यापक द्वारा कक्षा परीक्षण (टेस्ट)।
- अर्द्धवार्षिक और वार्षिक परीक्षाएं (इन्हें क्रमश: इकाई परीक्षण और समग्र इकाई परीक्षण भी कहा जाता है।

उपचारात्मक शिक्षण

बच्चों के मूल्यांकन द्वारा शिक्षक उनकी प्रत्येक विषय में न्यूनताओं (कमजोरियों) और कठिनाइयों का पता लगाते चलेंगे। साथ ही इन्हें दूर करने के लिए शिक्षक सुधारात्मक कार्य भी करेंगे।

(i) संज्ञान सहगामी पक्ष का मूल्यांकन

इसके अन्तर्गत व्यक्तित्व विविध गुण और विशेषताएं आती हैं। वैसे तो व्यक्तित्व के गुण और विशेषताओं का विश्लेषण करने पर संबोध की एक लम्बी सूची तैयार हो सकती है किन्तु प्राथमिक स्तर पर बच्चों के सर्वांगीण विकास के लक्ष्य को ध्यान में रखते हुए शैक्षिक उद्देश्यों के अनुरूप बालक का निम्न आठ बिन्दुओं पर मूल्यांकन अपेक्षित है-

- कार्यानुभव
- कला
- संगीत
- शारीरिक शिक्षा/खेल/व्यायाम/योगासन, स्काउटिंग-गाइडिंग
- नैतिक शिक्षा
- स्वच्छता
- सांस्कृतिक कार्यक्रमों में प्रतिभागिता एवं उपलब्धि
- उल्लेखनीय रुचियाँ तथा प्रतिभाएँ

इस प्रकार के मूल्यांकन का उद्देश्य बच्चों में अपेक्षित व्यक्तित्व सम्बन्धी गुणों का विकास करना होता है। अत: इनके मूल्यांकन में नकारात्मक टिप्पणी की कोई व्यवस्था नहीं है बल्कि ग्रेडिंग प्रणाली स्वीकृत की गई है।

सतत व व्यापक मूल्यांकन हेतु रणनीतियाँ

1. परियोजना (प्रोजेक्ट कार्य)

यह किसी उद्देश्यपूर्ण कार्य को निर्धारित समय सीमा के अन्तर्गत सम्पादित किये जाने वाली गतिविधि/क्रियाकलाप है। इन परियोजनाओं से श्रम करने, संग्रह करने, आँकड़ों का विश्लेषण करने, व्याख्या करने जैसी शक्तियों को उभारा और मापा जा सकता है। परियोजना निर्माण को विद्यालय के आस-पास के क्षेत्र से सम्बन्धित रखना होगा। समूह परियोजना बनवाने से बच्चों का परस्पर सहयोग, अनुभव बाँटने एवं एक-दूसरे से जानकारी हासिल करने जैसी शक्तियों का आकलन कर सकते हैं तथा प्रजातांत्रिक मूल्यों की स्थापना भी सक्रिय रूप से कर सकते हैं।

2. प्रदत्त कार्य

विभिन्न विषयों में अपेक्षित दक्षताओं की सम्प्राप्ति हेतु बच्चों से विभिन्न प्रकार के शैक्षिक अभ्यास कार्य कराये जाते हैं। यह कार्य पाठ्यपुस्तक के अतिरिक्त बाहरी परिवेश या बाहर के प्रसंगों पर आधारित हो सकते हैं। इससे बच्चों की रचनात्मकता, अधिगम की उपलब्धि, विश्लेषण, चर्चा विचार, प्रतिक्रिया व्यक्त करने की क्रियाओं का आकलन कर सकते हैं।

3. छात्र प्रोफाइल

बच्चे द्वारा किये गये कार्यों एवं उपलब्धियों का विवरण रखने हेतु छात्र प्रोफाइल तैयार की जाती है। बच्चों को अपना छात्र प्रोफाइल बनाने के लिए उत्साहित करें। इससे बच्चा स्वयं की प्रगति से अवगत रहता है और शिक्षक, अभिभावक या पर्यवेक्षक से माँग सकता है। शिक्षक और पर्यवेक्षक भी उसकी छात्र प्रोफाइल के आधार पर सुधार हेतु योजना बना सकते हैं।

4. **युग्म मूल्यांकन**-छात्र/छात्राएं परस्पर एक दूसरे का सफलतापूर्वक मूल्यांकन कर सकते हैं।
5. **अवलोकन**-बच्चे को कार्य करते समय देखें तथा उसकी रुचि, गति और अधिगम की प्राप्ति के स्तर को नोट करें। एक बार के अवलोकन से निर्णय पर पहुंचे। कक्षा में पद के आधार पर बच्चे की पहले मदद करें, तब निर्णय पर पहुंचे।
6. **भ्रमण**-बच्चों द्वारा भ्रमण के अनुभवों पर आधारित चर्चा परिचर्चा एवं प्रस्तुत आख्या के आधार पर मूल्यांकन कर सकते हैं।
7. **व्यक्तिगत रूप से प्रस्तुतीकरण एवं अभिव्यक्ति**-प्रत्येक बच्चे द्वारा किसी प्रकरण पर किए गए प्रस्तुतीकरण एवं अभिव्यक्ति के आधार पर मूल्यांकन कर सकते हैं।
8. **संग्रह/संकलन**-बच्चों का संग्रह व संकलन सम्बन्धी प्रदत्त कार्यों के आधार पर भी मूल्यांकन किया जा सकता है।
9. **चित्रों पर चर्चा**-पाठ्यपुस्तकों के चित्रों, चार्ट व अन्य उपलब्ध चित्रों पर बच्चों से वार्तालाप करके भी मूल्यांकन किया जा सकता है।
10. **लिखित एवं मौखिक परीक्षा**-बच्चों का लिखित और मौखिक परीक्षण बच्चों की उपलब्धि के आकलन का महत्वपूर्ण आधार होता है।
11. **गतिविधियां/क्रियाकलाप**-पाठ्यवस्तु पर आधारित एवं पाठ्येत्तर गतिविधियों/क्रियाकलापों में बच्चों की सक्रिय प्रतिभागिता के आधार पर आकलन किया जा सकता है।

ग्रेडिंग सिस्टम तथा इस की चुनौतियां

शिक्षा के अधिकार अधिनियम, 2009 एवं राष्ट्रीय पाठ्यचर्या की रूपरेखा 2005 में संकल्पित सतत् व्यापक मूल्यांकन की प्रक्रिया में अंकों के स्थान पर ग्रेड प्रणाली को अपनाया जा रहा है जिसमें बच्चों की क्षमता का आकलन अंकों के बजाय ग्रेड बिन्दुओं में किया जाता है। इसकी मूल मान्यता है कि अंक दिए बिना भी बच्चों के विकासात्मक पहलू का आकलन किया जा सकता है क्योंकि अंकन प्रणाली में अंक प्राप्त करने का न तो कोई पर्याप्त वैध, वस्तुनिष्ठ, विश्वसनीय, सार्थक आधार उपलब्ध होता है और न ही परीक्षकों में इतनी कुशलता है कि वे छात्रों के समूह को त्रुटि रहित ढंग से बांट सकें। शिक्षकों में प्रशिक्षण व अभ्यास के अभाव में ग्रेडिंग सिस्टम का अभी बहुतायत से प्रयोग नहीं हो पा रहा है जिस पर अतिशीघ्र ध्यान देने की आवश्यकता है ताकि मूल्यांकन के अभीष्ट लक्ष्य को प्राप्त किया जा सके।

मूल्यांकन के पक्ष

शिक्षा एक उद्देश्यपूर्ण प्रक्रिया है। शिक्षा का अन्तिम लक्ष्य बालक के व्यवहार में अपेक्षित परिवर्तन लाना होता है। बालक के व्यवहार में उसके व्यक्तित्व के कई पक्ष या पहलू समाहित होते हैं जिन्हें मुख्यत: तीन भागों में बाँटा जाता है-

(*i*) ज्ञानात्मक पक्ष

(*ii*) भावात्मक पक्ष

(*iii*) कौशलात्मक पक्ष

मूल्यांकन प्रक्रिया के अन्तर्गत बालक के व्यक्तित्व में सन्निहित इन्हीं पक्षों का मूल्यांकन किया जाता है जो बालक की अधिगम क्षमता, मानसिक प्रक्रिया व कार्य करने की क्षमता को प्रभावित करते हैं। इन्हीं पक्षों में हम शिक्षण-अधिगम

प्रक्रिया द्वारा अपेक्षित व्यवहार परिवर्तन, परिवर्धन व संशोधन करते हैं। संक्षेप में इनका विवरण निम्नलिखित है-

(*i*) ज्ञानात्मक पक्ष

मूल्यांकन के ज्ञानात्मक पक्ष के अन्तर्गत वे उद्देश्य आते हैं जो छात्रों की बौद्धिक योग्यताओं, क्षमताओं, ज्ञान, चिंतन तथा समस्या समाधान आदि से सम्बन्धित होते हैं। ज्ञानात्मक पक्ष के उद्देश्यों को जटिलता की दृष्टि से छः श्रेणियों में बाँटा गया है-

1. **ज्ञान**-ज्ञान उद्देश्य के अन्तर्गत सीखने वाले व्यक्ति की उन क्रियाओं का वर्णन किया जाता है जो मुख्यत: स्मृति से सम्बन्धित होती हैं। अत: ज्ञान उद्देश्य के अन्तर्गत विभिन्न पदों, प्रत्ययों, परिभाषाओं, सिद्धान्तों, सूत्रों, विधियों, संरचनाओं आदि का पुनः स्मरण तथा पहचान करने से सम्बन्धित व्यवहार सन्निहित रहते हैं।
2. **बोध**-ज्ञान के उपरान्त बोध का क्रम आता है। इस स्तर पर ज्ञान तथा सूचनाओं के पुनःस्मरण तथा पहचान के साथ-साथ ज्ञान व सूचनाओं से सम्बन्धित अच्छी समझ भी अन्तर्निहित होती है। इसमें विभिन्न तथ्यों की व्याख्या भी सम्मिलित होती है।
3. **अनुप्रयोग**-इस स्तर के अन्तर्गत बालक ज्ञान व बोध के उपरान्त उसका वास्तविक जीवन में प्रयोग करना सीखता है। विद्यालय के कार्यक्रम का प्रभावी होना इस बात पर निर्भर करता है कि विद्यार्थी उन बातों को जो उसे शिक्षा के द्वारा बताई गई है, उसको वह अपने जीवन की वास्तविक व व्यवहारिक परिस्थितियों में कितने अंश तक प्रयोग करता है।
4. **विश्लेषण**-बोध और अनुप्रयोग की अपेक्षा विश्लेषण उच्च स्तर का उद्देश्य है। विश्लेषण उद्देश्य के अन्तर्गत वे व्यवहार आते हैं जो प्राप्त सूचना को उसके विभिन्न भागों में विभक्त करने से सम्बन्धित होते हैं।
5. **संश्लेषण**-यह संज्ञानात्मक पक्ष का ऐसा स्तर है जिसमें सीखने वाले का व्यवहार रचनात्मक होता है। संश्लेषण स्तर पर छात्र विभिन्न भागों, अंगों तथा तत्वों के साथ-साथ कार्य करके उन्हें इस तरह से व्यवस्थित करते हैं कि कोई ऐसी रचना तैयार हो सके जो पहले उनके सम्मुख प्रस्तुत नहीं थी।
6. **मूल्यांकन**-यह ज्ञानात्मक पक्ष का अन्तिम तथा उच्चतम उद्देश्य होता है जिसके अन्तर्गत किसी उद्देश्य की पूर्ति हेतु विचारों, कार्यों, विधियों व सामग्रियों आदि का मूल्य निर्धारित किया जाता है। इस सम्बन्ध में गुणात्मक तथा मात्रात्मक निर्णय लिये जाते हैं तथा ये निर्णय आन्तरिक प्रमाण या बाह्य कसौटी के आधार पर लिए जा सकते हैं।

(*ii*) भावात्मक पक्ष

भावात्मक पक्ष के अन्तर्गत के उद्देश्य आते हैं जो छात्रों की अबौद्धिक विशेषताओं जैसे रुचि, अभिवृत्ति, मूल्य, दृष्टिकोण, रसानुभूति आदि के विकास से सम्बन्धित होते हैं। भावात्मक पक्ष की प्रकृति तथा निर्धारक तत्वों को समझना अत्यन्त कठिन कार्य है। यही कारण है कि अध्यापक के लिए अपने बालकों के व्यक्तित्व में भावात्मक पक्ष का विकास करना बड़ा ही कठिन व समय साध्य कार्य होता है। इस पक्ष के स्तरों को निम्नलिखित क्रम में व्यवस्थित किया जाता है-

1. **ग्रहण करना या ध्यान देना**-बालक के इस पक्ष के मूल्यांकन के अन्तर्गत सर्वप्रथम यह देखा जाता है कि वह अपने अभिभावक, अध्यापकों व श्रेष्ठजनों द्वारा बताई गई या दी गई शिक्षाओं/निर्देशों को कितनी गम्भीरता से ग्रहण करता है या उस पर ध्यान देता है।
2. **अनुक्रिया करना**-इस स्तर का उद्देश्य उन अनुक्रियाओं से सम्बन्धित होता है जो किसी उद्दीपन के आग्रहण के कारण होती हैं। इसमें बालकों को किसी उद्दीपन के प्रति संवेदनशील व अनुक्रिया हेतु प्रेरित करते हैं।
3. **मूल्य आँकना**-भावात्मक पक्ष का यह तीसरा स्तर विभिन्न वस्तुओं, कार्यों या व्यवहारों के उपयोग के मूल्य को स्वीकार करने तथा उसके प्रति एक निश्चित धारणा बनाने से सम्बन्धित है।
4. **संगठन**-इस उद्देश्य में मूल्यों का संगठन किया जाता है और मौलिक भावनाओं का विकास किया जाता है। मूल्यों का आत्मीकरण करने के उपरान्त छात्रों के सम्मुख ऐसी परिस्थितियां आती हैं जिनमें एक से अधिक मूल्य होते हैं। ऐसी परिस्थिति में छात्रों को उन मूल्यों को एक क्रम व्यवस्थित करना होता है।
5. **मूल्य द्वारा विशिष्टीकरण**-यह भावात्मक पक्ष का सर्वोच्च स्तर है। इस अन्तिम स्तर का उद्देश्य है-मूल्यों का चरित्र का अंग बनाना अर्थात् स्वभाव का निर्माण करना। स्पष्ट है कि व्यक्ति स्वीकार किए गए मूल्यों के अनुरूप कार्य करता है तथा इन मूल्यों का व्यक्ति के ऊपर प्रभाव इतना स्पष्ट होता है कि व्यक्ति का व्यवहार इन मूल्यों द्वारा विशिष्ट रूप में प्रस्तुत होता है।

(*iii*) कौशलात्मक पक्ष

कौशलात्मक पक्ष के उद्देश्य छात्रों की गामक योग्यताओं के विकास से सम्बन्धित होते हैं। यह पक्ष मुख्यत: माँसपेशियों एवं आगिक गतिविधियों से सम्बन्धित है जो किसी कार्य को करने में शरीर के अंगों के दक्षता पूर्ण कुशल संचालन के भाव को लेकर है। कौशलात्मक पक्ष के मूल्यांकन में निम्नलिखित अवयवों को सम्मिलित किया जाता है-

1. **उत्तेजना**-कौशलात्मक पक्ष के मूल्यांकन का पहला स्तर उत्तेजना है अर्थात् छात्र में किसी कार्य को सीखने की कितनी चेष्टा या उत्तेजना है। वह हाथ से कार्य करने हेतु कितना उत्साहित है, इसका आकलन किया जाता है।
2. **क्रियान्वयन**-इस स्तर पर बालक चेष्टा के आधार पर कोई कार्य सम्पादित करता है। बिना किसी क्रियान्वयन के मूल्यांकन नहीं किया जा सकता है।
3. **नियन्त्रण**-बालक के अन्दर असीम क्षमता होती है। यदि उन क्षमताओं का नियन्त्रित प्रयोग न किया जाए तो किसी कुशलता को प्राप्त करने से वह वंचित हो सकता है क्योंकि प्रत्येक कुशलता हेतु वांछित नियन्त्रित ऊर्जा की आवश्यकता होती है।
4. **समायोजन**-शिक्षा समाज में समायोजन करने की एक प्रक्रिया भी है। कोई बालक अपनी क्षमता, योग्यता, कलाकारी को समाज के लिए कितना समायोजित कर सकता है, यह मूल्यांकन का विषय है। अत: इस स्तर पर कौशलात्मक पक्ष के मूल्यांकन का उद्देश्य छात्रों में समायोजन सम्बन्धी व्यवहार को देखना है।
5. **स्वभावीकरण**-यह कौशलात्मक पक्ष का सर्वोच्च तथा अन्तिम स्तर है जिसके अन्तर्गत बालक में कार्य करने की एक विशेष शैली बन जाती है और वह एक विशेष गति व ढंग से कार्य सम्पादित करता है।

शिक्षा में मूल्यांकन प्रक्रिया के विभिन्न पक्ष

सामाजिक कौशल-सामाजिक कौशल के अन्तर्गत विद्यार्थियों को वातावरणीय ज्ञान, सामाजिक तथा नागरिक परिवेश का बोध, आर्थिक गतिविधियाँ, मनुष्य तथा उसके परिवेश के बीच तालमेल, देश के प्रति कर्त्तव्य तथा संस्कृति व सभ्यता का ज्ञान दिया जाता है।

यान्त्रिक कौशल-यह व्यक्ति के सृजनात्मक/रचनात्मक प्रवृत्ति से जुड़ा होता है। इसमें किसी कार्य के अच्छे तरीके से करने का ढंग, किसी वस्तु के निर्माण का कौशल तथा शारीरिक कार्य आदि शामिल होते हैं।

गणितीय कौशल-गणितीय कौशल के अन्तर्गत शीघ्रता से एवं शुद्धता से गणना करने की योग्यता, तार्किक ढंग से सोचने की योग्यता, क्रम व आकृतियों को पहचानने व उनमें अन्तर करने की योग्यता, दैनिक जीवन की साधारण समस्याओं में गणितीय प्रत्ययों के प्रयोग की योग्यता आदि आते हैं जिनका बालक में विकास किया जाना चाहिए।

भाषायी कौशल-भाषा कौशल से तात्पर्य है कि बालक के अन्दर विभिन्न भाषायी कौशलों या भाषा सम्बन्धी दक्षताओं का विकास करना। व्यक्ति के जीवन में जितनी आवश्यकता भाषा की है, उतनी शायद किसी अन्य विषय की नहीं है। अत: बालक के अन्दर भाषा सम्बन्धी कौशल यथा-सुनना, बोलना, पढ़ना और लिखना आदि का विकास करना परम आवश्यक है। भाषा कौशल के विकास हेतु पाठ्यपुस्तकों के अतिरिक्त विद्यालय के सभी क्रियाकलापों एवं सामाजिक स्थितियों में भाषा का उपयोग एवं उसका मूल्यांकन होना चाहिए।

मूल्यांकन के प्रकार

मूल्यांकन एक सतत सकारात्मक प्रक्रिया है जो शैक्षिक उद्देश्यों की सीमा निर्धारित करके उनकी प्राप्ति के स्तर को ज्ञात कर उचित-अनुचित का निर्णय लेने में सहायता करती है। इसके लिए शैक्षिक मूल्यांकन हेतु परीक्षा महत्वपूर्ण साधन है। छात्र मूल्यांकन हेतु परीक्षा को दो भागों में विभाजित किया जा सकता है-

(i) **परिणात्मक मूल्यांकन** को तीन भागों में विभाजित किया जा सकता है-

- मौखिक परीक्षा
- लिखित परीक्षा
- प्रायोगिक परीक्षा

• मौखिक परीक्षा

मौखिक परीक्षा का प्रारम्भ ग्लेडाइड्स ने प्रारम्भ किया था और इसे सुकरात ने भी महत्वपूर्ण स्थान दिया। यह प्रविधि मुख्यत: वैयक्तिक होती है। इसमें छात्र से मौखिक रूप से प्रश्न करके उसके ज्ञान, अभिव्यक्ति की क्षमता और उसके आत्मविश्वास को परखा जाता है। मौखिक प्रश्न पूछते समय कुछ बातों का विशेष ध्यान रखा जाना चाहिए-

1. लम्बे उत्तरों वाले प्रश्नों को नहीं पूछना चाहिए।
2. प्रश्न में द्विअर्थी शब्दों का प्रयोग करने से बचना चाहिए।
3. छात्रों द्वारा उत्तर देते समय, बीच में टोकना नहीं चाहिए बल्कि बाद में संशोधन करना चाहिए।
4. लम्बी शब्दावली वाले प्रश्नों से बचना चाहिए।

• लिखित परीक्षा

वर्तमान समय में लिखित परीक्षाओं के माध्यम से मूल्यांकन का प्रचलन अधिक है। इस परीक्षा में चार प्रकार के प्रश्नों का समावेश होता है-

1. वस्तुनिष्ठ प्रश्न
2. अति लघुउत्तरीय प्रश्न
3. लघु उत्तरीय प्रश्न
4. दीर्घ उत्तरीय या निबन्धात्मक प्रश्न

• प्रायोगिक परीक्षा

मूल्यांकन में प्रयोग विधि का महत्वपूर्ण स्थान है। शिक्षा का उद्देश्य ही है कि बच्चे कुछ करके सीखें। प्रायोगिक मूल्यांकन को दो भागों में बाँटा जा सकता है।

1. **आन्तरिक प्रयोग**-जब किसी सूत्र या अवधारणा को प्रयोगशाला में सामग्री, उपकरण की सहायता से छात्र द्वारा कार्य किया जाता है जिससे उसकी सफलता-असफलता का मूल्यांकन किया जाता है। इसे आन्तरिक मूल्यांकन कहते हैं। यह प्राय: विज्ञान विषय में किया जाता है।
2. **बाह्य प्रयोग**-इस प्रकार के मूल्यांकन को छात्र के जीवन से जोड़कर ज्ञान, सिद्धान्त को व्यवहार रूप में परिवर्तित करने को कहा जाता है जैसे-कुछ दूरी दौड़ना, सत्य बोलना, चित्र बनाना, मिट्टी का कार्य करना आदि। यह मूल्यांकन-शारीरिक शिक्षा, गृह विज्ञान, कला, नैतिक शिक्षा, कृषि विज्ञान आदि विषयों में किया जाता है।

(ii) **गुणात्मक मूल्यांकन**-गुणात्मक मूल्यांकन को निम्नलिखित भागों में विभाजित कर सकते हैं-

1. **जाँच की सूची और स्तर माप**-जाँच सूची का उपयोग छात्र के प्रयोगात्मक ज्ञान, अभिवृत्तियों, रुचियों, अवधारणाओं तथा मूल्यों आदि के सम्बन्ध में उपलब्धियों का पता लगाने के उद्देश्य से किया जाता है। जबकि स्तर माप के माध्यम से यह जाना जाता है कि किसी शिक्षार्थी ने कुछ विशिष्ट गुणों के सन्दर्भ में अन्य शिक्षार्थियों एवं शिक्षकों पर क्या प्रभाव डाला है।
2. **अवलोकन/निरीक्षण**-किसी व्यक्ति या समूह के दैनिक व्यवहार को सुनिश्चित अवधियों के लिए देखना और उस अवधि के दौरान पाये गये व्यवहार के कुछ निश्चित और वस्तुनिष्ठ रूपों की उपस्थिति को दर्ज करना अवलोकन है। अवलोकन को व्यवस्थित करने के लिए अवलोकनकर्ता, चैकलिस्ट, अवलोकन चार्ट, मापनी परीक्षण आदि उपकरणों का प्रयोग कर सकता है।

कहा जा सकता है कि अवलोकन एक तकनीकी के रूप में अधिक लाभदायक है जबकि एक उपकरण के रूप में इसका क्षेत्र सीमित रहता है।

3. **घटनावृत्त**-घटनावृत्त को विभिन्न शिक्षाविदों ने कहा है कि यह शिक्षार्थियों जीवन की सार्थक घटना, विवरण क्रिया हो सकती है या कोई ऐसी घटना जो अवलोकन करने वाले की दृष्टि में शिक्षार्थियों के महत्वपूर्ण हो या शिक्षक के द्वारा संकलित विभिन्न परिस्थितियों में घटित शिक्षार्थियों का वास्तविक व्यवहार हो सकता है।
4. **साक्षात्कार**-साक्षात्कार का प्रयोग विभिन्न प्रकार की परिस्थितियों में व्यक्तियों से सूचना संकलन का सर्वाधिक प्रचलित साधन है। साक्षात्कार में व्यक्तियों को आमने-सामने बैठाकर विभिन्न प्रकार के प्रश्न पूछे जाते हैं। उनके आधार पर उनकी योग्यताओं का मूल्यांकन किया जाता है। शिक्षा के क्षेत्र में छात्रों की शैक्षिक उपलब्धि का मापन करने के लिए किए जाने वाले साक्षात्कार को मौखिकों के नाम से जाना जाता है।

विगत कुछ दशकों से मापन तथा मूल्यांकन के क्षेत्र में विभिन्न प्रकार के नवाचारों का प्रादुर्भाव हुआ है। इनमं से रचनात्मक व आकलित मूल्यांकन, सामान्यीकृत व इप्सेटिव मापन, प्रश्न बैंक, खुली पुस्तक परीक्षा प्रणाली, सेमेस्टर प्रणाली, कम्प्यूटरों के उपयोग, प्राप्तांकों का परिमापन, परीक्षा में पारदर्शिता तथा सार्वजनिक परीक्षाओं का प्रभावीकरण जैसे नवाचारों पर विशेष जोर दिया जा रहा है। नि:सन्देह ये नवाचार वर्तमान समय में प्रचलित परिपाटियों एवं साधनों की कमियों को दूर करने की दृष्टि से अपनाये गये हैं। रचनात्मक तथा आकलित मूल्यांकन के संदर्भ में हमारे प्राथमिक शिक्षकों को भी जानकारी होनी चाहिए। मिचैल स्क्रीवेन ने सन् 1967 में मूल्यांकन की भूमिका पर चर्चा करते हुए इसे दो भागों में विभाजित किया है। ये दो भाग हैं-

- रचनात्मक मूल्यांकन (संरचनात्मक)
- आकलित मूल्यांकन (योगात्मक मूल्यांकन)

(*i*) रचनात्मक मूल्यांकन

रचनात्मक मूल्यांकन से तात्पर्य यह है कि किसी शैक्षिक कार्यक्रम, योजना प्रक्रिया, सामग्री आदि मे मूल्यांकन करके सुधार किया जाये अर्थात रचनात्मक मूल्यांकनकर्त्ता किसी शैक्षिक कार्यक्रम, योजना प्रक्रिया की सामग्री की प्रभावशीलता, गुणवत्ता, उपयोगिता/सीमाएँ आदि का पुन: आकलन करता है ताकि उस कार्यक्रम, योजना को और अधिक गुणवत्तापूर्ण तथा प्रभावशाली बनाया जा सके। उसमें जो कमियाँ रह गई हों उन्हें दूर किया जा सके। जैसे-हमारे आपके द्वारा छात्रों को पढ़ाने के उपरान्त विभिन्न परीक्षाओं और कार्यकलापों के द्वारा बच्चों की उपलब्धियों का मूल्यांकन किया जाता है, इसको रचनात्मक मूल्यांकन कहेंगे क्योंकि इसके द्वारा यह पता लगता है कि किस बच्चे ने कितना ज्ञान अर्जित किया, कौन पिछड़ गया और किस बच्चे में कितने शैक्षिक सुधार की आवश्यकता है।

इस मूल्यांकन के द्वारा शिक्षकों और छात्रों दोनों को ही अपने में सुधार करने का अवसर प्राप्त होता है।

इस प्रकार से रचनात्मक मूल्यांकन अल्पकालीन निर्णयों को लेने में महत्वपूर्ण भूमिका अदा करता है।

(*ii*) आकलित मूल्यांकन

आकलित या योगात्मक मूल्यांकन से तात्पर्य पहले से निर्धारित किसी शैक्षिक कार्यक्रम, योजना सामग्री की समग्र वांछनीयता को ज्ञात करने की प्रक्रिया से है जिससे उसके बारे में यह निर्णय लिया जा सके कि वह भविष्य में पूर्ण रूप से जारी रखी जाये या फिर उसके कुछ भागों को जारी रखा जाये अनावश्यक भाग को हटा दिया जाये जैसे-जब कोई शिक्षक या मूल्यांकनकर्त्ता पाठ्यक्रम की समाप्ति पर या शैक्षिक कार्यक्रम के अन्त में या शिक्षा सत्र की समाप्ति पर छात्रों की उपलब्धि का मूल्यांकन करता है तो इसे आकलित मूल्यांकन कहा जाता है। इस मूल्यांकन के आधार पर ही छात्रों को अन्य कक्षाओं के लिए प्रोन्नत किया जा सकता है। आकलित मूल्यांकन दीर्घकालीन निर्णयों को लेने में महत्वपूर्ण भूमिका निभाता है।

उत्तम परीक्षण/मूल्यांकन की विशेषताएँ, शिक्षण अधिगम एवं मूल्यांकन का सम्बन्ध

मापन तथा मूल्यांकन शिक्षा प्रक्रिया का एक अत्यन्त आवश्यक तथा अभिन्न अंग है। शिक्षा प्रक्रिया के विभिन्न चरणों में छात्रों के विभिन्न योग्यताओं एवं उपलब्धि का मापन तथा मूल्यांकन किया जाता है। यहाँ ध्यान रखना होगा कि मापन तथा मूल्यांकन के लिए कुछ उपकरणों/परीक्षणों का प्रयोग किया जाता है। किसी भी अच्छे मापन उपकरण में कछ मूलभूत विशेषताओं का होना अत्यन्त आवश्यक है क्योंकि अगर हमारा उपकरण सही नहीं है तो उससे हम यथोचित परिणाम प्राप्त नहीं कर सकेंगे। अत: किसी मापन उपकरण/परीक्षण का चयन करते समय उन विशेषताओं को ध्यान में रखना आवश्यक है।

शिक्षा के विभिन्न क्षेत्रों में मनोवैज्ञानिक परीक्षणों की बहुत उपयोगिता है। इन परीक्षणों का निर्माण बालक की जन्मजात क्षमताओं, उसके व्यक्तित्व की विशेषताओं और उसके द्वारा अर्जित ज्ञान को मापने के लिए किया जाता है। इन परीक्षणों से वांछित लाभ तभी प्राप्त किया जा सकता है जब उसमें अच्छे परीक्षण के गुण विद्यमान हों। एक अच्छा परीक्षण उसे कहा जा सकता है जो आवश्यकताओं की पूर्ति करता हो और उन उद्देश्यों को प्राप्त करता हो, जिनको ध्यान में रखकर उसकी रचना की गई है।

उत्तम परीक्षण

परीक्षण वे उपकरण हैं जो किसी व्यक्ति या व्यक्तियों के समूह के व्यवहार का क्रमबद्ध तथा व्यवस्थित ज्ञात प्रदान करते हैं। परीक्षण से तात्पर्य किसी व्यक्ति को ऐसी परिस्थितियों में रखते से है जो उसके वास्तविक गुणों को प्रकट कर दे। विभिन्न प्रकार के गुणों को मापने के लिए विभिन्न प्रकार के परीक्षणों का प्रयोग किया जाता है। छात्रों की शैक्षिक उपलब्धि ज्ञात करने के लिए उपलब्धि परीक्षण किया जाता है। व्यक्तित्व को जानने के लिए व्यक्तित्व परीक्षण का प्रयोग किया जाता है। अभिक्षमता को ज्ञान करने के लिए अभिक्षमता परीक्षण का प्रयोग किया जाता है। छात्रों की कठिनाइयों को जानने के लिए निदानात्मक परीक्षण का प्रयोग किया जाता है।

संक्षेप में हम कह सकते हैं कि एक उत्तम परीक्षण आवश्यक रूप से प्रयोजनपूर्ण एवं प्रभावीकृत यंत्र है जो मानव व्यवहार का वस्तुनिष्ठता एवं व्यापकता के साथ मापन करता है। इस प्रकार अच्छे परीक्षण का प्रशासन एवं अंकन सरल होता है। इन परीक्षणों की विश्वसनीयता, वैधता एवं मानक निश्चित होते हैं और इसमें विभेदन करने की शक्ति या क्षमता विद्यमान होती है। एक उत्तम परीक्षण में कछ विशेषताओं या सामान्य गुणों का होना आवश्यक है। **डगलस** एवं **हालैंड** के अनुसार-''उत्तम परीक्षण में अनेक विशेषताओं का होना आवश्यक है और ये विशेषताएँ प्रत्येक परीक्षण के निर्माण की आधारभूत सिद्धान्त बन जाती हैं।''

उत्तम परीक्षण की विशेषताएँ

किसी भी उत्तम परीक्षण में कुछ मूलभूत विशेषताओं का होना आवश्यक है। यदि कोई परीक्षा इन विशेषताओं से युक्त होता है तब ही उसे एक उत्तम परीक्षण कहा जा सकता है। उत्तम परीक्षण की विशेषताओं को दो भागों में बांटा जा सकता है।

(*i*) व्यावहारिक विशेषताएँ

- **उद्देश्यपूर्णता**-प्रत्येक उत्तम परीक्षण के कुछ निश्चित उद्देश्य होते हैं जिन्हें प्राप्त करना आवश्यक होता है। अत: परीक्षण के उद्देश्य की पृष्ठभूमि में यह देखना चाहिए कि परीक्षण से उसके पूर्व निर्धारित उद्देश्यों की पूर्ति हो रही है या नहीं।
- **व्यापकता**-व्यापकता का अर्थ है कि किसी परीक्षण में पाठ्यक्रम के अधिक से अधिक अंशों का समावेश हो। परीक्षण में पाठ्यक्रम के कुछ अंशों को ही महत्त्व न दिया जाये, बल्कि विषय के सम्पूर्ण पाठ्यक्रम को महत्त्व प्रदान करते हुए सभी अंशों से प्रश्नों का चयन करके परीक्षण का निर्माण किया जाना चाहिये। साथ ही परीक्षण में प्रश्नों की संख्या इतनी अधिक होनी चाहिये कि वह बालक की उस योग्यता का समग्र रूप से मापन कर सके, जिसके लिए उसकी रचना की गई है।
- **मितव्ययता**-उत्तम परीक्षण में मितव्ययता का गुण विद्यमान होना चाहिए अर्थात समय व धन की दृष्टि से परीक्षण मितव्ययी हो।
- **सुगमता**-सुगमता अच्छे परीक्षण का एक गुण है अर्थात परीक्षण प्रशासन, अंकन और व्याख्या तीनों दृष्टि से सुगम होना चाहिए।

(*ii*) तकनीकी विशेषताएँ

- **वैधता**-उपलब्धि का मापन करने के लिए, व्यवसाय के लिए, योग्य व्यक्तियों का चयन करने के लिए अथवा छात्रों की भावी सफलता का अनुमान लगाने के लिए विभिन्न परीक्षणों का प्रयोग किया जाता है।

परन्तु परीक्षण के इन अनुप्रयोगों के समय सबसे महत्वपूर्ण प्रश्न यह उठता है कि क्या प्रयोग में लाया जाने वाला परीक्षण अपने उद्देश्यों की पूर्ति करता है। कुछ परीक्षण ऐसे होते हैं जो अपने उन उद्देश्यों की पूर्ति सफलतापूर्वक नहीं करते जिसके लिए उन्हें प्रयुक्त किया जाता है। ऐसे परीक्षणों को अवैध परीक्षण कहते हैं। जब परीक्षण अपने उद्देश्यों की पूर्ति करता है, तब ही उसे वैध परीक्षण कहते हैं तथा परीक्षण की इस विशेषता को वैधता कहते हैं। अत: वैधता किसी भी परीक्षण की एक अत्यन्त आवश्यकता विशेषता है।

- **क्रोनबैक के अनुसार**, ''वैधता वह सीमा है जिस सीमा तक परीक्षण वही मापता है, जिसके लिए इसका निर्माण किया गया है।
- **विश्वसनीयता**-जिस परीक्षण की विश्वसनीयता जितनी अधिक होती है वह परीक्षण उतना ही अच्छा माना जाता है। विश्वसनीयता का अर्थ है कि किसी कक्षा या वर्ग की एक बार परीक्षा लेने पर जो परिणाम प्राप्त हों, करीब करीब वही परिणाम उसी परीक्षण से अथवा वैसे ही अन्य परीक्षण से पुन: भी प्राप्त हो। परीक्षण की यह विशेषता परीक्षण से प्राप्त प्राप्तांकों की विश्वसनीयता को बताती है। अत: विश्वसनीयता किसी परीक्षण का एक सामान्य गुण है। फ्रीमैन के अनुसार, ''किसी परीक्षण की विश्वसनीयता इस बात को इंगित करती है कि उस परीक्षण में आतरिक संगति कितनी है और उस परीक्षण के बार-बार प्रयोग करने से प्राप्त परिणामों या अंकों में कितनी संगति है।''
- **वस्तुनिष्ठता**-किसी परीक्षण को तभी अच्छा कह सकते हैं जब प्रत्येक प्रश्न का जवाब स्पष्ट और निश्चित हो ताकि कोई भी परीक्षण बिना किसी मतभेद के निश्चित अंक प्रदान करे। यह कार्य तभी संभव है जब प्रश्न वस्तुनिष्ठ हों। प्रश्न के वस्तुनिष्ठ न होने पर एक ही प्रश्न के कई जवाब होते हैं। इस प्रकार परीक्षक अपने अनुसार विभिन्न अंक प्रदान करते हैं। इस प्रकार परीक्षा प्रणाली की वैधता तथा विश्वसनीयता में संदेह उत्पन्न होता है। अत: किसी भी परीक्षण का वस्तुनिष्ठ होना अत्यन्त पुस्तक 'Essential of psychological testing' में वस्तुनिष्ठता के विषय में लिखा है-''एक वस्तुनिष्ठ परीक्षण वह है जिसमें प्रत्येक परीक्षक किसी प्रश्न के उत्तर या निष्पादन को देखकर एक निश्चित निष्कर्ष पर पहुँचते हैं।''
- **विभेदकता**-उत्तम परीक्षण के लिए अत्यन्त आवश्यक है कि वह अच्छे और मन्द बुद्धि के विद्यार्थियों में विभेद कर सकें। ऐसे परीक्षण में विभेदीकारिता का गुण होता है, जिसमें सभी कठिनाई स्तर के प्रश्न सम्मिलित किए जाते हैं। इसमें कुछ प्रश्न ऐसे होते हैं जिसका उत्तर सभी परीक्षार्थी आसानी से दे सकते हैं, कछ प्रश्न ऐसे होते हैं जिनका उत्तर केवल कुशाग्र बुद्धि के परीक्षार्थी ही दे सकते हैं। परीक्षण में अधिकांश प्रश्न ऐसे सम्मिलित किए जाने चाहिए, जिसका उत्तर मध्यम स्तर के परीक्षार्थी दे सकें। यदि परीक्षण से प्राप्त प्राप्तांकों का वितरण काफी बड़ा होता है, विशेषकर ऐसे छात्रों के लिए जो परीक्षण के द्वारा मापी जा रही योग्यता में भिन्न-भिन्न होते हैं, तो परीक्षण को एक विभेदक परीक्षण कहा जाता है।

शिक्षण, अधिगम एवं मूल्यांकन का सम्बन्ध

शिक्षण को हम अधिगम हेतु मार्गदर्शन के रूप में लेते हैं। अर्थात् 'Teaching is a guidance of learning' इसका अर्थ है कि जो शिक्षण जितना अधिगम में बदल जाये, वह उतना ही अच्छा है। अत: शिक्षण और अधिगम अलग-अलग न होकर एक ही सिक्के के दो पहलू हैं। दोनों क्रियाएँ साथ-साथ चलती हैं। इसलिए शिक्षण अधिगम को एक सातत्य के रूप में स्वीकार किया जाता है, अर्थात् 'Teaching learning is a continuum' अधिगम या सीखना एक प्रक्रिया है। यह अधिगम और प्रशिक्षण के फलस्वरूप व्यवहार परिवर्तन की प्रक्रिया है।

शिक्षण

जब अध्यापक कक्षा में पढ़ाने जाता है तो उसके सामने बच्चे तथा पाठ्य सामग्री होती है, जिसे उसे बच्चे को संप्रेषित करना होता है।

शिक्षण द्वारा वह बालक स्वयं और विषयवस्तु के मध्य एक सम्बन्ध बनाता है। यही सम्बन्ध बच्चों के सर्वांगीण विकास में सहायता देता है और उसे भविष्य में एक योग्य और सृजनशील नागरिक बनाने का काम करता है। इससे शिक्षण का प्रयोजन/परम्परागत अर्थ-सूचना देना अथवा बताना से भिन्न और व्यापक हो जाता है। शिक्षण वस्तुत: बच्चों को सीखने की प्रेरणा और मार्गदर्शन प्रदान करना है। शिक्षण का वास्तविक प्रयोजन छात्र/छात्राओं को उनके परिवेश के अनुसार ढालने में सहायता देना, उन्हें क्रियाशील होने का अवसर देना, सीखने के लिए उत्साहित करना तथा संवेगों को परिशोधित करके उनके पूर्ण व्यक्तित्व के विकास का अवसर प्रदान करना है।

अधिगम

शिक्षण की सफलता इस बात पर निर्भर करती है कि छात्र ने कितना सीखा है। किसी बात को बच्चे ने सीख लिया, इसकी कसौटी यह है कि वह बात उसके व्यवहार का स्थायी अंग बन जाये और उसके व्यवहार में दिखाई देने लगे। संक्षेप में कहा जा सकता है कि व्यक्ति जीवन भर सीखता रहता है। इस प्रकार कहा जा सकता है कि पूरी शिक्षा व्यवस्था का प्रयोजन छात्र को सिखाना है। शिक्षण और अधिगम दोनों को अलग-अलग देखने से यह बात साफ हो जाती है कि अपने आप में शिक्षण का कोई प्रयोजन नहीं है, यदि वह अधिगम का कारण नहीं बनता। अत: शिक्षण और अधिगम अलग-अलग न हो कर एक समेकित प्रक्रिया है, जिसमें छात्रों की सृजनशक्ति को उभारने का अवसर मिलता है। अब इस बात पर बल दिया जा रहा है कि शिक्षण अधिगम दक्षता आधारित हो। इसका अभिप्राय यह है कि जो कुछ बच्चों को पढ़ाया जा रहा है, वह केवल बच्चों के पास 'ज्ञान' या 'जानकारी' के स्तर पर ही न रहे बल्कि बच्चे उसे ऐसे आत्मसात् करें कि वे अपने व्यावहारिक जीवन में आवश्यकता पड़ने पर उसका अनुप्रयोग कर सकें। दूसरे शब्दों में उनका अधिगम कार्यात्मक रूप से व्यक्त हो सके।

शिक्षण अधिगम के आवश्यक पहलू

'Diayna Laurillard' के अनुसार एक आदर्श शिक्षण अधिगम क्रिया की छानबीन करना ज्ञानवर्धक है। इनका तर्क था कि अधिगम क्रिया के चार पहलू हैं-

- **वाद-विवाद (Debate)**–शिक्षक व छात्र के मध्य।
- **पारस्परिक विचार-विमर्श (Interaction)**–अधिगमकर्ता व शिक्षक द्वारा परिभाषित किए गए शब्दों का पारस्परिक विचार विमर्श।
- **अनुकूलन (Adaptation)**–शिक्षक द्वारा दिए गए शब्द का अधिगमकर्ता की उसके प्रति प्रतिक्रिया।
- **प्रतिफल (Reflection)**–अधिगमकर्ता का निष्पादन।
- उपरोक्त शब्द विभिन्न शैक्षिक मीडिया व शैली द्वारा वर्णित किए जा सकते हैं। उदाहरण के लिए-पाठ्यपुस्तक द्वारा सैद्धांतिक ज्ञान को छात्रों तक पहुंचाया जा सकता है।

मूल्यांकन

शिक्षा के क्षेत्र में मूल्यांकन का आशय यह निर्णय करना है कि छात्र ने कितना सीख है। मूल्यांकन एक सतत एवं व्यापक प्रक्रिया है। केवल सत्रीय परीक्षाओं के आधार पर यह निर्णय नहीं किया जा सकता कि जिस व्यवहार और अनुभव को हम छात्र के व्यक्तित्व का अंग बनाना चाहते थे, वह बन गया या नहीं। इसके लिए शिक्षण अधिगम प्रक्रिया के साथ मूल्यांकन निरन्तर चलता रहेगा, तभी यह समझा जा सकता है कि छात्र ने कितना सीख लिया व कितना नहीं सीख पाया है। जितना वह सीख नहीं पाया है उसके कारणों को जानना और कारणों को दूर कर अपेक्षित स्तर तक सीखाना 'मूल्यांकन' की आवश्यकता है। मूल्यांकन का दूसरा महत्वपूर्ण गुण व्यापकता है। मूल्यांकन केवल जानकारी तथा मानसिक योग्यताओं के विकास तक ही सीमित नहीं होता बल्कि इसका क्षेत्र बालक का सम्पूर्ण व्यक्तित्व होता है।

शिक्षण का उद्देश्य अधिगम है और मूल्यांकन अधिगम के स्तर व उपस्थिति की जानकारी की प्रविधि है। इनके सम्बन्धों की व्याख्या निम्न प्रकार से की जाती है-

1. **मूल्यांकन शिक्षण-अधिगम का प्रकाशक है**-शिक्षण द्वारा बालक ने कितना सीखा तथा उसके व्यवहार में किस स्तर तक परिवर्तन हुआ, वांछित परिवर्तन हुआ या नहीं, इन सब बातों का निर्णय मूल्यांकन के द्वारा ही होता है। शिक्षण-अधिगम की उपलब्धियों को मूल्यांकन द्वारा प्रकाशित किया जाता है।
2. **शिक्षण अधिगम का लक्ष्य मूल्यांकन है**-बच्चों में वांछित गुणों (मूल्यों) को आरोपित करना शिक्षण का लक्ष्य होता है। यहां मूल्यांकन का अभिप्राय बच्चों के अन्दर अपेक्षित गुणों को विकसित करना है जिसे शिक्षण की विभिन्न प्रविधियों द्वारा किया जाता है।
3. **मूल्यांकन शिक्षण का प्रेरक है**-प्रत्येक शिक्षक व शिक्षार्थी यह जानता है कि सम्पूर्ण क्रिया-कलाप का अन्तिम व पूर्ण लक्ष्य मूल्यांकन ही है। बिना मूल्यांकन की प्रक्रिया से गुजरे शिक्षण अपूर्ण रहेगा। मूल्यांकन की अनिवार्य अवधारणा शिक्षक को शिक्षण कार्य व छात्रों को अधिगम हेतु प्रेरित करती है।
4. **शिक्षण-अधिगम और मूल्यांकन सतत प्रक्रिया है**-छात्र के विकास तथा शैक्षिक उद्देश्यों की पूर्ति हेतु शिक्षण अधिगम सदैव चलने वाली प्रक्रिया है तथा उसकी ग्रहण क्षमता व ग्रहण स्तर की जानकारी हेतु सतत मूल्यांकन किया जाता है ताकि अधिगम स्तर की जानकारी प्राप्त करके उसमें संशोधन परिवर्तन किया जाता रहे। स्पष्ट है कि मूल्यांकन भी शिक्षण अधिगम के साथ-साथ होते रहना चाहिए। इसका तात्पर्य है कि शिक्षण अधिगम एवं मूल्यांकन तीनों अलग-अलग न हो कर शैक्षिक प्रक्रिया के अभिन्न अंग हैं। इसलिए विद्वानों ने कहा है-"Teaching Learning Evaluation is a continum'

मूल्यांकन प्रक्रिया

मूल्यांकन वह प्रक्रिया है जो यह बताती है कि वांछित उद्देश्यों को किस सीमा तक प्राप्त किया जा चुका है। प्रसिद्ध शिक्षा शास्त्री **नार्मन इ ग्रोनलुंड** के अनुसार ''मूल्यांकन को छात्रों के द्वारा प्राप्त किये गये शिक्षा उद्देश्यों की सीमा को ज्ञात करने की क्रमबद्ध प्रक्रिया के रूप में परिभाषित किया जा सकता है।'' मूल्यांकन के अन्तर्गत छात्रों के व्यवहार के गुणात्मक व मात्रात्मक वर्णन के साथ-साथ व्यवहार की वांछनीयता से सम्बन्धित मूल्य निर्धारण भी निहित रहता है। वास्तव में कोई भी अध्यापक अपने शिक्षण कार्य के उपरान्त यह जानना चाहता है कि क्या उसने वे उद्देश्य प्राप्त कर लिए हैं जिसके लिए उसने अध्यापन कार्य किया था। इसी प्रकार छात्र यह जानना चाहते हैं कि क्या उन्होंने वह ज्ञान प्राप्त कर लिया है जिसे प्राप्त करने के लिए वह अध्ययन कर रहे हैं तथा प्रधानाचार्य यह जानना चाहते हैं कि क्या उनके विद्यालय के छात्रों के द्वारा वांछित शिक्षण उद्देश्यों की प्राप्ति की जा रही है। यह सभी प्रश्न मूल्यांकन प्रक्रिया की तरफ संकेत करते हैं।

प्रश्न पत्र निर्माण प्रक्रिया

किसी भी लक्ष्य की पूर्ति हेतु व्यक्ति या संस्था प्रत्येक स्तर पर योजना बनाती है। भारत सरकार द्वारा निर्मित पंचवर्षीय योजना इसका महत्वपूर्ण उदाहरण हो सकता है। उसी प्रकार विद्यार्थियों के मूल्यांकन हेतु परीक्षण का निर्माण किया जाता है, जिसके अन्तर्गत विभिन्न पक्षों के मापन हेतु प्रश्नों को समुचित स्थान देने हेतु योजना तैयार की जाती है। कक्षा अध्यापक अपनी कक्षा के छात्रों की शैक्षिक उपलब्धि का मापन तथा मूल्यांकन के लिए समय-समय पर अनेक प्रकार के परीक्षणों का प्रयोग करते हैं। परीक्षण निर्माण के आधार पर इन्हें दो भागों में बांटा जा सकता है।

- अप्रमाणीकृत परीक्षण (unstandardced test)
- प्रमाणीकृत परीक्षण (standardced test)

इनके अन्तर को इस प्रकार देख सकते हैं-

अप्रमाणीकृत परीक्षण

- ➢ प्राय: कक्षाध्यापक द्वारा किया जाता है।
- ➢ यह अनौपचारिक है।
- ➢ यह कुछ प्रश्नों की रचना करके बनाया जाता है।
- ➢ कम विश्वसनीय तथा वैध है।
- ➢ तात्कालिक आवश्यकता की पूर्ति करता है।
- ➢ प्राप्तांकों की संख्या छोटे समूह में की जा सकती है।

प्रमाणीकृत परीक्षण

- ➢ कुछ विशेषज्ञों की समिति द्वारा किया जाता है।
- ➢ यह औपचारिक है।
- ➢ यह एक समय साध्य कार्य है।
- ➢ अधिक विश्वसनीय एवं वैध है।
- ➢ अधिक समय तक तथा बड़े समूह को आवश्यकता की पूर्ति करता है।
- ➢ प्राप्तांकों की व्याख्या बड़े समूह में की जा सकती है।

इस प्रकार हम देखते हैं कि परीक्षण की योजना बनाना परीक्षण निर्माण का प्रथम सोपान है। परीक्षण की योजना बनाते समय प्रथम सोपान के अन्तर्गत परीक्षण से सम्बन्धित अनेक निर्णय लिए जाते हैं। जैसे-

- परीक्षण के लिए विषयवस्तु क्या और कितनी होगी?
- शिक्षण उद्देश्यों को किन प्रश्नों/परीक्षणों से मापा जाएगा?
- प्रश्नों का वर्गीकरण ज्ञान, बोध, अनुप्रयोग तथा कौशल के अनुरूप किस प्रकार किया जाएगा?
- प्रश्न का आकार कैसा होगा?
- प्रश्नों की संख्या तथा उनके अंक/अधिभार (weightage) क्या होगा?
- परीक्षण की समयावधि कितनी होगी?
- परीक्षण का प्रकार, लिखित/मौखिक या दोनों क्या होगा?
- परीक्षण का प्रारूप क्या होगा?

- प्रश्नों का कठिनाई स्तर क्या होगा?
- किस वर्ग का परीक्षण करना है? आदि।

प्रश्न पत्र या परीक्षण के निर्माण तथा प्रमापीकरण की प्रक्रिया को चार मुख्य सोपानों में विभाजित किया गया है जो निम्नवत् हैं-

1. परीक्षण की योजना बनाना
2. प्रश्नों की रचना करना
3. प्रश्नों का चयन करना
4. परीक्षण का मूल्यांकन करना

1. परीक्षण की योजना बनाना

परीक्षण निर्माण का प्रथम चरण योजना बनाना है। परीक्षण के लिए विषयवस्तु, शिक्षण उद्देश्य, प्रश्नों के प्रकार, प्रश्नों की संख्या, समयावधि, अंकनविधि, परीक्षण का प्रारूप जैसी बातों को निर्धारित किया जाता है। परीक्षण की विषयवस्तु, शिक्षण उद्देश्य, प्रश्नों के प्रकार तथा प्रश्नों की संख्या निश्चित करने के उपरान्त विशिष्टीकरण सारणी (Blue Print) तैयार की जाती है।

• ब्लू प्रिंट या विशिष्टीकरण तालिका

प्रश्नपत्र निर्माण की आधारशिला ब्लू प्रिंट है। एक योग्य अध्यापक प्रश्नपत्र के निर्माण के प्रश्न चरण में ही ब्लू प्रिंट को तैयार कर लेता है। उसके आधार पर ही वह प्रश्नपत्र निर्माण की कार्ययोजना को वास्तविक रूप प्रदान करता है। ब्लू प्रिंट में विषयवस्तु के विभिन्न प्रकरणों तथा शिक्षण उद्देश्यों को दिये गए अधिभार को स्पष्ट किया जाता है। ब्लू प्रिंट में प्रश्नपत्रों में दिए जाने वाले प्रश्नों की प्रकृति तथा उनकी सम्भावित अंक योजना का प्रदर्शन भी किया जाता है। इस तरह से ब्लू प्रिंट सम्पूर्ण प्रश्नपत्र निर्माण की एक कार्यकारी योजना के स्वरूप को साकार करता है।

प्रमाणीकृत परीक्षण से सम्बन्धित विशिष्टीकरण सारणी का कक्षा 6 की वार्षिक परीक्षा के विज्ञान परीक्षण हेतु नमूना निम्नवत् प्रस्तुत है (सारणी-1)

सारणी-1

विषय-सामान्य विज्ञान — अवधि-3 घण्टा
कक्षा-6 — पूर्णांक 100

उद्देश्य		ज्ञानात्मक			बोधात्मक			अनुप्रयोगात्मक			कुल प्रश्न			कुल
भार		40%			40%			20%			100%			
प्रश्नों के प्रकार		TF	MC	MT	TF	MC	MT	TF	MC	MT	TF	MC	MT	
प्रकरण भार		12%	16%	12%	12%	16%	12%	6%	8%	6%	30%	40%	30%	100
साधारण मशीन	10%	1	2	1	1	2	1	0	1	1	2	5	3	10
गति	15%	2	2	2	2	2	2	1	1	1	5	5	5	15
पर्यावरण	15%	2	2	2	2	2	2	1	1	1	5	5	5	15
सजीव-निर्जीव जगत	15%	2	2	2	2	2	2	1	1	1	5	5	5	15
पौधों की संरचना	10%	1	2	1	1	2	1	1	1	0	3	5	2	10
प्राणी संरचना	10%	1	2	1	1	2	1	0	1	1	2	5	3	10
भोजन वस्त्र	15%	2	2	2	2	2	2	1	1	1	5	5	5	15
प्राकृतिक संतुलन	10%	1	2	1	1	2	1	1	1	0	3	5	2	10
कुल	100	12	16	12	12	16	12	6	8	6	30	8	30	100

संकेताक्षर TF = True false = सत्य/असत्य प्रश्न
MC = Multiple Choice = बहुविकल्पीय प्रश्न
MT = Matching Tally = मिलान करने वाले प्रश्न

• प्रश्नों की रचना करना

परीक्षण निर्माण का दूसरा सोपान प्रश्नों की रचना करना है। इस सोपान में परीक्षण निर्माण के प्रथम चरण परीक्षण की योजना के अन्तर्गत लिए गए निर्णयों को कार्यरूप प्रदान किया जाता है। विशिष्टीकरण सारणी के अनुसार प्रश्नों की रचना की जाती है। प्रश्नों के लिए निर्देश तैयार किए जाते हैं। इस बात का ध्यान रखा जाता है कि प्रश्नों एवं निर्देशों की भाषा छात्रों के स्तरानुरूप हो। अन्तिम रूप से प्रश्नपत्र में रखने वाले प्रश्नों की संख्या से दुगुने प्रश्नों की रचना की जाती है। प्रश्नपत्र निर्माण अथवा परीक्षण निर्माण के इस अत्यन्त महत्वपूर्ण सोपान में परीक्षण हेतु विभिन्न प्रकार के प्रश्नों की रचना करते समय निम्न बातों का ध्यान रखना चाहिए।

- द्विअर्थी वाक्यों का प्रयोग करके प्रश्न नहीं बनाने चाहिए।
- प्रश्न की रचना सरल एवं अपने शब्दों में ही करनी चाहिए।
- प्रत्येक प्रश्न किसी एक विशिष्ट उद्देश्य की ओर केन्द्रित होना चाहिए।
- प्रश्न निर्माण पर्याप्त समय पूर्ण करना चाहिए ताकि आवश्यकतानुसार संशोधन किया जा सके।
- प्रश्नों को परस्पर सम्बन्धित नहीं होना चाहिए।
- प्रश्न पाठ्यक्रम की सीमाओं के अन्तर्गत होना चाहिए।

• प्रश्नों का चयन

बनाये गये सभी प्रश्नों का निरीक्षण किया जाता है, तदुपरान्त अच्छे प्रश्नों का चयन किया जाता है। परीक्षण में केवल चयनित प्रश्नों को ही रखा जाता है।

• परीक्षण का मूल्यांकन करना

परीक्षण निर्माण का चतुर्थ व अन्तिम सोपान परीक्षण का मूल्यांकन करना है। पद विश्लेषण के आधार पर अन्तिम रूप से चयनित प्रश्नों को

प्रश्नपत्र में व्यवस्थित कर लिया जाता है। इस प्रकार से परीक्षण या प्रश्नपत्र का अन्तिम प्रारूप तैयार हो जाता है। इस परीक्षण की तकनीकी विशेषताओं, विश्वसनीयता, वैधता तथा मानकों को सुनिश्चित किया जाता है। परीक्षण निर्माण का अन्तिम कार्य परीक्षण निर्देशिका को तैयार करना है। परीक्षण निर्देशिका में परीक्षण से सम्बन्धित जानकारी रहती है। परीक्षण का उद्देश्य, मापी जाने वाली योग्यता की परिभाषा, विशिष्टीकरण तालिका, पद विश्लेषण के आँकड़े अंकन करने की विधियाँ, विश्वसनीयता, वैधता तथा मानक आदि का वर्णन परीक्षण निर्देशिका में किया जाता है। इसकी सहायता से अन्य व्यक्ति प्रश्नपत्र या परीक्षण का आवश्यकतानुसार उपयोग कर सकते हैं।

सम्पादन

परीक्षण प्रश्नपत्र को सम्पादित करना भी एक कला है। यह कार्य मुख्य परीक्षण या परीक्षा नियामक प्राधिकरण के मुख्य अधिकारी अथवा अल्पसीमित सदस्य वाली समिति करती है।

अंक निर्धारण

परीक्षण में किस प्रश्न पर कितने अंक दिये जाये यह परीक्षा योजना का अत्यन्त आवश्यक अंग है। शैक्षिक उद्देश्यों की पूर्ति के लिए अध्यापक शिक्षण कार्य करता है तो उसी के आलोक में शिक्षार्थी ने किया ज्ञानार्जन किया, कितना उस तथ्य को बोध में उतार सका, कितना अपने व्यावहारिक जीवन में ला सका तथा तद्सम्बन्धी जीवन कौशल को विकसित कर सका, इनका ही मूल्यांकन अपेक्षित रहता है। इन चारों उद्देश्यों का विभिन्न शैक्षिक स्तरों पर विषयवार सीखने में कितना महत्व है उसके अनुसार उन पर अंक अधिभार निर्धारित किया जाता है।

प्रश्नों के प्रकार

शिक्षक द्वारा छात्रों का मूल्यांकन करने के लिए लिखित, मौखिक तथा प्रयोगात्मक या क्रियात्मक प्रश्नों का सहारा लिया जाता है। लिखित मूल्यांकन में अतिलघुउत्तरीय, लघुत्तरीय, दीर्घउत्तरीय एवं वस्तुनिष्ठ प्रश्नों का समावेश किया जाता है। कुल मिलाकर प्रश्न दो प्रकार के होते हैं। यद्यपि इनके कई स्वरूप हैं, जो इस प्रकार हैं-

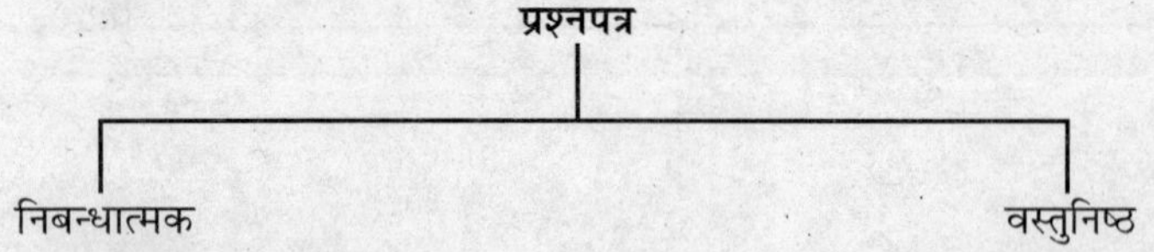

निबन्धात्मक प्रश्न

- अतिलघुउत्त्तरीय प्रश्न-इन प्रश्नों का उत्तर मात्र एक शब्द में देना होता है। इन प्रश्नों के उत्तर इतने संक्षिप्त होते हैं कि शिक्षक कम समय में अधिक प्रश्नों को हल करा सकते हैं। ये प्रश्न सम्पूर्ण पाठ्यक्रम को आच्छादित करते हैं।

जैसे भारत का राष्ट्रपति कौन है?

- **लघुउत्तरीय**-जिन प्रश्नों के उत्तर एक या दो वाक्यों में देने होते हैं उन्हें लघुउत्तरीय प्रश्न कहते हैं। इसमें ज्ञान के साथ-साथ भाषा ज्ञान एवं आत्मभिव्यक्ति का भी परीक्षण होता है। इन प्रश्नों के माध्यम से पूरे पाठ्यक्रम पर प्रश्न पूछे जा सकते हैं, इसमें दो या तीन अंक के दस से पन्द्रह प्रश्न पूछे जा सकते हैं। यह निबन्धात्मक प्रश्नों की अपेक्षा अधिक वैध व विश्वसनीय होते हैं।
- **दीर्घ उत्तरीय**-दीर्घउत्तरीय प्रश्न वे होते हैं जिनके उत्तर एक निश्चित समय में निबन्ध के रूप में लिखने होते है। इन प्रश्नों के माध्यम से हम उनके विषय ज्ञान के साथ-साथ अभिव्यक्तिकौशल, भाषा, ज्ञान व मौलिकता का परीक्षण कर सकते हैं। इसमें प्रायः आत्मगत तत्व की प्रधानता रहती है।

वस्तुनिष्ठ प्रश्न

पूर्ति प्रश्न-इस प्रकार के प्रश्नों में किसी सीखे हुए तथ्य का पुनः स्मरण करके उत्तर दिया जाता है। इससे विद्यार्थी की धारणा शक्ति का मापन होता है। इनकी रचना बहुत सरल होती है किन्तु यह केवल रटने पर जोर देते हैं। इन्हें दो भागों में विभाजित किया गया है।

(क) साधारण प्रत्यास्मरण प्रश्न-इस प्रकार के प्रश्नों का प्रयोग तथ्यात्मक ज्ञान की जांच के लिए किया जाता है। इसमें प्रश्न एक छोटे वाक्य के रूप में होता है तथा इसका उत्तर एक शब्द के रूप में देना होता है।

जैसे-प्रथम राष्ट्रीय शिक्षा नीति कब लागू की गयी थी?

(ख) रिक्त स्थानों की पूर्ति-इसमें प्रश्नों को वाक्यों के रूप में प्रस्तुत करके एक या अधिक रिक्त स्थान छोड़ दिया जाता है, जिसकी पूर्ति परीक्षार्थी को करनी होती है।

उदाहरण-सर्व शिक्षा अभियान................लागू किया गया था।

चयन प्रश्न-इस प्रकार के प्रश्नों के उत्तर पहचान के आधार पर दिये जाते हैं। इनमें प्रायः एक प्रश्न के कई उत्तर दिए गये होते हैं जिसमें सही उत्तर पहचान के आधार पर देना होता है। इसके कई भाग होते हैं।

(क) सत्य/असत्य प्रश्न-इसमें एक कथन दिया जाता है और परीक्षार्थी को सही उत्तर बताना होता है कि वह कथन सत्य है या असत्य। निर्माण की सरलता के कारण सभी संस्थानों में यह बहुत लोकप्रिय है।

(ख) बहुविकल्पीय-इस प्रकार के प्रश्न में एक कथन दिया जाता है जिसके चार-पांच प्रत्युत्तर दिए रहते हैं तथा परीक्षार्थी को सही उत्तर की पहचान करनी होती है। इसमें अनुमान की सम्भावना कम होती है। अतः यह अधिक वैध और विश्वसनीय होते हैं।

(ग) मिलान प्रश्न-इसमें परीक्षार्थी को एक ओर दी गयी विषयवस्तु को दूसरी ओर दी गई विषयवस्तु से मिलान करना होता है। प्रश्नों और उत्तरों के क्रम में परिवर्तन होता है। परीक्षार्थी को प्रत्येक प्रश्न का सही उत्तर ढूँढना रहता है।

(घ) वर्गीकरण प्रश्न-इसके अन्तर्गत छात्रों के समक्ष कुछ ऐसे शब्दों को प्रस्तुत किया जाता है जिसमें से एक शब्द बेमेल होता है। छात्रों को उसी बेमेल शब्द को रेखांकित करने के लिए कहा जाता है।

शैक्षिक उद्देश्यों के अनुसार प्रश्नों के पक्ष

अधिगम क्रियाओं के फलस्वरूप छात्र/छात्राओं के व्यवहार में परिवर्तन होता है। इन परिवर्तनों के आधार पर छात्रों का मूल्यांकन किया जाता है। प्रश्न पूछना सोद्देश्यपूर्ण प्रक्रिया है। अधिगम से छात्रों में आन्तरिक एवं बाह्य दोनों ही प्रकार के व्यवहार में सकारात्मक परिवर्तन होते हैं। ज्ञानात्मक क्षेत्र के प्रश्न व्यक्ति के ज्ञान, चिन्तन तथा समस्या समाधान आदि से सम्बन्धित होते हैं।

शिक्षा का लक्ष्य विद्यार्थियों का सर्वांगीण विकास करना है। सर्वांगीण विकास में मुख्य रूप से तीन पक्ष विचारणीय हैं। ये हैं ज्ञान पक्ष, भाव पक्ष तथा शारीरिक क्रिया पक्ष। इन तीनों पक्षों का समन्वित विकास ही सर्वांगीण विकास है।

प्रश्नों के पूछने के उद्देश्य निम्नलिखित हैं-

1. ज्ञान (Knowledge)
2. बोध (Comprehension)
3. अनुप्रयोग (Application)
4. कौशल (Skill)

उपर्युक्त क्रम सीखने की वैज्ञानिक विधि व क्रम के अनुसार है जो अधिगम को प्रत्यक्षतः प्रभावित करता है।

1. ज्ञान

इस उद्देश्य की मुख्य विशेषता पुनःस्मरण है। इसे शब्दों में कहा जा सकता है कि ज्ञान उद्देश्य सीखने वाले व्यक्ति की उन क्रियाओं का वर्णन करता है जो मुख्य रूप से स्मृति से सम्बन्धित होती है। अतः ज्ञान उद्देश्य के अन्तर्गत विभिन्न पक्षों, प्रत्ययों, संकेतों, परिभाषाओं, सिद्धान्तों, सूत्रों, प्रक्रियाओं, विधियों, संरचनाओं आदि का पुनः स्मरण तथा पहचान करने से सम्बन्धित व्यवहार समाहित रहते हैं।

2. बोध

ज्ञान के बाद बोध का क्रम आता है। इस स्तर पर विद्यार्थी विभिन्न सूचनाओं के ज्ञान के साथ-साथ सूचनाओं से सम्बन्धित अच्छी समझ भी रखता है। स्पष्ट है कि बोध स्तर में ज्ञान के पुनःस्मरण तथा पहचान के साथ-साथ उस ज्ञान की अच्छी समझ भी अन्तर्निहित होती है। इसमें विभिन्न तथ्यों की व्याख्या भी सम्मिलित होती है। इसके अन्तर्गत सूचनाओं का अनुवाद, सूचनाओं की व्याख्या आदि सम्मिलित हैं।

अतः बोध में निम्नलिखित प्रकार के प्रश्न सम्मिलित किए जाते हैं-सम्बन्ध देखना, उदाहरण देना, भेद करना, वर्गीकरण करना, व्याख्या करना, पुष्टि करना, सामान्यीकरण करना।

3. अनुप्रयोग

अनुप्रयोग में ज्ञान व बोध को विशिष्ट स्थूल परिस्थितियों में प्रयोग में लाने की क्षमता उत्पन्न की जाती है जिसमें निम्नलिखित तथ्य पाये जाते हैं-

- तर्क करना
- परिकल्पना बनाना या निर्मित करना।
- परिकल्पना की जांच करना
- निष्कर्ष ज्ञात करना
- निष्कर्ष के आधार पर प्रयोग करना

4. कौशल

ज्ञान का बोध करके तथा उसे अनुप्रयोग द्वारा परिमार्जित करके सफलतापूर्वक व्यवहार में प्रयुक्त करना ही कौशल है। प्रश्नों के चयन के साथ यह याद रखना आवश्यक है कि सीखे हुए व्यवहार को छात्र कुशलतापूर्वक सीख लें तथा व्यवहार में विषयगत विशिष्टता रहे।

शिक्षा का उद्देश्य छात्र-छात्राओं के व्यवहार में वांछित परिवर्तन लाकर कुशलतापूर्वक जीवनयापन करने योग्य बनाना है। प्रश्नों के माध्यम से इस बात की जांच की जाती है कि बच्चों ने किस क्षेत्र विशेष, कार्यविशेष या तकनीकी विशेष में कुशलता अर्जित कर ली है। कौशल के अन्तर्गत छात्रों में निम्नलिखित विशेषताएँ विकसित होती हैं-

- सृजन करना
- विश्लेषण करना
- संश्लेषण करना
- आलोचना करना
- भेद करना
- प्रभाव डालना
- पूर्ण करना
- निर्णय लेना
- मूल्यांकन करना आदि।

अतः प्रश्नों के द्वारा हम छात्र छात्राओं के ज्ञान बोध, अनुप्रयोग तथा कौशल की जांच करते हैं।

ब्लूम का वर्गीकरण

1956 में समान वर्गीकरण वाले शिक्षकों के समूह के साथ बैंजामिन ब्लूम ने विभिन्न रूपों और सीखने के स्तर का प्रतिनिधित्व एक श्रेणीबद्ध संरचना में शैक्षिक लक्ष्यों और उद्देश्यों को वर्गीकृत करने के लिए एक ढांचा तैयार किया। ब्लूम का वर्गीकरण विभिन्न शिक्षण उद्देश्य में से एक वर्गीकरण को दर्शाता है। ब्लूम ने शैक्षिक उद्देश्यों का वर्गीकरण तीन डोमेन में किया।

1. संज्ञानात्मक डोमेन
2. भावात्मक डोमेन
3. मनोप्रेरणा डोमेन

2011 में ब्लूम के पूर्व छात्र लोटिन एण्डरसन और संज्ञात्मक मनोवैज्ञानिकों, पाठ्यक्रम सिद्धान्तकारों और अनुदेशात्मक शोधकर्ताओं परीक्षण और मूल्यांकन विशेषज्ञों के एक समूह शिक्षण, शिक्षण और मूल्यांकन के लिए एक वर्गीकरण ब्लूम वर्गीकरण के संशोधन को प्रकाशित किया।

ब्लूम का संशोधित वर्गीकरण

1. **संज्ञानात्मक डोमेन–**संज्ञानात्मक डोमेन ज्ञान समझ और एक विशेष विषय के महत्वपूर्ण सोच से संबंधित श्रेणियों को दर्शाता है। छह श्रेणियों में इसे वर्गीकृत किया गया है।

(i) **ज्ञान–**इसमें सीखी सामग्री को याद करना होता है। तथ्यों, नियमों, बुनियादी, धारणाओं और उत्तरों की चर्चा करते हैं।
क्रिया-पुनःपेश, परिभाषित करना, सूची, नाम लेबल आदि दोहराना।

(ii) **समझ–**इसमें सीखी सामग्री को समझाना शामिल है आयोजन करना, अनुवाद, व्याख्या, सारांश, विवरण देना, मुख्य विचारों व तथ्यों को समझना।
क्रिया-अनुवाद, रिपोर्ट, समीक्षा, पहचान, वर्णन, एवं वर्गीकृत करना।

(iii) **अनुप्रयोग–**नई सीखी सामग्री को उपयोग करने की क्षमता। नए ज्ञान का उपयोग करना, एक अलग तरीके से अर्जित ज्ञान, तथ्यों तकनीक और नियमों को लागू करना।
क्रिया-लिखना, उपयोग, उदाहरण देकर स्पष्ट करना, प्रदर्शन, चयन, व्याख्या करना, अभ्यास, अनुसूची, हल लागू करना।
ताकि अपने घटक भागों में सामग्री को तोड़ने की क्षमता, विभिन्न भागों के बीच संबंधों का विश्लेषण तथा मान्यता शामिल होते हैं।

(iv) **विश्लेषण–**जाँच करना तथा विभिन्न जानकारी को खण्डों में विभाजित करना।
क्रिया-प्रयोग, प्रश्न, परीक्षण, जाँच, भेदभाव, भेद, अन्तर, आलोचना, तुलना, वर्गीकरण, गणना, मूल्यांकन एवं विश्लेषण करना।

(v) **संश्लेषण–**इसमें अद्वितीय सार या संचालन की एक योजना के उत्पादन को शामिल कर सकते हैं। एक नए पैटर्न में तत्वों के संयोजन, वैकल्पिक समाधान का प्रस्ताव द्वारा जानकारी हासिल करना।
क्रिया-योजना करना, संगठित करना, रचना, निर्माण आदि की व्यवस्था करना।

(vi) **मूल्यांकन–**मापदण्ड और मानकों के आधार पर निर्णय करना, मूल्य का आकलन, विचारों या काम की गुणवत्ता की जानकारी, वैधता आदि के विषय में जानना।

क्रिया-मूल्यांकन करना, अनुमान लगाना, आकलन, भविष्यवाणी, आदि कार्य।

भावात्मक डोमेन (Emotional Domain)– भावानात्मक प्रक्रिया या किसी अन्य का दर्द एवं खुशी महसूस करने की क्षमता। भावात्मक डोमेन लक्ष्य के प्रति जागरूकता और विकास का नजरिया।

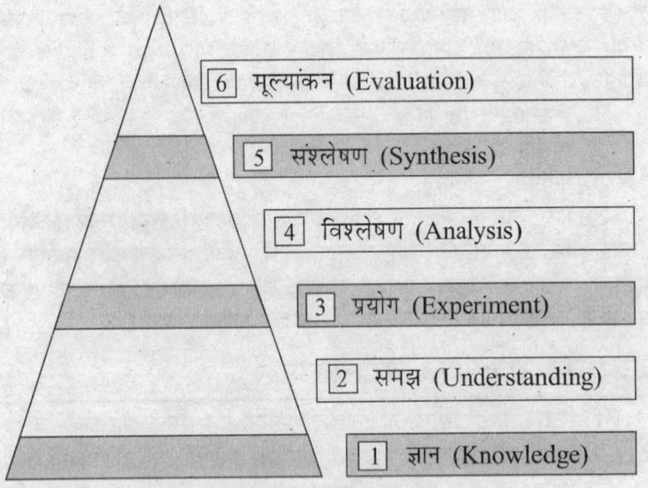

1. **ज्ञान** (पहले पढ़ी हुई सामग्री को निपटाना)
2. **समझ** (सामग्री के अर्थ को समझना)
3. **प्रयोग** (ठोस स्थितियों में सूचनाओं का उपयोग करना)
4. **विश्लेषण** (सामग्री को कई भागों में तोड़ना)
5. **संश्लेषण** (सभी भागों को मिलाकर एक रूप में रखना)
6. **मूल्यांकन** (उत्पाद के मूल्य की पहचान करना एवं जाँच करना)

भावात्मक डोमेन के पाँच स्तर

1. **प्राप्त करना**-यह निम्नतम स्तर है जिसमें छात्र निष्क्रिय ध्यान देता है। इस स्तर के बिना कुछ नवीन सीखना कठिन होता है।
2. **जवाब**-छात्र सीखने की प्रक्रिया में भाग लेता है, एवं प्रतिक्रिया करता है।
3. **बातों को महत्व देना**-नई जानकारी में रुचि लेना।
4. **आयोजन**-नई जानकारी को अपने स्किमा का हिस्सा बनाना एवं नवीन व्यवहार, अभिवृत्ति का विकास करना।
5. **निरूपण**-नवीन जानकारी का आचरण, व्यवहार एवं विश्वास में प्रदर्शन करना।

मनोप्रेरणा डोमेन

यह एक कौशल आधारित डोमेन है। यह नवीन कौशल सीखने में सहायक है। इसमें शारीरिक कौशल एवं भौतिक स्वरूप में परिवर्तन लाने की क्षमता होती है।

मनोप्रेरणा डोमेन के पाँच स्तर:

1. दूसरे की नकल करना।
2. गतिविधि निर्देश से पुनः उत्पन्न करना।
3. स्वतंत्र कौशल निष्पादित करना।
4. अभिव्यक्ति हेतु विशेषज्ञता को एकीकृत करना।
5. स्वचालित गतिविधि में महारत हासिल करना।

शिक्षण एवं आकलन में ब्लूम टेक्सोनॉमी के निहितार्थ

1. ब्लूम का वर्गीकरण, नवीन ज्ञान सीखने या रचना हेतु एक सार्वभौमिक, प्रभावी रणनीति प्रदान करता है।
2. छात्रों के प्रदर्शन में विद्यार्थी व अध्यापकों की सहायता करता है।
3. यह वर्गीकरण शिक्षण सामग्री के वर्गीकरण एवं संबंधित निर्णय लेने में सहायता करता है।
4. ज्ञान के स्तर एवं उसके विकास तथा इसके मूल्यांकन के लिए प्रश्नों, परीक्षणों के विकास, वर्गीकरण एवं उपयोग में अध्यापकों की सहायता करता है।
5. यह वर्गीकरण महत्वपूर्ण सोच, रचनात्मक कार्य व प्रक्रियाओं के उच्च स्तर को विकसित करने में विद्यार्थियों की सहायता करता है।
6. कक्षा में वर्ग गतिविधियों का निर्माण एवं निस्तारण करने में ब्लूम वर्गीकरण शिक्षक की मदद करता है।
7. पाठ्यक्रम निर्माण एवं सीखने की सामग्री एवं प्रक्रिया के निरूपण में ब्लूम का वर्गीकरण सहायक है।

आकलन के वृहद मापदंड व्यवहारवादी तथा रचनावादी

व्यवहारवादी के अनुसार शिक्षण

- शिक्षण अधिगम की प्रक्रिया में अधिकतर शिक्षकों के द्वारा भाषण विधि और कुछ क्रियाकलाप कराए जाते हैं। जिसके बाद विद्यार्थियों की तथ्यात्मक जानकारी का शिक्षक के द्वारा परीक्षण किया जाता है। इस तरह की शिक्षण विधि के द्वारा यह समझा जाता है कि शिक्षक की भूमिका विद्यार्थियों को जानकारी देने की होती है और विद्यार्थी निष्क्रिय रूप से इसे ग्रहण करते हैं।
- इस तरह के शिक्षण अधिगम की प्रक्रिया में दार्शनिक आधार पर माना जाता है कि, ज्ञान का दृष्टिकोण प्रत्यक्षवादी है। प्रत्यक्षवादी ज्ञान की इस अवधारणा को मानते हैं कि ज्ञान प्रत्यक्ष, सार्वभौमिक एवं पूर्ण है और ज्ञान उसी के द्वारा दिया जाएगा जिसके पास ज्ञान है और जिसके पास ज्ञान नहीं है उसे प्राप्त करना होगा। इसलिए प्रत्यक्षवादी दृष्टिकोण में शिक्षक के द्वारा यह ज्ञान अपने विद्यार्थियों को दिया जाता है।
- प्रत्यक्षवाद के दर्शन के आधार पर सीखने के मनोवैज्ञानिक सिद्धान्त व्यवहारवाद का प्रतिपादन हुआ
- व्यवहारवाद के अनुसार व्यक्ति का व्यवहार किसी दूसरे व्यक्ति के द्वारा नियंत्रित किया जा सकता है।

व्यवहारवादी के अनुसार अधिगम

- अभ्यास के कारण व्यवहार में परिवर्तन ही सीखना है।
- किसी प्रश्न का अपेक्षित उत्तर देना ही सीखना है।
- बार-बार पुष्ट हुए अभ्यास के द्वारा व्यवहार में स्थायी बदलाव ही सीखना है।

व्यवहार के अनुसार आकलन

इसमें निम्न रूप में आकलन किया जाता है-

1. **पेपर पेन्सिल जाँच**-विद्यार्थी से किसी इकाई, सत्र या कोर्स के अंत में टेस्ट लिखने को कहा जाता है।
2. **मौखिक कार्य**-शिक्षक विद्यार्थी से कोई कहानी या घटना या टॉपिक सुनाने को कहता है और बच्चे द्वारा हासिल किए गए कौशलों और क्षमताओं की जाँच करता है।
3. **लिखित परीक्षा**-विद्यार्थी से किसी टॉपिक या गतिविधि या घटना के बारे में लिखने को कहा जाता है।
4. **प्रारूप परीक्षण**-बोर्ड या प्रवेश परीक्षाओं जैसी परीक्षाओं की शर्तों को पूरा करने के लिए विद्यार्थी विषय-सामग्री से सम्बन्धित मानक टेस्ट लिखते हैं।

रचनावादी के अनुसार शिक्षण

रचनावादी दर्शन के अनुसार ज्ञान का व्यक्तिगत एवं साथ मिलकर मनन और सामाजिक अन्त:क्रिया द्वारा निर्माण किया जाता है।

- यहाँ शिक्षक, बालक के व्यक्तित्व और सृजनात्मकता पर ध्यान देता है।
- रचनात्मकतावादी पद्धति इस मान्यता पर आधारित है कि सभी मनुष्य अपना ज्ञान स्वयं निर्मित करते हैं और सही अवसर तथा वातावरण दिए जाने पर सीखने वाले अपने ज्ञान की रचना स्वयं कर सकेंगे।

रचनावादी के अनुसार अधिगम

1. रचनावादी दर्शन के अनुसार सीखना अर्थ निर्माण की रचना है, जहाँ पर सीखने वाला अपने पुराने अनुभव के आधार पर नए ज्ञान की रचना करता है। छात्र अपने ज्ञान की रचना अपने पुराने अनुभवों के आधार पर आस-पास के सामाजिक लोगों के साथ अन्त:क्रिया करके करते हैं।
2. एक रचनात्मकतावाद कक्षा में सीखने की प्रक्रिया में विद्यार्थियों को चहल-पहल करने के लिए प्रेरित किया जाता है।
3. इनके अनुसार सीखना एक सक्रिय प्रक्रिया है, जिसमें छात्र सक्रिय रूप से भाग लेकर अपनी समझ बनाते हैं। यदि बच्चों को अर्थपूर्ण कार्य दिया जाए तो सीखना भी अर्थपूर्ण हो जाता है।
4. इस पद्धति के अंग के रूप में विद्यार्थियों से उत्तर की खुली संभावनाओं वाले तथा जानकारी के अनुमानित विस्तार पर आधारित प्रश्न पूछे जाते हैं और उनके विचारों को समुचित मान्यता दी जाती है।
5. विद्यार्थियों को प्रश्न पूछने, मुक्त रूप से पारस्परिक क्रियाकलाप करने और स्वतंत्र सोच विकसित करने के लिए प्रोत्साहित किया जाता है और यह फिर उनको समीक्षात्मक विचार-क्षमता तथा समस्याओं को सुलझाने का दृष्टिकोण विकसित करने में मदद करता है।

रचनावादी के अनुसार आकलन

- इनके अनुसार छात्र की उपलब्धि स्तर के साथ-साथ छात्र की तर्क, सृजनात्मकता, व्याख्या, निष्कर्ष, अभिरुचि तथा इसके स्वतंत्र रूप से सीखने की क्षमता को भी शामिल किया गया है। इसके अनुसार आकलन अनुभवों पर आधारित हो, जो बच्चा सीखते समय अनुभव करे। सीखने की प्रक्रिया का मूल्यांकन करे। जिसमें निर्णय प्रत्येक सीखने वाले के स्वभाव और गुणवत्ता को आधार बनाकर लिए जाएं, जिसमें धीमे और तेज़ गति से सीखने वाले अधिगमकर्ता के रूप में तुलना व वर्गीकरण ना हो।
- छात्रों का अवलोकन करके, उन्हें सुनकर, उनके अभिभावकों, दोस्तों और दूसरे शिक्षकों के साथ उनके बारे में अनौपचारिक तरीके से चर्चा करके, उनके लिखित कार्यों, छात्रों द्वारा लिखे गए लेखों और उनके स्व-आकलन के आधार पर बहुत कुछ समझा जा सकता है। अर्थात् मूल्यांकन सीखने के लिए ना हों और ना सीखने का मूल्यांकन ना हो, बल्कि ज्ञान की रचना की प्रक्रिया में छात्रों द्वारा अपनाई गई प्रक्रिया का मूल्यांकन हो।
- रचनावादी प्रारूप के अनुसार छात्रों के मूल्यांकन के लिए विभिन्न प्रकार के साधन व तकनीक अपनानी होंगी। जैसे स्व-आकलन, सहपाठी आकलन, समूह आकलन तथा आकलन के विभिन्न साधन जैसे कसौटी सन्दर्भ परीक्षण के साथ-साथ कार्य आधारित आकलन, अवलोकन, संचयी अभिलेख, निर्धारण मापनी आदि।
- इसके अतिरिक्त निम्न रूप से आकलन किया जा सकता है-

1. **विद्यार्थी साक्षात्कार**-इसमें छात्रों से प्रश्नों के उत्तर मौखिक रूप से देने की अपेक्षा की जाती है। ये प्रश्न श्रृंखलाएँ उनकी समझ के विस्तार और गहराई का अनुमान लगाने के लिए एक दूसरे से जुड़ी होती हैं।
2. **प्रश्न पूछना**-शिक्षण की प्रक्रिया के दौरान प्रश्न पूछने से शिक्षक को छात्र के ज्ञान की जानकारी मिलती है। साथ-ही शिक्षक व छात्र दोनों को तत्काल फीडबैक मिल जाता है और शिक्षण में बदलाव के लिए संभावना भी रहती है।
3. **अवलोकन**-कक्षा में चक्कर लगाते हुए शिक्षक काम में लगे हुए छात्रों का अवलोकन करते हैं। उनके काम में उन्हें दिशा-निर्देश देते हैं व उनकी मदद करते हैं। इससे शिक्षक को समूह या व्यक्तिगत कार्यों को समग्र रूप से समझने में मदद मिलती है।
4. **चर्चाएँ**-कक्षा में चर्चा शुरू करने के लिए शिक्षक मुक्त प्रश्न पूछ सकते हैं और बच्चे उस पर विचार विमर्श कर सकते हैं। इसका उद्देश्य समीक्षात्मक सोच और रचनात्मक सोच के कौशलों का विकास करना है।

व्यवहारवाद से रचनात्मकतावाद की ओर बदलाव

1. भारत में स्कूली शिक्षा के आकलन तथा मूल्यांकन की वर्तमान व्यवस्था परीक्षा आधारित है। इसलिए उसका ध्यान केवल संज्ञानात्मक ढंग से सीखने के परिणामों पर ही केन्द्रित रहता है।
2. भारत में राष्ट्रीय पाठ्यचर्चा की रूपरेखा (N.C.F.) 2005 ने शिक्षा के हर क्षेत्र की पड़ताल की है। (N.C.F.) 2005 के अनुसार मूल्यांकन तथा आकलन के सन्दर्भ में परीक्षाओं में सर्वांगीण सुधारों की आवश्यकता है।
3. पाठ्यक्रम के क्षेत्रों को रटकर सीखने और याद रखने पर ध्यान केन्द्रित रहता है, जिसका परिणाम उच्चतर मानसिक योग्यताओं जैसे कि समीक्षात्मक सोच, समस्याओं का समाधान करना तथा सृजनात्मक योग्यता आदि की उपेक्षा के रूप में दिखाई देता है।

4. यह सीखने वालों के वास्तविक अंतर्निहित सामर्थ्य को मापने में असफल रहती है और विद्यार्थियों को दिए जाने वाले अंक कच्चे अंक होते हैं, जो सीखने वालों की असली तस्वीर पेश नहीं करते।
5. रटकर सीखने वालों के स्थान पर समस्याओं को सुलझाने वाले अभिनव विचारों के रूप में छात्र तैयार करने हैं, परन्तु परीक्षा प्रणाली बिलकुल लचीली नहीं है। यह **''एक ही साइज सबको माफिक बैठ जाते हैं।''** के सिद्धांत पर आधारित है। जिसमें सीखने वाले के व्यक्तित्व और सृजनात्मकता पर ध्यान नहीं दिया जाता।

- स्कूल अंत की परीक्षाओं जो बोर्ड परीक्षाएं कहलाती हैं के ढर्रे का ही स्कूलों में पालन किया जाता है और वहां भी जोर अंकों पर ही होता है। जिसके चलते शिक्षा का पूरा उद्देश्य ही विफल हो जाता है। परीक्षा के इस प्रतिकूल प्रभाव ने सिखाने तथा सीखने के शैक्षणिक सिद्धान्तों को क्षति पहुंचाई है।
- इस क्षति को सुधारने के लिए राष्ट्रीय पाठ्यचर्या की रूपरेखा 2005 ने कुछ मार्गदर्शन सिद्धान्त प्रस्तावित किए हैं जो इस प्रकार हैं-

1. ज्ञान को स्कूल के बाहर के जीवन से जोड़ना।
2. पाठ्यचर्या के पाठ्यपुस्तक पर केन्द्रित रहने के बजाय उसको बच्चों को समग्र विकास प्रदान करने के लिए समृद्ध बनाना।
3. यह सुनिश्चित करना कि सीखने को रटने की पद्धतियों से छू कर लिया जाए।
4. फिर करने योग्य सरोकारों के आधार पर देश की लोकतांत्रिक राज्य व्यवस्था के भीतर विद्यार्थियों की एक सर्वोपरि राष्ट्रीय पहचान को पोषित करना।

- इन मार्गदर्शक सिद्धान्तों से सीखने के दृष्टिकोण में व्यवहारवाद से रचनात्मकतावाद की ओर बदलाव हुआ है। शिक्षण का नया दृष्टिकोण सीखने वाले पर केन्द्रित है और आकलन की प्रक्रिया का लक्ष्य भी सीखने वालों की समग्र प्रगति पर गौर करते हुए उनकी सीखने की क्षमताओं में वृद्धि करना है।
- व्यवहारवाद के दृष्टिकोण के अंतर्गत विद्यार्थी की उपलब्धि का निर्धारण याददाश्त (स्मृति) के आधार पर होता था। जिसके परिणामस्वरूप उच्चतर संज्ञानात्मक कौशलों जैसे समीक्षात्मक सोच, तर्क क्षमता तथा समस्याओं को सुलझाने की क्षमता पूरी तरह उपेक्षित रह जाती थी जिसे रचनात्मक सोच ने बदला है।

अधिगम का आकलन बनाम अधिगम के लिए आकलन

(i) अधिगम के लिए आकलन

- पारंपरिक रूप से, स्कूल के स्तर पर आकलन की पद्धति रटने की क्षमता पर आधारित रही है, जिसमें अवधारणाओं की समझ या उनके उपयोग पर बहुत कम ध्यान दिया जाता है। ऐसे आकलनों के व्यापक चलन का एक स्पष्ट कारण यह है कि आकलनों के लिए ऐसे प्रश्न तैयार किए जाते थे जिनमें अंक देना आसान हो। एक अन्य कारण यह हो सकता है कि रटने पर आधारित आकलन अतीत में व्यवस्था की आवश्यकताओं को पूरा करते थे। यहाँ पर शिक्षण-अधिगम क्रिया में छात्र द्वारा किए गए अधिगम का आकलन होता था। जिसे सीखने का आकलन कहते थे।
- परन्तु इस प्रकार का आकलन आज की दुनिया में जरूरी कौशलों को प्राप्त करने के लिए पूरी तरह असमर्थ है। वर्तमान में आवश्यकता है, समीक्षात्मक ढंग से विचार करने वालों को तैयार करने की, जो एक तीव्रता से बदलते हुए संसार की चुनौतियों का सामना करने में समर्थ हों।
- वास्तविक सीखना अर्थात अवधारणात्मक समझ तथा जानकारी का विश्लेषण करने की योग्यता ही नए परिवर्तनों को प्रेरित करता है, जो हमारे समाज की एक केन्द्रीय आवश्यकता है।
- इसलिए वर्तमान में 'सीखने के लिए आकलन' की आवश्यकता है क्योंकि यदि सीखने वालों को उनके कुछ करने के दौरान ही, जो उन्होंने किया है उसके बारे में बार-बार प्रतिक्रिया के रूप में समीक्षात्मक 'फीडबैक' दिया जाए तो वे किसी कौशल को जल्दी प्राप्त कर लेंगे।

'सीखने के लिए आकलन' का समय

- यह आकलन कक्षा में चल रही 'शिक्षण अधिगम क्रिया' के समय किया जाता है। कक्षा में दी जा रही शिक्षा के दौरान मिलने वाली विद्यार्थियों की तात्कालीन प्रतिक्रिया का आकलन कर उस शिक्षा को संशोधित करता है।

सीखने को अभिव्यक्त करने के साधन

- शिक्षण अधिगम का एक लक्ष्य वास्तविक सीखने को प्रकट करना भी होता है। इस लक्ष्य को प्राप्त करने के लिए अधिगम ज्ञान को लिखित रूप में व्यक्त किया जाता हैं।
- लिखित अभिव्यक्ति के बिना हो सकता है कि विद्यार्थियों ने जो सीखा है उससे वे अपने अवलोकनों तथा व्यावहारिक अनुभवों को पूरी तरह अभिव्यक्त न कर पाए।

(ii) अधिगम का आकलन

यह आकलन अधिगम के समाप्त होने पर किया जाता है। इसमें यह मापा जाता है कि छात्र ने पाठ्यक्रम में कितना अधिगम किया है। इसमें छात्र के अधिगम को अंकित किया जाता है। यह अंकन ग्रेड या अंक के रूप में हो सकते हैं।

इस आकलन का समय निर्धारित होता है। इस आकलन में 'पेपर-पेंसिल परीक्षण' होता है। यह आकलन केवल शैक्षिक पहलुओं पर ध्यान केन्द्रित करते हुए परीक्षा के अंकों के आधार पर छात्र द्वारा किए गए अधिगम का मूल्यांकन करता है। इस आकलन द्वारा प्रतिस्पर्धा को प्रोत्साहन मिलता है।

शिक्षण अधिगम का नियंत्रण या शिक्षण अधिगम का आकलन

डेविस के अनुसार-''शिक्षण में नियंत्रण शिक्षक का वह कार्य है जिसमें वह यह निर्धारित करता है कि; क्या उसकी योजनाएँ प्रभावशाली ढंग से लागू की जा रही हैं, शिक्षण व्यवस्था ठीक है, अग्रसरण सही दिशा में हो रहा है और ये सभी शिक्षण कार्य पूर्व निश्चित उद्देश्यों की प्राप्ति में कहाँ तक सफल हैं।

यदि उद्देश्यों की प्राप्ति नहीं की जा सकी है, तब अपनी शिक्षण परिस्थितियों का मूल्यांकन करके उनमें सुधार तथा परिवर्तन करता है।''

a. मूल्यांकन एक निर्णयात्मक प्रक्रिया है, जिसके अन्तर्गत विषयवस्तु की उपयोगिता के विषय में निर्णय प्रदान किया जाता है। मूल्यांकन हमें यह बताता है कि, बालक ने किस सीमा तक किन उद्देश्यों को प्राप्त किया है?

b. N.C.E.R.T. की **"Concept of Evaluation"** नामक पुस्तिका के अनुसार मूल्यांकन प्रक्रिया में निम्नलिखित तीन बातों के विषय में निश्चिय किया जाता है-

- उद्देश्य की प्राप्ति किस सीमा तक हुई है?
- कक्षा में दिए जाने वाले सीखने के अनुभव कितने प्रभावोत्पादक रहे हैं?
- शिक्षा के उद्देश्यों की प्राप्ति कितने अच्छे ढंग से हुई है?

ये तीनों तथ्य मिलकर मूल्यांकन चक्र को पूरा करते हैं। इनमें से किसी भी एक तथ्य का अभाव मूल्यांकन को अपूर्णता देता है।

c. **मूल्यांकन की प्रविधियाँ**-मूल्यांकन की प्रमुख रूप से दो प्रविधियाँ हैं-

परिमाणात्मक परीक्षाएँ-यह तीन प्रकार की होती हैं।

- मौखिक-इसमें मौखिक प्रश्न, वाद-विवाद तथा नाटक आदि आते हैं।
- लिखित-इसमें मूल्यांकन व वस्तुनिष्ठ परीक्षाएँ आती हैं।

गुणात्मक परीक्षाएँ-यह परीक्षाएँ आतरिक मूल्यांकन के लिए होती हैं। ये भी निम्न प्रकार से होती हैं :-

- संचय आलेख-विद्यालयों में प्रत्येक छात्र के सम्बन्ध में सूचनाओं को क्रमबद्ध रूप में व्यवस्थित किया जाता है। इसमें शैक्षिक प्रगति, मासिक परीक्षा फल, उपस्थिति, योग्यता तथा अन्य विद्यालयों की क्रियाओं में भाग लेने आदि का आलेख प्रस्तुत किया जाता है।
- **एनेक्डोटल आलेख**–इसमें छात्रों के व्यवहार से सम्बंधित महत्वपूर्ण घटनाओं तथा कार्यों का वर्णन किया जाता है।
- **निरीक्षण**–इसका प्रयोग विशेष रूप से छोटे छात्रों के मूल्यांकन के लिए किया जाता हैं। क्योंकि उनको अन्य कोई परीक्षा नहीं दी जा सकती और उनके व्यवहार में वास्तविकता होती है। उच्च कक्षाओं में छात्र स्वयं आत्मनिरीक्षण के लिए भी इसे प्रयोग करता है।
- **जाँच सूची**–जांच सूची का प्रयोग अभिरुचियों, अभिवृत्तियों तथा भावात्मक पक्ष के लिए किया जाता है। इसमें कुछ कथन दिए जाते हैं, उन कथनों के सम्बन्ध में छात्रों को हाँ या नहीं में उत्तर अंकित करना होता है। प्रत्येक कथन किसी विशिष्ट उद्देश्य का मापन करता है।
- **रेटिंग स्केल**–इसमें कुछ कथन होते हैं जिनका तीन पांच सात बिन्दुओं तक सापेक्ष निर्णय लिया जाता है। इसका प्रयोग उच्च कक्षाओं के छात्रों के लिए किया जा सकता है।

❑❑❑

13 अध्याय

उपलब्धि परीक्षण

फ्रीमैन–''शैक्षिक उपलब्धि परीक्षण वह परीक्षण है जो किसी विशेष विषय अथवा पाठ्यक्रम के विभिन्न विषयों में व्यक्ति के ज्ञान, समझ और कुशलताओं का मापन करता है।

सुपर–''एक ज्ञानार्जन परीक्षण यह जानने के लिए प्रयुक्त किया जाता है कि व्यक्ति ने क्या और कितना सीखा तथा वह कोई कार्य कितनी अच्छी प्रकार से कर सकता है।''

थार्नडाइक और हेगन–''जब हम सम्प्राप्ति परीक्षण को प्रयोग करते हैं, तब हम इस बात का निश्चय करना चाहते हैं कि एक विशिष्ट प्रकार की शिक्षा प्राप्त कर लेने के उपरान्त व्यक्ति ने क्या सीखा है?''

नैदानिक परीक्षण

नैदानिक परीक्षण उपलब्धि परीक्षण का ही एक प्रकार है, जिसका महत्व उपलब्धि परीक्षण से अधिक है। नैदानिक परीक्षण का प्रयोग मुख्य रूप से निर्देशन एवं सुधार के लिए किया जाता है।।

शैक्षिक निदान

प्राय: प्रत्येक स्कूल में कुछ विद्यार्थी पढ़ाई में कमजोर होते हैं। वह मंद गति से अध्ययन करते हैं। उन्हें शिक्षक की बात को समझने में समय लगता है। उन्हें शिक्षक की बात को समझने में समय लगता है। उन्हें अध्ययन करते समय अनेक कठिनाई होती हैं और ऐसी परिस्थिति में प्राय: कुछ विद्यार्थी कक्षा में अनुतीर्ण हो जाते हैं। और कुछ स्कूल ही छोड़ देते हैं। जिस कारण स्कूल के समक्ष अनेक समस्याएं खड़ी हो जाती हैं। इस कारण इन समस्याओं के निदान के लिए विद्यार्थियों में उपचारात्मक या निदानात्मक शिक्षण विधि को अपनाया जाता है।

दूसरे शब्दों में शैक्षिक निदान के अंतर्गत मापन और व्याख्या से जुड़े हुये सभी कार्य सम्मिलित होते हैं, जो कि विद्यार्थी की अधिगम संबंधी कठिनाईयों को पहचानने में मदद करते हैं। मुख्यत: शैक्षिक नैदानिक परीक्षण का उपयोग किया जाता है।

जैसे कि, कक्षा के कुछ विद्यार्थी भाषा संबंधी अशुद्धियाँ करते हैं ये अशुद्धि वर्ण, अक्षर, मात्रा, छंद, वर्णक्रम और बनावट इनमें से किसी भी प्रकार की हो सकती है। इसके कारणों में सुनने, पढ़ने, लिखने, समझने की समस्या या दुरभ्यास हाथों पर अनियंत्रण, चिन्ता और तनाव जैसे विविध कारणों में से कोई एक या अनेक कारण हो सकते हैं, उनका अनुमान और वर्गीकरण नहीं किया जा सकता है।

विभिन्न विद्वानों ने शैक्षिक निदान को निम्नलिखित प्रकार से परिभाषित किया है–

1. **कार्टर गुड** के शब्दों में-निदान का अर्थ है अधिगम संबंधी कठिनाईयाँ और कमियों के स्वरुप का निर्धारण।
2. **मरसेल** के शब्दों में-जिस शिक्षण में (विद्यार्थियों) की विशिष्ट त्रुटियों का निदान करने का विशेष प्रयास किया जाता है उसको बहुधा शैक्षिक निदान कहा जाता है।
3. **योकम व सिम्पसन** के शब्दों में-निदान किसी कठिनाई का उसके चिन्हों या लक्षणों से ज्ञान प्राप्त करने की कला या कार्य है यह तथ्यों के परीक्षण पर आधारित कठिनाई का स्पष्टीकरण है।
4. **गुड व ब्राफी** के शब्दों में निदानात्मक शिक्षण अधिगम में छात्रों की कठिनाई के विशिष्ट स्वरूप का निदान करने के लिए उनके उत्तरों की सावधानी से जाँच करने की प्रक्रिया का उल्लेख करता है।

उपरोक्त परिभाषाओं के आधार पर हम कह सकते हैं, कि निदान का अर्थ है शिक्षक के द्वारा विद्यार्थियों की अधिगम संबंधी कमियों और कठिनाईयों की जानकारी प्राप्त की लेना।

शैक्षिक निदान का महत्व

शैक्षिक निदान आधुनिक शिक्षण प्रक्रिया का अभिन्न अंग है, स्कूल चाहे शहरी हो या ग्रामीण, प्राथमिक हो या माध्यमिक, निजी हो या शासकीय; शैक्षिक निदान की महत्वता सदा अनुभव की जाती है। शिक्षण अधिगम प्रक्रिया में कठिनाई होना कोई नई बात नहीं हैं। विषय वस्तु, शिक्षण-प्रक्रिया और विद्यार्थी की अभिरुचिगत भिन्नता के चलते अधिगम मूल्यांकन के परिणाम अनापेक्षित हो सकते हैं।

इन कारणों को जानने और सामाधान के प्रयासों का अध्ययन ही शैक्षिक निदान का क्षेत्र है। जैसा कि हम जानते हैं कि शैक्षिक निदान शिक्षण साथ-साथ चलने वाली प्रक्रिया है। विद्यार्थियों में सामान्य प्रकार की कठिनाईयों का सामन्य सर्वेक्षण परीक्षणों के माध्यम से पता किया जा सकता है। लेकिन

विशेष प्रकार की कमियों और उनके कारणों का पता नैदानिक परिक्षणों से लगता है। विद्यार्थियों की कमजोरियों, कठिनाईयों एवं समस्याओं का समय पर निदान आवश्यक है। निदान के अभाव में विद्यार्थियों को अपनी कमजोरियों का पता नहीं लग पाता हैं, लग पाता हैं, जिससे विद्यार्थियों अपने दोषों को दूर नहीं कर पाते हैं और उनका प्रदर्शन दिन-प्रतिदिन गिरता जाता हैं, विद्यार्थी की कठिनाईयों का समय के रहते शैक्षिक निदान कर दिया जाये तो विद्यार्थी शैक्षिक उपलब्धी प्राप्त कर सकेंगे।

अत: आज शैक्षिक निदान उपचारात्मक तथा निवारण दोनों के आधार के रूप में महत्वपूर्ण हो गया है।

नैदानिक परीक्षण प्रयोजन एवं उपयोग

नैदानिक परीक्षण उपलब्धि परीक्षण का ही एक रूप है जिसका महत्व उपलब्धि परीक्षण एक ऐसा अभिकल्प है जो एक विषय या पाठ्यक्रम के विभिन्न विषयों में विद्यार्थियों के समझ, कौशल एवं ज्ञान का मापन करता है। इसके उद्देश्यों के रूप में ज्ञान संबोधन अनुप्रयोग विश्लेषण संश्लेषण एवं मूल्यों की ओर संकेत किया जा सकता है जबकि निदानात्मक परीक्षण कहे जाते हैं जो सुधार निदानात्मक परीक्षण विद्यार्थियों के गुणों एवं अवगुणों दोनों से ही संबंधित ज्ञान प्रस्तुत करते हैं।

इस प्रकार यह कहा जा सकता है कि यही परीक्षण ऐसे अधिक संपूर्णक प्रदान करते हैं। कुछ शिक्षाशास्त्री इन परीक्षणों को नैदानिक मानते हैं, वहीं कुछ शिक्षाशास्त्री परीक्षण में नैदानिक का अभाव देखकर उसे न प्रयोग करने की सलाह देते हैं। यदि एक विद्यार्थी गणित परीक्षण के एक भाग गणितय गणना पर अधिक अंक नहीं प्राप्त करता है। वरन् वह परीक्षण के दूसरे भाग गणितीय तर्कना पर अधिक अंक प्राप्त करता है तो नि:संदेह यह परीक्षण उसके कमियों की और संकेत करता है तथा हमें यह संकेत प्रदान करता है कि गणितीय तर्कपूर्ण ढंग से करेगा। इस सूचना से एक निदानात्मक संकेत मात्र होता है।

निदान वास्तव में मात्रा का विषय है। इस प्रकार यह कहा जा सकता है कि एक या अधिक क्षेत्रों की विशेषताओं, कमियों, कठिनाइयों, हीनता आदि के बारे में नैदानिक परीक्षण के द्वारा सूचना प्राप्त की जा सकती है। यह सत्य है कि नैदानिक परीक्षण भी एक प्रकार के उपलब्धि परीक्षण ही हैं, परन्तु दोनों के उद्देश्यों में भिन्नता पाई जाती है। नैदानिक परीक्षणों में संपूर्ण प्राप्तांक महत्वपूर्ण होते हैं जो विद्यार्थी में पाये जाने वाली विशेषताओं तथा कमियों को इंगित करते हैं। नैदानिक परीक्षण प्राय: परीक्षण माला के रूप में होते हैं जिसके अलग-अलग खण्डों से हमें भिन्नतापरक जानकारी प्राप्त होता है। जिससे शिक्षक आवश्यकतानुसार अपने शिक्षण शैली में परिवर्तन लाकर विद्यार्थियों का समुचित विकास कर सकता है। पठन-पाठन की क्रिया को प्रभावशाली बनाने के लिए नैदानिक परीक्षणों का अधिकतम उपयोग शिक्षकों द्वारा किया जाता रहा है।

नैदानिक परीक्षणों के निर्माण में उपलब्धि परीक्षण के सभी सोपानों का ही प्रयोग किया जाता है परन्तु इसमें विद्यार्थी की विशिष्टता अथवा कमजोरी का पता लगाने का प्रयास किया जाता है। इसका विस्तार क्षेत्र अपेक्षाकृत संकीर्ण होता है क्योंकि यह विद्यार्थी के विशिष्टता अथवा हीनता से ही संबंधित होता से ही संबंधित होता है। नैदानिक परीक्षण में ज्ञान को नहीं, वरन कौशल के अर्जन एवं विकास की दिशा ही पहचानी जा सकती है। यह व्यक्ति केन्द्रित भी होता है और समूह केन्द्रित भी। विद्यार्थी केन्द्रित वैज्ञानिक परीक्षण विद्यार्थी की कमजोरी से संबंधित है जबकि समूह केन्द्रित नैदानिक परीक्षणों को संबंध समूह विशेष की कमजोरियों अथवा विशिष्टताओं से होता है।

विद्यार्थी केन्द्रित नैदानिक परीक्षणों में विद्यार्थी संबंधित परीक्षण पद होते हैं जबकि समूह केन्द्रित नैदानिक परीक्षणों-समूह केन्द्रित तथा व्यक्ति-केन्द्रित दो प्रकार की त्रुटियाँ-व्यक्तिगत एवं सामूहिक प्राप्त होता है जिनके निवारण के लिए क्रमश: वैयक्तिक उपचारात्मक अध्यापन प्रणाली तथा सामूहिक उपचारात्मक अध्यापन प्रणाली का प्रयोग किया जाता हैं। इस परीक्षण के द्वारा विद्यार्थियों के कौशल विशेष के संदर्भ में विद्यार्थी की कमजोरी ज्ञान करना ही शिक्षक का उत्तरदायित्व नहीं है, वरन उन कमजोरियों/हीनता/त्रुटियों का उन्मूलन करना भी मनोवैज्ञानिक का पुनीत कर्तव्य है।

अत: नैदानिक परीक्षण वह क्रिया है, जो शिक्षक द्वारा अपने विद्यार्थी के असंतुलित व्यक्तिव, कुसमायोजित व्यवहार, आदि परिस्थितियों को दूर करने में की जाने वाली क्रिया है, इसमें संयम, धैर्य की बहुत आवश्यकता होती है, जिस तरह चिकित्सक अपने मरीज की बीमारी सुनकर, बीमारी के कारणों की जाँच करता है, ताकि उसका सही उपचार किया जा सके, उसी तरह शिक्षक भी विद्यार्थी के अध्ययन में रुकावट या मंद गति के कारणों का अध्ययन करता है, ताकि वह उसको दूर कर विद्यार्थी की अधिगम क्रिया का विकास कर सके।

जैसा कि हम जानते हैं कि नैदानिक परीक्षण का ही प्रकार है जिसका उपयोग उपलब्धि परीक्षणों की तुलना में कहीं अधिक है। नैदानिक परीक्षण सुधार, निदान, सुझाव आदि से संबंधित होते हैं ये विद्यार्थी के गुणों एवं अवगुणों का चित्र प्रस्तुत करते हैं।

नैदानिक परीक्षण की परिभाषा

योकम व सिम्पसन-''निदानात्मक परीक्षण वह साधन है, जो शैक्षिक वैज्ञानिकों के द्वारा विद्यार्थियों की कठिनाईयों को ज्ञात करने और यथासंभव उन कठिनाइयों के कारणों को व्यक्त करने के लिए निर्मित किया गया है।''

1. क्रो व क्रो-''निदानात्मक परीक्षणों का निर्माण, विद्यार्थियों की अधिगम संबंधी विशिष्ट कठिनाईयों का ज्ञान प्राप्त करने या निदान करने के लिए किया जाता है। पूर्ण सावधानी से निर्मित किए गए निदानात्मक परीक्षण में किसी विशेष विषय के अधिगम के किसी विशेष पक्ष पर बल दिया जाता है ताकि छात्र की योग्यताओं और कमजोरियों को ज्ञान किया जा सके और उपचारात्मक शिक्षण का प्रयोग किया जा सके।''

उपरोक्त परिभाषाओं के आधार पर हम कह सकते हैं कि विद्यार्थी की अधिगम संबंधी कुछ कठिनाईयाँ ऐसी होती हैं, जिनको शिक्षक साधारण अवालोकन या निरीक्षण से ज्ञान नहीं कर सकता है। उसे इस कार्य में सहायता देते हैं-प्रमापीकृत नैदानिक परीक्षण।

नैदानिक परीक्षण की आवश्यकता

यदि विद्यार्थियों की कठिनाईयाँ का पता लगाकर उसके दूर किया न गया तो वह कक्षा में पिछड़ जाएंगें। यदि किसी विषय के शिक्षण में इकाई योजना को सफल बनाना चाहते हैं तो प्रत्येक विद्यार्थी की आवश्यकताओं का ध्यान रखना पड़ेगा और उस दशा में प्रत्येक विद्यार्थी की शैक्षिक प्रगति में कमी का दायित्व शिक्षक का ही होगा।

नैदानिक परीक्षण द्वारा शिक्षक को उन विद्यार्थियों का पता लगाना होगा, जो किसी विषय को सीखने में कठिनाई का अनुभव कर रहे हैं। उसे यह भी पता लगाना होगा कि उन विद्यार्थियों को किस-किस स्थल पर कठिनाई होती है? उन कठिनाइयों और दोषों का क्या कारण है? जैसे-किस शासक ने कब

शासक ने किया, महत्वपूर्ण घटनाएँ, नागरिक जीवन में व्यक्ति के अधिकार एवं कर्तव्य क्या हैं? नैदानिक विद्यार्थियों द्वारा उन सभी सम्भव कारणों का विश्लेषण करना होना, जिनके कारण कोई विद्यार्थी त्रुटियाँ करता है।

नैदानिक परीक्षण के उपयोग

कक्षा में पाठन करते समय विद्यार्थी जो अशुद्धियाँ करते हैं, उन्हें दूर करने के लिए शैक्षिक निदान की आवश्यकता होती है, हम कह सकते हैं, कि शिक्षक अधिगम संबंधी कठिनाईयों का निदान कर उपयुक्त उपचार देता है। शैक्षिक निदान परीक्षण बनाए जाते हैं।

कुप्पूस्वामी ने नैदानिक परीक्षण की उपयोगिता के विषय में लिखा है कि ''नैदानिक परीक्षणों को हमें यह बतलाना चाहिए कि बालक क्या कर सकता है और क्या नहीं कर सकता है क्योंकि जब हमें इस बात का ज्ञान हो जाएगा कि वे विषयों में उनकी रुचियाँ और अभियोग्यताएं हैं, तब हम उनके प्रति अपने कर्तव्य का पालन कर सकेंगे।

जैसा कि हम जानते हैं कि स्कूलों में उपलब्धि परीक्षणों को उपयोग किया जाता है जिससे यह पता चलता है कि विद्यार्थी ने क्या और कितना सीखा। इसी आधार पर सफल एवं असफल घोषित किया जाता है तथा वर्गीकरण भी किया जाता है। लेकिन जो विद्यार्थी असफल हो गये उसका क्या कारण है? इसका पता उपलब्धि परीक्षणों से नहीं होता है। इसके लिए नैदानिक परीक्षणों का प्रयोग किया जाता है। शैक्षिक मापन में दोनों परीक्षाओं को सम्मिलित किया जाता है।

नैदानिक परीक्षण के उपयोग निम्नलिखित हैं-

1. अधिगम की प्रक्रिया के अवरोधक कारकों को ढूंढ़ना।
2. विद्यार्थियों एवं अभिभावकों को उचित सुझाव या निर्देशन देना।
3. शिक्षक-शिक्षण प्रक्रिया में सुधार लाना।
4. कमजोर विद्यार्थियों की पहचान करना।
5. विद्यार्थियों की विषयगत कठिनाईयों के कारण का पता करना।
6. शिक्षण प्रक्रिया में सुधार हेतु उपचारात्मक शिक्षण की दिशा निर्देशित करना।
7. विद्यार्थियों की कमियों को जानने हेतु उपयुक्त मूल्यांकन प्रक्रिया को अपनाना।
8. भाषा के संदर्भ में विद्यार्थियों की न्यूनताओं और विशिष्टताओं का मूल्यांकन करना।
9. सामाजिक पर्यावरणीय अध्ययन में सुधार लाना। यह छात्र तथा शिक्षक दोनों के लिये लाभप्रद होता है। यदि छात्र सामाजिक पर्यावरण के किन्हीं प्रत्ययों को स्पष्ट नहीं समझते तो शिक्षक को अपनी विधि में परिवर्तन लाना होता है।
10. सामाजिक पर्यावरणीय विषय के अंतर्गत पिछड़े छात्रों को पहचानना, जिससे सुधार हेतु निदान संभव हो सके।
11. विद्यार्थियों के विषय संबंधित विकास में रुकावट आने वाले तत्वों को जानना तथा उपचारात्मक सुझाव देना।
12. अध्ययन पद्धतियों को दिशा-निर्देशन करना।
13. सामाजिक पर्यावरणीय विषयक दुर्बलता को आकना और उसके आधार पर सामूहिक उपचारात्मक पद्धति अपनाना।
14. विद्यार्थियों की कमियों को जानने हेतु उपयुक्त मूल्यांकन प्रक्रिया का प्रयोग करना।
15. पाठ्यक्रम तथा पाठ्य-वस्तु में कमियों के आधार पर परिवर्तन लाना, जिससे वे विद्यार्थियों के लिये उपयोगी हो।
16. नैदानिक परीक्षण को प्रयोग से शिक्षण एवं मूल्यांकन दोनों में गतिशीलता बनी रहती है। यह गतिशीलता शिक्षक तथा विद्यार्थियों दोनों में समयानुकूल आचरण का विकास करती है। उन्हें पिछड़ेपन से बचाती हैं।
17. शिक्षक तथा विद्यार्थियों के आत्म-विश्वास में वृद्धि होती है और वह आगे बढ़ने के लिये स्व-प्रेरणा संचालित होती है।
18. इससे सुधारवादी दृष्टिकोण का प्रार्दुभाव होता है। इसके आयोजन से विद्यार्थियों की क्षमताओं का उच्चतम सीमा तक किया जा सकता है तथा उसको अधिकतम समाजोपयोगी बनाया जा सकता है।

कुछ नैदानिक परीक्षण

विभिन्न विषयों में विद्यार्थी की कमियों तथा कमजोरियों का पता लगाने के लिए हम नैदानिक परीक्षणों का प्रयोग करते हैं। अपने उद्देश्य के लिये या तो हम स्वयं नैदानिक परीक्षण का निर्माण करते हैं अथवा किसी निर्मित परीक्षण का प्रयोग कर नैदानिक परीक्षणों के नाम नीचे दिये गये हैं-

1. कम्पास डायगोनिस्टिक अरिथमैटिक टेस्ट,
2. गेट्स-मैककिलोप रीडिंग डायगोनिस्टिक टेस्ट्स,
3. स्टेनफोर्ड डायगोनिस्टिक रीडिंग टेस्ट
4. ड्युरेल अनालेसिस ऑफ रीडिंग डिफीकल्टी,
5. प्राईमरी रीडिंग प्रोफाइल,
6. ग्रेज ओरल रीडिंग पैसेजेज,
7. डायगोनिस्टिक टेस्ट इन मैथमैटिक्स,
8. डायगोनिस्टिक टेस्ट एण्ड सेल्फ-हेल्प इन अरिथमेटिक,
9. एम.एस. रावत का रसायनशास्त्र में नैदानिक परीक्षण।
10. एम.आर. शाह का गणित नैदानिक परीक्षण।

नैदानिक परीक्षण की रचना

नैदानिक परीक्षण की योजना बड़ी ही सावधानीपूर्वक की जानी चाहिए। इस परीक्षण के निर्माण के लिए अनुभवी व्यक्ति या शिक्षक की जरूरत होती है। निम्नलिखित पदों को ध्यान में रखते हुए नैदानिक परीक्षण की तैयारी की जानी चाहिए :-

1. विद्यार्थी को जिस विषय में कठिनाइयाँ हैं या इकाई विषय जिसमें कठिनाई है, उसमें किस प्रकार की भूल होती है उसका विश्लेषण करना।
2. जब विश्लेषण द्वारा यह पता चल जाता है कि अमुक कौशल की कमी है तो उसके लिए परीक्षण तैयार करना।
3. अधिकतर प्रश्न वस्तुनिष्ठ या लघुतारात्मक होने चाहिए।
4. विशिष्ट अधिगम एवं व्यवहारगत परिवर्तन के रूप में सम्प्रत्यय का विश्लेषण करें।

अच्छे नैदानिक परीक्षण की विशेषताएँ

एक अच्छे नैदानिक परीक्षण में सामान्यत: निम्नलिखित विशेषताएँ होती हैं-

1. नैदानिक परीक्षण किसी पाठ्यक्रम विशेष तक ही सीमित होते हैं तथा सबसे संबंधित होते हैं।
2. नैदानिक परीक्षण विद्यार्थी की विषय-संबंधियों तथा योग्यताओं का माप नहीं करता है वरन् किसी विषय विशेष में उस विषय के किसी क्षेत्र में छात्र की कमजोरियों का पता लगाता है।

3. नैदानिक परीक्षण इस बात को महत्व नहीं देता है कि विद्यार्थी के परीक्षा में कितने प्राप्तांक आये हैं। यहाँ तो इस बात पर महत्व दिया जाता है कि विद्यार्थी किस क्षेत्र या प्रकार की विषय-वस्तु से संबंधित प्रश्नों को हल कर लेता है अथवा हल नहीं कर पाता है।
4. नैदानिक परीक्षण स्वभाव से विश्लेषणात्मक होते हैं। परिणामस्वरूप विद्यार्थी की उपलब्धियों तथा कमजोरियों का विस्तृत तथा स्पष्ट विश्लेषण कर देता है।
5. इन परीक्षणों की व्याख्या किन्हीं सुस्थापित मानकों के आधार पर की जाती है।
6. ये परीक्षण पूर्णरूपेण उद्देश्य आधारित होते हैं।
7. स्वभाव से ये शक्ति परीक्षण वर्ग में आते हैं जिनमें प्रश्नों का कठिनाई स्तर क्रमशः बढ़ता चला जाता है। इनमें समय सीमा भी लगभग अनिश्चित होती है।

उपलब्धि परीक्षण और नैदानिक परीक्षण में अंतर

स्कूलों के विद्यार्थी जो कुछ भी प्राप्त करते हैं, उसे उपलब्धि कहते हैं। इस उपलब्धि की जांच के लिए जो परीक्षाएं ली जाती हैं उन्हें उपलब्धि परीक्षण कहते हैं। उपलब्धि परीक्षण का निर्माण मुख्यतया विद्यार्थियों के सीखने के स्वरूप और सीमा का मापन करने के लिए किया जाता है।

जैसा कि हम जानते हैं कि, सीखने की कुशलताओं में गति एवं श्रेष्ठता निश्चित करना, उपलब्धि का मूल्यांकन करना, पाठ्यक्रम में आवश्यक परिवर्तन करने, शिक्षक की कार्यकुशलता का पता लगाना, विभिन्न कौशलों का विकास करना, शिक्षण विधियों की उपयुक्तता ज्ञात करना आदि उपलब्धि परीक्षण के उद्देश्य हैं।

नैदानिक परीक्षण द्वारा यह जानने का प्रयास किया जाता है कि विषय के अध्ययन में विद्यार्थियों को कौन-कौन सी कठिनाइयां हैं? वे कहां और किस प्रकार की गलती करते हैं, विद्यार्थियों की कठिनाईयों एवं कमजोरियों का पता लगाने के लिए जिन परीक्षाओं को प्रयोग किया जाता है वे नैदानिक परीक्षण कहलाती है।

नैदानिक परीक्षण विद्यार्थियों की कमजोरियों का पता लगाने की योजनाबद्ध परीक्षा है। इन कमियों को शिक्षक, कक्षा-कक्ष शिक्षण, मौखिक, परीक्षा लिखित, कक्षा कार्य, गृहकार्य आदि से प्राप्त करता है।

उपलब्धि परीक्षण

1. उपलब्धि परीक्षण के मानक राष्ट्रीय स्तर पर स्थापित होते हैं।
2. इसमें समय सीमा निश्चित होती है।
3. इसमें निर्धारित अवधि में औपचारिक परीक्षण किया जाता है।
4. इन परीक्षणों का विषय क्षेत्र व्यापक है।
5. इन परीक्षणों को सफलतापूर्वक प्रशासन के लिए शिक्षक को किसी विशेष प्रकार के प्रशिक्षण की आवश्यकता नहीं होती है।
6. इसमें परीक्षण मापन के बाद परिणाम घोषित किया जाता है।
7. इसमें मापन को महत्व देते हैं।
8. ये परीक्षण शिक्षण का अंग नहीं, मूल्यांकन का एक स्वरूप है।
9. उपलब्धि परीक्षणों का उद्देश्य विद्यार्थी की विषय विशेष की योग्यता का मापन है।

   उदाहरण : विद्यार्थी कितना जानता है।
10. यह परीक्षण संपूर्ण पाठ्यक्रम पर आधारित होता है।
11. इस परीक्षण का आकलन, प्रशासन एवं व्याख्या करना बोध एवं सरल होता है।
12. इस परीक्षण में समय-शक्ति अधिक मात्रा में लगती है।
13. इस परीक्षण के बाद अंकन एवं मापन किया जाता है।
14. यह परीक्षण कक्षा के प्रत्येक छात्रों के लिए सामान्य रूप से होती है।
15. इस परीक्षण द्वारा विषय वस्तु में बौद्धिक विकास की उपलब्धि पर जोर दिया जाता है।
16. यह परीक्षण सर्वेक्षण की दृष्टि से लिया जाता है।

नैदानिक परीक्षण

1. नैदानिक परीक्षण के मानक स्थापित करना असंभव तो नहीं लेकिन बहुत कठिन है।
2. इसमें समय-सीमा निश्चित नहीं होती है।
3. अनौपचारिक परीक्षण किसी भी समय किसी भी स्थान पर हो सकता है।
4. इन परीक्षणों का विषय क्षेत्र सामान्य कौशलों की प्राप्ति तक सीमित रहता है।
5. इन परीक्षणों के सफलतापूर्वक प्रशासन के लिए विशेष प्रकार के प्रशिक्षण की आवश्यकता होती है।
6. इसमें परीक्षा के बाद उपचारात्मक शिक्षण अनिवार्य होता है।
7. इसमें विद्यार्थी के हित को महत्व दिया जाता है।
8. ये परीक्षण शिक्षण का अंग है।
9. नैदानिक परीक्षण का उद्देश्य ऐसे तत्वों तथा गलतियों की खोज करना है जो विद्यार्थी की विषय विशेष की प्रगति में रुकावट डालती हैं।
10. यह परीक्षण विषयान्तर्गत भिन्न-भिन्न इकाइयों या पाठों पर आधारित होता है।
11. इस परीक्षण का आकलन प्रशासन एवं व्याख्या करना कठिन होता है।
12. इस परीक्षण में समय-शक्ति कम मात्रा में लगती है।
13. इसमें जांच करने के बाद उसके कारणों का पता लगाकर उनको दूर करने की योजना बनायी जाती है।
14. ये परीक्षाएं केवल उन्हीं विद्यार्थियों के लिए होती हैं जो कक्षा में अपेक्षित प्रगति करने में कठिनाई का अनुभव करते हैं।
15. इस परीक्षण में समग्र विकास तथा विषय में विभिन्न इकाइयों या पाठों में विद्यार्थी की उपलब्धियों को ज्ञात किया जाता है।
16. विद्यार्थी की विषय वस्तु में गहराई से जांच की जाती है।

नैदानिक परीक्षण की प्रक्रिया

नैदानिक परीक्षण की प्रक्रिया, शिक्षकों की सहायता करती है, कि वह समझ सके कि विद्यार्थी कक्षा शिक्षण प्रक्रिया से लाभ उठा पा रहे हैं या नहीं। नैदानिक परीक्षण की प्रक्रिया अकादमिक वर्ष के आरंभ में ही नहीं बल्कि नियमित तौर पर कुछ-कुछ अंतराल में पूरे वर्ष में होनी चाहिए।

आइये नैदानिक परीक्षण की प्रक्रिया को निम्न रेखा चित्र के माध्यम से समझने का प्रयास करते हैं।

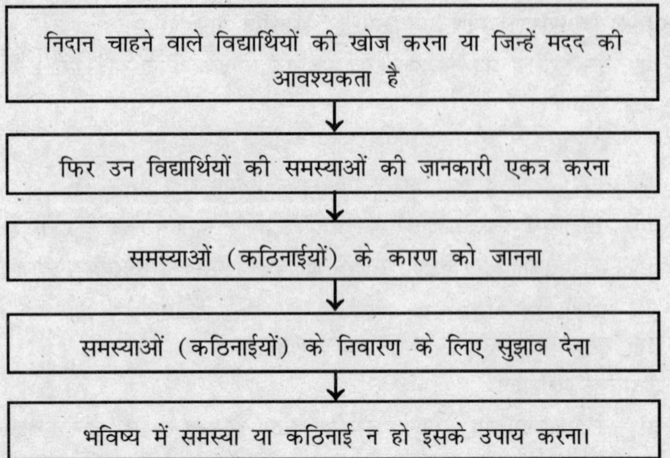

1. **निदान चाहने वाले विद्यार्थियों की खोज करना या जिन्हें मदद की आवश्यकता है :** सबसे पहले चरण में ऐसे विद्यार्थियो पर ध्यान दिया जाता है, जो पढ़ाई में कमजोर होते हैं। कक्षा में प्रत्येक विद्यार्थी को व्यक्तिगत सहायता की आवश्यकता होती है परन्तु हर समय ही सहायता दी जाए यह आवश्यक नहीं है। अत: किस समय किस विद्यार्थी-विशेष को कहाँ कठिनाई लग रही है या किसी बात को किन कमियों के कारण समझ नहीं पा रहा है, जब पता लगेगा तभी तो उसकी सहायता की जा सकेगी। जिन विद्यार्थी को विषय के अध्ययन में समय लगता है और समझने में कठिनाई होती है तथा जिस कारण उनका शैक्षणिक विकास रुक जाता है।

   इसलिए सर्वप्रथम ऐसे छात्रों का पता लगाना चाहिए जिन्हें सहायता चाहिए जिन विद्यार्थियों को निदान की आवश्यकता है उन्हें पहचानने के लिए ज्यादातर सर्वेक्षण परीक्षण का प्रयोग किया जाता है। आजकल कुछ स्कूलों में विद्यार्थी को पहले सर्वेक्षण प्रकार के उपलब्धि परीक्षण दिये जाते हैं और जो विद्यार्थी इन परीक्षणों में कम अंक प्राप्त करते हैं, उन्हें नैदानिक परीक्षण दिये जाते हैं ताकि उनकी विशिष्ट कठिनाईयों का पता चल सके। इसके साथ ही शिक्षक का अवलोकन भी चुनने में सहायक होता है। छात्र के माता-पिता की भी राय ली जा सकती है। इस प्रकार कठिनाई या कमियों से ग्रस्त छात्र को पहले चुन लिया जाता है।
2. **विद्यार्थी की समस्याओं की जानकारी एकत्र करना :** नैदानिक प्रक्रिया के इस चरण में शिक्षक को विद्यार्थी की समस्याओं (कठिनाइयों) को जानने का प्रयास करता है विद्यार्थियों को अध्ययन में कठिनाईयों के प्रकार को समझना शिक्षक का कार्य है। सामान्य गलती के अतिरिक्त विशेष गलतियों की पहचान करना पड़ती है, क्योंकि सभी विद्यार्थियों की समस्याएं अलग-अलग होती हैं।
3. **समस्याओं (कठिनाईयों) के कारण जानना :** विषयों के लिखित और वाचन या मौखिक अध्ययन में कई बार विद्यार्थियों को कठिनाई होती है। इसका कारण यह है कि विद्यार्थी की आदत, घर का वातावरण स्वास्थ्य आदि होते हैं। इस प्रकार कारण को जानकर शिक्षक को विद्यार्थी को समझने में सहायता मिलती है।
4. **समस्या के निवारण के लिए सुधार :** विद्यार्थी समस्या के कारणों को समझकर उसे दूर करने के लिए शिक्षक को निदान और उपचार दोनों की आवश्यकता होती है। यह प्रक्रिया व्यक्तिगत प्रक्रिया होती है क्योंकि इसे विद्यार्थी के साथ व्यक्तिगत रूप से प्रयोग किया जाता है, ताकि उनके रुके हुए शैक्षणिक विकास में तीव्रता आए। यह विद्यार्थी के सीखने की क्षमता और उनकी कठिनाई को ध्यान में रखकर किया जाता है।
5. **भविष्य में अधिगम में कठिनाई नहीं हो इसके प्रयास किये जाते हैं:** शिक्षक विद्यार्थियों से व्यक्तिगत मिलकर उनकी समस्याओं का अध्ययन कर कारण जानते हैं और निदानात्मक उपाय निकालकर समस्या का समाधान करते हैं।

नैदानिक परीक्षण एवं उपचारात्मक शिक्षण द्वारा विद्यार्थी को स्तर पर लाकर कठिनाईयाँ दूर करने पर ही शिक्षक का कार्य समाप्त नहीं हो जाता है, बल्कि शिक्षक को बाद में भी ध्यान रखना पड़ता है कि भविष्य में पुन: विद्यार्थी कमजोर न हो जाये, इस हेतु रोकथाम के उपायों को अपनाना होता है।

इसके साथ ही, उसी प्रकार के नैदानिक परीक्षण जैसे कि पहले दिये गये थे, कुछ महीनों के बाद भी विद्यार्थियों को दिये जाने चाहिए ताकि उनमें हुई प्रगति को देखा जा सके।

नैदानिक परीक्षण का प्रशासन

निम्नलिखित बिन्दुओं को ध्यान में रखते हुए नैदानिक परीक्षण का प्रशासन किया जाना चाहिए।

1. शिक्षक का पहला कर्तव्य है कि वह विद्यार्थियों का आत्मविश्वास बढ़ाए और बताये कि यह कार्य अधिगम प्रक्रिया को बढ़ाने के लिए है न की सफलता और असफलता पर।
2. इसे शांत वातावरण में प्रशासित किया जाना चाहिए।
3. विद्यार्थियों को इस प्रक्रिया में आराम से बैठा होना चाहिए।
4. विद्यार्थियों को आपस में बातचीत नहीं करने देना चाहिए।
5. शिक्षक को विद्यार्थियों को सभी प्रश्नों को हल करने के लिए प्रेरित करना चाहिए।
6. यदि किसी विद्यार्थी को कुछ संदेह है तो वह विद्यार्थी शिक्षक से मदद ले सकता है।

नैदानिक परीक्षण और उपचार

निदान का अपने आप में कोई महत्व नहीं होता जब तक कि निदान के उपरान्त उपचार न किया जाये। केवल निदान करके ही हम पिछड़े एवं कमजोर विद्यार्थी को छोड़ दे तो उससे विद्यार्थी का कोई विकास नहीं होगा। बल्कि वह और अधिक पिछड़ जायेगा। इसलिए नैदानिक परीक्षण को उपचार का अनुयायी होना चाहिए।

शिक्षाशास्त्र में उपचार शब्द औषधि शास्त्र से ग्रहण किया गया है, जिस प्रकार चिकित्सक अस्वस्थ व्यक्तियों का उपचार करके स्वास्थ्य प्रदान करते हैं उसी प्रकार शिक्षक विद्यार्थियों के अधिगम संबंधी दोषों को दूर करके उन्हें ज्ञानार्जन की सही दिशा की तरफ मोड़ने का प्रयत्न करते हैं।

जैसा कि हम जानते हैं कि उपचारात्मक शिक्षण का क्षेत्र विस्तृत है। आधारभूत विषयों में सफलता प्राप्त न कर सकने के कारण विद्यार्थी के सामने अधिगम संबंधी अनेक कठिनाईयां आती है। इसलिए मुख्यत: उपचारात्मक शिक्षा में आधारभूत विषयों को ही स्थान दिया जाता है। योकम एवं सिम्पसन के अनुसार ये विषय निम्नलिखित है।

1. वाचन 2. लेखक
3. उच्चारण 4. भाषा
5. अंकगणित

उपरोक्त के अतिरिक्त उपचारात्मक शिक्षण के अंतर्गत स्कूल पाठ्यक्रम के लगभग सभी विषयों का अपना विशिष्ट स्थान है।

योकम एवं सिम्पसन के अनुसार उपचारात्मक कार्य से सर्वाधिक अधिकांश साहित्य, विद्यालय विषयों के अधिगम में उपस्थित होने वाली कठिंनाईयों के उपचार बताने का प्रयास करता है।

शैक्षणिक उपचार

शैक्षणिक उपचार कार्यक्रम के दो प्रकार हैं-

यदि समस्या के क्षेत्र को ध्यान में रखते हुए उपचारात्मक प्रकारों पर विचार करे तो उसके दो प्रकार हैं-

1. सामूहिक
2. वैयक्तिक

सामूहिक समस्याएँ, वे समस्याएँ हैं जिनका संबंध कक्षा के सभी विद्यार्थियों से होता है।

व्यक्तिगत समस्याएँ वे समस्याएँ जो अलग-अलग विद्यार्थियों से संबंधित हैं।

इन समस्याओं का शैक्षिक उपचार दो प्रकार से किया जा सकता है-

1. समस्या के कारणों को दूर करना।
2. उन कारणों को उत्पन्न न होने देना जो समस्या को पुनः जन्म दे सकते हैं।

उपचारात्मक कार्यक्रम चरण

1. **समस्या**-अशुद्ध वाचन की समस्या यह एक वैयक्तिक समस्या है।
2. **समस्या का स्पष्टीकरण**-विद्यार्थी 'प्र' को 'पर' 'स' को 'श' पढ़ता है, अटक-अटक कर पढ़ता है।
3. **समस्या के सम्भावित कारण**-वाचन में अशुद्धि के निम्नलिखित कारण हो सकते हैं।

- स्कूल का प्रभाव
- क्षेत्रीय प्रभाव
- दृष्टि दोष कम दिखाई देना, कुछ का कुछ दिखाई देना
- शारीरिक दोष-हकलाना, तुतलाना आदि
- निर्देशन का अभाव

4. **समस्या के वास्तविक कारण**-विद्यार्थी का मौखिक परीक्षण किया गया तो उसने वहीं अशुद्धियाँ की, जिन्हें वह सामान्य रूप से कक्षा में करता है। उसके अभिलेख मंगाकर देखा गया तो पता चला कि वह दूसरे प्रदेश की स्कूल में पढ़ा है वहाँ के क्षेत्रीय लोग इस प्रकार ही उच्चारित करते हैं। वहाँ उच्चारण पर इतना ध्यान नहीं दिया गया जितना कि इस स्कूल में दिया जा रहा है।
5. **उपचारात्मक कार्यक्रम**

- कक्षा में उन शब्दों का अंतर स्पष्ट किया गया जो 'स' और 'श' तथा 'प्र' और 'पर' के बीच भेद करते हैं-

स्कूल-सकूल	प्रणाम-परणाम
स्टेशन-सटेशन	प्रमाण-परमाण
स्नान-सनान	प्रभावी-परभावी
स्तर-सतर	प्रसन्न-परसन्न
स्त्री-सतरी आदि।	प्रमुख-परमुख

- रुक-रुक कर पढ़ने की समस्या का कक्षा में अभ्यास कराया जायेगा।
- उच्चारण से संबंधी पुस्तकें जो सरल भाषा में हैं, विद्यार्थी को पढ़ने का अवसर दिया जायेगा।

उचित निदानात्मक शिक्षण के पश्चात् उपचारात्मक शिक्षण होता है। क्योंकि सर्वप्रथम विद्यार्थियों की त्रुटियों, दोषों, कठिनाईयों का निदान किया जाता है। तदनन्तर निवारण के लिए उपचार किया जाता है किन्तु वस्तुतः आधाररूप में निदान और उपचार एक साथ ही किया जाता है, ऐसा स्किनर महोदय ने प्रतिपादित किया है। आईये उपचारी शिक्षण, उपचारात्मक शिक्षण के उद्देश्यों और उपचारात्मक शिक्षण प्रदान करने की विधियों को समझने का प्रयास करते हैं :

उपचारी शिक्षण

1. विद्यार्थी से भी शिक्षक उचित लय, गति व प्रवाह के साथ अभ्यास कराया जाएं।
2. शब्दार्थ संबंधी कठिनाईयों को दूर करना और अर्थ ग्रहण की योग्यता बढ़ाना।
3. वाचन में रुचि उत्पन्न करना और अधिकाधिक वाचन के लिए प्रोत्साहित करना।
4. शिक्षक को अपना वाचन ठीक करना चाहिए।
5. जिन ध्वनियों एवं शब्दों के उच्चारण में अशुद्धियाँ होती हैं उनका विद्यार्थियों से शुद्ध उच्चारण करवाया जाये।
6. मौखिक रचना संबंधी विविध अभ्यास वाद-विवाद, भाषण, कविता पाठ, अंताक्षरी आदि।

उपचारात्मक शिक्षण के उद्देश्य

1. शिक्षण परिपाठी में मनोवैज्ञानिक सिद्धांतों को लागू करने हेतु।
2. विद्यार्थियों की ज्ञान संबंधी त्रुटियों को दूर करने हेतु।
3. विद्यार्थियों के अधिगम संबंधी दोषों को दूर करने हेतु।
4. विद्यार्थियों के बाधित आदर्श-रुचि दृष्टिकोणों को सामाजिक रूप से समायोजित करने हेतु।
5. विद्यार्थियों की दोषप्रवृत्ति को समाप्त करके उत्तम स्वरूप प्रदान करने हेतु।
6. विद्यार्थियों को अधिगम के लिए अपेक्षित कुशल प्रवृत्ति एवं मनोवृत्ति के आधार पर ज्ञान प्रदान करने हेतु।
7. विद्यार्थियों में हीन भावना को दूर करने हेतु।
8. विषय के प्रति रुचि उत्पादित करने हेतु
9. विद्यार्थियों में प्रतिस्पर्धा की भावना विकसित करने हेतु।

उपचा[illegible]क शिक्षण प्रदान करने की विधियाँ

1. प्रति [illegible] अधिगम संबंधी दोषों को व्यक्तिशः ज्ञात करके उनके निवारण [illegible] उपाय के लिए कथन।
2. विद्यार्थि[illegible] त्रुटि संशोधन।
3. छोटे-छोटे [illegible]नूहों में विद्यार्थियों को बाँट कर उनकी समस्या के आधार पर शिक्षण व्यवस्था करना।
4. विद्यार्थियों की व्यक्तिगत विभिन्नता को आधार मानकर उनके शिक्षण की व्यवस्था करना।
5. विद्यार्थियों के अधिगम संबंधी दोषों का निदान करके उनका परीक्षण करना।

स्कूल की विभिन्न कक्षाओं में विभिन्न प्रकार के विद्यार्थी शिक्षा प्राप्त करने के लिए स्कूल में आते हैं। जैसा कि हम जानते हैं कि सभी विद्यार्थियों की मानसिक योग्यता समान नहीं होती है। विद्यार्थी एक ही समय में विभिन्न विषयों और कौशलों में प्रगति करते हैं। उनकी प्रगति या उपलब्धि का आकलन करने की आवश्यकता होती है। इस इकाई में हम इसी विषय पर विस्तार से चर्चा करेंगे।

उपलब्धि परीक्षण (Achievement Test)

उपलब्धि परीक्षण स्कूल से विषय संबंधी अर्जित ज्ञान का परीक्षण है। इस परीक्षण से शिक्षक यह ज्ञात कर सकता है कि विद्यार्थी ने कितनी उन्नति की है, विद्यार्थी ने किस सीमा तक विषय संबंधी ज्ञान प्राप्त किया है।

उपलब्धि परीक्षण के अर्थ और भाव को और अधिक स्पष्ट करने के लिए विभिन्न विद्वानों द्वारा परिभाषाएं दी गयी हैं, जिनमें से कतिपय परिभाषाएं इस प्रकार हैं-

1. **इबेल**-''उपलब्धि परीक्षण वह है, जो छात्र द्वारा ग्रहण किए हुए ज्ञान का अथवा किसी कौशल में निपुणता का मापन करता है।''
2. **गैरीसन तथा अन्य**-''उपलब्धि परीक्षा, बालक की वर्तमान योग्यता या किसी विशिष्ट विषय के क्षेत्र में उसके ज्ञान की सीमा का मापन करती हैं।''
3. **प्रेसी, रॉबिनस और होरोक**-''सम्प्राप्ति परीक्षाओं का निर्माण मुख्य रूप से छात्रों के सीखने स्वरूप और सीमा का मापन करने के लिए किया जाता है।''

उपरोक्त परिभाषाओं के आधार पर हम कह सकते हैं कि-उपलब्धि वे हैं, जिनकी सहायता से स्कूल में पढ़ाए जाने वाले विषयों और सिखाए जाने वाले कौशलों में विद्यार्थियों की सफलता अथवा उपलब्धि का ज्ञान प्राप्त किया जाता है।''

उपलब्धि परीक्षण का महत्व

शिक्षा तथा मनोविज्ञान के क्षेत्र में उपलब्धि परीक्षणों को एक अत्यंत महत्वपूर्ण स्थान प्राप्त है। इनका प्रयोग अनेक कार्यों के लिए किया जाता है।

थार्नडाइक और हेगन ने स्कूल की दृष्टि से उपलब्धि परीक्षण के महत्व का प्रतिपादन इन शब्दों में किया है-

1. **विद्यार्थियों का वर्गीकरण**-उपलब्धि परीक्षणों से विद्यार्थियों को जो अंक प्राप्त होते हैं, उससे उनके मानसिक और बौद्धिक स्तर का ज्ञान हो सकता है। इसलिए उनके मानसिक स्तर के अनुसार, उनका वर्गीकरण किया जा सकता है।
2. **विद्यार्थियों की कठिनाइयों का निदान**-इन परीक्षाओं के द्वारा विद्यार्थियों की कठिनाइयों का पता चल जाता है। कठिनाई जान लेने पर उसके निवारण के उपाय किए जा सकते हैं। इस दृष्टि से विद्यार्थियों की प्रगति में योगदान किया जा सकता है।
3. **विद्यार्थियों को प्रेरणा**-अनुभव से पता चलता है कि विद्यार्थियों को प्रेरणा देने में भी, इन परीक्षाओं को सफलता मिली है। जब विद्यार्थियों को इस बात का पता चलता है कि उनके अर्जित ज्ञान की जांच हो रही है, तो उन्हें प्रेरणा मिलती है।
4. **व्यक्तिगत सहायता**-उपलब्धि परीक्षणों के द्वारा सरलता से मन्द-बुद्धि कुशाग्र-बुद्धि तथा विशेष योग्यता वाले विद्यार्थियों को पता लगाकर, उनकी आवश्यकताओं के अनुसार उनकी सहायता की जा सकती है।
5. **शिक्षा-निर्देशन**-इस परीक्षण के आधार पर विद्यार्थियों ने जो अंक प्राप्त किए हैं तथा उनके पूर्व के और अभी के अंक को देखकर उन्हें समुचित निर्देशन दिया जा सकता है कि उन्हें कौन से विषय लेने चाहिए? आदि।
6. **विद्यार्थियों को परामर्श**-उपलब्धि परीक्षाओं से हमें पता चलता है कि विद्यार्थियों की रुचियाँ क्या हैं? उनकी अभियोग्यताएं और कार्य-क्षमताएं क्या हैं? इसके आधार पर उन्हें आगामी अध्ययन के लिए परामर्श दिया जा सकता है।

लिण्डक्विस्ट तथा मन ने उपलब्धि परीक्षणों के निम्नांकित प्रयोगों की चर्चा की है-

1. **अध्ययन हेतु प्रोत्साहित करना**-उपलब्धि परीक्षण विद्यार्थियों को अध्ययन हेतु प्रोत्साहन एवं प्रलोभन प्रदान करती हैं। एक प्रकार से परीक्षाएँ विद्यार्थियों को प्रेरणा भी प्रदान करती हैं।
2. **शिक्षण विधि में सुधार**-शिक्षक तथा विद्यार्थी दोनों ही परीक्षा परिणामों के आधार पर शिक्षण विधि की सफलता की मात्रा जान सकते हैं और आवश्यक होने पर उसमें सुधार के प्रयत्न कर सकते हैं। परीक्षा की उत्तर-पुस्तिकाओं के आधार पर अध्यापक अपने द्वारा अपनाई गई शिक्षण विधि की सफलताओं का ज्ञान कर सकता है।
3. **मान्यता प्रदान करने में सहायक**-परीक्षा परिणामों के आधार पर कहीं-कहीं विद्यालय को मान्यता प्रदान की जाती है और इन्हीं के आधार पर उनके लिए अनुदान की मात्रा निर्धारित की जाती है।
4. **शिक्षण में सुधार**-प्रति वर्ष परीक्षाओं के लिए शिक्षक को परीक्षा के दृष्टिकोण से महत्वपूर्ण तथ्यों का संकलन करना पड़ता हैं, परिणामस्वरूप अध्यापक के ज्ञान में वृद्धि होती जाती है। अपने वर्धित ज्ञान के आधार पर अध्यापक सहज ही शिक्षण में सुधार कर लेता है।
5. **अध्यापक तथा विभागों का मूल्यन**-परीक्षा परिणामों के आधार पर ही शिक्षक विद्यालय तथा विभिनन विभागों का मूल्यन करने के भी काम आते हैं। विभिन्न विद्यालय तथा विभागों में अध्यापन की स्थिति, प्रभावशीलता तथा कुशलता का ज्ञान हो सकता है। इसके द्वारा इनका तुलनात्मक अध्ययन भी किया जा सकता है।
6. **शैक्षिक निर्देशन में सहायक**-परीक्षाओं के द्वारा न केवल बालक को शैक्षिक निर्देशन प्रदान करने में काफी सहायता होती है वरन् परीक्षाएँ विद्यार्थी के संबंध में अनेक उपयोगी सूचनाएँ प्रदान करती है। परिणामों के आधार पर विद्यार्थी की विषय संबंधी उपलब्धियों, अभियोग्यताओं, अभिरुचियों, योग्यताओं आदि का सहज ही ज्ञान प्राप्त कर सकते हैं जिनकी शैक्षिक निर्देशन के लिए अत्यंत आवश्यकता होती है।
7. **अन्वेषण के लिए आवश्यक**-शिक्षा में अनुसंधान तथा शोध कार्य करने के लिए परीक्षाएँ आवश्यक सामग्री जुटाती हैं। अनेक परीक्षा परिणाम तथा विद्यार्थियों की विष्पतियाँ विभिन्न प्रकार के शोध कार्यों में आधारभूत तथ्यों का काम करती हैं।

अनास्तासी के परीक्षण के निम्नांकित प्रयोगों का उल्लेख किया है-

1. शैक्षिक एवं व्यावसायिक निर्देशन प्रदान करने के लिए उपयोग करना।
2. विभिन्न प्रकार के पाठ्यक्रमों, कृत्यों तथा नियुक्तियों को माप करना और निर्धारित निम्नतम योग्यता के साथ उनकी योग्यताओं की तुलना करना।
3. विद्यार्थी तथा अन्य व्यक्तियों की योग्यताओं का माप करना और निर्धारित निम्नतम योग्यता के साथ उनकी योग्यताओं की तुलना करना।
4. विद्यार्थियों, कर्मचारियों आदि का वर्गीकरण करने के लिए प्रयोग करना।
5. परीक्षा परिणामों के आधार पर क्रम निर्धारित करना तथा कक्षोन्नति या पदोन्नति करना।
6. परीक्षण के द्वारा पाठ्यक्रम का मूल्यांकन तथा उसकी पुनरावृत्ति भी की जाती है।

7. निदानात्मक शिक्षण प्रदान करना।
8. शिक्षण कार्य में सुधार एवं उन्नति के लिए प्रयुक्त करना।

उपलब्धि परीक्षण के प्रकार

उपलब्धि परीक्षण जो निर्देशन एवं परामर्श दक्षता को मापने हेतु बनायी जाते हैं दो प्रकार की होती हैं।

1. वे परीक्षण जो किसी व्यवसायगत दक्षता को मापने हेतु बनायी जाती हैं। इस प्रकार की परीक्षणों को 'व्यवसाय परीक्षण' कहते हैं।
2. वे उपलब्धि परीक्षण जो विद्यालय के पाठ्यक्रम में किसी एक विषय के अर्जित ज्ञान को मापने हेतु बनायी जाती है। व्यवसाय परीक्षा के माध्यम से यह देखा जाता है कि एक व्यक्ति ने व्यवसायगत प्रशिक्षण के फलस्वरूप कितनी दक्षता प्राप्त की हैं, एक व्यवसाय के संबंध में उसका अनुभव कितना है तथा व्यवसाय के लिए वर्तमान में क्या कर सकता है, जबकि दूसरे प्रकार की परीक्षण विद्यालय में पढ़ाये जाने वाले विषय के संबंध में बताती है कि एक विषय में विद्यार्थी ने कितना सीखा है।

उपलब्धि परीक्षण का निर्माण

किसी भी लक्ष्य की पूर्ति हेतु संस्था या व्यक्ति प्रत्येक स्तर पर योजना बनाता है। सरकार द्वारा निर्मित पंचवर्षीय योजनायें इसका महत्वपूर्ण उदाहरण हो सकता है। उसी प्रकार विद्यार्थियों के मूल्यांकन हेतु परीक्षण का निर्माण किया जाता है, जिसके अन्तर्गत विभिन्न पक्षों के मापन हेतु प्रश्नों को समुचित स्थान देने हेतु योजना तैयार की जाती है। शिक्षक अपनी कक्षा के विद्यार्थियों की शैक्षिक उपलब्धि का मापन तथा मूल्यांकन के लिए समय पर अनेक प्रकार के परीक्षणों का प्रयोग करते हैं। परीक्षण निर्माण के आधार पर इन्हें दो भागों में बांटा जा सकता है।

1. अप्रमाणीकृत परीक्षण (unstandardced test)
2. प्रमाणीकृत परीक्षण (standardced test)

इनके अन्तर को इस प्रकार देख सकते हैं।

प्रमाणीकृत परीक्षण

- यह औपचारिक है।
- अधिक विश्वसनीय एवं वैध है।
- यह एक समय साध्य कार्य है।
- प्राप्तांकों की व्याख्या बड़े समूह में की जा सकती है।
- अधिक समय तक तथा बड़े समूह की आवश्यकता की पूर्ति करता है।
- कुछ विशेषज्ञों की समिति द्वारा किया जाता है।

उपलब्धि परीक्षण का प्रारूप

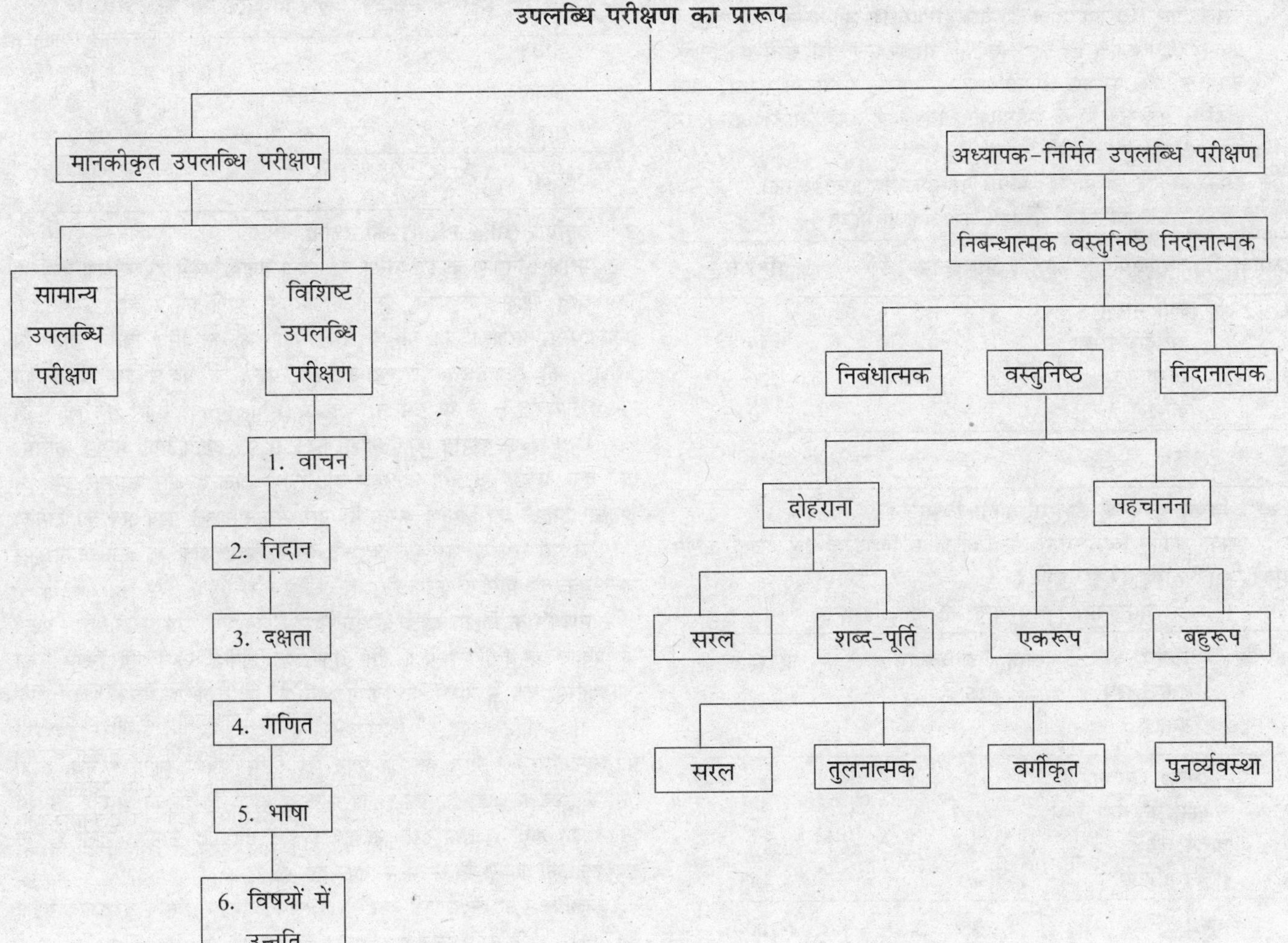

अप्रमाणीकृत परीक्षण

- यह अनौपचारिक है।
- कम विश्वसनीय तथा वैध है।
- यह कुछ प्रश्नों की रचना करके बनाया जाता है।
- प्राप्तांकों की व्याख्या छोटे समूह में की जा सकती है।
- तात्कालिक आवश्यकता की पूर्ति करता है।
- प्राय: कक्षा शिक्षक द्वारा किया जाता है।

अपने उद्देश्य के लिये या तो हम स्वयं परीक्षण का निर्माण करते हैं अथवा किसी निर्मित परीक्षण का प्रयोग करते हैं
उपलब्धि परीक्षण की रचना के चरण निम्नलिखित है-

1. **निर्देशात्मक उद्देश्य**-सबसे पहले हमें उद्देश्यों का निर्धारण करना है। प्रत्येक विषय के निर्देशात्मक उद्देश्य भिन्न-भिन्न होते। परीक्षण की रचना करने से पूर्व उसके उद्देश्यों का निर्माण करना आवश्यक है। इस बात पर ध्यान देना कि शिक्षक के द्वारा जो उद्देश्य प्राप्त करना है, उनका मूल्यांकन परीक्षण द्वारा हो जाये। प्रत्येक विषय के उद्देश्य भिन्न-भिन्न होते हैं जैसे कि हिन्दी शिक्षण में उद्देश्य ज्ञान, अवबोध तथा अभिव्यक्ति होते हैं वही गणित या विज्ञान विषय के उद्देश्य ज्ञान, अवबोध, कौशलों एवं अनुप्रयोग के रूप में विभाजित किये जाते हैं।
2. **प्रारुप**-जिस प्रकार दैनिक जीवन में किसी भी कार्य को करने के लिए उसका प्रारुप बनाया जाता है, वैसे ही परीक्षण की रचना के लिए भी प्रारुप बनाया जाता है। इस चरण में परीक्षणकर्ता कई बातों का निर्णय करता है, जैसे परीक्षण के निबंधात्मक/वस्तुनिष्ठ प्रश्नों की संख्या, समय अवधि, आकलन विधि, सांख्यिकीय विश्लेषण आदि आदि। आइये इसे समझने का प्रयास करते हैं-

इसके अंतर्गत उद्देश्य के आधार पर अंक विभाजन करना।

तालिका: उद्देश्य का अंक विभाजन

क्रमांक	उद्देश्य	अंक (अधिकतम 25)	प्रतिशत
1.	ज्ञान/स्मरण	8	32
2.	अवबोध/समझ	7	28
3.	ज्ञानप्रयोग	5	20
4.	कौशल	5	20
	कुल	25	100

(ख) विषय वस्तु के अनुसार अंक विभाजन

इसके अंतर्गत विषय वस्तु को इकाइयों में विभाजित कर अलग-अलग अंकों का निर्धारण किया जाता है।

तालिका: विषय वस्तु का अंक विभाजन

क्रमांक	विषय वस्तु/ इकाई/उप इकाई	अंक (अधिकतम 25)	प्रतिशत
1.	परिभाषा (पाचन)	2	8
2.	उपनाम के साथ चित्र	5	20
3.	पाचन तंत्र	8	32
4.	पाचन प्रक्रिया	10	40
	कुल	25	100

(ग) प्रश्नों के प्रकार का अंक विभाजन

प्रश्न कई प्रकार के होते हैं। प्रत्येक प्रश्न की अपनी सीमाएं एवं लाभ होते हैं। प्रश्नों के अनुसार अंक विभाजन को निम्न तालिका में दर्शाया गया है।

तालिका: प्रश्नों के प्रकार का अंक विभाजन

क्रमांक	प्रश्नों के प्रकार	अंक (अधिकतम 25)	प्रतिशत
1.	निबंधात्मक	5	20
2.	लघुउत्तरीय	10	40
3.	वस्तुनिष्ठ	10	40
	कुल	25	100

(घ) कठिनाई का स्तर

निम्न तालिका के माध्यम से कठिनाई के स्तर को अंक विभाजन के माध्यम से समझते हैं।

तालिका-: कठिनाई के स्तर का अंक विभाजन

क्रमांक	कठिनाई का स्तर	अंक (अधिकतम 25)	प्रतिशत
1.	कठिन	6	24
2.	सामान्य	13	52
3.	सरल	6	24
	कुल	25	100

3. **ब्लूप्रिंट (Blue Print) की रचना-**

परीक्षण निर्माण के इस चरण में योजना बनायी जाती है। परीक्षण के लिए विषयवस्तु, शिक्षण उद्देश्य, प्रश्नों के प्रकार, प्रश्नों की संख्या, समयावधि, अंकनविधि, परीक्षण का प्रारूप जैसी बातों को निर्धारित किया जाता है। परीक्षण की विषयवस्तु, शिक्षण उद्देश्य, प्रश्नों के प्रकार तथा प्रश्नों की संख्या निश्चित करने के उपरान्त ब्लूप्रिंट (Blue Print) तैयार की जाती है।

जिस प्रकार इमारत का निर्माण करने से पूर्व आर्किटेक्ट अथवा कारीगर द्वारा एक अच्छा एवं नया मानचित्र बना लिया जाता है और कारीगर उसी के अनुसार इमारत का निर्माण करता है। उसी प्रकार अच्छे प्रश्न-पत्र का निर्माण करने से पूर्व शिक्षक द्वारा एक ब्लूप्रिंट तैयार किया जाता है, उसी आधार पर प्रश्न-पत्र का निर्माण करते हैं।

माध्यमिक शिक्षा बोर्ड के अनुसार, ''उद्देश्यों, उपइकाइयों तथा प्रश्नों के प्रकारों के विभिन्न पक्षों हेतु अंक भार संबंधी किये गये निर्णयों को व्यावहारिक रूप में परिभाषित किया जाता है, जिसे आधार पत्रक कहते हैं।''

यह ब्लूप्रिंट इकाई की जांच करता है। शिक्षा के पूर्व निर्धारित उद्देश्यों की समप्राप्ति की जांच हेतु जो प्रश्न-पत्र निर्मित किया जाता है तथा छात्रों द्वारा हल किया जाता है, उसे इकाई परीक्षण कहते हैं। इसकी अवधि 35-40 मिनट की होती है तथा इसी मूल्यांकन द्वारा यह पता लगाया जाता है कि उद्देश्यों की प्राप्ति किस सीमा तक हुई है?

ब्लूप्रिंट एक त्रिआयामी चार्ट है। जिसमें उद्देश्य, विषय वस्तु एवं प्रश्नों का प्रकार आदि सम्मिलित है।

ब्लूप्रिंट

कक्षा-अ अधिकतम अंक-25

विषय-विज्ञान अवधि-3 घंटे

इकाई-अ

विषय वस्तु	ज्ञान	बोध	उपयोजन	कौशल	कुल
	व.ल.नि.	व.ल.नि.	व.ल.नि.	व.ल.नि.	
परिभाषा	2(2)	1(2)			3(4)
पाचन तंत्र		2(2) 2(2)		1(2)	5(6)
पचन प्रक्रिया		2(2) 1(2) 2(2)	1(2)	1(2)	7(10)
उपनाम के साथ चित्र	1(5)				1(5)
कुल	2(2) 1(5)	8(8) 2(4)	1(2)	1(4)	16 (25)

नोट : 1. कोष्ठक के बाहर प्रश्नों की संख्या तथा कोष्ठक के अंदर अंकों का मान है। 2. व त्र वस्तुनिष्ठ, ल, त्र लघुत्तरात्मक, नि.त्र निबंधात्मक।

4. **पद/प्रश्न परीक्षण की रचना एवं दिशा-निर्देश :**

पद/प्रश्न परीक्षण की रचना करते समय निम्न बिन्दुओं पर ध्यान रखना चाहिए।

1. परीक्षणकर्ता को पद का चयन ब्लूप्रिंट के आधार पर करना चाहिए।
2. प्रत्येक प्रश्न किसी एक विशिष्ट उद्देश्य की ओर केन्द्रित होना चाहिए।
3. कठिनता के स्तर को मुख्य रूप से ध्यान रखना चाहिए।
4. पदों/प्रश्नों के संबंध में जो दिशा निर्देश दिए जाए वे स्पष्ट एवं संक्षिप्त होने चाहिए।
5. संकेत या गुप्त पद नहीं बनाने चाहिए।
6. द्विअर्थी वाक्यों का प्रयोग करके प्रश्न नहीं बनाने चाहिए।
7. प्रश्न की रचना सरल एवं अपने शब्दों में ही करनी चाहिए।
8. पहले सरल तथा बाद में कठिन पद/प्रश्न आने चाहिए।
9. ऐसे पद/प्रश्न नहीं बनाने चाहिए। जिनका प्रत्युत्तर अन्य पदों/प्रश्नों को देखकर ही दिया जा सके।
10. पदों/प्रश्नों की रचना इस प्रकार से होनी चाहिए की एक संपूर्ण पद उत्तर का निर्धारण करे न कि इसका कोई एक भाग।
11. पुस्तकों से इधर-उधर के शब्द या वाक्य उठाकर पद/प्रश्न के रूप में नहीं रखना चाहिए।
12. परीक्षण के बन जाने के बाद फलाकन कुंजी बना लेनी चाहिए।
13. प्रश्न पाठ्यक्रम की सीमाओं के अन्तर्गत होना चाहिए।
14. प्रश्न निर्माण पर्याप्त समय पूर्ण करना चाहिए ताकि आवश्यकतानुसार संशोधन किया जा सके।

5. **पदों/प्रश्नों का संपादन :**

परीक्षण प्रश्नों को सम्पादित करना भी एक कला है। यह कार्य मुख्य परीक्षण या परीक्षा नियामक प्राधिकरण के अधिकारी अथवा अल्पसीमित सदस्य वाली समिति करती है।

इस चरण के अंतर्गत परीक्षण को अंतिम रूप दिया जाता है। परीक्षण के संपादन में निम्नलिखित बिन्दुओं को ध्यान में रखना चाहिए।

1. प्रश्नों का संग्रहित करके वर्गीकरण के अनुसार अलग अलग रखना चाहिए। जैसे कि निबंधात्मक प्रश्न, लघुउत्तरीय प्रश्न तथा वस्तुनिष्ठ प्रश्न आदि।
2. प्रश्नों को व्यवस्थित रखने के बाद प्रत्येक खण्ड के लिए पर्याप्त दिशा-निर्देश दिये जाने चाहिए। इन निर्देशों में मुख्य है-

- उत्तर देने की विधि
- निर्धारित समय
- अधिकतम अंक
- शब्द सीमा

6. **परीक्षण प्रशासन के दिशा-निर्देश :**

इस परीक्षण में दिए गए प्रश्नों को करने के लिए आपको 60 मिनट का समय दिया जायेगा। परीक्षण प्रारंभ करने से पूर्व उसमें दिए गए निर्देशों को भली प्रकार समझ ले। इसके बाद विद्यार्थियों को परीक्षण की प्रति बांट देनी चाहिए। इसके बाद वास्तविक प्रश्नों की उत्तर देने की अनुमति देनी चाहिए और 30 मिनट हो जाने पर विद्यार्थियों को बताया जाये की आधा समय बीत गया है। 60 मिनट के बाद विद्यार्थियों को काम रोकने को बोलना चाहिए एवं विद्यार्थियों से परीक्षण के प्रति वापस लेनी चाहिए।

7. **फलांकन**

परीक्षण में किस प्रश्न पर कितने अंक दिये जाये यह परीक्षा योजना का अत्यन्त आवश्यक भाग है। शैक्षिक उद्देश्यों की पूर्ति के लिए अध्यापक शिक्षण कार्य करता है तो उसी के आलोक में विद्यार्थियों ने कितना ज्ञानार्जन किया, कितना उस तथ्य को बोध में उतार सका, कितना अपने व्यवहारिक जीवन में ला सका तथा तद्सम्बन्धी जीवन कौशल को विकसित कर सका, इनका ही मूल्यांकन अपेक्षित रहता है। इन चारों उद्देश्यों का विभिन्न शैक्षिक स्तरों पर विषयवार सीखने में कितना महत्व है उसके अनुसार उनपर अंक अधिभार निर्धारित किया जाता है।

अंक प्रदान करने का दिशा-निर्देश परीक्षण बनाने के बाद फलांकन प्रक्रिया अच्छे से संभव हो सके इसके लिए चार कालम वाली तालिका बनाई जाती है जो कि इस प्रकार है-

क्रमांक	प्रश्न क्रमांक	संक्षिप्त उत्तर	अंक

निबंधात्मक प्रकार के प्रश्नों में विषयवस्तु के साथ प्रस्तुतीकरण की शैली तार्किक उपागम, संबद्धता आदि भी महत्वपूर्ण स्थान रखती है, लघुउत्तरीय प्रश्नों के उत्तर की रूपरेखा और प्रश्न के प्रत्येक भाग के लिए अंकों का विभाजन होना चाहिए। वस्तुनिष्ठ प्रकार के प्रश्नों के लिए अंक-तालिका तथा उत्तर-तालिका तैयार करना चाहिए। शिक्षक को फलांकन की योजना व्यापक रखनी चाहिए।

6. **उपलब्धि-परीक्षण का प्रशासन**

उपलब्धि परीक्षण की रचना के बाद शिक्षक को परीक्षण का प्रशासन का प्रशासन इस प्रकार करना चाहिए कि प्रत्येक विद्यार्थी अच्छा प्रदर्शन कर सके। इसके लिए शिक्षक को विद्यार्थियों को अभिप्रेरित करना चाहिए। एक अच्छा परीक्षण असफल हो सकता है अगर वह सही तरीके से संचालन न किया जाये। परीक्षण के संचालन के लिए पूर्व योजना बनाना आवश्यक है। यदि विद्यार्थियों के मन में अशांति आ जायेगी तो परीक्षण की वैधता कम हो जायेगी। इस बात का सदैव ध्यान रखना चाहिए। परीक्षण के प्रशासन की सफलता के लिए निम्न बिन्दुओं को ध्यान में रखना चाहिए।

1. **समय सारणी**-परीक्षण के एक दिन पहले समय सारणी की योजना बना लेनी चाहिए। परीक्षण के दौरान एवं समाप्ति पर घंटी की सुविधा होनी चाहिए।

2. **भौतिक व्यवस्था**-परीक्षण कक्ष का वातावरण शांत होना चाहिए। ऐसे कक्ष का चयन करना चाहिए जहाँ शोर या किसी भी तरह का अवरोध न हो।
3. **उपकरण**-बैठने की व्यवस्था साफ-सुथरी होनी चाहिए यह सुनिश्चित किया जाना चाहिए कमरे में कोई भी चार्ट या चित्र नहीं लगा हो। घड़ी, स्टाप वाूच एवं घंटी की व्यवस्था होनी चाहिए।
4. **निरीक्षक**-इस प्रक्रिया के लिए इच्छुक शिक्षक/शिक्षिका का चयन करना चाहिए। ऐसे शैक्षणिक स्टाफ को रखे जो पूरा ध्यान दे सके। निरीक्षक को यह बता देना चाहिए की वो आपस में बातचीत न करे।

मानक (Norms) एवं प्राप्तांकों की व्याख्या

किसी भी मनोवैज्ञानिक परीक्षण में प्राप्तांकों के मिलने के बाद समस्या आती है कि इन अंकों का क्या अर्थ है? इनकी व्याख्या किस प्रकार की जाए जैसे शारदा ने शाब्दिक बुद्धि परीक्षण में 50 अंक प्राप्त किए परंतु परीक्षणकर्ता इन 50 अंकों के आधार पर यह जान नहीं सकते कि शारदा में शाब्दिक बुद्धि कम या सामान्य से अधिक है, अर्थ समझने के लिए तथा उनकी व्याख्या करने के लिए कुछ व्यापक, वस्तुनिष्ठ एवं स्थायी प्रतिमानों की आवश्यकता है तथा यह प्रतिमान मानक के रूप में स्थापित किए जाते हैं। मानक के आधार पर किसी भी परीक्षण के द्वारा कक्षा के दो विद्यार्थियों की तुलना की जा सकती है या किसी समूह में अमुक विद्यार्थी की क्या स्थिति है? यह जानकारी भी प्राप्त की जा सकती है।

मानक के प्रकार

लीमैने ने प्राप्तांकों के स्वरूप के आधार पर मानक के चार प्रकार बताए हैं जो निम्नलिखित हैं-

1. **आयु**-किसी विशेष आयु पर चुने गए प्रतिदर्श समूह का किसी विशेष परीक्षण पर प्राप्त औसत प्राप्तांक को आयु मानक कहा जाता है। जैसे 15 वर्ष की 100 लड़कों की औसत लंबाई 128.4 से.मी. प्राप्त होती है। तो यह औसत लंबाई आयु मानक है जिसके आधार पर हम कह सकते हैं कि 10 वर्ष के लड़के की औसतन लंबाई 128.4 से.मी. प्राप्त होती है। तो यह औसत लंबाई आयु मानक है जिसके आधार पर हम कह सकते हैं कि 10 वर्ष के लड़के की औसतन लंबाई 128.4 से.मी. होती है। आयु मानक मुख्यत: उन्हीं शीलगुणों या क्षमताओं के लिए उपयोगी होता है जो उम्र के साथ क्रमबद्ध रूप से बढ़ते हैं। जैसे व्यक्ति का भार, ऊँचाई, बुद्धि आदि आयु के साथ-साथ एक सीमा तक बढ़ते हैं। अत: इन शीलगुणों के मापन के लिए आयु मानक का उपयोग किया जाता है।
2. **ग्रेड**-ग्रेड मानक के माध्यम से ऐसे शीलगुणों की विवेचना होती है जिनमें एक वर्ग से दूसरे वर्ग तक एक क्रमबद्ध वृद्धि होती है। इस प्रकार के मानकों का अधिकतर प्रयोग स्कूलों में या उपलब्धि परीक्षणों के अंतर्गत किया जाता है। जैसे हमने 10वां, 11वां, 12वां, कक्षा के विद्यार्थियों का अलग-अलग प्रतिदर्श समूह लेकर उनके ऊपर अंकगणित योग्यता परीक्षण क्रियान्वित किया तथा उनके अलग-अलग परीक्षण प्राप्तांकों का औसत निकाल लिया।

इस औसत को ही हम ग्रेड मानक कहेंगे अब इस ग्रेड मानक के आधार पर हम सभी कक्षाओं के आपस में तुलना कर सकते हैं तथा प्रत्येक वर्ग अर्थात् कक्षा की भी स्वतंत्र रूप से व्याख्या कर सकते हैं।

3. **शतांशीय/शततमक**-किसी प्रतिशत समूह पर प्रशासित परीक्षण से प्राप्त आँकड़ों को यदि विभिन्न शंताशों में लिखा जाए तो उसे शतांशीय मानक कहा जाएगा। इससे हमें यह ज्ञात होता है कि प्राप्तांक के नीचे कितने प्रतिशत विद्यार्थियों के प्राप्तांक है। जैसे किसी उपलब्धि परीक्षण पर किन्हीं विद्यार्थियों को 68 अंक प्राप्त होते हैं और यदि माननीकृत प्रतिदर्श में 75 प्रतिदर्श लोगों ने 68 से कम अंक प्राप्त किए हैं तो इसका शततमक मानक पी 75 होगा। इस प्रकार के मानक का निर्माण काफी सरल होता है तथा किसी भी तरह के परीक्षण के उपयुक्त होता है।
4. **प्रामाणिक प्राप्तांक**-शतांशीय मानक में प्राप्तांकों की इकाई स्पष्ट रूप से समान नहीं होती है जबकि प्रामाणिक प्राप्तांक मानक में मापनी की इकाई पूरी तरह से एक समान होती है जिससे इसकी सभी इकाइयों का अर्थ एक समान होता है। इन मानकों को जेड-प्राप्तांक मानक भी कहा जाता है। इस प्रकार के मानकों को मानक विचलन की सहायता से प्राप्त किया जाता है।

प्राप्तांकों की व्याख्या

उपलब्धि परीक्षण की विवेचना मानकों पर निर्भर करती है। प्राप्तांकों की व्याख्या के लिए यह जरूरी है कि मानकों का निर्धारण अच्छे से किया जाए।

प्राप्तांकों की व्याख्या आसान एवं बोधगम्य हो इसके लिए कठिन शब्दों का प्रयोग नहीं करना चाहिए। तकनीकी शब्दों का प्रयोग करना चाहिए। तकनीकी शब्दों का प्रयोग यथा स्थान करना चाहिए। विवेचन में ग्राफ, पाई चार्ट, बार डायग्राम इत्यादि का प्रयोग किया जाना चाहिए। जिसे की आसानी से प्राप्तांकों का अर्थ समझा जा सके। प्राप्तांकों की विवेचना रुचीकरण ढंग से करना चाहिए तथा परिणामों के संबंध में उचित तर्क दिया जाना अच्छा रहता है।

❑❑❑

14

अध्याय

निर्देशन एवं परामर्श

स्किनर के अनुसार, निर्देशन युवक को सहायता देने की वह प्रक्रिया है जिसके द्वारा वह स्वयं के साथ दूसरों के साथ समायोजन करता सीखता है।

एस.जे. जोन्सः परामर्श एक प्रक्रिया है जिसके माधयम से एक छात्र व्यवहारों को सीखने अथवा परिवर्तन करने और विशिष्ट लक्ष्यों को स्थापित करने में व्यावसायिक रूप से प्रशिक्षित व्यक्ति के साथ कार्य करता है। जिसे वह इन लक्ष्यों को प्राप्त करने की दिशा में अधिकार रख सके।

निर्देशन की जितनी आवश्यकता आज है उतनी कभी नहीं थी शिक्षक बालक को पढ़ाता ही नहीं है, उसको रचनात्मक जीवन के लिए तैयार करता है, अर्थात निर्देशन शैक्षिक, व्यावसायिक, व्यक्तिगत शिक्षण का अभिन्न भाग है। एक जिम्मेदार शिक्षक इनसे नहीं बच सकता।

निर्देशन की अवधारणा

आज सभी शिक्षाविद इस बात पर एकमत हैं कि शिक्षा का वास्तविक उद्देश्य बालक के व्यक्तित्व का सर्वांगीण विकास करना है। बालक का सर्वांगीण विकास उचित वातावरण व अनुकूल परिस्थितियों पर निर्भर करता है। वर्तमान में जैसे-जैसे समाज जटिल होता जा रहा है वैसे-वैसे जीवन के विभिन्न क्षेत्रों के समक्ष अनेक समस्याएँ उपस्थित होती जा रही हैं। इनका समाधान न होने पर बालक तनाव, अंतरद्वंद्व या व्यवहारजन्य समस्याएँ परिलक्षित होती हैं। बालक की समस्याएँ बहुमुखी होती हैं। इन समस्याओं के समाधानार्थ उसे सहायता की आवश्यकता होती है ताकि वह अच्छा व्यक्ति व नागरिक बन सके। इस संदर्भ में निर्देशन को एक ऐसी सहायता माना गया है जो बालकों के स्वांगीण विकास-शारीरिक, नैतिक, शैक्षिक, सामाजिक, व्यावसायिक तथा व्यक्तिगत विकस में सहायता करती है।

आर्थर जे. जोन्स के अनुसार, निर्देशन के अन्तर्गत व्यक्तिगत सहायता को आभास मिलता है। इस सहायता में निर्देशन का केन्द्र व्यक्ति होता है जो उसकी समस्या समाधानार्थ दी जाती है। वास्तव में निर्देशन एक ऐसी प्रक्रिया है जिसके अनुसार एक व्यक्ति कम अनुभव वाले व्यक्ति की सहायता करता है। सहायता करने वाले व्यक्ति को मार्गदर्शक कहा जाता है। इस संदर्भ में अभिभावक, शिक्षक, परामर्शदाता, मनोवैज्ञानिक, चिकित्सक अथवा कोई भी अन्य व्यक्ति जो सहायता करता है मार्गदर्शक की श्रेणी में माना जाएगा।

उपरोक्त के संदर्भ में निर्देशन की अवधारणा के अन्तर्गत निम्नलिखित बिन्दु स्पष्ट होते हैं:

1. निर्देशन सतत् चलने वाली प्रक्रिया है।
2. निर्देशन को व्यक्तिगत व सामूहिक दोनों रूपों में दिया जा सकता है।
3. इसका प्रमुख उद्देश्य बालक का विकास करना है जिससे वह स्वयं समस्या का हल करने की योग्यता विकसित कर सके।
4. निर्देशन एक संगठित प्रक्रिया है जिसका एक ढाँचा होता है, कार्यकर्त्ता होते हैं व एक प्रणाली होती है।
5. निर्देशन बालक के पूर्ण विकास एवं व्यक्तिगत, शैक्षिक व व्यावसायिक समायोजन में मददगार होता है।
6. निर्देशन शिक्षा के उद्देश्यों की प्राप्ति में सहायक होता है जैसा कि निम्न चित्र से स्पष्ट है-

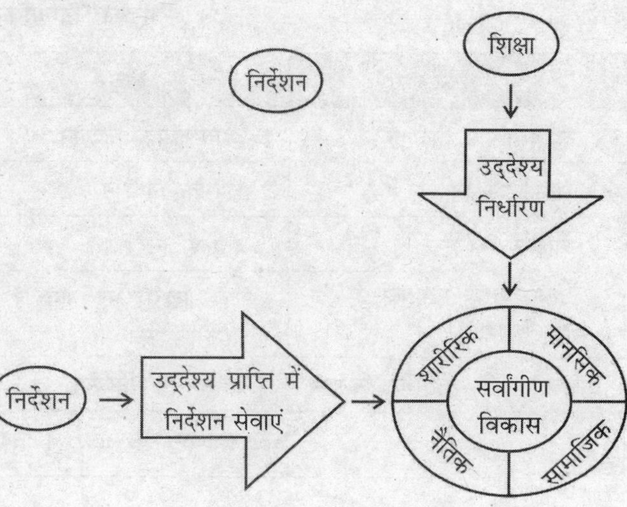

निर्देशन शिक्षा के उद्देश्यों की प्राप्ति में सहायक

निर्देशन की आवश्यकता

प्रत्येक बालक को अपने विकास के विविध स्तरों पर व्यक्ति विशेष की परिस्थितियोंनुसार निर्देश की आवश्यकता होती है-

व्यक्ति की दृष्टि से → शैक्षिक वृद्धि
→ व्यावसायिक परिपक्वता (रुचि, कौशल, अभिवृत्ति विकसित किए जा सकते हैं
→ व्यक्तिगत सामाजिक विकास समायोजन स्वयं को समझना
→ समायोजन

शैक्षिक दृष्टि से → व्यक्तिगत भिन्नता के आधार पर शिक्षा देने हेतु।
→ उपलब्धि स्तर बनाए रखने हेतु।
→ अनुशासन बनाए रखने हेतु।
→ अपव्यय एवं अपरोधन की समस्या समाधानार्थ।

सामाजिक दृष्टि से → अच्छा नागरिक निर्माण हेतु।
→ अच्छे मूल्यों व शिष्टाचार हेतु।
→ मानव संसाधनों के उचित उपयोग हेतु।
→ राष्ट्रीय-सेवार्थ।

राजनैतिक दृष्टि से → प्रजातांत्रिक मूल्यों के विकासार्थ
→ राष्ट्रीय एकता हेतु।
→ अंतर्राष्ट्रीय भावना विकसित करने हेतु।

अन्य → शैक्षिक सुविधाओं का लाभ उठाने हेतु।
→ स्वस्थ मनोरंजन हेतु।
→ उपयुक्त व्यवसाय चयन एवं नियोजन हेतु।
→ वैज्ञानिक दृष्टिकोण विकसित करने हेतु।

आर्थर जोन्स के अनुसार → परिवार की बदलती परिस्थितियों के कारण।
→ औद्योगिकीकरण के कारण।
→ अवकाश के सदुपयोग हेतु।
→ सामाजिक परिस्थितियों में परिवर्तन के कारण।
शैक्षिक व्यवस्था में परिवर्तन के कारण।

निर्देशन के उद्देश्य

निर्देशन एक सोद्देश्य क्रिया है जो व्यक्ति को जीवन की कठिन परिस्थितियों में बुद्धिमतापूर्ण चुनाव करने तथा समायोजन में सहायता करती है। हम्फ्रीज़ एवं ट्रेक्सलर के अनुसार-

1. बालक की रुचियों, योग्यताओं व क्षमताओं का पूर्ण विकास करना।
2. निर्देशन का उद्देश्य बालक की उसकी योग्यताओं व शक्ति का ज्ञान कराना है।
3. बालकों को उन अवसरों की जानकारी देना जिनके योग्य वे हों।
4. निर्देशन का उद्देश्य है व्यक्ति का बहुमुखी विकास करना।
5. बालक को इस योग्य बनाना कि वह विभिन्न विषय परिस्थितियों में अपनी समस्याओं का इस प्रकार समाधान करने योग्य हो जाए कि स्वयं व समाज के हित में हो।
6. बालक को आत्मनिर्देशित बनने में सहायता देना।

निर्देशन एक प्रक्रम है जिसके द्वारा समाज की आवश्यकताओं को ध्यान में रखकर बालक के वांछित विकास में सहायता पहुँचाना है। बालकों के साथ लगातार सम्पर्क में आने से अभिभावक व शिक्षक बालकों के व्यवहार के प्रतिमान (पैटर्न) को समझने लगते हैं कुछ व्यवहार पैटर्न संभवत: प्रमुख रूप से ध्यान आकर्षित करते हैं जैसे प्रतिभाशाली, मंदितमना या उच्च उपलब्धि तथा निम्न उपलब्धि वाले बालक जो अन्य बालकों से स्पष्टतया भिन्न दिखाई पड़ते हैं। कुछ अन्य व्यवहार में पैटर्न जो बालकों में दृश्य होते हैं। वे इस प्रकार के हो सकते हैं जैसे- पलायनवृत्ति, चिंताग्रस्तता, तनावग्रस्तता, नेतागिरी, झगड़ालू, अनुशासनहीनता, सांस्कृतिक क्रियाकलापों में अधिक रूचि प्रदर्शन आदि।

कुछ बालकों के व्यवहार उनके विकास की अवस्था के अनुरूप नहीं होते हैं, कुछ की अवस्था व्यवहार अनुरूप नहीं होती हैं, कुछ आचरण समाज के अनुकूल नहीं होता आदि। इस प्रकार के बालकों की समस्याओं को सुलझाने हेतु निर्देशन की आवश्यकता होती है।

निर्देशन की आवश्यकता सार्वभौमिक है यह कुछ ही देशों या कुछ ही व्यक्तियों तक सीमित नहीं होती।

निर्देशन के प्रकार

निर्देशन के विविध प्रकार बताए गए हैं। मैक्सकॉन ने तो 57 प्रकार निर्देशन के बताए।

मुख्यत: निम्नांकित रूप निर्देशन के हो सकते हैं:

प्रोक्टर	ब्रीवर	पैटरसन	कूफ एवं कैफयूवती
1. व्यावसायिक निर्देशन	1. व्यावसायिक निर्देशन	1. व्यावसायिक निर्देशन	1. व्यावसायिक निर्देशन
2. सामाजिक निर्देशन	2. धार्मिक निर्देशन	2. धार्मिक निर्देशन	2. मनोरंजनात्मक निर्देशन
3. शैक्षिक निर्देशन	3. शैक्षिक निर्देशन	3. शैक्षिक निर्देशन	3. शैक्षिक निर्देशन
4. अवकाश में सहायता हेतु निर्देशन	4. अवकाश में सदुपयोग हेतु निर्देशन		4. नागरिक, सामाजिक नैतिक निर्देशन
5. स्वास्थ्य व शारीरिक निर्देशन	5. पारिवारिक निर्देशन	5. स्वास्थ्य निर्देशन	5. स्वास्थ्य निर्देशन
	6. व्यक्तिगत उन्नति हेतु निर्देशन		

उपरोक्त के आधार पर मुख्य रूप से हम इन्हें तीन श्रेणियों में वर्गीकृत कर सकते हैं:

1. **व्यावसायिक निर्देशन**–व्यावसायिक निर्देशन व्यक्ति को व्यवसाय चुनने, उसके लिए आवश्यक तैयारी करने, उसमें प्रवेश पाने तथा वहाँ प्रगति करने में सहायता देने की प्रक्रिया है। व्यवसायिक निर्देशन के बारे में कहा जाता है कि गोल कील गोल छिद्र में तथा चौकोर कील चौकोर छिद्र में डालने की प्रक्रिया है''।

   व्यावसायिक निर्देशन देते समय विचार बिन्दु है- व्यवसाय का महत्व, कार्य का स्वभाव, कार्य की दशाएं, व्यवसाय के लिए योग्यताएं, वांछित प्रशिक्षण, उन्नति के अवसर, वेतन, व्यवसाय का इतिहास, अनुभव, कार्य की नियमितता व नियुक्ति का स्थान।

2. **शैक्षिक निर्देशन**–शैक्षिक निर्देशन का सम्बंध विद्यार्थियों को निम्नलिखित क्षेत्रों में दी जाने वाली सहायता से है:

   पाठ्यविषयों के चयन, अग्रिम परीक्षा का निश्चित करने, संस्थाओं की जानकारी, पाठ्यक्रमों की जानकारी, प्रवेश शर्तों, अध्ययन आदतों के निर्माणार्थ, संतोषप्रद प्रगति, छात्रवृत्ति सम्बन्धी जानकारी प्रदान आदि सम्बन्धी।

3. **व्यक्तिगत निर्देशन**–क्रो एवं क्रो के अनुसार व्यक्तिगत निर्देशन का तात्पर्य व्यक्ति को प्रदत्त उस सहायता से है जो उसके जीवन के समस्त क्षेत्रों तथा अभिवृत्तियों के विकास को दृष्टि में रखकर उपयुक्त समायोजन के प्रति निर्देशित होती है। विल्सन के अनुसार ''व्यक्तिगत निर्देशन का उद्देश्य व्यक्ति को उसकी शारीरिक, संवेगात्मक सामाजिक, नैतिक एवं आध्यात्मिक विकास और समायोजन में सहायता देना है।

   बालक की समस्याएं उसकी अपनी व्यक्तिगत होती हैं। जीवन में ऐसे पक्ष हैं जो सम्पूर्ण व्यक्तित्व पर प्रभाव डालते हैं जैसे स्वास्थ्य, परिवार, संवेग, समायोजन आदि।

   व्यक्तिगत निर्देशन का सम्बन्ध बालक में समायोजन की योग्यता का विकास करना, विभिन्न परिस्थितियों में विवेकपूर्ण व्यवहार करना तथा निर्णय लेने की योग्यता विकसित करना, संवेगात्मक नियंत्रण, स्वतन्त्र रूप से निर्णय लेने व आत्मविश्वास जाग्रत करना है।

शैक्षिक निर्देशन	व्यावसायिक निर्देशन	व्यक्तिगत निर्देशन
* विद्यालय समायोजन में सहायता * भविष्य की संभावनाओं की पहचान में सहायता * शैक्षिक कार्यक्रमों में उन्नति सम्बन्धी सहायता * शैक्षिक आवश्यकताओं की जानकारी प्राप्त करने में सहायता शिक्षा हेतु सहायक परिस्थितियां सृजित करना	* व्यवसाय चयन में सहायता * व्यावसायिक समायोजन में सहायता * व्यवसाय सम्बन्धी आवश्यक आहर्ताओं एवं गुणों की जानकारी प्राप्त करने में सहायता * विभिन्न व्यवसायों के प्रति जागरूकता उत्पन्न करना।	* शारीरिक स्वास्थ्य सम्बन्धी समस्या समाधान में सहायता। * संवेगिक नियंत्रित व्यवहार अपनाने में सहायता। * पारिवारिक जीवन से समायोजन में सहायता। * यौन प्रेम आदि के प्रति स्वस्थ * स्वस्थ अभिवृत्ति विकसित करना। * धर्म एवं मूल्यों सम्बन्धी ज्ञान देना। * सामाजिक समस्या समाधानार्थ सहायता। * सामाजिक समस्याओं के समाधान में सहायता।

परामर्श

परामर्श एक प्रक्रिया है जिसके अंतर्गत बालक/शिक्षार्थी, एक व्यावसायिक रूप से प्रशिक्षित व्यक्ति के साथ विशिष्ट उद्देश्य को संस्थापित करने के लिए कार्य करता है तथा ऐसे व्यवहारों को सीखता है। जिनका अर्जन इन विशिष्ट उद्देश्यों की प्राप्ति के लिए आवश्यक है। परामर्श निर्देशन देने की एक प्राविधि है। परामर्श की सफलता हेतु यह आवश्यक होती है कि:-

1. परामर्शदाता प्रशिक्षित, अनुभवी एवं कार्य के प्रति सम्मान रखने वाला हो।
2. बालक परामर्श की प्रक्रिया में भाग लेने के लिए इच्छुक है।
3. परामर्श के द्वारा व्यक्ति की तात्कालिक एवं भविष्य सम्बन्धी दोनों ही प्रकार की आवश्यकताओं की पूर्ति जरूरी है।
4. परामर्श के लिए उचित वातावरण की उपलब्धता जरूरी है।

कई विद्वान निर्देशन और परामर्श को समानार्थी मानते हैं परन्तु वास्तव में यह एकार्थवाची शब्द नहीं है। परामर्श निर्देशन में समाविष्ट है। परामर्श में मूल आवश्यकता आमने-सामने बैठकर समस्याओं को समझने और हल करने की होती है।

परामर्श के लक्ष्य

बालक को स्वमूल्यांकन करने में सहायता करना

लियोना टायलर के अनुसार परामर्श को एक सहायक प्रक्रम के रूप में प्रयुक्त करना जिसका उद्देश्य व्यक्ति को बदलना नहीं है अपितु उसको इन स्रोतों के उपयोग में समर्थ बनाना है जो उसके पास जीवन का सामना करने के लिए मौजूद हैं। तभी परामर्श से इस उपलब्धि की आशा हो सकती हे कि उपबोध्य अपनी ओर से कुछ रचनात्मक क्रिया करें। इस प्रकार परामर्श की प्रक्रिया व्यक्ति को आत्मपरिज्ञान के साथ-साथ उसे अपनी सहायता स्वयं करने योग्य बनाती है।

आत्मस्वीकृतिः परामर्श का उद्देश्य व्यक्ति को उसके बारे में सही स्वधारणा निर्मित करने में सहायता देना है। आत्मस्वीकृति में बालक/व्यक्ति को अपनी दुर्बलताओं एवं सीमाओं पर भी दृष्टि रखना चाहिए अन्यथा वह निराशा या असफलता का सामना कर सकता है। इस प्रकार परामर्श द्वारा व्यक्ति अपने सही स्वरूप को स्वीकारने में सहायक होता है।

बालक की अनेक समस्याएं उसके असमायोजन के कारण उत्पन्न होती हैं। परामर्श द्वारा बालक को पूर्वाग्रहों व संकीर्ण सोच से मुक्त कर उसे सामाजिक जीवन के साथ समंजित करने में सहायता दी जाती है।

परामर्श के प्रकार

परामर्श का सम्बन्ध जीवन के विभिन्न क्षेत्रों से सम्बन्ध रखने वाली समस्याओं से होता है। उसके अनेक प्रयोजन होते हैं इन्हीं के आधार पर परामर्श के विविध रूप विकसित हो गए हैं-

1. **नैदानिक परामर्श** इस प्रारूप के अन्तर्गत समस्या का विश्लेषण करने एवं उसका उपचार सुझाने का प्रयास किया जाता है।
2. **मनोवैज्ञानिक परामर्शः** इसमें परामर्शदाता एक चिकित्सक की भांति होता है। सामान्य वार्तालाप के द्वारा परामर्शदाता उपबोध्य को उसकी दमित भावनाओं एवं संवेगों को अभिव्यक्त करने में सहायता करता है।
3. **मनोचिकित्सक परामर्शः** इसमें सामाजिक अपसमायोजनों को दूर करने की दृष्टि से मनोचिकित्सक परामर्श की उपयोगिता असंदिग्ध है।

   संक्षेप में नैदानिक परामर्श व्यक्ति की एक संघटित संपूर्णता के रूप में ग्रहण किया जाता है अर्थात् केवल समस्या ही केन्द्र बिन्दु न होकर सम्पूर्ण व्यक्तित्व को परिप्रेक्ष्य में रखा जाता है। मनोवैज्ञानिक परामर्श का उद्देश्य व्यक्तित्व के विकास में आने वाली बाधाओं को दूर करने में सहायता से होता है। मनोचिकित्सक परामर्श में 'मनोवैज्ञानिक रूप से प्रशिक्षित व्यक्ति अपसमायोजन वाले भावात्मक दृष्टिकोणों के परिष्कार के लिए सचेत रूप में शाब्दिक माध्यम से प्रयत्न करता है। इसमें अपबोध्य अपने व्यक्तित्व में होने वाले परिवर्तनों से अवगत रहता है।
4. **विद्यार्थी परामर्शः** इसका सम्बन्ध विद्यार्थियों की समस्याओं से होता है जो कि सम्पूर्ण शैक्षिक परिवेश से सम्बन्धित होती है। यह समस्याएं शैक्षिक संस्थाओं के चयन, पाठ्यक्रम, छात्रवृत्ति व्यवसायिक चयन आदि से सम्बद्ध होती है।
5. **नियोजन परामर्शः** यह परामर्श उपबोध्य को उसकी योग्यताओं, अभिरूचियों एवं दृष्टिकोणों के अनुरूप कृत्य का वरण करने में सहायक होता है।
6. **वैवाहिक परामर्शः** इस परामर्श में उपयुक्त जीवन साथी के चुनाव में सहायता की जाती है। वर्तमान परिस्थितियों में प्रेम विवाह, अंतर्जातीय विवाह आदि के कारण कई समस्याएं आती हैं। इसी प्रकार वैवाहिक जीवन से सम्बद्ध समस्याओं का भी सामना करना पड़ता है (विवाहित छात्र-छात्राएं भी विद्यार्थी होते हैं)। इस प्रकार की समस्याओं के समाधान हेतु परामर्श दिया जाता है।
7. **व्यावसायिक परामर्शः** वर्तमान में व्यवसायों की संख्या में बढ़ोत्तरी हो गई है तथा विशेषीकरण की प्रवृत्ति के कारण विशेष प्रकार की शिक्षा व प्रशिक्षण अपेक्षित होते हैं। कौन-सा व्यवसाय चुना जाए, अध्ययन करने के साथ-साथ क्या व्यवसाय किया जा सकता है आदि समस्याओं के समाधानार्थ इस प्रकार का परामर्श दिया जाता है।

   रोजर्स एवं मैलेन के अनुसार परामर्श प्रदान करते समय उपबोध्य को एक व्यक्ति के रूप में समझना चाहिए उसका व्यक्तित्व ही परामर्श का केन्द्र होता है।

❑❑❑

प्रैक्टिस सेट्स

प्रैक्टिस सेट-1

1. ज्ञान विद्यमान है, विश्वसनीय है तथा इस ज्ञान को प्राप्त करना ही अधिगम है। कौन-सा सम्प्रदाय इस कथन को स्वीकार नहीं करता है?
(a) व्यवहारवाद (b) संज्ञानवाद
(c) गेस्टाल्ट्वाद (d) संरचनावाद

2. निम्न में से कौन-सा तत्व सम्प्रेषण का तत्व नहीं है?
(a) सम्प्रेषण का माध्यम
(b) सम्प्रेषण की शृँखला
(c) सम्प्रेषण का उद्देश्य
(d) सम्प्रेषण का नियोजन

3. अध्यापक के व्यक्तित्व के विकास में बाधक तत्व है–
(a) सामाजिक परिवेश का ज्ञान
(b) सांस्कृतिक अनुभव
(c) कल्पना शक्ति का अभाव
(d) उच्च मानसिक क्षमता

4. कम्प्यूटर सहायता प्राप्त अधिगम का लाभ है–
(a) अध्यापक की आवश्यकता नहीं रहती
(b) यह उच्च कक्षाओं के लिए उपयोगी है
(c) यह प्रतिभाशाली छात्रों के लिए उपयोगी है
(d) शिक्षार्थी अपनी गति के अनुसार सीखता है

5. "मानव संस्कार अथवा क्षमता में परिवर्तन, जो धारण किया जा सकता है तथा जो वृद्धि की प्रक्रिया के ऊपर ही आरोपित नहीं है।" यह कथन किनका है?
(a) ट्रेयर्स (b) गेने
(c) स्ट्रेयर्स (d) मेकग्रो

6. किशोर अवस्था में मानसिक या बौद्धिक विकास होता है–
(a) बहुत शीघ्रता से एवं बहुत अधिक मात्रा में
(b) अधिक मात्रा में लेकिन धीरे-धीरे
(c) बहुत कम मात्रा में लेकिन शीघ्रता से
(d) अधिक तेजी से एवं कम मात्रा में

7. शिक्षा में I.C.T. के उपयोग के सन्दर्भ में कौन-सा कथन गलत है?
(a) बड़ी संख्या में शिक्षार्थी को शिक्षा से जोड़ना सम्भव होगा
(b) अध्यापक की आवश्यकता नहीं रहेगी
(c) अध्यापक की भूमिका सहजकर्ता के रूप में रहेगी
(d) शिक्षा ज्यादा प्रभावी होगा

8. किस अवस्था में बालक से परामर्श शिक्षण अत्यन्त सक्रिय होता है?
(a) बाल्यावस्था
(b) किशोरावस्था
(c) उत्तर बाल्यावस्था
(d) पूर्व बाल्यावस्था

9. अभिक्रमित अधिगम मॉडल के जनक हैं–
(a) आसुबेल (b) पियाजे
(c) हल (d) स्किनर

10. "प्रत्याशा सिद्धान्त" किसने दिया है?
(a) विक्टर रूम (b) वाटसन
(c) बी.एफ. स्कीनर (d) थार्नडाइक

11. स्वप्रत्यय विकसित होता है–
(a) स्वधारणा से
(b) लोगों की धारणा से
(c) स्वधारणा तथा लोगों की धारणा से
(d) बुद्धि से

12. निम्न में से कौन-सा ब्रूनर के सिद्धान्त में नहीं है?
(a) नवीन ज्ञान अथवा सूचना को ग्रहण करना
(b) अर्जित ज्ञान का रूपान्तरण
(c) ज्ञान की पर्याप्तता की जाँच
(d) ज्ञान की अपर्याप्तता की जाँच

13. गोल मेन का नाम जाना जाता है–
(a) बुद्धि के सिद्धान्त के लिए
(b) आध्यात्मिक बुद्धि के लिए
(c) सांवेगिक बुद्धि के लिए
(d) सामाजिक बुद्धि के लिए

14. ब्रूनर के अनुसार निम्न में से कौन-सा शिक्षण सिद्धान्त नहीं है?
(a) औपचारिक शिक्षण सिद्धान्त
(b) अनौपचारिक शिक्षण सिद्धान्त
(c) वर्णात्मक शिक्षण सिद्धान्त
(d) प्रमाणिक सिद्धान्त

15. पियाजे के अनुसार किशोरावस्था में संज्ञात्मक विकास की कौन-सी अवस्था प्रारम्भ होती है?
(a) पूर्व कार्यात्मक अवस्था
(b) औपचारिक कार्यात्मक अवस्था
(c) संवेदीगामक अवस्था
(d) स्थूल कार्यात्मक अवस्था

16. निम्न में से कौन-सी शिक्षण सिद्धान्त की एक विशेषता नहीं है?
(a) सीखने उत्सुकता
(b) ज्ञान की संरचना
(c) क्रमशीलता का अभाव
(d) पुष्टिकरण

17. निर्देशन प्रक्रिया होनी चाहिए है–
(a) उद्देश्य केन्द्रित
(b) निर्देशक कर्ता केन्द्रित
(c) पाठ्यक्रम केन्द्रित
(d) बाल केन्द्रित

18. पियाजे की दृष्टि से वयं वर्ग 7 से 12 वर्ष की विकास की अवस्था को कहा जाता है–
(a) संवेदी प्रेरक
(b) पूर्व संक्रियात्मक
(c) मूर्त संक्रियात्मक
(d) रूप संक्रियात्मक

19. मनोविज्ञान के किस सम्प्रदाय में तथ्यात्मक एवं वस्तुनिष्ठ विधियों के अध्ययन के उपयोग पर बल दिया है?
(a) मनोविश्लेषणवाद
(b) संरचनात्मकवाद
(c) व्यवहारवाद
(d) संज्ञानवाद

20. कुसमायोजित व्यक्ति कहलाते हैं जो–
(a) अधिकतर अनुचित ढंग से द्वन्द्वात्मक स्थिति का सामना करते हैं
(b) समाज विरोधी गतिविधियों में सहभागिता करते हैं
(c) द्वन्द्व को दूर करने में असमर्थ होता है
(d) उपरोक्त सभी

21. समस्या समाधान स्थिति के लिए संज्ञानवादी मानते हैं–
(a) इसमें चिन्तन प्रक्रिया होती है
(b) यह प्रयास व त्रुटि पर आधारित है
(c) यह पुनर्बलन पर आधारित है
(d) यह उद्दीपन प्रत्युत्तर अनुबन्धन है

22. **तनाव को कम करने तथा अन्तर्द्वन्द्व को सुलझाने के प्रत्यक्ष तरीकों में शामिल नहीं हैं?**
(a) रुकावट को नष्ट या दूर करना
(b) दूसरा रास्ता निकालना
(c) दूसरे लक्ष्यों का प्रतिस्थापन
(d) अनिर्णय

23. **कौन-सा घटक ''सूचना प्रक्रियात्मक व्यवस्था'' से सम्बन्धित नहीं है?**
(a) अल्पकालीन स्मृति
(b) जीवन पर्यन्त स्मृति
(c) दीर्घ कालीन स्मृति
(d) कार्य स्मृति

24. **संप्रत्यय लब्धि प्रतिमान किसने प्रतिपादित किया?**
(a) हिल्डा रावत (b) जेरोम ब्रूनर
(c) रिचर्ड सुचमन (d) कार्ल रोजर्स

25. **''किशोरावस्था वह अवस्था है, जिसमें बालक परिपक्वता की ओर अग्रसर होता है।'' यह कथन किसका है?**
(a) स्टेनली (b) जेरसील्ड
(c) हरलॉक
(d) उपर्युक्त में से कोई नहीं

26. **आगमन चिन्तन के विकास के लिए श्रीमती टाबा ने कौन-सी युक्ति नहीं सुझाई?**
(a) अवधारणा का निर्माण
(b) दत्त व्याख्या
(c) सिद्धान्तों का उपयोग
(d) दत्त अवलोकन

27. **हल (HVII) की अधिगम प्रणाली के अंतर्गत निम्नांकित में किसे अगातचर माना गया था?**
(a) SHR – आदत बल
(b) अर्न्तोद (Drive)
(c) प्रेरक अभिप्रेरण
(d) पूर्व प्रबलनों की संख्या

28. **हार्डवेयर उपागम का आधार है–**
(a) शैक्षिक विज्ञान
(b) एप्लाइड इन्जीनियरिंग
(c) उपर्युक्त दोनों
(d) शैक्षिक मनोविज्ञान

29. **फ्रायड की व्यक्तित्व संबंधी मनोविश्लेषणवादी धारणा के अनुसार निम्नांकित में से कौन-सा मनो-ऊर्जा का संसूचक है।**
(a) अहम
(b) इदम्
(c) पराहम्
(d) मन का चेतन स्तर

30. **प्रक्षेपण शब्द का प्रयोग सर्वप्रथम किस मनोवैज्ञानिक ने किया–**
(a) एरिक्सन (b) फ्रायड
(c) पियाजे (d) थार्नडाइक

उत्तरमाला

1. (d)	2. (d)	3. (c)	4. (d)	5. (b)	6. (a)	7. (c)	8. (b)	9. (d)	10. (a)
11. (c)	12. (d)	13. (c)	14. (b)	15. (b)	16. (c)	17. (d)	18. (c)	19. (c)	20. (d)
21. (a)	22. (d)	23. (b)	24. (b)	25. (d)	26. (d)	27. (d)	28. (b)	29. (b)	30. (b)

प्रैक्टिस सेट–2

1. **निम्नलिखित में से कौन-सा अधिगम का एक मुख्य थार्नडाइक नियम है?**
(a) उपयोग का नियम
(b) अभ्यास का नियम
(c) आत्मीकरण का नियम
(d) मनोवृत्ति का नियम

2. **निम्नलिखित में से कौन-सा प्रभावी अधिगम का अवरोधक नहीं है?**
(a) प्रेरणा का अभाव
(b) जीवन से न जोड़ना
(c) अधिगम परिस्थिति
(d) इनमें से कोई नहीं

3. **कम्प्यूटर की किस इकाई में जटिल गणनाएँ करने की क्षमता होती है?**
(a) अदा इकाई
(b) स्मृति भंडारण इकाई
(c) केंद्रीय प्रोसेसिंग इकाई
(d) प्रदा इकाई

4. **निम्नलिखित में से कौन-सी शिक्षण अधिगम सामग्रियों से संबंधित एक गतिविधि सहायक सामग्री नहीं है?**
(a) ओवर हेड प्रोजेक्ट
(b) नाटक
(c) प्रदर्शन
(d) क्षेत्र भ्रमण

5. **कक्षा कक्ष में सम्प्रेषण का/के प्रकार हैं?**
(a) शाब्दिक अंत:क्रिया
(b) अशाब्दिक अंत:क्रिया
(c) दोनों (a) और (b)
(d) इनमें से कोई नहीं

6. **अनुदेशन का प्रणाली उपागम है–**
(a) शिक्षक केन्द्रित
(b) बाल केन्द्रित
(c) कक्षाकक्ष केन्द्रित
(d) समस्या केन्द्रित

7. **समूह विधियों द्वारा सीखने का उदाहरण है–**
(a) वाद विवाद विधि
(b) कार्यशाला विधि
(c) विचार गोष्ठी विधि
(d) उपर्युक्त सभी

8. **समायोजन के संदर्भ में निम्नलिखित में से क्या सही नहीं है?**
(a) यह संतुलन प्रदान करता है।
(b) यह समस्या का समाधान करता है।
(c) यह निरंतर चलने वाली प्रक्रिया नहीं है।
(d) समायोजन की अनुपस्थिति में व्यक्ति तनाव, संघर्ष और चिंताओं से घिरा रहता है।

9. अधिगम को प्रभावित करने वाले पर्यावरणीय कारकों में से एक हैं–
(a) सामाजिक परिवेश
(b) थकावट
(c) मानसिक स्तर
(d) इनमें से कोई नहीं

10. निम्नलिखित में से कौन-सा मानसिक रूप से स्वस्थ व्यक्ति का लक्षण है?
(a) सहनशीलता
(b) आत्मविश्वास
(c) संवेगात्मक परिपक्वता
(d) उपर्युक्त सभी

11. प्रशिक्षण एवं अनुभव के द्वारा व्यवहार में होने वाले परिवर्तन को अधिगम कहते हैं। यह कथना जिनका है वह है–
(a) गेटस (b) कॉलविन
(c) सी.ई. स्किनर (d) प्रेसी

12. कोई भी बालक सीखना शुरू करता है–
(a) जब उसे विद्यालय में प्रवेश दिलाया जाता है।
(b) जब वह बोलना शुरू करता है।
(c) जब वह घर से बाहर निकलता है।
(d) अपने जन्म से ही।

13. क्षमता के विकास का दूसरा नाम है–
(a) अनुभव
(b) परिपक्वता
(c) शारीरिक विकास
(d) कौशल विकास

14. मनोविज्ञान ने शिक्षा को बना दिया है–
(a) पाठयचर्या केंद्रित
(b) शिक्षक केंद्रित
(c) बाल केंद्रित
(d) विषय केंद्रित

15. निम्नलिखित में से कौन-सा रायबर्न के अनुसार शिक्षा के तीन संबंधों में सम्मिलित नहीं हैं–
(a) बच्चे और शिक्षक में संबंध
(b) बच्चे और समाज में संबंध
(c) शिक्षक और विषय में संबंध
(d) विषय और बच्चे में संबंध

16. अधिगम प्रतिफल का तात्पर्य है–
(a) बालक के व्यवहार में होने वाला परिवर्तन
(b) शिक्षक की शिक्षण विधियों में परिवर्तन
(c) पाठ्यवस्तु का परिमार्जन
(d) उपयुक्त में से कोई नहीं

17. निम्नलिखित में से कौन-सा किशोरावस्था का लक्षण नहीं हैं?
(a) शारीरिक परिवर्तन
(b) व्यवहार में स्थिरता
(c) अस्थिरता की समस्या
(d) संवेगात्मक समस्याएँ

18. शिक्षा मनोविज्ञान शिक्षक को मदद करता है–
(a) बाल विकास का ज्ञान प्राप्त करने में
(b) बाल स्वभाव तथा व्यवहार जानने में
(c) बच्चों के चरित्र निर्माण
(d) उपर्युक्त सभी के लिए

19. निम्नलिखित में से कौन-सी शिक्षा मनोविज्ञान के अध्ययन की वस्तुनिष्ठ विधि नहीं हैं?
(a) प्रयोगात्मक विधि
(b) उपचारात्मक विधि
(c) आत्मनिरीक्षण विधि
(d) निरीक्षण विधि

20. निम्नलिखित में से किसमें मूलवृत्ति संबद्ध संवेग से मेल नहीं खाती हैं–
(a) पलायन-भय
(b) संवेदना-आश्चर्य
(c) युद्धप्रियता-क्रोध
(d) अप्रियता-घृणा

21. संवेद जो सामान्यतः सुख देता है–
(a) करूणा (b) एकाकीपन
(c) भूख (d) आत्माभिमान

22. निम्नलिखित में से कौन-सा अमूर्त स्थाई भाव है?
(a) आदर (b) निवास स्थान
(c) पशु (d) क्रोध

23. किसी दुखी व्यक्ति को सहानुभूति के दो शब्द कहना किसका उदाहरण है?
(a) सक्रिय सहानुभूति
(b) निष्क्रिय सहानुभूति
(c) व्यक्तिगत सहानुभूति
(d) उपरोक्त में से कोई नहीं

24. किसी व्यक्ति के विकास के संबंध में क्या सही नहीं है?
(a) यह जन्म से मृत्यु तक जारी रहता है।
(b) वृद्धि विकास का एक हिस्सा है।
(c) परिवर्तनों को देखा और मापा जा सकता है।
(d) उपरोक्त सभी

25. स्टेनले हाल के अनुसार–
(a) किशोर वर्तमान की शक्ति और भावी आशा को प्रस्तुत करता है।
(b) किशोरावस्था बड़े संघर्ष, तनाव, तूफान तथा विरोध की अवस्था है।
(c) किशोरावस्था एक ज्वार है जो बालक की नसों में उठना शुरू होता है।
(d) किशोरावस्था बचपन से परिपक्वता की ओर गमन है।

26. निम्नलिखित में से कौन-सी किशोरावस्था की विशेषता नहीं है?
(a) शारीरिक विकास
(b) मानसिक विकास
(c) समूह का महत्व
(d) तीव्र समायोजन

27. बालकों में अधिगम सम्बन्धी योग्यताओं का विकास होता है?
(a) रचनात्मक क्रियाकलापों के माध्यम से
(b) आत्माभिव्यक्ति से
(c) सहयोगात्मक कार्यों से
(d) उपर्युक्त सभी

28. थकावट और बीमारी जैसे कारक मुख्य रूप से प्रभावित करते हैं–
(a) बच्चे के संवेगात्मक विकास को
(b) बच्चे के शारीरिक विकास को
(c) बच्चे की संकल्प शक्ति को
(d) बच्चे के आत्मविश्वास को

29. ''सीखना विकास की प्रक्रिया है'' यह किसने कहा था?
(a) वुडवर्थ (b) थार्नडाइक
(c) मॉर्गन (d) क्रॉनबैक

30. निम्नलिखित में से कौन-सा सीखने के संबंध में सही नहीं हैं?
(a) सीखना कुछ नया करना है।
(b) सीखना अनुभवों का संगठन होता है।
(c) सीखना बिना किसी उद्देश्य के भी हो सकता है
(d) सीखने की असफलताओं का कारण समझने की असफलताएं हैं।

उत्तरमाला

1. (b)	**2.** (c)	**3.** (c)	**4.** (a)	**5.** (c)	**6.** (d)	**7.** (d)	**8.** (c)	**9.** (a)	**10.** (d)
11. (a)	**12.** (d)	**13.** (d)	**14.** (c)	**15.** (c)	**16.** (a)	**17.** (b)	**18.** (d)	**19.** (c)	**20.** (b)
21. (d)	**22.** (a)	**23.** (b)	**24.** (c)	**25.** (b)	**26.** (d)	**27.** (d)	**28.** (b)	**29.** (a)	**30.** (c)

प्रैक्टिस सेट-3

1. विकास के किस चरण को 'नायक पूजा' की प्रवृत्ति का प्राचुर्य कहा जाता है?
(a) प्रारम्भिक बाल्यावस्था
(b) उत्तर बाल्यावस्था
(c) प्रारम्भिक किशोरावस्था
(d) उत्तर किशोरावस्था

2. निम्न में से कौन-सा अधिगम सिद्धान्त नैमित्तिक अनुबन्धन कहलाता है?
(a) प्रयत्न एवं भूल
(b) शास्त्रीय अनुबन्धन
(c) सक्रिय अनुबन्धन
(d) सूचना प्रक्रियाकरण

3. एक आन्तरिक मानसिक दशा जो किसी व्यवहार को आरम्भ करने तथा बनाए रखने के लिए प्रवृत्त करती है, कहलाती है-
(a) अभिक्षमता (b) अभिवृत्ति
(c) अभिप्रेरणा (d) अभिरुचि

4. निम्न में से कौन-सा युग्म सही है?
(a) कर्ट लेविन - मानवतावादी अधिगम सिद्धान्त
(b) थॉर्नडाइक-संयोजनवाद
(c) मैसलो-अधिगम सम्बन्धी क्षेत्र सिद्धान्त
(d) स्किनर - शास्त्रीय अनुबंधन सिद्धान्त

5. निर्मितवादी शिक्षण प्रक्रियाओं में शिक्षक की भूमिका है-
(a) कौशल अर्जित करने में प्रशिक्षित करना
(b) सूचनाओं का स्थानान्तरण करना
(c) ज्ञान निर्माण का सरलीकरण करना
(d) छात्रों में अनुशासन बनाए रखना

6. वह चिन्तन प्रक्रिया जो नवीन, मौलिक तथा उपयोगी विचार के उत्पन्न होने में लिप्त हो, कहलाती है-
(a) सृजनात्मकता
(b) बुद्धि
(c) नवाचार
(d) समस्या समाधान

7. निम्नलिखित में से उच्च स्तरीय संज्ञानात्मक कौशलों के विकास के लिए सर्वथा उपयुक्त है-
(a) व्याख्यान प्रदर्शन
(b) परिचर्या
(c) भूमिका निर्वहन
(d) पृच्छा अधिगम

8. निम्नलिखित में से कौन-सा संवेगात्मक बुद्धि का घटक नहीं है?
(a) संवेगों को जानना
(b) संवेगों का प्रबन्धन
(c) अन्य लोगों के संवेगों को पहचानना
(d) संवेगों को जागृत करना

9. ''समायोजन वह प्रक्रिया है जिसके द्वारा कोई जीवधारी अपनी आवश्यकताओं तथा इन आवश्यकताओं की संतुष्टि से सम्बन्धित परिस्थितियों में सन्तुलन बनाए रखता है।'' यह परिभाषा दी गई है-
(a) जेरशील्ड (b) गेटस
(c) शैफर (d) वोन हेलर

10. निम्नांकित में से कौन-सी बुद्धि व्यक्ति की आयु के साथ अभिवृद्धि होने से नहीं रूक सकती?
(a) शैक्षिक बुद्धि (b) स्थानगत बुद्धि
(c) वाचिक बुद्धि (d) भावात्मक बुद्धि

11. 25 वर्षीय लड़का जिसकी मानसिक आयु 16 है का आई.क्यू. (IQ) होगा-
(a) 64 (b) 75
(c) 80 (d) 100

12. थॉर्नडाइक द्वारा प्रतिपादित सीखने के मुख्य नियम कितने हैं?
(a) 2 (b) 3
(c) 4 (d) 5

13. डगलस तथा हालैण्ड के अनुसार संघर्ष का अर्थ है-
(a) कष्टदायक दशा का विरोध
(b) विपरीत इच्छा
(c) अनहोनी
(d) उपरोक्त सभी

14. ''सम्प्रेषण विचार विनिमय के मूड (mood) में विचारों तथा भावनाओं को परस्पर जानने तथा समझने की प्रक्रिया है।'' यह परिभाषा देने वाले हैं-
(a) हर्बर्ट (b) एडगर डेल
(c) राबर्ट मेगर (d) बीएस ब्लूम

15. निम्न में से कौन से शिक्षण प्रतिमान का केन्द्र बिन्दु तथ्यों एवं सम्प्रत्ययों का अवबोध (समझना) करना है?
(a) अग्रिम संघटक (b) वैज्ञानिक पूछताछ
(c) सूचना प्रक्रिया (d) सहयोगी अधिगम

16. निम्नलिखित में से कौन-सा शिक्षण प्रतिमान का आधारभूत अवयव नहीं है?
(a) उद्देश्य
(b) सम्प्रेषण
(c) संरचना
(d) सामाजिक प्रणाली

17. निम्नलिखित में से कौन-सा युग्म सही है?
(a) आगम शिक्षण प्रतिमान-हिल्दा ताबा
(b) प्रगत संगठनात्मक प्रतिमान-ब्रूनर
(c) निष्पत्ति प्रत्यय प्रतिमान-आसुबेल
(d) पृच्छा प्रशिक्षण प्रतिमान-डॉनाल्ड ओलीवर

18. निर्मितवादी उपागम परिणाम है-
(a) संज्ञानात्मक मनोविज्ञान का
(b) सामाजिक मनोविज्ञान का
(c) व्यवहारवादी मनोविज्ञान का
(d) (a) एवं (b) दोनों का

19. ''शिक्षा मनोविज्ञान, मनोविज्ञान की वह शाखा है जो शिक्षण एवं सीखने से सम्बन्धित है'' यह परिभाषा किसकी है?
(a) स्किनर (b) क्रो एवं क्रो
(c) गेटस (d) सोरेन्सन

20. शिक्षण और अधिक प्रभावी हो सकता है, जबकि-
(a) अधिगम, शिक्षक द्वारा निर्देशित एवं नियन्त्रित हो।
(b) अधिगमकर्ता को स्वयं करने की स्वायत्तता व नियंत्रण दिया जाए।
(c) शिक्षक तथ्यों की व्याख्या करने में केन्द्रीय भूमिका का निर्वहन करें।
(d) कक्षा-कक्ष में शिक्षक निर्देशित विधियों का उपयोग किया जाए।

21. सृजनात्मकता की विशेषता है-
(a) लचीलापन (b) मौलिकता
(c) प्रवाहशीलता (d) उपरोक्त सभी

22. मानव विकास होता है-
(a) मात्रात्मक
(b) गुणात्मक
(c) एक सीमा तक अमापनीय
(d) मात्रात्मक एवं गुणात्मक दोनों

23. विकासात्मक कार्य सिद्धान्त का प्रतिपादन किया-
(a) गैसल (b) एरिक्सन
(c) हेविगहर्स्ट (d) कोहलबर्ग

24. एरिक्सन के विकास के सिद्धान्त में ..... अवस्थाएँ हैं।
(a) 6 (b) 8
(c) 7 (d) 5

25. ''विकास व्यक्ति में नवीन विशेषताएँ उत्पन्न करता है किसका कथन है
(a) हरलॉक (b) जेम्स ड्रेवर
(c) मैकडूगल (d) मूनरो

26. जिस प्रक्रिया से व्यक्ति, मानव, कल्याण के लिए परस्पर निर्भर होकर व्यवहार करना सीखता है। वह प्रक्रिया है–
(a) भाषा विकास
(b) सामाजीकरण
(c) वैयक्तिक मूल्य
(d) उपरोक्त में से कोई नहीं

27. ''मानसिक स्वास्थ्य सम्पूर्ण व्यक्तित्व की पूर्ण तथा समरूप क्रिया है।'' यह परिभाषा किसने दी?
(a) लाडेल (b) हैडफील्ड
(c) कुप्पुस्वामी (d) स्किनर

28. निम्न कथनों में से वृद्धि एवं विकास के बारे में कौन-सा कथन सत्य है?
(a) वृद्धि मनोवैज्ञानिक है और विकास भौतिक
(b) वृद्धि भौतिक है जबकि विकास मनोवैज्ञानिक
(c) वृद्धि तथा विकास दोनों मनोवैज्ञानिक है।
(d) वृद्धि तथा विकास दोनों भौतिक हैं।

29. निम्नलिखित में से कौन-सा कथन सही नहीं है?
(a) आंशिक पुनर्बलन, सतत् पुनर्बलन से ज्यादा प्रभावी होता है।
(b) सतत् पुनर्बलन; आंशिक पुनर्बलन से ज्यादा प्रभावी होता है।
(c) आंतरिक अभिप्रेरणा बाह्य अभिप्रेरणा से ज्यादा प्रभावी होती है।
(d) उपरोक्त सभी

30. एक बच्चे के सीखने के लिए बुनियादी शर्त है-
(a) वह सीखने के लिए तैयार हो
(b) अभिभावकों द्वारा उससे पढ़ने के लिए बार-बार कहा जाए
(c) विद्यालय में शिक्षक द्वारा उसे सिखाया जाए
(d) सीखने के लिए उसे दूसरे के द्वारा अभिप्रेरित किया जाए

उत्तरमाला

1. (c)	**2.** (c)	**3.** (c)	**4.** (b)	**5.** (c)	**6.** (a)	**7.** (d)	**8.** (d)	**9.** (c)	**10.** (d)
11. (a)	**12.** (b)	**13.** (d)	**14.** (b)	**15.** (a)	**16.** (b)	**17.** (a)	**18.** (d)	**19.** (a)	**20.** (b)
21. (d)	**22.** (d)	**23.** (c)	**24.** (b)	**25.** (a)	**26.** (b)	**27.** (b)	**28.** (b)	**29.** (b)	**30.** (a)

प्रैक्टिस सेट-4

1. नवीन ज्ञान की प्राप्ति होती है-
(a) रटने से
(b) ज्ञान के स्थानान्तरण से
(c) अनुभव एवं नवीन अर्थ खोजने से
(d) उपरोक्त में से कोई नहीं

2. निम्नलिखित में से कौन-सा संवेगात्मक बुद्धि का तत्व नहीं है?
(a) संवेगों का प्रबन्धन
(b) स्वअभिप्रेरित करना
(c) दूसरों के संवेगों को पहचानना
(d) सजीवों में विभेदन करने की क्षमता रखना

3. एडवान्स ऑरगेनाइजर प्रतिरूप जिन्होंने दिया, वे हैं-
(a) पियाजे
(b) आसुबेल
(c) रिचर्ड सचमैन
(d) जॉन ड्यूई

4. निम्नलिखित में से कौन-सी अनुदेशन सामग्री नहीं है?
(a) छपी सामग्री
(b) ट्रान्सपेरेन्सी
(c) ओवरहेड प्रोजेक्टर
(d) ऑडियो कैसेट

5. आत्म-सम्प्रेषण को कहते हैं-
(a) समूह सम्प्रेषण
(b) जन सम्प्रेषण
(c) अन्तः वैयक्तिक सम्प्रेषण
(d) इनमें से कोई नहीं

6. वीडियो कॉन्फ्रेंसिंग को निम्नलिखित प्रकार के संचार में वर्गीकृत किया जा सकता है-
(a) दृश्य एक तरफा
(b) दृश्य श्रव्य एक तरफा
(c) दृश्य श्रव्य दो तरफा
(d) दृश्य दो तरफा

7. सूचना सम्प्रेषण तकनीकी में सम्मिलित है-
(a) ऑनलाइन सीखना
(b) वेब आधारित सीखना
(c) EDUSAT के माध्यम से सीखना
(d) उपरोक्त सभी

8. अधिगमकर्ता वैयक्तिक भिन्नताएँ प्रदर्शित करते हैं, अतः शिक्षक को–
(a) परीक्षाओं की संख्या बढ़ानी चाहिए।
(b) कठोर अनुशासन लागू करना चाहिए।
(c) विविध अधिगम अनुभव उपलब्ध कराने चाहिए।
(d) अधिगम की समान गति पर बल देना चाहिए।

9. सूझ द्वारा सीखने के समाकृतिवाद के प्रवर्तक थे-
(a) वर्थीमर, कोफ्का एवं कोहलर
(b) कोफ्का, थॉनडाईक एवं कोहलर
(c) कोहलर, कोफ्का एवं फ्रायड
(d) वर्थीमर, फ्रायड एवं कोहलर

10. शिक्षा मनोविज्ञान है-
(a) मानक विज्ञान
(b) अनुप्रयुक्त विज्ञान
(c) विशुद्ध विज्ञान
(d) उपरोक्त में से कोई नहीं

11. मानव विकास परिणाम है-
(a) आर्थिक कारकों का
(b) वंशागति एवं वातावरणीय कारकों का
(c) धार्मिक कारकों का
(d) अभिप्रेरण कारकों का

12. शिक्षा मनोविज्ञान सम्बन्धित है-
(a) अधिगम कर्ता है
(b) अधिगम प्रक्रिया से
(c) अधिगम संस्थितियों से
(d) उपरोक्त सभी

13. शृंखला अधिगम सम्बन्धित है-
(a) टॉलमैन से
(b) थॉर्नडाइक से
(c) गेगनी (Ganne) से
(d) ब्रूनर से

14. किशोरावस्था बड़े दबाव एवं तनाव तथा तूफान व संघर्ष की अवस्था है, कहा है-
(a) कोल ने (b) विलियम मैक्डूगल ने
(c) स्टेनले हाल ने (d) ब्रिकसन ने

15. मनोविज्ञान में व्यवहारवाद का प्रतिपादन करने वाले थे-
(a) जोन ड्यूई (b) कोहलर
(c) विलियम जेम्स (d) जॉन बी. वाटसन

16. सृजनात्मकता की विशेषताएँ होती हैं-
(a) मौलिकता (b) प्रवाहशीलता
(c) लचीलापन (d) उपरोक्त सभी

17. शिक्षक कक्षा-कक्ष में प्रयास करता है-
(a) विद्यार्थियों को अनुभव प्रदान करने का
(b) विद्यार्थियों को चिन्तन का अवसर देने का
(c) विद्यार्थियों को सहायक अधिगम वातावरण देने का
(d) उपरोक्त सभी

18. निम्नलिखित में से कौन-सा युग्म सही नहीं है?
(a) वॉटसन-व्यवहारवाद
(b) जॉन ड्यूई-संरचनावाद
(c) जीन पियाजे-संज्ञानात्मक विकास
(d) वर्थीमर-गेस्टाल्टवाद

19. मानसिक स्वास्थ्य का लक्षण नहीं है-
(a) सहनशीलता
(b) सामंजस्य की योग्यता
(c) आत्मविश्वास
(d) अपरिपक्वता

20. शिक्षण का वह प्रतिमान जिसका सर्वाधिक प्रयोग भाषा व व्याकरण शिक्षण हेतु उपयोगी है, वह है-
(a) आगमन प्रतिमान
(b) संप्रत्यय, सम्प्राप्ति प्रतिमान
(c) पृच्छा प्रशिक्षण प्रतिमान
(d) विकासात्मक प्रतिमान

21. ''शिक्षण प्रक्रियाओं में पारस्परिक प्रभावों को सम्मिलित किया जाता है, जिसमें दूसरों के व्यावहारिक क्षमताओं के विकास का लक्ष्य होता है।'' प्रजातांत्रिक शिक्षण व्यवहार की उपरोक्त परिभाषा दी है-
(a) जॉन ब्रूबेकर ने
(b) एन.एल. गेज ने
(c) एडमड एमीडोन न
(d) एच.सी. मोरीसन ने

22. जिन प्रतिक्रियाओं को सीखने के उपरान्त सन्तुष्टि प्राप्त होती है उन्हें सीख लिया जाता है, यह है-
(a) अभ्यास का नियम
(b) तत्परता का नियम
(c) प्रभाव का नियम
(d) सापेक्षता का नियम

23. मनोविश्लेषण का प्रतिपादन जिन्होंने किया, वे हैं-
(a) अल्फ्रेड एडलर (b) सिग्मण्ड फ्रायड
(c) कार्ल जुग (d) गार्डनर

24. प्रेरणा-प्रबलन हास सिद्धान्त के प्रदाता हैं-
(a) क्लार्क एल. हल
(b) फ्रायड
(c) मैसलो
(d) इनमें से कोई नहीं

25. निम्नलिखित में से कौन-सा कथन सही है?
(a) शिक्षण उद्देश्य एवं शैक्षिक उद्देश्य दोनों समान हैं
(b) शिक्षण उद्देश्य, शैक्षिक उद्देश्य में अन्तर्निहित हैं।
(c) शिक्षण उद्देश्य जैसा कुछ नहीं है।
(d) शिक्षण उद्देश्य की प्रकृति विस्तृत होती है।

26. शिक्षण प्रतिमान के तत्व हैं-
(a) लक्ष्य एवं उद्देश्य
(b) उद्देश्य एवं संरचना
(c) सामाजिक प्रणाली एवं मूल्यांकन
(d) उपरोक्त सभी

27. सही जोड़े का चयन कीजिए-
(a) ग्लेशर-कम्प्यूटर आधारित शिक्षण प्रतिमान
(b) सुकरात-निष्प्राप्ति शिक्षण प्रतिमान
(c) फ्रलैंडर-बुनियादी शिक्षण प्रतिमान
(d) आसुबेल-अग्रिम व्यवस्थापक शिक्षण प्रतिमान

28. बच्चे के सीखने व शिक्षण से सम्बन्धित विज्ञान को कहा जाता है-
(a) पेडागाजी (b) एन्ड्रोगाजी
(c) आटोलाजी (d) साइकोलाजी

29. विशेष आवश्यकता वाले बच्चों (दिव्यांगजन) की शिक्षा किस प्रकार होनी चाहिए?
(a) उन्हें अलग विद्यालय में शिक्षा देनी चाहिए
(b) उन्हें समान विद्यालय में ही विशेष शिक्षा विशेषज्ञों की मदद से शिक्षा देनी चाहिए
(c) उन्हें केवल घर में शिक्षा मिलनी चाहिए
(d) केवल उनके माता-पिता को शिक्षा देनी चाहिए

30. सर्व शिक्षा अभियान किस आयु वर्ग बच्चों को अनिवार्य एवं मुफ्त शिक्षा उपलब्ध कराने का लक्ष्य रखता है?
(a) 6 से 14 वर्ष (b) 6 से 16 वर्ष
(c) 4 से 14 वर्ष (d) 4 से 16 वर्ष

उत्तरमाला

1. (c)	**2.** (d)	**3.** (b)	**4.** (c)	**5.** (c)	**6.** (c)	**7.** (d)	**8.** (c)	**9.** (a)	**10.** (b)
11. (b)	**12.** (d)	**13.** (c)	**14.** (c)	**15.** (d)	**16.** (d)	**17.** (d)	**18.** (b)	**19.** (d)	**20.** (b)
21. (b)	**22.** (b)	**23.** (b)	**24.** (a)	**25.** (b)	**26.** (d)	**27.** (d)	**28.** (a)	**29.** (b)	**30.** (a)

प्रैक्टिस सेट-5

1. शारीरिक-मानसिक एवं व्यक्तित्व विकासों की मूल आधारशिला किस काल में रखी जाती है?
(a) प्रौढ़ावस्था (b) किशोरावस्था
(c) बाल्यावस्था (d) शैशवावस्था

2. जीन पियाजे के संज्ञानात्मक विकास की अवस्थाओं में निम्नलिखित में से कौन-सा सम्मिलित है?
(a) औपचारिक क्रियात्मक अवस्था
(b) संवेदगामी क्रियात्मक अवस्था
(c) मूर्त क्रियात्मक अवस्था
(d) उपर्युक्त सभी

3. यह कथन कि, एक उत्तेजक प्रतिमान, जो एक प्रतिक्रिया के समय क्रियाशील है, यदि वह दोबारा होगा तो उस प्रतिक्रिया को उत्पादित करने की प्रवृत्ति रखेगा : निम्न में से किस सीखने के सिद्धान्त को इंगित करता है?
(a) हल का प्रबलन का सिद्धान्त
(b) गुथरी का प्रतिस्थापन का सिद्धान्त
(c) सीखने का क्षेत्रीय सिद्धान्त
(d) स्किनर का प्रबलन का सिद्धान्त

4. शिक्षण-अधिगम में मनोविज्ञान के महत्व के संबंध में निम्नलिखित में से कौन से कथन सही हैं?
1. शिक्षार्थी को जानने में सहायक
2. शिक्षक को स्वयं को जानने में सहायक
3. प्रभावी अधिगम प्रक्रिया में सहायक
4. शिक्षक की व्यावसायिक वृद्धि में सहायक।

नीचे दिये गये कोड में से सही उत्तर का चयन कीजिए-
(a) 1, 3 और 4 (b) 1, 2 और 3
(c) 2, 3 और 4 (d) 1, 3, 2 और 4

5. आसुबेल के अनुसार किस प्रकार के सीखने में समस्या का समाधान निहित होता है?
(a) रटकर सीखना
(b) अर्थपूर्ण सीखना
(c) खोजपूर्ण सीखना
(d) निरन्तर सीखना

6. दो या दो से अधिक व्यक्तियों के मध्य तथ्यों, विचारों, मतों तथा भावनाओं का आदान-प्रदान कहलाता है-
(a) अन्तःक्रिया (b) प्रेषण
(c) सम्प्रेषण (d) सहसंबंध

7. 'एजूकेशनल सायकोलोजी : कोगनिटिव व्यू'' पुस्तक किस प्रसिद्ध मनोवैज्ञानिक की है?
(a) अल्बर्ट बाडुरा
(b) डेविड आसुबेल
(c) बी.एफ. स्किनर
(d) जीन पियाजे

8. निम्नलिखित में से कौन-सा शिक्षण प्रतिमान का कार्य नहीं है?
(a) पाठ्यक्रम रूपरेखा बनाना
(b) अनुदेशनात्मक सामग्री का विकास एवं चयन
(c) शिक्षण-अधिगम परिस्थिति में शिक्षक की क्रिया को निर्देश
(d) सामाजिक कौशलों का चयन

9. निम्नलिखित में से कौन-सी कम्प्यूटर सहायक अधिगम की विशेषता नहीं है?
1. कम्प्यूटर यंत्र एवं शिक्षार्थी के मध्य सोद्देश्य अन्तःक्रिया होती है।
2. व्यक्तिगत शिक्षार्थी की सहायता के लिए
3. वांछित अनुदेशनात्मक उद्देश्यों को स्वयं की योग्यता से प्राप्त करना।
4. श्रेष्ठ चिन्तन व्यूहरचनाओं का विकास

नीचे दिये गये कोड में से सही उत्तर का चयन कीजिए-
(a) 1 और 2 (b) 3 और 4
(c) केवल 3 (d) केवल 4

10. निम्नलिखित में से कौन सा कथन मानसिक स्वास्थ्य के विषय में सत्य नहीं है?
(a) व्यक्तित्व की पूर्ण एवं सन्तुलित क्रियाशीलता
(b) प्रक्षेपण एवं प्रतिक्रिया निर्माण की प्रक्रिया
(c) तनाव, अंतःद्वन्द्व एवं हताशा को कम करना।
(d) जीवन की वास्तविकताओं को स्वीकार करने एवं सामना करने की योग्यता

11. निम्न में से कौन-सा विद्यालयी प्रभावशीलता के मूल निर्धारक कारक हैं?
(a) पाठ्यचर्या (b) शिक्षक
(c) प्रबंध-तंत्र (d) उपर्युक्त सभी

12. शिक्षा में व्यवहारवाद का विचार किस मनोवैज्ञानिक ने दिया?
(a) विलियम जेम्स
(b) जॉन वाटसन
(c) थॉर्नडाइक
(d) कोहलर

13. शैक्षिक तकनीकी जिसका उद्गम भौतिक-विज्ञान एवं अभियांत्रिकी से है-
1. शैक्षिक तकनीकी I
2. शैक्षिक तकनीकी II
3. हार्डवेयर उपागम
4. सॉफ्टवेयर उपागम

नीचे दिये गये कोड में से सही उत्तर का चयन कीजिए-
(a) 1 और 2 (b) 2 और 3
(c) 1 और 3 (d) 1 और 4

14. निम्नलिखित में से कौन-सा संवेगात्मक बुद्धि का आयाम नहीं है?
(a) संवेगों का प्रत्यक्षीकरण, मूल्यांकन और अभिव्यक्ति।
(b) संवेगों की समझ एवं विश्लेषण।
(c) समस्या समाधान की जन्मजात क्षमता।
(d) चिन्तन का संवेगात्मक सुगमीकरण।

15. प्रभावी के निम्नलिखित तत्वों को उनके सही क्रम में व्यवस्थित कीजिए-
1. पर्यावरणीय संदर्भ
2. प्रक्रिया
3. अदा (निवेश)
4. प्रदा (उत्पाद)

नीचे दिये गये कोड से सही उत्तर का चयन कीजिए-
(a) 2, 1, 4, 3 (b) 3, 4, 2, 1
(c) 4, 1, 3, 2 (d) 3, 2, 4, 1

16. निम्नलिखित में से कौन-सा स्तर लॉरेन्स कोहलबर्ग के नैतिक विकास के सिद्धान्त में नहीं है?
(a) परम्परागत स्तर
(b) पूर्व नैतिक स्तर
(c) क्रियात्मक स्तर
(d) आत्म अंगीकृत नैतिक मूल्य स्तर

17. पियाजे के अनुसार नैतिक विकास की अवस्थाएँ इंगित कीजिए-
1. संक्रमण अवस्था
2. संकल्पना अधिगम अवस्था
3. रचनात्मक अवस्था
4. आत्मकेन्द्रियता अवस्था

नीचे दिये गये कोड में सही उत्तर का चयन कीजिए-
(a) 1, 2 (b) 2, 3
(c) 1, 4 (d) 3, 4

18. निर्मितिवादी सीखने के सिद्धान्तों के विषय में निम्नलिखित में से कौन सत्य नहीं है?

(a) शिक्षार्थी अपने स्वयं के ज्ञान एवं समझ का निर्माण करते हैं।

(b) नवीन जानकारी का निर्माण पूर्व ज्ञान से किया जाता है।

(c) सम्पूर्ण प्रक्रिया में शिक्षक की भूमिका सर्वाधिक महत्वपूर्ण होती है।

(d) सीखना एक सक्रिय एवं गतिशील प्रक्रिया हैं।

19. निम्न में से कौन-सी अवधि यौवनारंभ (एज ऑफ प्यूबर्टी) कहलाती है?

(a) 6 से 9 साल

(b) 10 से 12 साल

(c) 13 से 16 साल

(d) 17 से 19 साल

20. निम्नलिखित में से कौन-सा कथन शिक्षण में, शिक्षण-अधिगम सामग्री की उपादेयता से संबंधित नहीं है?

(a) प्रत्यक्ष अनुभव का अच्छा विकल्प

(b) शिक्षण के मूल्यांकन की प्रक्रिया में सहायक

(c) विषय वस्तु की स्पष्टता

(d) कक्षा-कक्ष वातावरण को जीवन्त एवं सक्रिय बनाना।

21. शिक्षक, प्रभावी अनुदेशन प्रदान करने हेतु जिन स्त्रोतों का प्रयोग करता है, उन्हें कहते हैं-

(a) शिक्षण सामग्री

(b) द्वितीयक स्त्रोत

(c) प्राथमिक स्त्रोत

(d) शिक्षण की तकनीकी

22. निम्नलिखित में से कौन-सा खोज प्रशिक्षण प्रतिमान का चरण नहीं है?

1. प्रदत्तो का एकत्रीकरण : सत्यापन
2. प्रदत्त चयन : उपागम
3. प्रदत्तों का एकत्रीकरण : प्रायोगीकरण
4. स्पष्टीकरण का निर्माण

नीचे दिये गये कोड में से सही उत्तर का चयन कीजिए-

(a) 1 और 3 (b) 3 और 4

(c) केवल 2 (d) केवल 3

23. नैतिक विकास की सामाजिक ठेका निर्धारण अवस्था संबंधित है-

(a) गिलफोर्ड (b) जीन पियाजे

(c) कोहलबर्ग (d) थॉर्नडाइक

24. तनाव को घटाने एवं समायोजन की प्रत्यक्ष विधियाँ हैं-

1. दूसरे लक्ष्यों का प्रतिस्थापन
2. बाधाओं का अथवा शोधन
3. उदात्तीकरण अथवा शोधन
4. दूसरा मार्ग खोजना

नीचे दिये गये कोड में से सही का चयन कीजिए-

(a) 1, 2, 4 (b) 2, 3, 4

(c) 1, 2, 3 (d) 1, 3, 4

25. सहकारी अधिगम के तत्वों को इंगित कीजिए-

1. आमने सामने की अन्त:क्रिया
2. समूह कार्य
3. व्यक्तिगत जवाबदेही
4. संज्ञानात्मक अधिगम

नीचे दिये गये कोड में से सही उत्तर का चयन कीजिए-

(a) 1, 3, 4 (b) 2, 3, 4

(c) 2, 1, 4 (d) 1, 2, 3

26. किशोरों के मानसिक स्वास्थ्य पोषण के लिए निम्नलिखित में से कौन-सी निर्देशन तकनीकी नहीं है?

(a) हास्य, मित्रता, रुचियाँ

(b) ध्यान एवं आध्यात्मिकता

(c) कठोर कार्य, प्रतिस्पर्धा एवं गृहकार्य

(d) स्व-अनुशासन, स्व-नियंत्रण सरल शिक्षाशास्त्र

27. आदत्त, ज्ञान एवं अभिवृत्तियों का अर्जन कहलाता है-

(a) अनुदेशन (b) शिक्षण

(c) अधिगम (d) प्रशिक्षण

28. निम्नलिखिंत में से कौन-सा प्रकार्य के अनुसार अधिगम का प्रकार नहीं है?

(a) कल्पनाशील अधिगम

(b) संज्ञानात्मक अधिगम

(c) निपुणता द्वारा अधिगम

(d) अभिवृत्यात्मक अधिगम

29. निम्नलिखित में से कौन-सा शिक्षण का चर नहीं है?

(a) शिक्षक (b) माता-पिता

(c) पाठ्यचर्या (d) विद्यार्थी

30. शिक्षक के लिए श्रेष्ठ सम्प्रेषण कौशल क्यों महत्वपूर्ण हैं?

1. प्रभावी शिक्षण-अधिगम प्रक्रिया के लिए।
2. अभिभावकों से अच्छे संबंध स्थापित करने के लिए।
3. व्यक्तिगत एवं समूहों के शिक्षण के लिए।
4. उसके स्वयं की संतुष्टि के लिए।

नीचे दिये गये विकल्पों से सही उत्तर का चयन कीजिए-

(a) 1 और 3 (b) 2 और 4

(c) 1 और 2 (d) उपर्युक्त सभी

उत्तरमाला

1. (c)	**2.** (d)	**3.** (b)	**4.** (d)	**5.** (c)	**6.** (c)	**7.** (b)	**8.** (d)	**9.** (d)	**10.** (b)
11. (d)	**12.** (b)	**13.** (c)	**14.** (c)	**15.** (d)	**16.** (c)	**17.** (c)	**18.** (c)	**19.** (c)	**20.** (b)
21. (a)	**22.** (c)	**23.** (c)	**24.** (a)	**25.** (d)	**26.** (c)	**27.** (c)	**28.** (a)	**29.** (b)	**30.** (d)

प्रैक्टिस सेट-6

1. शैक्षिक मनोविज्ञान का मुख्य उद्देश्य है-
(a) शिक्षण विधि में सुधार करना
(b) बालक का सर्वांगीण विकास
(c) बालक के सामाजिक स्तर में सुधार
(d) शिक्षण सामग्री में सुधार

2. शिक्षार्थी को मनोवैज्ञानिक रूप से समझना तथा उसके व्यक्तिगत, शारीरिक, मानसिक तथा व्यक्तित्व की विशेषताओं को समझना अच्छा गुण है, एक-
(a) प्रशासक का
(b) शिक्षक का
(c) व्यवस्थापक का
(d) मार्गदर्शक का

3. सीखने का प्रकार जिसमें प्रक्रिया का विवेचन किया जाता है जिसके द्वारा शिक्षार्थी परिकल्पना या सामान्य सिद्धान्त प्रस्तुत करता है तथा अनेक प्रकार की जांच को क्रियान्वित करता है जिससे यह स्पष्ट होता है कि यह सही है या नहीं, इसे कहते हैं-
(a) निगमन अधिगम
(b) आगमन अधिगम
(c) कल्पनात्मक अधिगम
(d) संज्ञानात्मक अधिगम

4. सीखने की प्रक्रिया के चार चरण कौन-से हैं?
(a) क्रिया, उद्देश्य, बाधा एवं प्रेरणा
(b) प्रेरणा, बाधा, अनुगमन एवं लक्ष्य
(c) लाभ, हेतु, क्रिया एवं अनुगमन
(d) उद्देश्य, क्रिया, मूल्यांकन एवं अनुगमन

5. व्यवहारवादी के अनुसार ''सीखना परिवर्तन का प्रत्युत्तर है''
(a) व्यवहार के रूप में
(b) प्रकृति में
(c) स्तर में
(d) लक्ष्य में

6. विकास की किशोरावस्था का स्तर है-
(a) बारह से पन्द्रह वर्ष
(b) बारह से उन्नीस वर्ष
(c) ग्यारह से पन्द्रह वर्ष
(d) बारह से सोलह वर्ष

7. विभिन्न अध्ययनों के आधार पर स्पष्ट हुआ है कि जन्म से दो वर्ष तक बालक का विकास द्रुतगति से होता है, एवं वह धीमा हो जाता है-
(a) दो वर्ष से किशोरावस्था तक
(b) तीन वर्ष से किशोरावस्था तक
(c) चार वर्ष से किशोरावस्था तक
(d) पाँच वर्ष से किशोरावस्था तक

8. ब्रिज के अनुसार तीन वर्ष का शिशु खुश होता है, गुस्सा करता है, यह है-
(a) संवेगात्मक व्यवहार
(b) सामाजिक व्यवहार
(c) सामान्य व्यवहार
(d) आक्रामक व्यवहार

9. सांस्कृतिक परिदृश्य एवं सामाजिक विकास के कारण तनाव हो सकता है-
(a) बच्चों का (b) किशोरों को
(c) प्रौढ़ों को (d) लड़कियों को

10. शीघ्रतम शारीरिक एवं मानसिक परिवर्तन के कारण किशोर व्यक्तित्व को कहा जाता है-
(a) तूफान का काल
(b) कठिनाई वाला काल
(c) अत्यधिक चुनौतीपूर्ण काल
(d) सामान्य काल

11. किशोर मस्तिष्क मानसिक संघर्ष से भरा रहता है, परिणामस्वरूप वह ग्रस्त रहता है-
(a) सामाजिक संघर्ष से
(b) सांस्कृतिक संघर्ष से
(c) मानसिक संघर्ष से
(d) हतोत्साहित हो जाता है।

12. किशोरावस्था 'खुशी रहित' समय क्यों कहा जाता है?
(a) किशोरों की आवश्यकता भिन्न होती हैं।
(b) शारीरिक परिवर्तन से उन्हें नये अनुभव तथा नई आवश्यकता महसूस होती है।
(c) किशोर महसूस करते हैं कि लोग उन्हें नकार रहे हैं।
(d) उपरोक्त सभी

13. मार्ग-निर्देशन व्यक्ति को विकसित करने में सहायता देता है-
(a) क्षमताएँ (b) खुशी
(c) सम्बन्ध (d) बुद्धि

14. विद्यार्थियों को जानने हेतु निर्देशक का दायित्व है कि वह विद्यार्थियों की सहायता करें-
(a) जीवन लक्ष्य के आदर्श बताए
(b) समर्पण तथा विश्वास
(c) सृजनात्मक कार्य में रूचि
(d) उपरोक्त सभी

15. किशोरावस्था में किस प्रकार के मार्गनिर्देशन की आवश्यकता है?
(a) व्यक्तिगत मार्गनिर्देशन
(b) विद्यार्थियों के विभिन्न पक्षों से सम्बन्धित पहलुओं का एकत्रीकरण
(c) समस्या का हल
(d) उपरोक्त सभी

16. एक मानसिक रूप से स्वस्थ व्यक्ति सक्षम है-
(a) आसानी से समायोजित होता
(b) सन्तुष्टप्रद रूप से सहयोग देता
(c) हमेशा खुश रहने की कोशिश करता
(d) उपरोक्त सभी

17. मनोवैज्ञानिकों के अनुसार दुश्चिंता के समय व्यक्ति का लगाव-
(a) बढ़ जाता है।
(b) घट जाता है।
(c) शून्य हो जाता है।
(d) कभी घटता है, कभी बढ़ता है।

18. सम्प्रेषण की प्रकृति क्या है?
(a) सूचनाएँ प्रदान करने की प्रक्रिया
(b) कक्षा-कक्ष विचार-विमर्श
(c) दत्त कार्य करना
(d) नोट्स लेना

19. श्रेष्ठ सम्प्रेषण के सिद्धांत हैं-
(a) सूचनाओं की स्पष्टता
(b) सूचनाओं का प्रसारण
(c) पर्याप्त सूचनाएँ
(d) उपरोक्त सभी

20. कक्षा-कक्ष में सम्प्रेषण के विभिन्न स्वरूप कौन-से हैं?
(a) लिखित
(b) मौखिक
(c) सांकेतिक
(d) उपरोक्त सभी

21. आई.सी.टी. से आशय है-
(a) अन्तर्राष्ट्रीय सम्प्रेषण तकनीक
(b) भारतीय तकनीकी आयोग
(c) सूचना एवं सम्प्रेषण तकनीक
(d) सम्प्रेषण तकनीक का आदान-प्रदान

22. आई.सी.टी. का उपयोग किया जाता है-
(a) प्रदत्त विश्लेषण में
(b) प्रदत्तों की संख्या में
(c) सूचनाएँ एकत्रीकरण में
(d) उपरोक्त सभी

23. निम्नलिखित में से कौन-सा कम्प्यूटर का भाग नहीं है?
(a) सी.पी.यू. (b) की-बोर्ड
(c) स्केनर (d) मॉनीटर

24. शिक्षा में कम्प्यूटर निम्न रूप से प्रयुक्त किया जाता है-
(a) शोध उपकरण के रूप में
(b) शिक्षण अधिगम मशीन के रूप में
(c) प्रबन्ध उपकरण के रूप में
(d) उपरोक्त सभी

25. किशोरावस्था में सामाजिक विकास का लक्षण है-
(a) सामान्य रुचियाँ अधिक होती हैं।
(b) समूह के प्रति उत्पन्न भक्ति भावना
(c) मैत्री सम्बन्धों में अत्यधिक कमी
(d) अपने वय समूह के साथ निष्क्रिय साझेदारी।

26. निम्नलिखित में से कौन-सा लक्षण किशोरावस्था का नहीं है?
(a) संवेगों पर नियंत्रण
(b) संवेगात्मक अस्थिरता
(c) शारीरिक शक्ति में वृद्धि
(d) यौन ग्रन्थियों में परिवर्तन

27. निम्नलिखित में से कौन-सी प्रणाली उपागम का भाग नहीं है?
(a) हार्डवेयर
(b) सॉफ्टवेयर
(c) हार्डवेयर एवं सॉफ्टवेयर
(d) न हार्डवेयर और न ही सॉफ्टवेयर

28. हिल्डा टाबा ने कौन-सी युक्ति सूचना प्रक्रिया प्रतिमान के लिए नहीं सुझाई?
(a) दत्त संकलन
(b) अवधारणा का निर्माण
(c) दत्त व्याख्या
(d) सिद्धान्तों का उपयोग

29. सूचना एवं सम्प्रेषण तकनीकी से तात्पर्य है-
(a) केवल सूचना सम्प्रेषित करना।
(b) सूचना भेजने में इलेक्ट्रॉनिक युक्तियों का उपयोग करना।
(c) सूचनाएँ एकत्र करना।
(d) ज्ञान और दक्षता अर्जित करना।

30. किशोरावस्था में निम्नलिखित में से कौन-सा लक्षण स्पष्ट दिखाई नहीं देता?
(a) अमूर्त चिन्तन
(b) मूर्त चिन्तन
(c) तर्क शक्ति की अपेक्षाकृत अधिक योग्यता
(d) अध्ययन को केन्द्रित करने की अधिक दक्षता।

उत्तरमाला

1. (b)	**2.** (b)	**3.** (a)	**4.** (d)	**5.** (a)	**6.** (b)	**7.** (a)	**8.** (a)	**9.** (b)	**10.** (a)
11. (c)	**12.** (d)	**13.** (a)	**14.** (d)	**15.** (d)	**16.** (d)	**17.** (a)	**18.** (a)	**19.** (d)	**20.** (d)
21. (c)	**22.** (a)	**23.** (c)	**24.** (d)	**25.** (b)	**26.** (a)	**27.** (d)	**28.** (a)	**29.** (b)	**30.** (b)

प्रैक्टिस सेट-7

1. निम्नलिखित में से कौन-सा स्तर लॉरेन्स कोहलबर्ग के नैतिक विकास के सिद्धान्त में नहीं है?
(a) परम्परागत स्तर
(b) पूर्व नैतिक स्तर
(c) क्रियात्मक स्तर
(d) आत्म अंगीकृत नैतिक मूल्य स्तर

2. पियाजे के अनुसार नैतिक विकास की अवस्थाएँ इंगित कीजिए–
(a) संक्रमण अवस्था
(b) संकल्पना अधिगम अवस्था
(c) रचनात्मक अवस्था
(d) आत्मकेन्द्रीयता अवस्था
नीचे दिये गये कोड में से सही उत्तर का चयन कीजिए-
कोड :
(a) 1, 2 (b) 2, 3
(c) 1, 4 (d) 3, 4

3. निर्मितवादी सीखने के सिद्धांतों के विषय में निम्नलिखित में कौन सत्य नहीं है?
(a) शिक्षार्थी अपने स्वयं के ज्ञान एवं समझ का निर्माण करते हैं।
(b) नवीन जानकारी का निर्माण पूर्व ज्ञान से किया जाता है।
(c) सम्पूर्ण प्रक्रिया में शिक्षक की भूमिका सर्वाधिक महत्वपूर्ण होती है।
(d) सीखना एक सक्रिय एवं गतिशील प्रक्रिया है।

4. निम्न में से कौन-सी अवधि स्त्रियों में यौवनारंभ (एज ऑफ प्युबर्टी) कहलाती है?
(a) 6 से 9 साल
(b) 10 से 12 साल
(c) 13 से 16 साल
(d) 17 से 19 साल

5. निम्नलिखित में कौन-सी कम्प्यूटर सहायक अधिगम की विशेषता नहीं है?
1. कम्प्यूटर तंत्र एवं शिक्षार्थी के मध्य सोद्देश्य अन्तःक्रिया होती है।
2. व्यक्तिगत शिक्षार्थी की सहायता के लिए
3. वांछित अनुदेशनात्मक उद्देश्यों को स्वयं की योग्यता से प्राप्त करना
4. श्रेष्ठ चिन्तन व्यूहरचनाओं का विकास

नीचे दिये गये कोड में से सही उत्तर का चयन कीजिए-
कोड :
(a) 1 और 2 (b) 3 और 4
(c) केवल 3 (d) केवल 4

6. निम्नलिखित में से कौन-सा कथन मानसिक स्वास्थ्य के विषय में सत्य नहीं है?
(a) व्यक्तित्व की पूर्ण एवं सन्तुलित क्रियाशीलता
(b) प्रक्षेपण एवं प्रतिक्रिया निर्माण की प्रक्रिया
(c) तनाव, अंतः द्वन्द्व एवं हताशा को कम करना
(d) जीवन की वास्तविकताओं को स्वीकार करने एवं सामना करने की योग्यता

7. निम्न में से कौन-सा विद्यालयी प्रभावशीलता के मूल निर्धारक कारक हैं?
(a) पाठ्यचर्या (b) शिक्षक
(c) प्रबंध-तंत्र (d) उपर्युक्त सभी

8. शिक्षा में व्यवहारवाद का विचार किस मनोवैज्ञानिक ने दिया?
(a) विलियम जेम्स (b) जॉन वाटसन
(c) थॉर्नडाइक (d) कोहलर

9. शैक्षिक तकनीकी जिसका उद्गम भौतिक विज्ञान एवं अभियांत्रिकी से है-
1. शैक्षिक तकनीकी I
2. शैक्षिक तकनीकी II
3. कठोर उपागम
4. मृदु उपागम

नीचे दिये गये कोड से सही उत्तर का चयन कीजिए-
कोड :
(a) 1 और 2 (b) 2 और 3
(c) 1 और 3 (d) 1 और 4

10. निम्नलिखित में से कौन-सा संवेगात्मक बुद्धि का आयाम नहीं है?
(a) संवेगों का प्रत्यक्षीकरण, मूल्यांकन और अभिव्यक्ति।
(b) संवेगों की समझ एवं विश्लेषण।
(c) समस्या समाधान की जन्मजात क्षमता।
(d) चिन्तन का संवेगात्मक सुगमीकरण।

11. प्रणाली के निम्नलिखित तत्वों को उनके सही क्रम में व्यवस्थित कीजिए–
1. पर्यावरणीय संदर्भ
2. प्रक्रिया
3. अदा (निवेश)
4. प्रदा (उत्पाद)

नीचे दिये गये कोड से सही उत्तर का चयन कीजिए-
कोड :
(a) 2, 1, 4, 3 (b) 3, 4, 2, 1
(c) 4, 1, 3, 4 (d) 3, 2, 4, 1

12. निम्नलिखित में से कौन-सा कथन शिक्षण में, शिक्षण-अधिगम सामग्री की उपादेयता से संबंधित नहीं है?
(a) प्रत्यक्ष अनुभव का अच्छा विकल्प
(b) शिक्षण के मूल्यांकन की प्रक्रिया में सहायक
(c) विषय-वस्तु की स्पष्टता
(d) कक्षा-कक्ष वातावरण को जीवन्त एवं सक्रिय बनाना

13. शिक्षक, प्रभावी अनुदेशन प्रदान करने हेतु जिन स्रोतों का प्रयोग करता है, उन्हें कहते हैं-
(a) शिक्षण-सामग्री (b) द्वितीयक-स्रोत
(c) प्राथमिक स्रोत (d) शिक्षण कक्षा कक्ष

14. निम्नलिखित में से कौन-सा खोज प्रशिक्षण प्रतिमान का चरण नहीं है?
1. प्रदत्तो का एकत्रीकरण सत्यापन
2. प्रदत्त चयन : उपागम
3. प्रदत्तों का एकत्रीकरण : प्रायोगीकरण
4. स्पष्टीकरण का निर्माण

नीचे दिये गये कोड में से सही उत्तर का चयन कीजिए-
कोड :
(a) 1 और 3 (b) 3 और 4
(c) केवल 2 (d) केवल 3

15. नैतिक विकास की सामाजिक ठेका निर्धारण अवस्था संबंधित है-
(a) गिलफोर्ड (b) जीन पियाजे
(c) कोहलबर्ग (d) थॉर्नडाइक

16. तनाव को घटाने एवं समायोजन की प्रत्यक्ष विधियाँ हैं-
1. दूसरे लक्ष्यों का प्रतिस्थापन्न
2. बाधाओं को हटाना
3. उदात्तीकरण अथवा शोधन
4. दूसरा मार्ग खोजना

नीचे दिये गये कोड में से सही उत्तर का चयन कीजिए-
कोड :
(a) 1, 2, 4 (b) 2, 3, 4
(c) 1, 2, 3 (d) 1, 3, 4

17. सहकारी अधिगम के तत्वों को इंगित कीजिए :
1. आमने सामने की अन्त:क्रिया
2. समूह कार्य
3. व्यक्तिगत जवाबदेही
4. संज्ञानात्मक अधिगम

नीचे दिये गये कोड में से सही उत्तर का चयन कीजिए-
कोड :
(a) 1, 3, 4 (b) 2, 3, 4
(c) 2, 1, 4 (d) 1, 2, 3

18. किशोरों के मानसिक स्वास्थ्य पोषण के लिए निम्नलिखित में से कौन-सी निर्देशन तकनीकी नहीं है?
(a) हास्य, मित्रता, रूचियाँ
(b) ध्यान एवं आध्यात्मिकता
(c) कठोर कार्य, प्रतिस्पर्धा एवं गृहकार्य
(d) स्व अनुशासन, स्व नियन्त्रण, सरल शिक्षाशास्त्र

19. आदत, ज्ञान एवं अभिवृत्तियों का अर्जन कहलाता है–
(a) अनुदेशन (b) शिक्षण
(c) अधिगम (d) प्रशिक्षण

20. निम्नलिखित में से कौन-सा प्रकार्य के अनुसार अधिगम का प्रकार नहीं है?
(a) कल्पनाशील अधिगम
(b) संज्ञानात्मक अधिगम
(c) निपुणता द्वारा अधिगम
(d) अभिवृत्यात्मक अधिगम

21. निम्नलिखित में से कौन-सा शिक्षण का चर नहीं है?
(a) शिक्षक (b) माता-पिता
(c) पाठ्यचर्या (d) विद्यार्थी

22. शिक्षक के लिए श्रेष्ठ सम्प्रेषण कौशल क्यों महत्वपूर्ण है?
1. प्रभावी शिक्षण-अधिगम प्रक्रिया के लिए
2. अभिभावकों से अच्छे संबंध स्थापित करने के लिए
3. व्यक्तिगत एवं समूहों के शिक्षण के लिए
4. उसके स्वयं की संतुष्टि के लिए

नीचे दिये गये विकल्पों से सही उत्तर का चयन कीजिए-
(a) 1 और 3 (b) 2 और 4
(c) 1 और 2 (d) उपर्युक्त सभी

23. शारीरिक, मानसिक एवं व्यक्तित्व विकासों की मूल आधारशिला किस काल में रखी जाती है?
(a) प्रौढ़ावस्था (b) किशोरावस्था
(c) बाल्यावस्था (d) शैशवावस्था

24. जीन पियाजे के संज्ञानात्मक विकास की अवस्थाओं में निम्नलिखित में से कौन-सा सम्मिलित है?
(a) औपचारिक क्रियात्मक अवस्था।
(b) संवेदगामी क्रियात्मक अवस्था।
(c) मूर्त क्रियात्मक अवस्था।
(d) उपर्युक्त सभी

25. यह कथन कि, उत्तेजक प्रतिमान, जो एक प्रतिक्रिया के समय क्रियाशील है, यदि वह दोबारा होगा तो उस प्रतिक्रिया को उत्पादित करने की प्रवृत्ति रखेगा, निम्न में से किस सीखने के सिद्धान्त को इंगित करता है?
(a) हल का प्रबलन का सिद्धान्त
(b) गुथरी का प्रतिस्थापन का सिद्धान्त
(c) सीखने का क्षेत्रीय सिद्धान्त
(d) स्किनर का प्रबलन सिद्धान्त

26. शिक्षण-अधिगम में मनोविज्ञान के महत्व के संबंध में निम्नलिखित में से कौन-से कथन सही हैं?
1. शिक्षार्थी को जानने में सहायक।
2. शिक्षक को स्वयं को जानने में सहायक।
3. प्रभावी अधिगम प्रक्रिया में सहायक।
4. शिक्षक की व्यावसायिक वृद्धि में सहायक।

नीचे दिये गये कोड में से सही उत्तर का चयन कीजिए-

कोड :

(a) 1, 3 और 4

(b) 1, 2 और 3

(c) 2, 3 और 4

(d) 1, 3, 2 और 4

27. आसुबेल के अनुसार किस प्रकार के सीखने में समस्या का समाधान निहित होता है?

(a) रटकर सीखना

(b) अर्थपूर्ण सीखना

(c) खोजपूर्ण सीखना

(d) निरन्तर सीखना

28. दो या दो से अधिक व्यक्ति के मध्य तथ्यों, विचारों, मतों तथा भावनाओं का आदान-प्रदान कहलाता है-

(a) अन्त:क्रिया (b) प्रेषण

(c) सम्प्रेषण (d) सहसंबंध

29. 'एजूकेशनल सायकोलोजी: कोगनिटिव व्यू' पुस्तक किस प्रसिद्ध मनोवैज्ञानिक की है?

(a) अल्बर्ट बांडुरा

(b) डेविड आसुबेल

(c) बी.एफ. स्किनर

(d) जीन पियाजे

30. निम्नलिखित में से कौन से शिक्षण प्रतिमान का कार्य नहीं है?

(a) पाठ्यक्रम रूपरेखा बनाना

(b) अनुदेशनात्मक सामग्री का विकास एवं चयन

(c) शिक्षण-अधिगम परिस्थिति में शिक्षक की क्रिया को निर्देश

(d) सामाजिक कौशलों का चयन

उत्तरमाला

1. (c)	**2.** (c)	**3.** (c)	**4.** (b)	**5.** (d)	**6.** (b)	**7.** (d)	**8.** (b)	**9.** (c)	**10.** (c)
11. (d)	**12.** (b)	**13.** (a)	**14.** (c)	**15.** (c)	**16.** (a)	**17.** (d)	**18.** (c)	**19.** (c)	**20.** (a)
21. (b)	**22.** (d)	**23.** (c)	**24.** (d)	**25.** (b)	**26.** (d)	**27.** (c)	**28.** (c)	**29.** (b)	**30.** (d)

प्रैक्टिस सेट-8

1. विद्यार्थियों में सम्प्रेषण का अभिप्राय है-

(a) उन्हें कार्य करने हेतु कहना

(b) विचारों का आदान-प्रदान

(c) उन्हें निर्देश देना

(d) उन्हें अपने विचारों से सूचित करना

2. निष्पत्ति प्रत्यय-प्रतिमान के प्रतिपादक थे-

(a) डीवी (b) ब्रूनर

(c) पियाजे (d) आसूबेल

3. निम्न में से कौन-सा सम्प्रेषण माध्यम है?

(a) रेडियो (b) टेलीविजन

(c) वीडियो-टेप (d) उपरोक्त सभी

4. सहयोगात्मक अधिगम आयोजित किया जाता है-

(a) कक्षा-कक्ष परिस्थितियों में

(b) कक्षा-कक्ष से बाहर की परिस्थितियों में

(c) (a) एवं (b) दोनों में

(d) उपरोक्त में से कोई नहीं

5. निम्न में से संज्ञानात्मक विकास की कौन-सी अवस्था का वर्णन ब्रूनर द्वारा नहीं किया गया है?

(a) क्रियात्मक प्रतिनिधान

(b) प्रतिमा प्रतिनिधान

(c) इन्द्रिय गतिकाल

(d) प्रतीकात्मक प्रतिनिधान

6. छद्म परिपक्वता काल होता है-

(a) किशोरावस्था

(b) शैशवावस्था

(c) पूर्व बाल्यावस्था

(d) उत्तर बाल्यावस्था

7. अधिगम एक प्रक्रिया है-

(a) तथ्यों के संग्रह की

(b) अनुभव द्वारा अर्थ निर्माण की

(c) परीक्षा की तैयारी की

(d) याद करना

8. मानव विकास होता है-

(a) क्रमिक (b) निरन्तर

(c) व्यक्तिक (d) उपरोक्त सभी

9. बुद्धिलब्धि (I.Q.) का समीकरण किसने विकसित किया?

(a) स्टर्न (b) बिने

(c) टरमन (d) स्पीयरमैन

10. निम्न में से कौन-सा किशोरावस्था का लक्षण नहीं है?

(a) तीव्र शारीरिक विकास

(b) विपरीत लिंग में अधिक रुचि

(c) स्पष्ट एवं स्थायी आत्म-प्रत्यय

(d) अधिक संवेदनशील प्रकृति

11. कोहलबर्ग के नैतिक सिद्धान्त के अन्तर्गत निम्न में से कौन-सी अवस्था नहीं है?

(a) प्राक्-रूढ़िगत (b) पूर्व-संक्रियात्मक

(c) रूढ़िगत (d) पश्च रूढ़िगत

12. "किशोरावस्था तूफान और तनाव की अवस्था है" किसने कहा?

(a) स्टेनले हॉल (b) एलिजाबेथ हरलॉक

(c) पियाजे (d) फ्रायड

13. पृच्छा अधिगम किसके विकास में सहायक है?

(a) कल्पना

(b) सृजनात्मकता

(c) संज्ञानात्मक कौशल

(d) स्मृति

14. निम्न में से कौन-सी प्रतिरक्षा प्रणाली नहीं है?

(a) साहचर्य (b) प्रतिगमन

(c) प्रतिकरण (d) उदात्तीकरण

15. निम्न में से किसने समायोजन के सिद्धान्त का प्रतिपादन नहीं किया है?

(a) फ्रायड (b) वाटसन

(c) लैजारस (d) कार्ल जुग

16. बालक का मानसिक स्वास्थ्य निर्भर करता है-

(a) परिवार पर (b) विद्यालय पर

(c) समुदाय पर (d) उपरोक्त सभी

17. निम्न में से कौन-सा डेनियल गोलमैन द्वारा प्रतिपादित संवेगात्मक बुद्धि का आयाम नहीं है?

(a) स्व-जागरुकता (b) स्व-सामर्थ्य

(c) स्व-प्रबन्धन (d) सामाजिक कौशल

18. व्यावसायिक निर्देशन में बल देना चाहिए-
(a) नौकरी दिलाने पर
(b) सेवार्थी की उचित नौकरी ढूँढने में सहायता देने पर
(c) शिक्षा व्यवस्था को वृत्ति उन्मुख बनाने पर
(d) सेवार्थी को उचित वृत्ति चयन में सहायता करने पर

19. लिंग्वाफोन उदाहरण है–
(a) श्रव्य सामग्री का
(b) श्रव्य-दृश्य सामग्री का
(c) दृश्य सामग्री का
(d) क्रिया सामग्री का

20. किसी कम्प्यूटर का मस्तिष्क होता है–
(a) मदर ब्रोर्ड (b) सीपीयू
(c) ए.एल.यू.
(d) कण्ट्रोल यूनिट

21. ICT से अभिप्राय है–
(a) इण्टरनेशनल कम्यूनिकेशन टेक्नोलॉजी
(b) इण्टर कनेक्टेड टेक्नोलॉजी
(c) इनफोर्मेशन कम्यूनिकेशन टेक्नोलॉजी
(d) इण्टर कॉमन टेक्नोलॉजी

22. जे.बी. वाटसन के अनुसार मनोविज्ञान अध्ययन है-
(a) मानसिक अवस्था का
(b) व्यवहार का
(c) चेतना का
(d) मन का

23. प्रथम मनोविज्ञान प्रयोगशाला कहाँ स्थापित की गई थी?
(a) बर्लिन (b) बोरटन
(c) फ्रैंकफर्ट (d) लिपजिग

24. शिक्षा मनोविज्ञान सम्बन्धित है–
(a) अधिगमकर्ता से
(b) अधिगम परिस्थिति से
(c) अधिगम प्रक्रिया से
(d) उपरोक्त सभी

25. नवीन ज्ञान की प्राप्ति होती है–
(a) रटने से (b) ज्ञान हस्तान्तरण से
(c) नवीन अनुभव और अर्थ खोजने से
(d) उपरोक्त में से कोई नहीं

26. पुनर्बलन का सिद्धान्त सम्बन्धित है–
(a) पावलॉव से (b) स्किनर से
(c) कोहलबर्ग से (d) थॉर्नडाइक से

27. अन्तर्दृष्टि अधिगम परिणाम है-
(a) उद्दीपन अनुक्रिया
(b) गेस्टाल्ट प्रत्यक्षीकरण
(c) उद्दीपन सामान्यीकरण
(d) पुनर्बलन

28. निम्नलिखित में से कौन-सा जोड़ा सही नहीं है?
(a) दिवास्वप्न : गिजूभाई
(b) बड़े भाई साहब : प्रेमचन्द
(c) एक स्कूल का बयान : मॉण्टेसरी
(d) तोता : रवीन्द्रनाथ टैगोर

29. दिव्यांगजन विद्यार्थी जो देख नहीं सकते हैं, उनकी शिक्षा के लिए निम्नलिखित में कौन-सी सामग्री उपर्युक्त होगी?
(a) ब्रेल लिपि में लिखी पठन सामग्री
(b) आईसीटी ऑडियो मटेरियल
(c) 3 D मॉडल
(d) उपर्युक्त सभी

30. निम्नलिखित में से कौन-सा सीखने के लिए प्रमुख है?
(a) अनुकरण (b) अर्थ निर्माण
(c) अनुबंधन (d) रटना

उत्तरमाला

1. (b)	**2.** (b)	**3.** (d)	**4.** (c)	**5.** (c)	**6.** (c)	**7.** (b)	**8.** (d)	**9.** (c)	**10.** (c)
11. (b)	**12.** (a)	**13.** (c)	**14.** (a)	**15.** (b)	**16.** (d)	**17.** (b)	**18.** (d)	**19.** (a)	**20.** (b)
21. (c)	**22.** (b)	**23.** (d)	**24.** (d)	**25.** (c)	**26.** (b)	**27.** (b)	**28.** (c)	**29.** (d)	**30.** (b)

प्रैक्टिस सेट-9

1. संवेगात्मक शक्ति का सर्वाधिक प्रभाव किस अवस्था में होता है?
(a) किशोरावस्था (b) बाल्यावस्था
(c) उत्तर बाल्यावस्था (d) प्रौढ़ावस्था

2. निम्नलिखित में से कौन-सी रक्षात्मक युक्ति नहीं है?
(a) प्रक्षेपण
(b) सामाजिक समायोजन
(c) प्रतिगमन
(d) प्रतिक्रिया

3. सम्प्रेषण के लिये निम्नलिखित में से किसकी आवश्यकता नहीं है?
(a) सम्प्रेषण दाता (b) सम्प्रेषण ग्राही
(c) माध्यम (d) पाठ्यक्रम

4. किशोरावस्था के समय में बालक का मानसिक विकास पहुँच जाता है-
(a) पतन की ओर
(b) सर्वाधिक
(c) अत्यधिक समस्याग्रस्त
(d) आसान जीवन

5. सीखना केवल ज्ञान या कौशल प्राप्ति ही नहीं है वरन् यह कहीं अधिक है-
(a) व्यवहारगत परिवर्तन है।
(b) व्यवहारिक जीवन में क्रियांविति है।
(c) विद्यार्थियों के लिए मार्गनिर्देशिका है।
(d) दृष्टिकोण में परिवर्तन है।

6. सही सुधारीकरण के सिद्धान्त का आशय है–
(a) सुधार
(b) गलत आदत नहीं पड़ने देना
(c) गलत आदत को सुधारना
(d) आदत स्थापित करना

7. एक अच्छी शिक्षण विधि है-
(a) जो विद्यार्थियों की समस्याओं को हल करे।
(b) जो विषयवस्तु स्पष्ट करे।
(c) जो प्रश्नों को हल करे।
(d) जो विषयवस्तु को विवेचित करे।

8. एक मानसिक रूप से स्वस्थ व्यक्ति हर नई स्थिति समझता है। मानसिक स्वस्थ व्यक्ति–
(a) अच्छी प्रकार से समायोजित हो सकता है।
(b) कहीं भी समायोजित नहीं हो पाता।
(c) शान्तिप्रद जीवन नहीं जी पाता।
(d) सही व्यवहार नहीं करता।

9. मानसिक स्वास्थ्य के द्वारा एक व्यक्ति खुश तथा स्वस्थ रहता है, क्योंकि–
(a) मानसिक तनाव दूर हो जाएगा।
(b) हर परिस्थिति को सम्भाल लेता है।
(c) व्यक्ति एवं समाज के साथ अच्छी प्रकार समायोजित हो जाता है।
(d) उपरोक्त सभी

10. किशोर विद्यार्थियों का मानसिक तनाव दूर करने हेतु कौन-सी विधियाँ है?
(a) प्रत्यक्ष विधि
(b) अप्रत्यक्ष विधि
(c) मनोवैज्ञानिक उपचार
(d) उपरोक्त सभी

11. सामूहिक शैक्षिक मार्ग निर्देशन का कौन भाग नहीं है?
(a) समूह में अनुस्थापन
(b) मनोवैज्ञानिक जांच (समूह में)
(c) व्यक्तिगत व्यक्तिक अध्ययन
(d) समूह में प्रोफाइल बनाना

12. सम्प्रेषण क्या नहीं है?
(a) दो व्यक्ति द्वारा होने वाला सम्प्रेषण।
(b) सम्प्रेषण एक प्रक्रिया है जिसमें सूचनाओं तथा विचारों का आदान-प्रदान होता है।
(c) जिसमें भावनाओं को सम्प्रेषण करने हेतु किसी भी माध्यम का सहारा नहीं लिया जाता है।
(d) दूसरे व्यक्तियों द्वारा समझा जा सके इस रूप में विचारों तथा भावनाओं का आदान प्रदान।

13. प्रभावशाली सम्प्रेषण की क्यों आवश्यकता है?
(a) प्रभावशाली शिक्षण हेतु
(b) विषय-सामग्री स्पष्ट हो सके
(c) एक दूसरे को समझ सके
(d) उपरोक्त सभी

14. सम्प्रेषण प्रक्रिया का मॉडल कौन-सा है?
(a) माध्यम-संदेश प्राप्तकर्ता
(b) माध्यम-सन्देशवाहक-संदेश प्राप्तकर्ता
(c) सन्देश प्राप्तकर्ता-सन्देश वाहक-माध्यम
(d) सन्देश वाहक-सन्देश प्राप्तकर्ता-माध्यम

15. संप्रेषण का सिद्धान्त नहीं है?
(a) उचित सम्पर्क
(b) सूचनाओं की स्पष्टता
(c) सम्प्रेषण का अभाव
(d) सूचनाओं का उचित प्रसारण

16. सूचना एवं संचार प्रौद्योगिकी क्या है?
(a) प्रभावशाली सूचना की प्रक्रिया
(b) प्रदत्त एकत्रीकरण की प्रक्रिया
(c) मूल्यांकन की प्रक्रिया
(d) आन्तरिक तकनीकी प्रक्रिया

17. सूचना प्रौद्योगिकी के क्या कार्य हैं?
(a) सूचनाओं का संग्रह
(b) सूचनाओं का संप्रेषण
(c) सूचनाओं का प्रोसेसिंग
(d) उपरोक्त सभी

18. शिक्षा में सूचना सम्प्रेषण तकनीकी की आवश्यकता क्यों है?
(a) शैक्षिक आवश्यकताओं की मांग हेतु
(b) प्रभावशाली अध्ययन अध्यापन हेतु
(c) विद्यार्थियों को प्रेरणा देने हेतु
(d) उपरोक्त सभी

19. कम्प्यूटर सहायक अनुदेशन के क्या उपयोग हैं?
(a) यह शिक्षक एवं छात्रों के लिए महत्वपूर्ण सूचनाएँ प्राप्ति का स्रोत है।
(b) अन्त:क्रिया ट्यूटोरियल उपागम के माध्यम से छात्रों को सफलता से शिक्षा दी जा सकती है।
(c) यह विद्यालय की प्रतिदिन की क्रियाओं के लिए आवश्यक है, जैसे समय सारिणी बनाना, प्रमाणपत्र बनाना आदि।
(d) उपरोक्त सभी

20. मुख्यतया शैक्षिक कम्प्यूटर प्रयुक्त किया जाता है-
(a) शोध उपकरण हेतु
(b) शिक्षण अधिगम हेतु
(c) प्रबन्ध उपकरण हेतु
(d) उपरोक्त सभी

21. लॉरेन्स कोहलबर्ग के अनुसार परम्परागत नैतिक स्तर बना रहता है–
(a) 4 से 10 वर्षों तक
(b) 10 से 13 वर्षों तक
(c) 12 से 15 वर्षों तक
(d) 16 से प्रौढ़ावस्था तक

22. पियाजे ने संज्ञानात्मक विकास के जो कारक अनिवार्य माने हैं, उनमें से नहीं है-
(a) जैविक परिपक्वता
(b) भौतिक परिवेश के अनुभव
(c) सम संयोजन
(d) कक्षा-कक्ष के अनुभव

23. शैक्षिक मनोविज्ञान अर्न्तनिहित क्षमताओं तथा सक्षमताओं का अध्ययन करता है–
(a) व्यक्तिगत विभिन्नताओं का
(b) समूह की भिन्नताओं का
(c) व्यक्तिगत क्षमताओं का
(d) व्यक्तिगत सक्षमताओं का

24. शिक्षण के समय शिक्षक आवश्यक रूप से ध्यान में रखता है-
(a) सामाजिक वातावरण
(b) विषय एवं शिक्षार्थी दोनों ही
(c) केवल शिक्षार्थी
(d) केवल विषय

25. शिक्षक को शिक्षण संस्थिति प्रदान की जानी चाहिए-
(a) कक्षा-कक्ष वातावरण के अनुरूप
(b) शिक्षार्थियों की मानसिक एवं शारीरिक आयु के अनुरूप
(c) शिक्षण सहायक सामग्री के अनुरूप
(d) पुस्तकों की उपलब्धता के अनुरूप

26. विद्यार्थियों हेतु शिक्षण प्रभावशाली बन सकता है यदि–
(a) वही पाठ बार-बार दोहराया जाए।
(b) विद्यार्थियों के मानसिक स्तर के अनुसार शिक्षण दिया जाए।
(c) विद्यार्थियों के सामाजिक स्तर के अनुसार शिक्षण दिया जाए।
(d) पाठ को पढ़कर विद्यार्थी सीखे।

27. निम्न शिक्षण अधिगम प्रक्रिया को क्रमवार जमाइये–
1. वर्तमान ज्ञान को पूर्व ज्ञान से जोड़ना
2. मूल्यांकन
3. उद्देश्य निर्माण
4. सामग्री का प्रस्तुतीकरण

एक उत्तर चुनिये :
(a) 1, 2, 3, 4 (b) 2, 1, 3, 4
(c) 4, 3, 1, 2 (d) 3, 1, 4, 2

28. बालक का विकास तीव्रगामी होता है-
(a) जन्म से 1 वर्ष तक
(b) जन्म से 2 वर्ष तक
(c) जन्म से 5 वर्ष तक
(d) जन्म से 10 वर्ष तक

29. संवेग की प्रथम सामान्य विशेषता दिखाई देती है-
(a) सहयोग में
(b) संघर्ष में
(c) उत्तेजना के रूप में
(d) डर के रूप में

30. अपनी पुस्तक 'एडोलेसेन्स' में किसने कहा किशोरावस्था एक नया जीवन है, व्यक्ति जब इसमें प्रवेश करता है तो अपने जीवन की शुरुआत करता है?
(a) जे.ए. स्टीफन (b) सी.ई. स्किनर
(c) स्टेनले हॉल (d) हरलॉक

उत्तरमाला

1. (a)	**2.** (b)	**3.** (d)	**4.** (b)	**5.** (a)	**6.** (b)	**7.** (b)	**8.** (a)	**9.** (d)	**10.** (d)
11. (c)	**12.** (c)	**13.** (d)	**14.** (a)	**15.** (c)	**16.** (a)	**17.** (d)	**18.** (d)	**19.** (d)	**20.** (d)
21. (b)	**22.** (d)	**23.** (a)	**24.** (b)	**25.** (b)	**26.** (b)	**27.** (d)	**28.** (b)	**29.** (c)	**30.** (c)

प्रैक्टिस सेट-10

1. बालक के कुसमयोजना से तात्पर्य है?
(a) साधारण सी बाधा उत्पन्न होने पर मानसिक संतुलन खो देना
(b) पर्यावरण से संतुलन स्थापित नहीं कर पाना
(c) संतुष्ट व सुखी न रहना
(d) उपरोक्त सभी

2. किशोरों में तनाव का प्रमुख कारण है?
(a) सभी के लिए अवसर की समानता
(b) पीढ़ियों का अन्तर
(c) पर्यावरण से अनुकूलन
(d) उपरोक्त में से कोई नहीं

3. निम्न में से कौन-सी मनोरचनाएं कुण्ठा व अर्न्तद्वन्द्व कम करती है?
(a) दमन (b) शमन
(c) प्रतिगमन (d) उपरोक्त सभी

4. निम्न में से किस मनोवैज्ञानिक ने संवेगात्मक बुद्धि पर काम किया?
(a) हावर्ड गार्डनर
(b) डेनियल गोलमेन
(c) जॉन डी. मेयर व पीटर सालवे
(d) उपरोक्त सभी

5. संवेगात्मक बुद्धि से तात्पर्य है?
(a) संवेगों को पहचानने की क्षमता
(b) संवेगों को समझने की क्षमता
(c) संवेगों पर नियन्त्रण रखना
(d) उपर्युक्त सभी

6. ''संवेगात्मक बुद्धिः बुद्धिलब्धि से अधिक महत्वपूर्ण क्यों'', पुस्तक के लेखक हैं?
(a) पीटर सालवे
(b) जॉन मेयर
(c) डेनियल गोलमैन
(d) नैन्सी गिब्स

7. संवेगों पर नियंत्रण पाने के लिये बालकों को अभ्यास करना चाहिये?
(a) आत्म चेतना का
(b) आत्म प्रेरणा का
(c) आत्म नियंत्रण का
(d) आत्मानुभूति का

8. निम्नलिखित में से कौन-सा कौशल शिक्षण कौशल का उदाहरण है ?
(a) प्रश्न पूछना (b) विन्यास प्रेरणा
(c) पुनर्बलन (d) उपर्युक्त सभी

9. शिक्षण का वह प्रतिमान जिसके सर्वाधिक प्रयोग भाषा व व्याकरण शिक्षण हेतु उपयोगी है?
(a) आगमन प्रतिमान
(b) संप्रत्यय सम्प्राप्ति प्रतिमान
(c) पृच्छा प्रशिक्षण प्रतिमान
(d) विकासात्मक प्रतिमान

10. बालक को कक्षा में नियमित आने के लिए प्रेरित करने का उपर्युक्त सुझाव है?
(a) डाटना (b) आलोचना
(c) जुर्माना (d) प्रोत्साहन

11. एक अध्यापक श्रृव्य दृश्य शिक्षण सामग्री के प्रयोग से अपने अध्यापन को?
(a) सरल बनाता है
(b) रोचक बनाता है
(c) प्रासंगिक बनाता है
(d) मनोरंजक बनाता है

12. ''शिक्षा मनोविज्ञान के अन्तर्गत शिक्षा से सम्बन्धित सम्पूर्ण व्यवहार और व्यक्तित्व आ जाता है'' यह परिभाषा किसके द्वारा दी गई
(a) स्किनर (b) क्रो व क्रो
(c) कोलेसनिक (d) थार्नडाइक

13. 'शिक्षा मनोविज्ञान व्यक्ति के जन्म से वृद्धावस्था तक सीखने के अनुभवों का वर्णन और व्याख्या करती है।' यह किसने कहा?
(a) स्किनर (b) क्रो व क्रो
(c) ब्राउन (d) कुप्पू स्वामी

14. एक शिक्षक के लिए मनोविज्ञान की उपादेयता है?
(a) स्वयं के ज्ञान व तैयारी के बारे में जानकारी के लिये
(b) बालकों की आवश्यकता की जानकारी के लिये
(c) विकल्प संख्या (a) व (b) दोनों सही हैं।
(d) विकल्प संख्या (a) व (b) दोनों गलत हैं।

15. शिक्षा मनोविज्ञान के ज्ञान के द्वारा शिक्षक–
(a) बालकों की वैयक्तिक विभिन्नताओं का ज्ञान प्राप्त करता है।
(b) उचित शिक्षण विधियों का चयन करता है।
(c) कक्षा कक्ष में अनुशासन स्थापित करता है।
(d) उपरोक्त सभी

16. अभिवृद्धि शब्द का प्रयोग किया जाता है?
(a) बालक के मानसिक विकास के लिये
(b) बालक के समाजिक विकास के लिये
(c) बालक के शारीरिक विकास के लिये
(d) बालक के मानसिक व सामाजिक विकास के लिये

17. बालक के शारीरिक वृद्धि व विकास को प्रभावित करते हैं?
(a) वंशानुक्रम
(b) वातावरण
(c) केवल वंशानुक्रम
(d) वंशानुक्रम व वातावरण दोनों

18. सूची-I को सूची-II से सुमेलित कीजिए और नीचे दिए गये कूट से सही उत्तर का चयन कीजिये–

सूची-I	सूची-II
A. कोहलर	1. प्रयत्न व मूल का सिद्धान्त
B. थार्नडाइक	2. सूझ का सिद्धान्त
C. पावलॉव	3. सम्बद्ध प्रतिक्रिया सिद्धान्त
D. स्किनर	4. क्रिया प्रसूत अनुबन्धन का सिद्धान्त

कूट :

	A	B	C	D
(a)	2	1	4	3
(b)	1	3	2	4
(c)	3	4	2	1
(d)	4	2	1	3

19. निम्न में से कौन-सा युग्म सही नहीं है?
(a) वाटसन-व्यवहारवाद
(b) जॉन डी.वी.-संरचनावाद
(c) जीन पियाजे-संज्ञानात्मक विकास
(d) वर्दीमर-गेस्टाल्टवाद

20. आत्म सम्मान की भावना का लक्षण प्रकट करती है?
(a) बाल्यावस्था (b) शैशवावस्था
(c) किशोरावस्था (d) प्रौढ़ावस्था

21. किशोरावस्था की विशेषताओं को सर्वोत्तम रूप से व्यक्त करने वाला एक शब्द है?
(a) विकास (b) समायोजन
(c) परिवर्तन (d) अस्थिरता

22. 'Adolescence' पुस्तक के लेखक हैं?
(a) स्टेनले हॉल (b) हरलॉक
(c) फ्रायड (d) ऐडलर

23. मानसिक स्वास्थ्य का लक्षण नहीं है?
(a) सहनशीलता
(b) सामंजस्य की योग्यता
(c) आत्मविश्वास
(d) अपरिपक्वता

24. बालक के मानसिक स्वास्थ्य में बाधा डालने वाले कारक हैं?
(a) वंशानुक्रम का प्रभाव
(b) परिवार का विघटन
(c) शारीरिक दोष
(d) उपरोक्त सभी

25. विद्यालय से पलायन करने वाले बालक के अध्ययन की सबसे उपयुक्त विधि है?
(a) केस स्टडी विधि
(b) प्रश्नावली विधि
(c) सर्वेक्षण विधि
(d) प्रयोगात्मक विधि

26. अध्यापक के मानसिक स्वास्थ्य के लिये आवश्यक है?
(I) सामाजिक सम्मान की प्राप्ति
(II) विद्यालय का जनतंत्रीय वातावरण
(III)पद की सुरक्षा
(IV)पर्याप्त शिक्षण सामग्री
नीचे दिए गए कूटों का उपयोग कर सही उत्तर चुनिये?
कूट :
(a) सिर्फ I (b) II एवं III
(c) I एवं IV (d) उपर्युक्त सभी

27. बालकेन्द्रित शिक्षाशास्त्र के विचार का तात्पर्य है-
(a) बच्चों के अनुभवों और उनकी सक्रिय भागीदारी को प्रमुख महत्व देना
(b) बच्चों को आदर्शवादी अनुशासन के दायरे में रखकर शिक्षण कार्य करना
(c) अध्यापक को जानने योग्य समस्त ज्ञान के भंडार का उपयोग करना
(d) उपर्युक्त सभी

28. ज्ञानमीमांसा का सम्बन्ध है-
(a) ईश्वर के अस्तित्व सम्बन्धी तत्व ज्ञान के अध्ययन से
(b) आत्मा सम्बन्धी तत्व ज्ञान के अध्ययन से
(c) सृष्टि सम्बन्धी तत्व ज्ञान के अध्ययन से
(d) ज्ञान की उत्पत्ति, संरचना एवं प्रकृति सम्बन्धी अध्ययन से

29. जो ज्ञान केवल हमारे तर्क पर आधारित होता है, उसे कहते हैं-
(a) प्रागनुभव ज्ञान (b) आगमनात्मक ज्ञान
(c) अत: प्रज्ञा
(d) उपर्युक्त में से कोई नहीं

30. 'डीस्कूलिंग सोसायटी' किसकी रचना है?
(a) महात्मा गांधी (b) इवान इलिच
(c) माइकल एप्पल (d) मॉण्टेसरी

उत्तरमाला

1. (d)	**2.** (d)	**3.** (d)	**4.** (d)	**5.** (d)	**6.** (c)	**7.** (d)	**8.** (d)	**9.** (b)	**10.** (d)
11. (b)	**12.** (a)	**13.** (b)	**14.** (c)	**15.** (d)	**16.** (c)	**17.** (d)	**18.** (a)	**19.** (b)	**20.** (c)
21. (c)	**22.** (a)	**23.** (d)	**24.** (d)	**25.** (a)	**26.** (d)	**27.** (a)	**28.** (d)	**29.** (a)	**30.** (b)

प्रैक्टिस सेट-11

1. निर्मितिवाद के सम्बन्ध में कौन-सा कथन गलत है?
(a) अधिगम एक सक्रिय प्रक्रिया है।
(b) अधिगम विश्व का वैयक्तिक विवेचन है।
(c) शिक्षक, विद्यार्थियों को सूचनाएँ प्रसारित करते हैं।
(d) शिक्षक, विद्यार्थियों द्वारा स्वयं के ज्ञान निर्माण में सहायता करते हैं।

2. समायोजन की समस्या के कारक हैं-
(a) तनाव (b) दुश्चिन्ता
(c) कुंठा (d) उपरोक्त सभी

3. निर्मितिवाद के अनुसार, शिक्षक की भूमिका होती है-
(a) सरलीकृत करने वाला
(b) प्रशासक
(c) टोली नायक
(d) निर्देशक

4. श्रव्य-दृश्य सामग्री-
(a) अवबोध में सुविधा प्रदान करती है।
(b) अधिगमकर्ता के प्रत्यक्षीकरण को विकसित करने में सहायता करती है।
(c) अधिगमकर्त्ता की धारण शक्ति को बढ़ाती है।
(d) उपरोक्त सभी

5. निम्नलिखित में से कौन-सा सूचना प्रक्रिया शिक्षण प्रतिमान का उदाहरण है?
(a) सामाजिक अन्त:क्रिया प्रतिमान
(b) निष्पत्ति प्रत्यय प्रतिमान
(c) प्रयोगशाला शिक्षण प्रतिमान
(d) समूह अन्वेषण प्रतिमान

6. कक्षा-कक्ष शिक्षण होना चाहिए-
(a) एक-तरफा
(b) तीव्र
(c) अन्त: क्रियात्मक
(d) धीमा

7. शिक्षा मनोविज्ञान शिक्षक की सहायता करती है-
(a) विकास की विशेषताओं को समझने में
(b) वैयक्तिक विभिन्नताओं को समझने में
(c) बालकों की समस्याओं को समझने में
(d) उपरोक्त सभी

8. किसके अनुसार शिक्षा मनोविज्ञान, शिक्षा का विज्ञान है?
(a) स्किनर (b) पील
(c) पिल्सबर्ग (d) ब्रूनर

9. अनुदैर्ध्य उपागम में जिन बालकों का पर्यवेक्षण किया जाता है, वे होते हैं-
(a) नए
(b) विभिन्न
(c) निश्चित
(d) उपरोक्त में से कोई नहीं

10. एक बालक अधिक सीखता है, यदि उसे–
(a) व्याख्यान विधि से पढ़ाया जाए
(b) पाठ्य पुस्तक से पढ़ाया जाए
(c) कम्प्यूटर से पढ़ाया जाए
(d) क्रिया विधि से पढ़ाया जाए

11. अधिगम के लिए क्या आवश्यक है?
(a) स्वानुभव (b) स्व-चिन्तन
(c) स्व-क्रिया (d) उपरोक्त सभी

12. सम्प्रेषण का कार्य है-
(a) अभिप्रेरणा
(b) सूचना का आदान-प्रदान
(c) शिक्षा एवं प्रशिक्षण
(d) उपरोक्त सभी

13. कम्प्यूटर सहायक अनुदेशन कहलाता है-
(a) इलेक्ट्रॉनिक ब्रेन
(b) इलेक्ट्रॉनिक मेमोरी
(c) इलेक्ट्रॉनिक बुक
(d) इलेक्ट्रॉनिक जर्नल

14. सूचना सम्प्रेषण तकनीकी
(a) विद्यार्थियों में अभिप्रेरणा बढ़ाती हैं।
(b) विद्यार्थियों की निष्पत्ति बढ़ाती हैं।
(c) उच्च स्तरीय चिन्तन को प्रोत्साहित करती है।
(d) उपरोक्त सभी

15. निम्न में से कौन-सा शिक्षा सूत्र नहीं है?
(a) ज्ञान से अज्ञान
(b) विशिष्ट से सामान्य
(c) अंश से पूर्ण
(d) सरल से जटिल

16. निम्न में से कौन-सा विकास का सिद्धान्त नहीं है?
(a) निश्चित प्रतिमान का सिद्धान्त
(b) विशिष्ट से सामान्य अनुक्रियाओं की ओर बढ़ने का सिद्धान्त
(c) समन्वय का सिद्धान्त
(d) निरन्तरता का सिद्धान्त

17. विकास का मनोसामाजिक अवस्था दृष्टिकोण प्रतिपादित किया गया
(a) बण्डूरा (b) फ्रायड
(c) कोहलबर्ग (d) एरिक्सन

18. निम्नांकित में से कौन-सी अवस्था संक्रमण अवधि कहलाती है?
(a) बाल्यावस्था (b) किशोरावस्था
(c) प्रौढ़ावस्था (d) शैशवावस्था

19. व्यवहारवाद का पिता कौन है?
(a) हल (b) जे. वाटसन
(c) फ्रायड (d) इवान पावलॉव

20. निर्मितिवादी अधिगम के पक्षधर हैं–
(a) स्किनर (b) लिव वाइगोत्सकी
(c) कोहलर (d) मैसलो

21. अर्थपूर्ण शाब्दिक अधिगम किसके द्वारा समझाया गया था-
(a) राबर्ट गैग्ने (b) जीन पियाजे
(c) जेरॉम ब्रूनर (d) डेविड आसुबेल

22. डेनियल गोलमैन सम्बन्धित हैं-
(a) मानसिक स्वास्थ्य से
(b) संवेगात्मक बुद्धि से
(c) सृजनात्मकता से
(d) व्यक्तित्व से

23. प्रभावी शिक्षक वह है, जो–
(a) कक्षा पर नियंत्रण रख सकता है
(b) अधिक सूचना दे सकता है।
(c) विद्यार्थियों को अधिगम हेतु अभिप्रेरित कर सकता है
(d) आवंटित कार्य का ध्यानपूर्वक संशोधन करता है।

24. निम्न में से कौन-सा युग्म सही है?
(a) अधिगम के प्रकार-कोहलर
(b) अनुभवजन्य अधिगम-कार्ल रोजर्स
(c) सामाजिक अधिगम-गैने
(d) अन्तर्दृष्टिपूर्ण अधिगम-बण्डूरा

25. प्रतिरक्षा प्रक्रिया है-
(a) चेतन व्यवहार
(b) न्यायसंगत एवं तार्किक
(c) प्रत्यक्ष विधि
(d) व्यक्तित्व का रक्षा कवच

26. शिक्षण का पृच्छा प्रशिक्षण प्रतिमान विकसित किया–
(a) ब्रूनर ने
(b) रिचर्ड सक्मैन
(c) डोनाल्ड ऑलीवर
(d) जॉन डीवी

27. सहयोगात्मक अधिगम का प्रत्यय किसने दिया था?
(a) जॉनसन एवं स्मिथ
(b) फेल्डर
(c) हेलर
(d) फिचनर एवं डेविस

28. मानव विकास की प्रकृति निम्नलिखित में से क्या है?
(a) गुणात्मक विकास
(b) परिणात्मक विकास
(c) सर्वांगीण विकास
(d) संवेगात्मक विकास

29. बालकेन्द्रित शिक्षा के दृष्टिकोण से बच्चों के सीखने की सर्वोत्कृष्ट प्रणाली है-
(a) व्यवहारवादी
(b) निर्माणवादी
(c) आदर्शवादी
(d) उपर्युक्त सभी

30. बहुबुद्धि सिद्धान्त के प्रतिपादक हैं-
(a) गार्डनर (b) गिलफर्ड
(c) मैस्लो (d) पियाजे

उत्तरमाला

1. (c)	**2.** (d)	**3.** (a)	**4.** (d)	**5.** (b)	**6.** (c)	**7.** (d)	**8.** (b)	**9.** (c)	**10.** (d)
11. (d)	**12.** (d)	**13.** (a)	**14.** (d)	**15.** (c)	**16.** (b)	**17.** (d)	**18.** (b)	**19.** (b)	**20.** (b)
21. (d)	**22.** (b)	**23.** (c)	**24.** (b)	**25.** (d)	**26.** (b)	**27.** (a)	**28.** (c)	**29.** (b)	**30.** (a)

प्रैक्टिस सेट-12

1. हेविघर्स्ट के अनुसार कौन-सा किशोरावस्था का विकासात्मक कार्य नहीं हैं?

(a) अपनी शारीरिक रचना को स्वीकारना और शरीर का प्रभावी उपयोग करना।

(b) सामाजिक उत्तरदायी व्यवहार को स्वीकारना और उसकी उपलब्धि करना।

(c) स्वयं के प्रति स्वस्थ अभिवृत्ति का निर्माण

(d) अपने माता-पिता और अन्य वयस्कों से संवेगात्मक स्वतन्त्रता प्राप्त करना।

2. कौन-सा सांवेगिक बुद्धि का घटक नहीं है?

(a) सांवेगिक प्रत्यक्षीकरण

(b) सांवेगिक एकीकरण

(c) सांवेगिक अधिगम

(d) सांवेगिक प्रबन्धन

3. निम्नलिखित मनोवैज्ञानिकों के समूह में से कौन सा समूह पूर्ण रूप से क्लासिकी संज्ञानात्मक सिद्धान्त से सम्बन्धित है?

(a) वर्दाइमर, ब्रूनर, बण्डुरा

(b) वर्दाइमरे, कोहलर, टालमैन

(c) कोफका, आसुबेल, बौल्स

(d) टालमैन, ब्रूनर, बण्डुरा

4. मनोवैज्ञानिकों के कौन-से समूह ने महसूस करने योग्य तथा मापने योग्य व्यवहार पर अपना ध्यान केन्द्रित किया?

(a) व्यवहारवादी

(b) संरचनावादी

(c) प्रकार्यवादी

(d) समग्रवादी

5. अधिगम के कौन-से सिद्धान्त में अध्यापक सुविधा प्रदाता की भूमिका निभाते हैं?

(a) व्यवहारवादी सिद्धान्त

(b) निर्मितवादी सिद्धान्त

(c) संज्ञानवादी सिद्धान्त

(d) मनोविश्लेषणवादी सिद्धान्त

6. कौन-सा संतुलित समायोजन का क्षेत्र नहीं है?

(a) अच्छा शारीरिक स्वास्थ्य

(b) सांवेगिक संतुलित

(c) अवधान की मांग

(d) कार्यकुशलता

7. मानसिक आरोग्यता के विज्ञान को आरम्भ करने का श्रेय दिया जाता है-

(a) हेडफील्ड (b) लैडेल

(c) जॉन्स (d) सी.डब्ल्यू. बीयर्स

8. कौन-सा निर्देशन नहीं है?

(a) संकेत करना

(b) इंगित करना

(c) पथ प्रदर्शन करना

(d) समस्या का समाधान करना

9. जब किसी व्यक्ति के समक्ष दो धनात्मक लक्ष्य उपलब्ध हो परन्तु वह दोनों को प्राप्त करने की स्थिति में नहीं है तो उस द्वन्द्व को कहते हैं-

(a) ग्राह-ग्राह द्वन्द्व

(b) परिहार-परिहार द्वन्द्व

(c) ग्राह-परिहार द्वन्द्व

(d) दोहरा ग्राह-परिहार द्वन्द्व

10. कोल के अनुसार बालिकाओं के लिए पूर्व किशोरावस्था का काल है-

(a) 11 से 12 साल

(b) 12 से 13 साल

(c) 13 से 14 साल

(d) 15 से 16 साल

11. संप्रेषण में आने वाली बाधाओं को उनके सम्मुख उदाहरणों के साथ सुमेलित कीजिए-

बाधाओं के प्रकार	उदाहरण
A. भौतिक बाधाएँ	1. पूर्व कार्य स्थिति
B. भाषा की बाधाएँ	2. पूर्वाग्रह
C. मनोवैज्ञानिक बाधाएँ	3. अनावश्यक शब्द
D. पृष्ठभूमि की बाधाएँ	4. खराब स्वास्थ्य

कोड :

	A	B	C	D
(a)	1	2	3	4
(b)	2	3	4	1
(c)	4	3	2	4
(d)	4	3	1	2

12. निम्नलिखित में से कौन-सा सूचना पर कार्यवाही करने से संबंधित प्रतिमान नहीं हैं?

(a) आगमन चिंतन प्रतिमान

(b) पूछताछ प्रशिक्षण प्रतिमान

(c) सामाजिक पूछताछ प्रतिमान

(d) संप्रत्यय उपलब्धि प्रतिमान

13. प्रगतिशील संगठनकर्ता प्रतिमान के आविष्कारक कौन हैं?

(a) ग्लेजर (b) ब्रूनर

(c) जीन पियाजे (d) डेविड आसुबेल

14. विज्ञान पृच्छा प्रतिमान के उद्देश्य एवं उपयोगिता क्या है?

(a) आगमन तर्क का विकास

(b) मानसिक क्रिया का विकास

(c) सामाजिक उद्देश्य की प्राप्ति के लिए वैयक्तिक क्षमता का विकास

(d) प्राप्य सूचनाओं के आधार पर समस्याओं पर तर्कपूर्ण ढंग से विचार

15. जब कोई विद्यार्थी एक ऐसे कम्प्यूटर के साथ अन्त:क्रिया करता है जो स्वयं ही अधिगम सामग्री से परिपूर्ण है, यह प्रक्रिया कहलाती है–

(a) कम्प्यूटर सह अधिगम

(b) कम्प्यूटर सह शिक्षण

(c) कम्प्यूटर सह अनुदेशन

(d) कम्प्यूटर सह व्यवहार

16. कम्प्यूटर आधारित शिक्षण प्रतिमान के प्रवर्तक कौन हैं?

(a) फ्लेण्डर्स

(b) ग्लेजर

(c) कैरोल

(d) लोरेन्स स्टूलोरों तथा डेनियल डेविस

17. कौन अनुदेशन तकनीकी से सम्बन्धित नहीं है?

(a) ब्रूनर (b) ग्लेजर

(c) आसुबेल (d) मोरीसन

18. सॉफ्टवेयर तकनीकी के प्रतिपादक कौन हैं?

(a) ए.ए. लूम्सडैन (b) बी.एफ. स्किनर

(c) ब्रूनर (d) आसुबेल

19. कौन-सा प्रणाली उपागम का पद नहीं है?

(a) प्रणाली विश्लेषण

(b) प्रणाली प्रारूप एवं विकास

(c) प्रणाली संचालन एवं मूल्यांकन

(d) प्रणाली वर्गीकरण

20. कौन प्रणाली के मूलभूत समष्टिज नहीं है?
(a) इनपुट
(b) प्रक्रिया
(c) मशीन
(d) आऊटपुट

21. कौन-सी सॉफ्टवेयर तकनीकी की विशेषता नहीं है?
(a) यह कोमल तकनीकी उपागम है।
(b) इसे अनुदेशन तकनीकी भी कहते हैं
(c) इनको शैक्षिक तकनीकी प्रथम भी कहते हैं।
(d) इसका मुख्य आधार मनोविज्ञान है।

22. कौन से प्रकार का व्यवहार में हुआ परिवर्तन अधिगम है?
(a) थकान के फलस्वरूप हुआ परिवर्तन
(b) दवाई लेने के फलस्वरूप हुआ परिवर्तन
(c) अभ्यास और अनुभव के फलस्वरूप हुआ परिवर्तन
(d) बीमारी के कारण हुआ परिवर्तन

23. स्मृति स्तर के शिक्षण का कौन-सा उद्देश्य नहीं है?
(a) मानसिक पक्षों का प्रशिक्षण
(b) तथ्यों का ज्ञान देना
(c) अर्थ का प्रत्यक्षीकरण करना एवं विचारों को समझना
(d) ज्ञान का पुनर्स्मृति तथा पुनः प्रस्तुतीकरण करना

24. ''अनुभव तथा प्रशिक्षण के द्वारा व्यवहार का उन्नयन अधिगम है'' किसने कहा?
(a) क्रोनबैक (b) किम्बले
(c) स्किनर (d) गेट्स एवं अन्य

25. ''दी कंडिशन्स ऑफ लर्निंग'' पुस्तक के लेखक कौन हैं?
(a) आसुबेल (b) गैग्ने
(c) थॉर्नडाइक (d) स्किनर

26. निम्नलिखित में से कौन-सी शिक्षण की अंतः क्रियात्मक अवस्था का कार्य नहीं है?
(a) प्रत्यक्षीकरण
(b) निदान
(c) अधिगम अनुभवों का चयन
(d) प्रतिक्रियात्मक प्रक्रियाएँ

27. ''किशोरावस्था वह समय है जिसमें विचारशील व्यक्ति बाल्यावस्था से परिपक्वता की ओर संक्रमण करता है'' किसने कहा?
(a) जेरशील्ड (b) स्टेनले हॉल
(c) किलपेट्रिक (d) कॉलसनिक

28. किशोरावस्था काल की 15 और 16 वर्ष की आयु में मस्तिष्क का भार लगभग कितने ग्राम हो जाता है?
(a) 800 से 1000 ग्राम
(b) 1000 से 1100 ग्राम
(c) 1200 से 1400 ग्राम
(d) 1500 से 1700 ग्राम

29. सुमेलित कीजिए–
A. आस्था बनाम अनास्था 1. 1 से 2 साल
B. स्वायत्तता बनाम संदेह 2. 0 से 1 साल
C. पहल बनाम ग्लानि 3. 13 से 18 साल
D. अस्तित्व बनाम भूमिका द्वन्द्व 4. 3 से 5 साल

कूट :

	A	B	C	D
(a)	1	2	3	4
(b)	2	3	4	1
(c)	2	1	4	3
(d)	3	4	1	2

30. कोहलबर्ग के नैतिक विकास सिद्धान्त की पाँचवीं अवस्था है–
(a) आज्ञाकारिता एवं दण्ड उन्मुखीकरण
(b) वैयक्तिकता एवं विनिमय
(c) सामाजिक क्रम को लागू रखना
(d) सामाजिक अनुबंध एवं व्यक्तिगत अधिकार

उत्तरमाला

1. (c)	**2.** (c)	**3.** (b)	**4.** (a)	**5.** (b)	**6.** (c)	**7.** (d)	**8.** (d)	**9.** (a)	**10.** (a)
11. (c)	**12.** (c)	**13.** (d)	**14.** (d)	**15.** (a)	**16.** (d)	**17.** (d)	**18.** (b)	**19.** (d)	**20.** (c)
21. (c)	**22.** (c)	**23.** (c)	**24.** (d)	**25.** (b)	**26.** (c)	**27.** (a)	**28.** (c)	**29.** (c)	**30.** (d)

प्रैक्टिस सेट-13

1. निर्मितवाद के संदर्भ में कौन-सा कथन गलत है?
(a) ज्ञान का संचरण आवश्यक रूप से शिक्षक द्वारा किया जाता है।
(b) नवीन ज्ञान का सृजन पूर्व ज्ञान के आधार पर होता है।
(c) अधिगमकर्ता ज्ञान का सृजन कर सकता है।
(d) अधिगमकर्ता स्वयं के अधिगम के लिए सक्रिय एवं उत्तरदायी होता है।

2. कक्षा में परस्पर संवाद से क्या उभर कर आना चाहिए?
(a) विवाद (b) सूचना
(c) विचार (d) तर्क-वितर्क

3. छात्र की विद्यालय उपलब्धि निर्भर करती है–
(a) स्व-प्रत्यय, बुद्धि, रूचि, अभिप्रेरणा
(b) रूचि, बुद्धि, अभिप्रेरणा, लिंग
(c) अभियोग्यता, बुद्धि, अभिप्रेरणा, जाति
(d) रूचि, बुद्धि, शारीरिक बनावट, अभिप्रेरणा

4. बुद्धि का द्विकारक सिद्धान्त दिया था?
(a) टरमन (b) स्पीयरमेन
(c) गुलीफोर्ड (d) बेनकेट

5. संप्रेषण का कार्य है–
(a) सूचना का आदान प्रदान
(b) शिक्षा एवं प्रशिक्षण
(c) अभिप्रेरणा
(d) उपर्युक्त सभी

6. कक्षा-कक्ष शिक्षण होना चाहिए?
(a) तीव्र (b) संवादमूलक
(c) सरल (d) एक-तरफा

7. किशोर-किशोरियों के संदर्भ में सर्वोत्तम समूह चयनित कीजिए–
(a) तार्किकता, अमूर्त चिन्तन, निर्णयशक्ति
(b) श्रेष्ठ समायोजन, स्व-सम्मान
(c) निरीक्षण, विद्रोह की भावना, दोहराने की प्रवृत्ति
(d) दर्शन, सु-समायोजन, समाजसेवा की भावना

8. किसी कार्य को करने की विशिष्ट क्षमता को कहते हैं?
(a) अभिरूचि (b) प्रत्यक्षीकरण
(c) अभियोग्यता (d) अभिवृत्ति

9. एक विद्यार्थी बी.एड. प्रवेश परीक्षा देता है और असफल रहता है। वह सबसे कहता है "मैं अध्यापक बनना ही नहीं चाहता हूं" यह उदाहरण है?
(a) उदात्तीकरण (b) प्रक्षेपण
(c) युक्तिकरण (d) तादात्म्यीकरण

10. अच्छे मानसिक स्वास्थ्य के संकेतक हैं?
(a) दूसरों की आलोचना करना
(b) जिद्धी प्रवृति
(c) दिवास्वप्न
(d) सांवेगिक नियंत्रण

11. कम्प्यूटर सह-अधिगम की विशेषता है-
(a) शिक्षक का शिक्षण कार्य आसान हो जाता है
(b) पाठ्यक्रम आसानी से पूरा हो जाता है
(c) प्रतिभाशाली बालकों के लिए उपयोगी है
(d) विद्यार्थी अपनी गति से सीख लेते हैं।

12. निम्न में से वृद्धि और विकास के कौन-से आयाम एक दूसरे से जुड़े हैं?
(I) शारीरिक (II) बौद्धिक
(III)सामाजिक (IV) संवेगात्मक
(V) नैतिक

कोड :
(a) (I), (II) और (III)
(b) (IV) और (III)
(c) (I), (III) और (IV)
(d) (I), (II), (III) (IV) और (V)

13. निम्न में से कौन-सी दृश्य-श्रव्य सुविधा अधिगम हेतुओं के असरकारक हेतुओं को संतुष्ट करती है?
(I) रेडियो
(II) टेप रिकार्डर
(III) स्थिर चित्र
(IV) टेलीविजन

कोड :
(a) केवल (IV)
(b) (I) और (IV)
(c) (I), (II) और (III)
(d) (I), (II), (III) (IV) और (V)

14. मस्तिष्काधोमुखी सिद्धांत के अनुसार विकास होता है?
(a) दायीं से बायीं ओर
(b) पैर से सिर की ओर
(c) बांयी से दांयी ओर
(d) सिर से पैर की ओर

15. प्रशिक्षण एवं अभ्यास संबंधित है?
(a) संज्ञानात्मक वाद से
(b) व्यवहार वाद से
(c) निर्मितवाद से
(d) उपर्युक्त में से कोई नहीं

16. निम्नलिखित में से कौन-सा एक ऑपरेटिंग सिस्टम नहीं है?
(a) IBM AIX (b) Fire Fox
(c) Linux (d) Unix

17. कम्प्यूटर वायरस है–
(a) हार्डवेयर
(b) बैक्टीरिया
(c) सॉफ्टवेयर
(d) उपर्युक्त में से कोई नहीं

18. लिग्वाफोन उदाहरण है-
(a) श्रव्य सामग्री का
(b) श्रव्य-दृश्य सामग्री का
(c) दृश्य सामग्री का
(d) क्रियात्मक सामग्री का

19. निम्नलिखित में से कौन-सा एक अन्य विकल्पों से सम्बद्ध नहीं है?
(a) प्रश्नोत्तर सत्रों को संगठित करना
(b) स्वआकलन के कोशल को प्रतिमार्जित करना
(c) प्रकरण पर विद्यार्थियों की प्रतिक्रिया लेना
(d) प्रश्नोत्तरी परिचालित करना

20. निर्देशन एवं अधिगम के बीच समानता है–
(a) दोनों छात्र केन्द्रित हैं।
(b) दोनों ही विषय-वस्तु केन्द्रित हैं
(c) दोनों पृष्टपोषण एवं पाठ्यविश्लेषण पर बल देते हैं
(d) उपर्युक्त में से कोई नहीं

21. निम्नलिखित में से समस्या समाधान को क्या बाधित नहीं करता है?
(a) अन्तर्दृष्टि (b) मानसिक प्रारूपता
(c) मोर्चाबंदी (d) निर्धारण

22. निम्न में से किस अवस्था में बालक अपने समकक्षी वर्ग के सक्रिय सदस्य बनते हैं?
(a) वयस्कावस्था (b) बाल्यावस्था
(c) किशोरावस्था (d) पूर्व बाल्यावस्था

23. क्रियाप्रसूत अनुकूलन में पुनर्बलन निर्भर करता है–
(a) उद्दीपक की प्रकृति पर
(b) अनुक्रिया की प्रवृत्ति पर
(c) a और b
(d) इनमें से कोई नहीं

24. निम्न में से कोहलबर्ग के नैतिक विकास के सिद्धांत की अवस्था नहीं है?
(a) प्राक् रूढ़िगत (b) रूढ़िगत
(c) संवेदी प्रेरक (d) पश्चात्-रूढ़िगत

25. सहयोगशील अधिगम में अध्यापक की जिम्मेदारी होती है–
(a) पर्याप्त संसाधन सामग्री एकत्रीकरण होती है
(b) समूह रचना निर्धारण की
(c) बैठक की उपयुक्त सुविधा प्रदान करने की
(d) उपर्युक्त सभी

26. कक्षा-कक्ष संप्रेषण होना चाहिए–
(a) शिक्षक-केन्द्रित
(b) छात्र-केन्द्रित
(c) सामान्य-केन्द्रित
(d) पाठ्यपुस्तक-केन्द्रित

27. बालक का मानसिक स्वास्थ्य निर्भर करता है-
(a) विद्यालय पर (b) परिवार पर
(c) समुदाय पर (d) उपर्युक्त सभी

28. आलोचनात्मक शिक्षाशास्त्र पर निम्नलिखित में कौन बल देते हैं?
(a) पेस्टालाजी (b) पाउले फ्रेरे
(c) जॉन डीवी (d) मॉण्टेसरी

29. जिला शिक्षा एवं प्रशिक्षण संस्थान/डायट की स्थापना किस शिक्षा नीति की अनुशंसा के उपरान्त की गई?
(a) 1968 (b) 1986
(c) 1992 (d) 2016

30. सन् 1994 में यूनेस्को के सलमांका अधिवेशन की मुख्य अनुशंसा सम्बन्धित है-
(a) विशेष शिक्षा (b) जेंडर शिक्षा
(c) समावेशी शिक्षा (d) सबके लिए शिक्षा

उत्तरमाला

1. (a)	**2.** (c)	**3.** (a)	**4.** (b)	**5.** (d)	**6.** (b)	**7.** (a)	**8.** (c)	**9.** (c)	**10.** (d)
11. (d)	**12.** (d)	**13.** (d)	**14.** (d)	**15.** (b)	**16.** (b)	**17.** (c)	**18.** (a)	**19.** (b)	**20.** (a)
21. (c)	**22.** (b)	**23.** (b)	**24.** (c)	**25.** (d)	**26.** (b)	**27.** (d)	**28.** (b)	**29.** (b)	**30.** (c)

प्रैक्टिस सेट-14

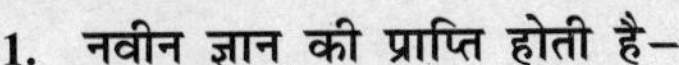

1. नवीन ज्ञान की प्राप्ति होती है–
(a) रटने से
(b) ज्ञान के स्थानान्तरण से
(c) अनुभव एवं नवीन अर्थ खोजने से
(d) उपरोक्त में से कोई नहीं

2. निम्नलिखित में से कौन-सा संवेगात्मक बुद्धि का तत्व नहीं है?
(a) संवेगों का प्रबंधन
(b) स्व अभिप्रेरित करना
(c) दूसरों के संवेगों को पहचानना
(d) सजीवों में विभेदन करने की क्षमता रखना

3. विद्यार्थियों की तनाव सम्बन्धी समस्या दूर की जा सकती है-
(a) शिक्षण से
(b) नियंत्रण से
(c) निर्देशन एवं परामर्श से
(d) उपरोक्त सभी

4. एडवान्स ऑरगेनाइजर प्रतिरूप जिन्होंने दिया?
(a) पियाजे (b) आसुबेल
(c) रिचर्ड सकमैन (d) डीवी

5. निम्नलिखित में से कौन-सी अनुदेशन सामग्री नहीं है?
(a) छपी सामग्री
(b) ट्रान्सपेरेन्सी
(c) ओवर हेड प्रोजेक्ट
(d) ऑडियो कैसेट

6. आत्म सम्प्रेषण को कहते हैं-
(a) समूह सम्प्रेषण
(b) जन सम्प्रेषण
(c) अंतर्वैयक्तिक सम्प्रेषण
(d) अन्तः वैयक्तिक सम्प्रेषण

7. निम्नलिखित में से कौन-सी रक्षात्मक क्रियाविधि नहीं है?
(a) प्रतिगम (b) साहचर्य
(c) क्षतिपूर्ति (d) उदातीकरण

8. वीडियो कॉन्फ्रेसिंग को निम्नलिखित प्रकार संचार में वर्गीकृत किया जा सकता है–
(a) दृश्य एक तरफा
(b) दृश्य श्रव्य एक तरफा
(c) दृश्य श्रव्य दो तरफा
(d) दृश्य दो तरफा

9. अधिगमकर्ता वैयक्तिक भिन्नताएँ प्रदर्शित करते हैं अतः शिक्षक को–
(a) परीक्षाओं की संख्या बढ़ानी चाहिए
(b) कठोर अनुशासन लागू करना चाहिए
(c) विविध अधिगम अनुभव उपलब्ध कराने चाहिए
(d) अधिगम की समान गति पर बल देना चाहिए

10. व्यक्तिव की व्याख्या हेतु अधोलिखित सूची में किसने अन्तनारी एवं अंतर्नर की अवधारणा को प्रस्तावित किया–
(a) फ्रायड (b) यंग
(c) एडलर (d) एरिक फ्रॉम

11. किसी विषय पर सर्वाधिक एवं अद्यतन सूचना किस स्त्रोत से प्राप्त होती है?
(a) विश्वकोश से
(b) इंटरनेट से
(c) अकादमिक पत्रिकाओं से
(d) अन्तर्राष्ट्रीय सम्मेलनों से

12. किसने सामाजिक निर्मितवाद के सिद्धान्त पर अधिक बल दिया?
(a) पियाजे (b) कोहलबर्ग
(c) वाइगोत्सकी (d) कोहलर

13. मनोविश्लेषण सिद्धान्त का प्रतिपादन जिन्होंने किया-
(a) अल्फ्रेड एडलर (b) सिग्मण्ड फ्रायड
(c) कार्ल जुग (d) गार्डनर

14. ''जिन प्रतिक्रियाओं को सीखने के उपरान्त सन्तुष्टि प्राप्त होती है उन्हें सीख लिया जाता है''
(a) अभ्यास का नियम
(b) तत्परता का नियम
(c) प्रभाव का नियम
(d) सापेक्षता का नियम

15. शिक्षा मनोविज्ञान है-
(a) मानक विज्ञान
(b) अनुप्रयुक्त विज्ञान
(c) विशुद्ध विज्ञान
(d) उपरोक्त में से कोई नहीं

16. शिक्षा मनोविज्ञान संबंधित है-
(a) अधिगम कर्ता से
(b) अधिगम प्रक्रिया से
(c) अधिगम स्थितियों से
(d) उपरोक्त सभी

17. मानव विकास परिणाम है–
(a) जैविक कारकों का
(b) वंशानुगति एवं वातावरणीय कारकों का
(c) सामाजिक कारकों का
(d) अभिप्रेरण कारकों का

18. शृंखला अधिगम संबंधित है-
(a) टॉलमैन (b) गैग्ने
(c) थॉर्नडाइक (d) ब्रूनर

19. किशोरावस्था तूफान एवं तनाव की अवस्था है, कहां है–
(a) कोन ने
(b) विलियम मक्डूगल ने
(c) स्टेनले हॉल ने
(d) ब्रिकसन ने

20. शिक्षक कक्षा कक्ष में प्रयास करता है?
(a) विद्यार्थियों का अनुभव प्रदान करने का
(b) विद्यार्थियों को चिंतन का अवसर देने का
(c) विद्यार्थियों को सहायक अधिगम वातावरण देने का
(d) उपरोक्त सभी

21. कोहलबर्ग के नैतिक विकास सिद्धांत के अंतर्गत निम्नलिखित में से कौन-सी उस सिद्धांत की अवस्था है?
(a) पूर्व संक्रियात्मक
(b) परम्परागत
(c) संवेदी प्रेरक
(d) मूर्त संक्रियात्मक

22. जीन पियाजे के अनुसार तार्किक चिन्तन प्रारम्भ होता है-
(a) संवेदी प्रेरक अवस्था में
(b) पूर्व-संक्रियात्मक अवस्था में
(c) औपचारिक संक्रियात्मक अवस्था में
(d) मूर्त-संक्रियात्मक अवस्था में

23. मनोविज्ञान में व्यवहारवाद का प्रतिपादन करने वाले थे-
(a) जॉनडिवि (b) विलियम जेमस
(c) कोहलर (d) जॉन बी. वाटसन

24. अधिगम का निष्पादन है–
(a) अभिवृत्ति (b) ज्ञान
(c) कौशल (d) उपरोक्त सभी

25. निम्नलिखित में से कौन-सा विकास का सिद्धान्त नहीं है?
(a) यह निरन्तर चलने वाली प्रक्रिया है
(b) यह वैयक्तिक प्रक्रिया है
(c) यह सामान्य से विशिष्ट की ओर आगे नहीं बढ़ती है
(d) यह अन्त:क्रिया का उत्पादन है

26. गैने के अनुसार अधिगम का उच्चतम स्तर कौन-सा है?
(a) श्रृंखला अधिगम
(b) शाब्दिक साहचर्य अधिगम
(c) उद्दीपन अनुक्रिया अधिगम
(d) समस्या समाधान अधिगम

27. निर्मितवाद के अनुसार एक अध्यापक की मुख्य भूमिका होनी चाहिए-
(a) दार्शनिक की
(b) मित्र की
(c) सहजकर्ता की
(d) अनुदेशक की

28. सृजनात्मकता की विशेषता होती है?
(a) मौलिकता (b) प्रवाहशीलता
(c) लचीलापन (d) उपरोक्त सभी

29. सामाजिक-सांस्कृतिक रचनावाद के प्रतिपादक हैं-
(a) पियाजे
(b) वायगोत्स्की
(c) बेंजामिन ली बोर्फ
(d) बी.एफ. स्किनर

30. निम्नलिखित में से किस मनोवैज्ञानिक ने 'ट्रांसफोर्मेशनल ग्रामर' के संप्रत्यय को अस्तित्व में लाया?
(a) वायगोत्सकी (b) पियाजे
(c) चोम्स्की (d) स्किनर

उत्तरमाला

1. (c)	**2.** (d)	**3.** (c)	**4.** (b)	**5.** (c)	**6.** (d)	**7.** (b)	**8.** (c)	**9.** (c)	**10.** (*)
11. (b)	**12.** (c)	**13.** (b)	**14.** (c)	**15.** (b)	**16.** (d)	**17.** (b)	**18.** (b)	**19.** (c)	**20.** (d)
21. (b)	**22.** (d)	**23.** (d)	**24.** (d)	**25.** (c)	**26.** (d)	**27.** (c)	**28.** (d)	**29.** (b)	**30.** (c)

प्रैक्टिस सेट-15

1. बच्चे को निम्न प्रकार से शिक्षा देता है-
(a) औपचारिक रूप से
(b) अनौपचारिक रूप से
(c) जानबूझकर
(d) नियमित रूप से

2. बच्चों की शारीरिक वृद्धि की दर अधिक होती है-
(a) पूर्व बचपन में उत्तर बचपन की बजाय
(b) उत्तर बचपन में किशोरावस्था की बजाय
(c) किशोरावस्था में पूर्व बचपन की बजाय
(d) प्रौढ़ावस्था में किशोरावस्था की बजाय

3. चिन्तन तथा तर्क का उद्देश्य है-
(a) समस्या को जटिल बनाना
(b) संवेग को समाप्त करना
(c) समस्या का समाधान करना
(d) संज्ञान का अन्त करना

4. टी.ए.टी. किस प्रकार का उपकरण है-
(a) अवलोकनीय (b) स्वसूचना पेक्षी
(c) स्थिति पेक्षी (d) स्वमूल्य निर्धारण

5. एक छात्र बोर्ड परीक्षा के लिए कठिन परिश्रम कर रहा है। उसके पिता ने उसे अच्छे अंक आने पर मोटर साइकिल देने का वादा किया है। इसका अर्थ-
(a) आन्तरिक प्रेरणा
(b) बाह्य प्रेरणा
(c) गणितीय प्रेरणा
(d) आन्तरिक तथा बाह्य प्रेरणा

6. अच्छा अधिगम निर्भर करता है-
(a) शिक्षक पर
(b) छात्रों की सक्रिय रूचि पर
(c) उपयुक्त शिक्षण विधियों एवं सहायक सामग्री के उपयोग पर
(d) उपरोक्त सभी पर

7. ''डब्ल्यू डब्ल्यू डब्ल्यू'' से तात्पर्य है-
(a) Work With Web
(b) World With Web
(c) Word Wide Web
(d) Worth While Web

8. संचार की प्रक्रिया में संज्ञानात्मक आंकड़ों के प्रेषण में मुख्य रूकावट होती है व्यक्ति का-
(a) व्यक्तित्व
(b) अपेक्षा
(c) सामाजिक दर्जा
(d) कूटबद्ध करने की योग्यता

9. कक्षा में भावी अनुशासन के लिए अध्यापक को चाहिए-
(a) छात्रों को जो चाहे करने दें
(b) छात्रों के साथ कठोर-व्यवहार न करें।
(c) छात्रों को कुछ समस्याएं हल करने को दें
(d) उनसे नरमी व दृढ़ता का व्यवहार करें।

10. फ्रायड के अनुसार मन की संरचना की सही कोटि है-
(a) अति अहम् - इदम - अहम्
(b) इदम - अहम् - अति अहम्
(c) अहम् - अति अहम् - इदम
(d) इदम - अति अहम् - अहम्

11. निम्नलिखित में से कौन-सी समस्या समाधरन की वैज्ञानिक पद्धति का पहला चरण है-
(a) प्राक्कल्पना का निर्माण करना
(b) प्राक्कल्पना परीक्षण करना
(c) समस्या के प्रति जागरूकता
(d) प्रासंगिक जानकारी को एकत्र करना

12. शृंखला अधिगम संबंधित है-
(a) ब्रूनर (b) गेने
(c) टाल्मेन (d) थार्नडाइक

13. आत्म-संप्रेषण को कहते हैं-
(a) संगठनात्मक संप्रेषण
(b) अफवाह संप्रेषण
(c) अन्तर्वैयक्तिक संप्रेषण
(d) अंत: वैयक्तिक संप्रेषण

14. DNS पद का तात्पर्य है-
(a) Domain Name System
(b) Defence Nuclear System
(c) Downloadable New Software
(d) Dependent Name Server

15. ''बच्चे अपने वातावरण के साथ सम्बन्ध बनाते हुए अपनी समझ का विकास कर लेते हैं''-यह कथन किसका है-
(a) स्किनर (b) गिलफोर्ड
(c) पोगेट (d) बर्ट

16. निम्न में से कौन-सा सही नहीं है?
(a) मानसिक आयु (b) दंत आयु
(c) कंकाल आयु (d) सामाजिक आयु

17. संज्ञानात्मक विकास पर व्यवस्थित कार्य करने वाला मनोवैज्ञानिक था :
(a) वुडवर्थ (b) हरमन रोसा
(c) गाल्टन (d) जीन पियाजे

18. एक बच्चे को लाल गुलाब का काँटा चुभ गया जिससे उसे काफी चोट पहुंची आगे चलकर वह लाल पोशाक या लाल किसी भी चीज को देखकर डरने लगा/लगी। यह उदाहरण है-
(a) उद्दीपक सामान्यीकरण
(b) अनुक्रिया सामान्यीकरण
(c) उद्दीपक एवं अनुक्रिया दोनों सामान्यीकरण
(d) न तो उद्दीपक सामान्यीकरण न तो अनुक्रिया सामान्यीकरण

19. पियाजे द्वारा प्रयुक्त न किया गया नाम खोजे
(a) आत्मीकरण (b) संगठन
(c) स्कीमा (d) उद्दातीकरण

20. जार्ज स्टेनले हाल ने किशोरावस्था को कैसी अवस्था कहा?
(a) सुखद
(b) संवेगात्मक
(c) कल्पनात्मक
(d) तूफानी एवं तनावपूर्ण

21. राष्ट्रीय पाठ्यचर्या की रूपरेखा 2005 के अनुसार शिक्षक की भूमिका है-
(a) अधिनायकीय (b) अनुमतिपरक
(c) सुविधादाता (d) सत्तावादी

22. अध्ययन का उच्चतम स्तर कौन-सा है?
(a) श्रृंखला अधिगम
(b) समस्या समाधान अधिगम
(c) उद्दीपन अनुक्रिया अधिगम
(d) अनुकूलित प्रतिवर्त अधिगम

23. नैतिक मूल्यों का विकास किया जा सकता है, यदि अध्यापक-
(a) बार-बार मूल्यों की बात करें
(b) स्वयं उन पर आचरण करें
(c) महान व्यक्तियों की कहानियाँ सुनाये
(d) देवी-देवताओं की बातें करें

24. बी.एफ. स्किनर के अनुसार बच्चों में भाषा का विकास निम्नलिखित का परिणाम है-
(a) व्याकरण में प्रशिक्षण
(b) अनुकरण तथा पुर्नबलन
(c) अन्तर्जात योग्यताएं
(d) परीपक्वन

25. किसी कार्य को करने की विशिष्ट क्षमता को कहते हैं-
(a) अभिवृति (b) अभियोग्यता
(c) अभिरूचि (d) अभिधारणा

26. अच्छे मानसिक स्वास्थ्य का संकेतक है-
(a) दूसरों की आलोचना करना
(b) संवगों पर नियंत्रण रखना
(c) अपनी बात पर अडे रहना
(d) दिवास्वप्न देखना

27. किशोरावस्था के संदर्भ में सर्वोच्च जोड़ा कौन-सा है?
(a) जीवन दर्शन, समाज सेवा की भावना, सु-समायोजन
(b) समूह का महत्व, दोहराने की प्रवृति, विद्रोह की भावना
(c) तार्किक चिन्तन, अमूर्त चिंतन, निर्णय शक्ति
(d) आदर्शवादी, स्व-सम्मान, नकल द्वारा सीखना

28. किशोरावस्था में व्यवहार व मनोवृत्ति पर सबसे ज्यादा प्रभाव पड़ता है-
(a) शिक्षक का
(b) माता-पिता का
(c) सभी साथियों का
(d) चलचित्रों का

29. किसी समुदाय में आसानी से संबंध बनाने व समायोजित होने की क्षमता कहलाती है-
(a) बौद्धिक क्षमता
(b) आध्यात्मिक क्षमता
(c) अभिक्षमता
(d) सांवेगिक बुद्धि

30. सतत् एवं व्यापक मूल्यांकन निम्नलिखित में से किस पर केन्द्रित होना चाहिए?
(a) संज्ञानात्मक व्यवहार पर
(b) मनोगत्यात्मक एवं संवेगात्मक व्यवहार पर
(c) (a) और (b) दोनों पर समान रूप से
(d) (b) की अपेक्षा (a) पर अधिक

उत्तरमाला

1. (b)	**2.** (a)	**3.** (c)	**4.** (c)	**5.** (b)	**6.** (d)	**7.** (b)	**8.** (d)	**9.** (d)	**10.** (b)
11. (c)	**12.** (b)	**13.** (d)	**14.** (a)	**15.** (c)	**16.** (d)	**17.** (d)	**18.** (a)	**19.** (d)	**20.** (d)
21. (c)	**22.** (b)	**23.** (b)	**24.** (b)	**25.** (b)	**26.** (b)	**27.** (c)	**28.** (c)	**29.** (d)	**30.** (c)

प्रैक्टिस सेट-16

1. ''शिक्षा मनोविज्ञान, मनोविज्ञान की वह शाखा है, जिसका सम्बन्ध पढ़ने व सीखने से है।'' यह कथन जिसका है, वह है-
(a) स्किनर
(b) क्रो व क्रो
(c) डेविस
(d) बी.एन. झा

2. शिक्षक के लिए मनोविज्ञान की उपयोगिता जिस क्षेत्र में है, वह है-
(a) उचित शिक्षण विधियों के प्रयोग में
(b) बालकों के व्यक्तित्व के सर्वांगीण विकास में
(c) कक्षा के समस्याओं के समाधान में
(d) उपरोक्त सभी

3. सम्बद्ध प्रतिक्रिया सिद्धान्त के प्रतिपादक हैं।
(a) पावलॉव
(b) थॉर्नडाइक
(c) स्किनर
(d) कोहलर

4. प्रभावशाली अधिगम के आयाम है–
(a) संकेत अधिगम
(b) उत्तेजन अनुक्रिया अधिगम
(c) श्रृंखला अधिगम
(d) उपरोक्त सभी

5. बालक के मानसिक स्वास्थ्य पर बाधा डालने वाला तत्व हैं–
(a) पारिवारिक संघर्ष
(b) विकास की उत्तम दशाएँ
(c) शिक्षक का सहानुभूतिपूर्ण व्यवहार
(d) जनतंत्रीय अनुशासन

6. अध्यापकों और विद्यार्थी के द्वारा किशोरों के लिए नहीं किया जाना चाहिए–
(a) उचित व्यवहार
(b) व्यावसायिक शिक्षा प्रदान करना
(c) उचित यौन शिक्षा प्रदान करना
(d) किशोर मनोविज्ञान की अवहेलना करना

7. कौन-सा समूह अधिगम का तरीका नहीं है?
(a) प्रायोजन विधि
(b) परिचर्या
(c) विचार समिति
(d) अभिक्रमित अधिगम

8. 'आदतें, ज्ञान और अभिवृत्तियों को अर्जित करने की प्रक्रिया ही सीखना है।'' यह कथन जिसका है, वह है–
(a) किंग्सले (b) गेट्स
(c) क्रो व क्रो (d) क्रोनबेक

9. निम्न में से अनुदेशन सामग्री नहीं है–
(a) ओवर हेड प्रोजेक्टर
(b) ओडियो कैसेट
(c) मुद्रित सामग्री
(d) ट्रान्सपेरेन्सी

10. अधिगम का सर्वाधिक उपयुक्त उद्देश्य है–
(a) वैयक्तिक समायोजन
(b) व्यवहार रूपान्तरण
(c) सामाजिक व राजनैतिक चेतना
(d) अपने को रोजगार के लिए तैयार करना

11. निम्न में कौन-सा सीखने की प्रक्रिया का परिणाम नहीं है?
(a) अभिवृत्ति (b) संकल्पना
(c) ज्ञान (d) परिपक्वता

12. संकेत अधिगम के अन्तर्गत सीखा जाता है–
(a) पारम्परिक अनुकूलन
(b) मनोविज्ञान
(c) वातावरण
(d) मनोदैहिक

13. सशक्त अभिप्रेरणा सीखने का प्रभावशाली घटक है इससे बालक–
(a) स्वस्थ रहता है।
(b) ध्यान करता है।
(c) प्रसन्न रहता है।
(d) शीघ्र सीखता है।

14. प्रेरक के अन्तर्गत सम्मिलित हैं–
(a) प्रोत्साहन (b) आवश्यकताएँ
(c) प्रबल प्रेरणा (d) उपरोक्त सभी

15. किशोरावस्था बड़े संघर्ष, तनाव, तूफान तथा विरोध की अवस्था हैं।'' यह कथन जिसका है, वह है–
(a) ब्लेयर (b) स्टेनले हॉल
(c) क्रो एवं क्रो (d) एडलर

16. अभिक्रमित अनुदेशन के प्रकार हैं–
(a) रेखीय अभिक्रमित अनुदेशन
(b) शाखीय अभिक्रमित अनुदेशन
(c) मैथेटिक्स अभिक्रमित अनुदेशन
(d) उपरोक्त सभी

17. निम्न में से कौन-सी सहायक शिक्षण सामग्री है?
(a) पवन मिल का कार्यकारी प्रतिमान
(b) टेपरिकॉर्डर
(c) 16 एम एम फिल्म प्रोजेक्टर
(d) उपरोक्त सभी

18. शिक्षण का मुख्य उद्देश्य है–
(a) केवल तर्क शक्ति का विकास
(b) केवल चिन्तन का विकास
(c) (a) और (b) दोनों
(d) सूचना प्रदान करना

19. शिक्षण प्रतिमान ''एडवान्स ऑर्गेनाइजर'' के प्रतिपादक हैं–
(a) डेविड ऑसुबेल (b) हिदा तांबा
(c) रिचर्ड सकमैन (d) कोहलर

20. ज्ञानात्मक पक्ष का अंतिम स्वर है–
(a) बोध या अवबोध
(b) विश्लेषण
(c) संश्लेषण
(d) मूल्यांकन

21. सामाजिक अधिगम आरम्भ होता है–
(a) अलगाव से
(b) भीड़ से
(c) सम्पर्क से
(d) श्रव्य-दृश्य सामग्री से

22. बालक का मानसिक स्वास्थ्य निर्भर करता है, वह है–
(a) विद्यालय (b) परिवार
(c) समुदाय (d) उपरोक्त सभी

23. मानसिक विकास के पक्ष हैं–
(a) निरीक्षण (b) चिन्तन
(c) ध्यान (d) उपरोक्त सभी

24. शिक्षण सिद्धान्त में निहित हैं–
(a) शिक्षक का व्यवहार
(b) छात्र का व्यवहार
(c) शिक्षण का प्रभाव
(d) उपरोक्त सभी

25. निम्न में से समस्यात्मक बालक नहीं है–
(a) चोरी करने वाला
(b) झूठ बोलने वाला
(c) माता-पिता का कहना न मानने वाला
(d) मन्द बुद्धि वाला

26. निम्नलिखित में से किस आयोग ने अपने अध्ययन एवं अनुशंसा में प्राथमिक शिक्षा को भी शामिल किया?
(a) राधाकृष्णन आयोग
(b) मुदालिया आयोग
(c) कोठारी आयोग
(d) उपर्युक्त में से कोई नहीं

27. निम्नलिखित कथनों में से कौन-सा कथन सही है?
(a) वृद्धि एवं विकास आपस में सहसम्बन्धित नहीं है।
(b) विकास एक व्यापक प्रक्रिया है, जिसमें वृद्धि समाहित होती है।
(c) वृद्धि एक व्यापक प्रक्रिया है, जिसमें विकास समाहित होता है।
(d) विकास केवल परिणात्मक परिवर्तन को इंगित करता है।

28. प्रतिभाशाली बच्चे सामान्यत-
(a) शारीरिक तौर पर कमजोर होते हैं
(b) अपने विद्यालय को नापसंद करते हैं
(c) किसी विशेष क्षेत्र में असाधारण कार्य करते हैं
(d) वे हर क्षेत्र के काम को अच्छे से कर सकते हैं

29. निम्नलिखित में से कौन प्राथमिक पुनर्बलन का उदाहरण है?
(a) बच्चे को शबाशी देना
(b) बच्चे को टॉफी देना
(c) बच्चे को सर्वोच्च अंक प्राप्त करने पर मेडल देना
(d) बच्चे द्वारा अच्छा कार्य करने पर 'बहुत अच्छा' कहना

30. वैसे बच्चे, जो अधिगम निर्योग्यता के शिकार होते हैं, उनमें विशेषता पाई जाती है–
(a) निम्न स्तर का अवधान
(b) निम्न स्तर का गामक कौशल
(c) पढ़ने एवं लिखने में कठिनाई
(d) उपर्युक्त सभी

उत्तरमाला

1. (a)	**2.** (d)	**3.** (a)	**4.** (d)	**5.** (a)	**6.** (d)	**7.** (d)	**8.** (c)	**9.** (a)	**10.** (b)
11. (d)	**12.** (a)	**13.** (d)	**14.** (d)	**15.** (b)	**16.** (d)	**17.** (d)	**18.** (c)	**19.** (a)	**20.** (d)
21. (c)	**22.** (d)	**23.** (d)	**24.** (d)	**25.** (d)	**26.** (c)	**27.** (b)	**28.** (c)	**29.** (b)	**30.** (d)

प्रैक्टिस सेट-17

1. व्यक्तिगत निर्देशन में कौन-सा बिन्दु नहीं सम्मिलित होता है?
(a) समूह मनोवैज्ञानिक परीक्षण
(b) विशेष मानसिक क्षमताएँ
(c) अभिक्षमता एवं अभिवृत्ति
(d) व्यक्तिगत विशेषताएँ

2. सूचना एवं सम्प्रेषण तकनीक के शिक्षा के क्षेत्र में कौन-से मुख्य लक्ष्य हैं?
(a) शिक्षा एवं अनुसंधान जनित विषय सामग्री का अधिकाधिक संचार करना।
(b) वर्तमान पीढ़ी को साइबर शिक्षा एज में भली-भांति प्रतिस्थापित करना।
(c) डिजिटल पुस्तकालय स्थापित करना।
(d) उपरोक्त सभी

3. शिक्षा में सूचना सम्प्रेषण तकनीक की आवश्यकता क्यों है?
(a) शिक्षा की मांग की पूर्ति हेतु
(b) विद्यार्थियों की आवश्यकतानुसार विषय वस्तु प्रस्तुत करने हेतु
(c) अध्ययन अध्यापन को अधिक सरल बनाने हेतु
(d) उपरोक्त सभी

4. बालक समाज के बारे में कम दुःखी होता है, जबकि किशोरों में विकसित हो जाती है–
(a) संवेगात्मक सचेतना
(b) सामुदायिक भावना
(c) सामाजिक सचेतना
(d) पारिवारिक सोच

5. किशोरों से परिपक्व व्यवहार की समाज की प्रत्याशा से किशोरों में ले आते हैं–
(a) हीन भावना का विकास
(b) उच्च भावना का विकास
(c) समूह की सोच का विकास
(d) सामाजिक एकता का विकास

6. किशोरावस्था में मानसिक उथल-पुथल पहुँच जाते हैं-
(a) अधोपतन की स्थिति में
(b) उच्चतम स्थिति में
(c) उच्चतर विकास की स्थिति में
(d) नकारात्मक रूप में

7. आवश्यक रूप से सीखना जुड़ा हुआ है उद्दीपन प्रत्युत्तर से–
(a) व्यवहारवादी उपागम
(b) सामाजिक उपागम
(c) आर्थिक उपागम
(d) नैतिक उपागम

8. सीखना एक लक्ष्य आधारित क्रिया है। इसकी सफलता में कुछ कारकों का योगदान है-
(a) वातावरण
(b) विद्यार्थियों को बलयुक्त प्रेरणा
(c) विद्यार्थियों की मानसिक व्यवस्था
(d) उपरोक्त सभी

9. कम्प्यूटर से सम्बन्धित शब्दावली कौन-सी है?
(a) सॉफ्टवेयर पैकेज
(b) परिचालन पद्धति
(c) रीड ओनली मेमोरी
(d) उपरोक्त सभी

10. सूचना सम्प्रेषण तकनीकी के मुख्य कार्य कौन-से हैं?
(a) सूचनाओं का संग्रह करना
(b) सूचनाओं का सम्प्रेषण या हस्तान्तरण
(c) सूचनाओं का पुनरुत्पादन
(d) उपरोक्त सभी

11. शिक्षा में सूचना सम्प्रेषण तकनीकी का प्रयोग–
(a) शिक्षण में सूचना सम्प्रेषण तकनीकी का प्रयोग
(b) संसाधनों की सहभागिता में सूचना सम्प्रेषण तकनीक का प्रयोग
(c) शिक्षकों की व्यावसायिक प्रगति में सूचना सम्प्रेषण तकनीक का प्रयोग
(d) उपरोक्त सभी

12. अधिगम से तात्पर्य है-
(a) व्यवहार में अस्थाई परिवर्तन लाना।
(b) अभ्यास व शिक्षण में परिपक्वता लाना।
(c) प्रत्यक्ष और अप्रत्यक्ष अनुभवों के माध्यम से व्यवहार में अपेक्षित परिवर्तन करना।
(d) वातावरण से सम्बन्धित आवश्यकताओं की पूर्ति के लिए व्यवहार में होने वाले कुछ परिवर्तन करना।

13. अगर एक छोटे बालक ने अपनी रोटी पानी में गिरा दी है, तो दूसरा छोटा बालक उसे रोटी देने के पक्ष में नहीं होगा। लेकिन एक किशोर उस बालक की छोटी आयु को ध्यान में रखकर दूसरी रोटी देने को सहमत हो जाएगा। किशोर का यह व्यवहार है-
(a) अच्छा व्यवहार (b) दयालुता
(c) नैतिक विकास (d) करुणा

14. निम्नलिखित में से कौन-सा कार्य किशोरावस्था के विकासात्मक कार्यों में नहीं आता?
(a) स्थूल या सूक्ष्म कार्य व्यापार हेतु सभी तरीके के आवश्यक समप्रत्ययों का विकास होना।
(b) अपनी एक अलग पहचान की ओर बढ़ना
(c) अधिक आत्मनिर्भरता की ओर उचित कदम बढ़ाना।
(d) वस्तुओं, व्यक्तियों, स्थानों और मूल्यों के प्रति अस्थायी भाव विकसित होना।

15. निर्मितिवाद के सम्प्रत्यय से संबंधित सबसे महत्वपूर्ण कथन है-
(a) वाद-विवाद और चर्चा के द्वारा विचारों का निर्माण।
(b) कक्षा-कक्ष में शिक्षक द्वारा समझाकर विचारों का निर्माण
(c) कक्षा-कक्षा में विद्यार्थियों द्वारा माता-पिता के निर्देशानुसार विचारों का निर्माण
(d) पाठ्य सहगामी गतिविधियों द्वारा ज्ञान प्रदान करना।

16. संवेगात्मक बुद्धि के विकास हेतु आवश्यक नहीं है-
(a) संज्ञानात्मक कौशल
(b) मानसिक विकास
(c) भावात्मक क्षेत्र की योग्यताएँ
(d) मार्गान्तरीकरण एवम् शोधन

17. मूल प्रवृत्ति जिज्ञासा से संबंधित संवेग है-
(a) आश्चर्य (b) भय
(c) क्रोध (d) विषाद

18. निम्नलिखित में से कौन-सा अधिगम के स्थानान्तरण का प्रकार नहीं है?
(a) सकारात्मक स्थानान्तरण
(b) नकारात्मक स्थानान्तरण
(c) दूरवर्ती स्थानान्तरण
(d) शून्य स्थानान्तरण

19. सीखना है-
(a) ज्ञान का स्तर
(b) ज्ञान की ऊष्मा
(c) प्राणिमात्र के व्यवहार में सुधार लाने की प्रक्रिया
(d) प्राणिमात्र के व्यवहार को प्रेरित करना।

20. शिक्षण अधिगम का केन्द्र है-
(a) शिक्षक
(b) शिक्षार्थी
(c) कक्षा-कक्ष
(d) खेल का मैदान

21. अधिगम के दो प्रकार है-
(a) आगमन एवं निगमन
(b) नकारात्मक एवं सकारात्मक
(c) बनावटी एवं सकारात्मक
(d) शिक्षक एवं शिक्षार्थी

22. प्रभावशाली शिक्षण में निम्न में कौन-सी विशेषता आवश्यक नहीं है?
(a) शिक्षक को विषय की जानकारी हो
(b) आत्मविश्वास द्वारा शिक्षण
(c) अंग्रेजी भाषा की अच्छी जानकारी
(d) कक्षा-कक्ष व्यवस्थापन एवं शिक्षण विधि की अच्छी जानकारी

23. अपनी प्रसिद्ध पुस्तक में किसने लिखा है ''व्यक्ति का नया जीवन तब शुरू होता है जबकि वह किशोरावस्था से गुजरता है?''
(a) स्किनर (b) हल
(c) टोलमेन (d) स्टेनले हॉल

24. विद्यार्थी विशेष शिक्षण क्रिया में रुचि रखते हैं यदि शिक्षक शिक्षण इकाई चयन करने तथा उसे संगठित इस प्रकार करे कि शिक्षार्थी स्वयं विकसित करेंगे-
(a) सहायक सामग्री
(b) रुचि लेंगे
(c) श्याम पट्ट कार्य
(d) पाठ को पढ़े

25. एक मानसिक रूप से स्वस्थ व्यक्ति हर नई परिस्थिति को समझता है। मानसिक रूप से स्वस्थ व्यक्ति-
(a) अच्छी प्रकार समायोजित हो सकता है।
(b) कहीं भी समायोजित नहीं होता है।
(c) समाज में अव्यवस्था उत्पन्न करता है।
(d) किसी भी परिस्थिति को सही सम्भाल सकता है।

26. किशोरों की मानसिक अस्वस्थता से शैक्षिक संस्थानों में क्या निदान कर सकते हैं?
(a) स्वस्थप्रद वातावरण प्रदान करके
(b) प्रभावशाली शिक्षण वातावरण प्रदान करके
(c) आवश्यकता आधारित पाठ्यक्रम प्रदान करके
(d) उपरोक्त सभी

27. अपने मानसिक स्वास्थ्य को ठीक रखने हेतु शिक्षक का क्या दायित्व है?
(a) कक्षाओं में शिक्षण नहीं करे।
(b) शिक्षण व्यवसाय के प्रति निष्ठावन नहीं रहे।
(c) व्यवसाय के प्रति वफादारी
(d) सही व्यवहार नहीं करे

28. समग्रता के सिद्धान्त (Gestalt Theory) के प्रवर्तक हैं-
(a) वर्दीमर एवं अन्य
(b) कोहलर
(c) मैक डूगल
(d) लैम्के

29. बालक अपने व्यवहार की सामाजिक स्वीकृति (Social Acceptance) जिस अवस्था में चाहता है वह अवस्था है-
(a) किशोरावस्था
(b) बाल्यावस्था
(c) प्रौढ़ावस्था
(d) युवावस्था

30. एक शिक्षक होने के नाते आप सीखने के किस नियम को नहीं अपनायेंगे-
(a) आंशिक क्रिया का नियम
(b) तत्परता का नियम
(c) अभ्यास का नियम
(d) प्रलोभन का नियम

उत्तरमाला

1. (a)	**2.** (d)	**3.** (d)	**4.** (c)	**5.** (a)	**6.** (b)	**7.** (a)	**8.** (d)	**9.** (d)	**10.** (d)
11. (d)	**12.** (c)	**13.** (c)	**14.** (d)	**15.** (a)	**16.** (d)	**17.** (a)	**18.** (c)	**19.** (c)	**20.** (b)
21. (a)	**22.** (c)	**23.** (d)	**24.** (b)	**25.** (a)	**26.** (d)	**27.** (c)	**28.** (a)	**29.** (a)	**30.** (d)

प्रैक्टिस सेट-18

1. शिक्षा मनोविज्ञान, शिक्षक की सहायता करता है-
(a) स्वयं को जानने में
(b) छात्रों को जानने में
(c) कक्षा की समस्याओं को जानने में
(d) उपरोक्त सभी

2. बालक का विकास प्रभावित होता है-
(a) वंशानुक्रम से
(b) वातावरण से
(c) वंशानुक्रम व वातावरण दोनों से
(d) उपरोक्त में से कोई नहीं

3. मनोविज्ञान, ''शिक्षक को अनेक धारणाएँ और सिद्धान्त प्रदान करके उसकी उन्नति में योग देता है।'' यह कथन किसका है?
(a) कॉलेस्निक
(b) क्रो एण्ड क्रो
(c) ब्लेयर
(d) कुप्पुस्वामी

4. किशोरावस्था की विशेषताओं को सर्वोत्तम रूप से व्यक्त करने वाला एक शब्द है-
(a) विकास (b) परिवर्तन
(c) समायोजन (d) स्थिरता

5. अधिगम का क्षेत्र सिद्धान्त किसने प्रतिपादित किया?
(a) कोहलर (b) हल
(c) लेविन (d) पावलोव

6. अधिगम क्रिया प्रभावित होती है-
(a) विद्यालय के भौतिक पर्यावरण से
(b) विद्यालय के मनोवैज्ञानिक पर्यावरण से
(c) विद्यालय के भौतिक व मनोवैज्ञानिक दोनों पर्यावरण से
(d) उपरोक्त में से कोई नहीं

7. पावलॉव के प्रयोग में कुत्ते का घंटी बजने पर लार आने की क्रिया कहलाती है-
(a) स्वाभाविक अनुक्रिया
(b) प्राकृतिक अनुक्रिया
(c) सम्बद्ध अनुक्रिया
(d) सम्बद्ध उद्दीपक

8. योजना-विधि में छात्रों का वातावरण मिलता है?
(a) सहयोग का (b) बन्धन का
(c) स्वच्छन्दता का (d) स्वतन्त्रता का

9. कुसमायोजन से तात्पर्य है-
(a) बालक और उसके वातावरण में असंतुलन
(b) स्वार्थी व असामाजिक होना
(c) संवेगात्मक असंतुलन
(d) उपरोक्त सभी

10. समायोजन की प्रक्षेपण प्रविधि है-
(a) प्रत्यक्ष विधि (b) अप्रत्यक्ष विधि
(c) क्षतिपूरक विधि (d) आक्रामक विधि

11. किशोरों के उचित संवेगात्मक विकास हेतु शिक्षक को करना चाहिये–
(a) पाठ्येत्तर कार्यक्रमों का रोचक रूप में आयोजन
(b) दण्ड देना
(c) कक्षा-कक्ष में कठोर अनुशासन बनाना
(d) शिक्षण की परम्परागत विधियों का उपयोग

12. उपलब्धि परीक्षणों का प्रमुख उपयोग होता है?
(a) अधिगम उत्पाद जांच
(b) शैक्षणिक मार्गदर्शन
(c) उपचारात्मक शिक्षण
(d) उपरोक्त सभी

13. एकान्तप्रिय व शर्मीले छात्रों के समायोजन हेतु अध्यापक के रूप में आप करेंगे–
(a) विभिन्न प्रतियोगिता में भाग लेने हेतु प्रेरित
(b) विद्यालय प्रधानाचार्य को शिकायत
(c) कक्षा के समक्ष दण्ड देना
(d) उपरोक्त सभी

14. बालक के संज्ञानात्मक विकास के क्षेत्र में योगदान देने वाले मनोवैज्ञानिक हैं–
(a) पियाजे (b) स्पियरमैन
(c) बिने (d) गाल्टन

15. पुनर्बलन सिद्धान्त के प्रतिपादक हैं-
(a) कोहलर (b) टोलमेन
(c) हल (d) कोफ्का

16. किशोरावस्था में चरित्र विकास प्रभावित होता है-
(a) समाज से
(b) परिवार से
(c) मित्र मण्डली से
(d) उक्त सभी

17. विद्यार्थियों के अच्छे मानसिक स्वास्थ्य के लिये कौन-सी व्यूहरचना उपयुक्त नहीं है?
(a) शिक्षक का सहानुभूतिपूर्ण व्यवहार
(b) छात्रों को स्व-अनुशासन के लिए प्रेरित करना
(c) निर्देशन कार्यक्रम की व्यवस्था करना
(d) अत्यधिक गृहकार्य देना।

18. थॉर्नडाइक के अधिगम नियम हैं-
(a) अभ्यास का नियम
(b) तत्परता का नियम
(c) प्रभाव का नियम
(d) उक्त सभी

19. शिक्षक के मानसिक स्वास्थ्य के लिये आवश्यक है?
(a) सामाजिक सम्मान मिलना
(b) विद्यालय प्रशासन में भागीदारी
(c) शिक्षक संघों के संगठन
(d) उपरोक्त सभी?

20. निम्न में से कौन-सा व्यवहार भावनात्मक बाधा को प्रदर्शित करता है?
(a) आक्रामकता
(b) मित्रों के साथ अच्छा व्यवहार
(c) अध्ययन में रुचि
(d) संतुलित संवेग

21. मार्गदर्शन है-
(a) व्यक्तिगत
(b) सामूहिक
(c) व्यक्तिगत एवं सामूहिक दोनों
(d) उक्त में से कोई नहीं

22. निम्न में से कौन-सा शिक्षण प्रतिमान विषय के अमूर्त संप्रत्ययों के अध्यापन के लिये उपयुक्त है?
(a) अग्रिम संगठन प्रतिमान
(b) पृच्छा प्रतिमान
(c) सूचना प्रक्रिया प्रतिमान
(d) सहगामी अधिगम प्रतिमान

23. रॉबर्ट एम गेने के अनुसार, निम्न में से कौन सा अधिगम का प्रकार नहीं है?
(a) अन्तर्दृष्टि अधिगम
(b) संकेत अधिगम
(c) प्रत्यक्ष अधिगम
(d) उद्दीपक-अनुक्रिया अधिगम

24. गोलमेन को जाना जाता है–
(a) सामाजिक बुद्धि के लिये
(b) आध्यात्मिक बुद्धि के लिये
(c) संवेगात्मक बुद्धि के लिये
(d) उक्त में से कोई नहीं

25. किस मनोविज्ञान के स्कूल के अनुसार शिक्षण प्रक्रिया का केन्द्र बालक हैं?
(a) गेस्टाल्टवाद (b) निर्मितिवाद
(c) व्यवहारवाद (d) इनमें से कोई नहीं।

26. प्रेरक (Motive) प्राणी में विद्यमान शारीरिक एवं मनोवैज्ञानिक दशाएं है जो उसे निश्चित विधियों के अनुसार कार्य के लिए उत्तेजित करती हैं। प्रेरक की इस परिभाषा को देने वाले हैं-
(a) गेटस एवं अन्य
(b) कोहलर
(c) पियाजे
(d) क्रो एण्ड क्रो

27. मूल प्रवृत्ति (Instincts) का सिद्धान्त देने वाले है-
(a) मैक डुगल (b) किलपैट्रिक
(c) थर्स्टन (d) थॉमसन

28. आपके अनुसार, शिक्षण है–
(a) एक प्रक्रिया (b) एक कला
(c) एक कौशल (d) (b) और (c)

29. व्यक्तिगत विभिन्नताओं को ध्यान में रखते हुए विद्यार्थियों के शिक्षण के लिए प्रयोजन पद्धति (Project Method) के निर्माता है-
(a) किलपैट्रिक (b) स्पीयरमैन
(c) पियाजे (d) थॉर्नडाइक

30. अंधे बालकों को शिक्षण देने की पद्धति है-
(a) ब्रेल लिपि (b) हस्त लिपि
(c) अक्षर लिपि (d) वर्बल

उत्तरमाला

1. (d)	**2.** (c)	**3.** (d)	**4.** (b)	**5.** (c)	**6.** (c)	**7.** (c)	**8.** (a)	**9.** (d)	**10.** (b)
11. (a)	**12.** (d)	**13.** (a)	**14.** (a)	**15.** (c)	**16.** (d)	**17.** (d)	**18.** (d)	**19.** (d)	**20.** (a)
21. (c)	**22.** (a)	**23.** (a)	**24.** (c)	**25.** (b)	**26.** (a)	**27.** (a)	**28.** (d)	**29.** (a)	**30.** (a)

प्रैक्टिस सेट-19

1. इस विचार को कि "विकास के किसी भी पड़ाव पर कोई भी वस्तु सिखाई जा सकती है।" किस विचारक ने अभिव्यक्त किया?
(a) पियाजे (b) आसुबेल
(c) ब्रूनर (d) गेने

2. निम्नलिखित में कौन-सी रक्षात्मक प्रक्रिया नहीं है?
(a) सहचर्यता (b) प्रतिगमन
(c) प्रतिपूर्ति (d) उदात्तीकरण

3. मुझे एक दर्जन स्वस्थ बच्चे दीजिए, मैं उन्हें डाक्टर, जज, अध्यापक, भिखमंगे और यहां तक कि मैं उन्हें चोर भी बना सकता हूँ। यह टिप्पणी किसने की थी?
(a) हल (b) जे.बी. वाटसन
(c) युग (d) गुथरी

4. निम्नलिखित में से क्या उत्तम उपलब्धि परीक्षण की विशेषता नहीं है?
(a) विश्वसनीयता (b) वस्तुनिष्ठता
(c) अस्पष्टता (d) वैद्यता

5. "एक व्यक्ति के मनोवैज्ञानिक एवं भौतिक परिवेश समान होते हैं।" यह विचार किसका है?
(a) कृत्यवादी
(b) संरचनावादी
(c) एस.-आर. सहचर्यवादी
(d) गेस्टाल्ट फिल्ड मनोवैज्ञानिक

6. स्टेनफॉर्ड विनेट स्केल से एक व्यक्ति के निम्नलिखित गुण को मापा जाता है?
(a) बौद्धिक (b) सृजनात्मकता
(c) अभिवृत्ति (d) व्यक्तित्व

7. किसके अनुसार "शिक्षा मनोविज्ञान व्यक्ति के जन्म से लेकर वृद्धावस्था तक सीखने संबंधी अनुभवों का वर्णन और व्याख्या करता है?"
(a) स्किनर (b) क्रो और क्रो
(c) पील (d) पिल्सबर्ग

8. परिवार बच्चे को शिक्षा प्रदान करता है–
(a) औपचारिक रूप से
(b) अनौपचारिक रूप से
(c) प्रयत्न सहित
(d) नियमित रूप से

9. विभाजन, तुलना आलोचना इत्यादि क्रियाएं शैक्षिक उद्देश्यों के ज्ञानात्मक पक्ष के कौन से स्तर से संबंधित है-
(a) मूल्यांकन (b) विश्लेषण
(c) संश्लेषण (d) प्रयोग

10. सतत् एवं व्यापक मूल्यांकन का प्रमुख उद्देश्य है–
(a) गुणात्मक
(b) निदानात्मक
(c) परिणात्मक
(d) इनमें से सभी

11. डाल्टन शिक्षण विधि का विकास किसने किया–
(a) फ्रोबेल
(b) W.H किलपैट्रिक
(c) मिस हेलेन पार्कहर्स्त
(d) डाल्टन

12. वीडियो कॉफ्रेसिंग को निम्न प्रकार के संचार में वर्गीकृत किया जा सकता है–
(a) दृश्य एक तरफा
(b) दृश्य-श्रव्य एक तरफा
(c) दृश्य-श्रव्य दो तरफा
(d) दृश्य दो तरफा

13. निम्न में से किसको वर्ष 1904 में अधिगम के सिद्धान्तों पर अग्रणी कार्य के लिए नोबेल पुरस्कार दिया था?
(a) आर.एम. गायने
(b) जे.एस. ब्रूनर
(c) लेव वाइगोतस्की
(d) ईवान पावलॉव

14. कोहलर ने विकसित किया–
(a) S-R बोण्ड सिद्धान्त
(b) इनसाइट सिद्धान्त
(c) फील्ड सिद्धान्त
(d) कन्डीशनिंग सिद्धान्त

15. जीवन भर सीखने की संकल्पना की उत्पत्ति का आधार क्या है?
(a) देश में स्कूलों की कमी
(b) लोगों की अधिक से अधिक सीखने की इच्छा
(c) देश को आवश्यकता है कि अधिक शिक्षित लोगों की संख्या हो
(d) ज्ञान का गतिक विकास

16. फ्रायड के अनुसार मन की संरचना की सही कोटि है–
(a) अति अहम् - इदम् - अहम
(b) इदम् अहम् - अति -अहम
(c) अहम् - अति अहम् - इदम्
(d) इदम् - अति अहम् - अहम

17. एक अध्यापक का सबसे महत्वपूर्ण गुण निम्न में से कौन-सा है?
(a) समय बद्धता
(b) अपने विषय में महारथ
(c) विषय में महारथ तथा संचार क्षमता
(d) सामाजिक क्षमता

18. "पियाजे" के अनुसार पूर्व संकार्यात्मक अवस्था की विशेषत क्या है?
(a) प्रतिमूर्ति निर्माण (b) प्रतीकात्मक प्रक्रिया
(c) तार्किक चिन्तन (d) परिकल्पना

19. निम्न में से शिक्षण का स्तर नहीं है–
(a) स्मृति स्तरीय शिक्षण
(b) सूक्ष्म स्तरीय शिक्षण
(c) अवबोध स्तरीय शिक्षण
(d) चिन्तन स्तरीय शिक्षण

20. निम्न में से कौन-सा किशोर अधिकतमकर्ता के नैतिक विकास से सम्बन्धित नहीं है?
(a) परिवार
(b) विद्यालय
(c) शारीरिक संरचना
(d) सिनेमा एवं पुस्तकें

21. संज्ञानात्मक विकास का निर्धारक है–
(a) परिवार (b) विद्यालय
(c) आयु व लिंग (d) आनुवंशिकता

22. "मैक्डूगल" के अनुसार संवेगों की संख्या है–
(a) 14 (b) 10
(c) 12 (d) 16

23. व्यवहारवाद के जन्मदाता हैं–
(a) वॉटसन (b) थॉर्नडाइक
(c) एस. फ्रायड (d) युग

24. निम्नलिखित में से रचनावादी अधिगम का उदाहरण नहीं है–
(a) प्रयोगधर्मिता
(b) क्षेत्र भ्रमण
(c) कक्षा कक्ष वार्ता (चर्चा)
(d) पाठ्य-पुस्तक अध्ययन

25. सम्प्रेषण चक्र का सही स्वरूप कौन-सा है?
(a) प्रेषक – संदेश – गृहीता – प्रतिपुष्टि
(b) प्रेषक – सन्द्रश – प्रतिपुष्टि – गृहीता
(c) प्रेषक – प्रतिपुष्टि – सन्देश – गृहीता
(d) गृहीता – प्रेषक – सन्देश – प्रतिपुष्टि

26. निम्न में से कौन-सा कथन सही नहीं है?
(a) जो अध्यापक यह विश्वास करता है कि विकास प्रकृति की वजह से होता है, वह अनुभव प्रदान करने को महत्व नहीं देता।
(b) प्रारम्भिक अनुभव महत्वपूर्ण होते हैं और अध्यापक का हस्तक्षेप भी महत्वपूर्ण होता है।
(c) प्रारम्भिक जीवन की नकारात्मक घटनाओं के प्रभावों से कोई भी अध्यापक बचाव नहीं कर सकता
(d) व्यवहारिक परिवर्तन के सन्दर्भ में विकास वातावरणीय प्रभावों के फलस्वरूप होता है।

27. निम्न में से कौन-सी विशेषता परिपक्वता को अधिगम से अलग करती है-
(a) यह एक स्वाभाविक प्रक्रिया है
(b) यह अभ्यास पर निर्भर
(c) यह प्रेरकों पर निर्भर करती है
(d) यह जीवन पर्यन्त चलने वाली प्रक्रिया है।

28. निम्न में से, कौन-सा कथन विकास के सम्बन्ध में सही नहीं है-
(a) विकास प्रतिमानों की कुछ निश्चित विशेषताओं की भविष्यवाणी की जा सकती है।
(b) विकास का उद्देश्य वंशानुगत क्षमता का विकास करना है।
(c) विकास के विभिन्न क्षेत्रों में संभाव्य खतरे नहीं होते हैं।
(d) प्रारम्भिक विकास बाद के विकास से अधिक महत्वपूर्ण है।

29. दल या गैंग का सदस्य होने से सामाजीकरण बाल्यावस्था से बेहतर होता है। निम्न में से कौन-सा कथन इस विचार के विपरीत है-
(a) वयस्कों पर निर्भर न होकर सीखता है।
(b) जिम्मेदारियों को निभाना सीखता है।
(c) अपने समूहों के प्रति वफादार होना सीखता है।
(d) छोटी-छोटी बातों पर झगड़ा करते हुए अपने गैंग के सदस्यों से लड़ाई मोल लेता है।

30. निम्न में से कौन-सा उदाहरण अभिप्रेरण का परिणाम नहीं है-
(a) जान स्टुअर्ट मिल ने 12 वर्ष की उम्र में दर्शन का अध्ययन आरम्भ कर दिया था
(b) कृष्णा ने नृत्य का समय एक घंटे से बढ़ा कर दो घंटे कर दिया है
(c) जगन ने श्वास लेने की प्रक्रिया में रुचि दिखानी प्रारम्भ कर दी है।
(d) राम ने तेजी से आधुनिक एवं प्राचीन ऐतिहासिक प्रवृत्तियों में सह सम्बन्ध स्थापित करने में प्रगति की है।

उत्तरमाला

1. (c) **2.** (a) **3.** (b) **4.** (c) **5.** (c) **6.** (a) **7.** (b) **8.** (b) **9.** (b) **10.** (d)
11. (c) **12.** (c) **13.** (d) **14.** (b) **15.** (d) **16.** (b) **17.** (c) **18.** (a) **19.** (b) **20.** (c)
21. (d) **22.** (a) **23.** (a) **24.** (d) **25.** (a) **26.** (c) **27.** (a) **28.** (c) **29.** (d) **30.** (a)

प्रैक्टिस सेट-20

1. किस समूह में किशोरावस्था की विशेषताएँ हैं-
(a) दिवास्वप्न, दोस्तों का महत्व, विद्रोह की भावना
(b) तर्क शक्ति, संग्रह प्रवृत्ति, अनुकरण द्वारा सीखना
(c) जिज्ञासा, कुसमायोजन, तनाव मुक्त
(d) काम शक्ति, सहन शीलता, आज्ञाकारी

2. मनोविज्ञान के किस सम्प्रदाय ने वस्तुनिष्ठ व तथ्यों पर आधारित अध्ययन करने की बात कही है?
(a) मनोविश्लेषणवाद
(b) संज्ञान वाद
(c) व्यवहार वाद
(d) संरचना वाद

3. समस्या समाधान स्थिति के बारे में संज्ञानवादी कहते हैं :
(a) यह उद्दीपन-प्रत्युतर अनुबंध है
(b) यह पुनर्बलन पर आधारित है
(c) यह प्रयास व त्रुटि पर आधारित है
(d) यह चिन्तन प्रक्रिया पर आधारित है

4. निर्देशन प्रक्रिया होती है–
(a) समस्या केन्द्रित
(b) बाल केन्द्रित
(c) उद्देश्य केन्द्रित
(d) निर्देशनकर्ता केन्द्रित

5. किशोरावस्था में किशोर के व्यवहार व मनोवृत्ति पर सबसे अधिक प्रभाव पड़ता है–
(a) माता पिता का (b) संगी साथियों का
(c) शिक्षक का (d) चलचित्रों का

6. एक आंतरिक मानसिक दशा जो कि किसी व्यवहार या क्रिया का प्रारम्भ करने तथा बनाए रखने को प्रवृत्ति करती है, कहलाती है–
(a) अभियोग्यता (b) अभिवृत्ति
(c) अभिप्रेरणा (d) अभिरुचि

7. ज्ञान विद्यमान है, विश्वसनीय है, तथा इसे प्राप्त करना ही अधिगम है। कौन सा मनोविज्ञान का सम्प्रदाय उपरोक्त कथन को अस्वीकार करता है–
(a) संज्ञान वाद
(b) व्यवहार वाद
(c) संरचना वाद
(d) मनोविश्लेषण वाद

8. बालक को "सामाजिक व्यवहार की शिक्षा दी जाती है?
(a) पाठ्यक्रम द्वारा
(b) सामाजिक एवं सांस्कृतिक गतिविधियों द्वारा
(c) अनुशासन प्रक्रिया द्वारा
(d) कक्षा शिक्षण द्वारा

9. गोलमैन, मेयर एवं साल्वे का नाम जाना जाता है:
(a) सांवेगिक बुद्धि के लिये
(b) आध्यात्मिक बुद्धि के लिए
(c) बुद्धि परीक्षण के लिए
(d) व्यक्तित्व मापन के लिये

10. दो बालकों में समान मानसिक योग्यता नहीं है। यह कथन किसका है?
(a) क्रो एण्ड क्रो
(b) सुरेश भटनागर
(c) हरलोक
(d) समीथ

11. सहकारी अधिगम से तात्पर्य है–
(a) दो या दो से अधिक शिक्षक साथ पढ़ाते हैं।
(b) दो या दो से अधिक छात्र समूह में कार्य करते हैं।
(c) दो या दो से अधिक कक्षाएँ एक साथ अधिगम करती हैं।
(d) दो या दो से अधिक विषय साथ पढ़ाये जाते हैं।

12. अग्रिम संघटक शिक्षण मॉडल के प्रवर्तक हैं–
(a) पियाजे (b) हल
(c) ब्रूनर (d) नेड ए. फ्लेंडर्स

13. ब्रूनर ने संज्ञानात्मक विकास की तीन महत्वपूर्ण अवस्थाओं की पहचान की, निम्नलिखित में से इन अवस्थाओं के सही क्रम का चयन कीजिए–
(a) प्रतीकात्मक, एनेक्टिव, अनुप्रतीकात्मक
(b) एनेक्टिव, अनुप्रतीकात्मक, प्रतीकात्मक
(c) प्रतीकात्मक, अनुप्रतीकात्मक, एनेक्टिव
(d) अनुप्रतीकात्मक, प्रतीकात्मक, एनेक्टिव

14. निम्न में से कौन-सी कोहलबर्ग के नैतिक विकास की एक अवस्था है?
(a) परम्परागत नैतिकता
(b) संवेदी प्रेरक नैतिकता
(c) चिंतनशील नैतिकता
(d) इनमें से कोई नहीं

15. अभ्यास के नियम द्वारा छात्रों में विकसित होती है–
(a) कुशलता का विकास
(b) समस्या समाधान क्षमता
(c) बुद्धि
(d) अन्तर्दृष्टि

16. सूची -I को सूची - II से सुमेलित करिये तथा दिये गए कूट में से सही उत्तर चुनिये

	सूची-I		सूची-II
(A)	वॉटसन	(1)	सामाजिक निर्मितवाद
(B)	वाइगोत्स्की	(2)	कार्य क्षेत्र सिद्धान्त
(C)	कुर्ट लेविन	(3)	शास्त्रीय अनुबंधन सिद्धान्त
(D)	स्किनर	(4)	उद्दीपन अनुक्रिया सिद्धांत
		(5)	सक्रिय अनुबंधन

	A	B	C	D
(a)	3	4	2	5
(b)	2	1	5	3
(c)	1	2	4	5
(d)	3	1	2	5

17. निम्न में से कौन-सा कथन सही नहीं है?
(a) विकास लम्बवत सीधा न होकर वर्तुलाकार होता है।
(b) विकास की गति की दर एक सी रहती है।
(c) विकास मस्तिष्का धोमुखी क्रम में होता है।
(d) विकास केन्द्र से बाहर की ओर होता है।

18. "मानसिक स्वास्थ्य विज्ञान का अभिप्राय मानसिक स्वास्थ्य के नियमों की खोज करना और उसके संरक्षण के लिये उपाय करना अथवा बतलाना है।" यह परिभाषा दी गयी है–
(a) ड्रावर
(b) क्रो एण्ड क्रो
(c) मेक डायगल
(d) वुड वर्थ

19. आधुनिक मनोवैज्ञानिकों ने कौन-से कारकों को संवेगात्मक विकास के लिए उत्तरदायी माना है?
(a) परिपक्वता एवं आर्थिक स्थिति
(b) पर्यावरण एवं परिपक्वता
(c) परिपक्वता एवं अधिगम
(d) अधिगम एवं पर्यावरण

20. शिक्षण के आगमन प्रतिमान के प्रवर्तक है–
(a) हील्दा टाबा
(b) ब्रूनर
(c) उसबेल
(d) ब्रूस वेल

21. संप्रेषण प्रक्रिया के आवश्यक तत्व है–
(I) स्त्रोत, संदेश, माध्यम
(II) एन कोडिंग, डी-कोडिंग, प्रतीक
(III) विचार, उद्देश्य, संकेत
(IV) पृष्ठ पोषण, संदेश ग्रहण कर्ता, संदर्भ
(a) (II) और (III)
(b) (III), (IV) और (II)
(c) (I), (II) और (III)
(d) केवल (III)

22. "विकास की किसी भी अवस्था में कोई भी बात को प्रशिक्षित किया जा सकता है।" यह दृष्टिकोण प्रस्तावित किया था–
(a) पीगट (b) ब्रुवेर
(c) स्कीनर (d) उसबेल

23. सशक्त अभिप्रेरणा सीखने का प्रभावशाली घटक है–
(a) इससे बालक स्वस्थ रहता है
(b) ध्यान करता है।
(c) प्रसन्न रहता है।
(d) शीघ्र सीखता है।

24. छात्रों में सीखने की योग्यता निर्भर करती है–
(a) सामाजिकता
(b) संस्कृति
(c) परिवार
(d) व्यक्तिगत भिन्नता

25. छात्रों में चोरी की आदत को कम किया जा सकता है–
(a) पारितोषिक देकर
(b) ताड़ना देकर
(c) उदाहरण देकर
(d) सजा देकर

26. निम्न में से कौन-सा उदाहरण अधिगम को प्रदर्शित करता है-
(a) हाथ जोड़कर अध्यापक का अभिवादन करना
(b) स्वादिष्ट भोजन देखकर मुँह में लार का आना
(c) चढ़ना, मांगना, एवं फेंकना, तीन से पांच वर्ष की अवस्था में
(d) उपर्युक्त सभी

27. निम्न में से कौन-सा चिन्तन की प्रक्रिया में सबसे कम महत्वपूर्ण है-
(a) चित्र
(b) प्रतीक एवं चिन्ह
(c) मांसपेशिय क्रियाएं
(d) भाषा

28. राजू खरगोश से डरता था। शुरू में खरगोश को राजू के काफी दूर रखा गया। आने वाले दिनों में हर रोज खरगोश और राजू के बीच की दूरी कम कर दी गई। अन्त में राजू की गोद में खरगोश को रखा गया और राजू खरगोश से खेलने लगा यह प्रयोग उदाहरण है-
(a) प्रयत्न एवं त्रुटि का सिद्धान्त
(b) शास्त्रीय अनुबन्धन के सिद्धान्त का
(c) क्रिया प्रसूत अनुबंधन सिद्धान्त का
(d) इनमें सभी

29. निम्न में से कौन-सा कथन बुद्धि के बारे में सत्य नहीं है-
(a) यह एक व्यक्ति की मानसिक क्षमता है
(b) यह सामंजस्य अनुकूलन स्थापित करने में सहायक है
(c) यह व्यवहार की गुणवत्ता से आँकी जाती है।
(d) यह स्थायी एवं अपरिवर्तनशील विशेषता है।

30. सृजनशीलता के पोषण हेतु एक अध्यापक को आप विद्यार्थियों को रखना चाहिए-
(a) कार्य केन्द्रित
(b) लक्ष्य केन्द्रित
(c) कार्य केन्द्रित एवं लक्ष्य केन्द्रित
(d) पुरस्कार प्रेरित

उत्तरमाला

1. (a)	**2.** (c)	**3.** (d)	**4.** (b)	**5.** (b)	**6.** (c)	**7.** (c)	**8.** (b)	**9.** (a)	**10.** (c)
11. (b)	**12.** (d)	**13.** (b)	**14.** (a)	**15.** (a)	**16.** (d)	**17.** (b)	**18.** (a)	**19.** (c)	**20.** (a)
21. (c)	**22.** (b)	**23.** (d)	**24.** (d)	**25.** (c)	**26.** (a)	**27.** (c)	**28.** (b)	**29.** (d)	**30.** (a)

प्रैक्टिस सेट-21

1. निम्नलिखित में से कौन-सा व्यक्तित्व आकलन की प्रक्षेपण विधि से संबंधित है?
(a) कहानी रचना (b) प्रश्नावली
(c) जीवन इतिहास (d) साक्षात्कार

2. निम्नलिखित में से कौन-सा लेविन के अधिगम संबंधी क्षेत्र सिद्धान्त की एक मुख्य अवधारणा है?
(a) विभेदीकरण
(b) जीवन दायरा
(c) वेक्टर्स और कर्षण
(d) तलरूप

3. निम्नलिखित में से कौन-सा एक भली-भांति समायोजित व्यक्ति का गुण नहीं है?
(a) अपनी अच्छाइयों और कमजोरियों का ज्ञान
(b) अपने आप को और दूसरों को सम्मान देना
(c) आलोचक तथा दोष निकालने की प्रकृति होना
(d) हालातों से संघर्ष करने की क्षमता

4. निम्नलिखित में से कौन-सा कुण्ठा उत्पन्न होने का आंतरिक कारक है?
(a) आर्थिक कारक
(b) शारीरिक असामान्यता
(c) जल व विद्युत का अभाव
(d) सामाजिक कारक

5. अग्रिम संगठन प्रतिमान जिनके प्रयत्नों का परिणाम था–
(a) ब्रूस जोयसी (b) डेविड आसुबेल
(c) जॉन आसुबेल (d) जोयसी एवं वील

6. अल्बर्ट बण्डूरा द्वारा प्रतिपादित अधिगम का प्रकार कहलाता है–
(a) सक्रिय अधिगम
(b) प्रेक्षणात्मक अधिगम
(c) अन्त:दृष्टि अधिगम
(d) अनुभवजन्य अधिगम

7. कक्षा-कक्ष में संप्रेक्षण, परस्पर सम्प्रेषण है–
(a) शिक्षक-शिक्षक के मध्य
(b) शिक्षक-विद्यार्थियों के मध्य
(c) विद्यार्थी-विद्यार्थियों के मध्य
(d) उपरोक्त में से कोई नहीं

8. निम्न में से कौन-सा सहयोगी अधिगम का तत्व नहीं है?
(a) विषमांग समूह
(b) समान अवसर
(c) सामाजिक अन्त:क्रिया का अभाव
(d) सकारात्मक परस्पर आश्रितता

9. शिक्षण प्रतिमान के तत्व हैं–
(a) लक्ष्य व उद्देश्य
(b) उद्देश्य व संरचना
(c) सामाजिक प्रणाली एवं मूल्यांकन
(d) उपरोक्त सभी

10. निम्नलिखित में से कौन-सा कारक प्रभावी कक्षा-कक्ष सम्प्रेषण से सम्बन्धित नहीं है?
(a) उपर्युक्त हावभाव
(b) विषयवस्तु स्पष्टता
(c) आलंकारिक भाषा
(d) द्विमार्गी प्रक्रिया

11. 'प्रयत्न व भूल' सिद्धान्त को दर्शाने के लिए थॉर्नडाइक ने किस पर प्रयोग किया था?
(a) बन्दरों पर (b) बिल्ली पर
(c) चूहों पर (d) मनुष्यों पर

12. निर्मितवादी शिक्षण सिद्धान्त मॉडल के अनुसार सही क्रम है–
(a) अन्वेषण करना, व्याख्या करना, विस्तार करना, मूल्यांकन करना
(b) व्याख्या करना, अन्वेषण करना, विस्तार करना, मूल्यांकन करना
(c) व्याख्या करना, अन्वेषण करना, मूल्यांकन करना, विस्तार करना
(d) विस्तार करना, अन्वेषण करना, व्याख्या करना, मूल्यांकन करना

13. CLASS प्रोजेक्ट (कम्प्यूटर लिटरेसी एण्ड स्टडीज इन स्कूल्स) किस संस्थान द्वारा प्रारम्भ किया गया था?
(a) SIERT (b) SCERT
(c) NCERT (d) NCTE

14. लॉरेन्स कोहलबर्ग के अनुसार निम्नलिखित में से कौन-सा, नैतिकता के विकास का निश्चित और सार्वभौमिक स्तर नहीं है?
(a) पूर्व-नैतिक स्तर
(b) परम्परागत नैतिक स्तर
(c) पश्च नैतिक स्तर
(d) आत्म अंगीकृत नैतिक स्तर

15. जोन्स के अनुसार मार्गदर्शन एक व्यक्ति द्वारा दूसरे व्यक्ति को निम्नलिखित में से किस पर दी गयी सहायता नहीं है?
(a) विकल्प चुनने
(b) समायोजन करने
(c) अपनी समस्याओं का समाधान करने
(d) अनुसंधान कार्य करने

16. निम्नलिखित में से कौन-सा प्रौद्योगिकी आधारित शिक्षण साधन नहीं है?
(a) क्रियाकलाप सहायक सामग्री
(b) सरल हार्डवेयर
(c) हार्डवेयर
(d) सॉफ्टवेयर

17. निम्नलिखित में कौन-सा शिक्षण प्रतिमानों के सन्दर्भ में सबसे कम महत्वपूर्ण है?
(a) अनुदेशात्मक उद्देश्यों का निर्माण और विशिष्टीकरण
(b) अनुदेशात्मक सामग्री का निर्माण और चयन
(c) आकलन एवम् मूल्यांकन का दिवस
(d) शिक्षण-अधिगम क्रियाओं का विशिष्टीकरण

18. 'प्रिंसीपल्स ऑफ साइकोलोजी' नामक पुस्तक के लेखक है
(a) जॉन डीवी
(b) विलियम जेम्स
(c) एबिंगहॉस
(d) वुण्ट

19. एक अच्छा शिक्षक–
(a) अधिगमकर्ता को क्रिया के लिए प्रोत्साहित करता है।
(b) अधिगमकर्ता की जिज्ञासा का पोषण करता है।
(c) अधिगमकर्ता को वास्तविक वैश्विक परिस्थितियों में सम्मिलित करता है।
(d) उपरोक्त सभी

20. पियाजे के अनुसार संज्ञानात्मक विकास की वह अवस्था जिसमें बालक वस्तु स्थायित्व प्रदर्शित करते हैं–
(a) औपचारिक संक्रियात्मक काल
(b) मूर्त संक्रियात्मक काल
(c) पूर्व-संक्रियात्मक काल
(d) इन्द्रिय गति काल

21. निम्नलिखित अवस्थाओं में से किसे समस्याओं की अवधि कहा जाता है?
(a) किशोरावस्था
(b) प्रौढ़ावस्था
(c) बाल्यावस्था
(d) उपरोक्त में से कोई नहीं

22. निर्मितिवादी सिद्धान्त आधारित शिक्षण का आधार है–
(a) करके सीखना
(b) अध्यापक को सुनना
(c) अध्यापक कथित विषयवस्तु को दोहराना
(d) अध्यापक तथा शिक्षार्थी के सम्बन्ध

23. विभिन्न श्रव्य-दृश्य सामग्रियों के सम्बन्ध को प्रदर्शित करने के लिए अनुभवों का शंकु देने वाले विद्वान हैं–
(a) एडगर डेल (b) किलपैट्रिक
(c) जॉन डीवी (d) मोरीसन

24. एक मानसिक सशक्त व्यक्ति निम्नलिखित में से कौन-सा व्यवहार प्रदर्शित करेगा?
(a) दूसरों की गलतियों को बताना।
(b) स्वयं की गलतियों को सुधारने के तरीके ढूँढ़ना।
(c) दूसरों की कमजोरियाँ ढूँढ़ना
(d) इनमें से कोई नहीं।

25. समस्या समाधान की योग्यता निर्भर करती है–
(a) लम्बाई व भार में वृद्धि
(b) शब्दभण्डार के विकास पर
(c) चिन्तन व तर्क के विकास पर
(d) आकार व आकृति के विकास पर

26. भावात्मक प्रज्ञा के अन्तर्गत किसे उसका घटक नहीं माना जाएगा?
(a) आत्म प्रबन्धन
(b) आत्म विश्लेषण
(c) आत्म अभिप्रेषण
(d) तदनुभूति

27. सामाजिक अधिगम आरम्भ होता है–
(a) अलगाव से
(b) भीड़ से
(c) सम्पर्क से
(d) श्रव्य-दृश्य सामग्री से

28. निम्नलिखित में से कौन-सा मेल सही नहीं है?
(a) अन्तर्मुखी (Introvert) स्वयं अपने में रहना
(b) प्रक्षेपण (Projection) अपनी गलती दूसरों पर डालना
(c) प्रतिगमन (Regression) – पुरानी आदतों में लौटना
(d) युक्तिकरण (Rationalization) अपना गुस्सा दूसरों पर उतारना

29. एकान्त में विश्वास रखने वाले व्यक्ति कहलाते हैं-
(a) अन्तर्मुखी (b) बहिर्मुखी
(c) ज्ञानी (d) नास्तिक

30. टी.ए.टी. (T.A.T.) परीक्षण में कार्ड की संख्या होती है-
(a) 30 (b) 10
(c) 12 (d) 25

उत्तरमाला

1. (a)	**2.** (a)	**3.** (c)	**4.** (b)	**5.** (b)	**6.** (b)	**7.** (b)	**8.** (c)	**9.** (d)	**10.** (c)
11. (b)	**12.** (a)	**13.** (c)	**14.** (c)	**15.** (d)	**16.** (a)	**17.** (c)	**18.** (b)	**19.** (d)	**20.** (d)
21. (a)	**22.** (a)	**23.** (a)	**24.** (b)	**25.** (c)	**26.** (b)	**27.** (c)	**28.** (d)	**29.** (a)	**30.** (a)

प्रैक्टिस सेट-22

1. राष्ट्रीय शैक्षिक अनुसंधान एवं प्रशिक्षण परिषद् में बुद्धि के शिक्षण के लिए कौन-सा विभाग खोला है?
(a) श्रम एवं रोजगार विभाग
(b) मनोविज्ञान विभाग
(c) राष्ट्रीय भौतिक विभाग
(d) उपरोक्त कोई नहीं

2. निम्नलिखित में शिक्षक केन्द्रित शिक्षण आव्यूह है-
(a) प्रजातांत्रिक शिक्षण आव्यूह
(b) प्रभुत्ववादी शिक्षण आव्यूह
(c) उपर्युक्त दोनों
(d) इनमें से कोई नहीं

3. व्याख्यान के दौरान संप्रेषण श्रेष्ठ होगा यदि शिक्षक-
(a) तैयार किए गए टिप्पणी (नोट्स) में से पढ़ाता है।
(b) टिप्पणी (नोट्स) तैयार करके आता है और उन्हें मार्गदर्शिका के रूप में प्रयोग करता है।
(c) तात्कालिक व्याख्यान प्रस्तुत करता है।
(d) दूसरे क्षेत्रों में से उदाहरण देते हुए तात्कालिक व्याख्यान प्रस्तुत करता है।

4. निम्न में से कौन-सा विधि तुलनात्मक अधिक समय लेती है-
(a) साक्षात्कार (b) निरीक्षण
(c) जीवन वृत्तांत (d) परीक्षण

5. शिक्षण में उत्तम प्रणाली वह है जिसमें-
(a) प्रश्नोत्तर की आवश्यकता न हों।
(b) अध्यापक छात्रों से प्रश्न पूछे।
(c) छात्र शिक्षक से शंका समाधान करे।
(d) अध्यापक और छात्र दोनों से प्रश्न पूछे।

6. विकास एवं वृद्धि हैं-
(a) एक दूसरे के विरोधी
(b) एक दूसरे के समान
(c) एक दूसरे के पूरक
(d) इनमें से कोई नहीं

7. ''किशोरावस्था अपराध प्रवृत्ति के विकास का नाजुक समय है। पक्के अपराधियों की एक विशाल संख्या किशोरावस्था में ही व्यावहारिक जीवन को गंभीरतापूर्वक आरम्भ करती है।'' यह कथन किस मनोवैज्ञानिक का है?
(a) वेलेंटाइन (b) ब्लेयर एवं जोन्स
(c) कोल एवं ब्रूस (d) स्टेनली हॉल

8. ''सामाजिक एवं संवेगात्मक विकास साथ-साथ चलते हैं।'' यह कथन है-
(a) हॉल का (b) स्किनर का
(c) क्रो व क्रो का (d) स्ट्रैंग का

9. 'गेस्टाल्टवाद' के जन्मदाता कौन है?
(a) स्किनर (b) बरदाईमर
(c) बिने (d) स्पिनोविच

10. परम्परागत संबद्धता का सिद्धांत किसने प्रतिपादित किया?
(a) पॉवलाव ने
(b) अल्बर्ट बाण्डुरा ने
(c) स्किनर ने
(d) उपर्युक्त में से कोई नहीं

11. ''मूल प्रवृत्तियाँ संपूर्ण मानव व्यवहार की चालक हैं।'' यह कथन किस मनोवैज्ञानिक का है?
(a) मेलवी (b) मैक्डूगल
(c) स्किनर (d) सुरेश भटनागर

12. गेने के सीखने के नियम को सामान्यतया जाना जाता है-
(a) साहचर्य अधिगम
(b) उद्दीपन-अनुक्रिया अधिगम
(c) श्रृंखला अधिगम
(d) परम्परागत संबद्धता अधिगम

13. किस पहलू में मानसिक स्वास्थ्य को बनाये रखने की विधियाँ बताई जाती हैं?
(a) निरोधात्मक पहलू
(b) संरक्षणात्मक पहलू
(c) सकारात्मक पहलू
(d) उपचारात्मक पहलू

14. कौन से आव्यूह को सुकराती विधि भी कहा जाता है?
(a) प्रश्नोत्तर आव्यूह
(b) अन्वेषण आव्यूह
(c) योजना आव्यूह
(d) समीक्षा आव्यूह

15. रॉबर्ट गेने ने अधिगम की कितनी परिस्थितियाँ बताई हैं?
(a) 5 (b) 7
(c) 8 (d) 6

16. सकमैन का पृच्छा मॉडल निम्नलिखित में से कौन सा है?
(a) निगमनात्मक
(b) आगमनात्मक
(c) उपर्युक्त दोनों
(d) उपर्युक्त में से कोई नहीं

17. ''कोई भी व्यक्ति क्रोध करता है, यह बहुत आसान है, किन्तु सही व्यक्ति के साथ, सही मात्रा में, सही समय पर, सही प्रयोजन हेतु सही ढंग से क्रोध करना आसान नहीं है।'' उपरोक्त कथन किसका है?
(a) बिंघम (b) अरस्तू
(c) क्रीमैन (d) वॉटसन

18. संवेगात्मक बुद्धि को लोकप्रिय बनाने का श्रेय किसको जाता है?
(a) डेनियल गोलमैन
(b) जॉन डी. मेयर
(c) पीटर
(d) सेलावे

19. 'किशोरावस्था बड़े संघर्ष, तूफान, तनाव या झंझावात की अवस्था है।' यह किसका कथन है?
(a) जरशील्ड (b) किलपेट्रिक
(c) स्टेनले (d) हेडो कमेटी रिपोर्ट

20. ''किशोर प्रौढ़ों को मार्ग में बाधा समझता है, जो उसे अपनी स्वतंत्रता लक्ष्य प्राप्त करने से रोकते हैं।'' यह कथन किसका है?
(a) रॉस (b) कॉलसनिक
(c) वेलेंटाइन (d) विग व हट

21. किशोरावस्था के आकस्मिक विकास का सिद्धान्त कब किसने दिया?
(a) 1904 में हालिंग वर्थ ने
(b) 1902 में हॉल ने
(c) 1904 में स्टेनले हॉल ने
(d) 1904 में थार्नडाइक ने

22. ''बुद्धि इन चार शब्दों में निहित है-ज्ञान, आविष्कार, निर्देश, आलोचना।'' यह कथन किस मनोवैज्ञानिक का है?
(a) स्पियरमैन (b) थार्नडाइक
(c) रायबर्न (d) अलफ्रेड बिने

23. निम्न में से कौन-सा बच्चों हेतु वेश्लर बुद्धि मपनी की एक निष्पादन मपनी है?
(a) अंकगणितीय
(b) सदृश्यता या समानता
(c) शाब्दिक तर्क
(d) चित्र पूर्ति

24. किस विधि में उद्दीपन-अनुक्रिया के मध्य होने वाले संबंधों का अध्ययन किया जाता है?
(a) प्रश्नकर्ता विधि
(b) मनोभौतिक विधि
(c) आत्मनिष्ठ अंकन विधि
(d) प्रयोगात्मक विधि

25. एक विद्यार्थी एक समस्या के प्रासंगिक अनेक उत्तर प्रस्तुत करता है, तो वह दर्शाता है?
(a) प्रकृति (b) अभिवृति
(c) रूचि (d) कोई नहीं

26. नृत्य, ड्रामा एवं शिल्पकला का प्रयोग किया जाता है-
(a) विशिष्ट गुणों के विकास हेतु
(b) व्यक्तित्व ढालने के लिए
(c) दबी एवं बर्दाश्त न की जा सकने वाली अंतनोद के प्रकटीकरण हेतु
(d) उपर्युक्त सभी

27. नि:शुल्क एवं अनिवार्य शिक्षा बालकों का अधिकार 2009 के अन्तर्गत किसी भी अध्यापक को निम्न में से किस कार्य के लिये नहीं लगाया जा सकता-
(a) दस वर्ष पश्चात् होने वाली जनगणना में
(b) आपदा राहत कार्य में
(c) चुनाव संबंधी कार्य में
(d) पल्स पोलिया कार्यक्रम में

28. राष्ट्रीय पाठ्यचर्या रूपरेखा 2005 में बहुभाषा को एक संसाधन के रूप में समर्थन दिया गया है क्योंकि-
(a) यह एक तरीका है। जिसमें प्रत्येक बालक सुरक्षित महसूस करे
(b) भाषागत पृष्ठभूमि के कारण कोई भी बालक पीछे न छूट जाये
(c) यह बालकों को अपने पर विश्वास के लिए प्रोत्साहन देगा
(d) इनमें से सभी

29. निम्न में से कौन-सा तरीका विज्ञान विषय को समझाने के लिये उच्च प्राथमिक स्तर उपयुक्त नहीं है-
(a) वस्तुओं को प्रेक्षण करना व अवलोकन का रिकॉर्ड दर्ज करना
(b) रेखाचित्र बनाना
(c) वास्तविक अनुभव प्रदान करना
(d) अमूर्तता के द्वारा विषय को सीखना।

30. निम्न में से कौन-सा कथन बहुग्रेड शिक्षक प्रणाली के साथ सहमति नहीं रखता–
(a) एक अध्यापक एक समय में एक से अधिक कक्षाओं का प्रबन्धन करता है
(b) बैठने की लचीली व्यवस्था
(c) विभिन्न कक्षाओं में से एक ही कक्षा में अन्त:क्रिया
(d) विद्यार्थियों की आयु एवं योग्यता के आधार पर समान होना

उत्तरमाला

1. (b)	**2.** (b)	**3.** (d)	**4.** (c)	**5.** (d)	**6.** (c)	**7.** (a)	**8.** (c)	**9.** (b)	**10.** (a)
11. (b)	**12.** (d)	**13.** (b)	**14.** (a)	**15.** (c)	**16.** (b)	**17.** (b)	**18.** (a)	**19.** (c)	**20.** (b)
21. (c)	**22.** (d)	**23.** (d)	**24.** (d)	**25.** (c)	**26.** (d)	**27.** (d)	**28.** (d)	**29.** (d)	**30.** (d)

प्रैक्टिस सेट–23

1. ''शिक्षा मनोविज्ञान, मनोविज्ञान की वह शाखा है, जो सीखने तथा सिखाने की प्रक्रिया का अध्ययन करती है।'' इस परिभाषा को दिया है–
(a) क्रो एण्ड क्रो (b) स्किनर
(c) जे ड्रावर (d) थार्नडाइक

2. निम्नलिखित में से कौन-सी तार्किकता का उपयोग वाणिज्य विषय में तार्किक निष्कर्षों को बताने में किशोर अपनी क्षमता को विकसित करने हेतु करते हैं–
(a) आगमन तार्किकता
(b) अमूर्त तार्किकता
(c) सम्बन्धित तार्किकता
(d) निगमन तार्किकता

3. मनोविज्ञान ने बालकों के प्रति दृष्टिकोण बदल दिया है। अत: विद्यालय उन्हें उपलब्ध कराता है–
(a) अधिक सूचनाएं
(b) उपयोगी अनुभव
(c) अधिक ज्ञान
(d) अधिक शिक्षक

4. निम्न में से कौन शिक्षा मनोविज्ञान के कार्यक्षेत्र में आता है-
(I) शिक्षार्थी
(II) सीखने की क्रिया
(III)सीखने की परिस्थिति
(IV)निर्देशन तथा मानसिक स्वास्थ्य
नीचे दिये गए कोड से सही उत्तर का चयन कीजिए-
(a) (I) और (II)
(b) (I) और (III)
(c) (I) (II) और (III)
(d) (I) (II) (III) और (IV)

5. शैक्षिक मनोविज्ञान शिक्षक को मदद करता है-
(a) स्वयं के ज्ञान तथा तैयारी में
(b) बच्चे के चरित्र विकास में
(c) उचित शिक्षण विधियों के उपयोग में
(d) उपरोक्त सभी

6. वह कारक जो व्यवहार में स्थायी तथा अस्थायी के बीच का परिवर्तन लाता है–
(a) परिपक्वता
(b) प्रशिक्षण
(c) मानसिक थकावट
(d) बीमारी

7. समायोजन के संदर्भ में निम्नलिखित में से कौन-सा कथन सही नहीं है?
(a) यह समस्या समाधान करता है
(b) यह संतुलन प्रदान करता है
(c) यह निरंतर चलने वाली प्रक्रिया नही है
(d) समायोजन की अनुपस्थिति में व्यक्ति तनाव, संघर्ष और चिंता से घिरा रहता है

8. वह कारक जो अधिगम को प्रभावित नहीं करता है–
(a) प्रेरणा
(b) अधिगम विधि
(c) वर्ष का माह
(d) विषय वस्तु की प्रकृति

9. किसी व्यक्ति का अधिगम होता है–
(a) जीवन पर्यन्त
(b) प्रौढ़ावस्था तक
(c) किशोरावस्था तक
(d) केवल बचपन में

10. अधिगम विकास का प्रक्रम है। यह कथन किसका है–
(a) वुडवर्थ (b) गेट्स
(c) क्रोनबेक (d) कुपु स्वामी

11. निम्नलिखित में से कौन-सी किशोरावस्था की विशेषता नहीं हैं–
(a) खोखली मित्रता
(b) विद्रोह की भावना
(c) रूचियों में परिवर्तन
(d) समूह को महत्व

12. बालक का निम्नलिखित में से कौन-सा विकास विद्यालय और शिक्षक द्वारा सबसे कम प्रभावित होता है–
(a) शारीरिक विकास
(b) मानसिक विकास
(c) सामाजिक विकास
(d) संवेगात्मक विकास

13. निम्न में से कौन-सी एकतंत्रीय शिक्षण व्यूह रचना है–
(a) पाठ प्रदर्शन (b) प्रायोजना
(c) समूह चर्चा (d) खोज

14. निम्न में से कौन-सी विशेषता मानसिक विकास की ठोस सक्रिय अवस्था नहीं है–
(a) वस्तुनिष्ठता (b) तर्कता
(c) वर्गीकरण (d) सम्प्रत्यय रचना

15. विकास के संदर्भ में कौन-सा कथन सही है?
(a) यह प्रौढ़ होने पर रूक जाता है।
(b) यह वृद्धि का एक हिस्सा है।
(c) यह लगातार चलने वाली प्रक्रिया है।
(d) इसे सामान्यतः कद, काठी व वजन के संदर्भ में लिया जाता है।

16. निम्नांकित में से, किस मनोवैज्ञानिक को ''मौलिक व्यवहारवादी के रूप में वर्णित किया जाता है–
(a) पावलॉव (b) वाटसन
(c) बंडुरा (d) स्कीनर

17. दण्ड अथवा पुरस्कार के समावेशन द्वारा नवीन व्यवहार के विकास तथा अनुक्रिया की प्रायिकता में वृद्धि होने को कहा जाता है–
(a) व्यवहार को आकार देना
(b) क्रिया प्रसूत अनुबंधन
(c) शास्त्रीय अनुबंधन
(d) संवेगात्मक अनुबंधन

18. अनुदेशन उद्देश्यों को कहते हैं–
(a) विशिष्ट उद्देश्य
(b) सामान्य उद्देश्य
(c) अधिगम कर्ता उद्देश्यं
(d) विवेचनात्मक शिक्षाशास्त्र

19. अभिक्रमित अनुदेशन है–
(a) कक्षा कक्ष अधिगम है
(b) स्वतः अधिगम
(c) अध्यापक केन्द्रित अधिगम
(d) उपर्युक्त में से कोई नहीं

20. निम्नांकित में से कौन-सा सहयोगशील अधिगम का परिणाम है–
(I) शैक्षणिक उपलब्धि
(II) व्यक्तिगत आत्मनिर्भरता
(III)सामाजिक कौशल
(IV)विविधता का स्वीकार

प्रदत्त कूट का प्रयोग कर उपर्युक्त प्रश्न का उत्तर दीजिए
(a) (I) एवं (II)
(b) (II) (III) एवं (III)
(c) (I) (III) एवं (IV)
(d) (I) (II) एवं (III)

21. निम्नांकित में से किसके द्वारा कक्षागत अन्तः क्रिया विश्लेषण विकसित किया गया–
(a) ब्रूनर (b) फ्लेडर
(c) पियाजे (d) स्किनर

22. अभिक्रमित अधिगम के सम्प्रत्यय निर्माण में निम्नांकित में से किस विचार का योगदान है–
(a) थार्नडाइक का प्रभावित नियम
(b) स्किनर का सक्रिय अनुबंध सिद्धांत
(c) वॉटसन का अधिगम सिद्धांत
(d) पियाजे का सिद्धांत

23. निम्नलिखित में से कौन-सी योग्यता संवेगात्मक बुद्धि के एबिलिटी मॉडल से संबंधित नहीं है–
(a) संवेगों की आत्म अवधारणा
(b) संवेगो का प्रत्यक्षीकरण
(c) संवेगों का प्रयोग करना
(d) संवेगों को समझना

24. शिक्षण के संबंध में कौन सा कथन सही नहीं है–
(a) शिक्षण अन्तः प्रक्रिया है।
(b) शिक्षण व्यावसायिक गतिविधि है
(c) शिक्षण सोद्देश्यपूर्ण गतिविधि है
(d) शिक्षण मनोवैज्ञानिक गतिविधि है

25. वह प्रक्रिया जिसमें क्रियाओं की संरचना एवं निष्पादन विद्यार्थी के व्यवहार में परिवर्तन के लिए किया जाता है, कहलाती है–
(a) अनुदेशन (b) शिक्षण
(c) प्रशिक्षण (d) प्रतिपादन

26. निम्न में से कौन-सा कारक, थार्नडाइक के अधिगम से सुमेलित नहीं है–
(a) तत्परता (b) अभ्यास
(c) गुणवत्ता (d) प्रभाव

27. जब एक शिक्षक विद्यार्थियों को उनकी अधिगम आवश्यकताओं के आधार पर पढ़ाता है तथा उनकी अधिगम समस्याओं का समाधान करते हुए अधिगम स्त्रोतों की ओर ले जाता है तो शिक्षण का स्तर होगा–
(a) स्मृति स्तर (b) विमर्शी चिंतन स्तर
(c) रचनात्मक स्तर (d) बोध स्तर

28. किसी कार्य को करने की विशिष्ट क्षमताओं को कहते हैं–
(a) अभिरूचि (b) अभियोग्यता
(c) अभिवृत्ति (d) प्रत्यक्षीकरण

29. किस सिद्धांत को क्षेत्रीय सिद्धांत के नाम से भी जाना जाता है?
(a) समग्रवाद
(b) कोहलर का सिद्धांत
(c) थार्नडाइक का सिद्धांत
(d) स्किनर का सिद्धांत

30. आई.के. डेविस के अनुसार शिक्षण की प्रमुख अवस्थाएं हैं–
(a) नियोजन, व्यवस्था, अग्रसरण, नियंत्रण
(b) अग्रसरण, मार्गदर्शन, निर्देशन, मूल्यांकन
(c) व्यवस्था नियंत्रण, निर्देशन, नियोजन
(d) अग्रसरण, व्यवस्था, मार्गदर्शन, मूल्यांकन

उत्तरमाला

1. (b)	**2.** (d)	**3.** (b)	**4.** (d)	**5.** (d)	**6.** (b)	**7.** (c)	**8.** (c)	**9.** (a)	**10.** (a)
11. (a)	**12.** (a)	**13.** (a)	**14.** (a)	**15.** (c)	**16.** (d)	**17.** (b)	**18.** (a)	**19.** (b)	**20.** (c)
21. (b)	**22.** (b)	**23.** (a)	**24.** (b)	**25.** (b)	**26.** (c)	**27.** (b)	**28.** (b)	**29.** (a)	**30.** (a)

प्रैक्टिस सेट-24

1. ''प्रयत्न एवं त्रुटि'' सिद्धांत के प्रतिपादक हैं-

(a) पावलॉव (b) थार्नडाइक
(c) स्किनर (d) कोहलर

2. किशोरों के नैतिक विकास के लिए सबसे महत्वपूर्ण कारक है–

(a) आदर्श पुस्तक पढ़ने को दें
(b) आदर्श व्यक्तियों की जीवनी के बारे में बताएं
(c) स्वयं आदर्श प्रस्तुत करे
(d) मित्रवत् व्यवहार करें

3. निम्नलिखित में से कौन-सा कक्षा कक्ष अधिगम में निर्मितवादी पक्ष नहीं है?

(a) विद्यार्थी समूह में कार्य करते हैं
(b) शिक्षक विद्यार्थियों से संवाद रखता है
(c) पाठ्यपुस्तक एवं अभ्यास पुस्तक आधारित अधिगम
(d) अन्त: क्रियापूर्ण अधिगम

4. छात्रों में रटने की प्रवृत्ति को रोकने हेतु कैसे प्रश्न पूछने चाहिए-

(a) वस्तुनिष्ठ (b) लघु उत्तरीय
(c) दीर्घ उत्तरीय (d) निबन्धात्मक

5. अधिगम के लिए सबसे महत्वपूर्ण स्थिति कौन-सी है?

(a) कक्षा कक्ष वातावरण
(b) स्पष्ट शैक्षिक उद्देश्य
(c) अध्यापक का सम्प्रेषण
(d) श्रव्य-दृश्य सामग्री

6. विद्यार्थी स्वयं की असफलता का दोष असहयोगी कारकों को देता है जिससे उसके अवांछित व्यवहार से ध्यान हट जाए, तो यह कहलाता है-

(a) उदात्तीकरण (b) दमन
(c) तादात्मीकरण (d) प्रक्षेपण

7. मानसिक आरोग्य विज्ञान एक विज्ञान है जो कि मानवीय से सम्बन्ध है, यह किसने कहा है

(a) फ्रांयड (b) स्किनर
(c) क्रो एण्ड क्रो (d) थार्नडाइक

8. कुछ लोग नए लोगों में आसानी से समायोजित हो जाते है क्योंकि उनमें है उच्च–

(a) बुद्धि लब्धि (b) शैक्षिक लब्धि
(c) सांवेगिक (d) आध्यात्मिक लब्धि

9. आगमन चिंतन शिक्षण प्रतिमान के प्रतिपादक है-

(a) डेविड असुबल (b) हील्दा टाबा
(c) रार्बट ग्लेसर (d) जीरोम ब्रूनर

10. एक आठ वर्षीय बालक अपने छोटे भाई की तरह घुटने चलता है। यह उदाहरण है-

(a) प्रतिगमन (b) युक्तिकरण
(c) दमन (d) क्षतिपूर्ण

11. थार्नडाइक के सीखने के नियम के अनुसार, गौण नियमों में निम्न में से कौन-सा सम्मिलित नहीं है?

(a) बहुअनुक्रिया का नियम
(b) प्रभाव का नियम
(c) मानसिक स्थिति का नियम
(d) आंशिक क्रिया का नियम

12. अधिगम प्रक्रिया में अशाब्दिक संप्रेषण के तरीके हैं–

(a) मुख के हाव-भाव
(b) शारीरिक भाषा
(c) सांकेतिक भाषा
(d) उपर्युक्त सभी

13. अधिगम की दृष्टि से सर्वोत्तम शिक्षण सामग्री है–

(a) पाठ्यपुस्तक में दी हुई
(b) बाजार में उपलब्ध
(c) छात्र निर्मित
(d) अध्यापक निर्मित

14. सूत्र $L = f(E_t \times P_t)$ में L अधिगम को इंगित करता है तो E_t व P_t किसको इंगित करते हैं-

(a) वातावरणीय कारक व अभिभावकीय कारक
(b) सांवेगिक कारक व व्यक्तिगत कारक
(c) वातावरणीय कारक व व्यक्तिगत कारक
(d) सांवेगिक कारक व अभिभावक कारक

15. स्व प्रत्यक्षीकरण एवं लोगों के प्रत्यक्षीकरण द्वारा विकसित होती है-

(a) रुचि (b) बुद्धि
(c) स्व प्रत्यय (d) स्व अनुशासन

16. कौन-सा प्रतिमान छात्रों को सम्प्रत्यय निर्माण व सम्प्रत्यय पुनर्निर्माण में सहायक है?

(a) पूछताछ शिक्षण प्रतिमान
(b) सूचना प्रक्रम प्रतिमान
(c) सहकारी अधिगम
(d) अग्रिम संगठन प्रतिमान

17. ज्ञान क्या है?

(a) ज्ञान अनुभव के व्यक्तिगत निर्वचन का परिणाम होता है।
(b) ज्ञान एक व्यक्ति का व्यक्तिगत अनुभव होता है।
(c) ज्ञान व्यक्ति के विचारों व दृष्टिकोणों को संसार में प्रस्फुटित करता है।
(d) ज्ञान एक अनुभव है जो कि उसके व्यक्तित्व को दर्शाता है।

18. कम्प्यूटर के कक्षा-कक्ष उपयोग क्या है?

(a) कम्प्यूटर आधारित अनुदेशन
(b) प्रदत्त विश्लेषण एवं संगणक
(c) कम्प्यूटर अनुरूपीकरण प्रयोग
(d) उपरोक्त सभी

19. सम्प्रत्यय उपलब्धि प्रतिमान के प्रवर्तक है–

(a) पीगेट (b) बुर्नेर
(c) आसुबल (d) जॉन डीवि

20. कौन-सा कारक प्रभावी कक्षा शिक्षण में विचाराधीन नहीं होता है?

(a) तकनीकी की कमी
(b) पृष्ठपोषण
(c) शिक्षण कार्यनीति व दक्षतायें
(d) संप्रेषण व स्पष्टता का सिद्धांत

21. लारेंस कोहलबर्ग के द्वारा प्रस्तावित निम्नलिखित चरणों में प्राथमिक विद्यालयों के बच्चे किन चरणों का अनुसरण करते है?

(a) आज्ञापालन और दण्ड उन्मुखीकरण
(b) वैयक्तिकता और विनियम
(c) अच्छे अंत वैयक्तिक सम्बन्ध
(d) सामाजिक अनुबंध और व्यक्तिगत अधिकार

22. आंतरिक रूप से अभिप्रेरित विद्यार्थी के लिए–
(a) पुरस्कार की बिल्कुल भी आवश्यकता नहीं है।
(b) अधिक से अधिक पुरस्कार दिये जाने चाहिए।
(c) साल में एक बार पुरस्कार दिया जाना चाहिए
(d) जिंदगी में एक बार पुरस्कार दिया जाना चाहिए।

23. जॉन ड्यूवी द्वारा समर्थित लैब विद्यालय के उदाहरण है–
(a) फैक्ट्री विद्यालय
(b) प्रगतिशील विद्यालय
(c) पब्लिक विद्यालय
(d) सामान्य विद्यालय

24. अधिगमकर्ता का स्वनियम का क्या अर्थ है?
(a) स्वअनुशासन और नियंत्रण
(b) दूसरों को अनुशासन में रखना
(c) स्वयं को दूसरे के सामने अनुशासित करना
(d) उपरोक्त सभी

25. निम्नलिखित में से कौन-सा सिद्धांत पाठ योजना में शामिल नहीं है?
(a) उद्देश्यों की स्पष्टता
(b) शिक्षण का ज्ञान
(c) योजन की दृढता
(d) शिक्षार्थियों का ज्ञान

26. चरित्र का विकास होता है–
(a) इच्छा शक्ति द्वारा
(b) बर्ताव एवं व्यवहार द्वारा
(c) नैतिकता द्वारा
(d) उपरोक्त सभी

27. निम्नलिखित में से कौन शिक्षण अधिगम का स्तर नही है–
(a) स्मृत स्तर (b) चिंतनशील स्तर
(c) समझ स्तर (d) विभेदीकरण स्तर

28. प्रतिभाशाली होने के संकेत निम्नलिखित में से कौन-सा नहीं है–
(a) विचारों में सृजनात्मकता
(b) दूसरों के साथ लड़ना
(c) अभिव्यक्ति में अनूठापन
(d) कौतूहल

29. राष्ट्रीय पाठ्यचर्या की रूपरेखा 2005 (NCF-2005) के आधारभूत सिद्धान्तों में निम्नलिखित में से कौन-सा भाग सम्मिलित नहीं है–
(a) अच्छी बाह्य परीक्षाओं का आयोजन करना
(b) रटने को महत्व प्रदान न करना
(c) पुस्तकों से इतर ज्ञान प्राप्त करना
(d) ज्ञान को वास्तविक जीवन से जोड़ना

30. शिक्षक एवं विद्यार्थी के मध्य संबंध होना चाहिए–
(a) स्नेह का (b) विश्वास का
(c) सम्मान का (d) सभी का

उत्तरमाला

1. (b)	2. (c)	3. (c)	4. (a)	5. (a)	6. (d)	7. (c)	8. (c)	9. (b)	10. (a)
11. (b)	12. (d)	13. (c)	14. (c)	15. (c)	16. (d)	17. (a)	18. (d)	19. (b)	20. (a)
21. (a)	22. (a)	23. (b)	24. (a)	25. (c)	26. (d)	27. (d)	28. (b)	29. (b)	30. (d)

प्रैक्टिस सेट-25

1. किशोरावस्था एक नया जन्म है, इसमें उच्चतर और श्रेष्ठतर मानव विशेषताओं का जन्म होता है, यह कथन देने वाले हैं–
(a) जॉन एण्ड सिम्पसन
(b) गैसल
(c) स्टेनली हॉल
(d) ग्रोडफ्रे

2. किशोरों की जटिल अवस्था के कारण किशोरों के अध्ययन का विषय होना चाहिए–.
(a) शारीरिक (b) मानसिक
(c) बौद्धिक (d) शरीर तथा मनसंबंधी

3. ''किशोरावस्था आदर्शों की अवस्था है, सिद्धान्तों के निर्माण की अवस्था है, साथ ही जीवन का सामान्य समायोजन है'', यह परिभाषा देने वाले हैं–
(a) हैडो रिपोर्ट (b) जीन पियाजे
(c) फ्रेडरिक ट्रेसी (d) ई.ए. पील

4. पियाजे के अधिगम के संज्ञानात्मक सिद्धान्त के अनुसार वह प्रक्रिया जिसके द्वारा संज्ञानात्मक संरचना को संशोधित किया जाता है, कहलाती है–
(a) स्कीम (b) प्रत्यक्षण
(c) समायोजन (d) समावेश/परिपाक

5. एक विद्यार्थी अपने समकक्ष व्यक्तियों के समूह के प्रति आक्रमक व्यवहार करता है और विद्यालय के मानदण्डों को नहीं मानता, इस विद्यार्थी को जिस सहायता की आवश्यकता है, वह है–
(a) मनोगत्यात्मक क्षेत्र
(b) भावात्मक क्षेत्र
(c) उच्चस्तरीय चिंतन कौशल
(d) संज्ञानात्मक क्षेत्र

6. उत्तेजक तथा अनुक्रिया के मध्य की सीखने की प्रक्रिया को प्रभावित करने वाले तत्व हैं–
(a) व्यक्ति की वैयक्तिकता तथा इच्छाएँ
(b) व्यक्ति की इच्छाएँ तथा भावनाएँ
(c) व्यक्ति की भावनाएँ तथा क्षमता
(d) उपरोक्त सभी

7. हम अधिगम का अनुभव नहीं कर सकते हैं, हम केवल यह देख सकते हैं कि वह निरन्तर सफलतापूर्वक आगे बढ़ता है, इसका तात्पर्य है–
(a) प्रत्येक सजीव एक अधिगम है
(b) अधिगम समायोजन है
(c) अधिगम अभ्यास का परिणाम है
(d) अधिगम का प्रत्यक्ष निरीक्षण नहीं हो सकता है

8. अधिगम जिसके बिना संभव नहीं है, वह है–
(a) प्रेरणा (b) शिक्षक
(c) पाठ्यपुस्तक (d) निर्देशन

9. ज्ञान रचनात्मक सिद्धान्त आधारित शिक्षण का आधार है-
(a) करके सीखना
(b) अध्यापक को सुनना
(c) अध्यापक कथित विषय वस्तु को दोहराना
(d) अध्यापक तथा शिक्षार्थी के सम्बन्ध

10. मानसिक स्वास्थ्य सम्पूर्ण व्यक्तित्व की पूर्ण तथा समरूप क्रिया है यह परिभाषा देने वाले हैं-
(a) हैडफील्ड (b) लाडेल
(c) कुप्पुस्वामी (d) स्किनर

11. 12 वर्षीय विद्यार्थी सोहन की बुद्धि-लब्धि 75 है। उसकी मानसिक आयु वर्षों में क्या होगी?
(a) 8 (b) 9
(c) 10 (d) 12

12. बुद्धि परीक्षण निर्माण के जन्मदाता हैं-
(a) फ्रान्सिस गाल्टन
(b) अल्फ्रेड बिने
(c) लेवेटर
(d) विलियम स्टर्न

13. ''सीखना विकास की प्रक्रिया है'', कथन किसके द्वारा कहा गया?
(a) वुडवर्थ (b) योकम
(c) सिम्पसन (d) डॉ. मैके

14. निम्नलिखित में से कौन-अधिगम सिद्धान्त से सम्बद्ध नहीं हैं?
(a) थॉर्नडाइक (b) स्किनर
(c) पावलॉव (d) ब्रूनर

15. कौन-सा अभिप्रेरणा का घटक नहीं है?
(a) आवश्यकताएँ (b) रटन्तस्मृति
(c) अन्तर्नोद (d) प्रोत्साहन

16. कौन-सा व्यक्तिगत भिन्नताओं का कारण नहीं है?
(a) वंशानुक्रम (b) वातावरण
(c) परिपक्वता (d) निर्देशन

17. अल्बर्ट बन्डूरा द्वारा दिये गये अधिगम सिद्धान्त को .... से भी जाना जाता है।
(a) अंत:दृष्टि अधिगम सिद्धान्त
(b) अवलोकनात्मक अधिगम सिद्धान्त
(c) चिन्ह अधिगम सिद्धान्त
(d) मौखिक अधिगम सिद्धान्त

18. ''शिक्षा मनोविज्ञान, मनोविज्ञान की वह शाखा है, जो शिक्षण एवं सीखने से सम्बन्धित है।'' यह कथन दिया गया है-
(a) वुडवर्थ (b) स्किनर
(c) सिम्पसन (d) पावलॉव

19. मनोविज्ञान की निम्न शाखाओं में से अनुप्रयुक्त मनोविज्ञान कौन सा है?
(a) असामान्य मनोविज्ञान
(b) प्रयोगात्मक मनोविज्ञान
(c) तुलनात्मक मनोविज्ञान
(d) शिक्षा मनोविज्ञान

20. पहली मनोवैज्ञानिक प्रयोगशाला की स्थापना किसके द्वारा की गई?
(a) गाल्टन (b) कैटेल
(c) पेस्टालॉजी (d) वुन्ट

21. टोरेन्स के सृजनात्मकता परीक्षण द्वारा किस तत्व का मापन नहीं होता है?
(a) लचीलापन (b) मौलिकता
(c) धाराप्रवाहिता (d) तार्किकता

22. निम्नलिखित में से कौन-सा स्प्रेन्जर के द्वारा दिया गया व्यक्तित्व का वर्गीकरण नहीं है?
(a) सैद्धान्तिक (b) सुडौलकाय
(c) कलात्मक (d) सामाजिक

23. प्रासंगिक अन्तर्बोध परीक्षण किसके द्वारा दिया गया?
(a) लियोपॉर्ड बैलक
(b) मार्गन एवं मुर्रे
(c) हरमन रोशा
(d) होल्ट्जमैन

24. अच्छे समायोजन की विशेषता है-
(a) सहनशीलता
(b) आत्मविश्वास में कमी
(c) संवेगात्मक अस्थिरता
(d) अनियमित दिनचर्या

25. सतत् एवं व्यापक मूल्यांकन में व्यापक मूल्यांकन शब्दावली से तात्पर्य है-
(a) सभी विषयों का मूल्यांकन
(b) सह शैक्षिक का मूल्यांकन
(c) शैक्षिक एवं सह शैक्षिक क्षेत्र का मूल्यांकन
(d) शैक्षिक क्षेत्र का मूल्यांकन

26. ब्रिजेज के अनुसार उत्तेजना भाग है-
(a) शारीरिक विकास का
(b) मानसिक विकास का
(c) सामाजिक विकास का
(d) संवेगात्मक विकास का

27. बुद्धि का द्विकारक सिद्धान्त किसके द्वारा दिया गया?
(a) साइमन (b) स्पीयरमैन
(c) गिलफोर्ड (d) टरमन

28. निम्न में से अभिवृत्ति मापन की विधि नहीं है-
(a) लिकर्ट स्केल
(b) ऑरगुड्स सेमेन्टिक डिफरेन्शियल स्केल
(c) द बोगार्ड्स सोशियल डिस्टेन्स स्केल
(d) इमोशनल कॉम्पिटेन्स स्केल

29. कौन-सा रुचि का पहलू नहीं है?
(a) जानना (b) अनुभव करना
(c) इच्छा करना (d) गति करना

30. व्यक्तित्व समायोजन की प्रत्यक्ष विधि है-
(a) शोधन
(b) प्रक्षेपण
(c) प्रतिगमन
(d) बाधा-निराकरण

उत्तरमाला

1. (c)	**2.** (d)	**3.** (b)	**4.** (b)	**5.** (c)	**6.** (d)	**7.** (d)	**8.** (a)	**9.** (a)	**10.** (a)
11. (b)	**12.** (b)	**13.** (a)	**14.** (d)	**15.** (b)	**16.** (d)	**17.** (b)	**18.** (b)	**19.** (d)	**20.** (d)
21. (d)	**22.** (b)	**23.** (b)	**24.** (a)	**25.** (c)	**26.** (d)	**27.** (b)	**28.** (d)	**29.** (d)	**30.** (d)

प्रैक्टिस सेट-26

1. प्रशिक्षणार्थियों हेतु शिक्षा मनोविज्ञान का आधारभूत कार्य है-
(a) कक्षा शिक्षण की युक्ति सिखाना
(b) शिक्षण के विभिन्न पक्षों के प्रति अन्तर्दृष्टि पैदा करना
(c) छात्रों की समस्याओं, व्यवहार एवं आवश्यकता के प्रति अंतर्सूझ विकसित करना
(d) शिक्षण प्रक्रिया के मूल्यांकन के लिए अनुसंधान डिजाइन तैयार करना

2. सम्बन्धवाद (साहचर्यवाद) के सिद्धान्त से कौन-सा बन्ध सम्बन्धित है?
(a) स्थितियां व प्रत्युत्तर
(b) उद्दीपन व प्रत्युतर
(c) प्रत्युतर व प्रतिक्रिया
(d) उद्दीपन व प्रतिक्रिया

3. किसी परीक्षण की विश्वसनीयता जितनी अधिक होती है, उसकी वैधता होगी उतनी ही-
(a) अधिकतम (b) कम
(c) सामान्य (d) बराबर

4. निष्ठावान अध्यापक अनुभव करता है कि अधिगम की मात्रा एवं गुण का निर्धारण बहुत अधिक सीमा तक होता है-
(I) कक्षा कक्ष अनुशासन द्वारा
(II) विषय वस्तु विश्लेषण द्वारा
(III) छात्र की अन्त: क्रिया द्वारा
(IV) पुर्नवलन द्वारा
निम्न में से कौन-सा सबसे अच्छा विकल्प है-
(a) (II) व (III) (b) (I) व (IV)
(c) केवल (I) (d) केवल (III)

5. कम्प्यूटर आधारित अनुदेशन हेतु कौन-सा कथन गलत है?
(a) यह कम्प्यूटर साक्षर अधिगमकर्ता के लिए उपयोगी है
(b) अधिगमकर्ता अपनी गति से सीखता है
(c) अधिगमकर्ता की तत्कालीन पृष्ठ पोषण मिलता है
(d) अधिगमकर्ता की सक्रिया भागीदारी रहती है

6. मनोविश्लेषण में जिसके अध्ययन पर बल दिया गया है-
(a) सचेतना (b) अर्द्ध-सचेतना
(c) अचेतन (d) बहु चेतन

7. निम्नलिखित में से कौन-सी अधिगम की आधारभूत शर्त नहीं है?
(I) संलग्नता (II) प्रतिपादन
(III) अभ्यास (IV) पुनर्बलन
नीचे दिये गये कोड से सही उत्तर का चयन कीजिए :
(a) केवल (I) (b) केवल (II)
(c) (II) और (IV) (d) (I) और (III)

8. कौन-सा प्रभाव किशोरावस्था से सुमेलित नहीं है?
(a) अध्ययन के प्रति गम्भीर न होना
(b) तर्कपूर्ण विचारों व तार्किक क्षमता को अधिक सहज बनाना।
(c) एकाग्रता व स्मृति विस्तार का अधिक शक्तिप्रद होना
(d) पढ़ने में रूचि

9. किशोर अपराध के उपचार हेतु निम्न में से कौन-सा तरीका सही है?
(a) सगे-साथियों के साथ रखा जाए
(b) व्यावसायिक चिकित्सा दी जाए
(c) बाल कारागार में भेजा जाए
(d) उपरोक्त सभी

10. पियाजे के अनुसार विकास की अवस्थाओं में वह अवस्था जिसमें बालक अनभिज्ञ होता है कि 'यद्यपि कोई वस्तु दिखाई नहीं दे रही है, फिर भी वह अस्तित्व में है, वह अवस्था कहलाती है-
(a) संवेदी गामक अवस्था
(b) प्राक-सक्रिया अवस्था
(c) औपचारिक-संक्रिया अवस्था
(d) मूर्त प्रयोगों का काल

11. कौन-सा अवसर किशोरों की आवश्यकता है?
(a) वाद-विवाद (b) तर्क
(c) चर्चा (d) उपरोक्त सभी

12. मनोविज्ञान का कौन-सा सम्प्रदाय, मनोविज्ञान को विशुद्ध विज्ञान के रूप में स्थापित करने पर बल देता है?
(a) संज्ञानवाद (b) व्यवहारवाद
(c) गेस्टास्टवाद (d) निर्मितिवाद

13. किशोरों के साथ कार्य करते समय, विशेष रूप से असमायोजित किशोरों के साथ नहीं चाहिए-
(a) आलोचनात्मक उपागम
(b) प्रजातांत्रिक उपागम
(c) संग्रहित उपागम
(d) आदर्श उपागम

14. तनावों को कम करने का अप्रत्यक्ष तरीका है-
(a) विश्लेषण एवं निर्णय
(b) बाधाओं को दूर करना
(c) उद्वातीकरण
(d) लक्ष्यों का प्रतिस्थापन करना

15. किशोरावस्था में बालकों को सहयोग देने के लिए आवश्यक है-
(a) अभिप्रेरणा
(b) गलती निकालना
(c) आलोचना करना
(d) नकारात्मक व्यवहार करना

16. निम्नलिखित में से कौन-सा शिक्षण प्रतिमान का आधारभूत तत्व नहीं है?
(a) सामाजिक प्रणाली
(b) सम्प्रेषण प्रणाली
(c) सहायक प्रणाली
(d) संरचना

17. निर्देशन दिया जाना चाहिए-
(a) समस्या होने पर
(b) विद्यालयी जीवन में
(c) विषय-चयन के समय
(d) आजीवन

18. निम्नलिखित में से कौन-सा कारक सीखने के अंतदृष्टि सिद्धांत को प्रभावित करने वाला नहीं है?
(a) बुद्धि (b) व्यक्तित्व
(c) प्रत्यक्षीकरण (d) अनुभव

19. निम्नलिखित में से किस शिक्षा तकनीकी-3 कहा जाता है?
(a) शिक्षण मशीन
(b) शिक्षण व्यूह रचना
(c) प्रणाली विश्लेषण
(d) उपर्युक्त में से कोई नहीं

20. राबर्ट एम. गेने के अनुसार निम्न में से कौन-सा अधिगम का प्रकार नहीं है-
(a) अंतर्दृष्टि अधिगम
(b) संकेत अधिगम
(c) श्रृंखला अधिगम
(d) शाब्दिक साहचर्य अधिगम

21. शिक्षा मनोविज्ञान का केन्द्र है–
(a) बालक (b) शिक्षक
(c) शिक्षण विधि (d) पाठ्यक्रम

22. एक आन्तरिक मानसिक दशा जो किसी व्यवहार को आरम्भ करने तथा बनाए रखने को प्रवृत्त करती है, कहलाती है–
(a) अभिरूचि (b) अभिधारणा
(c) अभिवृत्ति (d) अभिप्रेरणा

23. किस अवस्था में स्व-सम्मान की भावना सबसे अधिक पायी जाती है?
(a) शैशवावस्था (b) बाल्यावस्था
(c) किशोरावस्था (d) वयस्कावस्था

24. निर्मितिवाद के अनुसार निम्न में से कौन-सा कथन गलत है?
(a) अधिगमकर्ता ज्ञान का सृजन स्वयं कर सकता है।
(b) ज्ञान के हस्तांतरण का उत्तरदायित्व शिक्षक का है।
(c) अधिगमकर्ता स्वयं को अधिगम में सक्रिय एवं उत्तरदायी होते हैं।
(d) नवीन ज्ञान का सृजन पूर्व ज्ञान के आधार पर हो सकता है।

25. छात्रों की निष्पति निर्भर करती है-
(a) जाति, बुद्धि अभिप्रेरण, स्व-प्रत्यय
(b) स्व-प्रत्यय, बुद्धि, अभिरूचि, अभिप्रेरणा
(c) बुद्धि, अभिरूचि, अभिप्रेरणा
(d) अभिप्रेरणा, बुद्धि, शारीरिक बनावट, अभिरूचि

26. मानसिक स्वास्थ्य के सम्प्रत्यय की पूर्ण जानकारी एक शिक्षक को योग्य बनाती है–
(a) अन्य विद्यार्थियों से अन्तः क्रिया में
(b) उपयुक्त शिक्षण व्यूह रचना चयन में
(c) विद्यार्थियों के अवांछित व्यवहार में गहन सूझ विकसित करने में
(d) विषय-वस्तु के संप्रत्यय स्पष्टीकरण में

27. सहयोगी शिक्षण प्रतिमान की एक महत्वपूर्ण विशेषता है-
(a) विद्यार्थी अन्तः पारस्परिक द्वारा कार्य करते हैं
(b) कठिन ग्रेडिंग से मुक्त
(c) समूह आकार महत्वपूर्ण नहीं
(d) उपर्युक्त सभी

28. शिक्षक के समायोजन की प्राथमिक जिम्मेदारी होती है-
(a) प्रधानाचार्य (b) समुदाय
(c) स्वयं शिक्षक (d) विद्यार्थी

29. निम्न में से कौन-सा उदाहरण बान्डूरा के अवलोकन आधारित अधिगम का नहीं है-
(a) विद्यार्थियों द्वारा केंचुए के विच्छेदन को सीखना
(b) क्रिकेट का उत्साह
(c) सामाजिक अध्ययन के प्रति ना पसंदीगी
(d) स्कूल की घंटी बजने पर अपने बस्ते बंद कर लेना

30. निम्न में से कौन-सी पिछड़े हुए बालकों की विशेषता नहीं है?
(a) अपनी प्रकृति प्रदत्त योग्यताओं से कम स्तर की शैक्षिक उपलब्धि का प्रदर्शन करते जाते हैं
(b) सामान्य विद्यालय कार्य के साथ वे गति नहीं रख पाते
(c) अपनी आयु के बालकों से काफी पिछड़ जाते हैं
(d) कम बुद्धि रखते हैं।

उत्तरमाला

1. (c)	**2.** (b)	**3.** (a)	**4.** (a)	**5.** (a)	**6.** (c)	**7.** (b)	**8.** (a)	**9.** (d)	**10.** (a)
11. (d)	**12.** (b)	**13.** (a)	**14.** (c)	**15.** (a)	**16.** (b)	**17.** (d)	**18.** (b)	**19.** (c)	**20.** (a)
21. (a)	**22.** (d)	**23.** (c)	**24.** (b)	**25.** (b)	**26.** (c)	**27.** (a)	**28.** (c)	**29.** (d)	**30.** (d)

प्रैक्टिस सेट-27

1. प्रशिक्षण एवं अभ्यास संबंधित है-
(a) संज्ञानात्मक वाद से
(b) व्यवहार वाद से
(c) निर्मितवाद से
(d) उपरोक्त में से कोई नहीं

2. पियाजे के अनुसार संज्ञानात्मक विकास की तीसरी अवस्था होती है-
(a) औपचारिक सक्रियात्मक अवस्था
(b) पूर्व-संक्रियात्मक अवस्था
(c) इन्द्रिय गतिक अवस्था
(d) मूर्त सक्रियात्मक अवस्था

3. कक्षा-कक्ष शिक्षण होना चाहिए–
(a) तीव्र (b) संवादमूलक
(c) सरल (d) एक-तरफा

4. अन्तर्दृष्टि अधिगम परिणाम है-
(a) पुनर्बलन
(b) उद्दीपन अनुक्रिया
(c) समग्राकृति-प्रत्यक्षण
(d) उद्दीपन अनुक्रिया

5. एक अच्छा शिक्षक–
(a) विद्यार्थियों की जिज्ञासा का पोषण करता है
(b) विद्यार्थियों को पारस्परिक संवाद के लिए प्रोत्साहित करता है
(c) विद्यार्थियों को वास्तविक वैश्विक परिस्थितियों में सम्मिलित करता है
(d) उपरोक्त सभी

6. डेनियल गोलमैन संबंधित है-
(a) सृजनात्मकता से
(b) सामाजिक बुद्धि से
(c) संवेगात्मक बुद्धि से
(d) उपरोक्त में से कोई नहीं

7. क्रियाप्रसूत साहचर्य मुख्यतः किस भूमिका पर बल देता है?
(a) अधिगम सामग्री (b) शिक्षक
(c) वातावरण (d) पुनर्बलन

8. प्रतिरक्षा प्रक्रिया है-
(a) उत्तरदायित्वों का स्थानान्तरण
(b) सचेतन व्यवहार
(c) प्रतिरक्षा विवाद का साधन
(d) व्यक्तित्व का रक्षा कवच

9. शिक्षा मनोविज्ञान नहीं है–
(a) अनुप्रयुक्त विज्ञान
(b) व्यावहारिक विज्ञान
(c) सामाजिक विज्ञान
(d) आदर्शमूलक विज्ञान

10. राबर्ट गैग्ने के अधिगम अनुक्रम सिद्धांत में अधिगम के .... प्रकार सम्मिलित हैं-
(a) 7 (b) 8
(c) 6 (d) 9

11. पियाजे द्वारा 'संज्ञानात्मक संरचना' को उल्लेखित करने वाली शब्दावली है-
(a) अनुप्रतीकात्मक (b) प्रतीकात्मक
(c) स्कीमा (d) अहमकेन्द्रित

12. शिक्षा में मुख्य परिवर्तन शिक्षक केन्द्रित से होना है-
(a) छात्र केन्द्रित (b) अभिभावक केन्द्रित
(c) प्रबंधन केन्द्रित (d) उपरोक्त सभी

13. अधिगम होता है-
(a) विद्यालय में
(b) विद्यालय के बाहर
(c) दोनों विद्यालय में एवं विद्यालय के बाहर
(d) केवल कक्षा-कक्ष में

14. कक्षा में परस्पर संवाद से क्या उभरकर आना चाहिए?
(a) विवाद (b) सूचना
(c) विचार (d) तर्क-वितर्क

15. कुसमायोजित बालक अधिकांशतः पाये जाते हैं-
(a) निर्धन परिवारों में
(b) टूटे परिवारों से
(c) a और b दोनों
(d) इनमें से कोई नहीं।

16. सहयोगी अधिगम की प्रक्रिया को बढ़ावा देने के क्रम में शिक्षक को-
(a) प्रत्येक विद्यार्थी को व्यक्तिगत गृहकार्य देना चाहिए
(b) विद्यार्थियों को वाद-विवाद में नहीं पड़ने देना चाहिए।
(c) समूह प्रयोजनाएं देनी चाहिए
(d) उपरोक्त सभी

17. 'सामाजिक अधिगम' का सिद्धांत द्वारा दिया गया–
(a) अल्बर्ट बण्डूरा
(b) वाटसन
(c) स्पीयरमैन
(d) थार्नडाइक

18. निर्मितवादी अधिगम उपागम में शिक्षक की भूमिका है-
(a) निष्क्रिय अवलोकनकर्ता
(b) सरलीकरण कर्ता
(c) कक्षा-कक्ष प्रशासक
(d) अनुदेशक

19. निम्नलिखित में से कौन-सा मानव विकास का सिद्धान्त नहीं है?
(a) निरन्तरता
(b) विलोमियता/उत्क्रमणीयता
(c) क्रमिकता
(d) सामान्य से विशिष्ट

20. निम्नलिखित में से कौन-सा युग्म सही है?
(a) पावलॉव-उत्सर्जित अनुक्रियाएं
(b) कोहलर-अंतर्दृष्टि अधिगम
(c) थार्नडाइक-क्रियाप्रसूत साहचर्य
(d) स्किनर-अधिगम के नियम

21. नवीन ज्ञान की प्राप्ति होती है-
(a) रटने के द्वारा
(b) ज्ञान के स्थानान्तरण से
(c) अनुभव एक नवीन अर्थ ढूँढने से
(d) उपरोक्त में से कोई नहीं

22. बुद्धि का द्विकारक सिद्धांत दिया था-
(a) टर्मन (b) स्पीयरमैन
(c) गुलफर्ड (d) बीनेट

23. संवेगात्मक बुद्धि में कौन-सी योग्यता सम्मिलित नहीं है?
(a) संवेगों को समझना
(b) संवेगों को नियमित करना
(c) संवेगों की अभिव्यक्ति एवं मूल्यांकन
(d) संवेगों को जाग्रत करना

24. व्यक्तिगत भिन्नता के कारण होते हैं-
(a) सामाजिक एवं आर्थिक
(b) संवेगात्मक एवं व्यक्तिगत
(c) वंशागत एवं वातावरणीय
(d) वंशागत

25. निम्नलिखित में कौन-सा अधिगम की प्रक्रिया का परिणाम नहीं है?
(a) ज्ञान (b) संकल्पना
(c) अभिवृत्ति (d) परिपक्वता

26. ''किसी भी ऐसी क्रिया का जो कि व्यक्ति के (अच्छे या बुरे किसी भी तरह के) विकास में सहायक होती है इसके वर्तमान व्यवहार और अनुभवों को जो कुछ वे हो सकते थे उससे भिन्न बनाती है, सीखने की संज्ञा दी जा सकती है।'' यह कथन किसका है-
(a) वुडवर्थ (b) किंसले
(c) गेट्स (d) गार्डनर मर्फी.

27. निम्नलिखित में से कौन-सा पियाजे के अनुसार संज्ञानात्मक विकास का एक अनिवार्य कारक नहीं है?
(a) भौतिक पर्यावरण के अनुभव
(b) संयोजन
(c) जैविक परिपक्वता
(d) सामाजिक पर्यावरण का अनुभव

28. शैक्षिक तकनीक III को किस और नाम से भी जाना जाता है?
(a) प्रणाली विश्लेषण
(b) हार्डवेयर उपागम
(c) सॉफ्टवेयर उपागम
(d) इनमें से कोई नहीं

29. निम्नलिखित में से कौन-सा किशोरावस्था में सामाजिक विकास का एक लक्षण नहीं है?
(a) अपने वय समूह का एक सक्रिय सदस्य
(b) विपरीत लिंग के प्रति आकर्षण
(c) मैत्री संबंधों में भारी कमी
(d) विशिष्ट रूचियों में विस्तार

30. जर्मनी के विलहेम वुण्ट जाने जाते हैं-
(a) पहली मनोवैज्ञानिक प्रयोगशाला खोलने के लिए
(b) कम्प्यूटर के क्षेत्र में कार्य करने के लिए
(c) सामाजिक विकास का सिद्धांत प्रतिपादित करने के लिए
(d) चिन्ह सिद्धांत पर कार्य करने के लिए

उत्तरमाला

1. (b)	**2.** (d)	**3.** (b)	**4.** (c)	**5.** (d)	**6.** (c)	**7.** (d)	**8.** (d)	**9.** (d)	**10.** (b)
11. (c)	**12.** (a)	**13.** (c)	**14.** (c)	**15.** (c)	**16.** (d)	**17.** (a)	**18.** (b)	**19.** (b)	**20.** (b)
21. (c)	**22.** (b)	**23.** (d)	**24.** (c)	**25.** (d)	**26.** (a)	**27.** (b)	**28.** (a)	**29.** (c)	**30.** (a)

प्रैक्टिस सेट-28

1. ''अग्रिम व्यवस्थापक शिक्षण मॉडल को विद्यार्थियों की संज्ञानात्मक संरचनाओं को सुदृढ़ करने हेतु डिजाइन किया गया है।'' यह कथन मॉडल विकसित करने वाले का है, जिसका नाम है–
(a) वाल्टर मुनरो
(b) डेविड आसुबेल
(c) जी.डी. बोज
(d) जे.पी. गिलफोर्ड

2. जे.पी. गिलफोर्ड के अनुसार, अधिगम है–
(a) सोच में परिवर्तन
(b) ज्ञान का सर्जन
(c) अनुभव प्राप्त करना
(d) व्यवहार में परिवर्तन

3. कौन-सा कथन दिवास्वप्न के संदर्भ में सही नहीं है?
(a) दिवास्वप्न अपने सामान्य रूप में किशोरों के लिए लाभदायक है।
(b) यह कहानियाँ और कविताएँ लिखने में मदद करते हैं।
(c) यह कभी-कभी रचनात्मक कार्य में परिणित हो जाते हैं।
(d) यह कभी भी हानिकारक नहीं होता।

4. शैक्षिक तकनीकी का प्रयोग सर्वप्रथम जिन्होंने किया–
(a) एलेक्जेंडर (b) जे.एस.रॉस
(c) ब्रूनर (d) के मैकिनन

5. बच्चे के प्रशिक्षण के लिए शिक्षक को अवश्य जांच करनी चाहिए, उसकी–
(a) शारीरिक परिपक्वता
(b) मानसिक परिपक्वता
(c) a और b दोनों
(d) इनमें से कोई नहीं

6. पुरस्कार एवं दंड का अनुचित प्रयोग अधिगम को बनाता है–
(a) प्रभावपूर्ण
(b) अधिक उपयोगी
(c) प्रभावहीन
(d) कुछ नहीं कह सकते

7. शिक्षा तकनीकी का आविर्भाव जिनसे हुआ :
(a) गणित और भौतिकी
(b) भौतिक और इंजीनियरिंग
(c) इंजीनियरिंग और शिक्षाशास्त्र
(d) शिक्षाशास्त्र और भौतिक

8. किसी व्यक्ति का अधिगम होता है–
(a) बचपन तक (b) किशोरावस्था तक
(c) प्रौढ़ावस्था तक (d) जीवन पर्यन्त

9. बालक में शारीरिक परिवर्तन जिसे बहुत अधिक प्रभावित करता है–
(a) रूचियाँ (b) कार्य
(c) व्यवहार (d) इन सभी को

10. निम्नलिखित में से कौन-सा नकारात्मक संवेग है-
(a) आनंद (b) चिंता
(c) आशा (d) उपलब्धि

11. के. मैककिनन द्वारा बच्चों पर किए गए अध्ययन के अनुसार जो बच्चे अपने को समाज की विभिन्न और बदलती परिस्थितियों के अनुसार व्यवस्थित कर लेते हैं, वे जिस वर्ग से संबंधित होते हैं–
(a) प्रत्याहार वर्ग (b) अनिश्चित वर्ग
(c) अनुरूपता वर्ग (d) सावधान वर्ग

12. कारक जो व्यवहार में स्थाई और अस्थाई के बीच का परिवर्तन लाता है–
(a) मानसिक थकावट
(b) बीमारी
(c) परिपक्वन
(d) प्रशिक्षण

13. निम्नलिखित में से कौन-सी तनाव कम करने और अंतर्द्वन्द्व का समाधान की प्रत्यक्ष विधि नहीं है?
(a) रूकावट दूर करना
(b) दूसरा रास्ता निकालना
(c) उद्दातीकरण
(d) दूसरे लक्ष्य का प्रतिस्थापन

14. शिक्षा के क्षेत्र में निम्नलिखित में से सबसे महत्वपूर्ण होता है-
(a) शिक्षक (b) विद्यार्थी
(c) पाठ्यक्रम (d) पाठ्यपुस्तक

15. निम्नलिखित में से कौन-सा अधिगम का मुख्य नियम नहीं है, जैसा कि थार्नडाइक ने अपनी पुस्तक 'एजुकेशनल साइकोलॉजी' में दिया है?
(a) तैयारी का नियम
(b) बहुप्रतिक्रिया का नियम
(c) अभ्यास का नियम
(d) प्रभाव का नियम

16. किसी शिक्षक से संबंधित निम्नलिखित में से कौन-सा कथन सही नहीं है?
(a) उसे अपने विद्यार्थियों की प्रकृति की समझ होनी चाहिए।
(b) मनोविज्ञान शिक्षक को अपने विद्यार्थियों की प्रकृति को समझने में मदद करता है।
(c) शिक्षक को बच्चों की रूचियों से कोई सरोकार नहीं होना चाहिए
(d) मनोविज्ञान, शिक्षक को तथ्यों और सिद्धान्तों का एक भंडार उपलब्ध कराता है।

17. शैक्षिक तकनीकी में अदा (Input) सामान्यतः देता है–
(a) शिक्षक (b) विद्यार्थी
(c) कम्प्यूटर (d) टेलीविजन

18. एक बालक पहाड़े सीख कर उसका उपयोग गुणा और भाग में करता है। अधिगम स्थानांतरण के किस प्रकार का यह उदाहरण है–
(a) मानसिक से शारीरिक
(b) शारीरिक से शारीरिक
(c) मानसिक से मानसिक
(d) शारीरिक से मानसिक

19. निम्नलिखित में से कौन-सा बाल अभ्यास का एक मनोवैज्ञानिक कारक नहीं है?
(a) मानसिक संघर्ष
(b) प्रबल कामना
(c) राजनीति
(d) मंदबुद्धिता

20. निम्नलिखित में से कौन-सा प्राकृतिक अभिप्रेरणा का उदाहरण नहीं है-
(a) प्यास (b) प्रतिष्ठा
(c) सुरक्षा (d) भूख

21. शिक्षा और मनोविज्ञान का उभयनिष्ठ लक्ष्य है-
(a) बेहतर शिक्षा
(b) व्यवहार का अध्ययन
(c) व्यवहार में परिवर्तन
(d) उपर्युक्त सभी

22. निम्नलिखित में से कौन-सा शैक्षिक मनोविज्ञान का क्षेत्र नहीं है?
(a) व्यक्तिगत समानताएँ
(b) मूल्यांकन
(c) पाठ्यक्रम का निर्माण
(d) अधिगम

23. निम्न का मिलान करते हुए दी गई तालिका में से सही का चयन करें-
नोट : नीचे सही मिलान किया गया है।

A. बीज अंकुरिक होने का अनुभव प्रदान करना — 1. अवलोकन करना
B. भूमिका — 2. निर्वाह
C. रोल प्ले — 3. भाग लेना
D. परिवार में लैंगिग विभेदीकरण की क्रियाओं या अभ्यास पर वार्तालाप — 4. विचार/मनन करना

	A	B	C	D
(a)	1	2	3	4
(b)	4	3	2	1
(c)	1	3	2	4
(d)	2	1	3	4

24. बालकों का मुफ्त व अनिवार्य शिक्षा का अधिकार 2009 में निम्न में से किस पर ध्यान नहीं दिया गया है-
(a) 14 वर्ष के पश्चात की शिक्षा
(b) अध्यापकों को प्रशिक्षण की सुविधा प्रदान करना
(c) घुमन्तू बालकों के प्रवेश को सुनिश्चित करना
(d) एकेडमिक कैलेन्डर को निर्धारित करना

25. निम्न में से कौन-सी समस्या क्रियात्मक अनुसंधान के लिए उपयुक्त नहीं है?
(a) परम्परागत विधि के ऊपर कम्प्यूटर सहायतित अनुदेशन का प्रभाव
(b) हिन्दी में 5वीं कक्षा के विद्यार्थियों के लेख में सुधार
(c) 7वीं कक्षा के विद्यार्थियों के व्यवहार पर लिखित प्रशंसा एवं मौखिक प्रशंसा के प्रभाव का तुलनात्मक अध्ययन
(d) भूगोल के अधिगम में एटलस एवं ग्लोब का प्रयोग

26. निम्न में से कौन-सी तकनीक प्रक्षेपण तकनीक नहीं है?
(a) खेल तकनीक
(b) शब्द साहचर्य परीक्षण
(c) चित्र साहचर्य परीक्षण
(d) व्यक्तिगत अध्ययन

27. प्रजातीय व्यक्तिगत विभिन्नताओं को समझने में निम्न में से क्या मददगार साबित नहीं होता-
(a) मूल्य व्यवस्था
(b) शाब्दिक एवं अशाब्दिक संप्रेषण
(c) अधिगम की प्रक्रिया एवं विभिन्न व्यवस्थाएं
(d) बुद्धि

28. कुपोषण के प्रभाव के बारे में निम्न में से कौन-सा कथन सत्य नहीं है?
(a) यह बालकों को सीखने की योग्यताओं को प्रभावित करता है
(b) बालक निराश एवं आशांकित रहते हैं
(c) यह कद को प्रभावित करता है
(d) जीवन के बाद के वर्षों में ये मस्तिष्क की कोशिकाओं को प्रभावित करता है

29. वय संधिकाल में निम्न में से कौन बाह्य अभिव्यक्ति नहीं है-
(a) प्रभुता/सभा के विपरीत विरोध
(b) अशांति
(c) आत्मनिर्भरता के प्रति आग्रही
(d) सक्रिय खेलों के स्थान पर बैठे रह कर खेलना अधिक पसंद

30. निम्न में से कौन-सा कथन मिडिल स्कूल स्तर के विद्यार्थियों के विकास से सहमति नहीं रखता-
(a) सामाजिक व्यवहार उत्तरोतर समवयस्क समूह के आदेशों से प्रभावित होता है
(b) बौद्धिक एवं सामाजिक व्यवहार पर स्व प्रभावित का महत्वपूर्ण प्रभाव होता है
(c) अधिकांश विद्यार्थी विशेष रूप से स्वकेन्द्रित हो जाते हैं
(d) इस अवस्था में अधिकांश बालक तीव्र गति से वृद्धि प्राप्त नहीं करते

उत्तरमाला

1. (b)	**2.** (d)	**3.** (d)	**4.** (c)	**5.** (c)	**6.** (c)	**7.** (b)	**8.** (d)	**9.** (d)	**10.** (b)
11. (c)	**12.** (d)	**13.** (c)	**14.** (b)	**15.** (b)	**16.** (c)	**17.** (a)	**18.** (c)	**19.** (c)	**20.** (b)
21. (d)	**22.** (a)	**23.** (a)	**24.** (a)	**25.** (a)	**26.** (d)	**27.** (d)	**28.** (d)	**29.** (d)	**30.** (d)

प्रैक्टिस सेट-29

1. आप घोड़े को पानी तक ले जा सकते हैं, पर उसे पानी पीने को मजबूर नहीं कर सकते। यह कहावत उदाहरण है-
(a) सीखने की बुद्धि का
(b) सीखने के प्रति सजगता का (तत्परता)
(c) सीखने के प्रभाव का
(d) सीखने की रुचि का

2. किसी क्रिया को बार-बार दोहराने से उसका संबंध दृढ़ हो जाता है। उक्त कथन थार्नडाइक के किस नियम से संबंधित है-
(a) तत्परता का नियम
(b) प्रभाव का नियम
(c) अभ्यास का नियम
(d) बहुप्रतिक्रिया का नियम

3. निम्नलिखित में से सीखने का नियम नहीं है-
(a) अभ्यास का नियम
(b) तैयारी का नियम
(c) अभिप्रेरणा का नियम
(d) प्रभाव का नियम

4. प्रयत्न एवं त्रुटि अधिगम किसने दिया-
(a) थॉर्नडाइक (b) पावलाव
(c) गिलफॉर्ड (d) कोहलर

5. धीमी गति से सीखने वाले बालकों के अध्यापन के लिए अधिक उपयोगी सिद्धान्त है-
(a) थॉर्नडाइक का सिद्धान्त
(b) थर्स्टन का सिद्धान्त
(c) कोहलर का सिद्धान्त
(d) हल का सिद्धान्त

6. शिक्षक अपनी सम्पूर्ण विषय सामग्री को छोटे-छोटे खण्ड में अधिगम के किस नियम पर आधारित करता है-
(a) आंशिक क्रिया नियम
(b) बहुप्रतिक्रिया नियम
(c) आत्मीकरण का नियम
(d) उपरोक्त में से कोई नहीं

7. प्रयत्न एवं त्रुटि (भूल) का सिद्धांत किस नियम पर आधारित है-
(a) आंशिक क्रिया नियम
(b) बहुप्रतिक्रिया नियम
(c) आत्मीकरण का नियम
(d) उपरोक्त में से कोई नहीं

8. शिक्षक को ज्ञात से अज्ञात की ओर के आधार पर अध्यापन करवाना चाहिए, अधिगम के किस नियम पर आधारित है-
(a) आंशिक क्रिया नियम
(b) बहुप्रतिक्रिया नियम
(c) आत्मीकरण का नियम
(d) उपरोक्त में से कोई नहीं

9. टंकण कार्य या कम्प्यूटर पर यदि निरंतर अभ्यास नहीं करते हैं, तो भूल जाते हैं, यह किस सिद्धान्त के अनुसार है-
(a) पॉवलाव के शास्त्रीय अनुबंध सिद्धांत के अनुसार
(b) स्किनर के क्रिया प्रसूत अनुबंधन के अनुसार
(c) बण्डुरा के अवलोकन अधिगम सिद्धान्त के अनुसार
(d) थार्नडाइक के सिद्धांत के अनुसार

10. मैं अपनी चाबियाँ मेरे टेलिफोन के पास खूँटी पर टाँगता था। अब मैंने चाबियाँ रखने की जगह बदल दी है, फिर भी मैं चाबियाँ लेने खूंटी के पास जाता हूँ। यह उदाहरण है-
(a) अनुबंधन का (b) प्रयत्न एवं भूल का
(c) लापरवाही का (d) अभिप्रेरणा का

11. अनुबंधित प्रतिक्रिया सिद्धान्त है-
(a) अभिप्रेरणा का सिद्धान्त
(b) शिक्षण का सिद्धान्त
(c) बुद्धि का सिद्धान्त
(d) अधिगम का सिद्धान्त

12. आई.पी. पॉवलाव ने प्रयोग किया-
(a) चूहे पर (b) कुत्ते पर
(c) बिल्ली पर (d) बंदर पर

13. एक बच्चा किसी डॉक्टर को देखने पर ही भयभीत हो जाता है क्योंकि उसके पूर्व के अनुभव में डॉक्टर का इन्जेक्शन की सूई दिये जाने से संबंध है, यह उदाहरण है-
(a) प्राचीन अनुबंधन का
(b) क्रिया प्रसूत अनुबंधन का
(c) प्रयास एवं त्रुटि का
(d) उपरोक्त में से कोई नहीं

14. सामाजिक अधिगम का एक अधिगम प्रतिक्रिया का क्रमिक लुप्त होना कहलाता है-
(a) विलोपन (b) सामान्यीकरण
(c) विभेदन (d) अनुबंधन

15. क्लासिक अनुबंधन में भोजन के प्रति लार की अनुक्रिया है-
(a) यू.सी.एस. (b) सी.एस.
(c) सी.आर. (d) यू.सी.आर.

16. न्यूटन ने वृक्ष से सेब को नीचे गिरते देखा और अचानक उसने गुरुत्वाकर्षण के सिद्धान्त की खोज की। यह उदाहरण है-
(a) अंतदृष्टि का (b) चिंतन का
(c) अभिप्रेरणा का (d) प्रेरणा का

17. कोहलर का अधिगम का सिद्धान्त निम्न में से किस नाम से जाना जाता है-
(a) पुनर्बलन का सिद्धान्त
(b) अनुबंधन का सिद्धान्त
(c) अंतर्दृष्टि या सूझ का सिद्धान्त
(d) उद्दीपन अनुक्रिया का सिद्धान्त

18. गैस्टाल्टवाद के प्रतिपादक हैं-
(a) स्किनर (b) वर्दीमंर
(c) पॉवलाव (d) फ्रायड

19. सूझ के सिद्धान्त का प्रतिपादन करने वाले वैज्ञानिक थे-
(a) संरचनावादी (b) व्यवहारवादी
(c) गेस्टाल्टवादी (d) प्रकार्यवादी

20. अन्तर्दृष्टि सिद्धान्त के प्रतिपादक है-
(a) कोहलर (b) थॉर्नडाइक
(c) स्किनर (d) पॉवलोव

21. सीखने का अन्तर्दृष्टि सिद्धान्त किसकी देन है-
(a) संरचनावादी (b) व्यवहारवादी
(c) गेस्टाल्टवादी (d) मनोविश्लेषणवादी

22. अन्तर्दृष्टि अधिगम सिद्धान्त किसने दिया-
(a) वरदाईमर (b) कोहलर
(c) काफ्का (d) उपर्युक्त सभी

23. गेस्टाल्टवादियों के अनुसार व्यक्ति किसी वस्तु को देखता है-
(a) किसी विशेष भाग के आधार पर
(b) समग्रता के आधार पर
(c) कुछ भागों के आधार पर
(d) आवश्यकता के अनुरूप

24. चिंपैजी पर प्रयोग किसने दिया-
(a) वाटसन (b) फ्रॉयड
(c) कोहलर (d) वुण्ट

25. अधिगम का उद्देश्यपूर्ण व्यवहारवाद सिद्धान्त किसने दिया-
(a) थॉर्नडाइक ने (b) पॉवलोव ने
(c) हल ने (d) कोहलर ने

26. अन्तर्दृष्टि पैदा होने के संबंध में कौन-सा कथन सत्य नहीं है-
(a) अन्तर्दृष्टि अचानक पैदा होती है
(b) अन्तर्दृष्टि सही प्रत्यक्षीकरण पर निर्भर करती है
(c) अन्तर्दृष्टि तब पैदा होती है जब व्यक्ति किसी परिस्थिति के विभिन्न अंगों के बीच संबंध देख लेता है
(d) अन्तर्दृष्टि धीरे-धीरे पैदा होती है।

27. निम्न में से कौन-सा क्रिया प्रसूत व्यवहार नहीं है-
(a) काँटा लगने पर पैर कटना
(b) हाथ-पैरों का चलाना
(c) भोजन करना
(d) खड़े होकर इधर-उधर चहल कदमी करना।

28. निम्न में अनुबंधन का कौन-सा प्रकार उद्दीपकों के साथ-साथ घटित होने पर आधारित न रहकर व्यवहार के परिणामों के प्रभावों पर निर्भर करता है-
(a) प्राचीन अनुबंधन
(b) क्रिया प्रसूत अनुबंधन
(c) अभासी अनुबंधन
(d) पश्चगामी अनुबंधन

29. एक प्रोफेसर बी.एफ. स्किनर के नियमों के आधार पर एक परीक्षण का निर्माण कर रहा है। सम्प्रत्यय जो कि इस परीक्षण में केन्द्र पर होगा, वह है-
(a) सूझबूझ
(b) अनुकरण
(c) अस्तित्व का कारण
(d) पुनर्बलन अनुसूचियाँ

30. निम्न में किसमें ऐच्छिक व्यवहार उसके परिणामों या पूर्विकता से शक्तिशाली या कमजोर होता है-
(a) क्रिया प्रसूत अनुबंधन
(b) प्राचीन अनुबंध
(c) सूझ अधिगम
(d) स्वत: अधिगम

उत्तरमाला

1. (b)	**2.** (c)	**3.** (c)	**4.** (a)	**5.** (a)	**6.** (a)	**7.** (b)	**8.** (c)	**9.** (d)	**10.** (a)
11. (d)	**12.** (b)	**13.** (a)	**14.** (a)	**15.** (d)	**16.** (a)	**17.** (c)	**18.** (b)	**19.** (c)	**20.** (a)
21. (c)	**22.** (d)	**23.** (b)	**24.** (c)	**25.** (c)	**26.** (d)	**27.** (a)	**28.** (b)	**29.** (d)	**30.** (a)

प्रैक्टिस सेट-30

1. 'करके सीखना' का विचार दिया-
(a) जॉन डीवी ने (b) स्कीनर ने
(c) मैसलो ने (d) लेविन ने

2. सामाजिक अधिगम आरंभ होता है-
(a) अलगाव से
(b) भीड़ से
(c) संपर्क से
(d) दृश्य-श्रव्य सामग्री से

3. छात्रों में सीखने की योग्यता निर्भर करती है-
(a) सामाजिकता पर
(b) संस्कृति पर
(c) परिवार पर
(d) व्यक्तिगत भिन्नता पर

4. निम्नलिखित में से कौन-सा अधिगम से प्रत्यक्षतः प्रभावित होता है-
(a) प्रतिवर्ती क्रिया (b) विकास
(c) वृद्धि (d) प्राथमिक अभिप्रेरणा

5. अभ्यास के कारण व्यवहार में परिवर्तन कहलाता है-
(a) वृद्धि (b) परिपक्वता
(c) अधिगम (d) अभिप्रेरणा

6. अनुभवों के कारण व्यवहार में होने वाले अपेक्षाकृत स्थायी परिवर्तनों को कहा जाता है-
(a) संवेग (b) स्मृति
(c) अधिगम (d) अभिप्रेरणा

7. निम्नलिखित में से कौन-सा कारक अधिगम में बाधक होता है-
(a) अभिप्रेरणा
(b) रूचि
(c) अधिगमित निस्सहायता
(d) बुद्धि

8. सामाजिक अधिगम सिद्धान्त किसने दिया-
(a) मैसलो (b) बण्डुरा
(c) स्कीनर (d) फ्रॉयड

9. व्यक्ति जब दूसरे को कुछ कार्य करते देख वह कार्य करना सीखता है, तो यह कहलाता है-
(a) क्रिया प्रसूत सीखना
(b) प्राचीन अनुबंधन
(c) सूझ द्वारा सीखना
(d) अवलोकन द्वारा सीखना

10. निम्न में से किस मत के अनुसार बच्चे सिर्फ अनुबंधन द्वारा ही नहीं अपितु अन्य व्यक्तियों को देखकर व अनुकरण कर के भी सीखते हैं-
(a) प्रयास एवं त्रुटि
(b) सूझ
(c) सामाजिक अधिगम
(d) संबंधवाद

11. अधिगम आधारित होता है-
(a) अभ्यास पर (b) प्रशिक्षण पर
(c) अनुभव पर (d) उपर्युक्त सभी पर

12. कौन-सी विधि करके सीखने पर आधारित है-
(a) प्रायोजना
(b) डाल्टन
(c) समस्या समाधान
(d) उपरोक्त में से कोई नहीं

13. किलपैट्रिक ने कौन-सी विधि को प्रतिपादित किया था-
(a) प्रायोजना
(b) डाल्टन
(c) समस्या समाधान
(d) उपरोक्त में से कोई नहीं

14. अधिगम प्रक्रिया से तात्पर्य बालक में उपयुक्त व्यवहारिक क्रियाओं द्वारा व्यवहार परिवर्तन लाना है, यह परिभाषा किसने दी-
(a) गिलफोर्ड ने
(b) गेट्स
(c) किंग्स्ले एवं गेरी
(d) बण्डुरा

15. "निष्पादन में परिवर्तन अभ्यास का फलन होता है" कहा जाता है-
(a) अभिप्रेरणा (b) अधिगम
(c) परिपक्वता (d) बुद्धि

16. आदतों, ज्ञान तथा अभिवृत्तियों का अर्जन है-
(a) अधिगम (b) अभिप्रेरणा
(c) सप्रत्यय (d) रुचि

17. ब्लू प्रिंट में प्रत्येक प्रश्न को निम्नलिखित में से किसके आधार पर भरांक दिया जाता है-
(a) पाठ के उद्देश्य
(b) प्रश्न के कठिनाई स्तर
(c) प्रश्नों के विभिन्न प्रकार
(d) उपरोक्त सभी

18. सूक्ष्म शिक्षण विधि का सर्वप्रथम प्रयोग कहाँ किया गया-
(a) अमेरिका में (b) भारत में
(c) नेपाल में (d) जर्मनी में

19. उपलब्धि परीक्षण भाग है-
(a) मनोविज्ञान (b) सामाजिक विज्ञान
(c) व्यवहारिक विज्ञान
(d) उपरोक्त में से कोई नहीं

20. अभिक्रमित अनुदेशन का प्रतिपादन किया था-
(a) बी.एफ. स्कीनर एवं नार्मन काउडर
(b) जॉन डीवी
(c) सर विलियम पेट्रिक
(d) डेविड वार्विक

21. टैगोर द्वारा किस प्रकार के अनुशासन की अनुशंसा की गई-
(a) प्रकृति द्वारा स्व-अनुशासन
(b) अर्जित अनुशासन
(c) दबाव द्वारा अनुशासन
(d) उपरोक्त सभी

22. .... ने बालक के प्राकृतिक विकास पर बल दिया।
(a) मांटेसरी (b) टरनर
(c) सारटेन (d) गेट्स

23. माता की आवाज का नवजात के व्यवहार पर प्रभाव का प्रयोग किसने किया-
(a) टरनर (b) मांटेसरी
(c) सारटेन (d) जॉन डीवी

24. जीन में विकास तथा वर्धन का पूरा होना परिपक्वता कहलाता है, परिभाषित किया-
(a) सारटेन (b) पेट्रिक
(c) बन्डुरा (d) वाविक

25. निम्नलिखित में से कौन-सा समाज विरोधी बालक के बारे में सत्य नहीं है-
(a) समाज विरोधी बालक का व्यवहार आत्म केन्द्रित होता है
(b) समाज विरोधी बालक के लक्ष्य यथार्थवादी होते हैं
(c) समाज विरोधी बालक में दोष की भावना कम होती है।
(d) समाज विरोधी बालक तोड़-फोड़ करने वाले होते हैं।

26. अगर किसी विद्यार्थी का गणित में उपलब्धि निष्पति औसत से कम है तो अध्यापक को करना चाहिए–
(a) गणित के अध्ययन में अपना समय खराब न करने की सलाह देंगे
(b) विद्यार्थी की गणित संबंधी कठिनाइयों का पता लगाने हेतु निदानात्मक परीक्षण करेंगे
(c) अन्तरमन से विभिन्न उदाहरणों द्वारा उसे समस्या हल के लिए प्रोत्साहित करेंगे
(d) समस्याओं के विचार-विमर्श के लिए माता-पिता को बुलायेंगे।

27. आर.सी.एम. द्वारा उद्देश्यों का वर्गीकरण और मानसिक प्रक्रियाएं निम्न है-
(a) ज्ञान, समझना, प्रयोग, सृजनात्मक
(b) ज्ञान, समझना, प्रयोग, सृजनात्मक, विश्लेषण
(c) ज्ञान, समझना, गुणात्मक, विश्लेषण
(d) ज्ञान, सृजनात्मक, विश्लेषण, रुचिकारक

28. एपिडायस्कोप उदाहरण है-
(a) दृश्य सामग्री
(b) दृश्य-श्रव्य सामग्री
(c) पराश्रम सामग्री
(d) अपश्रव्य सामग्री

29. विज्ञान के विद्यार्थियों की कमजोरी पहचानें का तरीका है-
(a) निदानात्मक कार्य
(b) प्रयोगात्मक कार्य
(c) सृजनात्मक कार्य
(d) आध्यात्मिक कार्य

30. निम्न में से कौन-सा एक 'वाद' शिक्षा मनोविज्ञान नियम पर आधारित है-
(a) आदर्शवाद
(b) प्रकृतिवाद
(c) प्रयोगवाद
(d) उपरोक्त में से कोई नहीं

उत्तरमाला

1. (a)	**2.** (c)	**3.** (d)	**4.** (d)	**5.** (c)	**6.** (c)	**7.** (c)	**8.** (b)	**9.** (d)	**10.** (c)
11. (d)	**12.** (a)	**13.** (a)	**14.** (a)	**15.** (a)	**16.** (a)	**17.** (d)	**18.** (a)	**19.** (a)	**20.** (a)
21. (a)	**22.** (a)	**23.** (a)	**24.** (a)	**25.** (b)	**26.** (b)	**27.** (a)	**28.** (a)	**29.** (a)	**30.** (b)

प्रैक्टिस सेट-31

1. आत्मनिर्भरता शिक्षा का तत्कालीन उद्देश्य होना चाहिए, यह आदर्श वाक्य है-
(a) अरविंद घोष (b) पेस्टालॉजी
(c) गांधीजी (d) प्लेटो

2. सीखने वाले के समक्ष विषय-वस्तु उसी समय प्रस्तुत की जाए जब वह मनोवैज्ञानिक रूप से उसे स्वीकार करने हेतु तैयार है यह सोच कहलाती है-
(a) सहजानुभूति बोध अवधारणा
(b) आनश्चूंआग सिद्धांत
(c) परिस्थिति सहभागिता अवधारणा
(d) निरीक्षण पर्यवेक्षक कम अवधारणा

3. जब सीखने वाला उपस्थित समस्या के हल में आगे नहीं बढ़ पाता, उसे पाठ अथवा टिकड़ी की आवश्यकता होती है। यह मनोवैज्ञानिक अवधारणा है, और सहायता करती है-
(a) एक विशद पुस्तक परामर्श हेतु
(b) कक्षा के अन्य छात्र जो प्रबंधन दे सके
(c) अधिक अनुभवी एवं विशेष अध्यापकों द्वारा
(d) तथ्यों को पुनर्गठित कर पुनः सोच के प्रयास

4. सारांश लेखन में ध्यान रखने योग्य बातें हैं-
(a) शीर्षक लम्बे होने चाहिए
(b) साहित्यिक भाषा का प्रयोग करना चाहिए
(c) आरंभ में पाठ का सारांश देना चाहिए
(d) पाठ के भावानुसार शीर्षकों का चयन करना चाहिए

5. प्रत्यक्ष विधि की मुख्य तकनीक है-
(a) वार्तालाप नेतृत्व और मार्गदर्शन की तकनीक
(b) सरल से जटिल एवं मूर्त से लेकर अमूर्त प्रक्रिया
(c) देखो और कहो का निरंतर उपयोग
(d) उपरोक्त सभी

6. गृहकार्य संशोधन की विधि है-
(a) शिक्षक द्वारा संशोधन
(b) स्वयं छात्रों द्वारा संशोधन
(c) परस्पर छात्रों द्वारा संशोधन
(d) उपरोक्त सभी

7. अध्यापक विज्ञान विषय का अध्यापन करवा रहा है तथा छात्रों को खनिज दिखाकर प्रश्न पूछता है, इसका रंग कैसा है? वह किससे बना है? तो बताइये वह अध्यापन योजना के किस सोपान पर है-
(a) प्रस्तावना (b) पुनरावृत्ति
(c) मूल्यांकन (d) विषय चयन

8. मेडम माण्टेसरी ने अधिगम परिवेश में सर्वाधिक बल किस पर दिया है-
(a) ज्ञानेन्द्रियों के उपयोग पर
(b) पुर्नवलन के सिद्धान्त पर
(c) बुद्धि लब्धि पर
(d) उपरोक्त सभी

9. वृद्धि एवं परिपक्वता में क्या सम्बन्ध है-
(a) द्वितीय परिणाम में प्रथम का
(b) प्रथम परिणाम में द्वितीय का
(c) दोनों समान हैं
(d) दोनों अलग-अलग हैं

10. दृश्य-श्रव्य शिक्षण साधनों के प्रयोग के संबंध में आपके क्या विचार हैं-
(a) दृश्य-श्रव्य साधनों से शिक्षण-बिन्दु रूचिकर और अधिक बोधगम्य हो जाते हैं।
(b) दृश्य-श्रव्य साधनों से शिक्षण-बिन्दु समझने में कठिन हो जाते हैं।
(c) दृश्य-श्रव्य साधनों से शिक्षण-बिन्दु समझने में आसान हो जाते हैं।
(d) दृश्य-श्रव्य साधनों से शिक्षण-शिक्षक द्वारा कक्षा में समय बर्बाद हो जाता हैं।

11. अधिगम प्रतिक्रिया में छात्रों को अन्तर्ग्रस्त करने के लिए आप क्या करेंगे-
(a) शिक्षण सामग्रियों का स्वयं उनसे उपयोग करवायेंगे
(b) शिक्षण सामग्रियों का शिक्षक उपयोग करेंगे
(c) टूर पर ले जायेंगे
(d) उपरोक्त सभी

12. छात्र के आचरण को समझने के लिए आवश्यक है-
(a) उसके आचरण की आंतरिक और बाह्य शक्तियों को समझना
(b) उसके आचरण पर नजर रखनी चाहिए
(c) उसे अलग परिवेश में रखना चाहिए
(d) उसे स्कूल के कमजोर बच्चों के साथ रहने देना चाहिए।

13. प्रभावशाली शिक्षक बनने के लिए आवश्यक है कि-
(a) वह अपने विषय को अच्छी प्रकार जानता हो
(b) वह अपने विद्यार्थियों से अधिकतम संभव अन्तक्रियाएँ करवाएं
(c) उसे शिक्षण विधियों का पूरा ज्ञान हो
(d) उपरोक्त सभी

14. सुलेख कार्य सबसे उत्तम पद्धति है-
(a) लेख सुधार की
(b) होमवर्क की
(c) अभ्यास की
(d) उपरोक्त सभी

15. शिक्षण की आवश्यकता है-
(a) भाषा को लिखना सीखने में
(b) खोज के लिये
(c) नौकरी के लिये
(d) स्किल डवलपमेंट में

16. भाषा द्वारा अभिव्यक्त किए जा सकते हैं-
(a) विचार, संदेश, लिखित सामग्री
(b) अवसर, सामंजस्य, प्रेम
(c) विचार, अवसर, प्रेम
(d) स्थानीय बात, सामंजस्य, संदेश

17. किसी भी विषय पर समालोचनात्मक निष्कर्ष निकाला जा सकता है-
(a) वाद-विवाद प्रणाली से
(b) झगड़े से
(c) प्रेम से
(d) आपसी समझौते से

18. भाषा शिक्षण में आत्मीकरण की संकल्पना के जन्मदाता हैं-
(a) माटीसन (b) वाटसन
(c) रूसो (d) प्लेटो

19. शिक्षण में श्रव्य-दृश्य सामग्री छात्रों के संदर्भ में क्या महत्वपूर्ण कार्य करती है-
(a) यह शिक्षा को जीवंत बनाती है
(b) यह पढ़ाई को उच्च बनाती है
(c) यह शिक्षा को महान बनाती है
(d) कक्षा में एन्जाय कराती है

20. बालक रेखाचित्र, तालिका व चार्ट आदि सही व शीघ्रता से बना सकता है। यह किस व्यवहारगत उद्देश्य का अंग है-
(a) कौशल (b) प्रशिक्षण
(c) परिपक्वन (d) अमूर्तता

21. सूक्ष्म शिक्षण एक प्रविधि है-
(a) दृष्टि पोषण की
(b) शरीर पोषण की
(c) आत्म पोषण की
(d) मनोदशा की

22. कम्प्यूटर विडियो, डिस्क और विडियो कौन-सी शिक्षा के लिए प्रयोग किया जाता है-
(a) दूरवर्ती (b) प्रत्यक्षदर्शी
(c) परादर्शी (d) श्रव्यवर्ती

23. शिक्षण अनुदेशन तथा प्रशिक्षण में शिक्षा तकनीकी के अन्तर्गत कौन-से सिद्धांतों का प्रयोग किया जाता है-
(a) मनोवैज्ञानिक (b) बाल विकास
(c) शैक्षिक प्रबंध (d) कुसमायोजन

24. ग्राम पंचायत का निर्माण तथा इसके चुनाव प्रकरण का शिक्षण किस विधि द्वारा करवाना चाहेंगे-
(a) गतिविधि (b) प्रचार
(c) चित्रण द्वारा (d) लेखा विधि द्वारा

25. नाटक किस श्रेणी में आता है-
(a) दृश्य-श्रव्य
(b) मनोरंजन श्रेणी
(c) भौतिक श्रेणी में
(d) फिल्मी श्रेणी में

26. उपलब्धि परीक्षणों का प्रमुख उपयोग होना चाहिए-
(a) छात्रों के मूल्यांकन में
(b) छात्रों के समूहीकरण में
(c) छात्रों के विचारीकरण में
(d) शिक्षक के सुधार में

27. बड़ी कक्षाओं के लिए श्रेष्ठ विधि है-
(a) खोज विधि
(b) समस्या समाधान विधि
(c) भ्रमण विधि
(d) कहानी विधि

28. डॉ. ब्लूम के मतानुसार मूल्यांकन प्रक्रिया किस पर आधारित होनी चाहिए-
(a) शिक्षण उद्देश्यों
(b) शिक्षा प्रणाली पर
(c) शिक्षक के व्यवहार पर
(d) छात्र के सीखने पर

29. निम्नलिखित में से उपलब्धि परीक्षण निर्माण प्रक्रिया का हिस्सा क्या नहीं है-
(a) पद विश्लेषण
(b) इकाई योजना
(c) ब्लू प्रिंट
(d) कुंजी

30. मनोविश्लेषणवादियों के अनुसार अतृप्त असामाजिक इच्छाओं का संबंध है-
(a) नैतिकता से (b) ईदम से
(c) अहम से (d) पराअहम से

उत्तरमाला

1. (c)	**2.** (a)	**3.** (d)	**4.** (d)	**5.** (d)	**6.** (d)	**7.** (a)	**8.** (a)	**9.** (a)	**10.** (a)
11. (a)	**12.** (a)	**13.** (d)	**14.** (a)	**15.** (a)	**16.** (a)	**17.** (a)	**18.** (a)	**19.** (a)	**20.** (a)
21. (a)	**22.** (a)	**23.** (a)	**24.** (a)	**25.** (a)	**26.** (a)	**27.** (b)	**28.** (a)	**29.** (b)	**30.** (b)

प्रैक्टिस सेट–32

1. मनोविश्लेषणवादी सिद्धान्त के जन्मदाता हैं-
(a) फ्रॉयड (b) वुंट
(c) स्कीनर (d) पॉवलाव

2. किस अवस्था में आक्रामक व धारणात्मक व्यक्तित्व विकसित होता है-
(a) गुदावस्था (b) मुखावस्था
(c) लैंगिक अवस्था (d) अव्यक्तावस्था

3. हमारे मस्तिष्क का कितना भाग चेतन तथा कितना भाग अचेतन है-
(a) 1/10 (b) 4/10
(c) 3/10 (d) 7/10

4. निम्नलिखित में से कौन-सा संवेग युयुत्सा की मूल प्रवृत्ति से संबंधित है-
(a) भय (b) क्रोध
(c) ईर्ष्या (d) प्रेम

5. फ्रॉयड ने व्यक्तित्व को बांटा है-
(a) इदम, अहम तथा परा अहम के रूप में
(b) अहम, इदम तथा परा अहम के रूप में
(c) परा अहम, अहम तथा इदम के रूप में
(d) परा अहम, इदम तथा अहम के रूप में

6. निम्न में से कौन-सा व्यक्तित्व का भाग तार्किक रूप से नियंत्रित है, जो कि वास्तविकता के नियम पर आधारित है-
(a) पराअहम (b) इदम
(c) अहम (d) लिबाइडी

7. व्यक्तित्व का कौन-सा भाग समाज के नैतिक मूल्यों और आदर्शों के आधार पर विकसित होता है-
(a) इदम (b) अहम
(c) पराअहम (d) लिबाइडी

8. फ्रॉयड के अनुसार निम्न में से कौन-सी विकास अवस्था में बच्चे का ध्यान जननांगों की तरफ जाता है-
(a) मुखीय (b) लैंगिक
(c) गुदीय (d) प्रसुप्ति

9. फ्रॉयड के अनुसार किस अवस्था में कामेच्छाएँ सापेक्ष रूप से निष्क्रिय रहती हैं-
(a) मुखीय (b) लैंगिक
(c) गुदीय (d) प्रसुप्ति

10. निम्नलिखित में से कौन-सा हमारे ऐन्द्रिय सुख की इच्छाओं का भण्डार गृह है-
(a) इदम् (b) अहम्
(c) परा अहम (d) सूक्ष्म अहम

11. अहम् का कार्य है-
(a) नैतिक आचार संहिता निर्धारित करना
(b) इदम् व वास्तविकता के बीच समन्वयक की भूमिका निभाना
(c) अतृप्त इच्छाओं का भंडारण करना
(d) हमारी सुखानुभूति की प्रवृत्तियों की सामाजिक मानकों की परवाह किये बगैर तृप्ति करना

12. शेल्डन ने व्यक्तित्व को किस आधार पर वर्गीकृत किया-
(a) शारीरिक रचना
(b) शील गुण
(c) त्वचा एवं बालों के रंग
(d) सामाजिकता

13. एक व्यक्ति जो अपने आप को एक कमरे में बंद कर लेता है और किसी से मिलने या बात करने से मना कर देता है, वह रक्षा युक्ति काम में ले रहा है-
(a) विस्थापन (b) तार्किकीकरण
(c) प्रक्षेपण (d) पलायन

14. खुला, बंद व चित्रात्मक प्रकार है-
(a) प्रक्षेपण विधि के
(b) प्रयोगात्मक विधि के
(c) प्रश्नावली विधि के
(d) केस अध्ययन विधि के

15. अन्तर्दशन विधि में अवलोकन किया जाता है-
(a) दूसरों का (b) पशुओं का
(c) स्वयं का (d) स्थिति का

16. असमायोजन परिणाम है-
(a) कुण्ठा का (b) तनाव का
(c) संघर्ष का (d) उपरोक्त सभी का

17. निम्नलिखित में से कौन-सी विशेषता एक समेकित व्यक्तित्व वाले व्यक्ति की विशेषता नहीं है-
(a) उसका एक ही मूल्य मापक्रम होता है
(b) उसका सही आत्मप्रत्यक्ष होता है
(c) उसका जीवन के प्रति यथार्थवादी दृष्टिकोण होता है
(d) वह साधनों की अपेक्षा साध्य पर अधिक ध्यान केन्द्रित करता है।

18. निम्नलिखित में से कौन-सी विधि में एक व्यक्ति या स्थिति का गहन अध्ययन किया जाता है-
(a) प्रयोग (b) केस अध्ययन
(c) अवलोकन (d) क्षेत्र अध्ययन

19. C.A.T. मापता है-
(a) व्यक्तित्व (b) बुद्धि
(c) परिपक्वता (d) सृजनात्मकता

20. कौन-सी विधि उपागम में समान प्रयोज्यों का मापन उनके विकास की विभिन्न अवस्थाओं पर किया जाता है?
(a) समकालीन अध्ययन विधि
(b) जीवन लेखन विधि
(c) दीर्घकालीन अध्ययन विधि
(d) समाजमिति

21. अत्यधिक वाचाल, प्रसन्नचित्त और सामाजिक प्रवृत्ति के व्यक्ति के व्यक्तित्व को युग ने नाम दिया-
(a) अंतर्मुखी (b) बहिर्मुखी
(c) स्नायूविकृत (d) स्थिर

22. 16 पी.एफ. प्रश्नावली बनाई–
(a) आलपोर्ट ने (b) शेल्डन ने
(c) क्रेशचमर ने (d) कैटल ने

23. आलपोर्ट के अनुसार, व्यक्तित्व है-
(a) अपूर्व समायोजन
(b) गत्यात्मक संगठन
(c) संगठित मनोदैहिक
(d) उपरोक्त सभी

24. बाल अन्तर्बोध (एपरसेप्शन) परीक्षण का निर्माण किसने दिया-
(a) मर्रे (b) बेलक
(c) रॉबर्ट (d) रोजनविग

25. व्यक्तित्व मापन की व्यक्तिनिष्ठ विधि है-
(a) व्यक्ति इतिहास
(b) कर्म निर्धारण मापनी
(c) रोशकि परीक्षण
(d) शब्द साहचर्य परीक्षण

26. कुछ मनोवैज्ञानिकों के अनुसार व्यक्ति जिस रूप में व्यवहार करता है, वही उसका-
(a) मूल्य है (b) आदत है
(c) व्यक्तित्व है (d) मानदण्ड है

27. तनाव कम करने का प्रत्यक्ष ढंग कौन-सा है?
(a) उदातीकरण
(b) दूसरे लक्ष्यों का प्रतिस्थापन
(c) रूकावट को दूर करना
(d) विश्लेषण और निर्णय

28. व्यक्तित्व व्यक्ति के मनोशारीरिक पद्धतियों का वह गत्यात्मक संगठन है जो वातावरण के साथ उसके अपूर्व समायोजन को निर्धारित करता है। यह परिभाषा किसने दी है।
(a) कैटल (b) मार्गन
(c) आलपोर्ट (d) ननेली

29. पास एलांग टेस्ट का विकास किसने किया-
(a) अलेक्जेण्डर (b) मॉर्गन
(c) बिनेट (d) टेलर

30. किस मनोवैज्ञानिक अध्ययन विधि में प्रयोज्य (उत्तरदाता) स्वयं प्रपत्र भरता है-
(a) प्रश्नावली (b) क्यू सोर्ट
(c) अनुसूची (d) अवलोकन

उत्तरमाला

1. (a)	**2.** (a)	**3.** (a)	**4.** (b)	**5.** (a)	**6.** (c)	**7.** (c)	**8.** (b)	**9.** (b)	**10.** (a)
11. (b)	**12.** (a)	**13.** (d)	**14.** (c)	**15.** (c)	**16.** (d)	**17.** (d)	**18.** (b)	**19.** (a)	**20.** (a)
21. (b)	**22.** (d)	**23.** (d)	**24.** (b)	**25.** (a)	**26.** (c)	**27.** (a)	**28.** (c)	**29.** (a)	**30.** (a)

प्रैक्टिस सेट-33

1. एक छोटा बालक जिसे उसके एक साथी ने पीटा है, घर लौटने पर वह उसके छोटे भाई को लात लगाता है। यह बालक जो प्रतिरक्षा युक्ति उपयोग कर रहा है, कहलाती है-
(a) प्रतिस्थापन (b) प्रतिगमन
(c) प्रक्षेपण (d) यौक्तिकरण

2. व्यक्तित्व का प्रकार 'A' प्रस्तावित किया-
(a) युग ने
(b) एडवर्ड ने
(c) आइजेक तथा कैटल ने
(d) फिडमेन तथा रोसनमैने

3. रोजेनविंग परीक्षण करता है-
(a) तार्किक चिन्तन का
(b) व्यक्तित्व का
(c) सृजनात्मकता का
(d) कुण्ठा का

4. लियोपोल्ड बैलक ने निम्न में से किस परीक्षण को विकसित किया-
(a) सी.ए.टी. (b) टी.टी.सी.टी.
(c) एम.बी.टी.आई. (d) डी.ए.टी.

5. प्रक्षेपण विधि द्वारा किस का अध्ययन किया जाता है-
(a) चेतन मन का
(b) अचेतन अभिप्रेरणा का
(c) बुद्धि का
(d) सृजनात्मकता का

6. नैतिक तर्क का अवस्था सिद्धांत किसने स्पष्ट किया-
(a) कोहलबर्ग (b) लियोपोल्ड बैलक
(c) आलपोर्ट (d) एडलर

7. कोहलबर्ग के सिद्धांत के अनुसार कौन-सी अवस्था पर एक व्यक्ति का निर्णय दूसरों के अनुमोदन, पारिवारिक आकांक्षाओं, पारंपरिक मूल्यों एवं समाज के नियमों पर आधारित होता है-
(a) पश्चपारंपरिक
(b) अग्रपारंपरिक
(c) भविष्य पारंपरिक
(d) पूर्वपारंपरिक

8. व्यक्तित्व को उसके सामाजिक व्यवहार के आधार पर अंतर्मुखी, बहिर्मुखी वर्गों में विभाजित करने वाले मनोवैज्ञानिक हैं-
(a) कैटल (b) यंग
(c) आलपोर्ट (d) ब्रुनर

9. अचेतन मन का अध्ययन किया जाता है-
(a) प्रक्षेपी विधियों द्वारा
(b) अवलोकन विधियों द्वारा
(c) साक्षात्कार द्वारा
(d) आत्मकथा द्वारा

10. नियंत्रित दशाओं के अंतर्गत किया गया अध्ययन कहलाता है-
(a) प्रश्नावली (b) प्रयोग
(c) सर्वेक्षण (d) चेक लिस्ट

11. सामूहिक अचेतन का सम्प्रत्यय किसने दिया-
(a) युग (b) फ्रॉयड
(c) एडलर (d) हार्नी

12. ईमानदारी के मूल्यांकन के लिए एक अध्यापक कृत्रिम वातावरण सृजित करता है, जहां बालक पेस चुरा सकता है। यह उदाहरण है-
(a) प्रक्षेपण परीक्षण का
(b) परिस्थिति परीक्षण का
(c) अवकलोकन विधि का
(d) खेल विधि का

13. वह परीक्षण जिसमें बच्चों को प्रारंभिक बिन्दु से लेकर अंतिम बिन्दु तक सही रास्ता खोजना होता है, कहलाता है-
(a) कूट संकेत (b) भूल-भूलैया
(c) वस्तु संकलन (d) ब्लॉक निर्माण

14. पलायन की मूल प्रवृत्ति से निम्नलिखित में से कौन-सा संवेग संबंधित है-
(a) क्रोध (b) दुख
(c) भय (d) आश्चर्य

15. व्यक्तित्व की प्रक्षेपण विधि कौन-सी है-
(a) रोर्शा स्याही धब्बा परीक्षण
(b) स्टेनफोर्ड-बिने-परीक्षण
(c) डी.ए.टी.
(d) भाटिया परीक्षणमाला

16. प्रासंगिक अन्तर्बोध परीक्षण (T.A.T.) में निम्नलिखित में से कौन-सी सामग्री का उपयोग है-
(a) स्याही के धब्बे (b) चित्र
(c) वाक्य (d) एकलशब्द

17. बच्चे जैसा व्यवहार करना उदाहरण है-
(a) युक्तिकरण (b) प्रतिगमन
(c) प्रक्षेपण (d) विस्थापन

18. समाज मिति विधि का मापन में प्रयोग किया जा सकता है-
(a) बुद्धि के (b) समूह ससंजकता के
(c) अभिक्षमता के (d) रूचि के

19. कौन-से आयु समूह के लिए एरिक्सन ने विकास की आठ अवस्थाएँ प्रस्तावित की-
(a) जन्म से मृत्यु तक
(b) जन्म से बाल्यावस्था तक
(c) जन्म से किशोरावस्था तक
(d) जन्म से युवावस्था तक

20. एरिक्सन के अनुसार कौन-सी अवस्था में बालक अधिक पहल करता है, लेकिन बहुत सशक्त भी हो सकता है, जो गे भावनाओं की ओर ले जा सकता है-
(a) 18 माह से 3 वर्ष तक
(b) 3 से 6 वर्ष तक
(c) 6 से 12 वर्ष तक
(d) किशोरावस्था

21. निम्नलिखित में से कौन-सी विशेषता बालकों के संवेगों की विशेषता है-
(a) ये क्षणिक होते हैं
(b) ये तीव्र नहीं होते
(c) ये व्यवहार में परिलक्षित नहीं होते
(d) ये लम्बे समय तक रहते हैं।

22. कोहलबर्ग के सिद्धान्त के अनुसार कौन-सी अवस्था पर एक व्यक्ति का निर्णय दूसरों के अनुमोदन, पारिवारिक आकांक्षाओं, पारंपरिक मूल्यों एवं समाज नियमों पर आधारित होता है।
(a) पूर्व पारम्परिक
(b) पारम्परिक
(c) पश्चपारम्परिक
(d) पूर्व पश्च पारम्परिक

23. निम्नलिखित में से कौन-सा संवेग के बारे में सत्य नहीं है।
(a) बालकों के संवेग लक्षणों से आसानी से पहचाने जा सकते हैं।
(b) बालकों के संवेग वयस्कों की तुलना में कम क्षणिक होते हैं।
(c) बालकों में संवेगात्मक नियंत्रण वयस्कों की तुलना में कम होता है।
(d) बालकों में संवेगों की तीव्रता वयस्कों की तुलना में अधिक होता है।

24. निम्नलिखित में से कौन-सा चोरी का कारण नहीं हो सकता है-
(a) आवश्यकता
(b) अभिभावकों का नियंत्रण व अनुशासन
(c) अज्ञानता
(d) आदत

25. मानसिक आरोग्य विज्ञान से तात्पर्य है-
(a) संतुलित एवं व्यवस्थापित व्यक्तित्व का निर्माण
(b) संतुलित व्यक्तित्व का निर्माण
(c) व्यवस्थापित व्यक्तित्व का निर्माण
(d) असंतुलित एवं अव्यवस्थित व्यक्तित्व का निर्माण

26. भग्नाशा एवं मानसिक द्वंद्व के कारण है-
(a) जैविकीय एवं भौतिक कारण
(b) संवेगात्मक कारण
(c) सामाजिक कारक
(d) उपरोक्त सभी

27. एक दस वर्ष का बालक जो उन पदों पर सफल रहा है जिन पर अधिकांश छः वर्षीय बालक होते हैं, की मानसिक आयु मानी जायेगी-
(a) 6 (b) 10
(c) 60 (d) 100

28. सृजनात्मकता परीक्षणों में किन भारतीयों का परीक्षण प्रसिद्ध रहा है-
(a) बाकर मेहन्दी और पासी
(b) डॉ. कामथ
(c) पियाजो
(d) कोठारी एवं पासी

29. सृजनात्मकता की पहचान होती है-
(a) पुराने व्यवहार से
(b) चित्रकला से
(c) संगीत से
(d) नवीन रचना या उत्पादन से

30. सृजनात्मकता संबंधित है-
(a) अपसारी चिंतन से
(b) अभिसारी चिंतन से
(c) कल्पनात्मक चिंतन से
(d) खाली चिंतन से

उत्तरमाला

1. (a)	**2.** (d)	**3.** (b)	**4.** (a)	**5.** (b)	**6.** (a)	**7.** (a)	**8.** (b)	**9.** (a)	**10.** (b)
11. (a)	**12.** (b)	**13.** (b)	**14.** (c)	**15.** (a)	**16.** (b)	**17.** (b)	**18.** (b)	**19.** (a)	**20.** (b)
21. (a)	**22.** (c)	**23.** (d)	**24.** (b)	**25.** (a)	**26.** (d)	**27.** (a)	**28.** (a)	**29.** (d)	**30.** (a)

प्रैक्टिस सेट-34

1. अपूर्ण रेखाचित्र से अर्थपूर्ण तथा रूचि कारक चित्रों को बनाना मापन के लिए एक पद होगा-
(a) सृजनात्मकता के
(b) संवेग के
(c) अभिवृति के
(d) उपलब्धि के

2. सामान्य व्यक्ति की बुद्धि लब्धि होती है-
(a) 100 (b) 70
(c) 50 (d) 120

3. निम्नलिखित में से कौन-सा क्रिया निष्पादन प्रकार की बुद्धि परीक्षण का उदाहरण नहीं है-
(a) घन निर्माण करना
(b) ब्लॉक का छेद में फिट करना
(c) चित्रों के टुकड़ों को जोड़ना
(d) सरल गणित समस्यायें हल करना

4. कक्षा 6 के बच्चे का औसत आई.क्यू. होगा-
(a) 30 (b) 60
(c) 100 (d) 140

5. निम्न में से कौन-सी एक सृजनात्मक बालक की विशेषता नहीं है-
(a) रोमांचकारी (b) उत्सुक
(c) कठोर (d) स्वतंत्र

6. स्पीयर मैन के अनुसार सभी संज्ञानात्मक कार्यों में शामिल मानसिक ऊर्जा या क्षमता को क्या नाम दिया गया-
(a) G कारक (b) f कारक
(c) s कारक (d) e कारक

7. बुद्धि के अन्तर्गत सामान्य योग्यता का कारक कौन-से मनोवैज्ञानिक ने बताया-
(a) स्पीयर मैन
(b) बाकर मेंहदी
(c) थर्स्टन
(d) यंग

8. बुद्धि का वैज्ञानिक मापन सर्वप्रथम किसने प्रारम्भ किया-
(a) बिने (b) यंग
(c) पियाजो (d) थर्स्टन

9. बुद्धि लब्धि (बु.ल.) ज्ञात करने का सूत्र है-
(a) बु.ल. = मानसिक आयु × 100/जीवन या वास्तविक आयु
(b) बु.ल. = जीवन या वास्तविक आयु/मानसिक आयु × 100
(c) बु.ल. = मानसिक आयु × 100/जीवन या वास्तविक आयु
(d) बु.ल. = मानसिक आयु/जीवन या वास्तविक आयु × 100

10. जीन पियाजे के अनुसार संज्ञानात्मक विकास की आवश्यकताएं-
(a) चार (b) तीन
(c) दो (d) एक

11. पियाजे के अनुसार एक 8 वर्ष का बालक कर सकता है-
(a) संरक्षणात्मक समस्याएं सीखना
(b) गुणात्मक समस्याएं सीखना
(c) क्रियात्मक समस्याएं
(d) प्रयोगात्मक समस्याएं

12. निम्नलिखित में से कौन-सी संज्ञानात्मक प्रक्रिया है-
(a) खेलना (b) चिंतन
(c) दौड़ना (d) प्रतिवृति क्रियाएँ

13. बाल विकास का जीन पियाजे के सिद्धांत का आधार है-
(a) संज्ञानात्मक विकास
(b) ज्ञानात्मक विकास
(c) विकासात्मक विकास
(d) क्रियात्मक विकास

14. प्राक-संक्रियात्मक अवस्था है-
(a) 2 से 7 वर्ष (b) 7 से 10 वर्ष
(c) 2 से 3 वर्ष (d) 5 से 15 वर्ष

15. औपचारिक संक्रियात्मक अवस्था है-
(a) 11 वर्ष से (b) 8 वर्ष से
(c) 5 वर्ष से (d) 15 वर्ष से

16. मूर्त संक्रियात्मक अवस्था है-
(a) 7 से 11 वर्ष (b) 5 से 10 वर्ष
(c) 10 से 15 वर्ष (d) 2 से 7 वर्ष

17. संज्ञानवादी विकास सिद्धांत के प्रवर्तक कौन थे-
(a) जीन पियाजे (b) थॉर्नडाइक
(c) थर्स्टन (d) स्पीयरमेन

18. गिलफोर्ड के अनुसार निम्न में से कौन बुद्धि का आयाम नहीं है-
(a) विषय वस्तु (b) संक्रिया
(c) उत्पाद (d) संज्ञान

19. थॉर्नडाईक के अनुसार बुद्धि के प्रकार है-
(a) यांत्रिक (b) सामाजिक
(c) अमूर्त (d) उपरोक्त सभी

20. आंतरिक अभिप्रेरणा का उदाहरण है-
(a) कार्य में रुचि
(b) कार्य करने की अधिक क्षमता
(c) अधिक कार्य करना
(d) सुबह से रात तक कार्य करना

21. निम्न में किसका कोई जैवकीय आधार नहीं है-
(a) भूख (b) प्यास
(c) काम (d) संबंधन

22. प्राथमिक आवश्यकताओं को......... आवश्यकता से भी जाना जाता है-
(a) दैहिक (b) उच्च
(c) सामान्य (d) विशिष्ट

23. बुद्धि का समूह कारक सिद्धांत दिया था-
(a) थर्स्टन (b) पियाजे
(c) थॉर्नडाइक (d) बाकर मेंहदी

24. टरमन के अनुसार 90-110 बुद्धि लब्धि के बालकों को हम किस श्रेणी में रखेंगे-
(a) सामान्य (b) विशिष्ट
(c) अतिविशिष्ट (d) मंदबुद्धि

25. मंद बुद्धि बालकों का आई.क्यू. होता है-
(a) 70 से कम (b) 70 से अधिक
(c) 100 से अधिक
(d) 50 से कम

26. निम्नलिखित में से सामूहिक बुद्धि अशाब्दिक परीक्षण है-
(a) आर्मी बीटा टेस्ट
(b) भाटिया बैटरी बुद्धि परीक्षण
(c) IQ परीक्षण
(d) आर्मी भाटिया परीक्षण

27. आर.टी.ई. कानून के अंतर्गत हर निजी विद्यालय को कितने प्रतिशत गरीब बच्चों को प्रवेश देना होगा-
(a) 25 प्रतिशत (b) 20 प्रतिशत
(c) 15 प्रतिशत (d) 30 प्रतिशत

28. निम्नलिखित में से कौन-सी छात्र केन्द्रित विधि नहीं है-
(a) व्याख्यान
(b) प्रायोजना
(c) समस्या समाधान
(d) उपरोक्त सभी

29. जिस विधि में अध्यापक सक्रिय व बालक निष्क्रिय रहता है-
(a) अवलोकन (b) कहानी कथन
(c) प्रश्नोत्तर विधि (d) उपरोक्त सभी

30. बेल लिपि का उपयोग किसके अध्यापन में होता है-
(a) अन्धे बालकों (b) बहरे बालकों
(c) गूंगे बालकों (d) लंगड़े बालकों

उत्तरमाला

1. (a)	**2.** (a)	**3.** (d)	**4.** (c)	**5.** (c)	**6.** (c)	**7.** (a)	**8.** (a)	**9.** (a)	**10.** (a)
11. (a)	**12.** (b)	**13.** (a)	**14.** (a)	**15.** (a)	**16.** (a)	**17.** (a)	**18.** (d)	**19.** (d)	**20.** (a)
21. (d)	**22.** (a)	**23.** (a)	**24.** (a)	**25.** (a)	**26.** (a)	**27.** (a)	**28.** (a)	**29.** (b)	**30.** (a)

प्रैक्टिस सेट-35

1. मनोवैज्ञानिक का क्षेत्रवादी सिद्धांत दिया-
(a) भाटिया ने (b) कुर्तलेबिन ने
(c) वाटसन ने (d) फ्रांसिस गाल्टन ने

2. सामाजिक नियमों व कानूनों के विरुद्ध व्यवहार करने वाला बालक कहलाता है-
(a) बाल अपराधी (b) बुद्धिमान
(c) बुद्धिहीन (d) पाखंडी

3. बाल मनोविज्ञान संबंधित है-
(a) विकासात्मक अवस्था
(b) बालक की सामाजिक अन्तक्रिया
(c) परिपक्वता एवं अनुवांशिक प्रभाव
(d) उपरोक्त सभी

4. नवोदय विद्यालय बने हैं-
(a) ग्रामीण प्रतिभावान बच्चों के लिए
(b) अनुसूचित जाति के बच्चों के लिए
(c) आरक्षण वाले बच्चों के लिए
(d) गरीबों के लिए

5. 'एमिल' नामक किताब जिसमें एक काल्पनिक बालक की शिक्षा का उल्लेख है, के लेखक हैं-
(a) रूसी (b) वाटसन
(c) फ्रांसिस गाल्टन (d) थर्स्टन

6. निम्नलिखित में से किस प्रकार के प्रश्नों का मूल्यांकन करते समय वस्तुनिष्ठता बनाया रखना कठिन है-
(a) निबंधात्मक प्रश्न
(b) बहुविकल्पात्मक प्रश्न
(c) मिलाने वाले प्रश्न
(d) रिक्त स्थान की पूर्ति वाले प्रश्न

7. डिस्लेक्सिया में बच्चों को परेशानी होती है-
(a) पढ़ने लिखने में
(b) सोचने समझने में
(c) याद करने में
(d) ध्यान रखने में

8. व्यवहार वाद सम्प्रदाय की स्थापना की-
(a) वाटसन (b) जीन पियाजे
(c) थर्स्टन
(d) बाकर मेंहदी और पासी

9. बाल अपराध का मनोवैज्ञानिक कारण है-
(a) अवरुद्ध इच्छा (b) युद्ध
(c) गुण-सूत्र
(d) यौनांगों का तीव्र विकास

10. निम्नलिखित में से कौन-सा उद्देश्य शिक्षा के अंतर्गत नहीं आता है-
(a) सामाजिक कौशलों का विकास
(b) नागरिकता की शिक्षा
(c) समूह में समायोजन की क्षमता का विकास
(d) संगीत अधिक्षमता का विकास

11. जॉन डीवी ने कहा है-
(a) विद्यालय एक विशिष्ट वातावरण है
(b) विद्यालय एक साधारण वातावरण है
(c) विद्यालय एक तकनीकी वातावरण है
(d) विद्यालय एक अनौपचारिक वातावरण है

12. शिक्षा मनोविज्ञान जरूरी है-
(a) शिक्षक के लिये
(b) छात्र के लिये
(c) अभिभावकों के लिये
(d) सभी के लिये

13. छात्रों में चोरी करने की आदत को कैसे दूर किया जा सकता है-
(a) पारितोषिक देकर
(b) उदाहरण देकर
(c) ताड़ना देकर
(d) सजा देकर

14. मनोविज्ञान है-
(a) आत्मा का विज्ञान
(b) मस्तिष्क का विज्ञान
(c) चेतना का विज्ञान
(d) व्यवहार का विज्ञान

15. शिक्षा मनोविज्ञान का मुख्य केन्द्र है-
(a) बालक (b) शिक्षक
(c) पाठ्यक्रम (d) अभिभावक

16. शिक्षा मनोविज्ञान सहायक है-
(a) स्वयं को समझने में
(b) बालक को समझने में
(c) मिश्रण विधियों के चयन में
(d) संपूर्ण शैक्षिक प्रक्रिया में

17. निम्न में से शैक्षिक मनोविज्ञान का क्षेत्र नहीं है-
(a) सीखने की प्रक्रिया
(b) मापन तथा मूल्यांकन
(c) खेलों का प्रशिक्षण
(d) पाठ्यक्रम निर्माण

18. किस प्रकार के तर्क में एक व्यक्ति विशिष्ट तथ्यों में सामान्य निष्कर्ष की ओर बढ़ता है-
(a) आगनात्मक (b) निर्गमानात्मक
(c) प्रश्नात्मक (d) उत्तरात्मक

19. शिक्षण की किंडरगार्टन पद्धति आधारित है-
(a) प्रोजेक्ट पद्धति (b) खेल विधि
(c) सर्वेक्षण विधि (d) ह्यूरिस्टिक विधि

20. बालक के भाषा विकास में मुख्य योगदान देने वाली संस्था है-
(a) परिवार
(b) विद्यालय
(c) जन-संचार माध्यम
(d) पत्र-पत्रिकाएं

21. आधुनिक शिक्षा मनोविज्ञान का अनुप्रयोग आधारित है-
(a) व्यक्तिगत विभिन्नताओं पर
(b) धर्म पर
(c) वर्ग पर
(d) विद्यालय प्रबंधन पर

22. बुलिमिया है-
(a) अवधान विकृति
(b) भोजन ग्रहण विकृति
(c) पठन विकृति
(d) गणन विकृति

23. निम्न में से कौन-सा भाषा के विकास को प्रभावित नहीं करता-
(a) परिपक्वता (b) अभिप्रेरणा
(c) स्वास्थ्य (d) लम्बाई तथा वजन

24. दल शिक्षण विधि में दल का निर्माण किनका होता है-
(a) शिक्षक व छात्रों का
(b) सिर्फ छात्रों का
(c) सिर्फ शिक्षकों का
(d) नेताओं का

25. किस विधि में छात्र सामान्य से विशिष्ट की ओर अग्रसर होता है-
(a) निगमानात्मक विधि
(b) आगमनात्मक विधि
(c) उपार्जित विधि
(d) अर्जित विधि

26. बाल अपराध के जिम्मेदार शैक्षिक कारणों में निम्नलिखित में से कौन-सा कारण नहीं आता है-
(a) खराब संगत
(b) अध्यापक द्वारा अनुचित दण्ड
(c) मूल्यांकन में पक्षपात
(d) विद्यालय से भाग जाना

27. वृद्धि एवं विकास है-
(a) एक दूसरे के पूरक
(b) एक दूसरे के विपरीत
(c) एक दूसरे के समांतर
(d) कोई नहीं

28. संवेदना ज्ञान की पहली सीढ़ी है-
(a) मानसिक विकास
(b) शारीरिक विकास
(c) ध्यान का विकास
(d) भाषा का विकास

29. बाल विकास में कौन सहायक है-
(a) वंशानुक्रम व वातावरण
(b) केवल वंशानुक्रम
(c) केवल वातावरण
(d) खान-पान

30. निम्नलिखित में से कौन-सा विकास का सामान्य नियम नहीं है-
(a) व्यक्ति विभिन्न दर से विकसित होते हैं
(b) विकास तुलनात्मक रूप से क्रमबद्ध होता है
(c) विकास शनै-शनै होता है
(d) विकास एक निश्चित उम्र के बाद रूक जाता है।

उत्तरमाला

1. (b)	**2.** (a)	**3.** (d)	**4.** (a)	**5.** (a)	**6.** (a)	**7.** (a)	**8.** (a)	**9.** (a)	**10.** (d)
11. (a)	**12.** (a)	**13.** (b)	**14.** (d)	**15.** (a)	**16.** (d)	**17.** (c)	**18.** (a)	**19.** (b)	**20.** (a)
21. (a)	**22.** (b)	**23.** (d)	**24.** (a)	**25.** (a)	**26.** (a)	**27.** (a)	**28.** (a)	**29.** (a)	**30.** (d)

प्रैक्टिस सेट-36

1. शरीर के शीर्ष भाग से प्रारम्भ होकर नीचे की दिशा में होने वाली शारीरिक वृद्धि को कहा जाता है-
(a) सिर-पदाभिमुख अनुक्रम
(b) पदाभिमुख-सिर अनुक्रम
(c) मुख-सिर अनुक्रम
(d) पदाभिमुख अनुक्रम

2. किशोरावस्था की प्रमुख समस्या है-
(a) वजन बढ़ाने की
(b) शिक्षा की
(c) समायोजन की
(d) अच्छे परीक्षा परिणाम देने की

3. किशोरावस्था बड़े संघर्ष, तनाव, तूफान और विरोध की अवस्था है। यह कथन है-
(a) स्टेनले हॉल (b) फ्रांसिस गाल्टन
(c) गिलफोर्ड (d) पियाजे

4. निम्न में से शैशवावस्था की विशेषता नहीं है-
(a) शारीरिक विकास में तीव्रता
(b) मानसिक क्रियाओं में तीव्रता
(c) दूसरों पर निर्भरता
(d) नैतिकता का होना

5. विकलांग बालकों से समझते हैं, ऐसे बालक
(a) जो मानसिक रोग से ग्रसित हो
(b) जो शारीरिक रोग से ग्रसित हो
(c) जो अंधे हो
(d) इनमें से कोई नहीं

6. हकलाने का कारण-
(a) जीभ का उल्टा होना
(b) जीभ का छोटा होना
(c) शारीरिक व मनोवैज्ञानिक
(d) मानसिक कारण

7. प्रतिभावान बालकों की पहचान करने के लिये सबसे पहले देना चाहिए-
(a) वस्तुनिष्ठ परीक्षणों के परिणाम पर
(b) लघुत्तरात्मक प्रश्नों पर
(c) निबंधात्मक प्रश्नों पर
(d) मौखिकात्मक प्रश्नों पर

8. निम्नलिखित में से कौन-से विशिष्ट बालकों की श्रेणी में नहीं आते हैं-
(a) पिछड़े बालक (b) विकलांग बालक
(c) दुबले बालक (d) मंदबुद्धि बालक

9. वैयक्तिक भिन्नता पर सर्वप्रथम महत्वपूर्ण कार्य करने वाले व्यक्ति है-
(a) फ्रांसिस गॉल्टन
(b) स्टेनले हॉल
(c) गिलफोर्ड
(d) पियाजे

10. जब एक व्यक्ति कहता है कि राम में अध्यापन के लिए अभिक्षमता है तो इसका अर्थ है-
(a) राम अध्यापन में कुशलता अर्जित करने की योग्यता रखता है।
(b) राम बच्चों को टोकन करना जानता है
(c) राम अच्छी बात कर सकता है
(d) राम हंसना जानता है

11. निम्नलिखित में से कौन-सा आनुवांशिकता से निर्धारित नहीं होता है-
(a) अभिक्षमता (b) अभिवृत्ति
(c) बुद्धि (d) व्यक्तित्व

12. निम्नलिखित में से कौन-सा अर्जित है-
(a) आदत (b) प्रतिवृर्ति क्रियाएं
(c) मूल प्रवृत्ति (d) प्राथमिक अभिप्रेरक

13. निम्नलिखित में से किसमें न्यूनतम अवधान की आवश्यकता होती है-
(a) आदत (b) अधिगम
(c) संप्रत्यय निर्माण (d) समस्या समाधान

14. निम्नलिखित में से कौन-सा मानसिक रूप से स्वस्थ व्यक्ति का लक्षण नहीं है-
(a) संवेगात्मक अस्थिरता
(b) प्रमुख कार्यों में संतोष
(c) अतिशयता का अभाव
(d) आत्म विश्वास

15. हरबर्ट के द्वारा दिये गये पाठ योजना उपागम चरणों का उपयुक्त तार्किक क्रम दिये गये हैं-
(a) प्रस्तावना-प्रस्तुतीकरण-तुलना- सामान्यीकरण -अनुप्रयोग
(b) प्रस्तुतिकरण-तुलना-सामान्यीकरण- अनुप्रयोग -प्रस्तावना
(c) सामान्यीकरण-प्रस्तुतिकरण-तुलना- अनुप्रयोग-प्रस्तावना
(d) अनुप्रयोग-सामान्यीकरण-प्रस्तुतिकरण- तुलना-प्रस्तावना

16. मस्तिष्क उद्वेलन विधि की विशेषता होती है यह-
(a) बालकों की तर्क एवं निर्णय शक्ति बढ़ाती है।
(b) बालकों को मजबूत बनाती है।
(c) बालकों को प्रतिभाशाली बनाती है।
(d) बालकों को गुणी बनाती है।

17. अध्यापक और मनोविज्ञान का क्या संबंध है-
(a) मनोविज्ञान, अध्यापन को प्रभावी बनाता है।
(b) मनोविज्ञान मानसिक विकास करता है।
(c) मनोविज्ञान समाज का निर्माण करता है।
(d) मनोविज्ञान व्यावहारिक बनाता है।

18. अध्यापक की प्रभावशीलता निर्भर करती है इस बात पर कि वह-
(a) छात्रों को मानसिक रूप से कितना सक्रिय करता है।
(b) छात्रों को डांटने पर
(c) छात्रों को शांत रखने पर
(d) छात्रों को सवाल पूछने पर

19. शिक्षण प्रक्रिया का अंतिम चरण है-
(a) मूल्यांकन
(b) डिस्कशन
(c) बुद्धि का विकास
(d) नौकरी लगना

20. ज्ञात से अज्ञात की ओर सिद्धान्त लागू होता है-
(a) आगमन विधि में
(b) निर्गमन विधि में
(c) प्रयोगात्मक विधि में
(d) अध्यापन विधि में

21. जिस विधि में पहले उदाहरण व बाद में नियम बताते जाये, वह है-
(a) आगमन विधि
(b) निर्गमन विधि में
(c) प्रयोगात्मक विधि में
(d) अध्यापन विधि में

22. प्रयोगात्मक विधि में मार्गदर्शक होता है-
(a) अध्यापक (b) छात्र
(c) माता-पिता (d) स्कूल

23. गार्डनर ने बुद्धि के कितने प्रकार बताये हैं-
(a) 9 (b) 7
(c) 6 (d) 5

24. एक बालक प्रतिदिन कक्षा से भाग जाता है, वह बालक है-
(a) सामान्य
(b) पिछड़ा
(c) कुसमायोजित
(d) विकलांग बालक

25. एक बालक जिसकी बुद्धि लब्धि 125 है, किस वर्ग में आएगा-
(a) सामान्य (b) उच्च सामान्य
(c) प्रतिभाशाली (d) अतिप्रतिभाशाली

26. आर.टी.ई. का कानून बना है उन आयु वर्ग के बच्चों के लिए जो है-
(a) 6 से 14 वर्ष (b) 5-10 वर्ष
(c) 3-5 वर्ष (d) 10-20 वर्ष

27. थर्स्टन की अभिवृत्ति मापनी कहलाती है-
(a) सम अन्तराल मापनी
(b) दूर अंतराल
(c) विषम अंतराल
(d) पास अंतराल

28. एक बालक की मानसिक आयु 14 व आयु 11 वर्ष है। उसकी बुद्धि लब्धि क्या होगी-
(a) 127 (b) 105
(c) 80 (d) 150

29. क्रेंचमर के अनुसार स्थूलकाय प्रकार के व्यक्ति स्वभाव से होते हैं-
(a) क्रोधी (b) तटस्थ
(c) प्रसन्नचित्त (d) चिंतित

30. निम्नलिखित में से कौन-सी ग्रंथि संवेग से प्रत्यक्षतः संबंधित है।
(a) मल ग्रंथि (b) उपगल ग्रंथि
(c) अग्नाशय ग्रंथि (d) एड्रीनल ग्रंथि

उत्तरमाला

1. (a)	**2.** (c)	**3.** (a)	**4.** (d)	**5.** (b)	**6.** (c)	**7.** (a)	**8.** (c)	**9.** (a)	**10.** (a)
11. (b)	**12.** (a)	**13.** (a)	**14.** (a)	**15.** (a)	**16.** (a)	**17.** (a)	**18.** (a)	**19.** (a)	**20.** (a)
21. (a)	**22.** (a)	**23.** (b)	**24.** (c)	**25.** (b)	**26.** (a)	**27.** (a)	**28.** (a)	**29.** (c)	**30.** (d)

प्रैक्टिस सेट-37

1. यदि एक बालक कक्षा का औसत कार्य नहीं कर पाता है, वह है-
(a) पिछड़ा बालक (b) मंद बुद्धि बालक
(c) मूर्ख बालक (d) शैतान है

2. मानसिक स्वास्थ्य को अच्छा रखने के लिए निम्नलिखित में से कौन-सा तरीका सही नहीं है-
(a) कुछ नजदीक विश्वसनीय मित्र हो
(b) अपनी समस्याएं अपने तक रखे
(c) कुछ मनोरंजन की अभिरूचि रखे
(d) किसी विश्वासपात्र व्यक्ति से अपनी समस्याओं की चर्चा करे

3. अंतमुखी व्यक्तित्व लोग रूचि रखते हैं-
(a) स्वयं में
(b) दूसरों में
(c) भगवान में
(d) अंधविश्वास में

4. सी.ए.टी. किसके लिए तैयार किया गया है-
(a) 3 से 11 वर्ष के बालकों के लिये
(b) 3-5 वर्ष के बालकों के लिये
(c) 10-15 वर्ष के बालकों के लिये
(d) 15-20 वर्ष के बालकों के लिये

5. बुद्धि का त्रिआयामी मॉडल का प्रतिपादन किसने दिया था-
(a) गिलफोर्ड ने
(b) फ्रायड ने
(c) पियाजे ने
(d) वुडवर्थ ने

6. निम्न में से कौन-सा प्रक्षेपी परीक्षण है-
(a) टी.ए.टी.
(b) 18 पी.एफ.
(c) एम.बी.टी.आई.
(d) डी.ए.टी.

7. कौन-सी अवस्था में बालक सूचनाओं को संगठित करने, वैज्ञानिक तर्क देने तथा परिकल्पना का निर्माण करने की योग्यता रखता है-
(a) औपचारिक संक्रियात्मक अवस्था
(b) अनौपचारिक संक्रियात्मक अवस्था
(c) परऔपचारिक निष्क्रियात्मक अवस्था
(d) बहुऔपचारिक निष्क्रियात्मक अवस्था

8. पियाजे के सिद्धान्त के अनुसार कौन-सी अवस्था में बच्चों में उस चिन्तन का विकास होता है जिसमें अनुत्क्रमणीयता होती है-
(a) प्राक संक्रियात्मक अवस्था
(b) प्राक् निष्क्रियात्मक अवस्था
(c) चयनात्मक अवस्था
(d) भावनात्मक अवस्था

9. फ्रॉयड ने ऊर्जा का वितरण व्यक्तित्व विकास के जिन स्थलों पर किया है, उनके नाम हैं-
(a) इदम, अहम व पराहम
(b) अहम्, पराहम व इद्म
(c) इदम व अहम
(d) पराहम व इद्म

10. प्रभावशाली शिक्षक बनने के लिए आवश्यक है कि-
(a) वह अपने विषय को अच्छी प्रकार जानता हो
(b) वह अपने विद्यार्थियों से अधिकतम संभव अन्तर्कियाएं करे
(c) उसे शिक्षण विधियों का पूरा ज्ञान हो
(d) उपरोक्त सभी

11. बालक में सृजनात्मकता की शक्ति कहलाती है-
(a) अन्तर्निहित शक्ति
(b) नवीन क्षमता
(c) उत्पादन क्रिया
(d) उपरोक्त सभी

12. किंडरगार्टन किस भाषा का शब्द है-
(a) जर्मन (b) फ्रांसिसी
(c) इटेलियन (d) रूसी

13. किसी भी कार्य को सफलतापूर्वक करते हुए वर्षभर निश्चित लक्ष्य को प्राप्त करने की योजना कहलाती है-
(a) वार्षिक योजना
(b) छमाही योजना
(c) पंचवर्षीय योजना
(d) द्विवर्षीय योजना

14. निम्नलिखित में से कौन-से विशिष्ट बालकों की श्रेणी में नहीं आते हैं-
(a) पिछड़े बालक (b) विकलांग बालक
(c) लम्बे बालक (d) मंदबुद्धि बालक

15. निम्नलिखित में से कौन-सा शिक्षा अभिकरण नहीं है-
(a) घर (b) संसद
(c) विद्यालय (d) मिडिया

16. निम्नलिखित में से कौन-सा शिक्षण अच्छा नहीं माना जाता है-
(a) जिसमें बच्चे अध्यापक की आज्ञा का पालन करें और सवाल न पूछे
(b) जिसमें बच्चे प्रश्न पूछे व अपनी अलग राय व्यक्त करें
(c) जिसमें शिक्षक बच्चों के अनुभवों का उपयोग करे
(d) जिसमें बच्चों का अवलोकन, विश्लेषण एवं सामान्यीकरण का अवसर मिले।

17. निम्न में से व्यवहारवादी नहीं है-
(a) जे.बी. वाटसन (b) इयान पॉवलाव
(c) बी.एफ. स्कीनर (d) सिगमण्ड फ्रायड

18. निम्न में से किसने बच्चों के वस्तु स्थैतर्य के विकास को समझने में सहायता की-
(a) पियाजे (b) फेस्टिंगर
(c) एरिक्सन (d) बैलाक

19. वंशानुक्रम से संबंधित प्रयोग चूहों पर किसने किया-
(a) कार्ल पियरसन ने
(b) मैक्डूगल ने
(c) मैण्डल ने
(d) पॉवलाव में

20. बुद्धि के क्रियात्मक परीक्षण उपयोगी है-
(a) बालकों के लिए
(b) गूंगे व बहरो के लिए
(c) निरक्षरों के लिए
(d) सभी के लिए

21. 'विचारों, भावनाओं तथा अभिवृत्तियों का संयुक्त रूप जो व्यक्ति उनके स्वयं के बारे में रखते हैं-
(a) शरीर प्रतिमा (b) स्वज्ञान
(c) स्व प्रत्यय (d) शरीर ज्ञान

22. सीखने की खेल विधि उपयोगी है-
(a) बाल्यावस्था के लिए
(b) पूर्व बाल्यावस्था के लिए
(c) युवावस्था के लिए
(d) परिपक्वावस्था के लिए

23. अग्रिम संगठक प्रतिमान के प्रवर्तक है-
(a) मैक्लिलैण्ड (b) डेविड आसुबैल
(c) रिचर्ड सकमेन (d) बी.एफ. स्कीनर

24. निम्न में से शिक्षण का कौन-सा कक्षागत व्यवहार कक्षा में निरंकुश वातावरण का निर्माण नहीं करता है-
(a) निर्देश देना
(b) डांटना
(c) व्यंग्य करना
(d) विचारों का स्वीकार करना

25. किसे किशोर मनोविज्ञान के पिता के नाम से जाना जाता है-
(a) स्टेनले हाल (b) गेरिसन
(c) गैसेल (d) थार्नडाइक

26. मानकीकृत परीक्षण का अर्थ है-
(a) विश्वसनीयता (b) वैधता
(c) मानक (d) उपरोक्त सभी

27. एक प्रमाणीकृत परीक्षण में होता है?
(a) विश्वसनीयता एवं वैधता
(b) निबन्धात्मक प्रश्न
(c) मौखिक प्रश्न
(d) प्रायोगिक प्रश्न

28. भाषायी सापेक्षता प्राककल्पना किसने प्रतिपादित की-
(a) पियाजे (b) यंग
(c) वाइगोटस्की (d) व्हार्फ

29. एडवर्ड डी. बोनो ने गिलफोर्ड के अपसारी चिंतन के संप्रत्यय को क्या नाम दिया-
(a) उदग्र चिंतन
(b) क्षैतिज चिंतन
(c) बहुसांस्कृतिक चिंतन
(d) पार्श्विक चिंतन

30. 'ए बायोग्राफिकल स्केच ऑफ इन्फेन्ट' किसने लिखी-
(a) प्रियर (b) शिन
(c) डार्विन (d) स्टर्न

उत्तरमाला

1. (a)	**2.** (b)	**3.** (a)	**4.** (a)	**5.** (a)	**6.** (a)	**7.** (a)	**8.** (a)	**9.** (a)	**10.** (d)
11. (d)	**12.** (a)	**13.** (a)	**14.** (c)	**15.** (b)	**16.** (a)	**17.** (d)	**18.** (a)	**19.** (c)	**20.** (d)
21. (c)	**22.** (b)	**23.** (b)	**24.** (d)	**25.** (a)	**26.** (d)	**27.** (a)	**28.** (d)	**29.** (d)	**30.** (c)

प्रैक्टिस सेट-38

1. ..... पूर्व प्रसूतिकाल के प्रारम्भ से किशोरावस्था के अंत तक होने तक अध्ययन करता है-
(a) विकासात्मक मनोविज्ञान
(b) बाल मनोविज्ञान
(c) मानव मनोविज्ञान
(d) दैहिक मनोविज्ञान

2. बाल मनोविज्ञान का ...... सिद्धान्त प्रारम्भ के 4-5 वर्षों के अनुभव पर आधारित होता है-
(a) मनोविश्लेषणात्मक
(b) व्यवहारात्मक
(c) क्रांतिक अवस्था समूह
(d) संज्ञानात्मक

3. शिक्षा का अधिकार उद्घोषित हुआ-
(a) 2007 (b) 2008
(c) 2009 (d) 2010

4. अभिप्रेरणा का मांग सिद्धान्त किसने प्रस्तुत किया-
(a) मास्लो (b) एडलर
(c) टिचनर (d) वाटसन

5. गेस्टाल्टवाद के अनुसार समस्या समाधान के लिए सबसे जरूरी है-
(a) संवेदना (b) व्यक्तित्व
(c) संप्रत्यय (d) सूझ

6. नवजात के स्वास्थ्य को जांचने के लिए प्रयोग में ली जाने वाली (मापनी) स्केल है-
(a) टी.ए.टी.
(b) ए.पी.जी.ए.आर. स्केल
(c) डब्ल्यू.आई.एस.सी. स्केल
(d) टी.सी.सी.टी.

7. व्यक्तिव के किन विशेषकों को व्याख्यात्मक सिद्धांत के रूप में लिया जा सकता है
(a) पृष्ठविशेषक (b) मूलविशेषक
(c) गौण विशेषक (d) केन्द्रवर्ती विशेषक

8. जब बच्चे के पैर के तलवे को ठोका जाता है तो पैर की उंगलियां ऊपर की ओर जाती है और फिर आगे की ओर मुड़ जाती है, यह नवजात में हो रहे किस प्रकार के प्रतिवर्त का उदाहरण है-
(a) कटिंग (b) मोरो
(c) ग्रस्पिंग (d) बेविन्सकी

9. निम्न में से कौन-सा बच्चों हेतु वेश्लर बुद्धि मापनी की एक निष्पादन मापनी है-
(a) अंकगणितीय (b) सदृशता या समानता
(c) शाब्दिक तर्क (d) चित्र पूर्ति

10. बच्चों हेतु वेश्लर बुद्धि मापनी के किस परीरक्षण में संख्याओं को बढ़ते क्रम में प्रस्तुत कर बालक को भी उसी क्रम में उल्टे क्रम में संख्याओं को दोहराने हेतु कहा जाता है-
(a) अंकविस्तार (b) अंकगणितीय
(c) कूट संकेतन (d) सदृशता

11. सुधार स्कूल स्थापित किए गए हैं-
(a) बाल अपराधियों के लिए
(b) मानसिक मंद बच्चों के लिए
(c) प्रतिभाशाली बच्चों के लिए
(d) सामान्य बच्चों के लिए

12. हार्नी के अनुसार मौलिक दुश्चिता के संप्रत्यय का विकास होता है-
(a) बाल्यावस्था में (b) किशोरावस्था में
(c) व्यस्कावस्था में (d) वृद्धावस्था में

13. मानव आवश्यकताओं का पदानुक्रम किसने दिया-
(a) थॉर्नडाइक (b) मॉस्लो
(c) गिलफोर्ड (d) कोफ्का

14. प्राचीन अनुबंधन संबंधित है-
(a) थॉर्नडाइक (b) पॉवलाव
(c) गिलफोर्ड (d) कोफ्का

15. निम्न में से कौन-सा कारक समस्या समाधान में बाधक हो सकता है-
(a) रूचि (b) मानसिक वृद्धि
(c) बुद्धि (d) पूर्व अधिगम सार

16. किसने यह दावा किया सभी भाषाओं में होने वाले कुछ सार्वभौमिक गुण जन्मजात होते हैं-
(a) बी.एफ. स्कीनर (b) अल्बर्ट बन्डुरा
(c) नॉम चॉमस्की (d) ई.सी. टालमेन

17. किसने यह सिद्ध किया कि लगभग दो वर्ष की उम्र तक बच्चे में विचार एवं भाषा का विकास अलग-अलग होता है-
(a) पियाजे (b) यंग
(c) वाइगोट्स्की (d) व्हार्फ

18. डॉ. ब्लूम के मतानुसार मूल्यांकन प्रक्रिया किस पर आधारित होनी चाहिए-
(a) शिक्षण उद्देश्य
(b) सीखने के अनुभव
(c) संचित अभिलेख व सामयिक जांच
(d) उपरोक्त सभी

19. शिक्षण अधिगम प्रक्रिया के तीन प्रमुख अंग हैं-
(a) उद्देश्य, शिक्षण व मूल्यांकन
(b) विद्यालय, समुदाय व सरकार
(c) शिक्षण प्रक्रिया, मूल्यांकन व पाठ्यक्रम
(d) उद्देश्य, अध्यापन अधिगम परिस्थितियाँ, मूल्यांकन

20. पाठ योजना की पच पद प्रणाली किसने प्रस्तुत की-
(a) हरबर्ट ने
(b) अल्बर्ट बन्डुरा
(c) वी.एफ. स्किनर
(d) ई.सी. टॉलमेन

21. नाटक विधि में रूचि लेते हैं-
(a) प्राथमिक स्तर के छात्र
(b) उच्च माध्यमिक स्तर के छात्र
(c) विश्वविद्यालय स्तर के छात्र
(d) उपरोक्त कोई नहीं

22. आप कक्षा में 'रामायण' प्रकरण पढ़ाना चाहते हैं, आप कौन-सी विधि को सर्वश्रेष्ठ मानेंगे-
(a) खोज विधि
(b) भ्रमण विधि
(c) समस्या समाधान विधि
(d) कहानी विधि

23. पढ़ाते समय चित्र दिखाने में सबसे अधिक महत्वपूर्ण लाभ है-
(a) अध्यापक को आराम मिलना
(b) पाठ का समझने में सहायक
(c) रोचकता
(d) मनोरंजन

24. निदान का अर्थ है-अधिगम संबंधी कठिनाई और कमियों के स्वरूप का निर्धारण। यह कथन है-
(a) ब्राउन (b) सिम्पसन
(c) गुड (d) स्टीवर्ट

25. **पूर्व ज्ञान के आधार पर विषय का परिचय देने के लिए दी जाती है-**
(a) स्पष्टीकरण (b) प्रस्तुती
(c) प्रस्तावना (d) आत्मानुभूति

26. **संमजन प्रक्रिया (Adjustement Process) का प्रारम्भ होता है।**
(a) तनाव से (b) तनाव निर्मोचन से
(c) प्रयास से (d) आवश्यकताओं

27. **एक विद्यार्थी एक समस्या के प्रासंगिक अनेक प्रस्तुत करता है तो वह दर्शाता है-**
(a) प्रवृत्ति (b) अभिवृत्ति
(c) रूचि (d) कोई नहीं

28. **मस्तिष्क उद्वेलन विधि की विशेषता होती है कि यह-**
(a) बालक की तर्क एवं निर्णय शक्ति बढ़ाती है।
(b) बालकों को व्यवहारशील बनाती है।
(c) बालक को उद्यमी बनाती है।
(d) बालकों को क्रियात्मक बनाती है।

29. **कौन-सा विद्यार्थी 'आयत तथा वर्ग' का अवबोध (समझ) रखने वाला कहलायेगा-**
(a) जो अक्षर से अक्षर प्रत्येक की परिभाषा दे सके
(b) जो दोनों की समानता तथा असमानता के बिन्दुओं को बता सके
(c) दोनों
(d) कोई नहीं

30. **त्रिभाषा का सूत्र किसने दिया-**
(a) डा. ताराचन्द कमेटी
(b) मुदालियर आयोग
(c) कोठारी कमिशन
(d) केन्द्रीय शिक्षा सलाहकार मण्डल

उत्तरमाला

1. (d)	**2.** (d)	**3.** (a)	**4.** (b)	**5.** (d)	**6.** (a)	**7.** (a)	**8.** (a)	**9.** (a)	**10.** (c)
11. (a)	**12.** (c)	**13.** (a)	**14.** (c)	**15.** (b)	**16.** (a)	**17.** (c)	**18.** (a)	**19.** (a)	**20.** (a)
21. (d)	**22.** (c)	**23.** (b)	**24.** (d)	**25.** (c)	**26.** (a)	**27.** (a)	**28.** (d)	**29.** (c)	**30.** (c)

प्रैक्टिस सेट-39

1. **निम्न में से कौन-सी मानसिक योग्यता 'अवबोध' प्राप्त उद्देश्यों से संबंधित नहीं है-**
(a) उदाहरण देना
(b) संबंध देखना
(c) वर्गीकरण करना
(d) प्रत्यास्मरण करना

2. **अधिगम अन्तरण के लिये अध्यापक को करना चाहिये-**
(a) अधिगम का उपयोग नई समस्या के समाधान के लिये करवाना
(b) अधिगम का उपयोग पुरानी समस्या के समाधान के लिये करवाना
(c) अधिगम का उपयोग उत्पन्न समस्या के समाधान के लिये करवाना
(d) उपरोक्त सभी

3. **पियाजे के संज्ञानात्मक विकास चरणों में से एक सही नहीं है-**
(a) पूर्वज्ञान
(b) नये पदार्थो कां आत्मीकरण
(c) समायोजन
(d) साम्य धारणा

4. **पियाजे ने ''स्थानीकरण'' शब्द का प्रयोग किया है-**
(a) अधिक उपयुक्त के लिए स्थान परिवर्तन
(b) नवीन परिस्थिति हेतु समायोजन
(c) नवीन व पुराने में एकीकरण
(d) अवसर के अतिक्रमण हेतु स्थान लेना

5. **बुद्धि का/के स्रोत है-**
(a) आनुवांशिक
(b) अधिगम का परिणाम
(c) स्व तथा वातावरण की अन्तक्रिया
(d) उपरोक्त सभी

6. **1909 में प्रथम बाल निदेशित क्लीनिक का निर्माण किया-**
(a) विलियम हाले (b) जॉन डेवि
(c) थॉर्नडाइक (d) वाटसन

7. **कक्षा में अभिप्रेरणात्मक सिद्धान्तों का प्रयोग किया जा सकता है-**
(a) उपलब्धि प्रेरणा वृद्धि हेतु
(b) उच्चस्तरीय स्पर्धा टालने हेतु
(c) तनाव कम करने हेतु
(d) उपरोक्त सभी

8. **........ ने बालक के प्राकृतिक विकास पर बल दिया-**
(a) मांटेसरी (b) सेगुइन
(c) वर्क (d) बिनेट

9. **पियाजे के अनुसार 4 से 8 माह में कौन-सा संज्ञानात्मक विकास होता है-**
(a) हाथ-मुंह संबंधन
(b) आंख-हाथ संबंधन
(c) प्रतिवर्ती क्रिया
(d) बोलना शुरू

10. **एक प्रक्रिया है जिसमें बालक संस्कृति के तौर-तरीके सीखता है-**
(a) अभिप्रेरणा (b) समायोजन
(c) सामाजीकरण (d) कोई नहीं

11. **बाल अध्ययन का पिता किसे कहा जाता है-**
(a) स्टेनले हाल (b) प्रियर
(c) शिउन (d) वाटसन

12. **कौन-से सिद्धान्त में बाल्याकाल के अनुभव के निकासात्मक आयाम पर बल दिया गया-**
(a) व्यवहारवाद
(b) प्रकार्यवाद
(c) मनोविश्लेषणवाद
(d) संरचनावाद

13. **अधिगम प्रतिफल का तात्पर्य है-**
(a) बालक के व्यवहार में होने वाला परिवर्तन
(b) शिक्षक को शिक्षण विधियों में परिवर्तन
(c) पाठ्यक्रम का पूरा होना
(d) उपरोक्त में से कोई नहीं

14. **अन्तःस्त्रावी ग्रथियां व्यक्तित्व को प्रभावित करने वाला कौन-सा कारक है-**
(a) सामाजिक (b) सांस्कृतिक
(c) आनुवांशिकता (d) उपरोक्त सभी

15. निम्न में से कौन-सी प्रविधि बालकों को अनुशासन सिखाने के लिए उचित है-
(a) प्रभुत्वात्मक प्रविधि
(b) प्रजातांत्रिक प्रविधि
(c) अनुमतिपूर्ण प्रविधि
(d) निष्क्रिय प्रविधि

16. बुद्धि के सूचना प्रक्रम (प्रासेसिंग) उपगम का वर्णन किसने दिया-
(a) स्टनेबर्ग (b) बिने
(c) टरमन (d) थर्स्टन

17. अव्यक्त अधिगम के सम्प्रत्यय के वर्णन अपने सिद्धान्तों में किसने किया-
(a) हल (b) बण्डुरा
(c) टालमेन (d) गथरी

18. अवचेतन से प्रयुक्त व्यूहरचना जो अहम को दुश्चिंता से बचाती है, कहलाती है-
(a) रक्षा युक्ति
(b) स्व बचाव
(c) स्व प्रत्यय
(d) स्व बचाव व्यूहरचनाएं

19. दूसरों के अनुभव किये हुए संवेग को महसूस करने की योग्यता कहलाती है-
(a) परानुभूति (b) सहानुभूति
(c) सम संवेग (d) सम अनुभूति

20. निम्नलिखित में से कौन-सा बुद्धि का सिद्धान्त संज्ञानात्मक प्रक्रिया पर आधारित है-
(a) स्टर्नबर्ग का त्रितंत्र सिद्धान्त
(b) गार्डनर का बहु बुद्धि
(c) गिलफर्ड त्रिआयामी सिद्धान्त
(d) स्वीयरमैन का द्विकारक सिद्धान्त

21. छात्र का वह सोपान जबकि वह सर्वाधिक रूप से संवेगों से घिरा रहता है-
(a) शैशवास्था (b) बाल्यावस्था
(c) प्रौढ़काल (d) किशोरावस्था

22. शैक्षिक अवधारणा का सर्वाधिक उचित अर्थ है-
(a) पढ़ने की क्षमता संबंधी विचार
(b) शैक्षिक विचार के विषय में
(c) शिक्षा का समन्वित रूप
(d) उपरोक्त सभी

23. बहुवादी बुद्धि ज्ञान का अनेक पद्धतियों से प्रदान कर एक से अधिक कौशलों को प्रकट करती है, यह विचार है-
(a) हरबर्ट (b) गार्डनर
(c) कोहन (d) जानसन

24. शिक्षा नवोन्मेष का तात्पर्य है-
(a) कक्षा में पढ़ने की नवीन विधियां
(b) अनुदेशन के विशेष यंत्रों का प्रयोग
(c) शिक्षण के विभिन्न अभ्यास
(d) शिक्षण तकनीक के नवीन साधनों की खोज

25. आगमन विधि में शिक्षण सूत्र का प्रयोग होता है-
(a) सूक्ष्म से स्थूल की ओर
(b) नियम से उदाहरण की ओर
(c) ज्ञात से अज्ञात की ओर
(d) उपरोक्त सभी

26. योजना विधि में छात्रों को वातावरण मिलता है-
(a) सहयोग का (b) बंधन का
(c) स्वच्छन्ता का (d) स्वतंत्रता का

27. जिस विधि में पहले उदाहरण व बाद में नियम बताये जाते हैं-
(a) आगमन विधि
(b) निर्गमन विधि
(c) चयनात्मक विधि
(d) प्रयोगात्मक विधि

28. उपलब्धि परीक्षणों का प्रमुख उपयोग होता है-
(a) अधिगम उत्पाद जांच
(b) शैक्षणिक मार्गदर्शन
(c) उपचारात्मक शिक्षण
(d) उपरोक्त सभी

29. अनुसंधान विधि की सीमायें हैं-
(a) विद्यालय में साधनों की कमी
(b) अधिक समय लगना
(c) दोनों
(d) कोई नहीं

30. कहानी कथन विधि से बालकों में विकास होता है-
(a) विषय का (b) तार्किकता का
(c) कल्पना का (d) ज्ञान का

उत्तरमाला

1. (b)	**2.** (a)	**3.** (c)	**4.** (a)	**5.** (d)	**6.** (b)	**7.** (b)	**8.** (d)	**9.** (d)	**10.** (b)
11. (a)	**12.** (a)	**13.** (b)	**14.** (b)	**15.** (b)	**16.** (c)	**17.** (c)	**18.** (a)	**19.** (d)	**20.** (a)
21. (a)	**22.** (d)	**23.** (b)	**24.** (a)	**25.** (c)	**26.** (d)	**27.** (c)	**28.** (a)	**29.** (b)	**30.** (c)

प्रैक्टिस सेट-40

1. सामाजिक परिवर्तन लाने में महत्वपूर्ण भूमिका सामान्यतः अदा करते हैं-
(a) नारी संगठन (b) विद्यालयी संगठन
(c) छात्र (d) शिक्षा आयोग

2. बालकों में व्यक्तिगत विभेद का मुख्य कारण है-
(a) विद्यालयों की गुणवत्ता
(b) माता-पिता की शिक्षा
(c) शारीरिक भिन्नता
(d) मानसिक गुण

3. बुद्धि विषय में आधुनिक अवधारणा है-
(a) मस्तिष्क में तर्क करने का गुण
(b) अनुभव से प्राप्त करने की योग्यता
(c) जीवन की समस्याओं को हल करने का गुण
(d) नवीन परिस्थितियों के प्रति समायोजन का गुण

4. बाद में सीखी गई सामग्री यदि पूर्व में सीखी गई सामग्री के धारण में अवरोध पैदा करे तो इस प्रक्रिया को कहेंगे-
(a) बाहय अवरोध
(b) पश्चोन्मुखी अवरोध
(c) पूर्वोत्मुखी अवरोध
(d) आंतरिक अवरोध

5. कौन-सा सूत्र सही है-
(a) परिपक्वता + अधिगम = विकास
(b) परिपक्वता × अधिगम = विकास
(c) परिपक्वता + विकास = अधिगम
(d) विकास + अधिगम = परिपक्वता

6. विस्मरण के प्रयोग स्वयं पर किसने किये हैं-
(a) बरदाईमर (b) एबिगहास
(c) मैस्लो (d) हल

7. निम्नलिखित में से परिवार सम्बन्धित बाल अपराध का कारक कौन-सा है-
(a) विघटित परिवार
(b) समाज में भ्रष्टाचार
(c) विद्यालय से भागना
(d) शिक्षक प्रशिक्षण में कमी

8. निरर्थक शब्द का निर्माण सर्वप्रथम किसने किया-
(a) थॉर्नडाइक (b) एडवर्ड
(c) एबिंगहास (d) एरिक

9. निम्नलिखित में से कौन-सा शिक्षा का अभिकरण नहीं है-
(a) घर (b) विद्यालय
(c) संसद (d) मिडिया

10. एक सफल इंटीरियर डिजाइनर में किस तरह की बुद्धि की प्रबलशीलता होती है-
(a) अमूर्त बुद्धि (b) मूर्त बुद्धि
(c) सामाजिक बुद्धि (d) सामान्य बुद्धि

11. पूर्णतय: प्रकार्यशील व्यक्ति का सम्प्रत्यय किसने दिया-
(a) कार्ल रोजर्स (b) सिग्मण्ड फ्रायड
(c) फ्रांसिस गाल्टन (d) ईवान पॉवलाव

12. किसने मूलभूति विश्वास बनाम अविश्वास को विकास की प्रथम अवस्था के रूप में प्रस्तावित किया-
(a) फ्रॉयड (b) पियाजे
(c) फ्रोम (d) एरिक्सन

13. निम्न में से किसका संबंध मूल दुश्चिंता एवं मूल शत्रुता के सम्प्रत्ययों से है-
(a) कोनरेड लोरेन्ज (b) क्लार्क हल
(c) करेन हानि (d) सी.जी. जुग

14. निर्जीव वस्तुओं को सजीव गुण देने वाली प्रकृति को पियाजे ने क्या नाम दिया-
(a) कल्पना (b) केन्द्रीयकरण
(c) सजीव चिंतन (d) वस्तु स्थैतर्य

15. सूर्य बच्चे के साथ-साथ चलता है उसके मुड़ने का अनुकरण करता है, और बच्चे के वात सुनता है। ''यह कथन बालक के किस गुण/लक्षण की ओर इंगित करता है-
(a) पराहम् केन्द्रीयता
(b) केन्द्रीयता
(c) सजीव चिंतन
(d) वस्तु स्थैतर्य

16. निम्न में से कौन-सी प्रेक्षण विधि में प्रेक्षाणकर्ता प्रेषित व्यक्तियों के समूह का सदस्य बन जाता है-
(a) नियन्त्रित (b) प्रतिभागी
(c) अप्रतिभागी (d) अनियन्त्रित

17. मानसिक विकास को प्रभावित करने वाला कारक नहीं है-
(a) परिवार का वातावरण
(b) धार्मिक वातावरण
(c) परिवार की सामाजिक स्थिति
(d) परिवार का वार्षिक स्थिति

18. स्मृति का अंग कौन-सा नहीं है-
(a) अधिगम (b) चिंतन
(c) धारणा (d) पुन:स्मरण

19. भारत के संविधान में कौन-सा अनुच्छेद शिक्षा के अधिकार का प्रावधान करता है-
(a) अनुच्छेद 19
(b) अनुच्छेद 20
(c) अनुच्छेद 21 के
(d) अनुच्छेद 32

20. ADHD (Attention Deficiet Hyproctivity Disorder) है-
(a) वाणी विकृति (b) अवधान विकृति
(c) भाषा विकृति (d) सम्प्रेषण विकृति

21. मंदितमना बालकों को शिक्षित करते समय शिक्षिक को यह ध्यान रखना चाहिए कि वे-
(a) व्यवसायी संबंधी कौशल सीख ले
(b) सामान्य बालकों की बराबरी करने के लिए अधिक मेहनत करें
(c) परीक्षा पार कर ले
(d) खेलने में अधिकांश समय व्यतीत करे

22. निम्न में से कौन-सा कारक समस्या समाधान में बाधक हो सकता है-
(a) रूचि (b) बुद्धि
(c) मानसिक वृति (d) पूर्व अधिगम सार

23. एक बालक जिसकी दृश्य संसार का शुद्धता से प्रत्यक्षित करने की समता अधिक है वह उच्च होगा-
(a) भाषात्मक बुद्धि पर
(b) संगीतात्मक बुद्धि
(c) स्थानीक बुद्धि पर
(d) अंतरवैयक्ति बुद्धि पर

24. एक व्यक्ति जो विभिन्न संवेगों की पहचान तथा महसूस करने और संवेगों पर नियन्त्रण की उच्च योग्यता रखते हैं, उच्च होगा-
(a) E.Q. (b) I.Q.
(c) M.Q. (d) P.Q.

25. उपलब्धि आवश्यकता किस प्रकार का अभिप्रेरक है-
(a) जैविकीय (b) प्राथमिक
(c) सामाजिक (d) असामाजिक

26. किसने यह मत दिया कि भाषा विचार की अन्तर्वस्तु का निर्धारण करती है-
(a) फ्रॉयड (b) वुण्ड
(c) पियाजे (d) वहार्फ

27. किसका मानना था कि भाषा ने केवल विचार का निर्धारण करती है अपितु इससे पहले भी उत्पन्न होती है-
(a) व्हार्फ (b) पियाजे
(c) वाइगोत्सकी (d) मास्लो

28. ''ऑपरेशन ब्लेड बोर्ड परिणाम था''
(a) कोठारी आयोग का
(b) एन.सी.एफ. 2005 का
(c) एन.पी.ई. 1986 का
(d) एन.सी.एफ. 2000 का

29. निम्नलिखित में से कौन-सा मूल्य बुनियादी शिक्षा द्वारा विकसित किया जाता है-
(a) प्रतिस्पर्धा
(b) सम्पन्नता
(c) श्रम के प्रति सम्मान
(d) राष्ट्रवाद

30. 4 H (हेड), हार्ट हैड तथा हैल्थ की अवधारणा किसके द्वारा दी गई-
(a) महात्मा गांधी
(b) जवाहर लाल नेहरू
(c) बाल गंगाधर तिलक
(d) जीन पियाजे

उत्तरमाला

1. (b)	**2.** (d)	**3.** (c)	**4.** (b)	**5.** (a)	**6.** (b)	**7.** (a)	**8.** (c)	**9.** (c)	**10.** (a)
11. (a)	**12.** (d)	**13.** (c)	**14.** (c)	**15.** (c)	**16.** (b)	**17.** (b)	**18.** (b)	**19.** (c)	**20.** (b)
21. (a)	**22.** (c)	**23.** (c)	**24.** (a)	**25.** (c)	**26.** (c)	**27.** (c)	**28.** (c)	**29.** (c)	**30.** (a)

❑❑❑